柳田國男全集

22

筑摩書房

柳田國男全集　第二十二巻

目次

郷土会記録　74

序　〔『退読書歴』（本全集第七巻）に先に収録したため省略〕　大正十四年四月

五月節供の萱と蓬　399
皿皿山　399
うつろ船の女　399
藁しべ長者　400
百合若大臣　400
山村語彙（続編）　402　昭和十年一月
小　引　402
山村生活調査第一回報告書　404　昭和十年三月
採集事業の一劃期　404
産育習俗語彙　408　昭和十年十月
序　408
日本民俗学研究　410　昭和十年十二月
開　白　410
採集期と採集技能　412
風位考資料　＊　426　昭和十年十二月
風位考資料　426
風位考　426
増補 風位考資料　459　昭和十七年七月
資料とその利用　459
山村生活調査　第二回報告書　464　昭和十一年三月
緒　言　464
昔話採集手帖　467　昭和十一年八月
昔話を愛する人に　467
採集上の注意　475
婚姻習俗語彙　476　昭和十二年三月
序　476
山村生活の研究　478　昭和十二年六月
山立と山臥　478
分類農村語彙　＊　486　昭和十二年七月
分類農村語彙　486
緒　言　486
分類農村語彙　増補版　上巻　489　昭和二十二年五月
増補版解説　489

周防大島方言集　全国方言集・四　542　昭和十八年二月
序　542
族制語彙　546　昭和十八年五月
自　序　546
南天荘集　井上通泰翁歌集　550　昭和十八年八月
南天荘の翁＊　550
直入郡昔話集　全国昔話記録　552　昭和十八年十二月
編纂者の言葉　552
伊予大三島北部方言集　全国方言集・五　557　昭和十八年十二月
序　557
雪国の民俗　560　昭和十九年五月
雪国の話　560
火の鳥　世界昔ばなし文庫・ロシヤ　571　昭和二十三年一月
監修者のことば　571
日本昔話名彙　572　昭和二十三年三月
昔話のこと　572
十三塚考　579　昭和二十三年八月
信仰と伝説——序にかへて——　579
分類児童語彙　上巻　582　昭和二十四年一月
緒　言　582
海村生活の研究　584　昭和二十四年四月
海村調査の前途　584
祭のはなし　＊　591
祭のはなし　社会科文庫　591　昭和二十四年七月
はじめに　591
祭の話　三省堂百科シリーズ4　597　昭和三十年十一月
まえがき　597
日本伝説名彙　598　昭和二十五年三月
伝説のこと　598

本邦離島村落の調査――趣旨及び調査項目表―― 607　昭和二十五年七月
趣　旨 607
民俗学辞典 608　昭和二十六年一月
序 608
にらいかない 610
改訂 新しい国語　中学三年上 612　昭和二十七年二月
ゴザルからデスへ 612
これからの国語 614
改訂 新しい国語　中学三年下 619　昭和二十七年六月
はなむけのことば――青年期の話―― 619
年中行事図説　図説全集・6 623　昭和二十八年六月
序 623
日本のしゃかい　二ねん 625　昭和二十九年一月
先生と父兄の方へ 625
日本のしゃかい　三年上 627　昭和二十九年一月
先生と父兄の方へ 627
日本の社会　四年上 629　昭和二十九年一月
先生と父兄の方へ 629
日本の社会　五年上 631　昭和二十九年一月
先生と父兄の方へ 631
日本の社会　六年上 633　昭和二十九年一月
先生と父兄の方へ 633
明治文化史 13 風俗編 635　昭和二十九年九月
第一章　総　説 635
第一四章　言語生活 642
後　記 666
日本人 670　昭和二十九年十二月
一　日本人とは 670
三　家の観念 677
あとがき 691
日本民俗図録 692　昭和三十年四月

おとら狐の話　ひなの一ふし
炉辺叢書解題　昔話採集の栞
郷土会記録　風位考資料
真澄遊覧記　日本人　他

校訂近世奇談全集

田山花袋
柳田国男校訂

序言

霊といひ魂といひ神といふ、皆これ神秘を奉ずる者の主体にして、わが小自然の上にかの大宇宙を視、わが現世相の上にかの未来相を現ずるものゝ謂なり。現実に執し、科学に執するものは、徒に花の蕊を数ふるを知りて、その神に冥合する所以を知らず、星の所在を究むるを知りて、その人の身に関するところあるを知らず。況んや人の生の秘篇をひらきて、かの真理の髣髴に接するに於てをや。

嗚呼寂寞なるかなこの自然、爾は言はず語らずして、爰に幾千万年の月日を経たり。人の世の悲哀、人の世の歓楽、幾度か爾の上に起りて、幾度か爾の上に消えぬ。しかも爾はその悲哀歓楽の上に超然として、今猶凜乎としてわれに迫れり。あゝ悲しき哉、爾の死を司り、恋愛を司り、運命を司どるや、恰も怒濤の一度砕けてまた完からざるがごとく、無窮に放たれたる矢の再び還り来らざるがごとく、寂然として、遂に些子の反響をも伝へず。

されどこの平凡なる人の世に、猶その反響なきところに反響をもとめ、寂寞極れるところに意味を求むるもの無しとせんや。聞く、二十世紀の今日に当りて、泰西またモダン、ミスチシズムの大幟を掲げて、大にその無声の声、無調の調を聞かんとするものありと。吾人極東の一孤客といへども、曾て寂寞の郷に成長し、霊魂の高きに憧れ、運命の深きに感じたるの身、いかでかその驥尾に附して、わが心池をして、鏡の如く明かならしむるを願はざらんや。近世奇談全集一巻、これ吾人が其素志を致せしもの、敢て神秘の深奥に触れしもの多しといふにあらざれど、亦わが国近世に於ける他界の思潮を尽したるものなるを信じて疑はず。

明治卅六年二月　　編者識

『校訂近世奇談全集』田山花袋・柳田国男校訂・編集、明治三六年三月一七日、博文館

萩の古枝

前つ年＊

前つ年頒ちたまひし萩の下葉は既に残なくなりぬ、其後よみ出でたまへる歌もはた数多あれば、こたび還暦の御よろこびにつけて、すゝめまゐらせて更に此巻を世に公にす、前の集に出でたる歌にして、此度は刪りすてたまへるが多きはいとも惜しきことなれど、前にもめでたしと承りし歌の、猶さまざまに思ひ直しよみ改めたまへるがあまたあるは、まのあたり御をしへを聴くにもまさりて、程遠き処に住める人々の為には殊によろこばしきことなり、

さて此巻の名を萩の古枝といふは、かの古今集のもとの心は忘れざりけりといふ歌の心を思ひよせたまへるなり、大人のたまへらく、いにしへは筆をもて歌をよむといふことはなかりき、旅に家に独在るときはさら也、花の晨月の夕、うから友どち打集ひてこゝろ動き興催すにつけても、思ふことをさながらに口すさびて、人も亦口より耳に聞伝へ歌ひつたへけん、されば詞は安らかに感はおのづから聞く人の胸に応じて、其理つひに字句をもて推すべからず、後世題を設け想を構へ眼前ならぬ境をも歌によみ出づるならはしとなりても、猶常にこの心しらびはあるべきなりとて、此頃はことに歌詠ずるわざを人にも説き自も亦試みたまへり、近年歌の論日に盛にして新しき風は頻に起れりといへども、其よしあしはさておきぬ、唯流行は移りて止まず、智ある者は惑もまた多し、源に還るはやがて新しき世に立つの道なれば、此集をよみて大人の訓をよろこぶ者、独おのれ等のみにはあらざるべしと思ふなり、

思ふにこの世の中の遷り易り、大人がまのあたり見聞きたまひしこともそも幾何ぞや、ためし無き　大御代の栄はかくるもかしこし、学問芸術の開けたる、人情風俗の改まりたる、あるは眼近き人の上、自の世渡につけても、凡そ西の京の昔より東の都の今の世まで、六十あまりの年頃には、めづらしともよろこばしともはたうれはしともかなしとも思ひたまひしこと、如何ばかりか多かりけん、さて其折々の情と感とを、さながらによみ出でうたひ上げたまへるが大人の歌なれば、此集はやがて大人が真の日記にして、家に伝へて子孫の宝としたまふべきはいふもさらなり、世の中にもおのづから語り次ぎて、遠き後の世の人の為にも、本の心をたどるべき道の栞ともなるべきものなり、

此集の成りたるは明治三十八年の七月、海陸の御軍遠く出

で丶仇を攻め既に年月を重ぬれども、国の内はいと静かにして、人々と共にこの太平の歓びをつくすことを得たるは、ひとへに　大御代の御恵なり、

柳田国男

『萩の古枝』松浦辰男著、明治三八年七月三〇日、松浦辰男

南方二書

南方氏ノ手紙ハ　＊

南方氏ノ手紙ハ文字最モ晦渋ヲ極ムルガ故ニ諸先生閲読ノ煩労ヲ省カン為独断ヲ以テ之ヲ印刷ニ付シ謄写ニ代ヘ同氏ノ所謂宿縁ヲ果スモノナリ

柳田国男

『南方二書』柳田国男編、明治四四年、柳田国男

おとら狐の話

柳田国男
早川孝太郎　共著

誑す狐と憑く狐

一

決して笑つてしまふ問題で無いと、自分は思ふ。兎《と》に角《かく》に千年余の間同じ国で、又千万余の人が同じ時代に、狐《きつね》は悪いもの、怖《おそろ》しいものと信じて居るのである。多数関係者に取つては、輿論《よろん》とも常識とも言ふべきものであつた。仮に誤《あやまり》としても共同の誤である。何かの間違ひと云《い》ふやうな偶然の事では無い。今迄《まで》の如《ごと》く、衆人の信用し得《う》る学者が、さつと手軽に此《この》問題を評論することは、二つの点から有害である。一つは其《それ》でもう解《わか》つたと感ずる人の多くなること、他の一つは、色々の大切な実例が、学問上の役に立たなくなることである。

早川孝太郎君の態度は、之《これ》に反して極めて実直な良い態度である。私はこの尊《たつと》い記録を保存する序《ついで》を以《もつ》て、少しばかり心付いた類似の現象を比較し、出来るならば隠れたる理由の一部分なりとも、説明をして見たいと思ふ。或《あるい》は自分も亦《また》誤つて居《を》るかも知らぬが、事実を遺《のこ》して置くならば、後《のち》の人が判断をする場合に、少くとも何かの便宜に為《な》ることゝ思ふ。

狐の話は種が多過ぎて、簡単に話すのに却《かへ》つて骨が折れる。そこでまづ、早川君の記録の註《ちゆう》に為る部分だけ、稍《やゝ》詳しく述べて置かう。順序の転倒《てんだう》は御免を蒙《かうむ》ることにして、第一には狐の害が二種あることである。「ばかす」と云ふのは多分、狐が化けて人を騙《だま》すからであらう。地方に由《よ》つては或は「つまむ」「つまゝれる」と云ふ。人の心を変にする迄は同じであるが、憑《つ》くと云ふ場合と余程違ふのは、此方には時及び場所の制限が多い。即《すなは》ち悪い狐の居《を》る森や野を、一人で通るときに引掛かるのが普通で、向《むかふ》から出て来て誑《たぶらか》すと云ふ例は少く、稀《まれ》には嫁入の一行が夜明までまご付いて居た話もあるが、多くは第二の人が心付けば、もう迷《まよひ》は霽《は》れて居《を》る。従つて長くとも一夜の間で、又後《あと》の煩ひが少い。然《しか》るに憑かれた方はさう手軽には行《ゆ》かぬ。白昼衆人の前で気を狂はせて、退《の》く退かぬの押問答に、死ぬ迄かゝる例も多い。言はゞ社会が共同に騙されるのである。狐としては此方が術が六かしい筈《はず》である。之が遣《や》れる程の狐ならば、夜陰に一人の通行人を誘《いざな》ふ位のことは何でも無いことゝ思はれるにも拘《かゝは》らず、三州長篠《ながしの》のおとら狐などは、何かに化けたと云ふ話も無く、又人を誑《ばか》したと云ふ話も聞かぬさうである。勿論《もちろん》右の如き兼業の例も絶無では無いが、誑《ばか》す話の全国に遍《あまね》く行はるゝに反して、憑くと云ふ方は地方的に、著しい勢力の差異がある。是《これ》には何か理由が有らうと思ふ。狐以外の動物に於《おい》ても、狸貉《たぬきむじな》の如く、憑きもすれば誑《ばか》しもすると云ふ類が少しあるが、多くは一方のみに秀でゝ居《を》る、と云ふよりも憑くを常習とする者が少い。早い話が化物は取憑かぬ。而《しかう》して又憑く方にも色々の種類があるが、是は化けようとせぬのである。狐に至つては二能を兼有するのであるが、其間亦自《おのづか》ら分業の形を示して居《を》る。おとらは風の如く、姿の無い物だと或《ある》法印は謂《い》つたさうであるが、実際憑く狐は稀に之を見たと云ふ人があつても、其《その》記述は常に精確を欠くこと、本文《ほんもん》のやうである。おとらの如きは毛の色にまで異説がある。

よく山伏などが狐憑《きつねつき》を責めるのに、汝野狐《なんぢのぎつね》の分際として、万物の霊長を悩すかと罵《のゝし》ると、そんな失礼な事を云ふから退《の》かぬ、おれは野狐では無いぞなどゝ、妙に格式を風聴《ふいちやう》する狐が多い。実際民間に於ても、誑《ばか》す狐は人と対等で（人も随分騙すから）、憑く方の狐にはかなはぬ者と、考へて居たらしい形跡がある。昔近江《あふみ》の八幡《まん》の近在、田中江《たなかえ》の正念寺《しやうねんじ》と云ふ門徒寺に、略《ほゞ》無害有益なる一霊狐《れいこ》が居たと云ふ。此狐は人に憑くこと無く、物陰から人語を為し、又は筆談を以て人と交通をした。之が和尚の問《とひ》に答へた所では、狐には三つの階級がある。上は主領と謂ふ。即ち狐の頭《かしら》である。次は寄方《よりかた》、其下が野狐、人に禍《わざはひ》するは大かた野狐である。但し配下の野狐で無ければ、主領も制し難く、強ひて制すれば怨《うらみ》を含むこと却つて人間よりも深いと云つた(一)。果して狐の偽りで無かつたとすれば、当節はどうして居《ゐ》るだらうか。或はやはり社会運動などが有るかどうか。其は構はぬとして置いて、右の第二階級の寄方の「より」は、即ち人に憑くことゝ思はれるから、相当の閲歴ある者で無くては、狐でさへあれば憑いて宜《よろ》しいと、認められて居なかつたことが想像し得られる。

然しながら只《たゞ》の野狐でも、憑かうとすれば憑き得た例が、現に同じ近江国に古く有つたのだから、人類の理窟の様に明《めい》瞭《りやう》には解けぬのである。今昔物語は中古の話の本で、狐の化け又は誑《ばか》した話も色々載せて居《を》るが、其中に憑いたと云ふ例が、自分の記憶では二つ有つて、一つは利仁将軍《りじんしやうぐん》の薯粥《いもがゆ》の話である。あまり面白いから或は話かも知れない。利仁は都に出《いづ》れば低い田舎侍であつたが、越前《ゑちぜん》の敦賀《つるが》では鳴響いた豪族であつた。貧乏な京の役人が、どうしたら薯粥が飽く程食へるかと云ふのを聞いて、冗談半分に誘つて国へ還《かへ》つて、薯粥をうんと拵《こしら》へて食はせた。其道中での話に為つて居《を》る。湖岸の三津《つ》の浜で狐を一疋《ぴき》見出《みいだ》して、吉《よ》い使《つかひ》が出来たと馬で追詰めて之を引捕《ひつとら》へ、後足《あとあし》を持つて釣下げながら其狐に言付ける。今夜の中《うち》に家に往《い》つて屹《きつ》とさう言へ。明日は京から客人を伴《つ》れて還る。高島辺まで鞍置馬《くらおきうま》を迎《むかへ》に出せと申せと、人に命ずる通りに言つて放すと、狐は見返りながら飛んで往つたとある。英雄の意思の力に威圧せられたのであらうが、迷惑なのは将軍の奥方で、夜の戌《いぬ》の刻頃《ときごろ》に其狐が来てちゃんと憑いた。さうして奇抜千万なる伝言を、其口を藉《か》りて述べたことが、迎に出た者の話で分つたやうに書いてある(二)。用済み次第狐が退散して、別段の害をしなかつたことは、究める迄も無いことである。利仁将軍の時代から其逸話が本に為る迄には、約二百五十年も経つて居た。狐が憑くと日本人《にほんじん》の云つたのも、やはり此間が盛《さかん》であつたやうである。

狐を使ふ人

二

此《この》類の話は、内容よりも出来た事情を、考へて見る必要の方が大《おほき》い。江州三津《つ》の浜の野狐《のぎつね》は、唯叢《たゞくさむら》の裡《うち》に睡《ねむ》つて居たのが、蹄《ひづめ》の音に驚いて飛出したのである。無法な勇士に劫《おびやか》されなければ、何しに越前《ゑちぜん》まで人に憑《つ》きに往《ゆ》かうか。実際当節の、狐に人のやうな心の有ることを信ずる者でも、如何《どう》して憑く気になつたかを不審して、其《その》理由を明かにせざれば止《や》まぬのが普通である。よく狐は仇《あだ》をすると謂《い》つて、其復讐心《ふくしうしん》の強いことは評判であるが、此《これ》だけならば事はいと容易である。何となれば人には既に復讐を怖《おそ》れて其怨《うらみ》を買はぬ用心が十分有るからである。処《ところ》が何と思つても心当りの、絶対に無い場合にも狐は憑く。そこで百方手を尽して問落して見ると、前の利仁《りじん》の例と同じく、誰某《だれそれ》が往《い》つて憑けと言つたから来たと答へるものと、食物《たべもの》が欲しさに此人の体を借りたのだと言ふ者と、大抵二通りに分けることが出来るやうである。前の場合を称して、狐を附《つ》けると云《い》ひ、その附けた人を、狐使ひと古くから呼んで居《ゐ》る。間接にはおとらの話とも関係が有るから、次には此事を言はうと思ふ。

世中《よのなか》が近世と為《な》るにつれて、生活の為《ため》に人に憑く陋劣《ろうれつ》な狐の方が、次第に其数《すう》を増加するやうである。是《これ》は又理由の有ることで、此動物の繁殖率は人などより大いから、食料問題も亦《また》遥かに痛切である。名ある霊狐《れいこ》と雖《いへども》、子孫の中には有形の飯を求める野狐が多い。狐は自《みづか》ら此徒を眷属《けんぞく》と謂ふのが普通である。即《すなは》ち人間の家長同様の責任を、狐も負うて煩悶《はんもん》するらしい。鳥居ばかり多くなつても、祠《ほこら》は故《もと》の儘《まゝ》の一つで、眷属が切《きり》も無く殖《ふ》えては、乃《すなは》ち大に困る筈《はず》である上に、年を経て社《やしろ》朽ち祭の絶えた者も多い。しかのみならず、狐使ひも人だから死ぬ。其中には秘術を子孫門弟に伝へるものと、坊主などの頓死《とんし》で法の中絶するものとがある。中絶すれば又統御者の無い浪人の狐が出来る。人に由《よ》つては此種の狐をも、亦野狐《やこ》と呼んで居る。

人に矢鱈《やたら》に憑くのは主人又は祭人《まつりて》を失つた狐だとする俗信

は、存外に弘《ひろ》く行はれて居た。尤《もつと》も主人が有るかどうか、又誰が主人であるかは、今では之《これ》を突留めることが、可なり六かしいが、若《も》し幸《さいはひ》にして狐使ひの身元が確かだとすれば、狐は必しも怖《おそろ》しいものでも無かつたのである。以前狐使ひの社会に憎まれ、法律を以《もつ》て処分せられたこともあるのは(三)、勿論《もちろん》憑かれた人を害して、利益を得ようとした者の有つた証拠だが、善用さへすれば此方法で、随分人力以上の判断又は計画を、することが能《でき》たのである。職業としての狐使ひの、記録に見え始めたのは中古からである。自分等《ら》は之を舶来のものとは思はず、獣《けもの》の中では狐が鋭敏で、其挙動殊に鳴声を観察して居《を》ると、屢々《しば〳〵》事件を予知したかとも思はれた実験から(四)、彼奴《きやつ》に相談したらと云ふやうな事が元かと考へるが、僧侶の側では全部其学問で之を説明し、之を陀枳尼《だぎに》の法或《あるい》は飯綱《いづな》など丶称《とな》へ、而《しか》も世間からは、邪術でもあるやうに畏《おそ》れられて居た。其所謂《いはゆる》飯綱使ひ等が、後《のち》多く統御の手綱を放したのである。

現今の仏教の中では、法華宗の中山派に属する者が、略《ほゞ》昔通りの陀枳尼の法を行つて居《ゐ》るらしく、其祈禱《きたう》の神秘には、どうも狐の臭《にほひ》がする。勿論秘法のことであれば、警察以外の人にでも細かな所は明さぬが、まあさう思はれても仕方が無いやうである。百年程前に、同宗旨の人が見て来て、人に談《かた》つたと云ふのが其通りであるならば、今の綾部の大本教《おほもとけう》など丶、方式だけは余程よく似て居る。即ち希望者を一席に集め座せしめて、一度に加持をするのであつて、各自に法華経の方便品《はうべんぼん》を一巻づ丶、紫の袱紗《ふくさ》に包んだのを、左右の手で捧《さゝ》げ持たせ、暫《しばら》く呪文《じゆもん》を唱へて後、徐《おもむ》ろに其経巻を取退《とりの》け、両手は元のま丶にして、経を持つた心持で居れと命ずる。さうして尚《なほ》何か唱《とな》へ言《ごと》をする内に、段々に顫《ふる》ひ出して、終《つひ》に色々の事を口走るのだと書いてある。其同じ話者《はなして》の実験に依《よ》れば、最初左右の空手《からて》を並べて坐《すわ》つて居ると、左の大指《おやゆび》の爪《つめ》の間から、小《ちひさ》い蜘蛛《くも》ほどの物が、ひな〳〵と入つて来て、脈所《みやくどころ》まで入つたやうに思はれた。さてこそと一心に陀羅尼《だらに》を唱へ、三宝を念じて居《ゐ》ると、又戻つて往つたと云ふことである(五)。我々共の考《かんがへ》では、此だけでは狐だと認め難いのは勿論であるが、狐が人に憑くにはいつも斯《か》うだと、田舎には今でも信ずる者が多い。梅の実ほどの物が体中をむく〳〵と動き廻《まは》るとも謂《い》ひ、そこを前後《まへうしろ》から押詰めて、刃物で刺さうとしたら降参したと云ふ話もある。劾を経た狐は風のやうだと言ひながら、皮の下では匿《かく》れおほせぬのも変だが、人の食つた物で身を養ふやうな獣《けだもの》だから、何とも評せられぬ。

三

中山流の加持は、法華宗でも新法だと、同じ人は言つて居《ゐ》る。又仮に日蓮《にちれん》の時に始まつたとしても、狐は尚其以前から人に憑いて居たのである。即ち彼と狐使ひとの関係は如何《いか》にして生じたかの問題が起るのである。狐使ひが死んで、従属の狐の難義をするのは元よりであるが、達者な中《うち》に此《この》職業を罷《や》めることは、亦甚だ容易で無かつたやうに伝へて居る。併《しか》し其《それ》よりも、当初狐と狐使ひと、主従見たやうな関係を結ぶには、どうすれば可《よ》かつたのであるか。或は矢鱈な狐を捕へて来て、檻《をり》に入れて思ふさま食に飢ゑさせ、其上で彼に教へて食を求めに出すなどゝ、丸で印度《いんど》で象を馴《な》らし、又は日本《にほん》で猿を仕込む方法と、同じやうな手段を説く者もあるが、其では復讐心の強い彼は、先《ま》づ狐使ひの方を恨《うら》むであらう。或は又斯《こん》な説明を信ずる人もあつた。狐使ひの飯綱の法と云ふのは、始《はじめ》先づ狐の穴を捜して、殊に孕《はら》み狐《きつね》に気を附け、食物を与へて飼馴らし、愈《いよ〳〵》子を生む時になれば、益《ます〳〵》其保護を厚うする。さうすると生れた児狐《こぎつね》の成長した頃に、母親は之を連れて名を附けて貰ひに来、術者之に名を与へると親子の狐、辞儀をして帰つて行《ゆ》くとはどうだらうか。兎《と》に角《かく》其からと云ふものは、術者潜《ひそ》かに其狐の名を呼べば、直に形を隠して座側に遣《や》つて来る。之に相談して不審の事を明かにし、人の問《とひ》に答へるので、信徒を引付けることが能たのである。但し些《ちつ》とでも法則に反した行《おこなひ》があれば、狐には見捨てられ、身を亡《ほろぼ》すやうになるのだと云ふ(六)。其では狐使ひの親子師弟の間に、狐の相続譲渡と云ふことが無い限《かぎり》、いつも若輩の狐のみを駆使せねばならぬことになり、霊狐の多くは長命で、少くとも三百歳四百歳の齢《よはひ》を重ねたものでなければ、人に憑いて不思議を示すことは能ぬと云ふ話とは合はなくなる。

同じ人が申すので無いから、矛盾を咎《とが》めることも成らぬが、総じて狐の不思議は、話を聞けば聞くほど、解《わか》らなくなる点に在るやうだ。例へば狐使ひが、出逢次第の狐を子分にする如《ごと》く、憑かれた場合にも、有次第《ありしだい》の法印を頼んで来て落さうとする。法印は祈禱に先《さきだ》つて、必《かならず》多勢《おほぜい》の聞く前で問答をして、狐の身上《みのうへ》を聞くのが例であるが、殆《ほとんど》一度でも初対面で無かつたことは無い。さうかと思ふと偉い行者たちは、前に言ふ如く随分狐と交際する術も知つて居たらしいのである。結局は眼《め》に見えぬ狐の系統は至つて複雑で、其技能にも階段《かいきふ》のあること、行者修験の徒と同様であつたと見るの他《ほか》は無い。上総《かづさ》の下大多喜《しもおほたき》の正法院には、狐を落す秘法の一巻を伝へて居たが、其が奇妙な事にはもと狐からの伝授であつた。天保《てんぽう》年間より四代前の法印は、此業には似合はしからぬ謙遜《けんそん》な人であつた。或《ある》村の狐憑に頼まれて往《ゆ》き、如何に祈禱しても其に限つて退《の》かない。そこで閉口して家の者を遠《とほざ》け、手を突いて狐にあやまつた。拙者も此祈禱を以て家門の養《やしなひ》と致す者、どうか御憐憫《ごれんみん》を乞《こ》ふと言ふと、大得意に為つてさうであらう、己《おれ》は只《たゞ》の狐では無い。千年の老狐で今は和泉《いづみ》村の飯綱明神《いづなみやうじん》の使者と為り、四斑犬《よつぶちいぬ》と名乗つて居《ゐ》る。僅《わづか》の事で此者には附いたが、さう頼むなら還つてやらうと、序《ついで》に其男の手を借りて、狐を落す秘伝の一巻を書残して去つたと云ふのは(七)、甚だしい宋襄《そうじやう》の仁であつた。

　更に狐の内通かと思はれる事例が今一つある。昔は日本《にっぽん》の狐に、花山《くわざん》家と能勢《のせ》家との二流派が有ると言つたのは、恐くは狐の系統の対立では無くして、此二家が共に狐を統御するの力を具《そな》へたことを意味するのであらう。二家の狐に対する因縁は、話がそつくり同じであつたさうである。即ち或時の狐狩に、老いたる狐花山殿又は能勢殿の乗輿《のりもの》に飛込み、危い一命を助けられた。此御恩は永く子孫の末迄《まで》と云ふことで、此家から出した御符《おふだ》を貼《は》つてさへ置けば、狐の禍《わざはひ》は必免れる。其約束の固いこと、人も亦愧《は》づべき也《なり》と伝へて居るが(八)、是では飛んだ目に遭《あ》つた右二頭の老狐ばかりが、狐界のアダムエバであつたかの如く聞えるが、必しもさうも言はれぬやうである。何《いづれ》にしても、狐が他に謝恩の途《みち》もあらうに、未来永遠に自《みづから》其威力を制限したのは、どう云ふものかと思ふが、人としても術を相手の狐から採用したのは、後世の法印等をして、痛くも無い腹を探られるやうな心苦しい目を見させた、不利益なる約束をしたものだと思ふ。

四

江戸では鉄砲洲《てつぽうず》の稲荷《いなり》、又は和泉橋通の稲荷等が、能勢家の鎮守と称せられ、つい近頃《ごろ》まで黒札と謂つて、狐憑を避ける護符を出して居たさうである(九)。最初如何《いか》なる機会に於て、斯《かゝ》る皮肉な便法を発見したか知らぬが、三州長篠《ながしの》でもおとらの跳梁《てうりやう》を制する為に、既に二百年も前から伏見の神様を勧請《くわんじやう》したことは、本文にも見えて居《を》る。今でも田舎者の中には、同じやうな心持で、此官幣大社に参詣する者が、少し位は有るかと思はれる。社伝にも歴史にも基礎の無い話であるが、稲荷は狐の御本山なるが如き俗信、以前は中々盛であつた。如何《どう》してさう云ふ説が始まつたかを研究する学問は、今に日本《にほん》にもきつと興ると私は考へる。兎《と》に角《かく》に動物の中でも、狐の一種に限つては、此神の威力絶大であつて、全国の稲荷社は悉《ことごと》く、伏見の節度に服して居たやうに謂ふ人もあり、少くとも狐憑だけは、どんな難症でも本社に連れて来れば、一遍に恐れて退《の》くべしと信ぜられた。其から奇妙な事には、稲荷山には野狐は一疋《ぴき》も住まぬさうである。只番狐と称して諸国から、恰《あたか》も安芸《あき》の宮島の烏《からす》のやうに、夫婦の狐が一組だけ、常に来て穴住居《あなずまゐ》をして居た。諸国の武者が年番に上京するのを真似《まね》たものであらう。而も妻狐《めぎつね》が子を産む時だけは、遠慮をして別の産屋《うぶや》の穴へ、引越すと云ふ迄に人がましい。子狐は何処《どこ》へ遣るのか知らぬと謂ふ。又どう云ふ規則で交替して居《を》るか分らぬが、時あつて新しい狐が番入《ばんいり》をすることは確であつて、思ひも寄らぬ田舎から上つて来て、此度《このたび》我村の狐殿が番に参られて御座る。何処に居らるゝや、逢はせて下されと云ふ者があるので、乃《すなはち》右の穴へ案内をして遣るさうである。如何すれば其様の事が知れるのか、仔細《しさい》は解らぬと伏見の一神官が人に語つた(一〇)。なる程解りさうに無い事柄である。

又斯《こん》な話もある。昔芸州の妙風寺と云ふ寺の住持、京に上つて伏見街道の宝塔寺に逗留《とうりう》中、時々稲荷の神主 某《なにがし》の家へ遊びに往つた。或日の事である。一人の婦人が神主に面会して、頻《しきり》に何か懇願するにも拘《かゝは》らず、成らぬ〳〵と言つて終に空《むな》しく還したのを見た。神主の妙風寺に語る所に依れば、該《がい》婦人《ふじん》は実は狐の精であつた。其夫が曾《かつ》て備後《びんご》福山の藩士何某《なにがし》に殺されたのを恨んで、敵《かたき》が討ちたいと云ふ願《ねがひ》で来たのであつた。神主又曰《いは》く、何某氏《うぢ》には気毒であるが、彼女の言分も尤であるから、何れは願を聴いてやらねばならぬ。総じて此稲荷の幕下に住む狐は、無理なる災《わざはひ》は致し申さぬ。あの通《とほり》是非とも願済《ねがひずみ》の上で祟《たゝり》をば致す。故に勧請をするにも、田舎狐はよろしく無い。必筋目の良い稲荷の末社を、御《お》迎へ申すのがよいのだと、親切に話してくれた。和尚は試《こゝろみ》に帰路鞆津《とものつ》の町に休んで、福山の御家中に此々《これ〳〵》の御仁があるか、前方《まへかた》男狐を殺されたことがあるかと訊《たづ》ねると、貴方《あなた》はよく御存じで、と云ふやうな訳であつた。そこで仔細を告げて当人へ伝言を頼み、右の神主へ早く手入をするやうに、忠告を残して帰つて来たが、後に福山から態人《わざびと》が礼に来て、武士《さむらひ》のくせに、御蔭で助かつたとの挨拶《あいさつ》であつたと云ふ(一一)。事実とすれば容易ならぬ話だが、虚誕《うそ》でも吐《つ》きさうな人が、関係して居らぬのだから不思議である。但し妙風寺は多分可部《かべ》町附近の法華寺であらう。伏見の宝塔寺と云ふのも、此宗旨で有名な寺である。法華だけに狐に対する同情と信仰は、稍《やゝ》厚かつたと言得《いひう》るかも知れぬ。

狐でも道理さへ有れば、人に祟つて宜しいと云ふ許可が、伏見の本社から、殊に之《これ》に従属する只の人類から、何時《なんどき》出るか知れないと云ふことでは、今日何の為に稲荷を信心するか、甚心許《こころもと》ないやうに感ずる人が多からう。我々は狐で無いから、狐界の道理に通暁する筈が無い。少くとも如何祀《まつ》れば気に入るか、何とかして兼々《かね〴〵》聞いて置かねば、稲荷の多い東日本《ひがしにほん》などには、一日も安住し得ぬのである。食物《くひもの》ばかりに念掛ける野狐よりも、姿も見せぬ数百歳の霊狐の方が、却《かへ》つて気心が知れないから、油断の成らぬやうにも思はれる。更に進んで考へると、諺《ことわざ》に所謂《いはゆる》障らぬ神に祟無しで、敬して常に遠《とほざ》けて居《を》れば可さゝうなものを、どうして又一屋敷に一つ宛《づゝ》も、赤い祠《ほこら》を建始めたものか。即近世に於ては三河のおとらの如く、憑くのは迷惑な事、不幸な事とばかり考へられ、其有るが為に却つて第二第三の稲荷社も勧請せねばならぬのだが、以前は別に何か理由が有つて、時々は此方《こちら》から憑いて貰ひ度《たく》思ふ場合が、祀る者の方にも有つたのでは無いか。法華や真言で何と説明しようとも、陀枳尼《だぎに》の法有つて後の狐では無く、狐は憑く獣《けだもの》なるが故に、則《すなはち》之を使ふ飯綱師と云ふ職業が出来たのでは無いか。別の語《ことば》で問ふならば、狐主人従か人主狐従か。面倒臭い話だが之を些《すこ》し考へて見ねばならぬ。

五

上方《かみがた》辺で近年まで行はれた狐祭は、誠に当事《あてこと》も無い風習であつた。多くは霜月師走の野に食物《しよくもつ》の乏《とも》しい頃、篤志者あつて狐の好む小豆飯《あづきめし》油揚《あぶらげ》等を多く調へ、例の稲荷下《いなりおろ》しに同行を頼んで、夜分郊外に出て狐を摂待《せつたい》するのである。別に此《これ》と云ふ心願が有るので無く、況《いはん》や家に狐憑が出さうで、之を避けようと云ふのでも無かつた。私の横に居て聴いた話などは、何だか半分物好《ものずき》のやうであつた。勿論下には利慾の動機も有つたらうが、其よりも如何なる狐が来て憑くかに、多く興味を持つたやうな実験談であつた。一晩に三頭四頭の狐と対話することが、珍しく無いやうな事も聞いて居《を》る。憑かれる人は毎回同じ稲荷下しである。御幣が大に動いて後じつと為ると、まづ極《き》まつて何れから御出でになりましたと尋ねる。御眷属が御幾人《おいくたり》と聞く。揚豆腐と赤飯とはどちらが御好《おすき》と云ふやうな事、其から相手が女性《によしやう》であると知れば、狐の家庭の瑣《さ》細《さい》な事情から、果《はて》は艶《なまめか》しい感情問題まで、仲介者の可笑《をか》しな爺《おやぢ》であることも無視して、根問《ねどひ》することを憚《はゞか》らぬ。来年は世中は如何《いかゞ》、又は取引はどの方角へなどゝ云ふ伺ひは、漸《やうや》く其後になつてするので、別れる際には御眷属相応の食料を残して来る。非常に内密に此事を行つて居たのは、思ふに鑑札の出難《でにく》い職業であつた為で、神子《みこ》行者の取締の厳しくなつた明治五年より前にはもつと花々しく多人数で、或は村々の年中行事として、狐の供養をして居たのでは無いかと思ふ。稲荷下しと云ふのは極低級の神主又は行者であつた。多くは参詣の有る稲荷社の鍵《かぎ》を預つて居た。勿論寒中の狐祭に雇はれるだけでは、生活を支へ得《う》る筈が無いから、常には祈禱又は伺ひを立てる為に稲荷神を降《おろ》し、随分附けるのでは無いかと疑はれてもよい程に、上手に狐を使つて居たらしい。伏見の神官に言はせるならば、此徒《ともがら》こそ田舎狐の筋目の悪いのを祀《まつ》る者であつたらう。

伯耆国《はうきのくに》の山村などでは、旧暦正月の十四日狐狩と称して、昼間は男の子供、夜になると青年も之に加はり、鉦《かね》笛太鼓で面白く打囃《うちはや》しながら、部落内を何度も廻つてあるく風習があつた(一二)。尋ねたら他の地方にも有ることゝ思ふ。今では意味も不明になつて居《を》るだらうが、狩るとは謂つても駆逐するので無く、やはり斯《かう》して仲間の中《うち》に狐憑を人造し、其年の吉凶を予言せしめ、又機嫌を取つて倍旧の愛顧を求めた風習の名残であらう。鉦太鼓を鳴せば疫病神は遁《に》げて行《ゆ》き、迷子は出て来る。つまり眼に見えぬ物を動かす一の手段であつた。此で狐の霊を里へ駆出《かりだ》すと信じたのであらう。正月十四日は上元の前夜で、農民が一年の運勢を決するに最《もつとも》大事な日として居た日である。幸神《さいのかみ》なども関東では、此日を以て少年をして祭らしめて居《ゐ》る。此にも一人《にん》の伜別当《せがれべつたう》などゝ云ふ、神に憑かれて饗応を享《う》ける児《こ》があつた(一三)。所謂狐狩でも何かの方法で、狐を代表する中の中の小仏をきめて、其に色々の事を訊ねたものが、後には他の多くの古い儀式と同じく、半分以上遊戯化してしまつたものと思ふ。

村に村専属の狐が永く住み、些《すこ》しも悪い事はせず、大は吉凶禍福より、小は明日の天気の変動までも予報を与へて、村民の生活を指導し、其代《かはり》には初午《はつうま》などの日には鄭重《ていちよう》に祭られ、平素も姿を見れば辞儀をされる程の尊敬を受けた例が、是亦諸国の田舎に於て折々有る。家の稲荷などにも主人との関係が、大黒天の白鼠《しろねずみ》以上であつて、成程是では祭らずには居《を》られまいと、思ふやうな奇特な話も、相応に古くから伝はつて居《ゐ》る。此類の狐が仮に人に憑いたとしても、頭痛や熱を起させたり、甚しきは当人の身を損じ命を奪つたりしよう道理が無い。伏見で何と言はうとも、穴の上に祠を建て、或は社殿の裏手に穴を構へさせ、横から見ても縦から見ても、狐を祭るに相異ない田舎の稲荷様は、斯《かう》云ふ事情から平民の神であつて、従つて或種類の狐憑は、歓迎すべき信徒の仕合せで、或種類の狐使ひは、必要且有益の職業であつたことが解る。唯《たゞ》問題は世中が末になつて何故に善狐が漸く影を潜め、兇暴《きようぼう》おとらの如き悪い狐ばかりが、其処《そこ》にも此処《こゝ》にも出て荒れるやうになつたのか。物皆進化の曙《あけぼの》の空に向ふ世に、狐の道のみ日々に闇《くら》くなるのは何故か、再び昔の修験行者たちを喚活《よびい》かさねば、狐の統御を望み得られぬか否かと云ふことである。人間を離れた狐の立場から見て、彼等の社会は今栄えて居《ゐ》るのか衰へかゝつて居《ゐ》るのか。之に対する私の考《かんがへ》を言ふと、貞《ぢやう》永式目《えいしきもく》に所謂神は人の敬するに由つて尊しで、何れの民族に於ても、見捨てられた神は乃妖怪に為る。見やうに由つては軽蔑《けいべつ》するから狐が怨むとも言へようか。つまりは親々からの因縁が深い為に、丸々の他人とも為り切れぬ当分の間、斯《かく》の如き不愉快な影響を我々に及すので、狐使ひが死んで浪人の狐が暴れると云ふのは、日本《にほん》の社会一団を、一個の狐使ひと見た場合にも亦真実である。別の語《ことば》で言へば、将来の問題としては狐憑は大事件では無い。棄《す》てゝ置いても自然に災害は少くなる。併しどうして狐憑などゝ云ふ事が始まつたかを究めるには、まだ〳〵多くの学者の研究が入用《いりよう》である。さうして其が解ると、日本人《にほんじん》と云ふ国民が、些しばかり解ることになるのである。

人に憑く物何々

六

狐《きつね》とよく似て少し変つたクダと云《い》ふのがある。おとらの在所の近くにも居《を》る。此《これ》も狐の一種で又クダン狐とも謂《い》ひ、大《おほき》さは鼬《いたち》くらゐだと早川君も言はれた(一四)。或《あるい》は鼬よりも更に遥に小さく、管《くだ》の中に入つて居《を》る故に管狐だと云ふ説もある。先《まづ》は鼠《ねずみ》ほどの物である。慥《たしか》に見たと云ふ人が新居《あらゐ》にあつた。兎《と》に角《かく》に三河遠江《とほたふみ》を以《もつ》て、管狐の本場のやうに言ふ人も有るのである(一五)。然《しか》るに今から百三四十年前に、三河から出て北の方へ旅行した人が、信州飯田の附近に於《おい》て、始めてクダの憑《つ》く話を聞いたと言つて之《これ》を其《その》紀行に書いて居《を》る(一六)。憑かれた者の容態は、最初は熱があつて常の疫病の如《ごと》く、後次第に気が狂つて来る。伊那《いな》地方では、クダとのみ称して管狐とは謂はぬと云ふ人もある。さうして又管に入るほど小《ちひさ》くも無いやうに伝へて居た。元より形は一切人に見せぬから、確な事は言はれぬが、折々犬猫などに噛《か》まれて死んで居《ゐ》ることがある。栗鼠《りす》鼯鼠《むさゝび》ほどの大さで黒い毛長く垂れ、爪《つめ》は針の如く怖《おそろ》しい物だとも言ひ、享和《きやうわ》の頃《ころ》、県道玄《あがただうげん》と云ふ医者が、伊那の松島で討留めた怪獣は、近隣の者がクダであらうと言つたが、やはり栗鼠位で、尾が至つて太かつた。尾の太い所を見れば、狐の類では無いかと云ふことであつた。甲子夜話《かつしやわ》に依《よ》れば、文政五年の五月に、大阪から生きたクダ狐を持つて江戸に来たと言つて、其見取図が載せてある。体一尺二三寸、尾が九寸五分、是《これ》は又一番の大形である。而《しか》も同じ随筆中に、クダ小なること鼬の如しと記し、管では無く竹筒に封じて運ぶと云ふ話を載せて居《を》る。地方に由《よ》つて大さの一定せぬ動物は、蛇や魚類の他《ほか》には無い筈である。

伊那でクダ附《つき》と称して、人の縁組を好まぬ家筋があると言ふのは、疑《うたがひ》も無く遠江や駿河《するが》で、クダ屋と呼ぶものと同じである。クダ屋は相当の資産が有つても、忌嫌つて此と嫁聟《むこ》を遣取《やりとり》する者が無い。甚しきは絶交を宣せられることがある。主人必しも慾《よく》の深い者で無くとも、其家に属するクダは主家を思ふ余《あまり》に、内の物を持つて還《かへ》る人を追掛けて、大抵其家族の者に憑いてしまふ。憑かれた者はクダ狐其物の真似《まね》を為《な》し、取止も無い事を口走つて、狂態を演ずるので、多くは恥ぢて医者の診察を受けず、或は刃物を以て嚇《おど》して見たり、或はおとらに憑かれた場合と同じく、霊山の御犬《おいぬ》を拝借して来て之を逐退《おひの》けるを例として居《を》る。去るに臨んで必何処《どこ》から来たかを言ふものださうである(一七)。木曽《きそ》から松本平の片端へ掛けて、クダを飼つて居《ゐ》ると言はれる家はやはり多い。是も亦《また》憑かれた人の口から、始めて世間には知れて来るのである。

大さは小猫ほど、又掌《てのひら》に乗る位の狐などゝ謂つて、東海道のクダよりずつと小いが、人に憑いて無暗《むやみ》に物を食ひ、いらぬ事まで喋《しやべ》る点などは同じである。但し他の地方でまだ聞かぬ事は、クダの家《うち》の者はクダの力を仮らずとも、睨《にら》むと人の家の南瓜《かぼちや》が腐つたり、機の工合が急に悪くなつたりする。或は目に見えぬクダが来て、さうするやうにも考へられて居《を》る(一八)。

飛騨《ひだ》では高山町及国府《こくふ》の附近、東美濃《ひがしみの》では太田地方などに、二三クダと云ふ狐を使つて居《を》ると云ふ行者又は巫女《みこ》の徒があつて、之を亦イヅナ使とも呼んで居《ゐ》るさうである(一九)。但し此《この》分はクダを相談相手として、占ひの商売をした者で、仮に恨《うらみ》のある人に取憑かせたとしても、其《それ》が飼つて置く主たる目的で無かつたことは、恰《あだか》も只《たゞ》の狐使の狐と野狐《のぎつね》との差である。のみならず飼ふと飼主にも若干《そこばく》の迷惑が有ると謂ふばかりで、永く其家に附随して何も知らぬ子孫に迄《まで》及ぶか否かは分らぬ。要するに木曾と大井の二大流で挟《さしはさ》む地方の如く、しかとした家筋を作る迄には至らぬやうに思ふ。管狐の世襲がある県では、之を飼ふ家は金持になると言つて居《を》る。目に見えぬ小獣が、物を買へば秤《はかり》の分銅にぶら下り、物を売る時は品物の上に乗つて、量目を重くするなどゝ言ふ。随《したが》つて行者でも無い只の農家でも、之を養ふ気になり得《う》るのである。不思議なことにはクダは元、伏見の稲荷様から管に入れて受けて来ると、木曾あたりで伝へて居た。管に封じたまゝで飼つて居《を》れば問題は無いが、明けても暮れても出してくれ、出しておくれとせがむやうに感ぜられて、つい出して遣ると忽《たちまち》の間に繁殖し、而《しか》も其家に附纏《つきまと》つて離れぬのである。竹筒に入れて来ると云ふ説では、単に或《ある》霊山で封じて渡すとある。牝《ひん》牡《ぼ》一対を入れてあるので、出せば次第に子孫を生む。普通の行者の力ぐらゐでは、元の如く筒に戻すことが出来ぬ。又授かつたからにはもう用は無いと、暇を遣ることは許されぬとある。食を与ふれば人の隠事を告げ、主死すれば四散すともある。四散とは取締が六かしいと云ふことらしい。然らばクダ屋は増加する一方である。故に区域外にも出て居《ゐ》るかも知らぬ。

七

遠く紀州の田辺《たなべ》附近にも、三十年ほど以前に伏見から、斯《かう》して飯綱《いづな》を受けて来て、土地の老女に譲つて往《い》つた遍路がある。即《すなはち》管狐であらうと云ふことであつた(二〇)。但し此狐は後に飼主の縁者が祠《ほこら》を建てゝ、お崎稲荷《さきいなり》と祭つて居《ゐ》るさうである。是は恐くはクダとオサキとの、類を連ねたものであることを、証明すべき一材料であらう。同じ信州でも、東に寄つて千曲川《ちくまがは》の右岸になると、早クダは居らずして其代《かはり》にオサキが居《を》る。オサキは亦狐の一種である。大さは鼬に似て少しく大なりと謂ひ、或は大鼠位あると謂ひ、或は鼠の大さで、毛色は白もあれば赤黒の斑《ぶち》もあると謂ひ、又或は常の鼠よりは小くて、鼹鼠《むぐらもち》のやうな軟《やはらか》な毛が密生し、目は竪《たて》に附き鼻は豕《ぶた》の如く曲つて居《を》る。そこでオサキの憑いた者は、必鼻の下の筋が曲つて居《ゐ》るなど丶、是も亦決して一定したことを伝へぬ(二一)。併《しか》し居《を》ることだけは確らしい。

化物を否認した故井上円了博士も、曾《かつ》て信州南佐久郡で、アルコール漬に為つた一頭のオサキを見られた。動物学者の説では鼬の一種だと謂ふとある。但し憑くのは此物か否か、平素は形を見せぬと言ふから、明白で無いのも尤《もつとも》である。赤城山南麓の村で見たと云ふものも、やはり死んで居て死人に口無しではあつたが、是はオサキの害を防ぐ為《ため》に、野州古峰《こぶ》ケ原《はら》の天狗《てんぐ》を招待した家の、屋外に噛殺《かみころ》されて居たのだから、比較的に確らしくある。鼻曲つて豕《ゐのこ》の如しと言つたのは此奴《こやつ》で、尾端《をのはし》二つに裂け、顕微鏡を以て検するに、毛尖《けさき》に一種の異彩を放つとはどうだ(二二)。オサキは失礼ながら先づ上州の名物だ。諺《ことわざ》にも伊那のクダに対して南牧《なんもく》のオサキ持と謂ふ。南牧は妙義の西南に当る甘楽《かんら》郡の山村で、信州にも甲州にも近い。此辺が中心地のやうに考へられて居たのである。処《ところ》が上州の人の言ふには、元はオサキは武州の秩父《ちゝぶ》一郡に、限られて居たものである。其が嫁聟に附いて他郡にも出て行つた。早く離別してしまへば難は無いが、永く為つて児供《こども》が出来るともう還らぬ。狐の方でも盛に子を産む。四季の土用に子を産むとも謂ふ。オサキが来て子を持つた以上は、主人の方の縁組は解けても、狐だけは離れない。そこで最初から警戒して問合せを厳にするので、オサキ持同士婚姻をするの他は無いと謂ふ(二三)。少くともオサキの弊を知つた頃には、既に秩父郡外にも拡《ひろが》つて居たのである。木曾で御嶽講《おんたけかう》がクダを征伐しつ丶、同時にクダの俗信を流布せしめた如く、秩父でも三峰山《みつみねさん》の御犬が、却《かへ》つて村々へオサキを駆入《かりい》れたので無いかとも思ふが、其事は甚明瞭で無い。兎に角に此郡には、人に嫌はれた三種《しき》の家筋が有つた。其一はネブヅチャウと謂つて、何か小な蛇などのやうに噂《うはさ》されて居る。若《も》しさうだとすれば之を飼ふ家である。此家筋の者の住んだ屋敷は、死絶えた後《あと》までも代つて入る者無く、荒次第に荒らしてある。第二にはナマダゴ、此家筋では彼岸や月見の晩に、団子を作ると甑《こしき》の中に、必三箇だけは生の儘《まゝ》の団子が有る。其故に生団子だとの説もあるが、共に何で婚姻を忌まれるのかは分らない。三番目は即オサキ狐である。一時は他処より貨財を運び込んで来て、福神のやうでもあるが、久しからずして家運傾き、又何処かへ持去ると謂ふ(二四)。

オサキは又下野《しもつけ》にも居《を》ると謂ふが、まだ詳しいことを知らぬ。南の方は千住の戸田川を境として、江戸には入らぬと云ふ説もあるが(二五)、虚誕《うそ》である。固《もと》より形を顕《あらは》す物で無いから、見附けて如何《どう》したと云ふ話こそ少いが、オサキの畏《ゐ》怖《ふ》は常に存在したので、敢《あへ》て珍しからずと迄言つた人がある(二六)。唯珍《たゞ》しいことには、江戸でオサキと認められる狐は、江戸らしい奇抜な悪戯《いたづら》をするのが例であつた。是には所《いは》謂《ゆる》風説の手伝もあつて、いや椽《えん》の下から竿《さを》を出して振廻《ふりまは》したの、知らぬ間《ま》に単衣《ひとへもの》の腰から下を切つて、人の袢纏《はんてん》に継いであつたの、沢庵《たくあん》が生板《まないた》ごと天井へ往《い》つて引附いたの、又は釜《かま》の中から越中が出たのと、笑ひたいやうな話の多分は聞匡《きゝたゞ》すと怪しくなつたが、其でも何処からとも無く不意に石瓦《いしかはら》を飛ばし、或は道具類が無くなり、又は置換へられる位の事は確にあつた。此をば池袋と云ふ村から、女中を雇ふと必起るやうに、考へて居た人もあつたが、他の無数の類例と同じく、冤罪《あんざい》に相違無いと私は思ふ(二七)。右の悪戯狐も、時として人に捕殺せられたことがあつた。やはり鼬に近く、並の狐よりは小いと謂ふが、真のオサキか、はたクダなどの分派か、明白に決し得《え》る見込が一寸《ちよつと》無い。

八

オサキのクダに似て居る点は、決して其形状の地方的に区々であることのみで無い。一定の家に従属して繁殖が至つて早く、主人の縁家を辿《たど》つて次から次へ分れて行《ゆ》き、其家を富ませ且憎ませる。オサキ持が人を怨《うら》むと、もうオサキは往つて憑いて居り、而も例の通、恨の筋をべら／＼喋つて、里を露すのである。又斯《こん》な小な事までも似て居《を》る。遠州などで管狐の人に憑く者は、好んで生味噌《なまみそ》を食ひ、殆《ほとんど》余の食物は食はぬ位だが(二八)、上州のオサキも然《さう》言はれて居《を》る。味噌《みそ》樽《だる》の上側は其儘有りながら、中味は皆食つてしまつて、空になつて居ることがあると謂ふ。斯云ふ不思議のある時に、さては病人はオサキの業かと、考へ付くのであらうと思ふ。又木曾などのクダと同様に、憑く以外の害もするやうである。上武の養蚕地方に於て、一夜の中《うち》に蚕児《かひこ》の多く無くなるのを、オサキが盗んだと謂ふのは常の事である。日蓮宗《にちれんしう》の行者の中に、此狐を使役して色々の不思議をする者が、有ると云ふのは実際であらうか。其は疑しいが低級の修験者などが、最初伏見の稲荷から受けて来たものと云ふことは、此方面でも以前伝へて居た。但し竹の筒や管では無くして、一二寸の紙に狐の像を、描いたものであつたと謂ふ。オサキは其画像が化して成るのか、はた又之に随つて来るとしたのか、兎に角此動物が病人に憑くと、受けて来た山伏が祈らなければ離れない(二九)。故に憑けると云ふ疑も被《かうむ》つたのである。今のオサキ持は必しも此等行者の子孫で無いこと、是亦クダ屋と同様である。どうして一から他に引越したかは不明だが、後には繁殖して困るとも謂へば、やはり元の主に死別れて、散じて慾深《よくふか》の家に入つたのかも知れぬ。オサキ持の地面家作を買取れば、新持主もオサキ家《か》に成ると云ふこと、此だけはまだ管狐に就て聞いたことが無い。

オサキは尾が至つて太く、其尖が些《すこ》し裂けて居る。それで尾裂《をさけ》だと言つた人もあるが、生物知《なまものしり》の作言《つくりごと》であらうと思ふ。或は又玉藻前《たまものまへ》の那須野《なすの》の狐が殺された時、九つある尾の一本が飛んで、武蔵《むさし》と上野《かうづけ》との間に落ちた。オサキは此から出来たなどゝも謂ふ。勿論《もちろん》信ずるに足らぬ話であるが、どうした者か四国の犬神に就ても、往々にしてよく似た由来を伝へて居《ゐ》る。即源《げん》三位《み》頼政《よりまさ》の退治した、鳴く声の鵺《ぬえ》に似た怪物を、手足胴体を斬放して海に流すと、尾は蛇であつたから某地《ぼうち》に漂著《へうちやく》して蛇神と為り、胴は犬で阿波《あは》に往つて犬神となると謂ふ類である。源平盛衰記には平清盛、ある時禁中に於て化鳥を捕へたるに、鳥忽大鼠に変じて其袖中に入《い》る。之を竹の筒に入れて清水寺《きよみづでら》の岡に埋《うづ》め、之を一竹塚《ちくづか》と名《なづ》くとある。斬つて流して尚祀《なほまつ》ると云ふのが、恐くは中世我々の先祖が、悪い神に対する真面目《まじめ》な態度であつて、其が右様の話ともなれば、又信仰を促す恐喝とも為つたのであらうかと思ふ。

オサキ又はオホサキは、私は単に狐の別名だらうと思つて居る。さうして多くの社《やしろ》に従属し、又は独立しても各地に崇敬せらるゝミサキと云ふ古くからの神様と、名の起《おこり》は一つであらうと思ふ。固《もと》より狐に限つたことでは無いが、御前《みさき》は即前駆或は先出の意味である故に(三〇)、霊も祟《たゝり》も却つて主神より顕著であつたと見えて、アラミサキと云ふ名も伝はつて居り(三一)、又特にミサキの為にする祭も行はれた。従つて位は低くして而も畏《おそろ》しい祠の神に、ミサキオサキと呼ぶものが多く、狐神も其一つであつたのが、いつか尾の裂けた別種のものゝ名の如く、認められるに至つたのであらう。安芸《あき》の宮島でミサキと謂ふのは、山の上から或は夕方には海辺からも、多くの人の声がしたり、又は頻《しきり》に人を喚んだりするのを、さう名けて居《ゐ》る。山鬼《さんき》又は三鬼と謂ふ山の霊かとも言ひ、或はミサキは御叫《みさけ》びであらうなどゝも言ふが(三二)、美作《みまさか》などでは狐の社を美佐幾社《みさきしや》と呼ぶのが例であり、中国でも他の地方では、横死した人の霊をさう称へて居《を》る。稲荷をミサキと謂ふ例は京都にもあつた、数年前《ぜん》三条下る高瀬の側《かたはら》に移された岬《みさき》神社などが其である。東京では神田三崎町《さきちやう》の名が、亦古い稲荷社から出て居る。要するに狐もミサキの一であつて、ミサキは大な神の先に立ち、平民を畏服させて居た小社の神であれば、オサキの名も是から起つたとするのが自然であらう。大さき使ひなどの名が、殊に此想像を強くする。又カウザキと謂ふ地方もあるやうである。即神前《かみさき》である。上総《かづさ》で村々の秋祭に、神輿《みこし》を舁《かつ》ぐ人の囃詞《はやしことば》に、オサキミサキと繰返すものがあるさうである(三三)。木曾の福島の祭では、ソウスケコウスケと人の名のやうになつて居《ゐ》るが、本来は枕草子にもあるオウサキと同じく、先駆の随身の警蹕《けいひつ》の声であらうと言ふ。諏訪湖《すはこ》の氷の上の路《みち》を、狐が先試みて後人が渡るとは、有名な世間話であるが、其氷の上に出来る跡のことを、御渡《みわたり》とも謂へば神先《かみさき》とも謂つたさうだ(三四)。つまりは狐を神の使者とすること、稲荷だけには限らなかつた時代からのオサキである。但是はどうであつても宜しい。私の話の目的とする所では無い。

九

島根地方で人に憑くと云ふ狐は、亦普通の狐では無い。やはり東日本《ひがしにほん》のクダ又はオサキとよく似て居る。今日は普通之を人狐《にんこ》と呼んで居るが、以前は又ヒトギツネとも謂つた。何にしても変な名称である。是は正すが宜しいと云ふ沙汰《さた》であつた。出雲《いづも》では或は其形に因《よ》つて、小鼬《こいたち》と謂ふ者もあるけれども、正しくは藪鼬《やぶいたち》又は山ミサキと呼ぶべきものと云ふことであつた(三五)。オサキと異なる点は、第一に尻尾《しつぽ》が太く無い。鼠のより短くして毛ありとある。毛は黄がかつた鼠色、又は黒に近いものもある。斑もあると云ふ話である。人が現実に此獣を見たと云ふ例は、クダオサキよりも遥に多い。人狐弁惑論の著者の如きは、何度と無く此物を捕殺し、種々な試験の用に供して居《ゐ》るが、唯一つだけ確め得なかつたのは、憑くのが果して真に此獣かどうかと云ふことであつた。憑くと言ふのが誤《あやまり》だと主張するのだから、兎角の論もし難《にく》いが、此が問題の人狐だか否かも、実は明白で無かつたのである。此人は又京都近くの或田舎で、同じ動物を見掛けたことがある。仍《そこ》で其辺の人によく尋ねて見たが、丸で斯な物が憑くなどゝは、思つて居ないことを知つた。冤罪であつたら如何《いか》に人狐でも、気毒な事と言はねばならぬ。

其よりも更に一層悲惨な話がある。阿波土佐の犬神に就ても同じ歴史が有つたが、近世に於ては雲州広瀬の領内で、狐持の家の根絶を企てた。苟《いやし》くも此世評のある家は、不意に外から囲つて、一時に之を焼尽したと伝へて居る(三六)。切支《きりし》丹《たん》の徒の如く、自ら堅い信仰を声言する者ならば是非も無いが、此中には必身に聊《いさゝか》の覚《おぼえ》の無い者も、数多く居たことであらうと思ふ。仮に世間に匿《かく》して狐を祀つて居たとしても、人に憑狂はせること迄は、彼等が本意で無かつたとすれば、此害の故に罰せられたのは憫《あはれ》な事であつた。処が今日の時世では、其狐を飼ふ家も実際は殆無いらしく、稀《まれ》に此噂を伝へられる家の話は、毎《いつ》も有得べからざるやうな事ばかりである。狐持の家々で、我等は狐持だと自覚して居《ゐ》ること、恰《あだか》も旧《もと》の鉢屋や茶筅《ちやせん》が、我身元を知ると同じい者が、果して半分も六割もあらうか。其さへも家の親たちから之を聞くので無く、世上の蔭口が耳に入り、或は人の憎《にくみ》が身に沁《し》んで、何時《いつ》と無く之を合点し、さては今迄さう言はれて居たのかと、自分等にも兼々同じ迷信があるから、反証を挙げる勇気よりも、匿して知らぬ顔をしようとするのが先に立つて、自然と吾身《わが》で世中《よのなか》を挟くするのである。残忍な刑戮《けいりく》も、一般に狐憑の畏《おそれ》が絶えぬ間《うち》は、此《かく》の如き家筋を種無しには為し得なかつた。殊に迷惑な事には、是迄一向其噂の無かつた名家でも、病人が自《みづから》何の某《なにがし》の家から来た人狐だと口走ると、元々間違だから、其だけは間違で無いかと問ふ者は無く、忽新に社会から排斥せられねばならぬ家が、又一戸増加するのである(三七)。人狐が縁組に因つて移殖すると云ふのも、此頃のやうに通婚が杜絶《とぜつ》して居ては、実は証拠を示すことも出来ぬ筈である。其結果どうして狐持の家が新に増すかの説明として、やはりオサキと同じく、零落した旧狐持の家屋敷などを買へば、買つた者に人狐が従属するなどゝ言つて、成るべくそんな道理が無いと云ふ反対を抑へようとする(三八)。恰《あたか》も狐の矢鱈《やたら》に憑くのは、狐使が死絶えて統御者が無いからだと謂ふのと相似たる筆法である。

狐持の家には金持が多いと謂ひ、やはり此獣が紙幣でも咋《くは》へて還るやうなことを言ふ。併し今日では財産ばかり有つても、碌《ろく》な聟も見付からぬやうでは何にもならぬから、此為に人狐を飼ひたくなる人はあるまいと思ふ。其他の理由としては、更に二つを想像することが出来る。富む者は多数の同情を得て居らぬ。而も此程無造作に狐持と決定をするやうでは、疑を掛けて愈《いよ〳〵》憎がる機会は、幾らでも出て来る筈である。第二には斯な評判の立つた家は、世間で相手にせぬ為に交際の入費が残る。取引や勘定の場合にも、怨まれると大変だから、少でも倒さうとする者が無い。金でも出来たらちつとは人に立てられようかと、稼業に一生懸命になる。そこであの家があれだけ資産を殖《ふや》したのは、只ではあるまいと云ふ事になるのである。つまりは人狐の所為と言へば所為で、稀には焼半分に此風説を強持《こはもて》の武器にする者も無いとは言はれぬ。之を考へると、寧《むしろ》野狐《やこ》同然のおとらの方が、社会の為にはずつと始末が良いのである。

所謂ヒトギツネの憑方は、些《ちつと》ばかり他の地方の狐類と異なつて居る。即我々なら熱とか悪寒《さむけ》とか謂つて、感冒《かぜ》にでもして了《しま》ふもの、胃腸の痙攣《けいれん》、神経痛などにも、直に法印を頼むから法印は人狐にしたがる。同じ精神異常でも、挙動に変な所があるのみで、自身では何も口走らず、従つて人狐だとは名乗らぬ場合も多いやうである。其を如何して狐持の怨からと解するかと言へば、結局行者の法力である。人狐地方の一特色は、病人以外に別にノリクラと云ふ者を立て、専《もつぱら》此と問答をすることである。ノリクラに為る男は行者も連れて来るが、行者に信用が乏しい場合には、近所の若者などを頼む。御幣を手に持せて何か唱言《となへごと》をして居るうちに、段々顫《ふる》へて来るので物の寄つたことを知るのである。最初は問沢山《とひだくさん》で、答は唯御幣の動静を以てするのみであるが、次第にノリクラが調子に乗り、爰《こゝ》に第二の狐憑が出来る。尤答は色々で、憑物の人狐で無いことも多く、人狐であつても身元の分らぬこともある。方角其他から判断して、法印は何の誰《たれ》の家の狐と明言すると、其家の主人覚《おぼえ》は無くても煙《けむ》に捲《ま》かれ、御幣を背負ひ、目に見えぬ狐を引取つて還るもあり、或は何としても承引せず、自分の方でも別に法印を頼んで来てノリクラを立てさせ、此から出たので無いことを言明させ、前の法印を遣込めて取消させることもある。何にしても空な話で、法印さへ斯《かう》多く無かつたら、人狐の騒《さわぎ》も流行はすまいと思はれ、而も祈《き》禱業者《たうげふしや》の中には、狐以上に人を欺く者も多かつたと、人狐弁惑論には説いて居る。

人狐の領分は伯耆国《はうきのくに》にも及んで居る（三九）。石州の一部にも暴威を振つて居《ゐ》るらしい。此地方の他に見られぬ特色は、古くから有つた狐使の狐を憑ける術が、明《あきらか》に二系統に分れて居《ゐ》ることである。狐持の方は人に憎まれることは大いが、実は狐を使役する力は弱い。仮に世間の噂の通《とほり》としても、持主が人を怨めば其狐は乃《すなはち》往つて憑くので、別に確《しか》と命令せられるのでは無い。財産も既に出来て静な生活のしたい家では、命令し得《う》る者ならば、矢鱈に出て憑くなと命じたいであらう。而も人狐は軽挙妄動すること野狐《のぎつね》の如く自由で、果《はて》は主人に面目無い思《おもひ》をさせる。之に反して山伏神主の方では、呪禁《じゆきん》の力を以て他所《よそ》の狐までを統御し、相対づくとは言ひながら、自由自在に之を乗座《のりくら》の男に憑かしめる。さうして金を儲《まう》ける。何故に災《わざはひ》の既に顕れた後にばかり祈禱をして、今一段と世の為に有益な方法、即迷惑する狐持から其一切の人狐を引取つて、最早悪戯をせぬやうに統御するの方法を講ぜぬのか。其動機を訝《いぶか》るの他は無い。或は此仲間の信仰として、術は人の力であれば行止《ゆきどま》る所がある。老い衰へ又は死んだ後に、狐ばかりは益《ます〳〵》繁殖して、故主を反噬《はんぜい》して久しい鬱屈《うつくつ》を伸べようとするものと考へ、成るべく専属の人狐を持つまいとしたので無いか。若さうとするならば、今日人に賤《いやし》まれ忌まれて居《ゐ》る狐持の家の起も、幾分か判明するばかりで無く、クダ屋、オサキ持、さては此から言ふ犬神筋、トウビヤウ持なども、只徒《いたづら》に斯な悪名を受けたので無いことが、知れるやうな気持がする。

一〇

この出雲伯耆から山一重《へ》越えて、広島県北部の田舎に入ると、人狐によく似て人に取憑き、同じやうに小豆飯《あづきめし》の好きな、外道《げだう》と云ふ動物が多く居《ゐ》る。比婆《ひば》郡の産で屢《しば〳〵》外道を見たと云ふ人の話に、鼹鼠よりは稍《やゝ》大く、鼬よりは稍小い、足の短い毛の茶色なる獣で、常は人家の牀《ゆか》の下などに住んで居《ゐ》る。春先は群《ぐん》を為して畠《はた》の中などに遊んで居《ゐ》ることがある。又よく鳴声を聞くことがある。クルクルと低い、田の蛙《かへる》のやうな声である。之を捕へたのを見ると、人を悩ましさうにも思はれぬ可憐な動物であるが、殺して棄《す》てゝ置くときつと活返《いきかへ》つて、其者に仇《あだ》を復《あだ》す。七十五疋《ひき》が一団であつて、其中には医者も按摩《あんま》も祈禱者もあり、形の有る限は蘇生《そせい》させずには止《や》まぬ。故に殺したからには焼いてしまはねばならぬなどゝ謂ふ。通例は土瓶などに入れて土中に埋《うづ》め、黒焼として之を貯へて置く。外道の憑いた病人には、何とかして之を服《の》ませると必退《の》く。併し非常に鋭敏であるから、之を混じた飲食物はちやんと知つて、滅多に口にするやうな事が無い。多くは押へ付けて嚥込《のみこ》ますのであると云ふ（四〇）。同じやうな話は信州伊那のクダに就てもする。クダを日乾《ひぼし》にして置いて、其疑ある病人に僅《わづか》ばかり食はせると、さも無い者は只舌の尖に塩はゆい味を感ずるのみであるが、本物ならば忽にして眼《まなこ》血走り頭を顫《ふる》はせ、気色《けしき》変り物言荒くなり、憑物の徴《しるし》を現すと云ふことである（四一）。

外道神にもやはり外道筋の家があつて、世間に忌まれ憎まれて居る。但し人狐其他の場合に於てはあまり聞かぬ、二箇の特色があるやうである。其一つは外道の憑く憑かぬは主人の意の儘で無いことで、憑けようとは思はずとも、些でも人を怨み又は羨《うらや》むことがあれば、はや我外道はちやんと往つて憑いて居《ゐ》る。或は何の原因も無いのに、単に悪戯から、又は食物が欲さに、独《ひとり》で憑くことさへある。此点は頗《すこぶる》おとらの方と似て居《ゐ》る。第二には家筋とは言つても従属するのは女ばかりで、従つて此家から嫁を取つた家だけが、新規に外道筋と為るのである。嫁一人に付七十五疋づゝの外道が従つて来る。女の児が一人生れると、亦其日から七十五疋の外道が増加する。女は概して胸の狭いものである故に、外道も中々忙しいが、中には淡泊な気質の婦人もあつて、家筋なれども生涯人に難儀を掛けぬ者もある。さうで無くても我と我浅ましい因果を歎いて、成るべく激しい情を慎むばかりで無く、信心に由つて此害の少からんことを求むる者もある。外道憑きを攘《はら》ふには妙見様を祈念する者が多い。家筋の者も信心をするときには亦妙見を拝むのである。其為に後に法華に為つて法力を求めるのか、或は又前から法華であつたのかは知らず、庄原近傍の外道筋は、何《いづれ》も日蓮宗の信者だと云ふことである。

外道は人に憑く時に限つて、形を隠して往来する能力がある。素《もと》より人の眼《め》に掛からぬ故に、黙つて居《ゐ》れば身元も分らず、況《いはん》や何処の家から来たかを知られることは無い筈であるが、元来すこし道化た物であつて、よく喋り又ふざける為に、久しからずして所謂素性を現してしまふのである。彼等は其属する婦人を、通例おかあさんと呼んで居《ゐ》る。奥の間に寝て居る病人が、あ今おかあさんが通る、負はれて去《い》なうか知らんなどゝ言ふ。すると家の者は急いで出て見ると、平生そん

柳田國男全集

第二十二巻

月報

33

2010年9月
筑摩書房

●インタビュー

柳田冨美子さんに聞く（II）

聞き手・石井正己

〔石井〕　新婚旅行を終えて戻ってこられて新婚生活はいかがだったんですか？

〔柳田〕　成城の家に入りましたときね。間が悪うございましてね。十二月八日（一九四一）に戦争が始まりましたでしょう。旅行から帰ってきたのが九日。みぞれが降っていて非常に寒かったんです。為正の部屋には小さい練炭ストーブがあって、お手伝さんがそれに火をつけてくれるんです。北風が吹くと細い煙突から煙が戻ってきたりもしますし、練炭は臭いし、あまり暖かくもなくて、それもちょっとショックでございましたの。

　それにお手伝さんは、ちょうど同じ年頃で七年もいる人が二人いたわけですから、お嫁さんに好奇心もありますし（笑）、不自由でございましたね。お茶も勝手に飲めないいし。お台所は下の階ですから、「お茶頂戴」とも遠慮しがちで言えなかったんです。私の育った家のお三時には、ケーキでもお饅頭でも箱のまま出てきまして、そこからお皿へ自分でとっていただきましたから、お盆にお菓子を一つ載せてお茶を持ってこられますと、物足りなくて（笑）。お上品なんです。

〔石井〕　お嬢様から急にお嫁さんになってしまったわけですね。

〔柳田〕　そうです、そうです（笑）。私の家はきっと柳田の家よりも少し開放的で、お行儀が悪かったんだと思います。

〔石井〕　国男先生は食に対する興味はあまり？

〔柳田〕　ええ。お父様はどこそこのおいしいものを食べたいとか、あまり欲がおありにならないのね。ご機嫌がいいと、ちょうどその時間に当たれば召し上がりますけれども。でもね、私が「ここの家は食にはあまり豊かでない」と思っておりましたら、前にお父様も書いてらしたのかしら、「柳田の家は食生活は貧しい」と。でもお父様は絶対文句はおっしゃらなかったですね。

〔石井〕　質素にしてらしたわけですね。

〔柳田〕　お手伝まかせで、何を食べさせられても平気でおりました。ただ父は酸っぱいものは嫌いで、甘いもの好き。私が作るお吸物は「水臭い」と言っておりました。味が薄すぎることです。関西風では、色は薄いけれども、味はしっかりしていますものね。でもお父様はそんなに御馳走を召し上がって育ったわけじゃないので、食べ物には文句をおっしゃらないたちでした。もちろん官吏のときには、外でおいしいものを召し上がっていたでしょうし、物を書いているときには、うまく書ければ食欲も進んだんじゃないでしょうか（笑）。

〔石井〕　為正さん御夫婦と国男先生ご夫婦は一緒に食事をなさって？

〔柳田〕　そうでございます。お父様の書斎の北側に続いて、食堂がございました。書斎の北側は全部本箱でしたが、その裏側の食堂の南側も本箱なんです。だから書斎みたいな……。

〔石井〕　書斎で食べてるような。

〔柳田〕　そう（笑）。あんまり素敵な感じの食堂ではございませんで、狭くて。それから朝はパンとコーヒーなんですね。

〔石井〕　だいたい朝はパンとコーヒー？

〔柳田〕　戦争のはじめの頃はね。お手伝さんの作ったフランスパンがありまして、あまり上手に焼けてるパンじゃないんです。酵母がふっくらと膨らみきれずにこちこちしたパンを、お父様は華奢なきれいなお手で割って食べてらした（笑）。

〔石井〕　昼は？

〔柳田〕　最初の頃はお手伝さんがいて、お給仕しておりましたから、きっとご飯とお吸物と何か食べてたんだと思います。三食とも一緒に食べておりました。為正さんは、寝坊が好きなもんですから、だんだんお父様の食事に間に合わなくなりまして。大学院ですからゆっくり出掛けられるので、起きないんですね。お手伝さんはいちどきにすませたいわけなのに。文句は全部私にくるわけ。「早く起きていただかないと、お昼のお支度をするのに差し支えます」ということと、「お掃除が上と下と逆になりますと、もう一度ほこりが下へ落ちます」ということで、いつも文句を言われてました。

〔石井〕　お父様とのお食事は、だいたい何時と決まって？

〔柳田〕　そうでございますね。お父様はだいたいきちんとお起きになって、食事は七時頃だったんじゃないかしら。午前中に書斎に入ってお昼。お昼の後も書斎におりますと、たいていお客さまがいらっしゃいますから、お客さまとおしゃべりしたり。飽きると、「散歩に出ましょう」とおっしゃって。

〔石井〕　先生はよく散歩をなさったんですか？

〔柳田〕　お客さまとご一緒に。お送りして、途中お別れして、自分はまた歩いて帰ってきたりいたしました。

〔石井〕　散歩をご一緒なさるようなことはなかった？

〔柳田〕　私はほとんどございませんでした。うちにはそういう習慣はなかったみたいで、お母様がなさいませんから。ただ、為正はよく私を散歩に誘いました、婚約中のときも。だけれども、私は散歩は苦手なんでございますよ（笑）。

〔石井〕　ご結婚なさって新婚時代のお父様、国男先生のふるまいとか生活の中で印象深いことは？

〔柳田〕　他の人たちはお父様を怖がっていたらしいんですね。私は人を怖いと思って育たなかったから、平気でした。そういうのは周りの人から見ると、ある意味では、ちょっと羨ましいということもございますし、ある意味では、生意気だというふうにもとられたみたいですけれども。お父様には非常に家族として親しげに迎えられたという感じでした。ですから、お父様の存在ですごく助かってた。

〔石井〕　食事の席なんかではどんなお話が？

〔柳田〕　よく地方の方のお話もしておりましたし、私の家族のことを聞いたり。しばらくして妊娠いたしましまして、そうすると何がいいとか、田舎の人からよかったって聞いていたようなものを食べさせたがりました。「稗のご飯を食べなさい」とかね。赤ちゃんができた後も、「乳が出るかもしれない」と、母を連れて埼玉県のほうへ出掛けていって、鯉を買ってきたりしておりました。優しい人でしたよ。お父様のことを怖いと思ったことはありませんでした。けれども、お父様のほうから何か話しかけなさったときに、普段の私だったら、自分の意見を言ったりできるはずだったんですけれど、いまから考えてみますと、やっぱりそうじゃなくて、あの時代は男の年上の人とは、ちゃんと自分の意見を言ったりする習慣がなかったせいかしら。後に民俗学会関係のこととか、いろいろな事情がございましたでしょう。そういうときに、なんで私がもっときちんと話せなかったのか、お父様からちゃんとご意見をうかがうこともできたはずなんです。

〔石井〕　民俗学に関わるような学問の話を改めてなさるようなことは？

〔柳田〕　全然ございませんでした。為正には何か遠慮してらしたようでしたし。むしろ、お父様は人をもてなすのがおじょうずだから、為正から何か聞くような形の話の仕方をなさいましたね。ですから、片方民俗学、片方動物学ですけど、動物学の話を聞き出す父のことを見てて、学問はとてもおもしろいというふうに私も感じておりました。ネズミが海を渡って、どこかの島で繁殖するような話は動物学的な話でもあるけれど、お父様としては民俗学的な興味で。

〔石井〕　そういう『海上の道』を行くような接点の話について、そういうところで為正さんとなさる？

〔柳田〕　それが『海上の道』だということは、その頃の私には皆目見当はつきませんでした。

〔石井〕　後からみると、そこへ流れていく話が出ている。

〔柳田〕　そうでございます。だからお父様と為正さんが、学問の話をしているときは、非常に素敵な親子でございます。

〔石井〕　お父様は為正先生の動物学をどのように見ていらしたんですか？

〔柳田〕　最初、お父様は自然科学をするようにと為正に勧めたみたいで、高等学校でそういう先生方と親しくしていただいたみたいですね。結局、東大の理学部では動物学専攻に入ってしまいました。勉強がよくできた人だから、それが幸いしたのかしなかったのか、そこで先生に可愛がられちゃったわけね。自分もそれでいいと動物学の教室に残っておりましたけれども、私がお嫁に来た時点では、動揺もしておりました。そのころは、まだ実験用の機械なんかも進んでいなかったし、顕微鏡だって古い形のものでした。それで、ガラスの管をアルコールランプで温めて、引き延ばしたり吹いたりして、いろんな実験道具を作るんです。彼は不器用なの。おじいちゃまもすごい不器用で、おばあちゃまもかなり不器用。だから、それがとてもできにくいのでございます。で「僕は動物学の実験に向いてるのかどうか」って、すごく悩んでましたの。ときどきご機嫌が悪くなっちゃうので、困りました。図面描くのも下手なんですよ。翌日が何かの発表のときなんか、よく手伝いました（笑）。

〔石井〕　内助の功だったんですね。少し前に話を戻します。最初のおめでたのとき、その後昭和十七年（一九四二）に清彦さんがお生まれになった。そのとき先生はどんな？

〔柳田〕　お父様はすごく嬉しそうでしたね。でも一週間我慢して。七日間は忌みで部屋に入らないんでございますか？

〔石井〕　出産はどこでなさった？

〔柳田〕　雑司谷の東大の分院でございました。大島の父が昔、あそこで働いたことがあって。お父様は、お七夜がすんでからいらっしゃいました。

〔石井〕　そのときはどんな様子でした？

〔柳田〕　とてもニコニコして。

〔石井〕　お母様といっしょに？

〔柳田〕　父は最初一人でまいりました。

〔石井〕　お言葉をかけられるようなことは？

〔柳田〕　ええ。「ご苦労だった」と言ったと思いました。自分でちゃんと息子の名前を書いて。

〔石井〕　命名はお父様が？

〔柳田〕　そうです。「清彦」と。

〔石井〕　何か謂われはあるんですか？

〔柳田〕　柳田の家では「清」という字と、「為」という字が名宣りなんです。それで為正は「為」の字が付いたのですけれども、戦争中で「彦」ってのがわりと流行ってたんですね。

〔石井〕　七日目に見えたときも、お父様がもう名前もつけ、命名とお書きになって？

〔柳田〕　そうです。その紙がどこを探してもないの（笑）。

〔石井〕　探してください（笑）。清彦さんがお生まれになって、柳田先生は孫の面倒とかごらんになられたんですか。

〔柳田〕　面倒はあまりみません。でも、すごい関心がありまして、大きくなってから「下駄を履かせなさい」とか、小さいときは「もっとお前は抱いてやらなくちゃいけない」とか。いまそれ、すごく言われていることでしょう。私はそのころ『婦人之友』という雑誌の通りに子供を育てておりまして、できるだけ寝かせておけという教え方。それと来客が多いから、ついそのようになりますので、子供たちはお行儀がよくて、四人八畳にいても障子をほとんど破いておりませんね。

〔石井〕　子育てについても、押しつけがましいようなことはないわけですね？

〔柳田〕　ないです。ほんとうはお父様でもお母様でも、かくかくしかじかにしなさいとか、もっとおっしゃってよかったんだと思います。何が柳田家の習慣なのかが、あまりなかったですね。清彦はお父様がどんなに物を書いているときでも、ハイハイができるようになってからは、とことこ二階に上がっていって、いつでも歓迎されてました。必ず飴玉を一ついただいて戻ってきました。

〔石井〕　為正先生の就職はどの時点で？　すぐに女子師範（東京女子高等師範学校）だったんですか？

〔柳田〕　昭和十八年（一九四三）あたりでしょうか。東大の大学院で助手になりまして、そしたら、女高師の先生がお一人三崎の実験所にお移りになったので、担当の先生が「柳田君は、まだほんとうに若すぎるけど、ことに女の子の学校に行くには若すぎるけどね、結婚しているからいいんじゃない？」とおっしゃって、女高師の先生になったんです。

〔石井〕　嫁がれてきて、お父様からお嫁さんとしてのふるまい方というようなことについてのお話は？

〔柳田〕　別にお行儀とかそういうようなことは、あまり問題ありませんでした。聖心（聖心女子学院）を出たあと、お茶とかお花とかお裁縫とか、皆お稽古事に通っておりましたから、そんなに失敗はしなかったようですね。ただおかしかったのは、お手伝さんがいなくなったときに、お母様がご飯を召し上がって、私がお給仕するのに、「お母様、お代わりいたしましょう」とお盆を出しましたら、お母様がすっと立って、ご自分でお鉢からおつぎになったんですよ。それで、どういう意味なのかわからなかったら、後で、「お前は、杓文字を渡すという言葉を知ってるか」と父が申しまして、「なんですか？　それ」って感じだったんです。「お母様はまだお前に杓文字を渡してないから、ご飯はお前がつぐもんじゃないんだ」。「ああ！　へえっ？　そんなことがあるのかしら」って。それは民俗学の主婦権らしいんです。私の怪訝な顔を見て、「それは遠慮じゃなくて権利なんだ」と教えてくださいました。

〔石井〕　お手伝さんが住み込んでいらしたんですね？

〔柳田〕　柳田の家は西洋館つまり喜談書屋がありまして、曲がり屋みたいに本館がついておりましたから、そこの間は廊下でつながっていました。廊下の北側は電話室と女中部屋でした。

〔石井〕　八枝子さんが生まれるころには、お手伝さんは？

〔柳田〕　もうおりませんでした。

〔石井〕　その頃から奥様の柳田家における仕事というのは、食事を作られたり、お掃除されたり？

〔柳田〕　そうですね。だから父には不味いものを食べさせていたはずと思います。酸っぱいものを私が好きだから、きっとかなり我慢してたんじゃないかと思います。

〔石井〕　料理を作るときに、お母様が何かおっしゃるようなことはなかったんですか？

〔柳田〕　お母様は御家付きのお姫様ですから、戦争になって、お手伝さんが皆いなくなっちゃって、でも杓文字権はお渡しになるつもりはないから、そのとき初めて、お米をといでご飯を炊くことを覚えた方なんです。だからお料理はほとんどなさらない。ですからお金の指図もなさらなかったわけです。でもね、お正月がくると、蓮根を煮まして、真ん中から切って並べると矢羽根になりますわね。そんなのはお母様がなさいましたね。

〔石井〕　晴れの料理だけはなさった。

〔柳田〕　せめてそういうものはご自分でなさろうとされたのね。たくさんお客さまがあるときは量を作りますでしょう。夜中になっても二階へ上がらなかったら、父が心配して下りてきまして、「もういい加減になさい」って。きっと二人で張り合っていたんですわ（笑）。お姑さんとお嫁さんと。私ももちろん慣れてるわけがございません。でもどうにか二人でなんとかかんとかお正月料理を作って。

〔石井〕　柳田家のお正月風景はどんな？

〔柳田〕　たくさんの人が集まりました。為正の姉妹はもちろんのこと、母の姉が二人おり、両家のいとこたちが加わると、家中いっぱいになっちゃいます。民俗学関係の方たちもお見えになりました。おじいちゃまの書斎だけの方もあるし、親しい方は母屋でご一緒されました。いまこの建物は遠野にございます。私たちが住んでる二階の下が十畳と六畳。畳一畳ぐらいの組立式の座卓三つを横にずっとつなげて、お正月は皆ご一緒なの。昼から夕方まで順繰りですから、あまりフォーマルなものじゃないんですけれど。お客さまのもてなしは、母はできるだけ戦争中でも形を変えないでしたかったわけです。

〔石井〕　戦争中の昭和十八年、十九年（一九四四）あたりから、お手伝さんがいなくなってがらっと変わったわけですね。

〔柳田〕　ええ。ほんとうにいまから考えると、よく生きていたもんだって思うのと、子供たちがよく育ったなと。でも、私、わりと賑《にぎ》やかなことは嫌いじゃないし、どっちかというと物事は先を見て明るく感じるほうですから。それに自惚れもあったのかしら。自分はしなくちゃならないことはできるんだっていう気持ちも、たぶんはたらいていたんじゃないかと思います。そう苦にはなりませんでしたね。

〔石井〕　どうもありがとうございました。

（了）

（二〇〇五年五月一二日、於柳田邸）

（やなぎた・ふみこ　柳田為正氏夫人）
（いしい・まさみ　東京学芸大学教授・柳田國男全集編集委員）

「幻の論考」を求めて

伊藤純郎

『定本柳田国男集』別巻五に収録された「総索引」を眺めて感じることは、郷土研究という言葉の使用頻度に比べて、郷土教育という言葉の使用の少なさである。柳田国男が郷土教育という言葉を使用した論考は、次に掲げる七つにすぎない。

①「郷土研究の将来」（『郷土科学講座』第一冊、昭和六年九月）。
②「食物と心臓」（『信濃教育』第五四三号、同七年一月）。
③「郷土研究と郷土教育」（同七年一一月五日、山形県郷土研究会。『郷土教育』第二七号、同八年一月）。
④「信濃柿のことなど」（同七年一一月八日、長野放送局放送「信州民俗講座」。『心境』第一巻第二号、同九年五月）。
⑤「今日の郷土研究」（『郷土教育』第四三号、同九年五月）。
⑥「国史と民俗学」（『岩波講座日本歴史』第十七巻、同一〇年二月）。
⑦「小序」（石川県図書館協会編『町村誌編纂の栞』、同一三年七月）。

このうち③は、昭和七年一一月五日、山形県郷土研究会主催の講演会における「郷土研究と郷土教育」と題する講演録である。前日の四日から山形県師範学校で開催されていた山形県主催郷土調査研究会に引き続き、小学校・補習学校教員を対象に山形県会議事堂で行われた講演は、「我々は郷土を研究の対象として居たのでは無かつた」という、柳田国男の郷土研究を論じるときしばしば引用される一節で有名なもので、郷土教育という言葉は十数回も使用されている。しかし、③以外の各論考では、郷土教育という言葉の使用はいずれも一論考につき一回限りとなっている。

一方、同じく『定本柳田国男集』別巻五に収録された「書誌」昭和八年十月項には、「郷土教育雑感　教育研究　一―2」という記載がある。「教育研究」は、東京高等師範学校附属小学校内初等科研究会編『教育研究』と思われるが、『教育研究』には該当する論考は見当たらない。さらに「書誌」作成に際して参考とした水木直箭編『柳田国男先生著作目録』（昭和一〇年、大阪民俗談話会）、および鷲尾三郎「柳田国男先生著作目録」（『陳書』第五号、同一〇年、神戸陳書会）にも該当するものはない（拙著『増補郷土教育運動の研究』平成二〇年、思文閣出版）。

このため、わたしは、昭和八年から一一年までの書誌を収めた『柳田國男全集』第二九巻の刊行を待ち望んでいた。「郷土教育雑感」と題する論考はどこに発表されたものなのか、そして論考のなかで柳田は当時流行していた郷土教育運動についてどのような想いを抱いていたのかと。だが該当する論考は第二九巻には収録されなかった。「郷土教育雑感」はわたしにとっていまだに「幻の論考」である。

ところで、柳田が郷土教育という言葉を最初に使用したのは、管見の限りでは昭和三年一一月に発行された『教育問題研究　全人』第二八号に掲載された「郷土教育その他」（『定本柳田国男集』未収録、『柳田國男全集』第二七巻収録）である。同誌は成城学園小学校内の教育問題研究会が出した月刊の教育雑誌である。宗教家・学者・批論《ママ》家・政治家・実業家・文芸家による「新日本の教育者」に対する意見を編集部がまとめた特集号のなかで柳田は、朝日新聞顧問という肩書きで「農村教育や現代一般教育に対する反省の参考資料」を述べている。そのためであろうか、この小論は、「郷土教育その他」という題名にもかかわらず、文中で郷土教育という言葉は一度も使用されないまま、郷土教育についての柳田の見解が述べられるというユニークなものとなっている。このなかで柳田は、郷土教育を「腹の出来た立派な人間」（一人前の児童）を育成するために必要な「郷土に密着した教育、生活に基礎をおいた教育」「郷党の教育」と定義したうえで、現行の学校教育に対して以下のように述べている。

> 明治になると世は挙つて欧化の時代となつて（中略）、郷党の教育もこの運命からのがれることが出来ずに捨てられて、洋式の教育なるものが之に代つたのです。／その洋式の教育とは（中略）、即ち書物による教育である。文字をとほして論理的に抽象的にものごとを考へ、教へる教育であつた。子供の日常生活との交渉や又郷土との関係などを考へる教育ではなかつた。／更に悲しむべきことは、この新教育に携はつた先生の多くが郷土の人ではなくて、他所から来た人々であつた。このことは一層新教育を禍した。／その土地に何の理解も愛着も感じない先生が行つて、その土地の子供を教育しようといふのであるから多くの困難のあることは言ふまでもない。

右の文章からわたしの脳裏に浮かんだのは無着成恭編『山

びこ学校』であった。周知のように『山びこ学校』は、昭和二三年に山形師範学校を卒業した無着成恭が赴任先である南村山郡山元村山元中学校で発行した文集「きかんしゃ」に掲載された生徒の文章を集めた作品集（昭和二六年、青銅社）である。

柳田は『山びこ学校』を高く評価したようだ。無着と山形師範学校の同期で『山びこ学校』が出版された当時成城学園小学校教員であった庄司和晃は、柳田に「君、『山びこ学校』を読んだかい？」「いや」「それはいかん、あれはぜひ読むべきだよ」と、玄関口でいきなり言われた」と回想し（庄司『山びこ学校』成立の原動力にこそ」、『現代教育科学』第三一二号、昭和五七年）、「実はあるところから『山びこ学校』の書評を頼まれているんだが、どうせほめることになってしまうのだから、断ることにしよう。あんまり若いうちから持ちあげると、将来、その人にためにならなくなるからね」と述べたという（佐野真一『遠い「山びこ」』、平成四年、文藝春秋）。そして、柳田の書き込みのある『山びこ学校』を手渡されたという。

無着が『山びこ学校』に結実する「郷土から生え出た実際教育」を実践していた時期は、柳田が民俗学研究所員や成城学園小学校教員らとともに、いわゆる「柳田社会科」の単元作りを手がけていた時期に相当する。

「あの先生、いい教育をやったものだ」（庄司）と無着を評価する柳田にとって、「山びこ学校」での郷土教育はいかなるものであったのか。まさに「幻の論考」となった『山びこ学校』の「書評」はともかくも、柳田の書き込みがなされた『山びこ学校』はなんとしても探し出したいと思うのである。

（筑波大学大学院教授）

「事大主義」を超えて

室井康成

戦後、柳田国男に親炙した政治学者の神島二郎は、当時の柳田が民俗学研究を通じて目指していたものは、日本人の「島国性と事大主義」の解明であったと要約した（神島『政治をみる眼』）。一般に「事大主義」とは、主体性がなく、権威や権力あるいは大勢にすり寄ることで、自身の安息を図ろうとする非自律的な態度である、と解される。

「事大」の語源は、中国古代の儒教経書である『孟子』の「惟智者為能以小事大」というくだりである。意味としては、弱小国が生き抜くには、強大国につき従うことが得策であるという一種の安全保障論であり、本来、悪いニュアンスはなかった。これに「主義」をくっつけて新たな熟語を創出し、今日的な意味合いを付与したのは、かの福沢諭吉であったとされる。ただし、確たる証拠がないため異論もあるが、十四、五歳から『孟子』の素読をものにし、かつ「私は天稟、少し文才があつたのか知らん、よくその意味を解し」たと語った福沢であれば（『福翁自伝』）、当然、件の故事ぐらいは知っていたであろう。しかも「事大」と「主義」とを結び付けるあたりは、いかにも福沢らしい、と私は思う。

「事大主義」の初出は、明治十七年（一八八四）十二月十五

日に発行された新聞『時事新報』の記事である（姜東局「「事大主義」の起源」『名古屋大学法政論集』二一七号）。ここで「事大主義」という言葉は、その直前に隣国朝鮮で起きた国内開化派（独立党）によるクーデター未遂事件（甲申政変）を受け、朝鮮政府内で、文明開化を拒否し、清国との冊封関係を維持しようとする政治勢力を指して使用された。福沢造語説の根拠は、同紙が福沢の主宰であったためである。その後も「事大主義」は同紙上で再説され続け、やがて一般名詞へと昇華してゆくが、この時期の特徴は、この語が主として志賀重昂や山路愛山といった保守派知識人によって使用されたという点である。言うまでもなく、そこには先に近代化を果たした日本による、隣国への優越意識が伏在していた。つまり、この語はもっぱら、朝鮮政府の固陋性を表象する語として、明治の言論空間を彩ったのである。

当時の日本の知識人にとって、朝鮮は、旧来の権威の前に平伏し、自律的な思考のとれない未開の徒として映じていたらしい。しかしながら、そうした志向を「事大主義」と表現するならば、それはひとり朝鮮のみに帰せられる問題ではないのではないか。日露戦争後になると、彼らもそのことによ うやく気づきはじめる。柳田国男もその一人であった。

柳田による「事大主義」の初出は、大正七年（一九一八）の論考「相州内郷村の話」（『郷土誌論』所収）である。題目からも察せられるように、これは柳田が、新渡戸稲造ら郷土会のメンバーとともに実施した相州内郷村での農村調査について述べたものであるが、この中で柳田は、明治維新後、平民がはじめて苗字を名乗る際、すでにあった「他家の家号を僭称した例」を「事大主義」と呼んだ。農村部にあって、維新前から、たとえ通名であっても苗字らしきものがあった家は、普通、旧家などと呼ばれるその土地の名士の係累であろう。晴れて誰でも苗字を名乗れる世になったにもかかわらず、これを自分で考え出そうとはせず、権威筋の家名を頂戴することで、むしろ家系にハクをつけようとする態度は、なるほど「事大主義」そのものであると言える。

また、同じ論考で柳田は、いわゆる「民俗」が伝承され続けてきた理由に関して、「彼是取捨選択して責任を負ふよりは、先づ誰もする通りにして置かうと云ふ所から、自然に在来の式を踏襲することになる」と述べ、それが人々の非主体的な思考の結果であったという見解を示している。前述の苗字の例を「誰かと同じ」であることを希求する心意の表われだとするならば、この伝承のメカニズムの説明は、「昔と同じ」でありたいと願う心意を剔出したものであるとは言えまいか。換言すれば、前者は同時代の「権威」への、後者は過去の「伝統」への「事大主義」だということである。そうだとすれば、両者に共通して見出せるものは、自分自身の思考・判断を放棄した自律性・主体性の欠如である。

私は、柳田国男のテキストを読み始めて、まだ十年と日が浅いが、現段階での卑見を披瀝すると、彼の言う「常民」とは、この「事大主義」に絡め取られた人々を指した謂であり、またすべての「民俗」事象は、その具現化したものではないかと考えている。そう捉えると、「世の為人の為」の学問を目指し、「かしこく正しい選挙民」の育成を夢想した柳田にとっては、「常民」は「常民」のままであってはならないし、「民俗」もまた常に乗り越えてゆくべき存在であったということになる。つまり、柳田にとって民俗学とは、「民俗」の現状把握のための学問であり、「常民」をして「民俗」から脱却せしめ、以って自律性・主体性を確立させることを目途とした、極めて啓蒙的な学問だったのではないだろうか。そう考えれば、彼が戦後、膝下の民俗学者を動員するかたちで「かしこく正しい選挙民」の育成に向けた公教育確立に邁進した意図も、すっきりと理解できるのではなかろうか。この意味において、私は冒頭で引いた神島二郎の見立ては、蓋し至言であると思う。

ところで、昨今の日本の民俗学界では、俄かに「柳田不要論」が擡頭しつつある。確かに、柳田が提示した個別の民俗事象に関する論点は、その後の研究により、ほとんど乗り越えられたであろうことは、私も認める。ただし、柳田の問いを駆動したより大きな問題意識は、これまできちんと検証されてきたのかどうか、甚だ疑問である。それがなされないまま、柳田なんて時代遅れなりと称し、ただ日本語を外国語に言い換えることが国際的であるかのごとく認識する向きがあるとすれば、それこそ重篤な「事大主義」であろう。他方、世間に目を向ければ、「誰かと同じ」であることから脱落した人々が自死に追いやられたり、あるいは他人を無差別に殺傷するという事案が後を絶たない。インターネット上で日々繰り返される誹謗中傷のヒートアップも、大勢と同じでありたいと願う「事大主義」の、ある種の帰結であると見ることもできよう。柳田の志向したものが、本当に「事大主義」の解明であったとするならば、それは未だに今日的な課題性を有しているると言えるし、しかも、我々の日常に未決のまま放置されている。

私は私の取り組む学問が、今後、柳田国男の残した宿題を解決させる方向へと展開するかどうか、まったく自信がもてないが、せめて自分一人は「事大主義」を超え、一見スマートに見える「柳田不要論」などにかまけることなく、主体的かつ自律的な思考・行動のとり得る民俗学徒でありたいと念じている。

（千葉大学国際教育センター特任研究員）

＊編集室より

飯田市美術博物館柳田国男館、成城大学民俗学研究所、遠野市立図書館・博物館、柳田国男・松岡家顕彰会記念館、三省堂、東京書籍の各機関ならびに飯倉照平氏のご協力をいただきました。

なお、次回配本には柳田没後の昭和三十八年から最近に至るまでの作品論考群および未発表草稿類を併せて収録する第三十四巻を予定しております。ただし、未発表草稿類を除いた校正刷の段階において、すでに千頁を超えたため、製作面などの諸条件を考慮し、第三十四巻を上巻・下巻の二分冊とさせていただくことになりました。予めご了承ください。

○次回配本　二〇一一年夏刊行予定
第三十四巻（上）　昭和三十八年〜平成三年

な噂のある家の女の後影が見える。其では多分あの事からなど〻、今更に極めて小な葛藤などを思出《おもひだ》す。元々使つて憑けると云ふことが無いとすれば、迷惑とも何とも言様の無い話で、如何《どん》な反証でも挙げ得《う》る道理であるが、外道筋の方でも有得《ありう》ること〻信じて居《ゐ》るのだから、術を以て故意に遣る場合よりも始末が悪い。そんな風説を立てられて、世間を狭くしたいことは無くても、彼等自身も亦、外道は待遇が悪ければ、家の者にでも憑くと信じて、人に匿して小豆飯を炊《かし》ぎ、潜《ひそか》に出入口などで此物を祭つて居《ゐ》るのだから仕方が無い。オサキやクダなどの初《はじめ》は統御に服したものも、恐くは永く棄て〻置けば斯なるのでは無いか。さうして終《つひ》には皆、おとらの如き不羈《ふき》独立に達するのでは無いか。私は此意味に於て、此等の物の比較研究を必要と考へて居《ゐ》る。

　右の外道神と謂ふのは、即よく人の謂ふ犬神のことである。同じ広島県の中《うち》でも、安芸の高田郡などに於ては、犬神と謂つても外道と謂つても、同じ物を意味するさうである。人家殊に之を飼ふと云ふ噂のある家《うち》の周囲で見たと称する人の話を聞くに、形は備後《びんご》の方のものと、些も異なつた所が無い。唯此辺でのみ言ふことは、外道は主人の家《いへ》を富ましむる為に、田畔《たのくろ》に穴を開けて、隣の田の水を盗むなど〻、憑いて煩はす以外にも、色々の悪名を立てられて居《ゐ》る話である。真宗の流布と共に、此種の迷信が次第に薄れたとも聞いたが(四二)、果して真実であらうか。兎に角に外道と云ふ名称は、仏法の力を以て制御せらるべき他の信仰の事であつて、芸備地方での外道は即犬神であつたのである。二百三四十年前《ぜん》の書物には斯も書いてある。備後安芸周防長門《すはうながと》の賤民《せんみん》、犬神と云ふ外道の神を持ちて少の恨あれば犬神を人に憑くる云々。女童《をんなわらべ》のみを煩はす邪神の外道なり。犬神とは多くは食物を見て、人に憑く故に犬神と謂ふなりともあつて(四三)、犬と云ふ名には重きを置いて居らぬ。実際又尋ねて見ると、犬らしからぬ点が甚多いのである。

一一

　犬神が暴れる地方は、オサキやクダなどよりも遥に広い。先四国は中国などよりもずつと盛であつて、或《あるい》は発源地かとの説さへあるが、九州に於ても略《ほゞ》其南端まで、インガメの名を以て其威力を認められ、沖の沖縄島にさへもインガンチャウマジムンの語が行はれて居《ゐ》る(四四)。さて分布が此だけ弘《ひろ》いと、其形に付いての人の話に、往々にして著しい不一致があるのは自然である。出雲の人狐は耳が四つあると謂ふが、多分は耳の上端に切目《きりめ》の入つて居《ゐ》ることであらう。或人曾て四国の伊予とかを旅行した時、さう云ふ獣の路に死んで居たのを見た。あれが犬神だらうと言つて居た。上州のオサキは、何か知らぬがメトホシと云ふ獣に似て居《ゐ》ると謂ふ(四五)。土佐の犬神は乾して持つ人が時々有る。山中に住む櫛挽鼠《くしびきねずみ》に似て、尾に節あり、毛は鼠色とある(四六)。其では既に広島県の外道の茶色であるのとは別口である。其だけなら宜しいが、聞けば聞く程両立し難い報告ばかりである。大さなども元より区々で、甚しきは米粒ほどの犬と謂ひ、而も白黒の斑色々あるなど丶伝へる(四七)。或は又犬神は唯無形の霊気の如きもので、人に依るに及んで小犬とも為り、又は眼《め》にも遮らぬ小虫とも為るのだと謂ふが(四八)、人に憑く時こそ形の無い方が便利であらうのに、わざ／＼そんな物に化けるとは解らぬ話だ。先は家筋の増加蔓延《まんえん》を説く為には、或生物が有つて子を生むとして置く方が都合は好いが、実は動物学で取扱ふべき問題では無く、伊予の小松の附近などで、家の者には見えるが他人には見えぬと、言つて居る位が本当であらう。或は犬神を以て単に一種の神力と為し、其筋の人の喜怒哀楽が、直接に当の相手の身に作用するやうに言ふものも多く(四九)、愈以て獣の毛の色や尾の長さの穿鑿《せんさく》が、張合の無いものになるのである。

肥後などでは犬神《いんがめ》を飼へば金持になる理由として、人の眼《め》には掛らぬ鼠の形で、穀物を出す時には桝《ます》の底に入り、取る時には桝の外へ出てくれるなど丶云ふこと、オサキと同じやうであるが、憑方には大分の相異があつて、害の種類の多いことは、人狐の方と似て居る。伊予では殆少し変梃《へんてこ》な病気は、皆犬神の所為にして了ふ地方がある(五〇)。就中《なかんづく》犬神が来て噛むと謂つて、腹が痛む胸が苦しいなどの場合が多いと云ふ。土佐では通風即神経痛の類を是だと謂ひ、其痛《いたみ》は丸で犬の噛む通だなど丶、噛まれた経験の幾らも有りさうなことを言ふ。さうすると何の某の家《うち》から来たかを知るには如何したか。責められて終には口走るやうに為る者もあらうが、多くは祈禱者の発見を以て基としたこと丶思ふ。病人の家《いへ》では早速犬神持の処へ詫言《わびごと》にゆき、懇意の間柄ならば欲い物を遣り、若《も》しくはよく和談して、退《の》かせる手立を講ずるが、本人之を聞いて意外に思ふ場合も多く、其ほど激しく情を動かしもせぬのに、どうして又憑いたかと、果は家の先祖の因縁を悲み、我身を恨むより他はなかつた(五一)。其程まで厄介がられても、犬神は去らなかつたのみならず、往つて噛む一点を除いては、主人に対しても頗不従順で、時としては家筋の者で此に噛殺された話さへ有る。然らば人に隠して之を祀ると云ふのも、今では長者に為る為でも無く、粗末にしては怒られると云ふ、被害者とよく似た事情から、泣きながら之に仕へて居《ゐ》る者も多さうに思はれる。

阿波には犬神使の厳罰を命じた、四百五十年前《ぜん》の法令が残つて居て有名である(五二)。土佐では長曾我部《ちやうそかべ》元親《もとちか》の時、犬神持を吟味して死刑に処し、其種を断絶せんとしたこと、雲州広瀬の人狐退治と同じであつたが、如何かして少しばかり残つた。幡《はた》多郡では一郷の間に垣を結繞《ゆひめぐ》らし、男女一人《にん》も剰《あま》さず焼殺したと云ふ話もある。其頃迄の犬神筋は、之を使役して私を営んだこと、悪い行者の今日稲荷を憑ける通であつたのであらう。当人も知らぬ間に嚙みに行つたのでは、如何に昔でも極刑には処せなかつたことゝ思ふ。

実際世間でも、主人死して犬神のみ残り、四散して自前となること、恰《あだか》もおとら狐の如きものゝあつたことを認めて居《ゐ》る。どうして又此様《こん》な厄介な物を、祭り始める気になつたかに就いては、相変らず伝教大師の連還つた弦売僧《つるめそ》、即京の祇《ぎ》園《をん》の犬神人に従属する神だとか、又は弘法大師が教へた法術だとか、僧侶たちに取つて迷惑な風説が存する。伊予から土佐に掛けて専謂ふことは、大昔弘法大師行脚して或山村に宿を借り、其謝礼として野猪除《ゐのしゝよけ》の護符を封じて、之を畑《はた》に立置かせた。後に大師の禁に背いて、封印を開いて見た処が、唯一疋の犬の絵が描《か》いてあるばかりで、而も其が飛出して犬神となり、其家に住むやうになつたのが、元祖であると言つて居《を》る。四国の他の方面では、又全く別の話も行はれて居《ゐ》る。即前に述べて置いた禁裡《きんり》の怪獣の胴を斫《き》つたのが漂着したと云ふ話の外に、犬を殺して其魂を身に伴ふものが犬神持だとも謂ふ(五三)。是も弘く人の信じて居たことで、色々の本に見えて居《ゐ》る。食物和歌本草に、犬神は昔求め拵《こしら》へた邪悪の神だとあるのも、此事を意味するのであらう。邪法とすれば却つて公表する方が宜しい。先一疋の犬を縛つて、思ふさま腹を減させて置く。其から旨《うま》さうな食物を持つて来て、犬の口から一尺位の処に置く。食ひたくて食ひたくて一念が全く此皿に集注するを見澄まし、可愛いさうに犬の首をちよん切る。さうした念の繫《か》かつた食物を人が食へば、其人が犬神筋になると謂ふが、多くの人の説では、其の斬つた首を髑髏《どくろ》にして、箱か何かに入れて携へると、影の如く身に添うて、少くとも憎いと思ふ者を、攻撃することの役だけは忠実に勤める。是が一部の俗人の、信じて居《ゐ》る犬神の起原である。犬の幽霊とあつては毛色や寸法を問ふ必要も無い。而も前申す如くに、見たの殺したのと云ふ話も、一方に平気で行はれて居《ゐ》るのは、之を要するに取留も無い世間の噂だからである。さう言ふ中《うち》にも犬の魂を斯して使役することは、其が犬神の根原であるか否かは別として、実際曾て有つた事のやうにも考へられる。岐路《えだみち》には入るが序《ついで》に言つてしまはねばならぬ。

一二

犬の髑髏の話は、口寄《くちよせ》をしてあるく市子《いちこ》の箱に関聯《くわんれん》して、寧人がよく知つて居る。市子之を容《い》れた箱に凭《よ》つて居《ゐ》ると、自然と只の人の知らぬことが判《わか》つて来ると謂ふ。勿論怖しい秘密であるが、時として之を見たと云ふ者がある。例へば江戸の昔、相州から毎年来る歩行巫《あるきみこ》、甚しい粗忽者《そこつもの》と見えて、大切な服紗包《ふくさづゝみ》を置忘れて帰つた。開けて見ると二寸程の厨子《づし》に、一寸五分ばかりの何とも分らぬ土の仏像と、外に猫の頭かとも思はれる干固《ひかた》まつた一物《ぶつ》がある。そこへ大汗に為つて巫女走り戻り、漸《やつ》と返して貰つて其礼心に秘密を明した。是は太平の御時節には出来ぬ事で、六代も前から持伝へた尊像である。一種特別なる格好をした人の首を、死ぬ時に貰はうと兼て約束して置いて、今はと云ふ際に其首を切落し、人通の多い場所に十二ケ月埋《うづ》めて置く。其から取出して髑髏に附いた土を集め、斯《かう》した像を造るのである。之を懐中して居《を》れば、神霊の力で如何やうの事でも判ると謂つた。今一つの獣の頭の方は、宥《ゆる》してくれと言つて何も教へなかつた(五四)。此等が犬の頭の評判を世に高くしたのである。異相の人の首の骨と云ふことも、亦色々奇抜な実験談があつて、一概に同じ方法とも言はれぬ。或地方では髑髏を其儘使ふ者もあつた。羽後の秋田で此種の梓巫《あづさみこ》に宿を貸した者、酒を飲ませて酔潰《よひつぶ》れて臥《ね》て居《ゐ》る間に、墓地で拾つて来た只の曝頭《されかうべ》と、本物とをそつと入換へて置くと、翌朝辞し去つた巫女、面色土の如くなつて戻り来り、飛んでも無い悪戯をなされる、早く返して下されと言つた。是も無理に真実を語らせて聞くと、真実らしく無い話であるが、此髑髏は千歳の狐、形を人に変ぜんとする修行に、頭《かしら》に戴《いたゞ》いて北斗を拝する時、用ゐたものに限るのである。稀に野外に於て之を見出すことがある。其徴《しるし》には必枯木で作つた杓子《しやくし》のやうな物が、傍《かたはら》に添へてあつて之をボツケイと名く。気を附けて御捜しなされ、ボツケイさへ御手に入つたなら、此術を伝へませうと言つて帰つたと云ふ(五五)。さうかと思ふとゲホウ頭と称して、顔が下短《しもみじか》で中程より下に眼《め》の附いたやうなので無ければ、役に立たぬやうに言ふ者もあり、或は其曝頭の中に種《う》ゑた豆を用ゐて、悪い神を祀るのだとも伝へて居た(五六)。狐の修行に供した髑髏は、之とは合はぬが面白い話だ。殊に杓子を添へてあると云ふに至つては、私の知つて居るオシラサマとも一致する(五七)。東北地方には此類の人又は家に属して、一定の地には祭らぬ神様が多く、御神体は大抵神秘であつて、其効験はやはり人に憑いて不思議を語る点に在るが、唯憑かれる人が持主自身で、従つて害はせずに為になる場合の多いことが、人狐や犬神と別物らしく考へしめるのみである。而も其神の淡泊で無く、何かと云ふと祟が烈《はげ》しいことは、往々にして持主をもうんざりさせる。恐くは今一時代を過ぎたならば、或は其家筋を畏れ且忌むやうになるであらう。出羽《では》の荘内《しやうない》でイタカ仏《ぼとけ》を持つ家は、今既に縁組に障《さはり》がある(五八)。陸前黒川郡の某《ぼう》家のオシラ仏などは、御利益は別に無く祟ばかり多いが、昔から有る故に祭つて居《ゐ》る。或年洪水を幸に川に流したが、やつぱり逆流して還つて来たので、恐しくなつて今まで祭つて居《ゐ》ると云ふ(五九)。此類の神は弘く後仏《うしろぼとけ》の名を以て知られて居《ゐ》る。元はオシラと関係の有つた語かも知らぬが、人は文字に拠《よ》つて、正面には拝まれぬ仏と解して居《ゐ》るやうである。ゲホウ頭などのゲホウは外法であらう。今昔などには外術者と云ふ語《ことば》もある。犬神を外道と謂ふと、同じ意味に出《い》でたものと思ふ。

人の髑髏が外法の用を為したことは、至つて古くからの話である（六〇）。其を如何して得たかは記録には無いが、能《あた》ふべくは出来合よりも誂《あつら》へて造らうとするのが、斯な後暗い邪術に携はる程の者の人情で、従つて有得べからざる怖い話も遺《のこ》つて居《ゐ》るのである。時も処も判然せぬやうな話であるが、曾て或老人最愛の孫を見失ひ、狂人のやうに為つて探し廻つて居《ゐ》る中《なか》に、夕方の俄雨《にはかあめ》でとある農家の軒に立つとき、至情が感応したものか、幽《かすか》に児供の呼ぶ声を聞き、どう聞直しても我孫であつた。そこで之を官に訴へて、役人たち共々無理に其家に押入り、奥深く覓《もと》めて人の長《たけ》ほどの甕《かめ》の中に、其児の匿されてあるを見出した。始勾引《はじめかどはか》されて衣食頗足る。夫《それ》より日に食を減じて此甕の中に入れ、終には何物をも与へず、唯毎日法醋《はふさく》を身に注がれ、関節脈絡悉《ことごと》く錮釘《こてい》し、苦痛既に極まれりと、語り終つて気絶えた。仍《よつ》て其家老少尽《ことごと》く極刑に処せられた。是も一種の魔術であつて、かうして死んだ児の枯骨を収め、其魂を掬《きく》し貯へて置けば、常に耳の辺《ほとり》に在つて物を教へてくれるのだと云ふことであつた（六一）。食物で魂を誘《いざな》ふと云ふのは、質朴時代からの信仰の形である。さうすれば大人よりは子供、人よりは獣の魂の方が、一層専念になつて曳《ひ》かれて来るから、以前の狐使なども、斯して其神を自由自在にしたと信ぜられたのであらう。今でも初午《はつうま》の祭は、殊に食物の支度が丁寧なやうである。犬の方にも此弱点の著しいことは、我々はよく之を実験して居た。つまり魂と云ふ物の価値に付て、人と非類の動物との間に、格別の相異を認めて居なかつた世中では、準備の面倒な人の霊を使ふよりも、悧巧《りかう》さうな獣類を代用して見ようとする風が多かつたのかも知れぬ。其一つの例となるかどうか。一向宗に対する色々の悪い世評の中に、オシロ薬と云ふ話があつた。白犬を土中に埋めて首だけ上へ出し、其前に多くの御馳走を列《なら》べる。どうかして食ひたいものと、犬の念力が食物に集注しきつた頃に、其首を切つて之を焼いて灰とする、是即御白薬であると謂ふ。虚誕ではあらうが此名の薬の有ることは事実で、之を服《の》んだ者は忽に大信を起し、身命を顧ず財宝を擲《なげう》つと謂ひ、或は又例の御盃頂戴《おはいちやうだい》は、実は御灰頂戴であるなど丶も称する（六二）。突然として斯様《かやう》な話を聞くときは、虚構としては余に奇抜なやうに感ぜられるか知らぬが、前にも挙げた如く、由つて来る所は相応にあるので、真宗には限らず、些しでも常理以上の信仰が不意に湧《わ》き且流れる場合に、人の目には見えぬ何かの霊の力が背後に潜《かく》れて居て、而も或特定の人だけには、其力を左右し駆使するだけの術があるやうに、理屈を附けて解するのが、所謂原始宗教の最著しい特色であつた(六三)。神主は勝手に取換へられ、神子《みこ》は軽蔑せらるゝ世になつても、凡人の心の奥底に、残つたものだけは国法でも廃止し得ず、先は時世の智識《ちしき》が許すだけの説明を以て、理外の理などゝ云ふ頓間《とんま》な語で、此類の妖怪を承認して来たのである。

一三

再《ふたゝび》理屈から戻つて来て話に為る。人に憑くと云ふ獣には、尚備前《びぜん》の児島狐《こじまぎつね》がある。是も其人の身に在つて、他人に附きて心中の事を説くこと犬神の如し。これ中華の猫鬼《めうき》の類と、貝原益軒は書いて居《ゐ》る(六四)。隠岐《おき》の島には狐は居らず、従つて狐憑の話は無いが、島後《どうご》に猫憑の害が多い。昔から此島には野猫多く、夜中往々路行《ゆ》く人を驚すこともあるから、斯な怪談も起つたらうかと云ふ(六五)。伊豆《いづ》の八丈島では、山に天児《あまご》と云ふ物が居る。人を騙《たぶらか》し悩ますこと、国地《くにち》の狐憑などの如く、物狂ほしく悩み煩ふ者あれば、天児の所為と怖れ戦《をのゝ》き、神に訴へ祈りなどするの例だと云ふ(六六)。尋ねたら必有益な参考になるだらうが、此《この》以上には私は今何も知らぬ。

安芸備後の奥にも、人狐を使ふ者が少し居た(六七)。多分出雲から越えて来たのであらう。石見国《いはみのくに》には外道が居《ゐ》る。是は備後から来たと謂はれて居《ゐ》る。此外に尚芸州から入つたと称して、トウビヤウと云ふ物が居た。人に憑く蛇だと謂ふ(六八)。本家の詮議《せんぎ》は互に自慢にもならぬから止《やめ》として、兎に角に人狐や犬神の縄張内《なはばりうち》を、縫つてあるくやうにして、トウビヤウも随分蔓延して居《ゐ》るのである。但し此神の本体に就ては、地方に由つて殊に区々の説が有る。先第一に因幡《いなば》に於ては、トウビヤウは蛇では無い。人狐とよく似た小な獣で、やはり一家に七十五疋づゝ住むと謂ふ。伯耆にも若干居《を》る。トウビヤウ使と目せられる家筋は、往々にして富裕である。人に憑かせて全戸死絶えさせ、其財産が流れ込むやうにするなどゝ、飛んでも無い事まで噂せられる(六九)。処が他の地方、分けても中国四国に於ては、トウビヤウは正しく長虫で、或はナガナハとも小《こ》クチナハとも称へ、蛇を祭つたと云ふ邪神であつて、かの鵺に似た獣の尻尾が切れて化《な》つたなどゝ伝へる。但し其形状を語るのを聞くと、きつと蛇だとも認め難いことは、猶《なほ》人狐を狐の一種と認められぬ如くである。備後の備中《びつちゆう》に近い方面に居《ゐ》ると云ふものなどは、大さは違ふが格好は鰹節《かつぶし》のやうに、丈《たけ》短くして中程が甚太い。さうして首の辺に白色の輪がある。其を小な甕の類に入れて土中に埋《うづ》め、其上に祠を建てゝ内々《ないく》で之を祭つて居る。但し烈しい祟を免れ且金持にして貰ふ為には、折々蓋《ふた》を開いて酒を澆《そゝ》いでやらねばならぬ。酒は此神の第一の好物であると云ふ(七〇)。伊予に接した讃岐《さぬき》の田舎にも、類を同じうするトンボガミと云ふ物が居《ゐ》る。漢字では土《ど》瓶神《へいじん》と書くさうである。土製の甕に入れて、台所の近くの人の目に掛からぬ牀下《ゆかした》などに置き、時々人間同様の食物を遣り、又酒を澆いでやる。或は屋敷内に放牧して居《ゐ》る家もあり、憑きに出る時ばかりは形を隠すが、常はよく人に見られたと云ふ話がある。大さは杉箸《すぎばし》位の物から竹楊枝《たけやうじ》位まで色々ある。身の内は淡黒色、腹部だけは薄黄色、頸《くび》の処に黄なる環《わ》があつて、之を金の輪と謂ふ。トンボガミ持は縁組に因つて新にも出来る。相手の知る知らぬを問はず、嫁が来れば虫も必附いて来る。連れて来るのか独で附いて来るのかは確で無い。家筋では如何なる場合にも世評を否認するが、金談などで人と争《あらそひ》でもするときだけは、暗々裡《あんくり》に其威力を利用したがる風がある。其ばかりでも身上はよくなる訳である。世間の噂では人に遺恨のある時、トンボガミに迫つて報復に往《ゆ》かしめると謂ふが、気の利いた者になると、此相談を受ける迄も無く、家主の心の動くまゝに、早くも出て往《ゆ》き其希望に合致すること、備後辺の外道にも近い。此虫に憑かれた人の様態は、医者に言はせると急性神経炎とでも言ふか、身内節々が段々に烈しく痛んで来る。之を防ぎ又は退《の》ける方法は、一つには祈禱で、ヲガムシと名くる巫女に依頼し、二つには肥料にする穢《きたな》い物を、そこらへ撒散《まきちら》す手段であると云ふ(七一)。

トウビヤウは備中にも、又周防長門にも居た。其他の国の事は知らぬ。日向《ひうが》の延岡辺で単に蛇神と謂ふのも、家筋あつて世間で縁組を嫌ふと言ふから同じであらう。唯妙な事には、上方《かみがた》へ旅行して四国路まで来ると、蛇神は皆離れる。国へ帰れば元通に蛇持になると云ふ(七二)。備後などで蛇神と犬神との相異は、犬の方は誰《だれ》も祭るとは言はぬに反して、トウビヤウだけは祠があると言ふが、果して一地方だけの事で無いかどうか。山口県には以前は村に之を祭つた杜《もり》があつた。備中なども同様で、文字は当病神とも書いて居《ゐ》る。或は当廟《たうびやう》と書く地方もあつたらしい。従つて語《ことば》の説明も色々であつた。伊予には春夏明神《はるなつみやうじん》と云ふ神があつて、此神の罰を蒙《かうむ》る者は病を受けた。塔から出る病だから塔病だとの説もあつた。塔廟狐などゝも謂つて、鼠の油揚《あぶらあげ》や酒粕《さけのかす》などの臭《にほひ》をさせて、之を誘《いざな》はうとした巫女もあつたが、狐と云ふのは憑物の様子が似て居たからで、実は神憑に過ぎぬともある(七三)。此等の異説は恐くは誤で、やはり土製の瓶《かめ》に入れて飼ふとの話から出た名前に違《ちがひ》なからう(七四)。蛇を神に祭ることは、常陸風土《ひたちふど》記《き》の夜刀神《やとのかみ》の如き、古くからある例である。鎌倉《かまくら》時代には蛇男蛇託宣などの話もあつた(七五)。アイヌの中にもトツコニバツコとか謂つて、蛇に託《つ》かれて不思議を語る巫女があつたさうである。奥州《あうしう》の棚倉などにも、一種の蛇が居て人家に入り、其為に此町には狂人《きちがひ》が多いなどゝ謂つた。其蛇を瓶に入れて祭つたと云ふ例は、遠州新居の在の短蛇明神《たんじやみやうじん》などにあつた(七六)。瓶に入れば小蛇であるが、外で其形を見せるときは大蛇であると称し、而も常に瓶の中でばかり祭つて居た。普通の動物としては如何しても考へられぬから、何《いづれ》もオサキやクダ等の只の狐で無いやうに、認めてさうして畏れて居たと見る他は無い。其に付けても注意せねばならぬ事は、土佐の犬神が尾に節があつた如く、備後と讃岐の土瓶神《どびやうがみ》が、頸部《けいぶ》に白又は黄色の環のあつたことである。我々の見馴れた虫類の中では、蚯蚓《みゝず》の大いのだけにはそんな物がある。あれも以前は尊敬せられて居たので無いかと思ふ(七七)。

一四

些し枝葉に入《い》るゝが此序で無いと、聞くことの出来ぬ面白い話がある。蛇神などを持つ家で、世間から嫌はれる損と、御蔭《おかげ》を蒙る利益とを比べて見て、やつぱり無い方が宜しいと感ずるやうな機会は、近世になつては次第に多くなつて来たやうである。儀式や物忌があまりに八釜《かま》しいと、祭りそこねて却つて祟られることが、不馴な子孫の者には追々出て来る上に、他人はあらゆる方法を以て、神力《しんりき》を妨げ防ぐ為の連合をする。寧能ふべくんば只の家になりたいと、思つたらしい様子が、各地方の話の中に現れて居《ゐ》る。併し永年の縁故と云ひ、子供の時からの仕来りで、人よりも余分に之を怖れて居《ゐ》る所から、自《みづから》手を下して片付けることは敢てせぬ。仍で如何かした拍子に外部の事情で終《をはり》を告げることになつた話が、さも有得べきことのやうに、各地で信ぜられて居《ゐ》るのである。

前に申した備後庄原の在で、兼てトウビヤウ持の噂のあつた金持の百姓の家に、旅商人《たびあきんど》が来て休んだ。耕作の忙しい頃で、唯一人留守をして居た婆《ばあ》さんも、用があつて外へ出て往つた。あの土間の隅にある小な甕は、開けて見てくれるなと頼んで往つた為に、却つて見たくなつて蓋《ふた》を取つて見ると、中には何物か蠢《うごめ》いて居る。半《なかば》は気味悪く半は悪戯に、囲炉裏の熱湯を持つて来てざぶりとかけ、蓋をして知らぬ顔で暇《いとま》乞《ごひ》をして往つたが、是で此家のトウビヤウは死絶え、家の人は深く旅商人を徳としたと云ふ話である(七八)。讃岐のトンボ神に就ても、全く同種の陰徳をした話が伝はつて居《ゐ》る。旧幕時代に国普請の夫役《ぶやく》に指されて、中部の某村の農家に下宿して居た男、ある日普請場から還つて見ると、家の者は皆不在で、台所の鑵子《くわんす》に湯がぐら／＼煮えて居る。一杯飲まうと床下を見ると、蓋をした甕がある。茶甕かと思つて蓋を取ると、中に例の物がうよ／＼と居る。乃熱湯を一杯ざつふと澆《か》けて蓋をして置いた。後に聞くと其家では大喜で、普請で知らぬ人の宿をした御蔭に、永年の厄介物を片付けることが出来たと、言つて居たさうである(七九)。阿波では犬神に関して亦此話をする。或犬神筋の老婆、至つて慎深く、常に身の因果を悲み且憂ひ、外へ出る時には犬を米臼《こめうす》の中に匿して食物を遣り、必附いて来るなと言つて出ることにした。此家《うち》の嫁は我家《いへ》の犬神持なることを知らず、姑《しうとめ》の留守に米を搗《つ》くつもりで臼の中を見ると、愛らしい小犬が四五匹も居《ゐ》るので、驚《おどろき》の余に熱湯を之に浴せると、其犬は皆死んでしまひ、同時に外に出て居た婆さんも頓死した。又或村では、女に犬神の憑いた時、其兄此を見て早速心当りの犬神持の家に往つて見ると、折節誰《だれ》も居らず、庭中に大な臼があつて箕《み》を伏せてある。開けると中に十一疋の犬が入れてあつた。由つて傍の鉄瓶の沸湯《たぎりゆ》を掛けて、其犬を殺し尽し、家に還つて見れば病人の妹は既に全快して居つた(八〇)。

　此等の話は所謂話であつて、事実の偶合を訝る迄もない。既に懸離れた支那《しな》古代の奇談集の中《うち》にも、此と殆一致した一篇《ぺん》がある。榮陽《けいやう》郡に一家あり姓は廖《れう》、累世蠱《こ》を為し此を以て富を致す。後に新婦を取る。此事を告知らせず。遇《たま〳〵》家人咸《みな》出で丶、唯此婦のみ舎《いへ》を守る。忽屋中に大《おほい》なる缸《かめ》あるを見る。試《こゝろみ》に之を発《ひら》けば大なる蛇が其中に居た。婦乃湯《たう》を作り灌《そゝ》ぎて之を殺す。家人の帰るに及びて、具《つぶさ》に其事を白す。挙家《きよか》驚き惋《いた》む。幾《いくばく》ならずして其家疾《やまひ》行はれ、死亡して略《ほゞ》尽くとある(八一)。此話の中に湯とあるのは、何か薬でも混じた水の事で沸湯《にえゆ》ではあるまいと思ふ。さすれば却つてごく近世に、此書物に拠つて間違ひながら作つた説のやうにも思はれぬことは無い。併し又考へて見れば、之を中国四国で現にあつた事としても、格別不自然には感ぜられぬ程、日漢古今の蠱の事情は相似て居たのである。即此類の邪神は、知つて使役する者があれば恐るべき効験を示すが、無邪気な只の人に対しては一向に抵抗力も無く、むざ〳〵と退治せられてしまふべきものであつたのである。別の語《ことば》で言へば、後の宗教の神の如く、絶対に敗れぬ優者では無く、相手の人次第術次第で、時としては左右せられるやうに、信ぜられて居たのであるから、言はゞ最初から、世中が進めば衰ふべき素質を、具へて居たものである。

　だから外道連の生活も決して幸福なものでは無かつた。人狐とよく似た因幡のトウビヤウなどは、俗に謂ふ無間《むげん》の鐘の話の如く、金銀欲《ほし》さ故に之を受ける者が近世にもあつた。而も金だけ取つて何とかして縁を切らうとする悪い奴もある。仕損じたら大変だから、容易に手を下さぬが、一つの策は壺《つぼ》の中に餌《ゑ》を入れ、夫婦の狐の入つて食つて居《ゐ》る処を、熱湯を注いで蓋をするに在るとも伝へられた(八二)。管狐なども相応に働かせたら、其から後は飼主も棄てたがる。第一に汚くて臭い。寝床の中などへも勝手に入込み、之を追ふとすぐ怒る。人に遣つても少し気に入らぬと又還つて来る。末には行者自身も身を滅すなど丶も謂つた(八三)。三河雀《かはすゞめ》と云ふ本には、羽前羽黒山の山伏で後仏を使つて居た者、後に非常な努力を以て之を棄て、信濃《しなの》の善光寺へ遁込《にげこ》んだ話が出て居《を》る。

他には殆縁を切る術《すべ》も無かつたが、後仏は大河に入れば霊の力が尽きると云ふを聞いて、思切つて笈《おひ》のまゝ犀川《さいがは》の水に投じたら、恨みながらも流れ去つたとある(八四)。仏法の力でも処分し能はぬ悪縁を、人は名けて業と謂つて居《を》る。業は多くは家と血筋に附いて居《を》るから、一代では勿論さつぱりと為らぬこと、恰《あだか》も財産と同じである。只永い間には子孫も絶え血も薄くなり、新には誰も引受けぬとき、始めて所謂野道《やだう》が出来る。おとら狐の不羈独立も、恐くは斯云ふ径路を経て来たものと思ふ。

一五

此通《とほり》に色々の憑物の例を列挙して見ると、況や人をやと云ふ感を起すは誰《だれ》しもの事であらう。実際又蛇狐のさ程跋扈《ばつこ》せぬ地方に於て、気の弱い人が変な病気に罹《かゝ》つたのを、生霊《いきりやう》だ死霊だと謂つて騒ぐは常の話で、口寄せ又は梓神子《あづさみこ》などゝ称し、頼まれて我身へ他所《よそ》の霊を憑かせるのを職業とする女などは、今では殆人以外の物の宿をせぬ位である。但し梓神子等は注文に由つて、名指された人だけを呼ぶ故に、来て憑く人魂の方には何の系統も無いやうであるが、其でも注意して見ると、出て来るのは子を思ふ親、男を恨む女房、概して先婦人が多い。其から死口《しにくち》の方になると、一周忌には必市子に懸けて見る地方もある。一年の内では盆とか彼岸とかに、日を定めて幽明の交通を試る風習もある。是が若何年《なにどし》の女などゝ、特に此方《こちら》から誘《いざな》ふことも無く、出るなら出よと放任して置いたら、又は誰にでも好次第《このみしだい》に憑かせることにしたら、果してオサキや犬神の如くに、人の中でも特殊の筋の者だけが、専来て憑くことになるであらうか如何か。是を少しばかり考へて見ようと思ふ。

備前備中では名君新太郎少将の治世に、村々の多数の祠を取潰して一所に合祀《がふし》し、所謂寄宮《よせみや》の神は七八十柱の多きに達したが、それでも近年まで小社《こやしろ》極めて数繁く、且神の名にも他地方と変つたものがあつた(八五)。就中御崎又は御鉾荒神《みさきくわうじん》などゝ謂ふ神の名は、他府県でも聞かぬことは無いが、殊に村々に多いやうである。其ミサキの中には狐とは些《いさゝか》も関係の無いものもあつた。例へば俗人が日《ひ》ノ御崎《みさき》と呼ぶ神などは、容易《たやす》く来て人に憑くこと或は野狐の如く、或は其管理を専門とする行者もあつたが、是は今ならば行旅死亡人、即行倒《ゆきだふれ》で死んだ者の霊であつた(八六)。名称の当らぬのは勿論であるが、斯様な霊魂であるならば人に憑くのは尤である。第一に祭る人が無くして、食物に不自由を感じ、従つて之に釣られて軽挙妄動に出《いづ》る傾《かたむき》がある。仏教の理論から言つても、さう云ふ死方をする程の者ならば罪業も重かりさうなもので、殊に供養が足らぬから久しく娑婆《しやば》に彷徨《さまよ》ひ、別に何処と言つて行《ゆ》き処《どころ》もありさうに無い。其上に我々が祖先の間には、魂は此世に生尽し生古したものよりも、若い新しい分が力強いと考へられて居た。非業の最後などゝ謂つて、まだ十分の活力ある者で、外部の原因からぽつんと終を告げて、大に生き足りないといふのが、残つた力を何にでも向けるから怖かつた。斯云ふ人々は無名有名を問はず、到る処で盛に祭られたもので、又祭らねば社会に災すると認められて居たのである。此事は単に人が昔から、漠然とさう感じたのみでは無い。祭の時には必神主に憑いて、如何なる力を有するかを示し、祭の方法に就て気に入る入らぬを明言し、入らぬ場合には斯して制裁を加へると云ふこと迄、人間の言語を以て述べるから皆が畏れた。或は突如として此霊威を現すこともあつた。其が多くの村の社の創立記になつて居《を》る。行倒などゝ一緒に説かれては、怒るやうな社もある。併し如何に生前は卑賤な人でも、死して其魂の能力を証明すれば、此に威圧せらるゝ人々に取つては神である。我々平民が古い昔に、人よりも数段低い動物の霊を拝したのも、簡単な語《ことば》で言へば怖かつたからで、何故に怖いかを知つたかと言へば、主として物憑と云ふ実験からである。其実験には誤があつたこと、物憑と云ふ精神現象の基には、人が動物を異類とは見なかつた時代からの、隠れた遺伝の力があつたことなどは、此頃少しづゝ判りかけただけである。えらい事は言へない。

質朴な昔の人でも、真に憑いたのか憑いたやうな風をするのかは常に疑つた。故に市子のやうな職業で憑かれる老女などは疑はれる。さうすると氏子の仲間の者、殊に芝居をしさうに無い少年少女などが択《えら》ばれ、平生信仰を説いて居《ゐ》る者は、傍《はた》に居て世話を焼くより以上の事はせぬ。即稲荷下しの行者のと称して、憑かせる法を行ふ者の外に、単に霊魂の来て依る台の役をする者、通例依座《よりまし》とか乗座とか中座《なかざ》とか謂ふ者が、別に有る場合が多かつたのである。従つて優れた術者と言へば、最速に且鮮に、他人に霊を附け得《う》る人と云ふことになる。其中で狐の掛りは狐、死霊の掛りは死霊と、それ〴〵手続も専門に分れ、大くも小くも器量次第で、中には村で共同に祭る程も信任を受けられず、又は発展の見込ある憑物にも廻《めぐ》り逢はぬ結果、名も無い我家限の神に仕へたり、或はそこいらの狐などを捉《とら》へて、事を起させては出て働く。クダやオサキになると、曾《かつ》ては一度稍高い地位まで進出した形跡もあるが、犬神外道の徒輩に至つては、若現存の口碑の通だとすると、何にしても碌な歴史が有るのでは無い。衰微と言ふと以前は立派に遣つて居たらしく聞えるが、以前とても法網の目を潜《くゞ》り、秘密々々と言抜けて居《ゐ》る中《うち》にも、随分無理な算段をして、我神を作り出したことが無いとは言はれぬ。後仏の如きは、悪業凝固《こりかた》まつて此癘《れい》と為ると謂ふから、恐くは人間の死霊であらう(八七)。是も個人が自由に使役し得たものゝ中には、納得づくで又は無理往生に、縁を結んだ場合もあつたことゝ思ふ。殊に其御霊《ごりやう》が行者の祖先であつた場合などは、世間の信用乃至《ないし》は畏怖を求めるのに、都合がよかつた筈である。

一六

人の生霊の方にも、確に憑くのを常習とする者がある。元はやはり職業であつたのかも知れぬ。少くとも今でも世襲である。勿論当人たちは些も知らぬと主張するが、社会でさう目して居《ゐ》る家は一定して居つて、仮令《たとへ》家には隠事が現在塵《ちり》ほども無くとも、何か気毒な而もよんどころ無い歴史が、潜んだまゝに半《なかば》忘れられて居《ゐ》るものと思はれる。記録でも遺つて居《を》れば、却つて右の如き家筋の者には幸福である。多くの馬《ば》鹿《か》々々しい誇張や誤解を打消すことが出来るからである。飛騨の高原の双六谷《すごろくたに》の如きは、神秘に満ちたる深山である。美しい伝説と風景とが、譬《たと》へば金襴《きんらん》などの模様のやうに、互に織込まれて居《を》ることは、山岳会の諸君も往々之を知つて居《を》る。而も世中には此山奥の部落を以て、所謂ゴンボダネ一名取憑筋の水上《みなかみ》でもあるかの如く謂ふのである。ゴンボダネは普通には牛蒡種《ごばうだね》の文字を宛《あ》てゝ説明する。此家筋の者の生霊の人に憑き易いことは、恰《あだか》も牛蒡の実のやうだからと謂つて居《ゐ》る。百年二百年の以前は如何あつたか知らぬ。現今に於て彼等の畏れられて居《ゐ》る訳は、自己の愛憎の念の動くに連れて、直に相手に病的発作を生ぜしむのみならず、他人の作物などのよく出来て居《を》るのを見て、けなるいなあと一寸思ふと、早其作物は段々と萎《しを》れ枯れてしまふ(八八)。此点は山一重《へ》東のクダ持とよく似て居《ゐ》るが、此方《このはう》には蔭に在つて用を弁ずる狐見たやうな物が居《ゐ》るとは言はぬ。生きた人の眼《め》の力又は念力が、並より強過ぎて人を困らせるだけである。誰《だれ》が来て憑いて居《ゐ》るのかを知るは、亦クダや外道と同様に、憑かれた人の口からである。祈禱加持の責苦に堪へずして、実は何村の何兵衛《なにべゑ》女房《にようばう》など丶名乗るが最後、其何兵衛一家の弁明などは聞く所で無く、或は呼寄せて談判し、或は病人を追立てゝ其家へ送る。大抵はゴンボの家の、戸口に来て倒れると正気になると謂ふ(八九)。時としては憑いた本人を頼んで来て、介抱させれば治るとも謂ふ。何にしても迷惑千万な話である。

ゴンボダネが他の者に憑いて居《ゐ》る間、自身はどうあるかと云ふと、何の異状も無いさうである。即此家筋に在つては、犬蛇を飼ふものとは違ひ、世間の悪評以外に困ることは無いかと思ふ。而も何とかして身を洗はうとする願は中々強く、或は金《かね》に附けて路に棄てると免れると謂ひ、其財布を拾つたらゴンボダネに為つたと云ふ話もある。財布に何を附けて、棄て又は拾つたのか私にはまだ分らぬ。又どうして金に附くのかも、説明してくれる人が無かつた。次にゴンボの力は、種族相互の間には何の効力も無いと謂ふ。又郡長とか警察署長とか云ふ目上の人に対しては、影響を与へることが能《でき》ぬと謂ふ(九〇)。殊に田舎者らしいのは、高山のやうな人家稠密《ちうみつ》の処に来ては、何の作用をも為し得ぬと謂ふことである。人に由つては他郷へ踏出せば力が消えるやうにも謂ふが、近県の農村だけは如何であらうか。現に三里五里と離れた地にも、出て来て只の民家の如く視《み》られぬ家もあれば、僅づゝではあるが他の二郡にも、東美濃にも木曾にも、人が不思議の力を具へて居《ゐ》る例がある。男と女で区別は無いとあるが、美濃の阪下《さかした》には女房のゴンボダネだつた話がある。斯云ふ亭主は大《おほ》災難《さいなん》で、妻に怒られたらすぐに病人になるから遁《に》げも去りも出来ず、是非もなく〳〵飯炊から洗濯、針仕事まで自分でして、機嫌を取らねばならぬさうである。して見ると此種だけは、縁組に因つて根《ね》分《わけ》をすると云ふ事は無いのか。ゴンボの夫もゴンボに為るとすれば、種族相互の間だけは効力が無いと云ふことゝ合はぬ。但しどちらにしても、目下の所は害もさう大くない。寧他の物憑を比較研究する為に、少し遺つて居たのを感謝する位なものである。

実際此事実の背後には、まだ沢山の問題が遊んで居《を》る。後世の学者に取つては、楽《たのしみ》は尽きぬであらう。第一には何故に双六谷のやうな山奥に、宗教の徒らしい者が入つて住んだかと云ふことである。或は山の崇敬と関係が有るか、はた単に修行練習の便の為に斯《かゝ》る幽閑の地を択んだか。兎に角に山中無《む》人《にん》の境に於て、巫女や法師に因《ちなみ》ある地名を見るのは決して此辺ばかりで無いから、必や稍長い月日の間、其様な人が入つて居て、里人の注意を惹《ひ》いた場合が多かつたのであらう。第二に判つたら面白からうと思ふのは、斯云ふ部落の宗教生活である。仏法は世離れた山村には入り難《にく》い。寺を維持する戸数が無いからである。然らば之に代つて曾て支配して居た信仰はどんな形のものであつたか。今迄何人《なんびと》も特に尋ねて見たことは無かつたが、私の思ふには、ゴンボダネをして今日有らしめたものは、則《すなはち》此特殊の神でなければならぬ。神が退けば人が残ることは、ちやうど犬神に仕へた者が刑戮に遭つて、犬神だけ後に残つたのと、相反する事情ではあるが、信仰が末に為つて人と神と分れた点だけは同じである。犬神筋でも土地に由つては全く動物の力を借らずに、生霊 自《みづから》出でゝ人を悩ますらしいものもある(九一)。東北地方でイタコともモリコとも謂ふ巫女《ふぢよ》の如きも、術を行ふに際して数百千の神々の名を唱へるが、却つて主として寄託《よりかゝ》るのは何神であるか分らず、往々本人自身に霊の力を具ふるが如くも考へられる。ゴンボも此流義で、恐くは当初常の百姓と、拝む所の神を異にして居たことが、彼等をして気味悪くも又憎らしくも、人に感ぜしめた原因であつた。然らば今日牛蒡《ごんぼ》の種のやうだと解するのは、持つて廻つた説明に過ぎずして、行者の別称たる御坊《ごばう》の訛音《くわおん》かも知れぬ。狐におとらのやうな人らしい名前の多いことは、是から言ふつもりであるが、奥州の信《しの》夫郡《ぶごほり》、即福島の市附近には、昔は御山のゴンボウと云ふ狐が居た(九二)。飛驒でも丹生川《にふがは》の入《いり》に、根方《ねがた》と書いてゴンボウと云ふ村がある。どうしてそんな地名が出来たかを尋ねて見たら、或は参考になるかも知らぬ。

人の名を附く狐

一七

又しても理屈に為《な》るから、もう今度は簡単に話だけを並べて置かう。狐《きつね》で人を騙《だま》す程の者には、名前のあるのが殆《ほとんど》普通である。犬などゝ違つて人のやうな、男女の区別をした名が多い。人に憑《つ》いた場合ならば、自《みづから》名乗つて終《つひ》に雷名を轟《とどろ》かすことも訳は無いが、単に誑《ばか》して居たゞけでは、いつに為つたら何々森のお何と、些《すこし》は人に知られた狐となり得《う》るか分らぬ。して見ると昔は二つの業務を、兼営んだ者も往々有つたかとも思はれる。兎《と》に角《かく》にいづれ古狐には極《きま》つて居《ゐ》る。

私は近頃《ちかごろ》になつてから、漸《やうや》く此《この》事に注意し出したのだから、曾《かつ》て聞いて忘れてしまつたのも多い。従つて例を挙げぬ地方に、此例が無いとは勿論《もちろん》言はれぬ。話を東北の方から始めると、青森県では外南部の、津軽水道に面した大畑《おほはた》村の山の湯へ行《ゆ》く、銅金《どうきん》と云《い》ふ山路《やまみち》に、銅金のチヤガラ子、及新山《しんざん》のハヂキリと云ふ、人迷はす名誉の老狐《らうこ》が居た(九三)。前者は毛の色、後者は尾の形に拠《よ》つた名前らしく、共にさほど人らしくも無い。併《しか》し秋田県に入ると、平鹿《ひらか》郡二井山《にゐやま》の附近には豊沢のトガリ子、和田のシロギツネなどの外に、小沢のオマツ子が居《ゐ》る。同郡大松川《おほまつかは》方面で名ある狐には、鳥屋森《とやもり》のオナツ子、杉長根《すぎながね》のサン子、土堤杜《どてもり》のアグリ子等、多くの狐が知られて居《を》り、殊にサン子と云ふのが多かつた。子と云ふからには、多分牝狐《めぎつね》であらう。アグリ子は雄勝《をかち》郡杉宮《すぎのみや》の、元道田《もとみちだ》稲荷《いなり》の使令であつた(九四)。阿具利《あぐり》は奥羽《あうしう》でも「もう入らぬ」と云ふ時の女児《をんなのこ》に附《つ》ける名だ。狐が自《みづから》附けたとしては、もつと佳《よ》い名を採りさうに思ふ。会津《あひづ》の城下に近い西柳原《にしやなぎはら》の狐塚は、昔此辺に住んで居た助次郎狐と云ふのを埋《うづ》めた塚である。此狐は聊《いさゝか》も人に害を為さず、常に村民に吉凶を予告して、此《かく》の如《ごと》き感謝を受けたのである。同郡小田の宝積寺《ほうしやくじ》にも、類を同じくする一の狐塚があつた。此《これ》は分福茶釜《ぶんぶくちやがま》の話とよく似て、僧の形を以《もつ》て久しく寺に住み、或《ある》年桃花《もゝのはな》の花盛の頃《ころ》、人に生者必滅の理を説法してやがて、死んだのを見ると老狐であつた。寛文五年の出来事と云ふが、其《その》僧の名は伝はらぬ(九五)。

越後《ゑちご》で私の聞いて居《ゐ》るのは、やはり善い狐であるが、皆女である。古志《こし》郡青山村の石動《いするぎ》のオサン、同下条《げでう》村のとうろんじのオコン、定明寺《ぢやうみやうじ》村の橋場のオカン、三疋《びき》ともに霊狐で、悪を懲《こら》し善を扶《たす》けた物語が多く伝はつて居《を》る(九六)。南蒲原《みなみかんばら》郡田上《たがみ》の護摩堂山《ごまだうやま》にはオタ女《ぢよ》と云ふが居た。穴の口で昔は膳《ぜん》椀《わん》を貸した。年老いて毛悉《ことごと》く白く、体も猫ほどに小くなり、折々は樹《き》に上つて居《を》るのを見る。村で誰《たれ》か死ぬ前には必鳴くと謂《い》ふ(九七)。刈羽《かりは》郡北条《きたでう》村の旗引山《はたふくざん》には、三百年程前乙姫《おとひめ》と云ふ山神《やまのかみ》があつた。小広田《こひろだ》部落の者、分らぬ事があつて此神に問ふと、大な声で其答をして人の隠事を避けなかつた故に、村に心掛の悪い者は無かつたと云ふ。其神が大な白狐であつたことは、後に罠《わな》に罹《かゝ》つて死んだのを見て知つた(九八)。乙姫とは又ひどく古代な名を附けたものである。オサンと云ふ狐は遠く離れた芸州の江波島《えばしま》にも居た。同じく数百年の白狐であつたが、其最後に就ては寧《むしろ》哀なる話がある。中村某《それがし》と云ふ能役者、或寒い冬の夜中に、懐中した能の面を被《かぶ》つて、向ひ風を除《よ》けて還《かへ》つて来るのを、於《お》三物蔭《さんものかげ》より見て我同類かと思ひ、化方《ばけかた》の巧《たくみ》なのに感心して、強ひて其面を請受けて去つた。後日殿様の狩の日に、面を被つた白狐を討取り、乃《すなはち》オサンなることを知つた。面さへあれば姿は人になる者と誤り信じたのである。此オサンは江戸の鍋町《なべちやう》の稲荷に縁有つて祭つて居《を》ると謂ふが、果して此方《こちら》でもさう信じて居《を》るかどうか。広島近傍には尚《なほ》人の名の狐が居《ゐ》る。例へば白島《しらしま》の宝勝院の稲荷は、白狐にして藤《とう》五郎《らう》と謂ふ、実は当護《たうご》稲荷《いなり》と呼ぶべきで牝狐だ。其証拠には先年子を産んだなどゝも謂ふ。半田《はんだ》村の丸子《まるこ》稲荷《いなり》に至つては、正しく男で名は庄右衛門《しやうゑもん》、曾て子供が二人で其穴に小便をした時、直《すぐ》に刀を指さぬ方の家の子だけに取憑いた。山伏が来て段々責問うた処《ところ》、全く旅の者の関東狐で、庄右衛門此頃多忙に付、頼まれて代《かはり》に来たと白状したと謂ふのは(九九)、少しばかり皮肉である。

播州《ばんしう》では揖保《いぼ》郡石海《せきかい》村の某《ぼう》鎮守に、オミチサンと言ふ狐住み、二人の子があつて其名をオヒデサンオミキサンと謂ふ。村には尚オスヱサン、オヒデサンなどゝ云ふ狐が居て仲善《なかよし》である。村の者も尊敬し狐も村の者には親切で、夜などはそつと送つてくれ、他処《たしよ》の狐が魅《ばか》しに来ればきつと喧嘩《けんくわ》して追返す。親の方はもう出世をして、穴に住まずとも宙宇に居《ゐ》ることが出来ると謂ふ(一〇〇)。私も此近くで生れた者だが、斯《かう》云ふ話は忘れて了《しま》ふほど沢山に聞いた。こんくわいの白蔵司《はくざうず》の話などは、普通の事の様に思つて居た。源《げん》九郎《らう》と云ふ狐のことは草冊子《くさざうし》にも出て居た。義侠心《ぎきやうしん》に富んだ狐であつたやうに記《き》臆《おく》して居《を》る。多分伏見に関係があつたかと思ふが、大和《やまと》に行《ゆ》くと源五郎狐と謂ふのが知られて居《を》る。伊賀の上野では広《くわう》禅寺《ぜんじ》の小女郎《こぢよろぎつね》、右源五郎の女房であつたと謂ひ(一〇一)、諸国の有名な狐同士親類であつたこと迄《まで》、人間とよく似て居《ゐ》る。飛驒《ひだ》では高山の近くに下岡本《しもをかもと》村のコセン小十郎、花里石ケ谷《はなざといしがや》に孫十郎、浄見寺《じやうけんじ》のオミツなど、皆名狐であつた。孫十郎の如きは、曾て天竺《てんぢく》にも居住し、其頃は文珠《もんじゆ》キシンと名乗つて居たと云ふ(一〇二)。さて又東国に至つても、同じ例は決して稀《まれ》では無い。伊豆《いづ》の伊東の六箇所の稲荷様、何《いづれ》も人のやうな名前で、所謂《いはゆる》おたけのオサン、小児《せうに》の夜啼《よなき》と大漁とを祈る。猪戸《しゝど》の久兵衛《きうべゑ》、たかたの伊之助《いのすけ》、川口の一本足、此分は後に話がある。かんべ沢のオキョに、谷戸《やと》の五左衛門、すべて漁師たちの拝む神である(一〇三)。最初に取憑かれた人の名でも取つたものかと、土地の人も疑つて居《を》る。

相州三浦にも、古くオミイ女《ぢよ》と謂ふ狐が居た(一〇四)。江戸と其近在は、殊に稲荷の多い地方であるから、捜せばいくらでも例はあらうが、骨折つて笑はれるもつまらぬ故に、唯《たゞ》一つの著しいものを述べて置く。浅草の観音の境内、本堂の後の辺にもと熊谷稲荷《くまがいいなり》と云ふがあつた。今は千勝社《ちかつしや》に合祀《がふし》して居《を》る。縁起に依《よ》れば旧家熊谷安左衛門が祖先以来別懇にした狐たちを祭る所とある。人の形をして交際をして居たので、勿論名前は人の通であつた。即《すなはち》生国は近江《あふみ》で一城小三太、後改め宗林、其娘オサン、越中安江《ゑつちゆうやすえ》の産宗菴《そうあん》、其嫡子に宗弥《そうや》などゝ謂ふのが其《それ》だと言ふ(一〇五)。此《これ》では余に尤《もつとも》らしくなり過ぎて、私の掛りでは無くなるが、狐が別段に仲間の内で、斯《こん》な名を必要とする筈《はず》も無いから、やはり人間に対する交渉の有る場合、彼等の記臆乃至《ないし》は区別に便にする為《ため》、一種の登録をしたと見るの外は無く、人に向つて名乗るのは先々《まづ〳〵》憑く場合より他《ほか》に無いから、事に由《よ》ると最初に憑かれた人では無くて、兼て之《これ》を使つて居た人の名を、自他の用に供したのではあるまいか。さすれば死亡等に因《よ》つて主に離れ、野狐《のぎつね》と零落して昔を偲《しの》ぶ時に、特に、其使用も頻繁になる道理である。美作《みまさか》久《く》米《め》郡の垪和《はが》村に、垪和の善学と云ふ狐が祀《まつ》られて居た。以前此名前の坊主、此村に住して狐を飼つて遊んで居た処、死んで後に其狐諸人に取憑き、大分の害をするので、之を神に斎《いは》ひ坊主の名を以て呼ぶことにした。今でも近村木山《きやま》の生《しやう》霊《りやう》、加茂の神祇《しんぎ》、久世《くぜ》の生竹明神《いくたけみやうじん》などゝ共に、荒神《あらがみ》として世に知られ、若《もし》此氏子たちと諍《あらそひ》をすれば、必来て取憑くと恐がられて居たと云ふことである(一〇六)。

おとらと云ふ狐の名

一八

狐《きつね》は石地蔵に憑《つ》いて、其《その》地蔵をはやらせると云《い》ふ説さへある(一〇七)。況《いはん》や老練な巫女《みこ》と結托《けつたく》したとすれば、其《それ》こそ鬼に鉄棒と言はねばならぬ。然《しか》るに此《かく》の如《ごと》き二重の魅力でも尚《なほ》勇猛の士には敵《かな》はなかつたと云ふ話がある。昔駿府《すんぷ》の城で、老婆の形を仮り色々の不思議を示した婆狐《ばゝぎつね》と云ふ者、別《わ》けても人の手に在る手拭《てぬぐひ》を取ること、百が百迄《まで》仕損じなかつたのを、例の大久保《おほくぼ》彦左衛門《ひこざゑもん》だけは、来れば我手と共に切らうと腹を固めて居《ゐ》ると、狐は其を知つて降参したと、新井白石の著書にある。此《これ》と殆《ほとんど》同じ話、老人物語には美濃《みの》の婆狐が、内藤四郎左衛門の武勇に畏《おそ》れたとして之《これ》を載せ、また古老雑話には三河の婆狐、阿部四郎五郎に閉口した話として出て居《を》り、何《いづれ》が真実か決しかねる(一〇八)。三河の婆狐も姥《うば》に憑いて居た故に此《この》名があつたと謂《い》ふ。或《あるい》は是本篇《これほんぺん》のおとらの昔の生活では無かつたか。今では早おとら自身に聞いて見ても分るまいが、兎《と》に角《かく》におとらは長篠役《ながしのえき》の当時から、既に若い女狐であつたとも思はれぬ。少くも婆狐の親類ぐらゐではあつたかも知れぬ。

狐のおとらは他《ほか》では未聞《いまだ》かざる所である。必しも虎《とら》の威を仮る為《ため》では無かつたらうと私は思ふ。之に就て想起《おもひおこ》す幼い頃《ころ》の記憶《きおく》は、私の家の近所の農家で、嫁を貰つたら嫁の名がおくまであつた。熊はあまりに優しく無いと、一族評議の上、之をおとらと改めさせたことがある。虎なら猶《なほ》怖いのにと、子供心に不審を抱いたことであるが、今考へて見ると、或は自分の郷里などの百姓の心持に、トラは何か外国の猛獣と云ふ以外に、別様の感じを与ふべき語《ことば》では無かつたか。例へば美人の誉《ほまれ》の高かつた大磯《おほいそ》の虎女《によ》の如き、あゝ云ふ境遇の女性《しやう》として、殺風景な名を附《つ》ける筈《はず》も無く、又如何《いか》に曾我物語《そがものがたり》の普及が盛であつても、斯程《かほど》の人望を後世迄《まで》保つのに、名前が些《すこし》も妨碍《ばうがい》をして居らぬ事実は、考へて見ねばならぬ。裾野《すその》の仇討事件《あだうちじけん》の既に落着して後、虎が信濃《しなの》の善光寺に入つて、亡夫の菩提《ぼだい》の為に仏法に帰依したことは、確な記録にも有ることで、彼地《かの》に色々の遺跡のあるのは怪しむに足らぬが、凡《およそ》日本《にほん》の国中、北は先奥州《まづあうしう》の信夫《しのぶ》から、九州の南の果《はて》の田舎に迄、数十箇所の護持仏供養塔を遺《のこ》し、尚往々にして死して葬つたと云ふ塚さへあるのは、どうしても同一人の事とは認められぬ。私は兼て之を解して、時代は必しも同じ頃で無く、トラ又はトラ御前などゝ謂ふ行脚の尼が、各地に足を止《とゞ》めて居た事実を、曾我の流行に影響せられて、皆有名な大磯の虎と為《な》し、同行二人の場合には化粧阪《けはひざか》の少将も一緒と、語伝ふるに至つたものと認めて居《を》る(一〇九)。トラが正しく二人《にん》以上あつた証拠は、近江《あふみ》の虎姫山《とらごぜんやま》に関する伝説である。其外《その》にも例を求めるならば、虎女の魂が石に入つて虎子石《とらごいし》と化《な》つたと云ふこと、及虎が夫の面影を慕つて、逢《あ》ひに来て空《むな》しく引返したと云ふ話と、或《ある》程度迄の共通点を有する、霊山の境石に伴ふ口碑が、越中《ゑつちゆう》立山の中腹に於《おい》ては、之を登宇呂《とうろ》の姥《うば》の話と称し、或は之を若狭《わかさ》の八百比丘尼《びくに》とて、やはり非凡なる諸国行脚の女と同人と見る説もあり、加賀《かゞ》の白山に於ては融《とほる》の婆《ばゝ》と謂つて、殆瓜《うり》二つの物語を留《とゞ》め、更に古い所では大和《やまと》の金峰山《きんぶさん》の女人結界に、禁制を破つて押して登らうとした偉い巫女《ふぢよ》の名を、都藍尼《とらんに》と伝へて居《を》る事実などに比べて見て、此等《これら》の信仰生活に携はる婦人の名に、おとらは何か深い由緒のあつたものと、考へても宜しいやうに思ふのである。

　面倒な議論をするのは本意で無いから、簡単に私の見込だけを言つて置く。古代の語《ことば》で之と近いのはタルと云ふ語である。神の名に生島足島《いくしまたるしま》、日を誉《ほ》めて生日足日《いくひたるひ》など丶、多くは「生く」と云ふ語と対立させて居《を》る。今迄の学者は「満足」の意味に解して居《を》る。確にさうとも断定し得ぬが、兎に角に目出たい意味には相異ない。タルを働かせるとタラシと為つたらしい。此には帯《たらし》の字を宛《あ》て丶居て、足《たる》も帯も大昔の優れた方々の名に多い。八幡様《はちまんさま》を今言ふ祭神にした元は、やはり大多羅志女《おほたらしめ》とある御名《おんな》に在るので、而《しか》も此名は国々の神の名に多かつた。勿論《もちろん》今日となつては、三河のおとらなど丶類の同じいやうには論じてはならぬ。狐のおとらの起源が、之を使つて居た姥の名のトラに存し、此種の老女のおとらの名を好んだのは、トラ又はトウロと謂へば尊い巫女《みこ》に似つかはしかつた為で、巫女のトラは人の願《ねがひ》を足《たら》はしめ、世の幸《さいはひ》を垂れるを理想としたからであつても、要するに是《これ》甚しき退歩である。狐の側から申すならば、誠に図らざる名誉である。もうおとら狐も此位で引込んでよからうと思ふ。

目一つ足一つ

一九

おとら狐《ぎつね》の背《せなか》に、◇こんな徽《しるし》の有つたこと、是《これ》が亦《また》彼女の身元を語るものらしい。通例行者共が護符《まもりふだ》に書いてくれるのは、九字と謂《い》つて遥に手の込んだものであるが、略しては斯《かう》も描《か》いたものかと思ふ。俗には晴明判《せいめいばん》など丶も称して、邪気を退散せしめんとする時に、戸口の上に貼《は》ることもある。おとらが自身之《これ》を背負つてあるくのは身知らずであるが、是も昔を忘れぬ故主の記念《かたみ》であつて、悪者ながらも祈禱《きたう》の力で追はれると云《い》ふのが、其間《そのかん》にやはり狐人《こじん》共通の律令ある証拠、井桁《ゐげた》の紋は即《すなはち》其裁判官見たやうなものである。さうすると次にはトンボ神の頸《くび》の環《わ》、人狐《にんこ》の尻尾《しつぽ》の節なども、同じ性質のもので無いかと云ふ問題になる。考へて見たらさう云ふことに、決着するかも知れない。

　同狐の左の眼《め》が悪く、憑《つ》かれた人も目脂《めやに》を出し、又左の足が跛《びつこ》であつて、是も容易におとらが馬脚を露す端緒となるのは、如何《いか》にも面白い言伝《いひつたへ》である。此豊川《とよかは》の下流の村に山本勘助が出たと伝ふる牛窪《うしくぼ》と云ふ村がある。左甚五郎も同村の出身と謂ふ。勘助と長篠《ながしの》との関係は単純では無い。片目片足までおとら狐と似て居《を》る。甲府の在にも山本氏の末孫が一戸あつた。代々の主人の足と目に、遠祖の武勇を証明する特徴があると云ふ話である。此《この》特徴の或《ある》意味に於《おい》て誇るべきものであることは、私は既に一目小僧の話に於て十分に書いた(一一〇)。故に爰《こゝ》には唯《たゞ》其主なものだけを列《なら》べて置く。一眼《がん》一足《そく》は山に住む怪物として知られて居《を》る。熊野などでは一本ダヽラ、土佐では山爺《やまぢい》と謂ふのが其《それ》であるが、是亦疑《うたがひ》も無く旧信仰の零落であつて、現に地方に由《よ》つては今でも山神《やまのかみ》を、片目だ片足だと信じて居《ゐ》る者があるのである。足一つの方はあまり証拠が無いが、眼《め》一つに至つては例を上古に求めることも難くない。例へば出雲風土記《いづもふどき》の阿用里《あようのさと》の話には、鬼の一眼《がん》のもの人を啗《く》つたとあるが、播磨風土記《はりまふどき》の荒田里《あらたのさと》の昔語《むかしがたり》では、賀茂《かも》とよく似た神子《かみのこ》の父神《ちゝがみ》が、此地方の大社天目一箇神《あめのまひとつのかみ》であつた。鍛冶《かぢ》の祖神とする同名の神は、又別であつたらしい。伊勢《いせ》の多度山《たどざん》には一目連《もくれん》と云ふ荒神《あらがみ》、凪《なぎ》と嵐《あらし》を掌《つかさど》る神として、近世まで畏敬せられて居た。殊に注意すべきは御霊社《ごりやうしや》の祭神であつて、是は何時《いつ》からか鎌倉権《かまくらごん》五郎景政《かげまさ》だと一般に信ぜられ、其景政は有名な片目であつた。私の説では、御霊はもと八幡神《はちまんじん》が管轄統御する所の荒神で、鎌倉八幡の盛の時世に、之に属した今の長谷《はせ》に在る御霊が、此意味で崇拝せられた。仍《そこ》で八幡宮に属する鎌倉の御霊が、八幡太郎の家来の鎌倉権五郎と混同せられて、終《つひ》に景政を祀《まつ》ると言出したことゝ思ふ。併《しか》し考へて見れば、景政の片目を傷《きずつ》けた話も小説であつて、此人の生涯は此一点の外には痕《あと》が無い。同じく景の字を名乗る悪《あく》七兵衛景清《びやうゑかげきよ》にも、生目《いくめ》八幡《まん》の伝説が伴つて居《を》る。目を抜いた故に尊《たつと》いと云ふやうな信仰が、此誤伝の背景を為《な》して居らぬとも言はれぬ。さう思ふ一つの根拠は、各地の神前《じんぜん》の池に住む魚《うを》の片目に、其原因を昔片目の人が身を投じ、或《あるい》は眼を傷けた人が来て洗つたからなどと謂ふことで、而《しか》も其魚の片目であるのは、多くの場合に信仰と因《ちなみ》ある特定の水に住む者に限り、隣の池のは只《たゞ》の二つ目、此《これ》へ持参して放せば一つに減ると謂つて、生牲《いけにへ》の生《い》けて置かれる期間、普通の同類と判別する為《ため》に、一方の眼を抜いて徴とした古い慣行を推測せしめる。其から逆に論究して、片目の神を畏《おそ》れ敬ふのは、やはりずつと大昔の信仰行為に、人間をも斯《かう》する風があつた結果かと考へる。其又一つの証拠には、諸国の旧社で或一種の植物を忌《いみ》とし、氏子に之を栽《う》ゑ又は作らしめぬ理由として、神様が曾《かつ》て此で御眼《おんめ》を突かれたからと、毎《つね》に言伝へる事実がある。祭の折には神主が神であつた。即人に神が憑かれたのである。併し幾ら元が人間でも、さう言合せた様に怪我《けが》すべき道理も無く、且其植物を忌むと言ふのも、凡下の者に扱はせぬと云ふのみで、本来嫌ふと云ふのでは無かつたから、即祭の際に之を用ゐて、神の依《よ》りたまふべき神主の眼《め》を突いて、片目にしたのだらうと云ふことになる。なぜ又其様な乱暴な事をせねばならなかつたかと言ふと、人の生牲を生けて置く期間、斯して普通の人間と区別し、其者に最《もつとも》神聖なる神憑の役目を、勤めさせた名残であらうと思ふが、此には猶《なほ》沢山の講究を要とする。其迄《まで》は爰《こゝ》では論ぜぬとして、兎《と》に角《かく》に神に仕ふる者の、片目を説くことには理由がある。片足も屢《しば〳〵》結合して現れるを見れば、似たる原因に基くのかも知れぬ。

私の解釈の如《ごと》きは、固《もと》より第二の良い説明の出る迄のものであるが、微々たる長篠城址《ながしのじやうし》の一おとらに、片目片足の俗信が附着して居《を》ることは、幾通にも意味の味ふべきものが有ると思ふ。仏法に於て陀枳尼《だぎに》の法と謂ひ、或は飯綱《いづな》の法とか何とか、行者も博士も我勝《われがち》に術を競つて、人に由《よ》つては此《この》徒が連込んだやうに言ふ者もあるが、無意識に保存して来た幽《かすか》な特徴から辿《たど》つて行《ゆ》くと、段々に此類の畏怖不安が、此国民の生活に早くから、附随して居たことが分るやうである。現在の如き賢い人の充満する日本《につぽん》を、此状態から苦しんで、追々と作上げたことを考へて見ると、昔曾て獣を畏れたことなどは恥でも無い。又其痕跡《こんせき》が若干の煩《わづらひ》を残したとしても、それは光に対して蔭《かげ》があるやうなものである。

（終）

引用書目等

(一) 閑田耕筆巻三。百家説林続篇下の一の七一頁。

(二) 今昔物語巻廿六。国史大系本一二〇五頁。

(三) 応永二十七年九月に、京の室町の医師高間と云ふ者、狐を仕ふとて親子禁獄せられ、後に讃岐に流されたこと、当時の記録にあつたのを、江戸の学者が見出し有名になつた。大日本史料にも出て居る。

(四) 自分も少年の時の経験がある。田舎で後の山に昼狐が姿を見せ、頻りに鳴いたことがある。コウコウと聞えたやうに思ふ。さうすると数箇月後に、地主の主人が狂人に斬られた。狐の穴を塞いだからだと云ふ説もあつた。

(五) 津村正恭著譚海巻十一。国書刊行会本三五四頁。話者は著者の叔父。天明七年に七十七歳で尚達者であつたとある。

(六) 本朝食鑑巻十一に出て居る。

(七) 房総志料続編。大正三年刊行のもの。

(八) 和漢三才図会巻二十八。弘文館縮刷本四四六頁。

(九) 東都歳時記巻一下。二月初午の条。

(一〇) 閑田耕筆巻三。同上頁。

(一一) 蕉斎筆記巻三。国書刊行会本、百家随筆三の三〇二頁。寛政頃出来た本で、話は其少し前の事らしい。

(一二) 鳥取県日野郡米沢金沢二村組合村是。大正三年頃に村で編纂したもの。

（一三）塩尻巻四十四に、信州松本で此事があつたとある。今では大に変化して居る。
（一四）郷土研究第三巻三六七頁。
（一五）想山著聞奇集巻四。甲子夜話にも同じ話があつた。此二つに拠つた話である。
（一六）真澄遊覧記巻一。写本で上野の図書館などにもある。
（一七）大正三年に出来た静岡県安倍郡誌七五九頁。
（一八）郷土研究一巻四三一頁。窪田空穂君話。
（一九）同上四巻四三三頁及四九四頁。
（二〇）同上一巻六三三頁。南方熊楠君説。
（二一）遊歴雑記四篇上巻（江戸叢書）に秩父のオサキ、倭訓栞中編オホサキの条に上州甘楽郡の大サキ使、筠庭雑録中巻に同国藤岡のオサキ狐、井上円了翁の『おばけの正体』に同前橋在岩神村のオサキの事を記し、此の如く区々の説を為して居る。此後にも二三此等の書物を引かうと思ふ。
（二二）井上博士『おばけの正体』一六六頁。国会新聞の記事で見たとある。先生は例の如く、つまり一種の変形動物に相違なしと言はれた。変形とは畸形のことか変種のことか。変種ならば名が有らう。併しもう其を問ひに行く方法も無い。
（二三）筠庭雑録中巻。加藤咄堂氏日本宗教風俗志。
（二四）前に掲げた遊歴雑記。ナマダゴのことは郷土研究一巻三二七頁、同二巻三〇六頁及三五二頁にもある。信州の松本平、及川中島辺にも同じ名の家筋がある。南無阿弥陀講の転訛であらうと云ふ。
（二五）曲亭雑記巻一下。
（二六）鈴木桃野、反古之裏書巻一。国書刊行会本、鼠璞十種第一冊の中にある。此書に江戸のオサキの話が出て居る。
（二七）此問題に付ては、郷土研究一巻三二一頁以下に長い論文が出て居る。
（二八）秉穂録巻三。
（二九）和訓栞中編オホサキの条。
（三〇）古事記大国主命国譲の条に、吾子百八十神者、八重事代主神、為神之御尾前而仕奉、則不有違神、此葦原中国者、随命既献焉とある。
（三一）古い歌にもアラミサキの語あること、和訓栞などに言つて居る。男女の中を裂く神だともある。中古の語としては、謡曲の鶏竜田に、鶏の霊が女に憑くことを言つて、『行者の加持力隙も無く、退けやのけやと責めらるれども、こなたは負けじ神のみさき』などゝある。
（三二）芸藩通志巻十七。此本は四五年前活版に為つた。
（三三）南総珍と云ふ本にさうある。房総叢書の中。
（三四）貝原益軒の紀行、岐蘇路の記。
（三五）陶山尚迪著人狐弁惑論。天保元年に世に出たもの。此時代としては珍らしく徹底した唯物論である。神経学雑誌大正六年四月号及六月号に、全文が載せてある。私の話の中にも二三此本を引いた処があるが、尚原著を推薦する。
（三六）紫芝園漫筆巻六。
（三七）郷土研究二巻四二二頁以下、雲州人狐状に此消息がよく述べてある。筆者稟二生は出雲出身の人であるが、差合があると見えて名を出すことを欲しない。
（三八）同上二巻一七二頁。清水兵三君報告。
（三九）例へば鳥取県日野郡山上村是等に見えて居る。
（四〇）藤田知治君話。郷土研究一巻四〇〇頁等にも出て居る。以下の記事も之に由る。
（四一）真澄遊覧記巻一。
（四二）此郡の人長屋基彦氏話。此人は神職である。
（四三）元禄二年刊行の本朝故事因縁集巻三。
（四四）必しも常に精確では無いと言ふが、沖縄語典の中に此語がある。京都の古語でもマジモノは蠱のことである。インガンチヤウは多分『犬神衆』であらう。又インガマと云ふ語もある。犬神、「犬の霊を使ふ蠱術」と註せられて居る。
（四五）和訓栞中編オホサキの条。
（四六）土佐海続編に出て居る。土佐で出来た土佐の話の本であるが、他地方の書物も引用して居る。後にも此書に拠つた所がある。
（四七）御伽婢子巻十一。土佐畑の犬神の事。此本は国書刊行会の刊行本がある。
（四八）黒甜瑣語第四編。
（四九）例へば郷土研究二巻三〇八頁の阿波の話。其他、例は古い本に至つて多い。
（五〇）同雑誌一巻一一一頁報告。此は近年の事実として値が多い。
（五一）食物和歌本草巻六。百物語評判巻一。
（五二）美馬郡郷土誌其他。
（五三）貝原益軒全集の中、扶桑紀勝巻一。
（五四）嬉遊笑覧巻八に引いた竜宮船。
（五五）黒甜瑣語第四編。
（五六）本朝通鑑巻四十八。西園寺公相卿の首、此条件に合した為に盗まれた話は、増鏡にあつて有名である。
（五七）杓子の問題は他日別に書くつもり。オシラサマは佐々木喜善君ネフスキー君等、此が研究に力を費して居られる。
（五八）羽柴雄輔翁話。
（五九）人類学会雑誌第百三十一号、布施千造氏報。
（六〇）続日本紀、神護景雲三年五月、県犬養姉女等巫蠱の罪の事。日本霊異記下巻、備後の人品知牧人髑髏を祈る事等。
（六一）是も黒甜瑣語第四編。但し続夷堅志に依つた支那の話かも知れぬ。
（六二）松屋筆記巻三十九に、抜萃撮要と云ふ本を引いて。
（六三）例へば文徳実録の、仁寿二年二月壬戌の条。美濃席田郡の妖巫の話。クダ屋よりも犬神筋の方に近い。其霊転行して暗に心を噉ふ。一種滋蔓民毒害を被る云々とある。
（六四）扶桑紀勝巻六。
（六五）井上円了博士の『おばけの正体』。
（六六）七島日記。
（六七）芸藩通志巻四。
（六八）日本周遊奇談。此も井上円了先生の著。

（六九）　共古日録巻十八。山中共古翁随筆。大正元年の鳥取の士族から聞いたと云ふ話。

（七〇）　郷土研究一巻、三九六頁及四九九頁。外道の話をした藤田君の話。但し又聞である。

（七一）　同上三九七頁、故荻田元広君報。此等の話には後にも引いた所がある。

（七二）　名言通巻上、延岡医育黒沢氏の話とある。

（七三）　是も黒甜瑣語第四編。秋田の人であるから勿論確め得なかつた世間話である。

（七四）　北山医話巻下。本朝医談第二篇等。和訓栞にも同じ説がある。榊巷談苑には陶瓶と書いてある。支那で蠱と云ふ字を用ゐるのも、土器に虫を入れて置く形から出た会意文字である。

（七五）　明月記建久七年四月十七日の条。古名考巻五十二に引いてあつた。

（七六）　市井雑談集巻上。

（七七）　蚯蚓に小便を掛けるとえらい罰があつた。台湾の蕃人中には珍しい蚯蚓の話が多くある。

（七八）　藤田君の話の中。郷土研究一巻四九九頁。

（七九）　荻田氏書状。同上三九八頁に出してある。

（八〇）　前の話は長尾覚氏報。同上四巻六七一頁以下。此には阿波の犬神の例が最確実に報告せられて居る。後の話は同二巻三〇八頁。

（八一）　捜神記巻十一。嬉遊笑覧巻八に引用してあつた。此書は妙に日本の田舎の話と類似を持つて居り、而も文字で移したとも思はれぬ例がある。奥州で一般に謂ふ馬神と蚕との関係の如き是である。此はオシラサマと関聯して論ぜらるべき問題である。

（八二）　前にも引いた共古日録巻十八。

（八三）　甲子夜話巻一。『朝鮮の迷信と俗伝』と云ふ本にも、家々に蛇業又は人業と云ふ物が居る。毎月十五日に之を祭つて居れば福を得るが、祭を怠ればすぐ罰がある。主人は蛇の食ひ残しを食はねばならぬなどゝ謂ふとある。同じ神らしい。

（八四）　三河雀巻二。国書刊行会本、近世文芸叢書の内。又南方熊楠氏の手紙に、大阪で猫の髑髏を所持して相場に奇勝を得続けて居たもの、後に厭になつてもどうしても去らず、ふと一計を案じ猫は水を嫌ふ故に、川の中に潜り入つて見たら、漸く離れ去つたと云ふ話がある。二十余年前の実事であると云ふが、やはり兼ての言伝へがあつたものであらう。

（八五）　吉備温故、及先年活版になつた備中志などを見ればよく分る。

（八六）　陶山氏の人狐弁惑論の中に稍詳しく書いてある。

（八七）　前に引いた三河雀にさうある。悪と名の附く人の霊の怖しかつたことは、別に一冊として話す程ある。茲では唯死霊の祭られたことを言へば十分である。

（八八）　住広造君の話。郷土研究四巻六七〇頁。

（八九）　同誌一巻三二八頁論文。

（九〇）　同上四巻四九四頁。野崎寿氏の話。

（九一）　例へば嬉遊笑覧巻十二上にある四国犬神の話。

(九二)　寓意草巻上。百五十年程前此地方に居た人の随筆。
(九三)　真澄遊覧記巻九。菅江真澄著。
(九四)　雪の出羽路。著書同上。
(九五)　新編会津風土記、北会津の一。
(九六)　温故之栞巻十。但し地方名鑑には此大字は見えぬ。
(九七)　郷土研究四巻三〇五頁。外山且正氏報。穴の神の膳椀を貸す話は、昨年の三月中東京日日に長々と書いて置いた。
(九八)　五十嵐教授編、「趣味の伝説」。
(九九)　碌々雑話巻五、山下弘毅著。嘉永の頃の此地方の学者の著。雑誌『尚古』に載せてある。
(一〇〇)　故郷見聞録。池田の師範学校の生徒が集めた話。

(一〇一)　諸国里人談巻五。

(一〇二)　北窓瑣談巻二。

(一〇三)　斎藤要八氏報。郷土研究四巻三八一頁。

(一〇四)　猿著聞集巻二。

(一〇五)　小島高踏氏著『浅草観世音』。大正四年刊。最新著である。

(一〇六)　山陽美作記上巻。

(一〇七)　郷土研究四巻五五八頁。紀州田辺の流行地蔵の話。

(一〇八)　嬉遊笑覧巻八に依る。

(一〇九)　回国の比丘尼を名媛に托する多くの例は、別に一冊として書いて見たい。其迄は郷土研究四巻二七四頁以下の一論文、老女化石譚で見てもらひたい。

(一一〇)　大正六年八月、東京日日新聞連載、一目小僧の話。但し書直して見たいと思つて居る。郷土研究四巻には片目魚、片足神等、其材料になつた報告が多い。


『おとら狐の話』柳田国男・早川孝太郎共著、大正九年二月二〇日、玄文社

炉辺叢書解題 ＊

炉辺叢書解題

柳田国男編

炉辺叢書刊行趣旨

炉辺叢書は其前身を甲寅叢書と謂つて、大正三年以来の継続事業である。最初からの唯一つの目的は、我々が後の日本の為に、是非とも保存して置かねばならぬ色々の著作の中、現在の出版界の経済組織では、どうしても本屋の顧みることの出来ぬものを、一冊なりとも多く印刷して残したいと言ふに在つた。一二の篤志家が此企てに同情して無条件に提供してくれた資金などもあつたが、勿論それのみでは充分では無いので、尚若干の手段を講ずる必要があつた。其手段を打明けて申せば、一つにはなるべく多数の小冊子に分けて頒布を容易にし、其相互広告の作用に由つて、此方面に使ふべき経費を極度に節約することゝ、今一つは普通の出版業者でも喜んで引受けるやうな知名の大家に依頼して、其著述を此叢書の中に出してもらひ、自然に其信望を利用して読者の注意を引かうと言ふのであつたが、二策ともに未だ十分の効を奏せぬ前に、世界に大戦乱が起つて事情は変化してしまつた。其代りには又自分は官を去つて、境遇がよほど自由になつた。少くとも自由な時間が非常に多くなつたやうな感じがした。そこで一旦中絶して居た叢書の、名称と体裁とを変更して、永く継続して見ようと云ふ決心をしたのである。其には協力者たる岡村君の熱心が、終始不変であつたことは此上も無き幸であつた。我々両人の評定では、何分事業が大なる割に、之に充てらるべき資力が甚だ小さい。どうせ全体に手が及ばぬ位ならば、寧ろ我々自身に最も楽みの多い部分の力を専にして、同時に其恩沢を受けようでは無いかと云ふことになつた。而して両人の者が一致して、益々研究して見たいと思ふ方面は、変らうとして未だ全く変つてしまはぬ村々の簡易な生活、其間からちらり〳〵と窺ひ得らるゝ昔の人の信仰と心持、美しい物を愛する情、楽しく生きようとする切なる願、其他血を分けた我々として、知れば軽ずることの出来ない色々の微細なる事蹟を、成るべく地方々々で詳しく調べ、其比較と排列の中から、何か今一層大きく又大切な智慧を、引出して見ようとする新しい種類の史学であつた。此事業の過去に心細い経験があり、前途には又若干の艱難を予測し得たにも拘らず、随分の元気と気軽さを以て、炉辺と云ふ文字を新叢書に採用することに決したのも此為である。

炉辺叢書は前に玄文社の手で刊行した四冊を除いても、もう既に十六巻を重ねて居る。此次に準備して居るもの、約束あり交渉あるもの迄算へると、更に三十余種の新しい著述が続かうとして居り、而もそれだけで尽きるやうな様子は無い。そこで発起人側の深く責任を感ずる所は、一方には閑静な田舎に住んで、書を読み物を観察し、曾て自分は著述などをする考の無かつた人々を、刺戟し勧誘して大切な時を割かしめ、書物を世に遺す辛労をさせて居る向が幾つもある。其辛労を徒労に帰せしめまいとすれば、単に此事務を継続させるだけで無く、又之を繁栄せしめねばならぬ。然るに尚他の一方では、我々は又世間に対して、良書の後に伝ふるに足るものであるが故に、此様にして保存するのだと云ふことを、実物を以て立証するの義務がある。この二つの余分の理由から、我々は既に久しい間、普通の書肆の支配人が、敢て当るを要とせざる苦しい任務にも服して居り、更に又此事業を世間に訴へて、未知の同志の賛助を求めてもよろしいと信じて居る。此解題書は此趣旨に基いて、単純なる各篇の紹介をする為に書いて見た。仮に読者を釣るが如き誇張が有るとしたら、其為に永い将来に向つて叢書の信用を損じ、先づ迷惑をするのは我々であるから、其点は最も警戒をして居るわけである。希ふ所は国内有縁の諸君、親しく各篇に就て著者の辛苦と、刊行者の用意の存する点を理解し、猶同種の好著述にして未だ我々の知らざるもの、或は埋没の免るべからざるを感じて、寧ろ著述に力めんとせざる篤学者を発見せられ、相共に叢書本来の目的を助成し、以て大正昭代の文運をして、今よりも更に重厚温雅なるものたらしめんことである。

大正十三年十一月

郷土研究社に於て
柳田国男識

飛驒の鳥

川口孫治郎（八五四）

鳥類に対する川口氏の同情は、多くの社会研究者が人類に対して抱いて居る同情よりも、もつと暖かいものであつた。之に基いた理解であつた故に、屢鳥学の為に、新しい知識を貢献することが出来たのである。而して其模範的な自然観察者の生活の中でも、飛驒の中学校長としての丸三年は、殊に我々に取つて意味の深いものだつたことは、日誌風に書かれたこの一部の観察記からもよく証せられる。此書を読んでの最初の感じは、山国では鳥までが質朴で悠長だと云ふことである。而も人間と違つて鳥は交通往来が自由だから、勿論是を飛驒に特殊の気風とは見られぬ。察する所以前は一般に此通りであつたのを、人と鳥銃とが多く且つ精巧になるにつれて、端から追々と生活改良をして行くので、即ち此類の地方記録は、兼て亦鳥類一般の社会史と見てよいのであらう。著者は主として人文と交渉ある方面から、鳥の生活を明かにしようとして居る。古来多くの鳥の俚諺又は小児の言葉などが、彼等と人との間の重要な外交文書であつたことは、飛驒の昔風の鳥が、只川口氏のみを通じて語つてゐる。

三州横山話

早川孝太郎（七〇四）

横山は豊川鉄道の終点に近く、長篠の古戦場から寒狭川の流を隔てゝ、丘陵の側面に成長した僅ばかりの部落である。中から観ても外から望んでも、近傍幾多の農村と比較して、別に是と云ふ特色は無いのであるが、著者早川君が此村に生れたと云ふ唯一つの理由で、文字以外の非常に豊富なる史料が、談話と為つて充ち溢れて居る土地であることが世に知られた。さうして之に準じて此地方一帯の平凡生活が、如何なるやさしみを持ち、又如何なる美しさを味ひつゝあつたかを、一言の形容詞を傭はずに、あらかた感得することが出来るのである。里の人は野獣の話に殊に興味をもつ。併し微々たる一虫一魚も亦、彼等の注意を逸することは無かつた。況や森である老木である。若くは其等よりも更に不可思議なる人の家の繁栄と衰微、どこからか来た人、どこへか行つた人、此等の見聞を語らず説かざる者は、田舎には先づ無いと謂つてよい。而して早川君は熱心に久しく之を記臆して居つた。同君の本業が画家であつて、最も其感覚に忠であつたことは、殊に此書の幸福である。

古琉球の政治

伊波普猷（八〇四）

沖縄には島の人の最も大切にして居る美しい過去がある。それが大和の神代に比べると、ずつと我々の時に近いもので、従つて其印象は今尚鮮明であるのみならず、更に未だ全く形を失はざる其世の名残がある。御嶽と称する村々の霊地、旧家に斎き祀る家の神、及び其祭に仕ふる家刀自と其祭の詞である。而して巫女には明白なる上下の属制があつて、其首領は曾ては信仰の力を以て其族人を指導して居たらしい。第三尚氏が全島の統一を完成して後、愈々国家の近世化に著手した際にも、民族に根ざした宗教の組織は一朝に之を変更すること能はず、力の限り巫女の威力を調節し利用して、寧ろ一且は之に頼つて中央集権の実を挙げんとした。従つて女性を通じて神の力が政治の上に加はつた時代がある。本州の古代史に所謂祭政一致の本の形は、略是と同じもので、我々の民族の信仰が原来此の如き経路を取つて進展すべきものでは無かつたかと思はれる。著者伊波君は最近の沖縄研究に新しい光を投じてくれた島随一の学徒であつて、此書の教ふる所は決して単に此一点のみでは無い。

郷土誌論

柳田国男（八〇四）

一村一郷党の前代生活を探究するに当つて、国の政治史を学ぶのと、同じやうな態度を持するは誤である。文字の恩恵は朝廷と之に接近する若干の家族、並に大社大寺のみの独占する所であつた時代は久しく続き、而も我々の祖先は其間にも、平民として尚生存して居たのである。若し記録文書の拠つて証とすべきもの無くんば、村の昔は得て尋ぬべからずとするならば、多数の郷土誌は則ち徒労である。然らば此以外に何の材料を採り、如何なる態度を以て之に臨まんかと謂はゞ、爰に人間と謂ひ、其言語歌謡と謂ひ、其慣習信仰と謂ひ、其生活様式と謂ふ絶大普通の遺物あつて、到る処の里閭に充満し、兼て巧むこと無き故に端的に父祖の古い生活と其心持とを語つて居る。之を批判する従前の学者の眼は偏頗であつた。殊に多くの誤を導いたのは、年代と固有人名に対する執着であつたが、そんなものは重要な点でも無く、又作為が多い。我々を助けるのは唯内外の比較研究と、人は無意味なことを行ひ又は言ふものに非ずと云ふ、至つて簡単な前提とである。

南島説話

佐喜真興英（八〇四）

現代の沖縄人が、口で伝へて居る話ばかり百篇を採録したものである。佐喜真氏は最も意を説話者の種類性質に注ぎ、些しでも自分の空想を以て補訂したかの疑あるものは、警戒して之を近づけなかつた上に、尚遺老説伝其他の記録に類型のあるものは、単に其理由ばかりから之を排除したと謂つて居る。然るにも拘らず、全然文字と縁の無い此等の口碑の中に、尚驚くべき内地との類似を見出すのは、大なる学問上の興味である。例へば今昔物語は曾て彼島の民衆には伝はつて居なかつたのに、其中の説話と要素のみを同じくし、筋は純然たる沖縄式のものが数件ある。仮に一旦は読書裡から生れたにしても、何人が大海を航して之を運んだかは不思議の極である。況んや多くの小さい俗信或は現在重きを為して居らぬ話の端々に、数百千里を隔てた東北の田舎などで、是亦書伝を超脱した階級の人々が、語り伝へた所と一致するものがあるのは、少くとも今だけの学問では説明が出来ぬ。著者は沖縄出身の青年法学士である。其篤学は他日必ず自ら此問題の解説に成功することであらう。

小谷口碑集

小池直太郎（一、〇〇四）

小谷はヲタリと読む。長野県西北の一隅、白馬山彙の東面、越後姫川の水域に属する五ケ村の総称である。物深い山村ではあるが、水流に沿うて、昔から南北の交通はあつた。乃ち諏訪の信仰の一筋の出口であつて、薙鎌と称して霊木に鎌を打込む古い慣習などが、最も鮮明に其痕跡を印して居る。謡曲文学の山姥なども此地方を空想の舞台にして居るのだが、而も土地に伝はつて居る山姥の信仰は、全く書冊の影響から超越して居る。男性の方の山霊は、普通には善鬼様（ゼンキサマ）と呼んで居る。明白に戸隠山の崇拝と関聯して居つて、而も却つて此方が様式の近世化を免れて居るやうに思ふ。小池君は気力ある若き研究者であるが、其熱心に先づ動かされて、材料蒐集の任に当つたのは、山間の各部落に働いて居る分教場の教師たちであつた。多くの古伝説の外に、現行の行事儀式、生活技術から、歌謡、童話、謎々方言の類に至る迄、有る限の無形遺物を逃すまいとして居る努力は、慥かに尋常好事の徒の企及する所で無い。他の諸国の山村の調査にも、応用させて見たい方法が多く見える。

江刺郡昔話

佐々木喜善（八五四）

江刺は岩手県南の小さな一郡で、編者が郷里からは所謂山一つあなたであつた。古くは領主を異にして時あつて相競ひ、一半の異郷味の採集家の好奇心を刺戟するものがあつた。こんな好形勝の地位に在る佐々木君は、更に村の山に来つて炭を焼く江刺人の中から、純真なる伝承者を見出すことが出来た。此集の大部分は其説話者と筆者と、只二人きりの落付いた会合の幾回かを以て成つたもので、其落付きが話の隅々に迄行渡つて居ることは、即ち此書物の大なる価値である。研究者の興味を惹く題目は、幾つと無く此中に見出される。例へば我々の花咲爺と、宇治拾遺以来の瘤取りの話との間には、奥州の多くの伝承を得て、始めて確かなる脈絡のあつたことが知り得られる。里神楽の舞の醜い面の、ヒヨツトコは即ち火男であることは、家々の竈の神の変な容貌と其由来を伝へた色々の話から想像せられ、既に安居院の神道集にもあると謂ひ、又琉球の島々でも伝へて居る不運の前夫を竈の側に瘞めた話が、次第に明るい色に塗替へられたことを知るの類は、凡て此蒐集に負ふべきものである。

祭礼と世間

柳田国男（六〇四）

日本の神様を、信仰の対象と考へることを欲せず、従つて神の恵み、又は神の罰と云ふことを丸で度外視しながら、而も尚神社を中心として、郷党の思想感情を統一して見ようとする、今日の所謂有識階級の態度を批判する為に、公表せられたる一論文である。此人々は不幸なる時代の空気の中に成長した為に、親や祖父母の心持までがよく分らず、何の為に村に鎮守があり、何故に自分たちが其氏子であつたのかも知らうとしなかつた。其為に色々の複雑な感情衝突があつて、時々は其結果が政治の上にも現れる。之を避けんとすれば今少しく以前の生活を諒解して、其から方法を案ずるがよいと云ふことを、沢山の実例を引いて説明しようとした本である。ちやうど其頃或地方の祭礼に、御輿が非常に荒れて警察の人を怒らせてしまつた。此を一人の大学教授が、物理学の法則で弁明しようとした。其無邪気な議論が如何にも当世流の標本のやうに思はれた為に、それに興味を感じて雑談風に、なるだけ反対者を不愉快がらせぬやうに、ごく平たく書いたものである。

続飛騨の鳥

川口孫治郎（九五四）

前編には雀鳩鳶烏其他、二十種ほどの鳥の生活が観察せられて居り、この続編の方には又、鶯燕頰白鶫鶺鴒千鳥を始め、名ばかり聞いて居る珍しい鳥の慣習が、親切に記載せられてある。著者は同時に古来の文献にも冷淡では無かつたが、通例の記述家のやうに書物のまゝ之を伝へようとせずに、採録に先つて一々実験を以て之を確かめて居る。例へば多くの小鳥の啼声の如きは、地方に由つて色々の聞きやうがあつて、川口氏の客観的の鳥語譜を見て後に、仔細に其比較を試みると一段の興味がある。而も其一つ〳〵の小材料は、何れも久しい忍耐と、倦まざる注意との最後の収穫であつたのである。

飛騨の人は又色々の鳥の話を川口氏にして聞かせた。鳥を捕る方法と慣習、作物の為に鳥の害を防ぐ色々の手段、それから鳥の挙動と声とに由つて、大小の人事を占ふ風俗などには、其様式及び他民族との類似に由つて判ずれば、多分は数千年の昔から、殆ど変更無しに伝はり来つたもので、今将に忘却の瀬戸際に臨んで、辛うじて此書に依つて存録せられたものが多いのである。

熊野民謡集

松本芳夫（八〇四）

この三百余章の民謡の採集地は、主として東牟婁郡太田川の河内であつて、熊野とは謂つても、三山の信仰とは、比較的因縁の浅い地域である。熊野は曾て全国の民謡を一変したと迄思はるゝ所謂歌比丘尼の故郷ではあるが、一体に当時の文献の今に伝はるものが豊かで無く、最早あの時代の遺響を覓め出すことが難くなつた。従つて本来特殊の意義あるべき此地方の民謡蒐集であるが、其表層に現はれてゐるものは、却つて近世の交通に基いた新しい他郷の感化のみが著しいやうである。年代から考へ又順路から謂つて、大略之を三つに分けて見ることが出来る。第一は童児の遊戯に伴ふ章句、之にも新旧の差はあらうが、多くは土著して年久しいものらしい。松本君の蒐集は此部分殊には手毬唄に最も豊富である。第二は海から入つて来た港の恋の歌の類、此には以前熊野に発したらしいなげ節の情緒が、廻り廻つて再び故郷の村を訪ひ来つたのを珍とする。第三には山を越えて来たかと思ふ物語風の長篇である。此には海近い盆の月夜の美しさにあこがれて、樹蔭づたひに踊つて来た若い人々の足踏みの音を伴つて居るやうに感ぜられる。

アイヌ神謡集

知里幸恵女（八〇四）

我が北境の旧種族の中に、最も大切に保存せられてあつた十幾篇の神謡を伝承して、之を精確なる日本の語に訳した知里幸恵子は、自身も亦アイヌの中の最も貴重なる一メノコであつた。此女性の清くして且つ薄命な生涯は、金田一京助君の文が永く之を伝へ、我々をして尚多くの惜むべきものが、共に黄土に委したことを嗟歎せしめる。此小冊子は実に其全部の記念である。アイヌの信仰生活に至つては、歌は即ち神の自ら説く詞であつた。従つて此集に於ても、森や沼の小さい色々の神、即ち梟や狐や兎や蛙までが、悉く自分の幽怪なる挙動と、それが意味して居る深い神秘を説き示すので、人間は単に忠実に之を記臆して、互の間に語り伝へるだけのものと考へられて居る。此珍しい自然観照は、今や同化に由つて次第に彼等の間にも珍しくなつて来た。幸恵女は又自ら斯うも謂つて居る。「愛する私たちの先祖が起伏する日頃、相互に意を通ずる為め用ひた多くの言語、言ひ古し残し伝へた多くの美しい言葉、それ等のものもみんなはかなく、亡び行く弱き者と共に、消失せてしまふのでしやうか。おゝそれはあまりに痛ましい名残惜しいことでございます。」と。

八重山島民謡誌

喜舎場永珣（一、〇〇四）

珊瑚緑に映ずる南の海の島々の中でも、殊に八重山の一群は、リリツクの国として其名が高い。三線と琴とは近世に入つてから、沖縄より取寄せたことが明かであるのに、後には島の材を以て、歌人自ら優秀な楽器を製作し、音律の精しさはこんな離れ島とも思はれぬ程である。而も珍しいことには声曲に携はる者は、悉く士族の男子であつて、代々の作者も亦すべて此中から出て居た。此と随伴して平民の女性、わけても髪長く眼の涼しい少女ばかりが、舞の役を課せられ、村には必ず公費を以て調へた舞の衣裳が具はつて居た。従つて多くの恋の歌は自然に又は強要して、この異階級の異性の間の、情の交錯を叙べんとしたものであつた。つまりは朝香山の采女の歌が、此島征服以後の五百年の間、連綿としてやるせない社会史を語つて居るのである。著者は島の学者で、此等多くの小さき橘諸兄の事蹟を知つて居る。万頃の波濤に包まれた小天地の太平が、終に如何なる文明を産し得たかを語るべく、此書は同時に亦唯一の八重山群島の史書である。

筑紫野民譚集

及川儀右衛門（九〇四）

著者が久留米の学校に教へて居た二年間に、見たり聞いたりした附近の伝説と風俗とを採録したもので、其境域は筑豊の四国及び肥前の南半に亘り、仮に之を筑紫野とは名けたのである。此集の特色は著者が読書の人であつた故に、文庫内の作業が多く加はつて居り、而も常に重きを眼前の野外採集に置いて、必ずしも前の学者の臆断に捕はれて居らぬことである。村々の神の祭、或は各地の季節行事の類は、厳格に言へば民譚の範囲を逸したものであるが、言語以外の方法を以て、過去の住民の心意と信仰とを語る点に於ては、少くとも之に直面した人々に対しては、其印象は却つて説話よりも鮮明である。殊に北九州の民間神道には、京畿以東の習俗と差別し得るかと思ふ或種の特質が見出さるゝやうであるが、此記録は亦之に向つて、若干の材料を提供して居る。所謂河童の形式を以て現れた水の神の信仰は、著者の最も親んで居た筑後川の流域が正しく一箇の中心地であつた。宇佐を囲繞した古神話の破片、殊には豊後の長者の華やかなる物語も、此書に由つて其最近の流伝状態を知ることが出来る。

相州内郷村話　鈴木重光（八〇四）

津久井の山村の中でも、もと奥三保と呼ばれた内郷一帯の高地は、殊に社会史の興味の多い地方である。村内に石器使用者の遺跡が非常に多くて、国司時代の文化は却つて其影響の痕を留めず、近世に為る迄甲相二国の中間地帯として荒れて居た。鈴木君の祖先は多くの榎本氏と共に、若柳の熊野権現に随従して、入つて来たものでは無いかと思ふ。今も持伝へて居る一区劃の屋敷地は、山を負ひ桂川の懸崖に臨み、儼然たる一城砦の観を為して、最も変化に富んだ家の歴史を持つて居るが、それは残念ながら此一書には語られて居らぬ。

此集に見る所は要するに時勢の力、小仏山嚢に大道路を貫通した江戸の繁盛が、能く平野の明るい文物を、樅栂松杉の奥の里に運び来り、多くの山神と野獣とを駆逐し、人間を温和にし生活を関東の田舎風に同化した三百余年間の経歴である。而も冬寒く榾の火を擁して、長夜を語り明した山民の趣味だけは此書成るの時迄遺伝して居る。更に流を溯つて今一つ山奥の村々と、比較することが出来たならば、所謂国境文明の特色は、一層鮮明に我々の眼に映ずることと思ふ。

能美郡民謡集　早川孝太郎（八〇四）

加賀の金沢から西に往つて、美川と動橋の二駅の間、北陸線の左手に散布する若干の村落に行はれて居る最近までの民謡を集めたものである。白山崇拝者の往還からは少し入込んで、あまり其影響は受けない古くからの土著であるらしい。一般に労働の激しい地方で、住民は蓆を編み又は岡に攀ぢて石を斫出して生計を補つた。従つて盆正月の休が何よりも楽しく、歌を唯一の慰藉として、年月を送つた人が多かつたことは、此集の諸篇の中からもよく想像することが出来る。早川君は最も注意深く、文部省の俚謡集其他の類聚と比較して、重複せぬもの丶みを撰り出した結果、此集に残されるものは、多くは附近の地名人名などを詠じたもので、其作者が歌ふ人のすぐ傍に、生活して居たことが一見してわかる。踊や木遣りにつれて歌つたらしい長篇の口説も、遠い国々の恋物語を題材として居るが、是亦一旦土地の人の解する言語、土地の趣味に訳されたもので、結局は殆ど全部が此片田舎に発生し、若し此採集が無かつたら、やがて又其地で湮滅してしまふべきものであつた。偶然の好機会に之を東京の真中で拾ひ上げたのは、我々に取つての驚くべき幸である。

沖縄の人形芝居

宮良当壮（八〇四）

以前沖縄の村々を廻つて、人形舞しを渡世として居たチョンダラーと謂ふ部曲に、今は農民と為つて首里の城外に住んで居る者がある。宮良君は此人々を訪問して其旧伝を聴き、又彼等の口から長短十一篇の詞曲を採集して戻つて来た。チヨンダラーは即ち京太良であつて、其名称が既に彼等の内地から渡つたことを語つて居る上に、念仏法門と結合した漂泊歌謡者の活躍ぶりが、生活事情のまるで違つた南海の果に往つても、相変らず自由自在であつたことは、此等の半和半琉の章句からも、かなり鮮明に立証せられるので、つまりは此島の民間文芸には、別に士人の参与しなかつた一脈の源流があつたことを思はしめる。而して其交通の年代と順路、乃至は方法や便宜に付ては、土佐や南九州の中世生活が、まだ些しも研究せられて居らぬ今日では、之を明白に知ることは稍六かしいが、少くとも此集の言語学的研究は、遠からず島々の方言の発生と変化に関する何等かの法則を発見せしむるものであらう。宮良君は八重山出身の篤学者で、学士院の補助の下に、南島言語の研究旅行をした人である。

『炉辺叢書解題』柳田国男編、大正一三年一一月序、郷土研究社

炉辺叢書解題

同情ある諸君に御願ひする

柳田国男編

地方に郡誌村誌其他炉辺叢書の各篇のやうな書物が出板せられた場合には御知らせ下さい

此類の蒐集又は編纂でまだ出板せられぬものがあつたら御知らせ下さい

此類の研究を続けて居る篤志の学者が有るなら其氏名を御知らせ下さい

各地の特殊な研究者に炉辺叢書と云ふものゝあることを御話し下さい

此叢書は何れの一冊でも随意に買へます。書名の下の数字は定価と郵税です

東京小石川区茗荷谷町五二　　郷土研究社

吉備郡民謡集

槙本楠郎（八〇／四〇）

編者は此郡の東北部、福谷村大字真星（マナホシ）に住んで居る。住地採集の一つの例であつて、しかも此事業の為に、既に十何年の労を積んだと称して居る。珍しく小歌の流行する地方であるらしい。村々の老巧なる歌ひ手たちは、各自数十章の「おはこ」とも名くべきものを持つて居て、それを男女の持主別に排列して見ると、大よそ其人の情緒と趣味を窺ふことが出来るやうであつた。殊に採集者の槙本君に取つては、歌ひ手が多くは至つて親しく又は大切なる人々であつた故に、一旦其口を通して伝はつた以上は、如何なる有りふれた諸国共通の歌謡でも、悉く棄て難い郷土の思出であつたのであるが、叢書としては無用の重複を避ける為に、中に就て最も地方色の顕著なる若干を刊行することにしたのである。如何なる原因に基くか知らぬが、此地方に於ては、叙事詩の系統に属する長篇が少なかつた。盆踊は今も尚行はれて居るにも拘らず、中国一帯に流行するクドキと云ふ類の歌物語が伝はらぬ。其代りには小児の唱へ詞、所謂遊戯用語の類を最も多く採録して、雑篇と題して此集には添付してある。

土佐風俗と伝説

寺石正路（八〇四）

土佐のフォクロアの特色として挙げ得る点は、地方文献の至つて豊かなことが一つ、学問ある階級が村々の久しい住民で、只の村人と経験を共にし、よく其感情を理解して居たことが二、従つて前代精神生活の名残が、永く保存せられて居たことが三である。寺石翁はこの伝統ある民間の学問の忠実なる使徒として、既に多くの述作がある。此一篇が単に真覚寺日記其他の得難い古記録を自在に渉猟して、昔話を我々に伝へるのみか、尚近年の村誌新聞、処々の故老の物語迄を網羅して、数百年来引続いて、土佐人が遵守する習慣、或は深い谷淋しい堤に現はれると云ふ鬼神変化などの話を、すべて話の儘に書残さうとしたことは、自他の為大なる利益であつた。天狗山爺を始め、幽霊にも怪火にも、狸にもエンコウにもシバテンにも、土佐にはやはり土佐風があつた。村の勇士は屢之と戦つて、名を平和の世に挙げたのみならず、更に真摯なる見聞談を、家々の炉辺に齎した。之を不朽にする寺石氏の文章には、学者の親切があり、兼て又郷人としての感動がある。

琉球人名考

東恩納寛惇（九〇四）

おもろ草紙に謳歌せられる前代の神人、碑の文に刻せられた貴人高官、さては明清の交通記録に散見する使節たちの人名が、何れも現代沖縄人の命名慣習と懸離れたものであることは、著者の此の如き労作を誘ふに、十分なる史的興味であつた。今日の家名は悉くもと采邑の地名である。領地の移動に伴うて時々之を改めたことは、中世の内地も同じであつた。其後封禄の制が行はれて、中以下の士人のみは家名を固定した。しかも名乗を家号に添へて公に称へる風習は、最近始めて一般の平民に迄及んだのである。此以外に別に唐名があつた。姓氏も亦唐風を移したもので、源平藤橘とは本原が一つで無かつた。此等はすべて上流に限られた外来文化の影響であつて、其以前の状態を考へて見ると、島々の各階級を一貫して、今も親しい者の間に呼びかはして居る童名が、本来の人の名であつて、それが前代文献に顕れたる多くの人名と、明白なる一致を示して居る。但し貴賤の分を定める為に、特殊な接頭尾語が設けられて、音転に由つて沿革を不可解にして居たが、原始簡易の状態に復原して見れば、共通は独り三十六島の間のみでは無い。

なかつた。

『炉辺叢書解題』柳田国男編、大正十四年七月序、郷土研究社

シマの話

佐喜真興英（八〇 四）

内地にも同じ例はあるが、シマは沖縄語に於ては部落若くは村を意味する場合が多い。シマの話は此意味に於けるシマの生活の、最も注意深い記述である。著者が生れたのは沖縄本島の中部、宜野湾の新城（アラグスク）と云ふ普通のシマであつて、彼自身が亦純乎たるシマの子であつた。島内殊に南半分に連なる他の多くのシマと比べて、別に是と云ふ特長が無いと謂ふから、即ち例示的である。土は痩せ人は多く、素より余裕の乏しい生活に於て、大なる忍耐を以て服役すべき色々の拘束があつた。土地の共産制と之に伴ふ公課の連帯は其主要なるもので、個々の農夫は全部の同村人の監督の下に、其労働に従事せねばならなかつた。地人寄合即ち部落総会の決定は強力で、常に平凡と保守とを以てクルウ（絶交制裁）の災厄を免れるに汲々として居た。祭祀其他の信仰行事、冠婚生死の如き家庭の事件にも、私といふ部分が甚だ少なかつた。此結合が時代の影響を受けて、徐々に解体せんとする時に際して、恰も我が佐喜真君は深い感慨を以て、社会人類学の研究に入つて来たのであつたが、此種一二の準備的小著を止めたのみで、終に其の豊かなる天分を発揮する機会を得

郷土会記録

柳田国男編

郷土会第十四回記事　郷土会と云ふ小さな会がある。一月二十九日（大正二年）の雨の晩に、其第十四回の集会を開いた。二十人の会員が十四人まで来て、其席では高木敏雄君が阿蘇《あそ》の南郷谷《なんがうだに》の話をせられた。南郷谷の久木野《くぎの》と云ふ村は、高木君の郷土であるが、習俗及天然の条件の共通なる点から観て、此谷全体が輪廓明瞭なる一箇の郷土であつた。此谷の彫刻者は即ち白川の水で、一谷の住民は其水を汲み且つ我田々々の井手に引いて居る。白川の源は二箇処の立派な泉である。川が東西に流れて居る為に、川の南は即ち山の陰になる。北岸には村が多く、南岸は唯二ケ村あつて、後代の移住かと思はれる。何れの村も傾斜面を横ぎつて路と溝とを通し、昔の家は皆横に連つて居る。岸に沿うて竪に南北に見て行くと、水田・溝・人家・路・畑・森・草地・山頂と云ふ順序で、略同様の利用帯を示して居る。此谷の東限は国境の山地であるのに、民家の構造は寧ろ豊後から四国の系統に属し、下流の平野と似ない点の多いのは妙である。組々の労力融通には珍しい不文法が残つてゐる。吉凶其他の手伝には、一軒からきつと二人づゝ出て、米を一升持つて来て、うんと飯を食つて行く。宗教生活にも特色が多い。馬頭観音は純然たる馬の保護神で、正月十四日には福山などの左義長と同じ火祭をする。関東の稲荷に当る屋敷の神は荒神であつて、其石塚の上には必ず南天が栽ゑてある。いんがめ（犬神）の信仰も亦南郷谷の一つの特産であると云ふ。此類の事実がまだ沢山に且つ詳しく話された。此から此会では、会員がイロハ順で研究を報告することに定められた。第十五回の例会は三月三日に開かれて、会員石黒氏の農村の家屋に就ての談話がある筈である。

郷土会第十五回記事　郷土会の第十五例会は三月三日の晩に新渡戸博士宅で開かれた。農家の構造に就て、石黒忠篤氏が非常に沢山の材料を持つて来て、詳しく説明をせられた。興味の誠に多い話であつたが、絵も無しに其の概略を伝へることは困難である。我々は日本の田舎の家屋と謂へば、兎角自分の生れた家を以て標本と認めたがる。併し建築に古今の変遷があるのみならず、屋根の形、破風の有無、屋棟の方向、萱藁板瓦ブリキ等の材料の種類、廂の大さ及附け処、次に間取内庭の広さ、入り口上り口の向、竈流し井戸厠の在り処、厩物置土蔵との聯絡、内外壁の土か木か石か、外庭の陰陽、風除日除の植込、更に又所謂ジャウの口の、門であるか只の標木であるか等、実に千変万化である。此が明瞭に地方に由つて違ふものなら、又比較にも都合がよいが、民種が複雑に混淆して居ると同様に、狭い一谷の近隣にも、色々の屋根がある。材料等に就ても、持主各自の工夫がある。之を比べて会得するのは、大分の難事業である。故に又其調査研究に趣味がある。石黒氏は我々の為に数十の題目を挙示し、此等の諸点を悉く吟味しなければ、調査は完全で無いといふことを丁寧に教へられた。而して或程度迄の結論に達するにも、まだ〳〵各地の研究者の永い共同が必要であることを述べられたが、而も話の間々に挿んだ、例へば斯な家があると云ふ旅行中の見聞談などは、此上も無く誘導的のものであつて、自然に同氏が此問題の研究者として、最適任であることを証拠立てゝ居た。

郷土会旅行記事　第十六回の郷土会は、埼玉県北足立郡大和田《おほわだ》町大字野火止《のびどめ》への一泊旅行であつた。三月三十日の日曜は、一年に稀なる美しい春の日であつたが、其前日出発の日は風の強い土埃の立つ日で、よく〳〵武蔵野新開の荒い生活を理解することが出来た。七百町歩の野火止はもと平林寺の裏山なる古塚の名である。野火止は一大字は、新篇風土記に所謂皆畑《かいはた》の村であるが、慶安承応の交に開かれたと云ふ野火止用水の細かな網は、実に此村存立の要件であつて、単に屋敷々々に引込まれて勝手の用に供せらるゝのみならず、更に其湿潤の力を以て見事な色々の蔬菜を作り、頗る畠地灌漑の妙趣を示して居る。秩父の武甲山を正面にした垂直の川越街道の両側に、規則正しい地割をして、路に接した宅地から村境の薪山まで突通つて居り、農場の組織及大さまでが、よほど他の地方と違つて居る。滝沢郡書記土岐田町長などの世話で、村の中でも殊に大百姓の正親《おほぎみ》氏に泊めて貰ひ、夜分は二つの学校の校長も来られて、色々の質問に一同草臥を覚えなかつた。翌日は平林寺の方丈に立寄つて梅林の盛を見た。それから少し迂路を取つて、北多摩郡の清戸《きよと》の宿を通過して田無《たなし》町へ出た。此辺の村は右も左も悉く田無しであるが、東京府に入ると殊に畑の土が、細かく飛易いやうである。府と県との境は人為的に明瞭で、府の方へ一足入ると著しく桑畑が多くなる。此は栽培奨励の方針にも由るであらうが、一つには此方面には水の手が十分でないことも、其原因であらうと思はれた。

郷土会第十七回例会　いつもの会場で四月二十五日の夜之を開く。当番は二宮徳君である。伊豆と丹波との旅行談は面白かつた。始めての客員が二人あつた。女子師範の野村八郎氏と侯爵徳川義親氏である。講演の前後の趣味ある談片が、手帳にも留らずに散つて行くのは惜しいものである。

伊豆の白浜と丹波の雲原　（二宮徳君）

伊豆の白浜《しらはま》は其名の如く、白砂青松の村である。下田の町から東北へ一里半、村の取附の小さな峠の上から見ると、全村瓦葺きで道路の掃除も行届き、一見富裕安楽の土地と見える。三百五十戸二千人余の村に、田が六十四町畠が百町、更に六百町の山林原野がある。地味も中分は無いが、半農半漁と言ふよりも、先づは海の幸《さち》多き為に、耕作を軽ずると云ふ形である。

山野などはたゞ遊んで居る。曾て此村で養蜂を試みた人があつたが、蜜の収獲が十分でなかつた。土地利用の進まぬ故では無いかと云ふことであつた。村の統計に依れば、農産物年額五万三千円、工産は五千円、林産は僅に三千円で、海産物が十六万円に近く、其中でも石花菜《てんぐさ》は十二万六千円を占めて居る。

石花菜及栄螺《さゞえ》、鰒《あはび》の三種は村の専用漁業権の目的物で、村は其専売権を行ひ一定の料金を以て採取者から買上げ、一手販売をして居る。昨年（大正元年）などは諸入費六万六千円を支出したあとの純益が九万八千円。其二割は積金に、他の二割は村民共有とし、残り六割を各戸に配分する定めである。一軒百五十円余の収入である。あまりに豊富なる天恵であれば、配当の金は必しも十分に善用せられぬ懸念がある。

石花菜には色々の種類がある。トリ草ヨリ草は品質も良く産量も多く、ヒラドラ草、鬼草、鳥足草は品が稍劣る。四月中旬より九月末迄が季節であるが、春はまだ風の寒い頃から、女たちは二十ひろ位の海底に潜つて之を取る。初のうちは浪の打寄せるのを多く拾ふ。即ちヨリ草である。取草は円に十四貫目買、寄草は十八貫目買で、売値は乾量八百目乃至一貫目を一円に仕切る。配当の割合が勤労と比例を保たぬやうにも見えるが、色々の分配方法を試みて後、終にこんな平等法になつたのである。

此村の昔の事は豆州志稿巻三に見えて居る。近頃村で編纂した書物は、主として此書と伊豆順行記などから材料を取つたらしい。慶長以来の幕府領で、竹内斎藤等の代官を経て、宝暦七年から韮山《にらやま》の江川氏の預り所になつた。石花菜の採取

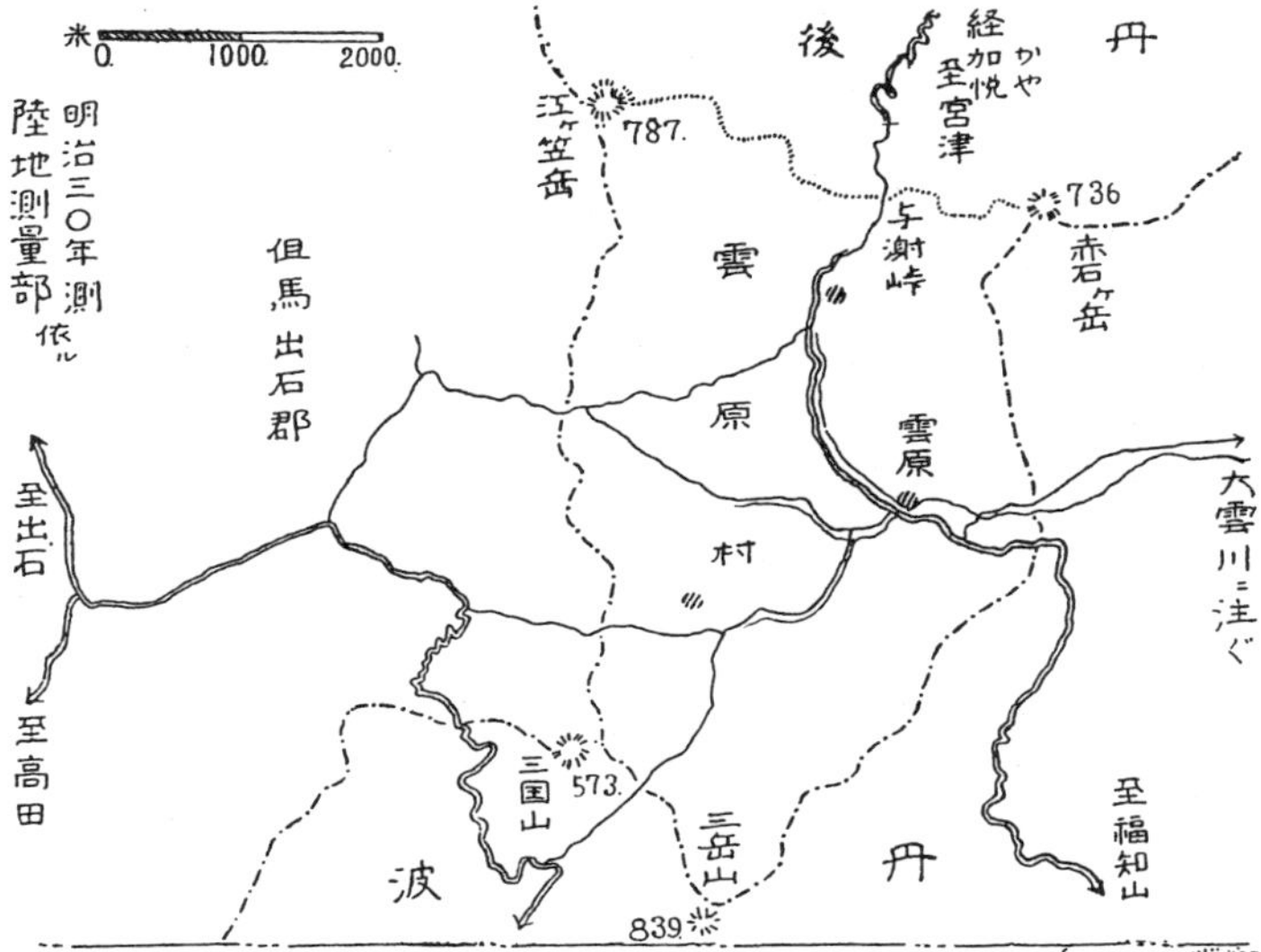
米 0 1000 2000
明治三〇年測
陸地測量部依ル
後
丹
江ヶ笠岳
787
経加悦《かや》
至宮津
与謝峠
736
赤石ヶ岳
但馬
出石郡
雲
原
村
雲原
至出石
大雲川ニ注ぐ
至高田
三国山
573
三岳山
839
波
丹
至福知山

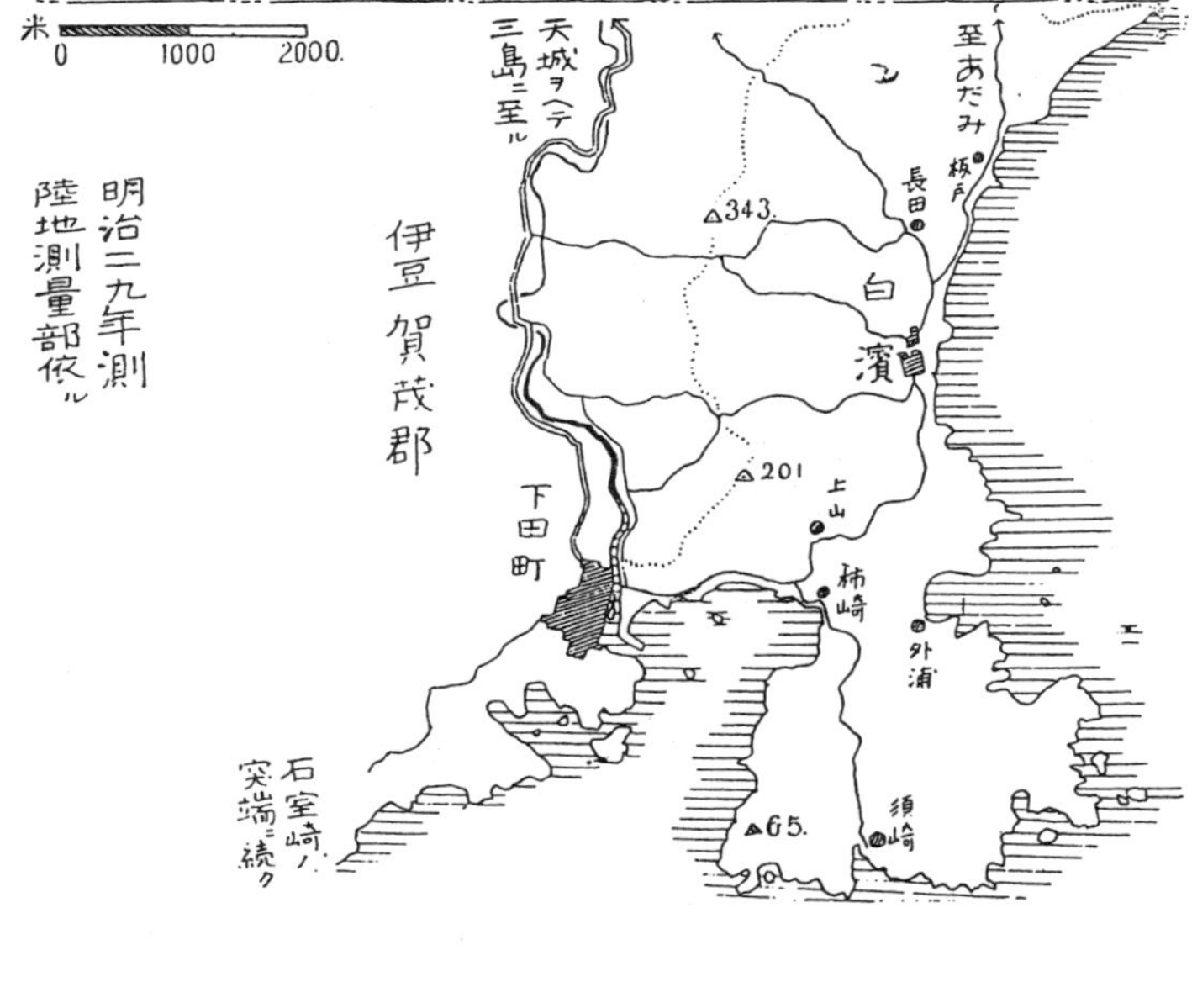
米 0 1000 2000
天城ヲヘテ三島ニ至ル
明治二九年測
陸地測量部依ル
伊豆
賀茂郡
至あだみ
板戸
長田
343
白
濱
201
上山
下田町
柿崎
外浦
須崎
65
石室崎ノ突端ニ続ク

は其頃に始まつたが、最初は専ら肥料用で、永《えい》九貫五百十文の運上を納めた。然るに文政五年に此村水野出羽守（沼津）の御手《おて》浦《うら》となつて、水野家は其採取権を独占し、寒天製造の原料に之を売払つて収入を図つたので、肥料に欠乏した村民は歎願して、年三十両の補償金を貰つて、之を村内に分けた。

　維新の始、漁利少なく村が疲弊した為に、再度採取の権を得んことを願つたが、一旦は下渡金の増加があつたのみで之を許されず、明治五年に県令の柏木氏始めて之を許可し、年八百円の税と百分の三の運上を納めることゝなり、其後税金に多少の異動はあつたが、先は同じ状態で二十箇年ほど継続した。中頃六年ほどは個人が其権利を得たこともあつたが、其頃は採取思はしからず、損をして村へ返し、明治三十二年以後、今の法律に依つて専用漁業権を得て居る。村は新町村制実施の際に、一度浜崎村の大字になつて居たが、此権利は依然として白浜区のみに属した為に、折合面白からず、終に分離して昔の儘の一村になつた。他処から移つて来た者が分配に与かる為には、十年の居住を加入の条件として居る。それ故に急激の人口増加も無く、永い間壺中の平和天地として続いて居る。

　石花菜繁殖の方法は最も簡単である。年々只新しい石材を海中に投ずれば、草が之に生じて、今でも産額は増すばかりである（日高の三石《みついし》辺でも、昆布の養殖の為に切石を海に入れると云ふことが、北海道志に見えて居る）。

　白浜の石花菜は、信州諏訪地方と、大阪方面とへ盛に売れて行く。近年は大阪の方が次第に多くなる。大阪と云ふのは摂津豊能《とよの》郡の山里のことであらう。丹波の雲原《くもはら》などの村民は、酒造の杜氏《とうじ》にも出て行くが、又能勢《のせ》に往つて寒天製造に働く者も多い。

　雲原村はもと宮津領で丹後与謝《よさ》郡に属して居たが、明治三十五年以後、丹波の天田《あまだ》郡に編入せられた。なるほど地図で見ても、此村ばかり山で囲まれ、但馬に接して丹波の中へ、深く入込んで居る。水系から言つても、丹波に附くのが自然である。由良川の一の水源で、水は河守《かうもり》福知山の方へ流れる。例の大江山からほゞ西に当つて居る。

　宮津から行くには、加悦《かや》の町を過ぎて与謝峠を越える。一名は雲原越《くもはらごえ》、即ち今日の国境である。眺望の狭い淋しい峠で、北に宮津の海辺が細長く見通されるだけである。此道は峰山《みねやま》侯の往還で、所謂山々泊《やま〳〵どまり》の道筋であるが（福知山・檜山《ひのきやま》・亀山に泊り京へ四日程）、今では鉄道と河守街道に旅人を取られて、少しく荒れた形である。

　峠から西に三国山、即ち三箇国の境がある。東は大江山の千丈嶺も峰続きである。宮津府志に依れば此村の東と南とに神宮寺《じんぐうじ》峠・鎌掛峠・山谷《さんや》峠があつて丹波の境を為し、但馬へ越えるには大河内峠があるが、地図には路が二筋あつてどれに当るか分らぬ。何れにしても四五百米《メートル》の山を越えねば外へは出られない。

村役場の所在地は海抜二百二十米であつて、二百乃至三百米の間に、八つの部落が散在して居る。田が九十四町畠が三十二町、外に二百町余の山林はあるが、百八十七の現住戸には稍耕地が足らぬ。現住戸は本籍戸数よりも十五戸少ない。即ち出寄留者の方が多いのである。

米は此谷に千三百石ほど出来る。九百人の村民の食としては余るわけだが、郡是製糸会社の八十釜の工場があつて、百人の工女と十五人の男工を使ひ、其米を皆消費する。外には麦が百二十石、大小豆が各三十石ほど、これと云つて売るべき物も無い。果実では柿が土地に適する故に、二千四百円の串柿と、六百円の甘柿が出る。各戸五本の美濃柿を、強制して栽ゑさせてある。

養蚕は春秋ともにかなりの生産がある。明治二十二年には坐繰製糸の器械を入れ、其から三年の後には、此山村に五箇所の生糸工場が出来た。これが三丹最初の製糸業で、雲原糸の名は夙くより聞えて居たが、村の不幸も亦此時から始つて居る。七八年前に三つあつた工場を合併して株式会社としたものが、終に一戸に五六百円の損となつて、重役などは今でも大分の借金を負うて居る。此さへ無くば山村ながら相応に立行く筈であつたのを、惜いことをした。併し産業組合が大分働いて居るから恢復するであらう。

村の労力の余分は今でも外へ持出す風がある。冬分は酒造又は寒天製造などに平地の方へ出て行つて、其賃銀を年々村へ持込むのが千五六百円である。山林は公有と私有とが相半して、燃料は十分である。薪は一間立方の半分を一ヒロとい ひ目方約百六十貫、一年一戸に三ヒロを消費する。村の相場が一ヒロ二円である。炭は一貫目十一銭、人の背で運搬しては費用が掛るが、幸に村内の需要が多く、八千貫の半分は工場で使ふのである。

山に入れば此通り収入の道が多いのに、兎角村民はやはり出稼をしたがる。炭なども村の者は決して手を着けず、隣村但馬出石《いづし》郡の高橋村から炭焼がやつて来る。伊豆の白浜などの安楽な生活と比べて見ると、狭い日本の島の中にも、四囲の状況の異なるにつれて、種々雑多の経済の営まれて居ることがよく分る。

郷土会第十八回例会　会場は例の通り。時は六月四日の午後五時半から。当番の講演者は新渡戸博士。演題は三本木の開墾。

三本木村興立の話　（新渡戸法農学博士）

　三本木《さんぼんぎ》は青森県上北《かみきた》郡の一村である。三本木原の開発から其村の名は始つた。近頃人のよく言ふ奥羽国境の十和田《とわだ》湖水が、ほゞ正東に向つて海へ出るのを相阪《あふさか》川、下流に於ては奥入瀬《おいらせ》川と云ふ。此川の左岸に近く、水源からは約七里、海までは五里ばかりの処に、此水を灌漑して開いたのが、即ち今の三本木村である。最近の人口が六千六百、産馬育成所もあれば畜産学校も設けられ、其他の社会的機関も先づ備はり、古間木《ふるまき》・沼崎・下田の三停車場から、何れも三里内外の此村への往還には、追々と人家も出来、今でこそ相応の村里にはなつたが、安政二年に祖父が開墾に着手する迄は、茫漠無人の原野であつた。

　固より荒野であれば明白なる堺とては無いが、人に由つては奥入瀬川以北、東は海を限り北は野辺地《のへぢ》の辺まで、東西九里南北十三里の間を、三本木原と呼ぶ者がある。それよりも狭い区域を指して三本木原と云ふ場合にも、三里に五里ほど、周囲がざつと十六里ある。汽車で横断する旅客などは、之を見て空地の多いのに驚き、或は外国出稼も北海道移住も、無用かのやうに感ずるかも知れぬが、一帯に火山灰の交つたらしい三紀層の土で、地味が悪く植物の成長も思はしからず、其上に水が無かつた。

　七戸《しちのへ》より五戸《ごのへ》まで、此野を貫《つらぬ》いて約七里の国道は、往来の者の誠に難義をする丁場であつた。夏は照強くして木蔭も水も無く、冬は吹雪に遭つて凍死する者も珍しくはなかつた。曽て作助と云ふ百姓が、今の三本木村のあたりに土着をして、四五軒の部落を作つたと云ふことで、其霊を祀つた祠が残つて居るが、其事蹟は埋没し、里も亦成長しなかつた。

　三本木村の歴史を語るとすれば、勢ひ自分の先祖の手柄話をせねばならぬのは本意で無い。仍て祖父が父がとは言はずに、氏名を呼んで成るだけ客観的に話さうと思ふ。

　三本木を拓いた新渡戸《にとべ》伝《つたふ》の父は名を維民《これたみ》と云ひ、花巻在住の南部《なんぶ》藩士であつた。軍学者で著述などもある。曽て花巻城の防備に就て意見を立てゝ用ゐられず、あまり強く争つた為に追放の処分を受け、妻子を連れて外南部《そとなんぶ》の内海に面した川《かは》内《うち》と云ふ処（青森県下北郡川内村大字川内）に往つて住んだ。此が今から百年あまり前の事である。

　川内に於ける生活は窮乏艱難の生活であつた。山辺海辺の物を採取して命を繋いで居た。伝は長男であれば家の活計を支へる為に、つまらぬ行商を業とし、川内から三本木原を経て、十和田より秋田の方へも往来をした。其頃から此原の大きいのを見て利用の見込あることを考へ、又十和田山中の欅《けやき》の多いのを見て、之を伐出したらなどゝも考へて居た。

併し日々の生計に忙しくして何の企ても出来ず、漸く二三年を過ぎて世間の知識も加はり、知人も追々出来てから、始めて得意先の人々を説廻つて、十和田の欅材を伐出し、奥入瀬川を流して百石《もゝいし》の湊から船積にする計画を立て、終に資本家の注意を促して、数千両の出金をさせた。然るに愈々伐木をしてしまふと、材木は其儘にして置いてふいと身を隠した。勿論国では大騒ぎであつたが、一年ばかり後に捉まつて帰つて来た。

此時の顚末は自分で書留めた物も残つて居る。彼は人々の詰問に対してかう答へた。私は殺されても宜しいが、殺した処が一文にもなるまい。それよりは活して置いて金にしては如何か。欅は一年ぐらゐ山に捨てゝ在つても痛む物では無い。利こそあれ損にはならぬ。自分が身を隠したのは、木曾山に入つて運材の方法を学ぶ為であつた。あの山は厳重な禁制があつて、命懸けで無くては入込まれぬ故、此の如く背水の陣を布いて国を出たのである。十和田の材木は自分の外には出し得る者があるまいから、先づ首を繋いで置いて使つて見よと言つた。出資者等も此説を容れて、終に運材に取掛かり、川口に千石船を五艘も浮べて追々に荷積し、自分も江戸に出て深川に材木店を開き、奥州から老いたる両親を迎へ、姓名を安野善兵衛と改め、すつかり商人に為つてしまつた。

此当時、或は幕府に仕官せよと勧めた人もあつたが、決して従はなかつた。然るに江戸の南部邸で、深川の安野は花巻の新渡戸の子であるさうな。彼を引出して藩の財政を整理させようと云ふことになつた。此にも不承知であつたが、旧主家の御用なり、且は父維民の強ての勧により、終に再び召抱へられて盛岡に還り、勘定奉行を勤めることになつた。

併し此の如く武士に為つて後も、外の武士のせぬことをした。即ち四人あつた男の子の中、総領の十次郎と其次の二人を、仙台芭蕉辻辺の呉服店へ丁稚奉公に遣り、一つには武士を罷めた時の家業の種と、二つには兼て企てゝ居た開墾事業の用意に算盤を習はせた。三本木開墾の夙くから計画せられて居たと云ふのは、城下の近傍に池を溜め溝を穿つて、五町歩十町歩の小さな灌漑地を開いたものが沢山ある。盛岡から二里余の茨島《ばらしま》の堤などは、今でも家の所有地である。其目的は一つには此で土工の練習をなし、又一つには実地を見せて、人を説かうとしたものであるらしい。

安政二年には伝は六十三歳であつた。上の許可を得て三本木原に入り、愈開墾を始めた。先づ三里に二里の面積を開く設計で、水は十和田湖から取る積であつたが、奥入瀬川の水面は此辺で原より二十二三丈低く、勢ひ大分上流から引いて来る必要があつた。城壇台《しろだんだい》山の九百四十間の穴堰は、相阪川と之に落ちる中里川の水を導く為に鑿開せられ、更に此山の北方で熊沢《くまのざは》の水を加へる為に、再び鞍出《くらで》山に千三百三十間の穴堰を掘つて、始めて此水を原野まで導き出したのである。

穴堰即ちトンネルの幅と高さは共に五尺、器械も無く鎖《ちえん》も無い時代に、普通の縄で目標には鉋屑などを縛り附けて測量をした。或は夜分提灯を標柱に下げて、夜の方が却つて便利だと云つて遣つたこともある。斯なことで如何して間違はずに穴が掘れたか、不思議な位である。尤も両方から掘つたトンネルが、二尺ほど喰違つた処が一箇所あつたが、幸に下流の方が下端《したは》であつた為、却つて水がよく運ばれた。

又今日の地名に十六丈と呼ぶ処がある。当時関係した老人たちは、皆そこが測量の起点であつたと云ふ。近頃内務省の技師が来て測つたのに、正しく海抜百六十尺の地であつた。其をどうして知つたかよく分らぬ。其折の測量の道具類は、三本木の稲荷社に今でも置いてある。人が如何にして斯うきちんと算勘が出来たかと不審をすると、伝は戯れに稲荷様の御告げだなど丶言つた。

次に面倒であつたのは、労働者を得ることであつた。手の届く限りあらゆる方面から之を集め、藩主に乞うて囚人をも出して使つた。囚人には一様に紺の衣物を着せて働かせたのを、当時の人は珍しいことに言つたと云ふ。又十和田の霊地を荒し山の木を伐つたりするのを、今でも迷信の多いあの地方であるから、不安の念を抱く者があつて、此為にも色々厄介な動揺があつた。

総入費三万四千両の出途は、此も困難な問題であつた。自分の蓄財と云へば材木商売時代の利得が少し有つたゞけで、猶十次郎が江戸御留守居の地位を利用して、芝の増上寺の上《かん》原《ばら》などゝ云ふ人に説き、其他諸処の寺方から、布教の権利を与へる約束で借出した金がある。併し此等は一小部分であつて、其余の資金は夙くから開墾の利益を人に説いて置いた上で、今の株式会社のやうな組織で多勢から募つた。即ち五十両一株に対して、成功の後一町歩の耕地を与ふる約束であつた。土地の価としては今日でも高いものだが、十株以上持つ者は士分に取立てゝ貰ふ筈であつた為に、上方《かみがた》辺の商人までが此手で大分出金した。

斯う云ふ始末で首尾よく穴堰も水が通り、四千三百間の用水堀を伝つて、水が今の三本木の町の側まで来ることになつた。堀の幅は六尺であるが、末になると五間の橋を架けた所もあり、水の深さは一丈から一丈八尺であつた。

さて愈々灌漑の途が立つたから、次には百姓の土着安住の念を起させる為に、町を作る計画に取掛ると云ふ処で、伝は再び藩の財政整理の為に盛岡に喚戻されることになつた。故に其間十次郎は御留守居の役を御免蒙つて其跡を預り、事業の完成を引受けたのである。

十次郎は父に比べると、よほど理想家の方であつた。彼は今一段の上流から多分の水を引いて来て、野辺地以南一帯の

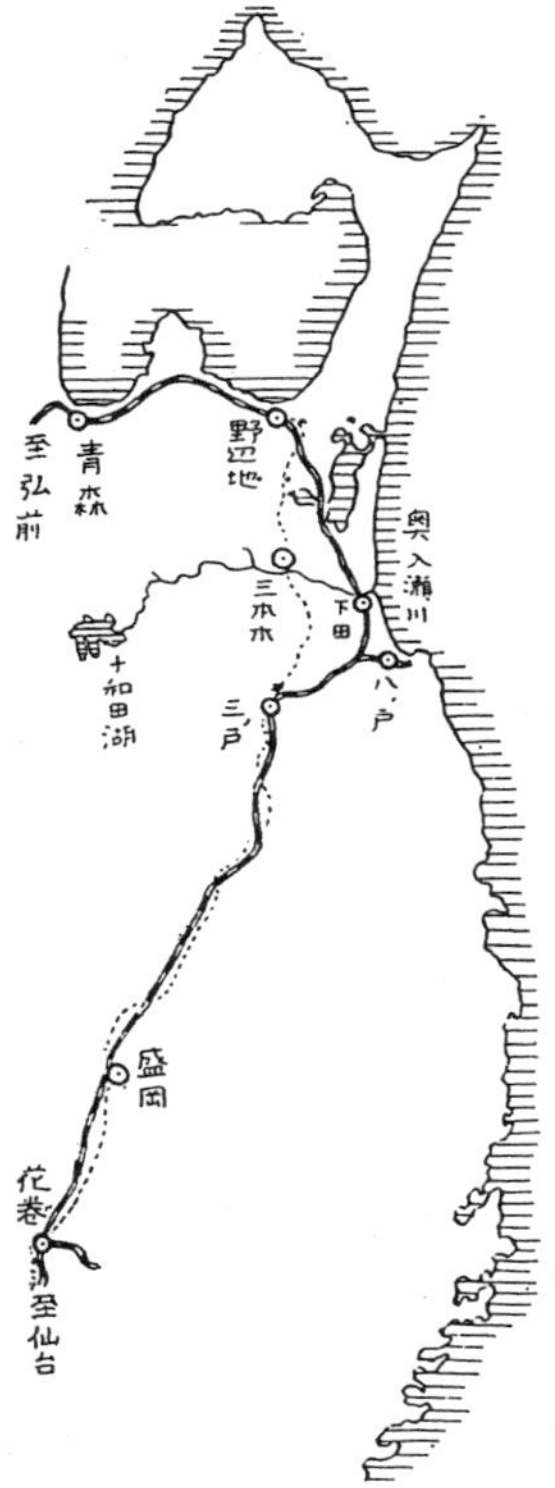

大正三 陸測部版「三本木」ニヨル
（本圖約二十万分一）

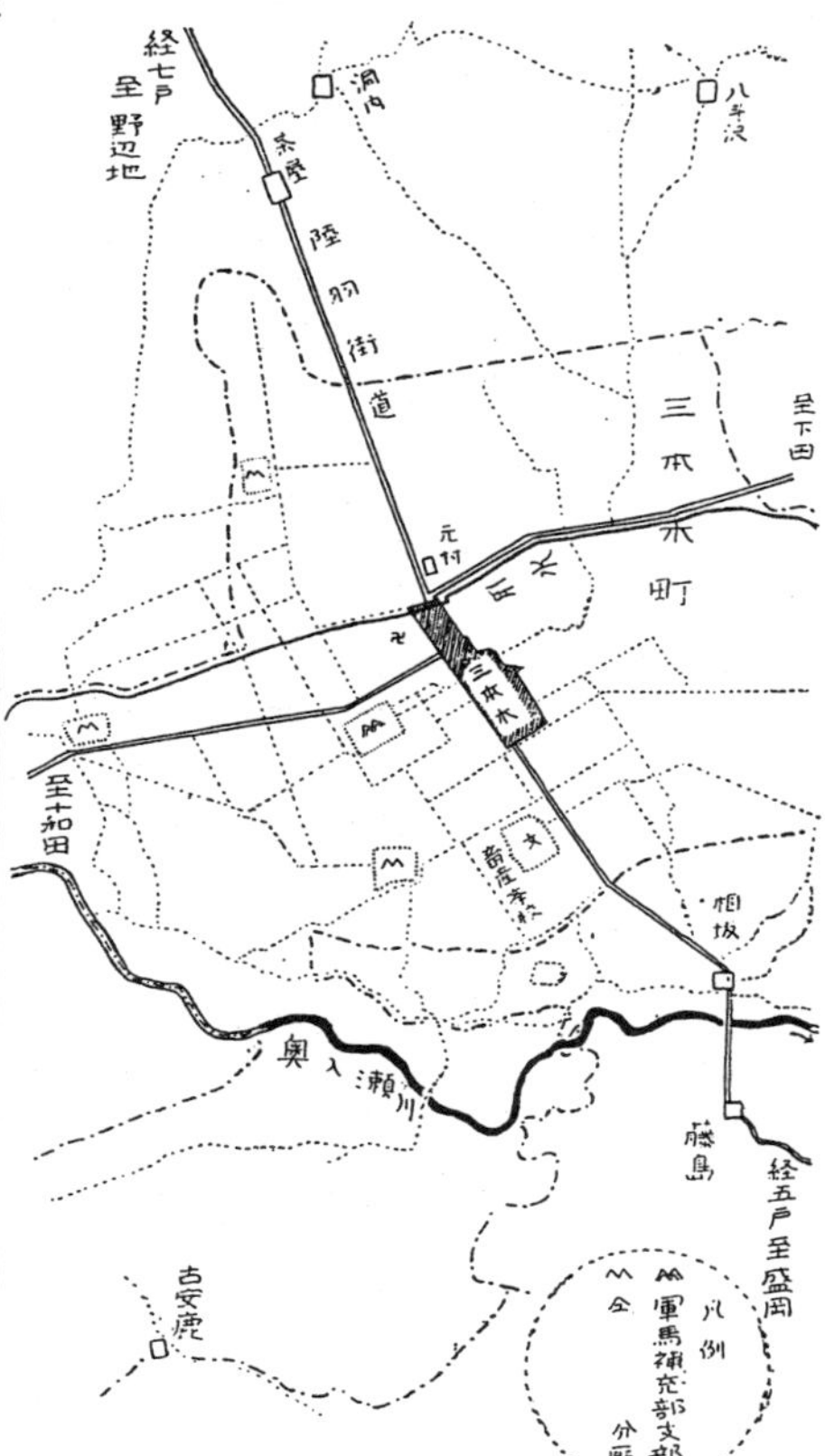

原を、悉く灌漑して見たいと思つた。そこで父の曰ふには、わしは六十三で此事業を始め、既に七十に近くなつた。願はくば生涯の中に事業の完成を見たい、其大計画は死んだ後にしてくれと言つた。十次郎は之に対して、前の事業の完結も急ぎませうが、それと同時に大計画に着手しても差支はありますまいと、乃ち十万石の開発と共に、小河原《をがはら》沼から青森湾へ運河を掘つて、尻矢《しりや》岬を廻る渡海の航路を省くと云ふ計画を立てた。其目的は誠に大きかつたが、僅に長さ二町の用水路《ようすゐろ》を掘つたのみで死んでしまつた。気毒なことである。

十次郎の町経営は、如何にも闊達なものであつた。八間幅の真直ぐな道路が約一里、両側には四尺づゝの小流に用水を引き、人家は二階屋に限り、又藁葺きを許さず、柾葺を主とした。此辺には珍しい町の形式である。そこへ女郎屋を置いて、遊女も田舎者はいかぬと上方より連れ来り、日中は村のはづれに出して、赤い衣裳で植附苅入の手伝ひをさせた。悉く旅人を七戸まで行かずに此町に泊らせる策である。菓子屋なども江戸から上手な職人を喚んで来て教へさせたから、今でも村には色々な菓子の製し方が残つて居る。又畑には馬鈴薯とか薄荷とか云ふ新しい作物を作らせ、最初の北海道や台湾でやつたやうな試みを皆やつた。神社仏閣も同じ主義で、稲荷社の神輿などは、上方から持つて来た。仙台から北には、之より立派な神輿が無かつた。

併し右の八間幅の道路は、三年後父の帰つて来た時に、十次郎の誇つて見せた所であつたが、父はあまり悦ばなかつた。其日記には斯う書いてある。何の為に此村に八間の道がいらうか、一里以上の真直な道も、人情の自然に背いて居る、但し死後に自分の業を継がしむべき者の、志を沮むのは悪いから、口では批難をしなかつたとある。

十次郎は又一方の大計画実行に就て、資金の調達に苦心をした。そこで増上寺の金を借出す外に、之を藩の公事業とする考で、自分の用人御留守居たる地位を以て献策をした。即ち領内の絹を税に取上げ、之を直接に仏蘭西人へ売り、其収入の一部分を以て事業費に充てようと云ふのであつた。然るに此上書が出ると、国産を外国に与へよとはけしからぬと云ふ御咎めで蟄居を命ぜられ、終に座敷牢の中で死んでしまつた。

伝は片腕と頼みし長男を失つた上に、更に世の中が御一新となつて事情も更まり大きな難義をした。明治の初七戸藩の大参事を命ぜられ居た間にも、三本木は明治三年四年と続いての凶作で、一旦土着した者も離散し、一揆も二三度起り、其鎮撫に骨が折れた。其後は幾分順境であつたが、明治九年に伝は三本木に於て亡くなつた。

其前から次男の七郎が、玆に来て補助をして居たが、父の歿後世間も変つたから手を下すことも成らず、後には内務省に出て水利の技師となり、山口熊本などで働き、之を罷めて東北鉄道の隧道工事の請負の頭などをして居たのが、明治二十年に此も亡くなつて、此地と新渡戸氏との関係は薄くなるばかりであつた。

其後元郡長の藤田と云ふ人が開墾会社を起し、政府から二万円ばかりの補助を受け、総計で八万円ほども掛けて修繕を加へ、又新に若干の用水路を延長したが、結局投じた経費の割には成績が思はしからず、関係者も追々手を引いて、今では渋沢氏の開墾場が少し残つて居る。三箇所の停車場からの往還に沿つてぼつ〳〵あつた小屋も、自分が十四五年前に還つた時には、到底面白く行くまいと云ふ話であつたが、近頃著しく盛になつたと云ふのは意外の話である。

全体三本木村の六千六百の人口と云ふのが、殆ど全国各地からの寄せ集めである。此村に代表せられて居らぬ地方は、只の四県だと云ふ。中にも斗南《となみ》藩即ち旧会津《あひづ》からの落武者は、団体的に此辺に土着して居る。初年には大豆も出来ず、麻実で味噌を造つたと云ふ話を、北海道で会津出の三本木人に聞いたことがある。其他に南部は勿論、津軽からも秋田からも来て居れば、近江大阪などの人も多い。何れも今は三代目位であるが、其間には今以て地方的感情からの軋轢が生じ易く、未だ統一同化の域に達したとは言はれぬ。併し此村の経済は夙くから自給自足の経済では無かつた。養蚕なり産馬なり、利害の共通な産業があるのだから、永く此様な状態で暮すことはあるまいと思ふ。

郷土会第十九回例会　七月二十五日午後五時半から、例の会場で開かれたが、種々の都合で日が延びたため、会員中に出張やら旅行やら病気やらで不参が多くて、当番の講演者十時弥君には張合が無かつたらうと思ふ。日本に於ける犯罪の性質と其分布と云ふ題の下に、種々の統計を示して、各地方特殊の犯罪の性質を説明し、此種の研究も郷土研究に与りて貢献する所が少くない、と云ふ主意で結ばれた。約一時間に亘る話に先つて、「郷土研究」に対する購読者自身の希望として、過去を研究すると同時に現在を研究し、併せて将来の社会政策の確立に、材料を提供することも出来るやうにしたら、余程面白からうと云ふやうなことを述べられた。会員の不参の多かつた代りに、二三の熱心な会員外参列者があつたので、話に花が咲いた。次回は九月の下旬に極つた。

豊後の由布村　（石黒忠篤君、大正元年十一月頃）

由布《ゆふ》は大分県速見《はやみ》郡の内、由布嶽と鶴見嶽と伏魔嶽《ふくまがだけ》との三山に囲はれた、海抜二千尺に近い夏を知らぬ高原である。中世には此地域を名けて由布院《ゆふのゐん》と謂つた。今は南由布・北由布の二村に分れて居る。二村共に各三つの大字があるが、其大字も多くの組の集合したもので、純然たる旧一村では無い。自分は鶴見嶽の下を通る峠を越えて此地に入り、北由布村大字川上に宿して、夜分村老と会談し、色々昔の話を聞いた。

口碑に従へば、この由布村の起原は最も古い。南乙丸《おとまる》、北乙丸と云ふ二つの字は、景行天皇の巡狩の遺跡で、今の地名は即ちオトマリの転訛である。大昔は此辺一帯に、ブツ〳〵と煮え立つ地獄であつたが、自然に水草が茂つて牟田《むた》と成り、其中に一筋の水溜りが残つた。前徳野《まへとくの》の氏神が、川上の宇奈《うな》岐《ぎ》姫神《ひめのかみ》の処へ通はれたのは、其頃の事である。川上の社は古い郷社にして、神々しい森である。今でも前徳野の神の御旅所がある。湖水が牟田となつて後、神は鰻の背に乗つて姫神を訪はれた。今の由布川が鰻の如く彎曲して居るのは、全く曽て其鰻の通路であつた為である。

此川上の地には昔は馬場千軒と云ふ大邑落があつたのを、牛鬼馬鬼が出て来て由布嶽の一角を崩し、村を毀してしまつたと云ふ。多分は火山爆発の古伝であらう。今の潰《つえ》（二十万分の一図には津江）と云ふ部落の土の下には、其千軒が埋つて居るとのことである。

北由布村の字山石原《やまいしはら》は、伏魔嶽の麓で今日では全く人家が無い。先年陸軍の砲兵射撃場に買上げられて、其の最後の五戸が退転した。椿説弓張月の八町礫《はつちやうつぶて》の喜平次太夫が生れ在所である。総体豊後には為朝の屋敷跡が多い。別府《べつぷ》にも来て居た故蹟がある。即ち弓張月に「由布嶽に狩して八町礫に逢ふ」とあるのによく合うて居るわけだ。

昔は全部落狩猟を以て生計を立てゝ居た。喜平次などは自分の捕つた猪と、人の発見した猪のウヂ（通路）とを交換し、猪を殺すことを楽みにして居たと云ふ。近世に於ては山石原の次郎右衛門が、喜平次以来の狩の名人であつた。獲物の数が千に満ちて、鳥獣の為に供養塚を築いた。東畑と云ふ処にも、亦一人の名人があつた。曽て田野《たの》（玖珠郡）の猟師某に誘はれて、鶴見嶽に狩をした。二人で行けば山の神に祟られると云ふ言伝へがあるにも構はず、鹿の寝待をして居ると、山が荒れて眠られなかつた。

田野の猟師は東畑に、家伝来のクロウチ（山刀）を与へた。東畑は後に之を携へて鶴見嶽に入り寝待して居ると、人でも無く化物でも無い者が来て小屋を覗いた。乃ち中から右のクロウチを突出したところが、其物は之を握んでぐつとしごき、クロウチは忽ち飴などのやうに、べろ〳〵になつてしまつた。其次に又城島《きじま》の市で長い脇差を買つて来て、同じ処に往つて見たが、やはり例の物が来て覗き、其脇差も亦同じやうに曲

石山
至塚原
北由布村
由布嶽(豊後富士)
1583
並柳
乙丸
湯坪
嶽本
川上
津江
温湯
至別府
石垣村
水分峠
鬼ヶ畑
津々良
由布川
平
南由布村
1162
庄内村
至大分
明治三六年測陸測版
「湯平」ニヨル
本圖約二十万分一

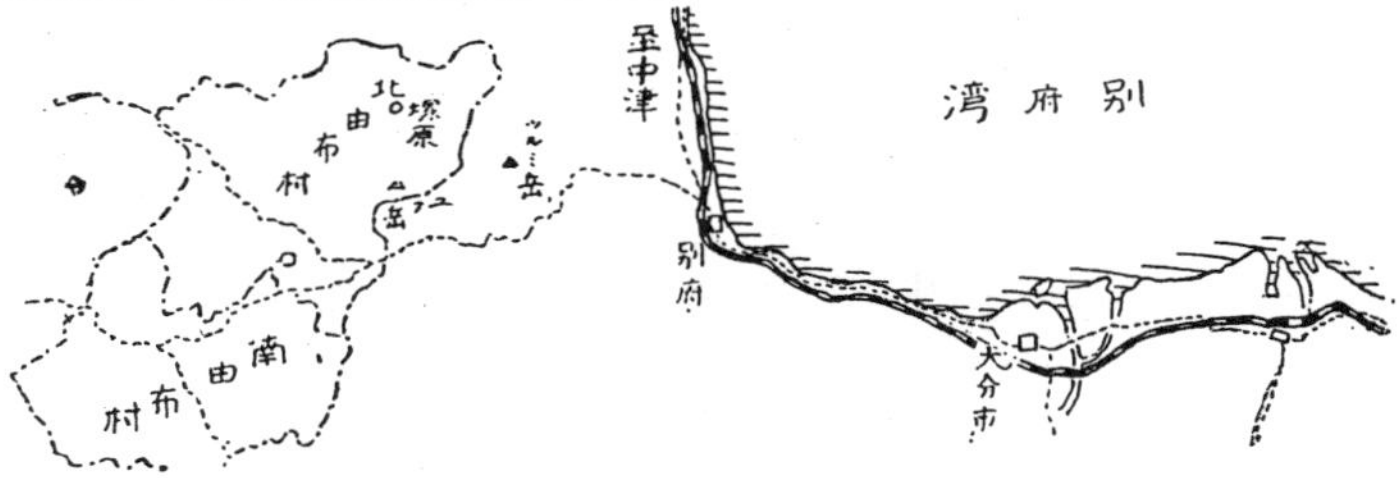
至中津
別府湾
北由布村
塚原
ツルミ岳
ユフ岳
別府
南由布村
大分市

つてしまつた。それから後は鶴見嶽の方へは、猟師が行かぬことになつて居る。

中古の由布院は、大友家の所領の中でも、甚だ重要の地であつた。其仔細は昔の別府は繁昌の大湊で、隣国阿蘇《あそ》の小国《をぐに》などから、玖珠《くす》郡森の町を経て、此湊に塩其他の物貨を買ひに来た。即ち山国から海辺に出て来る門口であつた為である。近年までも塩を積んだ小国の馬がよく通つた。山村には珍しい往来であつた。

今一つかゝる高地には珍らしい現象がある。北由布村の内には、池の中へ温泉の湧く処があつて、東京などでは冬を越しにくい台湾ナギ（一名布袋笑《ほていわらひ》又ウオタア・ヒヤシンス）と云ふ草が、此池では年中生存して居る。又此池の水を利用して、春の苗代の促生をすることは、古くからの慣例であつた。土地では之を湯苗《ゆなへ》と呼んで居る。近頃は猶此池で養鯉をもやる。其成長が他処の倍も早いと云ふことである。入札を以て村が使用料を取り、個人の養魚業者に貸付けて居る。

由布村の山林の入会《いりあひ》関係は甚しく複雑である。従つて紛争が多かつた。他村の地に入会山を持つ分だけでも、九ケ村迄ある。其原因は、全く一村が多くの領主に分給せられて居た為であるらしい。まづ北由布村の中では、塚原以下の数部落は天領で、高松代官所の支配下である。温湯《ぬるゆ》及南北乙丸は延《のべ》岡《をか》領である。由布川以南即南由布村にも、同じく天領と延岡領があつて、槐木《にがき》・湯《ゆ》の平《ひら》・花合野《はなあひの》などは前者に属した。山石原の東の部分には、又森藩の所領が少しあつて、久留島《くるしま》家の参勤道路はそれを通過してをる。字温湯に至つては、一部落が御領温湯と、延岡温湯との二給に立別れ、民居が相交錯して居るのみならず、甚だしきは一の屋敷の二領に両属するものがあつた。天領ではよく山笠を著て公事《くじ》にしたがり、押して権利の無い他村の山に、入会をすることなどもあつた。

塚原は一箇処飛離れた部落である。玉蜀黍を常食としてをる。此村の特産として細くして長い篠竹がある。所謂伊予簾《いよすだれ》の原料たるスゞは、優等の物は此地から出ると云ふ。其年産が九千円ほどであるが、幾分か商人に籠絡せられて居る。何れも部落有の山から出るので、年々の火入が必要である。火入に付ては種々なる慣習があると云ふ。

又山石原では昔は子供が稗粥《ひえかゆ》を食はせよとねだると、稗粥などは贅沢だ、猪粥《しゝかゆ》で我慢せよと云つたと云ふ話である。それほど先づ野猪が多かつたものである。所謂豊後《ぶんご》猪《じゝ》は此辺が元で出来た名称かと思ふ。併し今では猪も鹿もとんと影を見せず、この八町礫《はつちやうつぶて》の郷里に於ても、獣猟はもはや職業としては成立せぬやうである。

湯坪村と火焼輪知（同　上）

山梨県と静岡県との境界に、不明の箇処があると云ふことが、昨春の新聞に見えたやうに思ふが、玆にも同様の一例がある。

豊後国玖珠《くす》郡飯田《はんだ》村大字湯坪には、処々高熱の温泉が噴出して居る。自分は随分山中の温泉も知つて居るが、此村の筋《すぢ》湯《ゆ》ほど清澄な豊富な温泉は稀であると思つた。なにしろ九州脊柱の地で涌蓋《わいた》山《ざん》、一目山《もくざん》、猟師岳、九重山《くぢゆうざん》等の諸嶽に取囲まれて居る山奥の寒村で、交通極めて不便であるから、広く世に知られないのも尤である。

筋湯と云ふ処は、温泉宿が四五軒集団して居る。皆大きな二階作りで、たしか紅がらで塗つてあつたと覚えて居る。面白いことにはどの家も、二階の椽側から直接戸外に、そこゝ梯子《はしご》段《だん》が付いて居て、此湯宿の集団に囲まれた往来の広場から、下駄の儘上ることが出来る様になつて居る。是は農閑の湯治に米味噌を携へて来る連中に、ほんの木賃で間貸をする上の、実際の便宜から来たものと思はれる。椽側は処々出張つて水瓶等が置いてある。炊事の必要であつても往来を妨げてはならぬ。椽側も階段もつまり公道のわけであらう。

此湯は筑前の人が昔から御定連の大部分を占めて居るやうである。九重山裏の新開地の千町牟田が、筑前人の手で移住開墾せられつゝあるのは、此辺に何か因縁があつたのではなからうか。

参謀本部の五万分の一地形図宮原号を披けば、大分、熊本の県境界線は、涌蓋山頂と猟師岳麓の瀬ノ本といふ処とで途絶えて居る。瀬ノ本は湯坪の字で、此処に台帳面十九町二反の原野と、一町八反十八歩の山林とがあつて、此が境界不明の箇処となつて居る。此二筆の土地は湯坪では字甚三郎字腐湯《くされゆ》と云ひ、肥後国阿蘇の南小国では火焼輪知《ひやきわち》と云ひ、双方の間に昔からの論地であつた。湯坪は幕府の御料であつた為か、何時も稍優勢であつたらしい。嘉永三年の湯坪村明細帳にも、「細川越中守様御領内阿蘇郡赤馬場村と先年論山相成申候云云」とある。其儘明治の御代となつたので、明治七年の改租に、湯坪では民有地として登簿したが、之を南小国の方では水源涵養の為の官林として登簿したことが、其後二十五年に至つて明白となつた。斯様に此土地は、所有権が台帳上重複して居るのみならず、引いて大分熊本何れの県に属するやも曖昧なのである。

三十九年頃、此辺の官林払下と同時に、境界論所属論が又々勃興し、両県知事の間に数度の交渉があつて、県境の劃定のみならず所有権の確認をも為さんと力めた様である。其結果明治四十年、道路に添うて県界を定めたる旨の達が出て、土地は終に熊本県となつた。今では瀬ノ本の道を隔てゝ対立する四五軒の家は、交互に所属の県を異にして居る。之は「府県ノ境界ニ渉リテ郡市町村境界ノ変更アリタルトキハ、府県ノ境界モ亦自ラ変更ス、所属未定地ヲ市町村ノ区域ニ編入シタルトキ亦同ジ」と云ふ府県制の規定に該当する場合であるかと思ふが、尚此点に付ては研究すべきものがあらう。何れにしても此は村又は県の行政区画、自治体たる区域の劃定に過ぎぬ。何等所有権の問題に関するものではないと思はれる。

　此土地の所有権に付ては、湯坪の住民は本来自分のものであるとばかり信じて居たから、常に草木の採取に行つた。為に林区署と争議を起した事も少なくなかつたが、其後林区署も民有地なることを認めたものであるか、他の林地と換へんことを提議して来た。而して湯坪は之に応じなかつた。

　自分は現場を通つて知つて居るが、一目山の裾で東に猟師岳が聳え、南に開いて遠く波野《なみの》の高原を望んで居る櫟の自然純林で、相当の間隔を保つて大木が生ひ茂り、其間は胸に達する程の草立である。田原《たのはる》川の一源流が出て居るのであるから水源涵養にも固より肝要であらうが、又寒村湯坪に取つては、誠に容易ならぬ財産である。林区署が更に精細の実測を遂げると、帳簿上の反別二十一町歩に過ぎぬ此二筆の地は、実は百二十町歩あつた。所有を主張するのも愈以て無理はない。林区署は実測反別の三分の二程（と記憶する）を湯坪に与へて折合はうとしたが、湯坪は又も之を斥けたから、終に業を煮やしたのであらう。然らば湯坪の所有であると云ふ証拠を出せと申込んで来た。湯坪は古来所有の積りで使用し、収益し来つて別に他から譲受けたのではないから、所有を証すべき文書等は無いので、其儘放置した処が、草刈が頻々捕へられ、使用収益は全然禁示せらるゝ状態となつてしまつた。

　然も税務署は湯坪から地租を取立てることを止めぬ。湯坪は自己の所有でないことを断念せねばならぬことになれば、仮令僅かでも納税の義務は無くしてもらはねばならぬ。併し税務署は唯台帳上に現はるゝ所に従つて徴税するのみである。若し所有地でないと確定したならば、後に至つて払戻す迄だ、と云つて居るとのことである。そこで大字湯坪は近く此有名無益の共有地を飯田《はんだ》村有に移して、玆に訳も無く部落有財産統一なる農村の現代的事業を為し遂げ、以て当局の熱心なる勧奨に報いたのであつた。

　湯坪で知り得た所は以上に尽きて居る。併し少し附加へて置きたいのは、火焼輪知《ひやきわち》の名称である。阿蘇・菊地・日田・玖珠等の諸郡では、季節になると大挙山に入り、草を結んでほゝじろの巣の様なものを掛け、数日乃至十数日それに起臥して専念草刈に従事し、充分に所要の乾草を作つて下山し、爾後漸次に搬び来る風があつて、小国《をぐに》辺では又此乾草積置場

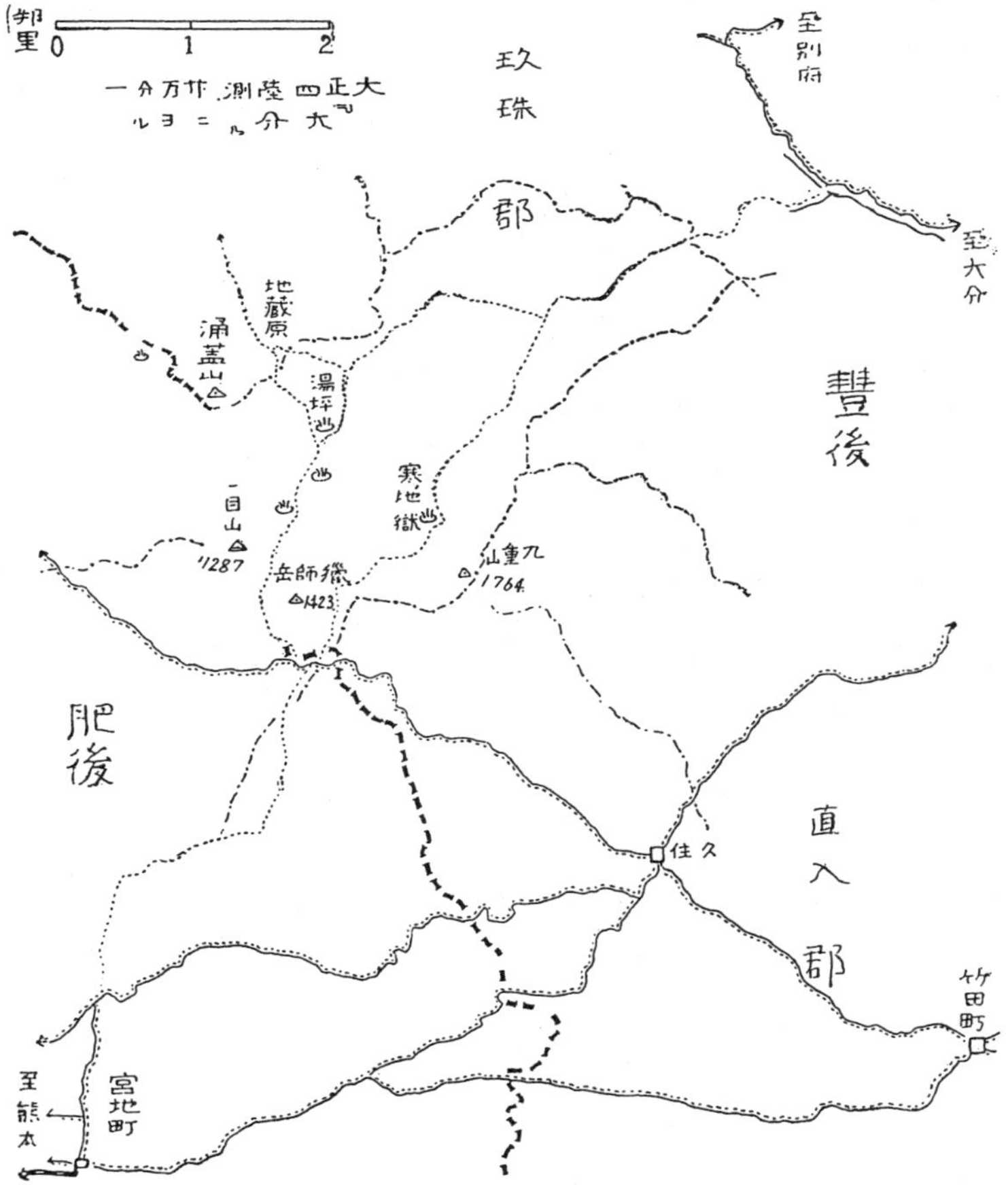

邦里 0 1 2
大正四陸測五万分一
大分ニヨル
玖珠郡
至別府
至大分
地蔵原
涌蓋山
湯坪
一目山
1287
寒地獄
猟師岳
1423
九重山
1764
豊後
肥後
久住
直入郡
竹田町
宮地町
至熊本

に対し、野火の延焼を防ぐ為に、毎年春季彼岸前後に、其周囲を焼切る旧慣がある。それを輪地切《わちきり》と称して居ることが分つた。火焼輪知は此種の採草地であつたに相違ないと思ふ。櫟が揃つて大きい点から見ても、永年焼けた事はないのであらうが、草立は誠に見事で好箇の採草地である。土地が何れの村の所有であるかは別問題として、小国で火焼輪知と謂ひ乍ら水源涵養の為の官林としたのは、官地編入が明治初年の流行であつたにもせよ、稍如何はしく思はれる節があることを玆にことわつて置いて、輪地のことを御承知の方に高教を得たいと思ふ。

因に云ふ、九州脊柱の津江及小国の二村を調べに行つた牧口氏の談によると、北小国の黒淵から上津江の葛《つゞら》に越えるときには、三尺程の土畳に萱の生じて居る大分熊本県境を見たが、其近くに山の頂上の原野で、南北小国と上津江との入会の為、県界不明の箇処があつたと云ふことである。（編者）

以上石黒氏の二篇は、大正元年の秋の会の話かと思ふが、記録が明瞭でないから、仮に刊行の順序に従ひ、此ところへ入れて置く。（編者追記）

郷土会第二十回例会　九月二十六日午後五時半から例の会場で開いた。当番の講演者小田内通敏氏が、此夏の研究旅行の土産話として、大山と三峰とのことを詳細に報告された。非常に興味ある話であつた。講演後一時間に亘つて、種々面白い問題が提出されて雑談に花が咲いた。次の会は一泊研究旅行をすることに決して、其目的地も大抵極つたやうだ。

大山及び三峰の村組織（小田内通敏君）

相州大山の町は、西から東へ開いた狭い谿である。二十町の間に千尺程の傾斜があつて、一町に五六ケ所づゝ石段で登る所があり、歩行に面倒な上に、二間か二間半の道幅の両側は多くは二階屋で、愈々窮屈な感じがする。唯家々の用水には、筧で谷水を引いて心持が好い。

運送の便利も先づはよろしい。町の中程の良弁《らうべん》滝の処まで、伊勢原から日々駄馬が通ふ。其から上は此地方でヤセウマと称する背負梯で運ぶのである。大山通ひの荷馬は、伊勢原でも特に其為に馴した馬を使ふさうだ。穀物は三俵が一駄で、駄賃は今六十五六銭とのこと。

町の戸数三百十戸の内、百戸ばかりが農である。工業戸数は三十四戸とあるが、其二十八戸までは所謂木地屋《きぢや》である。木地屋は町の奥の方、阪元と云ふ区域に住んで居る。其仲間の古い一戸は、やはり苗字を小倉《をぐら》と云ふ。前には小椋と書いて居た。全体に箱根の木地屋よりも古いと称し、元は品物を彼方へ送つて居たこともある。主として製作する物はザツキ（雑器?、斎具など）又は掛物の軸の類である。昔の名産は剃刀の箱であつたが、西洋剃刀流行の為に此方は衰へた。

御師《おし》の数は現在七十五戸である。当初阿夫利《あふり》神社は所謂両部神道の修験で、夙に武家の帰依が深かつた。徳川将軍の初代に、今の大山寺《だいさんじ》が天台から古義の真言に改宗して一山を支配した時、統一の政略から以前の修験及び神主を悉く御師《おし》にした。元は百戸ほどもあつた。登山季の外は閑散である為に、兎角色々の厄介な問題を惹起す。寺で考へて元禄頃から、神《じん》事能《じのう》と云ふものを行ひ始めた。各戸一人の役者を出して、一年一度の晴の興行の為に稽古をさせる。一時は江戸から修行に来る者もある位に盛であつた。或時代には御師の中に、学問をする者の多く出たこともある。

斯して平穏な生活をして居た御師が、明治の初には一時全く神官の職掌を取上げられて、只の旅籠屋になつた。色々陳情の末、再び神社と昔に似た関係を保ちつゝ札を配ることになつた。今日では七十五戸の内二十七戸ほどは、他の一方に神社にも勤務して居るが、其他の御師の神社との関係は実に薄いものである。従つて職業住所を転ずる者が出来て来る。他所に居住しつゝ従来の支配所と之に伴ふ権利とを保留せんとする者は、社務所に対し一定の罰金を納めねばならぬ。中には丸々株を他人に譲つた御師もある。御師には大小があるが、先づ平均五千人位の講中を控へ、年々一回此へ札を配つてあるく。講中の方でも年に一度づゝは参詣して、札を請けて還る定めである。併し代参即ち一人で数人の分を頼まれて登山する者が多い。

此神の威徳は一つには農作の保護であつたから、講中に農家が多い。此分は古今大なる変遷が無いが、他の半分即ち江戸の商人職人鳶の者などを相手にして居た方は、時代と共に講中に激烈な変動があつた。

参詣人の数は近年増加するばかりである。それは主として横浜繁昌の影響である。従つて次第に遊覧地の面目を発揮し、講中などを新たに作らずとも、自働車や馬車で勝手に参拝してさつさと帰つて行く。御師の方でも追々時の風に連れて家の建て方を旅館風にし、待遇万端新式で客を引くと云ふ有様で、人数の割合には決して信仰は増進したとは言はれぬのである。

秩父《ちゝぶ》の三峰《みつみね》は、大山に比べては昔も今も、交通が遥かに不便であつた。汽車の秩父駅から大宮の町まで、大宮から強石《こはいし》まで、人力又は馬車で数里を隔て、なほ十町ほど歩行して山の麓に達し、それから登りが五十二町ある。三峰の旧一村は三里四方の広漠たる山地であつた。海抜約千米の高地であれば、夏から秋へかけて霧が多く、春は遅くまで雪が消えない。随分の山村である。

此山の根元は縁起もあるが結局不明である。祭神は今では諸冉二尊と日本武尊に所謂大口真神《おほくちのまがみ》を配するとあるが、或は後者が宿主であつたかも知れぬ。水帳は明暦年間に南部重直と云ふ人が検注したとあるが、信仰の起原はそれよりもよほど古いかと思ふ。

尤も其以後も度々の盛衰があつた。例へば元禄の頃には、山の別当僧に日光と云ふ者、とても持切れぬと云ふので山を降つてしまはうとする時、大口真神が路を遮つてどうしても降らせぬ。是非なく引返して来て見ると、甲州の口から一団の登山者があつて、其の僅か三分の奉納金で、辛うじて立続いたと云ふ話が、秩父順礼記に見えて居る。

此山の信仰は前にも言ふ如く、大口真神即ち山犬の崇敬を以て其中心とし、火防・盗除・魔除の霊験が最も大きいとある。年々三峰山の御札を受けて行く数は三十五万、此も代参が多い故登山者は先づ三万人である。関東一帯と長野山梨の二県に信者が行渡つて居る。甲州では明治初年虎列剌流行の際に、信心の奇特があつたと云ふので、頓に信徒が増加した。併し一人の札配りをも巡回せしめずして、年に三万人の参詣者を引附ける今日の盛況は、其主たる原因を日清日露の二大戦役にもつて居ることは、之を疑ふ者が無い。

大山の方では、七月二十七日から八月十七日迄を登山季と定めてあるが、三峰には日が限つて無い。併し実際参詣の多いのは春の三月で、其頃は日に四五百人の宿泊は珍しくない。夏は却つて少なく平均五十人迄である。宿坊の関係も大山とは正反対の、統一式とも言ふべきもので、寺より外に泊る所は昔から無かつた。

偉大なる建物である。最も古い部分は天文五年の建築と云ふ。中央の区域が明和年間、即ち百三四十年のものである。二階は普通の室だが、下は板敷で順礼の者などを泊めるやうに出来て居る。残る部分の元治元年に建てたと云ふ建物も、上と下と略同じではあるが、やはり下だけは簡単に、草鞋の儘で炉の側までゆかれるやうになつて居る。

不便な山の上であるから、種々の食物の貯蔵庫から、豆腐の製造場も、酒の醸造場もある。勿論今では酒は造らない。殊に此山の一つの特色は、芸人を優遇して置いてやり、他日之を広告の機関に使ふことである。古く始めた事ださうだが、今日でもいつ往つて見ても、二人三人泊つて居らぬことは無い。

三峰三里四方の山は、一時官有地に編入せられて居たが、下戻訴訟に因つて四千百十一町歩と云ふ山林が、新に三峰神

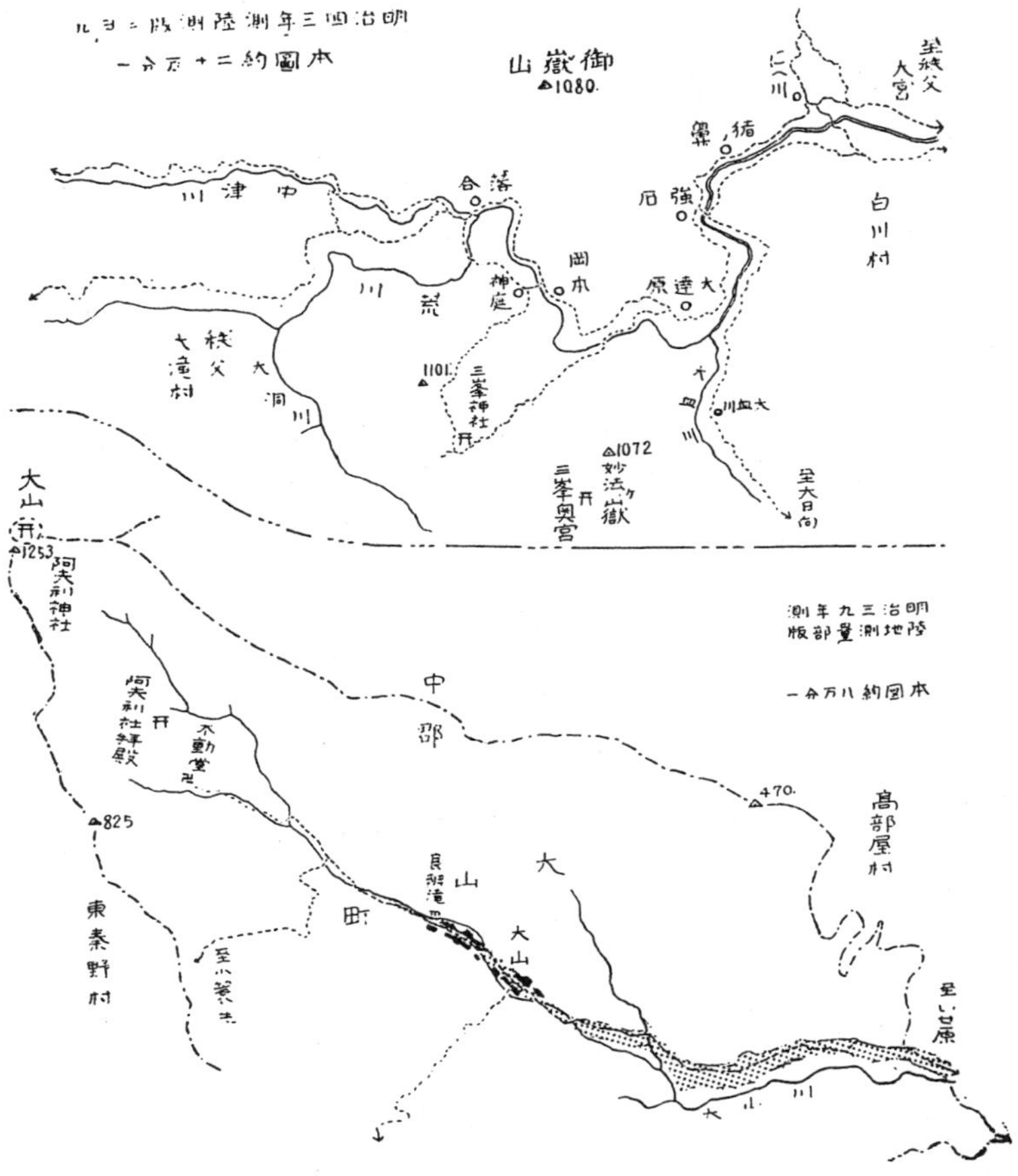
明治四三年測陸測段ニヨル
本圖約二十万分一
御嶽山
△1080
中津川
落合
強石
大達原
本岡
神庭
荒川
白川村
秩父大滝村
大洞川
△1101
三峯神社
大血川
△1072
妙法ヶ嶽
三峯奥宮
至大日向
明治三九年測
陸地測量部版
本図約八万分一
大山
△1253
阿夫利神社
阿夫利社拝殿
不動堂
中部
△470
高部屋村
大山町
良辨滝
△825
東秦野村

社の所有となつた。此山地の南西の傾斜地に、所謂門前部落が発生して居る。四十余戸の農家の周囲に、些しばかりの常畠があつて、此に有名な三峰隠元《みつみねいんげん》と称する優良種の隠元豆、又は玉蜀黍などを作る。

併し此だけでは何分耕地が狭いから主たる食料はやはり焼畑耕作に由つて得て居るのである。焼畑は一戸平均七町歩ほど、之を四五反づゝに区劃して、一区を一年ほどづゝ作つて行く。以前は猪の害多く、順礼記にも山畑毎に猪を逐ふ径ありと見え、又家々に威銃を許されたことが、旧記に見えて居る。

山小屋と云ふのは二間ばかりの小さな小屋で、此へ三月の末から十二月迄、一家残らず往つて住むのである。併し当節は此門前部落に、小さな単級小学校が出来た。此学校に子供を遣る為、母親だけ家に還つて居る者もある。又は隣家に合併して世話をして貰つて居る者もある。

門前の生活は、近年大分苦しくなつて来た。其為に或は大滝の町へ引越す者もある。地面が充分で無いから分家もせず、戸数は昔から丸で殖えない。門前百姓と寺との関係は、昔は親密なものであつた。山畑は凡て寺から、大豆一俵位の年貢で借りてゐたものが、維新後は各自が其所有者になつた。併し今でも寺はよく世話をする。其為に苦しいながらにもたちの悪い死産などが、他の部落より少い。今日の処で寺との関係の昔のまゝであるのは、祭の日に皆出て働くことである。其日当は三十銭と酒二合の切手とである。下戸は之を酒呑に融通してやる風習がある。以前は其日は腹一杯に飲むことを許されて、村の者もそれを一つの楽みにして居たが、さう云ふことも出来ぬ世の中に、もうなつてしまつた。

三峰山末社諏訪社八月二十六日祭礼獅子舞歌曲

○此宮はあまり高さに立ちすぎて落る露が花と見える。
○此庭はたつた七町横五町いり端横見て出端に迷ふな。
○奥山で笛と太鼓の音すれば牝獅子牡獅子が肩を並べる。
○十七の前にさがりし二つ物二つたもれ声のくすりに。
○七つ児が今年始めてさゝらすりよくはなけれど褒めてたもれ。
○遊びたけれど雨がふり来て霧が立ついとま申して戻れ小ざくら。

郷土会旅行記事　第二十一回の例会は講演を廃して、阿夫利山麓なる秦野地方へ研究旅行を試みた。午後一時半新橋発の列車で、二宮駅に着いたのが四時、それから秦野の有志の案内で、軽便鉄道に乗つて目的地に着いたのが五時。其夜は有志の談話やら古文書の閲覧やらで過し、翌日朝から日没まで、附近の農村やら地理やらを視察して、頗る益する所が多かつた。

郷土会例会　大正二年最終の例会は、十二月五日の例刻から開かれて、当番の講演者小田島省三君が、信濃国延徳沖の水害の話を、実地調査の材料によつて非常に面白くせられた。高梨黒姫の伝説は昔から名高いもので、昨年秋の北信日報にも出てゐたが、此地の水害の話を聞いて見ると、成程と思はれるところがある。講演後に漢字の熱心なる研究家後藤朝太郎君が実物に就て亀卜文字の話をしてくれられた。

信州延徳沖水災の話　（小田島省三君）

此八月北信に旅行した折の話である。豊野《とよの》の停車場を下りて、前橋街道を東へ進み、千曲《ちくま》川の舟橋を渡ると、対岸は下高井郡高丘《たかをか》村大字立《たつ》ケ花《はな》で、此辺から僅かの丘陵地になる。道の右手に当つて広さ二里四方もあるかと思ふ一帯の低地がある。車夫の話に地味は悪く無いが、毎歳水害に苦しむ処だと云ふことである。水は五月にも出れば、二百十日の頃にも出る。苗代が水の底になり、近村から苗を貰つて来ることは毎々で、秋の水には又屢々収穫が空になる。ひどい処だと云ふ話を聞いた。

そこで渋峠《しぶたうげ》を越えて草津へ往復しての帰り途に、特に此低地の村に廻つて、五時間ばかりであつたが視察をして来ました。路で遇つた人の話に、水害の最も激しいのは、延徳《えんとく》村の小沼《をぬま》と云ふ部落だと云ふことで、先づ其小沼へ往つて見た。ひどく村が荒れて居る。大水には電信柱が全く隠れると云ふ処である。村会議員の小林と云ふ人に聞いて、南大熊の郵便局長で県会議員をして居る某氏が、尤も此地方の事情に詳しいと云ふことを知り、其人を訪ねて一通りの話を聴いた。此は先づ其聞書である。

此低地は一括して延徳沖《えんとくおき》と呼ばれて居るが、上下高井の二郡に跨り、延徳・高丘・平野（以上上下高井郡）都住《つずみ》・小布施《をぶせ》（以上上高井郡）の五箇村の地域に亘つて居る。右の字小沼を除く外、部落は総て周囲の岡に沿うて構へられ、小沼も亦地盤が附近の耕地よりは五六尺高い。

大昔は遠洞湖《あんどうこ》と云ふ湖水であつたと云ふ。北方を流るゝ星川（土地の人は夜間瀬《やませ》川）の水が、以前は中野を経て此に注ぎ、小布施の南の松川も、亦此低地へ流れ込んで居た。但し二川の此地を流れて居た年代には、前後があるかと思ふ。地面を掘下げて行くと、一丈ほど下が赤い砂で、其上に青い砂利がある。其上は薄い腐殖土の層である。土地の人は之を泥炭層と云ふ。其上が又赤砂利で、其上が現在の土壌である。夜間瀬川の川原を通ると、今でも砂が皆赤い。赤砂利の層と云ふのは此川の搬出物であらう。而して青い方は松川の物かと云つて居る。夜間瀬川は急流であるから、水路の屢々変つたのも怪しむに足らぬ。

沿岸の村々には、此川の水荒れに関する伝説が残つて居る。些しづゝの変化はあるが、大体こんな話である。夜間瀬の水源は、上州境の深山にある大沼と云ふ沼である。昔は四十八の沼があつた。其親沼たる大沼の沼の主が、中野の城主高梨摂津守の愛娘に懸想して、押掛け婿に来た時に、高梨は唯一つの条件として、騎馬の武者と併んで城の濠を三度巡らんことを求め、濠の水底には窃かに剣を植ゑて置いた。大蛇は其為に腹を傷つけ山中に遁げ還り、憤怒の余りに四十八沼を蹴覆して、大水を以て中野領一円を流してしまつたとある。

平野村大字江部《えべ》の口碑にも、此川大洪水の話がある。此辺一帯に人の種が絶えて居たのを、延徳年間に再び開発して村が出来た。故に延徳沖と云ふと伝へて居る。此地名の由来は事実かも知れぬ。土地に伝はつた古き記録にも、村の賦役道路の作事などの記事があつて、其最初に延徳の年号があると云ふことである。沖はヲコシの意味であるかも知れぬ。

斯して水から取戻した延徳沖が、近世になつて改めて又洪水に苦しんで来た。其原因は、一つには例の水源林地の濫伐、二つには千曲川上流の水防土工が完備した為かと云ふ。明治元年以後出水一丈以上のもの二十八回、其内二十八年の三丈二尺が横綱で、次には二丈八尺以上が三度、二丈三尺以上が六度ある。之を年に分けて見ると、明治十年迄に六度、十年から二十年の間に二度、二十年代に六度、三十年代に十度、四十年から四十四年迄に四度あつて、其後は不思議に一丈以上の水が無い。

土地が大体摺鉢形であるから、水嵩の大小に由り浸水区域に著しい広狭がある。字小沼などは一丈四尺の水で全く隠れてしまふが、他の部落は侵されない。二丈となれば浸水戸数が百十一戸、二丈三尺で三百五十戸、二丈七尺で八百三十戸、三丈二尺の年は一千四百五十八戸が水を被つた。即ちそんな大水の年でなければ水を被らない場所にばかり、村の半以上が出来て居るのである。

低地を東北から西南へ、一筋の道路が横ぎつて居る。それが県境の篠井川と交叉して居るあたりを、殿橋と謂つて最も低い。一丈以内の水でも丸で水底になるから、追々耕作せぬ地面が多くなる。前年但馬の豊岡から杞柳の苗を取寄せて栽ゑて見たが、全体が水を被ればしんが止つて成長せぬから、それもだめだと云ふことになつた。

荒地の増加も近年の事である。明治三十九年には只の一町

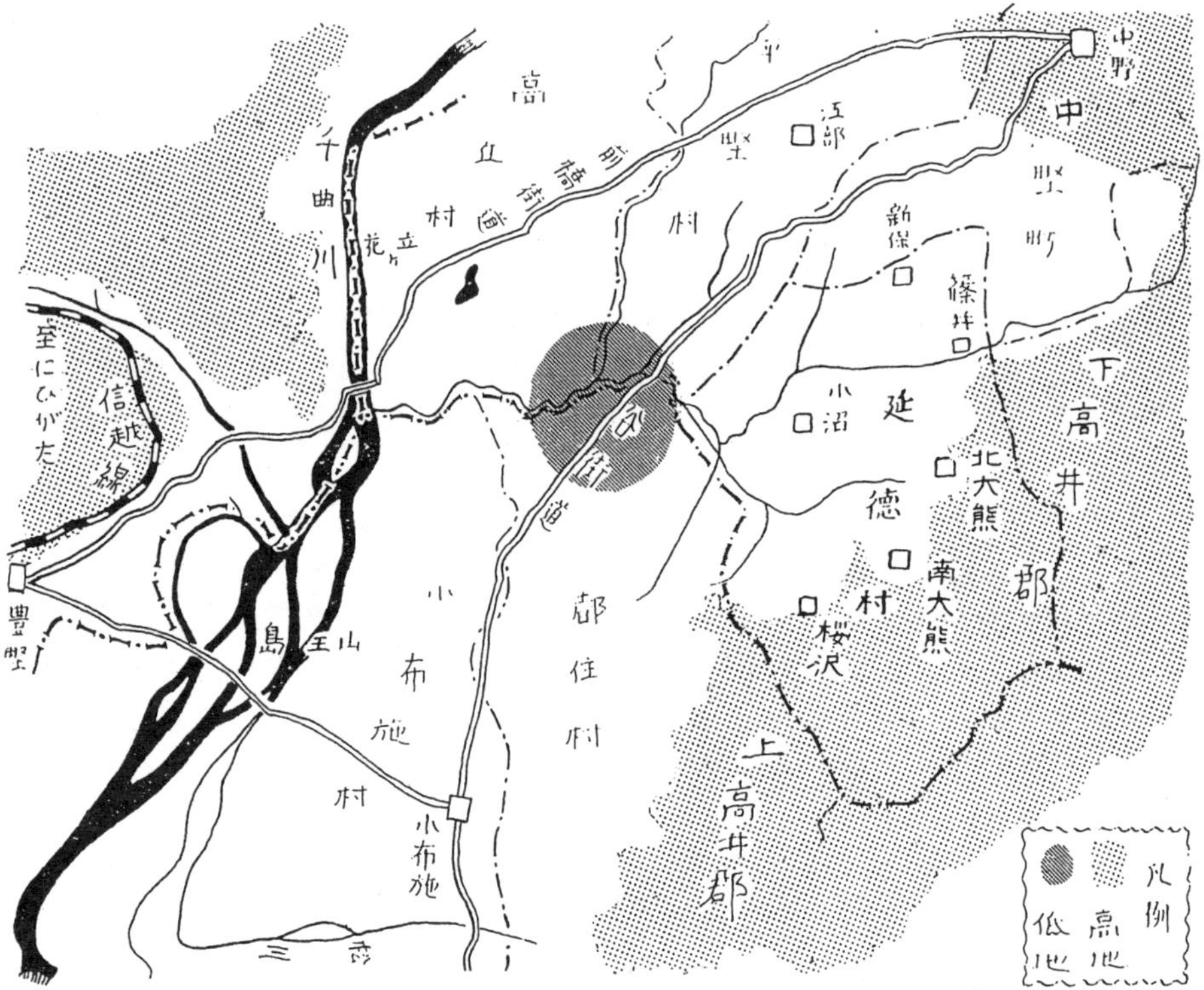
千曲川
高丘村
立ヶ花
谷街道
中野町
中野
江部
新保
篠井
小沼
北大熊
南大熊
延徳村
桜沢
下高井郡
上高井郡
都住村
小布施村
小布施
山王島
豊野
至にいがた
信越線
凡例
高地
低地

歩であつたのが、四十二年には六十町歩になつて、近頃地類変換の手続中のものが又二十町歩程ある。其荒地の附近にある田地も、誠に小作希望者が尠ない。大抵高みに在る地面と組合せて、貸付けもすれば売りもする。故に取引が甚しく不便である。悪い田地だけだと、小作料は普通の二分の一又は三分の一であるが、それでも作る人が無い。

地味は決して悪くは無く、肥料もいらぬのであるが、之を作るのは一種の射倖事業であつて、従つて破落戸のやうな人が之を借りることゝなり、幸に水の来ぬ豊作の年にも、やはり小作料を納めない。土地の売買価格も安く、法定地価は一反二十八円内外であるのに、取引の相場は先づ二十五円である。

小沼などへ往つて見ると、どの建物も地上六尺位から下は壁が落ちたまゝである。塗換へても毎年此通りであるから、あきらめてしまつて壁を塗らずにおく。住民は次第に引越して行き、十年前の六十戸が今は三十二戸になつた。今残つて居るのは地主ばかりで、財産の無い者はとくに出て行つた。家が潰れると新築は脇の村に来てすると云ふ風である。つまり財産の処分が出来ぬから居ると言つて宜しい。

家の構造には別に特色も無い。大熊などで少し牀を高く作つて見た家もあつたが、それでは平生が不便であるから、之に倣ふ者が多くなかつた。外国産米の売れるのは此村の一現象である。副業にも此と云ふものが無い。小布施の方には養蚕は盛であるが、低地の農家はそれも出来ない。水の年に外国米を買ふ代は、中野の町へ出て蚕の手伝をするか、又街道に出て運送でもするの他、収入の途は無いのである。

延徳沖一千五百町歩の内、常に水を被るのは先づ千二百町歩である。其直接の原因は千曲川の増水では無く、之に基く篠井川《しのゐ》の逆流であつて、其水が元に戻るには七日かゝる。故に千曲川の堤を固くし、落合に水門でも構へたなら、内水だけの害ならば、さして恐るゝこともあるまいと云ふが、それも費用が無くて実行が出来ぬ。

古い事を調べて見ると、延徳最初の開発には此工事をしたものらしいが確かで無い。降つて元和元年に、福島正則が本領を失つて信濃に放たれた時、此地が其食邑であつた。大に土工を起し田収を増したと云ふ。寛永二年には幕府領に為つた。広い公領の片端だから、堤防排水等の注意は行届かなかつたが、其代りには僅か三尺五尺の出水にも、租税全免と云ふ特典があつた。天和二年以後は板倉内膳正の支配になつた。上流の山王島から立ケ花へ掛けて内側の堤防を作り、福島時代の外堤と共に二重の備となり、又篠井川の浚渫をしたから、水害は無くて生産は増加し、延徳一郷の黄金時代であつた。

元禄十六年に板倉氏奥州へ国替して、再び幕府領となり、以前の状態に復つた。正徳元年には青山大膳が此辺を領することに為つて、千曲川の水路を浚へ立ケ花の下流に堀割を作り、洪水の折の逆流を防いだ。それが享保二年には三たび幕府の直轄となつて、事情は又々前の通りであつた。

其頃から千曲川の水は追々と東の方を流れるやうになつた。為に古来の二重堤は二つともに無くなり、其場処は今は川の真中である。小布施村の飛地が川の対岸に出来た。天保年中には関係各村の百姓が、組合を作つて堤を築いたが、設計の悪かつた上に、弘化四年の善光寺大地震で跡形も無くなつた。夫からは川は気儘に東の方へ流れ、之を防ぐ土工も起らず、一晩大雨が降れば全耕地が水であつた。慶応二年にも小工事があつたが、此も徒労に帰した。

其後明治二年になつて、高丘村大字草間《くさま》を起点とし、ずつと内側へ引込んで堤防を築かうと云ふ企があつたが、千曲川の浚渫の噂があつたので中止した。程無く其工事が行はれ、今井村沿岸の屈曲を切通し、其御蔭で数年の間氾濫がなかつた。村の人の説では、明治八年の地租改正はちやうど此小康時代の、一時収穫の十分であつた頃に当つて居る。故に実地の状況に比べて台帳の地価が高いと云ふ。

明治十二年になつて立ケ花に今の船橋を私設する者が出た。先づ延徳沖の村々と契約し、出水六尺以上の時は鎖を切ること、川上の砂が高くなるやうなら廃業すること、此二つの条件の下に之に同意させた。然るに其後砂が段々高くなるから、約束通り廃業を交渉し、之を県庁まで持出したが、県は寧ろ交通の利便を重じ、延徳側の主張を容れなかつた。一方には洪水は明治十五年十八年と追々烈しくなり、どうも船橋がある為かと思はれるので、近くは明治三十八年にも船橋を立ケ花より上手へ移してもらふことを交渉したが、聴かれなかつたのみならず、四十年からはそれが県営になつて、三十年前の二個の約束は丸で反故になつてしまつた。

それから後は是非が無いと思つて、専ら堤防工事の実行を、通例の方法を以て県会に運動して居るが、今以て目的を達しない。蓋し千五百間ばかりの堤防は、県としては何でも無いが、一つには対岸各村の利害と両立せず、二つには県では此沖を、洪水の安全弁用として明けて置きたいのでは無いかと謂ふ。対岸の故障も随分有力なもので、現に慶応二年にも其苦情の為に、二千間の場処に五百間の堤を築き、残りの千五百間をあけて置いたこともある。

併し結局第二の理由であるなら、地面を買上げてくれゝばよいにと村の者は言つて居る。村が共同して起工したいにも、先づ堤防に二十万円、篠井川の浚渫に十二三万円、とても今の貧乏では之を地主に割当てることがならぬ。而も私人の財産ではあるが、出水が二丈七尺以上になれば、一度に百万円の損失であると謂ふ。此計算は村の人が細かく立てゝ居る。但しどの位精確なものであるか、自分にはよくは分らぬ。

郷土会例会　大正三年一月の例会を会員木村修三君の送別を兼ねた懇話会に変更し、二月の例会を二十八日に開くことに成つた。当番の講演者は小野俊一君。

二月二十八日の例会で行はれた会員小野俊一君の我国の地方病一斑と題する講演は郷土会創立以来空前の大仕掛のもので、例刻に始まつて、午後十一時過ぎても予定の問題を演じつくすことが出来ず、余義なく打切ることになつたのは遺憾であつたけれども、恙虫病その他種々の地方病に関して、その病原体の動物学上の解説にまで立入つて、多数の図画、地図、プレパラートまで持出して、耳と眼の両方面から面白く説明して貰つたのは、頗る有難かつた。押上中将その他一二の熱心な来賓の傍聴があつたので例になく賑かであつた。

鹿島の崎の新田　（石黒忠篤君）

利根《とね》川通航の汽船から鹿島《かしま》の砂山の見え初めるのは、宝山《ほうやま》と云ふ辺である。宝山には汽船が寄る。其次の船着場は即ち大田新田である。大田新田は鹿島突端の東下《とうしも》村から、矢田部《やたべ》と云ふ一村を隔てた上流の、若松村の一大字である。若松村は三箇の大字に分たれ、各大字は何れも新田を称し、つまり村としては最も新しいものである。

大字大田新田は川添の村で、地域の海に接する部分は甚だ少ない。先づは純然たる農村である。漁業と言へば利根の淡水漁業のみで、海の方へは稀にしか出ない。今より百三四十年前大田某と云ふ者が開いた。村の名は之に基いて居る。代々の庄屋も此家で勤め、今の若松村長大田宗助氏は、即ち其七代か八代かの子孫である。開発当時の移住者が八戸あつた。之を八軒党と称し村のおもなる百姓である。

此村の地割の様式は面白い。間口が最も小さいので四十間、普通は七十間、稀には八十間のものもある。奥行は多くは四百間である。川に沿うて三間幅の往還が通り、地割の軸線を為して居る。人家は其路の東側に川に向いて建てられ、後年に入込んだ家ばかりが稀に川を背にして路の西側に在る。通例は一軒前の細長い持地が、往還を横ぎつて川縁迄突通り、船を持つ者は其船を自分の地内に繋ぐ。即ち多くの持地は（イ）川岸・（ロ）道路・（ハ）屋敷・（ニ）田・（ホ）畠・（ヘ）砂山の順序に区分せられ居るのである。此割方は字田島の辺から始つて居る。屋敷と屋敷との間は大抵二間幅の横路を以て隔てられ、又家々の後方、畠と山林との元の境かと思はるゝ辺を、表通りに併行して二間幅の路が通り、更に持

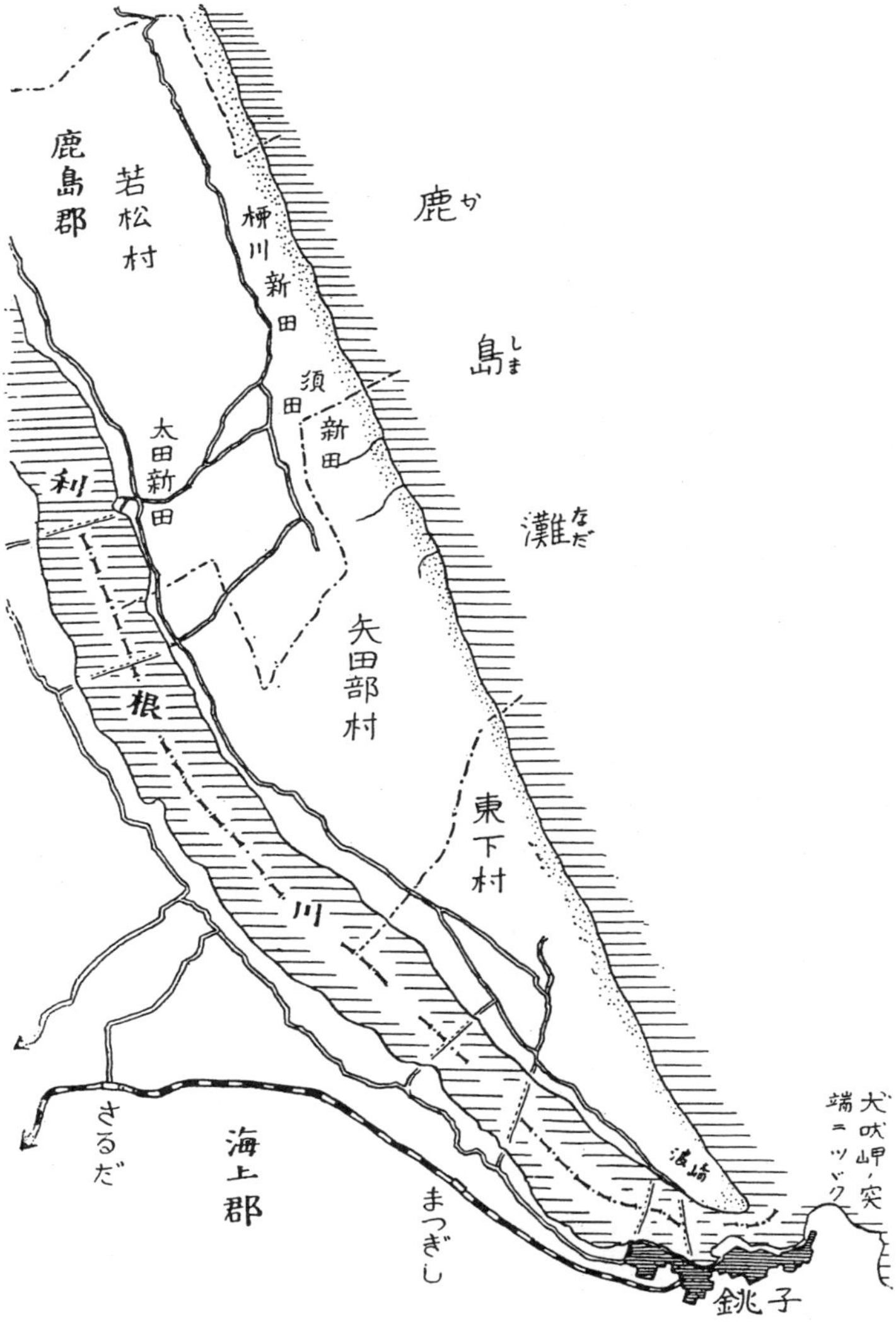
鹿島郡
若松村
柳川新田
須田新田
太田新田
矢田部村
東下村
利根川
鹿《か》島《しま》灘《なだ》
波崎
犬吠岬ノ突端ニツヅク
さるだ
海上郡
まつぎし
銚子

地四百間の外境には五間幅の路がある。何の為に斯んな広い路を設けたか、其理由は不明である。

又若松村の他の二大字須田新田と柳川新田との境の字漁場《れふば》と云ふ区域は、大田新田の属地であつて、古い由緒のある四十二戸が之を共有して居る。或は以前割地の割足しの作用をしたものでは無いかと思ふ。

須田新田は主として海岸に面した新田で、大田よりも岬端に近い。此方は先づ漁村で松原も茂り、農業も亦相当に進んで居る。開発人は江戸神田須田町の須田氏だと云ひ、八丈島の島民を連れて来て開かせたと云ふ口碑がある。柳川新田でも文久二年に、八丈島から移住者を招いた記録があるから、恐らくは事実であらう。

柳川新田は上流大船津《おほふなつ》の方に近い一区である。宝山から汽船で上つて行くのである。宝山は船着の小屋が只一戸あるのみだが、此附近の村で専用漁業権を有し、小魚を捕る漁場である。此から柳川新田まで二十五六町、所謂鹿島の砂漠を横断せねばならぬ。小松が僅かあるだけの不毛の地で（小松のある処には兎が多く居ると云ふ）、前年柳川氏が郡長に勧められてポプラを栽ゑて見たが、二三本しか附かなかつた。風が吹けば方角も分らなくなる。柳川新田の松林が遠くに黒く見えるのが唯一の目標である。

柳川新田は今から八十年ほど昔、本郡大同《だいどう》村大字志崎《しざき》から、柳川惣左衛門と云ふ人が来て之を開いた。初代は移住後久しからずして歿し、二代目の惣左衛門秀勝氏が、最も開発の為に骨を折つた。今日では戸百七十六、口千二百二十四、一戸平均七人ほどの大家族の村になつた。元は幕府領で全く無人の境であつたのを、第一着手に造林を行ひ、今では立派な松原になつて居る。造林がすむと耕作に取掛つたが、何分にも困難多くして最初の移民は多くは退転し、其あとへ越後加賀及び八丈島から人を入れた。八丈の人は珍しいが、越後者加賀者の入込んで居ることは、此辺一帯の現象である。二代目は藍綬褒章まで貰つて明治十九年に死んだ。三代目の柳川氏は近い頃亡くなつたが、此も父に劣らぬ力行家で、其一代の間に戸数も人口も五割を増加し、自分も県で二番の多額納税者となり、生前に村に銅像が立ち、白耳義から帰つて来た武石氏が之を鋳造した。

柳川新田の耕地面積は現在二百三十町歩、田畠相半して居る。此村の水田開作は一種特別の方法で、松原の真中に田区を選定し、土を掘下げて田とするのである。産米は凡て部落内で消費し、麦ばかりは少し外へ売る。明治二十八年以来落花生を栽培し始め、今では年産が三万円余、土地に適すると見えて、問屋も品質の良いことを認めて居る。

此村にはとんと出稼と云ふことが無い。土地は殆ど全部が柳川氏の所有であるが、柳川氏は成るべく小作人の分家を奨励し、隣村の山林などを買入れて之に貸し、造材と開発とに由つて家を支へしめる。斯うすればいつ迄も開村当時の辛苦を忘れないでよいと言つて居る。漁業も随分盛んであるさうで、海辺には漁民が住んで居る。望楼などを建てゝ漁船の指揮に便にし、漁獲物はこゝには陸揚をせず、直に銚子へ持つて行つて売る。漁業者だけは家族の手の余る者を、稲敷郡《いなしき》あたりの人屋の周旋で一季の傭奉公に出して居る。

小作料の率は二十年前のまゝで非常に安い。田が二斗二升、畠が九十銭、宅地が一円二十銭位のもので、隣村に比べると十分の三乃至四である。燃料は何れも地親の持山に入つて取り、柳川氏自身は却つて之を買つて遣ふ。元はしやうの無い砂地でも、改良すれば段々とよい地面になり、生活が楽である上に徴収が寛なる故、村の者帰伏し、珍しく感じのよい村になつて居る。

序に此村施設の一二を言へば、柳川義倉と云ふ千円ばかりの積金がある。地主と小作人と半々に積立てたものである。行旅病者などの救助基金、此は二代目死去の折の香典を積んだものである。経済の機関では信用組合、落花生の委託販売所及び落花生の品評会がある。又乙種の水産学校がある。今は郡立であるが、最初は亦柳川氏の一建立であつた。

此話はいつの会のものであつたか、記録に逸して居るが、たしかに聴いて筆記した晩を記憶する。多分は大正元年中のことであつて、従つて此旅行の見聞は、同じ年の始め頃のものと考へる。次の田中君の話も期日は不明であるが、石黒君の話の後であつたことだけは記憶して居る。（編者追記）

鹿島の崎　（田中梅吉君）

茨城県の最南端は鹿島郡東下村《とうしも》の波崎《はさき》と称する部落で、下総銚子町の対岸、利根《とね》の河口を隔てゝ遥かに見える家並が即ちそれである。戸数は六百ばかり、精確なる記録は無いが土着の古い地方らしい。古風土記に依れば、最初は下総海上郡《うなかみ》の中であつたが、大化五年鹿島郡を神郡と称へた頃、既に常陸に転属して居つた。中臣氏から平氏の鹿島家の所領に移り、降つて慶長の頃には松下氏の領分であつた。風土記の伝説に美しい名を留めた少女松原は、此地のことだと一般に信ぜられ、村の手子后《てこさき》神社は即ち其故蹟と云ふことである。手子后は後には手子崎と書き、天正年間までは村の名も手子崎と呼んだと云ふ。

今の開発に就ては、承応二年の記録が最も古い。土地の人の説には、元禄の頃対岸の銚子に来て居た紀州の人たちが開いたとも云ふが、此地の漁業が寛文十二年に起つたとあるのを考へると、元禄の移住は中興であらう。兎に角其頃は、此地の最も繁昌した時代であつた。隣部落の本郷から十一軒の者が移つて来たと云ふのも同じ頃のことらしい。

此人々は波崎に来て特殊の地割法を行つた。其痕跡は今も之を認めることが出来る。即ち川を前線として間口を一戸六十間に切り、奥行は海際まで通つて居る。是が其折の記念である。又紀州から来た方の証拠としては、語に近村と比べて著しい差異がある。何々デヤスと謂ひ、何々スルトサヘニと謂ふのなどがそれだと云ふが、果して当つて居るか否かを知らぬ。又何太夫と云ふ名前及び鴨川竹内などの苗字も、紀州の系統に属するのだと云ふ。竹内は今二戸だけあるが、鴨川の方は此村のみで無く、常陸には多い苗字である。又一説には地割の行はれたのは享保中のことだとも云ふ。

前にも云ふ如く、波崎の一村は川添の方を正面にして居る。利根の流は下流に行くほど海と接近して居つて、突端の波崎はちやうど三角形の一鋭角を為し、其底辺になつた線が隣区の本郷及海老台《えびだい》との境である。其三角形の川に沿うた一辺に、町屋が列つて居るのであるから、例の六十間間口の地割でも、其他の区劃でも、各戸分の地面は略一様に、(一) 屋敷・(二) 畑・(三) 松林・(四) 砂丘・(五) 海岸の五段に分れて居て、奥行の遠い処で六七町、波崎の突端に近づくほど追々浅くなり、一二町からまだ短い処もあるのである。以前は此間に少しづゝの田もあつた。近年の寄砂で砂丘は益々広がり、畠も松原も減縮して来る。誠に此村の難渋は是であつて、自分が近頃の旅行も、其砂の害を実見したい為であつた。

今其状況を話す前に、順序として尚些しく此村の歴史を述べる必要がある。波崎の住民の生業は農漁相半して居る。漁業では鯉鮒白魚の淡水漁業と蠣蛤と、此五つが最も盛である。最近の生産高、白魚が四万円余に鯉鮒が六千六百円、蠣は千五百貫目で三百円、蛤が二千貫千八百六十円である。尤も此は東下《とうしも》全村の統計であるが、大部分は波崎のものだ。

鹿島郡の浜は一般に貝が多い。防砂組合長の伊藤竹松氏の父の話にも、四十年前までは海岸見渡す限は皆貝で、処に由つては貝殻の丘陵が、幅一町二町に及んで居たと謂ふ。而も此は大昔からの事だと見えて、既に常陸風土記の此郡高松村の記事にも、寄つた貝が岡を為し、其上に松が生じたとある。小沼徳三氏の常陸志には、元禄十五年の正月、高松村大字平井から軽野村大字日川《にっかは》まで四五里の間、一面に二三尺四五尺の高さに蛤が寄つたと云ふ記録が載せてある。

土地の者の話では、明治二十年の頃までは、今の砂丘のある地を越えて、遥かに海際近くまで松原があつたと云ふ。而して明治二十年は、実に今日の砂害の始まつた年である。尤も其以前とても、全く砂の害が無かつたのでは無い。既に鹿島年表にも、寛文十一年十一月十二日砂降るとあり、又卜部日記宝永元年十一月八日の条にも、地震の後風あつて砂降ると見えて居る。土地の口碑にも、右の元禄か宝永かに、領主の松下氏遠州から防風草を取寄せ、安房の鋸山よりコウブン草及びタジマと云ふ草を移して浜に植ゑしめたが、方法悪しく生ひ附かなかつたと云ふのを見れば、やはり一時は砂の為に土地を狭められて居たものであらう。

併し明治二十年以来の砂害には、又新なる原因があつた。其前々年から前年へ掛けての旱魃で、此辺一帯は凶作であつた。土地の者生活に困り、此頃まで浜に堆かつた貝殼を採つて、一俵一銭五厘位でどし〳〵売つた（此時貝殼の層の下から、松の樹の倒れたのや色々の草が顕はれたと云ふ。砂山が壊れて追々に沈んだものと見える）。此結果としてそれまで砂のおさへであつた貝殼を取尽したのみならず、次には松林に入つて濫伐を敢てし、故老も之を制止し得ない事情があつた故に、翌二十年の秋になると、此季節に多く吹く東北風の日には砂の降ること甚しく、次第に町の方をさして砂が寄つて来る。最初は気にも留めなかつたが、其年の暮には海岸より一町も入込んで、一丈ほどの砂山が出来た。是は捨て置けぬと騒ぎ出したが、一寸は手の着けやうも無く、其害は年と共に増すばかりで、風の烈しい日になると、麦畠などが見て居る中に埋まつて行く。而も其砂が並の物よりもずつと細かい。村の人は利根川の泥の粉だなど丶云ふが、勿論そんな養分の有りさうなものでは無い。

此節は年中絶間無く防砂の工事を続けて居て、而も砂丘は次第に松林と畠の区域に侵入し来り、海に近い処で年に二間三間づ丶埋まつて行くのである。此勘定で進めば十年放置して居れば全村が砂の下になるわけだ。工事を続けて居てすら家の埋まるのが止まない。例へば町はづれにあつた番太の家三軒は、以前町よりも一間ほど高かつたものが、今は地面から二間も下になつて居る。此附近にあつた火葬場などは、今は三丈ほども地の下で、此に通つた路も無くなつた。海岸の方に寄つて、家の半分砂に埋められたのを五六戸も、自分は目撃して来たのである。

砂丘は又防砂工事の結果としても発生する。現在此地で行ふ工事はざつと四種である。其一は此辺に多い貝殼を海岸に撒布すること。二には壕を掘ること、砂丘の内側の畠の周囲に堀を設けて、砂の流れ込むのを防ぐのである。三には植林、此は村としてはまだやらぬが、昨年県で松苗を三万本栽ゑさせた。四には垣を海岸に作ることである。二間おき位に棒を立て横木を渡し、篦朶又は藁で粗い垣根を作ると、砂は之へ吹溜り、反対の風で内側の砂を吹附け、僅かの間に双方からの砂が、垣根を峯にして丘を造り、程なく垣を隠してしまふ。

すると又其上へ垣を作る。斯うして段々に高きは三丈、低きは二丈ほどの高さになつて居る。其面積が今で十二万坪ばかりになると云ふ。

松は昔も防砂用に栽ゑた例がある。ボーギと云ふ植物も防砂に適すると云ふが、どう云ふものであらうか。県では明治三十一年の頃に、僅かの工事をしてくれたが効能がなかつた。村の者も段々と他人の力を当にせぬやうになり、明治四十四年には愈々防砂組合を作り、地代三銭の地面に八銭までの賦課をして、工事の為に奮闘して居ると組合長は言ふ。併し其年額取集めてたつた五十円ばかりでは、果して目に見えるだけの成績が挙がらうか否か、気づかはしいことである。

砂の害は独り南端の波崎のみの患では無いやうだ。鹿島郡は三分の二まで洪積土で、波崎より八里北の高松村大字木滝《きだき》辺までは、高い丘陵が北から靡いて樹木も多いが、それから南は一円に海と利根川との作つた砂原で、途中二里ほども人力車のきかぬ砂漠がある。曾て水戸の烈公が、日川から日川浜へ堀割を開かれた時も、砂に埋もれて効を奏さなかつたと云ふ。海岸に面した部分は磯の浜まで二十里の間、一帯に波崎によく似た砂の害がある。例へば大貫《おほぬき》の砂防工事などは、県庁でも中々力を用ゐて居る。豊ケ浦の砂害は波崎よりも一層甚しく、村の者は次第に海岸から退却しつゝあると云ふ。而もこの豊ケ浦よりも尚烈しい処もあると聞いて居る。要するに鹿島郡一帯の害敵は飛砂である。此為に家も松原も共に漸く海より立退き、昔は此地方に盛であつた鰮漁も、一には潮流の変と、二には海岸樹林の減少との為に、今はよほど衰へたやうに思はれる。

○防砂用に栽ゑたと云ふタシマは又シャツシマと云ふやうにも聞える。ソナレの類、ハヒネズのことである。Juniperus Litoralis（草野博士）

○ボウギは多分ハマバウ（蔓荊）のことだらう。三河の伊良湖岬では、ハウノキと云ふ。波崎は耳には、ハッサキと聞える。ハツは三河の幡豆郡其他の多くの例もあつて、終端のこと、四極山《しはつやま》のハツと同じである。（柳田）

小笠原島の話（中村留二君）

小笠原島への航路は四日かゝる。其中一日は八丈へ寄る。有名な黒潮海流は八丈より手前で、誠に乗切るのに骨の折れる場処、郵船会社の船長さんにはよき鍛錬所である。船便は

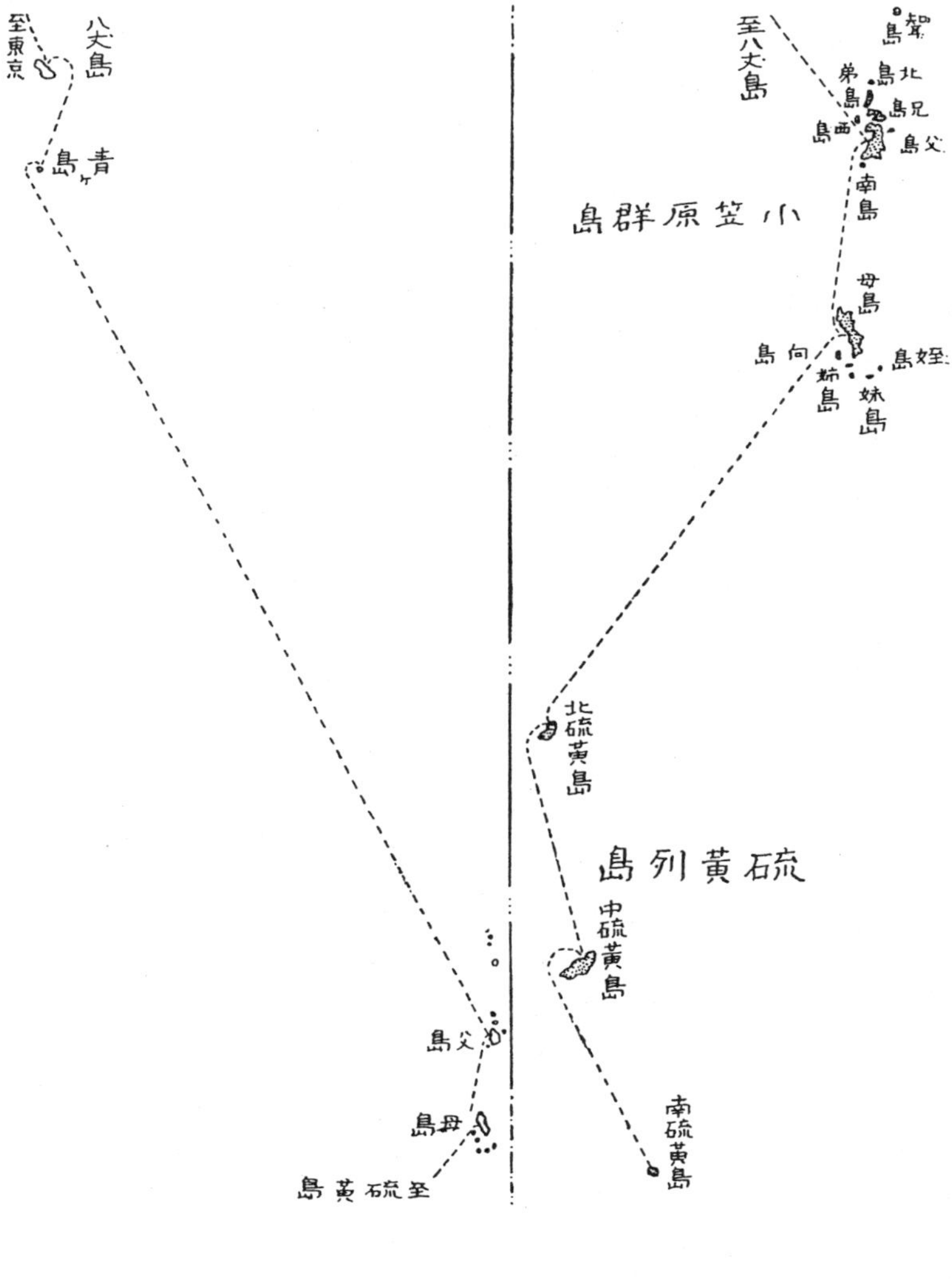
至東京
八丈島
青ヶ島
父島
母島
至硫黄島
至八丈島
聟島
北島
弟島
兄島
西島
父島
南島
小笠原群島
母島
向島
姪島
姉島
妹島
北硫黄島
硫黄列島
中硫黄島
南硫黄島

バナヽのある季節は月に二度、其他は月に一度である。

総面積は父島母島兄島弟島、姉妹嫁聟等の家族全員を合せて僅かに六平方里、而も列島の中、父母と南の硫黄島とを除く外は、今以て無人島である。岩山の上に些しく草のある位の所が多いから、どうしても民居が起らぬのである。

此島文禄年中に信州深志《ふかし》の人小笠原貞頼が官許を受けて探険し、島の名は之に基いたと云ふことになつて居るが、単純なる伝説と云ふに過ぎぬらしく、古来往復した人はあつたらうが、明かな記録は無い。近世に及んでの最初の居住者は、奥州の沿海所謂金華山沖の辺まで、臘虎を捕りに来た外国人であつた。天保初年の頃の事である。彼等は臘虎猟の帰りに小笠原島へ寄り、今の二見《ふたみ》港に入つてゆるりと休養し、それでも猶疲労して居る者は上陸して小屋を掛け、次の猟季まで此島に越年した。此輩の中には来がけにマリアナ群島から、カナカの女などを連れて来て共棲した者もあつた。それが第一期の島人であつて、其子孫は今も現に父島の奥村には住んで居る。彼等が壮丁は相変らず、傭はれて北海の密猟船に乗込むので、昨年米国の官憲に捕へられて獄に入つた日本人某など云ふのも、実は此連中である。

日本の政府が始めて此島に手を著けたのは、文久二年頃の事である。米使彼理は浦賀に入港する前、先づ琉球より小笠原に廻航し、よほど此辺の地理には通じて居た。幕府も大に之に啓発せられて、文久二年には始めて奉行を送り、我領土であることを宣言した。尤も其以前にも、外国人が持つて来て立てた銅製の標柱があつた。今度の大正博覧会の小笠原館に出陳せられて居る。幕府が此島に注意したのも全く此警報に接したからで、伊豆七島から此島に掛けて、土民にも鉄砲を持たせて自衛させ、全体に防禦には手を尽して居つた。

二見港は港の入口に、伊勢の二見浦のやうな大小二つの岩があつた。此は自ら神の御心であつて、日本人の来り住むべく予定せられた地だと云ふ信仰から、斯の如き地名も起つたのである。

列島は何れも突兀として海に迫つた磯山で、渚に沿うて僅かに平地がある。砂糖黍は急傾斜地を畑に拓いて之を栽培する。産物も肥料も皆背負籠を以て運搬し、中々の骨折だ。道路にも険岨が多く、念仏坂念仏峠などゝ云ふ地名が処々にある。民家は何れも山腹の畠の中に散在し、父島の二見、母島の沖港北港などの外は、邑落として群居する者は絶えて無い。

港の村には労働者もあるが、畠中の家に住む者は皆自作農である。島には盗が無く、甘蔗もバナヽも豊富である為に他人の侵害が少なく、隣保相祐くる必要が比較的少ないから、斯うして孤立の生活が出来るのである。

此等の農家に入つて見るに、座敷には八角時計、上り口には立派な茶釜などを懸けたまゝ、家の者の皆留守なことも稀で無い。家の構造は柱は檳榔樹、屋根はシュロッパ（蒲葵）で葺き、葺き方最も巧みである。家は必ず二棟に分れ、一方は拭縁にして休息の処とし、他の一棟は土間であつて、真中にテーブル傍に炊事場あり、跣足で畠に往来し帰りてはテーブルで飯を食ふ。此等は先住のカナカが遺して置いた便法である。

島の者は多くは八丈から来て居る。彼等がカナカの生活方法を真似して便宜を得て居ることは、恰も在満洲の日本人が、露西亜人の残して往つた二重窓ペチカの家屋に於て、愉快に冬を過すと同じである。朝鮮などではオンドルの不便な方法をも余儀なく学んで居る。但し台湾在住の内地人はどうしたものか、あまり先住民の経験を利用して居らぬ。

小笠原島の子供は常に満腹して居る為か、至つて鷹揚な無邪気な生活をして居る。近頃は東京市の不良少年を移して見たが、此亦成績の甚だ宜しいのは、やはり食物の豊かな故であらうかと思ふ。又試に島人に聞て見ても、如何に淋しい山道でも浜でも、幽霊又はお化の出ると云ふ噂は全く無い。歴史が新しく且つ生活が安楽で、悲惨な事跡がとんと無かつた為であらう。同じ離島でも沖縄にはキネン火又はマジ物の話などが、頗る少なくないのである。

父母両島の外にも人の住む島がある。聟島・媒島《なかうどじま》・弟島・姉島・姪島《めひじま》などには定住の民がある。殊に弟島には学校まである。此島第一回の移民は、日本の天保元年に、伊太利人マザロが引率して来た一団体であつて、全く永住の見込を以て渡来したのである。五名の白人が布哇島民十七人の男女をつれて来たので、臘虎船の水夫が休養の為上陸して其まゝ居残つたり、マリアナ群島からカナカの女をつれて来たなどは、其後の話である。

二見岩は港の入口では無く、港の奥の清瀬と云ふ処に在るのである。入口に在るのは烏帽子岩（英称スクエアロツク）、扇浦の向ふに在るのが要岩（英称キヤツスルロツク）である。幽霊やおばけの話は一体に少ないと云ふだけで、まるで無いことは無い。現に八月号（大正三年）の武侠世界にも一つ出て居る。（土居暁風君）

郷土会第二十七回例会　九月十六日の晩に開いた。横井春野氏が羽前羽黒山麓の黒川能の由来に就て話された。此会は会員のおも立つた数人が急に東京を去ることになつた為に、今や良い会員の補充を希望して居る。

黒川能の話 （横井春野君）

黒川能は今日普通の能とは大分変つて居る。地方には今の所謂五流の能の外に、色々の別派があるが、黒川能は即ち其一つである。尤も五流の能とても、それ自身地方的の小別が無いではない。例へば宝生でも、加賀宝生と東京の宝生とは、別派かと思はれる程の差異がある。会津宝生・鶴岡宝生亦同様である。東京の観世と関西のとは、亦よほどの相異である。而して此相異にもやはり歴史的の原因があると思ふ。即ち一つには封建時代の政治的影響で、二つには地理的の影響である。

能は本来武家政治の時代に、武家を「頼うだ人」として発達したものである。勿論各藩の役者は相互に交通して他の長を学び、中央には一流を統率する家元があつた。併し若い頃江戸へ出て修業をした者でも、家に還つて相応に芸が熟する迄には、少しづゝ自己流の加味するのを奈何ともし難いので、要するに保護者を異にする毎に、団体の孤立は免れなかつたのである。だから今日の如く交通機関が完備すれば、此傾向は頗る減じて行くのである。

同じ五流の中ですら地方割拠の風があつたとすれば、黒川のやうな別派の発生も亦怪しむに足らぬ。近くは相模には大山謡なる者もあつた。今は観世流に同化せられてしまつた。而して黒川能は所在が辺陬である為に、終に今日まで同化せられなかつたのである。

黒川能の在所は羽前東田川郡黒川村大字黒川、修験道の有名なる本山、月山の麓に近く、鶴岡の城下から二里の処である。昔より黒川流とて一箇の流派の如く看做されて世に知られて居た。荘内物語の此村の記事にも、黒川明神縁起不詳、正月三日より四日朝まで神事能あり。社家百姓の家々に伝へて、シテワキ笛鼓等の家筋あり。城下に奉公する者迄も、此日は帰りて役を勤め、永く家の芸を捨てず云々とある。

黒川能の根原に就いては二つの口碑がある。一つは昔清和天皇巡狩の折、天覧に入れし舞の名残だと云ふもの、土地の役者たちの専ら信じて居る説である。第二には後小松院の御子に小川皇子、御幼少の頃より剃髪して国々を微行したまひ、此地に来住し給ふ。其臣下に剣持《けんもち》勘解由《かげゆ》、進藤某あり。観阿《くわんあ》弥《み》清次《きよつぐ》に従ひて能を習へりと云ふ説である。此二説はどのくらゐまで史実に合して居るだらうか。それをちと考へて見ようと存ずる。

一体能楽源流の研究には困難な問題が多い。もし濫觴に遡るとすれば、時は上代を究め、地は三韓支那西域にまで及ばねばなるまい。今の我邦には既に純日本の楽と云ふものが無い。神楽《かみあそび》のいにしへぶりを以てするも、尚且つ中代外国楽の侵潤を免れて居なかつた。平安朝の中頃に新猿楽なるものが起つた。それが鎌倉期に入つて漸く本芸と能芸との二つに分れた。本芸は発達して近世の能狂言となつたもの即ち是である。能芸の方は言はゞ分家の如きものだが、鎌倉時代の末頃になつて、座の制度益々完備し、終に後世隆昌の機運を作つた。

能芸の座は諸国にあつた。丹波国に三座あり、就中宿猿楽を以て楽頭とし、或は全国の楽頭職などゝも称へて居た。近江大和伊勢にも亦各三箇の座があつた。分けても大和猿楽は、今日の能と最も大なる関係がある。此地方で盛であつたのは山田竹田の二座であつた。竹田座は例の聖徳太子以来の由緒を誇つて居たが、山田座は之に比べて遥かに後年の起立であつた。而も斯道の巨匠観阿弥清次、其子世阿弥元清の両人は、右の山田座から出た者である。観阿弥は将軍義満の時の人であつて、実に現今の能楽の鼻祖である。自分は此時代をさして応永の猿楽革命と能楽史には書いて置いた。

観阿弥の新運動を促進したものは、全く足利将軍家の恩顧であつた。猿楽談義と云ふ書に、観阿《くわんな》今熊野の能の時、猿楽と云ふことを将軍鹿苑院御覧じ始むる也とある。この今熊野の能の年代は、他の材料に依れば、永和元年である。清次此時年配四十ぐらゐ、其子の元清は藤若ちごと呼ばれ、十二歳であつた。観阿は至徳元年五月十九日に駿河国に於て死んだ。同じ月の五日に駿府賤機《しづはた》山の浅間宮《せんげんぐう》に於て法楽の舞を奏したと云ふことである。世阿弥元清は永享年中に、仔細あつて佐渡島に流されたが、此時は革新の事業は既に完成して居つたので、猿楽の革命は正しく其中間の、応永年間に行はれたものであつて、是れ即ち京都の能の始である。

元来大和の能は丹波の能に比べて格式の低いものであつたのに、観阿弥に至つて先規を破つて上覧の栄誉を博したのは、実に容易ならぬ大刺戟であつたと見てよろしい。観世系図を見ると、三世の恩阿弥なる者、丹波の宿猿楽《しゆくさるがく》から楽頭職《がくとうしき》を買取つたとも記してある。

さて黒川能の起りのことであるが、第一説の清和天皇御宇は固より随ふことが出来ぬ。第二説に於ても、所謂小川皇子黒川に来住したまへりや否やは不定であるが、凡そ此伝説に謂ふ所の年代に、清次より芸を習つた者が此地に来住したことは、有り得べき事実である。而かも他に猶此推測に力を添へる材料が無いのでは無い。第一に芸の方面から考へて、類似の点が多い。第二に謡本を比べて見ると、是亦今の謡本と大差は無い。観世と宝生とを比べても、地謡の文章はよく似て居る。金剛金春も同様で、違ふのは詞のみである。黒川の謡本の差異も此程度のものである。第三に囃の方から見ても、大鼓《おほかは》小鼓笛其他、黒川の方も別して著しい相異は無い。又間狂言《あひのきやうげん》もあつて、其内容略同じである。第四には翁《おきな》即ち式三番、是も同じく黒川に有る。而して翁は清次の頃に出来たものと、推定すべき理由があるのである。此等の状況より判ずれば、黒川能も亦かの応永の猿楽革命に追随したものである。唯僻遠の地に孤存して居た為、芸の変化発展を促すべき刺戟に乏しく、つひに今日の如き状態に、夙くから固まつたものと見得るのである。

黒川能は明治十四年の東北行幸の節、御前に於て晴の芸を演ずることを得た。其時の番組は翁・高砂・鉢木・烏帽子折・鶴亀で、狂言は聾座頭・首引などであつた。近年は又東京へ出て来て、光栄ある舞台を勤めた。自分が之を観た時の感じは、一言で謂へば昔の芸の結晶を見るやうで、之を五流の新技に比べると、床しくもあれば又をかしくもあつた。をかしいと云ふのは例へば高砂で、此浦島に帆を揚げてーと謡ふと、控へて居た狂言師が直ぐに白扇をひろげて立ち、之を高く差上げたまゝ橋掛りを入つて行く。昔は多分さうしたのでもあらうが、ちと滑稽であつた。併し又安宅《あたか》の能で、多勢の山伏が富樫を斬らうとする今の型は、如何にも騒がしいいやなものであるが、黒川では至つて静かに之を取廻して居た。

黒川人の話を聞くに、一村の住民悉く昼は山畠を耕し、夜は集まつて必ず謡の稽古をする。村には上下二つの座がある。翁のみは二座共通であるが、其他は曲を分割して、互に他の座の曲を舞はぬ。曲の数は昔は各座三十六、翁を加へて七十三であつた。江戸時代に例の鶴岡宝生の影響を受けて、新たに番数を増し、上の座は二百四十八、下は二百三十九、翁を入れて都合四百八十八番、今日五流通計の番数の約二倍である。而も彼等は支度さへあれば、所望次第四百八十余番中のどの曲をでも、演ずる意気組をもつて居るのである。囃子などもそれ〳〵昔の儘の家筋で、些かも格式を破らない。装束・面《おもて》・小道具にも色々珍しい品がある。二座共有の倉庫に之を保管し、双方の重立つ者立会の上でなければ出納をしない。唯稽古は此ほど熱心でも、晴の場所と云つては僅かに正月三日と五月十三日との鎮守明神の祭の夜に、朝までかけて舞ふばかりで、文字通りの夜の錦であるのは気の毒だ。

之を要するに黒川能は、伝説の如く観阿弥清次の流を汲んだ能で、所謂応永の猿楽革命が未だ全く完成せざる過渡期の産物であると、自分は思ふ。

屋久島と中硫黄島

（草野理学博士、大正三年十月十四日夜第二十八回例会）

この二つの島は何れも小さな離島であるが、比べて見ると著しい対照を示して居る。即ち其一方は岩石が甚だ古く、一方は甚だ新しい。出来た時代が非常に違ふ。一方は山がちで他は平地、一は雨多く他は乾燥に失し、殊に人類定住の始が、一は極めて古く他は又最も新しい。此他にも列挙すればまだ色々の差があらう。自分は屋久島《やくのしま》へは本年の夏往き、硫黄島《いわうじま》へは一昨大正元年に渡つた。主たる目的は植物の天然の生活状態を観察するに在つたが、此が偶然にも人類も亦、存外外界の勢力に従順な者であることを、感得する機会であつたのである。但し外の島の類例を多く集めたわけで無いから、物の観方に或は誤があるかも知れぬ。

屋久島は南海上の一飛石には相違ないが、今日では独立した一航路の終点である為に、距離の近い割には交通不便を以て目せられて居る。汽船が鹿児島を発して、六十二海里にして種子島《たねがしま》の一港に入り、屋久は又それから西南に三十二海里ある。時間で言ふと今夜鹿児島を出て、翌朝種子島に寄り、其夕方にこの島に着くことになる。島の形は殆ど正円で、中央が最も高いから、言はゞ洋上の一孤山である。周囲が二十五里で高さが六千尺、九州全群島の中で第一の高山が、海中の屋久島であることは、甚だ重要なる事実である。殊に海際から直ちに山になり、人間で言ふと胴の部分を欠く故に、居民が農業を十分にすることが出来ぬ。僅かに処々の川岸に幾分の沖積土のあるのを耕すのみである。

島には二千戸一万三千人ばかりの人口が、二十ほどの部落に分れて住んで居るが、其部落は悉く海岸に沿うて、一里乃至二里の間隔を取つて列なつて居り、道路も之を連結して只一圏あるのみで、百戸二百戸の邑落は、狭い区域に甚しく密聚して居る。産業の主たる者は即ち漁で、農は勿論従、林業も今では一の副業に過ぎない。部落の構成も恐らく此生活状況に適応した者で、例へば此島の重要産物たる飛魚の如き、其漁撈作業の性質は、多人数の協力と急速の準備とを必要とするから、散在して住んで居ては互に損である。水産物として第二に重要なるは鰹節、だしに使つて汁を濁す点が土佐より劣るなどゝも云ふが、兎に角薩摩節として有名な品は、多分に此島から出る。分けても南海岸の栗生《くりふ》の産を優良として居る。其理由は尋ねたが不明であつた。或は水質の適して居る為では無いかと云ふ。

農産物の中ではカライモ（甘藷）が盛である。麦も若干は取れる。甘蔗《さたうきび》は少額であるらしい。米も大層な石垣土工をして水田を営むが、経費多くして旱の害甚しく、今年なども大に弱つて居た。

生活は全体に簡朴で、つい近頃まで二十五里の沿海道路にある大小の川に橋梁が一つも無かつた。一二の巨流に渡船があるのみで、其他は雨が降れば交通を杜絶した。二三年この方追々に橋は架かるが、まだ車輛は一切用ゐられぬ。尤も旅人と云つても島外から来る人は極めて少なく、大邑には旅籠屋もあるが宿泊人は月に二三人、皆無の月もあると云ふ。外来者は村の中のやゝ大なる民家に頼んで泊めて貰ふ。島内人民の往来には、各部落に定まつて泊めて貰ふ家があり、之をばイトコと名け、互に無料で厄介になり得るのである。

部落内の交誼は、内地の村々に比べて一段親密で、以前は縁組も他には求めなかつたさうだ。上屋久下屋久の新町村の団体よりも、一般に其各大字が共同生活の単位として活躍して居る。大字分立の結果として、教育費の負担は生活程度の割に大きい。民有林は殆ど皆各大字の共有共用である。耕地にも其所有権の部落に属する者が多く、之を生産期間各使用者に占有せしめて居る。

耕地の用益に付ては永年の不文律があるらしい。即ち毎年一定の日を期して各人が所要の土地に縄を張ると、其土地及びそれより上方若干面積の土地は、他人之を侵すことがならぬ。役場の帳簿には個人有の土地を記録してあるが、之には一向重きを置かぬらしく、林務に従事して居る或物のわかつた一島民の話に、彼は久しい間自己の所有地があることを知らなんだと云ふ。是れ全く部落民の数に比して山野が十分に豊富なることゝ、島民の主たる生業が農に非ずして漁であつた為である。然るに最近十年の不漁は誠に容易ならぬ打撃であつた。其為に多数の者が、負債も増せば貧乏もした。

屋久島に農業の発達せざりし理由は、必ずしも地形の上のみから之を説明することが出来ぬ。一方には又歴史上の原因もあつたのである。文禄中島津家が此島を種子島氏の手から収めた当時は、山からは平木《ひらき》、海からは鰹節の年々の貢納を確保する為、力めて農作の発達を阻んだ。殊には毎歳八百石の米を付与して、島民の夫食《ぶじき》とする定めであつた為に、島の米作は近年迄、古拙を極めたものであつた。稲は刈上げると海岸の岩の上に乾し、割竹の稲扱《いなこき》を以て数茎づゝ籾を落し、其籾を臼に入れて、脱稃から精白までを一続きにして居たと、数年前から来て居る林学士の話である。彼は内地より金扱《かなこぎ》を取寄せて見せたるに、島民頗る之を珍として、方々から借りに来て僅かの間に破損してしまつたと云ふ。

島民の気質は一般に単純で、先づは漁業に専念で他事を思はない。貧富の差は甚だ少なく、島外から来住者があつても此と言ふ職業が無い。医師も四人あるが、病人に資力が無く且つ民間療治が盛な為、商売にならぬと云ふ。自分は前年紅頭嶼に渡航したことがあるが、民家密聚の模様耕地台地のぐあひ、一見した所光景の相似たる点が多々あるやうに思つた。言語なども、此島の人のも解らぬことは一つで、音調に一種共通の南島式とでも名づくべきものがあるやうに感ぜられた。

殊に屋久島で珍らしく感じたことは、門の柱の必ずヘゴを用ゐること、路傍に花上げ場と云ふものゝあることなどである。花上げ場は以前は数多くあつたと云ふが、今はよほど取除けられた。路を行く人が路傍の植物の枝を採つて、跡か

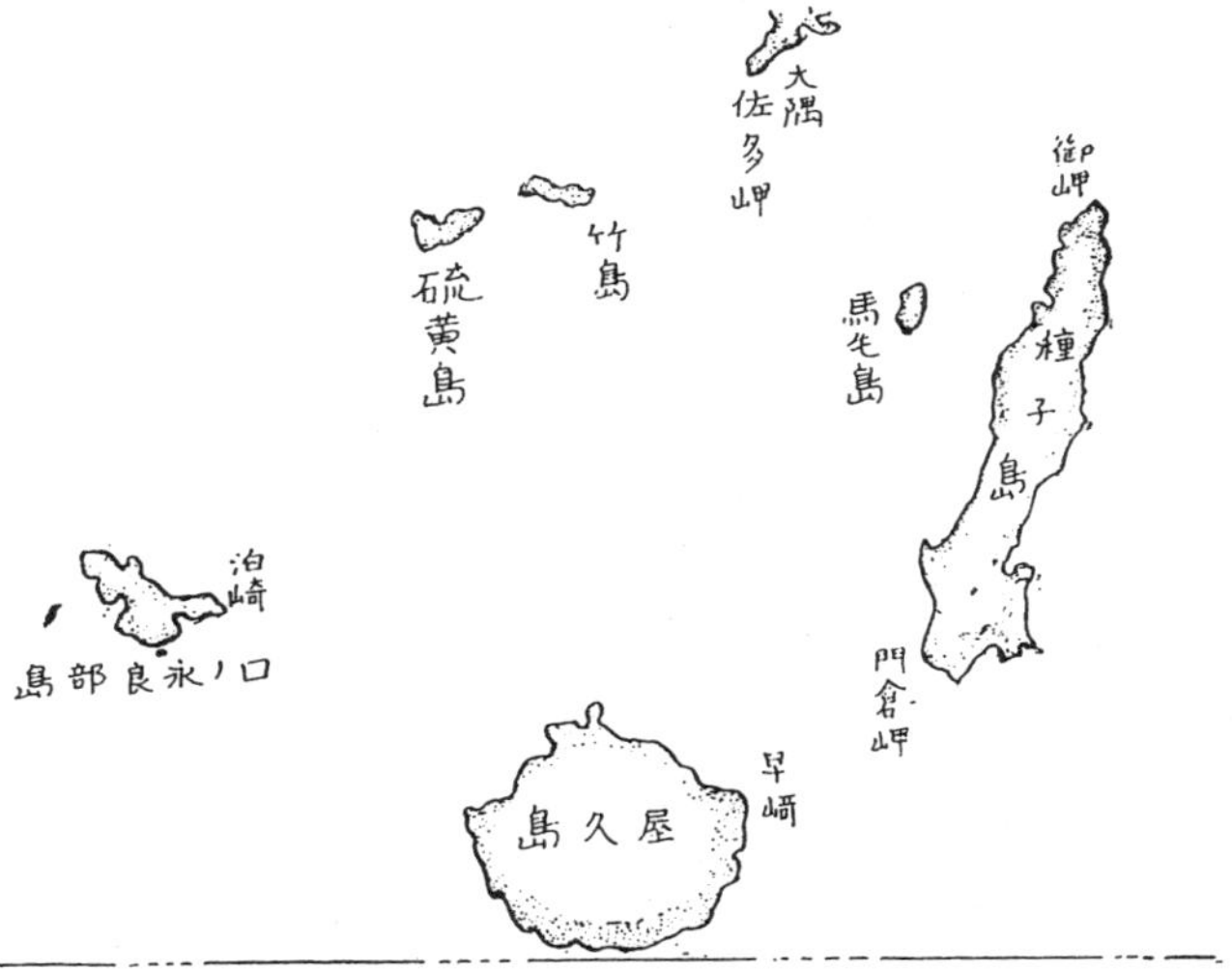
大隅佐多岬
竹島
硫黄島
馬毛島
御岬
種子島
泊崎
口ノ永良部島
門倉岬
早崎
屋久島

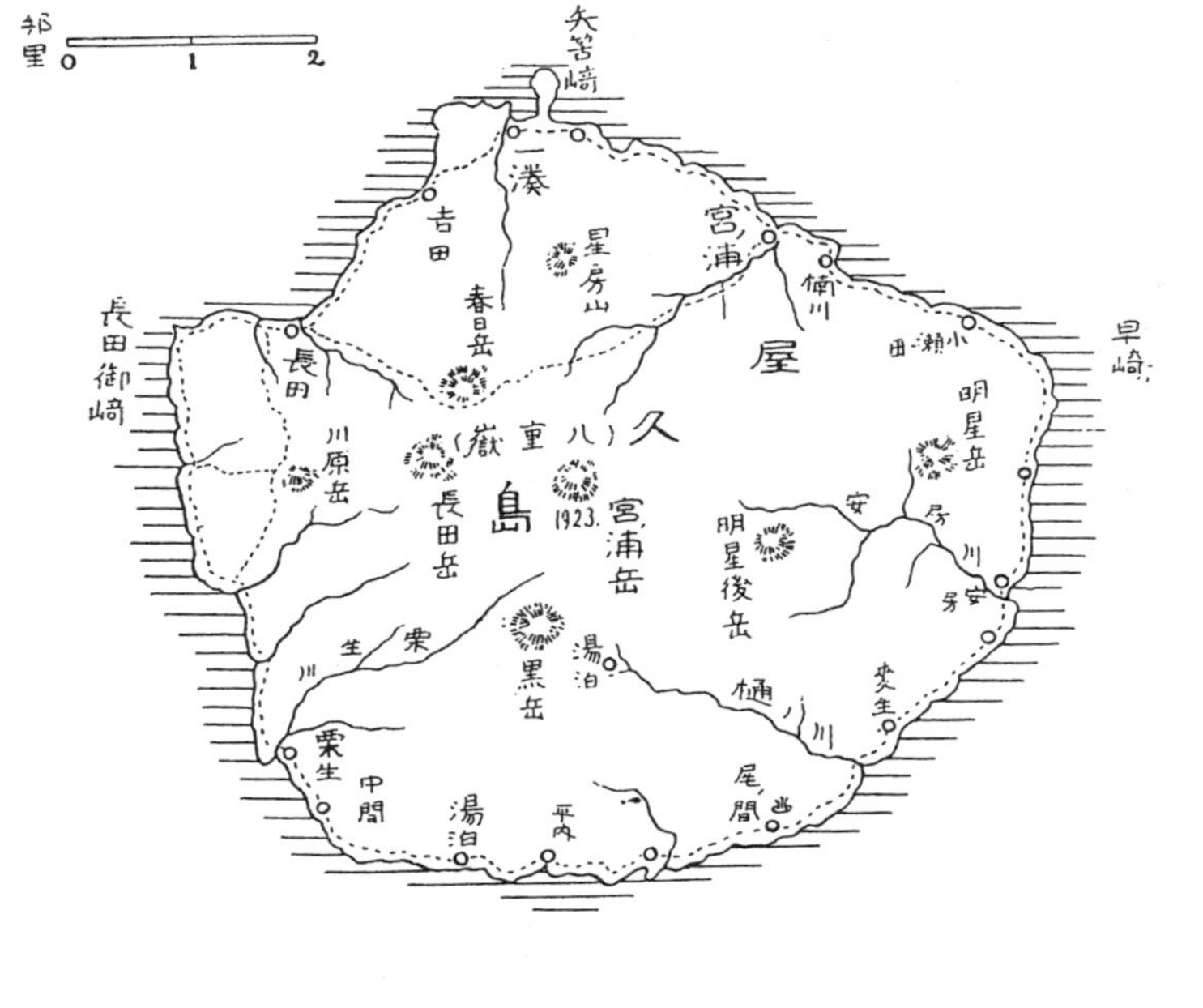
里
0 1 2
矢筈崎
一湊
吉田
宮浦
楠川
小瀬田
屋
早崎
長田御崎
長田
春日岳
明星岳
八重嶽
久
川原岳
島
長田岳
宮浦岳
1923
明星後岳
安房川
安房
湯泊
黒岳
栗生川
樋川
麦生
栗生
中間
湯泊
平内
尾間

ら〳〵積上げて行く一定の場処である。道の茂りを切広げる為に、自然に此の如く枝を折るの風習を生じたのでは無いかと云ふ。

此島などは上代より世間に知られ、島々との往来も随分盛であつたらうに、久しい間是と云ふ生活上の進歩も無くして来たと云ふことは、何か根柢の深い理由のあるべきことである。又一方には島の将来に付ても、やはり大きな問題がある。此島には五万町歩の国有林があつて、満山鬱蒼たる屋久杉の林である。夥しく鹿が棲み、今尚太古の如き自然林である。此林地の所有権に付ては未解決の懸案がある。其為に林区署でも事業に著手することが出来ず、僅かに枯損木と旧時の切株を採取して、年々二万円ほどの収入を挙げて居る。平木貢納の時代には、根から一丈二丈の所から切倒して、其株が皆残つて居る。其切口は自然に杉其他の稚樹の圃場となり、其上には立派な大木の杉の成長して居るものもあれば、稀には二代目の杉の切口に三代目の杉の成長し居るのもある、切口には径二丈以上のものも往々にしてある。

和漢三才図会などの説では、島民杉を神木として畏れて斫らざりしを、高僧如竹上人なる者あつて、山神を祀る方法を教へ、其許可を乞うて切つたと云ふが、切口に成長した木の年齢を数へて見るに、中々二百年ばかり以前の切跡に生えたと言はれぬものもあるから、此説は猶考へて見ねばならぬ。

島民の主張では、全島の森林は平木生産の為に、時の政府より下付せられたものだと云ふ。但し此訴訟が仮に勝つたとしても、大きな楽しみは無い。其要求権は夙くの昔、既に一種の資本家の手に譲渡してあるから、島の生活とは実は殆ど没交渉である。

屋久島に比べると中硫黄島は大分小さい。周回が約五里、面積にして二千町、概ね平坦の地である。屋久が全島花崗岩であると反対に、此は最も新しい凝灰岩である。島の発見は勿論小笠原島よりも遥か後で、最初の記録と云ふのが西暦一七八四年のものである。航程は小笠原の母島から九十哩にして北硫黄島、それから更に三十哩ほどを隔てゝ居る。南硫黄島は今以て無人、北硫黄島には少々の住民がある。硫黄島（サルフア、アイランド）の名も、当初レゾリユション号の船員が付与したものと云ふ。

日本側では明治二十年に、時の東京府知事高崎五六氏始めて之を巡検し、同二十四年に之を小笠原の属島と定めた。

全島山無く、中央の最高地が海抜三四七尺、勾配で言へば十分一乃至十六分の一、其平面図はほゞ琵琶の形に似て居る。島の中央なる本山《もとやま》の頂点に珊瑚の枝がある。其表面のあまり風化して居らぬのを見ても、海水を離れて久しくないことが分る。且つ其附近に波濤の彫刻した多くの痕跡があり、今尚土地は次第に隆起しつゝあるかと思はれる。

始めて此島に人の住んだのは明治二十二年、其目的は漁業であつた。翌二十三年には硫黄の採取を始めた。明治三十七年になつて農漁兼業の移住民を入れた。其数は十人足らず、翌三十八年には八戸四十一人の人口であつた。自分の渡つた大正元年の六月には三百人余と聞いたのに、其年の中に既に七十五戸三百九十七人になり、それからも追々移住して、本年は七百余人になつたと云ふ。此頃帰つて来た者の話では、既に一箇の農業部落を形づくり、役場小学校も整備し、酒屋雑貨店も出来て大きに便利になつたと云ふ。交通も凡そ之と比例して発達して居る。小笠原島への船便は明治十年には年三回、十八年に同四回、二十四年の飢饉には臨時年八回に増したが、二十六年以来定期六回となり、更に三十二年より十二回、四十三年以後は年十八回となつた。硫黄島へは三十二年に始めて年一回、四十三年から年二回、今は既に年六回になつて居る。

移住農業の主たる目的は砂糖である。地主兼村長は久保田某と云ふ東京人で、九年前に渡つた当時は棉作を試みたが失敗に終り、甘蔗の栽培は四年此方のことである。人口増加の動機は全く甘蔗の成功で、今日では既に島の四分一を畠とし、他の四分の一を燃料用地にして居り、残り四分の二は土焼けて不毛である。一昨年の観察では三百の人口で既に十分かと思つたが、それが七百人にもなつては山野は大に荒れるであらう。是が屋久島との著しい対照で、この新島の方では早そろ〳〵と地力涸渇の心配が生じて居るのである。

此島は甚しく雨が尠ない。屋久では月に三十五日は雨降りだと迄言はるゝに反し、硫黄島は低くして沢も無く、地下水も貯へられず、最も飲料水に悩んで居る。事務所などは亜鉛を以て屋根を葺き、雨水を導くやうにして之をセメントのタンクに溜めて居る。又樹木の幹に縄を結び、雨の雫が縄を伝ひ桶に溜まるやうにして置く。樹種によつて水に優劣がある。タマナの樹などは葉が堅くして立つて居るから、雨水は悉く小枝から幹に伝ふのである。

山の上には蒸汽坑がある。之に小屋を掛け湯気を屋根裏にため、人々は其中で蒸風呂に浴する。又地熱を利用して製塩業を始めて見た。セメントを以て浅い水盤を作り、海水を汲入れて放置すると、日射を助けて三十時間で結晶してしまふ。海水を汲むのに喞筒を据付けようかと計画したが、七八丁分の鉄管を買ふ資本よりは、一日五十石づゝ運ぶ人足を三十銭で雇ふ方が利益だとあつて見合せた。但し昨年頃から地熱が著しく下り、利用がしにくゝなつた。要するに此島はあまりに新しくて、生活の条件が未だ確定せぬ有様である。

郷土会第二十九回例会　大正三年十一月某日夜、子爵田中阿歌麿君の諏訪湖の研究に就いての話。写真など沢山に持つて来られて、興味の豊かな説明があつた。但し程無く出版せられんとする書物と重複する故に、之を保存しなかつた。(追記)

代々木村の今昔 (那須皓君、大正三年十二月九日夜第三十回例会)

日本の田舎で明治維新の影響を最も強く受けたものは、都会の周囲に碁布する所の村々、即ち我々が名けて郊村と呼ばんとする村々である。其原由は勿論新文明の中心に最も近かつた為で、此種の村の変遷は現在に於ては尚特例ではあるが、やがては又此例を推して、同じ時勢の潮流に乗つた爾余の村々の、未来をもトすることが出来ると思ふ。

郊村と称すべき村の範囲は、自分は左の如く限定したい。即ち村の農経営方法が、都会勢力に由つて直接に影響を受くる村、具体的に申せば、通例荷馬車荷船等の一日の往復程、東京などなら日本橋から五六里位、小都会ならば之よりも短かく、ほゞ市の半径の二倍位の、円周内に入つて来る地域、即ちチユーネンの所謂第一圏に当るものである。

郊村の特色として数ふべきものは、先づ第一には地価の高いこと。宅地及道路用地の需要と、所謂土地投機とは常に地価を高め、従つて之を購うて新たに農業を営むことを不能ならしめ、小作料は又低廉である為、自作農が土地を売つて小作農となる傾向を助長する。二つには労力に乏しいこと、是は都会の吸収が其主因である。幸に農業が小規模なればよし、年雇男などは得難いから、大きい農業は到底営まれぬ。三つには肥料の得易いこと、市中の下肥《しもごえ》、次には所謂牛乳業《ミルヒリング》圏存在の結果、農家に肥料用畜産の必要を認めない。従つて第四には農法は所謂圃作法になつて行く。尚農民の生活程度は一般に普通の村落よりも高く、人気は都会風に近く、農を賤しむの傾向がある。殊に娯楽手段の多いことは只の田舎の比では無い。是が郊村に通有の状況である。

郊村の一例として代々木《よゝぎ》村の御話をする。代々木は明治二十一年から東京府豊多摩郡代々幡《よゝはた》村の一大字になつた。代々幡村は東京市の西に当り市の端から村の中央迄約一里、渋谷・千駄ケ谷(東)・淀橋・中野(北)・和田堀内・高井戸(西)・世田ケ谷・目黒(南)の四町四村と境を接して居る。村の形はほゞ四角で、東西及び南北の対角線が約一里あり、全村の面積六百町歩の内、四百町歩が大字代々木である。此辺は一体に低い丘が起伏し、九十九谷の諺がある。字本村《ほむら》に在る八幡の山を中心として、五つの谷が放射して居る。村の中央部を略東西に甲州街道が横断し、大字幡《はた》ケ谷《や》と代々木との境をなす。爰にも街道と併行して一の谷がある。京王電車は亦此街道の上を走り、其北二三町の距離を併行して東京市の新上水が通り、街道の南には旧玉川上水が流れて居る。その一分流が村の西境から、農科大学の裏手に沿うて渋谷町へ流れて行く。村の東には所謂代々木の練兵場がある。其敷地の一部は此村の地域である。豊島《としま》御料地は之に連つて居る。山手電車は又村の東境を貫いて居り、原宿駅は亦代々木の内である。

土質は田も畠も共に第四紀古層の真黒な殖土で、疎鬆にして抱水性大に、殊に深墾作物に適して居る。田は所謂ふけ田であつて皆一毛作、ワタリと云ふ物を使はねば植ゑることの出来ぬ底知れず田も稀にはある。タゲタを履いて田に入るのは普通のことである。

二つの大字には各十の字がある。即ち幡ケ谷は本村・本村西・本村北・山谷《さんや》・中幡ケ谷・北笹塚・南笹塚・南原・北原・下町、大字代々木の方には外輪《そとわ》（御料地）・山谷《さんや》・深町・初台《はつだい》・本村・上原・富ケ谷・西原・大山・新町である。右の内千駄ケ谷に接する代々木の山谷は屋敷町となり、甲州街道に沿うた新町には町屋が軒を列ね、此二つは市街の形をなして居る。他の各字はかたの如き村落で、広い屋敷が散在して居るが、都人士は其間隙を目掛けて次第々々に入来り、小売店床屋なども又之に附いて入込み、何時と無く町形をして行く。戸口は大正三年八月の調査に代々木が一二四六戸、五四七二人、幡ケ谷が四九四戸、二二八七人、計一七四〇戸、七七五九人で、村とは云つても中以下の町よりは大きいのである。

以上は代々木の現状であるが、僅か数十年の前迄は、全然別様の面目であつた。江戸時代の終頃は、代々木は到る処樹林又は笹生地で、大木の林は中が暗く、自由に繁つた下草は、三年に一度苅るか苅らぬかであつた。

御江戸は名所、花が降る、あさましや田舎は、笹がふると云ふ歌なども行はれた。百姓家は即ち此林の間に点在し、田は水利の便あつて稍早くより開かれたが、畑はほんの飛び〳〵に林の中に在るのみで、道路狭く両側の樹木が多い為に、通行人には畑が見えなかつた。狐兎雉梟木兎多く棲み、農家にして兎網の一反ぐらゐは持たぬ者は無かつた。殊に駒場原は将軍家の鷹狩場として、度々の雉御成、鶉御成あり、権兵衛と云ふ者此が預り人で、わざと草深くしてあつた。従つて折々追剝の噂などを聞いた。

右の如き未開状態は、交通不便の為農が企業化しなかつた事が、勿論其主因ではあらうが、一つには制度の弊もあつたらしい。「武家の天下には軒下まで山になつた」とは、今上の天下には軒下まで畠になつた」とは、村の故老の言である。税が苛くて耕地なども荒れ易かつたかと思ふ。西田農学士は字本村の林地の中で、畦畔の痕跡らしい箇処を見出されたと云ふが、それは切替畑の跡かも知れぬ。兎に角嘉永二年刊行の万代江戸絵図などを見ても、今の山手線鉄道から外側は、悉皆田畠原野のみで、家と云つては今の豊島御料地附近に、井伊家の下屋敷其他二三あるばかりである。近い頃迄文化の及んで居なかつたことがよく分る。

尤も其頃は青山穏田《おんでん》原宿千駄ケ谷なども略同様で、僅かな下屋敷の外は多くは山林で、庭など作つても久しからずして山野に復したと云ふことである。明治十一二年頃までは、今の市ケ谷谷町辺に茅葺屋も水田もあつた。紀州家の屋敷であつた今の青山御所の中にすら一石蒔きの田があつた。田植には葛西《かさい》の田場所から、年頃の早乙女を召され、明治天皇親しく田植を御覧ぜられた。代々木の者も茶の頃に茶摘を仰付けられ、御前近くで「鬼ごつこ」「子を取ろ」などの遊びをして、高貴の御慰みにしたと云ふことを、此村の老人が話した。

要するに幕政時代の江戸の都会勢力は、千駄ケ谷代々木の附近で喰ひ留められて居たのである。穏田には年中蔬菜を栽培し江戸に出した者が二戸あつた。代々木では野菜はほんの小遣取りに作るばかりで、他は凡て自家用穀作の為に働いた。青物は青山四丁目の市場へ、又四谷大木戸の市へも少しは出した。車は不細工な物が僅かの金持の家にあるばかりで、馬も乏しく、他は悉く天秤棒であつた。肥料も亦此で運んだ。之を見ても当時此辺で、集約な蔬菜農を営み得なかつた事情がよく分る。市へ物を運ぶに三荷送りと云ふ方法があつた。三荷の荷を順次に途中迄運び出し、多くの足溜りを作つて小さい丁場を纏めて運ぶので、費す時間は同じでも、休息の勝手が宜しかつたと云ふ。

田は年貢が高いので作るのを喜ばなかつた。多くは市中に在る社寺の領地で、取箇《とりか》は反に一俵位のものであつたが、ふけ田の事とて年により一俵も出来ぬことがあり、陸稲を以て入れ足すことも珍しくは無かつた。而も米の吟味は甚だ八釜しく、一握の米の中に籾が三粒あるともう納まらぬ。そこで酒を添へて田を人に譲るなどと云ふ奇現象もあつた。

其頃は代々木九箇の字、百七十三戸の農家は大抵多少の地持であつて、純然たる小作人は至つて稀であつた。字上原の如きは二十三戸で、各戸約七八反の畠を耕し、只二戸だけが畠を持たなかつた。田は大概二反位、持たぬ者が三戸、山林は持たぬ者亦三戸で、其他は五畝乃至六七町迄を持つて居た。本村《ほむら》は六戸、内二戸が自作兼小作、他の四戸は自作農で、中でも二戸は数名の雇人を使ひ、他の字では見られぬ程の大農であつた。上原などは中百姓ばかりで、何れも家屋敷を所有して居たが、それでも生活はあはれなものであつた。他の字には一層ひどいものも居つた。他村からの越石《こしこく》もあつて、概して貧乏村と目せられて居た。共有地も入会山《いりあひやま》も無かつた。社地と馬棄場と水溜のみは、官民有不明ではあつたが兎に角無税地で、改租縄入の年に官地と決せられ、其後廉く払下げて貰つた。

代々木の経済革命は荷車から起つた。従来の大八車は赤樫の木で造つた重いもので、四人掛りで之を牽いた。其懸声はホイハホイ〳〵ハであつた。明治七八年から十二年頃にかけて、鉄の心棒、鉄の輪の荷車が出来、瞬く間に全国に普及し、我邦の農業史に一エポツクを作つた。此辺でも此が為に、肥料及び産物の運搬力を増したことは非常なもので、為に集約な蔬菜農法を成立たしむる素地を作つた。次に言ふべきは道路の改良である。最初は一車に二荷の肥料を積んだのが、路が良くなつてからは三荷四荷と積んだ。而も肥桶は昔は二斗入であつたのが、二斗八升入になつた。是は郊村の農業に取つては、誠に重大なる変遷であつた。此の如くにして蔬菜生産は大なる進歩をした。

尤も代々木の新農産物の最初は茶であつた。明治の初年に剣術者の斎藤弥九郎と云ふ人、字本村の下屋敷へ宇治の茶の種を取寄せ、茶の生産に著手した。其頃山岡鉄舟氏なども来て共にあらくを起し、夜は剣術の修業をして居たと云ふ。西南戦争の後、海軍中将の今井兼輔と云ふ人、字本村に四町ほどの土地を買つて茶を栽ゑた。此等が端緒で林地を茶畠に開くこと追々に流行し、世田ケ谷太子堂の辺にも及び、明治二十年頃迄は代々木は茶処の名があつた。然るに一方には日本茶の声価が外国に於て下り阪となり、更に他の一方には四囲の経済状況の変遷、即ちチユーネンの第一圏中に代々木が入つたと云ふ事実は、新に茶の後継者として有力なる蔬菜栽培を起し、今日では茶園とては殆ど無く、僅かに路傍の生垣用などに些し残るものが、盛時を語つて居るのみである。明治三十五年の統計では、代々幡全体でまだ八戸十町歩千貫目の生産があつたが、其後の六七年で又著しく減退したのである。

蔬菜園芸の始は明治十五年であらう。二十五年から三十五年迄が先づは絶頂で、いくらでも年季男を雇ひ入れ農業に精を出すと、どし〳〵金が儲かつて面白くてたまらなかつたと云ふ。是は主として青山一帯の地が市街化した影響で、茶畑は勿論、山林迄も片端から菜畠になつて、昔のやうな飛び〳〵の切開きでは無くなる。産物の種類は増加して、以前のやうな自家用品でも無ければ、独活茗荷の如き軽荷の物のみを作るにも及ばず、大根や馬鈴薯を手広く栽培することが出来た。

然るに此同じ原因が、後に又代々木の蔬菜農を衰頽せしめたのは、是非も無いことであつた。即ちチユーネンの第一圏は、交通方法の改善と共に次第に遠く拡がり、遠方の高井戸・松沢・千歳・碑文谷《ひもんや》等の村々が、代々木の競争地として盛に野菜を作るやうになつた。此の如くして農産物の市価は低下し、更に集約に基く地力の衰微、即ち土地の者の所謂作物に飽きが来て、終に代々木の大打撃となつた。

之に加ふるに市の止まざる膨脹は、夙に隣村を征服して次に代々木に臨み、明治三十四五年の頃、市街電車の開通と共に字山谷《さんや》が屋敷町となり、三十七八年には、博覧会開設の噂が始まつて地価が昂り、各地の電車は逐次に此形勢を煽つた。四十年四十一年には字外輪《そとわ》が練兵場になつた。もと其地に居た人は、多く他の字に移住し、同じ頃から市の人も入込むやうになつた。

最近の明治神宮の計画なども、亦同種に属すべき原因である。此の如くにして三十七戸の山谷が六百六十九戸、二十三戸の上原が八十七戸、六戸の本村《ほむら》は二十六戸になつた。代々木総戸数の百七十三戸は、明治二十年頃迄の事実であつたのが、三十六年には三百三十戸、日露戦後は急増して今では千四百戸以上である。幡ケ谷は三十六年に百七十三戸、今は四百九十四戸、即ち何れも最近十年の間に斯うなつたのである。

此と同時に地価も勿論騰貴した。維新前は良田一反を二分《ぶ》と言つても買手が無かつた。維新の初字本村では、二反四畝を三両に売つた人は羨まれた。即ち年貢の高く米の安かつた結果である。明治二三年の頃は、上畑が一反二両、山林は一町歩が五両であつた。地租金納の制は一種の減税であつた。其為土地の収益は増し、明治十年には田畑とも一反が十円、山林は八円位、二十年頃は田が四十円から七十円、畑が三十円から五十円、山林二十五円、二十五六年となつては田が百円、畑は却つて百二十円から二百円、山林は八十円乃至百円、三十八年には田二百円畑五六百円、山林も畑と同じであつた。拓けば直ちに畑地と同じ用をしたからである。

此頃から坪いくらの相場が出来始めた。明治二十年に反六十円のものが二十年を隔てた四十年には十倍して六百円になつた。更に地価昂騰の勢を助けたのは、明治四十年の練兵場買上げであつた。此時は畑は坪三円から十円であつた為に、それが終に通り相場になり、畑に坪七八円以下のものは無くなつた。字初台《はつだい》に寺内伯の買はれたのは坪十七円、山谷などは今は二十円以上であらう。此等は素より農地としての売買ではないから、評価法が全く従前と替り、昔は日当りは良くとも水が無いとか、又は北西に面した場合は安かつたが、今は水の不便は何とか方法を立てることゝし、高台の見晴し宜しく、下に水田を控へた場所を高く買ふやうになつた。田は一時は畑より高く売れたが、後は引続いていつも畑の価に圧倒せられて居る。

此形勢に由つて促されたものは、一般に利息で食はうとする思想と土地投機の気風である。後者は外からも入込めば内にも起つた。従つて村中に精農と云ふ者少なく、植木屋が多くなる。新宅は多く荒物屋牛乳屋となり、或は家作を持つて家主とならうとする資産家もある。利口な者は周旋屋になつ

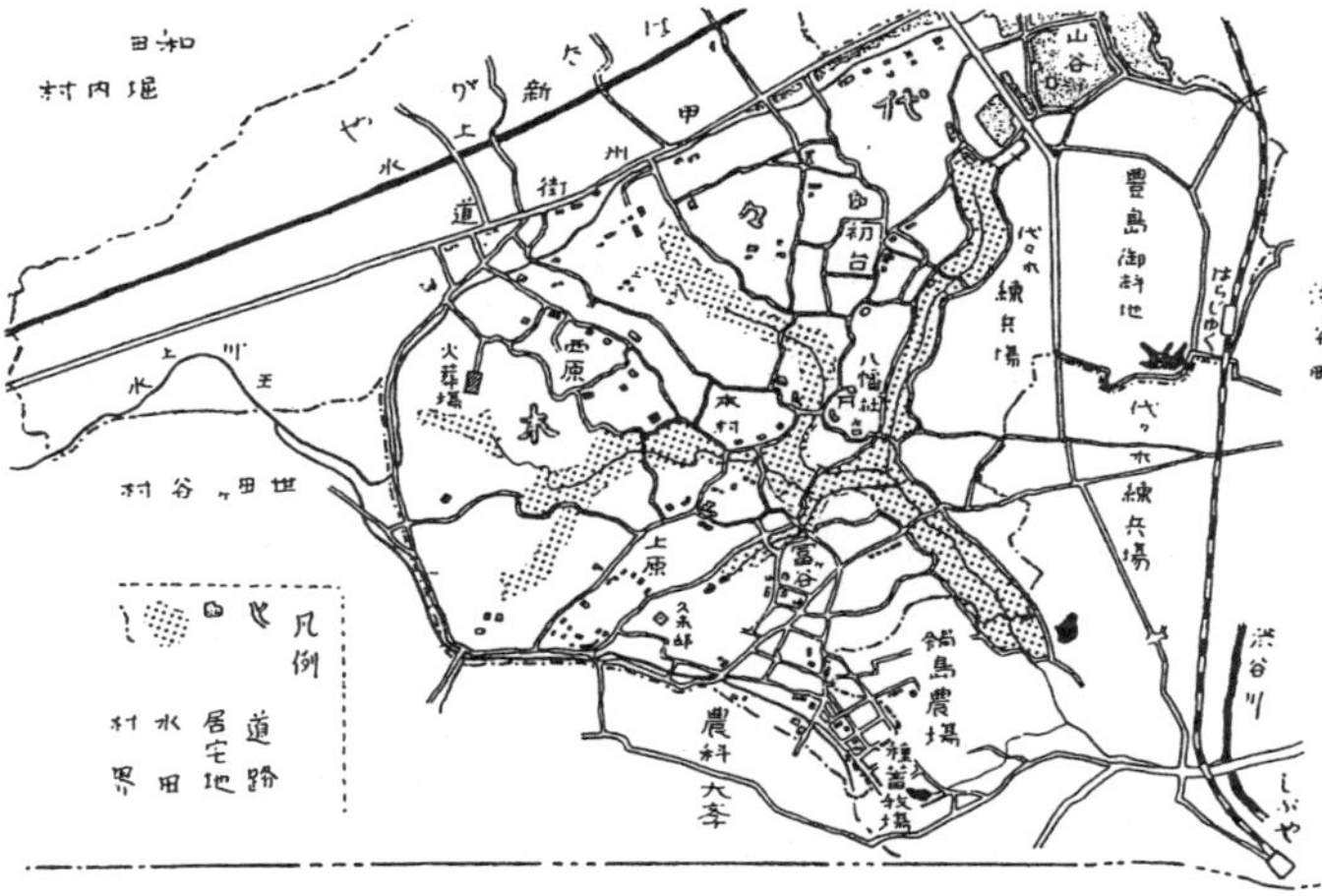

明治四二年頃ノ代々幡村圖（本圖約十六万分一）

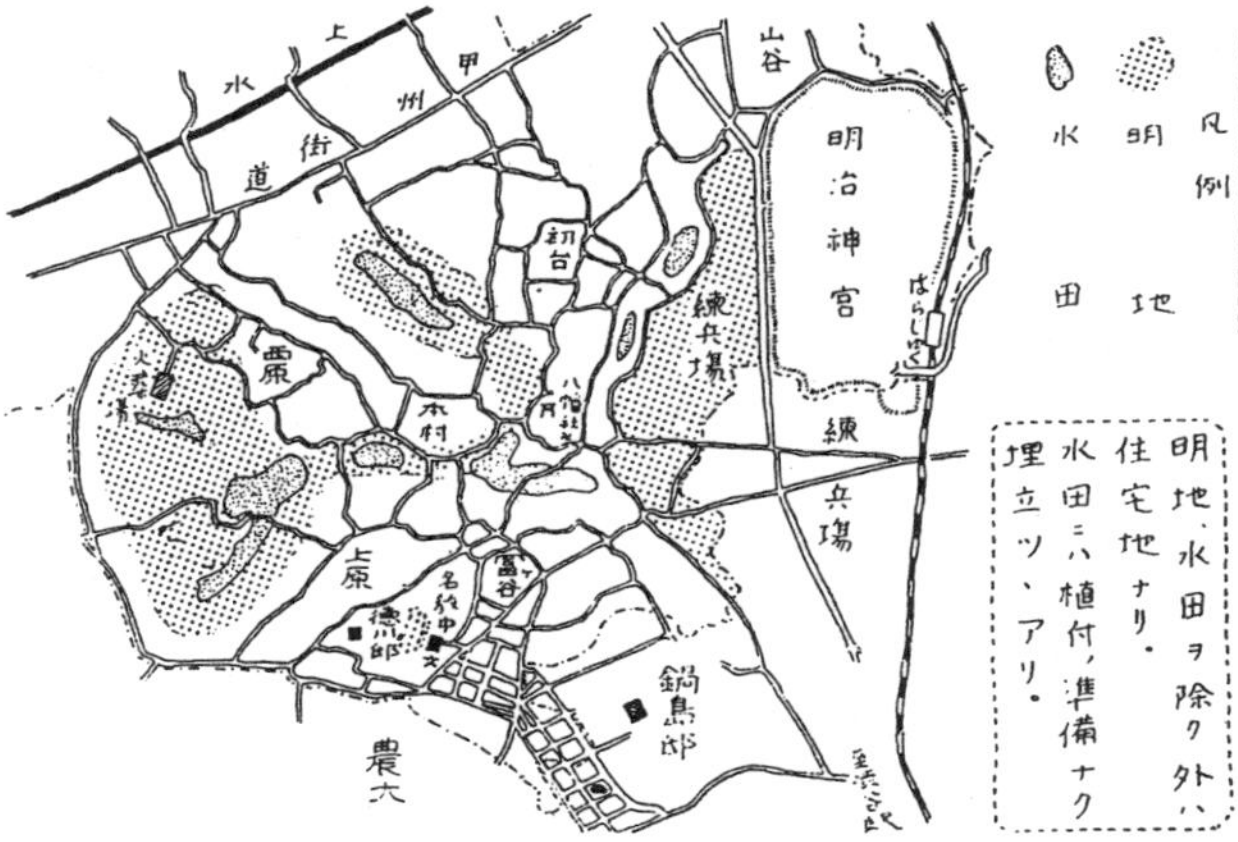

現在ノ代々木（代々幡村）

て安楽な生活をする。

殊に牛乳搾取業の増加は著しいものがある。始めて出来た明治三十三年には牛六頭であつたのが、三十八年には九箇所百九十七頭、大正二年の末には二十箇所五百七十四頭となつた。馬は二十九年の七頭が四十二年に四十二頭であまり増加せぬ。鶏は二十年頃、洋種が入つて評判であつたが、雑種になつては利益も多からず、其為に一時衰微したが、今度は真面目な者が又そろ〳〵と起つて来るやうだ。

住民の内容は僅かの間に変化した。農は明治三十九年の四百八十二戸が四十三年に二百七戸、其内植木屋のみは二戸から六十五戸に増した。工は同じ期間に二十七戸から二百十七戸、商は三十四戸から二百二十戸、庶業が十八戸から二百四十五戸になつた。此庶業二百四十五戸中には利息で食ふ者七十二戸、記者著述者十戸、技芸者八戸と不申告者五十四戸を含んで居る。

以上の変遷が村の外形に現はれたものは、林地の減少と宅地の増加である。従つて遠望が好くなつた。畑は一旦増加して又減つた。次には植木庭と苗木畑の増加である。又芝を栽培する畑がある。二三年を隔てゝ坪二十五銭位に芝を売る。全体畑の周囲に垣根を結つたのは、買手を待つ地面である。殊に田舎の特徴が少なくなつた。来住者の住宅には瓦葺が多い。在来の農家も之に倣つて瓦やトタンを用ゐ、茅葺は減少した。防風林竹籔椚《くぬぎ》の並木が無くなり、村の眺望ひろ〴〵となり、道路は大きくなつて砂利を敷き、所々に昔の山林が少しづゝ残つて居る。

民心は蔬菜時代に比べて遊んで暮したい考が強くなつた。生活程度は昇り、絹の衣類を持つ者袴を持つ者多くなり、観世よりの羽織の紐が大抵本物になつた。食物も米五分又は三分に麦稗をまぜたものが、今は概ね米飯となり、麦を入れても少々である。副食物も昔は沢庵漬を多く用ゐ、稀に芝から魚商が来て、干物位を買つて居たのが、今は毎日生魚を売りに来るのを、在来人もどん〳〵買つて食べる。

住宅は昔は四間《けん》ばりと称し、間口は随意だが奥行は必ず四間であつた。広い椽側が附いて柱なども太い厳丈なものであつたが、此頃の柱は残らず細いやにつこい物ばかり用ゐる。面白い風習は追々無くなり、夜業は近年行はれず、青年会婦人会の類もまだ起らず、無尽で建てた村の倶楽部が一つ、八幡の境内に在るが、利用する人もなく只席料を取つて貸すのみである。新来住者との間には親みが無く、彼等は一般に村の事に冷淡である。附合ひと言つては月に三銭乃至十銭の金を月番が取立てに来る、大家《たいけ》では一円二円も出す、之を消防其他区の雑費に宛てる。消防の事務には新来人は手を出さず、村でも一定の家筋のみが其任に当る。彼等は旧幕時代には公領の領民で、目黒焰硝倉番人と呼ばれた。鉄砲を預けられて報酬とては別に無く、割の悪い役であつた。以前は此外に甲州街道の伝馬《てんま》役《やく》と云ふものがあつたが、少々の賃銭は名主の手に帰するのみで、百姓へ渡つたことは無かつたと云ふ。

代々木の話後記

私が此話を郷土会でしてから、既に十年に垂んとする。此間に代々木は、十年を一昔と云ふ古語の人を欺かざることを証するやうな変り方をして居る。今日の代々木は最早純然たる郊外ではない。それは渋谷、新宿等と手を連ねて帝都に面し、之と呼吸脈搏を共にする所の大東京の一部である。田は埋められ、畑は均らされ、菜田麦圃の跡には、文化式住宅の赤屋根が連つて居る。長閑な雲雀の声や、麦の棒打ちの唄に代つたものは、乗合自働車の警笛である。昔十二鍬の腕前を誇つた村の若衆は、今や地所成金として洋服を着け、金歯を光らして、会社事業などに関係して居る。植木屋の職人が何時の間にか仕事師の頭となつた。あちこちに商店が軒を並べる。小学校が出来、幼稚園が出来る。その学童の大部分は、朝夕帝都によりて呑吐せらるゝ勤人の子供である。昔閑寂を愛して此所に移り住んだ人々は、今や漸く心の中に第二の閑地を思ふやうになつた。

渋谷附近の代々木は、鍋島侯爵家の松濤園が其農地十数万坪の区劃整理をなし、土木工事を施して貸地又は売地とした為に、急激の発展を遂げた。道路が立派で相当の家構へが揃つて居ること、此一劃の如きは、東京接続町中に於て、他にあまり類例を見ない。昔一反につき年に十円内外の小作料を収むるに過ぎなかつた畑地から、今日では一坪につき年に数円の借地料を徴する。昔からの契約で今日尚一坪につき年一円以下の処は、借地権が坪十円乃至十五円で売買される有様である。

凡て此地方又は更に此奥地に住む数万の人々の買物市場は渋谷である。箱根土地株式会社が最近に於て道玄坂中部に百軒店を設け、有名な商店の支店を招致して小奇麗な新市街を作り出した事によつて、中渋谷が此地方の中枢たる事実はいよ〳〵確かめられた。代々木と並んで世田ケ谷、駒沢方面の発展も素晴らしいものである。嘗て経営難に苦しんだ玉川電車は、今日非常な盛況である。駒場の帝大農学部が移転し、其跡に第一高等学校其他が来るに至らば、渋谷と代々木の発展は、更に一段の進捗を見るであらう。その暁にはたゞ明治神宮と代々木練兵場のみが、押し拡がる帝都を支へて、数百万の屋根瓦に囲まれつゝ、沙漠の中のオアシスのやうに残るであらう。将軍御鷹野の遺跡など云ふことは、夢の如き伝説として、郷土史の中に僅かに形骸を留むるに過ぎまい。「笹の葉が降つた」代々木には、飛行機より投げる広告ビラが降る時代となつたのである。

　参考の為に代々木最近の戸口数を左に掲げる。此十年間に戸数に於て約五倍して居る。而して寄留者の多いことは、即ち如何に他所者の来住によつて代々木が膨脹したかを語るものである。（那須皓）

代々幡町戸口数

字名	人口	戸数
大字代々木	三二・八五七	六・八四六
大字幡ケ谷	二〇・八七五	五・九七四
計	五三・七三二	一二・八二〇
内訳		
本籍あるもの	三・五八一戸	一六・一九五人
寄留	九・二三九戸	三七・五三七人

備考　本籍及び寄留は代々木及び幡ケ谷を合せた代々幡町に就いて之を見たのであるが、代々木のみに就いて見ても、寄留者は略同じ比率或はそれ以上の比率を示すかと思はる。

郷土会第三十一回　大正四年二月十日第二水曜の夕開催。会者十七人。当番の柳田は「俚謡集を読む」と云ふ題で、農家行事に関する風習の話をした。問題に富み解決に貧なる論弁であつたから、其筆記を保存しなかつた。

（第三十二、三回、記事欠）

郷土会第三十四回　五月十二日夕之を開く。有馬頼寧君の「汐入村の話」を一同大なる興味を以て傾聴した。隅田川三叉の西岸に在る卑湿の農部落であつたが、郊外工場発展の影響を受けて、著しい経済上の変化を見たと云ふので、那須君の「代々木村の話」と同趣異曲の好話題である。

汐入村の変遷（有馬頼寧君）

　那須君が報告せられた代々木の野方《のがた》部落に比べると、同じ東京の郊外農村でも、汐入《しほいり》村は丸で趣を異にして居る。汐入村は所謂隅田川の三叉《みつまた》、即ち綾瀬川の落合に対する右岸の突端に、僅かな田地を持つた、其名の現はす如き一部落である。自分は四歳の年から、浅草橋場町に住んで居たから、此辺は少年の頃の遊び場で、夏はよく蛍などを捕りに往つた。其時分の汐入村は最早全く之を見ることが出来ぬ。二十年足らずの中によく〳〵変つてしまつた。此後も尚変るであらうと思ふ。

汐入は現今は東京府北豊島郡南千住町大字地方《ぢかた》橋場の一区である。新編風土記稿にも一村として挙げては無い。多分は橋場村の内で、同村の小字槐入、「北の方を荒川村と云ふ、此所民戸連住せり」とあるのが、汐入のことであらう。橋場と云ふ村の名は、既に天文十九年の朱印に見えて居り、正保元禄の地図に村名がある。荒川の架橋の地で、即ち東北への通路であつたらしい。江戸の拡張に伴ひ、町並の地は追々に市街に編入せられたが、明治九年の改租の時までは、内沼・玄蕃沼・堤根・砂尾堤先・塩入・石橋・真先《まつさき》・元宿の八耕地があつた。地番一定の後は、耕地の名目は廃せられたけれども、塩入耕地だけは部落の存する為に、俗称汐入として残つて居る。十一年の行政区劃改定の時は、地方橋場は地方今戸町、地方山谷《さんや》町と聯合して、一戸長役場を設け、北豊島郡に編せられたが、二十二年の市町村制施行の際には、音無川(一名石神井《しやくじゐ》川)の末流、俚称二番用水路以南の地を割いて東京市に入れ、其以北の、当時田畠多く人家の少なかつた部分ばかりを以て、南千住町の一大字をなしたのである。

南千住は旧称千住南組、千住大橋の南詰を中心として、繁盛なる一区劃であつた。川岸には木材薪炭酒類米穀等の問屋《とんや》立並んで、所謂川越船の船著であつた。川岸に接して中宿《なかじゆく》と云ふ部分には、小売商人が住んで居り、三ツ角から南は即ち下宿で、遊廓の地である。但し今日に比べると殆ど言ふに足らぬもので、橋から下宿の外端《はづれ》までは僅か五六町、幅なら一町内外の場所で、両側の町裏には土著の農戸が散在し、若干の労働者小作人などが之に交つて住んで居た。又下宿から南へ山谷の人家まで、凡そ八町ほどは田圃路であつて、之を浅草街道又は縄手街道と称へた。其中間に涙橋があつた。如何なる極悪の徒でも、護送せられて此橋を渡る時は、皆涙を流したと云ふ。小塚原《こつかつぱら》の刑場は即ち此縄手に接して居たので、路傍に梟示場があり、火葬場が又近く其後方にあつた。一帯の水田の間に目に触るゝものとては両国回向院《ゑかうゐん》の下屋敷と題目堂(今の法華庵)と、涙橋の際に餌蒔茶屋が一戸あるのみで、其他には数個の非人小屋と、罪人を供養した千人塚万人塚など云ふ石碑が、此所彼所に立つて居り、如何にも蕭然たる光景であつた。

今の南千住町の地が、右の如き状態から、僅かな年数の間に開けて来たのには、極めて顕著なる原因があつた。就中主要なる事由は前後四つあつて、其が自ら此町の発達史の、四つの時期を成して居る。其第一は明治十年の千住製絨所の設置である。廃藩置県と共に、陸羽街道の要衝であつた此駅も、人馬の往来が頓に減少したに由つて、有志者は協議して土地の衰頽を快復せんと企て、明治九年に大久保卿等の製絨所設置の計画を聞くや、王子の村などは一反二百円でなければ売らぬと云ふ所へ、一反三十円といふ地価で荒川の岸に敷地を提供し、終に其工場を千住に設置させ、事務員職工出入商人などが多く来て住むやうになつた。

第二期は明治二十年の火葬場廃止である。此も土地の者が奔走して火葬場を今の日暮里の地に移させ、更に刑場跡地を改良して土地を浄め、翌年の四月には盛大な千僧供養を挙行した。其結果俗に睨み田などゝ称して、耕作をさへ厭うて居た土地が、どし〳〵埋め立てられて立派な宅地になつた。

第三期は明治二十七年、日本鉄道の隅田川駅開設である。水陸輸送の連絡を取る為に、日鉄では前年から尾久《をぐ》三河島附近で土地を買収せんとしたが、値段が折合はず行悩んで居たのを、橋場方面開発の目的を以て有志家が尽力し、今の停車場の地の買収を見るに至り、翌二十八年には更に常磐線が開通し、南千住駅が出来た為に、愈々此附近が賑かな場処になつた。

第四期は即ち明治三十九年の東京紡績会社設立である。此工場の完成したのは明治四十二年で、二千六百人の職工が入つて居る。之と前後して東京毛織会社などの工場が出来た。何れも隅田川駅の構内と、汐入部落との中間の、低湿の地を利用したもので、其埋立用の土を取つた跡地には、大きな養魚場なども出来た。

此間に於て、諸方から南千住町へ入込んだ民家の数は、実に目覚しいものであつた。併し片隅の汐入部落が受けた所の影響は、全く一種別様のものである。汐入へ行く路は、以前から只二筋であつた。南千住から荒川に沿うて行く路と、今一つは橋場から石浜神社の側を過ぎ、汐入橋を渡つて上る路で、此方が本道であつたが、東紡工場の設立の為に潰され、今では其敷地に附いて左へ迂曲した路が出来た。又対岸の鐘《かね》淵《ふち》へ渡る汐入の渡、此は鐘淵紡績の出来た当時、此に通ふ一百人余の女工の為に新たに開かれた渡し場である。此渡の出来る迄は汐入は実際袋の底のやうな土地で、世間との交渉の至つて少ない村であつた。唯一つ此村の歴史として珍らしいのは鶴の飼付場であつたことで、三代将軍以来、毎年暮近くなると鶴御成《つるおなり》と称して、御鷹狩があつた。本町の加藤藤兵衛、鈴木鉄三郎などゝ云ふ人の家は、鶴の飼付役であつて、常に餌蒔をして鶴を馴らして置くのが其任務であつた。今となつて回顧して見ると、夢のやうな昔語りである。

汐入は四百余年前の開発であると云ふ。当初高田嘉左衛門と云ふ者、同七兵衛竹内庄兵衛及び杉本佐右衛門の三人と共に来て住んだ。明治七八年の頃は戸数二十戸、現在は二十九戸百五十人、是を南千住全体の戸口が、明治二十二年の千八百戸九千人から、同四十四年の六千五百戸二万二千人に激増したのに比べると、誠に奇なる現象である。右の二十九戸になつたのも、悉く分家の結果で、他から入込んだ者は一戸も無い。苗字も前述の高田竹内杉本の三つに限られ、偶々浅井矢島鈴木などゝ云ふものは、何れも徴兵の都合上、他村の家名を継いだ迄である。この現象は村の耕地の年々の縮小と、村民が農業を持続して居る事実とから、其一面を説明することが出来る。農家戸数は町全体で僅かに四十八しか無いが、其の内の二十九戸迄が汐入部落である。

耕地反別の増減は、旧幕時代に於ては上納物の俵数を以て呼んで居た故に、比較が出来ぬ。維新の際迄も同様であるが、当時二十一戸の農家で、一町歩以上を耕す者が五戸、他は一町以下二三反以上であつたと云へば、略大数を窺ふことが出来る。明治十三年には始めて土地面積の数字がある。田が三十町五反余、畠が六町余、宅地一町四反余、計三十八町と些しであつた。同十九年は総地積に於て僅かに九反弱を増して居る。一町歩以上の地主が十七戸、一町未満が七戸であつた。二十六年に日本鉄道が始めて土地買収をやつた時には、田畠合せて五町余の地主が三戸、三町余の者が二戸、五反以下の者が三戸、他の二十一戸は何れも一町歩内外の地主であつたと云ふから、其頃迄は大凡昔のまゝの耕地積であつたのである。それが大正の今日になると五反内外を所有する者が僅かに四戸、他は悉く三反内外の地主で、部落内の田畠は総体で三町程しか無い。

地価の騰貴も土地需要の増加に比例して居る。明治九年の製絨所の買上相場は、前申す通りの一反三十円で、最高の部が五十円であつた。二十年頃には既に一反百円乃至百二十円になつた。二十六年の日鉄の買収には、第一回田三百円畠四百五十円、第二回は田が一反四百二十五円平均、第三回には田一反五百円で、前後三回に二十六町歩余を買入れた。二十九年には日本石油会社で四町歩を買つたが、其相場は不明、三十九年の十二月に東京紡績が十六町歩を買つた際は、田が坪四円畠が五円、即ち一反に直して千二百円と千五百円である。同じ頃毛織物会社の二万五千坪の買入は更に一段と高価で、田が五円、畠は七円五十銭即ち一反二千二百五十円について居る。現今の評価は工場敷地が坪十五円、汐入の耕地は畠が一反二千円田が千五百円の見当であるが、売手も無ければ買手も無い。それと言ふのが現在の尼崎紡績会社即ち元の東京紡績の裏手から、毛織物会社の裏手へ掛けての東西線から北は、河川法の規定に依つて埋立は勿論建築物さへも許可せられぬ為、之を買入れても工場にすることが出来ぬのと、売主の方では将来五六年の後には、隅田川の放水路が完成して水利も改良せられたら、工場が盛に起り得るものと見越して、今の相場では一切手放さうとせぬからで、つまりは村民が裕福になつた為に、之を換価するの必要を見ぬのである。

前述の如き変遷を経て、明治二十六年の日本鉄道の土地買収の時まで三十八町歩余あつた汐入村の耕地は、終に三町歩余に減少してしまつた。部落の内の土地のみで農業の生活が出来なくなつたのは勿論である。其代りには他町村に土地を所有して、其収入で生活する者が段々多くなつた。現在汐入で他町村の土地を有する者が十一戸あつて、対岸南葛飾郡の田十八町余は此村の持である。此外に東京市内に宅地を有する者四戸、計五千二百坪余、南足立郡其他の宅地畑地を所有する者も尚若干ある。

汐入村の農業は、以前とてもさまで盛大なものでなかつた。田は所謂汐入であつて水害が多く、而も古来堤外と称して用水路が具はらず、旱の年には水車で川の水を汲上げた。稲は概ね早稲を作つて、満足に五俵も穫れる年は三年に一度位で、五六月頃に出水があれば収穫皆無、八九月の水なら悪い米が二俵か三俵穫れるばかりで、勿論裏作は無かつた。今日ではそれも住民飯米の半分にも足らず、又売つても売れぬやうな米が多かつた。

之に比べると畠作の方は稍仕事が多く、一年に三回も輪作をして、雇人はせぬ迄も、一家の労力は充分に利用して居る家がある。作物は二年子大根が主たるもので、此は反八十円の収穫を挙げる者もある。又秋の出水の後に小松菜京菜などを播いて、翌年の四五月頃に収穫し、それから大豆小豆なども少しづゝ作るが、何れも自家用が主であつて売る物は少ない。野菜類の送り先は初期には千住の市場、盛になると浜町・一ツ目・竹町などへも出して売る。

副業としては昔から胡粉《ごふん》の製造を遣つて居た。此辺一帯に地下には沢山の蠣殻があつた。明治二十四五年頃迄は往来に山のやうに、掘上げて積んだのを見たものであつた。胡粉製造業はこの手近の原料に拠つて起つたので、盛の頃には全村挙つて之に従事して居たが、今では原料が漸く尽きて、綾瀬川沿岸の南葛飾郡谷中、或は遠く千葉県の船橋などから、買入れるやうになつた為に、産額も減ずれば製造戸数も僅かに九戸となり、以前は一戸一年に十二貫目俵二百五十俵位造つたものが、現今は七十俵内外しか出来ぬやうになつた。其代価は明治三十年頃は一俵一円、今では二円五十銭位、一日一人の製造力は約六貫目である。

漁業の収入に至つては年総額百五十円位しかない。此外に大川の土を取つて売る者が二戸、此は農家の片手間仕事に、手舟を持つて居て遣るので、一艘の土が二円位に売れる。部落の東側大川の沿岸には、共有財産として一町一畝二十五歩の蘆生地《あしおひち》がある。毎年約二百人の刈取人夫を使つて此蘆を刈り、六十円ばかりの収入を挙げる。其人夫は皆汐入の住民を

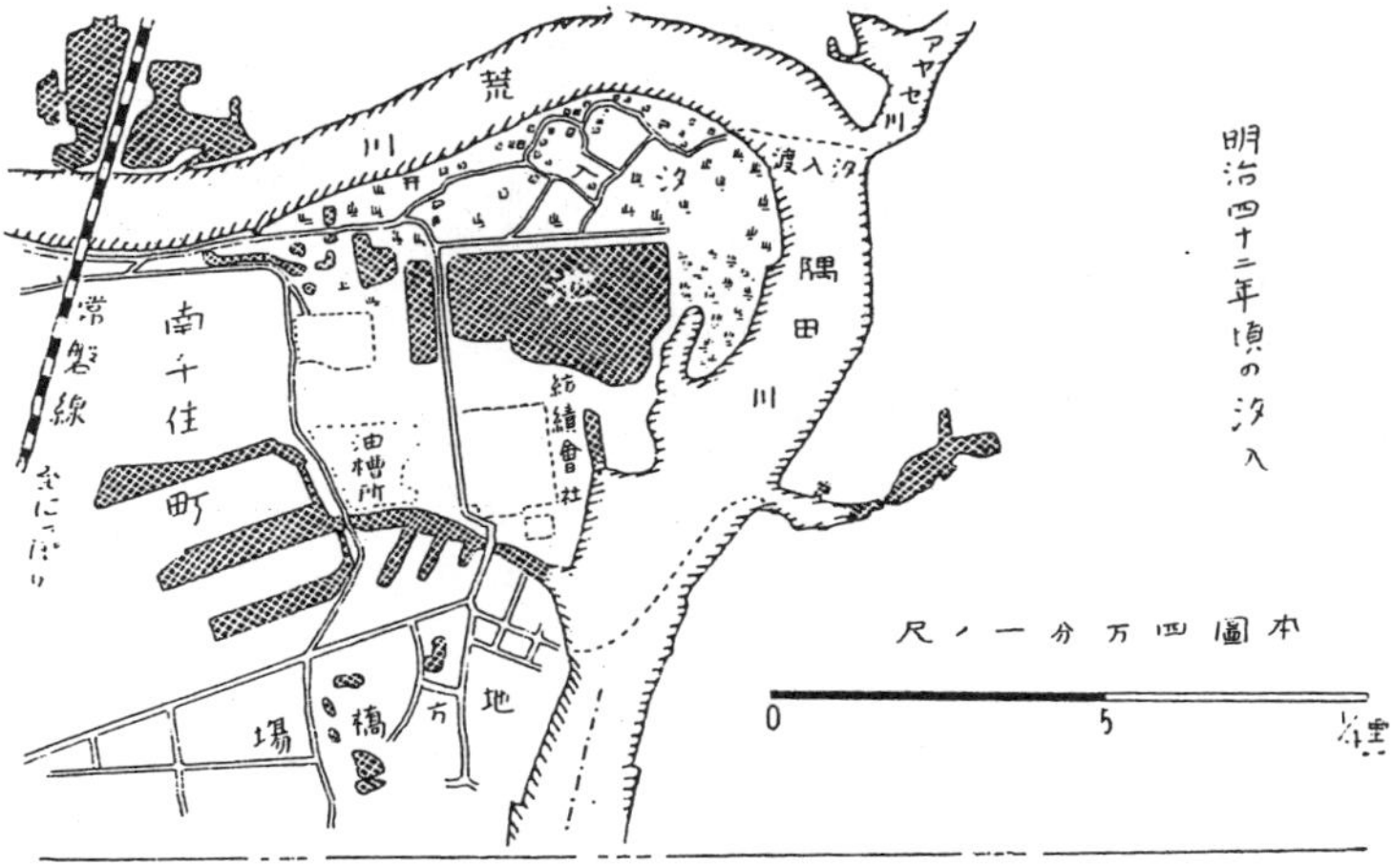

明治四十二年頃の汐入

大正一三年ノ汐入

凡例

耕地

人家

堀

芦洲

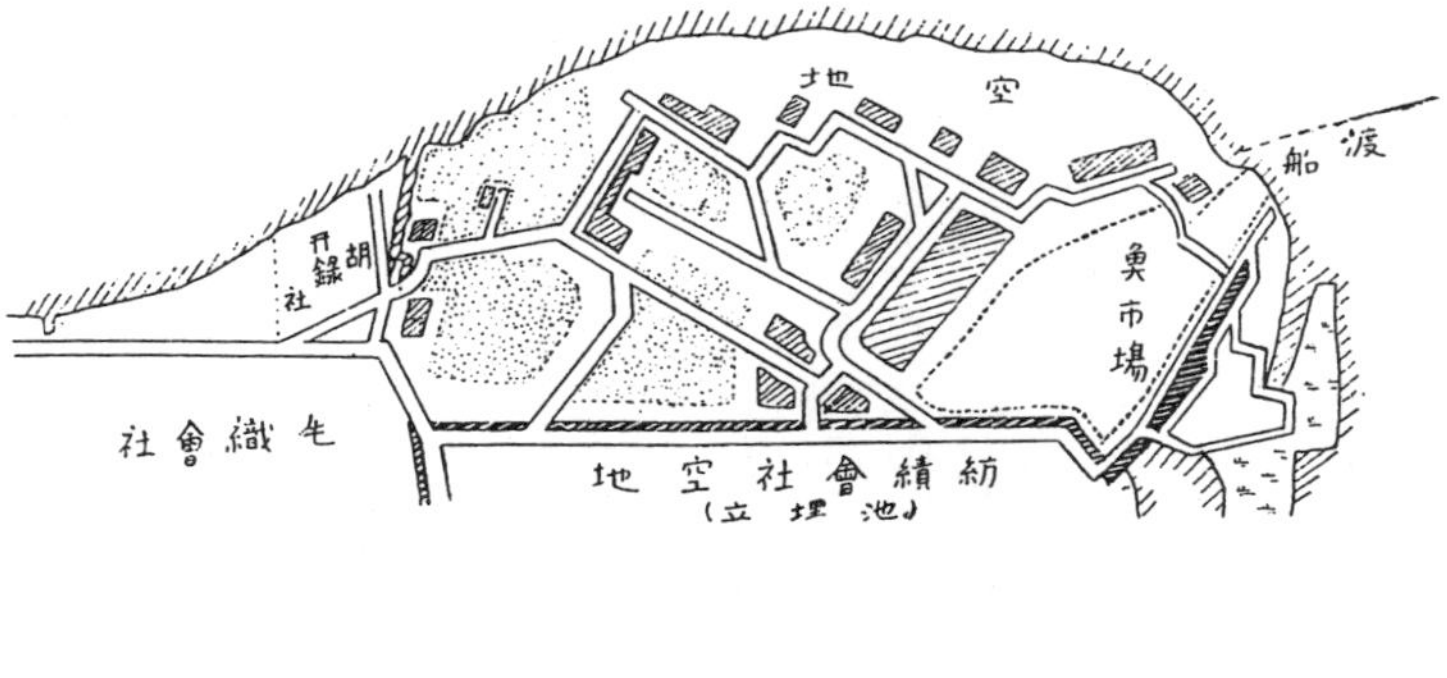

使ひ、六十円の中から税金を納め、其他を一同に分配する。僅かであるが此も定まつた収入の一つである。

尚住民個々の生活に就て言へば、この三四十年の間に全体に富裕になつたことは確かである。此は必しも四囲の状況の好影響ばかりで無く、彼等の勤勉努力は先づ其素因を為して居る。維新の頃迄は、汐入は小作の多い一寒村であつた。僅かに胡粉の副業を以て生活を補充すると云ふ者が大部分で、自作の農家は三四戸に過ぎなかつた。それが次第々々に土地を所有するやうになつて、明治二十五六年には三町歩以上の地主五戸の外に、一町以下の小地主が二十余戸に及び、其内小作農を兼ねる者が僅かに三戸、家と宅地ばかりを所有して胡粉業に従事する者が二戸であつた。

地価の大昂騰は、実に右の如き土地分配状態の下に発現したのである。従つて大小の地主たちは、それぐ〱其財産の自然の増加を見ることが出来た。現今の評定では三十万円以上の資産家が一戸、七八万円内外のものが五戸、他の二十戸余は何れも一万円内外で、最貧の者は只の二三戸である。それ故に附近の大変遷にも拘らず、旧に依つてこの水浜低湿の地に安住し、成るべく昔に近い生活を持続せんとして居るのである。此から先は更にどう変遷して行くであらうか。我々は深い興味を以て、観察を続けて行きたいと思うて居る。

汐入は四百年前の土著と云ふに拘らず、やはり此辺相応の一二の伝説を持つて居る。鐘ケ淵へ越える新渡船場の附近には、頼朝公の馬繋松があつた。径三尺の大木であつたが数年前に枯れてしまつた。村の草分《くさわけ》高田万五郎と云ふ人の家には、古い馬具を持伝へて居た。農家に馬具などを置くと不吉があると云ふことで、先々代笠右衛門の時に、箱に納めて之を水田の底深く埋めたと云ふ。又同じ家には、今でも車長持と云ふ物がある。其中に祖先以来の大小二刀が蔵してあつた。此も屢夜分に異様の物音を立てたりなどした為に、大きい方は潜かに石浜神社へ奉納したと言つて、残つて居るのは小刀ばかりである。

村の鎮守は胡録《ころく》神社と言つて、村の西北部に宮がある。以前の名は第六天様であつた。社掌は石浜神社の神官が兼ねて居る。寺は部落内には一箇寺も無く、住民は橋場の総泉寺・法源寺、或は千住辺の寺を菩提所にして居る。菴と云ふものが唯一宇あつて、此に堂守の僧を置き、其入費は各戸で負担して居る。以前は此菴で子供に手習など教へた。村内を四戸又は五戸の数組に分ち、各組内で親類同様の交際をする風習は昔からあつた。吉凶の大事を始とし、井戸を掘るにも屋根を葺くにも、常に組の者が互に来て助けること、今日でも尚昔の通りである。

最近の汐入部落

汐入村は更に此講話から後の十年間に、又著しく変遷した筈であるが、多忙なる有馬氏に再び調査を乞ふことは難しいから、地図其他で本書の編輯を手伝つてくれられた早川孝太郎君を頼み、大正十三年も暮に迫つてから、汐入の住人で南千住町役場に勤務する野手寿氏の援助の下に、実地に就て是だけの事を調べてもらつた。

南千住町大字地方橋場字汐入の現住戸数は約百八十戸である。南に隣接する石橋耕地と合せて、二百六十戸と算へられて居る。以前からのこの土地の住民は現在二十八戸、汐入の草分けと云ふ四軒の旧家の内、三戸は既に移転若くは没落し、今は胡録神社の脇に住む高田万五郎氏のみとなつてしまつた。

現在の耕地は畠が約二町歩、其外に水田が五六反あるが、昨年（大正十二年）からすべて蓮を栽ゑて、もう米は作らぬ。畠には冬季から春にかけて大根を作る。殆ど全部が大根畠で、その荒川に接した部分には、蘆を苅つて来て風除けを作りめぐらしてある。もとは藁を用ゐたものであつたが、藁が無くなつたので蘆を代用することになつたと云ふ。夏向は多く穂紫蘇を作る。其他には玉蜀黍や豆の類、又は白瓜茄子などである。殊に穂紫蘇は以前からの汐入の名産で、刺身のつまとして、東京の料理屋などへ行く物である。

汐入の戸数の急激に増加したのは、大正十二年の震災以後である。殊に村の南の部分にバラック魚市場が出来たので、今年（十三年）に入つて急に増加したのである。

在来の住民は今尚耕作を営んで居る。新移住者には、魚市場に関係する者が最も多く、紡績会社へ出て居る者が少々で、其他は不明である。商家と名づくべきものは現在でも殆ど無い。雑貨店があるが至つて微々たるものである。

耕地を宅地として貸付けようとする者は次第に多くなるやうであるが、現在は格別希望者も無いと云ふ話である。併し地代は相当に高く、坪一ケ月二十五銭から三十銭位の相場と謂ふ。それで尚百姓をして居るのは、殊に老人などは耕地の少なくなることを好まず、金が出来ると遣ふことを覚える、それよりも農業がいゝと謂ふ心持から之を止めぬのであると云ふ。

農家の構へは何れも頑丈で、屋敷は耕地と耕地との間石垣などで地形《ぢぎやう》を高くし、入口の空地に松などを栽ゑて、一見楽な生活の様に見える。井戸は皆家の前面に在り、水質はよろしいさうである。胡録神社は震災に破損し今

ちゃうど修繕に着手して居るが、一般の民家は此辺は思ひの外被害が少なかつた。（柳田）

郷土会第三十五回例会　六月九日の雨の夕に之を開く。阪部保治君の「居宅と迷信」と題する話があつた。

桜島罹災民の新部落（新渡戸博士、大正四年十月二十日夜、第三十六回例会）

此夏鹿児島へ旅行した序に、兼々見たいと思つて居た桜島罹災民の移住地を見物することが出来た。それも忙しかつたので、宮崎県の小林と云ふ町に近い部落をたつた一箇所、僅か一日だけの視察であつたが、其話をして見ようと思ふ。

之に先つて一言桜島の方のことを言ふ必要がある。桜島は今度の噴火前、三千百五十五戸の住民があつた。其中で西桜島村が二千戸ばかり、他は東桜島村で、二箇村から成つて居る。この三千有余の民家の以前の生業は殆ど純農であつた。島の西側に七十戸ほどの漁業部落が唯一つあつただけである。島の産物年額六十万円の内、金高の順序で申せば麦が十四万円・砂糖が八万四千円・甘藷《からいも》が七万七千円・名物の大根が六万六千円・煙草が六万四千円・其他に粟蔬菜などが些しあるが、共に二万円を越えず、殊に米は所謂ノイネ即ち陸稲が一万五千円ほどあるばかりであつた。

島の産物の過半、即ち金にして三十五万円ほどは、島外に販売せられ、島民は麦粟甘藷などを常食にして居つた。彼等の特性として挙げられて居たことは、第一に粗食に耐へ生活程度の低いこと、第二には勤勉と云ふことであつた。気候が良くて土地利用の便宜が多い所からでもあらう、島民のよく働くことは有名なものであつた。次に感心なのは祖先を大切にする風習で、暇さへあれば墓地に往つて草を採り、石碑の曲つて居るのを直し、競うて墓地を奇麗にする。唯一つよくない外評は、彼等は虚言を言ふと云ふことであつた。此等の事は皆後の話に入用な事柄である。

噴火の惨害は大きいものであつた。全島悉く噴出物の下になり、今でも処々煙が出て居り、ラバは今も流れつゝある。併し幸に住民は皆遁げることができた。騒ぎが些し落付いてからは、五人三人づゝ追々に還つて来て、今日では家の残つて居るものは勿論、二尺三尺の灰を被つた場所でも、辛苦して其灰を取除けて、再び故地に来往する者が少なくない。この土地に対する愛著心は、乃ちかの祖先愛慕の情と相関聯するものかと思はれる。

罹災民の救済に就ては、色々の方策が案出せられたが、殊に移住を以て第一の事業とし、現在の県知事は、特に久しい拓植行政の実験があるので、転任して来たのだと云ふことである。移民の準備としては各地方に適当なる土地を選定して、追々にそれへ島民を送つた。其総計が既に千戸である。土地は主として官有地の下付を受けた。小さいので二十戸、大きいのは百戸内外迄で、自分の見た小林附近のは、ちやうど見本として頃合な中位の部落であつた。

当局の話を聞くと、如何なる村方でも、未だ曾て移民排斥をしなかつたものは無いさうである。只の一箇所でも、不幸なる罹災者に款待の意を表した村は無かつたと云ふ。而して其真の動機はやはり経済上のものらしい。即ち従来下草下枝採取の慣行が存した林地を、新たに他所の者に占有せられるのは、直接に各自の利益に関するので、之を欲しなかつた為であるらしいが、表面上は桜島の者は虚言を吐《つ》くとか、手癖が悪いとか云ふを以て苦情の理由とした。それにも或程度迄の根拠はあつたかも知れぬが、兎に角同胞の困難を考の中に入れぬのはひどいと思つた。第二の排斥理由としては、桜島の者は粗食に耐へてよく働くから、斯る隣人を新に得て圧迫せられるのを好まぬとも云うたさうだが、此などは近年我出稼人に対する米国人の態度と、全然同一の苦情であるのを奇とすべきである。

さて此等の排斥も結局どうにか納まり、次には移民を輸送する為に鉄道院の援助を必要とした。即ち乗客賃金の割引、動産運賃全免等の特典が与へられた。県庁では又十ケ月乃至十二ケ月の食費の給与をした。一人に付一日八銭、老幼は七銭の割で、金員を以て給したのである。此外に小屋掛料として、木材供給の難易に応じ、十二円乃至十五円をやり、更に四円乃至五円の農具又は農具料を与へた。移住地の指定に就ては、親族関係其他当人の希望を或程度迄参酌したが、其外に行政庁の指定に従はず、勝手に来て居を定むるものもあつて、之を自由移住と呼んで居る。地積の割合に戸数の多い部落などは、一部分この自由移住の来り加はつた結果である。

自分の訪問した新部落は、霧島山彙の夷守嶽《ひなもりだけ》（海抜四千尺）の麓にある官林で、小林停車場に近く、また宮崎種馬所の用地に接した、東北面の緩斜地である。水利に乏しく、雨季以外は飲水すら十分で無い位だから、稲作には適しない。黒い火山灰の地で、地味も良好とは言はれぬ。これへ最初五十戸を入れた。作物は粟大豆麦甘藷などで、官林を伐採した根株の間に作るのだから、穀なら反に五斗、甘藷で三百貫ほどより取れぬ。村は竪に通つた二筋の道路を以て、東中西の三区に分たれ、各区の地を道路と直角に分割して居る。村の上の方で流水を取込み、道路に沿うて筧を以て之を各区の中央に引き、家用水に供して居り、其傍には又共同浴場がある。

宅地は一戸分が一反と五畝、野菜等は無論其中で栽培する。最初の指定移住は東十三中十六西十四、之に自由移住が加はつて今では東二十一西二二十になつて居る。店屋は東西二区に各一つ、酒醬油味噌塩煙草菓子などを売つて居る。民家は多くは十五円の小屋掛料の範囲内で建てたのであるが、他の地方で三十円四十円を掛けたものと同じ位によく見える。それと云ふのが、此地はもと官林の伐木跡地で、附近に製材所などもあり、木片《こつぱ》などはいくらも落散つて居るから之を利用した結果である（他の地方の十五円の小屋と云ふのは頗るひどいものである）。

家の構造は大抵二間《ま》と土間《どま》との三つに区劃し、土間を臼庭と謂ひ、奥をオモテと謂ひ、他の室をキマ又はキンマなどゝ謂うて居る。炉はオモテの間の他の区劃に接する所に設け、入つて右をヨコザ、之に対する側をキヤクザ、ヨコザの右側をタネザと謂ひ、今尚座席の作法のやかましいことは、アイヌ同様である。十五円だけで建てた小屋は、間口《まぐち》三間に奥行二間位の、壁も屋根も板ばかり張つたものだが、屋根には今一重板を蔽ひ、又は茅を葺いたのもある。中には此ではあまり究屈なので、多少の立添模様替をしたのもあり、或は別に稍大きい家を建てゝ、最初の小屋を物置にして居るのも見かけた。

但し移住民の生活は、決して安楽とは言はれぬやうに思つた。桜島では年産の過半を島外に販売する外に、女子小児は対岸の鹿児島に往つて、専売局等で働いたけれども、爰にはそんな仕事も無く、僅かに種馬所の時々の日雇を有難く思ふばかりである。それ故農閑には男女長幼を挙つて、製材所の古コツパを拾ひに行き、之を小林の町へ売るので、一日の所得が女は三四貫目十銭内外、男でも八貫から十貫迄二十銭位のものである。種馬所の賃銀は男三十銭女十七八銭である。

住民の中には、少々身代がよくなつて、馬を持つ者もあるが、其馬も毎日木片やマキの運搬を役として居る。尤も此辺は馬をあまり使はぬ処である。

日向大隅には馬地方と牛地方とあつて、小林は其牛地方の方であるが、此村だけは馬を置いて居る。犬の居らぬことは此新村の一特色である。理由はよくは分らぬが、何と無く物足らぬやうに感じた。子供が学校に遠く家の手助けに使はれ、忙しいから犬を相手にして居られぬのだと云ふ者もあつた。農産物には前に数へたものゝ外に、又南瓜里芋茄子西瓜玉蜀黍などもあつた。西瓜は尤もよく出来る。玉蜀黍は桜島の種と云ふ。大根は見かけなかつた。玉蜀黍は種子島《たねがしま》ではさほど産物でも無かつたらうが、爰で新しく栽培し始めたと見える。

東中西の三区には各一人の総代があり、任期一年である。役場も集会所もまだ無いが、中区には其予定地がある。そこに板を吊つて置き人を集める。毎月一度位づゝはこゝに寄る。是と云ふ問題も無いやうだが、何かかゝ集まる用事はあるものである。併しいつも議論も無く、住民は只働くことばかり考へて居る。土地が傾斜地で且柔かい土質である為に、道路が頗る悪く、道幅は僅か二間で、下水路も作ることが出来ず、如何にも窮屈に思はれた。将来の問題は道路であらう。衛生状態は悪くない。

村には又寺も宮も無い。村民の宗旨は神道である故、ゆく〳〵神社を建てる計画がある。本願寺は此時を利用して来り伝道をして居るが、さしたる影響は認めることが出来なかつた。

此村の土地は総体で百町余ある。其内五十二町が畠地で一区一反づゝに分けて居る。一戸分が各一町五反、即ち十五区づゝ持つわけである。畠地は凡て宅地よりは上の方に在る。其全体を数箇に区劃して、最初は各区劃を各人に均分しようとしたが、あまり煩しいので後には籤引にした。それでも各住民の耕地は著しく散点して居る。土性が不同である結果、此他の方法では利益の公平を期することが出来なかつたのである。

要するに此村などは全く新開地で、其歴史は僅かに一年しかない。貸下地は漸く其半を区劃し、実際耕作して居るのは又其半である。人口も所謂自由移住が加はるから、山の中の割合には異動が烈しい。だから自分が見てから後の数ケ月にも、亦既によほど変遷したかも知れぬが、先づ村民は概して満足して居るかと思はれた。但し同行者が県郡の吏員であつた為に、そんな顔をしたのかも知れぬが、最初から村の世話をして屢々訪問する郡技手なども、之を確信して居る。但しその満足の主たる理由は、日雇が出来ることであつて、若し純然たる農村でやらせようとすれば、果して此程度の満足が保ち得られたか否かは疑はしい。彼等は再び桜島へ還る考は無いと言うたが、是も役人に対する挨拶であつたかも知れない。近頃になつても、彼島帰住者は追々増加すると云ふ話である。さうすれば結局小商業等に由つて生計を補ふことの出来る者ばかりが、各地の新部落に残留することになりはすまいかと思ふ。

第三十七回郷土会記事　一月十二日（大正五年）の晩、新渡戸博士邸で開かれた第三十七回郷土会は、近頃珍しく振つた会合であつた。当日当番に差支があつた為、纏まつた話は無かつた代りに、出席者各員が順次に短い話をした。主人の博士は曾て本会の為に話された三本木野開発談に、すこしの追加をせられた。次に飛入の英人ストラザー氏は、八年間の日本滞留の経験によれば、所謂日英国柄の相違の多くは、彼我国民の久しい経済生活の相違に基くことが認められるとて、その一例に人と家畜との関係の変化を面白く述べられた。同じく飛入の三宅理学博士は、カリフオルニヤで巨人樹林を見に往つた話をせられた。鉄道院の田中信良君は、阿波の川田から讃岐へ越える清水越の沿道の話をせられ、此辺の民家が一箇処も集合して居らず、飛々に立つて居る光景の奇異なることを述べられた。次に控訴院の尾佐竹猛氏は、犯罪の地方的特色を調べたら面白からうと云ふ話で、其例に関東の侠客と賭博との結合が、由来久しいものであるらしいことを説かれた。賭博の話ならば私が一番詳しいと云うて立たれた博文館の中山太郎君の話は、果して其言の如くであることを十二分に証拠立てた。同君の郷里では、賭事を常識教育の一部と考へて居る者が今以て多いやうに感ぜられた。刀剣の新しい研究を生涯の業として居られる小此木忠七郎氏の話は、如何にも趣味の多いものであつた。同氏は昨年信州へ四十日ばかりの旅行をして、到る処の村々で見る限の刀剣の分類を試みられた。此迄名刀鑑の類には記述を見ざりし多くの工人の名を発見せられしのみならず、其産地の関係は、最も顕著に此地方中世以来の交通の跡を窺はしめた。即ち美濃の作が一番多くて北国物之に次ぎ、京都大阪から会津物と云ふ順序で、江戸から運んだらしい物は却て少なかつたと云ふ。次に話をしたのは帝国農会の小野武夫君で、其題目は同君の郷土に近い豊後の小野市で、田の神と称する石像のことで、田植の時から苅入迄、田の附近に運び移して祀ると云ふ風習である。其次には理科大学の某君が、筑前福岡附近に在るオヒライ様と云ふ祠のことを話された。下半体の無い木像で、常は里の子供の遊び友達となり、信心の者は願ほどきに、板の上に二本の脚を作つて捧げると云ふ。同大学の辻村太郎君の話は、伊豆三宅島の雨乞の行事である。此島の信心と物忌とは今尚古風を保存して居ると云ふ面白さうな話であつた。次に牧口常三郎氏は、昨年夏の北海道旅行の話をせられた。曾て栄えた瀬棚の漁村の寂れて行くこと、此頃になつて始めて牡蠣と云ふ貝を発見し、之を食ふことを知つたと云ふ話、会津町と云ふ部落のことなどを語られた。其次に那須皓君は、上州利根郡新治村と云ふ越後に接する山村の話をせられた。越後から若い男女が働きに来ること、此村の者が東京へ出ては疲れて帰ることなど、耳新しい点が尚多かつた。それから農務局の小平権一君が自分の郷里の話をせられた。信州諏訪郡米沢村の中で、鋳物師屋と云ふ二十五戸の部落であるが、古くは馬牧の地らしく、今も共有地は本村と入会になつて居る。古い屋敷と道路とは共に山の中腹にあつて、後次第に下りて来て低地を拓いた形跡がある。村の形式は本村と一様であるが、住民は何れも遠い村からの移住者で、折井氏は甲州から、五味氏は茅野から、同君の属する小平一党は上《かみ》ノ諏訪《すは》から来たと云ふ。地名の鋳物師屋の由来は不明で、鍋割などと云ふ小字の残つて居る外、別に此と云ふ痕跡は見られぬさうである。駒場大学の草野博士は、羽前の三面と云ふ武陵桃源の見聞を伝へられた。今では古い書物にある程の事は無いさうである。博士は羽越国境の朝日嶽へ採集旅行の序に、大一行で此村に宿を求め、今でも全村から旦那様と呼ばれてゐる例の小池大炊介に泊つて、主人と話をせられたさうである。よほど珍しい旅行であつたやうに思はれた。其次に柳田は墓の上に樹を栽ゑる習俗の話を試みて、曾て此会にて墓上植樹の話をした台湾総督府の故川上滝弥君のことを追懐した。更に今一人の珍客、露国人ネフスキー君と云ふ日本語の達者な青年が来て居つて、谷中初音町の南泉寺に在る女夫石の探険談をしたのには、一同が胆を奪はれた。此人は日本の宗教を新しい目で洞察しようと云ふ我々の畏るべき競争者であるさうな。最後に近く英国から帰られた石黒忠篤君の話があつたが、此は権威ある総評の如きものであつた。同君は何時でも最も熱心に我々を激励する人で、この会には欠くべからざる研究者である。地方生活の比較研究の有要なることの一例に、鎌の大小と用法、それから砥石の種類などの新しい事を話された。郷土研究に総論の必要になつて来たこと、ヂレツタントの集合が専門家の代用になりにくいことなど、此会合の為に次第に痛切に感ぜられたのも、亦一箇の副産物と見ることが出来る。

刀鍛冶の話（小此木忠七郎君、大正五年二月九日夜、第三十八回例会）

反《そ》りと鎬《しのぎ》とは日本刀の特色だと言はれて居る。或は之に由つて、日本刀は日本だけで発達した技芸のやうに、考へる者も有るが事実で無い。今の形の刀が行はれる以前にも日本に刀はあつて、其には大陸諸国の産と多くの共通点があつた。東大寺の献物帳《けんもつちやう》を見ると、唐太刀《からのたち》・高麗太刀《こまのたち》と共に、唐様太《からやうのた》刀《ち》・高麗様太刀《こまやうのたち》の名が見える。即ち今の形の日本刀が盛に鍛はるゝ以前に、刀の輸入時代、次に模倣時代と云ふものがあつたので、其沿革は三期に分つて研究すべきものだと思ふ。

　元来鎬は物理学的に非常に刀の質を丈夫にし、右左への抵抗を多くする。反りがあると重心が刀の体を離れて、鍔元へ寄つて来る故に、把持の際に比較的軽く感ぜられるのみならず、切るときにもずれて入る気味があつて透りが良い。全く実験に由つて改良を重ねて来たので、刀の使用の盛な国であつたことが、此からでもよくわかる。今の形の始まつたのは平安朝の中頃からであらう。実物で之を推定することが出来る。

　模倣時代の特色は直刀である。鎬は有つてもずつと刃《は》の方に寄つて居る。之を切刃《きりは》作《づく》りと名けて居る。奈良朝又は其以前から、平安朝に掛けて行はれた。儀仗用の太刀には切刃《きりは》が多い。尤も別に黒作りと称して、実用に供した者は鎬が中央部へ寄つて居る。其例は稀に存し、例へば国宝としてある田村将軍の太刀なども、将軍の物にしてはきやしやに見えるが、形式は正しく当時の品で、刀背《むね》又は側《ひら》に金銀の象嵌がある。法隆寺や四天王寺にも此刀がある。落《おと》し（幅）と重ねが末ほど殺《そ》げ、肉置きの蛤形なのが普通である。此は頗る丈夫さと切味とに関係が有るらしく、第二期の作品は概して其比例が巧者であるが、輸入時代の物は不規則且無細工である。朝鮮慶州の古墳から出た刀にも此類がある。勿論拵へは異なつて居るが、それは服装其他の差異に基くものと見られる。此期の日本刀には、要するに外国と共通の点が多い。支那の出土品も近来多く渡つて来たが、重ね・落し・肉置き及び尖《さき》の円み迄が、三韓を中に置いて段々似通うた所がある上に、猶他の国々の品と比べても、著しく相似たる点があるかと思ふ。

　以上皆鉄刀の話であるが、此以前に石製及び銅製の者があつて実物が遺つて居る。是亦韓半島と密接の関係がある。支那とも恐らくは同様であらうと思ふ。日本では同じ時代に銅刀石刀併存して居る。何れを前とも決し難いやうである。支那では銅製の品に戈と云ふのがある（標本を示す）。金索に依れば、此に長短二種の柄があつて、短い者は殊に剣に近い。剣は両刃《もろは》で鎬が中程にあり、其横断面には曲線直線の二種あるやうである。この剣の本《もと》に於て著しく広がり、幅殊に広い者が、四国九州其他から屢出土し、亦朝鮮からも出る。我邦では之を銅鉾と云うて居る。

　明治三十三年頃東京大学で銅鉾を分析して見たことがある。其結果は同年十二月の人類学会雑誌に出て居るが、銅八三・一二五、錫《すゞ》八・九二三、鉛《なまり》七・三三、銀痕跡であつて、即ち青銅《からかね》と云ふべき物であるが、鉛の量が割に多い。此中で銀は象嵌か或は銅鉱に銀があつたか、兎に角偶然の混和で、必要では無かつたのであらう。鉛に付ては其が錫に偶然混じて居たのか、はた又特に入れたものかは問題である。周礼の考工記には六育と云ふことを説いて居る。即ち六種の金属調合法である。此文に金とあるのは銅のことである。金を六にして錫を一にするは鐘鼎に宜し。金五錫一は斧に宜し。金四錫一は戈に宜しく、金三錫一は大刃即ち刀剣類、金五錫二は鏃、金錫半々の者は鑑燧即ち月夜に水を取る凹面鏡及び日より水を取る鏡を作るに可なりとある。此中には鉛の記事は無い。而も後世の書物には鉛を入れることがあるが、其は必ずしも時代の進歩では無いことは、古い銅剣等の中に鉛があるので判る。右の古い方法に依れば、大刃用は銅七十五錫二十五、戈は銅八十錫二十で、略所謂銅鉾の成分と合致して居る。三韓との関係も、近世対馬で石器時代の遺址から、石剣銅剣が共に出て、愈々二地の関係を窺ひ知ることが出来た。

刀剣の伝説に屢々竜蛇を説くことは、是亦和漢共通の事であつて、古くは叢雲《むらくも》の剣と斬蛇剣の話と相似て居るなどは、其一例である。格知鏡原に、盗あり、王子喬の墓と云ふ京陵を発くに、一剣の他に物なし、之を取らんとすれば忽ち竜と化し天に昇り去るとある。熱田の宝剣は銅剣であらうと云ふ。或時之を拝せんとして神殿の奥に入りし者、霧の立籠むるを見たと云ふ記事が、重野博士の著書に見えて居た。後世も竜蛇の伝説は常に刀剣に纏綿して居る。倶利伽羅《くりから》竜を彫物にするなど、日本刀に多い例である。これは不動の儀軌に、悪竜調伏の時に竜王剣に化して来り助くることあり、又不動使者法にも、行者胸中に剣を念じ、蛇之を纏ふと念ずれば、則ち使役意の如しともあつて、何れも仏教の信仰に出たのらしいから、即ち印度に亘つて相類似する思想であつたのである。

不動の信仰が弘く日本に普及するに及んで、其標識は追々刀剣の製作に入つて来た。平安朝中頃の工人なりと云ふ伯耆の大原真守《さねもり》の作と伝ふる刀には、不動の種字を彫つた者が多い。又不動の真影を彫つた者もある。坐立若くは背景あり、童子を伴ふ者或は伴はざる等、鎌倉時代には殊に多く出来た。刀の樋《ひ》に剣の形を彫つた者があるが、此も密教の影響で剣は即ち不動の三摩耶形《さんまやぎやう》である。

又地蔵阿弥陀等を刻したものも稀にはある。此等は何れも真摯なる信仰に出たもので、決して単なる装飾では無い。鍛刀は一つの修行で、刀を作るのは即ち不動を作るのだと云ふ思想である。故に刀工には僧侶修験者が多かつた。彦山《ひこさん》学徒某と銘した者が鎌倉時代にあつた。南都東大寺千手院の僧は奈良鍛冶の始であつて、所謂僧兵と密接の関係があるらしく、前に挙げた伯耆の大原は大山《だいせん》の麓の地で、北狄防護が原因となつて、此地にも一種の法師武者の団体が、刀の製作を発達せしめたらしい。此外にも九州では大宰府宇佐及び薩摩、出羽では月山《ぐわつさん》の如き、共に同じ例である。尤も加持祈禱の用にも供し、又山伏等が跋渉の具にも入用であつたか知らぬが、此徒平生の武力も、亦大に之に由つて発揮せられたのである。

支那の古い俗信に、井の傍で刀を磨ぐことを忌むと云ふことがある。王充の論衡に、井刀相視る恐くは刑あらんとある。日本にも之と似た話が少なくない。又陰陽道と関聯した話も多く、刀工が水を択んだと云ふことはよく聞く所である。蜀の人が諸葛孔明の為に三千の剣を鍛へた時、漢水は腰が弱い、蜀江の水でなくては名剣が成らぬと、遥々人を遣はして其水を汲ましめ、之を用ゐるに際して、其水が他の川の水を雑へて居るのを見露はしたと云ふ話が、蒲元の伝に見えて居る。我邦でも名工の逸話として同種の伝説もあるが、実際さほど迄水を詮議する必要があるか否かは疑はしい。つまり水火の術は至つて成り難いもの故、水に託して不能を説明すること、彼我自ら相同じいのであらうと思ふ。

銅剣は型に由つて作つたものである。其鋳型も時々出ることがある。之に反して鉄は鋳ることが出来ぬ。脆くして欠け易いから鍛へが必要である。尤も最初は鍋金のやうに熔解点の低い者で鋳たのもあるか知らぬが、古墳から出る刀は凡て鍛煉を経たものである。之に用ゐる沙鉄は、花崗岩の地層には常に存し居り、之に加熱して酸素を取去れば刃金《はがね》即ち鋼が得られる。此は多分銅器製作の際などに之を試みたのが始で、次第に成功を見たのであらう。

世界何れの国でも、武器の鉄は皆沙鉄から取つたので、日本でも天智紀に、鉄を製するに水車を用ゐた記事があり、又真金吹《まかねふ》く吉備《きび》の中山と古歌にあるのも、中国山系の花崗岩系の沙鉄から、古く之を採取した一証である。神武天皇の東征に瀬戸内海で三年の日子を費され、舟師を整へられたとあるのも、或は当時既に此沿海地の製鉄技術が、武器を作る迄に進んで居たことを示すものかも知れぬ。

鋼と云ふものは、元来火に入れて叩く中には炭素が次第に出て行くもので、之を繰返して幾度となく叩くのが即ち鍛煉であつて、所謂金味《かねあぢ》とは、即ち炭素の含有歩合の別名である。通例板目の鍛へと称して、先づ最初には鋼鉄の小片と軟鉄《なまがね》の小片とを、交互に何枚も重ね合せ、之を火に入れて叩き締めると、量も減り鉄片がよく附著する。其を長く打延しては二つに折曲げ、何度ともなく重ねて行くうちに、鋼軟二種の鉄の層が無数に挟み合ふことになる。此短刀（標本を示す）なども少ない方であるが、九枚の鉄片を六回折重ねたもので、即ち五百七十六の層になる。鋼鉄は脆く軟鉄は粘る。之を挟み合せて二種の性を調和するので、刀の側《ひら》に大小の輪紋が出て居るのは、二者の細かく雑つた証拠で、之をモクと称し、大モク小モクの名がある。細かい者ほど重ね合せが多いのである。古墳から出る刀にも此技術は存して居る。

右のモクの中で色の澄めるは軟鉄《なまがね》、はせやかなるは鋼鉄である。後者をよく見ると、至つて細かな結晶から成つて居る。即ち純鉄と炭素との集合を意味するもので、此状態を錵《にえ》と称し、所謂刃金《はがね》としては銑が最も重要なのである。刃の部分にはこの銑が接近して現はれて居る。但し古墳時代の物には刃と地との境が無い。後世は刃の側に柔かい泥を塗つて、予め刃の地を作るのである。其泥は粘土と砥石の粉を混じ焼いて硝子質にしたもので、之に炭の粉を加へ、二品を細末煉和し、之を水に解いて刀の一面に塗り、其生乾《なまがは》きの中に、刃の方から乱《みだ》れ又は直刃《すぐは》等、色々に泥を剝取るのである。併し尚直接には火に触れしめぬやうに、別に一種の乳様の泥を塗つて置く。さて火の温度が追々に昇つて、鉄の色が所謂猿面《さるめん》、即ち小豆色になる頃を候ひ、出して直ちに水桶に入れる。其時泥を多く被つた部分は徐々に冷却し、他の一方は急にさめ、従つて其方が固定して銑《にえ》を現はすのである。

焼刃の形式は奈良朝の作品は多くは直刃《すぐは》である。其以前は全部に刃が現はれて居る。平安朝に入つては今日ある様式は悉く具はつて居る。所謂乱れ焼刃の千変万化の美しさは、誠に日本の特技である。ずつと後世になると、菊水だの吉野だのと称し、此焼刃の線に色々の細工をする者も折々あつたが、是は寧ろ下品な技芸として、刀剣家は之を嫌ふのである。

刀鍛冶の分布を詳かにする目的で、自分は一通り銘鑑の調査を試みたいのである。銘鑑と称する者には三つの種類がある。之に掲げられた刀工の名が総計九千七百八十三人、時代は奈良朝から明治三十三年に及んで居る。思ふに此数は無論少なきに過ぎて居る。此外に無名で終つた工人の数も、夥しいことであらう。所謂直刀の時代には、鍛冶は恐くは官業であつて、之を諸国の軍団に配属せしめられた。随つて仮令奈良の京には住せずとも、草莽の間に隠れ住む者は無いから、署名の必要も無かつた道理で、今日作の名の不明になつて居るのは、是非無きことである。但し工人が祖先の古いのを誇るは普通の人情で、随分場合によつて大宝年間から連綿して居るやうに主張した刀工もある。其真偽は後代の高等批評を待つて決するの外は無い。

是は他日の問題として置いて、自分は銘鑑に著はれた右九千七百八十三人の刀工を、年代に由つて区分して見て、左の如き結果を得た。即ち奈良朝以後今日迄を七期に分つと、第一期の大宝より延暦まで、即ち西暦第八世紀の間に十八人、延暦より天慶まで（西暦八〇一―九五〇）の第二期には二十三人である。此時代は刀剣の工芸未だ盛ならず、武庫の準備も充分でなかつたことは、天平宝字の恵美押勝の乱に、東大寺から刀百本を借用して返すことを得なかつたことが文書に残つて居る。第三期の平安後期（九五一―一二〇〇）の二百五十年間には、三百九十五人の名がある。第四期の鎌倉時代（一二〇一―一三五〇）の百五十年間に千四百五十五人、第五期の足利時代（一三五一―一五〇〇）の百五十年間には二千百七十七人、第六期の戦国時代（一五〇一―一六〇〇）の百年間には千百二十三人である。即ち火器の盛に行はれた時代で、鍛冶の技芸も一時衰へ、実用に急にして名刀の出なかつた時である。それから十九世紀終迄の三百年を一括して第七期とすると、此間には四千五百九十二人の名が出て居る。之を毎百年に切て見ると、初の二期は別として、第三期は百年に百六十七人づゝ、第四期は九百七十人づゝ、第五期は千四百五十一人づゝ、第六期は千百二十三人づゝ、第七期は千五百三十八人づゝ増した勘定になるのである。

刀剣家の中には、刀の反りは奈良朝にも既にあつたと論ずる人がある。即ち反りのある刀にもずつと年代の古いのがあつて不思議は無いと言ふのである。是は証跡の無いことで、自分の未だ信ずる能はざる所である。古墳時代の刀は、何れもナカゴの仕立が粗末であつて、拵へ次第で如何様にも変形することが出来た。又古い刀は概してナカゴが長いので、後に之を切詰めた者が多い。要するに時代の古今は、やはり直刀と反りのある刀とに由つて劃するの外は無く、又刀工の盛になつたのは、刀に反りが有るやうになつてから後の事である。

刀剣製作の時代を明かにするには、無論銘の年月日に依るの他は無いが、刀に裏銘《うらめい》を切るのは雪舟の時代ぐらゐから後の事で、「長享二年八月長船忠光」とあるなどが最初かと思ふ（此序に言ふ、刀の銘には二月又は八月と切るのが普通であつた）。此刀などは決して古物とは言はれぬ。至つて新刀に近い古刀である。鎌倉時代には二字銘が多かつた。甚しいのは一文字もある。

又文字の無い工人も少くなかつたと見えて、アリハウシとかハリマクラとか云ふ片仮字の銘も遺つて居る。ハリマクラは常遠と云つて弘安前後の人である。此頃から長銘《ながめい》が追々流行し始め、或は生国住地或は年齢などを刻するやうになつた。つまり此時代以後の武士が遠国へ出て戦闘に従事した事実が、自然に刀工の技芸の上にも影響し、我名を弘く伝へ永く遺さんとする努力が、刀銘の上にも現はれたので、此以前に於ては未だ銘の必要を多く感じて居なかつたのである。此一事に限らず、時代々々の社会状態が、刀鍛冶の技芸の上に影響したことは、極めて著しい。美観の上から云つても、戦国時代に入つてから、立派な名刀の出来ぬやうになつたのは、やはり時勢の要求の致す所であつた。鉄鉱業の変遷も、亦同じく此技芸の上に大なる影響を及ぼして居る。

沙鉄からハガネを作る昔の方法は、山中乾燥の地を相して穴を掘り、堤を取繞らして地面に高低をつけ、五週間ほどの間も炭火を其上で焚き続け、其跡へホドを設けたので、此へ鉄鉱と共に粒のよく揃つた炭を入れ、附近の百姓を傭つて蹈鞴《たゝら》を吹かせる。ユ即ち鎔液は三つの樋《とひ》を以て之を引く。上の樋はヅク、中程のはハガネ、底の樋から出るのはナマガネで役に立たぬと云つて居た。比重に由つて右の如く分れるのである。

鉄の質を箇々の刀鍛冶の思はく次第にするには、斯様な原始的の遣り方が最も必要であつた。それに古い時代の沙鉄産地には必ず天然に霉爛した鉄が存在して、之を此鉱炉に用ゐたことであらうから、労は少なくして而も金味《かなあぢ》の佳いものが自ら出来たことゝ思ふ。古墳から出る刀の鉄の色の愛すべきは此為であつて、中世以後になると往々にして原料の悪い為に、百姓の手間仕事では十分に之を鎔かすことが出来ず、其上に戦乱などが始まると、其労力も得にくゝなり、炭の価も高くなつて、愈々佳いハガネを得ることが六つかしくなつたらしい。

次で鉄山の経営が専門の業となり、刀鍛冶が此から原料の鉄を仕入れるやうになつて、先づ国々の刀の特色が失せてしまつた。仕入の鉄に鍛錬を加へて、思ふ通りに変化させることは、中々困難な技術で、成績を挙げにくかつた。従つて単に鉄質の上から評すれば、後世になる程前代のものよりは劣つて居る。

最後に自分は右の九千七百何人の刀工を国別に分類して見たが、百人以上の工人を出した地方が十三あつた。其中で数の上から第一に位するのは備前の千五百四十九人、藤原時代に始まつて足利時代に最も栄えて居る。第二には九州の北部の筑豊肥六国で九百八十九人、藤原時代に始まり戦国時代を極盛とし、江戸期に及んで居る。第三には美濃の関鍛冶《せきかぢ》の七百八十人、此は銘鑑に名のある者だけで、実際は遥かに多かつたことは疑が無い。鎌倉期に始まり足利時代を盛時として居る。第四には山城の六百三十六人、此は藤原時代から鎌倉時代に至つて大に栄え、江戸期に入つて再び稍現はれた。第五には江戸を中心としての武蔵で五百人、無論江戸時代に盛であつたが、足利期から始まつて居る。第六には大阪を中心とした摂津の四百八十六人、第五と同様である。第七には所謂奥州鍛冶の四百八十一人、此は起原は古く平安朝の初期に在り、藤原時代を頂上として居る。後大に衰へ江戸時代に入つて又栄えた。第八は九州南部日隅薩の三国で四百十九人、藤原時代から始まつたが繁栄したのは戦国時代で、江戸期に入つても稍振つて居る。第九は大和の四百十三人、奈良期に起り鎌倉時代に栄え、第十の伯耆は二百二十二人、平安初期に始まり足利時代に入つて数が増して来た。第十一位は備後の百八十七人、即ち三原鍛冶である。鎌倉期から足利に入つて盛になり、其次は北国物の百六十七人で、開始は同じだが盛になつたのは江戸時代である。第十三は鎌倉を中心とした相州物で、工人の数が百八人、正宗の一門は此中に入つて居る。鎌倉時代に起り直に全盛を極め、後衰へてしまつた。
此以外にも殆ど全国に亘つて刀工は分布し居るが、其数は何れも多くない。以上地方的の分布を時代に由つて通覧して見ると、大和鍛冶が最も古く、山城の之に次ぐは説明を要せぬが、山城の初期と鼎立して、奥州伯耆の二所に刀鍛冶の起つて居るのは、後者は前にも申した如く、大山寺《だいせんじ》に錬方を伝へて、対大陸の警備と関係があるらしく、奥州の方は又蝦夷征討と関係のあるもので、平泉を中心とし、舞草《まうぐさ》・宝寿などの地が古くから聞えて居た。第三期の平安後期に始まつた者は南北筑紫の鍛冶であるが、此も亦辺疆の防備と因縁あることを認めざるを得ぬ。其から以後のものに至つては、後代武家の割拠抗争と終始し、此の如き地方分立の形をなしたものと見ることを得るのである。

第三十九回郷土会例会　四月八日（大正五年）の夕の例会には、尾佐竹猛君の伊豆海島の話があつた。同君は公務の為に何回となく島々に巡回せられ、尋常碇泊者の観察し得ざりし事項を知つて居られる。写真や標本を沢山に示されて有益な話があつた。当夜は講演に関聯して色々面白い雑話があつた。殊に大島新島其他の島々でも、正月二十四日の晩を非常に重要なる日として、物忌をする風のあるのは、研究すべきことだと思ふ。此事は曾て辻村太郎君も三宅島に関して報ぜられたことがあつたが、何故に正月二十四日であるかは今以て判らぬ。

伊豆新島の話　（尾佐竹猛君）

伊豆七島と云へば大島・利島《としま》・新島《にひじま》（属島式根島・地内島・早島《はんじま》・鵜渡根島）、神津島《かうづ》（属島恩馳島《おんばせじま》・祇苗島《たゞなへじま》）、三宅島（属島藺難波島・大野原島）、御蔵島《みくら》・八丈島（属島小島・青ケ島）を指すのであるが、此七島は地質上から云つても、従来は小笠原島と共に、富士火山帯に属すと信ぜられたものが、近来は富士火山帯・新島火山帯・小笠原火山帯の三種に区別せらるゝに至つたと同じく、凡てに於て是を同一に律することが出来ない。

先づ交通上から云つても、八丈島は小笠原島と同一航路で、横浜より船が出る。大島は東京より航路あり、伊豆半島とは毎日和船の交通あり、東京湾汽船会社の定期船も、大島は最も回数が多く、其他の五島は之に反し、僅かの回数で、已むを得ず命令航海を続けて居る有様で、其結果八丈大島の二島は、今では最も多く世に知られて居り、其他の五島も大凡此二島と同様だらうなど丶、等閑に附せられる傾がある。併し交通の便利な島だけに、漸次古い風は消え易く、之に反する島には、却つて研究すべき事項が多いのである。

行政の上から云つても、大島と八丈島とは島嶼町村制が布かれ、内地と殆ど異なる処が無いが、他の五島では依然として旧幕時代の制度其儘で、一島を総括するものを地役人《ちやくにん》と呼び、各村の長を名主《なぬし》、之に次ぐを年寄と云ひ、書記を書役《かきやく》と云ふ類、憲政布かれて二十幾年後の東京府下に、斯くの如き官名あるかと、実は私も驚いたのであるが、是は私称でも何でも無く立派な官名で、新島神津島三宅島御蔵島の地役人、及び利島の名主（利島には地役人が無い）は、判任官の待遇とすと云ふ法規があり、毎年東京で地役人会議が召集せられるのである。

警察の方でも、此五島の内警部の居るのは新島だけで、他は巡査ばかり故、司法警察事務は名主が取扱ふので、而もこの警部巡査も皆駐在所があるので無く、警視庁から在勤といつて、謂はゞ臨時出張して居ると云ふ体裁である。又司法管轄としては、大正二年の司法部改革の際多少の変更があつたが、其以前は大島は東京区裁判所の直轄、八丈島には八丈島区裁判所があつて同島全体を管轄し、新島に新島区裁判所あつて其他の五島を管轄して居ると云ふ有様で、七島は凡ての点に於て大島と、八丈島と、其他の五島とに三大別せられて居るのである。而して更に此五島を仔細に観察すれば、利島新島神津島の三島と、三宅島御蔵島の二島とに区別し得るが、兎に角五島の中心は新島であるから、先づ同島に就て少しく述べようと思ふ。

新島は八丈島大島に次ぐの大島で、東西二十丁南北三里、周囲六里三十四丁五十九間、東西に短く南北に長い。北には宮塚山（休火山千四百九十六尺）聳え、南に向山《むかふやま》相対し、其中間の台地が耕地で、畑九十町林二百二十四町原野二十一町と云ふ公称であるが、実際は未だ土地台帳が出来て居ない位であるから正確でない（土地台帳が無いから、登記制度は行はれて居ても其実効がなく、登記の手続にも困つて居る）。併し地租は之に依つて三十三円三十三銭九厘を納付して居る。直接国税と言へば是だけで、所得税法は実施せられず、酒造税法もやつと近年三分の一を納めしむることになつた。しかも中央からは年額三百円余の補助を受けて居り、其他司法警察等諸般の費用、官吏の出張在勤等の費用は皆国庫の負担である。

古来伊豆の管轄に属して居た此島々が、東京府の管轄となつた理由が、強ち交通の便不便ばかりでもなかつたことは、想像に難くない。江川太郎左衛門が如何に七島の為に財政の困難を来したかは、現存の文書を見ても明瞭である。

新島に村が二つある。西海岸にあるのを本村《もとむら》と云ひ、北岸にあるを若郷《わくがう》村と云ふ。大正三年十二月末の統計に依れば、両村合して戸数七百六十五戸、人口三千九百六十一人、内男一千八百八十六人女二千七十五人で（七島を通じて女子の数が男子より多い。是れ女護島《にようごのしま》伝説の起つた所以であるらしく、此の如き現象は、各島共に漁業を除くの外、労働は凡て女子の任なるが故に、自然淘汰が起るのと、女子は絶対に島外に出ることが無い結果であるらしい）、此内本村は六百戸二千五百人内外で、其家屋の櫛比せる有様など、島地稀に見る大村である。

生産は水産農産を主とし年額九万六千九百七十六円余、一人消費額は二十六円余である。神社は郷社十三社大明神と、大三王子《だいさんわうじ》の社がある。共に石段反橋格天井《がうてんじやう》随身門の実に堂々たるもので、島に不似合な程立派である。十三社と云ふのは十三の社を合併したもの、大三王子の社と云ふのは此島の開祖と伝ふる事代主《ことしろぬし》命の第三王子多祁美加々命《たけみかゞのみこと》を祀ると云ふ。各島共歴史あつて以来は神職が島内の全権を握り、地役人の職を世襲し来つたが故に、自然と神社も宏壮となつたので、維新以後も此種の地役人が、行政官にして司法官たり警察官たり司獄官たる権限を委任せられ、而も世襲と云ふが如き立憲治下の一変態を示し、尚小学校長郵便局長迄も兼ねしめた時代があつたが、現今に於ては此風漸く絶え、只三宅島に於てのみ其面影を留めて居る。

寺院は三松山長栄寺と、若郷山妙蓮寺との二箇寺があり、何れも日蓮宗である。各島共に日蓮宗の多いのは、安房上総から漁民の出稼ぎをする者が多いのと、日蓮宗の僧侶が数多く流刑に処せられて此島に来たことが、原因となつて居るのであらう。

一体此島を何故に新島《にひじま》と云ふかに付ては、七島唯一の典拠たる三宅記（一名三島大明神縁記）には、島の色白きが故に新らし島と云ふとある。此書の史料としての価値如何は別とするも、兎に角に島は「白まゝ層」であるが故に、他の諸島に比して全島白く著しく目に著く故、新島と云つたと云ふのも強ち不当ではあるまい。或は扶桑略記の仁和三年十一月の新生島の記事を、此島に充てんとする説もあるけれども、其不当なことは言ふ迄も無い。此島に就いては言ふべき事項が中々多い。先づは月並ながら衣・食・住・年中行事・伝説等に分けて、ざつと述べて見ようと思ふ。

女の衣服は丈夫を主とし、上半分と下半分とが異なつた材料で出来て居る。即ち上半は絹又は麻を用ゐ、下半は多く黒木綿を縫合せ、膝を蔽ふのみで、脛は露はし褌《ゆもじ》を用ゐず、良く云へば衣と裳と別にして居る。又帯は幅一寸許の真田紐を、二重に結んで居るのみである。七島特有の女の鉢巻に付ては、此島では中形真岡木綿の二尺六寸なるを、幅三寸位に折り、少女は前額、処女は横で結び、それ以上は後で結び、臥寝の時でなければ脱がないのである。其染模様は老若によつてちがひ、又時の流行もある。ヤカミシュといふ巫女は、赤手拭で鉢巻をする。昔は旧家で紫鉢巻をした家があつたとの話もある。寺参りと墓参りのときは盛装するが、結婚のときは却つて平素衣《ふだんぎ》の儘で、鉢巻を新たにし対丈《ついたけ》の著物を著するのみで、新婦は水桶と肥桶《こえをけ》と天秤棒《てんびんぼう》外二三品だけを携へて行き、新夫は只茶を煮、又は酒一升を買うて待つて居る。親戚を招き酒宴する等のことは無い。従つてまた離婚の手軽なことも驚くばかりで、さつさと出て行き直に隣家へ嫁入しても平気である。それでは痴情に基く殺傷沙汰など無いかと思つて調べて見たが、更に左様なことはない。それといふのが後にも述べる如く、全島の男女が互に共有の様で、聊かの執著心も無いから、此を当り前の事に思つて、何の葛藤も生じないのである。

次に結婚に関聯して面白いと思ふことは、新夫婦が出来ると舅姑が別居する風習で、之を隠居家《いんきよや》と称して居る。若し老夫婦が隠居家に引移るを得ざる事情があるときは、新夫婦は乃ち寝宿《ねやど》と称する村内の宿へ泊りに行くので、今の新婚旅行の上を行く遣り方である。大島八丈島神津島では、襷《たすき》を以て嫁の装飾品とする風があるが、此島には其事が無い。些し鄭重な結婚には、結納《ゆひなふ》として麻苧と昆布の取替をするのであるが、今はあまり行はれぬ。

結婚の簡単なるに反して、葬儀は実に鄭重で且つ美観である。女は裾模様の紋附を頭から被り、赤色の鉢巻を結び垂れた行列は、真に絵巻物を見るやうに綺麗である。会葬者は紙《かみ》片《きれ》を下げた笹葉を手に〳〵持ち、之を埋葬地の上に立てるのである。笹葉と鉢巻と、此にも狂女の象徴に似た処がある。何等の因縁か、研究すべき事柄である。喪期は四ケ月で、古は喪屋《もや》を別に設けて喪に服して居た。近来は此風絶えてしまつたが、三・五・七・十の日には毎朝夕一同の者が、墓前に参拝し花を捧げるので、墓地は花で埋まる程である。盆には精霊《しやうりやう》が墓に来ると言つて、墓の外面に幣の如きものを下げ、千代紙糸飾をなし、屋根を設け岐阜提灯を吊り線香を薫らし、墓地は万灯を点じたやうである。新仏に対しては「あゝなぜ死んだ」と哭するのである。

島の女は一切の労働をする。凡ての物貨を頭に載せる故に、髪の結び方は島田髷を後頭部に下げたやうな形で、髪の装飾は出来ぬから、自然に鉢巻に意匠を競ふことになる。髪には常に島産の椿油を附けるので、つや〳〵として長く地に垂れるものも尠くない。頭の上に載せぬ物は肥料や苗などで、此等は別に天秤棒を用ゐて居る。即ち前に述べた嫁入時の必要品である。其天秤棒は頭の上に中心を取り、前後は上に反つて居るから、恰もへの字を逆さにしたやうである。髷の工合といひ、頭に物を載せた格好から、衣服の様子まで、京の八《や》瀬《せ》大《お》原《はら》の女と大差ないやうに思ふ。

　男子の労働は漁業だけである。それも一年中三月足らずの間だけで、而も其収入は家事には費はず、自己の酒食費に蕩尽してしまふ。漁業が盛の時節になると、下田《しもだ》辺から下等の売婦が渡つて来る。其等にも入れ揚げてしまふ。忠実な家内はそれにも拘らず、家事は固より農業まで、一切女の手一つでやつて行く。それなら家庭に於て女の権力は強いかと云ふと、やはり男は遊んで威張つて居る。女には気の毒の至りで、男にとつては楽天地である。

　島民の常食は甘藷《さつまいも》で、正月三ケ日の外は米の飯を食はぬ。従つて甘藷も種々に改良せられ、貯蔵の便を図つた為、現在の種は形は内地の甘藷で、味は馬鈴薯の様である。野菜に乏しい為、魚類と米の飯のみでは、島に永く居るには逆上する気味がある。やはり甘藷がよいかと思はれる。野菜としてはアシタバと称する鹹草がある。島民は一般に酒を好み、年額一人一石余を消費する。甘藷より造つた焼酎であつたが、酒造税を三分一だけ徴収することになつてから、税務属が出張し酒の醸造法を教へて居る。酒造教師兼税務属とは他に見られぬ奇観である。

　酒が強烈である如く、煙草も茶も刺戟の強いものを好み、殊に茶は頗る高価の物を用ゐ、菓子も中々よく売れるが、例の下田女が来ると、菓子の売高が減ずるといふ奇妙な現象もある。単調生活に珍らしい物を欲求する情に基くので、先年も八丈島で氷を売りに来た処、あまり氷を買食ひして、破産した者があつたといふ話などもある。豚は島内殆ど戸毎に之を養ひ、食用に供して居る。是は維新の前後流罪となつた徳島藩士が教へたもので、豆腐の製法も寛政中亦流人《るにん》から伝へたと云ふ。

　流人に関しては、島民は常に迷惑して居たが、又此類の利益もあつたのである。島には古来医師が無かつたので、流人中医術の心得ある者は非常に珍重せられた。其為に中には医術を心得たやうな顔をして、却つて人命を損じた者もあつたと云ふ。近年島費を以て招聘した医師は、右の流人時代の遺風で、今でも自分の方から患者の家を回診することになつて居る。

　家の屋根の葺き方は、此も流人の家《や》根《ね》徳《とく》と云ふ者が教へた。家屋の間取《まどり》は、戸口に接する勝手をタルモトと謂ひ、上り口をアラトと呼び、之に次ぐ室を出居《でゐ》、相隣する室を帳台《ちやうだい》と云ふ。後の二語は鎌倉時代からの語である。隠居家のことは既に前に述べた。以前は此他に月事ある婦女の入るヨゴレ屋又は他屋《たや》・暇屋《ひまや》とも称する建物があつたが、今は絶えて居る。屋根葺きなどは島内共同で、今年は何某の屋根を葺かうといふ工合に、島内挙つて手伝つてくれるが、家主の方では之に向つて米の飯と酒とを出さねばならぬから、やはりいたごとである。

此に限らず、島民共同の美観は感服に値するが、之と同時に内地の者を国地《くにぢ》の者と呼び、よく思はぬ傾がある。此は各島ともに小さな天地に生涯を送つて世間を知らぬ上に、昔から内地の者と云へば、流人として来る兇暴無慚の者か、然らざれば叩頭食を乞ふ徒輩のみで、島民の眼中には固より高僧哲人学者富豪などの映ずる筈がないので、自然と内地人を冷遇した心理状態が続いて来たのである。

さて立戻つて家屋のことを述べるが、此島の一特色は海岸に荷物庫を別に設けてあることである。是は火災を避ける為であるが、わけを知らぬ者は、上陸して先づ此庫の並べるを見て、之を島民の住居と思違ひをする位である。今の島役所は旧幕時代に七島随一と云はれた島役所を其まゝ使つて居る。今は面影を存するに過ぎぬが、数年前迄は旧書院は地役人の執務室、玄関は名主年寄の詰所、奥座敷は警部在勤所、小座敷は漁業組合事務所と云ふ工合で、島治の簡単なことが此のみでも知ることが出来た。猶庭前には白洲《しらす》及び仮牢《かりらう》の跡、物置には笞杖等の刑具が存して居た。

流人脱島の意ありと認むる時は、此処で自滅申付くと云ふ言渡をなし、絞罪に処したので、其刑場の跡は向畑《むかふばた》又留山と云ひ、今猶流人を掛けた松樹が残つて居る。流人とは云へ死刑にはそれ〴〵面倒な手続を要し、島吏には其権限が無い故、此の如き変態の言渡をしたことゝ思はれる。

明治三十二年新島区裁判所の設置せられた時は、其工費一万余円、内地の諸官衙と同じ程の結構で、官舎数棟軒を列ね、島民の目を聳動させた。若郷村の或者が、爰に住むのは人間だらうかと謂つたと云ふ奇談もある。その堂々たる庁舎も事務閑散で、或は宿直室にばけものが出るとの噂もあつた。裁判所と化物は奇なる対照であるが、それも離れ島なればこそである。

島の年中行事としては、正月は三ケ日は休んで米の飯を食ひ神詣でをする。雑煮《ざふに》は丸餅を焼き、之をむしつて汁に入れる。二日は乗初めと云ひ、陸上に引上げてある船の上で、径一寸位の松丸太を六寸位に切り、苧縄の紐をつけて鰹に擬し、鰹を釣る真似をなし、終つて船主の家に集つて酒宴を開く。

正月二十四日は、大島の泉津《せんづ》村・利島・神津島と同様に日《ひ》忌《いみ》である。此日は海難坊（又はカンナンボウシ）が来ると云ひ、夜に入れば門戸を閉ぢ、柊又はトベラの枝を入口に挿し其上に笊を被せ、平素は便所は外にある家も、此夜は屋内に之を準備し、一切外を窺かず又物音をもさせず、外の見えぬ様にして夜明を待つのである。其因縁は判らぬが、島での伝説では、昔泉津に代官あり（又は来り）、暴戻であつたので、村民二十五名夜中に之を殺し、逃れて利島に至り上陸を乞ひしも許されず、更に神津島に上つたので、其代官の亡霊が襲うて来ると云ふのであるが、どうも要領を得ぬ。各位の御教示を願ふのである。

三月十五日には流鏑馬《やぶさめ》の式がある。利島では元旦に行ふが、此島では旧暦二月十五日に行うたのが、三月になつたのである。両親の揃つた十三四歳以下の子供が、前夜から社務所に泊り込み身を清め、当日は麻上下《あさがみしも》を著け大小を差し、明きの方の方に向つて弓を引くので、矢は一人につき六十六本宛、子供は各其矢を一本宛貰ひ、持つて帰つて屋根裏に挿して置く。

六月七日には天王祭がある。十三四歳の女子が六寸四方の小座蒲団を五色五枚ほど頭に頂いて平蓋を載せ、小さな神輿型の物を其上に置く。是を前天王《まへてんわう》と謂ふ。其次に同様白馬二匹を載せて続く。之を後天王といふ。太鼓を負うた者之に次ぎ、他の人々は団扇で後から之をあふぎ、村中を練り歩くのである。

盆踊は他島に見ざる壮観で、島民は一年中の楽みとして居る。此踊子は女子を交へずの男子ばかりで、黒紋附に褄折笠《つまをれがさ》を冠り、其縁に中幅の布を垂れて顔を蔽ひ、幅五分位の萌葱色の襷をかけ、木綿糸を五色に染めた長総を下げ、白足袋を穿き下駄草履を用ゐず、印籠を下げ白扇を手にして出る。又傘ボウロクとて雨傘に麻かもじ鏡幕などを下げ、又六七尺の竹に鎌を藁で巻いたものを先立て、寺の境内に練り込む。簡単に云へば住吉踊願人坊にちよつと似た様なものである。寺の境内では住職地役人名主列んで居る処で、住職に茶を捧ぐるを合図に踊り出すのであるが、其踊たるや白扇を手にして体を少しく動かすのみで、歌謡の句調も長き節で、単調倦怠を催すが、また古雅素朴の風も無しとせぬ。歌謡の内に最も多く唱へらるゝものは、

しだり柳の葉の露落ちて、池になるまで御身とそはゞ、御身思へば関東坂を、かちやはだしで一夜で忍ぶ、月の若さよ場をひろめ〳〵。

是は小唄二十四番の中の一つであるが、いかにして何時頃此島に伝はつたのかは判然せぬ。其他、

沖の鷗、揺《ゆ》られて恋にこがるゝ、いじや渡る。

丸木の小橋、落ちて名が立つ、見渡せば、塩屋の煙、立つが恋しうて。

我恋や、峰の松風、磯打つ波は、音に聞けど、逢ふが稀かや、我殿よ、

花の小籠へ文添へて、花諸共に持つが大事じや。

我君は、深山奥なる時鳥、人こそ知らで、鳴くは誰故、君故。

等である。此外にも数十首書き留めて来たが、さまではと思

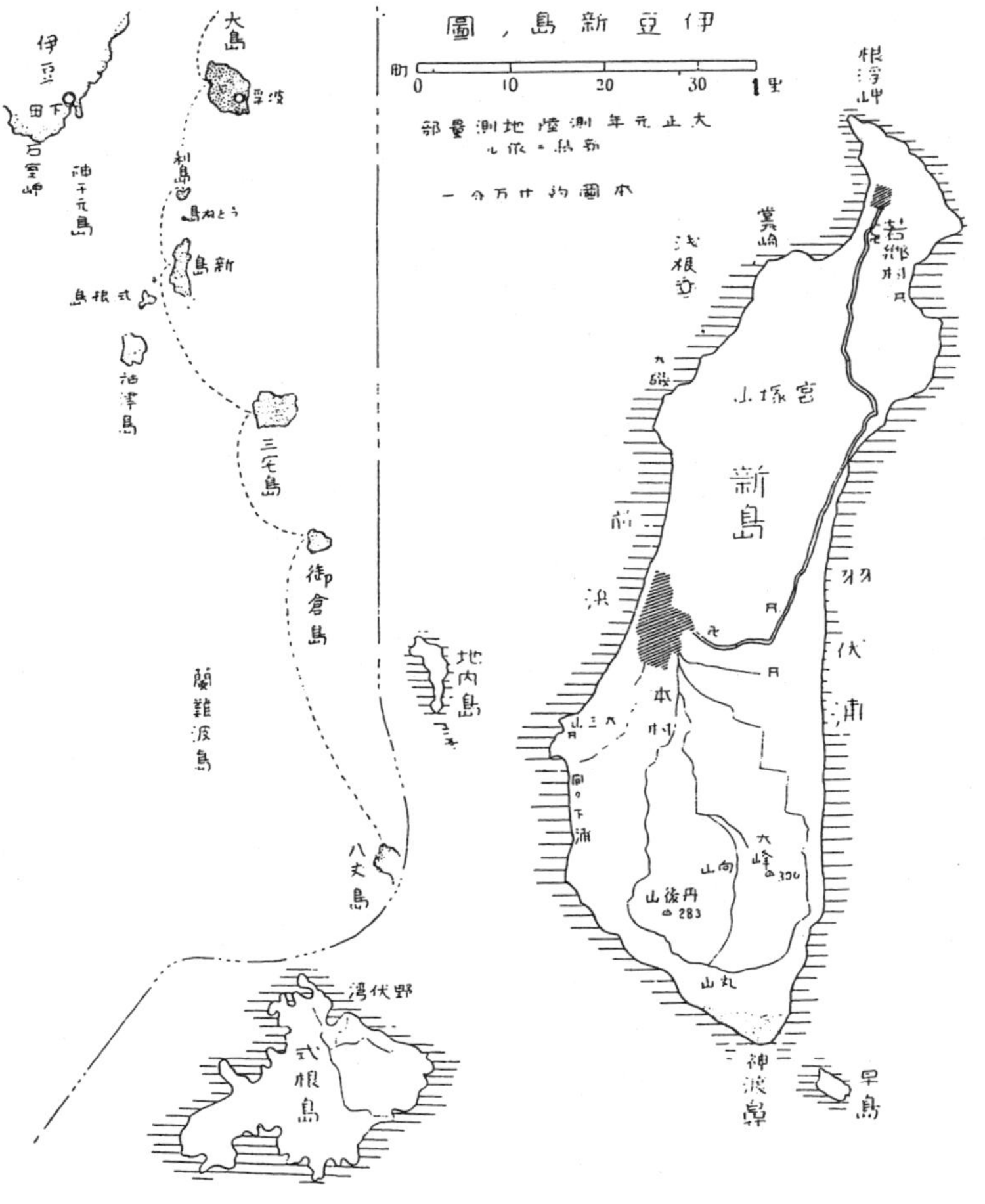

伊豆新島ノ圖
町 0 10 20 30 1里
大正元年測陸地測量部
新島ニ依ル
本圖約廿万分ノ一
伊豆
下田
石室崎
大島
波浮
利島
新島
式根島
神津島
三宅島
御蔵島
八丈島
根浮岬
若郷村
宮塚山
新島
前浜
羽伏浦
本村
地内島
丹後山
283
大峰
向山
丸山
神渡鼻
早島
野伏湾
式根島

ひ之を略する。

盆は此踊ばかりでなく、男女解放の日故楽みにして居るので、今は警察其他の取締が厳になつた故さまでもないが、以前は実に古の歌垣もかくやとばかり、驚かるゝ位の醜状であつた。島には何等娯楽の機関も無い故、勢ひ本能に走らざるを得ないのである。

十月一日の夜は、神様の出雲行きとて太鼓を叩いて送る。十一月十四日にはハカ日待とて親類を招き、子供の三歳と七歳の児を祝ふので、内地の七五三の祝であるが、こゝには五歳は祝はないのである。以上の外、細かい行事はまだ数多くあるが略して置く。

終に島の妖怪話を調べて見ると、東北面の淡井《あはゐ》浦《うら》には怨念様と呼ぶ岩礁がある。昔網船の錨が取れないから潜つて見ると、緋の袴を穿いた女が錨に腰掛けて居り、此事を話すと命が無いぞと云はれたのを、船頭が後に人に語つたら、間も無く死んだ。又若郷の巌の上に、雨の夜は緋の袴の女が現はれる。それは曾て其女と男と漂著し、男が糧食を求めに出て帰らなかつた為、女は餓死した、其亡霊であると云ふ。緋の袴の女が漂著したか、又は流罪になつて来て、著しく島民の好奇心を唆り、為に此等の伝説を生じたのではないかと思ふ。

又本村から若郷村へ行く途中に、夜分通れば後方に話声聞え、やがて耳元に近づきワツと大喝するものがある。固より姿も何も見えぬ。これは逢うたといふ者も数名あり、現に学校教員の某迄が真顔になつて物語つた。此辺の路端で、自分は直径二間半余の偉大な陰石の断片かと思ふものを発見した。

最後に属島式根島のことに付て些しく述べる。式根島は一に泊島とも云ふ。同名の湾あるに因つて此名がある。古は七島には新島を加へず、或は八丈島を除き、式根島一名泊島を其一島に数へた時代もある。もと新島に接続して居たのが、元禄十四年の海嘯で分離したといふ。新島の西南一里にあり、東西十五丁南北五丁周囲三里。明治三十年頃迄は定住の人家は無かつたのが、今では百二十戸六百人を数ふるに至つた。黒潮の一部此辺を流れ漁獲多き故に、常に鰹船の輻輳する処となるを以て、四十三年東京府神奈川県千葉県静岡県の聯合で、国庫の補助を仰ぎ築港を企て、最初は六万余円の予算で著手したが、海底岩礁の関係より設計を改め、二十一万円を要することゝなつて、新なる経費の出途なき為、現在の金額の範囲内で事業を施行し、其結果却つて築港以前よりも不便を来したのである。全島地味肥沃で樹木繁茂し、果樹園及び鰹節製造会社等があり、温泉も二ケ所ある。西北海岸にあるのを式根前の湯、一名板崎の湯といひ、島の内部にあるをヂナダの湯といふ。共に硫化水素で温度六十五度内外である。板崎の湯は海岸の岩の間に湧出し、潮引くときは浴するを得。ヂナダの湯は両岸絶壁数十丈の谷底に湧出し、浴中仰いで禽声を聞くの仙境である。新島利島よりも入浴に来るが、女は一衣を纏うた儘入浴し、決して肌を見せることがない。是は大島の女と正反対である。此島の御釜浦に住む猫は、其噂をしただけでも舟を覆すほどの祟をすると伝へられ、役行者《えんのぎやうじや》が赤児を食つた猫を退治したとの話もあり、又大浦某深谷某といふ勇士が山猫退治をしたと云ふ譚もある。差地《さしぢ》山《やま》の躑躅の花が咲かぬのは、太古新島の白鳩を大蛇が追ひ、鳩は此山の躑躅で目を突き飛べなくなつたのを、大蛇が殺して三宅島に逃げようとした処が、新島の大三皇子と母神と兄神が之を退治し、大蛇の骨は八丈島に、胴は三宅島に、屍は新島に分たれた。それから新島の蛇は人に食付かず、三宅島には蛇住まず、此山の躑躅は神の怒に触れて、花が咲かなくなつたとのことである。しかし三宅島の躑躅平《つゝじひら》でも、躑躅にも花が咲かず、同所にも亦同様の伝説がある。

其他の属島、地内島・早島・鵜渡根島は、何れも岩礁に過ぎず、別に説明すべき程のことも無い。

三宅島の話　（辻村太郎君）

大正三年の暮春、島では麦の苅入れに近き頃、明治七年の噴火に拋出せられた有名なる灰長石の結晶、及び火山弾など採集の目的を以て此島に渡り、僅かの間滞在をした。島の旧家壬生《みぶ》氏を訪ねたのは、蜜柑の花の薫る雨の夜であつた。椎の樹の真暗な中に在る同家で、白髯童顔、島人の所謂神様のやうな老人の口から、次の話は聞いたのである。壬生家はもと朝鮮の楽人《がくにん》の家であつたさうだ。国代主命《くにしろぬしのみこと》に随伴して此辺の島々の開拓に従事し、子孫今に連綿すと申して居る。

三宅島に蛇の棲まぬ理由　此島には蜥蜴のみ多くして蛇は絶えて居らぬ。昔箱根の蘆の湖の滸に漁夫が居た。湖の主《ぬし》に漁獲多からんことを禱り、其礼には二人の娘を与へんことを約したが、望の通り大漁があつても信に背いて娘は遣らなかつた。而も心の中では甚だ不安で居ると、怜悧なる二女は父に策を献じ、鳩に化して共に飛び、富士山の頂に至つた。其時恰も国代主《くにしろぬし》の神は此山に居られ、親子の者を伊豆の大島へ遁げさせた。湖水の主なる大蛇之を逐ひ大島に来れば、更に飛んで新島《にひじま》に行き、次に三宅島に着いた。此島にて二女は大蛇に酒と飯とを饗し、彼が満腹して熟睡して居る処を、差《さし》出明神《でのみやうじん》は剣を抜いて之を三断《きだ》に斫つたら、其頭は八丈島に飛び、尾は飛んで大島に落ちた。今も八丈島に蝮多く、大島に青大将の多いのは是故である。其剣を鍛へた処を今もサビの浜と謂ふ。二人の姫は名をアンネー・マンネーと謂つた。大蛇に逐はれた時には赤いきものを著て居つた。阿古《あこ》村の山に咲いて居た躑躅の中に隠れて、仇の眼を免れんとしたが、其折躑躅の枝で目を刺した故に、「つゝじ有つても花咲くな」と言ひ、今も阿古村には花の咲かぬ躑躅の木があるのだと云ふ。自分は五月十九日に島の絶頂の火口の辺に於て、茅原の中に緋色燃ゆるが如き躑躅の一叢を見たが、是がかの伝説中のつゝじであらうと思つた。

正月二十四日の夜戸外に出ぬこと　何時の頃の事か、壬生氏の家の妻女、神着《かみつき》村の首山《かうべやま》と云ふ丘の方へ向つて小用をして、其丘に棲める馬に見込まれた。妻女は之をからかひ、汝の頭に角《つの》が生えたら望をかなへさせてやらうと言ひしに、忽ち馬の頭に角が生えて、女は遂に取殺された。其馬を祭つたのが首神《かうべ》社で、女を祀つた社をこばし神社と謂ふ。神宝の馬の角と云ふ物は、大形の曲玉では無いかと、某博士は言はれたさうだ。島では今も正月二十四日の夜は、「神に遭ふ」とて戸外に出ず、子供を嚇すのに首山のかうべ様が出ると謂ふ。翌二十五日には油で揚げた餅を供へる。

御神火　三宅島では噴火を御神火《ごじんくわ》と云つて居る。火山の絶頂は之を御山《おやま》（アクセントおに在り）と云ふ。御蔵島にても亦さう言ふ。明治七年の噴火に、東郷《ひがしがう》十四軒の人家を埋《うづ》めたる如き熔岩流をがんどと謂ふ。八丈島ではかなどと謂ふ。其際大害を為したる如き火山礫をば御灰と呼んで居る。噴火口は無数にあり、之をほどと謂ふ。大島の三原は、大森博士は御洞《みほら》の転訛と言はれた。八丈でも東山の旧火山をみおらと謂ふが、三宅島では之に当る語を聞かなかつた。この椎の森の翠なる島は、見掛けによらず頻繁なる噴火の惨害を繰返し、其都度御灰は山林を焼き畠地を埋めるが、島民は至つて楽観的に之を解釈し、「事代主《ことしろぬし》の神が島を焼き拡げたまふ」と言つて居る。実際又噴火のある毎に、熔岩は海中に押出して新なる陸地を造り、其磊々たる岩石も、数十年の後にははんの木の林で蔽はれて行くのである。

産業の事ども　事代主命は武力に於ては敗者であつたから、専ら農漁に意を用ゐられし如く、神社の祭文にも、此神が初めて網を作つて魚を捕ることを教へられたこと、擬餌鉤を以て魚を釣ること、出雲から人を集めて農事をしたことなどを言つて居る。正月七日には田植の祭がある。併し伊豆七島で稲田のあるのは八丈島のみである。此祭には菅笠を被り帷子を著て、田植や稲苅の真似をする。供粟祭に供へる粟を作る斎田は、やしや（はんの木）の林を焼いた跡を択ぶ習である。此島の切替畑は、始の月は粟をばら蒔にし、其翌年より他の作物を栽ゑる。漁業は五月になると飛魚の漁期で、国（島人本州をかく謂ふ）から漁夫ども多く集まり、それを覘ふ博徒なども亦来る。本年などは五月二十日でそれが一先づ落著し、それから濃藍色の潮にのみ住むと云ふ鰹魚の漁期で

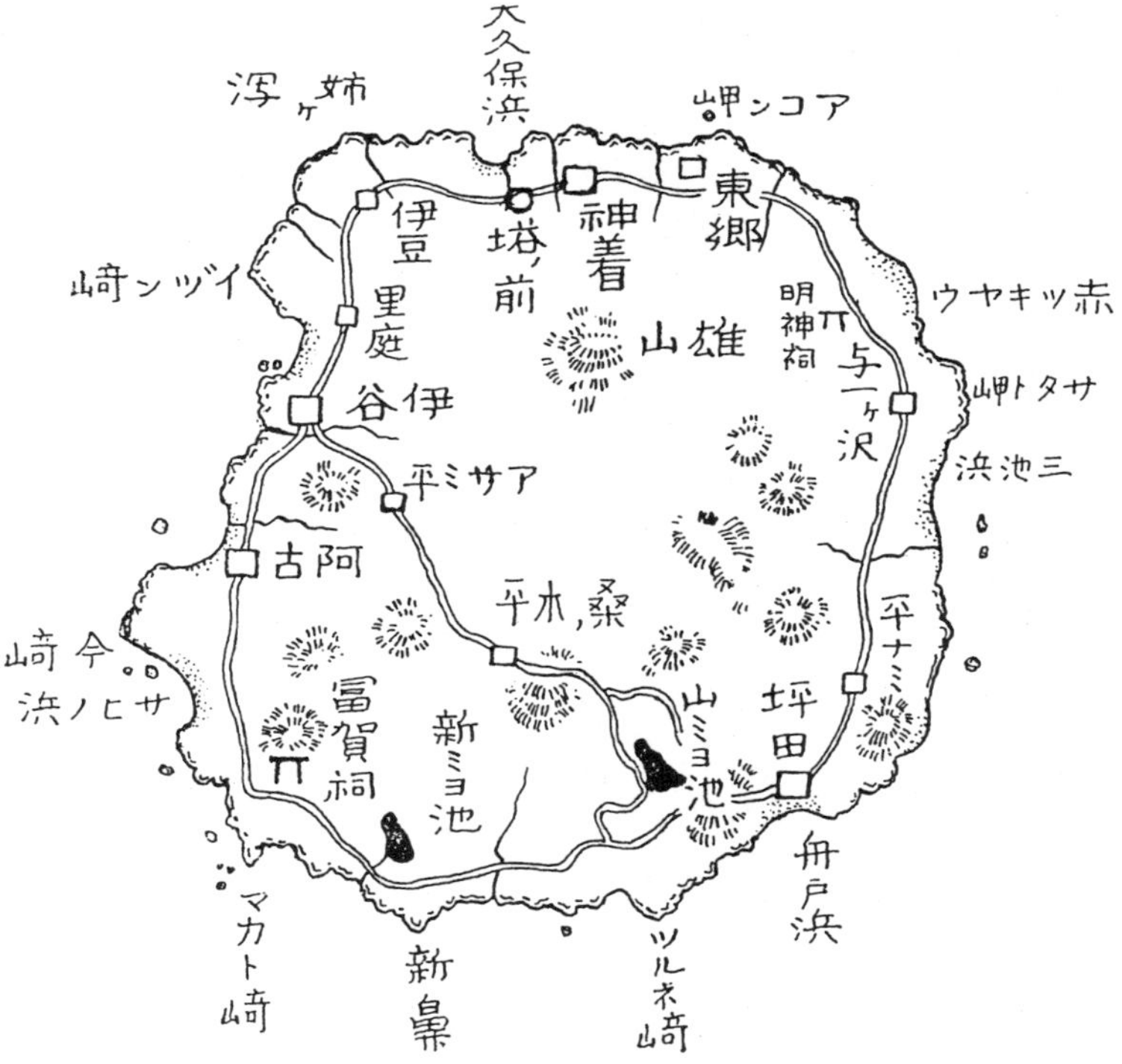

大久保浜
姉ヶ浮
アコン岬
東郷
神着
塔ノ前
伊豆
里庭
イヅツン崎
雄山
明神祠
与一ヶ沢
赤ッキヤウ
サタト岬
三池浜
伊谷
アサミ平
阿古
桑ノ木平
平ナミ
今崎
サヒノ浜
冨賀祠
新ミヨ池
山ミヨ池
坪田
舟戸浜
マカト崎
新臯
ツルネ崎

伊豆國三宅嶋

ある。島には又牛を多く放牧する。明治七年の噴火に成つた砂場・絶頂の火口原・はやうの本《もと》など、皆放牧の地である。其他小さい爆裂火口の底なども残り無く利用せられて居る。牛は育てゝ売る。牛酪を製造する者もあるが、安価の粗製品と競争することが出来ぬと云ふ。満山の椎の林からは、何百俵となく椎実が出る。秋の頃東京日本橋辺の露店などに、三宅島椎実と立て札をしたのを見掛ける。覆盆子も亦甚だ多い。夏の初に女ども山に入つてその紅い果を摘むに、一斗位は造作も無いと云ふ。先年覆盆子酒《いちごしゆ》を製造した人があつたが、売行きが思はしくないので中止した。

山猫　三宅島には限らず、八丈島にも野生になつた猫が多く居り、森林の中に棲んで鳥を捕へ、蜥蜴を食つて生活して居る。但し三宅島では近年犬を飼ふ家が出来て、其為に今まで跳梁して居た山猫がよほど其数を減じ、従つて野鼠の害を患ふるやうになつたと云ふ。

右の外、檞の葉と裏白《うらじろ》とを吊した注連縄を腰に纏ひ、木をくりて作つた物と橙とを胯の間に下げて踊ると云ふ祭のことも、一寸聞きたるも、詳細は存じ申さず。

辻村君の三宅島の話は、談話の際には聞洩したことが多かつたから、後に同君を煩して筆記して貰つた。便宜上新島の話の後に連載したが、話は此方が一年以上早かつたのである。次の中山有馬二君の二篇も、共に談話の筆録では無かつたが、郷土会の席上で此話の出たのがもとで、色々頼んで後に書いて貰つたのである。最終の一篇四谷旧事談は、特に山中翁に乞うて附録として此篇に添へる。郷土会の人々は、又失はれたる江戸をも愛して居た。（追記）

富士講の話（中山太郎君）

我等の生れた関東地方には、富士講と称する富士山を信仰の対象とする団体が多数に散在してゐる。其中にも赤卍講《あかまんかう》とか一心講とか云ふ団体になると、二三ケ国又は三四ケ国に亘り、二万三万と云ふ夥しい信徒を有し居り、六月一日の山開きの祭、八仙元参りの如きは、恰も四国の遍路、東京に於ける六阿弥陀詣での如く行はれ、先達の信徒に臨むは師父の如く、信徒の先達に接するは慈母を慕ふが如くであつた。家相の善悪、疾病の禁厭、縁談の可否など、随分と細かい生活上の問題まで、先達の指図を仰ぐと云ふ有様で、其勢力は実に素晴しいものであつた。

富士講の成立に就て、起原とも云ふべきことを考へて見ると、初は富士山と云ふ山を信仰したのが、漸次に其山に鎮座する木花開耶《このはなさくや》比売命《ひめのみこと》に移つたものらしい。徳川禁令考に依ると、享保の頃、江戸日本橋橘町の油売渡世某と云ふ者、富士信心のことを言触らし、自ら身《み》禄《ろく》と称して庶民を惑はすを以て禁止したと載せてある。然して此頃は富士講とは云はずして仙元講《せんげんかう》と云ひ、祭神も木花開耶比売命と明瞭には云うて居ない。我等の生国下野でも、富士講を仙元講と唱へ、富士を仙元又は浅間《せんげん》と称してゐたことは、ごく近頃まで丶、稀には今日でも斯く云うてゐる者もある。仙元の名が浅間から出たことは云ふ迄も無いが、何が故に浅間を仙元と改めたか、それは判然と知ることができぬ。浅間神社の本家本元、駿河大宮の浅間《あさま》神社でも、富士山の神を祭るに何が故に浅間（一説に浅間《あさま》はアイヌ語にて雲気立昇ると云ふ意なりとあり）の名を用ゐたか、判明せぬのであるから、浅間が仙元に転じた理由も一寸知りにくい。

油売渡世の身禄と云ふは、富士講連中の所謂身禄菩薩《みろくぼさつ》と云ふ者で、食行《じきぎやう》・角行《かくぎやう》・身禄と併称してゐる、斯道での功労者である。両行及び身禄の素性に就ては、教祖伝に通有なる奇蹟的の色彩が添うて居るが、察するに両行は当時の高等遊民、即ち旗本か御家人の隠居などであつたらうと思ふ。現今でも一部の間に勢力を有してゐる淘宮術の開祖が、此種の高等遊民であつたのと同じ様に、衣食に不安を感じない彼等が、退屈まぎれに様々のことを云ひ出して、おありがたやの迷信をそゝつたのであらう。然して富士講の前身たる仙元講が、この両行によつて世間に提唱せられ、身禄に至つて眼鼻が附いたことは事実である。されば今日でも富士講では両行の徳を慕ひ、講の先達として大なり小なりの講社を率ゐるものは云ふ迄も無く、前先達《まへせんだつ》とか脇先達とか云ふ軽輩の者でも、必ず其名を何行《なにぎやう》と称することになつてゐる。然も此の行の一字を許されることは、往々他の社会にも見る「名とり」と云ふ格である。

たしか徂徠の南留別志であつたかと思ふ。富士講の先達が唱へる呪文は、誠に不可解のものであつて、吉利支丹の遺法との説ありと書いてあるが、これは買被りであつて、その正体は誠に埒も無いものである。我等の考へるところでは、富士講は日蓮宗の影響を受けてゐて、其呪文と云ふものも、之れから案出せられたものではなからうかと思ふ。吉利支丹の遺法とまで云はれてゐる呪文の、コウクウタイソク・メウハウ・ソクタイ・ジツパウ・コウクウ・シンなども、法華の経文からでも出たものらしく、身禄菩薩の名も、行と云ふ字を名に用ゐることも、それらしく思はれる。殊に先達連が虎之巻として秘蔵してゐる御歌と云ふものは、其文句が悉く法華臭い文字である。爰に其一二を挙ぐれば、「富士の山金諦駒の綱につけ、御鏡の世と届く都《と》率天《そつてん》まで」とか、或は「日天・月天・十天・一筋に助け給へ」とか云ふやうなものばかりである。僧日蓮が立宗の願を起して、富士の山頂に自筆の法華経を埋めたことや、徳川中世に於ける同宗不受不施派の活動などが、こんな関係を結びつけたのではあるまいか。

富士講が関東地方に多くして其他の地方に尠いことは、富士山の所在地との遠近の差が之を説明してゐる。我等の生れた地方では、朝に夕に富士山を眺め見ることができるので、富士に対する信仰や伝説などもあるが、富士の見えぬ地方では是等のことが無いので、随つて富士講の布植の上にも不便があつたのであらう。関東地方でこそ浅間神社若くは仙元宮が到る処に奉祀せられてゐるもの丶、其が富士に遠い東北とか近畿とかになると殆ど稀にしか之を見得ぬのである。三国一の名山でも、国の鎮と神さび立てる霊山でも、祭神の位置から云ふと、富士山は地方神たるに過ぎぬのである。富士講が富士見十三州以外に普及しなかつたのも此が為である。徳川時代に江戸の年中行事になつてゐた六月一日の駒込の富士詣でに、麦藁細工の蛇を買ふのも、江戸の地が富士と筑波を東西に見ることができた為で、且つ江戸の地に駿河町・富士見町・富士見阪などの名の多いのも、又此が為である。奥州仙台には高尾が祟つてゐるので美人が生れぬと云ふ伝説は、関東にとつては無意味であると同じやうに、富士の見える地方は磐長比売の妬で、美人が出ぬと云ふ伝説も、仙台にあつては無意味である。高山崇拝から脱した富士講が、富士山の見えぬ地方に分布せられなかつたのは当然であらう。

仙元講から進化した富士講も、今では扶桑教と称して独立の管長を戴き、先達連も大講義とか少教正とか云ふ肩書を有してゐる。この富士講が扶桑教となつたに就ては言ふべきことがある。明治の初年神仏混合の禁令が発布せられ、更に排仏毀釈の風が旺んになつた結果、富士講でも従来の呪文や御歌では通用せぬこと丶なつたので、時の大先達であつた宍野《しゝの》央《なかば》と云ふ人物が、扶桑教として教部省に届け出たが、その際に該教の管長は宍野家の世襲たること、祝詞は従来のものを棄て丶新たに制定したものを用ふること、呪文のタイソク・メウハウ云々は、改正して高天《たかま》の神漏岐《かむろき》・神漏美《かむろみ》奇しき御霊《みたま》を幸ひ給へと唱ふること、先達の名は斯く改める、祭服は斯う変ずるなど、種々なる新案を捻出して認可を得た。宍野氏の新案は当時としては先づ上出来の方であつたが、唯困つたことには余りに改革に急なるため、其祭神まで改革してしまつたことである。仙元講の大昔から富士講の近きまで、祭神と云へば木花比売命を主神とし、之に配するに比売の男神たる天孫と、父神の大山祇命《おほやまつみ》を以てし、外には比売の姉神である磐長比売命を、小《こ》御嶽神《みたけのかみ》として祭つたのである。それを宍野氏は木花比売は地祇にして尊厳薄しと思惟し、之に代ふるに天神の有力者たる天御中主命・高産霊命・神産霊命の三神を以てし、扶桑教の祭神は天地造化の神なりと触れ出した。明治維新のドサクサ騒ぎの折としては、こんな事は取立てゝ云ふほどの珍談でもあるまいが、宍野氏の新案は遂に贔負の引倒しであつた。と云ふのは多くの信徒にとつては、富士講が扶桑教と変り、先達が教正と改り、行衣《ぎやうえ》が衣冠になつたところが、少しもそれが嬉しくもない。殊に地祇が天神と変り、木花比売命が天御中主命とならうが、決して有難味を加へる訳ではない。却つて因襲の力は高天の神漏岐神漏美と唱へらるゝよりは、タイソクメウハウを繰返される方が奇瑞があるやうに感ぜしめた。玆に於てか信徒を米櫃と頼む先達連は、信徒の好むがまゝに新式の扶桑教と、旧式の富士講との遣ひ分けをせねばならぬはめとなり、甲所では旧式の「三千町の闇にも三千町の光りあり」と云ふやうな、経文と祝詞とを搗きまぜたと思はるゝ文句を唱へ、乙所では「富士の高根のとことはに跡を垂れ鎮まります天御中主命」と云ふやうな、生硬極まる祝詞を唱ふるなど、全く統一を欠くことゝなつてしまつた。

　富士講の信徒は一回でも多く富士に登山するのを名誉とし、且つ神の恵に浴する方法であると考へてゐる。信徒既に然り、先達連に至つては登山の回数の多寡が、直ちに先達としての価値を定むる標準となるので、何れも競争的に其数を加へるのに力めてゐる。一夏のうち三回登山したとか、山開きから山じまひまでの間に、五度御山《おやま》をしたとか云ふのは敢て珍らしくなく、更に振つたのになると、生涯百度御山の願を掛け、今年で七十五度登山するとか、百度の願を果して記念碑を建てたとか云ふのさへある。

　富士登山の信徒、即ち富士道者の扮装は、白木綿の行衣に金剛杖、頭は同じ白木綿で法印結びとなし、大先達は腰に法螺貝、脇先達は肩から小さな箱を下げ、それが二十人三十人と押出すのである。我等の生れた地方では、先達の登山の犠牲になる用意が、常から講ぜられてゐて、月掛無尽のやうな仕組で旅費を醸出して置いて、本年は誰々、明年は誰々と登山者が定まつてゐる。恰も他の地方の伊勢講とか男体講《なんたいかう》とか云ふのと、同じやうな組織である。

　富士道中に於ける先達連の骨折は一通りでは無い。殊に御山にかゝつてからは、名詮自性、先に立つて六根清浄の音頭を取り、落伍者でもあるとそれが御山の怒に触れたのか、それとも山に酔つたのか、其見込により祈禱をする介抱をする。中々世話の行届いたものである。御来迎《ごらいかう》の拝観、御頂上《おちやうじやう》、それが済むと御鉢廻《おはちまは》りと称して噴火口を一周するもの、御中度《おちゆうど》と称して富士の山腹を一廻するもの、八湖廻りと称して富士裾野の八つの湖を一巡する者などもある。然しお中度とか八湖廻りとか云ふのは、よほど奇特の者ならではせぬことで、十人のうち九人まではお頂上からお鉢廻り位が関の山である。先達も信徒も御頂上の際に、必ず頂上印と云ふのを行衣と金剛杖とに押してもらふ。この頂上印の数の多いのが、即ち登山の数の多いことを意味し、随つて其持主は古顔として幅が利くのである。

御嶽講《おんたけかう》では水を粗末《そまつ》に取扱《とりあつか》ふが、之に反して富士講では水を頗る大切にする。御嶽講の行者は好んで水行《みづぎやう》をやるが、富士講では御水と称して、水行は愚か、一滴の水でも粗末にせぬ。富士講が斯く水を大切にするのは、富士山頂の金明水銀明水の伝説と、火山系の同山に水の尠いと云ふことが、原因をなしてゐるのであらう。水を大切にする富士講は火を粗末にする。先達が唯一の神占法としてゐる「お焚きあげ」がそれである。お焚きあげは総ての物の善悪吉凶を神に問ふ時に行ふもので、富士講では手重いものとしてある。爰にその方法をかい摘んで云ふと、先づ願主の願意を記したる半紙と、先達が何やら書いた半紙とを用意し、別に新しいはうろくと清らかな薪の小割とを調へ、大先達を中央に、脇先達は左右に座を構へ、神前に対して天津《あまつ》祝詞《のりと》から大祓、六根清浄の祓も出れば、「富士の高根のとことはに」も持出される。斯くて儀式が進んで行くと、件の薪に火を移し、先づ燃えあがる火の勢ひと色とに由りて吉凶を判じ、更に半紙を一枚づゝ火中に投じ、それが灰になつて煙と共に火焰に煽られて舞上る、其灰の色と舞上る勢と、灰が下に翻れる範囲とに由つて、善悪を定めるのである。然してこのお焚きあげをするうちだけは、例の高天の神漏岐神漏美を声高に且つ急速に唱へ、願主も先達の背後に座して小声にこれを唱へるのである。お焚きあげに関する秘事口伝は、我等も二三度耳にしたこともあるが、要するに先達連の経験と誇大想から出たものである。

お焚きあげをする程でも無いと云ふものになると、先達連は「御祓占ひ」と云ふことをする。これも随分埒のないことで、前に挙げた御歌と称するものを四五十首並べて折本としたものを以て、病人の局所を撫でさするとか、更に先達の息でその折本を吹き、開いたところの御歌の文句によつて判断するとか、歌占又は神社仏閣の「おみくじ」と似たことをやる。然してこの御歌なるものを唱へる時の節調が、又妙を極めてゐるのである。例へば「富士の山登りて見れば何も無し、善きも悪きもわが心かな」とか、更に「こりとりて洗ひ流せば身も清し、心も清し富士のみたらせ」と云ふやうな歌を、殆ど梵唄のやうな節で唱へるのである。

富士講の流派は赤卍《あかまん》・白卍《しろまん》・一心・月参《つきまゐり》・一誠・扶桑など沢山にある。されど流派が異なると云うて、祭事も儀式も毫も変はつた点はない。単に赤卍講は大宮口より登山するとか、一心講は吉田口から登山するとか云ふ位の相違に過ぎぬ。先達と信徒との関係は、月拝みと称して定期に毎月一回づゝ来て、家内安全火難水難剣難盗難の祈禱をするのと、他は臨時に病人・縁談・家相・方位と云ふやうなことで祈禱をするのである。先達の都合で信徒の家へ来られぬ場合は、病人なれば其者の肌に著いたことのある衣類を持参して、これに祈禱を乞ふことになつてゐる。先達へのお礼は、自宅祈禱の場合は定期と臨時とを問はず、酒食を饗応した上に、信徒の分限に応じ、二十銭から一円まで現金を添へる。

先達は此外に毎年御山の折に、餞別を受けることになつてゐる。流行する先達になると、甲の村から乙の村、丙の字から丁の字へと日を重ね泊りを重ねて祈禱して廻る。それをあちからお迎へ、こちからお迎へと、或は馬を以てする、或は車を以てするなど、中々優遇せられたものである。併しながら富士講の先達は、割合に金銭に淡泊で、且つ甚だしい迷信は説かぬ。家督は倅に譲り、百姓仕事は骨も折れるから、隠居の口稼ぎに先達をするなどゝ云ふ。所謂夜食先達も少なくない。それが為か、我等の生れた地方では、富士講の先達をすると癇症と云ふ口の曲る病気か、又は中風に罹ると伝へてゐる。

六月一日の山開きの富士詣でに、麦藁細工の蛇を買ふことは、江戸駒込の富士ばかりでは無くて、我等の郷地に近き下野足利郡山辺村大字田中の浅間神社にもあるが、其由縁は何に基くのか知らぬ。八仙元参りと云ふのは東京の六阿弥陀詣でと同じで、八ケ所の仙元宮に参詣することである。尤も参詣すべき日時には制限がなく、春の日でも秋の日でも、老若男女が五六名打連れて、作物の話やら時候のことやら話しながら、村や耕地を廻つて一日がゝりで、半ば信心、半ば保養と云ふ心持で参詣する。稀には八仙元参りに兼ぬるに石の鳥居の七くゞりとて、石の鳥居ある神社の七つに参詣することもある。而して此場合は先達は煩はさずに、心の合うた人たちばかりで詣でることになつてゐる。

終に一言すべきことは、何故か富士講では、古くから「富」の字を避けて「冨」の字のみ用ゐてゐることである。

中山太郎氏の富士講の話に、食行角行の「両行は当時の高等遊民、即ち旗本か御家人の隠居などであつたらうと思ふ云々、衣食に不安を感じない彼等が、退屈紛れに様々の事を謂ひ出して、御有難やの迷信をそゝつたのであらう」とあるが、甲子夜話六十七に載せた福井行智(夜話の筆者松浦静山侯出入りの真言僧で、梵蘭諸語に達した人)の小冊富士講起原由来に、此宗の祖師系図があつて、元祖書行藤仏於人穴入定、次に大法浜旺《はまぐわん》、次に旺心、次に月旺、次に星旺、次に妙法日旺仏、其次に月心と月行膾仲有り。村山光清が月心に次ぎ、月行の次に日行藤仲と食行身禄の二人を出す。之に拠れば書行（中山氏の所謂角行か）より八代目が食行で、食行乃ち身禄と見ゆ。又書行は肥前長崎の長谷川民部大輔といふ浪人の子で天文十一年生る（家康と同年生れ）。八歳頃より世を厭ひ、成長後奥州某山に入り、次で富士に行つて苦行し一派を開く。食行身禄は伊勢国川上の産、十八にて江戸に来り、本町二丁目に住んで商ひし、一代に巨万を積む。名は富山清兵衛、年来富士行を信じ、苦行を勤る事度々也。老後に残り無く財貨を親戚窮民に施尽して赤貧となり、小石川春日町の裏店を借りて居り、油を鬻いで漸く妻子を養ひ、享保某年富士山にて三十一日の断食して餓死すとあれば、書行食行共に旗本御家人の隠居でも無かつたらしい。嬉遊笑覧七を見ると、此身禄名は伊兵衛、本町二丁目呉服店富山清右衛門に奉公せしが、十七にて店を出で武家に中間《ちゆうげん》を勤め、後水道町の油商山崎屋より油を受け担ひ売せりとあるから、一生貧乏だつたので、行智は件の呉服店主富山清右衛門身禄と主従を混じて一人とし、曾て大富だつたやうに筆したらしい。予の知る所では、上方に古来富士登山の団体は無かつた。但し予の父の出た家は代々長寿で、祖父の代迄皆八十以上で終つたが、其先祖の中に一人九十余迄生きたのがあつて、毎度富士山へ登ると足の下から雲が起つたと村中言伝へた。其頃一人斯る事を遠路思立つ筈も無いから、或は以前は関西にも富士講風の者が有つたのかと思ふ。

（南方熊楠）

隅田川の船　（有馬頼寧君）

自分は幼少の頃から隅田川の岸に住んで居たので、朝に晩に此川を上下する色々の船を見た。殊に夏は南風を帆に孕んで上つて来る船、冬は雪の中を漕ぎ下す船などは、この平野を緩く流れる大川の景色と共に、言ふべからざる美しい印象を今に留めて居る。仍つてその永い年月の見聞記憶に基いて、些しく船のことを書いて見ようと思ふ。同じ船でも海洋湖沼と泛ぶ場処の異なるに従ひ、又は附近地方の事情にも伴なつて、色々の変化を見るべきであるが、此には只自分に最も親しかつた隅田川だけの船の話をするのである。

先づ使用の目的に由つて此川の船を四種類に分けて見る。一には遊びに用ゐる船である。二つには漁《れふ》に用ゐる船である。三は即ち運送用の船、四は交通の為に用ゐる船である。大体此順序を以て話して見ようと思ふ。

(一) 遊に用ゐる船

(イ) 屋形船　遊に用ゐる船の中で最も大きいのが屋形船である。今は殆ど無いが、旧幕時代には涼み船に用ゐられた。五月二十八日の川開きの日に始まり、八月四日の日までを限としてあつた。屋形船にはそれ〴〵名があつた。川市丸・岩戸丸・吉川丸などの類である。川市丸は神田川の市川屋の持船で、岩戸丸は同処明石屋と云ふのにあつた。何れも船頭は七人である。吉川丸と云ふのは最も新しく、又前の二つよりも小さかつた。屋形船の盛んに用ゐられたのは天保から文久の頃までゝあつた。武家の外は普通の者は乗ることができなかつた。艪は一切用ゐず総て棹で、屋根の上で其棹を使つた。身分のある人の乗つて居る屋根の上であるから、其屋根裏には虫と云ふ字を書き、船頭を虫と看做して居たと云ふ話である。此序に言ふが、将軍家の乗用船は屋形船よりも更に大きく、八挺艪で十五人の船頭が乗組んで居た。之を御船手と称して幕府から扶持を受けて居た人々である。後には水練の教師などになつた者が多かつた。此船の最も近くまで残つて居たのは安宅丸《あたかまる》と云ふのであつたと云ふ。

(ロ) 屋根船　形は屋形船とは似て居るが、棹は用ゐずして艪を用ゐて居た。明治になつてからは艪は二挺になつたが、維新以前は一挺より外は許されなかつた。但し将軍御成の節に、役船と称して役人が乗つて出る時は、特に艪が三挺であつた。又以前は屋根船には障子を用ゐず、総て簾であつた。屋形船と同じ様に花火見物涼み船に用ゐられた外に、柳橋から芸妓を乗せて吉原に行く人や、猿若町へ芝居を見に行く人などの、送り迎へにも供せられて居たのである。屋根の内には船宿の屋号を書いた提灯をさげるのが通例であつた。

(ハ) 大阪船　此は屋根船と同じものであるが、東京の屋根船には手摺《てすり》が無いのを、大阪風に似せて其を取附け、それを大阪船と呼んだのである。

(二) 漁に用ゐる船

(イ) 網船　此船は投網《とあみ》に用ゐる船である。此船の特徴は、舳艫《へさきとも》が他のものよりも上つて居ることで、船を成るべく速かに回転せしめる為に斯して居る。又他の船のやうに板子が直接に船縁に乗つては居らずに、ナギレと云ふ木の上にのつて居る。船の長さは四間位で、舳の所が網を打つに便利なやうに、船縁と同じ高さに板子を張つてある。昔からあつた船である。

(ロ) 釣船　此船は荷足《にたり》の一種であるが、舳先が低く水の中へ入つて居る。此は風の為に舳の動かされぬ為である。其代りに船は重くて回転が敏速でない。長さ六間もあつて割合に長いのは、一時に多勢の釣人に船腹を利用させ得る為かと思ふ。此も昔からあつたものである。

(ハ) 縄船　此は多く見掛けぬ船であるが、朝夙くか夕方には見ることがある。二間ぐらゐの長さの荷足で、流し針で鰻を捕るに用ゐるものである。此船は羽田《はねだ》地方から来るので、海苔を採る船と同じ型である。

(ニ) 田船　此はもと蓮田などで用ゐるものを、川で釣船として使用したのであるが、近頃は汽船が多くなつた為に危険なのと、釣の出来ぬのとで、殆ど見られなくなつた。元来素人の用に供する小舟で、真の漁船では無い。時には艪は用ゐずに、橈《かい》を以て代用とすることがある。

(三) 運送に用ゐる船

(イ) 高瀬船　此船はかなり大きな船で、特徴は舳が高く、舳の前面が船底にかけて扁平であることで、正面から見ると蝦蟇の様な形をして居るので、子供等は「がま船」と呼んで居た。昔上州の人で高瀬四郎右衛門と云ふ者が始めて造つたので、高瀬船と謂ふのださうな。重に利根川筋を上下するので、又上州船とも謂ふ。隅田川に用ゐられるやうになつたのは、比較的新しいことである。喫水が浅く出来て居るのは、川床の高い処を多く通ふからである。隅田川を上下する高瀬船は、以前は川越から来る者が多く、川越船或は川越高瀬と称へた。下りには藷麦大豆小豆薪炭等を積み、上りには砂糖酒肥料糠藁灰などを積んで行く。川越通ひは六才船と謂つて、六日目毎に出る船があつた。時間を限つた通船で船脚が速いので、船頭も八人位乗組み、白鉢巻に白足袋と云ふ、甚だ威勢の好い奇麗な様子をして、棹をさすのであつた。

藁を積む船もやはり高瀬船であるが、多くは古くなつたのを用ゐて居る。高さは二間もあり横も船縁から外へ出る程に積むので、前後の往来が六かしく、船頭は舳部で棹をさし、艫部に居る者が其差図を受けて舵を取つて居る。時として艫部に人の居らぬことがある。水泳をする子供が悪戯をするのは斯な時で、蔭から来て其舵をぐつと動かすと、船が飛んでもない方に廻転する。こらつと怒つて船頭が高い藁を越えて来る時分には、子供は早遠くへ遁げて笑つて居るなどは、屢々見受ける出来事であつた。

(ロ) 伝馬船　最も多く運送に用ゐられるのはこの伝馬船《てんまぶね》である。其一番大きいのを三百伝馬と称して、米三百俵を積む。小さいのには三十俵積位のものもある。主として市場と問屋との間に貨物を運ぶもので、米以外にも何でも積むが、米なら米、材木なら材木と、船毎に大体定まつて居る。船は問屋の持船もあれば、運送屋の所有するものもある。船頭は運賃の六分を取つて、四分を親方に出すことになつて居る。船の附属具は親方が持ち、棹や帆などは船頭持ちであると云ふ。

石炭を積む船も伝馬船であるが、一つの特色がある。大川を上下する船の中でも殊に荷物を多く積み、殆ど船縁と水とすれ〳〵のやうになつて通るのは、石炭船に限つて居る。だから例の一銭蒸汽の横浪を食つて、馬鹿やろーなど丶怒鳴つて居るのは、多くは此船である。さうして又よく沈没もする。警察では八釜しく言ふらしいが、根つから多く積む風を改めぬやうである。

（ハ）ちや船　伝馬船の一種である。親船が品川沖まで来て大川にはひれぬ時、荷役をするのに用ゐられて居る。百石位まで積むのがある。

（ニ）五大力　此船は主に石炭や綿糸を積み、又千葉地方へ塵埃を運ぶのにも用ゐられて居る。高さも高く、舳先が尖つて居て長さも長く、両舷に波除けを附けたのを特徴として居る。

（ホ）だるま船　五大力と同じやうな目的に使用せられて居るが、大さが稍大きく、形状が外国船に似て居る。前年アムステルダムに滞在して居た頃、かの港に「だるま船」と全く同じ形の船で、而もその船頭が胸の上部に棹を当て丶押す様子までが、寸分ちがはぬもの丶あるのを見て、奇異の感を抱いたことがあつた。和蘭が日本の「だるま船」を真似たのかとも思ふが、或はその反対であるかも知れぬ。普通の日本船は何れも艫部が角であるが、「だるま」に限つてボートのやうに尖つて居る。隅田川では明治になつて始めて用ゐられるやうになつた新種の船である。

（ヘ）だんべ船　五大力とよく似て居る。尾張から来るのを「尾張だんべ」と謂ふ。重に酢とか酒とかを積み、又檜木などの材木を積む。

（ト）神奈川荷足　五大力船に似て幅が狭く、且つ稍小形である。多摩川の砂利を主として積んで来るので、神奈川荷足《かながはにたり》と云ふのである。

（チ）榎戸船　南足立郡草加《さうか》地方から来る船で、其地元の名を取つて榎戸船《えのきどぶね》と謂ふ。積む物には別にきまりが無い。高瀬船に似て居るが、舳先が高瀬のやうに扁平でなく、伝馬船の舳と同じである。

（リ）肥船　肥船《こえぶね》には伝馬形のものと荷足形のものとある。以前は荷足形が多かつたが、今は其反対である。又肥を桶の儘載せるものと、船の中へ之をぢかに入れて行くものと二種がある。前者は一村共同で持つ場合に多く、後者は個人が持つて居る船である。

（四）交通に用ゐる船

（イ）渡し船　段々減じては行くが、隅田川全体ではまだ可なりの数である。船の形が甚だしく扁平であるのは、浅い処も自由に通り、多くの人を載せ、兼ねて又動揺の少ないやうにと云ふことを主眼とするからである。

（ロ）ちよき船　此は昔は有名なものであつたが、既に跡を絶つて居る。今の荷足の小さいので、三人位の客を載せ、一挺艪で漕ぐ船であつた。

以上を以て大体隅田川に在る船の種類を挙げ了つたが、尚此序に川船に関する二三の事柄を述べて置かうと思ふ。

隅田川の船の中では大川端の茶船の船頭が最も幅を利かして居たと云ふ。永代橋の附近の、今の郵船会社の船夫の多く居る辺に居た船頭である。

船には金毘羅様を始め、色々の神を祭るが、一般に祭つて居るのは船霊大明神である。祭の日は十二月の一日である。

盆の十三日の日と大晦日とは、海は勿論のこと川へでも船を出さぬ。又網などもせぬのである。

西北の風をサガと謂ひ、巽をイナサと謂ひ、北西をナラヒ、筑波から吹くのをコチ、北風をタカ、南風をシタと謂ふ。

艪縄をハヤヲ、縄をモヤイ、艪の船縁《ふなべり》に接する所をオキザと謂ひ、そこに飛出て居るものをログヒと謂ふ。船の方に其ログヒを嵌め込む所をイレコと云ふ。投網船などの舳部にあるしきりで、中央部に水の来ぬやうにした場所をカツパと謂ふ。船の中央をドウ、後方をトモ、船縁をコベリ、ハヤヲを差込む所をネコ、ハヤヲを留める木の棒をチクサと謂うて居る。舵の柄はツカ、船中にある小屋をセイヂと云ふ。船の後部に在つて帆柱を乗せる鳥居形のものをヨコヅナ、雨覆ひの為に掛けるものをトバと謂ふのである。

四谷旧事談　（山中笑翁）

自分は嘉永三年の十一月、江戸四谷西念寺横町の家で生れた。父の名は山中三九郎、その屋敷はちやうど西念寺の隣地であつた。当時の江戸切絵図を見ると、西念寺から鉄砲阪の方へ行く途に名前が出て居る。安政大地震の前に父が住居を四谷菱屋横町の西側に新築し、之に移つたのが五六歳の時であつた。八九歳の頃青山穏田《おんでん》の大火の時に此家も焼けて、四谷相の馬場、河野藤左衛門の長屋に仮住居をしたが、それから裏仲殿町に家を買うて、維新の時までそこに住んで居たのである。其間凡そ二十年の見聞を思ひ出るまゝに記して置く。

四谷御門外は堀端に沿うて、夏は麦湯見世が十数軒出た。腰掛台を並べて麦湯玉子湯葛湯など客の好みに応じ、艶色を売る婦人が多かつたと聞いて居る。涼みの人が散ずると、店棚腰掛等を取片付け、台は重ねて積んで置き、道具はそれ〳〵仕舞うて持つて帰るのを、嬉しがつて手伝つて遣る遊治郎も多かつたと云ふことである。

天王の祭礼又は山王祭の時は、広重の画灯籠が、絹地張で見事であつたから、見物に出る人が中々多かつた。

伊賀町は家康公に仕へて明智の乱の伊賀路越以来数度の武功があつた伊賀の者に、組屋敷に給せられた土地である。其伊賀者が南北に分れて居住して居つた。小身者ながら地方《ぢかた》を持つて居た為に、其事務を扱ふ役所のやうなものが北伊賀町に在つた。伊賀者は元来服部半蔵の組下であつて、今も其名を残した麹町の半蔵門外に住んで居たが、寛永年間に御用地になつた為に、その代地として四谷へ下されたのであると云ふ。而して西念寺と云ふ寺は、右の服部半蔵の開基、家康公の子三郎様の菩提の為に、半蔵が建立したと云ふから、半蔵組下の伊賀者も、其寺の近辺へ代地を願うたのでは無からうかと思ふ。

闇阪を下りて左の地を満仲谷《まんぢゆうだに》と謂ふ。多田満仲の故事を言ふ者もあるが、史実の証も無い俗説である。

闇阪の下に石橋があつた。玉川上水の分流が此へ流れて来て、本村組屋敷から阪町下へ出で、市谷八幡前へ流れた。小石川どん〳〵橋の処迄行つて、江戸川に流込む大溝である。此流の名を紅葉川と云ふと聞いて居る。

紅葉川の流つゞきに、蓮池組屋敷と云ふ処があつた。合羽《かつぱ》阪《ざか》の下で南へ低い土地である。池があつて河童《かつぱ》が住んで居り、折々阪の辺へ出た故に阪の名になつたと云ふ。又一説には尾張侯の行列が雨の日は合羽を著して御供し、此処まで来ると合羽を脱いで、阪の駒寄せへ投掛けて表門へ入る故に、合羽阪と云ふ由。又一説には此阪に合羽屋があつたからだと云ふが、此説が恐らくは是で、焼餅を売る見世があつたから、やきもち阪と云ふ名が起つたと同じ類であらう。

幼年の頃天王の祭に、遠景の趣向をした作り物の出来たことがある。今の永住町の表通かと思ふ。夜景殊によろしく、一軒の家の奥を打抜いて、其隣家の屋根を応用し、草木を栽ゑて遠見の山となし、灯火をつけて表から見るやうにしたのが、如何にも見事で評判がよかつた。

古筆栄仲は、もと菱屋横町の西に住んで居た人で、古瓦を多く集めて居た。天王祭の時、その瓦を出して作り物にしたと云ふ。

鉄砲阪から鮫ケ橋谷町へ下りて左側、御家人某の門内の中《ちゆう》間《げん》部屋に、畸人の中間《ちゆうげん》が居つて、当時の草双紙小説類を多く蔵し、自分も十二三歳の頃此仲間に借りて読んだことがある。此者は普通の仲間のやうで無く、萌葱呉絽《もえぎごろ》へ蛇腹奴《じやばらやつこ》の紋を附けた衣服などで、煙草入もなみの者と違つて居た。本を貸すのがすきで、よく近辺の少年に貸した。予が幼年の友宮田直次郎氏（後に牛岳と号す）なども、をり〳〵借りて居られたが、其父一右衛門と云ふ御広敷添番を勤めて居られた人此事を聞き、彼が来たら食事をさせ話を聞かうと思つて待つて居た処、彼はやつては来たがどうしても台所へ上らず、辞退して帰つたと云ふ。此話は宮田の親類なる内田魯庵氏が、古く聞いて居たとて、近頃自分に話されたことである。何と云ふ人であつたか、其屋敷の名も覚えて居らぬのを残念に思ふ。

四谷天王の氏子には、六月十八日から二十一日迄の祭礼の間、胡瓜を食べぬ者があつた。天王様の御紋は胡瓜の輪切だからと謂つた。即ち祇園守《ぎをんまもり》の紋をさう言つたのである。

仲殿町には表と裏とあつて、表仲殿町は四谷大通からの横町、裏仲殿町は西念寺横町と表仲殿町との間に在つて、大通への道は無かつた。爰に袋町と云ふ組屋敷があつた。其組屋敷の中に、伊藤鳳山と云ふ儒者が居て、漢学を教へて居た。著書も有つたやうに思ふ。

表仲殿町から裏仲殿町へ突当る処に、酒屋桶屋米屋と今一戸何かの小商ひ見世と、四軒の裏長屋が有つたが、仲殿町には此外に町屋は無かつた。

西念寺はもと寺中が二箇寺であつたが、焼けて後再建が出来ず、一箇寺だけになつたと云ふ。此は父から聞いたことである。

四谷の愛染院にはよく書画会があつた。会費は一朱で五もく飯を出し、山の手の文人が出席して揮毫した。

伝馬町一丁目南側に、小達《をだて》と云ふ小児医者があつた。赤く塗つた板目で、目につく家であつた。

大横町に対する南側は、医師柔術の師などの家であつた。車力門横丁向つて右角は、㋒ う ノ 丸と云ふ小間物屋、大きな家であつたと覚えて居る。今でもあるが家が半分程になつた。

伝馬町一丁目であつたか、鹿島と云ふ畳表荒物を商ふ家があつた。此見世の造り、表から裏まで土間を取つてあつた。地方によく見る構造だが、江戸では珍しいと言はれて居た。

四谷の氏神は天王で、鮫ケ橋の氏神は稲荷である。祭の時神輿を担ぐ者も別々である。稲荷の方が地主で、天王は神田明神から盗んで来たと云ふ俗説があるさうだ。

鮫ケ橋表町を入《いり》と謂ふ。四谷の方に沿うた処は屋敷で、東に面した方は町家ばかりであつた。入に鐙ケ淵《あぶみふち》と云うて小さな沼があつた。義家が鐙を落した淵と云ふ。陽光寺の地内であつたかと思ふ。

西念寺の表門は、今は西念寺横町に在つて東面であるが、元来は西の阪に在つて西向きであつた。門を入つて右手に寺中《ちゆう》の寺《じ》があつたが、今では別寺となつて居る。服部半蔵の墓も、元は今の処では無かつた。代々の和尚の墓の中央にあつたのを、其墓石のみ引出したのである。

西念寺の阪を下りて鮫ケ橋の角、真成院と云ふ寺に、潮干《しほひの》

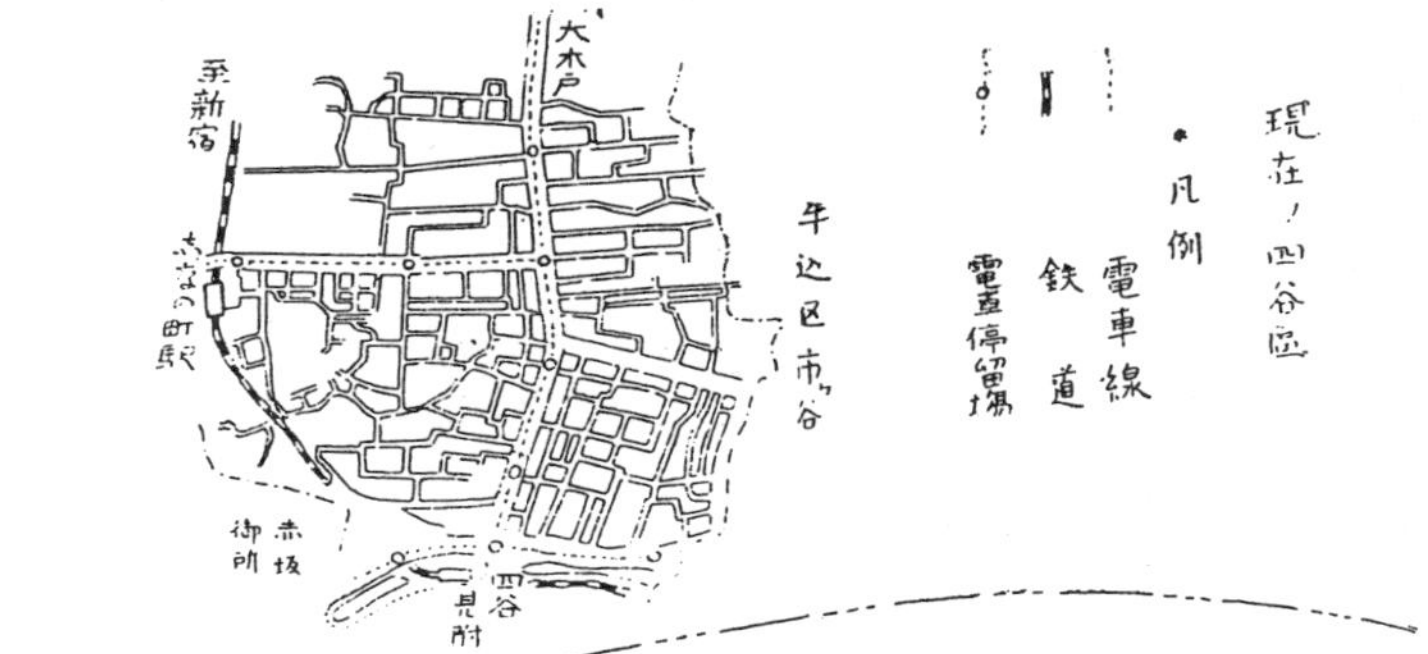
現在ノ四谷區
凡例
電車線
鉄道
電車停留場
大木戸
至新宿
牛込区市ヶ谷
赤坂御所
四谷見附

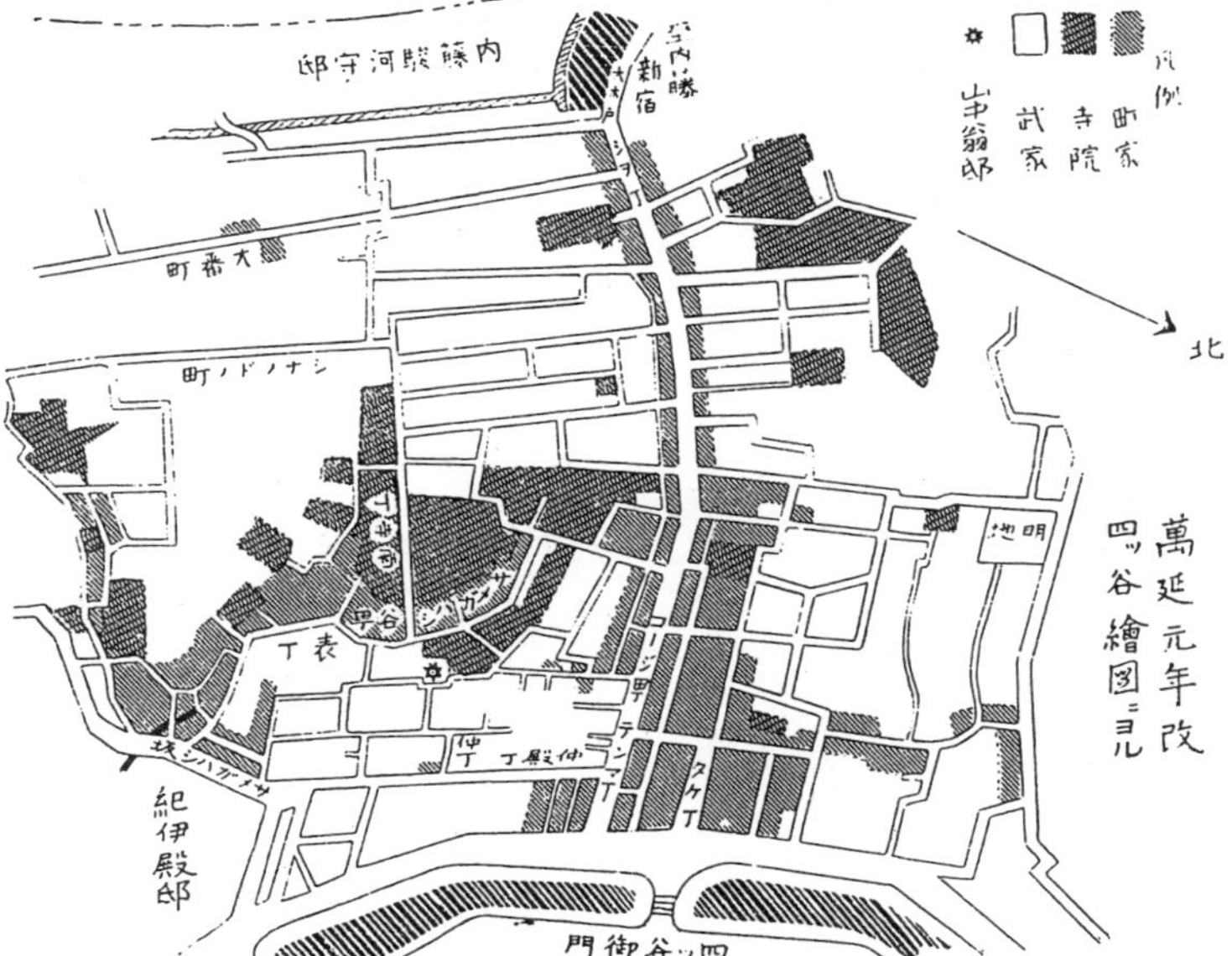
萬延元年改
四ッ谷繪圖ニヨル
凡例
町家
寺院
武家
岩翁邸
内藤駿河守邸
内藤新宿
大番町
北
明地
紀伊殿邸
四ッ谷御門

観音《くわんおん》と云ふのがあつた。四万六千日などには中々の人出で賑はしかつた。昔は此阪まで潮の差引があつたので、それで潮干観音と云ふのだとの説がある。

谷町では井戸を掘ると、大錨とか帆柱とかゞ横に出て居つて、掘れぬと云ふ伝説がある。

鮫ケ橋の永井の屋敷内に、鳥大明神の祭をして酉市《とりのまち》で賑はつたことがあつた。其永井は永井金三郎であつたか、永井肥前守であつたか不確かである。今の四谷天王社内にある御酉《おとり》様《さま》は、多分此を移したものだらうと思ふ。

この永井の屋敷地には、もと奥州街道の一里塚だと云つて、樫の大木のある塚があつた。

鮫ケ橋の入には夜鷹の居る家があつて、夕方には二十人程、芝愛宕下辺へ出るとて連立つて通行した。四谷仲殿町の子供等之を見ると、「夜鷹のぼゝから火事がでた、水まらもて来いそら消えた」と、口々に叫んでからかつたものである。

四谷御門外から市谷本村町へ行く処に、大木の松があつた。此松の外に外濠べりには大樹とては無かつた。此松は今では救世軍士官学校の構内になつて居る。之を高力松《かうりきまつ》と謂うたのは、高力某と云ふ人の屋敷が此地であつたからである。

新宿北裏正受院に在る三途川《さうづか》の老婆の像は、右の高力氏の先祖なる者の妻女の像であるとも云ふ。其説に曰く、昔高力氏の祖、図らず山賊の住家に宿りし処、一婦人あつて密かに此事を告げ、間道を教へて遁れ去らしめた。山賊の頭《かしら》後に之を知つて其婦人を殺さうとしたが、平生手下の者を親切に世話して居た為に、彼等山中で殺したと頭を欺いて遁して遣つた。其婦人めぐりめぐつて後に高力と再会し夫婦となる。大恩ある婦人のこと故、其像を造つて祀つて置いたが、あまり姿が怖しいので、之を菩提寺なる正受院へ納めたのが、いつの時代よりか、霊験ある奪衣婆としてはやり出したのである云々。此話は少年の頃父から聞いた話である。真偽不定ながら斯んな伝説もあつたと云ふことを知る為に記して置く。

四谷南寺通りから鮫ケ橋へ下る阪を油揚阪《あぶらげざか》と謂うた。阪の北側に豆腐屋があつた故の俗称であらうと思ふ。

四谷くらやみ阪を下つてから、登つて左側の小笹の中に、三体の石地蔵があつて香花を供へてあつたが、今は無くなつた。

湯屋横町からくらやみ阪へ出る処の上から来て左側に、清水の湧く小溝があつた。此処にも地蔵が三体ほど立つて居て、香花常に供へられ、又大豆を木綿糸で珠数のやうに繋いだものが、幾つともなく掛けてあつた。虫歯の願掛けと云ふことであつた。

湯屋横町の薬師は縁日が盛んであつて、植木屋や玩具店が往来へ多く出た。四谷で縁日の賑はふのは、此外には無かつたかと思ふ。

左門町の於岩稲荷は役者芸人などの信心する社で、土焼の狐が無数に納めてあつたのを、本殿改築の時に俵に詰めて地形に埋めて使用したと聞く。此稲荷は維新後に中洲へ移されて、参詣人が無くなつたのである。

お岩の家跡に住む者の家へは、毎年の盆には聖霊棚《しやうりやうだな》へ、必ず蛇が来て上つて居ると云ひ、此はお岩の霊であると信ぜられて居た。

安政大地震の後、四谷船板横町に近い大通りの金物屋で、穴倉を穿るとて石地蔵を掘出し、数日之を店先に安置して、香花を供へて居たことがあつた。後に菩提所へ納めたと云ふ。年号などもあつたが、幼年の時のことで覚えて居らぬ。

維新前四谷で名の聞えた商店は、荒物屋の鹿島・薬屋の灰吹屋・鰻屋の伊勢虎・馬子蕎麦・菓子屋の船橋（雪月花のもなか）・西東屋・小間物屋のうノ丸・茶屋の伊勢治・酒屋の三安・小鳥屋の市場屋・味噌屋の加賀屋・杉大門々番の甘酒などであつた。此中には今も有るものがあり、又は家名ばかりで全く他人になつたのもある。

杉大門とは今の新阪のことである。此寺の門は四谷の通りに向ひ、門内数町の間、敷石幅広く、左右は杉の並木で、鴉の巣を造る処であつた。青山穏田《をんでん》の火事の時、此杉に火が附いた為に、遁げ込んだ人が多く焼死んだことがあつた。

此寺の墓場に牧野侯の御姫様の墓があつた。此を「本《ほん》の御姫様」と謂うて、墓石に耳を附けて聴くと読書の声が聞えると云ひ、耳を附けて聞いたことがあつた。

杉大門の辺に金子屋と云ふ八十八軒江戸御百姓宿、又は郷宿とも称する宿屋があつた。入口が格子戸になつて鴉を飼つて居た。此鴉は客人の履物を、嘴で直すやうに仕込まれて居つた。此も杉大門の杉で巣立つた鴉であつた。

新宿の太宗寺横町だつたか、麴屋横町だつたか慥かには覚えぬが、おもちやの真鍮の鈴を作る職人が住んで居た。外ではあまり見掛けなかつた商売のやうに覚えて居る。

四谷の湯屋で表通りにあつたのは、茶碗鉢の湯屋と云ふ二階造りのが中程の北側にあつた。湯屋横町の角の湯屋、此は今でもある。此外に右馬殿横町の角に今一つあつた。湯屋の数が今日よりは少なかつた故に、遠方まで行つて湯に入つた。湯屋の二階は一種の倶楽部であつた。

四谷御門外に千葉の小児丸と云ふ名高い薬を出す医者があつた。人の説に寒中鴉を捕へ糞溜の中へ入れて置いて、其肉で製すると云うた。鴉の思ひが此家の娘に附いて、夜中に起きて鴉の水呑むやうな音をさせる故に、嫁に貰ふ者が無いと噂した。

自分幼年の頃、新宿角筈十二社の池の周へ、花菖蒲を栽ゑて人の出たことがあつた。併し元来山地の赤土のこと故花菖蒲に適せず、一二年にして止んでしまつた。

四谷御門外灰吹屋薬店の脇に、馬子蕎麦《まごそば》と云ふのは大安売の蕎麦で、下級の者のよく入る店であつた。店の外に丸太を横へて馬を繋ぐ設とし、田舎者が此に荷馬を繋いで、いつも多勢入つて食うた店である。維新後此家は無くなつた。

灰吹屋薬店では、今でも人馬平安散と云ふ罐入の薬を売つて居るが、以前は其容器は楽焼のやうな赤色の平たい徳利で、平安散灰吹屋と云ふ文字があつたものである。

阪町の上に、たしか菊屋と謂うた菓子屋があつた。此家で売る菊の煎餅は、風味のよいのが評判であつた。大通りの大横町に近い辺、北側の菓子屋では、白雪糖と称し、乳の代用に赤子に食べさせてもよいと云ふ菓子を売つて居た。江戸で白雪糖を売る家は二軒しか無かつた。

四谷天王社の境内入つて右手に、西国阪東秩父各札所の土砂を持つて来て、根府川石《ねぶかはいし》の碑を建てた人があつた。其碑の上部に観音の像を彫つてあつたかと思ふ。維新後何れへ持去つたかを知らぬ。

仲殿町から鮫ケ橋表町へ行く細い阪を稲荷阪と云ふ。小さな坂だから切絵図にも名が記して無い。

安珍阪から下りて来た処に、小さな流が紀伊殿の土塀の中へ流れ込んで、そこに石橋があつた。石三四枚であつたやうに思ふ。此辺の杭に水引紙包をして、何事か祈願する者が絶えずあつたが、今でも此辺で其通りの事をする人がある。江戸時代の遺風である。

右の稲荷阪には法印が住んで居た。名前は忘れたが此法印、一箇の珍しい陽石を持つて居た。普通のとは違つて、此石にはちやんと二箇の睾丸が附いて居た。此を御影《みえい》のやうに一枚刷りにして、人に施して居た。

鮫ケ橋は幅の広い阪で、中程から二つに分れ、紀州邸に寄つた片側が車が通り、町家の側には段々が設けてあつて、一段低かつたやうに覚えて居る。此阪に武蔵屋と云ふ紀州家用達の料理屋があつた。家では客を上げず、仕出し一方であつたが、維新後伝馬町一丁目の南裏へ移つて、普通の料理屋になつて了つた。

安珍阪は青山六道の方へ出る道であつた。阪の登りに大木の皁莢《さいかち》があつて、安珍の小社があつたかと覚えて居る。阪の裏の寺にはお岩の墓があつた。

御鴐籠町から西の方にある阪を鉄砲阪と謂ふ。坂の東に当つて松平鎗三郎の屋敷に大銀杏があつた。此木は今でもあるかと思ふ。其隣家は間宮《まみや》と云ふ旗本で、剣術の師範であつた。

以上思出す儘に記して置く。大正三年四月十日。

『郷土会記録』柳田国男編、大正一四年四月一三日、大岡山書店

来目路の橋　真澄遊覧記

柳田国男校訂

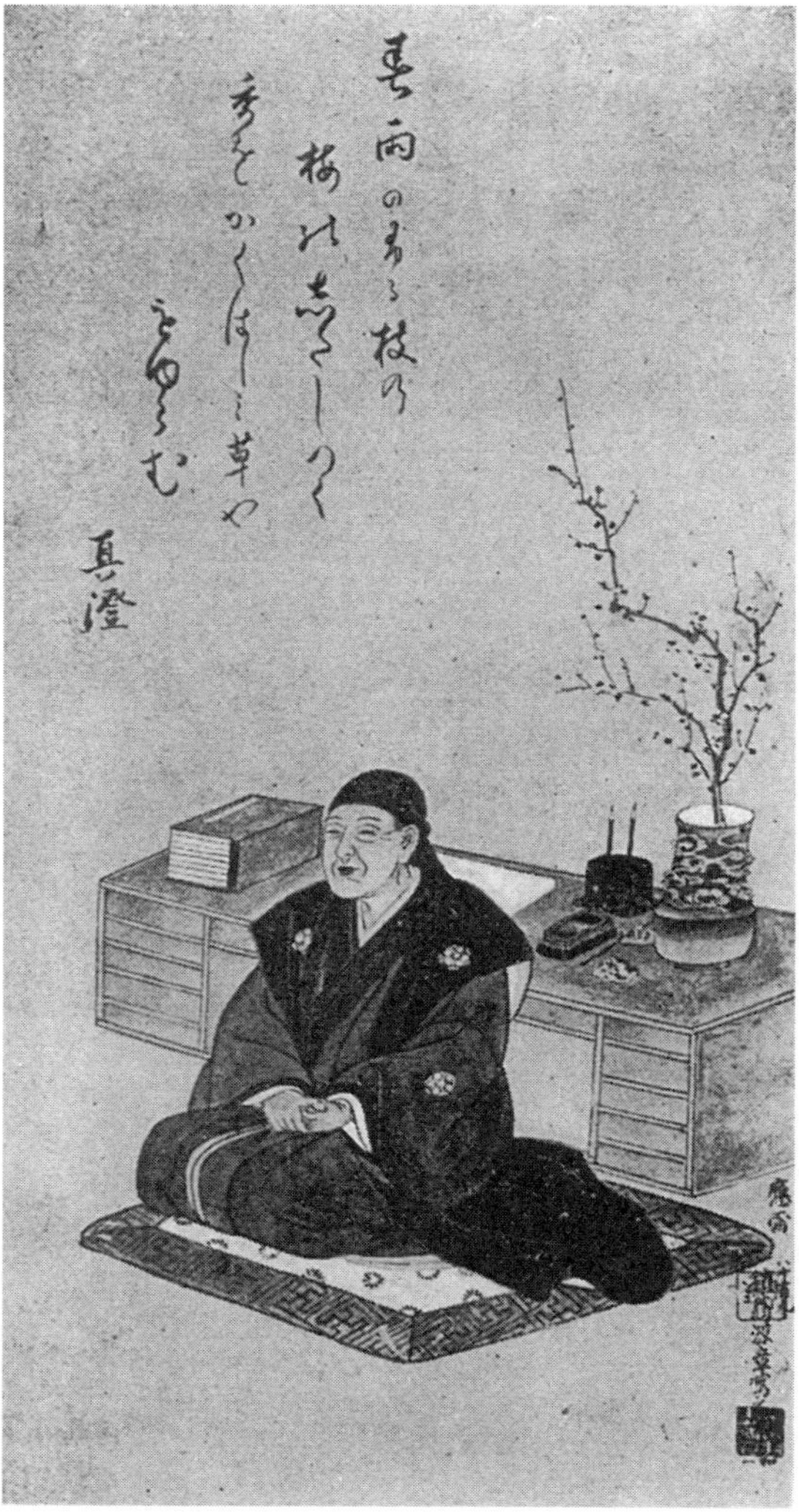

菅江真澄翁像（口絵）

白井秀雄の旅　真澄遊覧記目録

伊那の中路　天明三年　信州
我　心　同　上
菴の春秋×　同　上
諏訪の海×　天明四年春？
来目路の橋　同　年七月
秋田の仮寝　同　年九月以後　荘内由利雄勝
小野の古里　天明五年春　羽後雄勝郡
外が浜風　同　年八月　津軽
けふの狭布　同　年八月　鹿角から南部
雪の胆沢辺　天明六年冬　陸中水沢附近
霞む駒形　天明八年春　同上
配志和の若葉　同　年四月　胆沢郡各地
岩手の山　寛政元年六月　水沢から野辺地迄
外が浜つたひ　右につゞく津軽の北端迄
ひろめ苅　寛政元年十一月　松前
蝦夷のさへぎ　寛政二年夏　松前領巡歴
蝦夷の手振　同　三年夏　蝦夷東海岸
千島の磯　寛政四年春夏　松前
千島の名残×　同　年
牧の冬枯　同　年冬　下北半島
奥の浦々　寛政五年夏　同　上
牧の朝露　同　年秋　同　上
尾ぶちの牧　同　年冬　同半島東岸
奥の手振　寛政六年春　田名部
奥の冬籠り　同　年冬　同　上
「津軽の奥」　寛政七年八年　津軽
「外浜奇勝」　寛政八年　津軽各地
雪のもろ滝　同　年冬　暗門の滝一見
津軽のをち　寛政九年春夏　深浦
錦の浜　同　年秋　其他津軽処々
津軽のつと　寛政十年　津軽平内黒石等
桜狩紅葉狩　同　十年　南津軽
栖家の山　寛政十一年夏　青森附近
雪の道奥雪の出羽路　享和元年冬　深浦から秋田
茂き山本　享和二年春夏　秋田山本二郡
贄の柵　同　年六月　大館扇田
みかべの鎧　同　年　北秋田
阿仁の沢水　同　年秋　阿仁山中
雪の秋田根　同　年冬　同上
芒の出湯　享和三年春夏　大滝温泉記

浦の笛滝　同　年及文化元年　能代附近
月の松蔭×　享和三年夏？
男鹿の秋風　文化元年秋　男鹿半島
霞む月星　文化三年春　能代
をがらの滝　同　年五月　能代附近
浦の梅園×　文化六年春？
花の真阪路×　同　上
鄙の遊び　同　年夏秋　五城目附近
氷魚の村君　文化七年正月　八郎湖畔
男鹿の春風　同　年三月　男鹿半島
男鹿の涼風　同　年夏　同上
男鹿の島風　同　上　海岸
男鹿の寒風　文化七年八年　同上
軒の山吹　文化八年春夏　八郎湖畔
久保田のをしね×　同　年秋　秋田
月のをろち根　同　九年秋　大平山登山
水の面影×　文化九年　寺内
をもの浦風×　同　上　河辺郡？
勝手の小弓　年不詳　北秋田郡
花の東雲　年不詳春　秋田城下
雪の山越　年不詳冬　五城目附近
十和田の海　年不詳八月　十和田湖一見

浅間の煙×　信州？
小町の清水×　羽後雄勝郡？
千引の石×　外南部？
牧の夏草×　同上？
霧の高松×
滝の松蔭×
森の下陰×
巡る山川×
出羽の山奥×
花の真清水×

以上七十二篇×を附したのは書名のみ知つてまだ見たことの無いもの、「　」を附した書名は後人の附けたものである。見たといふものゝ中にも写本の簡単なものを見たのみで、挿画のある原本の果して存するか否かを知らぬものも若干ある。

柳田国男又識

菅江真澄著

来目路の橋　柳田国男校訂

天明四年《とせ》の甲辰の夏六月三十日、旧洗馬《もとせば》村をたちて越《こし》の後《うしろ》洲《ぐに》に行くとて、清水《しみづ》の里桐原の牧、つかのま御湯などを見巡《みめぐ》りて、水内《みのち》の郡に到りて、曲橋《まがりばし》此橋を久米路の橋と謂へり。伊奈の郡にも同名《おなじな》聞《きこ》えたり。を渡りて、この冊子《さうし》の名を来目路濃橋《クメヂノハシ》といふ。

古《ふる》き処々《ところ〴〵》の神社《かんみやしろ》に幣《ぬさ》むけ奉《たいまつ》らまく、はた名たゝる隈々《くま〴〵》も分け見ばやと、このもかのもに馳《は》せ巡《めぐ》り、去年《こぞ》の夏五月雨《さみだれ》の霽《は》れなん頃ほひ、此科野《しなの》の国なる束間《つかま》の郡に来て、昔《むかし》かたらひし友がきを訪へば、世《よ》を早《はや》う去りて亡《な》きが多かりければ、有りつる一人二人にことゝひかはし、いざ他方《ことかた》にと思ふ折しも、可児《かに》永通《ながみち》てふ医師《くすし》の、我宿《あがやど》に旅衣《たびごろも》うらぶれ休《やす》めよなど、夏野の草のねもごろに言へれば、いざ一日《ひ》二日《か》も在《あ》りなんと思ふ程《ほど》に、木襲《きそ》の麻衣《あさぎぬ》浅からず、須羽《すは》の海の深き情《なさけ》に、何くれと曳《ひ》く網《あみ》のめやすうなり睦《むつ》び、こゝらの友どちの円居《まどゐ》にかたらひなづさひて、旅の空の曇《くも》らはしき心も無う、月日の移《うつ》るも知らぬに、故里《ふるさと》の方頻《かたしき》りに偲ばれて、まだ見ぬ方《かた》にと心引けど、この里の余波《なごり》は更にもいはず、幼《をさな》きわらはべ、砌《みぎり》にあさるくだかけ、門《かど》に匍《は》ふ狗《いぬ》すらも、朝夕目《あさゆふめ》馴《な》り顔《がほ》に守《も》り咎めざりければ、しかすがに別れんことのいとゞ心苦しう胸つとふたがるに、老いたるどちは又逢ふことは片山里の太山木《みやまぎ》、や

越の後洲　洲は州の誤である。
可児永通　今の医家熊谷氏。此一代だけ可児と称して居たといふ。
うらぶれ　旅の疲れのこと、旅衣は其枕詞、歌の語法を文章にも用ゐて居る。
次の「夏野の草」なども同じ癖。
めやすうなりむつび　心安く交際すること。諏訪の海と謂つたから、曳く網といふ語がふと出て来たので、網の目といふ縁によつて、それを「めやすう」の枕詞に使つたのである。
「なり」は「馴れ」の意味であらう。
こゝらの友どちの円居に　色々の知人の集会に。
なづさふ　近より親しくすること。
砌にあさるくだかけ　「くだかけ」は鶏のこと。砌は軒の下又は庭先のこと。
片山里の太山木云々　之も文飾の語で、老人たちは又逢ふ折も無いであらう。やがて命も朽ちて行くからと、殊に別離を悲しんだことをいふのである。
「いふがひなし」は「しやうが無い」といふことを古風に謂つたのである。

がて朽ちなん身はいふがひ無けんなど、せちに聞《きこ》えたるいらへさへ、夏引の糸のいと心細くも、水無月《みなづき》の晦《つごもり》の日、元洗馬の郷《さと》を出でなんと欲りするに、今しはと止《とゞ》めて此里の人々、うまのはなむけして取り〳〵に歌詠《うたなが》めて我に贈りける。

宿のぬし可児永通、

　行く旅をめぐりも帰れこの里の馴れし我家を栖家《すみか》とはして

となんありける歌の返し、

　旅衣たち別れてや行くほども馴れにし宿にとく帰り来ん

今井の村より文《ふみ》に籠《こ》めて来《き》たるを見れば、我国《あがくに》の道の友とかたらひし程も無う、今日《けふ》の別は夢現《ゆめうつゝ》とも思ほえぬなどありて、梶原景富、

　いかゞせん道尋ね来て語り合ふ友に別るゝけさの余波《なごり》を

　十かへりの例《ためし》もあれなかはらずよまた逢ふことを松に契《ちぎ》らん

斯《か》くなん二首《くさ》のありける返し、

　別れてもあしたに聞きし道芝の露も忘れじ君が情《なさけ》は

　尋ね来ん心の色も変らじと包むにあまる松のことの葉

青松山禅林長興寺僧洞月、

　一年《とせ》は夢てふものを今日《けふ》しはや別にそゝぐ袖のむら雨《さめ》

　独行《ひとりゆ》く旅路の空はうかりともながめに飽《あ》かじ千《ち》松島山《まつしまやま》

　初秋の置く露分けて宮城野の名たゝる萩の花や見るらん

陸奥《みちのおく》にかねていなんと心ざせば、斯くなん三首《くさ》の歌もて贈り給《たま》ふ也けり。此返し、

　一年《とせ》は夢うつゝともなくばかりおそふる袖に村雨《むらさめ》ぞ降《ふ》る

　別れ行く空こそうけれ眺めあれど人やしのばんちまつ島山

　分け迷《まよ》ふ袖や朽ちなん露涙君をしのびてみやぎ野の原

熊谷《くまがへ》直《なほ》かたが

　あすより誰と語りて慰《なぐさ》まん我友がきは今日《けふ》に別れて

とある返し、

　こよひより艸《くさ》の枕の夢ならで馴《な》り見し人といかで語らん

備勝《びしよう》の翁《おきな》が

　馴れ〳〵て別はつらし来ぬ秋の時雨《しぐ》れぬ空《そら》も袖ぞしぐるゝ

斯くなんありける返し、

　人にけふ別思《わかれおも》へば来ぬ秋の袖の時雨《しぐれ》は涙也《なり》けり

琵《び》琶《は》橋《ばし》木曾路にあらねど源《みなもと》の岐岨山《きそやま》なればにや。又の名は犀河といへり。それに渡す橋なり。の辺《ほとり》に在る医師義親《くすしよしちか》、

　涼風頻に到る琶橋の辺《ほとり》、唱へて送る離歌《りか》楊柳の篇、願はくは是鮫人《こうじん》一涙と為りて、一珠日夜に岨川を照らさん

といふ詩韻《しゐん》をくれける。このくしの川《せん》てふ文字を歌の末に置《お》いて返しの心《こゝろ》を、

忘れずよ琵琶てふ橋のかけて人音信〇〇木曾の山川

再び義親、

青柳の糸ぞみだるゝ別路《わかれぢ》の旅行く人にいかゞ手折《たを》らん

となんありけるに返し、

折りわぶる柳の糸のいとゞ猶みだれてものを思ふ別れぢ

葦の田に住めるほふり吉重《よしあつ》、

円居《まどゐ》せし花や紅葉《もみぢ》を別れては見るに忍ばん春秋《はるあき》の空

とありけるに返し、

花紅葉ながめんたびに春と秋わきて別れし人や偲《しの》ばん

先づ高志《こし》の洲《くに》にいなんといふを聞きてこの吉重、けふの別猶せちに思ふのあまり再び、

思はずよ君がこしぢの浦波の見送る袖にかゝるべしとは

君が行く越《こし》の浦波隔《へだ》つともわきて尋ねん八重《やへ》の隈路《くまぢ》を

せちに聞えたるいらへさへ　切に叙べ立てる挨拶といふことを、古風に書いたのである。

うまのはなむけ　馬の鼻向けで旅人を送ること。原本には「うさ」と誤写して居る。

十かへりのためし　松は百年に一度づゝ千年に十度、其栄の色をくり返すと言はれて居る。松を証人として契約して置けば、しば〳〵友情を復活することが出来るだらうといふのである。

あしたに聞きし道芝の　朝に道を開けば夕に死すとも可なりといふ格言がある。それをこゝで思ひ出したのである。

あすより　あすよりはの脱字と認められる。その次の歌の末の句も、「いかで語らん」と直すつもりであつたらう。

鮫　人　海から遊びに来た鮫人といふ異人が別を悲しんで泣いた涙が、こぼれて真珠となつて器に満ちたといふ支那の故事がある。岨川を木曾川のことゝ解したのは、或は真澄翁だけの誤解であつたかも知れぬ。

く　し　筆者は常に漢詩のことを「くし」と謂つて居るが、如何なる文字を宛てゝよいのかわからぬ。

漢詩の末の文字を歌の末に踏んで、次韻の形式に擬することは、漢和の連句以来の一種の風雅であつた。

忘れずよ云々　此歌にはたしかに誤写があるが、正しい形を推測し難い。或は「音信てまし」でもあらうか。作者自身の筆写ではあるが、老後に写した為に折々此類の誤りがある。別本を比べて見たいと思ふ。

青柳の云々　路傍の柳の枝を折つて旅行く人に贈るといふことは、古代の支那の風習であつた。それを此漢詩人が思ひ出して、別離の情を叙べようとしたのである。

ほ ふ り　神官のこと。吉重は松沢氏今も同じ村の神官の家である。

高志の洲　越後のこと。北国筋を通つて奥州へ行くといふので、その越の浦の波で見送りをする者の袖が先づ沾れたといふ歌が出来た。この頃ごく普通に行はれた歌の趣向である。

かゝる二首《ふたくさ》の歌作りける返し、

いとつらき別に越の浦波のかゝらぬ袖も今日《けふ》沾《ぬ》れにけり

高志《こし》の波よし隔つとも君が方《かた》に立帰り来ん八重のくまぢを

朝夕こととひ睦びたる政員《まさかず》、

別れては雲路《くもぢ》遥《はる》かに隔《へだ》つとも雁《かり》の往来《ゆきき》のたよりをぞ待つ

政員が家に訪《と》へば、主《あるじ》の母なんみつわさしたる姿《すがた》して出で立ちけるに、再び訪《と》ひ侍《はべ》らんと言へば、又とのたまへれど我身既に老いたり。斯くほけ〳〵しうなりては、夕《ゆふべ》の露とも頼むべき命《いのち》なれば、今日《けふ》を限《かぎり》の別にこそあらめと涙を先《さき》だてゝ、長き旅路を早巡《めぐ》りて、父母にまみてあれ、我だに一人うき旅にと思へば、さぞやおぼしてんと、涙に咳《しはぶき》まぜて我子を思ふが如《ごと》に言ひけるに、「我母の袖もち撫でゝ我《わが》からに哭《な》きし心を忘れ得ぬかもと誦《ず》して、いよゝ親在《おやま》す国の恋しう、如何《いか》なるすくせにや斯く人の親の心の闇に思ひたまへらんと涙を止《とゞ》めて、

いかなれば老の涙の我袖にかゝる情《なさけ》をえやは忘れん

政員とりあへず母に代りて此歌の返しをす。

老の波いや高砂《たかさご》の松のごとかはらず見せよ幾千《いくち》歳《とせ》まで

可児永通が家《や》に書《か》い残し置く二首《くさ》、

故郷にいそぐならひもたび衣《ごろも》きなれし宿はたちうかりけり

それとえも言はで心の山々を隔ても行くか雲の千里《ちさと》に

やをら首途《かどいで》せるに、政員も旅装《たびよそひ》して追付いて来けり。こは何処《いづこ》にといふに、近き境《さかひ》までは一日《ひ》二日《か》も語らひ送りしてんと誘《いざな》へるも嬉《うれ》しく、いざなひ桔梗が原に出でて、

秋ちかうなるも知られて旅衣ひも解く花を出でゝ来にけり

松本に着きたり。牛楯《うしたて》といふ処に面白き滝のありと聞きて、見に行《い》かんとて清水村《しみづ》を通る。爰は「夏来《く》れば伏屋《ふせや》が下に休《やす》らひて清水の里に栖《す》みつきにけりとは、古人《いにしへびと》もながめ給ひし名所《などころ》也。

（頭書） まだ知らぬ人を恋せば科野《しなの》なる清水の里に袖ぞ沾れけるとも聞えたり。又同じ名播磨にもありといふ。

此処に柴垣結《しばがきゆ》ひ繞《めぐ》らしたる中に、清《きよ》げに湧きかへる水あり。かゝる泉をさして、うべ里の名の清水とも流れたらんにやあらんか。

旅衣むすばぬ袖も涼しきは清水の里にきたる也けり

しばし見とゞまりて政員、

立ちよりて聞くも涼しき里の名の清水のもとに過ぐる袂《たもと》は

かくて行く〳〵又政員、

友にけふ千里《ちさと》も行かむ思ひしておもひこそやれあすの別を

となん詠《なが》めけるに返し、

来《こ》ぬ秋も袖ぞ露けき旅衣あすの別をけふと思へば

宝輪寺におはしける尊翁法印、此月ばかり佐久郡の某《なにがし》の寺に行きてんと、かねて聞え給ひしかば、人伝《ひとづて》にやる。

思ひやる暑さはいかにあらかねの土さへさくの水無月《みなづき》の空

兎川寺てふ寺の南に、春見たる薄河《すゝきがは》は流れたり。

行く袖に秋風まねく薄河《すゝきがは》ほの聞き渡る音の涼しさ

と詠《なが》めて過ぐれば政員、

岸辺《きしべ》なる影も映《うつ》りて薄河波を尾花のよるとこそ見れ

路しばし来れば、「逢阪や清水《しみづ》にうつる影も見ず関路《せきぢ》隔《へだ》つる霧原の駒とながめし処にて、今は牧こそあらね、桐原の名のみに立ちたる里あり。屋《や》に入りて休らへば、荷鞍《にぐら》置きたる馬幾《いく》らも牽《ひ》き来《く》るは貢《みつぎ》の米《よね》もて運ぶといふ。

治まれる御世にひかれて霧原の駒もみつぎを奉《たてまつ》るらし

今日《けふ》なん諏方《すは》の御社《みやしろ》に水無月祓《みなづきはらひ》の神態《かんわざ》ありけるに詣《まう》づとて、人さはに行きたり。

けふといへばみそぎを須羽《すは》の海面《うみづら》に祓《はらひ》やすらん風の祝子《はふりこ》

やゝ牛館《うしたて》村になりて、滝あらん方《かた》も知らねば、途行《みちゆ》く翁に物取らせければ、路先《みちさき》に立ちて、腰なる鎌に高草《たかくさ》打払ひ〳〵、雄滝《をたき》といふが落ち来るに仰《あふ》ぎたり。上《うへ》なる処に小《ちひ》さき神社《かんやしろ》あり。何の神とか問へば、天《あま》つ水を乞ひ奉《たいまつ》る御祠《みほくら》とぞ言ふめる。

ま袖《そで》いと寒きまで佇《たゝず》みて、

涼しさは冬ともいはん岩がねに時雨《しぐ》れて落つる山の滝つ瀬

まその如く時雨《しぐれ》の雨に異ならず。霧は晴るゝ日も無けんと、煙《けぶり》打吹きて語る。政員の詠《ながめ》聞えたれど、忘れたれば書かず。遠方《をちかた》に王ケ鼻とて嶮《さか》しき山見ゆ。爰を退《しぞ》きてわきつる路の傍《かたはら》の麻生《あさふ》の辺に細く水の行くに、一葉を取りて手洗ひて天《あめ》地《つち》の神に奉《たてまつ》る。

旅人の麻葉《あさのは》折りて行く水に流すや今日のみそぎなるらん

日暮れて湯の原といふ処に宿つきぬ。いはゆる筑摩《つかま》の御湯《みゆ》

みつわさしたる　老人を形容する古語に「みつはくむ」といふことがある。それを爰では記憶し損なつたものらしい。

まみてあれ　「まみえてあれ」であらうか。

我母の袖もち撫でゝ云々　万葉集巻二十、防人の歌である。

秋ちかう云々　きちかう即ち桔梗といふ語を隠すために、秋近くをわざと「秋近う」と謂つた。古くからの言葉の興であつた。

逢阪や清水にうつる云々　古歌である。新続古今集にある。

煙打吹きて　煙草をのむこと。筆者は煙草を嗜めりと思はれて、所々に此句がある。

わきつる　「わけ来つる」の誤写かも知れぬ。

麻　生　麻畠のこと。麻の葉を折りて神にさゝげたのは、此際のみの思ひ付きでは無く、さういふ作法があつたのであらう。

となん。「わきかへり燃《も》えてぞ思ふうき人は束間《つかま》の御湯か降《ふ》士《じ》の煙かと、殷富門院《いんぶもんゐん》の詠《なが》め給ひしを、修理太夫《しゆりのたいふ》惟正《これまさ》此国の守《かみ》にて侍《はべ》りける時、共に罷《まか》りて 源 重之《みなもとのしげゆき》、「出づる温泉《ゆ》のわくにかゝれる白糸はくる人絶えぬものにぞありけると、後拾《こうしふ》遺《ゐ》に見えたりける。此歌を始《はじめ》に、今はもはら白糸《しらいと》の湯と、世の中にいひ流して名に負《お》へり。

白糸の名に引き流す言の葉に見ぬ世をみゆのもとにこそ知れ

政員湯桁《ゆげた》にありて、

世のわざも暫しはこゝにしら糸のかゝる湯あびに忘れやはせぬ

文月 朔《ふんづきついたち》の日、けふは爰に留《とゞ》まりて、終日《ひねもす》湯《ゆ》浴《あび》す。温濤《いでゆ》の滝と落ち来る方《かた》には、こゝらの病人《やまうど》集《つど》ひたる中に、法師一人《ひとり》さし交《まじ》らひおはしけるに、何処よりかと問へば、吉備《きび》の穴《あな》の海の辺《ほとり》とのみいらへ給ふてけり。仮寝《かりね》の宿に帰り来て問ひしかば、玉島の里なる円通寺に住み給ふなる国仙和尚《こくせんをしやう》にこそありけれ。こは如何《いか》に、我叔父なりける禅師《ぜし》の法《のり》の兄《このかみ》にて、常に聞き及びて世中《よのなか》に名たゝる人に、ゆくり無う今見《いままみ》えしも嬉《うれ》しく、何くれとかたらひて、

いや高き峰こそ見つれ旅衣吉備《きび》の中山よし分けずとも

禅師《ぜし》のふせ屋も近う、従者《ずんさ》の僧達《そうたち》あまたの声にて、御誦経《みずきやう》聞《きこ》えてやをらはつる頃、訪《とぶ》らひて何くれの物語《ものがたり》をす。此禅師《ぜし》の云《い》ふ。近き年、君につかうまつりし士《さむらひ》の、如何《いかゞ》したりけん現《うつゝ》無《な》う心乱れて、年比《としごろ》ありつる人に我拙《われつた》なう、「捨てし身は心も広し大空《おほぞら》の雨と風とに任《まか》せはてゝきと詠《なが》めて見せしかば、是を三たび誦《ず》し返し〳〵て、やがて気も心も涼しうなりて、再び君に仕《つか》へしことありなど聞きしに、此歌の末の「き」文字を「は」と言ひかへて、

捨てし身は心も広し大空の雨と風とにまかせはてゝは

として、其人の返しやし侍らんと謂へば、禅師《ぜし》頤《おとがひ》を放ちて笑ひたまへば、近くまどゐしたる僧もほゝゑみたり。

二日。けふなん政員《まさかず》、本洗馬に帰るといへる、別いとゞ物うくて、

いとつらき別をやせん玉鉾《たまぼこ》の道のちまたのこのもかのもに

此返しとはあらで政員、

別路《わかれぢ》のちまたに残る言の葉を又逢ときかくとかたらず

三日。夜明けなんとしける比《ころ》手洗ひ、近き境《さかひ》におましましける薄大明神にまうでんとて、朝開《あさびらき》の路を行き〳〵て、其里になりて神籬《かみがき》を見奉れば、御社《みやしろ》の左《ひだり》に軒とひとしう高き幡《はた》芒《すゝき》をあまた植《う》ゑたりけるを案内《あない》、見たまへ此芒は、「もろつまのすゝき」とて他芒《ことすゝき》とは変《かは》れりなど教へたり。うべと広前《ひろまへ》近う寄りて幣《ぬさ》たいまつるとて、

ぬさ取れば薄の宮のほの〴〵とあけの玉籬風の涼しさ

奉る薄の宮の神垣にかこふ尾花か神の白木綿《しらゆふ》

此神のことも問はまほしくて、神司上条権頭某《かみつかさかみでうごんのかみなにがし》といふ人の許《もと》に尋ねてければ、主暫《あるじしば》しの程に外《と》より帰り来りて語りて云ふ。その古《いにしへ》に、厩戸皇子《うまやどわうじ》此山をめで、登り分けおましませしに、一人《ひとり》の山賤《やまがつ》の翁出で来《きた》りて隈々《くまぐ》残《のこ》り無く教へ奉るを、汝《いまし》は如何《いか》なる者か、斯くぞつばらに知りて導きはせりけるとのたまひ、はた名は誰とか。翁の云ふ。「出雲路《いづもぢ》や八雲八重《やくもやへ》垣《がき》立ちけちて其うら薄《すゝき》今は穂屋野《ほやの》にとながめたりけり。これは上宮《かんつみや》の日嗣《ひつぎ》の皇子《みこ》聞き驚き給ひて、この山におましませる神にてやあらん、素盞嗚尊《すさのをのみこと》にてわたらせ給ふらんと、翁に向ひぬかづき給ふとき、おぢは面影《おもかげ》かい消《け》ちて行衛《ゆくへ》知らざりけるとなん。薄の社建《た》て初《そめ》しは、慧《ゑ》日高照山兎《にちかうしやうさんと》川霊瑞寺《せんれいずゐじ》と同じき年《とし》に作りき。はた太子殿《たいしでん》といへる処もあり、其趾《あと》は此神《かみ》司《つかさ》が居《を》るあたりをいふ。厩戸《うまやど》の君自《みづから》の姿を像《かた》にうつし給ふあり。それはすりやうの庫《くら》に秘《ひ》め置き給ふとやらん聞き伝へ侍る。此里を薄町《すゝきまち》と呼び、薄河《すゝきがは》は雄滝の末の流れ来て、筑摩《つかま》の社《やしろ》の此方《こなた》に行く水也。爰をも穂屋野といへど、実《まこと》は内田村とか。此処《このところ》を今薄町《すゝきまち》と謂ふも穂屋野といふよりつきて、おま

降士の煙　富士を降士と書いた例を知らぬが、爰では紛れが無いからさう読んで置く。

出づる湯の云々　所謂俳諧体の歌で、「わく」といひ「くる」といふのも共に白糸の縁に引きかけた語である。

今はもはら　原本には「もはる」と書いてあるが「専ら」の意味なることは疑が無い。

温　濤　この字を「いでゆ」と訓ませんとした例は後の遊覧記の「秀酒企乃温濤」などにもある。薄の出湯は今の秋田の大滝の湯である。

吉備の穴の海　穴の海は備後東部の海浜の古名であるが、玉島の円通寺とあるのを見ると、老師はたゞ「備中の者ぢや」と答へたのであらう。

峰こそ見つれ　見といふ字が思の草書のやうになつて居るが、是も書損では無いかと思ふ。

やをらはつる頃　どうやらおしまひになつた頃。

返しする　歌の返歌をすること。三十一文字の一字だけを入れかへて、返歌にするのは歌道の至りの様に考へられて居た。

又逢とき云々　この下の句も読むことが出来ぬ。多分は此後になほ文言があつて、それと続いて中が脱落したのであらう。

朝開の路　単に早朝の路といふまでゝある。

うべと云々　なるほどといふ意味に「うべ」の語を使つて居る。広前とは拝殿のこと。

ぬさ取れば云々　夜は今かあけの玉垣ほのぐとゝいふ古歌を思ひ出したのである。此歌の短冊は遺つて居る。

かこふ尾花か　「尾花は」の誤写かも知れぬ。

すりやうのくら　受領の庫であらうと思ふ。領主のことを「すりやう」と謂つてもよいと思つたのであらう。

します神の御名《みな》も薄とやいふならんなど語るを聞きて、再び山辺《やまべ》の湯浴殿《ゆあびどの》に帰り来て国仙禅師《ぜし》に贈る。

　別れても吉備の中山かひあらば細谷河《ほそたにがは》の音信《おとづ》れてまし

我が在る方《かた》にも必ず訪《と》ひ来てなどありて、此禅師、

　旅衣いつたち出でゝ吉備の山苺《こけ》の莚《むしろ》をはらひ待たなん

（挿画）　薄明神、茂呂通満乃須秀貴。

昼《ひる》つ方《かた》こゝを出づ。此処よりは丑寅に当りて山奥に御射山《みさやま》といふあり。この国に此名ところ〳〵に聞えたるが中に、須羽《すは》の湖《うみ》の南に、神戸《がうど》といふ村よりは東《ひんがし》、八ケ嶽《やつたけ》のあたりの原を穂屋野《ほやの》と謂ひて、七月二十七日諏訪の御神御狩《みかり》したまひたる神世《かんよ》のふりをまねび、さゝやかの家を造りて、それを薄もてぞ葺《ふ》きけるとなん。その仮屋《かりや》造る処を御射山とも穂屋野ともいふ。「科野《しなの》なる穂屋《ほや》の芒《すゝき》も打靡《うちなび》き御狩《みかり》の野辺を別《わ》くるもろ人など聞《きこ》えたり。

　かくて松本の里に出でゝ、峨月坊《がげつばう》が宿を訪《とぶ》らへば、蔵六といふ額《がく》を掛けたり。こは亀の六《む》つを蔵《をさ》むてふ心にやあらんと打見《うちみ》て、

　隠るとも人や知るらん亀の尾のうき世に曳かぬ心清《きよ》さを

といへば、主《あるじ》の返しあり。

　隠すとは名のみ計《ばかり》ぞ亀の尾の引くもひかぬも六十《むそぢ》経る身は

五日。つとめて此城の御主武蔵《むさし》より登りおましますとて、おほん迎《むかへ》の人々さはに、明けはてぬよりよそひ立つに、処狭《ところせ》きまで其君拝《をが》み奉らんと村々里々《むら〳〵さと〳〵》の男女入り満《み》ちて、君のいさをしを悦《よろこ》びあへり。斯くて君いなきに入らせ給ふの後、はやち吹き神鳴《かみな》りて雨のいたく降りぬ。あなめでた日頃天《あま》つ水《みづ》禱《いの》り求めしかど、其験《そのしるし》もふらざりけるを、今日《けふ》殿《との》入らせ給ふを待ちて雨降れるこそ、偏《ひとへ》に君の御徳《おほんとこ》にこそあらめやと、皆額《ぬか》を莚《むしろ》に摺《す》りて喜びあへり。

　かしこしな恵になみし民草の栄《さかえ》は君を仰ぐにぞ知る

海月上人、儀弁上人、定儀吉蕁吉遐などとぶらはれて、歌よみて暮れぬ。儀弁上人の住める宝栄寺は、そのかみ吾国碧海《あがくにあをみ》郡苅屋《こほりかりや》てふ里より、水野某《なにがし》の守に仕《つか》へ奉《まつ》りて、この科野の国に来《きた》る。亦定儀も、昔三河《みかは》路より来《き》ける遠《とほ》つ祖《おや》の古《いにしへ》を語る。暮るれば新御魂《にひみたま》祭る家には高灯籠《たかどうろう》をいと長き竹、或《ある》は柱を立てゝうれ毎《ごと》に引揚げたるは、星の林と見あざむくばかり也。

　七日。同じ宿にけふも暮《く》れなんとす。女《め》の童《わらは》竹の小枝《さえだ》に糸引きはへて、さゝやかなる男女《をとこをみな》の形《かた》しろを作りて、幾らとも無う掛けならべたるに、秋風《あきかぜ》さと吹き靡《なび》かいてけり。

　なゆ竹の葉風に男女郎花《をとこをみなへし》靡《なび》くやけふの手酬《たむけ》なるらん

此事前《さき》の日記にもせしかど、再び其かたを左にあらはす。

（挿画）　七夕の人形

あひにあひて今宵庚申《こよひかのえさる》にあたれば、

稀《まれ》に逢《あ》ふ夜もぬることは楢《なら》の葉のうらみて明けん星合《ほしあひ》の空

主《あるじ》の法師《はふし》峨月、

障《さは》りある夜をかこちつゝ棚機《たなばた》の逢《あ》ふもかたみに丸寝《まろね》なるらん

八日。定儀が住める秀亭《しうてい》てふ庵《いほり》に訪《とぶ》らふに、をかしう囲《かこ》ひなせる葦垣《あしがき》の外《と》は女鳥羽河《めとばがは》とて、さかしき山間《やまあひ》より流れていと涼し。

問ひよればむすばぬ袖も沾《ぬ》るゝかと水の音聞く宿の涼し

別れても云々　細谷川は古歌にもあつて、早くより吉備の中山の麓の川の名のやうに考へられて居た。「かひ」は爰では前途有望の意味であるが、山と山との間をも「かひ」といふ故に、掛け詞に使つたのである。

茂呂通満乃須秀貴　此時よりも六七十年前の信府統記には、「片葉の芒」とある。此神が山から降臨の時、芒の葉に乗つて薄川を下られた。此片葉の芒を神体と云ひ伝ふとあつて、今も片葉の芒として伝へて居る。筆者は後に書いた為に何か思ひちがへたのであらうか。

亀の六つを蔵むてふ心　首尾と四肢、亀は常に此六つを隠す用意ある故に命めでたいのだといふ支那人の説は有名であつた。

亀の尾の云々　荘子には泥に尾を曳くといふ説話があつて、江戸時代の人に愛せられた。それを爰では浮世に曳かぬと謂つて、遁世を礼讃して居るのである。

つとめて　「早朝に」を意味する古い語。

いなき　筆者はいつも城のことを「いなき」と書いて居る。何か説があつたのであらう。

はやち　暴風。普通には「はやて」。

其験もふらざりけるを　「あらざりけるを」の誤写ではあるまいか。

御徳にこそあらめやと　是も「あらめなど」であらうかと思ふ。

恵になみし　「恵になれし」かも知れぬが並みしといふ積りであつたとしても解し難くは無い。

宝栄寺　真宗。松本市和泉町にある。

吾国碧海郡　筆者は三河の渥美郡の人であつた。

うれ毎に　「うれ」は物の上端、此古語は中部日本には今も使はれて居る。

形しろ　原書にはどういふわけか「かたしや」と書き誤つて居る。

あひにあひて　七夕と庚申と、同じ晩といふことは珍らしい。「あひにあひて」は単に偶然に打重ねての意であるが、庚申には枕を取らぬといふ風習があることを、年に一夜の二つの星に思ひ合せたのである。

稀にあふ云々　「寝ることはならぬ」を楢の葉に引掛けて、其葉の裏から「うらみて明けん」と掛けたなどは、此頃殊に人に賞讃せられた言葉の巧みであつたらしい。

水の音きく云々　是も水の音の「み」の字を、「沾るゝかと見る」に引掛けたので、別によい趣向の無かつた時、よく斯ういふ句法を使つて当座の興を催して居る。

さ

いつ迄も爰にあれ、又砌《みぎり》の竹に詠《なが》めてなどありし時、

隔てなく語るも嬉《うれ》し秀《ひい》でたる宿の呉竹直《くれたけなほ》き友がき

女鳥羽川を渉《わた》りて大昌寺《だいしやうじ》といふが、昔焼けたりとて此度《こたび》改め造るを見るとて、手斧打ちたる柱に書き付く。

栄え行く法《のり》の為とて幾度《いくたび》も造り替《か》へぬる里の大寺《おほてら》

九日。この松本の里に近き浅間といふ湯泉《ゆいづみ》に、人々と誘《いざ》なはれて、つとめて小柳《こやなぎ》てふ家《や》に到りて、出湯《いでゆ》のもとに打集《うちつど》ひける中に、広恵てふ人、

出づる湯の汲みてこそ知れ語りあふ人の言葉の花の色香《いろか》を

といふことを酬《むく》いけるに返し、

花ならぬ言葉を花といづる湯の深き心を添《そ》ふるうれしさ

十日。蔵六亭に在るに広恵、

故郷《ふるさと》を恋《こ》ふる夜毎《よごと》に八橋《やつはし》をわたりやすらん旅の夢路《ゆめぢ》は

かくなんありける返し、

夢うつゝ思ひぞ渡る八橋にかゝる嬉しき人の言《こと》の葉《は》

十一日。倉科琴詩《くらしなきんし》の許《もと》へ訪へば、真砂亭といふ額あり、亦鶴の画のありけるに、

齢《よはひ》をばこゝにゆづるの踏《ふ》み馴《な》らす真砂《まさご》の宿や幾千年経《いくちとせへ》ん

暮るゝより月いと面白し。

いにしへの人に物いふ思ひして見る文月の月のさやけさ

十二日。よき道連《みちづれ》のあれば、あはたゞしう松本を出で立つ。犬飼といふ村に到る。「鳥の子はまだ雛《ひな》ながら立ちていぬかひの見ゆるや巣守《すもり》なるらんの歌は、束間《つかま》に近き浅間の温泉《いでゆ》を専《もは》ら謂ふなれど、はた爰にもありけり。犀川の流は梓河《あづさがは》に落ち入りて水いと深し。此国より昔弓多く造り出せるより梓てふ名も聞《きこ》え、「みすゞかる信濃の真弓《まゆみ》我引かばうま人さびて否と言はんかもとは、久米禅師《くめぜし》も詠み給ふとか。斯くて田沢村になりて、この村長輩好《むらをさともよし》が家《や》を訪《と》へば、きり垣《がき》のめぐりに萩の盛《さかり》なるを見つゝ主《あるじ》、

嬉しさよ訪ひよる人の情《なさけ》をや待ち得て咲きし萩の初花

といへるに返し、

秋萩の初花よりも珍らしな人の言葉の露の情《なさけ》は

十三日。けふは主《あるじ》の留《とゞ》めければ同じ宿に在り。主《あるじ》の物語に木曾河阿都佐川《あつさかは》一つに落ち流れ合ひては、名を犀川といひけるを、今は木曾路川《きそぢがは》をも犀川と呼び侍《はべ》る。昔はこの犀川にて初鮭《はつざけ》の魚《いを》三尾捕りて、島館《しまだち》の宮に一尾、

（頭書）島館てふ処は砂田《いさごだ》の神社にて、今三《サン》ノ宮と謂ふ。昔はそこ迄鮭の登り来りしとか。鮭の宮てふ名も聞えたり。

古《いにしへ》は鮭のいと多かりけるにや、延喜式にも楚割鮭《そわりざけ》一百二十隻とぞありける。

此田沢の祠《ほくら》に一尾穂高の社に一尾を、贄《にへ》にたいまつりて後は、

国の守《かみ》にも奉りしなど、語らふ折しも、時習庵の主《あるじ》訪《と》ひ来けり。俳諧の連歌《れんが》に其名聞えたる山海といひて、昔の去来法師の鶴《つる》の孫《むまご》なりけりとか。去年《こぞ》の秋の頃、姨捨山に友に月見しとき、相宿《あひやど》りして知りたる人なれば、語らひむつびて云ふ。見るべき処は此奥山の藤橋渡《ふぢばしト》蟻落《アリオトシ》、水内滝《ミノチノタキ》、はた執田光《シッタクワウ》の山里に、呼び火していづこにても窺《うかゞ》へば流よりも火燃えつるところあり。油の泉もある方《かた》ありなど語るに、夕《ゆふ》暮るれば庭の面《おも》に、白樺《シロカンバ》といふ木の皮をいくらもまつに焚《た》きて、男女稚《をとこをみなをさ》なき童《わらはべ》まで居《ゐ》ならび、数珠《ずゝ》摺《す》りなどして、遠つ祖《おや》より始め亡《な》き魂をかぞへ〳〵て拝《おが》み、弥陀《みだ》の年仏《ねんぶち》を唱ふるほど、火も消ちぬれば童《わらはべ》手を叩きて、「南無《なも》さか如来、なも釈迦如来《さかにょらい》」と唱《とな》へて踊《をどり》ぞせりける。

　うなひ子が亡き魂よばひもみしたる庭の千草《ちぐさ》の露けかりけり

十四日。輩好が宿を立つに、光《ヒカル》といふ処の舟も此歳《このとし》水に破れば、渡さじといへば、熊村といふ処まで路しばし返りて、細萱《ほそがや》村を経て穂高の御社《みやしろ》に幣《ぬさ》とりたいまつる。この神霊《みたま》は瓊々杵尊《にゝぎのみこと》を崇め祀《まつ》り奉るといふ。木立《こだち》高き宮所《みやどころ》にて四方は田《た》面《づら》の穂《ほ》浪《なみ》八束《やつか》にしなひて豊《ゆた》に見遣《みや》らるゝ。みてぐらの屋《や》の軒《のき》

詠めてなどありし時　歌をよんで…などゝいつた時に。

秀でたる宿　即ち秀亭といふ額の字をよみ込んだのである。友垣というところから「隔て無く」といふ語が出て来た。

大昌寺　松本市清水にあつて、明治以後再興して大松寺と書く。天明再建の本堂は再び焼失した。天明四年の住職は九世希俊、曹洞宗である。

湯泉　温泉の写し誤りか。

見る文月の　本書には文月を五月と写し誤つて居る。見る文月は、書を読んで古人を友とすといふ古語から出て居る。

まだ雛ながら云々　是は古歌である。「犬飼の御湯」といふ七字が、此一首には匿してある。「かひ」は卵のこと。

みすゞかる云々　万葉集巻二にある。「我引かば」を「われひかん」と誤つて居る。

まつに焚きて　まつは松明などの「まつ」。火を意味する古語であつたが、後には燃料の木の名と混じて、「まつ」の火とも謂ふやうになつた。

なもさか如来　此歌は諸国の盆唄に今でも遺つて居る。末の句は「南無釈迦如来手で拝む」といふ。

もみしたる　紅葉したといふ意味であらうが、さすれば「もみぢたる」でなければならぬ。

破れば　「破れたれば」であらう。

渡さじといへば　筆者はいつでも「渡さぬ」といふ場合に此文法を用ゐて居る。こゝでも渡場まで来て、渡さぬと聴いて引返したのである。

熊村　熊倉の聴き誤りをそのまゝ書いたのである。

みてぐらの星　御幣の舎。多分拝殿のことを謂つたのであらう。

に旅人の休らひて語るを聞けば、夏《なつ》の比《ころ》までは一升《ひとます》の米《よね》を百《もゝ》のあしに五十《いそぢ》あまり添へて買ひたるを、今は七十《なゝそぢ》に一升《ひとます》をぞ買ふなる。又田の実《み》斯く稔《みの》らば、猶世中《よのなか》いか計《ばかり》よからん、あなうれしとも嬉しと歌ひつれ、煙《けぶり》吹き立《た》てゝ去《い》ぬ。

民草の祈る験《しるし》をみしめ縄《なは》なびく穂高の田面《たづら》にぞ知る

里離《さか》れば穂高河あり。幾瀬《いくせ》も渡《わた》り／＼来《く》るは高瀬《たかせ》河とて、常は波いと高けれど、此頃はあせきなど人の言へり。

岩そゝぐ水音ばかり高瀬河あせて渡《わたり》も安くこそあれ

語らひ来つれし友に、細野《ほその》といふ村にて別るゝ時、

是も又糸によるてふものならで心細野の別路《わかれぢ》ぞうき

川会神社《かはひかみのやしろ》は高瀬河の東《ひんがし》のさゝやかなる杜《もり》に、鶏栖《とりゐ》の見えたるをいへど、昔十日市場《とをかいちば》といひける村に此おましは在りたりけるを、水の為に祠押流《ほくらおしなが》されて、今は爰《こゝ》に其まゝすゑてあがめまつるといふ。鶏放嶽《とりはなしがだけ》とていや高き山見ゆ。是なん有明山《ありあけやま》とぞいふめる。此山のあなたは中房《なかぶさ》とて、よき温泉湧きつるあり。はた久曾《くぞ》の湯とて高瀬河の水上《みなかみ》にもありといふ。

(頭書) 久曾の湯は葛の湯にやあらん。俚人もかつらをさしてクソかづらといふ。はた万葉集に「葛英の木にはひおほとれる屎かつら絶ゆることなく宮つかへせんともあれば、如何にや定めん。

「やよや啼けあり明山《あけやま》の時鳥《ほとゝぎす》声惜むべき月の影かはと行家《ゆきいへ》の詠め給ひし。又姨捨の山の近きにあり明《あけ》の峰《みね》てふ名も聞え、

「科野なる有明山を西に見て心細野の路を行くかなとは、西《さい》行上人《ぎやうしやうにん》のよみ給ふとも、亦上杉憲実《うへすぎのりざね》の上野《かんつけ》より越《こし》の後国《うしろぐに》に赴《おもむ》かせける日、細野にての歌也ともいへり。

(頭書) 憲清と憲実あやまれるにや。憲実安房守に任じて、上野越後伊豆の国を領し、持氏の臣たりしが、持氏の京都を叛く折しも義詮の下知にて、憲実を大将として持氏を滅ぼし、臣として君を討ちし罪遁れ難しとて、出家し長棟と名のり修行し、西行のごと国々見巡りし人とか。

安曇《あづみ》郡の有明山に、むかし遊行上人《ゆぎやうしやうにん》詠《よ》み給ひし歌のありけるより、例《ためし》となりて、世々かはる／＼松本の駅《うまや》に至りたまへば、先づ此山に歌ありけるよしを人のいへり。ときの間《ま》に雲深うかゝりて鳥放嶽《とりはなちがだけ》見えず。

又も見ん程はいつとも白雲の月にさはらん有明の山

池田といふ郷《さと》に夕ぐれて宿つきぬ。鶏鳴《とりな》く頃さと風の音して、夢も破れて枕頭《まくらがみ》の板戸押しあくれば、鳥放嶽なごり無う、あか月の光におかしう見えたり。

放ちたる鶏は鳴けども月影もまだ有明の山ぞ夜深き

十五日。案内を頼みて渡蟻落《とありおとし》見に行くとて、相道寺《アイトウジ》村といふに来けり。近き頃美濃の国より来けりとて、陶造《すゑつく》りが宿もありけるを経《へ》て、山路《やまぢ》に入りて遠近《をちこち》を見れば、さかしき山のみ十重《とへ》廿重《はたへ》に囲《かく》みたり。何の梢《こずゑ》ならん、いと早もみづる山陰

より、白雲の立ち昇る処あり。そのあたり栖家《すみか》や有らん、夕《ゆふ》飯《げ》の煙幾筋も結びぬ。やをら渡蟻落に到りて見れば深さ幾《いくそ》許《ばく》ぞや。測りも知らぬ太《み》谷《たに》に臨んで、西東《にしひんがし》に雲あらぬに竜《たつ》の蟠《わだかま》れるが如き橋を、二つまで架《か》け渡したり。一足踏《ふ》み見んも危《あやふ》げに、魂《たましひ》身に副《そ》はぬ心地《こゝち》して、渡り得んことの難ければ、せめて半《なから》ばかりにも行きて見まほしくて、案内《あない》の翁に扶《たす》けられて身に汗《あせ》し、半踏《ふ》み見ず返り来《く》。こゝに言ひ伝ふる歌に、「信濃なるとありの谷に来て見れば雲井を渉《わた》る天《あま》の浮橋《うきはし》。世にかゝる処も又ものかと、たゝずみ見やりつゝ、

思はずよ踏みて木曾路の外《ほか》に又とありの橋のかゝるべしとは

渡り得ん方《かた》はそことも白雲の虹《にじ》かあらぬか谷の板橋

「苫《とま》ふり」とは思ひ者二人《ふたり》持つことをいへり。此郷《このさと》にうたふ石臼唄《いしうすうた》に、「とあり同志《どうし》で臼挽《うすひ》けば臼はまはらで遣り臼に。或男、女二人が許へ通ひたるに、此とあり共、常は男をあらがへる心も外《と》には見えざりけれど、ねたしとや思ひけん、此橋に友なひ到りうち休《やす》ひ、あな涼し暫し待ちね、身にすだく蚤《のみ》取らんと吾裾《あがすそ》うち返しけるを、今一人の女、其心をや知りたりけん、髪にさしたる針の糸して、此女の打返したる衣《きぬ》の

百のあしに云々　「あし」とは銭のこと。つまり一升百五十文の米が、秋口に七十文に下つたといふのである。この天明四年は奥州などは二年越しの大凶作で、何万といふ餓死者があつた。それを少しも知らずに、筆者は其方に向いて旅しようとして居る。

あせき　浅くなつた。浅いを動詞にした語で、今は歌にしか使はれない。

是も又云々　徒然草にも批評せられた貫之の俳諧歌。「糸によるものならなくに別路の心細くも思ほゆる哉。細野村の名をきいて此歌に心づいたのである。

葛英の木に　万葉集巻十六には「葛英爾」とあつて、「くずばなに」と読ませて居る。

あか月の光　これは暁の光では無く、後夜の月のことをいふのであるが、筆者は暁を「あかつき」といふのは月から出て居ると解して居たので、こゝに其見解を示したのであらう。

陶造りが宿　陶器業者が美濃から移住して来て居る。筆者は常に斯ういふ事実に注意して居たのであつた。

又ものか　「又あるものか」の誤写であらう。

虹かあらぬか　本書には第二の「か」文字を脱して居る。

とあり同志で云々　他の地方では勿論「隣同志で臼ひけば」と歌つて居る。遣り臼とは多分向ふへ突出すやうにすることで、其為に相手が余分に力を出すことになるのであらう。此臼唄は恋中の楽しい戯れを歌つたものらしいが、筆者は之を次の伝説と結び付けて考へたのである。「とまふり」といふ語に斯んな意味のあることはまだ聞いたことが無い。それが地名の「とあり」と関係があるといふことは尚更である。

あらがふ　こゝでは争ふの意味に用ゐて居る。

右褄《みぎつま》と、我が左の褄とを縫ひ合して立てるを、蚤狩《か》る女、立てる女の背に倒れしふりして打当たり、谷にさと突き落しければ、衣の褄に引かれて、さばかり深き渓底《たにぞこ》に共におち入りて、二人ながら身まかれり。その亡き魂《たま》、頭《かしら》二つある蛇《へび》となりて、今もすむか、雨風に荒るゝ日は出でありくを見し人ありなど、案内の語るを聞きつゝ、

　うき人はよしとありともかゝりともあだに二人の身をやなすべき

(挿画)　渡蟻落の景

案内《あない》、あしこの背面《そがひ》こそ「かざしほ」と教《をし》ゆれ。風吹き出づる穴のありけるよし。

(頭書)　風入《カサシホ》にや、風し《カザシ》尾にや、をかしき名なり。もろこしにも風井《かざゐ》ありて、夏は風の吹き出で、冬は風の吹き入るといふも此類《このたぐひ》ならん。斯くて池田に帰る。

　十六日。けふは有明山の麓のあたりに、そのかみ阪上田村《さかのうへのたむら》丸《まろ》の鬼討ち給ひし処に、不動明王《ふどうみやうわう》を座《す》ゑたる堂に、つとめて里人詣《まう》づるとて打群れて行きぬ。爰を立ちて宮本といふ村に著《つ》く。木立年経《こだちとしふ》る社あり。これなん白鳳二といふ年、五瀬《いせ》の州《くに》より外宮《げくう》を遷《うつ》し奉るときけば、かけまくもあやに畏《かし》こう、

(頭書)　宮本の御社《みやしろ》は式内にあらず。

天御中主　尊《あめのみなかぬしのみこと》をいはひ、はた天津《あまつ》彦火《ひこほ》瓊々杵尊《にゝぎのみこと》、天大玉　命《あめのふとたまのみこと》をも合《あは》し祀り奉るならんかしとかしこまりて、

　世々ふりて今もみけつの神籬に末さかふべき杉の幾むら

曾根原《そねばら》の橋よりこちは矢原荘《やばらのしやう》、あちを仁科《にしな》と謂ふなり。行く〱村雨《むらさめ》一とほり過ぎたる夕栄《ゆふばえ》の空をかし。こゝを閏田《うるふだ》といへば、

　豊《ゆた》かなる秋や見すらん降る雨に猶うるふ田の里のとみ草

今日は斎日《さいにち》なり。物たばせよ〱と、修行者《すぎやうさ》かたゐの行きかひに路も去りあへず。大町といふ処に著きたり。富人《とみうど》多く賑《にぎは》はしき里なり。伊藤　某《なにがし》が家に泊る。屋《や》の後《しり》に仁科某の守《かみ》の城址《しろあと》あり。いにしへ西行上人さすらへ歩《あり》き給ひし頃、二人の法師《はふし》秋の草に歌よみ書い付けて、終《をはり》をとりける処は、こゝより道六里ばかりを経《へ》て山奥に佐野といふ処あり。そこに二僧《にそう》庵《あん》といふ名のみ残りぬ。又浅間嶽《あさまがだけ》の麓にも、ふたりの僧の身まかれりし跡とてありけるともいふと、主《あるじ》の語るを聞きつゝ暮れたり。門毎《かどごと》にまつ火焚《た》いて、又市中をいと迅《はや》う流るゝ小《を》河《がは》あるに、藁《わら》を大束《おほたば》につかねて、火をかけて是を流し火《び》とて流す屋《や》あり。こは水《みづ》に溺れて身まかる人の、昔にても今にてもあれば、其霊祭《たままつ》るとて、年毎《としごと》にすといふ。寐《ね》よとの鐘《かね》も打過ぐる頃《ころ》より、男は女《をみな》に姿をまねび、女は男のふりに装《よそ》ひ立ち、すが笠《かさ》を著《き》、或《ある》は「おこそ」てふものに顔押包みて踊《をどり》せ

りける。其唱歌《さうか》こそは知らね、声うちどよみて夜は明けたり。

（挿画） 大町の盆の夜

十七日。此里をたちて峠に登る。爰を女犬原《メイヌハラ》と謂ふ。左右《サウ》村を過ぎて安曇《あづみ》郡の終《をはり》なり、不動坂を下《お》りて、向ふ方の巌《いはほ》より麻苧の糸の乱れかゝるが如く、落ち来る水を乃《すなは》ち不動の滝とぞいふめる。橋木《はしき》といへる処にて、かれゐげ開《ひら》いて打休《うちやす》ひて、

聞き渡る里の橋木の風のみか河瀬の浪の音の涼しき

爰は更級郡なり。たゞ犀川のへたをつたひて、同じ郡日名《ひな》村に来けり。此村の茅《チ》原《ハラ》といふ処におましますは日置神社《ひおきのかみのやしろ》にこそ。

出づる嶺《みね》入る山の端《は》も曇りなく照《てら》す日置の神のかしこさ

牛越《ウシコヘ》坂を越ゆれば歌道《カトウ》村といふあり。こゝにある神籬《かみがき》を人丸《ひとまろ》大明神《だいみやうじん》と申し奉り、はた御社《みやしろ》の傍《かたはら》に在るを人麿の池と謂ひならはせり。いにしへ上野《かんつけ》に赴き給ひしことあれば、柿本《かきのもと》のふちきみ此辺《このあたり》を通り給ふにや。里の子の物語にいへり。

数ならぬ言葉の手向《たむけ》露ばかり見そなひたまへ人まろの神

大原村をへて猿倉《さるくら》てふ処よりは水内《ミノチノ》郡を境《さか》ふとかや。穂苅《ほかり》といふ村の宮沢てふ森に、皇足穂神社を崇《あが》め祀《まつ》るに詣《まう》でぬ。昔は法師も仕《つか》へまつれり。其寺正蓮寺とて廃《すた》れたるを、今起《おこ》し

うき人は云々　此歌も即吟だから、先づ地名を隠し句にして詠んで見た。「とありかゝり」は今日の「兎に角」。

夕　栄　夕焼けのこと。

里のとみ草　とみ草は稲の雅名。

修行者かたゐ　「かたゐ」は乞食、斯ういふ生活の今よりも盛であつたことが察せられる。

二人の法師云々　此物語は選集抄の中に出て居たかと思ふ。

すが笠を著　本書には「する笠」となつて居るが、菅の笠なることは疑が無い。

女　犬　原　北安曇郡八坂村の小地名に「見エヌ」又は「めいの」といふのがある。メエヌ原と呼ばれたところで、昔静御前が義経の後を追うて奥州へと尋ねて来たのを、此隣村の大塩と思つて里人の教へるまゝにこゝまで迷つて来て、「奥州は見えぬか」と言つたところだといふ伝説があるさうである。

かれゐげ　かれひげで弁当箱のこと。

もふちきみ　実は「まうちぎみ」大夫を意味する古語である。此旅人が文典辞書の類を携へて居なかつたことは、此以外にも色々の場合に窺ひ知られる。

大原村をへて　へきと読むやうに写し誤つて居る。

皇足穂神社　何と称ふべきかを知らぬ。足穂は次の歌に「たるほ」と謂つて居り今「すめたるほ」と訓んで居るさうである。

正　蓮　寺　今存せぬが、其跡といふは皇足穂神社でなくて、他の神社の傍にあるといふ。

建《た》てんと営《いとな》みせり。神職《かんつかさ》は塩入《しほいり》某といふとか。

安らけくその焼鎌《やいかま》の敏鎌《とかま》もて神のほかりの祓《はら》ひますらん

栖《す》む民の猶さかゆかん秋の田の靡《なび》きたるほの神の恵《めぐみ》に

新町《しんまち》といふ里に宿借る。いまだ日高ければ、外《と》に出でゝあたり見ありく。綱曳舟わたし河のむかふ岸辺は、昔馬場美濃守の籠《こも》れる琵琶城《びはじやう》といふ。其址《あと》残りぬといふとき、「ひはのしろ」てふことを句の下《しも》に置きて、

そこと問ひ跡尋ぬれば古のさまとも見えし苔のさむしろ

十八日。主《あるじ》、一日《ひ》二日《か》はこゝにありねと、ひたぶるに止《とゞ》めぬれば、同じ宿に居るに、上条《かみでう》村に住めるといふかの塩入氏《うぢ》といふ人訪《とぶら》ひ来りて、小川神社は小《を》根《ね》山《やま》村に、おましある神と語りけるを聞きて、

をね山の木々の下露散りつもり流れ小河の神やますらん

十九日。今日は此里の市《いち》とて、何くれと色々の物を屋《や》の前に並《なら》べて買ふ人さはに立ちぬ。医師《くすし》義伝といふ人訪《と》ひ来《き》て、

良耳《らに》の香《か》やてゝらが袖に留《と》めかねつ

といふ句を作り贈りける返し、

楽しさや夕顔《ゆふがほ》だなは秋ながら

臥したる枕頭《まくらがみ》の障子《さうじ》に、何ならんと見れば、「白銀《しろかね》のより来る糸を経緯《たてぬき》に風や織るらん布引《ぬのびき》の滝といふ歌を書いたる也。こは此家の主《あるじ》の親《おや》義道とて、いみじき歌よみの侍りしが、此《この》年《とし》の春《ハル》の頃身まかれりけるが手なりといふもあはれに、またゝく灯火《ともしび》をかゝげて、

布引の滝の白糸くりかへし見るに袂の沾れもこそすれ

二十日。新町を立ち上条村を過ぎて水内《ミノチ》村に到る。深谿《みたに》の底行く水は、木曾路川《きそぢがは》梓川高瀬川、みな此犀川一筋に流れ入りて、さかしき岩山に迫り、たぎり落ち来《く》る水は縹《はなだ》を纏《まと》ふが如し。其疾《と》きこと箭の如く、水泡《みなわ》逆巻き落ちしきる処を、弥太郎が滝とも、みのちが滝ともいふ。さばかり大《おほひ》なる川々一つに落ち入りたる水の深さ幾そばくぞやあらんに、筏《いかだ》二たゝみ乗り下《くだ》すが、暫しは棹も取らで、力縄《ちからなは》といふものを頸《くび》よりかけて、筏を滝よりま降《くだ》しに降《くだ》し、水底《みなそこ》に落ち入り隠ろひぬ。やをら他淵《ことふち》に浮き出でたるを、見るさへ身の毛もいよ立つに、馴《な》りたる業《わざ》とて安《やす》げに乗り降したるは、世にたぐひ無き高名の筏士《いかだし》なりけりと、見る人手を拍《う》ちてややとあきれたり。猶行く末を見やりつゝ、

雨《あめ》に著《き》るみのちの滝の早き瀬に降《ふ》らでも濡《ぬ》れて下す筏師《いかだし》

この水内の平《たひら》といふ処に、健南方富彦《たけみなかたとみひこ》神《のかみ》別《のこと》神《かみの》社《やしろ》のおましますとなん。けふは其神垣《かんがき》の神態《かんわざ》なりとて、夜さり奉る火ともしのそへは、手毎《てごと》に持《も》て詣づる人多し、かの犀川の岸づたひ、桟《かけはし》ありていと大《おほい》なる立岩《たていは》を廻《めぐ》りて、曲橋《まがりばし》を踏《ふ》みぬ。此橋

西より東《ひんがし》に渡《わた》り、又押曲げて南をさして渉《わた》し、其形《かたち》は匠等《たくみら》が曲尺《マガリガネ》てふものに異ならず、

（頭書）　此橋は東西五丈四尺、南北十丈五尺、広さ一丈四尺。此名久米路《くめぢ》の橋とも是を謂ふとか。昔白き猿《ましら》、おのが腰に藤葛《ふぢかづら》を引纏《ひきまと》ひ、高岸《たかぎし》よりつと水を飛び、それをたつきによりく渡りしを始《はじめ》にて、百済《くだら》の橋作りが造りしとなん。さりければ、ことさへぐから歌の家《いへ》には、白猿橋《はくゑんきやう》とくしにも作りけるとなん。水際《みづぎは》しばし上《あが》りて、岩面《いはづら》に棚の如く簀《す》かきして、それに乗りて鯉鱒捕るといふ。又秋より末は待網《まちあみ》といふものを下げて、鮭捞《さけすく》ふといふ処を遥かに見降《くだ》し窺へば、北南《きたみなみ》の高岸の岩に、橋柱を幾らとも無う斜《なゝめ》に立て造りぬ。此橋の央《なかば》に立ちて見返れば、高やかなる巌《いはほ》の上に、さゝやかなる鶏栖《とりゐ》、木の中にあり。是なん飯縄《いづな》の神の祠ありといふ。

（挿画）　曲橋のさま

（同　）　鏡台山の景

斯くて橋渡り得て、右の岩の上より、河の面に細く落ち来る水を、不動が滝とて涼しく音し、四方《よも》の山々繁りあひたる木々のたゝずまひ、此山河の水の有様、橋の殊《こと》なる面白さ、如何ばかり作絵《つくりゑ》に工《たくみ》なる人の写し成すとも及ぶべきかは。

「たよりある岸の岩間《いはま》に架け留めてすへに渡さぬ山河の橋と、嘉元百首のうちに為相卿《ためすけきやう》詠み給ひしも此橋と人のいふ。はた「埋木《うもれぎ》は中むしばむといふなれば来目路《くめぢ》の橋は心して行けとも聞《きこ》えたり。又伊奈郡に久米といふ処に行くも橋あり。

綱曳舟わたし云々　綱曳き舟渡す云々ではなからうか。

良耳の香や云々　蘭の香は繿縷の袖に留むる難しと言つて、旅の詞客を尊信した。よく分る句である。返しの句の「夕顔だな」は「夕顔たち」となつて居るが、てゝらの縁から考へると誤写は明かである。

いくそばくぞやあらんに　「あられ」にと誤写して居る。「いくそばくぞや、あら水に」とも読まれる。此の辺犀川流域は、これから六十余年の後の弘化の善光寺地震の為に、岸も流も甚だしく変形してしまつた。

火ともしのそへは　「そへは」は恐らく燃料といふことであらう。薪を神に捧げる例は稀で無い。この水内の宮は今「健南方富命彦神別」と書き、此地方では「ひこかみわけ」と訓んで居る。此薪を捧げる神事は今存せぬといふ。

祠ありといふ　「あり」は「なり」であらうか。

鏡台山の景　この第二の挿画は、次の更級から埴科に行つた記事の所にあるべきものであるが、筆者は便宜上こゝに入れて置いたのである。

すへに渡さぬ云々　嘉元百首は見ることを得ないが、「すへに」は「すぐに」であらうかと思ふ。

行くも橋あり　「おなじ橋あり」では無いか。

いづれをさためてんかし。此橋の本《もと》に休《やすら》へば、旅人も来まじり憩《いこ》ひて、不動滝の水掬《むす》びあげて、時移るまで爰に遊びて、いざといふ比《ころ》、路の傍《かたはら》の石に書《か》い付けし歌、

むしばむと聞きこそ渡れ事も無く踏みて久米路橋《くめぢのはし》は来にけり

工等《たくみら》が水の墨縄長きもていかに曲れる山河のはし

今宵は田野口といふ村に宿かる。

廿一日。鳥坂深《トツサカミ》山《ヤマ》などいふ処を経て、長谷《ハセ》村に出づ。爰なる観世音《くわんぜおん》の堂は、いにしへは長谷《ナカタニノ》神社にこそありけれ。治田《ハルタ》神社は稲荷山村の本町《ほんまち》てふ処に、今下《しも》の洲輪《すは》を遷し奉り、桑原といふ村にも亦治田《ハルタ》の社《やしろ》にして上《かみ》の須羽《すは》を祀《まつ》り奉るといひ、八幡《やはた》村なるは武水別《たけみづわけ》の神社也。若宮村の神垣《かんがき》は更級神社にこそあなれ。千本柳《せんぼんやなぎ》戸熊などいふ処を経て、河辺《かはべ》づたひに姨棄《をばすて》山《やま》を見やり、去歳《こぞ》登りし処なれば猶ゆかしう、いと近ければ目も放たず舟に乗る。こゝは埴科《ハシナ》郡也。

暮れぬ間を慰めかねつ更級や姨捨山の月おもふとて

下戸倉といふ村に泊りて、この暁の月のひま漏りたるを見んとて、窓の戸おし明《あ》けて、鏡台山《きやうだいざん》を見つゝ思ひつゞけたり。

乙女子《をとめこ》が向ふ鏡の台山《うてなやま》姿あらはに嶺の月かげ

（頭書）鏡台山は紀の妹山背山のやうに二つならびたり。それに月の出でゝ山と山とのあはひにあれば、猶鏡掛けに鏡のあるがごとなれば、山の名に負へり。

起き出でんといふ時、月打曇りてければ、相宿り人《ひと》枕もたげて、夜は未だ深《ふか》けんおよれとて臥《ふ》しぬ。

見し夢は鶏《とり》の鳴音《なくね》にさそへども閨《ねや》の外《と》暗く明けぬ秋の夜

廿二日。つとめて、千曲川のへたをつたひ、「科野なるちくまの川の左射礼《さゞれ》しも君し踏《ふ》みてば玉と拾はんと誦《ず》して行く〳〵見れば、爰かしこに綱引く舟多ければ、

千曲川波のよる〳〵澄む月をもる綱舟に引かれてや見ん

上戸《かみと》倉苅屋《ぐらかりや》原《はら》を経《へ》て、坂木《さかき》といふ処に至る。阪城神社に詣《まう》づ。里の後《しり》の畠中《はたけなか》に、いと大なる榊《さかき》の枯れたるが一本《もと》立てり。しかる故にや神籬《かんがき》の御名も、処の名も欖木《さかき》とは謂ふなり。

手向《たむけ》には生《お》ふる榊葉折《を》りとらで神のまに〳〵奉るらし

再び下戸倉に帰り来て、中村神社はいづこならんと尋ぬれば、寂莫《ジヤクマク》村とて、木綿《ユ》襷《フタスキ》のやうなるものを軒に懸けて売る里の南に、向八幡村とも中村ともいふ処におましませり。

（頭書）寂莫、いま寂蒔と云ふとか。

矢代《やしろ》といふ処に来《き》けり。此処のあわざといへる処に神垣《かんがき》の有りける粟狭神社《あはさかみのやしろ》に幣《ぬさ》たいまつりて、爰を出で来れば、ある宮《みや》処《どころ》を須々岐水《すゝきみづ》の神と申し奉る。こは雨《あめ》の御社と同じ神におましまして、卯月酉《うづきとり》の日《ひ》にぞおほん神事《かんわざ》のありける。土村《トムラ》岩野を経て松代《まつしろ》の里に入りて、池田の宮に玉依比咩《たまよりひめ》を祀り奉るにぬかつきて、市《いち》の巷《ちまた》の傍なる祝《はふり》神社にぬさとりぬ。こゝに祭

る神は、諏訪をあがめて建南方富彦命《たけみなかたとみひこのみこと》となん。太鼓の声したるに、

鼓うち神のほふりの広前につかふみやつこ御世《みよ》祈《いの》るらし埴科郡の五《いつつ》の神《かん》みやしろも今日に拝みをはりぬ。

廿三日。松代の宿りを立つ。里はつれば芝《しば》村といふに堂一つあるは、昔林彦四郎といふ士《きむらひ》、親鸞上人のうつし給ふ阿弥《あみ》陀仏《だほとけ》を持ち伝ふるを奪《うば》はんとて、武夫二人《もののふふたり》剣太刀《つるぎたち》を振りかざし追ひ来れば、せんすべ無う高萱《たかがや》の生ひ茂りたる広野《ひろの》のありけるに隠《かく》ろひぬ。此武夫等《もののふら》、この野良《のら》に入りて逃《のが》れん方はあらじ、いざ焼けとて火を放ちて焼きしかば、山風《やまかぜ》に吹かれて見るがうちに灰となれど、人ありげなる隈《くま》もあらねば、こはいづこにか遁《に》げのびぬらんかしとて、武夫二人《もののふふたり》は退《しぞ》きぬ。なまよみの甲斐の国主《くにをさ》信玄のうし、みすゞかる科野路《しなのぢ》に軍出《いくさいだ》して、爰に到り給ふに、焼け残りたる一群薄《ひとむらすすき》の生《お》ひ茂《しげ》れる中に、虫の鳴くやうに息の下にて、弥陀《みだ》の念仏《ねんぶち》を唱《とな》ふる声の聞えたるは誰《た》ぞ、見て来《こ》とのたまふまゝ、旗芒《はたすすき》搔い分けて兵《つはもの》入りてやがて帰り来てしかぐの由《よし》を啓《けい》す。其彦四郎を召して暫《しば》し物語らひはてゝ、戦《たたかひ》終りて後《のち》、一つの庵《いほり》を建てゝ此御仏《みほとけ》を置き奉り、彦四郎もすけしけるとなん。うち向ふ方に横《よこ》ほれるを布引山《ぬのびきやま》といふ。この名佐久郡《さくのこほり》にも聞えたり。此郷に今見るは岩のいくむらも白布《しらの》を引きたる様《やう》にぞありける。此山望月《もちづき》の牧《まき》の北に向ふにやあらん。「もち月の御牧《みまき》の駒は寒からしのゝびき山をきたと思へば」といふ歌も、北と著《き》たとを言ひ通はせり。はた千曲川の綱舟《つなぶね》に乗る。こなたは埴科《はにしな》、

いづれをさためてんかし　「何れとも定めがたし」で無くては解らぬ。

長きもて　誤写では無いか。意味が取りにくい。

埴　科　「ハシナ」と振仮名をしてあるのは、写し誤りであらう。「ハニシナ」でなければならぬ。

左射礼しも　さゞれ石を「さゞれし」といふことは誤りであらう。或は脱字か。此歌は万葉集巻十四東歌で「信濃奈流知具麻能河泊能左射礼思母伎美之布美氐婆多麻等比呂波牟」とあるものである。

木綿襷のやうなるもの　寂蒔打緒はこゝの名物であつた。善光寺土産として近年まで其名残を留めて居た、木綿の打緒である。

鼓　う　ち　「鼓打て」とある。

遁げのびぬ　「来けのびぬ」と誤写して居る。

なまよみの　甲斐といふ語の枕詞であるが、是を文章の中に使ふやうになつたのは、江戸期の新案である。「みすゞかる」も同上。

誰ぞ、見て来　本書には「たそう見てこ」とあるが、「う」の一字衍であらう。

暫し物語らひ　本書には「しゝものかたらひ」と誤写して居る。

すけしけるとなん　「すたし」と読まれるので或は「すませ」などの誤写かとも思ふが、矢張り「すけし」で出家したといふことであらう。

はた千曲川の　「はた」は「また」ではあるまいか。

あなたは更科《さらしな》なりけり。やがて寺尾《てらを》てふ村を過ぎて、氷《ヒ》鉋《ガノ》村に到りて、氷《ヒ》鉋《ガノ》斗《ト》売《メ》神社《カンミヤシロ》に幣《ぬさ》取りたいまつり、

うち祓《はら》ふ露もひがのゝ神籬に百草《もゝくさ》なびくぬさの追風《おひかぜ》

此処《こゝ》なる善導寺に住める等阿弥陀仏を訪《とぶら》ひ、こと語りて時移りぬ。

旦《あした》より秋のひかのの里にけふかたふくまでに語らひにけり

主《あるじ》の上人《しやうにん》返し、

言の葉の花の光に照らされて袂《たもと》の露のひかのとぞなる

丹波島に来て犀川を渉れば、吹上《ふきあげ》といふ村になりぬ。こゝに物食ひ涼しげなれば打休《やすら》ひて、

こや風に吹上の里の蘆簾《あしすだれ》かゝる涼《すゞ》しき宿もありけり

政子の前の守仏《まもりぼとけ》刈萱堂《かるかやだう》になとをりみすきて、芋井の里になりて、医師《くすし》山本晴慎のもとに訪《とぶら》へば、いと久しなど、昔相見し物語りせり。

廿四日。御堂《みだう》に詣《まう》でぬ。爰は水内郡柳原荘芋井郷善光寺は、天智天皇三年甲子に建て、本堂に四つの名あり。定額山善光寺、南命山無量寺、不捨山浄土寺、北空山雲上寺也。

(頭書)「善光寺、本堂向南、南北広二十九間二尺余、東西広十七間、高九丈八尺余。」

しばし隈々《くまぐ》拝み巡《めぐ》れば、来迎《らいがう》の松といふあり。こゝに刈萱道《かるかやだう》心《しん》の庵《いほり》して、紫《むらさき》の雲の迎《むかへ》を待たれしといひ、刈萱堂は石堂丸《いしだうまる》出家《すけ》して行《おこな》へる処といふ。堂の軒に集る人の謂ふ。昨日《きのふ》はおほん施餓鬼《せがき》の会《え》のありて、なりはひやはしき頃、飢ゑ死にたる者の亡魂《なきたま》弔《とぶら》ひ、この月の朔《ついたち》より十日まで、仮屋建てゝ物食はせ給ふ。其乞食《かたゐ》等の数、二千余人といひき。暑さにえ堪へで身まかれる者も、六十計《むそぢばかり》もありきなど、御仏《みほとけ》の前に蹲《うづくま》りて珠数《ずゝ》つまぐる人と語り合ひぬ。長押《なげし》に、「善キ光リ寺の月見る今宵かなといふ宗祇《そうぎ》法師《はふし》の句あり。傍《かたはら》の壁に、たか杖を挿したる板の面《おもて》に、吾母《あがはゝ》此御仏《みほとけ》に詣《もう》でんことを年比願《としごろねがひ》あれど、空しう身まかれりしなど書いて、はた「たらちめのはぎを扶けし杖なれば歩み来たりし心ともなれ、安永四乙未歳八月中旬難波なる無染尼《むぜんに》謹《つゝし》みて拝むとありけるを見て、あな尊《たふと》き志《こゝろざし》かな、我《われ》も同じ国人《くにうど》なりとて、涙堕《なみだおと》しなも阿弥陀仏《あみだぶち》と掌《たなごゝろ》を合する老法師《おいはふし》のあれば、

浪速人《なにはびと》あしとはいはで善光《よしみつ》の寺の御前《みまへ》にぬかづきにけり

斯くて日暮るれば、御寺《みてら》〳〵の灯《ともしび》を照《てら》し、或《ある》は高灯籠《たかどうらう》の光に、御庭《みには》の面《おもて》は蟻の往来《ゆきかひ》もかぞへつべし。さゝやかの御寺《みてら》まで夜《よる》の行《おこな》ひのぬかの声々、御堂に入り立つ人の称《とな》ふるなもあみだぶの声は鯨《くぢら》の吼《ほ》ゆるが如く、護摩《ごま》の行《おこな》ひある寺には、大《おほい》なる鼓《つゞみ》とう〳〵鉦《かね》に打交《うちま》ぜて、町々には女童《めのわらは》、大人《おとな》びたるも踊《をど》り交《まじ》りて、拍子《ほうし》取り声高う歌ふも、一つに響《ひゞ》きどよみて、山谷《やまたに》も応《こた》ふばかり也。釈迦仏《さかぶち》のおましある堂の火影《ほかげ》に見えたる板に、「四十七番釈迦《しやか》堂世尊院《だうせそんゐん》、聞名不退願《もんみやうぶたいぐわん》、「他樹《ことき》ぞと見るは

あやしや花に咲き実《み》をむすべるも同じ根ざしをとぞありける。山本が家《や》に帰りてけり。家《や》の人々は天神島《てんじんじま》てふ処に、天神《あまがみ》の神事《かんわざ》あるに詣《まう》でしとて、主《あるじ》のみ有りて語りぬ。

廿五日。円乗寺におはしける悲珉上人を訪《とぶら》へば、御《み》誦経《ずきやう》を止《とゞ》めて、いと尊《たふと》げに念珠《ねんず》つまぐり出で迎へるに、例《れい》の由無《よしな》し事《ごと》に御《み》読経《どきやう》止《とゞ》めたまひなんも心うければ、再びと言ひて此寺を出でゝ、近隣《ちかどなり》なる寺の香玄上人の許《もと》に書《か》い置《お》く。

おこなひに澄ます心の月ぞともいざしら雲のかゝる間《ま》ぞうき

又主《あるじ》の上人に参《まゐ》らする歌、

言の葉の光もさぞな朝夕《あさゆふ》に磨《みが》く心の月も照れらば

といふを聞きて、香玄上人取りも敢《あ》へず、

浅茅《あさぢ》生《ふ》の露に映《うつ》るも恥かしな君が心の月の光に

やをら馬禅長といふ手書《てか》く人と語らひて暮れたり。

廿六日。戸隠山に登りてんとて、善光寺の後《しり》より分けて、野行き山路に入りて、御歳宮《みとしのみや》 八幡をまつる を右に見て、湯福《ゆぶく》諏方の神を祭る の社《やしろ》といふに鳥居あり。汐沢といふ処の山半《なから》ばかり登れば、いかめしく造れる四阿《あづまや》のありけるは、野遊《のあそび》の人々円居《まどゐ》して、「いにしへの七《なゝ》の賢き人とても欲りするもの

氷　鉋　鉋は鉋の方が正しいのださうである。万葉の写本に基づいて鉋の字を使つて居る。現在はどういふ字が当てられて居るだらうか。

等阿弥陀仏　上人の名は等阿であるが、命名の趣旨からいへば等阿弥陀仏である。何かにつけて人に仏名を称へさせる趣旨から出て居る。或は何阿弥と切る例もある。

なとをりみすきて　此一句解し得られぬ。刈萱堂の御本尊が尼将軍の護持仏であつたといふこと、此頃言ひ伝へて居たことであらう。

なりはひやはしき頃　凶年のこと、即ち前の年の飢饉である。筆者は農作のことを「なりはひ」と謂ひ、又屢々「やはしき」といふ語を衰亡の意味に使つて居る。

板の面に　本書には「板の面云」と書いてあるが、誤写と認める。「たか杖」は竹杖であらうか。「願あれど」も事によると「願ひたれど」の誤である。

ぬかの声々　「ぬか」は拝の字を「ぬかづく」といふ所から、礼拝の意味に使つたのであらう。

称ふる　本書には「称ふ」とある。脱字であらう。

出で迎へるに　本書には「出で迎へるに」とある。或は「出で迎へけるに」か。

やをら馬禅長といふ云々　「やをら」の下に脱字があるのかも知れぬ。

いにしへの七の賢き人云々　酒を飲んで遊んだといふことを、こんな風に書いたのである。この歌は万葉集巻三大伴旅人の讃酒歌の一つで古之七賢人等毛欲為物者酒西有良師といふ歌である。「欲りするものは」を「欲りするものい」と誤写してある。

はと、酒飲みける所となん。路の傍に家二つ三つある後《しり》より、いと冷《ひや》やかなる湯の湧き出《づ》る処あり。かつら山の麓を行くに、朝露いと深し。

　風ならでうらみる葛《くず》のかつら山分くる袂にかゝる白露

あらやすといふ処に休《やす》らひて、よもやまを見れば、遠《をち》の山々波《なみ》か鱗かと重なれり。大窪といふ処の館《たち》に水乞《こ》ひて飲《の》みて、いとよけんといへば、家《や》の主《あるじ》も童《わらはべ》も口を揃へて、此山は水いと良し。芋井の里は少しぬるけれど鳴子《なるこ》清水《しみづ》の外《ほか》よき水はあらじかし、又も飲みねとすゝむ。中院《なかのゐん》に詣でぬ。こゝに崇《あが》めて思兼命《おもひがねのみこと》を祭《まつ》る。この御前《みまへ》を左に登れば比丘尼石《びくにいし》、観音菩薩《くわんおんぼさち》の堂あり。麓より女、此堂を限《かぎり》に、詣でゝぞ皆帰り去《い》にける。はた宝永の比《ころ》、長明《ちやうみやう》といふ出《す》家《け》の入りにし火定《くわぢやう》の跡とて石ぶみに離《ゑ》りたる、児塚《ちごづか》といへる処も過ぎて、奥院《おくのゐん》に詣でんとて御坂《みさか》登れば、いや高き巌《いはほ》に大《おほい》なる御社《みやしろ》を造り添へて、広前に清《きよ》らを尽《つく》したるは、畏《かし》こくも手力雄命《たちからをのみこと》のおましますに、亀の姿の文《もん》ある玉だれの小簾《をす》の隙《ひま》こそ見えね、ぬかつきて奉る。

　隠れます天《あま》の岩戸《いはど》を引明けし光世《ひかりよ》に知《し》る神や此神

御祠《みほくら》の左の下《した》つ方《かた》に、歩《あゆ》み殿《どの》の如く窟《いはや》の上に覆《おほ》ひて、内は秘《ひ》め鎖《とざ》したる拝《おが》み殿《どの》あり。こは九頭竜権現《くづりうごんげん》とて、首《かうべ》九つある高《たか》龗《おかみ》をまつる窟戸《いはやど》といふに、下りて詣でぬ。歯の病ある人は、一期《ご》のうち梨子《なし》を食《く》はざるの誓《ちか》ひして禱《いの》れば、必ずその験《しるし》の有りといふ。ふり仰《あふ》ぎ見る高嶺《たかね》を荒倉といふ。そこに栖みし赤葉《もみぢ》といふ妖鬼《オニ》に、余《よ》五将軍維茂卿《ごしやうぐんこれもちきやう》向はせ、もみぢたる面白き林に幕内《まくうち》廻《めぐ》らし、散り積みし紅葉《もみぢ》をかい集め、さす鍋《なべ》にみき暖《あたゝ》めいみじう興《きやう》をさかせけるとき、かの妖鬼はかられ出でゝ、附子《ドク》かみしなしたるみきに酔ひ伏したるを伺《うかゞ》ひ、斬り平《たひら》げ給ひし処を、今附子《ブス》野とてあり。竈段幕入《カマノダンマクノイリ》などいふ名の残り、又志垣村といふ処あり。紅葉狩《もみぢがり》の謡《うた》ひ物語にも、志《し》籬《がき》の路のさかしきに、落ち来る鹿の声すなりとぞ作り聞えける。

(頭書)　夫木集、仲正、山賤がねらふしかきやしげからん居待の月の出でよさりする。

妖鬼むけ平《たひら》げ給ひては民安けん、今は鬼無けんと悦び、その名を鬼無里《キナサ》とて、紙漉《す》く村の近隣《ちかどなり》に並びたり。荒倉山の名を紅葉山《もみぢやま》とも又霧見《きりみ》が嶽《だけ》ともいひて、千代《ちよ》経《ふ》る木々枝を垂れ茂りあひてけれど、杣山賤《そまやまがつ》等が攀《よ》ぢ躋《わた》るべうことあたはねば、木々は友ずれに朽ち枯れ、うち見遣るだにいや暗《くら》く、雲霧《くもきり》常に絶《た》えず嶺《みね》を蔽《おほ》へば、霧見てふ名のうべもありけるにやあらん。此山のあたりをも園原《そのはら》と謂ひて、木賊《とくさ》いと多くはた柳《やなぎ》草《ぐさ》といふもの多し。岐岨《きそ》の山の嶺《ね》続《つゞ》きなればしか謂へるにや。維茂の卿むかし鬼むけ平げ給ひし日は、七月七日八日九日此三日なれば、今《いま》も長《なが》月のその日、顕光寺《けんくわうじ》にて紅葉会《こうえふゑ》とて、千《ち》入《しほ》にもみづる楓《かへで》の葉《は》をかい集めて、高杯窪杯様《たかつきくぼつきやう》のものに盛《も》りて、三日のうち其鬼の亡魂《なきたま》を吊《とぶら》ひ給ひ、この行ひはつれば手《た》向《む》けし紅葉《もみぢ》残りなう作花に包み、九頭竜の窟戸《いはやど》に納むれば、その赤葉《もみぢ》一夜《よ》の間《ま》に越《こし》の後国《うしろぐに》、尾崎といふ荒磯《あらいそ》に出《いづ》ると言ひ伝ふる也。この文《ふん》月七日の神事《かんわざ》は柱祭《はしらまつり》とて、いと高き柱を三本《もと》立てゝ、此柱に三つの神社《かんやしろ》の御名をたぐへて、立てたる柱の末毎《うれごと》に柴を束《つか》ねて、火をさと放ちて疾く退《しぞ》き、これを仰ぎ見て、速かに火の移り柴の燃えあがるはいづれの神のおほん柱ぞと見て、其年の田の実《み》善悪《よしあし》の占《うら》ひをなんせりける。此年《このとし》は手力雄命《たちからをのみこと》のおほん柱に火早うかゝりて勝《か》ちたまへば、此年のたなつものや好《よ》けん。見たまはゞ又此裏山《うらやま》に涌《ワク》の池といふありて、其滸《ほとり》に立ちてわく〳〵と呼べば、朽木《くちぎ》の水底《みなそこ》に沈みあるが、うごもちゆら〳〵と涌き出づる処もあり。案内《あない》と行《い》きね。此御炊屋《みかしきや》の南に当りて、晴れたる日は富士《ふじ》のいとよく見ゆるなど、九頭竜の窟《いはや》に日毎に物供《ものくう》じたいまつる老法師、童《わらは》を誘《いざな》ひ帰り来て、此山のあらましを語り聞えたり。斯くて中院《なかのゐん》にまかり帰りて、勧修院《くわんじゆゐん》に入りて、主《あるじ》の大徳《たいとこ》を訪《とぶら》ひてんと門《かど》に音なひて、

旅衣立ちこそ留《とま》れ言の葉にみがける玉の光見んとて

此こと啓《けい》し奉らんかなれどとて、大徳《たいとこ》に代りて、

尋ね来し玉の光も難波江《なにはえ》の藻《も》に埋《うづも》るゝ賤の言の葉

といふ歌を、光忠《みつたゞ》といふ士《さむらひ》の作りける。斯くて大徳の返しありけり。普達、

旅衣はる〳〵来ても足曳《あしびき》の山のかひある言の葉も無し

再びおくりける。光忠、

たび衣木曾河越えて見る影もなみ〳〵ならぬ玉の言の葉

比叡《ひえ》の山より来て此寺に住める亮観といふ出家《すけ》、

千嶂煙雨を銜《ふく》み、秋陰暮陽を帯ぶ、投《とう》じ来《きた》る衣裏の玉、

別に傍《そ》ふ明月の光。

といふ詩韻作りて又、

言の葉の光ならずばいかにして藻屑《もくず》を玉と人に知られん

と、二首《くさ》を報《むく》はれたり。斯くて此寺に近き家に宿つきぬ。女《め》の童《わらは》雨降れ〳〵といふに、母親《いろは》にやあらん、かまけるなこよひは降りなん。雲のたゝずまひいと好し。他方《ことかた》は折々降りけ

いと冷やかなる湯　これも湯の字は誤りであらう。

大窪といふ処の館に　村の相応なる農家を、筆者は常に「館」と言つて居る。

いとよけんといへば　「けん」といふ助動詞の使ひ方がいつも昔風で無い。

余五将軍　本書には将軍の下に「卒」といふ字がある。

興をさかせけるとき　「さかせ」は何かの誤と思ふが、一寸考へられぬ。

作花に包み　何か是も誤りがあるのでは無いか。

見たまはゞ云々　是も少しく不審。

かまけるな　案じるなといふ心持に使つたものかと思はれる。又女親といふ所に「いろは」といふ語を使つて居る。

れど、此山は水無月《みなづき》十日ばかりに降りたるまゝ、小雨《こさめ》だにそぼふらで、物皆枯れ失せなんと外《と》に立ちて言へば、童、我が栽《う》ゑたる山桜草《やまざくらぐさ》、玉すだれも枯れ行きぬとて、小さき岩の間《あはひ》にあるに、水もて灌《そゝ》ぎありく。

　幾世《いくよ》々といはねに生《お》ふる玉簾かけて久しき根ざしなるらん

暮れ行けば主《あるじ》の翁、黒木の小枕《をまくら》取持ち投げ出して、そべれといへば臥したり。

　廿七日。つとめて起き出《いづ》れば、高根の白雲深うかゝりて隙々《ひまく》に岩群《いはむれ》の漏《も》り現れたるは風情《ふぜい》こと也。

　日の光四方《よも》に盈《み》つらし明らけくあけ初《そ》めにけり戸隠《とがくし》の山けふは御射山《ミサヤマ》祭の祝ひとて、紅豆《あづき》の飯《いひ》を家毎に炊《た》きて、青箸とて薄《すゝき》あるは萱の折箸《をりはし》にて物食ひ、神の御前《みまへ》阿伽棚《あかだな》にも尾花折り手向《たむ》けたるは、此国の習はし也。家《や》を出でゝ火王子《ひのみこ》の二《ふた》桜《ざくら》とて、二本《もと》ある桜あり。此樹春毎にも花咲かねど、年古《としふ》り名ある木也とて、人の案内《あなひ》して教ゆ。この祠《ほくら》には栲幡千々《たくはたちゝ》姫《ひめ》を斎《いは》ひ、宝光院の祠には表晴命をまつり奉るとなん。鷹《たか》一つ鳥をかけ落し、横ぎる羽音《はおと》すさまじ。こや今日《けふ》に会《あ》へるは、「苅りて葺《ふ》く穂屋《ほや》の薄《すゝき》の美作山《みさやま》にかまはやぶさや御鷹なるらんと、詠《ながめ》ありける歌の如く、鎌鶻《かまはやぶさ》といふものにてやあらん。かま隼《はやぶさ》は翅《つばさ》の羽末《はすゑ》に鎌の如《ごと》なるところ有りて、鳥の頸かい切るとも又隼の爪《つめ》の焼鎌《やいかま》の敏鎌《とがま》の様《やう》にて、よく鳥を搔き切りける。その隼《はやぶさ》を今日《けふ》の御射山に昔は必ず出でゝ、諏訪の神の贄《にへ》になれば、此名を鷲鷹《にへたか》ともいひ、手向丸《たむけまろ》とも謂ひて、必ず逸《いち》物《もつ》の出で来《く》もの也と、世に言ひ伝ふるそれにてやあらん。

　鷹の名のかま隼《はやぶさ》は苅りて葺《ふ》く穂屋のめぐりに今日や出づらん

飯縄山《ヰツナヤマ》の麓の原に雨降り出でゝ、辿《たど》る〳〵そぼぬれて、路踏み迷ひ、細路《ほそぢ》に入れば、子《こ》一つ連れたる荒熊《あらくま》の高草《たかくさ》を蹴立てゝ、吾《あ》が行く前を横きれて走《はし》り過ぐる怖《おそろ》しさ、魂《たまし》の身を離れたる心地《こゝち》ながら、猶その行く方《かた》を見やりつゝ、

　月の輪の影見る程もあら熊のさし入る方は山深くして

軍陀利《ぐんだり》村を出づれば、谷深うをかしく落ち来る滝あり。揚屋《あげや》村を経《へ》て桜といふ処あり。

　村の名の桜麻苧《さくらあさを》を糸によりていとなく衣をらん乙女子《をとめこ》

雨いたく降れば、日高う越《コシ》といふ里に宿とる。濡れたる袖を乾《ほ》しねと人のいへば、

　此まゝに片しきて寐ん露雫《つゆしづく》雨に沾れ来《こ》し旅の衣手《ころもで》

　廿八日。山本晴慎の家《や》を朝《あした》に訪《とぶら》ひ、主と暫し物語らひて、妻科《つましな》神社に幣とり奉らんとて出でぬ。此神籬を里人は妻梨子《つまなし》と専《もは》ら謂ひき。路の傍の井は、戸隠山にて人の語りたる鳴子清水にこそ。

　夜な〳〵は月やすむらんやがて又秋も半《なかば》になるこ井の水

海無き国ながら、此外《このと》は井の水皆鹹《しほから》しといふ。社の辺に立

てたる石を、礼《いや》し拝む人あり。如何なる神にてかと問へば、いらへて、こは北向きの道陸神《トウロクシン》とて、日の本にたゞ三《みつ》のおましある、其一つなりとか。岩倉になりて、

　妹と背の中守《まも》りませと行く末を祈りやすらん妻科の神

前《さき》の宿に帰りて暮れ行く頃、毘義といふ人も訪《とぶら》ひ来て夜ひと夜歌よんで明けたり。

　廿九日。こゝを出で立つに、

　越の海の波路《なみぢ》行くとも更級の月の頃には立ちかへり見よ

となん、主晴慎のいへる返し、

　越の海浪へだつとも立帰り来て更級の月は見なまし

斯《かく》て此処を出でゝ、風間《かざま》神社を尋《たづ》ぬれば、かざま村におましあり。神代《カミシロ》といふ村あり。爰の神垣《かんがき》こそ伊豆神社なりけれ。そこ相之《あひの》木《き》といふ処の南の森に、鳥居の三つ立ちたりける。そこを三輪《みわ》村と呼ぶ。即ち美和神社にて、粟野神社は横山の郷に近し。揚《あ》ヶ松《まつ》といふ処の山中に到れば、石脳油《クサウヅ》の涌《わ》きつるを汲《く》む井、川を隔てゝ二つまで並《なら》びたり。此油《あぶら》は越後路の臭水《くさうづ》に凡《およそ》似たりける由をいへり。片岨《かたそば》のいと高き処に、不落《フラン》堂とて飛騨《ひだ》の匠《たくみ》等が一夜《よ》の間に柱一本《もと》にて建てたるに、薬師《やくし》仏《ぶち》を置き奉るといふ。伺去《シサリ》といふ村に来て、家《や》に入りて打休らふに、二つ子の我がもとに這《は》ひ寄り来《く》れば、物取らせんとすれば、後《あと》さりにさりて泣き出でぬ。母かゝへて、わにたるか、死にたる兄とは違《たが》ひて人めせり。今はこれ一人力草《ひとりちからぐさ》とて愛《め》でくつがへりぬ。名は何といふと問へば、砌《みぎり》に小松の生ひたるを手さしして、それにて侍るといふは、松といふ名にこそ。戯れて、

　門《かど》の外《と》の松にたぐへず里の名のしさりて遊ぶ児《ちご》の行く末

押田村を経て西条といふ処に至る。爰に雁田《カリタ》の神とて誉田《ほむだの》尊《みこと》を崇《あが》めまつる祠の裡《うち》に石のおはし形《がた》造り幾《いく》つも並べたり。かへりまうしに懸け奉る作り画なども、女男《めを》の元《はじめ》、みとのまぐはひの象《かた》ありけり。怪《あや》しく見れば、腰より下《しも》つ方《かた》なる病《やまふ》を祈れば速かに其験《しるし》ぞありけるとて、二布《ふたの》或《ある》は前垂《まへだれ》やうの物かけ、男は褌《たふさき》をなん奉りける。

（頭書）本洗馬村の蘆の田といふ処の若宮八幡も同じ雄元《をのはじめ》の祠也。陸奥《みちのくに》にはいと多しといへり。

身の病《やまふ》のことを記《しる》して、みてぐらに引き結びてありける文《ふみ》を読み終りて、

　思ふこと書きつらねてや玉づさをかけてかり田の神禱るらん

広前しばし退《しぞ》きて、いと涼しければ、松が根に肘《ひぢ》つき休らひ

祈りやすらん　「祈心」は「祈や」の写し誤りである。

おはし形　古語拾遺には男茎形と書いて居る。「かへりまうしに懸け奉る作り画」は御礼の絵額である。誉田尊といへば八幡社であらうが、やはり此類の信仰が行はれて居たのである。

つゝ、ふと昼寐《ひるね》して、松風に吹き驚かされて、

　又いつか分けこしこゝに草枕しばしかり田の神の御前《みまへ》に

此あたりにも霧原の名の聞えたり。筑摩郡に在るとは何れか定めん。田中村を過ぐれば田子てふ処あり。

　袖沾《そでぬ》れし田中の田子《たこ》の功《いさをし》をみのる八束《やつか》の穂波にぞ知る

家《や》に入りて打休らひて浅間が嶽《だけ》を見遣《みや》る。主《あるじ》の云ふ。去年《こぞ》の今し比《ころ》は、あなる山焼けて、頂《いたゞき》に雷《いかづち》や落《おつ》るかと響き、焼け荒るゝ石はこゝらの火の玉となり、火矢《ひや》弾《はじ》くが如く大空に飛び四方《よも》に散りて、近きわたりは家《や》も人も打砕《うちくだ》かれぬ。此あたりより望《のぞ》むも命《いのち》ある心地はせで、神と仏とを祈《いの》りしかど、事無く吾里《あがさと》は免《のが》れきなど打語りぬ。霧薄《きりうす》く晴れて山の半《なから》ばかりよく見やられたり。

　秋風に麓の霧は浅間山なびくは嶺《みね》の煙なるらし

石船地蔵《いはふねぢざう》とて石の舟形《ふねかたち》したるに立ちたまへり。吉村梶窪《ヨシムラかぢくぼ》村を行くに、路の左に見えたるを髻山《もとゞりやま》とて、上杉輝虎こゝにもいなきし籠《こも》りおはして狼煙《のろし》揚げたりし処、外《と》の周《めぐり》の堀の趾《あと》、駒《こま》返《がへ》りなどいふ名のみ残ると、乗りたる馬追ふ男《をとこ》のひかへ〳〵語る。

　まだ霜《しも》の俤《おもかげ》見えず駒がへりとはに老《おい》せぬもとゞりの山

過ぎ来《こ》し里、又此あたりの人、その年麻《あさ》刈りて新苧《にひを》をこきとれば、初尾花二本《はつをばなふたもと》三本《みもと》折りて麻苧《あさを》僅《はつ》かばかり結び添へて、先づ神社《かんやしろ》に奉る例《ためし》あり。

　神もうけん手向《たむ》く尾花の袖の露むすぶ麻苧《あさを》の浅からじとは

平出《ヒライデ》の村の左に、親鸞上人の九つの文字の仏の御名書い給ふけるを持ち伝ふる、明光堂《みやうくわうだう》といふに験者《げんざ》住めりと。牟礼小玉《ムレこだま》落蔭《オチカゲ》、古間といへる処に雨宿りして、

　旅衣袖は沾らさじ村雨のしばしふるまの笠やどりして

柏原《かしはゞら》のやかたを出でゝ、野尻《のじり》の駅《うまや》に入りぬ。この里の東《ひんがし》に湖《こ》水《すゐ》あり。昔謙信の従弟長尾四郎越前守義景といふ人ありしを、宇佐美駿河守定行、数多《あまた》の武士《ものゝふ》をみそかに語らひ、野尻河を渡すとき、舟底《ふなぞこ》に予て謀り造りたる栓《せん》を抜いて、たばかり殺せし。其子上杉景勝後に安からず、軍をひいて戦ひの処はあしこかしこなりと、先立ちて行く人の手をさして教《をし》ゆ。「中麻奈に浮き居《を》る舟の漕ぎでなば逢ふ事かたし今日にしあらずば」と詠《よ》めるは此あたりにや。はた何処《いづこ》とも知らず問ひわびつゝ、

　尋ねても其名はそことなかまなに浮きをる舟と聞き渡るのみ

(挿画)　御射山祭の日は家毎に、神に尾花折りて奉り、小豆の蒸飯或《ある》は紅豆のむしいひを、青箸《あをはし》にて食ふ例《ためし》なり。

(挿画)　麻の新苧《にひを》初尾花奉るの図《かた》。

こゝに泊りたる夕、俳諧する名を湖光てふ人訪《と》ひ来て、

　月に鳴く虫の音暗し草の中

といふ句せりけるに答ふ。
　秋の花野をつくす言の葉
三十日。このやかたを出でゝさゝやかの家《や》一つある処に至れば、野尻の湖《みづうみ》名残《なごり》無う見えたり。分け登る処を長範坂《ちやうはんざか》といひ、山の名もしか謂ふ。昔盗人《ぬすびと》の長熊坂《をさくまさか》が此山に籠りて、近き里わたりの馬を盗みて、月毛《つきげ》は栗毛に染《そ》め、栗毛《くりげ》は烏黒《くろげ》に色を塗りかへて市に売りき。其染殿《そめどの》の跡とて礎《いしずゑ》も残りぬ。此あたりの言《こと》わざに、三つ子の横草履《よこざうり》といふ諺あり。熊坂三つの歳、伯母の梯枝を盗み、我が履《ふ》み物《もの》にふみ隠し、横《よこ》ふみにさし踏んで遁げ去りしとなん、行きつるゝ友の語りぬ。赤河といひ関川といふ流あり。此水露ばかりも飲みたる者は、盗せるきざし出づるとは、長範が掬《く》みたる故に謂ふにや。はたもろこしの盗泉の類《たぐひ》にや。かゝる水を境《さか》うて、彼方《あなた》は越《こし》の国、此方《こなた》は科野《しなの》の国也けり。橋の央《なかば》に立ちて、
　信濃路《しなのぢ》に別れて越《こし》のなかに行くへだて物《もの》うき関河の水
再び打ちたはれて、
　赤川と人はいへども白波の名に立ち渡る水のものうき
関のあら垣に入れば、越呉《ゑちご》の国赤河の里也。渡り来し河のあなたに熊坂村といふあり。長範のぬす人の魁《かしら》は此村に生れしといふはことにて侍ると物知り顔なるおほぢ一人、斧さしたるがわれに語りつゝ、けはひ阪といふに登り、石の上に立ちやすらひ顧れば、かの古《ふる》おほぢ、見たまへ高き山は信濃の飯縄山戸隠山、此国の妙光山也。こや明光山《みやうくわう》は有明《ありあけ》の峰といふといへど、科野路にも其名聞えたり。この類《たぐひ》は姨棄山の外に、芋井の郷の近き辺《あたり》にも更級といふ処あり。山を更級の山とも更級崎とも謂ひて、月の田といふが四十余八区《よそぢまりやまち》ありといふ。その更科の里の神事《かんわざ》に、荒雄《あらを》等《ら》の太鼓《ツヾミ》うちて、「名所《めいしょ》さま〲ある中にさらしなの里さらしなの里と歌ひありくとい

「見やられたり」　「見やれたり」と本書には脱字がある。
柏原のやかた　筆者はしば〱大なる邑里を「やかた」と書いて居る。独得の用語である。
後に安からず云々　多分「思ひて」を脱したのであらう。「戦ひの処は」も「戦ひし処は」であらう。
中麻奈に云々　万葉集巻十四東歌である。
或は紅豆のむしいひ　紅豆は「あづき」と訓むべきであるが、こゝでは小豆と並べて居るので、これは「さゝげ」のつもりかも知れぬ。
さゝやかの家　本書には「きさやうのや」といふやうに見える。或は「さゝやうのや」とも読まれるが、矢張り「さゝやかのや」であらう。
梯枝　これも意味を考へ出すことが出来ぬ。土地の人の援助を求めるの他は無い。
ことにて侍る　多分「まことにて侍る」であらう。おほぢは老翁のこと。

ふ。斯ることあらがへるは世中《よのなか》の習ひ也けり。しかはあれど何れをか飾磨《しかま》のあながちに定めてんと、おほぢに別れて、黒姫山を見仰ぎて、

くろ姫の山の面影《おもかげ》名にも似ぬみねは真白の雲の絶えせぬ

小田切二俣《また》大田切などいふ信濃の国にもある名の爰にも聞えたり。斧沢《をのざは》関山稲荷山福崎などいふ村々を過ぐれば片貝てふ名あり。こは古き名処《などころ》にして、「片貝の河の瀬清く行く水の絶ゆること無くありかよひ見んと詠めり。はた「新《にひ》川のその立山《たちやま》に常夏《とこなつ》に雪降りしきて、佩《お》ばせるかたかひ川の清き瀬にともあれば、立山のほとりにや。片加比河を越中といふ人もあれど、昔は国の三越路《みこしぢ》と分らざるにや。伊夜彦山《いやひこやま》も越中の国と記《しる》して、家持《やかもち》の詠《よ》みたまふ歌あり。今は越後の国内《くぬち》とか。戸隠山の法師と同じ宿に暫し語らひて別るゝとき、

別れては逢ふてふこともかたかひの河瀬の水の思ひ渡らん

市屋松埼二本木坂本三家《ミツヤ》藤沢板橋御出雲《こいづも》を経て、新井《あらゐ》といふ処に宿借りて臥したるに、いまだ信濃の国を行き巡りありつと見驚きて、かけろと鶏《とり》の鳴きつる比《ころ》、

高志《こし》ながら夢は山路《やまぢ》をみすゞ刈る科野《しなの》の真弓《まゆみ》心引かれて

飾磨のあながちに　飾磨は褐染の名産ある故に、歌では戯れに「あながち」の枕詞にした例もある。

ありかよひ見ん　「あるかよひ」と見えるやうな誤写をしてゐる。

片加比河を越中云々　片貝は幾らでもある地名で、越中も越後も無いわけであるが、歌枕を見てあるく旅人は、毎度此の地方の争ひにまき込まれた。真澄翁の名所考証にも心苦しいものが少なくなかつた。是も旅愁の一つに算へて、同情すべきものであらう。

通過地方略図　　　　（無記名）

戸隠道の荒安、桜は字形が少し相違して居る。善光寺近傍の風間はもう少し右方になる。寂時は寂蒔の写し誤りである。大町の下方に閏田と書入れ、且つその近くに曾根原の橋とあるべきであつた。従つて池田の傍にある曾根原の文字は削る。大町左右間の朱線中央の位置に見エヌ原を、田沢熊倉の間に朱線を加へる。其他にも多少の相違はあるであらうが、其地方の読者の訂正に俟つの外無い。此地図の上に現はした山の外輪線は、ちやうど本書の挿画に、大町の盆の夜の月が傾きかゝつて居る蓮華岳、爺ケ嶽の程度に、実際の形に拠つたものである。

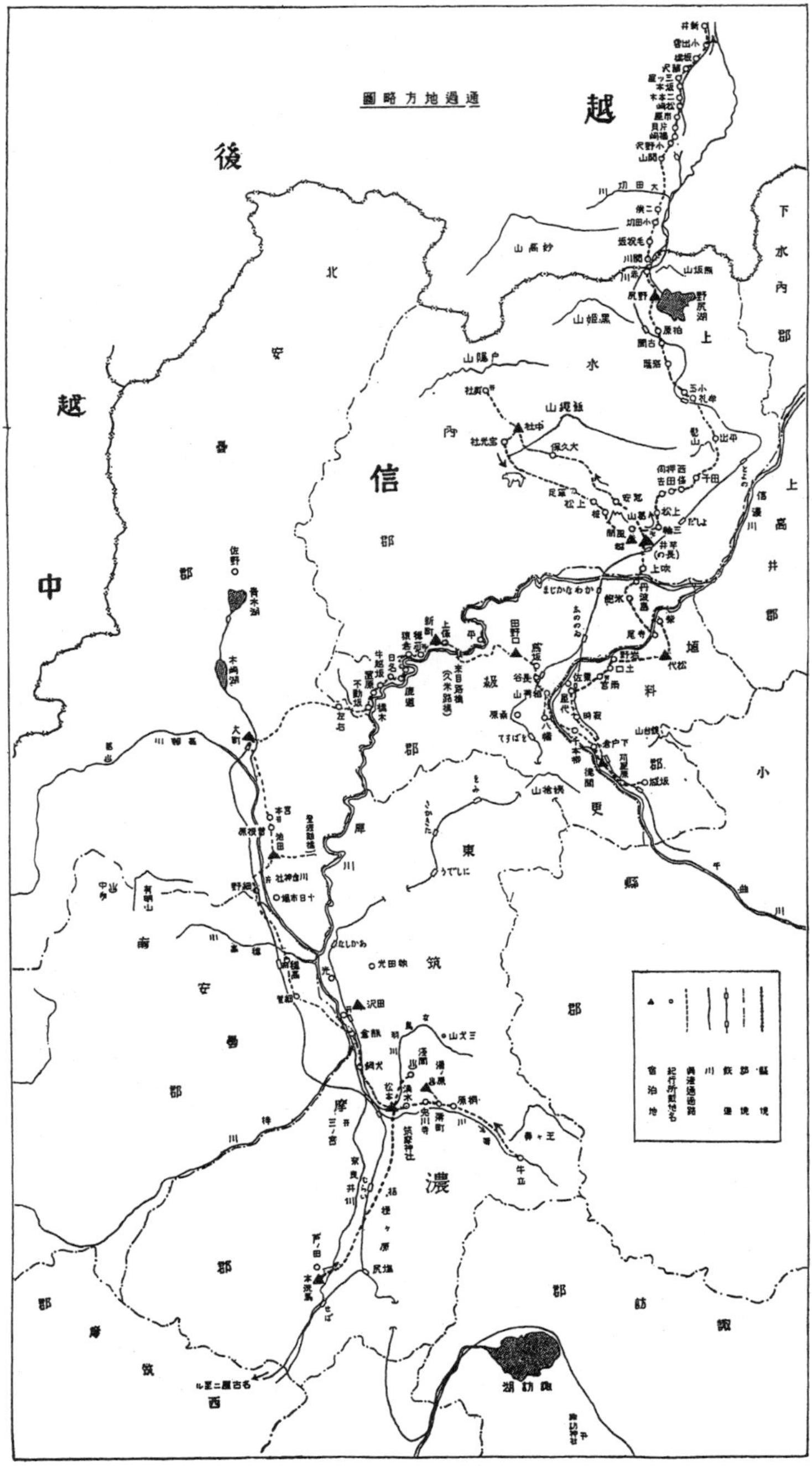

『来目路の橋』真澄遊覧記刊行会代表者柳田国男編、昭和四年八月一五日、真澄遊覧記刊行会

伊那の中路　真澄遊覧記

柳田国男校訂

菅江真澄著

伊那の中路　柳田国男校訂

天明三年癸卯の弥生より信濃国を分けて、本洗馬とふ里に在りて、月は師走に至るまでを載す。其頃の中秋、姨捨山に登り月見し道行きぶりは、「わがこゝろ」と名づけて一冊とし、吾母身まかりたまひて三年の亡魂祭りしことを、「手むけ草」といひて聊かの詠めどもあれど、爰にはもらしぬ。はた一歳の事を残り無う記して、「菴の春秋」てふ冊子あれば、四の時の折々もことぐ〵に書かず。其あらましを載するのみ。此日記は伊奈の郡より始めたれば、「いなのなかみち」と名づけたり。

この日本《ひのもと》に有りとある、いそのかみ古き神御社を拝み廻《めぐ》り、幣奉らばやと、天の光四方《よも》に明らけき御世のおほん恵み、遍くみつといふ年、のどけき春もきさらぎの末つ方、旅衣思ひたち父母に別れて、春雨のふる里を袖濡れて出で、玉くしげ二村山《ふたむらやま》をよそに三河路を離れて、雨に著る美濃の中山を彼方に、みすゞかる信濃の国に入りつる迄の日記は、白波にうち取られたれば術《すべ》無し。

（頭書）昼神《ひるかみ》といふは、もと蒜嚙より起りて、此処は狛場《こまんば》のうちたりしを、今はさけたるといふ。其辺に山王権現と祀るは思兼命なり。社領千石此辺の流れを味河《あぢかは》と謂へり。阿智神社も此御座にやあらん。

（頭書）根羽といふ処、昔三河の国なりしが安助《あすけ》の郷《さと》の戦ひの頃、甲斐信玄打克ちて、信濃の国に取りおはしませりとか。

天の光四方に明らけき云々　天明三年二月といふことを、斯ういふ風に優雅にいひまはすのが、此時代の文章の一つの流行であつた。

二村山をよそに　此山は尾張との堺に在る。多分直接に設楽郡から信濃に入つたことをいふので、故郷を出たのが其二月であつたことを想像せしめる。

白波にうち取られたれば　或は盗まれたといふことであるかも知れぬが、川舟が覆つて流したことが、何処かにあつたやうにも思ふ。

今はさけたる　現在は分れて別村になつて居るといふ意味か。

安助の郷の戦ひの頃云々　三河国東加茂郡足助（アスケ）町。此事は土地の伝説であつて史実では無いらしい。

（頭書）信濃国伊奈郡に在る十三庄の名、
蕗原庄、小野のあたりをいふ。笠原庄、高遠のほとりをいふ。入野谷庄、山田小原勝間みな此あたりをいふ。春近庄、上穂のあたりをいふ。箕輪庄、木下松島などをいふ。郊戸《がうど》庄、飯田のほとりをもはらいへり。伊賀良庄、山村北村の辺をいふ。下条庄、阿智川を限り、阿智原の塘より起り、南は三河を界ふ。東は天竜川、西は美濃路までわたりぬ。南山庄、天竜川の東なり。伴野庄、小川宮田なり。宮田はむかし稲田と謂ひしとなん。遠山庄、和田上村木沢などをいへり。知久庄、知久だひら南原など也。大河原庄、鹿塩のほとり也。

同じ弥生のなかばに、飯田の駅に著きぬ。応永の頃ならん。尹良《ゆきよし》親王このあたりより三河の国に赴かせたまふおほん旅のなごり、しかすがに思《おぼ》しひかれたまひ覗めして、「さすらへの身にしありなば住みもはてんとまり定めぬうき旅の空と詠めたまひて、千野伊豆守に賜はりたりけるとなん。斯くて尹良のみこは、此国の浪合といふ山里のあらき滝河の辺にて、「思ひきや幾瀬の淵をのがれ来てこの波あひに沈むべしとはとて、やがて隠れおましましゝとか。其御霊を其里の後《しり》なる高山の末に神と祭りて、処の人良翁権現と崇め斎ひ奉れり。吾総角の昔、更級や姨捨山の月見んとて、其麓に旅寝したる朝、詣で奉りしことあり。其頃再び訪ひ来《こ》とかたらひし友垣の、この飯田の駅にもあれば、そこゝと尋ね問ふに、此月の朔ごろ、軒つゞく屋は皆灰となりて、有りつる住家も知られず、人に問へば老いたるは世に無う、世に在るは重き病ひしてなどかたり聞ゆれば、こはいかにとためらふ。旅宿の前を行き過ぐるは、二歌を手習ふ始めより、朝夕馴り睦びたる中根某といふ者なり。歳月を経て逢ひ見しかども、しかすがに面忘れねば、某に非ずやと呼ぶに、手を打ちてこはゆくり無う如何にぞや、あな久しう経て逢ひ見つることゝて、さいだつ涙を隠して、斯くや侍らんまさに、よべは夢のまどゐしつるなど、こと無きふしを喜び、こし方の物語よろづ言ひて、片時の間に老となり行く憂忘るゝ草摘みてん、いざたまへ、近きほとりに案内してんとて、爰を暫し行きて、風越《かざこし》山の麓なる、菊理《くゝり》媛《ひめ》を祀り奉る小さき祠のありける御前より、峰の雲尾上の雪とまばゆきまで、こゝらの桜今盛りなるに心浮かれて、芝生の上に居て、夕日うら〳〵とかげろふ迄見つゝありて、

風越の山は名のみぞ治まれる御代の春とて花の静けさ

（挿画）風越山の花。「風越の峰の上にて見るときは雲は麓のものにぞありける。

つれなう高根おろし颯と吹き来て、雪をこぼすが如く散る桜あり。うべ西行上人の、「風越の峰のつゞきに咲く花はいつ盛りとも無くて散るらんと詠められたる、古の春のあはれも知られたり。をちの麓の梅はいつ散り過ぎにけん。麓の雲の底に鳴くなりと時鳥を聴き、雲井に見ゆると望月の駒を思ひ、裾野の薄穂に出づるを手向にと聞え、白妙の雪吹きおろす峰の月影のなど、残りたる古言を誦して顧みがちに、

心して峰吹き通へ風越のふもとの桜散りなんもうし

此麓をすぎて出で来れば、前に酒壺するゑて物あきなふ家の萱葺ける軒に、大なる桜の今真盛りなるを、行きかふ人々止まりて、又たぐふかたの有らじ、此花の下にとて、あぐらに凭り登りて酒飲み仰ぐは、心無きにしもあらじかし。

　人ごとに流るゝ霞立ち去らで花の影掬む春のさかづき

十八日。或人に誘はれて花見ありけば、竜坂《たつざか》といふを下り来《く》とて、桜あまた立ち並びたるを、右《みぎり》に見左に見つゝ、やをら麓になれば、松ども多く生ひ立てる中よりいみじう咲きたるは、山風も隔てゝよそに吹きつべけれと、

　吹き来るは厭ふものから桜花かぜのやどりの松と知らずて

峰より花の散り来る夕ばえ、物にたとへつべう無けん。

　春霞よきてよ暫したつ阪に盛りまばゆき花のあたりは

十九日。天竜川の河原に行きたりしかば、岸波ゆすりて高う立ち、水泡湧きかへる荒瀬に浪に、筏たゝみ入れてうきしつと、米積みて疾く下るは遠江に行くとか。

　みなかみの花の盛りのことゝはんやよ待てしばし下す筏師

諏訪の海の氷の橋も、神や渡りたまひけんかし。水嵩いたくまさりて、淵瀬も知らず高浪の打つに、

　すはの海みぎはに結ぶひも鏡とく流れ行くあめの中川

浪合といふ山里　下伊那郡波合村大字浪合。浪合記といふ物語本が数種あつて、此伝説を潤色して居る。筆者もそれを読んで居たのである。本文浪谷とあるは誤。

二歌を手習ふ始より　二歌とは「難波津に」と「あさか山」。爰には只手習ひの頃よりといふ意味に用ゐて居る。東三河の山村の人は多く豊橋にも出で、又飯田にも来て住んで居た。

まさに　マサとは前兆の意。

老となり行く憂忘るゝ草摘みてん　酒を一杯飲みに行かうといふこと。

菊理媛を祀り奉る小さき祠　白山神社のことである。今も存するや否や。

風越の峰の上にて云々　此歌はこの歌枕の古歌の中で一番人の知るものである。詞花集藤原家経の歌。

古言を誦して　こゝにある古歌の断片は、信州の旧地誌類に必ず引用されて居るものゝ句である。筆者は歌よみとして多くの歌集を読んでは居たであらうが、信州の古跡や神社を巡り古歌を引用して居る跡を尋ねて見れば、其十年ばかり前に板になつて居た信濃地名考などを、道のしるべにして居たことが想像される。

此麓をすぎて　本文「さぎて」となつて居るのは、誤字と思はれる。

うきしつと　「深き沈み」でもあらうか。本文のまゝでは解しかねる。

ひも鏡とく流れゆく　氷は「ひ」、これをひも鏡と詠んだ例は多い。此歌は鏡だから「とく」と掛けて居る。

廿一日。再び風越の山際近く行けば、柴負ひたる翁の分け来るは、「風越の嶺より降る賤のをが木曾の麻ぎぬまくり手にしてといふ歌の意にも似ていとをかしう思ふに、桜あらぬそがひよりをこへ〳〵に分け行くもねたう見やり、

咲く花に背く心はあさぎぬの袖はにほはん風越の山

と詠めてければ、柴人の見たゝずむもあやしく、此翁に代りて、

下つ枝はさはらんもうしとまくり手に花を分け来し木曾の麻衣

廿四日。愛宕阪《あたござか》を下り来とて、城山の花盛なるに水の流るゝなど、よしある様におぼえて見る〳〵行けば、同じ処に今日も暮方になりぬれば、あやなう詠めたり。

あくがれて永き春日もくれなゐのうす花桜色見えぬまで

廿八日。昨日見しは彼方のかけ路、けふは此方よりとて、松河といふ水を渡らんと到れば、雨のゆくりも無う降り出でゝものうきに、人あまた濡るとも花のと行きもはてず、細き路にねりとまる後に立ちて、桜のありけるあたりにて、

春雨にあすはうつらん桜花いざ木のもとに沾れつゝも見ん

卯月一日ばかり、市田てふ処に行くに、いと大きなる松の枝ごとに、藤のまつはりて濃き紫に咲きたり。

暮れて行く春をとゞめて松が枝にかゝるはうれし花の藤波

かくて其処になりて、原町といふ里に住む池上某がもとに、人の誘ひて訪ふ。家の主の謂ふ。元和三年の頃ならん、飯田のいなきのあるじ脇坂淡路守従五位下藤原安元と聞えたまふ君ありて、此君おほやけの事に携はりて都に行きたまふに、いましが藤原は南家にや北家にやと、畏こきおほんみことのりありけるに、「北南それとも知らぬ紫のゆかりばかりの末の藤原と詠みて奉りたまふを、其頃もはら世中の物語と人毎に言ひき。同じ頃武蔵の国池上なる根本寺の日樹上人、不受不施といふ一つの法を立てゝ、いさゝかの事に公の御気色《みけしき》ことに此国にさすらへ、市之瀬村にしるべばかり菴結びて身まかりてけり。其上人武蔵よりこゝに到りたまふの時、蔦《つた》木《ぎ》てふ処にて、名もをかしう秋の日影うつろふに、「名にし負ふ蔦木のかつら心あらばしがらみ留めよ流れ行く身をとぞ詠められたるとなん。其菴の辺を後池上と謂へば、我家の池上もそがあたりより付きしにや知らじなどおぼめかし。又その飯田の城は長姫《をさひめ》とて、この伊奈の郡の央なり。東の山奥に鹿塩《カシホ》大河原《おほかはら》の庄とて、頼朝の御日記にも記したまうたる処あり。鹿塩の東は甲斐の国鰍沢《かじかざは》なり。山中より出づる水を汲みて、之を焼きて塩として常に食ふ。行く水を塩川といふ。其支村《えだむら》は柳島・市場・から山・梨原、又大河原の支邑は市場・滝沢・かま沢・おけや・むらさき・和曾・中尾など、手を折

り〳〵考へて、何くれの事かたりて、あな寒む。世は皆更《ころも》衣《がへ》ならんにと謂へれば、思ひつゞけたり。

　いくばくの日数を旅にふる里の名残も夏にうつる衣手

この池上が家に日を経てけり。

十二日。山賎めける男ども山より帰る。夕近う里に入り来て、けふは空さへ雪の降り来て足手しみわたり、斧打つに手もきり行く心地して、幾度も打落して、木は僅ばかり取り来つる。あの滝山の雪見てましといふを、仰げばいと白う降りたる雪の嶺《ね》、昨日見ざる方にあまた連なりぬ。

　うの花の咲くとし見れば夏山の梢はたわに降れる白雪

十三日。手を折ればいと久しく思へれば、

　かぞへうる日数も知らじけふ幾日市田の里にあかし暮らして

十四日。人々と共に、物うき旅の心遣りに花折りありければ、小さき杜に山吹の黄金の山なすやうに咲きたるを、何神のおましませるにやと人に問へば、あら神と申して原町のいはひでんにて侍る。其故は昔いさゝかの犯しある女を討ちて、爰に屍を埋みけるが、世に在りける時も其せし主をひたに怨みて、身まかりても荒ぶる心止まらず、祟をなん為したりければ、怖り尊みて神とはあがめ奉るなりと語る。山吹のをかしければ暫し見たゝずみて、

　山吹の花の盛りは又たくひ世にあら神の杜の下陰

十五日。この池上が家を立ちて、心の猶引く方にと行けば、山吹といふ里あり。名に負ふ花の咲きたる垣根もあらず。と

風越の嶺より降る　此歌は歌枕名寄にも出て居て「賤の女」とあつたかと思ふ。

をこへ〳〵に　尾越え〳〵でもあらうか。

さはらんもうし　是も誤写で無いならば「障らんもうし」であらうが少し六つかしい言ひ方である。

濡るとも花の　拾遺集「桜狩雨は降り来ぬ同じくは濡るとも花の蔭に隠れん」といふ古歌。是は多くの人の記憶する所であつた。

飯田のいなき　城のことをいつも「いなき」と書いて居る。

しるべばかり菴結びて　他にも此用例が見える。形ばかり、又は簡略なるといふ意味に言つて居るらしい。

蔦木てふ処　甲信境上の宿場である。蔦木だから「名もをかしう」と言つたのである。

手もきりゆく心地　不明。足手こゞえ、斧打つ手は斬られるやうに痛いといふことであらうとは察せられる。

山吹の黄金の山なすやうに　山吹を爰には古風に山振と書いて居る。

いはひでん　斎殿とでも書くか。今も筑摩郡では弘く氏神の意味に用ゐられて居る。

其せし主を　此まゝでも意味は取れるが、何か誤記であらうも知れぬ。

くうつろふにやあらん。田面を行く路に蛙のもろ声に鳴くもあはれに、

花はみな散りはてぬとも山吹の里の名めでゝ蛙鳴くらし

こゝに小さき籠《かたま》の如き物つけたる女あまた、野山の方にうち群れて行きけり。こは桑の木の林に入りて、みづといひて若葉のくはたる花のやうなるものを採りて、くは子養ひ立つるといふ。みづは水葉にやあらん。此くはこの種は陸奥《みちのおく》の賈人より買ひ取り、斯く桑の木の芽出づる時までは、くは子のとく出で来ぬ寒き所に籠め置き、又こゝに在る山寺といふ庵の、いと寒き処の法師に預けてひめ置かせて、卯月の八日釈迦仏のおこなひに、此峰に人さはに登りて、くは子の卵《かひ》附きたる紙を手毎に持ち帰り、埋火の下に置き或は背《そびら》に負ひて、夜昼あたゝめられては、いさゝかの春を得たる思ひやしけん、瞿粟などの萌ゆるやうに成り出づるを、雉子《きゞす》の羽して撫子《なでこ》とてはらひ落して、みづのふゝみを食はせ養ふとか。樫原といふ処に来て、

をちこちの山分け衣たゞひとり立つは侘びしきかし原の里

爰にもはた松川といへるが流れたるを渡りて、片桐の駅になりて、路行く人の語るを聴けば、この伊那の郡には、くだといふもの有りて人に憑き、物怪《ものゝけ》となりて狂はせける。その悩める始は常の疫《えやみ》の如く、温かさは身に燠《おき》の居たるが如く、見る目さへ怖ろし。此くだてふ獣は、いみじう人を悩ませる怪しきしちは有りて、神の如く人の眼には見えねど、折としては犬猫に捕り食はるゝことあり。そが形はりし鼯鼠《むさゝび》に似て、色黒う毛は長く生《お》ひ垂れて、爪は針を植ゑたるが如く、身はさゝやかながらむくつけき物なり。是を日に乾して、物のけならんと思ふ病人に僅ばかり食はすれば、忽ち眼は血をさし入れて、頭打ち振りけしき心地異《こと》に、猛きふるまひを為し、口とく物言ひ、物のけのしなしをこそ現しけれ。まほの疫《えやみ》する人は、食ひても唯しはやき味ひを、舌の上にそれとおもふのみ、異れることはあらじかし。此頃近隣《ちかどなり》の女にくだ狐の憑きて、仰ぎみ伏しみ声かるゝばかり泣き叫ぶを、験者を喚びて、よりましを立てゝ祈り禱れば、其よりの女子左右に持ちたる白幣をさゝげ、不動尊の生けるが如き御形像《みかたしろ》を打ちまもりて居るが、御読経の声高う、法螺吹き立て鈴打振り珠数すりのりて、焼串《やいくし》の如きものを女のめぐりにひし〳〵と刺して、三尺ばかりの剣を抜きかざし、此女を今や斬りてん様に優婆塞の怒り罵れば、よりまし涙をほろ〳〵とこぼして打臥しぬ。こはいかにと隙より見るに、やをら起きあがり、長き黒髪を腕にかけて、高笑ひして、病人の上残り無う、水の行くやうに疾く語るは、身の毛もいよ立つ怖ろしき目を見たり。この何某の阿闍梨の徳は、世に並ぶ験者はあらじかし。此ものゝけ日を経ずして去《い》にきと語るを、後に附きて聞きつゝ行

くに、又此くだに似たるもの筑紫とやらんにも在りなど謂へり。

是も亦きつにはめなでくだかけの身につけ渡るためしさへうき

七窪の里に入りたり。此里に十歳ばかり昔ならん。さんといふ賤女《しづのめ》の、あやしう万に心ざし深かりけるが、身は茶亭にいとなく、昼は終日行きかふ人に物食はせ酒売りて、世中《よのなか》を渡るたつきとし、夜は結跏趺坐とて、女の身もて脛《はぎ》を結び手を下げ組みて、心の仏を見てんと、をこなるまねびしてくうつきたりけるとなん。又月花に詠めては、をかしき言の葉どもぞ多かりける。いつの頃ならん、諏訪郡竜雲寺の僧、名はたれとか、かの女の家に休らひて、女の臼ひくを見て、是なん聞きつる女にこそあらめと近づきて、さる人にてや侍らん、面白の詠めもあらば聴かまくなど、ひたに問へれど、其いらへも無う、たゞ臼のみひきまはしけるつれなさに、此法師たゝう紙に、「人づてに其名をきくの花ならんなどくちなしの色に匂へると書いて、従ふ童して女の許に遣りければ、さん子臼を挽き止めて取りあへず其紙の端に、「霜枯の草もにほはぬ路のべの花もありやと人のとふらんと書いて、此童に返し遣はして、ねもごろに物語りしとなん。さん女年やゝ老いてける頃、尾張の国より、道樹上人この信濃の国に入りたまふに、かの女のをきな見《まみ》えしかば、上人先づ試みに趙州布《でうしうほ》讃《さん》の意を如何にと問はせたまふ答に、さん子たはれたる歌作る。「おさん等はほさんは持たず木綿夜着うち掛け著れば重

若葉のくはたる　是は誤字があらう。或は「莟みたる」か。後の方に「みづのふゝみを食はせ」とも見えて居る。稚蚕には芽桑ばかりで無く、桑の花の莟んで居るものも食はせたのである。

怪しきしちはありて　「しち」は質の字音かはた実か。

形はりし鼯鼠に似て　「はりし」は「ふりし」の誤写かと察せられる。

まほのえやみする人は云々　「まほ」は真正の意であらう。「しははやき」は「塩はゆき」の誤記では無からうか。

よりの女子　「より」は即ち「よりまし」、中座のことである。多分「より」といふ土語があつたのであらう。

焼串の如きものを　如何なる物であつたか想像し難いが、焼串は山田の猪をどしに、毛などを焼いて串のさきに挿んだものである。又焼いかゞしともいひ、節分の夜にも之を転用する。

きつにはめなで　「夜もあけばきつにはめなんくだかけのまだきに鳴きて背なをやりつる」といふ歌が伊勢にある。

くうつきたりける　「くう」は「くふう」即ち工夫ではあるまいか。

かの女のをきな　珍らしい言ひ方であるが、女の夫なる老翁のことを指すのであらう。

趙州布讃の意　万法一に帰す、一何れにか帰すといふ問に対して、一領の布衫を作る重きこと七斤と趙州が答へたことは、碧巌集などにもあつたかと思ふ。

さ七斤といらへたりけると、上人常に語りたまひき。この三人《みたり》の人々も此世にあらで、昔物語となれば、憶ひ出でゝ行く〳〵袖かつ濡れたり。この七窪はなゝくりの出湯にやいかゞ、知りたらん人に問はまほし。此処に居る三石三春といふ医師は、吾が故郷に来て知りつる人なれば、其宿を訪ふに、主あきれてこはいかに、あな珍らしや、此国にとく来たまひしと聞きしかど、そこにてはえも侍らじかしと思へど、誰にてもと待ちわびしと、心の奥無う誰は彼はなど、故郷の人の上かたらひて暮れたり。斯くて爰に十日ばかりを経て、再びとて、

五月五日。三春《みはる》が宿を昼より出で立つ。一起き二起き、ふなゝどゝ謂ひて、里は蚕養《こがひ》の業に露のいとまなみ、桑の小枝《さえだ》折りもてありき、家の中はところ狭《せ》く、かふこの蚕棚かけならべ、外《と》は田植うる料《しろ》に苅敷《かりしき》とて、柞楢《はゝそなら》の葉などの嫩葉の梢刈り束ね馬につけて、野山より田づらに、女にてもあれ男にてもあれ引き行くを、まねぐりとて日に百度千度も行きかひをせり。それを田面に敷きて、馬幾つも引入れて、独り手に綱を執り歌ひぬ。是をふませとなん謂ひける。男女あけ暮のいとなさに、今日の節供《せつく》も軒に菖蒲《あやめ》しるしばかりに刺して祝ひたり。此苅敷てふことを、歌にも作り侍るべきかと人の言へば、

あやめ草露も一つに刈りしきて今宵いづこに夢やむすばん

与田切といふ石走《いはゞし》る早川を、女の三人連《たり》れていと安げに、こしの国と菅笠《すががさ》に書き付けたるを著て、こなたに渡りて、

越し安き浅瀬しら波をしへてよたぎり流るゝ山川の水

飯島とてよき里に出で来る程なう、雨降り来てすべ無う或樹の下に寄りて、しばし笠取りの間に霽れたり。

家に在らば袖は沾らさじ降る雨も椎の葉に盛る飯島の里

中田切の川渡り福岡に至る。光前寺といふ寺あるに、甲斐の守たりし信玄の持たまひし駅路の鈴とてあり。伊奈の郷雲彩寺の権五郎景政の古き調度とてありたるを見しに等しかりけると此鈴をもいへり。景政は伊那の郡にて身まかれりけるにや。雲彩寺の傍にしるしの五輪苺《こけ》むしてあり。しづ鞍・鉄よき剣なども有りつるを、今は失せたるなど謂ふにても知りぬ。上穂《うはぼ》といふ里の田毎に、早苗取り植ゑわたせるを、

こゝに今栽うる若苗見てぞ知る秋の上穂《うはぼ》のみのるためしを

たぎり〳〵七たぎりある渡りの中に、怖ろしき川の大田切といふに至り岸に立ちて窺へば、水いと深う水底の石高う、箭よりも早う流るゝ音の鳴りどよみてけるを、からくしてさし渡る。此川安く渡り得ることの難ければ、よき案内を前に立てゝ渡るべきわたり也。人毎にかばかりの川よとをこの振舞して、流れ死にたる者の数を知らず。まいて雨聊か降りても

水嵩《みかさ》高うまさりて渡らんこと難し。今年も旅人二人ところの女も流れ失せたるなど語る。路しばし行きて右に天竜川流るゝに土橋架け渡せり。此橋より外島村《とのしまむら》に行きて、村の長飯島何某とかやが家に、此夜泊りてと人の誘ふに任せて行く。あな危うの橋や此荒川にと言へば、さにて候ふ。此三日四日前なる日まねぐりする十あまりの童、子引きつれたる馬に乗りて帰り来る暮つ方、馬の子の乳房さがし求めんと、母馬の腹に首さし入れて行く〳〵親馬の跳り〳〵て足なん踏み落し、橋の半《なかば》にして馬人ともに、さばかり早き荒瀬の浪に落ちて、はる〴〵と流れ〳〵て行くを、おくれ来るまねぐりの女、遠目に見て我馬は乗りすてゝ、いそぎ来しかど術《すべ》無う、声を限りに呼びたりければ、人々来集まりてける程に、馬は遠方《をちかた》の瀬より、高岸に飛び上りつれど、童は早瀬の浪に誘はれて、何処にかまぎれ失せたり。はかなきこと思ひ遣るべし。人あまた来て水底を尋ね〳〵わたれどあらざりければ、遠江の汐瀬に流れ入りて、鰐《わに》にや食はれなんと、母馳せ来て伏しまろび、河原の石の上に肩打ちあてゝ歎けど言ふがひ無う、昨日柵《しがらみ》にかゝりしとて筏守の見つけて、骨ばかりなるを取来しなど語る。

　乗る駒のせも早川にをちこちの泡と消え行く水のみどり子

六日。こゝなる光久寺に住める棠菴《たうあん》上人に見えんとて行けば、上人隠元禅師の持たまひし如意とて、常に見しとは形も異に、さゝやかに鉄《くろがね》を空しく作りて、色々の金《かね》をもてくさ〴〵の絵をまきたるを、取う出して見せたまふとき、

　見ても知れ世の人毎に直からぬ心の如き法《のり》のうつはを

七日。出立たんといふを主、この五月雨に川水いと高う流れ、行末も猶煩はしからん。晴るゝ迄は爰に在りてと留めぬ。

十二日。垣の外は皆田面にて、男女打交りて、「一夜に落ちよ滝の水、落ちてこそ、濁りも澄みも見えれかと、千町の面に声あまたして歌ふ。まことや聊かの晴間《はれま》もあらで、いか

まねぐり　此語は今でも同じ意味に用ゐられて居る。さうして信州ばかりでは無い。

こしの国と云々　菅笠には越後国と書いてあつたのであらう。それをさへ「いと安げに」の掛け言葉に使つて居るのは余りなる修飾である。

椎の葉に盛る　「家にあらば笥に盛る飯を草枕旅にしあれば椎の葉にもる」万葉集。

伊奈の郷雲彩寺　下伊那郡上郷村。今でも此寺に景政が眼を洗つたといふ恨の池があることは、「伝説の下伊那」にも報ぜられて居る。

此鈴をもいへり　是と同じやうな鈴が、景政の遺物として雲彩寺にもあつたのを見たといふことであらう。

見えれか　是は誤記では無く、斯ういふ言葉使ひがあつたのかも知れぬ。「一夜に落ちに」は全く「一夜に落ちよ」である。

ばかり濡れて物うき心遣りにや歌ふらんと、障子押明くれば、ゐさら井の如き小川も波いや立ち溢れ、庭の小草も見えずさゝら波立ちたり。

　をとめ子が心もすまず落ちたぎつ行く水暗き五月雨の空

早苗とり〳〵栽うる中に、手遅き植手をば穴にすとて、手早の植手あまたに植ゑまはされて出づべき方の無ければ、たゞ立ちに立ちてけるを、こゝらの男女指さし笑ひたり。

　十五日。空晴れたれば、近き辺《ほとり》の田唄歌ふをさ聴かんと、家の主と共に出でありければ、初嫁初聟も田植の祝とて、常には其事にゆめ携はらぬも、下《お》りまじりて植うる習なれば、同じ様に下り立ちて植うなるを、とねと謂ひて田打ちならし平らぐる男も、あまたの早乙女もこの聟嫁を心にかけて、くはやといへばこひぢの水を手毎に掬ひかけ〳〵、遁げ行けば追ひめぐり、田のあぜ畔路を踏みしだき追ひ行けば、あぜ隣りの小田よりもあまた群れ来て、その聟捉へよ嫁遣るなと、うちかけ〳〵かけられて、笠も衣《きぬ》もひぢりこに沾れて、さゝやかの家に遁げ入り、笠の下にてよゝと泣きて、今よりはなゝ田植ゑじとまが〳〵しう言ふ。聟がねは木の朶《えだ》をたぐり廩《くら》の上に登り、命死なん宥してよ、はや祝これにて終へなんといふを、泣き居る嫁の仰ぎ見たるを、此女に代りて、

　五月雨の晴間はあれど乾す間なみつらきこひぢに沾るゝ袂は

これなん里の習はしとて、一代のうちに一度、かくなん辛き目を見るためしにこそ。

　廿三日。天気《ていけ》よければ外島を出づ。此頃の雨にや、河水いやまさり橋々落ち流れ失せ、天竜川は荒海などのやうに、浪打ちあぐる岸まで人々送り来て、向ふ岸に居る舟呼ばふ。舟は遥々と岸伝ひさし登り〳〵て、後なん浪に打ちまかせて飛ぶ様に来るを、此方の人々まくり手をして待ち居たるに、近づけば川長《かはをさ》纜を高岸に投げ上ぐるを、もろ力にたぐり舟引き寄するに乗りて、

　舟をさの安けもなみの早き瀬に日をふり渡るあめ流れ川

辛き心地に渡り著きて、程なう殿村といふ処ありけり。ゐぜきの辺に二本三本咲きたるを花あやめと謂ふ。

　花あやめけふを盛りとさき草のみつ葉よつばの殿村やこれ

大麦苅る男あまた、今年はなりはひもいと好けん、何処も豊かならんなど語りもて酒飲む家に、我も沓買はんとてさし入れば、空かきくれはやち吹き、神うちしきり光眼にさへぎり、雨はゐにゐて降るに、物にまうでたる女にやあらん、ひぢ笠に濡れて、裾にひとしき振袖を左右の手に取り、あるは帯挿みて行くは、此軒に一人笠宿りしたる女に、雨に降りこめられたる男も立ちて、此女にけさうして忍びやかにかたらひ、雨の晴れたるもねたげに立去らず居るに、戯れ歌、

引く方にまかせて雨のふり袖もぬれてひだちの帯にか
　けゝり

晴れたればやをら出づるに、かの男女うちまじりて、今のかんだちのおくかなさよ、何処にか落ちてんと語りあひ、「忍び夜づまとかんだち雨は、さゝらさめけどのがとげぬと歌へば今一人、誠に昔の人はよくまてに作りしぞかしと、ほゝゑみて語り行くは、此あたりの下摺、女ある家には、誰と無う夜半《よは》に打群れ押入りて、契らぬ人にも物いふは、大原の雑混《ざこ》寝《ね》にひとしければ、それを斯くは歌ふとなんいへり。子規《ほとゝぎす》の鳴きたるに、

　ほとゝぎすともに語らへ我も又雲のいづこに今宵旅寝ん

松島てふ駅に至る。里の端焼けたり。行く〳〵此夕、宮木の宿《しゅく》に宿かる。

　みちのくの名もなつかしき松島や夏の小萩をみやぎのゝ
　原

廿四日。路遥々来て小野邑に至り、最林寺の上人は昔逢ひ見たる人なれば訪ふに、三年なる前の年遷化したまふと今の上人の言へれば、塚原にとぶらへば、此寺の十二世と書いたる卒都婆も朽ちかゝりて立てり。路しばし経ていかめしき森あり。昔詣で奉りし、「信濃なる伊奈の郡と思ふには誰かた

ゐさら井の如き　「如きの」と原本にある「の」字衍。

さ聴かんと　「いざ」といふ場合に、筆者はいつも「さ」と書いて居る。実際の語に合せようとした試みと思ふ。

くはや　合図の掛け声である。「コリヤ」などの意か。

なゝ田植ゑじ　信州には是に近い禁止形が今でもあるが、妶のは多分その真似損なひであらう。

見るためしにこそ　「見けるためしにこそ」と原本にある。前の「はや祝これにて終へなん」も「はや祝これに終へなん」とある。

さき草の云々　「此殿はうべも富みけりさき草のみつばよつ葉にとの造りせり」催馬楽歌にもある。

雨はゐにゐて降るに　此句はやゝ解し難い。「居に居て」で引続きの意であらうか。或はこんな用例もあつたのかも知れぬ。

ひぢ笠　肘を挙げて衣の袖を以て、笠の代りにすることゝ古くより解せられて居る。

帯挿みて　「帯に」の「に」が落ちたやうである。斯うした風俗の女性が、此頃此あたりに居たといふのは意外である。

晴れたればやをら　「晴れたれば家を」かも知れぬ。

今のかんだちのおくかなさよ　怖ろしいをオッカナイと謂つて居たものと見える。筆者は屢々斯うして方言を記し留めて居る。

のがとげぬ　方言である。本来ものあきが早くて事を成し遂げぬことを謂ふのであるが、此場合は当座ばかりで本物にならぬといふ程の意味に使はれて居るのであらう。

までに　「まていに」と使つて居る。こまめに、又は丹誠に。

下摺　是は「下々の習」などの誤写かと思ふ。

信濃なる伊那の郡　此歌は夫木集にある。

のめの里といふらんと詠めある、此里におましませる憑《たのむ》の神のおほん瑞籬なりけり。

誰もさぞたのむの神のみしめ縄かけて朽ちせぬ誓ひなるらん

年毎の葉月 朔《ついたち》の日はたのも祭とて神態の有りて、なりはひを祈る御社なれば神をたのめともたのむとも、里の名もしか謂へり。斯くて潮尻に著きて昼の中宿して、阿礼《あれ》の社に幣奉りて、馬にてとく〳〵と乗り過ぎて、過ぎ来し方を顧みつゝ、

こやいづこ駒の足なみ早ければみつるも遠し汐じりの里

いと広き野中に出でたり。是なん名だゝる桔梗が原となん。そのかみ善光寺に般若経納めたまふ主の君の牛、力つきて此野原に伏したり。其頃は原の名も来経と書いて、きゝやう原とは謂ひき。又此野辺に桔梗《きちかう》も多く咲けばしか謂ひ、その牛《うし》伏《ふし》といふ寺もありなど、この馬引く男の言ふ。家の二つあるに、黄金餅とて粟のもちいひ売るを、馬副ひたうびて、あなうまの此こがねもちといふに、彼に代りて打戯れたる歌、

春の夜の花にも換へじよく搗きてちゞの黄金の餅のうまさは

木曾川といふあり。木曾山中に見しとは異なれど、同じ山の峡《はざま》より流れ出づれば、是もしか木曾川といひ、渡せる橋を琵琶橋と謂ふ。

橋の名の琵琶の調べに引きかへて行きかふ人のふみならすらし

洗馬の駅を左に、本洗馬といふ里に出づ、大池邑なる宗福寺の洞月上人に、昔ねもごろに物したれば、いで其上人の許にと言へば、或人聞きて、その洞月上人のことにて侍る。小見《こみ》といふ山里にしるべばかりの庵《いほり》占めて、みつわさす老の楽しき本意と、明暮うき世の外なる栖《すみか》に年月おはしたるを、人々山田のひたと責め誘ひて、今はこの青松山長興寺に再び出でたまふといへば、幸なる哉とて、此杉村に駒繫ぎて門に入れば、上人は小阪《をさか》てふ処に出で行きたまひぬ。とみに帰りおはさんと、小法師のさし出でゝ案内するにまかせて入れば、相知りたる老人ありて、こは久しき人見しかなと、涙押拭ひ語らふ間に、はや主の上人帰りおはしたりと告ぐるに見えたり。

廿五日。寅一つより数多の僧侶起き出づるけはひして、鉦鼓うちまじへたる音に、有りと見し故郷の夢も驚かされ、御読経の声に心もしめる思ひして、手洗ひあたり見ありけば、此御寺開き給ひたる禅師の御像とて、大きに作りてすゑたる、額《ぬか》のわきのさゝやかにやぶれたるは、此禅師世に在《いま》す頃、斯く額に疵なん有りけるがをのづから顕れたり。これを仏の工かへなほしても、程経れば又現るゝなど、大徳の昔を語る。方丈の室の後は険しき山のさし出でたるより、とく〳〵と滴り落つる水を掛樋に取りて、耳も涼しき音せり。人あまたおもねる声使ひしたるは、田植うるも終へて、二三日里挙りて

遊ぶとて、世の業も止めて、過ぎつる五日の節供にひとしう礼《いや》しありきぬ。上人昔を語り出でたまふ。武蔵なる寂好《じやくこう》法師も昔の姿に立帰り、再び陸奥見んと其国に至りつれど、元塩竈に至り著かで、風重りかに起りて今は死ぬべうと、「身はとても旅に消えなば塩竈の浦の苫屋の煙ともなれと書いはつれば、息の緒絶えたると、甲斐の国の人の許より知らせ来けるなど、ほろ〳〵として語りたまひ、又昔にたがはで、

十年あまり逢はで過ぎ来し恨みさへけふは晴れぬる五月雨の空

となん有りけるに返し、

けふこゝに袖こそほさめ客衣《たびごろも》うらみ晴れたる五月雨のそら

廿七日。此里の人々訪らひ来て、すむに八橋《やつはし》の近きにや。今も水行く川や流るゝ。燕子花《かきつばた》の咲けるやなど問ひもて、熊《くま》谷直堅《がいなほかた》の書いつけゝる。

けふよりは心隔つなかきつばた咲くむらさきの色もかはらで

と詠める返し、

いかに又心へだてんかきつばたはなの言葉の匂ふ色香に

医師義親《くすしよしちか》の、

音にのみいまだ三河のかきつばた深き色香をあせず語らへ

斯くなんありけるに返し、

かきつばた生ふとはすれど川水の浅きこゝろはいかゞ語らん

廿八日。医師可児永通の家に訪らへば、主とりもあへず、例の好きたるすぢとて、

五月雨のふり暮らしたるこの宿に訪ひ来る月の影もはづかし

たのも祭　他の多くの地方でも八朔を憑の節供、又は田の実の朔日とも謂つて居た。京都人の記録にも、此日憑と称して贈答の慣習があつたことを記してゐるが、南北朝の頃に東国の田舎から移つたもので、本来が農事習俗であつた。

みつるも遠し　汐尻の里だから「満つる」を「見つる」に言ひかけたのであらうが、言葉が少し無理なやうである。

たうびて　「たうべて」であらう。

洗馬の駅を左に　中仙道の洗馬の宿を左に見て。

山田のひたと　ひたは引板と書いて鳴子のやうな物と言はれてゐる。それを「ひたすら」の意に言ひかけたのである。

駒繋ぎて　本文「駒のなきて」とあるが誤写だと認める。

おもねる声使ひしたる　「おもねる」はこんな場合に、あらたまつた義理の挨拶など交換して居ることをいふか。

田植うるも終へて　今「農やすみ」といふ。本文「田うふるも」とある。日の字が落ちたのではあるまいか。

と書いて、老のひがごと是見てとてさし出しけるに返し、

　五月雨のふるきを慕ふ宿なればさして訪ひよる影もはづかし

　水無月七日。岩垂《いはだれ》といふ処に、人に誘はれて行くに、不尽《ふじ》塚《づか》といふ森あり。此やつかに登れば富士の見ゆといふめる。

　遥かなるながめをこゝにするがなる富士の高根のゆきゝ止めて

後《しり》に立ち来る修行者、不二は見えねどしかいふたゞ此塚の名なりとて、其邑に近く山河たぎち流れたり。

　末はかく淵とよどめと苺つたふしづく岩垂る水のみなかみ

此村の岩垂何某といふが家を訪ふに、ゐくはまゆのいと多く繭ごもりして、宿はいぶせきと家のとうめの言へるは、「たらちねの親のかふこのまゆ籠りいぶせくもあるか妹にあはずてといふ詠めの意にもかなへり。誠に蜑のあまたありけり。

　夏引のいとなむわざやしげからんとる手あまたの繭つくりして

雨の降りくれば、今宵はいぶせくとも一夜泊りてと、なさけく〱しう主、

　雨降れば淋しき宿にとゞめても明けなば行かんもとせばの里

歌は幼なけれど、誠はいと深し。この返し、

　こよひ降る雨は晴れてもあけば又濡れて別れん袖やうからん

　十日。本洗馬の里の夏てふことを、沓冠によめと人のいへば、

　もりにけさとざし近しとせみの声の葉末もれてなのきに鳴立《なきた》つ

又青松山の涼みといふことを同じさまに、

　あかずのみをの上を照すまちも見すつきの葉分のやへの重やま

或人牡丹の葉折りもて、是をもよみてなどありけるに、「ふかみぐさ散りし後」てふことを、

　ふりひだちかすみし山のみねも無しくさのみ茂りさくる通ひぢ

十二日。青松山の御寺に詣づれば、大智禅師・瑩山禅師のみたまを祭りたまふに、「蓮華台上舎那身、天上人間称独尊、七仏以前通血脈、釈迦弥勒是児孫といふことを、

　はちすさく　花のうてなに　住める身は　あまつ空より
　世の中に　独り尊き　君よ斯く　七つの仏
　現れぬ　その前つ世に　伝へにし　千すぢの法と
　聞くからに　釈迦も弥勒も　子やうまごかも

　いにしへの雪の山びといまだ世に出で来ぬ月のさきにこそ澄め

十四日。熊谷氏の閑居しける庵の、庭もせに牡丹を植ゑたりける中に、葉広く生ひ立てる姿殊なるあり。是なん実うゑして始めて咲きつるが、花のめでたかりしよしを言へれば、

見ぬ色のいとゞゆかしきことしより咲くもはつかの花の
おもかげ

主をかしとや思ふ、あまたゝび誦しぬ。やをら隆喜が家に瞿《なで》麦《しこ》多く栽ゑたりけると聞きて見に行きしかば、今盛りなる花に消残《けのこ》りたる朝露重げに風情ことなり。

いろ〳〵の玉とし見えて白露のひかり涼しきとこなつの
花

十五日。此里の祭なりとて、近き村々の人さはに立ち集まり、やがて曳き渡しぬ。白布によそひたる馬に幣さして引き、神の御名しるしたる幡押立て〳〵行くは、たいめいの道行振をまねび、鈴の音すゞしう馬曳き行く男、御代のためしを千代万代とうたひ、鼓笛どよめきたるに、獅子頭をかざし或は車おし、亘にわざをぎ舞のたはれせり。このねる後に立ちて、御祠に詣づれば、御前に弓矢執物飾り立てゝ、祝《はふり》まうづる人の頭を、五色の幣もて浄かれと打ちはらふに、神子《みこ》は斎庭《ゆには》におり立ちて、竹の葉振りかざし、「君が代は濁りもあらじ高

訪ひよる影もはづかし　本文「かけを」とあるやうに見えるが、それでは意を取りかねる。

やつかに登れば　土地で石塚をヤツカと謂つて居たものと思はれる。ヤツカは岩塚の約である。筆者は此方言に注意したが、爰にはたゞ塚の意味に応用して居るらしい。

ゐくはまゆ　解し難い。恐らく今一つ「に」の字があつて落ちたので即ち「新桑繭」であらう。

家のとうめ　所謂専女、即ち老いたる主婦のことであらうが、それならば「たうめ」である。筆者の参考書を携へずに旅行してゐたことは是でもわかる。

たらちねの　拾遺集人麿の歌。

つきの葉分のやへの重山　以下二首の沓冠は前のとは違つて、下から折返すやうに詠んでゐる。「重やま」は「しげ山」であらうが、余り巧が弄してあつて、意味を取りにくい。

蓮華台上　本文上の字を欠いて空白になつてゐる。祇陀大智禅師の偈頌で瑩山和尚に上ると題するものである。蓮華台上舎那の身、天上人間独尊と称す、七仏以前に血脈を通ず、釈迦弥勒是れ児孫。

独り尊き君よ斯く　或は誤記かも知れぬ。此まゝでは外に解しやうが無い。何れにしても総持瑩山禅師を讃嘆したのである。本洗馬に遺した一本には「きみといふ」とある。

神の御名しるしたる幡　紺地に白く文字を染出した、麻布の幟であらう。

たいめいの道行振　「たいめい」は「大名」であらう。此地方の神事には殿様の行列を写したといふ例が多い。実は神渡御の古式を誤解したものである。

亘　に　何かの誤であらうが、考へ出すことが出来ぬ。

倉や麓にすめる小潮井《をしほゐ》の水と、祝あまたの声に歌ふを聴きつゝ、

いかばかり神や受くらん君が代にちよもととよみ歌ふみやつこ

又広前に人々歌奉りければ、我も、

ひろまへの玉串の葉の夕栄えて入日にみがく影ぞ涼しき

永通、

幾世へんさかえをこゝにみやしろの賑はふ今日を祈る里の子

直堅、

いは清水清き流れの末遠みこゝにもうつす影ぞかしこき

十六日。熊谷直堅の家に訪らひしかば、「春雪に心そゝぎて出で行かばなほ神風の身にやしみなん、又「神路山いは根小阪も踏み越えていさみて帰れ駒の足なみ。この二首《くさ》は三《さ》溝《みぞ》隆喜《たかよし》の子、伊勢詣でしける折しも、我がよみて送りしたりけるを、其帰《かへ》さに都に上り、商人の家にしるべありて、屋の上の宿りして、何くれと旅の調度ども包み調じける程に、此歌書いたる紙を風の吹き散らし、人の物語らひ居る前に落ち居たるを、此男打見て懐にしてもて帰り、我が仕へ奉る今城《いまき》何某の君とかやに御覧ぜさす。君をかしとやおぼしたまひけん、よからぬふしはかい消ち、をかしく筆添へ、おほん手づから清らに書い改めて、此男に賜ひたるを、かの男再び商人が家に来て、しか〴〵のこと也、これなん其旅人に見せてとて、三溝隆喜が子のみやこのつとにとて、ゆくり無う我にくれたりけるは、身に余りぬるかしこきおほん恵みに逢ひつると、こよなう喜ぼひてければ、

雲井まで誘《さそ》ふ言葉の花の香を吹返す風のためしやはある

十八日。永通が家に洞月上人訪らひたまひて、砌《みぎり》に年古る柿の樹の下の、風涼しう吹くかたに莚しいて、上人の、

いにしへを爰にうつして柿のもと聖のをしへ仰ぐかしこさ

かくなんありて、我にもひたに言へれば、

露ばかり恵もかゝれ柿の本末葉にたどる身をもあはれと

この夕、蛍あまた紙の袋に入れて窓に置きたるを、

おこたりの身をも思へと怠らず照らす蛍のまどの光は

十九日。つとめて月の涼しう残りたるに、薄雲の引き流れたるは床尾といふ山なり。

夏夜《なつのよ》の床尾の嶺はいとはやも明けてかすかに有明の月

二十日。朝開きの窓に独り打向ふ。此里は他国《ことくに》よりもいと涼しく、朝夕はいまだ厚衣のみ重ね着て、やゝ大麦苅り納め繭引くわざすれど、蕎麦畑は今青みわたり、草木の花は春のも夏のも、その野山に咲きまじりて、卯花《うのはな》そりしらになどは、五月雨にうつろひ、水無月の望《もち》に富士ならぬ雪の高根々々を仰ぎ、氷室《ひむろ》は軒端《のきば》の山にやあらんとひとりごちたるに、茸《たけ》召《め》

せとてくさびらもてありく商人の、衣さと吹返す風は袖寒きまで吹通ふに、

　見るたびに涼しかりけり夏ぞともいざ白雪の消えぬ高根は

廿五日。松本の郷《さと》の医師沢辺何某は、十年の昔その里の小松有隣・吉員など、月のむしろかたらひし人なれば、ふみ書いて今日其処の祭見に行く人にたぐへて、

　月に訪ひ花にとはんと思ひ来しあだに十年も過ぎし春秋

といふ歌遣はしたる、夕つかた返しもて来ぬ。雲夢、

　十とせあまり忘れやはする花にめで月に遊びし春秋の空

廿七日。永通が家に人々集まりて歌よみ、暮れていざ帰らんと出で立つに、今しばしと主の留めしとき、うち戯れて医師義親のいはく、

　語りあふ言の葉草も水無月やあきの来ぬまにいさ帰りなん

庭のなでしこを見て、三溝隆喜、

　やがて来る秋とは知れど此宿にとこなつかしく語りこそすれ

となんありけるに、主に代りて同じう、

　秋の来る思ひはさらになつの田のいねとは未だ穂にも出さじ

廿八日。熊谷が家の後にありける窟《いはや》に入りぬ。暫し小阪降れば、内広くほのぐらく、風冷かに吹きたり。

　夏とえもいはやのうちの涼しさはうき世も知らぬ風通ふらし

主の云ふ。此岩屋戸は、六十の年過ぎし昔に、ふと見つけたりけるが、如何なるわざに穿りしともおもほえずと。

廿九日。船納涼といふことを、隆喜の句に、

　舟に聞きて涼しき声や松の風

とありけるに、「蓑毛吹かれて眠る白鷺と和句せり。この夕、夏祓《なつのはらひ》を、

君が代は濁りもあらじ　夫木集巻三十四、度会仲房の歌。

春雪に　「はるの雪に」と読ませるのであらう。後の十九日の条にも、夏夜と書いて「夏の夜」と読ませて居る例がある。

屋の上の宿りして　泊つた室が二階であつて。

卯花そりしらになどは　「そりしらに」は解しかねる。本洗馬本には「しらに、九輪草も」と見える。

月のむしろかたらひし　是も「むしろに」の「に」の字が落ちたものと思ふ。弱冠の頃、一たび此辺に遊んだことがあつたのである。

其処の祭見に行く人　六月二十五日は松本の深志天神社の祭礼であつた。

言の葉草も水無月や　水無月は六月、それに「皆尽き」をもぢつたことが戯れ歌である。

心まで涼しかりけり御祓河暑さもなみのよそに払ひて

文月の朔。ものに詣でんとて軒端の山に登れば、昨夜《ようべ》の雨にや、木々の雫深う、空もまた打曇り風涼しう、遠方《をちかた》を見やれば、桔梗が原は青海原《あをうなばら》の如く、緑の莚しきつると、薄うもみぢぬとも又枯生《かれふ》とも見やらるゝは、苅り残したる麦畠にや。犀川の流は北南に竜《たつ》のわだかまる形《かた》にひとし。黒き森に白き幡の吹靡くは御寺にや。うちそむけば青松山の止静堂の中まで見入れたり。まづ御社の有るに幣とりぬ。此嶺はそのかみなにがしの守《かみ》の住みたまひけるころ、城落してんと谷々に兵《つはもの》あまたを伏隠《ふせかく》して、水の乏しきことをやはかりけん、よもやもを囲みたれば、水に飢ゑて残りなう死に滅びなんと待ち〳〵てける程に、城の辺にはこゝらの馬引出でゝ高岡にならべて、米もて水のやうにひた洗ひに洗ひしかば、兵等仰ぎ見て、こは涌く泉やあらん、な攻めそとて囲解きたりけるとなん。さりければ其時よりぞ処の名をも馬洗ふと書いて、せんばとは訓み、今はたゞ洗馬《せば》といふめるなど語りぬ。雲の中より嶺遠く顕れたるは有明の山なり。「夏深き峰の松が枝風越えて月影すゞし有明の山といふ歌も、こゝにいふ詠めとも、「花の色は三月《やよひ》の空にうつろひて月ぞつれなき有明の山とは越《こし》に在りとも、此山ともいふなりけり。見るがうちに名残無う雲蔽ひて、

心あらば秋風さそへ村雲の中に隔てゝありあけの山

見るかげはそこともえこそしら雲にたち隠ろひて有明の山

かくて此高根を右手《めて》に下りて、八幡の御社に幣奉れば、うなゐ女の袖に篶《すゞ》の実こき入れて来るを、此年もいたくなりしが、こはいかゞせん。この竹の実の多くなる年は、世のなりはひのよからぬなどいふもうたてくて、

広前の風になびきてなるすゞや豊年の来るしるしなるらし

この帰さ、観世音にぬかづく程、雨なん降り来んとていそぎ行く野路に、女郎花の木《こ》の下《もと》に一二本《ひとふたもと》咲きたるあり。

誰にかくうしろめたしとをみなへし草葉がくれの色や見すらん

二日。洞月上人の方丈の室に訪らへば、上人、こゝもまたうき世なりけり。この三年のほどは古見てふ片山里に、しるべばかりの草葺ける庵に在りて、月花のたよりもいとよかりければ、さながら心の月も独り澄みわたる思ひしたるを、こゝらの人を導きて青松山に住みねと、人々の切に聞えつれば否び難く、再び世に出でゝ此寺になどありければ、

洞の中によし隠るとも顕れん世に明らけき月のひかりは

夕暮近う物の音《おと》いたく響きたりけるに、書読《ふみよ》みたるも止めて人々かうがへ、又かんだち鳴神をいへりかと言へば、さなん空のけしきとも無し、近き隣の板敷に臼や挽きてんとてやみ

ぬ。又訪ひ来る人のいはく、今の音聴きしか、又鳴りぬ。こは前つ日より浅間が嶽《だけ》いたく焼けあがる音なりと、今通りし旅人に聞きしなどいへり。

三日。端居の軒に、夕月の光ほのかに照れり。

ふみ月の三日《みか》の月影見てしより葉月の望ぞよみ待たれぬる

五日。或人の回文の歌よめといひしとき、

草花は咲く野辺の生《ふ》よしなの野の名し呼ぶ野辺の草花は咲く

又神祇の心を、

むへぞかやよゝの読み書き音に香に遠き神代の世々やかぞへむ

七日。朝の空打曇り、軒の梢に蜩の集《ゐ》て、

たなばたの嬉しからましあしたよりいのり日くらしもろ声にして

二星に奉る文。「秋風やゝ吹いて、今日は文月の七日にぞなりぬ。われも此里に旅衣きなれて、あひ見ぬ星合《ほしあひ》の空を仰がんことは、銀河《あまのがは》に通ふ浮木の亀にも譬へつべう、明くるを待ちて童等《うなゐら》、小さき形代の頭に糸つけて軒に引きはへ、暮れ引く空を待つに、身の化粧清らに装ひ立ちて、女のわらはあまた群れつどひ、さゝら摺りもて歌ひこち、今宵や星をいさめ奉るならん。ねぐらに帰るむら鴉も声打添へて、暮れ行く空に羽を並べて橋をや作る。とく〳〵といそぎ渡りぬ。遠方《をちかた》の高嶺の余波《なごり》無う暮れ初めて、星一つ見ゆるやと思ふを山口

緑の莚しきつると　しきつる「中に」などの誤記ではあるまいか。

白き幡の吹靡くは　盆の月に入ると朔日から、寺には高灯籠を掲げ、日中は其竿に旗をあげる。此風習は今でも弘く行はれる。

米もて水のやうに云々　信州にはこの白米城の伝説の多いことは、近頃「旅と伝説」にも詳しく報ぜられて居る。

夏深き峯の松が枝　夫木集巻二十、慈鎮和尚の歌。

花の色は　同、後京極摂政の歌。

竹の実の多くなる年は云々　竹実と飢饉との隠れたる関係は、今でも不思議なりとせられて居る我々の実験である。

誰にかく　「誰にかは」の誤ではあるまいか。但しそれならば末の句「色を」とある筈である。尤も此まゝであつても、末句は「色は」となければならぬ。何にしても少し無頓着過ぎるやうである。

こゝもまた浮世なりけり　兼好法師の有名な歌がある。

浅間が嶽いたく焼けあがる　是が所謂天明の浅間焼けである。以下の記事は噴火史としても、相応価値のあるものである。

よみ待たれぬる　「よむ」は日を算へること。さうして「ふみ月」の縁語である。

歌ひこち　此「こち」も不明であるが、筆者は屢々使用して居る。独りごちなどから転用して、声を発する意に使用したものであらうか。

山口に　始にといふ意味に使つて居る。

に、天の川波今や立渡りなん、紅葉の橋のかゝる嬉しさと、世中《よのなか》の思ひにたとへて、天つ空まで思ひやりぬ。こよひやこゝろ安河の浪静かに立通ひ、隔てぬ中や淵ならん。五百機《いほはた》のをり〳〵あらぬ逢瀬は、神代の昔にやつらくも契り置きけん。切なるためしにこそあらめ。是や手酬《たむけ》の琴のおとづれだに許したまはぬ一年のつらさ、寝《ぬ》る夜の数や少なかるらんなどあまたゝび誦《ず》して、暮るゝ空のみ仰ぎ、今宵の手向にとてから歌やまと歌の心を尽して、此月のけふの今宵の今や、世中の人、畏りみかしこみ二つ星を拝み奉るならしと、天の河波東に立流るゝ空までまどゐしたり。

(挿画) 七夕の夜の盆唄のさま。詞書「たなばたに法楽にや。大輪にござれまろ輪にござれと歌ひ、柷椏すり〳〵うたふ。盆踊も是にひとしきといふ。」

(挿画) 七夕人形をかけ渡したる処。詞書「六日より軒端に方なる木にて女男のかたしろを造りて、糸に曳きはへてけり。」

いたく紅葉したる櫨《はじ》の枝を、人の手向けしとき、

天の河渡らん星に手むけ草是やもみぢのはしの一もと

歌あまたあれど、しづたまき数にもあらぬ吾がのは皆洩らしつ。今宵人の詠めしを載せ、吾が歌一首《くさ》のせたり。直昇、

たなばたの稀に逢ふ夜も更け行けば又来ん秋や契りおくらし

政員、

天の川空にあふ瀬を棚機の幾秋かけつ波のうき橋

吉女、

たなばたのたがはぬ中の契とてかけて昔もいまもかはらじ

富女、

逢ふ夜半《よは》の空なつかしみたなばたの契れる中や楽しかるらん

七夕風。直堅、

折に合ひて松吹く風も星合の手向の琴にかよふ涼しさ

七夕雲。永通、

たなばたの積る思ひの言の葉やかたり残らんよこ雲の空

七夕霧。備勝、

立ちのぼる天の河霧秋風に晴れてこよひは星あひの空

七夕月。秀雄、

幾千代の秋のちぎりと銀河《あまのがは》月すみわたるかさゝぎの橋

八日。夜半より例の音響くに、起き出でゝ其方を望めば、昨日よりもまさり、二十重《はたへ》の山を越えて、五月《さつき》ばかりの雲のいや高う涌《わ》き出づるが如く、画かくとも筆の及ぶものかはと、人毎に二無うめでゝ見やれど、其辺には小石大岩を遥けきみ空に飛ばし、風につれて四方《よも》に降らしむるにうたれやは骨も残りなう砕かれ、あるは埋もれ、遁げ出る人いのち失せたるは幾そばくとも量り知らざるなど、寄り来る人は此事のみぞ

言ひあへる。浅間が嵩の煙は不二に並びて言ひはやす習ひなれど、こたびは又無き例と言ひ騒ぎぬ。昼つ方よりいよ〵まさりて鳴る神の如く、なへのふるかと山谷響き渡り、棚の瓶子小鉢ゆり落ち、壁崩れ戸障子《さうじ》うちはづれ、家も傾く里もありけるとか。このあたりはいと高き山里なれば、鳴りどよむ音もうときやうなれど、低き国などわきて音高う響きたるにや、国々の司々より、歩み疾うする馬して、此音は何処にやと、木曾の御阪のあたりまで、尋ね〱至り給ふは、日毎に櫛の歯を引くよりも繁しとなん。

九日。三溝隆喜に誘はれて二子《ふたご》といふ処に行く。野らは百草の紐解き渡したるに、だづまといふ草花いと多く、月草の色に咲き満ちたるは、譬へつべうもあらず。縹《はなだ》の莚しけるが如し。食物《はみもの》乏しき年は此草を摘みて、糧として食ふ。だづま菊は吾妻菊《あづまぎく》ならんかし。隆喜何と無う「花の色はうつりにけりないたづらにと誦《ず》して、此歌ほど「に」文字の多かりけるはあらじと言ひ出づるに、うち戯れがてら、折句のうちに四つの「に」文字を置きて詠めたり。

　　たねはいかにつきせず野辺にまかなくにくる秋毎にさき
　　と咲くらん

槲木《かしはぎ》阪といふあり。嫁入の女此阪越ゆること忌みて、他路《ことみち》を行くとなん。如何なる故にや。雨の降り出づれば、大いなるその樹の下に休らひてんとて、

　　神の在《ま》す蔭にやどらん柏木《かしはぎ》の葉もりの雨によしぬる〵とも

山賤狩人のかうふりに造り、寒さ凌ぐ赤綿《あかわた》といふ草の、今花盛りなるを折りて、是に歌よめと言へれば、本末の上と下とに置いて二首《くさ》を、

　　あき風の吹きにし日より身に寒く頼みし草を人もかりしか。

梲　椏　此二文字は覚束ないが、さゝらの当て字であることだけは疑が無い。

七夕霧　此間に「鳥」の字が入つて居るのは明らかに衍。備勝といふ名は「来目路の橋」にも見えるが何とよむべきかを知らぬ。

うたれやは骨も云々　解し難い。「打たれ、屋は骨も」であつて、俗に屋台骨などゝいふ意味で、家のうつばりのことであるかも知れぬ。

なへのふる　「なへ」実は「なゐ」、地震の古語である。

だづま　吾妻菊では無く松虫草である。此根部を凶年には食糧にしたので、だづま餅などは此地方近年の老人の記憶にはまだあつたやうである。だづま苅りは五月の行事で、此平野の山に遠い農家の苅敷はこれであつたといふ。

赤綿　「かうふり」とは頭巾にすることであるが、今日はもう此風が無いさうである。赤綿はこの「かうふり」の廃滅と共に、どんな植物かさへ忘れられてしまつたやうである。

わが袖の朝な夕ぐれ寒ければかりて寝なまし野辺に今は
た

小俣《こまた》といふ村に著きぬ。大和《おほわ》何某が家の屛風に押して、似雲法師の手にて、「岡萩　行きかへり露もおか辺に咲く萩の花ずり衣《ごろも》家苞にせん。「泊鵆　身にしみて忘れんものか浪枕あかしの浦に千鳥鳴くなり。此法師むかし此あたりを通られけるにや、をかしき詠どもの処々に書い残りたり。神戸《ガウド》村なる丸山たれが家はいづこならん。あらぬ方立踏みしといへば、籠《かたま》に岩魚鰍《かじか》など取入れたる女、我も此魚《いを》売りに其あたりまで行けばとて、さい立ちて行くを案内にまかせつゝ、この持《も》て行く魚《いを》の名どもを戯《たは》れ歌に作る。

　さして行く路こそ知らねしるべしてそこといはなん何
かしかやと

斯くて其宿に暫し語らひて、やをら二子村に至る。軒の林毎に、くつ〳〵ほうしいと多く鳴きたり。爰にはつく〳〵ぼうしと謂ふ。歌に「をみなへしなまめき立てる姿をやうつくしよしと蟬の鳴くらんといふも此ことにこそ。此夜因信が家《や》にいねたり。

十日。夜明けはつれど暗き空は、こゝ雨の降ればなりけり。

　雨つたふ軒端の露の玉くしげふた子の里は明くるとも無
し

日たけて当特《まさひとり》が許より、此雨さう〳〵しからん。晴間《はれま》もとめて訪ひ来《こ》など文に言ひをこせければ、幸《さち》に小止みたるに、主を始め誘ひて其宿に至る。庭の萩真盛りなれば、

　我もしか恋ひてやしたふけふこゝに色なる萩の宿をたづ
ねて

主当特返しせり。

　咲き満ちて匂ふその香は萩よりも君が詞《ことば》の花にぞありけ
る

十一日。因信が家をつとめて出づるに主、又来りてよ、二日三日もとまりがてら、必ず待ち侍るなどいへるとき、

　又いつと契りて末をまつの葉のふた子の里に三夜とまり
なん

けふも小雨そぼ降るに、雨つゝみして出で立つ。路の傍の家の軒に、男女のかたしろ風に吹かれたるは、七日の星に手向けしを、其まゝに取りも納めざりけり。慶林寺といふに入りて、文的上人に見《まみ》ゆ。上人昔よみける歌とて、数多書いたる冊子《さうし》を見せたまふに、

　法《のり》の師《し》かくる衣のそれならで拾ふ言葉の玉の数々

夕暮近う本洗馬の郷《さと》に帰り来ぬ。

十三日。暮れなんころほひ、女の童七日の夕にひとしう装ひ立ち、「大輪にござれ、丸輪にござれ、十五夜さんまの輪の如くとうたひ、さゝら摺り群れありく。手毎にまつ持出でゝ門火たく。はた五尺ばかりの竹やうれに、松明もやした

る煙、むら〳〵と立ち結びあひて空くらし。家に入り魂祭するあか棚に向へば、世に亡き母弟の俤《おもかげ》も知らぬ国まで立添ひたまふやと、すゞろに涙堕ちて、水影草をとりて詠めたり。

　この夕有りと思へばはゝき木やそのはらからのおもかげ
　　に立つ

十四日。青松山長興寺に施餓鬼会《せがきゑ》修行《おこなひ》ありけるに詣でぬ。門の左右なる柱に、「入甚原門頓解無生之妙理、登正覚地倶円実相之真如といへりけるは、もろこしの心越禅師のめでたく書きたまふ也。御仏の前には、広開甘露門転無上法輪の幡を始め、七の仏の色々はたに、面焼かれたる鬼の朱なるも、皆秋風に吹かれ、はまへの接竿《つきさを》の雨に沾れて翻るも貴とげに、汝等鬼神衆、我今施汝供、此食徧十方、一切鬼共と御誦経《みずきやう》聞え、鉦打鳴らすを待ちて、さしたる小幡我取らんと、老いたる若きあるひ、こころひ皆やり髻《もとどり》放ち、こひぢのかゝりたる顔の汗くひぬ。やをら尊師一人進み立ちて、さゝげ物のりうこうを、四方に投げたまふを待ち〳〵て、まくり手に子供等拾ふ。南無薩怛陀もやゝ読みはつれば皆去にき。存者福

似雲法師　歌僧、今西行とも謂はれ、諸国を遍歴した人、伝は人名辞書に見えて居る。此人が信州を歩いて居たことは他に所見が無い。

をみなへしなまめき立てる　夫木集巻九、俊頼朝臣。

こゝ雨の　誤字と思はれるが何とあつたものか想像が付かぬ。或は「濃う雨の」のつもりか。

当　特　珍名であるが、後に「まさひとり」と仮字書きにしてある。

法の師かくる衣の　師の字の下に、今一つ「か」の字があつたのが落ちたのである。衣裏の明珠、和歌にはしば〳〵「衣の玉」とよんで居る。爰にはそれを法師のもつ珠数と解したのである。

まつ持出でゝ　「まつ」は炬火のことで、必ずしも松ではなかつたらうと思ふ。松を「まつの木」といふのも、主として是に用ゐられたからの名であつた。

竹やうれに　竹のうれ（末）にの誤。

入甚原門云々　甚原の門に入りて頓に無生の妙理を解し、正覚の地に登りて倶に実相の真如をまつたくす。

広開云々　広く甘露門を開きて無上の法輪を転ぜしむ。

七の仏の色々はた　宝勝・多宝・妙色身・広博身・離怖畏・甘露王・阿弥陀の各如来の名を書いた五色紙の幡。

はまへの接竿　おまへの誤りではあるまいか。

一切鬼共　「一切鬼神共」である。

あるひ、こゝろひ云々　此まゝでは解しにくい。多分「あらそひ、ころも皆破り」であらう。次の「汗くひぬ」は「汗ぬぐひぬ」の「ぬ」が落ちたのである。この様にしてまで奪ひ合つた此幡は、菜畑の虫除のために立てられるのださうである。

りうこう　是は何物か。或は林檎では無かつたらうか。筑摩の村々の盆の精霊棚には、林檎の実を供へるのが、一つの珍らしき特色であつた。

楽寿無窮といへることを、

世に住むは幸《さち》たのしみにながらへてのぶる命の限やはある

亡者離苦生安養といふこゝろを、

亡き人は苦しき海を漕ぎ出でゝ安き港に舟とむるらし

十五日。残る暑さにえ堪へず、近きほとりまで夕涼みしてんとて、足にまかせて琵琶橋も過ぎぬ。今しばしとて行けば、床尾《とこを》の嵩《だけ》いと暗う、雨雲たちおほふ。其あたりは雷《いかづち》を斎《いは》ひまつるといふ。

むら雲の隔てにくらき遠方《をちかた》は又もや雨になるかみの峰

桔梗ケ原まで至れば、黄金餅食ひねとて例の粟の餅折敷《をしき》に載せて出だしぬ。此もちを折句に、

この宿にかりてや幾夜ねもしなんもゝ草千草ちらぬ限は

待つほどに月の更に漏れ出づる光も見えねば、いざ帰り来んとふり仰げば、なる神の峰にまつの火見えたるは、雲間の星とあやまつべう見つゝ帰れば、ようべの如く子供踊の声さはにどよみ聞えたり。

十六日。蘆田《あしのた》村の奥山に、鏡石とてありけるを見に行きしかば、其高さ五尺《さか》ばかりの黒き岩壁の如く、谷中につとさし出でたり。石の面は漆塗りたらんが如に、近づけば人の形、木々の姿もあらはに映りたるもあやし。

動きなきためしとや見んかゞみ石くもらぬ御代の岩うつして

鏡石てふことを折句歌に、

かくばかりかけもさだかにみつる哉いくばく露やしもに磨きて

（頭書）山城国金閣寺の北、紙屋河の辺に鏡石あり。石面は水晶のやうにて、影をうつすことまことの鏡の如し。

二十日。牛伏寺に詣でんとて、犀川を朝とく渡りて、

秋もまだ朝河わたり衣手の沾れてすゞしく野山行かなん

桔梗ケ原に出れば、名にし負ふきちかう女郎花の盛りをかしう、見つゝ分くれば、此野には石弩《いしゆみ》あり、家づとに拾はんなど言ひもて、傘松《かさまつ》と名いふが野中に一本立てり。是なん路ふみ迷ふ人の道しるべとせりけるなど、行友の語りければ、

里遠き広野に迷ふ旅人のかさてふ松やさして頼まん

遠近の山は百重の濤の寄り来るかと立隔つる中に、いと鋭く鉾など振り立てたらんが如きを、いら／＼が嶽といふ。此嶽は高さ測りも知らず、ゆめ登り得し人無く、麓は千代経る木々聳え立ちて、世に譬へつべうかた無しとなん。雪白う見ゆるに戯れてよめる。

白雪の消たず千代ふる山伏のずゝのいら／＼高くこそ見れ

露いと多く行く、袖にこぼれかゝれば、

誰が袖も萩が花ずり濡れてけふ露分けきちかうが原

熊の井といふ泉わき流るゝ処あり。

　よな〳〵は清き流にをのが身の月やうつさん里の熊の井

内田村のさし入に食斎堂《じきさいだう》とて立てるに、阿弥陀仏の在《おま》しませり。爰に暫し休らひ、御前に在りて肱枕に睡り、松風さと吹くに夢も誘はれて、

　量り無きよはひを問へば御仏の御前にこたふ松風の声

虫の声したる時、誘ひし可臨の句あり。

　石仏のうしろに鳴くやきり〴〵す

荒河を渡り金峰山に登る。前に水澄まず常に流るゝは山高う岸崩れ行けば、河水澄めらんこと能はじとなん。牛伏寺のこなた、風天雷天を像《かた》にうつしたるに、赤牛黒牛臥したる形を木にて作りたる堂あり。此牛の持《も》て運びし大般若経は、ことさやぐ唐船《からふね》の積み来るを、何れの御世にか納めたまふとなん。或は云ふ。紺の染紙に金《こがね》の文字なるが、いさゝかばかり残りたるともいへり。

（頭書）御経の事前に記したれば爰には詳しからじ。

牛伏寺の観音菩薩に手向け奉る。

　たぐひなき仏の法《のり》の尊とさに立ちもとほらで牛や伏しけん

　牛伏のよし河なみは濁るとも隈なく水の月やすむらん

　牛と共に我もふさばや萩の原　可臨

　散る柳御堂の軒に舞ひにけり　同

或総角《あげまき》、金色《こんじき》の石拾ひ来けり。此河上より流れ来ると。是なん山色てふものにて、金掘の業しける人、黄金白銀などそれ〴〵に見る習ひありけるといへり。此水上に黄金産るゝ山やあらん。さりければ金峰山の名もありけるものか。この帰さは桔梗ケ原に暮れたり。

　廿四日。けふは風の祭あるといふ。「科野《しなの》なる木曾路の桜咲きにけり風の祝《はふり》に隙間あらすなとなん俊頼の詠めたまふも此意にや。諏訪のみやつこに風ノ祝・雨ノ祝などありけり。今日の神事《かんわざ》は五つの穀物《たなつもの》こと無う稔らんを旨として、ところ〴〵の村にて年毎にせりける例なりけるといふ。

　五種《いつくさ》の穂の上の露もこぼさじとけふや禱らん風の祝子《はふりこ》

岩うつして　「姿うつして」の誤写であらう。

石弩あり　矢の根石のことであらうと思ふ。

ずゝのいら〳〵　山伏の持つ珠数を「いらたか」と謂ふ。いらたかは稜角の多い義と解せられて居る。

萩が花ずり　原本には「花すは」となつて居る。

量り無きよはひ云々　無量寿仏は阿弥陀仏の別名である。

山色てふもの　此時代は鉱山業が起つて、山相術とも名くべきものが盛んに行はれて居た。山色も其術語の一つであつたかも知らぬ。三十歳の白井氏は斯んな事までも少しは知つて居た。

科野なる木曾路の桜　夫木集巻四に載つてゐる。散木集袋草紙などにも「風のはふりこ」とある。

廿五日。今日は松本の辺《あたり》に行かんとて、熊谷直堅と共に出で行くに、遠き空には雨や降りなん、風烈しう吹きて、野中の路にかゝれば、今や降り来んとく〳〵と人遠近《をちこち》に行きたり。

遠方は村雨すらし風早み袖吹かれゆく野路の旅人

松本の駅に到りて、医師沢辺の家を訪へど、たがひつれば逢はで、相知りたる忠雄の家を訪はんとて、瀬畔《せぐろ》といふ処を経て埴原《はいばら》村になりぬ。所謂殖原の牧是なり。行く路細く真葛蔽ひ塞《ふた》ぎぬ。

葛かつら茂りにけりなはい原の牧の荒駒影見えぬまで

斯くて忠雄が宿を訪へば、砌の柴垣の外《と》より、さゝやかに落ち来るを手枕《たまくら》の滝といひ流して、又をかしき詠どもありけるを見つゝ、

楽しさよ千年の友と手枕に松風さそふ庭の滝なみ

主、硯さし出だして題求む。

初秋月。直堅、

はつ秋の風に晴れ行く山の端に見るま程無き月の入方

風前薄。秀雄、

風吹けばこぼれてそれと顕はるゝ尾花が袖の露の白玉

寄玉恋。忠雄、

つれなさの人の心の秋風に袖はなみだの玉ぞ乱るゝ

灯火とりて再び、萩映水。秀雄、

咲く萩の下行く河の色深み錦流るゝ水の一むら

尋虫声。直堅、

ふみ分けて尋ねはわびぬ鈴虫の声は来し野の草に鳴くなる

閑中灯。忠雄、

うき世をばよそに隔てゝ住むかげの庵かすかなる窓の灯《ともしび》

廿六日。つとめて、白姫《しろひめ》といふ処あり。昔は村もありたりけるが、牛伏の川水いやまさりし年流れ失せて、今はかくなん河原となれりとか。見し濁れる流のほとりに、

是もまた濁ればさすが水かはで引きかへしけん牛伏の河

百瀬《もゝぜ》村に古塚のあり。是なん世の静かならざる頃、我がいさをしを見せんと、斫りたる頸の耳のみ切りもて来て、爰に瘞めしと人の語る。斯くて桔梗が原に出でたり。白頭翁それが年八十に越えたりが住む郷原《がうばら》の里は、あの森の中なりと打向ふ。昨日彼が庵を尋ねて我、

問ひ見れば桔梗ケ原の露白し

とて、とより入しは、五尺庵のあるじ白頭翁露白、

あるか無きかの身に月の影

となん和句せり。

葉月朔。近き隣の直堅が家に行きて何くれ語らふに、鱸魚の鉤《はり》に釣りたる画のありけるに、此家のぬし、「行く河の水

のまに〳〵流しつる糸にかゝれる魚をこそ待てと詠めて、我にもとひたに言へば、

水に鉤《ち》をまかせて時をまつの江にすみてふ魚のかゝる楽しさ

七日。今井の郷に至る。此里は今井四郎兼平こゝに生れてける。其処に祠建てゝ兼平明神と崇め奉る。この神司《かんつかさ》梶原景富のぬしに、始めて見えたりけるに、

波の藻屑よるも恥かしみがきえし玉ある磯のわかの友鶴

斯くて此主の家《や》に日本紀神代巻《やまとふみかんよのまき》を読めるを聴きて、此国に幾ばくの月日を経なん。

十三日。姨捨山の月見に、思ふどち誘ひ行きてんとて旅立ちぬ。此日記は「わがこゝろ」と名づけて、外に一巻としたり。

廿一日。恒徳の家に遊びて物かたらふに、軒の松風吹きすさび、造れる庭の山際にこゝら鳴く虫の声も、いとしめやかなる夕なりけり。

思ふどちあかぬまど居に淋しさの秋も楽しとむかふ夕ぐれ

長月三日。今井の郷に飛騨の国なる梶原家熊 梶原景富の父なり の大人、遠江守になり従五位下賜はりて、都より帰りたまひ、其国の一宮《いちのみや》に仕へまつりたまふが、こたび故里の父の御霊《みたま》に幣取りむけんとて来たまふに贈る。

つかへます神の恵みに位山登り得し身の今は安けん

九日。常陸の国宗淳が都に行くとて、此国に暫しありける。今日なん別るゝとて、

又いつと契りし置けど白菊の飽かぬ色香に立ち隔てなん

神無月八日。家熊の大人飛騨の国に帰りたまふげる。其余波《なごり》に歌作りて送る。

きのふけふ　峰の紅葉の　色そへて　錦の袖の
旅ごろも　立ち隔てなん　思ひこそ　猶いかばかり
つらからめ　朝に聴きし　道芝の　露のよすがも
枯れ〳〵の　柳の枝を　折り綰《わが》ね　春は栄えん

たがひつれば　不在であつたからの意。元来は行きちがひになつたことをいふのだが、爰ではそれ迄の意味は無いのである。

埴原村　延喜式信濃十六牧の中には、殖原の文字が用ゐてある。白井氏の誤記では無い。

題求む　原本には「起もとむ」となつて居る。題求むとは、宗匠の指導の下に詠歌の練習をすることで、今も日本の歌人はこれをやつて居る。

引きかへしけん　許由巣父の故事を援用したのであるが、ちつとも適切で無い。

郷原の里　原本「江原」とあるのは誤写である。

とより入しは　何か誤写があるだらう。或は「外よりいひ入れしかば」か。

色や見ん　契りしことを　頼みにて　秋の山田の
それならで　ひたてふ国に　在りといふ　位の山の
くらからぬ　光をそへて　澄み昇る　月の行くへも
しら雲の　八重に重なる　山々を　越路の雪を
右に見て　行くらん方を　たくへ遣る　心につらく
かきくれて　今朝《けさ》は別れの　袖ぞしぐるゝ

別れては山田のひたのひたすらにかけて頼まん音信《おとづれ》もがな

十一日。塩尻の駅に近う、阿礼ノ神社のありけるに、今日なん詣でんとて、昼つ方まうでしかば、かう〳〵しく御籬《みがき》の狗のむくつけげにすさまじう、冬の景色だつ風に霰誘はれて、みてぐらの社の軒打つ音、杉の青葉にこぼれかゝりて、にぎてはら〳〵と音せり。

霜八たび置けども更に杉の葉の色もかはらであれの御社

奉るぬさと散りにし栬葉のつもればやがてはらふ山風

塩尻のあなたに、伊の字山といふ頂《いたゞき》も見えず、雲のいたくかゝりて暗かりければ、初雪や降り来んといふ。

伊の字山峰も麓もかきくれてかゝれる雲や雪気なるらん

十二日。山の紅葉盛りに染めたるを、一人二人して見に行きしかば、幽かなる山中に斧打つ音して、又うち枝などあまた取りて負ひ出でたる翁あり。

柴人は惜む心の色も無くつま木に手折《たを》る嶺のもみぢ葉

十三日。紅葉かりありくに、法師、車を駐《とゞ》めてと詩《からうた》の心ばへを言ひて、是なん御仏に奉らばやとて、いとよくもみづる櫨楓《はじかへで》など折り帰る。法の師に代りて、

唐錦一むら折らんきさらぎの花よりも猶峰のもみぢ葉

十四日。よべ長興寺の前なる杉むらを行くほどに、空冷《すさま》じく風吹き起り、さとうちしぐるゝ音すれど、漏りも来ざりければ、仰ぎて、

行くほどは袖こそ沾れね小夜時雨《さよしぐれ》一むら風に杉の下路

十五日。蘆の田とていと近き村にある寺の、糸桜とて世にめでたき木の、此頃の風に吹き折れしなど人のかたるに、

山風のつらくも折りし糸桜くるとも春の思ひたえなん

廿一日。砂田いさごたと訓みて式内の御神なりの神社は、松本のほとりに在り。此日御柱《みはしら》の神事《かんわざ》ありけるに詣でんとて出づる。此おこなひは諏訪の御社を始め奉り、何れの神社にても七年に一度、卯日《うのひ》酉日《とりのひ》に定めたる神事にして、他国《ことくに》聞えぬためし也とか。今日は卯日にひとりて、此三《サン》ノ宮《ミヤ》砂田の社をさんの宮といふの御柱は立てける也。行く路の木草は夜な〳〵の霜に朽ち散り、残りたる柞原《はゝそはら》、山風にむら〳〵と吹き誘はれて路ふり隠せど、こゝら詣づる人の群れ行くを案内に分くれば、いかりにたぐふ名の小河ありければ、戯れたる例《れい》の詠を、

しがらみにかけ繋がれてくさり河うかぶ木の葉にさび渡

りぬる
雪の降り積りたる高嶺に、雲のきほひかゝりたる山々しぐれ来て、晴れみ晴れずみ吹きもて行く空に、虹の引きわたる方は鶏放《とりはなち》が嶽とて、常に鶏の棲めればしか謂へど、実の名は有明山といふとなん。此嶽もやがてしぐれぬべう見えたるこそ、「かたしきの衣手寒くしぐれつゝ有明山にかゝる白雲と、後鳥羽院の御詠に聞えたまひ、「信濃なる有明山を西に見て心細野の路を行くかなとは、西行法師の詠ありけりなど、人のかたり行くに返し問へば、其山の麓、細野てふ村より来りける者と答ふ。やをら広前に出づれば、かの押立つる柱の長《たけ》は五丈七尺に足れるに、大綱小綱四所に付けて、其綱どもを高き木のうれどに引掛けて、引揚げ設けをしたり。先づ此木を伐らんとては、七年の前つ年より願ひがねとて釘鎹やうの物を打ち置きて、御柱の料と定めて、杣山賤等も斧を打ちもらし、こたびぞ伐りて太山《みやま》をば曳き出しける。かくてそなへ奉るに、工《たくみ》一人出でゝ、手斧処々にほと〳〵と当てゝ打清めて去りぬ。かしこの木の股には、あなゝゐ高く結ひ上げて、男二人三人、紅の手拭《たのごひ》を横鉢巻とし、采配振り拍子《ほうし》取り、此声をはかり鼓に合はし、綱四つながら数多して曳けば、下よりはさすてふ物してさゝげ挙ぐるに、さえわたる神無月の空に、身に汗して押立つるを見る人、其昔は曳く綱切れて、人数多身をあやまち、身まかれるもありたりし。木の枝や裂けん綱や切れなん。いさ彼方に移りいなんと、他方に引離れ群れ立つを見て、否さる事はつゆあらじ。一の綱には神の乗りておましませば、身の精進よからぬ人こそ知らね、内外の清らなる心しては、聊かの咎めあらんかはとて、身じろきもせで独り、御柱の横たふ下にふり仰ぎたるは、しれ者かなと人毎に指さし、男女幼き童をかゝへて、とく遁げ去りて他所《ことどころ》に集《つど》ふ。程無う押立てければ、又一つの柱も引揚げて、三つながらゆめ事無う立てたる時、皆退きてけり。斯くて神の御前に、

うなゐ女が拾ふ落穂も山となる栄えを祈れいさごたの宮

ひたてふ国に　これも「山田の引板」に言ひかけたる技巧である。

御籬の狗の　神前の狛狗のことであらう。描写の文章には似つかはしからぬ枕詞であつた。

みてぐらの社　幣殿即ち拝殿のこと。

伊の字山　原本には「汐の字山」となつて居る。

うち枝など　是も「かれ枝」などの誤写かも知れぬ。或は「うら枝」で伐木の枝を薪にするのでもあらうか。

他国聞えぬ云々　「こと国に聞えぬ」の「に」文字が脱したか。「ひとりて」は「日取りて」で誤りでは無いのであらう。

いかりにたぐふ　「いかり」は少し心もと無いが、くさり河といふ流に来て、ふと碇を思ひ出したのかも知れぬ。

あなゝゐ高く　「あなゝひ」は足代、足場のことゝ言海には出て居る。

御乳の宮とて神の御座《おまし》ありけるに、松の殖《はへ》しを見て戯歌、

千代かけてはぐゝみたまへおちの宮植ゑし小松の生ひ先も見ん

（挿画）　三ノ宮の御柱引き揚ぐる所。

（挿画）　御柱立て終りたる所。

今宵は和田といふ村に宿かりぬ。家の主のいはく、こたびのおんばしらは四つながら事無う立ちぬ。或年の御柱は人あやまち侍るゆゑ、来ん年にて七年に当れど、是を今年ぞし侍るは、さる例《ためし》よからねば也と、かたらひて更けぬ。夜と共に林の落葉、霰うちまじり板庇打つ音、風疾く木の枝も折れぬべう聞えたる音に、寝覚して聴けば、霰いよゝ小止もやらぬに、

山風のあられさそへは手枕の夢もくだけて明けぬ此夜は

つとめて爰を出づるに、水代といふ村の河辺の路を行くに、

うすらひの下をくゞりて水しろの河瀬の波の行きなやみぬる

雪ふり来てさしてん行く末も見えず、道もまどひつべし。

かれ／＼にあるかなきかのみちや色もかくろふ今朝の初雪

霜降月朔日。永通が家の近隣に、けさの雪の詠せんとて、人々まどゐしけると聞けど、心地そこなひてえしも行かで、臥しながら言ひ遣る。

あとつけて見まくぞほしき葦垣のあなたにつもる雪のことの葉

二日の旦。甲斐信濃のあはひにありける八箇嶽《やつがたけ》とて、雪いと白う見やらるゝを、算へ立てゝ戯れ歌、

雪つもる高根は幾つ八つが嶽こゝに見遣るもとほき境に

四日。朝とく田面の路にありて、

苅り上げしおくての朽稲《くちね》薄氷《うすらひ》の閉づる落穂につもる朝霜

十二月十日。米搗かん料に車屋を営み造りけるを見つゝ詠めたり。

山河の音は冴ゆれどいとまなみ水車井のつゆもこほらぬ

十五日。雪いたく降りたりける朝、程近き蘆ノ田村なる若宮八幡のおほん神に詣でぬ。此おほん神は石の雄元《をのはじめ》を秘めて、斯くなん祀り奉ると人の言へば、「をはしかた」てふことを句毎の頭に置きて、

おましさへはつかに埋むしら雪はかみの御前のたむけなるらん

今年ぞし侍るは　三ノ宮の御柱年は、以前は諏訪と同じく寅年であつたとも言ひ伝へて居るが、是を見ると天明以前には辰戌の年に行うて居たこともあつたのである。

みちや　原本に二字白くなつて居るが、本洗馬発見本によると「みちしばの」であることが察せられる。

算へ立てゝ　「八つが嶽」から「こゝに」といひ、「とほき」と言つたのが、所謂戯れ歌で、斯ういふ座興もまた遊歴文人の業務であつた。

通過地方略図　伊那の中路　（無記名）

上伊那郡のうち赤穂は今の地名である。此地図には「上穂」とすべきであつた。其左方、大田切川の田の字の右下に「光前寺」脱落。従つて通過路の朱線も加へなければならなかつた。東筑摩郡内田の左、無量とあるは「無量庵」。床尾鳴雷山の形が実際に相違して居るのは、本洗馬の人さへ隣の山と間違へて居た故であつた。

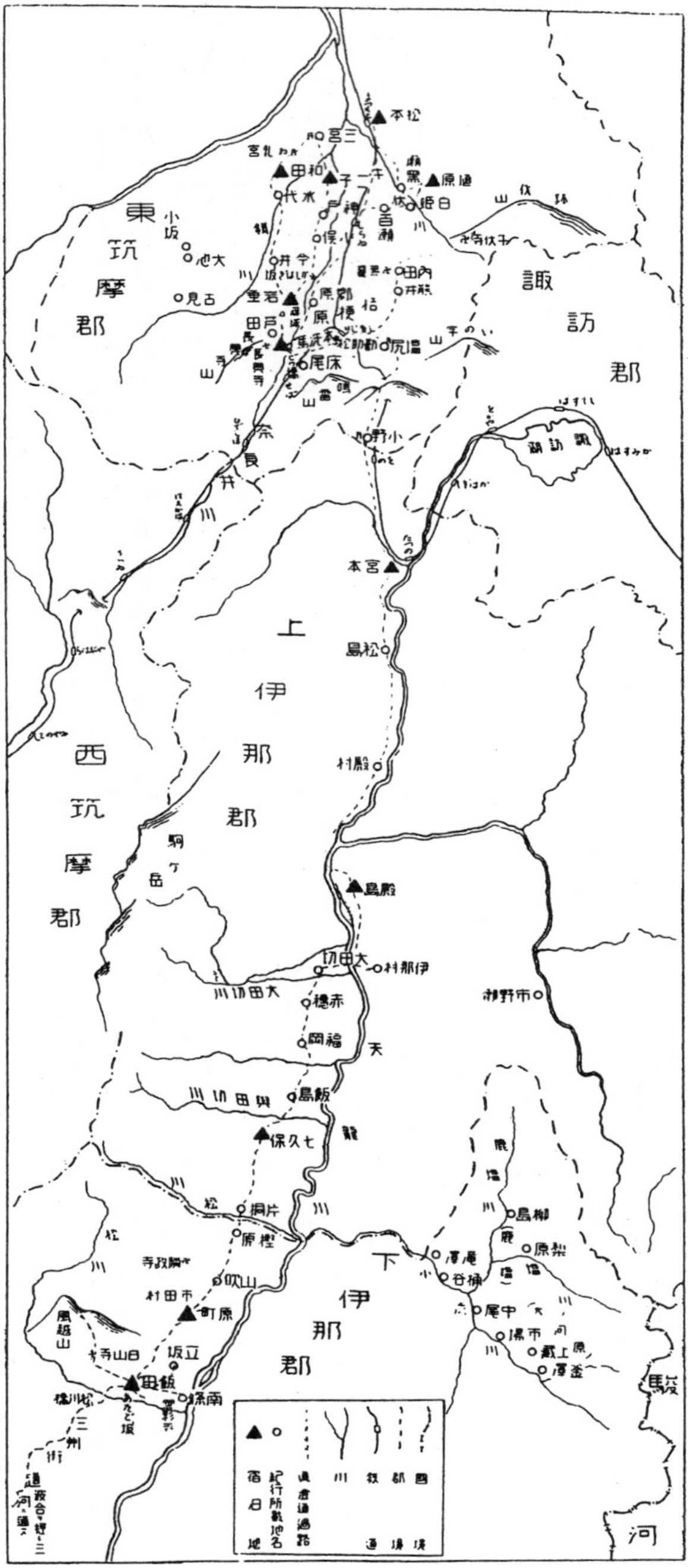

『伊那の中路』真澄遊覧記刊行会代表者柳田国男編、昭和四年一一月一日、真澄遊覧記刊行会

わがこゝろ　真澄遊覧記

柳田国男校訂

菅江真澄著

わがこゝろ　柳田国男校訂

天明三の年の春より、信濃の国筑摩の郡に在りて、此秋更級や姨捨山の月見てんと、思ふどちうちものがたらひて、葉月の十三日、いまだ明けはてぬより旅装ひして、本洗馬の里を出でゝ野原になれば、

更級の月思ふとてしるべ無き闇にぞたどる野辺の中路

或人、虫も暁は声うちよわるかなど、聞きつゝ言ふに、

夜とゝもに照る月かげを霜と見て虫の音なづむ

山の端引離るゝ横雲の景色、面白さ物にも似ず。萩薄かい分け朝露に沾れて、桔梗が原を行く。

身に負はぬ色とや見なん秋萩のにしきにまじる旅の衣手

それよりも彼よりもなど花折り物いひかはして、

更級の月のことのみ語りもて行けば心の隈も残らず

東の高き山を鉢伏といふに、雲のかゝりたれば、戯れて、

なかはみな吹きはらひても秋風に雲ぞ集まる蜂ぶせの山

とく野村といふ処に著きぬ。朝寝する男女、戸を押明けてさし覗き、あるは水汲みありく。

軒近き野辺のむら萩露深くおき出でゝ見ん屋毎々に

あなたに茂り合ひたる森のあなたは村居《むらゐ》といふとなん。

秋風に吹きもさそはで山陰に雲のむらゐの里ぞ並み立つ

小さき河に渡したるを不二橋といへり。此あたりより富士の見えけるにやいかゞ。けふは雲深ければ、

橋の名の富士こそ見えねくもる日はそこと心をかけて渡りぬ

平田《ひらた》を過ぐれば、塘《つゝみ》の上に大いなる柳幾本も立てるが風に散り来るを、散る柳の風情殊にをかしと、人のたゝずみぬ。

秋風のさそへる露の玉柳散るもしづけし御世のひかりに

漆桶担うたる男あまた行きけり。

時もいま世のあき人の運ぶらし市にうるしのところせき迄

夜とともに照る月影云々　此歌の末の一句の落ちた理由がわからない。たゞ簡単な地名か何かであつたらうと思ふ。

なかはみな　此儘では解し難い。

とく野村といふ処　「とく」は夙くであらう。

不二橋　富士見橋。

松本の里になりて、

　いつの世に植ゑて千年をまつ本の栄え久しき色をこそ見れ

行くほどなう雞栖《とりゐ》のありけるは、岡田の神社とてあり。こは式内のおほん神と申し奉れば、

　賢木葉《さかきば》に結びし玉と見てしかな露を岡田の神の瑞籬

こゝの関屋を越ゆとて、

　夜な〳〵の月の兎は留め得ず御世を守りの関のくいぬき

あだ阪を登れば身に汗し、暑さにえ堪へで、

　嶺遠み麓をたどる旅人の身に仇阪ぞ歩み苦しき

道はたく縄のやうに廻り〳〵て、下り昇りて遥々と行く末長し。

深き谷を隔てゝいかめしき巌の立てるを、猿飛の岩と謂へり。げにやあらん群猿の木の実にあさり梢をつたふ。

　聳え立ついはほの末を飛ぶといふ馴れしましらの身さへ危ふき

苅谷原といふ処に、鴈の鳴きけれど列は見えざれば、

　声ばかりそことも知らぬ初かりやはらはで霧の中に行くらん

桐光寺といへる寺の前に、高札さしたるを見れば、国はいづこの誰とも知らぬ。年は三十あまりなりける女の、この葉月の四日、草の上に伏し死にしたるを、爰に埋み置きぬ。五つ六つにてやあらん、児《ちご》一人残したりと書い付けたるを読んで、涙流さゞる人は無かりけり。

　故郷の草には置かでたつきだに知らぬ山路の露と消えぬる

誘ひ来つる直堅の詠める。

　うき旅に消ゆる其身の涙もや塚の草葉の露と置くらん

会田《あひだ》の駅に至りて、夕近ければ宿《やど》つきたり。

十四日。よべより雨降れば、つとめて雨装《あまつゝみ》して出で立つ。路の傍に年ふりたる松の四本伏し立てるに、紙引結びたるは如何なる故にかあらんと問へば、是なん高野《かうや》大師の手掛松に侍れば、身に願ある人は斯く紙さき結びて行き侍ると、里の子のいらへに知りぬ。左に堂のありければ、坂登りて観世音を拝み奉るに、広き幾ばく、高き二十尋ばかりの巌に、藤正木のかつらのいと長く懸かりて、ふり仰ぐも危ふげに臨めば、堂の側の窓より法師のさし覗きて、そが上より此大岩の転び落ちて、此下に御堂もたふれ、数多の仏《ぶち》菩《ぼ》薩《さち》の砕かれ埋もりておましましき。見たまへ、かゝる石の御仏をとて、御首《みぐし》形《かたち》も壊れ奉るをとう出して拝ませていはく、登りおはしたりつる坂の中より掘り起し奉りたり。昔も岩のこぼれ落ちたる頃、埋もれたまふならんとて入りぬ。阪を降りてさし登らんを太刀峠とていや高し。雨はをやめど霧なん深く麓より嶺を籠めて、何処とも分き難かりければ、旅人のかたらひ分け登

る声は、そこぞとも無く聞えたり。

　朝霧のうちにたどりてたち峠声のみ越ゆる秋の旅人

仰ぎ見れば八重霧の隙より、こゝら攀ぢ登り行く人の、蓑笠顕れたるに嶺とぞ知られぬ。

　分け行かんほども知られて遥かなる霧の絶間にみねの旅人

又直堅もふり仰ぎいはく、

　起き出でゝ旅の宿りをたち峠行く末遠く峰のしら雲

やをら登り到りて来りしかたを見れば、雲と霧といや立ちに立ちてけるなかより、松かぜ細う音して薄く消えわたるに、峰二つ三つ算《かぞ》へ出でたるは、雲のうへに松をむら〳〵と画がきたらんやうにて、

　分け捨てし麓はそこと白雲のあと立ち埋む谷の通ひ路

北東《きたひんがし》の山々は蕎ばたけにて、花の真白に咲きたるは、峰も麓も雪の降れるかと見つゝ降りて、乱橋《みだれはし》もなかば過ぎ来《く》とて、

　袖に散る露のみだれはしの薄こや北風の吹きわたるらし

赤豆阪《あづきざか》を越ゆるとて、

　秋ながら袖に汗して身にあつきさかまく息《いき》の胸に苦しき

法橋《ほつきやう》といふめる邑《むら》に御仏のおましませば、拝み奉りて、

　舟ならで仏の法《のり》の橋柱人わたすとて名たて置きけん

苅屋沢《かりやさは》邑のやかたを行く野辺に、敏鎌《とがま》をふりかざし男の行くが、歌のみひたに歌ふ。

　ますらをが馬草苅りや沢の辺の薄高がやふみしだき行く

青柳《あをやぎ》といふる宿《すく》に著きぬ。数多《あまた》の家居《いへゐ》軒を列ねて富人《とみうど》ぞ多かりける。

　風に散る例《ためし》も知らで青柳の里の栄えは春ならずしも

巌をきり分けて、名を切通しとて人を通しぬ。安坂《あざか》河を渡りて、新らしう家作るを下井堀《しもゐぼり》といふといへば、

　民草の宿や栄えんこゝにしも井ほり田植ゑて人の住めれば

岨《そば》の畠中に、大いなる槻《つき》の一本生《もと》ひ立てる古塚のあり。この下つ方は石を畳みあげたる大いなる家《や》の如き洞なり。世の静かならざる頃、宝隠し入れたる石室《いはむろ》といひ、又氷《ひ》の雨の降りこんを凌がん料に作りたりけりとも、家居未だ建ても初《そ》めざ

関のくいぬき　釘抜、木柵のこと。

道はたく縄のやうに「あまの子が千ひろたくなは」などゝ言つて多くの屈曲がある故に、阪路のつゞら折にたとへたのである。

広き幾ばく、高き　広さ……高さの誤字かも知れぬ。

蕎ばたけにて　麦の字を脱したものと思ふ。

やかた　家居あるところを常に「やかた」と謂つて居る。後年の見取図にも屢々用ゐられて居る。

青柳といふる宿　此人の筆癖では、「いふ」の誤では無く、多分「いへる」の方であつたらう。

る上《あが》りたる世の住居とも世に謂ひ、国々に在るかくれがのいと広きなり。向ふの方に家の多く見えたりけるは矢倉村といふとか。麻績《ヲミ》の里に休らひて、女の機織れるを見つゝ詠めたり。

賤機の織り縫ふわざのいと無さやこゝにをうみの里のわざとて

明けなば八幡《やはた》村なる御社に神事《かんわざ》ありて、けふなん試楽《しがく》の御神楽あれば、里々村々の商人山賤《あきびとやまがつ》の詣でける。男女打群れ声どよみ路もさりあへず。市の川渡り猿が番場に登る山路にかゝりて、雨のいたく降り出でて田のこひぢを渡るが如にぬかり、山阪のふみも止まらず、脛も横ざまに行きて、倒れ或はつまづきひざまづいて、心すく思へど足の任せねば、休らひ〳〵歩み困《こう》じて、老いたるも若きも細き杖を力に、辛うして下りはてゝ、

更級の月に心のいそがれて猿が馬場《うまば》も足とくぞ過ぐ

と戯《たふ》れ口すさびて、日高う中原といふ処に到り宿を定む。こゝは更級の郡更級の里なれば、嵐を分けて出づる月を見てん。なぐさめかねて鳴く鹿の声もきかまく、暮れ行くを待てど、霧深く立ち蔽ひて、今宵の月見んことの難からんはねたしと、旅のまどゐに談らひて、

あらしだに分け出づるものを霧の中はらはで月をまつ宵の空

いつ迄も月は出で来じ。いざいねてあれなと、肱折るわざして、直堅、

こよひしもこの中原にかり寝して草の枕の夢や結ばん

とて臥しぬ。月のほのかに晴れ行く嬉しさに、皆起き出でゝ外に臨みて、「これや此月見る毎に思ひやる姨捨山の麓也けり、「更級やをばすて山の柴の戸にしばしも秋の月は曇らずと誦《ず》して、槙の板戸半明《なかばあ》けて居れば、花火見しぞ、灯籠競べの見物《みもの》ありきなど見て還るが、枕上《まくらがみ》の外面《そとも》に夜もすがら休らひ、或《ある》は臥し明しぬらん。皆こう〳〵と鼻打鳴らしてける音、絶えず聞えたり。

十五日。雨雲《あまぐも》の余波《なごり》無う晴れて、朝びらけ行くに、月の山口を喜びうち言ひて、宿を出でゝ桑原《くはばら》といふ名のあれば、

草枕かり寝の露も同じくははらはで袖に月やどさなん

同じ処に詠《ながめ》を、直堅、

里の子がかふこのまゆのいとなひも程へて淋し秋の桑原

嶺《みね》村といふあり。こを登れば姨捨山なりければ、

出づるより入るまで月をみね村に住むてふ人や楽しかるらん

杉村も山の央《なかば》に在りて人住みぬ。この背《そびら》より峰に登りて、草の庵《いほり》し堂のありけるに、観世音を置き奉るにぬかづきて、

向ひ見る千曲のくまも残り無く照らさせたまへ水の月影

我総角《われあげまき》の昔、此庵に二夜こもりて月見し処なれば、猶昔の偲《しの》

び出でられて、ところ〴〵見ありくに、秋をば捨の山桜となが め置きたまひし其梢《こずゑ》ども初しほ千しほにもみぢたり。高き桂《かつら》の一本立てるに、うつぎの葉黄ばみ枯れたり。山は千曲の岸を麓に、峰立ちのぼりいかめしう高き巌《いはほ》あり。東に見えたるは有明の峰、冠着山《かぶりきやま》、西に名あるは一重《ひとへ》山《やま》、「今更に更級川の流れてもとよみたまふ水は、細く流れて八幡の村に落ちぬ。其あたりに架け渡したるを、雲井の橋とやらん謂ふめる。あかしの松とやらんは、分け来し苅屋原に枯れて名のみ立てり。「底にのみこそ忍びわたらめと謂ひわたりたる筑摩川の流は、問はずとも知りなん。いつの頃より誰言ひ初めしとも無う、田毎に月の映れるはをかしなど、四十八町《まち》の小田《をだ》は山の央《なかば》に重なれど、月の頃はいつも八《や》束《つか》の稲穂露深くしなひて、水を塞ぎて月の映る例《ためし》もあらじや。俊頼《としより》の書きたまふ物語に聞えし昔の名は、冠山《かぶりやま》といひしとか。又宇治の大納言のたまひし冊子《さうし》など聞え、大和物語には、「信濃国更級といふ処に男住みけり。若き時に親は死にければ、姨なん親の如くに、若くより相添ひてあるに、この妻《め》の心いと心うきこと多くて、このしうとめの老いかゞまり居たるを常に憎みつゝ、男にも此姨のみ心のさがなく悪きことを言ひ聴かせければ、昔の如にもあらず、おろかなること多く、此姨のためになり行きけ

里のわざとて　二つある「わざ」の、後の方は書き損じであらう。

或は「あき」などでもあつたか。

明けなば　「明日は」の意味に使つて居る。

田のこひぢ　泥田といふ意味に用ゐられて居る。

山阪のふみも止まらず　「山路の」ではなかつたらうか。

心すく思へど　或は「心せく」と書くつもりであつたか。

肱折るわざして　肱枕をしてといふことか。少し用語が無理である。

これや此月見る毎に　後拾遺為仲。

更級やをば捨山の　夫木巻二十信実。

朝開けゆくに　朝の空の明るくなること。

同じ処に詠を　「に」は「の」の誤写か。

かふこのまゆ　「あふこのまゆ」とあるのは、「蚕の繭」でなければならぬ。

今更に更級川の云々　この歌の下の句は「うき影見せん物ならなくに」で、新勅選集読人不知。

あかしの松　竜灯松のことであらう。

底にのみこそ忍びわたらめ　夫木巻二十四兼輔「姨捨の山をもめてし千曲川」

露深くしなひて　露の重さに伏し垂れて。

宇治の大納言の　此下に「ものし」が脱したか。

此姨のみ心の　此条は流布の大和物語の通りで、斯ういふ原本のやゝ解しにくい点までが同じであるのを見ると、暗記では無いらしいのである。普通には「のみ」の下で句を切るが、それでも尚意味は取りにくい。

り。此姨いといたう老いて二重《ふたへ》にて居たり。是を猶此よめ処せがりて、今まで死なぬことゝ思ひて、よからぬ事を言ひつゝ、もていまして深き山に捨てたうびよとのみ責めければ、責められわびてさ棄てむと思ふ也。月のいと明き夜、をうなどもいざたまへ、寺に貴きわざすなる、見せ奉らんといひければ、限り無く悦びて、負はれけり。高き山の麓に栖《す》みければ、其山に遥々と入りて、高き山の峰の下《お》り来べくもあらぬに、置きて遁げて来ぬ。やゝといへどいらへもせで、家に来て思ひ居るに、いひはらたてける折腹立ちて斯くしつれど、年頃親のごと養ひつゝ相添ひにければ、いとかなしく覚えけり。この山の上《かみ》より、月もいと限り無く明くて出でたるを眺めて、夜一夜いも寝られず、かなしく覚えければ、斯くよみたりける。わが心なぐさめかねつ更級やをば捨山に照る月を見てとよみてなん、又行きて迎へもて来にける。それより後なん姨捨山と謂ひける。なぐさめがたしとは是が由になんありけるといふよりぞ、月もあはれの名高く澄み昇るにこそあらめ。さればにや、其昔捨てられし伯母にたぐへけん。祖母《おば》石《いし》・姪石《めいいし》・小袋石《こぶくろいし》・甥石《をひいし》など侍ると、案内もほゝゑみてをしへたり。暮れなば再び登り来ん。いざ麓の神事《かんわざ》に詣でんと、更級の里に降り、八幡といふ処に至るに、ひきつらなれる軒毎に、色々の火ともしをかけ、人多く群れ立つ中に、かたゐ等銭もらふとて、谷水の樋の如く落ちかゝるに、赤裸の優婆塞、こりめせ、こりの代り〳〵と左右の手に小笹《をざゝ》束ね持ちて打振り、路の傍にかたしろ作りたるは、夜辺《よべ》の花火のはてふるひたる也けり。六つの根清く浄しと、乙《をつ》の声に唱へ、錫杖《さくじやう》振り鐸《さなぎ》ふり鳴らして、物貰ひの験者《けんざ》の行ひの声どよみ聞えたるにまさりて、「栬葉《もみぢば》はこがれてのみも見えわたりけると聞えし浅間の嶽、焼け亡びたるにさわがれし造り画召せと売りありき、里の童《わらべ》打群れて、ぎぼうし〳〵と杓もて呼ばひありくは、疣たむし身にありける人は、広前の御橋の護朽を、流汲みあげて洗ひ、なひ餅買ひたまへとて、小さき粽《ちまき》のやうなるものを、藁もて作りたるを持ちありき、雞《とり》買ひたまへと雌鳥雄鳥あまた抱へありく。この鶏の首を人の袂に引掛け、翼も袖に押しやられて、うゝと眼をしばたゝいてうめく。斯く鳥放てる意《こゝろ》は、生けるを放つ法《のり》の例《ためし》をやまねびたりけん。辛くして人押し分けておほん前に至れば、放生会《はうじやうゑ》といふ額を火ともしにして高く懸けたり。祝《はふり》あまた狩衣《かりぎぬ》をまくり手に、鼓打ち笛吹き、青竜朱雀《すざく》の御幡を、秋風に吹き靡かいていたゞきまつるに、幣とり奉るとて、

　斎ひては幾代になりぬ白にぎて靡く八幡の神の瑞籬《みづがき》

此御社の後方《しりへ》に廻れば、弥陀八幡と書いて、詣づる人のまきけんうちまき、深雪《みゆき》の降れるかと積りぬ。立石の中より小さき石なこ、処々星の如くに産み出でたるを女石《めいし》とて、此石を撫でゝは眼《まなこ》ひたぶるに摺りぬれば、目の疾《やまふ》の癒ゆるとて、神

仏より尊めるも又怪し。爰は筑摩の川の岸辺にて、小供ら下《お》り立ちて石伏《いしぶし》や捕りてん、玉をや拾ふならん。「姨棄の山をめでじと、小舟さし出でゝ遊ぶもありけり。

千曲川底のさゞれや拾ふらん袂浸して遊ぶうなゐ子

此里に旅の中宿してんと、或家に昼寝の枕とるほどなう、誹諧の連歌する人多く国々より誘ひ来て、此山に登らんとうち物語らふ程に、日もやゝ傾けば、姨捨山にさ登りてんとて、田面の細きいぶせき路を、多くの人々己が言はまほしきことをのみ言ひどよみ群れ至りて、御堂に額《ぬかさ》下げて、萩薄《はぎすゝき》かい分けて夕露に沾れて姨石の上に昇れば、日の暮れかゝりたるに、百《もゝ》ばかりの人居ならび在りて、月の出でなんを念じて待ちたるに、沢水の音も静かに、こゝら鳴く松虫の声あはれなる夕なれば、人の心も殊に澄みわたりて、何くれと口のうちに誦《ず》し、煙吹き出で、或は頭を伏せて箕居し、物陰はさし覗きて、

さ棄てむと思ふ也　是だけは大和物語には「さしてんと思ひなりぬ」とある。其方が正しいと思ふ。

をうなども　是も原書の通りである。或は一人に対しても「をうなども」といふ語法があつたのかも知れぬが、事によると古くからの写し誤りである。

いひはらたてける折　此句も従来「云ひ腹立てける折」と読まれて居るが、何か誤りのありさうな点である。

火ともし　此村で「火ともし」と云つて軒にかけたものは、木で曲尺形に作つたものに油皿を載せたものであつたといふが、此場合は普通の角灯籠の類では無かつたか。

赤裸の優婆塞　願人といふ類の下級の行者である。銭を受けて代りに垢離を取らうといふのである。

はてふるひたる也けり　不明。「かたしろ」は花火の打揚げの人形のことゝすれば、「果て古びたる」であるかも知れぬ。

まさりて　更に声高くの意味か。或は「まじりて」の誤写か。

さわがれし造り画　「大評判の一枚刷」といふことを雅訳したものらしい。

護朽　橋の擬宝珠の金具。之を洗ふ風習が近い頃まであつたといふ話である。

なひ餅　不明。或は苗餅か。五月の苗に餅を包んで粽のやうな形に造つた風習は、松本平の方にはあつたといふが、更級地方ではどうであつたか。

うゝと眼をしばたゝいて　本文はさう読めるが、或は「くゝと」であつたかも知れぬ。

生けるを放つ法の例　八月十五日は石清水八幡の放生会。古くから仏法の教理をもつて説明せられて居る。

うちまき　御供の洗米。

姨棄の山をめでじ　二四五頁註参照。

箕居し　あぐらをかくことであるが、何と読ませる積りであつたかを知らぬ。

物陰は　「物陰を」の誤写であらう。

からうたやあらん、和歌《やまとうた》やあらん、よき句や出で給ふならんと忍びやかに語らひ、かくやいかゞ、こはをかし。其言よりも此こゝろばへや増《まさ》らん。あな面白など、あるは仰ぎあるは膝の上に額《ぬか》さしあて、老ならぬ人もみつわさしてうそぶき、短き束の筆をかたにあげて舐《ねぶ》り、又猫垣の莚敷いて、さゝへかれひ籠《こ》を開き、盃とれるは月見んことも忘れて、此宴《うたげ》にのみ心を入れて、月のあはれもおもほえず、背き〳〵ひさげ取らせたるもあやし。この下つ方の平らかなる岩の面に、香くゆらし男女集まりて、月を待ちて、南無阿弥陀仏《なもあみだぶち》と念珠すり、ひたぶる手となへつゝ、月を拝み奉れることまめやかに聞えたるは、いかに秀でたる言の葉に詠めたりとも、此男女のひたみちに月を思ふ心には、えも及ぶべうも露あらじや。宵うち過ぐる頃より、やをら月は打向ふ鏡台山といへる遠山の頂《いたゞき》の、雲の中をほの〴〵と洩れ出づるに、残る隈なく照り渡り、千曲河の流は白銀をしき流すと見やられて、こよ無う世にたとへつべうもあらじかし。捨てられればかゝる山路ぞかしと、古のうき事も更に思はで、月になぐさむも二無く楽しと思ふに、更けて丑過ぐるころほひならん。雲暗く立ち覆ひて月の隠ろへれば、本意《ほい》無う皆立退《たちしぞ》けば、八幡に降り来て数多の人と共に、昼宿りし家に入りて円居《まどゐ》し、拙なう詠めたる歌どものありけるを、こゝに書い付けぬ。

旅衣思ひ立つより姨捨の月に心をかけて来にけり

澄み昇る光ありやと姨捨の山口しるき月の夕かげ

よそに見し嶺も尾上もおしなべて月の中なる姨すての山

明らけき御代の光もさし添へて今はなぐさむをばすての月

野路山路《のぢやまぢ》分け来し露の袖の上に宿してあかぬ望月の影

年ふとも思ひし山のかひありて今をば捨の月をこそ見れ

故里にかはる野山もうき旅もわすれて向ふさらしなの月

千曲川底のさゞれもあらはれて月に数見る空のさやけさ

すむ方になぐさめかねて更級や姨捨山の月をこそ見れ

月に今なぐさめかねて都人しのびやすらんをば捨の山

影高く月こそかゝれ姨捨のふもとの霧は立ちものぼらで

照る月に雲のいづこもあらはれて思ひ残さぬをば捨の山

鈴虫の声の隈さへ半天《なかぞら》の月のこよひとふり出でゝ鳴く

筑摩川綱引く舟の行きかひもくり返し見んもち月の影

幾ばくの路し隔てば此山に見ざりし秋の月かげは惜し

心あらば風吹きさそへ姨捨の山路くもらぬ月にあかさん

友まねく袖かと見れば月こよひ麓のすゝき秋風ぞ吹く

又や見んかた山岸の莓《こけ》むしろこよひの月にしく影ぞなき

草枕夢もむすばで夜とゝもにこの姨捨の月に明けなん

「わがこゝろなぐさめかねつ更級や姨すて山に照る月を見て

といへる古き歌を、歌一つの頭に置いて三十一首《みそぢひとくさ》をよめる。

和　わけ入りし山のかひある今宵かなあくまで月を見んと思へば

可　かたふかは秋の半も過ぎぬとや月に惜みしおもかげぞ立つ

胡　この夕待ち来し空の月影のはれて心の隈も残らず

古　こし方の雪の白根も明らけく光をかはす月のこよひは

路　露花《ろくわ》しろく誰《た》が袂にもおく深く月やどすらん姨捨の山

南　なかぞらに此姨捨の月見てぞ月もあはれを分くるとは知る

具　暮れはつる空とも知らで麓寺月におどろく入りあひの鐘

左　さしのぼる程も知られて草も木も露あらはるゝ月の夕かげ

迷　めづる間に雲こそかゝれ月にさへ世のつれなさは有明のみね

加　かくばかりさやけき夜半の月影に月の都も思ひのこさず

禰　ねやの戸の霜としまがふ月かげを起き出でゝ見ん更級の里

都　つげ渡る鳥もこよひはいかに鳴くあくとも知らぬもち月の影

佐　さらしなの松の梢を吹く風にさやかに照らすをばすての月

良　らちの内に競ぶるものにひきかへて雲井にかける望月の駒

之　しづはたの音なふ虫のをやみ無く月のむしろに錦織るらし

那　名残ありや秋の半も月影も山の端近くあけ方の空

夜　山の端の思ひは晴れて中空の月にまぢかく過ぐる村雲

乎　をみなへし一夜をくねる色も無し月にはなびく花のおもかげ

膝の上に額さしあて云々　肘を突き顋を支へる事を言つたものか。「みつわさし」を背のかゞんだことに用ゐて居るのも珍しい。「かたにあげて」は誤写らしい。

猫垣の莚　どういふ物か見たことが無い。今は寝呉蓙などゝ宛字を書く藁で編んだ大形の敷物を「ネコ」と呼び、これを編むことを「ネコヲカク」といふから其事かとも想像せられる。

かれひこ　「かれひ」は弁当。「こ」は容物。つまり重箱のこと。

ひたぶる手となへつゝ　「ひたぶるに唱へつゝ」であらうと思ふ。

秀でたる　「秀たる」とあるから「すぐれたる」と読むべきか。

すむ方に　「すむまゝに」か。

あらはれて　本文には「あらはれと」とある。

路し隔ては　「路を隔てゝ」では無かつたか。

波　はるかなる浪の姿に峰幾重よるともわかぬ月のさやけさ

数　すみのぼる月に流れて山河の岩こす浪も影はへだてじ

天　照る月の影はいづこもかはらねど此姨すての山ぞことなる

也　八重置ける露のをすゝき分け行けば袂に月の影ぞこぼるゝ

末　松風の声の時雨《しぐれ》に立ちならぶ月の桂の色ぞはえある

耳　西になる影さへつらし月こよひ山の端近く過ぐる村雲

泥　手もすまに打つや衣の音までも月にかさなる更級のさと

流　るりの色に置きにし苺の露までも玉かと見えてやどる月影

都　つらしとも今宵は知らじ旅衣月にかたしくをばすての山

起　聞くもうし峰にしぐるゝ松風は月にいやます光ありとも

遠　尾上はふ葛のかつらの怨みさへはれてぞ見ゆる月のさやけさ

美　峰近く見るさへうけれ此夜半の月のいとはや入らんと思へば

呈　てらせ猶千年の秋も末かけて月にちぎらん姨捨のやま

こは面《おも》ぶせにつゝましけれど、たゞ眼の前にありつるさまを、思ふにまかせて書い付くれば雞は鳴き出づるに、山にて聞きもらし書いもらしたる句どもやあらんと、灯火とらせ毫《ふで》と紙とを持ちて、今宵の詠《ながめ》あらば聞かせてたうびよ。あはれ玉の声ある言の葉もがな。国はいづこ、名は何とかありつると記しありくは、此里の誹諧の法師也。

十六日。つとめて神宮寺といふ寺に詣づ。この御寺のふみに曰く、彦火々出見尊の妹姫、おほん心世にさがなうおましましゝかば、此冠山に捨てられ奉りしより、山は姨捨の名に負へりとか。此事何れの書《ふみ》にかありけん。「わが心つきはてぬとや庵さす姨捨山の入相の空と、慈鎮大徳の詠《よ》みたまひしも、此故事などのことにやあらんか。善光寺に詣でんとて其筋を分くる、行きずりの打つけに物語らふは、雛川清歳とて、百船のはつる対馬の国より来けるよべ見し人なり。幼きより朝鮮に渡り、ことさやぐ言の葉をまねび、辞通《ことかよ》ふをわざとせりけれど、身に聊かあやまり犯して、かくさすらへありく。路の辺に休らひ、諺文《うんもん》してなにくれと異様に書いなし、其国の言葉もてかれはかく、是はかくぞ言ふめるなど説きかたらひてけるに、浅茅山《あさぢやま》の梢しぐれん色も、うへかたの八しほに染むるも、名も竹敷《たかしき》の浦間の紅葉、我行きて見まほし。いかになどこと問ひかはして、

たかしきの浦の栬葉《もみぢば》よる波に散らすなゆめと立ちや出で
けん

とて遣れば、この清蔵、越《こし》の国にまかるとて別れたり。飯形《いなり》山《やま》といふ村を経て塩崎といふやかたに、米俵負ふ男あまた、身に汗して行きかふに、弓の如くおし曲げたる篠《しの》を、国の名にはへいちことて、牛に束ね附けて行くは、戸隠山より採り来れるさゝ竹なれば、太雪《みゆき》に伏して斯くなん曲がれりとか。此牛曳も米負ひ集《つど》ひたる子らも、あな息苦《いきぐる》し、水一つとて、家の門に乞ひ飲みぬ。

よそ目さへ見つるは苦し塩崎やからきうき世を渡る里の
子

こたびの雨に水いや高く溢れて、塘《つゝみ》などところ〳〵壊《やぶ》れたれば、丹波島を左に入りて、広き河原に出でたり。優婆塞《うばそく》一人酒に酔ひて、あらぬふし言ひて過ぐるあり。又彼が唄ふを聞けば、「姨捨山に照る鏡、姪子《マヒゴ》に心許すなと声もしどろに行くは、姨捨山の観音菩薩の傍に在りて、月見てんと登りゆく人毎に銭乞ひとりて、鈴ふりたるかたゐの験者《けんざ》也。たふれたる一節《ふし》ながら、此姨捨山の古よりの諺《ことわざ》ならんとをかし。小松原といふ処に出でゝ、綱引く舟に引き渡されて、小市《こいち》といふなる村に著き、鈴花河《すゞばな》になりて、舟渡《ふなわたし》あるも例の綱引く舟なり。行き〳〵て善光寺の御寺に至りぬ。詣づる人多く賑はへるさまは、昔見しに事かはらず。暫し御前に在りて、ぜむかうじといふことを句毎の上に置いて、

せきあへずむせぶ涙にかきくれぬうき身の罪をしれる心
に

(挿画)　をばすて山千曲川八幡村のかた。

(挿画)　へいちこの図。直からぬ竹の姿をみすゞかるこれや信
濃の真弓なるらん。　秀雄

見まほしき方も、問はまほしき事もあれど、とく〳〵帰りなんと誘へる人の言へれば、再びといひて御寺の門脇の宿りにつきぬ。昼より空うち曇りて、月見んことこそ難からめと語りつゝ、

月や見ん河中島に雲の浪たちなへだてそいざよひの空

十七日。朝より曇りてやがて降り出でたり。雨《あま》つゝみして

泥　此字は「抵」などの誤りかと思ふ。

行きずりの打つけに　ふと路連れになつてといふ心であらう。此雛川氏のことは尋ねたら分りさうだ。ちよつと面白い話である。

犯して　「犯しありて」であらうか。

うへかたの八しほに染むるも　此句は解し難い。竹敷は今「タケシキ」と謂つて居るが、此頃は「タカシキ」と謂つたのであらうか。

へいちこ　戸隠山の「ネマガリダケ」であるといふ。今「ヘイチク」と呼ぶさうである。

たふれたる　「馬鹿げた」の意。今日のタークラといふ語と同じ。

薄花《すゝはな》の川に来つれど、川長《かはをさ》もあらでいかゞせんと、人々来とゞまりてためらひ、こはいと浅し、われ先づ瀬踏みてんと、さき立てる人のあるにつれて、さ渉《わた》りてんとて皆水にさし入りて、思ふ如《ごと》に浅ければ戯れ歌、

　いさとくもあさ河渡れすゝ花のさかりにふらば水はまさらん

いくばくの里はあれど、昨日来し筋なれば皆書い洩らしつ。二つ柳に来り、野中に大きさ牛の隠ろへる槻《つき》の下に、人数多居たり。

　心ある人や仰ぎてたちまちのつきの木かげに出づるをや待つ

塩崎よりは此方にある里の、名は何とか謂ひしと、門《かど》にさし覗く女のあれば問ふに、いらへ更にせで遁げ入りたり。何にくるふ女ならんと思へば、後《しり》より来る男、此村の名を若き女などは恥らひて、他処《ことどころ》の人にはえ答へ侍らず。こはいかに秘めてかといへば、いな屁窪《ヘクボ》と申すがをかしとて笑ふ。げにや答へざりけりと、人頤《おとがひ》を放ちてかたらひ過ぎて、稲荷山になりて、古了といふ医師を訪らひ、暫しといへど行く先いそげば、やがて猿が番場も雨降りて登り、見し姨捨はあなた、一重山はこなた、千曲川を見やり、分けて青柳の宿に来けり。若き女二人、雨に濡れじと麻衣をかつぎ、歌うたひ過ぐるに、和泉式部の物語思ひ出でゝ、

　これも又稲荷の山の近ければあをやきぬらん里のをとめ子

此ところに宿つきたり。

　十八日。太刀峠より望めば、左の高嶺より太谷《みたに》の底まで、真降りに糸引き下したるやうに細路のあるは、あらしと謂ひて、柴刈り束ねて峰より落す。其筋なれば木草の生ふることなけん。其音の聞えたり。

　山賤《やまがつ》が嶺よりおとす柴車あらしの路や音のをやまぬ

皆見たる筋なれば書いもらしぬ。今宵は浅間の出湯に泊りてんとて、其路をわけて至る。犬飼の大臣《おとゞ》とかやさすらへたまひし頃、奥山に湯煙の立つを遥々と見やりたまひて、湯浴みたまひしを始にて、人ごとに玆を犬飼の御湯と、其名高う世に聞え渡りぬ。拾遺集物名《ものゝな》の歌にいはく、「鳥の子はまだ雛ながら立ちていぬかひのみゆるや巣守なるらんとあるも、犬飼の御湯をよみたりけるにそあらめ。湯守がやかた自庵といふに泊りたり。この夕、

　みねの庵雲なとざしそこよひ又こゝに居待の月やながめん

直堅のいはく、月いづるとてさ寝てんとて、

　旅衣かたしき待てば月もやゝ出でゝ野原の露にやどれる

いで湯に行きてんと至りて、

　出る湯の深き恵みを身にぞ知る如何に浅間の名に流れけ

ん
十九日。つとめて浅間を立つ。此あたりをさして、「浅羽野にたつ水輪《みわ》小菅《こすげ》ねがくれて誰故にかはわが恋ひざらんと聞え給ふる。この朝葉を誤りて浅間といへるにや。

鈴虫のふり出でゝなかめくれなゐの浅羽の野らやいざ分けて見ん

松本を過ぎ村居を経て、芝生に休らふほどに、紀国牟婁郡《きのくにむろのこほり》田辺《たなべ》の里なる訓殷といふ人、姨捨山に在りて一夜かたらひて相知れるが通りけるを、こはいかに、馴れ見し月の友がきよとうちものがたらひて来る。この訓殷は香風とて、誹諧の連歌に志浅からず。さりければ此度《こたび》の月にもさすらへ来て姨捨山の詠に、「捨てられてかゝる野山やけふの月。香風は田辺の某の里の長にて、「世を旅にやどをかり田の辺《ほとり》かなと、宗祇法師文明のころ句ありたりけるをもて、庵《いほ》作りて今住めりけるとか。此友は今宵宣甫が家に、我は可児永通が家に著きて、再びとて暮れたる団居《まどゐ》に、香風衣包《ころもつゝみ》のうちより、十府《とふ》の菅《すげ》宮城野の萩など、故郷の苞《つと》に折りもて行くとて、とう出して見せけるに、

色深き言葉の花も折りまぜて萩の錦をみやぎのゝ原

主の宣甫に代りて、

菅薦《すがごも》のなゝふに宿し別れなば絶えずも人をみふに忍ばん

二十日。香風に別るゝ朝になりて、

別れても同じ仮寝の草まくら結びてあはん夜な〳〵の夢

其夜姨捨山によみたりける歌の冊子に、物書いてと人のいへば、否びがたくて、

久方の天の光四方に明らけく、遍く世にみつの年、染め渡す木々の葉月望の今宵を、手を折々の空に向ひ、水の面に照る月なみをかぞへて、思ふ限りうち群れて、旅衣思ひたちぬるに、我も同じうみすゞかる信濃の国に在りて、いざ行きね

木かげに　本書「か」が脱して居る。
和泉式部の物語　十訓抄に出て居る。雨に遭つて少年の襖を借りたといふ物語である。
太刀峠　本書には太刀崎となつて居る。今は立峠と書く。
あらしの路　柴を落す崖を今でもアラシと謂つて居る。それを嵐の音に言ひ掛けたのである。
かひのみゆるや　「かひ」は鳥の卵のこと。
浅羽野に云々　此説はふと思ひ付いたもので、精確な考証では無いやうである。昔の人々は斯ういふ意見を聴くことを悦んで居た。此浅羽野の歌は万葉集巻十二に見える。
訓殷　六つかしい名である。名の称へかたを知り得ない。本書には二処字を異にして居る。後の方に由る。
みふに忍ばん　「陸奥の十ふの菅薦七ふには君を寝させて三ふに我ねん」といふ古歌に依つたのである。

と人のさそふに嬉しう心あはたゞしく、此夜姨捨山に登りて、いかめしき巌の上なる莓《こけ》の莚《むしろ》にまどゐして、いまだ夕暮れはてぬより待ち待たれて、見も知らぬ高根のあたりに心を遣りて、空しく見やりたる程も無う、やをらさし上る方は、山の幾重も波のやうに見遣られ、麓行く水の白銀を流せるかと、千曲の川波よるとも分かず、綱舟も月に引かれて流しやしてん。分け登る人のけはひの爰かしこにあらはれて、虫の声々風のたゝずまひ、木草の露もよしある月の今宵なりけりと、こゝらの人の眺めたる心の隈もあらで、世中《よのなか》は皆此月の中にこもりてやあらん。かゝる類《たぐひ》無き大空の光にや、なぐさめかねし男の心まで思ひ出でられて、猶いにしへの人に物いふ心地すれば、いかに思ふともいとゞいへばえに心苦しくて、仰ぎたる人々残り無う、心言葉の及ぶべきかはとたゞ声を飲むに、さなんめりとて恥ぢらひて止みぬ。さればとて人笑はれなる一節《ふし》もがなと、より集《つど》ひて旅なる硯まかなひ出して人の詠めたるに、我もかたくなゝる一くさをとて記しぬ。世に見ん人の目にはつつましけれど、此月のにほひにあくがれ来るしるしとも見ん。人の心の底まで清らかに澄めれば、言の葉の道の惑ひも無う、世に照りかゞやかし光まされるこそ、今宵の月の本意《ほい》ならめかも。

幾とせか心にかけて姨捨の山に今宵ぞ見つる月かげ

あくがれて姨捨山に見る月の隈無き影やよもにめづらん　僧 洞月

名に高き姨捨山に今宵見ん月の莚にまどゐあかして　永通

姨捨の山のまどゐに見る月のさやけき空にかたるいにしへ　啓基

うち向ふ心のくまも無かりけり姨捨山の月のひかりに　富女

今宵見る姨捨山に照る月のふけ行くまゝにしのぶいにしへ　義親

くまなさよなぐさめかねし昔さへ月にぞしるき姨捨の山　直堅

いとゞなほ嵐の音も身にしみて姨捨山に月ぞ澄みぬる　秀雄

よそよりも月のながめのいや高きこよひ名だゝる姨捨の山　僧 藍水

幾秋も光かはらでをばすての山にさやけき月やながめん　備勝

影清くひかりを見てし姨すての山の端出る秋の夜の月　勝女

名に高き姨捨山の秋の月さやけき影は世にたぐひ無き　当特

さやけさはたぐひあらじな名に高き姨捨山のあきの夜の月　静有

山高み木末をはらふ夕風にさそはれいづる月のさやけさ　景富

月出山

あらはれてみねの幾重の山かづら暁かけて出づる月影　秀雄

浮雲はよそにつくして吹く風の清き高ねを出づる月影　直堅

打向ふ更科山の高嶺よりくまなく出づる夜半の月影　永通

大空の星のひかりも色消えてやまさし出づる山のはの月　洞月

庭の面にふりしく雪と見るほどに山の端はれていづる月かげ　藍水

待ちつけて山のは出づる月影にすそ野の薄露ことに見ゆ　備勝

幾ゆふべ今宵の空を待ちつけて山のは出づる月のくま無さ　義親

名に高き姨捨山をいづるより空すみ晴るゝ秋の夜の月　静有

かげばかりほのめく空に色見せてやゝさし昇る山の端の月　当特

山月明

さしのぼる空にさやけき月影の光にしるし遠《をち》の山々　景富

夜とゝもに待つかひありて山のはの月ぞさやかに澄み昇りぬる　永通

ながめやる遠山鳥のをのへよりみねも麓も月にさやけき　洞月

照りのぼる今宵の月の影澄みて光も清きさらしなの山　秀雄

村雨の晴れ行くあとの雲間より洩れてさやけき山の端の月　直堅

月もやゝ山の端出でゝ目に近き千曲の流れ光てりそふ　藍水

幾秋をふる露霜にさらしなやさやかに木々もみねの月影　備勝

名に高き姨捨山にてる月はわきてさやけき秋の夜の月　義親

秋風に空吹きはれて山のはをさやかに見せて出づる月影　景富

月前風　静有

秋風にみねの浮雲吹きはれて空澄み昇る月のさやけさ　景富

久堅《ひさかた》の空吹きはらふ秋風に光さやけき月をこそ見れ　当特

ひさかたの空はかはらぬ風吹きていとゞてりそふ秋の夜の月　静有

山風に空行く雲の影消えてさやかに更くる秋の夜の月　直堅

うしやこよひ月に降り来る時雨かとまがふ庵の軒の松風　洞月

出でぬまも声あらはれて月影に風のやどりの松をこそ見れ　秀雄

吹く風に村雲だにも影消えていとゞさやけき秋の夜の月　永通

萩が枝の下葉の露も月澄みて玉吹きこぼす野辺の秋風　藍水

更科のみねの秋風吹きはれて出でぬる月の光さやけき　備勝

吹きはらふ風のたよりを松が枝の葉末を洩るゝ月のさやけさ　義親

月前恋

待たじとは思ひ捨てゝも待たれぬる月にことゝふ習ひある世は　永通

うき人も今宵の月にあくがれてしたふ心は空に隔てじ　直堅

人来やと契らぬ宵もねやの戸の月のながめの心迷ひに　秀雄

更級や姨捨山の月見てもなほ慕はるゝ人の面影　洞月

うかりける人を待ちわび打向ふ月もなかばの空を過ぎぬる　藍水

姨捨の月のこよひぞあはれそふ猶こひしきはふるさとの空　備勝

契りても此夕ぐれはいかゞせんさやけき月にうしろめたさは　義親

待ちわびし夜半こそふくれ今しばしさやけき月に慰みぬとも　当特

来ぬ人を待つもかひなき今宵かな空に更け行く月も恨めし　静有

待ちわびし袖の涙の露ながらうつるもつらし夜半の月影　景富

寄月祝

幾世々を姨捨山にてる影はなほひさかたの月ぞえならぬ　洞月

幾千代の秋もつきせじ楽みもなかばにあらぬ望月の影　秀雄

言の葉に結べる露の玉鉾の道あきらけき御代の月影　直堅

神世よりかはらぬ空の月かげはなほ行末の限り知られぬ　永通

くもりなき秋の最中の月影やよろづ世うつす鏡なるらん　藍水

いくとせも限り知られじ姨捨の山の端てらす秋の夜の月　備勝

曇りなき御世のためしぞ久かたの空にかゝれる月の光は　義親

かしこしなくもり無き世はいとど猶月に千歳の秋ぞ待たるゝ　静有

あふげたゞかしこき御世の明らけき月の恵みの空に尽きせじ　当特

限りなくてらす今宵の月かげは曇らぬ御世のしるしなるらし　景富

政員の日記

本洗馬の山里の一年余の滞留から立つて、遂に再び還らぬ生涯の旅に赴いた白井先生の後を慕ひ、首途に随伴して白糸の湯まで送り、別を惜んだ政員は何人であらうかと、本洗馬の人々は「来目路の橋」を読んで詮索を試みたけれども、其墓碑を探り当てるまでには相当の時日があつた。柳田先生の感激と詠歎に充ちたあの序文に於て期待せられたやうに、「菴の春秋」や「諏訪の海」は見出されぬとしても、当時の洗馬人の遺した記録は、何かありさうなものであると書いて送つた本会信濃の部委員の書簡に、極度に昂奮した会員中村盛弥君から、十月十九日に突然電話を以て報ぜられたのが此「政員の日記」の発見であつた。政員の家である三溝甚弥氏の蔵品中同時に見出されたものに、政員の新婚を祝した歌があり、秀雄と署名した短冊のあつたので、此人の年齢は略想像ができる。さうして此日記の書風が甚しく白井先生に似て居るのは注意すべきであると思ふ。美濃紙半截二つ折十三枚、記事は短いものであるが、「伊那の中路」の序にあつて其所在を知らぬ「手酬草」の成つた時が明かに知られ、又「来目路の橋」と対照して見れば興味ある節もあるので、こゝに活字にして載せることにした。これから後一週間を経ぬうちに、

「菴の春秋」や「諏訪の海」断篇がすぐ近隣から現れようとは、誰も思ひがけなかつたのである。

山家梅

春とだに思ひはひぬる山住のまど近く咲く梅の匂ひは

椿

八千代までかはらぬ色を今こゝに椿の花の栄えにぞ見る

隣家花

朝夕に詠めながらも垣間もるとなりの軒の花の匂ひは

卯のとし葉月更級へをさめたいまつるとてよみ侍れどその数には加へず

白井うしのなをし

十四夜

あすの夜のありと思へどこの夕入る月影の惜まれぞする

山月明

遠かたの山もけちかく見え渡る月かげ清く澄みのぼる夜は

月出山

めかれせず見るよりやかけて山端に月さし登る影ぞ妙なる

月前風

風吹けば雲はさながら消えはてゝ月のみかゝる天津大空

月前恋

てる月に猶ゆかしさぞ増りける恋しき人の見むと思へば

寄月祝

いく千秋かはらぬ影をあふぐかな月久かたの空にさやけき

虫

よとともにふけ行く虫の声々をきくあはれさにいねもやられず

十五夜の月くもりければ

うき雲の空に思ひぞますかゝみ見えつかくれつ望月の影

同

くもるとも眺めあかさん望月の影は雲井にさへけからまし

十六夜

何となくあはれそ増る十六夜の月にことしの名残惜みて

親しき人のもとに幾たびかとぶらひぬれど外さまになして家にあらざればたはむれてかく

人を恋ひ慕ひよるとも白雲の空さだめなく秋風ぞふく

三河の国白井秀雄のぬし、暫しと此里に来まし給ふ。旅寐の枕数まへて、今日は霜降月の末の頃、亡き垂乳女の三年の魂祭る日にあたり給ふとて、設の台《うてな》清らかに、薫物《たきもの》の煙手向

の花なども、常にことかはりてしめやかに、たゝへ言懇《ねもごろ》に
あまたゝび誦《ず》し給へば、亡き俤も其儘に、在りし世の心地ぞ
し給はんと、いと尊く、あはれもともに涙をおとして、斯く
なんよみて奉る。

そらだきの煙にめでゝ亡き魂のありし三とせの俤ぞたつ

辰のとし

寄　松　祝

老のなみ幾千代かけて住吉の松はさかえの色や見すらん

六月之秋

みな月のあつさながらも吹風は秋たつけふのしるしとぞ
知る

白井秀雄のぬし、二年のころまで此里にとゞまり給うて、あたりなる古き跡ども尋ね、山の姿河の流の行末をめでゝ、田草とる女の童《わらは》の歌ふ一ふしまで書き集め、何くれにつけて歌を詠み、思ふかぎりの言の葉もてあやなる文を作りて、いとあはれなる遊びをなんし給ふことのうるはしく、まぐさ苅る鎌打ちおける夕毎に其許にとぶらひて、いにしへ紫式部の書き給へるふみの巻々、あるは竹取物語など読み学ばひ、或はやまとの道のいとはしをも語りて、こよなう馴れむつまかに月日を過ぐるに、けふ水無月中の頃、越の海の深きに心を浸し、陸奥の松島名によふ島の、処々のめでたき野山をも残り無く見廻り、古き歌の心をわきまへ新しきをもかいもとめて、古郷に帰らまく欲りすなどのたまひて、旅衣思ひ立たせぬれば、親しき友どち打ち驚きて、別るゝ事は世に無きことのやうに覚え侍りしとて、ひたぶるにとゞまり給へなど袖をかゝへてとゞむれども、いなふねの否みにせん術無し。こは別れにぞなりぬ。されど又逢ふことの近きを待ち侍るなど言ひ交して、つたなき言の葉もて馬のはなむけに奉る。

ゆく空の雲路はるかに隔つとも雁の往来のよすがをぞ待
つ

思ひはひぬる　「思ひ佗びぬる」か。
やかけて　「やがて」であらう。
いく千秋かはらぬ影を　此歌は、秀雄と署名のある短冊が遺つて居る。
さへけからまし　「さやけからまし」の誤記であらう。
辰のとし　これから前は、天明三年であることがわかる。
幾千代かけて　此句原本には重複して居る。
やまとの道　敷島の道と同じことで歌道のこと。
むつまかに　「睦まやかに」であらう。
名によふ島の　「名におふ」の誤か、「名に呼ぶ」であらうか。
袖をかゝへて　「袖をひかへて」か。
されど又逢ふことの　原本には「されど」の「ど」が脱落してゐる。
ゆく空の　来目路の橋には第一句「別れては」第五句「たよりをぞ待つ」とある。真澄翁が後に添削したのであらう。

かへし、秀雄、

　玉づさを結びしよりも浅からずかりの往来にかくるこゝろは

秀雄のぬし、あが母の許にねもごろなる和歌を送り給ふに、めでゝ母に代りてよめる。秀雄、

　などて斯く老の涙の我袖にかゝる情をえやは忘るゝ

かへし、

　老のなみいや高砂の松の葉のかはらで見せよ十かへりの色

秀雄のぬし、此里を立ち出で給うて、古郷に赴かせぬる旅出のついでに山家《やまが》なる大滝を見ばやと、やつがれも伴うて一日二日の道を送りける。首途《かどで》をよめる。

　諸ともに千里も行かん思ひして伴ふ道に別やは無き

かへし、秀雄、

　うちつるゝ程は木艸になぐさみぬ別れて後や露けかるらん

それより桔梗《きちかう》が原にて歌あり。こゝに漏らしつ。此日六月の卅日なれば水無月祓といふ題を詠める。

　みな月もけふをかぎりと河の辺の御祓の幣にそよぐ夕風

巳の刻《とき》ばかりに松本に到りぬ。朝のほどよりは暑さいやましに堪へ難う行く道に、清水てふところにて、古き跡なれば暫しとてよめる。

　たちよりて聞くも涼しき郷の名の清水のもとに暑さ忘るゝ

となんいひ捨てゝ、兎川寺てふ御寺までわけ登りぬれば、午《うまの》時《とき》ばかりの末になりぬ。池のほとりに御仏のましませばぬかづきたいまつりて、しばらく風をいれ侍る。折ふし歌よまんと思へど、出でざればたゞに止みぬ。こゝにて薄川の流れを尋ねて到りぬ。

　水底に影もうつりて薄川尾花波よる風のすゞしさ

と口ずさみて桐原に着きぬ。いにしへの馬かふ牧のあたり何所やらんなど、里人に尋ねぬれどたしかならずと教へぬ。

　わけ行けばそことも知らぬ桐原の牧の草かふ駒ぞいさめる

などいひつゝ行くほどに、道の二つ有りける所ありけり。いづれをかわけんと思へどあたりに人もあらねば、急ぎもとつ路に返りて、人に問はゞやといそぎてしぞきぬれば、木の下の涼しきに居眠れる男のありければ、それが夢を破りて問へば、日陰の路よけんとて暫しの程案内して教へつゝ、伴うて橋のもとにて振り別れぬ。それより家二つある所にて、昼寝の床を借らばやと尋ねのぼれば、妹背のかたらひも田舎びにたれど、いと睦しくこそ侍れ。破れたる衣の隙《ひま》より、胸乳《むなぢ》などかいま見ゆれど恥ぢぬる色めもせず。新《にひ》しきむしろ打ち敷き、こゝに休らへなどあるじしくれぬれど、寝ぬべうもあら

ず思ひにたれど、未の刻《とき》ばかりの照りはこと〳〵に心もうち萎《しほ》れ、いつとなく寐ねにたりし間も時こそ移り侍りけん、日は西にかたむきぬ。行くさき程知らねば驚き覚めぬ。あるじに暇乞もいそがはしく行くほどに、大仏《おほぼとけ》といふところに到りぬ。湯水もとめんと家《いへ》に入り立ちて乞へば、百年《もゝとせ》も経けん器《うつは》物《もの》に水もりてなん出しぬ。うけもちて飲む其味ひ、いふべくもあらずこゝろよし。主の女臼挽きながら歌うたふを聴きなぐさみて、礼《いや》を言ひ捨てゝ行きつゝ程なう牛立に著きぬ。麻引く男あれば、心もさぞなすなほならんと、ひき綰りて滝の案内を乞へば、世のいとなみしげゝればかづけもの厚からねば行くまじなど、ほしいまゝなるこゝろざしも、心遣りに行く折なればにやはづかしくおそれぬる心地ぞする。されど否むにもあらねば、銭など与へて大滝の路を急ぐに、谿深く山高し。其流れのわたり股を越しぬる処もありぬべく覚《おぼ》ゆ。まがれる路先行く人を失ひ声を交してぞ辿る。登れるは蔓《かつら》にすがり降れるには梢につられ、右左《みぎり》の草生ひ茂り、背丈迄に五尺ばかりもありなん。やゝ辛きをしのぎて滝の音を聴くに、落つる音は地を動かし波は飛びて煙をなす。かたへに社二所祀りて、雨を乞ふ毎に来り祈ると案内の教ふるに、何となく敬《いやま》ひおそるゝ心地こそすれ。しばしが程打詠めてよめる。

　かくぞとも知らでや過ぎん山奥の岩根の滝のひゞきあらずば

秀雄のぬしのよみ給ふは、書き留めざればもらしぬる。

　それより餉など食べて、束間の御湯にかへりて浴《ゆあみ》せんと、申の刻ばかりより帰《かへ》さを急げど、桐原にて日暮れにければ、酒売る家に息をしづめて休らふ。空打仰げば星は流るゝ如くなり。廿《はた》あまり八《やつ》の星などそこゝと打仰ぎて四《よつ》のかたをな

玉づさを　このかへしの歌ばかりは、来目路の橋に出て居ない。

などて斯く　こゝに此歌のあるのは、文章からの続き柄が変である。此歌は「いかなれば老の涙の我袖にかゝる情をえやは忘れん」と来目路の橋にある。かへしも「松のごとかはらで見せよ幾千歳まで」とある。

諸ともに　第一句「友にけふ」四五句「おもひこそやれあすの別れを」。かへしは「来ぬ秋も袖ぞ露けき旅衣あすの別をけふと思へば」

たちよりて　結句「過ぐる袂は」と後に真澄翁が改めて居る。

水底に　「行く袖に秋風まねく薄河ほの聞き渡る音のすゞしさ」

いづれをかわけん　「いつれとかわけん」とある。

百年も経けん　器物の下に「は、やしを黒きうるしもてぬれるやうに見えぬ」と書いて消してある。

麻引く男あれば　この辺で昔は麻を作つたのである。麻の中の蓬の諺の通り麻の直なところから「心もさぞなすなほ」といつたのである。

四つのかたを　「四つのけたを」とあるやうに見えるが、矢張り方角を知つたといふことであらう。

ん知りぬ。田の畦小川の水も路とあやまたれ、足なわをして湯の原に辿り到りぬ。こゝにて宿借らんといへど、夜更けぬれば怪《あや》しみて聴《きゝ》入れざれば、せんすべをわかず。又或家に入れば、これは湯の役ちつとめる人にこそあるなる。また先の家の如くなりけれど暫し休らふうち、灯《ともし》の影より見出でけん宿りをゆるしぬれば、新に親をまうけしと喜ぼひてやどりを定めぬ。

「束間の御湯か富士のけふりか」と聞えつれど、重之のぬしの歌より「くるは白糸の湯」と、人々口ずさみもて云ひあへりければ、秀雄、

　涌きそめし昔はいつとしら糸のくる人たえずみゆとこそ
　　きけ

政員、

　世のわざもしばしはこゝに白糸のかゝる湯あみに忘れや
　　はせぬ

けふは文月朔日にこそなりぬ。此日浴してきのふのうらぶれを忘れける。

あくれば二日。けふは別れにぞなりぬ。行くさきのことゞも言ひむつび、年あしく越路過ぎかぬることもあらば、我里《あがさと》に帰りませよといふをたよりに別るゝ折ふし、秀雄のぬし、

政員のぬししばしとておくりこしたまひて、束間の御湯にて別るゝとてよみて報ふ　　秀　雄

　誰ふみてかゝる別れを玉鉾の路のちまたの中に見すらん

かへし、

　別れゆくちまたに残る言の葉を又逢ふ時に斯くと語らん

となん言ひて、路をわけぬ。

七夕契久

よゝかけて渡る逢瀬の天の川流れの末も絶えぬちぎりを

七　夕　扇

七夕のまれにあふ夜の手向ぞとかざす扇をしばし貸さなん

七夕喜晴

はれ渡る空やうれしと彦星の光もことに増りぬる夜は

七夕草花

をりひめの手向にぞとて百草の花さく野辺を尋ねわびぬる

七　夕　鳥

恋ひ〳〵て年に稀なる七夕のあふ夜の鳥は心して鳴け

院　庭　灯

しづかなるみ法の庭の木の間より洩る灯の光えならぬ

〔をはり〕

通過地方略図　わがこゝろ　（無記名）

姨捨観月堂の傍杉本は「杉ノ木」である。松本に宿泊地の符標のあるのは誤で、此旅行には宿泊しなかつた。此等の略図は他の二葉及附録の地名解説と対照せらるれば、誤は殆ど訂正され得ると思ふ。

足なわをして　不明、足探りをしてといふやうなことかと思ふ。

湯の役ち　「ゆのえだち」といふつもりか。少しをかしいが、藩の湯番の家のことかと思ふ。それならば主の名は石川湯宿であつた。

涌きそめし　「白糸の名に引き流す言の葉に見ぬ世をみゆのもとにこそ知れ」

年あしく　凶年のこと。

誰ふみて　「いとつらき別れをやせん玉鉾の道のちまたのこのもかのもに」。かへしの歌は来目路の橋で読むことの出来なかつたものである。

路をわけぬ　原本「ふりわかれぬ」とあつて訂正してある。

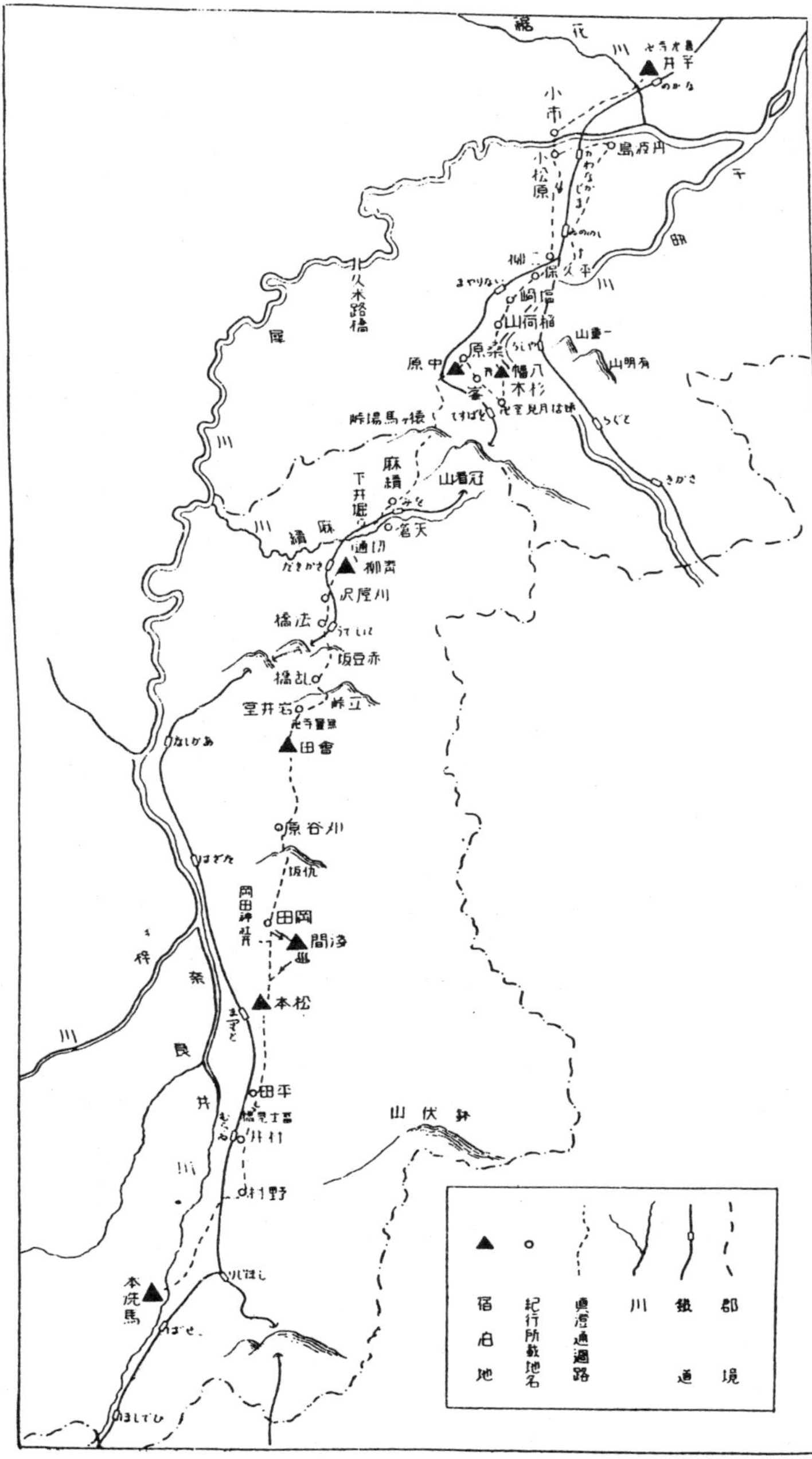

『わがこゝろ』真澄遊覧記刊行会代表者柳田国男編、昭和四年一一月一日、真澄遊覧記刊行会

奥の手ぶり　真澄遊覧記

柳田国男校訂

万人堂の址（雪の小丘）

雪の田名部街

「奥の手風俗」に伴へる地図略解　（無記名）

田名部《タナブ》（もと田鍋）から宇曾利山（恐山）へ三里。栗《クリ》山をかゝつて詣でるが、丸木を並べた旧道が廃れて新道となつた。宇曾利山は海抜二千六百七十六尺、その盆地に周囲二里の宇曾利山湖とともに霊場がある。大尽山《オホツクシヤマ》、この霊場をとりまく蓮華八葉に擬へられる山の一つ、海抜二千七百十一尺、家戸《ケド》のあつたのは此の山陰。この山中から中新田、長下などの部落を過ぎて城《ジヤウ》ケ沢《サハ》、約三里強の山道。城ケ沢は今、大湊村（西通り）の大字、昔、鶴崎山順法寺城といふ居館のあつた所といふ。宇曾利川、宇田、河森（川守）ともに大湊村の支村で通路にある小村。安渡《アンド》は今の大湊、大平《オホダヒラ》は大湊村の大字、芦崎《アシザキ》、三本松ともに大湊湾に沿ふ地、こゝを過ぎると田名部町へ這入る。町の郊外に万人《マンニン》堂があつたが、巻頭の写真のやうに今は小丘に名のみを残した。以上が一巡の路である。

田名部から大畑へ三里。大利《ダイリ》、東通《ヒガシドホリ》村に属する古い村落。ノツコロ（野頃とも野古呂とも）今、大畑の上野町といふ名になつて居る。大畑は十六方里に及ぶ大邑。津軽海峡に面して郡の北部にあるから、これから北大間《オホマ》までを北通方面といふ。これから又山道を経て宇曾利山に上つて居る。大畑からも約三里。旧道の通り今も歩く。この書は山へ詣でて、菩提寺境内の五つの温泉に浴したりしたまゝで終つて居るが、間もなく前に上つた道を下つて田名部へ帰つたのであらう。

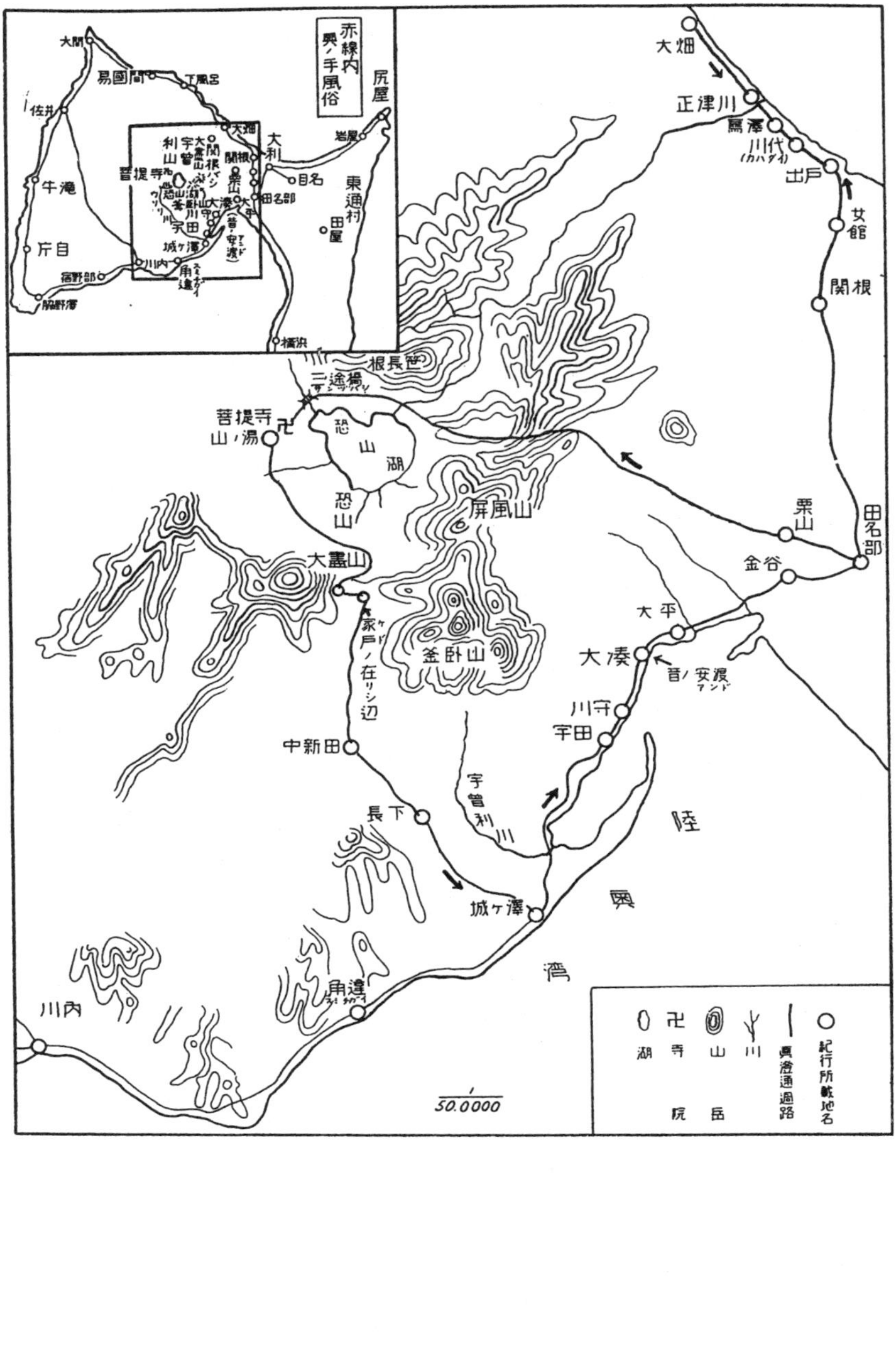

赤線内 奥ノ手風俗
大間
易國間
下風呂
佐井
牛滝
宿野部
脇野澤
川内
尻屋
岩屋
大利
目名
東通村
田屋
横浜
大畑
正津川
川代
出戸
女館
関根
田名部
栗山
金谷
大平
大湊
川守
宇田
城ヶ澤
角違
三途橋
菩提寺
山ノ湯
恐山湖
恐山
屏風山
大盡山
釜臥山
家ノ戸在リシ辺
中新田
長下
宇曽利川
陸奥湾
川内
1/50,0000
湖
寺
山
川
眞澄通過路
紀行所載地名

奥の手ぶり

寛政六年甲寅正月より、陸奥田名部《みちのおくたなぶ》のあがたぶりを誌《しる》し、弥生《やよひ》の頃大畑に至り、烏剃山《うそりやま》に登りたる迄を書い載せたれば、「奥の手ぶり」と名づけぬ。

道の奥の北郡《きたこほり》、尾駮《をぶち》の御牧《みまき》に近き釜伏《かまふし》が嶽《だけ》の麓なる田名部《たなぶ》の県《あがた》に、珠匣明《たまくしげあ》けて二歳《とせ》の春を迎へ、明玉《あらたま》の年は三とせを経てし、今歳《ことし》寛政六つといふ朝裳吉木兄《あさもよしきのえ》の年、五日《じつ》の風吹き起す寅《とら》の春、睦月《むつき》の朔《ついたち》に当れる今日《けふ》を、去年《こぞ》に算へ入れてけるためしは、国の守《かみ》の遠つ御祖《みおや》とか、なまよみの甲斐の国より、此陸奥磐手《みちのおくいはて》の郡、安太多良山《あだたらやま》の辺《ほとり》に軍出《いくさいだ》して、戦ひに飾摩《しかま》のかちぬとて、その稲城《いなぎ》に年越えたまひなん料に、何くれのまかなひありけれど、其《それ》の年の師走《しはす》の日数、二十日あまり九日ありて、余波無《なごりな》う歳の暮れなんとすれば、まさなごとも調はで、者《もの》ども愁へあへれば、今日《けふ》の如く正月《むつき》の一日《ひ》を去年の三十日《みそか》となして、おほん祝言《ほぎごと》のありたるけるより、今の世かけて浦々山々里までも、もはら此まねびして、高き賤しきなぞへ無う、未だ年は暮れ果てぬ思ひに、外《と》は商人《あきひと》の行きかひ繁《しげ》う、弓弦葉《ゆづるは》さゝねど小松に注連《しめ》曳きはへて、暮れ行く門々《かど〱》に福取樺《さいとりかば》とて、かんばの続松《ついまつ》を串《くし》に刺し、雪の上に立て並べたる光に、軒端《のきば》の雪も消《け》ち行くかと見遣られ、家《やか》の隈《くま》には大臼伏せて、昆布《ひろめ》のゆふ取りかけたる年縄引きめぐらし、或はみたまに飯奉《いひたいまつ》る頃、我もつゆばかりあはせ調《とゝの》へ、さゝげ額《ぬか》づきて

　奉《たてまつ》る椎《しひ》のはつかの手酬草《たむけぐさ》あはれみたまを旅に祭らん

何事も皆此里のふりにならひて、行く年を今日《けふ》の今宵《こよひ》に惜みて

　月も日もえこそ留めね暮れて行く年の尾ぶちの駒の足並《あしなみ》

けふは暦《こよみ》の二日ながら、日の初《はじめ》月の初、年の始ともいふ例《ためし》なれば、丑のくだちより起き出でて、麻の上下《かみしも》に灯火《ともしび》取りて、こゝらの人々うち群れて、御社《みやしろ》の限り拝みありくに立ちまじりて、若水汲まんと老いたる若き男女《をとこをみな》、河つらに競ふもおかしくて

　こまかへる姿を誰とみづかゞみ若水むすぶ春にうつりて

朝開きゆく空の気色、ことさらにのどやかに

　天の戸の明くる二日を国ぶりの春の始といはふ里の子

又異なれるためしも珍らしき春なれば

　国の風《かぜ》吹きも伝へて玉匣《たまくしげ》あくる二日をみつのはじめと

桂文《かけまくも》かしこき御世《みよ》の恵の到らぬ隈やはある。かゝる鄙《ひな》の境まで至れる春の長閑《のどけ》さは、おほんいつくしみの波八洲《やしま》の外ま

で流るゝためしを、仰ぎみ伏しみ畏《かし》こければ

治めます例《ためし》を四方《よも》に陸奥《みちのく》のあだゝら真弓《まゆみ》春や立つらん

宵《よひ》うち過ぐる頃ほひ、雨そゝぎの雫《しづく》ほのかに音したるは、長閑《のどけ》さに雪の消《け》ぬるにこそあらめと、思ひの外に雨の降りぬれば

下融《したと》くる雪よりつたふ玉水の音かと聞けば夜半《よは》の春雨《はるさめ》

（挿画一）　サイトリ樺焚くの図

（挿画二）　「春の始にカセギドリが参りた」

三日。今日も二日に祝ふ。夜辺《よべ》より更に小止《をや》みもやらぬ雨の、いとどしめやかに降る。朝戸押し明けて

あがたぶり　土地の風習

寛政六年正月元旦

青森県下北郡田名部町

釜伏が嶽　恐山に近き大嶽

朝裳吉　「き」といふ語の枕詞、甲寅の年といふことを荘重にいふのである。珠匣も明玉のも共に歌の枕詞

私大（ワタクシダイ）の起り

飾摩のかちぬとて　たゞ「勝ちぬ」といふこと。「しかまのかち」は古い詞

稲城　居城といふ意味に用ゐて居る

まさなごと　儀式用の食物の意味に此語を使つて居る

者ども愁へあれば　少し疑はしいが他に読み様が無い

山々里までも　「山里」又は「山々の里」の誤りであらう

なぞへ無う　「一様に」といふ意味に用ゐたものか

楪葉を挿さず

さいとり樺

ゆふ取りかけたる　「ゆふ」は神にさゝぐる幣。木棉と書くが普通

年縄　七五三縄を普通にトシナハと謂つて居た

みたまに飯奉る　歳棚に米の飯を供へ之をミタマノママといふこと。東北一様の風習であつた

あはせ調へ　著者も自分の先祖の為に節の供物を調理して祭をした

奉る椎のはつかの　「旅にしあれば椎の葉に盛る」といふ古歌を思ひ出したのである

月も日も得こそ留めね　尾駮の牧は此近くにあるといふのが白井氏の説であつた。其「をぶち」を「年の尾」にかけて隙行く駒の意を寓した歌

正月二日を元日とす

丑のくだち　丑の下刻、午前三時前

若水汲む

こまかへる　此句の意味はわからぬ

国ぶりの春のはじめ　土地風の正月、即ち前にいふワタクシ大のことである

みつのはじめ　三箇日の第一日

桂文　「桂巻文」と書くつもりでは無かつたらうか

あだゝら真弓　岩手山を古歌の「あだたら山」だといふのが此地方学者の説であつたらしい。真弓は「はる」の掛け言葉

春雨の軒の糸水絶えずたゞ夜《よる》はすがらに降り明かしぬる

さらぬだに例《れい》の年よりは深からぬ雪の雨に消たれて、絶えず人の行きかひせりける筋は、こひぢなど踏み出でて、かゝらば野辺の草木も芽ぐみなんとひとりごたれて

　若草の下にや萌《も》えん白雪のこゝろ解けたる今朝の春雨

四日。けふは三日なり。節分《せちぶ》なれば、炒豆《いりまめ》にゑびすめ刻み入れ、松の葉こき入れて豆はやす言葉は、去年《こぞ》の日記《にき》にあれば書い洩らしぬ。問ふ灰占《はひうら》もやをら消ち果つる比《ころ》、人の訪ひ来しまどゐに、山早春《やまのさうしゅん》といふことを

　春立ちてけふみかの原まだ寒く薄き霞の衣《ころも》かせ山

五日。けふの四日に、暦の春立てば戯《たは》れ歌《うた》作る。

　手を折りて今年《ことし》の日数算《かぞ》ふればひふみよいつか花や咲くらん

六日。けふは五日なり。家《や》の柱の上なる所に枝高き松を立て、そが下《もと》には鱈《たら》のをさ、鮭《さけ》の大贄《おほにえ》積み重ねてけるに、高窓より雪のいたく降《ふ》り入りて、魚《いを》の上にもつもりぬれば、打戯《うちたは》れたるふりに

　寄る波の色にたぐへて雪の魚鰭《ひれ》ふり渡るおもかげと見ゆ

七日。けふは六日なれば、若菜のためしもよそに、友垣の円居《まどゐ》に早春霞《さうしゅんのかすみ》といふことを

　袖冴《さ》えて霞の衣《ころも》きのふけふ春といふきの山は雪ふる

早春鶯を

　梅はまだ咲かぬ梢《こずゑ》にやゝ春の来居《きゐ》る声のみ匂《にほ》ふ鶯《うぐひす》

八日。けふに食ふめる七種《なゝくさ》の粥も、塩漬のたか菜を芹などにつみまぜてけれど、若海布《わかめ》苅り入れてなめる里もありとか。

　摘《つ》む草のそれにはあらで和布苅《わかめか》る春の浦人同じためしに

沢若菜《さはのわかな》

　降る雪も浅沢の辺《べ》にとけ初《そ》めて水も若《わか》菜の色やうつさん

雪中若菜

　知《しら》べあらば分けても見まし何処《いづこ》をか雪は降積《ふりつ》む野辺の若菜を

九日。けふは八日也。菊池成章《なりあきら》のもとに、若菜の歌やあらん、いかにと問ひ遣りしかば、そのいらへはあらで、つとめて書《か》い聞《きこ》えたり。

　時ならず談《かた》らふ夢よ郭公《ほとゝぎす》ねながら摘める若菜なりけり

と言ひおこせけるに応《こた》へて

　郭公《ほとゝぎす》夢にねの日の松ならで君はよどのに若菜つむらし

又この主《ぬし》、今年五十になりてけるなど、かねて聞えて

　老の浪よるも思はで海士《あま》の子が磯菜の若菜つむも恥かし

とありける返し
老の波よるともあらで摘みはやす磯菜は千代の若菜ならまし
けふは酉の日也とて、酉といふ文字を三寸ばかりの紙に書いて、門の戸に逆さまに押したり。こは鶏のかたにいさくひきてけるためしに等し。今宵《よひ》大雪降りて。
十日。けふの九日の朝《あした》、行きかひ絶えて更に路も無う、猶軒の下のみひたに歩行《あり》きぬ。夕ぐれて清茂《きよしげ》・公世《きんつぐ》など至れるに、集《つど》ひて詠《なが》めたり。
やゝ春の日を重ねても胸合はぬ寒さやいかに毛布《けふ》の里人
湖余寒
来る春の光うつせとかゞみ山雪げにくもる鳰《にほ》の海づら
氷始解
春風の吹きこそわたれあつ氷岸辺《きしべ》はとけぬ山河のみづ
窓前梅
怠らぬ学び思へと雪の色にやがて咲きつぐ窓の梅が枝
十一日。大畑の港辺《みなとべ》は船霊《ふなたま》のいはひ、此里は今日の初町(市を町といふ)を元として、賤しき者の家《や》は皆けさより暦《こよみ》の

こひぢ　泥のこと、雪が浅くて路の土の色が見える
かゝらば　此様子では
ひとりごつ　独言を動詞にした語
ゑびすめ　昆布のこと
問ふ灰占　胡桃や豆などを炉に入れて一年の豊作を卜する風は弘く行はれ居た
まだ寒く　「寒し」では無かつたか。「都出でてけふみかの原いづみ川川風寒し衣かせ山」といふ古歌がある。鹿背山は山城の南端、みかの原に近い名所
鱈のをさ　不明、干鱈のことをいふはたしかだが、「をさ」といふ語は知らぬ
雪の魚　鱈は魚へんに雪だから。「たぐへて」は似かよひての意
春といふきの　近江の伊吹山を詠んだのである。「春といふなるに」に引かけて居る
なめる　食ふこと。十六日の条にも出て居る
菊池成章
つとめて　早朝に
君はよどのに　淀野は若菜の歌名所。枕草紙にもある如く、それを「夜殿」にいひかけたのである。実際下北地方の正月などは、夢でないと菜を摘むことが出来ない
初酉の日の習俗
にいさくひきてける　意味不明。「いさゝひき」とも読まれる
菊池清茂
中島公世
むね合はぬ　にしき木は立ちながらこそくちにけれけふの細布むね合はじとや
初町

日に正《たゞ》し遷《うつ》れど、貴《たうと》き館《たち》は来ん二十日のめだしよりといふめり。大なる水木《みづき》の枝《えだ》、いと長き柳のしなひを、山なせる雪に挿して売る男、我友ならん、二無《にな》う語らひ酒飲ませ、酔ひ泣きしつゝ別れ行くふり、殊におかしければ戯《たは》れに

　青柳《あをやぎ》の糸《いと》にみづ木を折りそへて是も別れに結《むす》ぶものとて

人毎《ひとごと》に小《さゝ》やかなるかれゐげ持てありくは、塩・針・飴、かゝる三品買ふためしなれば皆しけり。近き浦回《うらわ》より来ける者等《ら》、いざ帰りなん日も暮れんといへば、月の夜なり、何急《いそ》がずもあらん、いな空《そら》うち曇りぬ、雨や降り来ん、雪にやあらんといふを聞きて、けふのためしにかの売りける塩飴針を詠《よ》みぬ。

　あめもよの空とないひそしほ曇《ぐもり》出づとも月のさはりあらじな

十二日。過ぎつる夜辺《よべ》、明日《あす》は夜さり必ず訪ひ来てと菊池清茂にかたらひて、更《ふく》るまで音信《おとづれ》もあらざりけるは、契《ちぎり》のたがひけるにやと思ふに、今日なんつとめて書来《ふみき》けるを見れば、黒羽玉《ぬばたま》の夜辺《よべ》は玉くしげ二たび戸ぼそ叩《たゝ》きつれど、答さらにあらざなれば、人はいづこにと外《と》にたゝずみて

　三河なる二見の道を行きかへり迷ふこゝろを思ひやれ人

とぞ書い聞えたる。こはいかに、奥深う埋火《うづみび》のもとに夜くだち行くまで、炭さし添へ待ちわびてけるに、間遠《まどほ》にし在りてえ知らざりけることを悔いて、此返しせり。

　思ひやれ二見の道の一筋に待ちしかひ無く逢はぬ辛《つら》さを

この夕《ゆふべ》人々と共に詠めたり、春窓

　月や待つ梅の匂《にほひ》や吹き入るゝおろさぬ窓に通ふ夕かぜ

春床

　咲く花の散るとし見しは思ひ寐《ね》の夢の夜床《よどこ》に春風ぞ吹く

春恋

　菫《すみれ》摘《つ》み花をかことに言ひよれど人の情《なさけ》の色ぞつれなき

今日は子《ね》の日なりければ

　ねの日する小松は雪に埋もれて霞《かすみ》ぞ靡《なび》く千代のためしに

十三日。目名《めな》といふ近き村の優婆塞《うばそく》等《ら》、三年《とせ》に一度《たび》の例《ためし》なる獅子舞《ししまひ》てふわざして、高やかなる白幣《しらにぎて》に熊野の御札《みふだ》さして、笛鼓に囃し門々《かどかど》に入りありくは、松前の島なるみやつこ等《ら》が歳々舞ふにひとし。又其島の三年神楽《ねんかぐら》の有る風《ふり》に同じ。「ありやりやのこじから獅子が参つた」、「獅子が舞ふたり」と歌ひ、又打戯《うちたほ》れては、「おさんごよれ〳〵せんげを護《まも》る」。こは其昔新谷《あらや》千軒《げん》とて、赤阪の崗《をか》の広野に、富み栄えたる里のありたりける、其新谷《あらや》の小路《こうぢ》よりと歌ふべけれど、言ひあやまちしとなん。「せんけ」は千軒にや。「さんご」は参宮米《さんぐうまい》なり（うちまきを此あたりにて「おさんぐ」と謂ひ、仙台の辺《ほとり》には

「はなよね」、或は「おはなゐ」と謂ふ)。和歌山《わかやま》某《なにがし》の新室《にひむろ》造れるに群れ入りて、先づ優婆塞一人、太刀《たち》の柄《つか》に念珠《ねんず》掛けて、扇を翳《かざ》し珠数《ずず》押摺《おしす》り、剣太刀《つるぎたち》抜き持《も》て、拍子《はうし》にきほひ舞ふ。獅子頭《ししがしらかうぶ》冠りては瓠《ひさご》を口に含み、水をはるとて打ちこぼし、はた障子《さうじ》柱《はしら》咬《く》ひもて、隈々残りなう、「此家《このや》の四方のます鏡、禱れば神もいはひとゞまる」。「綾《あや》を曳《は》へ錦を敷いてこざと踏ませよ」。斯く歌ひ〳〵て家《や》の上の住居にも登りぬ。麻苧《まを》一束《つか》ばかり咬《く》ひたる時に歌ひけるは、「青柳《あをやぎ》の糸をば掛けてよりかけてより掛けたるは青柳の糸」と、声々多《さは》にはやしけるも珍らしくて

幾千歳長きためしを青柳のいとくりかへし歌ふ楽しさ

かくてあるじしけるに、皆酔ひて去りぬ。此日

鶯出谷《うぐひすたにをいづ》

うぐひすも心や解けぬ谷水の波の初花うち出でて啼く

谷鶯

萌《も》え出づる谷の陰草《かげぐさ》はつかにも音《ね》に立てゝ啼く春の鶯

水辺柳

河風に吹かれてなびく青柳の糸もよる瀬の波のしがらみ

隣家梅

中籬を越えてこそめの色ふかくみぎりに匂《にほ》ふ梅の一枝

十四日。昨日臼づける餅《もちひ》を、水木の朶毎《えだごと》に、粟穂《あはぼ》繭玉《まゆだま》附け

私大の終の日
かれゐげ　重箱のことをいふのであらう。「かれひ」は携帯食物、「け」は容器
初買物の三品
夜辺は　昨夜は。ぬば玉のも玉くしげも二つとも枕詞
三河なる二見　白井氏の郷里の地名を取つて二回訪問したといふことをいふのであるが、三河の二見は有名でも何でも無い。それにもやはり当人は調子を合せて居る
花をかことに　花を見るに托して
目名の獅子舞
優婆塞　山伏又行者のこと
みやつこ　社人、神職
新谷千軒の伝説
おさんぐ　御散供
はなよね、おはなゐ　花米、御花飯
家誉めの式
獅子舞と瓢箪
水をはる
こざ　「かうざ」、即ち神座のことであらう
家の上の住居　二階座敷
あるじする　御馳走をする
波の初花　「打出づる波や春の初花」の古歌に依る
こそめの色　紅梅、濃染の意。「越えて来る」にかけて居る

たるも、又柳の糸に貫《つらぬ》けるも、家のためしにやよりてん。梁《うつばり》の上に八束《つか》に稔《みの》りたる粟生《あはふ》あれば、夏引《なつびき》の手《て》曳《びき》の糸の籠《こも》りたる新桑繭《にひくはまゆ》の、柳の糸長うひし〳〵と貫《ぬ》きかけたるに

さを姫の春のかざしの玉蘰《たまかづら》つらぬき掛くる青柳のいと

夕つけ行く頃、小さき折《を》敷様《しきやう》の物に、益等《ますら》雄《を》の春田打つさまを形像《かたしろ》に造りて、鋤鍬持たせて、是を童《わらはべ》の手に取り持ちて門に群れ入り、「春の初にかせきどり参りた」と呼《よば》ふに、どちの方からと問ふ。明きの方からといらふは、去年《こぞ》見しにふり異ならず。近き里にて此かせきどりは、桃生《ものふ》・胆《い》沢《さは》・磐井《いはゐ》・登米《とよめ》の郡々に在るにひとしう、総角《あげまき》等蓑《みの》うち著《き》、腰に鳴子《なるこ》掛けて杖つき、多《さは》に群れありきければ、それ等が共に逢ひて、雌《め》なるか雄《を》かと問ふに、雄鳥と答ふれば闘雞《とりあはせ》のふるまひを為しけるにおぢて、雌鳥との応答《いらへ》すれば、さあらば卵を渡すべしとて、ひたに貰ひたる餅《もちひ》など皆取られけるとなん。さりければ拤雞《カセギドリ》にや、又業人《カセギト》にや。鹿踊《カセギヲドリ》といひける人もあれど、如何なるためしにや。夜くだちて亥《ゐ》子《ね》の頃にもなりぬれば、魚《いを》の鰭《ひれ》或《ある》は魚の皮にてもあれ、餅と共に之を焼串《やいぐし》の様なる物に挟みて、戸鎖《とざし》あるとある方に挿しありきぬ。是をなんやらくさとぞ謂ひける。わが父母の国にて、節分《せちぶ》の夜《よ》、門《かど》の戸の柱に豆の稈《から》に鰯の頭《かしら》を焼きさし、巴戟天《ひゝらぎ》を並べて挿せるとき、「柊《ひゝらぎ》もさふらふ、やいかゞしもさふらふ、長々にましまして、やらくさ」と囃すに似たる。又斯《し》波郡《はのこほり》などのやらくろずりには、聊か事かはれど、いづら古き例《ためし》にこそ。

さす櫛も投げなばならん篁《たかむら》のふして安達の鬼も出で来じ

(挿画三) 鮭の魚の皮、或は鰭にても、餅・豆の皮、此三種を串に挟みて、戸のある毎に刺せり、是をヤラクサと謂ふ。

(挿画四) 「正月のごいはひに、松の葉を手に持ちて、いはふなるものかな。これは誰がほうたんだ。えもと左《さ》衛門《ゑも》がほうたんだ。一本植《うゑ》れば千ぼになる。街道《かいと》の早稲《わせ》の種かな」と歌ひて、杁《えぶり》すりが鳴子《なるこ》打鳴らし、拍子《はうし》取《と》る男、姿のふり異なり。杁《えぶり》すりを爰にては藤九郎といひ、仙台にてはやん十郎といふ。

十五日。男童《をのわらは》は今日を始に、菅大臣《くわんのおとゞ》の御《み》形像《かたしろ》を家《や》の隈《くま》に祭り、女童《めのわらは》は雛祭《ひゝなまつり》をぞせりける。ふりは松前にかつ〳〵似たり。昼つ方、上に浴《ゆ》帷子《かたびら》を著て、紅《くれなゐ》の裾高くからげ、脛巻《はぎまき》にわらうづ履《ふ》んで、田植の群れ行く女の声を揃へて

えもとさえもがほうたんだ
一本植ゑれば千本になる
かいとの早稲の種とかや

ほい〳〵と鳴子《なるこ》うち鳴らして去りぬ。こは去年見しに異ならねど、早苗《さなへ》採《と》るにも此歌もはら歌へば、かゝることをや「風流の始や奥の田植唄」と、芭蕉《ばせを》の翁のうべも言ひけり。

秋は猶八束《やつか》にみのれをとめ等がこのめ春田を唄《うた》ふ例《ためし》に

此夜、月前梅といふことを

折りとらば花も朧《おぼろ》の色や見ん月の夜かげにかすむ梅が枝

梅が香も包《つゝ》むにあまる今宵かな霞の袖の月と花とは

十六日。けふは白粥嘗《しらかゆな》めるためし也。わけて此日は田植女《たうゑめ》多く群れありき、家々に入り満ちたり。此夕円居《このゆふべまどゐ》して、関路《せきぢの》鶯《うぐひす》

都人霞とともに立ちぬらんまだしら河の関のうぐひす

逢阪《あふさか》や行くも帰るもめづらしとこゝろ留むらん鶯の声

山家鶯

隠れ住む太山《みやま》の庵《いほ》ぞ驚かぬよし鶯は人来《ひとく》とも啼け

やま里も正木のかづら来る春の恵みにもれぬ鶯のこゑ

山残雪

伏し靡《なび》く竹の葉山に世は春の色とも見えず残る白雪

余所目《よそめ》には花と霞めど春もまだ至らぬ山や残る白雪

十七日。七の句題《くだい》を詠める。山も霞みて

栄え行く御世《みよ》の春とやなびくらん黄金《こがね》花咲く山も霞みて

鳴くうぐひすの

花と見て折られぬ雪の梅が枝に鳴くうぐひすの声寒げ也

かきねの柳

山賤《やまかつ》が下枝たはめて結《ゆ》ひ添ふる籬根《かきね》の柳春風ぞ吹く

餅花に家々の風がある

さを姫の　佐保姫は春の女神である

益等雄　爰にはたゞ若き男といふ意味に使つて居る

かせぎどり

桃生胆沢磐井登米　同じ奥州でもこゝからは又七八十里の南方に在る郡。但し南の方ではカセドリ又はチヤセコといふ者の方が多い

亥子の頃　午後十二時前後

ヤラクサ　地方によつてはヤツカヾシともいふ。ヤラクサは臭やといふこと。カヾシの「嗅がし」であることも察せられる

斯波郡　岩手県紫波郡

いづら　俗語の「いづれにしても」「何にせよ」の意味に使つて居る

投げなばならん　「ならん」は「なげん」では無かつたか。櫛を投げて筍となる故事に由つたのであるが、末の句の「ふして」が解しかねる

これは誰がほうたんだ　此文句は今でも用ゐられて居る。「ほうたん」は不明

街道の早稲　此字を宛てたのは誤り。垣内の早稲である

藤九郎と弥十郎

正月の雛祭

かつ〳〵　少しばかり、ところ〴〵

脛巻　此地方ではハンバキ、又はハヾキ。わらうづは草鞋のこと

同じ歌を田植にも正月の田植踊にも歌ふこと

このめ春田を　「このめ春雨」といふ古歌がある。こゝでは単に春田といふ語の飾りに使つて居る

花のたよりに
　春雨の降るぞ嬉しき明日《あす》は又沾《ぬ》れて紐解《ひもと》く花のたよりに
散り積む花の
　風吹かば袖に散り積む花の雪払はでつゝめ志賀《しが》の山越《やまごえ》
春のながめは
　こきまぜて柳桜のいろ〳〵を都はこのめ春のながめに
とまらぬ春の
　とゞむれど留まらぬ春の色見せて行衛《ゆくへ》も夏に近き川水
十八日。終日《ひねもす》雨降る。此夜夏の詠《ながめ》を、咲けるうの花
　影まよふ月の桂の河浪のよるとも分かで咲ける卯の花
このさみだれに
　さしなれて往来《ゆきゝ》もやすの川長《かはをさ》も此五月雨《さみだれ》や渡りわぶらん
河辺涼しき
　夏はいつはらひ尽して御祓《みそぎ》する川辺涼しき夕風ぞ吹く
此夜菊池政高のやがて旅に行きてん料《れう》に、かねて好き日取りて、仮りに首途《かどで》せりとて、和歌山叙容の家《や》まで、あまつゝみ小《を》笠脛巻《がさはぎまき》などいたして、あるじしける。其花瓶に何くれの木ありけるに、柳を心有りげに挿《さ》し交《ま》ぜ、まさなごとの中に年《あ》魚《ゆ》のありけるは、いにしへ紀貫之《きのつらゆき》の大《う》人《し》、土佐の国の任果てて、都辺《みやこべ》に還りたまふあら玉の年の始に、斯くなん干鮎《ほしあゆ》をたうびたまひしことゞもありけるを、今思ひ合はして、此あゆてふことを本末《もとすゑ》の頭《かしら》に置いて、別れのまねびして詠《なが》めたり。
　あをやぎの糸引き結び行く旅のゆく程も無くくり返せ
　君
二十日。けふはめだしのためし、県《あがた》のまつりごちたまふ君の許《もと》にありとか。家毎《やごと》に繭玉《まゆだま》の餅取納《とりをさ》め、粟穂《あはぼ》稗穂《ひえぼ》よりとりて、人にも御霊《みたま》にも供ふ。上《かみ》ざまの人は今日《けふ》をせに暦《こよみ》の日選りてけり。山里めける家《や》に雪消ちて年ふる梅の樹あれば
　山のはの木々は僅《はつ》かに芽だしても垣根の梅の花も匂《にほ》はず
廿一日。帰路煙霞晩といふことを
　柴人の帰る家路《いへぢ》の夕けふりかすまぬ末やしるべなるらん
　（末句改訂）、（かす）みぞなびく遠《をち》の一村
廿二日。立たん月の始、和歌山叙容の許《もと》より、富士の図描《かたか》きけるを借りて、けふなん其家に返し遣はすとて、書《ふみ》の奥に言ひやる
　人もさぞ楽しかるらん時知らぬ富士を神世《かみよ》の姿とは見て
此夜清茂成章《きよしげなりあきら》訪ひけるまどゐして、秋の句題七首《くさ》を詠める。
逢へるたなばた
　一歳《とせ》を思ひ渡りて銀流《あまのかは》こよひを淀《よど》に逢へるたなばた
あかつき露に
　宮城《みやぎ》野《の》の　暁露《あかつきつゆ》にふしぬれて起き出づる袖や萩が花ずり
機織《はたお》る虫の
　百草《もゝくさ》の花の錦をくれはとりあやに機織る虫の声々
都の月を

玉簾《たまだれ》の隙漏《ひまも》る影やいかならんわきて都の月の隈無き
月はうき世の
遁《のが》れ住む太山《みやま》の奥の庵《いほ》の戸を月はうき世の外と知らずや
秋のかたみを
暮れて行く秋のかたみを道芝の露さへ頓《やが》て霜と置くらし
廿三日。この三日ばかり冴《さ》えかへり、埋火《うづみび》のもとのみ去らでありけるに、中島公世《きんつぐ》の許《もと》より、此ほどはいかに。はた日頃借り見つる日記《にき》、今日なん返しやり侍る。又そが後《あと》の巻々、貸したうべなど消息《せうそこ》に言ひて奥に
磨《みが》き成す人の言葉の玉くしげ二たび末のなほ見まくほし
とありける歌の返し
恥かしな人の言葉の光もて藻屑《もくず》を玉とかけてめづるは
廿四日。和歌山叙容の家に、菅大臣を祭り奉るとて、優婆《うば》塞《そく》鈴ふりて、きねが風《ふり》に太祝詞《ふとのりと》唱ふれば、あるじ鉢《はち》の木の紅梅のもとに幣《ぬさ》取りて、祓読《はらひよ》み継ぎける、傍に在りて
うちはらふ幣《ぬさ》の追風吹きさそひ手向《たむけ》の梅の匂《にほ》ふ此宿
廿五日。朝《あした》より雪降り夜は猶寒く、川の辺の宿なれば、冴《さ》えもことさらなど語らふに、鳥の声せりけり。
なれもさぞ翼《つばさ》の雪や払ふらん河風寒くふくろうの啼く
廿六日。成章の家《や》より来よと人来りしかど、頭《かしら》やみて至らず。
廿七日。今日も心地好《こゝちよ》からねば事はもらしぬ。
廿八日。夜半《よは》より降りもをやまの雪、明けて見れば二尺三《ふたさかみ》尺《さか》にやふりけん。消えあへぬに猶添ひていや高う、軒のたけばかり降り満ちてけるを見つゝ居るに、山本保列訪らひ来て云ふ。吾父《あがちゝ》（棹鶴てふ俳諧の連歌に其名聞えたる人也）身まか

往来もやすの　近江の野洲川を歌に入れたのである
菊池政高
鹿島立の式
あまつゝみ　合羽など用意したことをいふか。「いたして」は不明
まさなごと　膳部の肴
芽出の正月
粟穂稗穂　東京附近ではアーボヘーボと謂ふ
今日をせに　此日を堺として
立たん月の始　此月のついたち頃の意らしいが、どうしてさういふか解らぬ
都の月を　「月の」か
遊覧記を人に貸して見せる
きねが風に　「きね」は神官。山伏が神主風の祝詞を読む。原本「のと」は「のりと」の誤写と認める
鉢の木の　植木鉢の梅を祭壇に飾つたのであらう
鳥の声　鳥は「梟」の字を誤つたのかも知れぬ
をやまの雪　をやまぬの誤ではなくてかけ詞であらう
山本保列

りて三十《みそ》の年月をなん経れど、垂乳《たらち》為《を》の親のかふこのいと忘れ難う常すら思ふに、わきて今日は其日なれば、然るべからん言葉の手向《たむけ》もせばやと思へども、はえある一言も出で来ねばすべ無し。我父も人に秘めて歌なん詠みしことあれど、まほにはあらじかしなど、孝《きやう》の心深き翁《おきな》なれば、其主に代りて

　在りし世にめで来し宿の梅の花その香や苺《こけ》の下に偲《しの》ばん

心地よからねば成章の家を訪らはで、今日なんとへどたがひて、逢はでぞ帰る夕くれつかた

　踏み分けて雪の扃《とぼそ》を叩けども逢はでぞ君が行衛《ゆくへ》知られぬ

　廿九日。今日近きわたりに旅衣出で立ちぬる。日頃待ちつるにつれなくて、よべのありつる歌の返しとて、成章

　来ぬに待つ辛《つら》さ比べよ雪の夜の逢はぬ思ひの道を辿《たど》りて

清茂の家を訪《とぶ》らひてとく帰りつるを、又語らふことの有りとて、そこを求め爰にやと尋ねわびて、小夜《さよ》すがら待ちて千夜《ちよ》を過さん心地に

　風吹けば人は音せで打叩く柳の糸のよるのつれなさ

といふ歌を、此日書《ふみ》に聞えたりける返し

　思ひやれ柳の糸のかくばかり引きたがへたる夜のつらさを

　三十日。朝日麗々《うらうら》と照れり。来ん一日《ついたち》の料とて、今日《けふ》に市立ちてけり。今宵の集ひに冬の句題三首《くさ》を、木葉《このは》流るゝ

　散りはてゝ木葉流るゝ山河の水の心も冬にうつりて

雪をたもとに

　行く〳〵も花とやめでん降り初むる雪を袂《たもと》に包む旅人

春のとなりの

　花咲かん春の隣の近けれど越ゆるは惜しき年の中垣

二月《きさらぎ》の朔《ついたち》。正月《むつき》のやうに年取りとて、男女厄《やく》の年のうきを早過してん料に、今日《けふ》に越ゆる昨日を再び師走《しはす》の思ひに、其身の祝ひして、一歳《とせ》はきのふの三十日《みそか》に果つる如く、何事も節忌《せちみ》の風《ふり》に、若水も掬《むす》ぶ家《や》も有りとか。

　二日。朝の間《あしたま》雪降りてやをら晴れ行く頃、かねて事かたひつる檜原《ひはら》の雪も見なん、杣形《そまがた》も見なん、又ねりその綱に雪《ゆき》車《ぐるま》して、杣木《そまき》曳き下すも見てんと、主《あるじ》を始め誰々も誘へば出で立ち、栗山村より山路《やまぢ》を分くる。雪殊に深し。

　雪深し秋は落ちくり山陰に拾ひし路やいづこなるらん

何の神のおましにや林ありけるに、小鳥群れあさり囀《さへづ》る声《こゑ》毎《ごと》に面白くて

　つれなくも友にさそはで鶯の声にさきだつ春の百鳥《もゝとり》

雪は気色《けしき》ばかり降れど消えがてに、誰が袖も真白し。

　白妙《しろたへ》の山分け衣二月《ころもきさらぎ》の空冴《さ》えかへり雪ぞいや降る

宇曾利山《うそりやま》に行くべき路を踏み求め出でて、大椈栗てふ岡辺《をかべ》に登りて、北の海原を望めば塵ばかりの雲も無う、涌山の岳、何くれの崎もよく見やられて

降りつもる雪の高根は浪遠く霞みにけらし夷《えぞ》の島山

行き〳〵て檜原の茂り合ひたる路も、下枝は雪降り埋《うも》れて、いと寒くたゝずみて

三輪《みわ》の山麓《ふもと》はいかに雪ふかく春の檜原《ひはら》の奥ぞ霞まぬ

あいさにやあらん、たかべにやあらん、浜路《はまぢ》をさしてうち群れ行くが、乳鳥《ちどり》と見ゆるまで小さく見やり

澳津鳥汝《おきつどりなれ》も翼や冴《さ》えぬらんうそり山陰雪深くして

去年《こぞ》分けたる笹長峰《さゝながね》てふ笹生《さゝふ》も、五尺《さか》六尺《さか》の雪の下に踏みならされて、そことも知られねば

生ひ茂る篠《しの》の中路埋もれて雪の上のみ分くるかち人

夕日傾く頃菩提寺に著きぬれば、あまたある庵《いほり》どもゝかい埋もれ、岩間《いはま》々々に燃えわたる烟も、雪に降り消たれたるやと見ゆるに、鐘打つ声の聞えたり。

降り積みし雪には寺も知らなくに埋まぬ鐘の声の貴とさ

三日。外《と》の暗きより、鈴《れい》ふる声、御誦経《みずきやう》の声冴《さ》えわたるにまじりて、鼯鼠《むさゝび》の鳴くも耳かましく、世中《よのなか》の外《ほか》の静けさに

垂乳為　垂乳鳥ではなかつたらうか。「親のかふこの」は「いと」の縁語に使つたゞけである

まほにはあらじ　誤りがあるかも知れぬといふこと

たがひて　出たあとで

来ん一日云々　二月一日を一日正月などゝ謂つて祝ふ風習は他の地方にもある

散りはてゝ　後に「風に散り」と訂正して居る

二月の年取りは厄年を送らん為

事かたらひつる　約束をしてあつた

ねりその綱に　マダの樹などの皮を細く割いて縄に綯うたものをネリソと謂ふ。ネツソ又はネソといふ山村もある。雪車はソリと言はず、わざとユキグルマと読ませるつもりであらう

おましにや　鎮座なるか

つれなくも友にさそはで　何故に鶯も同行して来ずに自分たちばかり囀つて居るかといふこと

大枸栗　オホクヾリと訓むのであらう

涌山の岳　対岸に此名の山は無い。或は恵山（エサン）をユサンと聴いたのかと中道君の説

三輪の山　此歌の初句を後に「巻向の」と改めようとして居る。三輪もまきむくも共に大和の地名で、檜原がそこにもあるといふだけの関係しか無い。南部の檜原はまだ春の日らしく霞まぬが、大和の方はどうだらうかといふ意味

あいさにやあらん　アイサもタカベも鴨の一種、乳鳥は千鳥

かち人　通行人

菩提寺　釜臥山菩提寺、恐山の山上にある寺

庵ども　これは信心の湯治人たちを宿する小屋のことであらう

耳かましく　不明、「かしましく」かも知れぬが、それでは次の「静けさに」に合はぬ

澄ましてし心の月を汝《なれ》も又めでて落ち来るむさゝびの声

とく物してとさいだつ案内《あない》の言へば、明け行く頃潟《かた》べたの林崎《はやしざき》の麓より、雪の下に有りとも知らぬ水海の上を渡らんと、橇《かんじき》ふんで大雪踏みならし行けば、更に氷ゐたる思ひもあらねど、去年《こぞ》の夏小舟に棹さし筏乗りくだし、見わたしの一里ばかりならんを、野原などのやうに踏みならし行きかひをしたり。さりけれど危ふさや測りけん。処々に筋違《すぢたが》はぬ標《しるし》として、高やかの枝のさしたるは、あやまちて異方《ことかた》に踏み入れば、湯のふち／＼と涌きかへる淵あれば也。さればこそ雪の中に煙たち靡《なび》き、さばかり厚き氷も絶えて居《ゐ》ざる方に、湯の気《け》立ち昇る。怖ろしと見る／＼半《なかば》に至れば、山子《やまこ》（杣人をいふなり）其向ふ岸辺《きしべ》より此方《こなた》ざまに来けり。

汐ならぬ海の氷の危ふさもいざしら雪を分くるかち人

と詠《なが》めて近づけば、笠取り雪帽子《ゆきぼうし》脱《ぬ》いで、雪の上に額《ぬか》さしあて、斯く聞きつれば待ちわびて、如何《いかゞ》と迎へ来つるなどうち言ひて、それ等はごしかんじき、きりかんじきなど思ひ思ひに踏んで、とく来ませとて先だちて山陰に入りぬ。やをら岸辺になりて、山に入りて大つくしの山陰に、大いなる家戸《けと》（仮りに造る家をいふ）掛けて、傍に鳥居の笠木《かさぎ》雪の中に顕はれたるは、大山祇《おほやまつみ》の神をぞ祭り奉る。杣人等《そまびとら》おほがひこかひの木を、夏より秋かけて伐り、五寸《き》六寸《き》七寸《き》八寸《き》、一丈《たけ》二丈の檜《ひ》の、枝打ち方《けた》なるを曳き出でんと、雪もてつゞらの路作り打ち群れり。山風さと過ぎて、檜原の雪吹き落すに、行末もさやかに見えず。

風渡る雪は梢《こずゑ》に残り無く晴れて吹雪《ふゞき》に曇《くも》る太山路《みやまぢ》

尾より嶺、みねより谷を行く路ありて、日のうらゝに照れば四十唐《しゞふがら》めてらつゝきなど、小鳥あさりたるも面白くて

鶯は住むや住まずや谷の戸を叩く小鳥の声にこたへぬ

大なる湖あれど雪見分くべうもあらねど、雪消《け》ぬれば白鳥鴨《しらとりかも》など群れりけるとなん、案内の語りぬ。小つくし山の家戸《けと》に暫し息《やす》らひて、みや木引き出づるを見れば、四乳鶻《よつぢはやぶさ》とて名ある艝《そり》に、牛の皮の早緒《はやを》附けて、みや木六十《むそぢ》あまりの積み載せて、米《よね》七十の俵つみたる重さを、益雄《ますらを》一人が力して引き下し行く四乳《よつち》、こゝら競《きそ》ひつゝ飛ぶやうに降るを、疾《と》からぬ料《れう》にとて前たつ路造り檜《ひ》の枝折り敷き／＼下し、仰ぎ見れば聳《そび》え立てる岩根より雪を飛ばして、はやぶさてふ雪船《ゆきふね》にあまた積み上げて落したるを、高行くや隼別《はやぶさわけ》のと打戯《うちたは》れ、此雪車《ゆきぐるま》の疾《と》さは鳥などのおとすに似たれば、うべはやぶさの名は有るにこそあらめと、暫し雪の高岡に見たゝずみて

高嶺《たかね》より麓の路に飛び下る艝《そり》のはやぶさ鳥ならねども

（挿画五）　杣山賎冬籠《そまやまがつふゆごもり》の栖家《すみか》。

（挿画六）　年縄《としなは》を結びて大小を知り、日月の蝕《そく》をしるして正月《むつき》の始に懸けたり。

ねまり臼

折《をり》しやくし
こつぱ味噌、たんぱ焼
牒面《てふめん》（平板といふ）、誰彼のしるしをせり

雪の中に煙一線《すぢ》立ち昇るは、このそり曳く者の、一曳き曳きては物たうび、二引きひきてはくとて、其設けして、大鍋に湯をかへらかし、檜《ひ》割籠《わりご》の様《やう》なる物をわぱとて、是一つに湯《ゆ》漬《づけ》食ふめるが為に、竈場《かまば》とて四乳《よつち》路《みち》、はやぶさ路も皆それぞれに有りける也。此火の辺《ほとり》には、壁など塗りたらんやうに、味噌をいたく真木《まき》のそぎたの厚げなるに、ひた塗りに塗り炙《あぶ》り、之をこつぱ味噌とて、あまたが箸さしのべて物嘗めぬ。斯くむくつけげに、米《よね》二枡《ます》近う一人が一日《ひ》のうちに食ふは、

落ち来る　此獣が高い処から飛びながら鳴くのをさう言ふのか。「落ち来る」は古い歌の語であつた
さいだつ案内　此山でも先達と謂つたことゝ思はれる
橇　普通にはソリと訓ませる字であるが、爰にはカンジキのことを謂ふらしい
乗りくだし　「くだしゝ」若くは「くだりし」の書損ではあるまいか
筋違はぬ標　路筋のしるべ
山子
汐ならぬ海　湖水のこと
かんじきの種類
大つくしの山　恐山八峰の一。大尽山大杭などと色々の字をかくが、ツクシは柱のことである
ケトといふ語
おほがひこかひの木　如何なる木か知らず
方なるを　角材のことである、長さ一丈二丈、五寸六寸は其小口の寸法
つゞらの路　折れ曲つた路といふことか。九折を「つゞらをり」ともいふから
てらつゝき　啄木鳥の方言
みや木　白井氏は此語をたゞ材木といふ意味に使つて居る
四乳鶻　四乳は早緒を四本かけて、四人が曳くやうにしたものか
六十あまりの　「の」文字衍か
俵つみたる　原本「つつたる」とあるは書損か、或は「つけたる」か
こゝら競ひつゝ　幾つも前後して
疾からぬ料にとて　少し無理な国文だが、ソリが余りに早く滑らぬやうに、前に立つて雪を削り檜葉をならべて、わざと路面を粗糙にすることである
高行くや隼別の　古事記仁徳天皇の条に見ゆる歌の句である
ねまり臼　ネマルは座ること。上代の横臼も此形であつたらう
くとて　此上に脱字があるらしい
湯をかへらかし　湯を沸かすことであらう
わぱ　ワツパとも謂ふ。メンツウ、メンパといふ物に似て居る。形は即ち飯櫃形
そぎた　枌板、マサともコケラともいふもの。そぎたる板である
こつぱ味噌

世中《よのなか》にたぐふかた無き力競《くら》べせりける業《わざ》なれば、さもこそあるらめ。此山を下《お》り登《のぼ》りて行けば、与一郎家戸《けと》とて、山あひに日暮れ風吹けば

　散るは花積るは月の影とかつ太山《みやま》の木々に春風ぞ吹く

雪の下に在る杣小《そまご》家《や》に入りて、炉のもとにまど居《ゐ》して、今宵は爰に寝なんと山長《やまをさ》に言へば、打笑《え》みて安き事とて、あら男《をのこ》のゝの山衣《やまぎぬ》着たるが、飯炊《いひかし》ぎ調じて、鶯やうの飯匙《いひがひ》して盛り、柾《まさ》の折杓子《をりしやくし》てふものに汁盛りわけたり。此折杓子は、杣山《そまやま》賤等《がつら》が持《も》たる具《ぐ》とも思ほえず、清らに美《うつく》し。山折敷《やまをしき》に載せてさし出したり。雨の降り来《く》るやと思へば、屋根は木の皮取束《とりつか》ねて葺きたれば、火のいき強う雪の下解けて、氷漏《しがも》りすとて隙々くゝるにやあらん。家の隈々《くま〲》はいと太き柱の如き氷幾本《いくもと》も立ちて、かくばかり冴え行く山中《やまなか》ながら、人住めば好き室《むろ》とおぼえたり。更《ふ》くれば彼等が脱ぎ置ける麻衣《あさぎぬ》など取集め、木の皮の蓑を畳み、枕にとり覆《おほ》ひ臥したれど、厭ひも無う野火の如く火を焚き立てゝ、寒《さ》えつる夜半《よは》とも覚えず、隙白《ひましら》めば

　降りつもる雪より明けて出る日の光は遅き槙のあら山

四日。朝とく神に物奉るに、拍子木《はうし》打つも怪《あや》し。此山にて十二月の十二日に山の神祭るとて、何くれの物を木の皮或《ある》は藁もて皿結《さらむす》びといふものして、それに盛りて供ふとなん。山子等二人、きつとて木をくりたるに臨み、飯取り入れて細き杵して舂《うすづ》き、餅として火のうちに打くべ、たんぱ焼きとて、昼の糧《かて》にとてくれたり。行く〳〵仰ぎていや高きを、だいしやくといふ山見ゆ。路の右桃李《もゝすもゝ》の林あり。昔は家《や》もありつらん。梅も咲きつるが、今は一本《もと》二本《もと》もや残りたらんと、止《とゞ》まり〳〵談るを聞きて

　梅はいつ盛りなるらん白雪の積もるが上に春風の吹く

山本に家《や》の二つあるを中新田といひ、木のあはひ〳〵に雪の埋みたるを長下《ナガシタ》といふとなん。そり曳きすてゝ林の中に、女の声に歌唄ふに、斧打つ音も聞ゆるは春木伐《はるききり》といへば

　花咲かん片枝《かたえ》は残せ又も来て太山《みやま》の木の芽《め》はる木伐るとも

釜伏《かまふし》が岳《だけ》を左に、麓を分けて尾越《をごえ》の路を来れば、沖の方に舟のあまた引連なりて居るは、海扇を網もて取るといふが、気《け》色《しき》ことなり。

　春風の追手《おひて》もあるを帆立貝《ほたてがひ》あまの引く手にまかせてぞ寄る

いにし夏宿りし城《じやう》ケ沢《さは》（田名部の菊池氏が遠つ祖住みたるとなん）の浜やかたに出で暫し休らひ、宇曾利川渡るとて

　鳥の名の宇曾利河風まだ寒く吹き渡るらし氷ゐにけり

宇田・河森の磯やかたを過ぐるに、女の声に歌うたふを、近づきて見れば蜊貝《あさりがひ》ほり取る也。

　しほもやゝ干潟の蜊《あさり》拾ふ也海人《あま》のをとめ子袖も沾らさで

安渡・大平の浦々を経て、河崎のおかしさ、三本松の森深く、雪の埋みたるも見棄て難く
残りつる雪はみながら遠方《をちかた》に花とみもとの松ぞ霞める
五日。この夜の集《つど》ひに、例の句題をよめらんとて、我も、見ぬ人恋ふる
俤《おもかげ》に立つぞあやしき夢にだに未だ見ぬ人恋ふるものから
あらば逢ふ夜の
契り置きし人の情《なさけ》の露ばかりあらば逢ふ夜の袖やほさなん
いたづらぶしを
吹き誘《さそ》ふ風に靡かばなよ竹のいたづら臥《ぶし》の世に知られなん
いひは放たで
人も知れなおもふ思をそれとえも言ひは放たぬ心辛《つら》さを
なきて別れし
思ひ出でて袖こそ沾らせくだかけの鳴きて別れし夜半の名残《なごり》を
七日。昨日は書かず。雨の降るにやといへば、雪解《ゆきげ》の軒垂《のきだ》れと人のいらへしたるに
長閑《のどけ》しな下より雪のとく〳〵と雨の音聴く軒の玉水
九日。昨日はもらしぬ。夕つかた霽《は》る丶かに見えて、河つらの宿を訪らひて、暫しかたらひて
河のべの霞むと見れば行く水も夕ぐれ深く春雨ぞ降る
十日。鳥の声にうち驚きぬ。其夢は相模の国にてやありし、

太山の木々に　「みやま」に「見る」を引きかけて居る。雪が花にも月にも見えるから此風は春風だといふこと
の丶の山衣　「のの」は「ぬの」、麻糸を織つた布。冬も之を着て居る
わけちたり　わかちたりの書損か
シガ漏り
拍子木の用
皿結び　信州などではヤスと謂ふ
キツ
タンパ焼き　御幣餅といふ土地もある
だいしやく山
春木伐り　ハルキは薪である。歌の「みやまの木の芽」は、又も来て見るにいひかけて居る
海扇　帆立貝のことをいふと見える
気色ことなり　原本「けしことことなり」とあるは書損とおもふ
城ケ沢の浜やかた　邑落を常に「やかた」と記して居る
蜊貝取る女
みもとの松　三本松、「花と見る」に言ひかけて居る
よめらんとて　此文字いさゝか不明

処はいづことも知らで、連歌《つらねうた》のやうに

　郭公いつ山越えて鳴きぬらん往来もしげき森の下道

と詠《なが》めしを、打忘れじと百度《もゝたび》誦《ずん》じて、朝《あした》書い付けたり。松前より書《ふみ》来けるを見れば、去年の弥生《やよひ》の六日遣はしゝ書の返事《かへりごと》のありけり。如何《いかゞ》してしか、今年《ことし》睦月《むつき》の二十日あまり六日に、あやしくも著《つ》きしとて、対面《たいめ》の心地にとく／＼と見れば、文《あや》子《こ》の御方《おんかた》の御消息《みせうそこ》に、春の詠《ながめ》どもをあまた書い載せたまひて奥に、まだ冴《さ》え渡る埋火《うづみび》のもとにおはして、おろかにも吾《あ》が詠め捨てたる歌ありけるを見たまひしとて

　友鵆《ともちどり》あとを千島に残しおきて今はいづこの浦つたふらん

となん聞えさせたまふを見る／＼

　こと浦に友無し千鳥音《ね》をぞ啼く附けし千島の跡を慕ひて

斯くなん返しゝて、再びの便《たより》に奉らんかし。又下国《しものくに》季豊《すゑとよ》のぬしの書あり。そが中に

　飛ぶ鳥に身をなさばやと行く雁にたぐふ心を思ひやれ人

こは其島をさして雁の鳴き渡るを見やり、去年《こぞ》詠んで遣はしたりけるを、こたびの書に其返しとて

季豊

　飛ぶ鳥にたぐふ心を思ひやる雁のつばさの浪にしほれて

この主《ぬし》はわきて同胞《はらから》などの如《ごと》に、其島に在りつる頃、朝夕に訪ひ睦《むつ》びたまひしことなど、常に忘られぬに、書《か》き聞えたまふ。

　思ふ方の風に靡きて立つと知れえぞが窟《いはや》の煙ならねど

といふ歌の、身にしみかへりて返しせり。

　心あひの風吹き解きぬそれとえぞいはやの煙結ぶ思ひを

又文子《あやこ》の御方を始め、季豊のぬしたち、去年をとどしより芝山参議前宰相殿御覧ぜさせたまひたるおほん点の歌とて、あまた見せたまふを見終りて、季豊のぬしへ

　言の葉の猶吹きなびく色や見ん柳桜の風のすがたに

文子の君の御許より見せたまふける詠《ながめ》の

　さほ姫の霞の衣うら／＼と春来て見ゆるけさの山の端《は》

といふ立春の歌ありけるを誦《ず》して、此おほん方の御許《みもと》へ

　言の葉も花と霞のうち日さす都の手ぶり君がうつして

と書いて、島渡りの船の便《たより》あらばと書《ふみ》に巻き添へたり。

十一日。雁のあまた鳴きて北の空に帰るを見て、此頃や吾《あ》が父母の国より来つらんなど、頻りに故郷の恋しう

　故郷をふみてかへさの雁しばし休《やす》らへ跡を玉づさと見ん

十二日。けふは初午《はつうま》ながら、飯形《いなり》の神事《かんわざ》もあらねば、雪に埋《うも》れたる鳥居を遠方《をちかた》に見やりて、「けふ初午のしるしとて」と誦《ず》し幣《ぬさ》とりて

　神垣に雪の白木棉《しらゆふ》とりしでて稲荷の杉のもとつ葉も見ず

十三日。人々訪ひ来てけるに帰雁の歌を

　雲の浪立ちな隔てそ帰る雁遠ざかり行く俤《おもかげ》も見ん

海辺帰雁といふことを

漕ぎつれてかへさの友と行く雁の翼《つばさ》にまじる海士《あま》の釣舟《つりふね》

十四日。例の句題ものしてと人のいへば、雑の歌五首作りて、みそじのながめ今日に終りぬ、谷の埋木《うもれぎ》

人毎にながめし花の春もあるを朽《く》ちては幾世《いくよ》谷の埋木

蘆《あし》わけ小舟《をぶね》

難波瀉満潮高《なにはがたみつしほたか》く伏し靡《なび》き蘆分け小舟漕《こ》ぐも障《さは》らじ

重なる山は

旅ごろも幾重《いくへ》かさなる山分《わ》けて今宵何処《いづこ》の里に敷き寝ん

はかなき世をも

遁《のが》れ住む太山《みやま》の奥の春と秋はかなき世をも楽しとぞ見る

八百《やほ》万代《よろづよ》を

神もさぞ八百万代を守《まも》るらし君と臣《おみ》との道直《なほ》くして

明けなば釈迦仏《さかぶち》の黄泉《よもつ》に入りたまひし日なれば、近き辺《ほとり》の村村里々の男女《をとこをみな》、円通寺の御寺《みてら》に入り満ちて、夜と共に南無釈《なもさ》迦牟尼仏《かむにぶち》と唱《とな》へ、或は南無阿弥陀仏を称《とな》へ、大珠数《おほずゝ》を繰り、又酒飲む男女、うた唄ふもあやしけれど

水の月深き恵《めぐみ》に渡すらし歌ふも舞ふも法《のり》の舟長《ふなをさ》

十五日。いかに此頃は、露《つゆ》いとまあらで訪ひも侍らざめるとて

なつかしな霞の衣春もはや二月《きさらぎ》中のいつか逢見ん

と消息《せうそこ》の奥に、成章《なりあきら》の聞えける返し

待ちわびぬ霞の衣《ころも》君と共にきさらぎ中《なか》のいつか花見ん

例の如《ごと》、寺の行《おこな》ひあるに、女《め》の童《わらは》は板敷《いたじき》に群れて、手まるうちといふことして歌ふ。此てまるうちてふことを句毎の下に置きて

空晴れて遠《をち》の山やま朝日照る軒端《のきば》に近う弱児《うなゐ》群れ立ち

十六日。都のいづくとも覚えず。清らなる殿造りに、我父母おましまして、旅衣《たびごろも》たち帰りつる夕《ゆふべ》とおぼえて、今しは鄙《ひな》の長路《ながぢ》に歳月を経て、困《こう》じたる思ひも無う、たゞ月花のあはれにのみうかれ、それを楽しきことにありき、汐風日影に面《おもて》の黯《くろ》みたるのみに、旅やつれたるけも無うと、打笑《うちゑま》ひたまひ

文子御方　松風夷談に松前道広公継母自正院

あとを千島に　此頃はまだ「蝦夷が千島」といへば北海道のことゝ解して居た

下国季豊

ふみてかへさの　「ふみ」の二文字、原本いさゝか不明

けふ初午の　きさらぎやけふ初午のしるしとて稲荷の杉はもとつ葉も無し、夫木、光俊朝臣

みそじのながめ云々　句題三十首が是で完成したといふこと

涅槃会前夕

きさらぎ中のいつか　二月十五日、「五日」と「何時か」とを言ひかけたのである。「霞の衣きみと共に」も、衣を着るにかけて居る

手毬打

父母を夢に見る

つると思へば、鶏の声に夢破れ、鴉《からす》のもろ声軒端の雀の声のみ残りぬ。

汝《なれ》もさぞ慕ふや雀群鴉《すゞめむらがらす》こは父となきこは母と啼く

月の面白きに人々訪らひ来て、鴉《からす》の鳴きありくを詠《なが》めてなどありければ

楽しとやうかるゝ月の友がらす群れる翼《つばさ》も霞む春の夜

軒に猫のねう〳〵と鳴きつゝありくを、是にもと言へれば

くれ竹にふしど定めずのら猫の姿ばかりは虎に似たれど

猶小《なほを》止《や》みも無う声うちしきりてけるを

行還り妻恋ふ猫の踏みしだき軒の荵《しのぶ》のねに立てゝ鳴く

月更くる頃までありて、帰りなんとて成章

月影の傾くは惜し長き日になさばや春の夜半《よは》の円居《まどゐ》を

とぞありけるを、暫しと留めて返し

春の夜の月あり花の言の葉も匂ふ円居《まどゐ》の更け行くは惜し

十七日。例の人集ひてけるに、夜梅《よるのうめ》を

一枝は闇にも折らん梅の花香《か》を尋ねてぞよるの木《こ》の本《もと》

寄梅恋《うめによするこひ》

思ひつゝ年をふる枝《え》の梅の花折りて心の色だにも見す

十八日。夜辺《よべ》より冴《さ》えて大雪降り、吹雪《ふゞき》はげしう、去年《こぞ》の再び来《きた》るなど、外《と》の行きかひ語らひ過ぐるけにやありけん。

十九日。大雪二尺《さか》ばかり降りて、此頃あらはれたる低《ひき》き垣根などは靡《なび》きはてゝ、世中《よのなか》皆真白に、老いたる嶽々《たけぐ》の姿、夜の間《ま》に異処《ことどころ》を移したらんかと

打烟《うちけぶ》る釜伏山《かまふしやま》と昨日見し霞やけふの雪げなるらん

二十日。雁の遠う近う、多《さは》に鳴き連れて行くを見やりて、帰雁似字《きがんもじにゝたり》といふことを

遠近《をちこち》に濃墨《こすみ》うす墨書きまぜて文字の姿に雁帰る也

廿一日。大橋の辺を行けば、水札《けり》こゝら鳴きてうちあがるを、童《わらは》たかしかみのと、ふり仰ぎ指さしたり。鳧《けり》をたかしかみと謂ふことに思ひつゞけたり。

流れ行く河音たかしかみつ瀬の岸辺の山や雪の消《け》ぬらん

廿三日。狭布《せばの》の衣《きぬ》にかんじき負ひたる男、杉束《すぎつか》ねさしたる門《かど》に立ちて友呼ばふに、この友ならん別人《ことひと》と密《みそ》かにもの語るを、早来《きた》るべし、一杯《つき》を飲むべし。其ばか者になかゝはりそと家《や》に入りぬ。此ふりや「賢こしと物言ふよりは酒飲みて酔《ゑひ》哭《なき》するぞ益りてあるべし」といふ歌の、心にもかなひつべし。此者等、小さき王余魚《かれひ》うちふりもて、雪の上に十文字《ともじ》踏んで、鳥のやうにうた唄ひていにき。

夜光る玉とも換へぬ心からゑひを楽しと歌ふなるらし

廿七日。この三日ばかり、例の洩らしぬ。此里の医師吉田晴といふ人、蝦夷《えみし》のふりも見てんと、今日なん島渡りすと聞えければ、船路《ふなみち》ながら馬の餞《はなむけ》して歌書い送る。

旅衣とく立帰れあたらしといひけん山の花見つるとも

廿八日。あさかすみといふことを、一首の頭一字置きて、

陸奥の名所の歌五首《くさ》を作る。
阿　逢隈《あふくま》の岸辺の氷とく〳〵と河瀬の浪も春や立つらん
瑳　咲く頃はいつと岩手の山の端に春かけてまだ残る白雪
柯　雁かへる声とし聞けば真楫《まかぢ》取り舶《ふね》は霞の奥の海づら
素　すむ虫の秋の声迄しのばれて萌《も》ゆる小萩を宮城野の原
微　陸奥の山のかひある御代に咲く黄金の花の霞む曙

廿九日。同じう梅の花てふことを
武　むら消えの雪を姿に栗狛《くりこま》の山も霞の隙《ひま》行くと見ん
米　めもはるに今や萌ゆらん白菅《しらすが》の真野《まの》の萱原《かやはら》著《いちじ》るくして
能　野田に生ふる若菜やいかに老いぬらん雪消《ゆきげ》に深き玉川の水
波　春風の吹きも留めずいづこより匂《にほ》ふ衣《ころも》の関の梅が香
奈　汝《なれ》もさぞ姉羽《あねは》の松の春風に誘はれて鳴く鶯の声

宿《やど》の主菊池道幸が、遠祖《とほつおや》の武夫《もののふ》たりし古《いにしへ》より持ち伝ふる宝とて、種々《くさぐ》残りたる中に、其形榧《かへ》の実に似て、大さもま其如《そのごと》なる物二つあるを、馬の角《つの》とて見せたりけるに
　あらこまの角組《つのぐ》む葦《あし》に嘶《いば》ふ也千代をふるえの末葉茂らん

やよひ朔《ついたち》の日。つとめて雨降り、昼霽るゝやと見れば、霙《みぞれ》となりていと寒ければ
　まだ冴《さ》ゆる程も知られて春雨の雨をみぞれと降りかはる空

夜辺《よべ》の円居《まどゐ》に、山家鶯
　消え残る雪にまがひて花はいつ太山《みやま》の庵《いほ》のうぐひすの声

こは父となき　雀の声はチチ、鴉の声はハハと聞える
詠めてなどありければ　歌に詠じたまへと言ふから
色だにも見す　或は「見よ」の書損では無いか
けにやありけん　此前に脱字はあるまいか
雪げ　雪意、雪を催す空の色
水札　鳧を水札と書くものと見える。何に依つたかを知らぬ
タカシカミ　和田千蔵氏の「陸奥の渡り鳥」には南部方言にケリをタカヒカミといふと見ゆ
杉束ねさしたる門　酒売る家の目じるしに杉の葉を刺す風は今も各地に遺つて居る
賢こしと　万葉三、賢跡物言従者酒飲而酔哭為師益有良之、僅かなる記憶の誤がある
心からゑひを楽しと　王余魚のカレヒをカラエヒ（唐鱏）の意と解しての歌である
吉田　晴
あたらしといひけん山　あたらしやえぞが千島の桜花ながむる色も無くて散るらん、慈鎮和尚。あたらしは「惜むべし」といふこと
馬の角

莫告藻《なのりそ》といふことを春の心に
　桜咲く磯に苅り乾す莫謂《なのりそ》の花さへにほふ春の山風
二日。盛岡に住める大巻秀詮の六十の賀とて
　黒髪の千代もかはらで春の日にあたゝら山の松を友とて
三日。やよひみかてふことを句毎の上《かみ》に置いて
　やへ一重よろづ代かけてひの本《もと》にみなりて靡くから桃の花
昼つ方、寺の行《おこな》ひはつ頃、こし雨降り来るに濡れじと、ゆかたびらをかつぎ、あな好からぬ雨よ。七潮《なゝしほ》や降りなんなど語らひ行く。今日の雨ふれば、七日の日数潮の満干《みちひ》例に違《たが》ふことあるを厭ふは、海士《あま》の子等《こら》が女子《をみなご》にこそあらめ。
　あまの子が沾《ぬ》れて摘むらん磯に生ふる七潮や降る雨の物うき
四日。万人堂の万人牒《まんにんてふ》といふものを見れば、万《よろづ》の人の名あるが中に、勘解由左衛門《かげゆさゑもん》・かくの四郎・大掃部《おほかもん》・大《だい》なごん・さいとう五郎・ま兵衛《ひやうゑ》・あいらし子・よて子・めつらし子・こて子・せんさい・夷《えびす》・朔日子《ついたちこ》・正月子・三月子・ねゝ子・ます子・みつけ・にがこ・長命子・ひめこ・ふつ子・めご子・ちじやうこ、こはあやしの男女の名どもなりけりと見るに、頃は寛文のはじめ、しかすがに百年《もゝとせ》の昔の春もしのばれて
　咲く頃の姿はいかに桃の花昔の春を思ひこそやれ
五日。夜辺《ようべ》より空冴えて、朝《あした》見れば雪の気色《けしき》ばかり降りて
　まだ薄き霞のころも袖さえてきさらぎ三月《やよひ》雪の降れゝば
十日。此程《このほど》は例の洩らしたり。空さえてゆくりも無う雪のいたく降り来て、尚ものうくて
　花はいつさくらの梢《こずゑ》梅の枝俤《おもかげ》に立つ木《こ》の芽《め》はる雪
十四日。成章《なりあきら》に近々《ちかぐ》の日別れなんと物語らひたる夜に、此ぬしが夢に、「今よりはたゞしのばなん奥の海のみるめもなみ路《ぢ》人を隔てゝ」と見しと、今宵の物がたりに聞えしかば
　夢ならばさめて頼まん奥の海の浪の現《うつゝ》に立ち別れなん
十二日。雨いたく降りぬる静けさに、夜半《よは》のまど居《ゐ》して、
春熊
　月の輪の影もおぼろに嶺麓《みねふもと》霞を分くる春のあら熊
春猪
　怒猪《いかりゐ》のあだに踏み行く若草も秋はかるもと身に頼むらし
春牛
　程近く種や播《ま》くらん春の田を行かひならす牛のいとなき
春馬
　咲くいろを厭ふ心も荒駒の野辺の菫《すみれ》に求食《あさ》るつれなさ
十五日。大畑の浦に行かばやと、あさもよひきのふの大雪、けさの八重霜《やへじも》の日影に融け合ひ、日比《ひごろ》の雨に馬牛の行きかひ滋《しげ》う路ぬかりて、馬も人も行くこと能はじとて、大利てふ山中の広野にかゝりて行くとて、山のかけ路に鶯の鳴きたるは

おかし。こや此年聞つもはじめなれば、今しはと馬を留めさせて

　雪消ゆる山のかげ草萌えそめて聞くもはつかの鶯の声

早欠といふ処は沼沢などのやうに、春の水隈々に盈《み》ち〳〵たる岸辺に鶯の囀《さへづ》る。

　長閑《のどけ》しな氷流れて行く水に心解けたるうぐひすの声

鶯の面白く鳴くが、路の辺《ほとり》まで梢に移り出でて、枯生《かれふ》の上にうち羽ぶき出でありく。

　雪もやゝ消えて朝置く霜の上に跡つけて鳴く春の鶯

雪深う残りたるそがひの方を行くに、雉子《きゞす》のそこと無く鳴きたるを聞きて、春の雉子を桜きじと謂ひ、雌《めとり》を黄金《こがね》めんどりといふと人の語りぬ。行くほど無う又鳴き出でたるを

　雪の山花の散るかにほろ〳〵と桜きゞすの声をこそ聞け

再び戯れごとに

　花の名の黄金《こがね》雌鳥《めとり》をみちのくの山のかひある春の長閑《のどけ》さ

びつつけといふ浜に出でけり。爰もそのかみは蝦夷人《えぞびと》の住みて、ヒツ・ツケといふ処、大畑に近づくのつころてふ浜も、ノ・ツコルとて夷《えみし》等が謂ひし名なりとか。

　十六日。港辺《みなとべ》に至りぬ。此あたりは皆真砂《まなご》もて築《つ》き上げて浜庇《はまびさし》の如し。それに家ども多く建て並べたるが、去年《こぞ》の高浪

大巻秀詮

春の日に　春の日の光にあたる我なれど頭の雪となるぞわびしき、古今集の歌

やよひみか　三月三日

こし雨降り来るに　「こし雨」不明、或は「しばし雨ふり来るに」か

三月節供の雨

あまの子が　「なゝしほ」の「な」と磯に生ふる葉とをいひかけたのである

万人堂の万人牒　田名部の町の慈眼寺にある

寛文初年の人名　「あいらし子」以下は女性であらう。「よて子」は末子、「みつけ」は思ひかけぬ児、「ちじやう子」は地蔵子であらう

ゆくりも無う　思ひの外に

さめて頼まん　「せめて」の書損ではあるまいか。其方が少しはよく解る

秋はかるも　「かるもかき伏猪の床」といふ古歌は多い

咲くいろを　咲く花の書損か

大利の原

聞つも　「聞つる」であつたらう

早欠　サツカケとよむのであらう

桜雉と黄金めんどり

アイヌ語の地名

浜庇　筆者には何か此古言の解釈があつたのであらうが、現在は其意味不明

に打崩されて、こゝらの尸《かばね》出でたりしは、皆臥《ふ》したるまゝに埋《うづ》みしは、夷《えみし》のまかりたるならん。蝦夷は死《ライ》したる人をば、寝《い》ねたるふりに蓆《むしろ》に巻きて塚《セトンバ》に籠めぬ。さりければ爰に住みしといふこそうべならめと。海越《うみご》しに遠う立昇るは、涌山の煙高う靡《なび》き、雲かあらぬかと雪の真《ま》白《しろ》に残りたるは、トトホツケ或《ある》はオサツベなど云ふめるあたりの、見渡しもいと近う

　消え残る雪は花かと又たぐひなみ間《ま》に霞む夷《えぞ》の遠島《とほしま》

けふは農神の祭とて、内外《うちと》の神籬《かんがき》に詣で帰り来る人の云ふ。神は去年《こぞ》の師走《しはす》の今日《けふ》ばかり往《い》にたまひて、今日《けふ》に還り来たまふなれば、早耕しはじめなん。

十八日。人麿《ひとまろ》のおほん神に、歌奉らんと人の言へば

　神もけふあはれ見そなへ陸奥の国の手振のことを尽さば

十九日。黒森の春の祭とて、人さはに群れ行きぬ。

　山のくろもりの下路踏みしだきけふ神事《かみわざ》に人や行くらん

廿一日。朝日うら〳〵と照りて、田鶴《たづ》のあまた行きたり。

　打霞み長閑《のどけ》き春のひなまでも群れてみつるの空に鳴く也

廿三日。松前より土田《はにた》直躬、この大畑の故郷に渡り来て、鵜剃《うそり》山の湯あみしけると聞きて、訪らひしてんと、古道河《ふるみちがは》といふを渡り、杉の下路を過ぐる。

　こや杉も幾世ふる道河の辺に霞流るゝ春の長閑《のどけ》さ

田中の観音といふ堂の前も過ぎて、へつい長根を来れば、銅《どう》金《きん》といふ山路《やまみち》あり。此山中に銅金の茶がら子、新山《しんさん》のばちきりといふ、人惑はせる名誉の古狐ありて、夕近うなりては人通らじなど、後《しり》に立ちたる人の語る。馬の上より顧みれば、湊《みなと》を始め尻矢《しりや》の崎、近くは佐渡が平《たひ》につゞきたる山々、羽色《はいろ》の神山など、霞のうちにほの見やられたるに、「水鳥の鴨の羽色の春山の於保《おぼ》束《つか》なくも所念《おもほゆる》かも」。此歌は笠《かさ》の女郎《いらつめ》の詠めて、大伴の家持《やかもち》の御《み》許《もと》に贈られて、そを爰によみしとはあらねど、よく負ひつと心から思ひて誦《ず》しつゝ其嶽《たけ》を見れば、雪いと白く木々のあはひ〳〵に見えて、吹き向ふ風いや寒く、見やれば味村《あぢむら》ならん飛びく。

　汝《なれ》も行く翼や冴《さ》えん水鳥の鴨の羽色《はいろ》の山の白雪

行く〳〵左の木《こ》の間《ま》にやかたの見えたるは、外山《そでやま》の村なりけり。こや春秋ともいはず、蕨《わらび》の根のみ掘《は》り食み、或は市に売りて世を渡るといふ。それ等ならん女二人山深く行きぬ。

　初蕨折にあひたる未通女子《をとめこ》が群れ行く真袖《まそで》山風ぞ吹く

小高森《こたかもり》・大高杜《おほたかもり》てふ処も過ぎて、井戸桁《ゐどけた》・上小河山・谷地《やち》山近う、煙の一結《ひとむす》びたるは炭焼くといふ。

　あは雪の消えぬ太山《みやま》の炭竈《すみがま》に麓の里の寒さをぞ知る

過ぎ来し路もせに、大いなる檜《ひ》の切株のみ残りたるは、そのかみ友ずれして焼け失せたるなど、青山の枯山《からやま》となりし古を、檜の葉折りしきまど居して語る。かくて三尺《さか》ばかりの雪踏みて、やをら剣山《つるぎやま》に登れば、峡《かひ》に鶯の鳴きたり。

　汝《なれ》もさぞ花と迷ひてこまつるぎ山の太雪《みゆき》に鶯の鳴く

此小阪より湖打見たらんは、たぐへん方無ぅ面白ければ、暫し見やりたゝずみて

真鳥住《まとりす》むうそり山陰みるめなき海も見るめの深く霞みて

かくて湯桁《ゆげた》の辺《ほとり》の家《や》に訪らひてければ、直躬

年月をぬれにし袖の涙川とゞめて今日の逢瀬《あふせ》うれしき

と書いてける返し

とし月も人を見ぬめの涙川袖こそほさめけふの逢瀬に

廿四日。三つ四つ住める山鴉の声に驚かされて、湯浴《ゆあ》みてんと起き出づるけはひに誘はれて、外《と》に出でて湖の岸辺を独《ひとり》逍遥《せうえう》して、水気にほやかに登るを見つゝ

塩焼かぬ海辺の浪も立靡く水の煙の霞む明《あけ》ぼの

廿五日。まだ外《と》は暗きに、鶯のこのもかのもに囀《さへづ》るを聞きて、相宿りの人眼覚めて、夜や明けぬらん、鶯の谷々に鳴きぬ。起き出でて聴けと、吾《あ》が子ならんに言へば、いまだ夜中ならんとて、いぎたなぅいふは、「朝寝《あさい》せられて」といへる詠《ながめ》の心にもかなひてんかし。又臥したる病人《やまうど》の、鶯は一谷に一つのみ住みて、別谷《ことたに》に移らずといへるに

出づる湯のわくる谷の戸明けぬらんあと枕なる鶯の声

松前より渡り来し人の言へるは、函館に住めりし高竜寺の禅師、過ぎつる五日に遷化《せんげ》したまひぬ。今はきのを絶えなん頃、毫《ふで》を執りて、五十四年・石上紅蓮《せきじやうのぐれん》・今日消尽《こんじつせうしつくす》・偏宗空然《へんしうくうねん》となん、辞世の偈《げ》ありけるを、畳紙《たゝうかみ》に書い付けてけるを、相見つる人なればしかすがに涙堕ちて

懸け来つる衣《ころも》の玉は消えてしも磨く心に残す言の葉

アイヌ葬地と住地

農神の祭　此土地では多分ノウガミと謂つたのであらう

三月十八日人丸忌　これは歌道の人の一般に行ふ祭であつて、此土地の風俗ではない

黒森祭

ひなまても　不明、或は「鄙までも」で田舎まで鶴が来るといふことか。但しは雛か

土田直躬　土田は此書にはハニタ、「秋の冬枯」にはツチタとある

人の名を付く狐

味村　此字は当て字。アヂといふ小さな鴨の群のこと

やかた　人家ある処

蕨の根を常食とする村

炭焼く山

一結びたるは　「一つ結びたる」か

青山の枯山となりし古を　古事記に出て居る素盞嗚尊の御故事に、此言葉が用ゐられて居る

みるめなき海　湖水のこと、海松布は無いが、見るめ即ち風光はあるといふ意

移らずといへるに　原本「と」を脱す

函館高竜寺の和尚

きのを　息の緒か、「い」文字脱するか

廿六日。野辺地《のへぢ》の港辺《みなとべ》に住む野阪《のざか》某《なにがし》、田鍋《たなべ》の県《あがた》なる熊谷何がしが、今日なん麓に下るを送りての帰さ、三途河《さうづがは》の橋柱に書い付くる。

消えやらぬ雪を花としみつ瀬河あやうき橋も空に渡りて

暮れ行く頃、大尽小《おほつくしこ》筑紫《つくし》山を見やり

長き日もながめつくしの山二つ峰は霞にこもる夕ぐれ

廿七日。土田《はにた》の日記の中に、蟇目の詠《ながめ》、水中火といふ詠《ながめ》ありけるを見て、避鬼咩《ひきめ》

手放《たはな》せばそれと応《こた》ふる弓張の月のいるさの山彦の声

水中火《すゐちうくわ》といふなることを

春雨に沾れて山路は水葉さし木の芽けふりて霞む大空

廿八日。花染《はなそめ》てふ山陰の湯桁《ゆげた》に、鶯の声面白う鳴くを、いかにをかしくや侍らんかと、情《なさけ》ありげにたゞうとの言へば

紅《くれなゐ》のふり出でて鳴く鶯や春は末つむ花染の湯に

廿九日。明けなば爰を立たんとて、松前より来《きた》りつる書《ふみ》どもの返事《かへりごと》書く。北川時房が孫《むまご》なる菅子《すがこ》陸子《くがこ》は、吾が三年の昔、安積山《あさかやま》の麓の露ばかり、手習ふ道しるべせしとて、流石になさけ〱しう、書《ふみ》の答も無う巻き添へてけり、すが女

逢ふことは波路隔てゝ水茎《みづくき》の跡のみしのぶ明けくれの空

となんありける返し

思ひやる波路を遠く水くきの深き情《なさけ》を今こそは見れ

陸子《くがこ》今は八重子と名かへつ。そが手して

忘らるゝひまこそ無けれ思ひやり心やるべき空も定めず

かくなん書いてける返し

遠方《をちかた》の空にながめて我も又忘れやはする同じこゝろに

又時房の翁の手にて

空の海雲の波路は隔つとも心はかよへ水くきの跡

とぞありける返し

水くきの跡やかよはん空の海雲の浪路はよしへだつとも

『奥の手ぶり』真澄遊覧記刊行会代表者柳田国男編、昭和五年二月一〇日、真澄遊覧記刊行会

田鍋の県　田名部の支配所

みつ瀬川　即ち三途の川、地獄の入口の流といはれて居る

弓道口伝の歌

たゞうと　只人、即ち歌をよまぬ人のことであらう

北川時房と二孫女

菴の春秋

真澄遊覧記

柳田国男校訂

凡国異器

大槻平泉翁十四歳筆写
浅野利郷氏所蔵本

本書に就て、所蔵者浅野氏は、「東北の旅」第五巻第三号に、真澄翁旅中の採集に成る写生画の項目を百数種列記して居る。信濃の部に関係あるものゝ抄出撮影が、急には不能であつたのは遺憾であつた。

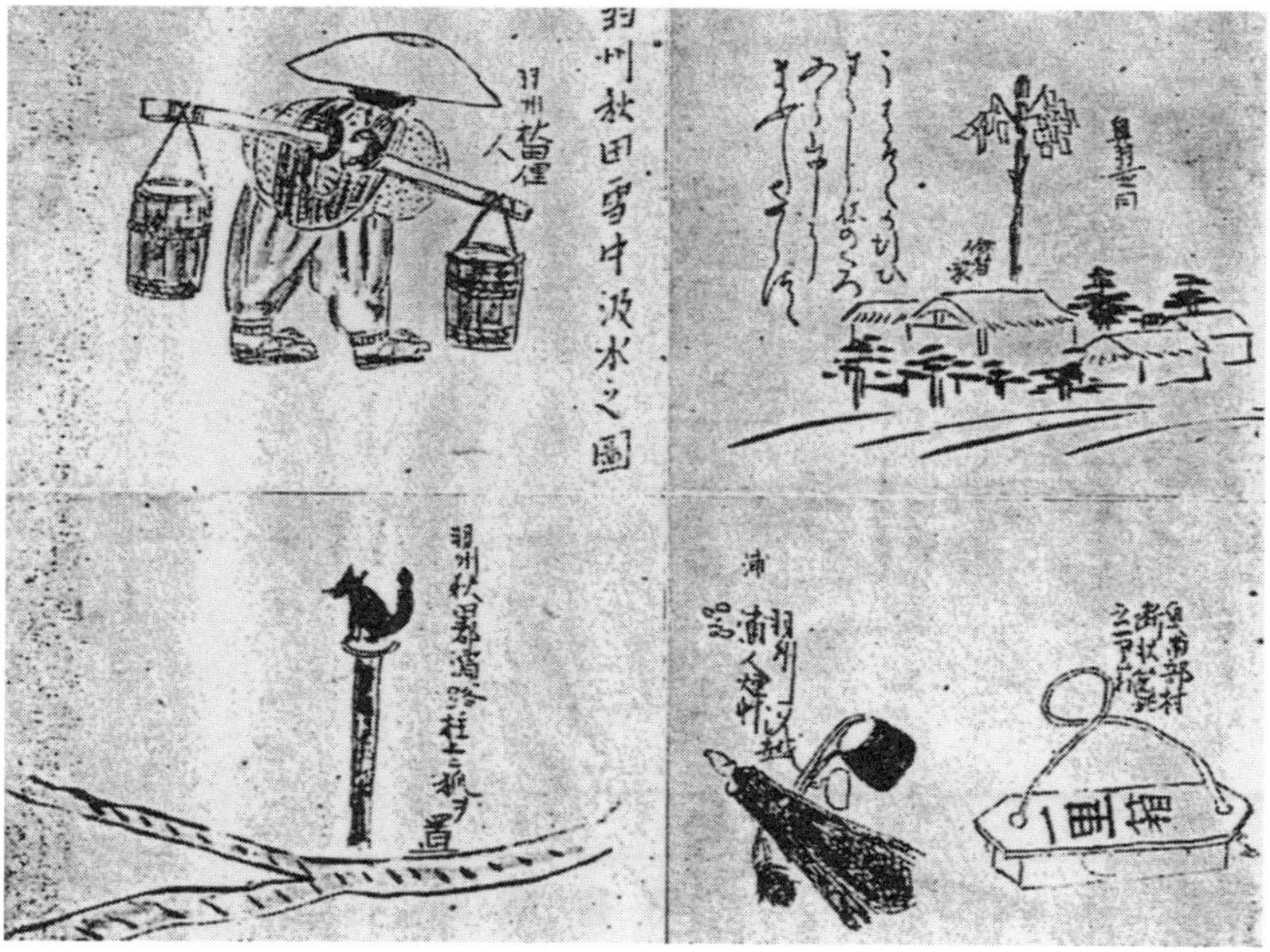

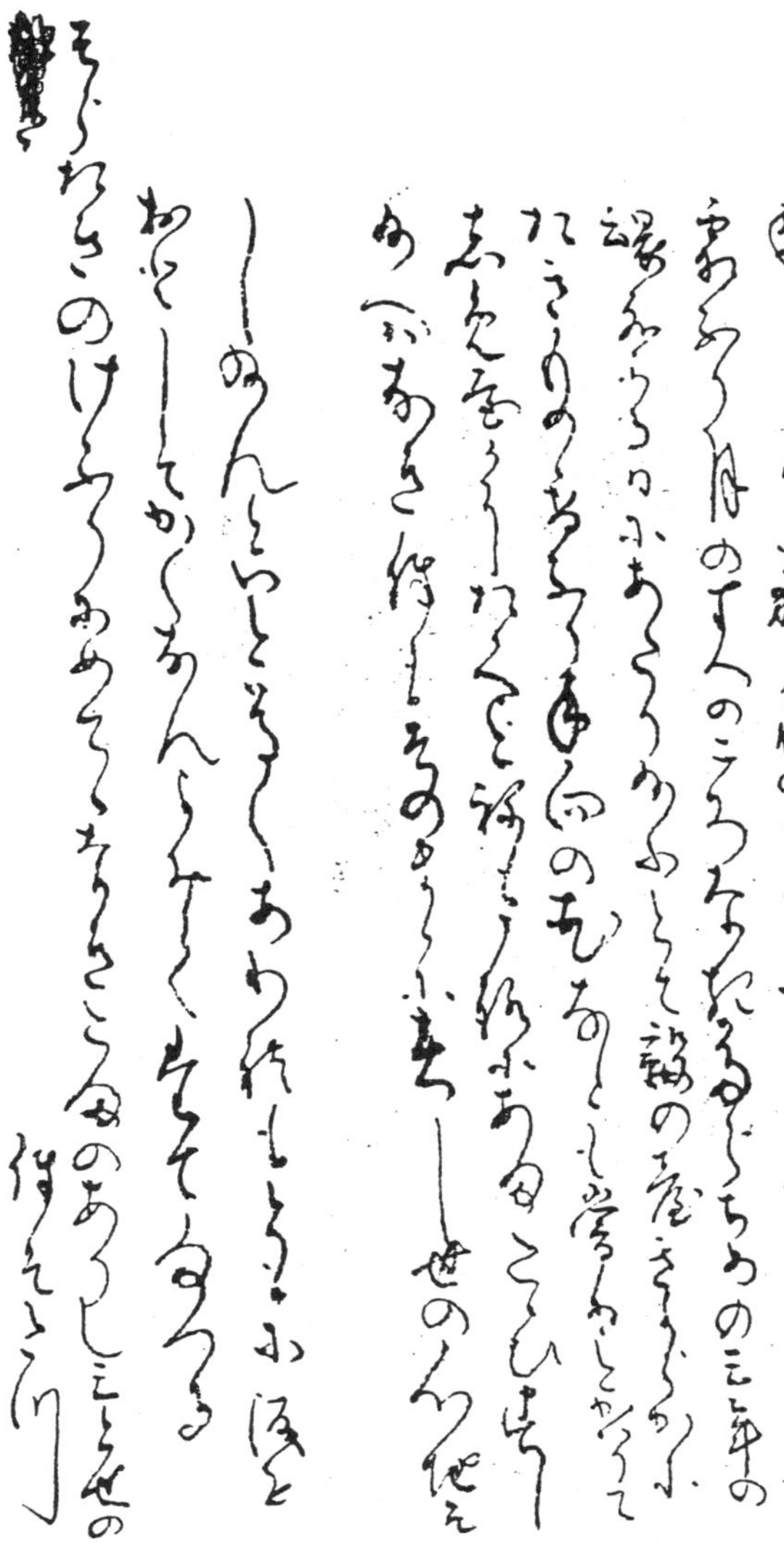

辰のとし　正月祝

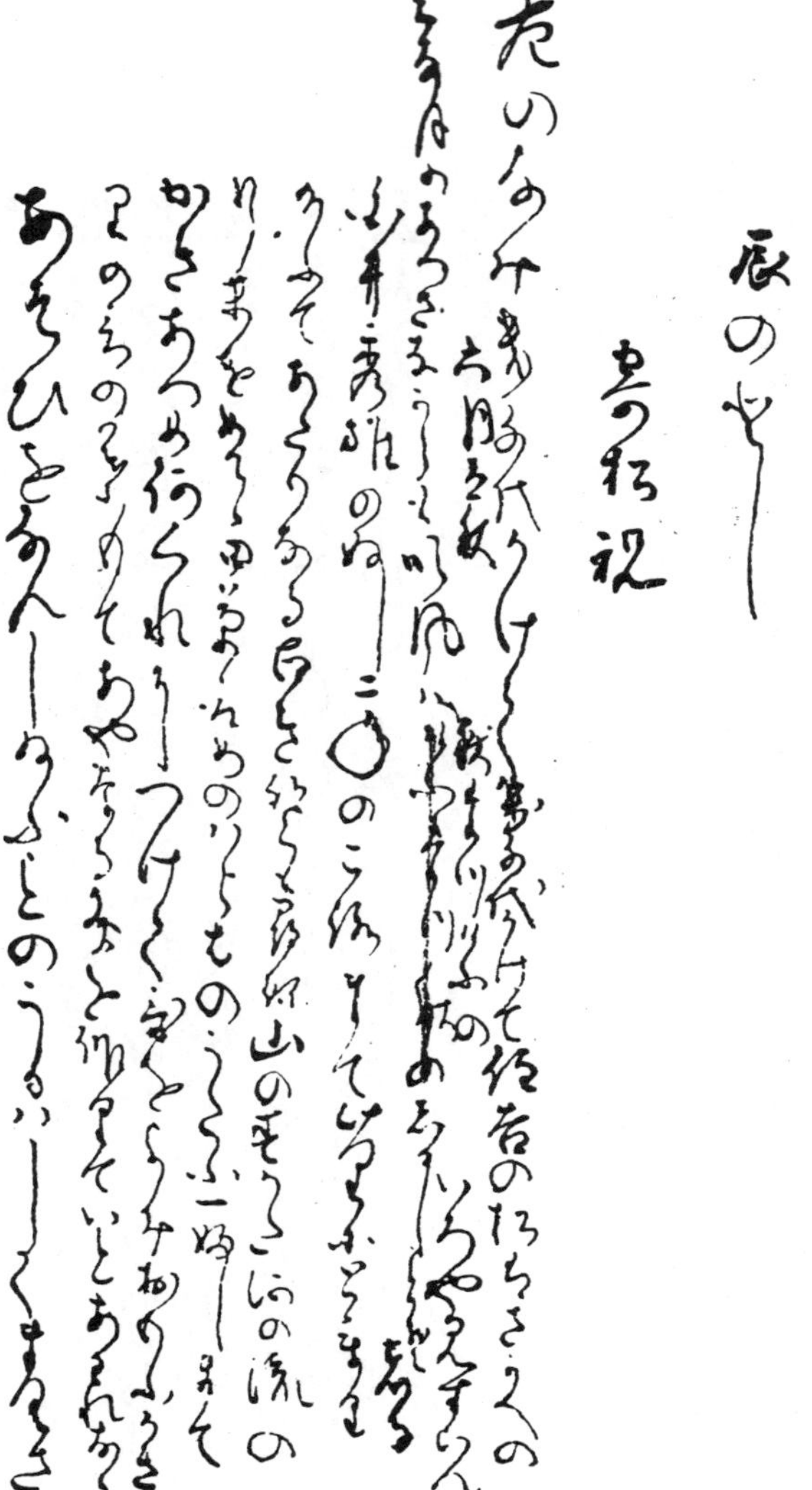

うち鴇うれうくうるふうめりあるりひる
しこくくいうあアのかもこみのをくうろれ
こけきるもけ石うらひるいやあとの乃のいつ
そーらもあとうくらえるろのしむつるふうう
うろらふるろう日中のきゆのしもさこんをら
くろ濡昊の行鴇夕やふ鴇のれくのめて乞
そくしのるよくえ鳥うきをめんかとききく
新くきこしひめて石彌ふろうくかりう
あくのあひて稀名とりひら花ぬれハ訳
しうらちゆうろちなで別うくうい世まうれ

とめやらぬ涙くれ行くそゝきこそあふをかきるこゝちすれ
そのちきりこともたえにしひとりねに
申くそふの雪ふるふゆのよすから
とくりりふる
房親
むほろとむきひとりこふらうのやそうのみち

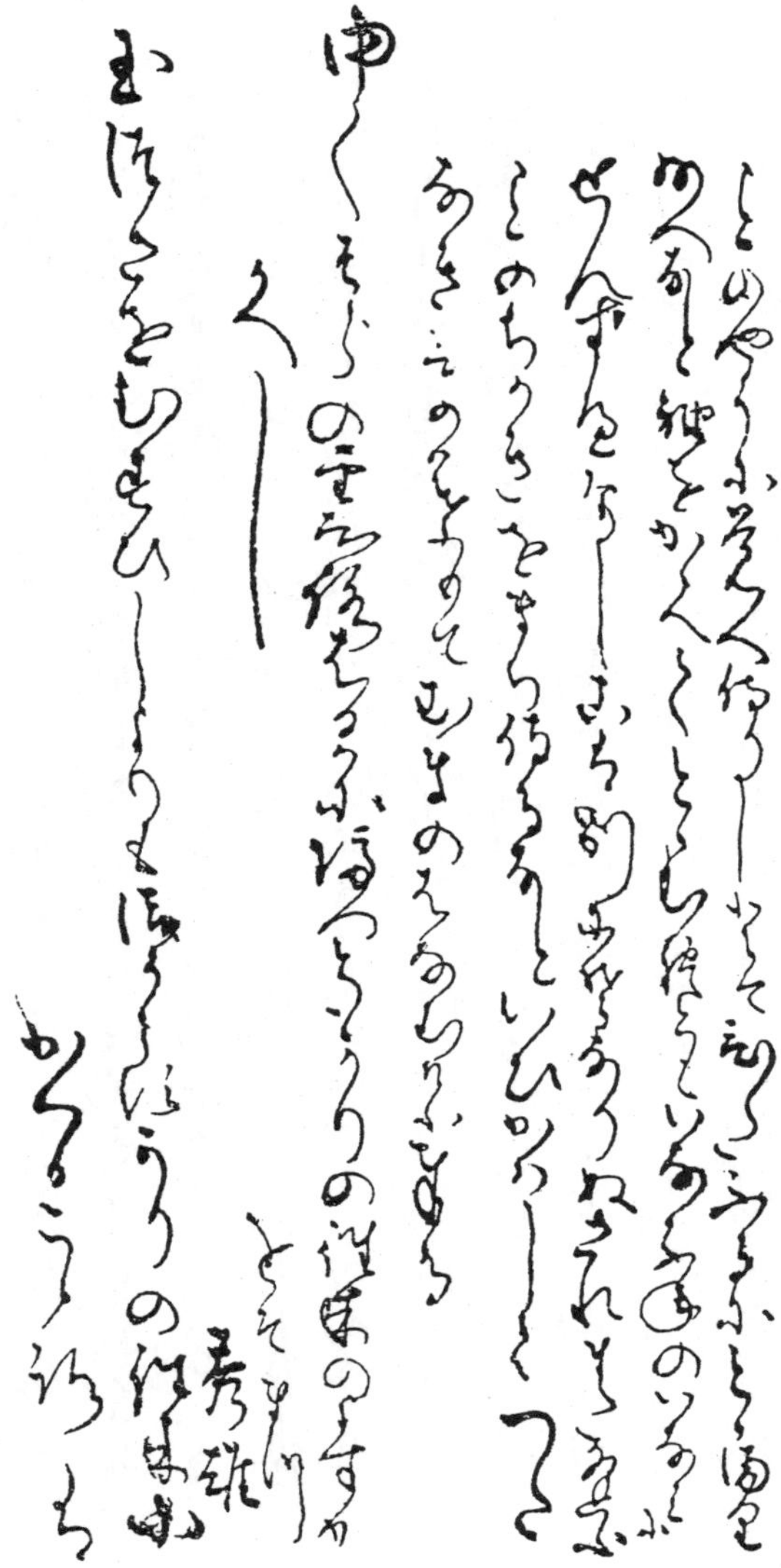

菴の春秋

菅江真澄著
柳田国男校訂

山家記

われ信濃の国に来りて、かなたこなたを見んとて、清水流るゝ柳蔭しばしと思ふまゝ、時鳥を聞き、紅葉を折り、雪を見、梅をかざすまで、思へば一歳あまりになりぬ。或日可摩《かま》永《え》といふ岡の一つ家に遊びて、けふを暮しぬれば、山住のこゝちしてければ、いさ此さま、見しこと聞きしことを、この菴にたくへて、たゝう紙にしるしぬ。

天明四年辰春

筑摩郡捧庄旧洗馬の里にて

白井秀雄稿

山里の垣根や春を隔つらん、折知り顔の卯の花に、暦無き山の奥も、夏とは知りて衣脱《きぬぬ》ぎかふる頃なれば、誰が身も木曾の麻ぎぬになりたるは、つらつきいと涼しげにものしたり。むかつをに藤の咲きみちたるが、松にもゆたけくかゝりたり。青葉をわくる花の白雲は、尋ねずともありなんや。初音よりをちかへり鳴く郭公《ほとゝぎす》の声は、山住の身のせにこそ侍らめ、まして五月雨《さみだれ》の降りくらしたる夕は、昔思ふ袖はいかばかりありけん。漏るに袂は沾れぬ。踏分くる人し無ければ、おのがじゝ匍ひ茂る夏草に、在りと無き隠れ水を、夜は蛍の尋ねて、集めたらんやう也。さすと無き柴の戸は、いつ

清水流るゝ　「しばし」といふ語を言はうとして、有名な西行上人の歌を思ひ付いたのである。

可摩永といふ岡の　此岡は地形から見ても、又四辺の口碑から推しても、構へ即ち地頭の居館の地と思はれるが、土地でも夙く其伝へを逸して、或は此様の文字を宛てゝ居たものと思はれる。

この菴にたくへて　「たくへて」は今ならば「中心として」ともいふべき心持であらう。語義には当つては居ない。

捧庄旧洗馬　捧庄はさゝげの庄などゝも書かれ、松本市を含む東筑摩西南部の古い文書に見える庄名。

木曾の麻ぎぬ　四月になると規則正しく、一同に麻布を著る習慣があつたのであらう。「木曾の」はたゞ枕詞のやうに使つたものと思ふ。「つらつき」は単に「見たところ」といふことであらう。

むかつをに　向ふの山のこと。

青葉をわくる云々　是もさういふ歌があるのらしい。散残る桜の花は尋ねるにも及ばぬといふ意。

山住の身のせにこそ　時鳥の歌には「こゝをせに鳴け」などゝいふ例が多い。其「せ」は境又は限の意味であるのを、爰には山に住む甲斐といふ風に使つて居る。

集めたらんやう也　是も例の故事、蛍のことをいふと直ぐに窓の蛍のことを聯想するのは、久しい間の歌修業の結果であつたらしい。

も水鶏《くひな》の敲きすてゝ明けぬれど、日の光やまに隔たりて遅ければ暗し。六月《みなづき》の暑さ堪へがたさに、或木のもとにわらふだ敷きて箕居すれば、みんみつく〳〵しと蟬蜩《せみひぐらし》の鳴くが、梢にしげく喧しくて、ひねもす何と無ふて日数過ぎけり。昨日今日植ふるを見しに、乙女等田面《たづら》に草取り渡りて、植田はぼさつ田の神と、声もしどろに歌ひ〳〵て、笠の軒もて稲葉押分く。稲葉そよめく風ほしやと、言へるほど無く空かきくれて、鳴神の音も頻りに鳴りひらめきて、雨は車軸《さぢく》をながすが如くに、遠《をち》の山は墨かき流せり。男女泥すねを洗はれて、あな怖し、命こそあれとて、里をさして遁げ散りぬ。程無ふ止みて、稲葉の露も真白に、涼しき夕など又無きながめなれば、賢くも思ひ入りたるもの哉と、ひとり心ほこりて、月のさし入りたるをさもこそあれと思ふ。桔梗のいと早咲きぬるに、秋や近からん、夏や尽きぬらん、麻の立枝《たちえ》のうちそよぐに、夏越の祓今や世中《よのなか》に行はりけんと覚ゆ。秋や来ぬらん、荻薄《をぎすゝき》のうちそよぐ音なひなべてならず聞えても、見しにたがはぬ常夏の色に、残暑《のこるあつさ》身に堪へ忍び難くて端居したり。けふは文月七日なれば夕の空を仰ぎて二星を拝み奉るに、稲葉の露を命に、きりはたりてふ鳴く虫あり。そゝや今宵の折にあひけんもおかし。きのふけふいつしかに、野辺の百草《もゝくさ》もひもとき綻びて、住みつる虫の限り、声うちあらはれてあはれなるに、まして牡鹿の妻とふ暮は、山の奥にもとひとりごたれて、世の有様をおもふ。さゝやかなるやどりなれば、月も残る隈無くこゝろよげにさし入りて、この清き光を見るにも、霜の故郷《ふるさと》を懐ひ出でゝ心苦しきに、いとゞ耳にしのび難き砧の音も、さと風にさそひ来て、老ならぬ身にも寝覚がちにて明けぬ。昼は人の訪ひ寄ることとこそ無けれ。落栗拾はんとて、木《こ》深《ぶか》きかくれ路に、童《わらべ》の行通ふ声のみ聞ゆ。茸《くさびら》狩りにとて、男女のそこゝと尋ねめぐりて、高き岩の上に居りて酒飲む。ふもと軒端《のきば》をうたひ分きて、我こそし得たり、あまた見たまへよ、此すゞの中にはと、薄高萱踏みしだきありく。はた通ひ馴りたる柴人などは、行袴《ゆきばかま》といふものを著て、簀もゆら〳〵と取入れて、鼻声に歌ひて降る。荒れたる垣根はかゞみ・吹あげ・馬のぶす、あらゆる草蔓のみ生ひかゝれば、そこと分け入る人も無し。長月の初より、木末もけしきばみて、露時雨《つゆしぐれ》日かぞふる毎に、峰も麓も紅葉して唐錦かけたらんやうなり。花の木・ぬるで、わきて槻のこゞしく立ちたるなど、いとおかしくこそ侍れ。岨田の面に稲苅りもて馬人に負ふせて、つくりやそへん稲のくらまち、畔譲る世に逢ひけんこゝちす。年ふる松が根に痩せたる菊の咲き添ひたるは、かの唐土の某が見し心に驚きたりしやうに、更に人ある庵のさまとも見えじ。朝夕の霧には遠近《をちこち》の里のあやめもわかで、打向く窓のうたふしくて暮れぬ。夜ふけ人定まりて、木草の声も静かなる頃、犬のいたく吠えありくは、狼里に出でゝ、ゐの子

とり食ふを、親犬の遁げ怖れけるいどみ声にこそ。人なども
ゆくりなふ行逢ひて、送られける事のありて、こゝろ絶ゆる
こゝちすと里人の言へり。はや人めも草も枯れはてゝ、庭の
浅茅も霜の下にや朽ちぬらん。神無月の初になりぬ。冬にな
り行くまゝに、河づらの住居いとゞ心細さまさりてと、書残
しけんも思ひ出でられて、ひとり木葉《このは》の落つるを聴き籠り居
りて、朝とく出づれば、仮に行きかふ三の径あとかた無く埋
もり失せて、思ひしよりげにまさりたる朽葉《くちば》の堆やと、箒も

いつも水鶏の　水鶏の声は戸を叩く様に聞えることは、昔から歌によみふるされて居る。朝になつたら鳴かなくなつたといふことを、「明けて後こそ音せざりけれ」と詠じた歌も有名である。東に山が高くて日の光が遅いだけは事実であつた。

わらふだ敷きて　「わらふだ」は円座、今此地方でいふワルンダは、元は主として敷物のことであつた。箕居は多分アヅクミと訓ませるつもりであつたらう。

植田はぼさつ　田植歌を草取歌に歌ふのである。「鄙の一ふし」にも此歌は出て居る。「稲葉そよめく」は始から草取歌であつたらしい。

思ひ入りたるものかな　この山里に入つて来たのはよい考であつたといふことか。是と月の山に入ることゝを言ひかけたのも、亦そんな古歌があつたのであらう。

麻の立枝の　立枝は畠に在る麻であらう。それが風に揺ぐのを見て六月祓を思つたのも歌人らしい。祓の串にも麻の苧を挿んで立てた習が昔はあつたのである。

常夏の色に　是はたゞ文草の巧みであらうか。常夏といふ名の花が、夏のまゝの色をして居るのを見ると、秋だと思つてもやはり残暑が忍び難いといふのである。

きりはたりてふ鳴く虫　きりぎりすのこと、以前の機を巻き筬を打つ音は、今よりも遥かに此虫の啼く声と近かつた。織女を祭る夕の機織虫だから、そゝや折に逢ふといふのである。

山の奥にも　世の中よ路こそ無けれ思ひ入る山の奥にも鹿ぞ鳴くなるの歌を思ひ出して。

ひとりごたれて　独言を動詞化したもの。

霜の故郷　霜はふる里の縁語ながら、一方には月の光の霜に似たること、又一方には頭に霜をいたゞく人の居る故郷といふ意を托して居たことは、前後の文によつて察せられる。

さと風にさそひ来て　「さと」は音を形容した副詞、里風では無い。

ふもと軒端を　此菴室の軒に近い山の麓をいふかと思はれる。我こそ得たり以下は、葺とりあるく土地の人たちの言葉を、雅文に直訳したのであらう。

かゞみ・吹あげ・馬のぶす　白井氏の本草智識は既に此頃から尋常でなかつた。此等の植物は今でも可摩永の周囲にはある筈であるが、村では恐らく斯ういふ名では呼んでをらぬと思ふ。

稲のくらまち　稲積みの「にほ」のことでは無いかと思ふ。「くらまち」は此地の方言では無かつたらうか、尋ねて見たいものである。

畔譲るは虞芮の民の故事。

冬になり行くまゝに云々　源氏の薄雲の巻の初の句。

てかいやりぬ。秋の色は一葉の隈も残り無き木末《こずゑ》に、山の姿あらはに見なして、伏猪の床もそこと知られや侍らん。さすほど無き板庇に時雨うちして、軒端の松風の音信《おとづれ》も寒く、梟のしはぶき声もさう／＼しきに、狐の山彦に響きて、かなたこなたと啼きめぐる夜は、月もいとすさまじく、暁かけて霜や置くらん、板戸の隙越す風も身にしみ通れば、榾さしくべて足手温む。夢のこゝちに覚ゆるきり／＼すの声は、祖父祖母つゞれさせ寒さ時は来たよといへる、童べの諺《ことわざ》もあはれ也。氷閉ぢて石間の水の行悩む頃、ましてはつかなる谷川の流るゝ音も、筧の水も通ひかれぬ。夕さりつかた、火の高く燃え上りてはら／＼と鳴るは、近隣なる里にていやし火といふものを焚くか。河桐などのかれ枝の中よりあかく耀きたるを、見ならはぬ目には驚き出づれば、狸ならんや、いと物凄き声にて窺ひありく。昼はひねもすめじろ・日がら群れ来りて遊ぶ梢に、がちといふ鳥もろ／＼の鳥をまねて、ひとり笑みせられておかし。羽音《はおと》高くむら雀の立ちぬれば、必ず雪の降り来となん。しみ氷りて、嵐烈しくて明けたる朝《あした》、つま木採らんとて山うちめぐれば、霜柱高く藁鞋踏入りて、爪きり放ち行くこゝちす。雪の日、松柏ましろに降りかゝりて、路もやがて埋みはてゝ、更に梢《こずゑ》なき山を見つゝ暮らして、昨日今日明けぬれど、消え行くけぢめも見えで、冬や過ぎなんと覚えつ。たゞ吹雪がちにて面さし出づべくもあらず、埋火《うづみび》離れ難く、肘枕にまくばり、険しの高嶺珍らしの岳《たけ》の雪かなと、目しばらくも棄てず眺めたるに、煙細く立ち昇りたるが山風に靡きて、素きを後の景色なるは、炭焼の営みにこそ。明くる朝けなどに、狩人は猪兎うたんとて、火矢筒をかたげてかぢ木といふ物はきて、あないみじ、根雪にやなりなんと語り過ぐる。小供ら鷺足にのぼりて、此はあてに怖りて遁げ行く、足どりせはしなくて去りぬ。いよゝ強く吹きて山谷も一つに、煙立揚がりたるやうに、遠方《をちかた》も見えざりけり。歳の暮近くなりければ御松立てん料に杭《くひせ》立つるが、土のしみたるに力無ければ、火焚きとかせて土くれを穿つ音、かなたこなたに聞えぬ。家毎の軒には氷柱かゝりたるを、こゝにす氷《ごほり》といふめるが、やつま庇に滝の落るが如し。地《つち》より軒に続きたらんは、豊年来ぬるさとしにや言ひ伝ふ。はや十二月《しはす》の始にぞなりぬ。世中《よのなか》皆年越ゆるいとなみにとて、買ひ代ふ物もていそぎありく。晦日の夕近づく頃は、御霊に飯奉るとて、手毎に箸もてさし束ねてあか棚に供ふ。夜さりになりて、夜くだちて桃の弓蘆の矢もて射給ふらん頃に、今年の名残《なごり》と大空を仰ぎて、をのづから拝みせられて、流れて早き月日なりけりと誦すれば、年も今宵も果とぞ明けぬ。けふは正月《むつき》朔《ついたち》、まことや、年立返る朝の空のけしき、名残無く曇らぬ麗かげさは、数ならぬ垣根の内だに、雪間《ゆきま》の草わかやかに色づきそめ、いつしかとけしき立つ霞に木芽もうち煙り、をのづから人の心も伸びらかにぞ見ゆるかし、と書きけん筆の跡も時にあひておかしく、山住の庵はいと静けく、松と竹との相生《あひおひ》に、うちひく注連縄に八じやう紙の翻りたるも様殊なりと見ゆ。郷《さと》の子まれ〳〵にことぶき祝ひ訪ひ来けり。あたりの里などにては、媼《めおうな》年の始に慶を唱へ来れば、折敷に塩盛り炒豆出して、なめ食ふことを年の例にぞしける。けふは子日《ねのひ》なれば、都の野辺に小松引きもていはひ行くなんど思ひ遣りぬ。若菜摘む頃も、あひそめ河の根芹摘みもて市路《いちぢ》には売るめれど、こゝは谷陰なれば雪深く埋みて、そこと覓めん方無し。童集まりて泥縄を曳きて、往来《ゆきゝ》の人を遣らじと止むるを、銭一つ二つ取

さすほど無き板庇に　窓などの戸を閉して居る時も無いほど、時雨が早く通り過ぎるといふことも、歌にはよく詠まれて居る。併し之を板庇と取合せたのは、古歌を多く知る者で無くては通じない言葉であつた。

いやし火　関東にては普通「やだ焼く」と謂ふ。初冬の田園の情景である。「やだ」も「いやし」も共に悪いものといふ意味の語であつたらしい。

がちといふ鳥　樫鳥のことを此地方でガッチと呼んで居る。

まくばり　眼を配るといふ意味に此語を用ゐたか。炉端にねころんで横目に外の風景を見て居ることを言つたらしい。

素きを後にす　論語に出て居る語、絵の事である。ちやうど雪のことを説く条にはふさはしい。

かぢ木　「カンジキ」のこと、鷺足は此地方でサンゲーシ、東京でいふ竹馬。

此はあて　「はあて」といふのは、此地方で箒で掃くにも足りぬ薄雪のことであるが、白井氏は此方言を吹き掛け雪のことゝ解したらしい。疾風に運ばれて来るやうな雪は、此辺では結果に於てはハアテ雪であることが多いのである。

やつま　屋のつま、軒先を「やつま」といふ語があつたかどうかは知らぬ。

豊年来ぬるさとし　「さとし」を前兆の意味に用ゐて居る。氷柱が榕樹の如く地に達するを、豊年の瑞とするなどは寒国らしい。

十二月の始にぞなりぬ　「始」は疑無く「終」の誤記。

御霊の飯　此風習は今まで心づかれなかつたが、よほど弘い区域に行はれて居る。その握飯に箸を挿すことも米沢地方その他にある。「民族」にも例が報告せられて居る。

あか棚　歳棚のことを言ふのである。歳棚とあか棚と同じものだといふことは、白井氏の始めて心付いた所だと思ふ。

夜さりになりて、夜くだちて　此二句重複では無く、中間に何か脱落があるのであらう。

流れて早き月日なりけり　昨日といひ今日とくらして飛鳥川流れて早き月日なりけり　古今集　春道列樹。

年立返る朝の空のけしき　源氏物語初音の巻の冒頭。

八じやう紙　此地方から三河にかけて今も此語が行はれて居る。

郷の子まれ〳〵に云々　白井氏が一時手習などを教へて居たことが想像せられる。

らせて行きける。此銭を集めて、紙に換へてしでに作りて、十三日の夕より御松つかねてそが上に挿して、小供あまたして火付けて、あの山から来る鳥も、この山から来る鳥も、おんどりめんどりつんばくら、羽ねは十六身は一つ、藤次郎と申せば、一の子二の子、三に桜のしんでの木、五葉松柳、柳のうらに、何々つるいたと、あらぬ隠れどころのことをのみ謂ひ、はた人々の名を顕し、往来を目ざしてわゝと囃しける。十四日の朝、門毎に柳立てけり。はた梁の下にも、柳の小枝に繭玉とて、蚕の糸作りたるやうに、餅つくりて挿したり。出入る戸口には、ずほう花ほんだれ也ケツリカケ也懸けゝり。柿の林などには、男等鉞木のもとに打当てゝ、此年なるかならぬか、ならずば伐り果してんと謂へば、傍なる者、こは宥したまへ、なり候はんと謂へば止めつ。十四日より粥杖もて初の妻打たんとて、童あまた窺ひありく。人わろき女などは、我さきに打たん、此杖の細きとて、節分にしたる十二書きのわさきかざして、内外《うちと》にのゝしる。家毎《やごと》には万物作といふ事を書きて壁に押しける。昔は粟穂などを木にて刻み、こやしの上に刺しけるが、今は斯くし侍るとなん。古は蟹を串にさしやぢりて、屋に挿すわざも侍りしが、今は絶えたると古き人の語りぬ。十五日の粥は故郷に同じ。夕さりつかたは例の道祖神笑ふ。十六日の朝、繭練りとて、かの繭形の餅を煮て、霊棚に供へぬ。今日は牛伏寺に詣でゝ、身のさはりある年の者は、ふく供へ餅をいふなりで借り来て、又の年算へ添へて返すと謂ひて、人々まかりぬ。十七日、柳の枝にて弓矢造りて、山の神に奉るとて、山林の木などに懸け捧《さゝ》げて、飯《いひ》を供へて祭りけるは、年毎の例にこそ。廿日、ふくでおろしたるを、如何してけるか、ゑの子のくはへて走るを、しこつめ、うちはたしてんと雪踏分けて追ひめぐるに、雪はいよゝ降りぬ。二月の木の股裂け、三月のくね隠しとて、春雪いたく積りぬ。越後路近き里などは、行きかふ人雪棹《ゆきざを》といふ物を手毎にもてありきて、道いたく埋みはてゝそこと往来もならねば、かの棹立てゝ其末に手拭上帯など結び置きて、此雪に埋まれて斃るゝを待つ心のうち如何あらん。二日三日ありて見あたる人々掘起してとらせぬれば、蘇《よみがへ》りたる思して、まゝ出づることあれど命恙なかりき。垣根の山吹やゝ咲きぬれば、軒端の松の藤の梢もすこし気色ばみてぞ見ゆるかし。此山陰は花いと遅く、あへておくれたるにはあらじ。梅桜も弥生のなかば過ぐる比より咲きて、世中青葉になり行く頃、山のかひ、松に隔たりたるなどは、一しほ見どころありておかし。野に生ふるとゝぎ草摘まんとて、女おうな打集ひて、歌ひなぐさみて行く。童まだ短き蕗の葉採りて、たんばぐさのかれぐさ、枯れても〳〵たんば草と、ひたもの空にうち揚げぬ。こは五月の節供にすべきを、思ひ出でゝ遊びぬ。其茎とりて草摘む女の頸にさし入れければ、こは何ぞといへば信濃太郎なりといふ。やれ恐ろし、取棄てゝよと頸さしのぶれば後なる子、五月の頃栗の木にすだく虫の、如何にして今し頃有らんと笑へば、童この蕗の茎なりと面さきにさい付くれば、今は宥さじと追ひめぐる袂より、ない葉《ば》・まひのめ翻したる、我追ふたる報にこそあなれと、手打叩きて笑ひあへり。峰なるあらしよりは、

羽ねは十六身は一つ云々　この童詞の近頃の変りかたと、村々の相異と合せて、比べて見たら面白いことであらう。松本地方では「柳のうらに、猫のしつぽ十に切つて、十とこへつるくした」と近年は唱へたが、昔は此つるし物に托して、いろ〳〵のことを言つたものと見える。

粥杖　土地で何と言つて居たらうか。此地方のケエカキボウには、今では尻打のことは無いやうに思ふ。次の「わさき」は今もワッサギと謂ひ、割裂き即ち薪のこと、土地の方言と認められる。

万物作といふ事　是を粟穂稗穂からの変化といふことは正しくはあるまい。安曇方面には今でもこの二つを共に行ふ村が多い。但し万物作は勿論農民が手習をし始めてからのことで、多分は最初は万物作吉と吉の字を添へたものであらう。

蟹を串にさし云々　是は珍らしい習俗であつた。柊や鰯の頭などゝも無論関係があり、とげのある物を出すといふことが主眼であつたらうと思ふ。全体に節分の夜の行事と、若年越の行事とには共通が多い。小正月の重要さが減じて、式を立春前夜の方に委譲したものと認められる。雪の底の沢に蟹掘りを行ひ、之を串にさして火に焦して屋に挿すわざは、北安曇上水内郡境の山村には近年も行はれたさうである。

身のさはりある年の者　厄年即ち男四十二、女三十三とかの齢になつた者のことであらう。土地によつては其年の十二支に当る者が、この特別の祈禱をする例もある。「ふくで」は餅の古語、割註は一字下に入るべきであつた。借りた餅を倍にして返すことは、此通りに今も存する風習だといふ。

ふくでおろしたるを　此地方で歳棚を始め内外の神仏の供餅を下げる二十日正月を「ふくでおろし」といふ。

とゝぎ草　ツリガネニンジンのことを此辺でも「とゝき」といふ。

たんば草の童詞　蕗の葉を束ねたまゝ葉柄の根本から皮を剝いて、食用にする部分を採つた後、其皮を縄にして葉を結び、これを手に提げて高く投げあげる時の詞であるといふ。此風習は今も北安曇及高井郡の山村に存し、東筑摩では五月の苗を束ねて投げる所もあつたさうである。これがもと五月の節供の行事であつたことは、此文章によつて知らるゝのである。

信濃太郎　関東にても弘くシナンダラ、東京辺はそれから転じてシラガダイフといふ。

ない葉・まひのめ　方言ネーバはとゝきの嫩葉、メーノメは檀の樹の芽、まゆみのめの訛。共に摘んで食用とする。

峰なるあらし　「あらし」は北部の「なぎ」も同じ語で、山側の崩れて急傾斜になつた処をいふものらしい。語の起りはやはり「荒し」で、切替畑の休閑期のこと、或は「そらし」といふ地方もある。信州には「そうれ」といふ語もあるので、「あらし」を天然の薙ぎに用ゐたものかと思はれる。

柴舟といふものに乗り直ちに落ちぬ。かゝる小供遊びの声どよみて今日も暮れぬ。海こそ無けれ、雲に雁がねの鳴き渡る曙、えも言はん方無し。夜々の月の朧《おぼろ》も、かゝる山里の眺め、世中の人に告げまく思ふ。今日は某の里に貴き事ありとて、往来の者の声喧し。やとこ付きたる児を女の抱かいて、あなおぞの子なり。吾が頭の毛残らじと言へば、後なる嫗、はや日ましの如にちつき侍らんと言へば、さにや、今年はくるみ桶にも居らで、手暫くも放たれじ、うちすてしばしそへちなめるに、我もいぬれば、火じろの辺を匍ひめぐり侍るなど、散りかゝる花のもとに煙うち吹き語りぬ。かくて春は暮れぬ。うなひ数多集ひて草あつめて、さ此草参れと、草合《くさあはせ》して遊びたるもおかしき例にこそ。蚕一つ起きたる時は、苅敷とて木々の嫩葉苅りもて田面に埋み、馬に人に打踏ませて、早苗取り栽ふるまで、こゝにありて暮れぬ。

やとこ付きたる云々　今ヤッコといふ、頭の毛の剃り残しのことか。「おぞ」も此地方では夙く「うたてし」の意味に用ゐられたと見える。

日ましの如に云々　毎日のやうに智慧が付くからねなどゝいふ普通の会話を、雅文にして見ようとした苦心の跡である。「ちつく」は或は此土地でさう謂つたものか。

くるみ桶　ツグラともいふ嬰児を入れる藁製の器を、松本地方でクルミキといふ。洗馬では「くるみ桶」と謂つたと思はれる。イヅミキといふ名も此近傍にはあるから、元はツグラと一つの語であつた。「火じろ」は炉、東北では「火ほど」。

そへちなめるに云々　添乳のことゝ思ふが「なめるに」は不明。乳を呑むことを言つたか。

ふでのまゝ

「筆のまゝ」は三十七枚の内、歌文の控と思ふもの以外を抄出した。覆刻本中扉の次の書損の一枚は、「菴の春秋」表紙の見返しに貼られた反故である。斯様にして清書して携へ去つたものが、後に「洲羽の海」と題せられた一巻であつたのであらう。さうして其等の巻にも亦、挿絵があつたと想像されるのは、「凡国異器」といふ遺篇の中に、此紀行と同時の写生画が「来目路の橋」や「伊那の中路」に入つたものと共にあるといふことである。　（信濃の部委員）

睦《む》月《つき》十五日、諏訪の御社の筒粥の御神事に詣でんとて、丑のくだちに起きて出行く。かくて塩尻に来けり。大なる木の高きを往来の中におし立てたり。そが末には色々の紙もて幣切掛けて、白紅の八丈紙に、小袋添へて附けたり。其なかばよりは、しりくべ縄を蜘蛛のゐの如く引きたり。こは御柱とて、十三日の朝、初の聟がねにこの土掘らせて、居杭刺させなどする例といへり。町々処々に立てたるは、月の光にをかしく見えたり。こゝを柿沢と謂ふ。

　咲く梅の色をも香をも降り埋む雪に隔つるかき沢の里

けふなん春の立ちければ、長居坂にかゝりてつらゝ踏分きて、

　とけ初むる岩間のつらゝ長居坂越来る春の跡をこそ見れ

犬飼の清水に臨みて、

　惜みにし年は昨日にいぬかひの清水の氷とく春は来ぬ

月の影かと見れば、誰袖《たがそで》も真白に霜置き渡りて、足手しみわたりぬ。

　うちつどひ重なる袖に降る霜を払へど月の影にさえ行く

峠に上り得て遠方《をちかた》を望めば、月は雪の外山に落つるに、烏の二声三声音信《おとつ》れて過ぎける方は、紫だちたる空のおかしきに、不二は他山にまよふかた無く独り聳へて、銀布きたらんやうなる湖の氷を、切分ちて出でぬと覚ゆ。やがて其郷《そのさと》に到るに、未だ明けはてぬ空に、小供らあまた声して、火串を燃やし折敷打敲き、今日は誰が鳥追、太郎殿の鳥追か、二郎殿の鳥追

丑のくだち　午前二時を中心とした二時間が丑の刻。故に丑のくだちは三時前後。

柿沢　東筑摩郡塩尻町の一区。

とく春は来ぬ　速かに春が来たの「とく」と氷の「解く」とを言ひかけた巧みである。

か、おらもちと追つてやろ、ほんがらほと山谷どよみて、田面や畔を歌ひめぐるは、声困《こう》じ負けたる里に、幸無き例にこそ。富士はいよゝ俤《おもかげ》けしきさだかに見えたり。春宮にぬさ奉るとて、

仰げたゞ今朝は霞のたつか弓春てふ宮に春の恵を

御社のこなたかなたに榾焚きて人集まりて、藁鞋の氷袂の霜解かしてあたりぬ。御社のかたへには柱四つ立てたる中に、かなへすへて今日の筒粥煮るめる。御神楽《みかぐら》の声を聴きつゝ待居たるに、やがて小さやかなる戸押開きぬれば、我先にとくゞり入るに、脇差の鍔に頭打たれ、袖などをかしこの釘に引掛けて、これを撫でつゝ後見返りて、急ぎて御社の下にかゞまり集ひて、我も我もと押合ひ居寄りて、矢立に息しかけて、今や今よと待ちぬれば、祝赤黒白《あけくろしろ》の袂ゆたかに、段階《きだはし》に昇りて、柏手はた〳〵と聞えて後、やゝありて白き袂の祝、筒を破りてなりはひの善悪を喚ばふ。人々手毎に束短かの筆にて、懐紙に書い付く。こは米麦好かりつるよ、今年は世中よかるべし。此占《うら》の尊さよ。御粥は子《ね》の始より、御階《はし》に日当るまでに煮やし奉ることは、年毎の例なりけるなど、声高に語るに、神事果てぬれば皆帰りぬ。

けさ春の霞の衣《ころも》うら問ひてその五くさのうや知るらん

雪踏分きて秋の御社に詣でゝ、詠みし歌に、

下もゆる尾花が袖の俤《おもかげ》を雪にぞ見つる秋の御やしろ

海べたに臨みて御渡《みわたり》の跡を見れば、三尺四尺氷立ち破れて、西東に青み流れたり。此氷の上をかち木はきて人々渡れり。

諏訪の海神の渡りし跡とめて危うげも無く通ふもろ人

此帰るさも富士の根はほの霞みて、雲の白く流れたるけしきの、氷の上に映りたるを、高嶺より見たる、世に類無し。

たぐひなきながめをこゝにすはの海の氷の上に映る富士の根

また

をしがものみなれそなれし跡絶えて見るめもなみの氷る海づら

今日もひねもす雪踏分きて還りぬ。あくる夜、夢のうちに、此春宮の前より富士を見やりて、

諏訪の海霞める富士のうつるかな衣が崎に春や立つらん

廿二日。今井の里なる宝輪寺にまかりて、尊応法印を訪ひ奉りて、夜もすがら歌よみ物語して、あくる朝、英が描きける立田山に、芳野をまじへて写したるは、まことにさもと思ふ。谷の柴橋などを、つま木折りこして山人の行きかふさま、花の雪と降り来るが折そへたるとやいはん。雲と見錦と想ふ立田山は、遠き秋と霞に隔てゝ遥けし。あなめでたの人の写せる筆の跡や。

名は四方にたつ田の山の花紅葉こはよし野よくみつ茎の跡

松本に行くに、かまだといふ処にて、
　野辺見れば霞に木芽《このめ》うち煙りかま田の野べにもゆる若草
或宿に旅寝して、又の日沢辺雲夢のぬしを訪へど在らざりければ、又と言ひて、林邑《はやしむら》広沢寺に行きて吉員《よしかず》の墳《つか》にとぶらはんとて出でぬ。
埋橋《うつはし》といふ処の雪間《ゆきま》もとめてありくに、
　枯れし野も今もえかゝるうづ橋や埋みもはてず雪のむら消え
薄河の面は氷盈ちふたがりて、人々此上を踏みもて渡る。
　水の音も氷にかれしすゝき河もえ渡るべき春は来にけり
野も山もうらゝかに霞みて、梢の雪も花とあざむく頃にこそ。
爰をつかまといふ郷《さと》なれば、
　写すともいかゞ及ばん執る筆のつかまの里の霞む遠近《をちこち》

声困じ負けたる里に　小正月の色々の行事に、隣どうし競争のあつたのは、それが同時に年占に用ゐられたからであつた。その為に今でも村々の鼹鼠打などは、早起の競争に他念も無いのである。

かなへすへて　粥の釜を据ゑることである。共に見た人たちに見せる文章で無かつたら、斯んな不精確な雅語を使はうとはしなかつたらう。

なりはひ　白井氏は常に農作物といふことを「なりはひ」と言つて居る。語原論に由れば正しいのかも知れぬ。「世中」といふ語も近世までは、農産の豊凶のことであつた。

その五くさの　此次の字不明、脱字かと思はれるが、「うへや」であつたか否か確かでない。

尾花が袖の俤を　此神は穂屋の秋祭に顕しまつる故に、斯ういふと神徳を仰ぐことになるのである。

すはの海の　白井氏の他の日記の序文に、「洲羽の海」といふ一巻があるといふのは、即ちこの「筆のまゝ」に見えたる文章のことであらう。標題は多分此と次の一首の歌に由つたもので、初から諏訪の記事だけに限るつもりでは無かつたことゝ思ふ。

見るめもなみの　湖水は海松の無い海だから、古くから此句がよく用ゐられて居る。それを見ることが無いといふ意味に言ひかけるのも、久しい習ひであつた。

宝輪寺　来目路の橋には尊翁法印とある。

英が描きける立田山に　一蝶筆の屏風は、此寺に現存する由。

名は四方に　よき人のよしとよく見てといふ古歌を利用したのであるが、かなり窮屈な歌である。

かまだといふ処　本文に「かまたた」とある一つは衍であらう。現松本市大字筑摩字鎌田。

沢辺雲夢　松本市南深志宮村町住、医。

百瀬吉員　東筑摩郡里山辺村林広沢寺に墓碑現存。此等の人々は曾て白井氏が年少の頃姨捨観月の帰途、松本で徹宵歌莚を開いた旧知であつた。

埋　橋　松本市大字筑摩のうち、薄河の北。

つかま　小字の筑摩である。大字筑摩のうち、薄河の南。

其御寺に詣でゝ見れば、土高き処に文山幽雅といふ卒塔婆さしたり。こは吉員のなりけり。

物言はぬ石に昔の春問へば霞む涙におもかげぞ立つ

又同じ道を出でゝ、東間をさしてかへる。有隣《ありちか》の墳は恵光院に在り。詣でゝ見れば徳嵓有隣と石ぶみに記して見えたり。

絶えずたゞ堕つる涙にありとある石の文字さへ読みも解かれず

やがて其郷を立ちぬ。郷原村に在る白頭翁が門を叩けば、あるじ句はせで、

春もまだ浅き野末を踏分けて訪ひ来し人の心深さよ

返しを

来て見れば人の言葉の深緑野辺は萌ゆとも知らぬ雪間に

壁に押したるを見れば、

神祇道ハ我国ノ大祖ナレハ糸竹ノ直ナランコトムネニタエナカラン

駒カ嶽スソ野ノ森ニ来テ見レハ小町カ家ニハヤスナヽ草　西行

かくと記したるは、上穂《うはぶ》の里の神司《かんづかさ》の家に持伝へたる西行上人の筆なるを、写し来りしと語りぬ。如何なる心かありけんか。

（原註）小町谷常陸ト云フ神司美女ノ宮ノ也。

浄瑠璃姫六百回忌追善詩歌連誹序

昔此国に、真福金福金高といふ三人の長者ありき。金高は矢作の里に住めり。長者身まかりて後、伏見中納言師仲卿、いさゝか罪ありて、下野国室八島へさすらへの時、暫く此国に留まりて、金高が妻にひたすらに通ひたまひて、年月を経るまゝに女たゞならぬ身となりぬ。中納言八橋を渡るとて詠みたまひし歌に、

夢にだにかくて三河の八橋を渡るべしとは思はざりしを

此歌都に聞えたるにや、上あはれとおぼして召還され給ふ。女いみじき女の子生みてけり。此子いと大きになるまゝ、世に比無き容なりければ、名を浄瑠璃姫とつけつ。はた承安四年の頃、世中静かならざりければ、源の牛若まろみちの国へまかるとて、其国なる吉次といふ賈人にたぐへて行きけるが、矢作の宿なる金高が家にやどりたまへば、其夜いとしめやかに物の音《ね》聞えければ、すき者の牛若、腰なる横笛抜出だし、やをら吹合せたりければ、しらべする女ども、笛の声にや驚きけん音皆止みぬ。姫此笛のいみじく優なるにめでゝ、浅からぬ恋となり、行末を契りて別れける時、程無く還り来べき由を言ひて、薄墨といふ笛を姫に賜はりて行き給ふに、姫はありつる男をたゞ待ちに待ちて十年を過ぎぬ。或日人々を伴ひて、行きかひ繁き高宮の里に至りて、吾妻より来る人毎に

かの男のことを問はせければ、或武士さがなく言ひなして、その男はとく人に斬られたると、虚言したるをまことに聴きなして、乙川の流に沈みけるとなん語り伝ふ。寿永二年三月十二日の事なりけり。あはれなることゞもなど思ひやるべし。此寺の後なる岸より身投げたるとて、今人ごとに浄瑠璃淵とぞ言ひならはせり。姫の乳母冷泉《れいぜい》といひける女、歎きの積りにや世に在りはてぬこゝちして、髪を切り尼となりて、姫のもたる鏡調度などやぶりて、三尊の阿弥陀仏を鋳奉り、本尊とあがめ奉りて、乙川のほとりに形ばかりなる庵を結びて行ひ居れり。後荒神山冷泉寺といひき。くさ〴〵なる事はあれど、誌すに所せければ皆もらしつ。文明の頃とかや、此寺の開基竜潭禅師ある夜の夢に、乙川のほとりに仏おはしますと見えたまへば、驚き淵より求め奉れども、弥陀観世音のみにて、勢至菩薩は無かりければ、今木にて作り奉るなりけり。この年の春みとしろ開かせて、人々に拝まれたまふなりけり。又来ん寅の春は、かの姫の六百年の回忌に当れば、心あらん輩はから歌やまと歌、はた連歌、誹諧もて、いにしへをとぶらひたまへや。

安永十年丑三月十二日　源　秀　超

世の人の鏡とや見んうす氷ふむあし鴨のあつき心を

かりまたてふ処にかゝれば、狩人火矢筒に火縄さし添へて嶺より下る。

ますらをが尾上の真柴かりまたに伏猪の床やふしうかるらん

又戯れたる歌一つ書きつく。

かりまたに踏付けたりし細道をとひつゝ来ればそふ川の里

小松有隣　松本市北深志下横田町のこの寺に、石碑現存。

白頭翁　青柳露白、五尺庵と号したことは「伊那の中路」に見えて居る。桔梗ヶ原に此人の名で芭蕉の「野を横に馬引き向けよほとゝぎす」の句碑を立てたのがあるといふ。

いかなる心かありけんか　流石の白井氏にも是以上の批評の辞は無かつた。諸国の旧家に伝へらるゝ此種類の文書の由来を究むることは、非常に意義の深い仕事であるが、今とてもそれは容易で無い。上伊那郡赤穂村神職小町谷氏に、此原本は火災にも焼け残つて、保存せられて居るといふ。

乙川の流に　本文「なけれ」とあるはたしかに誤と思はれる。乙川、高宮の里、共に三河の内であらうが、まだどのあたりであるかを知らぬ。

みとしろ開かせて　此春開帳があつたことをいふので、「みとしろ」といふ語は当らぬやうである。

世の人の　この歌の前に文章があつたのである。「伊那の中路」冒頭に、白波に打取られたとあるものゝ僅かに残つたものであらう。「筆のまゝ」はいろ〳〵の断篇の綴合せらしく、紙質もそれ〴〵異つて居るのである。

或日枝下てふ処にまかる。おかしき路なりけり。嶺高く谷深くして物すさまし。遠方《をちかた》に見えたる村は御舟となん聞えたり。

　山並のうちへだつれば遠方にみふねの村のまほならずして

やゝ其里にさしかゝれば、山川の音かまびすしく聞えて、物さびしき山里の住居なりけり。此里に年ふりたる松のあまたありければ、

　山鳥の尾上《をのへ》に生《おふ》る松が枝もしだりの里に千代や経ぬらん

こよひ此里の某がもとに宿る。めおうなさしつどひて榾さしくべて営みす。よなべする片手には昔今の物語する中に、近き頃この里に忍び〳〵通ふ男女ありけり。男住みうくや思ひけん。或夜女を伴ひ此処をしのび出でゝ舟に乗る。男馴りたる顔に棹とりさし出でゝ、やゝ央に漕ぎ出でたるに、浪荒く舟にうちあてゝ、手もたゆく目くるめき棹打放ちてければ、舟は斜になりて、あまたの岩稜に打ちあてゝ壊れたりければ、男は中島てふ処の白洲に上り、辛き命を助かりぬ。女は這ひ上る力無く、水底に入りぬ。しかはあれど命有りて、こなたかなたの岩かどを頼りに、やう〳〵岸に上りて、あたり近き処の寡婦をたのみてしか〴〵のこと語れば、このおうな情ある者にて、昼さへ戸押したてゝ、この女を人目よきて、濡れたる衣乾しなどして、二三日匿し置けり。如何しけん舟の主見出して寡婦をあるまじき由を言ひて責むれば、やもめ、女の物あはれなれば、二三日止めつるのみに侍ると言へば、やもめの親切を思ひてえ責めず。女はいらへ無くたゞ泣伏したり。かゝる折からにありつる男、此女は死に失せたるや、又命あるやと、舟著く岸の辺に来りければ、舟は向の岸にあれば、え喚ばふこともせで帰らんとするに、人々見つけて、舟戸まで来て何わざもせで帰らんとする人こそ、かの盗人ならめと思ひて、人あまた呼びかけたれば、顧みもせで岨道にかけ登れば、人々追付きて連れ来れば、堤のかたはらに踞り、さしうつむきていらへも無くて居たれば、女走り出でゝ男に居寄りて、うち涙ぐみて言ふやう、御身は如何にして遁れたまひけん、吾も危き命を助かりぬ。さはりとも舟押出す時、われ武蔵国にて乗りつる覚えありとのたまひしかど、余所《よそ》よりは水荒し、止まりて山路行きたまへと勧めつるものをと、おろ〳〵と泣きける。人々此女のみめかたちいみじく優なるにめでゝ、舟のわりたることも言はで去りぬ。あとにては主の男ら、此舟はあまたの黄金を出して造りたるものを、金いさゝかも取らでやりつるなど言ひしらふ程に、男の親、やがて酒肴調へ来たりて、たゞわりなくしなしたる由を言ひて、まげて宥したまへと言へば、人々言葉少なくいらへて止みぬ。主我前に来たりて、今聴きたまひし物語の心をよめと言へば、かの男女の心を思ひ出でゝよめる。中島に上りつる男、

　鳥ならば共にや飛ばん中島に翼しほれて居るかひぞ無き

岸に上りたる女、

いかゞせんかた割舟のかた〳〵は岸によるともかひなかりけり

あくる朝、帰るさに川面を見れば、筏師あまた居たれば、

筏士もこゝろして行みなれ棹なれにしわざもさすが危うし

飛騨の国なる梶原家熊の大人、遠江守になり従五位下など給はりて、昇進し給ひて還り給ふよろこびの歌とて、

天地の恵つもりて位山昇り得し身の今は安けん

常陸国なる宗淳が都にまかりけるに、信濃国にて九月の頃見えて、はた別るゝとて詠みてやる。

別れてはいつを契としら菊の飽かぬ色香に立隔てぬる

梶原家熊の大人、神無月の初に飛騨国に帰り給ふけるを送り奉るとて、

きのふけふ　峰の紅葉に　引きかへて　錦の袖の　旅衣　立隔てぬる　思ひこそ　猶いかばかり　つらからめ　朝に聞きし　道芝の　露のよすがも　かれ〳〵の柳の枝を　手折りもて　春は栄《さかえ》の　色見んと　契りしことを　頼みにて　秋の山田の　それならで　ひたてふ国に　ありといふ　位の山の　くらからぬ　光を添へて住む里の　方はそことも　しら雲の　八重にかさなる山々を　越路の雪を　右に見て　行くらん方に　たくへ遣る　心につらく　かきくれて　今朝は別の　袖ぞしぐるゝ

わかれ行く山田のひたのひたすらにかけて頼まん音信《おとづれ》もがな

神無月十一日の日、阿礼の御社に詣でて、落葉かきわきぬさ奉る。木々も皆枯れはてゝ神々しきに、御垣守る狗のむくつけに人見たるさま、いとすさましき冬の気色なるに、折しも

枝下てふ処　「枝下」は矢作川の岸にある枝下村（シダリ、今の西加茂郡猿投村大字西枝下）では無かつたか。もしさうとすれば、此紀行の断片がどの辺の記事かといふことも考へられる。少なくとも是は天明三年よりは前の年、即ち前の浄瑠璃御前の六百年忌の年などのものであつた。次の「御舟」も枝下の隣村である故に、此想像は誤が無い。

さはりとも　さはありともの約で、誤脱ではなかつたらうと思ふ。

やりつるなと言ひしらふ　破りつるの意であらう。

主我前に来たりて　此「主」は舟の持主の方では無く、今宵此話をして居る枝下村の宿の亭主である。歌を添へる為に記述が少しごたく〳〵して来た。

こゝろして行　送り仮名は無いが「心して行け」ではあるまいか。

飛騨の国なる云々　此以下は後に整理して「伊那の中路」の終に組み入れられたものである。

雪霰降り来て、みてぐらの軒うつ音、杉の青葉に嵐落来て、にぎてはら〱と鳴りけり。

霜八たび置けども更に杉の葉は色もかはらであれの御社

落葉を

奉るぬさと散りにしもみぢ葉の積ればやがてはらふ山風

潮尻の里なるいの字山といへる頂も見えず。雲のかゝりて暗かりければ、

いの字山嶺も麓もかきくれてかゝれる雲や雪げなるらん

神無月廿一日、砂田《イサゴタ》の御社に御柱の神事ありける。此行ひは卯の日酉の日にありける御例也。こたび卯の日の今日なれば詣づ。道々の木草八重霜に朽ちはてゝ、柞《はゝそ》のすげなく残りゐたるが、山風にむら〱と散れるもこと〲し。行く路知らねどこの詣づる人を案内にて来れば、細く流れたるを鏼河《くさりがは》といへば、

山風のしがらみかけてくさり河浮ぶ木葉《このは》ぞさび渡りぬる

雪の降りたる高根に雲のきほひかゝりたるが、程無ふ時雨《しぐれ》来て晴れみはれずみ吹きもて行くに、虹の斜に昇りたるは、鶏《とり》放《はなち》が岳、又有明山といへり。常に鶏棲みけるよりつけつ。やがて広前に至りて例の事しはてゝ、かの御柱置きたる処に、物見る人々を分きて行きたるに、五丈七尺にみちたる材木に綱四つ付けて、遥かなる木のうらをたよりに、かの緒通しすてたり。工等《たくみら》手斧《ちやうな》もて来りて打清めける。此御柱伐りける時より、すれう又の七年過ぐるまで、立ちたる何の木にねがひ金とて、釘かすがへのやうなるもの打ち置きて、御柱のしろと定めて伐りたまふことあらじとなん。或木の股にあなゝゐつくりて、人三人物かぶりて、采配振り立てゝ引くべき様を教へて、太鼓かけて打鳴らすたび毎に引挙ぐ。下よりはさすといふ物をもて、押揚げ〱立てたるを、老いたる人々は、昔の如に倒れなば人あまたあやまち侍らん。いざ彼方に分け移らんといへば、否さる事はあらじ。一の綱には神乗りておましませば、精進悪き人こそ知らね、身も心も清らなるものに、聊かのあやまちあらんやと、煙打吹き身じろぎもせで見居たるを、しれ者かなとつぶやきながら、老人小供等はるけくよきぬ。かゝる御神事は余所の国に聞えぬわざにこそ。

もて運ぶ路の落穂も山となる栄を祈れいさご田の宮

今宵は和田といふ処にとまりぬ。主の云ふ。今日の御柱は四つともに、ことのいさかも無く押立て侍る。あとなる年人あやまちはべる故、来る年にあなるを此年にし侍るとなん。通夜《よもすがら》木葉《このは》霰にうちまじりて、板庇打つ音、風のこゞしくて、木の枝も折るが如く吹きて明けぬ。昨日をちの宮に詣でし時に、小さき松の栽ゑたるを見てよみし歌をこゝに記す。

千代かけてはぐゝみたまへ御乳の宮二葉の松の生ひさき

もかな

かゝるたふれたることながら爰に載す。此里を出づれば、水

代といへる処ありけり。其河岸に来て、
うすら氷の下にくゞりて行く河の流れもあへぬ水しろの
里

雪降り来て遠近も見えず、牽き来る駒の背などにはいたく積りて、路も踏みたがへぬべし。

冬枯にあるか無きかの道芝もやゝ降り埋む今朝の初雪

或夜長興寺にまかるに杉むらを行くほど、空すさましく風吹起りて、さとぞ時雨たれど漏らざりければよし。

行くほどは袖こそぬれね小夜《さよ》時雨一むら風に杉の下みち

蘆の田といふ処の御寺の庭に、糸桜とて世に大いなる空洞木ありしを、神無月の末の頃、風いたく吹きて倒れ伏したり。

春咲かん思ひは絶えて糸桜つらくも風のあだに折りけん

近隣なる家に、人々集まりて歌よみける。我は風の心地あればえしも行かで、たゞ埋火のもとにうづくまりて思ひやるに、雪の歌と聞えたれば、

訪ひ見まく思へど心あし垣のあなたに積る雪のことの葉

紅葉盛りに染めたる頃、かなたこなたと見ありくに、幽かなる山中に斧うつ音して、かれこれの木の紅葉いたく取束ねて、たき木に負ひあがりけるを見やりて、

柴人は惜むこゝろの色も無くつま木に折るみねの紅葉ば

するどき雪の高嶺幾つも見えたる中に、四五朶の真白に聳えたるは、甲斐信濃のあはひなる八が岳といへり。

降る雪の高ねは七つ八つが岳遠山鳥の尾上へだてゝ

昨日けふ苅り果てたる田面に薄氷閉ぢて、稲の朽根などに霜降りたり。

苅りあげし晩稲《おしね》の朽根うすら氷の上にもいたくふれる朝
霜

ある山陰の一つ家に水の流れ入りたるに車かけたり。そが此方には臼つくわざをこしらへて、米舂く音頻りにさえ聞えて、落来る水を山風の吹散らして、其屋つまいたく沾れたるが、夜さりは氷りてつらゝゐなどして、月のかげもいとゞ寒けく、たゞ通夜《よもすがら》このしわざ絶えじとなん。

山風のさえぬる米の白むまで水車井は音も氷らじ

『菴の春秋』真澄遊覧記刊行会代表者柳田国男編、昭和五年九月五日、真澄遊覧記刊行会

すれう又の七年過ぐる云々　不明

立ちたる何の木に　「何の木に」の下に「ても」を脱するか。又は「儘の木」であらうか、何れにしても御柱の料は七年前から、山の立木を「ねがひ金」を以て、標めて置くことを謂ったのである。

事のいさかも無く　「いさゝか」のさ一つ脱するか。「伊那の中路」の方には「事無う立ちぬ」とある。「来る年にあなるを」は筆者の記憶ちがひで、前の年であったのが事実らしいのである。

四五朶の真白に云々　朶の字、何と訓むか考へられぬ。

ひなの一ふし

ひなの一ふし

菅江真澄筆録
柳田国男校訂

おのれもゝうすの図《カタ》をかいあつめて、はた春女《ツキメ》がうたふ唄《ウタ》の一ふしの、そのはじめ（一）をおもへば、かしこくも遠き神世の風俗《テブリ》にして、誉田天皇《ほむだのすめらみこと》高志《こし》の角額《ツヌガ》より還幸のおほんとき、気長足比売《イキナガタラシヒメ》酒《ミキ》を醸《カメ》しさふらひて、祝ひたいまつりうたはせたまふに、武内宿禰　天皇に代り奉りて答へ申《まうす》歌、「この御酒《ミキ》をかみけん人はその鼓臼に立《たて》て、うたひつゝ醸《カミ》けんかも、舞つゝかみけんかも、このみきのあやに転楽《うたたぬ》しさゝ。」是を酒《サカ》楽《ホガヒ》の歌（二）といひて、いまの世かけて大嘗会のとき米春《よねつ》くにもうたふとなん。いまし世の賤山賤《しづやまがつ》の宿にて、よね粟むぎ稗を春くに、ひねもすさよはすがらに聞なれて、つき女《め》のうす唄・雲碓唄《フミウスウタ》・磨臼唄《ヒキウスウタ》も、おかしきふしをひとつふたつと、聞《きく》にまかせてかいつくればさはなり。それが冊子《さうし》のなかに、田唄神唄もかいまぜ、はて〳〵は船唄木《き》伐唄《こりうた》、かねほりたゝらふみがうたふも、剣舞《けんばい》念仏踊盆躍の唱歌までもかいあつめて、なかにあはれふかゝらんを撰び出なんと、筆のまに〳〵しるし置事《おくこと》しか〴〵。

三野《みの》の国田植唄

やあらおめでたや太郎次どの、笠のはにこがね花さく。
こがね花咲《さけ》ばの、そのうら（三）〳〵に銭がなりそろ。
鳴る瀬はならでふちがなる（四）、やあらおそろしや。
太郎次はらたつなよ（五）、あがりたや、行《ゆき》たやわれが小宿に。

おなじくにぶり雨丐距《あまごひ》唄（六）

ゆふたち雲が水まきあぐる、笠ふり上《あげ》ていぬるをごろじよ。
雨をたもらば自雨《シサメ》にたもれ、夕立村雨《むらさめ》いやでそろ。

科野《しなの》の国春唄《つきうた》、曳臼唄ともに諷《うた》ふ

君はよい声細谷川の、うくひすのこゑおもしろや。
のめようたへよこよひが限り、あすは雲端《バ》のはなれ山。
忍び夜夫《ツマ》と雷雨《カンダチ》あめは、さゝらざめけどのがとげぬ（七）。
君がくれたるしろみの鏡、こゝろかはらばはやくもれ。
むかし馴染《なじみ》に田面《タンボ》で逢《あう》て、とけぬわらじの緒をしめる。
忘れ草なら一もとほしや、植て育《そだて》て見てわすりよ。

舅短気で茶碗をわらば、嫁《ヨメ》は束《タバ》ねの綿でうけよ。
いかに野に咲く花なればとて、吹《ふか》ぬ風にはなびかれぬ。
辛苦島田に髪結《ゆ》たよりも、こゝろしまだにしやんともて。（八）
君に恨は三島の暦、いふて何《な》にせよそはぬ身に。
ひとり寝る夜はさびしよてならぬ、なけよ妻戸のきりぎりす。
おまへおもふてわしが姿《ナリ》をごろじよ、裾《すそ》は芝露袖はなみだ。
見ても見あかぬそひあかぬ、親と鏡としのびつま。
憎《ニク》やこよひも又だまされた、（九）明《あけ》のかね聞肘《きくヒヂ》まくら。
おもひ出しては死ぬほどくやし、ならぬさゝげに手をくれて。（一〇）
雨の降《ふる》ほど弓矢が来るに、敵はむかふに双六《すごろく》で。（一一）
おまへいとしは奏者《さうじや》の森の、落《おつ》るゑのみの数よりも。（一二）
君は四国のさぬきの性《しやう》で、あはでいよとさきよくもない。（一三）
しのびつまかと笠ふりあげて、見たりやそでない見まいもの。
雲の帯して霞の小袖、だてを駿河のふじの山。
君に御異見《ごいけん》どろ田に垣根、なんぼゆふてもきゝはせぬ。
筥根八里は歌でもこすが、越すにこされぬおもひ川。
姨捨山に照るかゞみ、姪子《めいご》にこゝろゆるすな。更級郡にてうたふ也。

信濃の国ぶり田殖歌《たうゑうた》

ひと夜に落《おち》よ滝の水、おちてこそ、濁りも清《すみ》も見えれが。
あの山陰でもずが鳴く、声もよや、音《ね》もよや岩のひゞきに。
めでたいものは大根《だいこ》たね、花咲《さい》てみのりてたはらかさなる。（一四）
お前とならばねとござる、大河のたつ瀬の波の中にも。
あの山かげのちまき艸、わかければあまたの人にいはれる。（一五）
山家《やまが》の人はだてをする、二布《ふたの》に梅の折枝。（一六）
植田の中でねろ〳〵と、殖田は菩薩お田の神。

三河の国麦春唄はた臼曳唄にも諷ふ

恋の玉房鼠にひかれ、鼠よく捕《と》る猫ほしや。

頭註 手間房《タマブサ》は章とはおなじからず。文字なき懸想文《けさうぶみ》なり。（一七）「凡国風土器」におのれその図をやまとぶり、しなのぶり、三河ぶり、みちのくぶり、つくしぶりのあらましをかいのせつ。玉むすびといひ、あるはたまぶさといふ。筑紫人しま人は「はんじもの」ともいふ。其形くさ〴〵也。たまずさも手間すさみよりいひ初《そめ》し名ならんかし。

あめのふるほど名を立《たて》られて、笹の露ほど添ひもせで。
人がわるいとおもふなさまよ、やぶれ車でわがわるい。（一八）
ひとつ枕に髪うちかけて、寝たとおもふたりや夢じやもの。
さつき雨ほど恋したはれて、今は秋田のおとし水。
お前見るとて田面《たんぼ》へおちた、又もおちませよ谷ぞこへ。
己《を》れと行かぬかおくらの背戸へ、忍び桜の枝折りに。（一九）

待てござれよ千年までも、柳真葉《しんば》のくさるまで。
人にかつなよ心に勝テよ、とかくこゝろは敵でそろ。
わしとおまへは二葉の松よ、なんぼおちても離れまい。
稲は穂に出る鈴花かける、秋の田面のおもしろや。

淡海《あふみ》の国杵唄、臼曳歌にも諷ふ唄

ねんね太郎八箭倉の小八、小八子でなくはそだつまい。
むすめ可愛さによい茶をやろに、(二〇)むすめもどさば茶も戻せ。
紅葉《もみち》ちれ〳〵夕陽《ゆふひ》にそふて、とかくわかいは若いどし。(二一)
とんと戸叩きうつゝにあけて、蚊蹰《かや》に旭のうつるまで。
ねたか寝ぬのは枕が証拠、まくらもの言へはれやかに。
寺の椽からおりるは誰じや、おほんはち巻うこんぞめ。(二二)
わしとおまへは今咲《さく》花よ、後のちりぎはしらねども。
鹿のしの字はしづかのしのじ、谷でつまよぶ鹿の声。
山もと山がのいたらよかろ、しほづが見得て尚よかろ。(二三)
不二の裾野《すその》に西行《さいぎよ》の昼寝、歌を枕に田子の浦。
やまもと山を山家《やまが》じやとおしやる、山家に舟がつくものか。
恋といふ字を車にのせて、君と引たや恋のみち。
わしとおまへは羽織のひもよ、むねにしんくをむすびさげ。(二四)

越后の国立臼並坐臼唄《ねまりうすうた》

あすはお立かお余波惜《なごりを》しや、桜林にたゞひとり。
新保《シンボ》川風内竹《ナイタケ》あらし、(二五)遣るか新潟《にがた》のあら磯に。
麻の中にもつれない蓬《よもぎ》、あさが延るならもろともに。
かます頭巾《づきん》が苫舟《とまふね》のぞく、桔梗の手拭が土手はしる。(二六)
小宿の軒の夕顔に、こよひもあたまぶちに来た。(二七)
夢に戸たゝきうつゝに明《あけ》て、月に恥かしわが姿。
桜かざして清水《しみづ》を汲《くめ》ば、水にかげさす恋のふち。
きやつたげなや枕の下で、鳴《ない》た地虫《ぢむし》が音《ね》をとめた。
わしとのさは五月《サツキ》の笹で、曲《まげ》てゆはりよと覚悟しやれ。
風も吹《ふか》ぬに妻戸《つまど》の鳴るは、わしを殿かとおもはせる。
おもひ三条の橋にも寝たが、笠をとられた川風に。
あすはおたちかおなごり惜しや、風の身ならば吹もどそ。
春の野に出てわか菜を摘《つめ》ば雪はやさしやふりかゝる。
盆も過《すぎ》れば十五夜も過た、露に離れたきり〳〵。
こよひ逢《あふ》とは夢さかしらぬ、ほんにうどんぐゐの花の縁。
わしは御免梨子《ごめんなし》親達は案山子《かゞし》、殿さ鳥でもぎにきやる。(二八)
逢夜短し逢《あは》ぬ夜長し、心からともおもはれず。
ひとり山みちたそがれ行《ゆけ》ば、谷で妻よぶ鹿の声。
熱海《アツミ》街道を夜明て通れば、種々の音を出す山鳩が。
おもひ〳〵て撓《タワ》めて柳、はなす心がなによかろ。(二九)

人の風俗《フリ》見て我ふりよなをせ、麻の中なる蓬見よ。
きゝやうの手ぬぐひを前歯でくはへて、立て居たげか裏口に。
太夫《タイブ》興野《コウヤ》のうら山みちの、やぶにこがねとは夏が事よ。

越呉《えちご》の国田《た》殖《うゑ》宇《う》多《た》

加次のこちかたの五十公《イチ》嶺《ミネ》のむかふの、小松ならびの長良の土堤《どて》で、ならぬ梨子《なし》の木にむだばなさいて、人がとふたらなるといへ。(三〇)
沖のとなかの三本杉に、鹿がねふしたそりやときやれ。
それをとく事は糸より安い、身すぎ仕兼《しかね》たそりやといた。(三一)

おなじ国ぶりくどき唄

新発田《シバタ》御領内の戸頭《とかしら》組の、名主助市の高田の内の、一枚田《まいだ》二枚田三枚田四枚田、五枚目の三角田のひともと真菰《カツボ》に、しつかとくつついたる小蝦《ツノガラ》どのゝ願ひ事聞やれ。米が七《シツ》八合に銭が四五十ほしや。あつみ湯治して腰を延《ノ》そに。なしたつのがらどのゝ無理な事いやる。孫子伝はるその腰の延《ノ》るなら、わしもねがひ事がござる。銭が七八文米が四五合ほしや。蚯蚓《ハシ》も湯治して目を明《アケ》よ。(三二)

同国風俗佐委佐以ぶし(三三)

朔日《ついたち》十五日廿八日。桶ごしがんがと投て破《コワ》してたもるなや。
スツトコサイ〳〵ナメトコスンバイ。

頭註 桶ごしは唯桶といふ詞なり。みちのくにも此こと葉ところ〴〵に聞えたり。滑処《ナメトコ》はすはひ桃の実の名所たるよし。

己《ヲ》らが隣の千太が商ひするとて、せんべいやきもち一文《もん》らくがん、ちゝ《土》でこしらへた一文人形《テンヅシ》、何で過《すぎ》るとの異見をいへば、やちや〳〵やかましねへちや、はまりがくもおきやがりこぼうしで、なんですぎるともかまひやるなや、母のぐり〳〵子《ご》、生得くり子《ご》が、がつかがでく〳〵しいなァやァ。
右をりとして酒宴などを催してうたふ。

出羽の国荘内搗臼唄或磨臼《ウスヒキ》或摺臼《スルス》唄

加茂で莟《つぼ》んで逆田《さかた》でひらく、とかく酒田は花どころ。
恋しさに浜の渚《なぎさ》出て見れば、船のとも綱杙《カシ》のあと。

頭註 杙《カシ》とは舳綱むやひなどにうちたる杭也。そのカシの有つる跡を見て、トモカシ或ツクシなどいふもの也。うちなげく女のさまをうたふ。

中島の萱の刈かけ刈残し、亦も刈るとて来てあはふ。
ひとつひかへてその中見れば、こがね花やら豊にさく。(三四)

佐渡のさはねでたてたる柱、すぐに直さずつるがまで。
君にもらひしからいとの手鞠《テマル》、つけば心もうき来《きた》る。(三五)
つゝじつばきは野山を照す、殿の御船《おふね》はなだ照らす。(三六)
まだらならひかいよ水からか、裾を染たよ花そめに。(三七)
舟は出るとて苫《ノマ》を巻く、をれはいとまのふみをまく。
頭註 此あたりの浦人らは、苫《トマ》をなへて苫《ノマ》といひけり。(三八)
銀の小枕ながさきかもじ、入《いれ》てゆはしてふりを見る。

おなじ国飽田ぶり、同上

海のふかさをちどりにとへば、わしはうき鳥浪にとへ。(三九)
この山のほなとしどけがものいはゞ、おさこ居たかと聞《きく》べもの。
頭註 保菜《ホナ》もしどけもみな草の名なり。是を青ものとて、春の末夏のはじめに採て、茹としてもはらくらふ。(四〇)
朝の出がけにやま〳〵見れば、霧《キリ》《モヤ》のかゝらぬ山もなし。(四一)
里の鶯梅をばわすれ、となりやしきの桃のえだ。
よしを束《タバ》ねてつくやうな雨に、通ひ来るのがにくかろか。
比《ひ》内《ない》河原に瀬は二筋を、おもひきるせときらぬ瀬と。(四二)
いわだらやいはでしほでのしほ〳〵と、せめて一夜を草枕。
頭註 いはだらは赤升麻、しほでは牛尾菜也。此しほでの茎を折ば塩気あり。しほ出のことばたり。これも採りくらふ也。
前の柴垣(四三)薄《うすう》してけやれ、おもふあねやた見通《みとう》すよに。
酒はよいもの気をなぐさめて、飲《のめ》ばあかしの色に(四四)出る。
臼の回《まは》るよにあねやたまはらば、なして親方にそんかけよ。
頭註 親方とは家のぬしをいふ也。仙台にては兄をこそいひつれ。

おなじくにぶり久保田のかうろぎ唄

吹上沢といふ処より来る女のかたゐら、木の皮の仮面などかけ、鮑貝の鳴子を枕として、是をほうしにつきて、むつきのいはひに田歌をうたふふりことにおもしろし。
頭註 阿倍家の家士、世の乱を避て山陰にのがれたる、その女子ども世渡るたつきもしらず、夜る〳〵しのび出てものこひしが、いつとなうかたゐとなりて、その末住める方へ行に、唐橋或いふ伽羅橋とて、いにしへ沈水香をもて作りしといひつたふ。香の木なれば俚人香炉木といふ。此橋の名をもてかたゐの名ともはらよべり。(四五)げんかいとは、尾張の国名古屋のかたゐをさしてげんかいといふ。その寺の開山を元海阿闍利といひ、その近どなりの御寺を円行寺といふ。その寺の開山を元海阿闍利といひ、その名高う聞えしが、そこにすむ乞食の名ともはらいふもあやし。かうろぎもはしの名をいひ渡りてさへ年久し。

それはめでたや御坐見れば、こがねの挑子《てうし》七銚子、御祝《ごいはひ》がしげゝれば、おつぼの松がそよめく。

みちのくぶりにやゝ似たり。

苗の中のうぐひす(四六)。何をなにと囀る。ぜにぐらかねぐらこがねぐら。秋田繁昌とさへづる。

けふの田の田ぬしは、果報な人とうち見ろ。たわら千俵にこしかけて、こがねの養歯《やうじ》をくはへけり。

苗もよいば代《しろ》もよい。植《うゑ》てさがれや小しうとめども(四七)。笠も手《コ》縢《テ》もいりもせず、はやく世をとりよめになりたや。

おなじくにぶり阿仁《あに》小阿仁大股小派《コマタ》鳥追

正月十五日、或十六日唄、亦大同小異せり。

朝鳥もほい〳〵、よん鳥もほい〳〵、長者殿の囲地《かくち》には、鳥もないぢやおさる子(四八)。能代《のしろ》のおかん子、鳥ぼつてたもれ。何鳥ぼつて、すゞみやかすゞみ、あら駒に鞍おいて、じやほれ〳〵。稲こく鳥は、頭割《かしらわつ》てしほ《塩》をせて、しよだらへぶちこんで、佐渡がしまさぼいあげれ〳〵。ことしの世中《よなか》よいよなか。升はおいて箕ではかる。

むかしは「のしじよのおかんこ」とうたひしかど、近き世には能代のおかんこと唄ふよし、古老のいへり。

亀甲山古四王の社の神楽唄

神世よりみくさのたから伝《つたは》りてとよあしはらのあるしとぞなる。

将軍のから石段にこしをかけ参る衆生《しゆじやう》をまもりつるため。

おなじくにぶり秋田郡の讃引(四九)

七月唄之、「秋田のかりね」に精し。うまずめ・八橋・小萩・七ツ子・借り物返しなどいと多し。

岩に生《おひ》たる姫小松、せめては小松苔《こけ》たよる。われはみなし子ひとりもの、岩にはひ藤たよりない。父のゆづりのしら小太刀《こだち》、恋しきときはぬいて見る。母のかたみの玉手箱、恋しきときは明て見る。略

おなじ郡ぶり地蔵尊

童女うちむれて七月唄ふ。是も「あきたのかりね」に記しぬ。

てんでに花籠かたにかけ、花をつめとやどれ〳〵や、桔梗かるかやをみなへし、いろよき花をばつみ花に、めんづごんづの鬼どもが、つみたる花をばかきちらし。略

おなじくにぶり鹿踊

まはれやまはれ水車、ほそくまはれやせきとめる。からかさのしめるろくろに駒つなぎ、おしつおされつこまのをりひざ。

牝鹿狂《メジシグルヒ》といふ曲あり、唄に

なんぼたづねても見つけられない。一もと芒《すゝき》の陰に居たもの。(五〇)
青山で松をそだてゝ見るとせば、松はよし野のつたにからまる。

おなじ国ぶり秋田山唄

嶽《だけ》の松は、なしてこれまでながれ来た。どこでそだつも縁だもの。

さらさらへながれ小川のそこ見れば、石もまなごもみなかねだ。

来たときは下におかずともてはやす、いまは日かげのにがところ。(五一)

陸奥宮城牡鹿あたりの麦搗《カツ》唄

さて又よんべのあさぎぞめ、あひが足らぬでこくあんじる。(五二)
君さまは、近くであらばお茶でもあげ〱話《かた》るべが、山川へだてゝ遠いほどに。
忍びづま来るかと待《まち》たなぜこない。戸もたてず、たらひの水もこぼさずに。
おもへば来たや廿や五里、おもはずば、なにしにこべや二十五里。

頭註 此のあたりはみな古径《コミチ》の法《ノリ》にて百五十町也。大みちのりにして三里に余るみちをひと夜に来しといふ。

宵《よひ》に来てや、夜中に戻《もど》すはむぞけれど、(五三)なじよにしべや、当座の縁とむすばれた。

しのびづま来たとはしらず戸をたてた、おいとしや、軒ばの露にうたせた。

南部どのは、弓箭にまけて牛にのる、うしもうし、(五四)はなかけうしに木轡《きぐつわ》。

しのびつま、南部の入リさへお茶売に、お茶の直《ネ》は、高かれはたごはやすかれ。(五五)

忍びつま、枕がないとおはらだち、何枕、互《たがひ》のお手をまくらに。川をへだてゝおせゝをもてば、舟よ棹よが気にかゝる。

頭註 おせゝとは妹背とも、わがけさうじける人をいふ。松前の「かんか」、いではの国に「はなぐり」といふがごとし。

おなじくにぶり仙台鹿踊唱歌

たいこのしらべをきりりとしめて、編木《さゝら》をとめそろ。
曙に月の出べき山もなし、ひけや夜客《ヤカク》も。（五六）
十七が、枕のしたの玉手箱、あけて見たれば何もなし。
山達《やまたち》はいかなる日にか生れ来て、をさなき鹿の声ぞさはがす。
てんじやうの岩がくづれて落るとも、心しづかにあそべ友達。
こゝは松山小松山、いでぬ月かな〳〵。

おなじくにぶり胆沢の郡衣川の
こなたかなた祝言唄

さんさ時雨《しぐれ》と萱野のあめは、音もせで来て降《ふ》りかゝる。
飲めや大黒うたへやゑびす、いでゝしやくとれをかの神。（五七）

おなじ郡西根山ぶりいはひうた

此山里にて嫁《ヨメ》を「ひめご」ともはらいひ、三十四十《ミソヨソ》計なる女を、なべて「ごんごひめご」といふ。里のならはしとて、楢《なら》の若葉を摘とり、延《のば》したくはへてふところ紙のかはりとせり。祝ひの莚に連りては、このならの葉に肴盛りて参らせ、酒しひぞしなど、左に杯をとり右の手に扇をひらきもて、小歌舞《こうたまひ》（五八）といふ事をせり。そのさうかに曰、

酒はもろはくおさくはお玉、おさかなには西根の池の鯉鮒《こひふな》、
さしたきかたはあまたなり、さしたきかたは唯ひとり。

とて、つとゆくりなうさしつ。その人のみて、又盃をもて人にさすとき、しか唄ふふり、ことにふりたり。

陸奥国南部斯波稗貫和賀などの
郡に在る米踏歌

早旦唄之

なゝつさがりの夜明方《よあけがた》、雉子《きじ》はほろゝたてそろ。十二の子をかい連《つれ》てきじはほろゝたてそろ。（五九）
今朝《けさ》夜明し庭見れば、九十九羽のにはとりが、九十九様《やう》にさへづる。十七八の今朝《けさ》の役《やく》は何が役だ。お手水《てうづ》みづにお茶の水、九十九匹の駒の水、九十九匹に水をくれゝば、化粧するひまがない。馬屋《まや》の棚《マセ》にお手かけて、都がたをながめた。

朝飯後唄（六〇）

今朝夜明し御茶の水、こがね玉が九つ。一ツをば宇賀《ヲガ》に参らせ、八ツで長者とよばれた。

けさ夜明しお茶の水、咲《さい》たる花は何花。こがねばなかよね花か、咲て長者と成りさふらふ。

さい鳥さしの婿でないか、歯朶《シダ》のなかをながめた。しだの中の鶯鳥《うぐひすどり》(六一)、ゆふべなまでたまごだ。今朝《けさ》見れば羽《はね》が生《お》ひて、三日に十五里とばせた。

十七八の化粧するは、とこのかげで化粧する。あかり障子をすいと立《たて》て、その中で化粧する。

十七八がかい連《つれ》て桜山を通《とほり》(六二)たれば、さくら花は咲《さい》ても散る。顔にかゝる小ざくら。

十七八がかいつれてしらぬ里を通たれば、しらないものはしらないども、おぼえたどしはよろこぶ。

十七八のさるかいもち、せばい小路《こうぢ》のからかさ。おし上《あげ》ておもちあれ、もてばとのがよろこぶ。

向ゝ山の葛《クヅ》の葉、何を招《マネ》くくぞの葉。吹上《ふきあげ》て吹おろし、それを招くくぞの葉。

昼飯後唄

浜ばたに昼寝して波に笠をとられた。笠もかさ、四十八府《ふ》の編笠。うらめしや浪どの、よせて笠をとらせろ。

鎌倉の御城の谷《ヤツ》に、鳥と籠《かご》をわすれた。鳥ばかりも五貫五百、まして籠は八貫《はちかん》(六三)だ。

やまと竹とをなごの子は育《そだて》まいものそだてた。ゆる〲とそだておいて、しらぬ里の宝だ。

日を見れば八ツにさがる、麦《ムギ》を見ればからむぎ。刈ると麦を七日搗《つい》て、お手に豆が九ツ、九ツの豆を見れば、もたぬつまの恋《コヨ》(六四)しさ。

晩及暮唄

七ツさがりの日くれもと、寺の前を通《とほり》たれば、寺はかぐらがあればこそ、太鼓かねの音《おと》がする。寺にかぐらはなけれども、後生《ごしやう》やためのごねんぶち。

搗上《つきあげ》の米を、白くついてあげ申せ。しろくついてあげ申せば、くらの杜氏《とじ》がよろこぶ。(六五)

同国南部やらくろずり

正月十五日の夕、搗《つき》たる豆の皮と糠と糟、いはし、ひゝらぎ、松葉、炭、ゆづり葉とを舛に入《いれ》て家の畔にまきありく。うぐろもちなが虫のまじなひともいへり。是を「ほが〲」といふ処もありき。その辞。

豆の皮ほんがほが、銭も金も飛《とん》で来る。泉酒《いづみざけ》が涌《わく》やら、古《ふ》る酒の香がする。妾《ヲナメ》の殿かな。(六六)

やれ来るとんで来る。ぜにもかねもとんでくる。おなめもちのとのかな。

南部沢内のさんさ踊

蘘荷畑《みようがはたけ》に生姜《しやうが》を殖《うゑ》てサンサ。みやうがしやうがのわけやしらぬ。サンサ。

さんさ踊らば品よくおどれサンサ、秋が来たらばよめにとろサンサ。

陸奥気仙本吉麦擣《カツ》唄

盛《さかり》で鱈《たら》がとれろかし、奥浜へ、遣りたくないぞ我妻《わがつま》を。

すがら山、あしげの駒の声がする。わがつまの、高荷をつけていま来《ク》る。(六七)

よべばくる、よばねばこない堰《せぎ》の水、よばずともござれやせきのほそ水。

髪すぢをひさこにまげて柄《え》を入《いれ》て、ころも川、かへほすほどにわら思ふ。(六八)

はやぶさは、きのふも通る又今朝《けさ》も、うれしなあわせてむずとくみたい。

おまこどの、やれおまこどの、晩《ばん》に行《ゆく》べがどこに寝る。ひがしまくらに窓のした。

さだめるはごたん《五駄》(六九)い《岩》はふ《府》のよこ《山根》おつて、逢ふはさかり《盛》の十日町。(七〇)

奥、気仙ぶり

三十一言をうたふ。

伊豆の国の田歌も三十一言をしか唄ふ。

綾《レウ》里《リ》坂、九十九曲《マガリ》七曲、中のまがりで夜があけたとな。

さえた夜をやみに成れとは罪ふかい、こよひならずばあすの夜もある。

此橋をひとり渡れば中たるむ、しばしまちやれさきのとのさま。

奥、上川ぶり

北上川の古名也。いとふるき歌にや。

上川《かみかは》に花の林があればこそ、花の筏《いかだ》が流れ来《く》る。

奥、籬ふし

まがきがしまのいはれやあらんかし。

治る御代は四海浪《しかいなみ》、しづかにて、さゝれいはほに亀あそぶ。

ひとつひかへて盃見れば、老を延《ノ》べしときくの酒。

奥、正月祝言

正月は門《かど》に門松、あなたこなたにいはゝれて、床《とこ》につるかめ五葉《ごよ》の松。

おなじ国ぶり津刈の田唄

今朝《けさ》や出る旭をば、誰れもたちて拝めよ。苗もよいばしろもよい。

たつ田うへろちや小じうとめ。けふの田植の田主《たぬし》どのは、厚《あつ》田ばかりを好んで、秋は株《カベ》を刈《かり》こんで、妾《ヲナメ》ごしに見それた。(七一)

かい葉折のわらひべ、かい葉は折らないでわれ〳〵。

おひる飯《イヰ》もちはきさふだ、どほらほどへ来《キ》さふだ。渡りばしをかけよ。

朳《イブリ》すりのながまら、ほそくながくなゝひねり、夜るは船の帆柱、ひるはたすきにむずとかく。

お日がくれるよ、追採りよ、おひとりはやい。袖がぬれてとられねてや。

おなじくにぶり津軽路の山唄

石川の橋のたもとにたつめらし、よめにとるべか名を名のれ。をれに問《とふ》より親にとへ。親のゆるした夫《ツマ》ならば、いくしましよてやおちやくどの。

頭註 めらしはなべて若き女をいひ、おちやくとは媒をいふとなん。

かのしゝがやい、岩のはざまにひるねして、猟師《マタギ》来るかと夢に見た。夢もけさほどはうわの空、すゝき尾ばなにだまされた。(七二)

しだのなべ子が田子《たこ》作る。うたずかゝずに糞《ジキ》もせず。からは七尺穂は五尺。いかな駒でも八穂つけぬ。八穂の米子《こめこ》は七斗五升、しだの鍋子はありがたや。(七三)

鶯はどこで生れて声がよい。しんのみやまの滝の沢で、滝にうたれてこゑがよい。

誰れまねく〳〵、まねけば袖のつゆもちる。しのゝをすゝき君まねく〳〵。(七四)

浪岡ぶし古風

北畠顕家卿の庶流にして津刈に波岡殿といひし館の在し世の頃唄しよし。

七坂《ヒラ》や八坂さか中たつときは、麻の袴に色小袖、つまをたづねてほと〳〵と。

亦「浅黄袴に色小袖」ともうたひしともいへり。

おなじくにぶり浪岡の草刈ぶし

なゝひらがやい、八《や》平《ひら》おもてにたつ神は、津軽繁昌と守る神。

浪岡の源常林《げんじよばやし》の銀杏《いてう》の木は、枝は波岡葉はくろいし、花は弘《ヒロ》前《サキ》城と栄《サ》く。(七五)

行陸《ナミヲカ》の玄猪林《げんちよばやし》の力石、あげたばかりで日がくれた。

津軽殿が、新城長峰《しんじよながね》を今ござる。あとゝ先とに鑓千本、中にお鷹を据《す》え持《もち》て、殿の御前に立とめる。

おなじくにぶり津軽の誉左ぶし

衣類《いるゐ》このまば十七八の、染てたもれや染屋どの、肩にかさ浪風車、裾にや水仙百合の花。奥の内裡《だいり》の大寺に、坪に泉水《せんすゐ》梅の花、萩は枯《かれ》たやいとすゝき、いつか染たすそめやどの。(七六)

奥の内裡は相馬内裏の在し世を唄ふ。遺風あり。

同ごいはひといふよさぶし也

うれしやめでたやおもふ事はかなふた。神の御夢想《ごむそ》のありがたや。西と東に蔵七ツ、北と南に涌くいづみ、末は鶴亀五葉《ごよ》の松。

しも山で、鉈で船うつ桂船《かつらぶね》、海さおろしてこがねつむ。綾や錦を帆にかけて、是のざしきへのりこんだ。これの亭主は果報な人よ。(七七)

おなじくにぶり津刈の十五《シュゴ》七《シチ》ぶし

八戸もはら多、処々大同小異せり。

十五七は《が》、ことしはじめて山のぼる《り》。かたにまさかり腰に鉈《ナタ》、いたや《木名》花の木《木名》伐りためて、流しとゞけてかこひおき、末はこがねの山となる。

十五七が、沢をのぼりに独活《うど》の芽かいた。うどのしろめをくひそめた。

十五七がやい、沢をのぼりに笛を吹く《吹ば》、峰の小松がみななびく。

十五七と五月五日《ゴクワチイツカ》の粽《マキ笹》の葉は、年に一度《ヒトタビ》はいはれぐさ。(七八)

十五七が、朝の出立《でたち》に水汲《くめ》ば、あげたつるべで影見れば、十九はたちも過《すぎ》もしる《スル》。かいたたすこ《タスキ》を珠数《じゆず》と切る。前の前髪ふさときる。はいた雪踏《せつた》はよこにはく。常居《じようゐ》の横座《よこざ》にのゝとふす。十五七は腹がやめるか気がわりな。はらもやめねや気もよぐら、人の乞《こふ》時はくれもせず、親のしがらのけふねえまゝた《無甲斐にゃ》。

十五七節四五十種もあり、略之

おなじくにぶり金堀唄

石がね舂く雲堆《ふみうす》にも唄ひ、又ざるあげぶしとて、鉑あらひの女のうたふ一ふし也。(七九)

ちらり〳〵と花めづらしや、雪のふりそめちら〳〵と。

燕《つばくら》は、船の艫舳《トモヘ》さ巣をかけて、波はうてども子は育《ソダ》つ。

冴《サエ》た月夜を夜明《よあけ》とおもひ、君を戻して今くやし。

夢に見たいやあいたい見たい、夢にうき名は立《たち》はせまい。

酒のさかなに数の子はよかろ、親は二しんで子はあまた。

しさいらしさよおきやがり小法師、ひとりねまいとはね起た。

あら川の千本小杉はをなごなら、のぼる山師を戻すまい。

沖の島から太鼓の音聞《きけ》ば、尾崎参りのよせたいこ。

門に立《たつ》るは祝ひの小松、かゝるしら雪はみなこがね。

おなじくにぶりつがろぢ正月田植踊唱歌

小正月のおいはひに、松の葉を手に持ていはふなるものか。

ヨエサ。

朝の苗のよいは、つゆのうちばかり。


いづこも大同小異の辞ながら、奥南部など古風多くして、いにしへをしのぶに足れり。そのことゞころは、いまやうにおしうつれるかた多し。

とりものには松が枝・ゆづる葉・扇・あやづゝ。ふたさかばかりのあやあるたて烏帽子鶏冠などきて、太鼓笛てびらがねといふものを鳴らし、又口琵琶など吹もありき。

おなじ東日流《ツガル》盆距ぶし(八〇)

外が浜のほとり、おたまぶしといふ一ふしふりたり。


こんやの月の夜は、いつもより白い、いつもより白いてや。

むかひの山で、すき《鋤》ふむおやぢ、こは《困》けりややす《休》め、けらこ《蓑》をしいてやすめ。

屋はづれのばゝに、猫の皮きせて、鼠とれとよ。爪がなふてとられね。ならずはおきやれ、おかばおけ、後《のち》といふないまだ。

こよひのおどりこはいつもよりそろた。あきの出穂《でほ》より尚そろた。

松前の殿様、笹舟にのせて、かろけりやしづむ《うきるトモ》、おもけりやうきる《しづむトモ》。

右はやし ヤチヤクチヤノモチヤクチヤ、ヤチヤクチヤノモチヤダへ。

ヤリゴダイデヤァ、ヲヲタマヤツサ。

やれござれてやお玉てふ辞也。
ヲヲタマエコハ、ドヲホダヤツサ。
お玉家子はいづこぞととひし辞。
シキリキ、シヤコタン。
しやこたんは夏所《シヤクコタン》といふか、本名は東夷州に在り。

おなじつがろぢ浜唄

高館《たかだて》の、たかや林のむら雀、とまりたやふしどに。
名所々々と浅虫は名処《めいしよ》、前に湯の島磯辺にちどり、都まさりのはだかしま。
松前の蝦夷《えぞ》がさげたる巾着《きんちやく》は、表《おもて》べんこに裏万子《うらまんこ》、口のかゞりは太郎千子《たろせんこ》。(八一)

おなじくにぶり津軽の鹿距《シヽヲドリ》

奥の深山《ミ》のめじゝ子は、生れて落るとかしらふる。
おく山の松を育てゝ、それにからまる女蘿《ツタ》の葉は、縁でなければさらんでほくれる。
きり〳〵す、あやのはたをり、もひとつはねろちや綾の機織り。(八二)
むかひの山の百合の花、つぼんでひらいて葉ひろげた。
むかひの山のつたの葉は、縁でなければからまりやほぐれる。
むかひの山のきり〳〵す、ひとはねはねればあやのはたをる。

おなじつがろ汐干がへり

けふのしほひに蛤ひろふた。たもとぬれつゝふり分髪《わけがみ》の、しどけないふりしほらしや。渡るかりがねしばしはとまれ、われは吾妻の流にすむよ、せめてたよりにふみひとつ。
此古風ところ〴〵にのこれり。(八三)

おなじくにぶり摺臼《スルス》唄

お台所と川の瀬は、いつもどんどと鳴るがよい。
雨は降る、船場《ふなば》に笠をわすれた。笠も笠、四十八《ヤ》取《トリ》のあみがさ。
江戸につま、お山に親はござれども、おやまより、江戸吹風はなつかしい。
君に別れば来るよでもどる。君はいとひく車はめぐる。

おなじくにぶり八戸の田植唄

千刈《せんかり》のみな口に、咲《さい》たる花はなにばなやら、こがね花やら銭花やら、是はちよんじやと成りばなだ。

五月は、なに咲く。肩と裾にはよもぎ菖蒲、(八四)なかにうんのうづらばな。

おひるもちのやかたは、何で障子を飾りた。松と檜《ひ》の木のわかきめんどりて、しやんじをかざつた。(八五)

お田の神はどこらほどへ来そべつた。

御田の神のおむかひには、誰れ人が参りました。梶原が参りました。

お田の神の御膳《ごぜん》は、何ぜん計《ばかり》そろへた。九十九膳そろへた。

鎌倉の御所《ごしよ》の姫の、五月めしたる帷子《かたびら》。肩と裾にはよもぎ菖蒲、中にうん卯の花。

おなじ国風俗八戸田植踊(八六)

正月興之。

ヤン重郎が口上といふ。開口の辞なり。


ゐんぶりずりの藤九郎が参《まゐつ》た。白き名馬《メンバ》は三十三匹、くろき名馬は卅三疋、合せて六十六疋、サア〳〵鶴子よ亀子よや、千歳子や万歳子や、主等《ニシラ》が年では腰もいたくないとしだ。大《オホ》埒《ラチ》小埒四方四角にふつつめて植ろ。ソヲレガヨエ。**唄** 鎌倉のヲナン、御所の庭でよねを搗く。女の数は三十三人、杵《キヾ》の数は三十三本。よねをつくやアエ。前田千刈、つぼ穂でそろた。七穂で八升、八穂で九升取る。

昼持《ひるもち》の女郎が、まだどほらほどさきつそろた。竹が林へきつそろた。夏はしろき帷子《かたびら》、綾の襷《タスコ》をしつかとかいて、ホヲイ〳〵。中食持《ちうじきもち》の女郎は、唯今きつそろた。**口上** だんなさまのお田植《う》えあげた。是から兄御《アンコ》さまのほまち田が千刈ほどある。これを一もんじに殖《うゑ》てしまつた。

おなじくにぶり南部糠《ヌカノブノ》部郡田名部県田殖躍唄

正月十五日より廿日の頃まで、若き女近き村より群来て諷ふ。弥《やん》武十郎《じうらう》或藤九郎といふが、男姿して鳴子竿を杖と突立てうたふが、此鳴子杁《えぶり》にとりなし、田面するさまして、辞《ことば》凡おなじ。


だんなの封《ホウ》田を植《うゑ》て申《まうし》た。これから兄御《アンコ》さまの保田《ホウタ》を殖え申。(八七)

前田千刈うしろ田千刈、あはせて二千刈、けら虫も通さぬやうに、鼠の穴も通さないやうに、しつぽりと植て申す。

サア〳〵早乙女《そうと》どもうたへ〳〵。下畔《シタグロ》から上畔《ウハグロ》まで、千歳子よ万歳子よ、しつぽりこと植て申す。

正月の御祝ひに、松の葉を手に持て祝ふなるものかな。

これは誰れが宝田《ホウタン》だ。右衛門《エモ》と左衛門《サエモ》がほうたんだ。一本《ぼん》植れば千本《ぼ》となる。街道《かいど》の早稲《ワセ》の種かな。

田植の上手《じやうず》の田植《たうゑ》るは、苗《前トモ》にざんざら波たちて、風はそよとふかねど。

かつちき田にねせ田、つめをつい田もねせ田。

頭註 糞《コヤシ》をじきといふ。科野の国のかりしき、此里にかつちきといふ。田に生柴を敷《シキ》わたす。刈敷にや又刈糞《シキ》にや。

前なるくねの竹こそ、もとのふしをそろへて、こき竹によけれ。

田の神のひるの休み、何枕を参らせ申、綾の枕を参らせう。小昼《コンビリ》もちがきそろふた。どこらほどまできそろふた。竹が林をまんのぼり、新左《しんざ》平《ダヒ》まできそろふた。ひる持の女郎は、夏の衣裳でめされた。夏はしろきかたびら、染たりやからかき。

苗取ﾘ川の中の瀬で、千代がふみをおとした。何《ナイ》やそれをとらねば、袖がぬれてとられぬ。かい取り上《あげ》（八八）てとられねか《ネカトモ》。

おなじくにぶりおなじ里の田唄

五月田唄を正月にうたへば正月田唄あり。

かどの曲師《まげし》はよいまげし、入《いれ》てこしたをたゝいた。叩くにもたゝいた。しんとく〳〵とたゝいた。田の神の（八九）御膳《ごぜん》をば、何ぜんばかりそろへた。九十九ぜんそろへた。苗のもとはおとれども、皿の数はおとるまいぞ。

おなじくにぶり七戸のほとり田植唄

あれ見ろちやむかひに、七ツの姫が機巻く。まくまではおぼえたが、文糸《アヤ》のかけどこわすれた。手をとりてをしへたれど、その身がどんでおぼえぬ。あや竹をすはとぬいて、とのに三《み》打《うち》うたれた。うつとのは十五になる。うたるゝ姫は七ツになる。うたれたのくやしさに、桂川に身をしづめ、身はしづむ髪はうかぶ、かつら川のうき草（九〇）。うきくさはなにをたよりに、身はしづむかみをたよりにうきそろふ。

おなじくにぶり仙台

明日《あす》は大檀那のお田植だか、知《しつ》たしらぬか太郎次郎、からすの八番鳥（九一）に、むく〳〵むつくりとむくぢりおきて、大黒小黒墨の黒、三十三疋引出し苗つけて参ろ。早乙女《そうとめ》にとりては、太郎がかゝに次郎がかゝ、橋の下のずいなしがかゝ、七月子《つきこ》腹《ばら》で、子ばらはつはくとも、殖てくれまいじやあるまいか。

サア〳〵早乙女たち唄へ〳〵。

頭註 ズイナシとは川鹿《かじか》石ぶしやうのものをいひ、ツハリ或ツハイなどいふ、そのもとは妊娠悪阻のつはりよりはじめて、食腹をつはきなどいふこと葉もはらあり。

けふの田植の田ぬしは、水ぐろにこしかけて、こがねの楊枝《やうじ》を前ばでくはへて、さもや長者になりそふだ。

おなじ国ぶり、南部二ノ戸ノ郡祁武波比《ケンバヒ》

七月舞之、唱歌左の如し。

ケンバヒとは剣舞をいふにや(九二)。らくそんの如き仮面をかけてつるぎをぬき、団扇或軍配扇などとりて舞ふ。仙台と大同小異也。

門入のとき唄　鵲《かさゝぎ》の門の扉さ巣をかけた。十二ンのかひこを産みそだて、十二ンのかひこのたつときは、いかなやみも月とかゞやく。

場を誉る辞　この庭に参り来て見申せば、さても見事なおにはかな。四方四角に斗形《マス》で、四方の隅《スミ》から黄金《コカネ》涌く。

高灯籠をめぐりほむる時　この灯籠木《とうろぎ》、参り来て見申せば、火はする〳〵とあがり天にかゞやく。

富士の讃とて唄ふ詞　三国一の不二の山、あがりて拝めば八の峰、くだりてをがめば谷七ツ、そのうちに、深さ八万四丈に、広さ八万四丈の川ひとつ、その川とて古跡なる石ひとつ、その中に、親に不孝な鳥が住む。はねを浪にたゝまれて、嘴をば氷につめられて、眼《まなこ》は霞(九三)にかけられて、はやく春がこふがし。不二の山へまひあがり、朝日にむかふて父拝《をが》も。夕日にむかふて母をがも。後生ねがはゞおやをがめ、おやにましたる後生がなひ。石に成仏《じやうぶつ》なむあみだ仏。

投草　此踊せしものに、宿のあるじのもとより銭紙などのたぐひをとらせける。それをもほめてけり。

「光明遍照十方世界念仏衆生摂取不捨」の文をとなへて、此投《なげ》くさ、来り申て手にとれば、さても見事な投艸(九四)かな。

銭　さても見事なぜにかな、諸国めぐる貨物《タカラモノ》、後生のためとてくださるゝ。ありがたや。**紙**　さても見事なしら紙かな。神の前では御幣となる、仏の前では五色なる。ありがたや。**膳**　此膳は、さても見事膳かな。もとのあるじへ今反《かへ》す。本屋の神も仏も、うけてよろこぶありがたや。

おなじくにぶり三戸の念仏踊、五輪砕

七月の間これを行ふ。処々大同小異せり。

墓　はかじるし、さけて五輪が水となる。ひとつは天にとびあがり、ひとつは義経《よしつね》たもとに入《いれ》る。

生キロ　いにしへの恋しき人のはかに来て、見るよりはやくぬるゝ袖かな。

死ニロ　ぬるゝともそさまの袖はあれば見る、たゞくちはつる身こそつらけれ。

外唄　木枯《こがらし》の身をしむほどに思へども恋しき人はなどやなるらん。

灯籠　此道は浄土のみちもうち見えて、数の灯籠をかけならべ、親の為か子の為か、六代先祖のおやのため。

鹿踊、おなじ里ぶり

門　参り来て、これの御門《ごもん》を見申せば、ひだのたくみが建たる門かな。

庭　参り来て、これのお庭を見申せば、南さがりに北あがり、さても見事なあそび庭かな。

家　参り来て、これのやかたを見申せば、八棟《やつむね》作りにこけらぶき、こけらをたよりに生ひたるから松、から松の、一の枝より二の枝まで、こがねさがりてやかたかゞやく。

食　十七は、玉のたすきをよりかけて、よねのお湯かけ、われらにくださる、ありがたや。

銭煙草など投草をほめる　長崎たばこに丸き銭、恐れながらこれをいたゞく。

南部稗貫和賀両郡神事奴踊唱歌（九五）

鳥ならば〳〵、さまのあたりに巣をかけて、いつもきん聞たやさまの御声。そのこゑさまの我が中、すつと聞たやしんき。

おもふとて〳〵、思はるふりして末をどりさへしんき。

色に出しては叶ふさまよ、いつもさゝのんで、しげり松山いはしやんせ。からもやまとも、さゝの上なる露のうき世じやと、トセイ、世間からいはさらすいて来た。

当世はやりのしかい浪の大鍔《おほつば》、するとぬいてごめんなれ、御宿はいづく山の殿ゝ。

四角五角ははやればこそに、はやりさまして一角など〳〵、トセイ、世間からもつぱらすいて来た。

己《ヲ》らは若い時は、こぬか奴《やつこ》も振《ふつ》て見た。今はとしより〳〵、てんと髭べにだまされた。

己らもわかい時は、栗のいがなどくん呑んだ。今は年より〳〵、てんとひけべにだまされた。

おもひ直してもとのかゝさま呼《よび》やれ、もとはともあれ子もあれ、をさなじみじやと、世間からいはさらす。

こゝもとへ、うつされや、宇治の里の柴をつ葉を粉にして、粉でくんのんだ。

砂鉢《さはち》はすべらめけども、そこしん心は仏ださ。とにかくさすぞ、婆婆に縁すへ、さはちに気が付《つい》た。

おもひかゝれば、あら岩なんどもふつとした。まして板戸の七八枚は、なんだ弁慶だ。

こゝへ持て来なされや、猫の皮の笠ゆたん、三筋の糸を、つよくさつよくさ、引ぱるいたちの皮。

武士のうきより、なぜにさやうちなさつた。われらも若い時は、たまらぬ笑止《しやうし》なやつだ。くされきつぷしにまさかり添《そへ》て、こさ持てこヲ、ぶつさき〳〵、おんといぶしてわかい衆にまじはる、見事なおしやつつらだ。

頭註 香の会などを見て笑ふ辞にや。

浅艸のゑんま王に、酒手三文《もん》はたられて、六道せんをためておいて、さしまでさんだした。おしそなおしやつつらだ。地《ヂ》瘤《ホナ》のてつぺつから、星の親父《おやぢ》がずぶぬげて、火事のたまごを、ぐわらりふんごした。でつち目玉のさやはづせ。

頭註 山の嶺より月の出て挑灯をふみくだきしとうたふなり。

きり〴〵す、この葉の下になぜに申よ。夜あけのみだれ髪はいつに申ぞ、イヲホホンホ。

おなじくにぶり南部宮古七月踊唄

こゝは大《だい》の阪七曲り、なかの曲《まがり》に日をくらした。柴内《ナヰ》や出《イデ》は入りははよけれども、前がひどろで身をやつす。なべこ長根のひらのふさ(九六)、見あげ見おろし見た計《ばか》り。山伏はやい、腰にさげたる法螺《ほら》の貝、はても音はよい森岡まで。

おなじところぶり戯言、鶯

をごよすよ〳〵、をらがとこへも来とふらひ、あまりねほのよいをめのはな。

はたごやの詞 はたこゥやの言葉には、おんだりましたゑゝがもし、そこにごんざるさぶせんこ、のんべてたんもれ、おちごとなア。

おなじくにぶり毛布の郡いまいふ鹿角錦木堆の辺盆踊大の阪ぶし(九七)

こゝは大《だい》の阪ヲヤイテヤ七まがり、中のナア曲り目でノヲヲ、ヲ、、日をヤイくらす、ヲヤサキサイノソレヤヤイ。

俤《おもかげ》の来てはまくらをしとゝうつ、うつとおもふたりや夢じやもの。

夏蟬は蜘のゐかぎに釣るされて、これですぎよか夏なかに。

今朝《けさ》坂で古の女房に逢ました、にくゝはづかしくねたくやし。

十七八は籠の鳥、籠は小籠《こかご》であそばれぬ。

陸奥松島船唄、開口

皇帝うたふといふ。

吾は異国くはうていのしんか、貨狄庭上の池の面を見わたせば（九八）、秋吹風に一葉《えふ》の、散て浮めばその上に、蜘蛛の乗てさゝがにの、糸曳わたる姿をも、たくみて舟を作らるゝ。黄帝おふねにめされつゝ、おもひのまゝにめでたう御代も治《をさまり》て、そのときの御座は竜頭鷁首《りうとうげきしゅ》と名づけて、祝ひたまふこそさてもめでたや。此御座におめしなさるゝわが君さまは、御代も栄て御威光も、日に〳〵まさるとさても聞えける。このまことに。

南部及津軽浦船唄（九九）

初夢とも、きさらぎ山とも、宝の島ともいふ一ふしあり。舟のりそめ、あるはふなだままつりの時是をうたふ。ところ〳〵にてふりことなり。

正月の、ひと夜二日の初夢に、きさらぎやんまの楠の木を、船に造りてはやおろす。柱しろかね蟬《せみ》こがね、筈《はず》や水縄《ミナハ》は琴の糸、綾や錦の帆をかけて、舳《トモ》に大黒、艫《ヲモテ》にゑみす、おなか三社よおふな魂《ダマ》、よろづのたから積込で、たからの島へはせこむ。

道奥の国胆沢の郡神楽唄

優婆塞《うばそく》の神楽也。こは皆羽黒派の山伏集りて舞ふ。重き神楽を大嘗といふ。きぬがさの下に在りて補任をひらくなど、そのゆへこと〴〵し。いづらもかぐらの庭にまづ八雲たつの神歌をうたひ、しかるのちに唄ふこと也。

榊葉にゆふしでかけてうちはらふ身にはけがれのつゆくまもなし。

かなねむるをさふみあらかいきなかへたつせもよろくうち神の主人《ナレリ》。

人の子は親に似たるものをとてや恋しきときは鏡をぞ見る。

玉籬や玉吹くだす神風になやみわづらふ雲ははれたり。

火を撰み水を清むるさゝげもの風にまかせてそなへてぞおく。

出雲路や八雲むらたつ不老不死くだす剣は罪を伐るなり。

空ことむかしもいまもかはらねばこゝろの月がひとりほがらか。

狂言

神垣やとぼそをひらくたびごとに和光の利益《りやく》いやましにけり。

むかふ山のつ越すべとて、さびこ鑓子ひろつた。すつたりといだりやつと光をぶんだした。

座頭の坊の娘と、ふんべんものゝ茶うすは、人にばかりひかるゝ。
せゝなぎの水がまして、飯匙《ヘラ》と杓子を流した。それをとめべとて、祖父《ぢゝ》と祖母《ばゝ》ながした。(一〇〇)

頭註 飯がひをなべてヘラといひ、汁杓をのみ、しやくしとはいふなり。

おなじくにぶり松前の島音頭ぶし

海をへだてゝなじみをもてば、からす鳴さへ気にかゝる。
今朝《けさ》の寒さに笹山越えて、露で羽織の袖ぬらす。
こよひみそ萩わしやほうれんさう、君に心をつく〴〵し。
かはひ男に伺いはれても、水にうき草根にもたぬ。
郡山には二本のよしを、おもひきるよしきらぬよし。

蝦夷国風唄歌《エミシブリ》

といまこたんにおもひまつをほかいば、ぱしくろはいあしおもひまつしかろん。

「遠い処に懸想人《キミサマ》在《モテ》ば烏鳴さへ気にかゝる」といふ一ふしを聞ならひ唄ふにや。又汝れもおなじ思ひあれば、しかうたひあはせたるにやあらんかし。

魯斉亜《ロシイヤ》《ヲロシヤ》風俗《ブリ》距戯《ヲドリ》唄

よめをとろならにほんのやうに、めぐろ《黒睛》かみぐろ《黒髪》とるがよい、
サアハラ〴〵〴〵。

サアハラ。砂糖をいふとなん。
むかし亭咩帝列邏椰巨紆府曳伎《テメテレラヤコウフエキ》といふそのくにうど、風にはなたれ福山に来しとき、父母のくに左井の浦人は盆踊とて、はしきやしをとめらうちむれて、よんごとに唄ひ舞ふ、おもしろさいふべうもあらぬよしをつたへ聞つ、さらばそのくにもなつかしければ、うちよりてまねしてあそばんと、わかきものらがさる事作りいでゝ唄ひたるよしを、遠しま渡りするふな人どもが、梶枕の寝物がたりにせり。

琉球国風《ウルマブリ》磨臼《ヒキウス》唄

又杵臼唄にや、俚女諷也。

九重のうちにつぼて、つゆまちよす、うれしごときくの花とやる。

この一くさは、むかし舜天王のみすゑ王子《ワンズ》のみもとより、あがくにの都に扇にかいてたいまつらしめたまふよし、人の物語を聞てこゝにのせつ。

陸奥磐井川のほとり小童《ワラシ》あそび

たいとうめんだう・ぞうりかくし・鳥がてゝ。

大唐めんだうからめんどう、臼のはたつく〳〵し、伴内殿さよつたれば銭もかねもざらめく〳〵。

草履かくし

ざうりきじよばんに、たん〳〵お茶の子、ぢんがらぼうに、ぢいとんバァとん、粟粥稗粥たが鬼かゞ鬼、われこそ鬼の子たれか。

とりがてゝ

鳥がてゝは、どつさへいた。番所越《こえ》て荘こえて、麴買《こうじかひ》にまかつた。何升々々かつて来た。四升ばかり買て来た。師匠殿の女郎は、釜の前で孕《はらん》で、仏の前でつん出《だ》して、名をば何と付ました。八幡太郎とつけました。八幡太郎の御ン馬屋、馬はなんぼ立込だ。九十三匹立こんだ。艸はなんだんかりこんだ。九十三駄刈込だ。貝《かひ》ですつたる鞍おいて、はやう〳〵と乗出した。

おなじくにぶり栗原郡一迫童子諺

いちにきつちやうにきちやう、二のはのなかに、れいらくりんだう。かくしてもとくしても、ひきないぽんち、ぽんちが名をば、粟鳥稗鳥幸《サイ》の神の五位鷺。

いではみちのくぶり盲瞽人《メシヒド》物語（一〇一）

世にはやものがたりといふ。

大唐の鎌三郎が畜《タテ》たる牛の角《つの》、七曲り曲《まがつ》て八反反《ソリそつ》て、九くねりくねりて、くねり〳〵めに毛が生《は》えて、もとばつけに頭《ウラ》ばつけ、傘形《からかさがた》に次第々々に太く成たる物語。

頭註　バツケとは広大になりたる也。世俗のほけた、ほうけたなどいふ方言あり。

こゝに蕪左衛門《かぶさえもん》と申て、男一人さふらひしが、かの男、金にも銭にも事かゝず、たゞ摺小木《すりこぎ》にはつたりと事かいて、あたりをきつと見たまへば、親重代《おやじうだい》の古ル地蔵のおはします。かの地蔵のお前《マヘ》を、ごめんあれとて真《まつ》さかさまにおし立《たて》て、摺らば唯もすりもせで、すつてんぐわら〳〵、りんとんぐわらりん、しやんぐわらりんと摺《ス》りまはし、もとのごとくにおつ立直《たてなほ》して見たまへば、かの地蔵のあたまより、なんばんじほまじりの蓼汁《たでじる》が、たらばたゞもたりもせで、だらりん〳〵ずつたらりんともたりければ、かの地蔵、一化ヶばけたる地蔵の事なれば、舌をべろ〳〵こん〳〵、かいべろこんともつん出《だ》して、あら辛《から》いや辛《から》すつからと、小くびをふつておはします。親重代の古地蔵、一化《ばけ》ばけたるものがたり。

こゝに大男ひとりさふらひしが、あんまり日本はせまいとて、つつとすみちがつて踞《ネマツ》てさふらふ。是でも腰がやめるとて、つつと立《たて》ば雲にぎたを引かけて、霞に笠をはぎとられ、是ではこせがやけるとて、うしろはねにつゝとはね、泥なる海にはね込で、さんぶこんぶと漕《こぎ》たまへば、袴のまちのあきめより、なんだやらむやりぐやりといふほどに、むさし野へかけのぼり、うちほろつて見給へば、鯨の子共が四五千四、とりついてさふらふ。須弥山《しゅみせん》に腰うちかけ、富士山に火をかけて、ぢいぶら〳〵と、いびつてたべてさふらふ。是ではのんどがかはくとて、近海の水海を小盞《こさかづき》などゝなぞらへて、する〳〵すつたりとたべたりけり。是でものんどがかはくとて、大地をほつかりとふみやぶり、地獄の釜の蓋《ふた》を盗みとり、天竺の八日町《やうかまち》へ持行、三千三百三十三文に売て、御酒を買てたべたりけり。

是もてんぽの皮の物語り。

こがねまじりの山のいも、七駄片馬掘おこし、ないし十万貫に商《あきな》うて、長くふとく丸く目出度、福徳どつさりと栄えたるものがたり。

鎌倉の建長寺の門前に、名をば藤平太郎と申をのこ一人さふらひしが、かのをのこ九千八百八十八になる杓子を一ちやう持にけり。かのしやくしは、一化ケばけたる杓子の事なれば、さづけぶしにかゝりて、とはれ願ひをはじめける。正月毛桃《けもゝ》が喰ひたさよ。二月わせ米《ごめ》くひたさよ。三月きうりをくひたさよ。四月まうりをくひたさよ。五月根芹《ねぜり》をくひたさよ。六月たるひをくひたさよ。七月さね雪くひたさよ。八月初雪喰ひたさよ。九月桑子《くはご》をくひたさよ。十月いちごをくひたさよ。霜月ゆで豆くひたさよ。師走《しはす》はつ茄子くひたさよとも願はれけれども、それ天竺のこんが河原の、猫の向顔《ムカツラ》鬼のむかつら、紫竹《しちく》はちくの根まで、喰ひたさよとねがはれけれども、男持たらよからふが、女持たらなんとすべ、あくる九ツ月半《なかば》と申に、おんどうしやくしにて、ぐわらりくわんぐはり、くつこふともなし。是も杓子の問れ願をしたるもの語り。

むかひの山の李《すもゝ》の木に、くわほう鳥がちよつとより、百に米を五斗売ろ〳〵と呼《フ》れければ、からすどのがちよつとより、一文銭をもちもせず、百に米を五斗うるならば、かはふ〳〵といひにけり。買たる米をはからんとて、鳩どのがちよつとより、八石八斗にはかりたりけり。はかつたる米を搗《つか》んとて、寺つゝきどのがちよつとより、てぎぶき〳〵、てんてぎぶきともついたりけり。ついたる米を簸《フ》かんとて、ばんどりどのがちよつとより、ずは〳〵ばつともふいたりける。ふいたる米を淅《トガ》んとて、鳶どのがちよつと寄り、ざきぶき〳〵さんさきぶきとも磨《トイ》だりける。といだる米を炊《カシ》がんとて、かし鳥どのがちよつと寄り、があしくうし〳〵ともかしいだりける。かしいだる米《メシ》を盛らんとて、もずどのがちよつとより、もうずかずとも盛《もり》たりける。盛たるめしをくはんとて、水鶏《くひな》どのがちよつとより、さらばいづれもあがれとて、九十膳ほどたべたりける。たべたる膳をさげんとて、ひとゞどのがちよつとより、さぶこぶ〳〵さげにけり。下《さげ》たるぜんをすゝがんと、なから鴫《しぎ》どのがちよつとより、ずうさつ〳〵、ずつ〳〵さつともすゝいだりけり。すゝいだる椀を拭《フカ》んとて、ふくろうどのがちよつとより、のりつけおうほう、ふきのうほうともふいたりけり。是もあまたの鳥ども寄合て、活計をしたるもの語リ。

山鼠の小叺切《こかますき》リの小鼠太郎が、親の敵《かたき》のうつてに参る。出たちの装束には、鉈大角豆《なたさゝげ》なんどを太たち丸となずらへ、長さゝげなんどをおや重代《じうだい》の友切丸ともなずらへて、十文字にはくまゝに、秋野のはつたぎなんどを、野取の駒の三歳《さい》なんどなずらへて、あけびがらなんどをきんふくりんのくらになずらへ、ゆらりまたがりのり出す。よせてのかたはいづく也。猫どの屋形のかくちばたけのにらばたけにおしよせて、あぶみふんで大音上《だいおんあげ》、唯今こゝもとへ進み出たる大将を、いかなるものかとおもふらん。かたじけなくもちいむ天皇の後胤、のとのかみのりねぶりの末葉《まつえう》、山鼠の小がますきりの小鼠太郎、おやのかたきうちに参りたり。いさぢんじやうに首をわたせ、はらをせよと、たつからかによばわりけり。猫どの是をきこしめし、にやんともしんびやうのやつばらかな。それがしは太刀《たち》もかたなも持タざれば、おや重代のふる熊手二ちやう持たり。出合やつといふまゝに、十丈計《ばかり》たちあがり、のとりの駒よりひきおとされて、かへりうちにうたれけり。むざんなるかな小叺切《こかますきり》の小鼠太郎、在家《ざいけ》持事《もつこと》あまた也。したんざいけにくろざいけ、松の木ざいけにとちざいけ、その数あまたなりけれど、子孫にゆづる事もなく、猫と鼠の合戦なれば、たゞものぢい〳〵ねう〳〵いふ計《ばかり》、是も猫鼠のかつせんしたる物語。

西塔のむさし坊弁慶どのは、四国八島の合戦に、むげにかたせたまひて、その軍功によりて、よきかねすぐつて十万両を給《たまは》つて、天竺《てんぢく》の八日町《やうかまち》へはな聟に行て、七日七夜の酒もりをして栄えたるものがたり。

これのだんなは長者也。大黒眉にゑみす顔、しかもつむりに福の神、小耳のきはに果報が、しか〳〵しつかりとくつついたる物語。

此殿《このとの》の御蔵《おくら》にゑみす大こくおかの神、七福神はあつまりて、竹につるかめ五葉の松、蓬萊山を飾りたて、末繁昌と栄えたるものがたり。

校訂者の言葉

真澄遊覧記の信濃の部が、将に校訂せられて世に出でんとして居る際に、ちやうどこの一巻の「鄙の一節」が、最も関係深き胡桃沢君の手に帰したといふことは、是亦記念しなければならぬ遭遇である。此書は真澄翁老後の自筆本であるが、前に伊那の中路以下の日記に載せられた信州の民謡は、尚他の数十首と合せて、悉く此集の中に保存せられてあるのである。翁が予め信濃人の好意に対して、報いる所も厚かつたと言はなければならぬ。単なる一個の民謡集としても、此書は世に伝へらるべき十分なる長処を持つて居る。現在多数の類書が編纂であり、又屢々転載であるに反して、此書は十の九以上が耳からの採集であつた。活きて行はれて居ることを確め得た民謡であつた。さうして今から百数十年前の、日本東半分の同時記録であつたといふことが、殊に史料としての価値を高からしめて居るのである。其上に今一つ、注意を臼唄の変化に傾けようとしたことが、偶然ながらも意義のあることであつた。民謡の本質と、それが受けなければならなかつた時代の変化とを、何よりも的確に知らせてくれるものは臼唄であつた。今日我々が新たに材料を探らうとするにも、やはり主として是に著眼するの他は無いのである。或は此翁の慧眼は、予め此帰趣を察して居たのでは無いかとさへ考へられる。私はこの内外二つの奇遇を感ずるの余り、乏しい智識をさらけ出して若干の註釈を添へようと試みたが、或は結果から見て無用であり、又は不完全であるものも多かつたこととゝ思ふ。真澄翁は忠実なる手帖の管理者であつたが、久しい歳月の間には尚二三の誤謬と忘却とを免れなかつたらしく、又必ずしも全部の解説を得ようとはしなかつたらしい。今日之を繙き見る者に、不審の多いのは誠に止むを得ない。私の附註はたゞ其一小部分を明かにしたに過ぎない。単に「此点不明」と註記するだけの個条ならば、これ以外にまだ幾らでもあるのである。文部省の俚謡集は、自分にとつてはよい参考書であつた。他日尚一度之を細読し且つ比較して見たならば、改めて又真澄翁の功績を、感謝しなければならぬ点を発見するであらうと思つて居る。

昭和五年六月　　　　柳田国男

鄙の一節附註

一、百臼図

菅江真澄翁の著述の中に「ももうすのかた」といふものがあつて、秋田県には其数本を伝へて居ることは聞いて居るが、我々はまだ見たことが無い。翁が東北旅行の数十年の間に、農家に使用する臼の種類が、非常に数多いことに注意したばかりでは無く、是を一巻の書に図録しようとした趣旨は、恐らくは更に深切なるものがあつたのであらう。臼の変遷は同時に食物製法の変遷であり、又作業組織とも大きな関係があつた他に、尚民間文芸の特に主要なるものに、其影響の跡を留めて居るのである。臼の作業は其季節時刻、及び従事員の配合などからして、最も多くの歌謡を伴なふべき作業の一つであつた。それが新たなる器具の採用によつて、次々に全く間拍子を異にした歌曲を発明せしめると共に、一方には昔の面白かつたものを棄て兼ねて、状況の許す限り、節を遺し又は文句や心持を伝へて居ることは、現在でもまだ幾らもその実例を見出すことが出来る。「鄙の一ふし」の序文に、百臼図の編輯が動機となつて、先づ臼歌の種類を集めて見る必要を感じたとあるのは、確かに尊重すべき一つの実験であつた。歌謡の最初の形態をきめる為に、どの程度にまで我々の生活作業が参与して居たか。この問題は是非ともまだ色々の臼と其用法とが、国のどこかの隅に残つて居るうちに、それと新旧の臼唄とを比較して、細かに考へて見なければならなかつたのである。

二、酒楽の歌

日本書紀巻九、神功皇后十三年二月にも此歌は見えて居るが、是は古事記の方の文を、僅かな記憶ちがひを以て引用したのである。「其鼓を臼に立て」の一句は、今でもまだ確実な解が無い様だが、或は日本のツヾミが本来は革の楽器で無く、臼と同系統の、木を突いて打鳴らすものであつたことを意味するのかも知れぬ。正しく酒ほがひの歌なりと記されてあるものを、臼歌の始の如くいふのは当を得ないけれども、此歌にせよ又国樔人の酒を献ずる歌にせよ、共に酒を造る臼のことを述べて居るのを見ると、単に酒造りの日の臼唄の面白さを、想ひ起さしめるといふだけで無く、事によると其臼を晴の庭に持ち込んで、もう一度同じ曲を歌はせたのかとも考へられる。仮にさうだとすると、「其鼓を」臼に立てるといふ詞も、大よそは解るやうな気がする。後世の酒宴の唄にも、此類の転用は甚だ多かつた。それから樽とか瓢とかいふ酒の道具を、飲酒の席で敲いて歌ふ例も稀では無い。

三、田主の為に

田植歌には多くの地方に於て、屢々太郎次と称する人物が咏ぜられて居る。その太郎次の実は「田あるじ」であつたことは、文部省の俚謡集などを見てもよくわかる。例へば新潟県の北蒲原で、

たろじかゝあ十三株かけたヤア
をらも後から八株かけるヤア

とあり、同じく佐渡の苗取歌に於て、

今日なる田のたるじの姉は
あのどれがそだ、どオれがそオだ
あの綾の丸ぐけ帯に錦のこてに、
にしきのこてに

と謂ふ類は、何れも田の主といふ心持をまだ忘れずに居るらしいのである。土地によつては是を「田ぬし」とも、又「田のぬし様」とも歌つて居た。其日は田の持主が晴衣を著て、杖を突き田の畔に出て居る習はしであつたことが、これ等の唄だけからも想像し得られる。

四、淵の神礼讃

鳴る瀬は鳴らで淵が鳴る
やあら怖ろしや

田植に斯ういふ唄をうたふのは意外であり、又何かの残片のやうにも考へられるが、単に是だけの言葉でも、最初の気持は想像し得られぬことは無い。此日は特に水の音が、青淵の方に聴える様に感ずる理由はあつたのである。田人は早天に先づ周囲の最も高い山の峰の雲を望み、それから空渡る鳥の声と、野に咲く野茨の花とに注意したが、其次には自然に水の神の挙動に耳を傾けなければならなかつたものらしい。是は恐らく田植が田の神の降誕の日であり、田の神は日天と竜女の婚姻から、産れ出でたといふ民間の信仰と、関係があつたのである。相州鎌倉郡の田植歌には、又次の様なものもあつた。

風も吹かぬに若宮さまの
宮のすだれが鳴るのが不思議

五、歌のそしり

以前無数にあつたと思ふ田植唄が、大方は消えて無くなつて居る土地にも、此類の一章だけは妙に残つて居る。

あがれとおしやれ田主どの、
人は一度で懲らさぬものよ

田植の仕事には無理があつて遅くなりがちであつたこと丶、歌の言葉でならば可なり露骨に、不平非難を示すことを許されて居たことが是でわかる。現在でも工女の歌には此例が多く、子守唄などにも随分憎らしく主婦を批評したものがあつた。盆踊の歌にも隣部落を罵つた文句は稀でない。本来は之を聴く心持が、普通の会話とは別であつたのを、後に所謂当て歌に悪用したのである。例へば埼玉県入間郡の麦搗歌の合の手に、

挽割御飯に、菜葉の汁ぢや
地がらは踏めない、それでも御主人、
地柄の囃しぢや、御気には留めるな

六、雨乞唄の古い形

空がまだ青々として居るうちから、雨雲空を蔽ふといふ意味の歌をうたふのは、一種の呪法であつたらうと思ふ。雨乞の行列に必ず笠を被り、蓑を着て出ることになつて居たのも、此歌と同じ趣旨で、必ずしも予て効果を確信して居たといふわけでは無いらしい。自雨(シサメ)といふ語は不可解である。雨丐距は雨乞踊のことであらう。

七、のがとげぬ

「忍び夜づま」の一章は、感動が深かつたと見えて、伊那の中路の記文中にも載せられて居る。但し夕立の雨宿りの折に、茶屋者風の女が口ずさんだと言つて居る。「のがとげぬ」は永続きをせぬといふ意味に、今も稀には使はるゝ南信の方言で、恐らく「能が遂げぬ」の転用であらう。

八、辛苦島田

所謂しんき節の一変化であらうと思ふが、言葉の響きが好い為か、幾つかの歌が此句を頭に置いて出来て居る。歌ひ始めの面白さに心を引かれて、末の句はつい気軽に何とでも似合はしいものを持つて行くといふのが、自然の民謡の「作り歌」と異なる点である。但し爰に見える数篇は何れも流行唄で、村へは若い衆の持込んで来たものらしく、それ故に舂き碓にも、挽き臼にも共に用ゐられたといふので、恐らく之を歌ふ間、作業の手を御留守にして歌つて居たものであらう。二十六字詩が田舎を風靡した時代は、存外に古かつたといふことが是でわかる。

九、見ても見飽かぬ添ひ飽かぬ

この一章だけが古い七五の形になつて居る。是が本来は挽き臼の調子に合つて居たのでは無いかと思ふ。但し相模甲斐などの例は七五五七五だから、此「添ひ飽かぬ」も或は亦二度くり返されて居たのかも知れぬ。歌は新旧まち〳〵であり、又数箇所の採集を一つにしたらしいから、歌ひ方も勿論同じものばかりでは無かつたらう。

一〇、ならぬさゝげに手をくれて

「なる」とは永久の婚姻を意味して居る。情もたとへも共に田舎風であつて、表現だけが新文芸であつたのはをかしいが、私の想像では是は本と末と二つとも前からあつたものを、取合せて一章にしたゞけが土地の作為であつたらうと思ふ。村の詩人は折々さういふ技能を示して居る。つまりは歌の心持をよく味つて居た故に、斯ういふ料理が困難で無かつたのである。

一一、たとへ歌

雨の降るほど弓矢が来るに
敵はむかふに双六で

斯ういふ形は一寸珍らしい。歌の意味は二人の恋仲が色々と人の口の端にかゝつて、自分ばかり此様に気をもんで居るのに、相手は一向平気で居るといふのであらうが、それを戦場にたとへたので、ちよつと其心持が隠語のやうに感じられる。双六とは如何にも古風である。或は古い形の歌が既に前からあつたのかも知れない。

一二、落る榎の実の数よりも

奏者の森は、小野の御社のことでは無かつたかと思ふが、まだ確めて見ることが出来ぬ。何にもせよ固有名詞の一句だけをさし換へて、流行唄を土地のものにすることは、今でもよく行はれる民謡の一つの技術であつた。その中でも有名な馬方唄、たとへば吉備民謡集に、

笠を忘れた米子の茶屋に
雨の降るたび思ひ出す

とあるものなどは、最初は「敦賀の茶屋」で無かつたかと思ふが、それにも今一つ前の起りがあるのかも知れない。榎の実の落ち散る頃、一人でぼんやりと森を見て立つて居る女の心情なども、やはりこの秋の日の風物と共に、以前は民謡の故里に於て、最も普遍的なものであつたので、斯うして一句

を改造して歌ふことが、下手な新作よりも価値が大きかつたといふわけであらう。

一三、あはでいよとさ

如何なる種類の人が、此様なおどけた文句の歌を、始めて此地方へ持込んで来たかといふことは、考へて見ると興味が深い。勿論天明の昔から、信濃には之を聴いて破顔するだけの、教養ある青年が多かつたといふ一証でもあるが、同時に此類の面白い歌章を蓄へて、それを元手に弘く旅をして居た者が、既に此方面にも入込んで居たことをも想像せしめる。近世に入つては主として、この役目を勤めたのは瞽女であつた。しかしこの駄洒落は男ものらしいから、或は座頭の坊の酒宴歌であつたかも知れぬ。

一四、大根たね

めでたいものは大根たね
花咲いて
実のりて俵かさなる。

此歌は最初祝宴の歌であつたらうと思ふ。文部省の俚謡集などを見ると、分布は関東から遠く九州の南部にも及んで居る。是と連唱せられたかと思ふものに又「蕎麦の花」の一篇があつて、それは席上に切蕎麦などの出た際に歌つたものであつたらしい。田植にその歌を転用したのは、一つには凶年事変などに伴なふ田歌の欠乏を充す為もあつたらうが、元来田植の折にも是と稍近い祝言の歌があつたので、その聯想から殊に転用せられ易かつたものと思はれる。

一五、ちまき草

あの山陰のちまき草
若ければ
あまたの人にいはれる。

他の地方にもあるのか知らぬが未だ聞いて居ない。佳い歌である。ちまき草といふのは新語で、或は此歌と共に出来たのかと思ふ。五月に結ふ若薄も、わかければこそ多くの人に結はれると言つて、田人の中の男でも女でも、特に皆から眼を著けられて居る者を、半ばからかふやうな歌である。「人に言はれる」は問題になること、それを粽草の「結《ゆ》はれる」に引掛けて居る。「あの山陰の」は田植唄によく出て来る文句で、田植の日の朝は幾分か植女の意気込を緩やかにする目的でもあつたか、屢々水田四周の風物を歌の題材に取入れようとして居た。それが癖になつて斯んな新作にもふと言ひ出されるのである。

一六、梅の折枝

山家《やまが》の人は伊達《だて》をする
二布《ふたの》に梅の折枝

ちよつと意味の取りにくい歌である。始の半分は是も古くから、農村の作業歌に多く、大抵は反語であつて、生活のみじめなことを笑ひにして居た。ところが此歌だけは、染模様の腰巻をして居る娘などを見て歌つたものらしいから、さういふ皮肉な意味は無いのだが、やはり亦有り来りの文句を、気軽に持つて来て置いた迄であらう。梅の折枝は村の人たちの年久しい趣味であつて、起原は信仰上のものであつた。是を二布の模様にまで染めるやうになつたのは、成程見る人の心を動かすべき新しい現象であつたらうと思ふ。町に木綿の型附け染屋が出来てから、村の好みは屢々斯ういふ混乱を受けて居たのである。

一七、文字無き懸想文

この「書かない手紙」のことは、最近に仙台放送局で編輯した「東北の土俗」の中に、藤原相之助氏も詳しく説いて居られる。同氏は陸前海岸地方の玉むすびの方式五十種ばかりが、村田春海石川雅望などの学者によつて紹介せられたのを古いと言つて居られるが、本居宣長が玉勝間の巻十三に、讃岐の例を挙げたのが、発表としては幾分か前であらうと思ふ。遠州山村の例なども、たしか桃山人夜話であつたかに掲げられて居る。併し真澄翁の「凡国風土器」は、仮令今日迄其公表が無いにしても、採集は確かに又此等のものより古く、且つ大和三河信濃奥州九州にも及んで居るといふのである。奥州で有名な錦木の故事、若くは歌文に久しく用ゐられたタマヅサといふ語が、是を意味するものであつたといふことは、もう大抵疑ひが無いやうである。但し「判じもの」といふ風習はまだ少しは残つて居る地方もあるが、それと男女の懸想とは、今は大よそ縁の無いものになつてしまつた。

一八、破れ車でわが悪い

夙くから心学の講話などにも援用せられて居る歌で、如何なる場合に斯ういふ教訓風の文句が、歌はれ始めたのかを訝る者は多かつたが、元の起りはやはり男女の仲らひからであつた。ちやうど前に出て居る双六《すごろく》の歌と反対に、二人心を合せて外部の非難に、対抗しようといふ意味の歌であつた。人が何と言はうとも構ふに及ばぬといふ心持が、言葉の裏に含まれて居る。殊にわが（輪が――我が）悪いの口合ひなどは、一種のへらず口ともいふべきもので、感情の対抗に負けて還つて来る者は、いつも斯ういふ意外の秀句を投げつけて、余裕を示さうとする風が昔からあつたのである。

一九、をれと行かぬか

是も至つて古い「歌ひ出し」の一形式であつたらうと思ふ。言葉は無論時につれて変つて居るが、人を誘ふ意味は常に存し、それが又美しい色々の空想を描き出させて居る。其中でも花を折りにといふ章句が特に多いのは、恐らくは大昔歌曲が専ら宗教の祭に用立つた頃から、引続いて居るものであつて、必ずしも男女の相挑む場合の、隠し言葉で無かつたらうと思ふ。現に近い世の手毬歌の中にも、童児に向つて花折りに行かぬか、何花折りにといふやうな、長い語りごとが伝はつて居るのである。

二〇、婚姻と茶

聟入約束の固めの酒の代りに、両家の茶を交換し又は混合して、煎じて飲む慣習が方々の土地に有る。茶の飲用が中古の発明であると言はれるだけに、其来由は殊に興味ある問題である。但しこの歌は寧ろ軽いユーモアであつて、所謂「よい茶」を飲む家が村に出来てから、そんなに迄念入りに仕立てゝ遣つた嫁が、戻されて来たらくやしいだらうといふ小前の家々の蔭口を、斯ういふ歌らしい文句に表はして見た迄であらうと思ふ。つまりは御屋敷風の遠距離婚姻が、次第に農村の中にも学ばれて来た頃の世相であつた。

二一、紅葉ちれ〳〵

此歌も可なり新らしい文学の影響を受けた作品であるが、尚作者は村の人であつたと見えて、「赤い」と「若い」とを掛言葉にして興じて居る。或は「ちれ〳〵」といふやうな語を含んだ臼唄が前からあつて、此様な構想を誘導したものかも知れぬ。「夕日にそふて」が如何にも江州の方言らしくない。

二二、歌と物語と

寺の縁からおりるは誰ぢや
おほん鉢巻うこん染め

是と同種の歌が、次の越後の臼唄の中にも一つあるが、言葉の上からだけでは意味を取ることが出来ぬやうである。私の推測では、さう遠く無い以前に村の若い者一同が、村で斯ういふ演劇を見たか、若くは上手な語り物を聴いて、其印象が共通に鮮かであつた為に、多言の叙述を必要としなかつたのである。民謡で無ければ恐らく其様な省略は不可能であつた。それも普通には人の名を挙げて居る為に、たとへば、

清十郎殺さばお夏も殺せ

といふ風に、何を問題にして居るかは想像せられるのであるが、稀には此通り、端的に見た目の美しさのみを詠ずるものもあつたらしいのである。鬱金木綿の鉢巻をして、身軽に飛び下りたのは、多分は眉目清秀なる好青年であつたらう。其姿又は其折の言葉を、村では誰でも皆記憶して居た為に、却つて我々にはわからぬことになつてしまつたのである。

二三、塩津が見えてなほよかろ

東近江の山本地方、大よそどのあたりで歌はれて居たかといふことが、殆ど是一首によつて明かになるやうな歌である。塩津は北国に下る舟の上り端で、そこの繁昌して居た時代も略わかつて居る。即ちこの歌は古いものであつた。歌は別れを惜む女の情を詠じたかと思はれる。もしくは只繁華の湊の、夜の灯をゆかしがつた意味でもあらうか。

二四、君と我と

「わしとおまへ」といふ歌ひ出しは、概ね宴席の歌であり、盃を勧むる時の呪文の如きものであつた故に、次々新たなる秀句が、数多く置きかへ作り添へられた。此歌なども羽織といふものゝやゝ流行し始めた頃に、ちよつと新らしいので記憶せられ、臼唄にまで応用せられたのであつたが、実際はさう永い間伝はるべき性質の歌ではなかつた。たゞ真紅《しんく》の羽織の紐などが有るものか無いものか、そんな事までは考へて見ない人たちにも、屢々くり返されて居た「わしとおまへ」の文句、又は辛苦といふ語の響きには、幾分の親しさが感じられたといふだけであらう。

二五、新保川風内竹嵐

新保も内竹も共に北蒲原郡五十公野《いじみの》村の大字の名である。白井秀雄の越後の秋一月の遊跡は、今は全く埋れて居るのだが、僅かに此等の民謡によつて、大よそ何れの辺に足を止めたかゞ察せられるのである。斯ういふ村々の名を詠み入れた歌は、幾ら調子がよくともさう遠くまで伝はるわけが無いからである。但しこの一首は本と末とが別々のやうな感じがする。強ひて解釈すれば港へ出稼ぎに行く男を、風の吹く日に

見送る歌ともいへるが、ことによると採集者の手帖の誤りかも知れぬ。

二六、歌と物語と（二）

かます頭巾が苫舟のぞく
桔梗の手拭が土手走る。

絵のやうな情景ではあるが何の事だかよくわからない。桔梗の手拭は次にも今一章あるが、此頃若い女に好まれた新染料の濃花染であつたらう。芝居の女がそれを被つて舞ふと、やがては村の女たちもそれで顔を包むやうになり、歌にもそれをうたふやうになつて、流行は根をはやすのであつた。

俚謡集には中蒲原郡の盆踊歌として、次のやうな歌を採録して居る。現在も果して行はれて居るかどうか。土地の人に尋ねて見たいと思ふ。

桔梗のャーコレてのごへマーター土手からおりる
かます頭巾があがの川のぼる
殿さどこへいきやるこの高水に
ぶんだ河原へ寄り木を積みに
寄り木無いとてから舟で来やるな
それがそらとて押乗りしやるな

二七、小宿の夕顔

小宿の軒の夕顔に
こよひもあたま打ちに来た。

小宿は前の美濃の田植唄にもあつたが、娘たちが毎夜集まつて共に寝る処、土地によつては娘宿ともいふもの丶ことである。此歌は道化であつて、毎晩誰にも相手にせられず、只軒先にぶら下つて居る大きな瓜と、ごつつりをして帰るばかりといふのが、をかしくも又哀れにも聞えるのである。夕顔といふ語が妙に適切に此歌と調和して居るが、それも古今の滑稽文学に歴史的背景を持つて居る為で、恐らくこの一篇も文句だけは新らしくて、構想は古くからのものであつたらうと思ふ。

二八、梨子と烏

是も多分北蒲原郡特有の民謡であつたらう。御免梨子は運上金免除、即ち藩の保護を受けて居る名産の梨で、殿さは情郎のことである。親は案山子と同じで、番をして居ても烏の梨をもぎに来るのを追い退け得ないといふので、幾ら歌ひ出しに「わしは」とあつても、歌主が女で無かつたことは文句からでも窺はれる。悪戯ずきの青年がさういふ譬へを引いて、若い娘たちを笑はせて居たのである。調子は全然盆踊の歌であるが、ちやうど御免梨子を囲ふ頃が臼時だから、或は最初から臼唄として歌はれたのかも知れぬ。

二九、柳の歌

思ひ〳〵てたごめて柳
放すこゝろが何よかろ

佳調である。或は柳などの多い町から流れて来た歌かも知らぬが、私はまだ他では聞いたことが無い。「何よかろ」は「よいものか」と同じく、「いけない」といふことを女らしく言つたのである。思ひをかけて枝を手にとり自由に撓めて置きながら、手折りもせずに又放すといふのは軽薄だといふので、所謂香奩体の詩にでもありさうな情趣であるが、言葉の続けやうによつて、筆を採つて案出した歌で無いことが察せられる。この序にいふ。前の山鳩の歌は何か隠れた意味があつたのであらうが、もう不明になつた。終の大夫《たいふ》興野《ごうや》の一章は、或は誤写があるかと思はれる。

三〇、ならぬ梨の木

加治《かぢ》も五十公野《いじみの》も共に新発田に近い下越後の村の名である。此歌は田植唄では無いやうな気がする。或はもと永い口説《くどき》のやうなものであつたのを、一部分だけ語りかけて不意に「なると言へ」と落した処に、新たなる歌ひ方の趣向でもあつたのであらうか。ならぬ梨の木のむだ花といふことは、是も棄てられた女の歎きではあらうが、昔から「神ぞ憑くてふ」といふ歌などもあつて、此語に伴なふ情緒は単純なもので無かつた。少なくとも田植唄になる前の形があつた筈である。

三一、謎と問答体

田植唄にも歌ひ手の二つの組があつた為に、二篇問答の形を取つたものも稀では無いが、此歌のやうな謎は始からわかつて居れば張合ひも無く、初耳であつたならば答へ得る者が無かつた筈である。従うて是も形ばかりは問答のやうで、其実は全部一人で歌つたものであらう。俚謡集には中蒲原郡の口説歌《くどきうた》として、同じ趣向の次のやうな一篇を載せて居る。口説は関西では普通踊の際に語るものであつたが、此地方のは酒宴の際にも所望して語らせるものであつたらしい。

いとし殿さに謎かけました
前の田中の三本杉に
鹿が寝臥したが解きやれや殿さ、
これを解くならほんまの殿さ

解かずばわたしに暇くりやれ。
をんなわらしの掛けたるなんぞ
解くも恥かし解かぬもくやし
をれがやうなる大酒飲みと
んながやうなるしようたれ女
みすぎかねたと解いて暇くれた。

即ち三本杉だから「みすぎ」、鹿寝ただから「かねた」だといふ洒落で、天明四年の前からつい此頃まで、こんな口合ひを毎年のやうにくりかへして居たのであつた。

三二、蝦蚯蚓問答

此口説歌といふのは明白に座敷芸であり、又座頭の芸だつたことが想像せられる。全体の形が末にある早物語と近いのみならず、落を取る歌の主人公は目が無いと言はれて居る蚯蚓であつた。蛇と蚯蚓が目と歌とを交換した昔話なども、話し手が盲人であつた為に聴衆には余分の興味があり、それを又予期して盲人が此話を考へ出したのであつた。小蝦と蚯蚓との問答も其類で、前段の「温海《あつみ》湯治して腰をのそに」は、北蒲原の農夫が田植の労れを休めに、僅かの米銭を携へて温海へ出かける習ひのあつた時代には、殊に面白く聴かれたに相違ない。事によると此口説歌なども、その田植休みの頃に温海で歌つて居たのかも知れない。小さな海老をツノガラと謂ふのは方言と思はれるが、蚯蚓の振仮名にハシとあるのは方言では無くして、或は盲人が蚯蚓に代つて、「私も湯治して目を明けよ」と言つたのでは無かつたか。さうすると中間に今一句、田の畔の蚯蚓が之を聴いて曰くといふやうな言葉が、落ちて居たことになるのである。

三三、さいさい節

同じ名の歌は、備後双三郡のものが俚謡集には見えて居るが、起りは全く別でたゞ囃し詞のサイサイのみが共通である。サイサイは「然《さ》有《あ》り」から出た語のやうだが、尚他の色々の流行唄の後にも附いて居る。爰に挙げた二章は共に当世語の所謂ナンセンス文学で、その取留めも無い処に却つて酒間の興は催されたかと思ふ。第二の方の「人形」にテンヅシと振仮字してあるのは、多分テンヅンの誤写であつて、此地方では人形をすべて天神と謂つて居たのであらう。母といふ字にヤングリと傍訓してあるのも、恐らくは亦誤写であらう。其他不可解な点が甚だ多いが、四十年以上も手録のまゝに保存して居たものだから、採集者自身にも確かな記憶はもう無かつたものかと思はれる。

三四、黄金花やら豊に咲く

出羽荘内領の臼唄にも、亦他の国々の例と同様に、借りて歌つて居る者が甚だ多かつた。此歌は酒盛り歌かと思はれる。「一つひかへて其中見れば」といふのは、酒盃以外の何物でも無かつたのである。客が酒を盛つた盃を座の前に置くことを、今でも「ひかへる」とは謂ふのである。さうして置いて何か目出たい言葉を述べるやうな作法があつたのであらう。実際又なみ〳〵と湛へた酒のさゞ波が、黄金の花びらとも見えたかも知れぬ。盃の中に鶴亀松竹を画くことになつた動機も、飲むに先だつて祝言の語を案じ出すべく、じつと其酒を見入つて居た人々の、念願の積り〳〵であらうと思ふ。「豊に咲く」は歌ふ人にも実は不明であつて、或は「とろに咲く」といふ人もあつたらしい。但し臼挽きの青年たちは、或は又異なる叨がましい感覚を以て、之を転用して居たかも知れぬ。

三五、船玉祭

佐渡の沢根で立てたる柱
すぐに直さず敦賀まで

是は明かに船方唄であつて、しかも越後以西の生活を詠じたものであつた。暫く酒田の湊の色町などに行はれて居た後に、この荘内の農村へは入り込んだものであらう。柱は帆柱のことで、所謂「あいの風の強吹《こはぶ》き」が吹続いた快さを、詠じたものとも見られぬことは無いが、それだけでは港の唄となるだけの情味が無い。「すぐに直さず」とあるのを見ても察せられる如く、柱はやはり柱であつて、出船の朝の船玉様を、念じつゞけて越前まで来たといふこと、即ち別れた者の無事安全を禱る情も、寸刻も緩むことが無かつた意味では無いかと思ふ。さうするとやはり沢根湊の方に居る人たちに、聴かせてやりたい歌では無かつたかと思ふ。

三六、海を行く歌謡

躑躅椿は野山を照らす
殿のお船は灘てらす。

同じ船方の愛吟する歌には相違ないが、是は湊に居る女などの情を述べたもので、元は初めて招かれて出た席上の、祝言の歌であつたらうと思ふ。伊豆の三宅島などでは、「様の千船は海照らす」とも歌つて居て、殿は素より大名のことでは無かつたのである。此歌は元来東海の歌として有名であつた。又そのつゝじ椿の花やかな調子を見ても、北の海岸へは輸入せられたものであることがわかる。流行唄の中では殊に遠くまで、旅して行くものは船唄であつた。さうして「おしよろ高島」のやうに、北から西南に向つて移されたものは寧ろ少なく、日本海上の船歌に輸入品の多かつたのは、斯うした民間の文芸も、やはり一般商業と同じ趣向を追うて、普及して居たものであることを推想せしめるのである。

三七、まだら節

前年能登七尾の「まだら」が東京に於て演奏せられた時は、我々は同じ節の九州北部にも行はれて居るのを知つて、此船唄の肥前馬渡島《まだらじま》に起つたものである様に考へて居たが、どうも其説は臆断であつたらしい。是と似た例は磯節などであるが、果してあれは常陸の磯浜に発生したからさう謂ふのか、又は歌ひ出しの句に「磯で名所は」といふのがあるから名けられたのか。まだ確められては居なかつたのである。マダラは処々の海岸の地の方言で、晴衣《はれぎ》のことを意味して居る。多分獣の衣の斑などから類推した新らしい俗語かと思ふが、若し其語が面白いので斯ういふ歌が有名になつたとすれば、どこで発生しても此歌をまだら節と名け得たことゝ思ふ。

まだらならひかいよ水からか
裾を染めたよ花ぞめに

此第二句の「いよ」は掛けごゑで、水に縁のある生活をして居るので、お前たちは花染（濃緑）の裾模様を着て居るのだなど、美しい浜の歌女たちに戯れたものと解せられる。奥州の博労唄にも、馬方の衣裳を詠じたものがあつた。是は裾が栗毛だの腰が鹿毛だのと謂つて、旅の土埃に穢れて居ることを、自ら皮肉つた歌であつたが、其前に化粧する君たちの衣服の伊達を、座興とした先例が既に幾らもあつた故に、さういふおどけ歌が殊にをかしく、笑ひ聴かれたものと察せられるのである。

三八、流行唄の弱点

船は出るとてのま（苫）を巻く
をれはいとまの文《ふみ》を巻く。

此地方で船の苫をトマと謂はぬ故に、偶然にも此歌の遠くから運び入れたものであることが、明白に知れて来たのである。「いとまのふみ」は送別の手紙のことで、是も色を販ぐ者の軽薄を、男が戯れに女になつて歌つたのであるが、其滑稽の面白味は、とま（苫）・いとま（別離）の二つの語の合韻によつて倍加して居るのである。

夜は更けぬいかに楫とり水とりの
浮寝やすべきなほや漕ぐべき

斯ういふ歌とも似かようた技巧であつた。それを少しも心付かずに此歌は輸入せられて居る。それでもやつぱり人の頻りに口ずさむ新曲であつた故に、嬉しがつて模倣したのである。現代の外国詩歌の流行にも、此例は豊富であるらしい。

三九、沖の鷗に

所謂俚謡正調の鑑賞家の中には、自身作歌をしないと満足せぬ人が、段々と多くなつた様だが、しかも其大半は古曲改訂の外へは出られぬやうであつた。さうしてこの「海の深さを」の一章などは、却つて後から出来た方が拙くなつて居る。勿論是は譬へ唄であつて、女から男に、又は男から女にでも、心の奥底を問はうとしつゝ、今日あつて明日は定まらぬ相手の境遇を思つて、とつおいつする心持を詠んだものであつた。それを「潮時問へば」と改めて何よからう。但し秋田の村々の臼ひく人たちが、遠く海上の情を解したのは興味ある事実であるが、千鳥を「うき鳥」としたゞけは智識の欠乏を意味して居る。私などの想像では、此歌はもと二通りあつて男女歌ひ分けて居たのかと思ふ。即ち湊のよねたちが沖乗衆に歌ひかける場合には、之を立つ鳥とうたひ千鳥にたとへ、相手の船頭は又一方の遊女を浮き鳥鷗とからかつて居たのが、後に双方入交つて来たのかと思ふ。鷗が「わたしや立つ鳥」といふのも恐らく間違ひであつた。

四〇、青物採り

雪国では春の雪消えから夏のかゝりまで、山に入つて色々の野菜を採り、それを塩にして一年中のサイに、貯へて置く風があつた。現在の漬け物の起りは是である。独活や竹の子薇の類の、今も普通に用ゐらるゝ物以外に、名も覚えきれぬ程の色々の草があり、又それぐ\の若芽時があつた。若い男女の山に行く日は続いた。さうして色々の恋の歌が発生したのである。山唄といふ名が尤も是には似つかはしく、臼挽きは無論又之を借用したのである。作者も同人、聴き手も同人だから、借用とは言つても至つて気が楽であつたと思ふ。

「おさこ」は最も有りふれた村の娘の名、土地によつては「をさめ」ともいふ。多分長子の義であらう。此春は何処へ行つたかあの「おさこ」が来ない。色々の野の草たちも、もし物が言はれたら、おさ子はどうしたと問ふだらうに。

四一、旅の歌の交易

朝の出がけに山々見れば
もやのかゝらぬ山も無し

此歌は僅かづゝの文句の差をもつて、方々の府県に今も行はれて居る。江戸では早くから甲州の歌として知られて居た。山国の淋しい在所に生れた者が、土に縛られた生活を歎く文学のやうにも考へられて居るが、実は毎日知らぬ野山に起伏しゝて行く旅人の、或日の感懐に出たものらしいのである。行く手のおぼつかなさが文句の上に現はれて居る。さうして又此様に遠くまで流布して居る理由をも説明するのである。牛方馬方の旅行距離は、其荷の売れる力と反比例になつて居る。近くで売つてしまへれば日帰りにも帰つて来る。近くに望み手もない国産品ならば、野越え山越えて行かなければならなかつた。今日でも牛馬そのものを売つてしまふ為には、可なり遠方まで彼等はあるいて居る。山手と浜方と三日路五日路で、往来をして居た馬方も奥羽には多かつた。それが駅伝式の駄賃附けとなつて、彼等は終に歌や昔話の運搬をも、断念することになつたのである。以前船方の海の唄の交易には、港が唯一つの仲立所であつたやうに、この陸上の歌輸送に於ても、隣の領内の馬方牛方が、来ては歌を置て行く茶屋といふものがあつて、彼等どうし直接の授受をする必要はなかつたのである。茶屋の歌謡市場は今日は非常に発達して居るが、その機能は遠く牛方馬方の時代に、指定せられた範囲を出て居ない。

四二、比内河原

比内《ひない》川は即ち米代川のことであらう。此歌も固有名詞だけを置きかへて、土地の民謡にしようとした一つの例で、

　思ひ切る瀬ときらぬ瀬と

といふ歌は、現在でも尚各地の色町には盛んに行はれて居る。単なる酒宴の歌といふ所は通り越して、言はゞ流れの女の作業歌であつた。瀬とは境又は頃合ともいふべき言葉で、この二筋の間に立つて迷ひ悩むといふことは、即ち専門の恋愛技術に他ならぬ。臼の横木につかまる人たちの、干与し得べき境涯では無かつたのである。それが斯うして村々の奥までも入つて来たのは、多分詞形の面白味からであつたらうと思ふ。全体に対句の悦ばれるのが民謡の昔からの風であつた。

四三、白井氏の本草学

この旅行家の本草に関する智識は、その津軽時代に於て最もよく発揮せられて居る。単なる博覧と強記とだけでも、いつの間にこんな方向にまで及んで居たかに驚歎しなければならぬのであるが、殊に珍らしいのはそれが主として実験に拠つて居ることであつた。津軽藩中の多くの医生たちが、自分の山野の草木の名前を、此頃入つて来た旅人から学んで居た

のも面白いが、更にその性能と用途の詳密なる講説を、直接野外に在つて、こんな遊歴の歌人から聴かうとしたのである。白井秀雄の伝記を調べて居る者にとつて、是は可なり重要なる一条である。私はこの人の若い頃の素養に、特殊なものゝあつたことを疑はぬが、それよりもこの旅行生活のあわたゞしい中に於て、段々観察を積重ねて行つた此人の学風には特に敬意を表して居る。

四四、柴垣柴垣

柴垣節の起りも元は踊りであらう。久しく繰返されて居るうちに、此言葉一つに既に或る美しき絵様が思ひ浮べられるやうになつて居た。さうして又次々に転用せられ、土地の言葉と結び付いた新たなる歌をさへ生んだのである。ケヤレは「くれやれ」の意、アネヤタは「姉や」に夕といふ複数形を附したものである。今日の「たち」を夕といふ例は、沖縄などにも古くからあつた。此序に、次の「酒はよいもの」といふ酒徳頌は、疑も無く祝宴の歌を転用したものであつた。我々はどうして斯んな歌に人望があつたかを訝るばかりであるが、昔の人は単なる「あかしの」といふ一句にも、興味を感じ得たのである。

四五、香炉木橋

秋田寺内の香炉木橋のことは、人見蕉雨の蕉雨雑筆にも見えて居て、朝日夕日の両長者の有名な伝説を伴なうて居る。白井氏も殊に此口碑に興味を抱き、「水の面影」といふ一巻にはその詳しい記述があるといふが、不幸にして其書は伝つて居ない。私は日本全国に亘つての十数ケ所の同じ地名に注意して居る。蟋蟀《こほろぎ》・京良木等色々の文字は宛てゝあるが、本の意は「清ら木」、即ち神聖なる木といふことで、それ故に境に在り又は橋の名になつて居たのである。秋田の同処には、以前一種の歌比丘尼の部落があつた。さうして艶麗なる伽羅橋の物語などを、遠く後代に止めたらしいのである。此古伝に深い愛著を持つて居た真澄翁が、方々の旅を終つておしまひに、この香炉木橋のちやうど上の岡に来て眠つて居るのは奇縁であつた。さうして其故跡は今や見る影も無く荒れて居る。

四六、苗の中の鶯

この歌は普通の民謡研究者の、誰でも知つて居る位有名な、又奇異なる歌である。弘く東西の府県にかけて、意味は解らずに今でも歌つて居る土地は多い。察する所以前に鶯を詠じた歌曲が、久しく色々に行はれた末に、斯ういふかはつた配合が出来たもので、田植の唄ではあるが、実際は春田打の物《もの》吉《よし》が、正月に門附をした祝言であらう。是が「秋田繁昌とさやづる」と謂つて居るので、歌の出来た理由も、又香炉木部落の生活の模様も、略想像することが出来るのである。

四七、植ゑてさがれや

実際の田植歌にも、此句はまだ方々に残つて居る。関東では、

植ゑてしやれ〳〵

とも歌つて、つまりは後ずさりに苗を栽ゑるのが、普通の作業であつたことを意味する。仕事歌の本の性質をよく示して居ることは、木遣りや石搗きなども同じである。早乙女を「小しうとめ」と謂つて居るのは面白いと思ふ。舅姑のシウトといふ語にも、本来は労働の意味があつたのでは無いかと思ふ。信州の下水内郡などでは、舅をシゴトヂツサ、姑をシゴトカヽサと謂ふ村があるさうである。

四八、女大夫の鳥追

正月鳥を追ふ呪文を家々で唱へるやうになつても、尚以前之に参与して居た巫女の名を引合ひに出して居る。「おさる子」「おかん子」は共にもとさういふ職業に携はる者の普通名詞であつたのを、一地に一人しか無いので、自然に世襲の固有名のやうに考へられるに至つた。「おさる子」は多分猿女と同様に、猿を舞はせたか、又は猿に扮して舞つた者の家筋であらう。「おかん子」は神の子の義であるらしく、東北では単に「おかみ」といふ土地もある。おの字の頭に附く婦人の名の中には、斯うして出来たものがまだ他にも多いかと思ふ。必ずしも其職務に属した者で無くとも、名を貰つたり真似たりする風があつた為であらう。「能代のおかん子」が曾て鳥追の詞を唱へてあるいたとすれば、この能代といふ地名も元は苗代であつたかも知れぬ。尾去沢は少なくとも「おさる子」の居住地であつたと思はれる。この鳥追の文句は、随分弘い地域にかけて行はれて居た。「じやほれ〳〵」は鳥を追ふ掛声で、其為に今でも此式を「じやほい」だの、「わあほえ」だのと謂ふ地方は多い。

四九、秋田郡の讃引

今ある「齶田の苅寝」は天明四年の暮、まだやう〳〵雄勝郡に足を入れたまでの紀行で、其下巻といふ「小野の古里」も、翌夏五月初までの日記だから、其中には七月の讃引のこ

とも、次の地蔵尊の歌のことも見えて居ない。是と次に来る「外が浜風」との中間に、尚今一冊の紀行があつて、それをも「秋田のかりね」と題して居たことが想像せられる。讃引は多分サンビキと読むのであらう。是と「地蔵尊」とは近いもので、共に盆の日に幼ない者に語らせて聴いたのかと思ふ。賽の河原の今ある和讃よりは、幾分か余裕のあるもので、他にもまだ色々の外題があつたといふのを見ると、或は是も歌比丘尼等の口から、次第に世に弘まつたのかも知れぬ。民謡といふには稍当らない語りごとである。

五〇、一もとすゝき

鹿踊《しゝをどり》の歌は、曾て遠野物語に載録したものも是とよく似て居る。鹿踊の最も主要なる情調は、牝鹿の夫《つま》を尋ねまどふといふことで、是は三十一字の歌にも詠まれ、又陸前の鹿妻の荘に於ては、現に其故跡と伝ふる石や古木の松さへあるのだが、自分は尚是が鹿踊になる前から、久しく伝はつて居た信仰の名残であるやうに想像して居る。一本薄は在原寺の昔語りにもあつて、祭に顕るゝ神のまぼろしを見る為の、目標のやうなものであつた。尋ね慕うて漸くにして逢ひ得たといふ喜びが、神舞の最高潮になつて居たことは、決して鹿踊によつて始まつたもので無いやうである。上臈が夫を尋ねて、物狂ひになつて遠い国までうかれて来たといふ多くの伝説は、即ちこの伝統的感覚を包みかへた、又別箇の文芸であつたと思ふ。

五一、山唄の起り

最初は多分山に遊ぶ者の歌であつたらうが、さういふ用途が早く絶えて、或は馬方牛方が口すさび、又は宴席にもてはやされるやうになつたかと思ふ。此一章は、

　今はあき田の落し水

といふ有名な小唄と、著想はよく似て居るけれども、「日蔭のにがところ」は誠に山唄らしい言葉づかひである。野老《ところ》は苦いので、今日はもう食べる人も少ないが、以前は是も初夏の山に入つて、採取して来た食物であつた。調理法が煩しいので、他に何かよい物があると後まはしにされ易かつた。棄てられた女の身を苦野老《にがところ》にたとへるのは哀れである。

五二、さて又よんべの浅ぎ染

是は歌の後に附く囃し詞でもあつたものか。句形によつて歌の調子を想像することが六つかしい。単に用語の解説だけをして見ると、はかなく別れた人を懐ふ意であるが、譬喩が

奇抜な為にやゝ道化て聞える。「あひが足らぬ」は浅ぎ染だから藍の足らぬといふことで、それを「逢ひが足らぬ」にかけたのである。或は時間をアハヒと謂つた方言があつて、アヒを其方の意味に感じて使つたのかも知れない。「こく案じる」の「濃く」は「深く」も同じことで、是はたしかにさういふ地方用語があつたのである。浅き染だのに濃く案じるといふ点に一つの笑ひがあつた。

五三、愛と憐みと

宵に来て
夜中に戻すはむぞけれど
なじよにしべや

当座の縁と結ばれた。

我々が箱根山調と謂つて居る句形、即ち「曇らばくもれ」などの七五五七五の頭に、今一句だけ五文字を載せたもので、ちやうど和歌の上の句を二つ連ねた形になつて居る。今の二十六字詩の前に行はれた由緒ある一様式であるが、言葉が鄙びて居ると人がそれに心付かない。ムゾイは今日の「かわいさう」、同時に「かわいく」と同じに、愛する意味にも用ゐられて居た。イトヲシイとイタワシイ、メゴイとムゴイとも元は此関係であつたらう。愛と憐みとは至つて近い感覚であつて、曾ては一つの語で之を表して居た時代もあつたのかと思ふ。だからカナシイといふ語なども、「つめたい」であつたり「恥かしい」であつたり、土地によつて今は色々の意味に用ゐられて居る。

五四、隣領軽蔑

薩摩の殿さん讃くてお茶飲む
紀州の殿さん蜜柑くてお茶飲む

斯ういふ意味も無いやうな笑ひ歌は昔から多かつた。仙台領と南部との間などは、殊に抜荷の統制が六つかしかつたところから、わざと軽蔑を以て疎遠にさせようとした形跡さへ見える。それよりも誰かを笑ひたいやうな欲望は、常に民謡の歌ひ手の胸にわだかまつて居たのである。昔の人からいふと、鼻欠け牛即ち鼻づらも通せない牛に、木の轡をかけて乗つて逦げたなどゝいふことは、この上も無い恥辱であつた。其様な歌が山一重あなたで歌はれて居ても、以前はどうすることも出来なかつたのである。

五五、馬方生活

盛《さかり》で鱈がとれろかし

奥浜へ
　遣りたくないぞ我つまを

真澄翁の「津軽のつと」には、又右のやうな民謡も採録してある。此時代の恋歌には、往々にして斯ういふ経済史の史料が含まれて居たのである。屈強で歌の上手な女に思はれさうな若者は、此頃多くは斯ういふ行商に出たものと思はれる。鱈がもし気仙の海岸で捕れるならば、可愛い男は奥浜に行く必要も無く、永く独りで淋しく待つにも及ぶまいといふのである。この茶売りの歌も趣意は大よそ同じで、宿賃が安く茶の相場が高く、十分儲かつたら早く帰つてくれるだらうといふので、実は馬方自身が女に代つて詠んだものである。詞形は何れも昔風の「曇らば曇れ」式である。「南部の入りさい」は、南部領内の山村へといふこと。

五六、ひけや夜客も

ヤカクモは雲の名ではあるまいか。それとも誤写か。とにかくに夜客は宛て字で、真澄翁は時々此様な無理なことをして居る。この鹿踊の歌には解し難い文句が多い。次の「山たちはいかなる日にか生れ来て」といふのも、何か意味がありさうではつきりとせぬ。末の句の尻切れになつて居るのは、この後が囃しの言葉になつて居たのであらう。

五七、をかの神

宇賀の神、或は堅牢地神とも訳され居る女神で、東北の農家では穀物の神と信じて居たやうである。出羽では正月に「をかの餅」と称して、やゝ長めの中窪んだ餅を、家の中の男の数に合せて作つたといひ、之に関する色々の俗信が、真澄翁の多くの日記に注意せられて居る。七福神研究者などの見遁すべからざる事実である。東京では近い頃までの柱暦に、歳徳神の姿を美しい女性に画いて居たが、それがこの「をかの神」であつたらしい。しかも奥州では正月様を、老いたる女夫の神と想像して居る土地もある。

五八、小歌舞ひ

真澄翁の「配志和の言葉」、天明八年五月二十九日の条にも、この見聞が述べてあるが、歌は省略してあるから別の手帖に依つたのである。舞ひとは謂つても、単に盃勧める歌をうたふのみで、それに斯ういふ作法と、定式の歌があつたのである。楢《なら》の若葉の乾したのを懐に入れて、手づから肴をそれに盛つて出し、その葉をヒガシハといふとあるのは古風である。詞書の「酒しひぞしなど」は不明、鯉鮒とは鯉のことであつて、今も東北に行はるゝ方言である。九州で海老をヱビガニといふのと同じである。「お酌はお玉」といふ文句は他にもある。是も前の「おかん子」などと同じく、以前は此任に当る者を、おたまと呼ぶべき理由があつたことゝ思はれる。

五九、十二の卵

祝言の歌には屢々この言葉がある。鷺にも鷺にも十二の卵を育てたといふのであるが、それは後々の変化であつて、本来は此歌の如く雉子の雌鳥を詠じたものであつたかと思ふ。雉子の子の十二はよく知られて居る。之を婚礼の祝ひ物にしたのも、やがて又其多産を珍重する意味であつた。さうするとこの祝言の式の歌をうたふといふ習慣の、古く又有力なるものであつたことが、想像せられるわけである。即ち高砂四海波には、今一つ前の形があつたのである。

六〇、歌の時刻

作業の進行につれて、次々に定まつた歌があつたことは、田植唄が最も明かに其痕を残して居る。出雲石見安芸などの大田植の盛んな土地では、殆ど一つ〳〵の田唄に歌はるべき時刻があつた。米踏歌は無論以前の舂米歌であらうが、是にも早旦と朝飯後・昼飯後などの分ちがあつた。幸ひに多数に保存せられてあつた章句を比較して行くと、作業に歌が必要であつた理由も略明かになるであらう。臼唄にも朝歌夕歌の差があつた。酒宴の歌なども外から借用したものを除いて見たら、やはり亦それ〴〵の刻限があつて、宵には宵の歌、暁には暁の歌があつたことを見出し得ると思ふ。

六一、さい鳥刺し

最初如何なる目的の為に歌はれたかは知らぬが、鳥刺し舞の歌といふものは諸国に伝はつて居る。こゝには採集せられなかつたけれども、米踏歌の中にもあつた為に、「さい鳥さしの犂では無いが」といふ文句があるのであらう。「歯朶の中の鷺鳥」は、前の苗の中の鷺の元であつて、何か目出たい聯想があつたものらしい。「ゆふべな」は方言、昨夕の意。此歌の句形は全然伊豆などの手杵唄と同じである。臼の種類の著しい変化にも拘らず、尚以前からの唄を守らうとしたよい例である。

六二、十七八

田植唄の方でも昼近くなつて、化粧した若い女を詠歎する歌が出て来るのであつた。それはこの大切な日の中食を運ぶ者を、特に最も美しい者から選定する習ひであり、同時に彼女をして田の神を祭らしめたからであつた。化粧をするといふことは当然に信仰行事であつた。それが春米の晴の式にもあつたことは、この多くの「十七八の歌」によつて察せられるのである。次の桜山の歌は殊に美しいが、その次の、

十七八がかい連れて
知らぬ里を通つたれば
知らない者は知らないども
おぼえたどしは喜ぶ

といふのは、滑稽なる作りかへであり、其又次の一章は古いけれども、頗る隠微なる含蓄をもつて居た。「さるかいもち」とは何か。土地の人に尋ねるより他は無い。「向ひ山の葛の葉」は佳調である。

六三、鎌倉節

鎌倉といふ語を歌ひ出しに置く歌は、殊に臼唄には多いのであるが、是はその新らしい作り替へである。「御城の谷」はゴジョウノヤツと読むのであらう。前には「鎌倉の御所の谷」と歌つたにちがひ無い。是等の数篇はすべて手杵の作業に合せたもので、字の数は音の長短によつて加減し得たが、大体五七七五・五七七五と進行して居る。

やまと竹と、をなごの子は
育てまいもの、そだてた
ゆる〱と、育ておいて
知らぬ里の、たからだ

「たから」は今の語でいふ重宝の意、女の子とやまと竹は育てるのは損だ。骨折つて養成しても、後には他処の重宝になるばかりといふのであるが、形と言ひ表はし方が共に古風で面白い。

六四、御手に豆が九つ

この臼唄の出処と見るべき美しい歌物語は、幸ひにして記録に残つて居る。たしか美濃の国の長者のまな娘が、かどわかされて常陸の国に来て、或長者の家のはした女になつて居るといふ筋であつた。臼唄が単にその最も感深き一節を伝へて居るのか、但しは曾て物語の全部を、歌つて居たのが壊れたのかは知らぬが、今は口碑としては是だけしか伝はつて居

ない。

麦搗いて、夜麦ついて
御手に豆が、九つ
九つの、豆を見れば
親の里が、恋しや

此歌の流布する区域は弘い。さうして又少しづゝの改作を経て、此様に奥州の奥までも入つて居たのである。臼は女としては労多き作業であつたが、多勢の若い娘が共に働く為に、其間には斯んな女らしい長物語の、展開する機会もあつたのである。

六五、酒倉のとうじ

搗上げの米といふのは、元は意味のあることであつた。最初の春米は籾から米を得るのが目的であつたけれども、それを酒殿へ送る場合に限つて、更に其玄米を白くした。それが搗上げであつた。米を白くすれば勿論酒の色が好くなる。是が白米の益々白くなつた理由であらうと思ふ。「とうじ」は杜氏などゝ書くのは宛て字で、以前は刀自即ち女性であつたことは、「倉の刀自」とあるを見てもわかる。「とうじ」は即ち悦ばせてやりたい様な若い上﨟であつた。この歌は夕刻の歌にふさはしい。さうして古い民謡であつたことも考へられる。

六六、やらくろずり

「奥の手ぶり」にもこの小正月の行事を解説して居る。やらくろずりの「すり」は、多分もと簓《さゝら》を用ゐた名残で、「やらくろ」は即ち次の章句にもある「やれ来る」から来た語であらう。土地によつて名称は区々であるが、行事には多くの共通点が認められる。中部地方では「焼《やつ》かゞし」、何か香の高いものを焼いて、其香を目に見えぬ物に嗅がしめんとするが目的で、即ち農場の鳥獣を追ひのけるカヾシなどゝ同じであつた。それ故にこの南部領の唱へ言に於ても、「豆の香はほが〱」といひ、「古酒の香がする」といふのだが、或地方では「隣の姥の臍のくさゝ」とさへ謂つて居る。「をなめ持ちの殿」は不明である。如何にも奥州ではヲナメといへば婢妾のことであるが、それを初春の祝言の中に、唱へる理由は解しかねる。

六七、葦毛の駒

「盛で鱈が取れろかし」の歌のことは、前にもう言つてしまつた。盛は陸前気仙郡盛町、今は海端より少し入込んだ市町だが、地名は漁業の「盛り浜」から起つたのであらう。此二篇は農村の麦かち唄でありながら、遠くへ出て交易生活をする者の、男らしさ恋しさを詠じて居る。境の峠の嶺から歌をうたひつゝ、高荷を附けて戻つて来る男の声を聴くことは、淋しい村では祭のやうな昂奮であつたらうと思ふ。だから「葦毛の駒」といふ語も思ひ出して使はれたので、葦毛は実際は神用の駒であり、通例行商を業とする馬方などの、悦んで牽かうとする毛色では無かつた。尚此序にいふが、七五五七五の箱根山式の詞形に、更に第一句の五文字を添へることは、今もドヽイツにも行はれて居る如く、至つて普通の変化であつたらしいことは、この二つの歌の並べてあるのを見ても想像し得られるのである。

六八、古風なたとへ歌

髪すぢを
ひさごにまげて柄を入れて
ころも川
かへほす程にわら思ふ

此歌も可なり興味のある生活誌の史料である。歌の趣意は「際限も無く」といふこと、即ち蜆貝で大海を汲むなども同じだが、譬喩と言葉使ひが今と異なつて居る。我々の水汲み器はもと瓢を用ゐた。それが如何なる理由でか檜の木の薄板を曲げて、それを樺桜の皮でとぢて底をつけたものを使ふことに改まつたが、其名称は依然としてヒサゴであり、稍訛つてはヒシヤク（檜杓）などゝも言つた。髪の毛を曲げ物にして柄をさしたら、さぞ浅いヒサゴが出来たことであらう。そんなもので衣川の水をかへほさうとすれば、際限の無いことは明かである。「わら思ふ」のワラは誤写で無いと思ふ。「我」は多くの土地で今もワと謂つて居る。自分一人を複数形にしていふことは「私たち」もすることである。自分をワラハといふ語も是から出て居り、それと童児のワラハとが一致したのは偶然の結果であるかも知れぬ。

六九、東枕の窓の下

この言葉も歌の句形の要求によく合つた為か、各地方の民謡に屢々用ゐられ、又常に女をよばふ意味に使はれて居る。たとへば前田林外氏の民謡全集続編に採録した周防三田尻の踊歌などもそれであつた。少し長いがをかしいから引用して見ると、

ヤトサアー
あんなねえまに惚れたがどしよかえネーマ
それがどねなろヤーレノ寝にござれ

寝にも行きましよがお寝間はどこかえネーマ
東まくらのヤーレノ窓の下
窓の下ならわしや寝にや行かぬよネーマ
まどの明りでヤーレノ人が見る

是は必ずしも普通の婚舎が、斯んな構造を以て設けられて居たわけでは無からう。即ち此語が全国に亙つて人望を博して居たのは、単なる語音の響きと聯想とであつた。我々は巧みに用語を選択する国民であつたのである。「おまこどの」も東北で最も普通な娘の名であつた。多分最上や荘内のヲバコと同じく、ウバといふ語からの分化であらう。ウバは老少によらず、家で不用な女、即ち求むる者を外に期して居る婦人のことであつた。

七〇、地名をよみ入れた歌

五駄も岩府も盛町附近の部落の名であらうが、私の見たゞけの地誌類には載つて居ない。斯ういふ歌ばかりは土地の人が味ひ得る感動の、十分の一も外の者には味へない。従うて今後も尚郷土の芸術家が、更に其力を示し得る余地がある。歌の意味は互ひの心を定めるまでに、幾瀬の曲折を経なければならなかつたが、悦びの日は永くは続かなかつたといふことで、「盛の十日町」がよく知られて居た市の名であつた為に、殊に面白かつたのであらうと思ふ。岩府の山根を横尾とでも謂つて居たか。「よこをる」といふ語が今日の骨折りと近い語であつたとすれば、是も興味ある一つの発見である。

七一、秋はかべを刈るやうに

真澄翁は簡単に株の字を宛てゝ居られるが、何か別の意味があつたやうに考へられる。越後北魚沼郡などの田植唄にも、

小苗に細かに手をこめて
秋はかべを刈るやうに
刈るやうにヤ刈るやうに
秋はかべを刈るやうに

とあり、其他各地に類例は多い。実際家に問へば直ぐ知れることであらうが、或は稲の繁茂を壁と謂つたのではあるまいか。次の「お昼飯《ひるいひ》もち」は、前に述べて置いた十七八のおなり人のことである。おなりの風采を想望した歌は、出雲などにも多い。ドホラマデは「何処らまで」、ワラヒベは「童児たち」、共に津軽地方には今も行はれて居る方言である。「かい葉折り」のカイバは「かしは」のことで、食物を盛る臨時の食器、是も昼の饗応を待つ歌かと思ふ。ワレワレは騒いで居ることか。

七二、またぎ来る夢

盛岡地方の「しょんでこや」といふ歌の中には、今でも此一句が歌はれて居る。起りは是も鹿踊であつたのを、田唄には転用したのであらうと思ふ。「またぎ」は猟夫のことであるが、東北には処々の山中にさういふ人のみの部落があつて、農作の村と対峙して居る。鳥獣が夢を見るといふことは奇妙であるが、鶯が梅の小枝に昼寝して、赤阪奴を夢に見たといふことは、手毬唄にさへ残つて居る。殊に鹿は夢野の霜の物語以来、夢を見たといふ言ひ伝へを持つて居る。はつきりとはわからぬが、是が鹿踊の儀式の神秘であつたらうと推察する。田植唄が之を歌ふ場合には、もう其心持を忘れて居るから、意味も無く第二の夢の歌と繋ぎ合せたので、後半は新らしい恋の歌である。

七三、狐女房

是は純然たる昔話の再演であつた。能登鹿島郡誌に出て居る万行の三郎兵衛の話は、私も日本昔話集に採録して置いたが、あれと大よそ似たやうな説話が、津軽にもあつたらしいことを推断せしめるのである。信州では南安曇の重柳《しげやなぎ》、常陸には女化原の口碑もあるが、村々の狐女房は「葛の葉」などゝはちがつて、主として農作を助けてくれたのであつた。しだの鍋子は無論女狐の名であらうが、それが一方には信田《しのだ》の森、他の一方には信太《しだ》の小太郎などゝ、縁を引いて居るのも面白いと思ふ。鍋子が代つて作つてくれた田には、八穂で馬一駄になり、七斗五升の米になる稲が出来たといへば、是が田植唄の題目として歌はれたのは、殆ど当然以上と言つてよかつたのである。

七四、文学と民謡

誰まねくたれ招く
招けば袖の露も散る
しのゝをすゝき君まねく
君まねく

斯ういふ優雅なる文字の芸術までを、田に立つ人々が理解しようとして居たことは、たゞ一通りの教養だけではなかつたと思ふ。歌の効果が言葉に在り、その言葉は常に用ゐて居るものと、是非とも異なつて居なければならぬといふ信仰がもとになつて、最初は地方人が京都の文学にあくがれ、又遠方から来る歌ひ女たちを、上臈として取扱ひ始めたのでなかつたら、久しく田舎の実力を自識して居た人たちが、趣味の一点でばかり斯程まで屈従を忍び得た筈が無いのである。此歌なども全体としての意味が、果して早乙女等に呑込み得たかどうかは疑問であるが、兎に角に豊稔のためには、綾《あや》ある言葉を使はなければならなかつた。それ故にそれを裁ち縫うて我衣にしようとしたのである。「招く」といふ一語が殊に頼もしかつたのであらう。

七五、浪岡の源常林

源常林の信仰が此頃既に稍茫漠たるものになつて居たことは、「外浜奇勝」の中に真澄翁も之を記して居る。或はもと源女といふ女性が居た故跡だとも伝へて居たさうで、是が歌物語の一つの中心、たとへば秋田寺内の香炉木橋の如きものであつたことは、その伝説の破片となつて尚豊富なりし事実からも之を推想せしめる。文字は何と書いてあらうとも、「げんじよ」は斯ういふ宗教芸術に、携はつて居た漂泊の女性であつたらうと思ふ。それが又、

げんじよ隠しの霧がふる

の名吟を産した猪苗代湖岸の村に於て、玄如は女に思はれた山寺の美僧であつたなどゝいふ近代の伝説を発生せしめた原因であらう。

七六、染屋の歌

近頃まで行はれて居た童女の鞠唄などを見ても、染模様の空想は日本に於て、心行くばかり発達して居る。是がすべて木綿が村に入り、個々の小さな町にも染屋といふものが出来てから後のことである。麻布は其性質から、さう色々の意匠を加へることが出来ず、絹布はたゞ僅かなる都府の上流に限られて居た。「染めておくれよ紺屋さん」といひ、「紺屋のことなら染めてもあげましよ」といふ類の親しさが、民謡の中にまで入つて来たのは、事によるともと是も旅から移つて来た人たちの特殊の愛嬌が、歌と染模様とを同時に流行させたのでは無いかと思ふ。「いつか染めたすそめ屋どの」は方言であらうが、まだ其意味をはつきりとし得ない。

七七、誉佐ぶし

よさ節は又三重県の志摩などにもあつて、同じく宴席に於て歌はれて居る。是も歌ひ出しの常の文句から出た名で、ヨサは即ち「好しや」、ヨイヤだのヨサコイだのと同一の囃し詞であつたらう。酒令即ち群飲の法則が寛になつて、祝宴といふ「作業」には沢山の余裕が出来た。従つて酔余の興奮が幾らでも新らしい空想を醸造し得たのである。ゴイハヒ（御

祝ひ）は其中でも比較的保守的なものであつたと思ふが、尚下山（外南部）の舟木伐りの詞章などを、新たに題材として招き寄せることが出来たのであつた。

七八、十五七ぶし

是も歌の内容から見ると、最初春の日の青物採りの山唄から出たやうである。歌の数が四五十もあるといふが、多分後には酒宴の歌に供せられたものであらう。其中で「五月五日のまきの葉」は、前に「ちまき草」の条にも言つたのと同じで、近松門左衛門式にその「いはれ草」といふ語を用ゐて居る。即ち問題にせられる種といふ意味である。最後の一篇は二つを誤つて連記したもので、後の方が殊に即興風の面白さに富んで居る。「親のしがらのけふねえまゝた」は、採集者にも解りかねたと見えて、傍に「無甲斐にや」と注してある。筆者が二度聴き直して加注をした条は此の他にも多い。実に羨ましいほどの精確さであつた。

七九、笊揚節

近頃からめ節と謂つて踊の手の附いて居るものと、同じ系統のものでは無かつたか。金山は茶山も同様に、屢々旅の職人が入込んで共に働いて居た故に、自然に遠国の色々の歌が、受け伝へられることになつたのではあるが、それにしてもこんなに荒々しい山の中の生活に、

夢にうき名は立ちはせまい

といふ様な柔情の歌が、拾ひ上げられて居たのは不思議である。勿論さういふ歌謡を職業とする者が、附いてまはつて居たことも想像せられるが、それよりも歌の方が尚一層流転し、又淪落して居たのであつた。若し此等の数章が一箇処で採集せられたものとすれば、其混淆雑糅は実に驚くに絶えたるものと言はなければならぬ。たとへば「荒川の千本小杉」は荒川銅山の産であり、「尾崎参りの寄せ太鼓」は釜石の鉄山のものと思はれる。其他にも北海の漁場から来たかと思う鰊の歌さへあるのである。

八〇、お玉ぶし

お玉は前にも「お酌はお玉」とあつて、所謂十七八の最もゆかしがらるゝ人名であつた。この盆踊歌のそんな名を以て呼ばるゝは、つまりお玉を詠じた元歌があつたからであらう。幸ひに保存せられて居る囃しの言葉によつて、大よそ踊の振りが想像し得られる。是も「長い長い両国橋は長い」などゝいふ盆歌と同じに、右と左とへ一足づゝ出て行く踊であつた

のである。或時代には是が非常に盛んであつたと見えて、歌ばかりは無数に残つて居るのであるが、余り単調に過ぎたか、後には只女童の町を練つてあるく盆唄になつてしまつた。其一例は俚謡集、相州中郡の盆踊歌、

おぼゝん盆よ、おぼゝん盆よ
盆の牡丹餅や三日置きやすえる
烏にやらうか、とんびにやらうか
鳶《とんび》もいやよ、烏もいやよ

高麗寺の子供の意地きたなしに

即ちどこ迄も四三・四三・四三で行かうとするのである。是と子供の「子買を〳〵」の遊戯などに、常に用ゐられて居た問答体の唱へごとゝ関係があつたらしいことは、今まで我々は心付かなかつた。

八一、囃し言葉の奇特

蝦夷の巾著の歌は、その隠れた意味をすらも推測することが六つかしい。或はわざと無意味なることを承知で、何かアイヌ語らしい音を列ねて見ようとしたゞけでは無かつたらうか。幕末維新の交の流行唄には、殊にさういふ囃し詞が多かつた。それを単なる異国趣味と解するのも理由はあるが、或はそれよりも以前から、踊には何かさういふ耳に立つやうな変つた掛声を、附け添へる必要を認めて居たのではあるまいか、コラショでもアレワイでもドツコイ〳〵でも、すべて今日は稍元の語とちがへるやうに、発音せられんとして居るのである。

八二、あやの機織り

「松にからまる蔦の葉」の歌なども、遠野物語に見えて居る。「縁が無ければ」といふ語は信仰から出て居ると思ふが、この「からまる」とか「ほぐれる」とかいふのも、同時に踊の挙動を伴なうて居たらうと思ふ。「あや」といふ言葉は、特に神舞に於て弘い意味に用ゐられて居たらしい。たとへば六つかしい手、伝授によつて始めて学ぶやうな複雑な足取りをくり返すことが、即ち綾織りであつた故に、其折手に執る物を綾竹だの綾筒だのと謂つたものゝやうである。この、

も一つ跳ねろや綾の機織り

といふ章句などは、即ちその心持から出たもの、又「つぼんだ」「開いた」も単に歌の上に現はれたる百合の花のことで無く、同時に踊のそれ〴〵の行為を誘導して居たことは、木遣りその他の労働歌と異なる処がなかつた。踊も一種の共同作業であつた故に、之を統制する清き声を要したのである。尚「むかひの山の」といふのは、多分目を遠くの方に見するゐ

しめる暗示であつて、手鞠唄の中の「むかふ通るは」や「あれ見やれ」なども亦是であらうと思ふ。

八三、歌の古風

この採集者の判断の正しくなかつた一点は、文語雅語を用ゐたる歌章を、古いもの〻残りと思つて居たらしきことである。是は真澄翁自身の歌の風などゝも関係のあることで、翁の擬古体は決して古風では無いのであつたが、それをしも尚昔にかへす努力の如く、自分では信じて居たやうである。地方の民謡に筆や墨の匂ひのすることは、寧ろ外から迎へ入れられた証拠、民謡としては模倣転用の生々しい実例であつて、それが其地で生長したもので無いことを語つて居るのであるが、今でもまだ時々はそれを以前の世の朽ち残りと見るやうな人がある。この「汐干がへり」などは琴歌の真似のやうなもので、斯んな言葉が曾て一度でも、津軽に行はれて居た気づかひは無いのである。

八四、花は何花

至つて古くからの歌の句であつたらうと思ふ。神によつて愛したまふ花が異なり、それに又由緒があると信じて居た頃からの、習はしであらうとさへ思ふ。五月田植女の著る晴衣の模様に、菖蒲や卯花を染めさせた時代も実際にあつたらしいが、それよりもこの美しい空想の方が、更に前からあつたやうである。染模様の意匠なども、その発達して来た跡が民謡とよく似て居る。田舎には定まつた幾つかの型が出来て居て、多くの新流行も、最初はその少しづゝの変化転用であつた。従うて今にその比較と分類とによつて、根原を突止めることが出来るかと思ふ。

八五、御田の神の御膳

田唄は古くからの口移しであつた為に、後には歌ふ者にも解し得ない箇所が多く、それを少しでもわかる様に歌はうとして、色々の歌ひひがめがあつたやうである。たとへばこの御昼持ちの歌なども、「障子を飾る」と書いたのは必ずしも採集者の誤りで無からうが、「わかきめんどり」とあるによつて、是がもと食物の歌であつたことが察せられる。「しやうじ」は後に精進などの字を宛て〻居るけれども、本来は清き食物のことであつた。早乙女の衣に何花を染めたと問ふやうに、おなり人の調じた「しやうじもの」は何かと聞いて、空想し得る限りの好き食物の名を列ねようとした歌かと思ふ。それを歌ふ者までが障子のことゝ考へた為に、「やかた」だの「松と檜の木」だのといふやうになつたのである。御田の神の迎ひに「梶原が参つた」といふのも、間違ひには相違ないが、其理由がもうわからなくなつてしまつた。

八六、田植芝居のこと

田植踊は実は小さな演劇である。仙台以北に行はるゝものは、現在でも尚此通り簡略であるが、関東の各地たとへば近頃再び注意せられた赤塚徳丸の田遊び、都筑郡の杉山の正月田祭の如きは、今一段と大がゝりのものであり、関西九州には数こそ少ないが、更に本物の芝居らしいものが処々にあつた。春の初の大切な日に、一年の農事を順々に取行うて、豊作の呪法とするのである。南部領でエンブリ（杁）といふのも、異なる所は名称だけであつた。至つて簡単な田植の言葉と挙動とがあつて、其中間に植女の唄が入る。唄に人々の注意が偏する故に、愈々其他の行事が短かくなるのである。「白き名馬は三十三匹」云々と、南部特有の言葉遣ひの現はれて居るのもなつかしい。末の「きつそろた」はもと恐らく「来候」と謂つたのを、意味不明になつて「来揃うた」と解するに至つたのであらう。

八七、是は誰がほうたんだ

此歌は「奥の手振」にも絵を添へて掲げられて居る。「ほうたん」は封田宝田色々の漢字が宛てゝあるが、実は「ほり田」であつて宮田の意味であつたと思ふ。後には「ほり田」といへば所謂「ほまち田」のことゝなつて、特に発音の差を強めたのかと思ふ。「えもとさえも」も果して「右衛門と左衛門」であるかどうかわからぬ。「街道の早稲」は勿論「垣内の早稲」である。糞《こやし》をジキと謂ふのは苅敷の敷と同じく、田の上に敷くといふことから出た語に相異ない。「こき竹」は稲の穂を扱く竹のこと、「くね」は地境の林叢のことで、節の揃つた竹の生えて居るのは瑞相である。あれを扱竹にしようといふのを見ると、此辺では太い竹が無い為に割らない丸竹の節の揃つたものを用ゐたのであつた。

八八、千代がふみ

千代は所謂文ひろげの狂女、或は小野お通の婢女であつたなどゝもいふが、実は女舞の一つの形式であり、同時に又近世京都に於て再興した懸想文売の原の姿であつたらうと思ふ。紙に書いたものを手に持つて、目出たい言葉を声高に唱へてあるく女が、普通に千代とよばれて居たのかと思ふ。物狂ひの振舞を装うて祝言を述べてまはつた女のことは、既に定家卿の明月記にも、「鳴るは滝の水の狂女」といふが見えて居る。それが果して奥州の果まで、あるいて居たかどうかは分らぬが、少なくとも其歌言葉だけは来て居たのである。

八九、田唄と滑稽

是は狂言ではあるが歌ひ手は女では無かつたかと思ふ。歌の意は猥りがはしいが、言葉が如何にも婉曲である。田植には斯ういふ男女の中を説くことが一種のまじなひであつて、必ずしも植女の退屈を紛らはす為ばかりでは無かつた。曲師は即ち曲物師《まげものし》、桶や杓を曲げて作るには、底板を上から入れてそろ〳〵と叩かなければならぬ、それを「よい曲師」とは歌つたのである。終りの一章は「飯だけは一人前」などゝいふのも同じで、今も労働唄にはよく用ゐられて居る道化た作意。「もと」は苗の数、栽ゑるのはのろいが皿の数では負けぬといふのである。

九〇、桂川の浮草

此歌は今では諸国の鞠唄の中にのみ行はれて居る。

打たれたが面目ないとて
　烏川へ身を投げた
　身は沈む髪は浮きそろ云々

といふ類の歌は、東京周囲の村々にもあつた。或は是も臼唄に始まつたのでは無いか。少なくとも田植唄として出来たもので無いことは確かである。狂言記の小歌以来の「七つになる子」、即ち美しい上臈の早婚早熟を説いた歌は、今では田舎の手毬唄にしか残つて居ないが、恐らくはもと京都の文芸であらう。それに桂川の浮草などゝあるのを取合せて考へると、やはり文ひろげの狂女といふ類の旅の女が、運んで来たものかも知れぬのである。

九一、仙台の弥十郎

本居大人の玉勝間、保田氏の陸奥風土記、又は風俗画報の初期の号にも、是に関する記事が見えて居る。今でも村里にはまだ行はれて居る土地があるらしい。即ち八戸あたりの藤九郎の口上に当るものであるが、幾分か此方が古い文句が多い。「鳥の八番鳥」は田舎のユーモアである。「橋の下のズイナシ」は、此季節にちやうど子を持つて居る小魚であらうと思ふ。田植にはわざと孕み女を出して、生産の力をあやからしめんとした例は多い。ツハリといふ語を形容詞にしてツハシと使つて居るのは面白い。「植ゑてくれまいぢやあるまいか」は、百数十年後になつても依然として今も奥州人を笑はせて居る。

九二、ケンバイといふ舞

今日は剣舞の字を書くのが普通になり、路傍の記念塔にも悉く之を用ゐて居るが、少しでも理由の無いことである。今暫く語義不明のまゝに置いて、各地の行事の実際を比較して見たいものと思ふ。宮城県名取郡の山村では、或は顕拝とも書く例があることは、曾て斎藤忠君が民族（三巻五七一頁）に報告したことがあつたが、彼地方には長い松浦小夜姫の歌物語などがあつて、この二戸郡のものとは大分の差である。果してどれ程の共通があるものか、尚資料を集めたいものである。剣を抜き持つて舞ふといふことは、有つたのかも知れぬが此集の歌には見えて居ないやうである。さうして注意し得られるのは、季節が盆の前後であり、作法が各地の供養踊、殊に遠江の大念仏などゝ似て居ることである。

九三、親に不孝な鳥が住む

ケンバイの歌の中では、富士の讃と称するものが特に研究に値ひする。八万四丈の深さある谷底に、羽を浪にたゝまれ嘴を氷に閉されて親に不孝な鳥が住んで居り、早く春が来よかし、峰に登つて朝日夕日の中に親を拝まうといふとあるのは、曾て斯ういふ霊山地獄の信仰が、仏教以外にあつたのでは無いかと思ふ。鳥類の前世を説く昔話は数多い中に、最も普通なのは雀の孝行と、燕啄木鳥鳩などの不孝であつたことである。是が幼童の教訓に用ゐられた前に、女のかんなぎ等が之を唱へて居たらしきことは、奥州の各地には今も其痕跡がある。此歌は恐らく是と関係があつたものであらう。親を拝むといふことは、今でも折々子守唄になつて残つて居る。

親の無い子は入日を拝め
親は入日のまん中に

九四、投草に煙草

投げ草といふことは又次の鹿踊の中にもあつて同じ物である。紙とか銭とかいふものも、「さても見事な」と謂つて誉めて居るばかりで無く、煙草が又一つの投げ草に数へられて居るのは興味がある。日本ばかりでは無く、多くの東方の民族の間に煙草の趣味が、新たに入つて深い根を下したことは、何かまだ隠れた心理上の理由があつたのでは無いかと想像して居る。或は宗教成長の一つの過程には、特に煙草が与ふる軽い恍惚と調和するものがあつた為に、是を信仰上の贈り物とする風が起つたのではあるまいか。沖縄の島でも、王廷に参向する各地の祭女たちへの、賜はり物は必ず煙草の葉であつた。

九五、奴踊の由来

俚謡集には隣の江刺郡の奴歌といふものが多数採録せられて居るが、其中には鹿踊歌其他の混同があつて、果して現在も歌はれて居るかどうかゞ心もと無い。或は是も酒宴の席などで用ゐるものになつて居るかも知れぬが、「神事奴踊」とあるのでその最初の目的が察せられるのである。「くんのんだ」「いはさらす」「見事なおしやつつらだ」の類は、成程よく聞く奴言葉には相違ないが、名の起りは単にそれだけでは無かつたと思ふ。句形が長短錯綜して居る中にも、「今ぢや年より・としより」とか、「もとはともあれ・こもあれ」とかいふ風に、奴の歩調に合せたかと思ふ語が多いのを見ると、此地方でもやはり駿州島田の帯祭や、信州諏訪の大名行列と同じやうに、神事の行列に加はる者が、勇みな供奴の服装をして斯ういふ歌をうたつてあるいたのが元であらう。有名な「地こぶのてつぺつから、星の親父がずばぬけて」といふ方言唄なども、つまりは亦此人たちの作為であつたことが是から知れて来るのである。

九六、踊歌の即興

多くの流行唄が遠方から入つて来て、急に盆踊が面白いものになつたことは想像し得られる。其以前はたゞ今までの、僅かな定まつた歌をくり返す外に、何か其頃評判になつて居た噂話を、気の利いた若い者が問題にした位なものであつたらう。さういふ歌の例は佐渡などに多く残つて居た。

　　なべこ長根のひらのふさ

　　見上げ見おろし見たばかり

是などもさういふ即興の、やゝ久しく記憶せられたものであつたかと思ふ。長根は峠路、「のふさ」は蛇のことで、「ひらのふさ」は即ち蝮蛇であらう。誰かゞ鍋子長根を通つて蛇を見た話があつて、それを直ぐ歌にしたために踊の衆が面白がつたので、「見たばかり」は恋の心が含まれて居るのだらうが、是も古くよりの成句を用ゐたものらしい。

九七、大の阪節

宮古の海岸で踊つて居たのと同じ歌が、鹿角の山村に於ても歌はれて居たのである。大《だい》の阪七曲りは多分馬方唄であつたらう。所在がわかつたら更にその輸送の路筋がわかつて来て面白いだらうと思ふ。

けさ阪で
古の女房に逢ひました
にくゝ恥しくねたくやし

此歌は明かに誤写である。「元の女房」は盆踊の歌の、毎々引合ひに出すおどけた題目であつた。普通には以前淡く別れた女などが来て踊つて居る場合に、人が知つて居ないのをよいことにして、斯ういふことを言つて窃かに心を通はせたものらしい。

九八、貨狄と船

この松島の船唄は明瞭に作者のある歌であつて、是を「ひなの一節」に入れたことは誤まつて居る。「貨狄庭上の池の面を見渡せば」以下は、既に謡曲の自然居士にも出て居る文句であつて、唯末の方の「おめしなさるゝ我君ざまは」だけが、松島で出来たと言つてもよい部分であつた。但し最後の囃し詞の「このまことに」は古風である。多分他の多くの今までの船唄にも附いて居たものであらう。貨狄のことは新村教授の船舶史考の説がもう有名になつて居る。

九九、きさらぎ山

是も青森県の海岸に始めて発生した歌では無かつた。尋ねたらもつと西の方にもあらう。現に東京湾でも三浦郡には是と略同じ歌があつた（俚謡集）。但し文句は此方がよくとゝのひ、空想も亦遥かに豊麗である。それが面白いので秋田県の或地方では、之を祝宴の歌に用ゐて居たことは、前に注意して置いた通りである。

一〇〇、神楽唄の狂言

胆沢郡の神楽唄には、近頃の改修の痕があらはであるが、曲は古いものを伝へて、それに合せてだけは居たことゝ思ふ。狂言の中には奴踊の歌と共通の調子が窺れる。或は行列の唄が是へ紛れ込んだものか。

むかふ山、乗つ越すべとて
錆こ鑓こ拾つた
磨《す》つたり研いだり
やつと光をぶんだした

次の「座頭の坊の娘」は面白い歌である。フンベンモノは惰《ナマ》け者、是も或はもと臼挽唄ではなかつたらうか。

一〇一、早物語十篇

今まで自分等の知つて居る早物語の文段は、取集めてもまだ四つ五つに過ぎなかつた。それが新たに是だけの数を加へたのは、説話発達の歴史を考へて見ようとする人々には、可なり大きな刺戟であらうと思ふ。越後の風俗問状答書に依ると、早物語は初春座頭の廻礼の際に、先づ師の坊が平家琵琶の一齣を語り、其あと若い盲が扇拍子を取つて、口早に之を語る習はしであつたといふが、此地方の平家は新らしいものだから、彼等が家の芸としては、寧ろ此方が前だつたかも知れぬのである。我々が問題にするのはこの早物語が、曾て或時代に尋常の緩物語であつたことが有るか否かである。近世は専ら暗記の技能を賞し、又内容が最もおどけて居る為に、却つて斯ういふ語り方を面白がるやうになつたであらうが、注意して見ると早物語の文句は、何れも簡潔によく調つて居て、決して最初から何人も味つて聴かうとしなかつたやうな粗製品では無い。さうして処々甚だしく型にはまつた言ひまはしのあるのは、即ち亦此以前幾つとも無い同種の作品が、出来ては消えて行つた結果のやうに思はれる。そこで第二の問題は現在の昔話、就中童話に伝はつて居る色々の語り、例へば「舌切雀どん、御宿はどこぢや、ちう〳〵」といつたり、「婆食つた爺やい、流しの下の骨を見ろ」と言つたりする部分も、夙に斯ういふ職業の人から、引続いだもので無いかどうかといふことになるのだが、自分の見た所では、昔話の形式には素人に出来ないやうな改作が少なくない。単なる「昔ある処に」が「昔の昔のその昔」となり、「とんと昔」となり、「それで市が栄えた」といふのを、「えつちがさつかへぽろんともげた」と言ひかへたりしたのが、どうも座頭たちの所業らしく思はれるのである。察する所話が古くなつて、どこの家の年寄にも真似られるやうになると、それは自然の流行にまかせて置いて、自分は又次の新奇なるものを作り出して語つたことは、ちやうど民謡の場合も同じであつたが故に、一方には彼等の早物語は常に珍らしく、他の一方には民間の説話の中に、幾つかの旧い技巧の破片は保存せられて居るのであらう。少なくとも斯ういふ仮定の当つて居るか否かを、検討する為にも此記録は大切であつた。もう一段と細かく一つ一つの構造を調べて見たいと思ふ。尚此序を以て二三の稍不明なる箇所を解説すると、第二の蕪左衛門は東北の「物草太郎」であつた。檽木が無いので地蔵の木像を逆さにして、蓼汁をすつたといふ滑稽であるが、是にももう少し真面目な御利益譚が元はあつたのかと思ふ。「爺と地蔵と」の話は奥州には三種以上もあつて、何れも今では笑話の部に入つて居る。第三の大男の物語は、よほど「幸運の猟人」の方へ近よりかゝつて居る。「すみちがつてねまる」は斜に坐すること、

「近海の水海」は「近江の水海」の誤写と認められる。第四の「黄金まじりの山の芋」の話は、始の半分が欠けて居るか、又は大男の話の中程に続くべき別話かであらう。是も今では昔話になつて国々に行はれて居る。第五の藤平太郎の杓子の「問はれ願ひ」といふのは、単に月の名に合せて無さゝうな食物ばかりを挙げたゞけであるが、食物と季節との聯想に就て、今よりも鋭敏だつた昔の人には、是が又無くをかしかつたものと思はれる。「さづけ節」といふのは数へ歌といふ様な意味でもあつたか。桑子は桑の実のことで、東北で一般に果実をコといふことイチゴなど丶同じであつた。「男持つたらよからうが」云々とあるのは、前に其説明の句が脱して居るやうだが、九千八百八十八歳の杓子が、妊娠をして食好みをすることを述べたので、是も古い頃の物語に、妻が異常の子を身ごもつて居る場合に、殊に食好みが甚だしかつたといふ伝へがあつたので、此句が突然として現はれても、人は能く其可笑味を解したのであらう。第六の鳥類饗宴も、やはり古伝に根拠を置いた新物語であつた。さうして此形は今でも卵と何とかゞ風呂屋へ行つた話として、田舎の子供の間には知られて居り、第七の猫鼠合戦は所謂擬物語として、既に御伽草紙にも筆録せられて居る。之を要するに早物語と民間の説話との関係が、ちやうど新作流行唄と古民謡との関係と同じであつたことは、我菅江真澄翁の採集によつて、殆ど無意識とは思はれぬ位に、適切に証明せられて居るのである。

『ひなの一ふし』菅江真澄筆録・柳田国男校訂、昭和五年九月五日、郷土研究社

山村語彙

柳田国男編

序

山に出入する人の現在も使つて居る古い言葉を集めて置かうと思ふ。此中には林業・狩猟・放牧・山畑耕作等の土地利用法に伴なふものを始とし、在来の辞書には出て居らぬ動植物の名、又は出て居てもそれと一致しない意味を持つもの、交通に必要なる地形称呼、及び出来るならば信仰と生活技術に関する各方面の用語を取入れて見たい。最初は二千語ぐらゐに達してから発表しようと思つたが、読者の補充と訂正とを求める為に、寧ろやゝ早めに不完全なものを出す方がよいと考へる様になつた。地域も問題も今はまだ甚だしく一部に偏して居る。解釈にも若干の誤りが有るかも知れない。同志の援助を切望する次第である。

（跋）　この語彙は遠からず増補して見る積りである。我々の採集はまだ日本の四分の一にも及んで居ない。其残りの四分の三を編したら、単に新たな語が多く見つかるだけで無く、現在の解説の不当と不完全とが、いと容易に訂正せられるやうな資料が、追々に出て来ることゝ信ずる。葉書で結構なれば、一語でも二語でも御報知を乞ふ。既に掲げた語であつても可、重複は事実を確める手段として亦之を歓迎する。

東京市外砧村　　柳　田　国　男

『山村語彙』柳田国男編、昭和七年一二月二〇日、大日本山林会

昔話採集の栞

柳田国男編

昔話と方言

（無記名）

昔話採集の副産物として、各地方の言語事実が明かになることは、其方面の研究者たちからも、喜ばれてよいことだと思ふ。是は別段余計の手数をかけるわけで無く、成るべく事実有りのまゝに記録をしようとすると、自然に土地の言葉が入つて来るので、それを入れまいと努力する人こそ、寧ろ頼まれもせぬ翻訳や作文をして居るのである。併し話を聴いてから暫く過ぎ、自身も亦標準語の談話に馴れて居る人は、強ひて元の形を出さうとすると骨が折れ無理が出来る。是はたゞ覚えて居る通り、即ち今回の集録の中にあるやうな、折衷混合を以て満足するの他はあるまいと思ふ。方言の資料は近頃追々に綿密なものが出て来るが、大抵は対訳の可能なる単語か、提出せられた文句の方言訳かを拾ふに過ぎない。其土地にしか無い言葉、又は簡単な対訳では意味と用法との呑込みにくい方言は、歌や諺よりも昔話の如き丁寧な繰返しによつて、実際の場合を知ることが多いのである。それで私は若干の方言に傍点を加へ、又必要と思ふものには括弧内の註釈を残して置いたが、多くは前後の文章から、その心持を汲むことが出来るやうである。

岩手郡昔話

田中喜多美

一、下田おうぢ・上田おうぢ

▽此話の名称「上の爺下の爺」といふもよいが、今少し限定した方が便利である。或は「雁取爺」と呼んで居る例もあるが、是から発達した花咲爺との聯絡の為に、私は「灰まき爺」といふ名を用ゐようとして居る。（柳田、以下▽を付すもの皆同人）

▽此話の関西方面の分布はまだ明かで無い。現在比較し得るのは越中上新川郡の例が一つ、大田栄太郎君によつて「国語教育」昭和五年一月号に報告せられて居る外、外は残らず岩手青森の二県である。

一、国民童話　一五二頁　上北郡浦野館

二、津軽口碑集　三三頁　北津軽五所川原

三、津軽昔こ集　四三頁

四、森口多里君「黄金の馬」一七頁
五、織田秀雄君、胆沢郡昔噺集（新聞）
六、紫波郡昔話　七三頁
七、江刺郡昔話　一五頁
八、老媼夜譚　一三〇頁
九、聴耳草紙　二〇五頁

我々の花咲爺には、どうして犬の子を得たかを説かぬが、「灰蒔爺」では通例その不思議な出現を述べて居る。臼から金銀が出たといふことは、此方では言はぬものが多いが、其代りには犬の子が木の根株を割つて出たなどといふのである。尚この問題は燕石雑志巻十や羇旅漫録などにも講究せられて居る。

二、米ぶく粟ぶく

▽此話がグリム童話などの「灰かつぎ」と同じ系統のものであることは、多くの類例を比較すれば誰でも疑ふことは出来まい。御伽草子の紅皿欠皿も、亦一種の糠福粟福であつた。それは東北のシンドレラも、やはり皿々山の歌を詠んだといふ語りがあるので当りが付く。米福粟福の名は時に逆になり、又少しづつ違つてゐる。それでその姉妹の名の変化を次に挙げて見る。但し上の方が姉

紫波郡昔話　一四〇頁	糠袋・朱皿
同上　一八頁	糠福・米福
黄金の馬（胆沢郡）四六頁	姉名ヌカブク
「話の世界」大正九年六月	糠穂紅皿
遠野物語　一〇三頁	姉名ヌカボ
津軽口碑集　二一頁（西郡七ツ石）	米嚢粟嚢
同上　二三頁（嘉瀬）	粟袋・米袋
津軽昔こ集　七二頁	アハブク・米ブク
村の話（奥南新報）	姉名ヌカコ
甲斐昔話集　一四頁	粟ブキ・米ブキ
下水内郡誌一九六頁	糠ボコ・米ボコ

越後南蒲原郡にも同じ話があるのは次に載せる。是には姉妹とも名が無い。尚シンドレラ説話の世界的分布に付いては、南方随筆六八頁以下に研究が見えて居る。

三、食はず女房

▽此話の題は「端午の節句と菖蒲と蓬の話」とあつたが、長過ぎるのみで無く他にも其類に該当する別の昔話があるので、編者が仮に「食はず女房」と名を附けた。もつと好い名があれば又改めてもよい。此話の分布は相応に弘い。

一、津軽昔こ集　六七頁　北津軽郡喜良市

二、紫波郡昔話　一七一頁
三、胆沢郡昔噺集（新聞）
四、登米郡史下巻　八六二頁
五、甲斐昔話集　六六頁
六、紀伊有田郡童話集（謄写版。森口清一君）
七、小豆島民俗誌（稿本、川野正雄君）
八、岡山文化資料三巻一号
九、「旅と伝説」二巻六号　肥前島原

此外に信州の一例があるのである。頭の真中に口があるといふことは言はぬものもあり、又一命を助かつた事由が、蓬と菖蒲の叢で無いものもある。阿波では山女が行水して居る男を、盥のまゝ担いで行つたといふ話があり（郷土研究二巻六号）、出雲では山姥といふものは人の見る所では飯を食はず、人の見ぬ所で頭の上の口から、一度に幾日分かの飯を食ふものだといふ口碑も伝はつて居る（高木氏日本伝説集一五二頁）。

四、山婆と桶屋

▽此昔話は続々鳩翁道話二編下にも採用せられ関東や中部日本では「さとり男」といふ名で知られて居た。甲斐昔話集一九九頁では此怪物を「おもひ」と謂つて居る。通例は天狗又は山男、阿波では山父であつたことが、既に阿州奇事雑話中巻にも見えて居るが、斯うした女性の例もあると、急に名を附けることも六づかしいから、仮に「山婆と桶屋」として置く。「民俗研究」の岩手郡昔話、及び聴耳草紙一〇三頁にあるものは箕輪曲げとあるが、小谷口碑集一四七頁にあるのは竹取男、北安曇郡郷土誌稿一の八九頁には炭焼とある。鳩翁道話には檜の長へぎの細工人、阿州奇事雑話のは杣とあるが、同じ阿波の例も郷土研究二巻六号にあるものは桶屋であつた。桶屋は最近まで大きな旅行家で、よく色々の話を運搬して居たから、此話なども彼等が干与して幾分か発達せしめたかも知れぬ。

▽田中喜多美君の雫石村昔話集は、「ねむた鳥」と題して此以外に尚六十余篇あつた。其二分の一以上は既に聴耳草紙の中に編入せられて居るが、彼には記号が不明で、どれとどれとが雫石の話であるかを知るに困難である。他日若干の改訂増補を経て、中心ある一地の昔話集を作り上げる必要があると思ふ。

三戸郡昔話

能田太郎

二、金出し椀こ

▽三人の兄弟の中の一人だけが、尋常で無い順序で成功する話は色々あるが、それが盗賊の術であつたといふ例も稀ではない。是と一番近いのは江刺郡昔話五六頁、山姥がくれた欠椀が色々の智恵を授けてくれるのも同じで、たゞ伯父の長者の金箱を盗みに行く方法が、頗る石川五右衛門の生ひ立ちなどといふ話の方に接近して居る。「黄金の馬」五二頁の話では、太郎が奉公に出て雛人形を貰つて来ることになつて居て、それがこの椀この役を勤めて居る。勿論此方が幾分自然ではあるが、それにしても太郎のさう出世する理由は、今の我々にはまだ呑み込めない。宝物説話に属すべきものであらう。

鹿角郡昔話

内田武志

一、猿と蟹

▽内田邦彦氏の津軽口碑集に、西郡柏村小和巻での採集として載せられたもの、及び川合勇太郎氏の津軽昔こ集二三頁に載録せられたものが、最も是とよく似て居るが、爰には「穂拾ひ」とあるのを、彼には二人して田を作るといふことになつて居る。紫波郡昔話の第一〇七話、猿の夜盗と題した一話も、始の部分が省略せられて居るが、同じ話である。親蟹が柿の礫に打殺されて、子蟹が仇討に行くといふ今日普通の形が、是より新しく変化して行つたものらしいことは、之を猿蟹の合戦といひ、又その合戦が蟹の家で行はれたやうに話して居るものゝ多いのを見ても察せられる。或はもと二つの昔話の継ぎ合せであつたかも知れぬ。山の上の餅臼は猿と蟹とでなく、猿と蟇との話になつて居る例は多く、是だけで一通りの結末が附いて居る。石井研堂氏の国民童話に、出雲の話として載せられたものは最も早いが、紫波郡昔話の第一三話、川合君の集の第八話なども、共に蟇の成功譚であつて、従うて後段の合戦の条は無いのである。それには又「おつぽろぎかつぽろぎ食へばうまく候」といふ類の、名文句を以て終つて居るものと、餅をそれ食へと猿の顔に投付けるとくつゝいて、それを引離さうとして顔の皮が剝げた。今でも猿の面の赤いのは其為だといふやうな由来談型を以て結んだものと、二通りある。多分後の方が古かつたのであらう。日本昔話集の「猿と蟇の餅競争」は、越後三条南郷談に依つたものであるが、之と大よそ同じ話が、又播州神崎郡粟賀にもあると、藤本木人君は報ぜられた。但し結末が少し異つて居

る。

▽尚猿蟹の合戦も岩手県胆沢郡に於ては、森口多里氏の「黄金の馬」、織田秀雄君の同郡昔噺集に、共に子蟹の仇討になつて居る。以前この説話を研究したものには、馬琴の燕石雑志巻四、嬉遊笑覧巻九の外に、中田千畝君の「童話の新研究」がある。佐々木君の採集は今度の聴耳草紙第七四番にも二つ出て居り、「話の世界」の大正九年六月号にあるものも其一つと同じである。話の題は「猿と蟹」といふ名でもよいが、或は猿蟹餅合戦と呼ぶ方が便利ではあるまいか。

二、米ぶき・粟ぶき

▽此昔話の分布は既に岩手郡昔話の米福粟福の末に述べて置いた。此方の栗拾ひの段に、妹が姉を庇ふことを言つて居るのは、即ち又お銀小銀やお月お星の話の、Cinderella 系から展開して行つたことを推測せしめる。姉と妹の容姿競べの条は、こゝには省略せられて居るが、曽ては非常に詳しく語られ、久米の皿山の歌なども挿まれて居た例がある。足袋とか饅頭の袋とかいふものも、それぐに来歴のあるものであつたことは、沢山の類話と比較して見ると自然に明らかになつて来る。足袋は欧羅巴の方では金色の靴、饅頭の袋は香橙の皮などになつて居る。

三、鼠の国

▽「鼠の浄土」と云つて小波さんの本になつて居る御伽噺などが最も是と近いが、他の地方には今少し複雑な形をして居るのもある。信州の類例は下水内郡誌一九七頁、郷土研究四巻八号に、陸中の例は紫波郡昔話二二頁にも、又今度の聴耳草紙にも出て居る。津軽昔こ集第二七には

五十になつても、百になつても
ニヤゴの声きゝたぐねエ
シチョハチョく

とあつて、それが鼠の臼搗歌の文句になつて居る。

五、歌をうたふ猫

▽此話は普通に昔話といふものゝ型にははまつて居ないが、相応に弘く分布して居る。恐らく話者が昔話をした人であつたのから、自然に其中に入れられたのであらう。

▽尚内田君が同じ伝承者から採集した話には、次のやうな題目の話などもあつた。

狐と川獺
山姥と小僧

あらん子小らん子
悪戯小僧
猿と爺様
猫又

津久井郡昔話

（神奈川県津久井郡内郷村）

鈴木重光

三、嫁さがし

▽昔話のさわりとも名くべき部分が、伝承のために有効であつた例である。しかもこの重要なる辞句さへも、いつの時代かに変化して居るのみか、又やゝ後の聴衆の便宜の為に改訂せられて居る。

中魚沼郡昔話

（新潟県中魚沼郡水沢村）

宮沢清文

一、笠地蔵

▽此原稿は上品な雅文で書いてあつたが、他と揃へる為に之を口語文に直して見た。出来るならばもう一度、土地の話に近く書替へて貰ひたいものである。「笠地蔵」は古くから、此昔話の名であつたらしい。例によつて其分布を見ると、

一、南蒲原郡昔話（外山君報）
二、甲斐昔話集　九頁
「今日の地蔵様が赤い珊瑚の舟に、米俵を山に積んで云々」とある。
三、市原郡誌　四八〇頁　千葉県五井町
四、豊里村誌　二五八頁　山形県最上郡
　これは日本昔話集上に採録した。
五、胆沢郡昔噺集　岩手県
六、江刺郡昔話　四頁　同上
七、紫波郡昔話　六七頁　同上
八、聴耳草紙　二三三頁　秋田県角館町

この八処の話に共通した点は、六人の僧形の帰つて行く後姿のなつかしさと、婆がそれはよい事をして来たと云つて、共に悦ぶ平和な光景とである。東海道名所図会などにも出て居る尾張笠寺の昔物語は、暖い土地だけに、夕立雨に笠を上げ

たことになつて居るが、疑無く同じ系統の話である。

三、猿聟入

▽国民童話に出て居る越後白根町の話が、同じ国だけに最も是と近いが、猿が臼を負ふといふことは他の県でもよく謂つて居る。何か意味のあることであらうと思ふ。宮沢氏の報告には此以外に、「をろか聟の話」が三つあつた。其一は例の馬の尻に柱隠しをかけよといふ話、其二は団子の名を暗記してヒユイトコサと間違へた話、第三は牡丹餅を化物だと思つて迷惑した話であつた。

南蒲原郡昔話

（新潟県南蒲原郡本成寺村）

外山暦郎

一、狐と獺

▽「猿の尾はなぜ短かい」から後に生れた事だけは想像がつく。同じ例は北津軽郡に一つ（口碑集二頁）、岩手県に三つ（聴耳草紙二六六頁）ある外に、豊後では吉右衛門が同じ手で狐を欺いた話になつて居る。

二、蟻の仲裁

▽斯ういふ名前の口合ひに興ずる話は新しいであらうが、それがきまつたやうに拾い物の分配になつて居る。それよりも妙なのは風呂に入る話が多いことである。

三、隠れ蓑笠

▽国民童話一三頁（河内枚方）、能美郡誌一一〇七頁（加賀鳥越村）の外に、九州でも中津の吉吾話、奥州でも紫波郡昔話三一頁に此例がある。百物語といふ書には、狐と山寺の法師が、法衣と隠れ蓑とを取替へて着て失敗した話が出て居る。信州の例は北安曇郡郷土誌稿第一輯にも出て居るが、今一つ稍詳しいものがあるから、此次に出して置かうと思ふ。

四、団子浄土

▽東北に弘く行はるゝ類話には一粒の団子を日頃信心の地蔵に供へたといふ条が無い。話が地蔵霊験記の系統のものであ

ることは、此地方の例によつて稍当りが付く。

五、皿皿山

▽外山君の報告には、此外に尚「笠地蔵」、「屁ひり爺」が三種、「和尚と小僧」の話が八つ、是にはすべて有名なものを網羅して居る。「をろか聟」の話も四つ、風呂に香の物と糸合図、牡丹餅化物と団子失念とが録せられて居る。紫波郡昔話の一五・二九・三六・四四・九八なども、僅か形を変へて此地に存するといふことである。

南安曇郡昔話

有賀喜左衛門

長野県南安曇郡明盛村一日市場所伝

一、時鳥と兄弟

▽時鳥は兄を疑つて殺した弟だつたといふ話の方が多い。或は又兄が弟を疑つて殺したとも言ひ、武州西部の山地では継母は心がけのよい女であつたのに、兄がひがんで弟を殺したといふ話のあることが、「郷土研究」に見えて居る。

二、糠と米

▽是が糠福米福二人の娘の名前と、何か関係のあるらしいことは想像し得れらる。周防千馬嶽の伝説として、母が継子を萱にくるみ、実の子を綿にくるんで崖から落した話が、古くは種久紀行にも見えて居るのみか、同種の悲話は又宮古島の伊良部にまで行はれて居る。さうして是から又東北などで二人の姉妹の名を、萱子葦子といふ昔話さへ出来て居るのである。

三、鬼を笑はせる

▽同じ話は又陸中にもある。老媼夜譚一三五頁の「鬼の子小綱」がそれである。鬼の宿から持つて来た朱塗りの箆で、母の尻を叩いて見せるとある。鬼の女房になつた娘の父が、娘を奪ひ返して遁げるといふ話は古いものらしい。甲斐昔話集九一頁にも一つ出て居るが是は娘に教へられて色々の事をして逃げ出す。別に又女房を鬼に盗まれたのを、奪ひ返すといふ逃竄説話も多く、古くは御曹司島渡りまで続いて居る。「尻を叩く」といふ滑稽は粗野なものであるが、鬼ならば斯んなことでもせぬと笑はなかつたのであらう。昔話がをかし

いものになつた最初は、恐らく此類の切迫つまつた計略などに出たものであつた。偽り降つて敵を平らげたといふ話の方によほど近い。

四、蚕神と馬

▽甲斐昔話集一六一頁以下に出て居る「蚕の始め」二篇と比べて見ると、此話がもう信州では毀れ又省略せられて居たことが察せられる。今も用ゐられて居る船子庭子等の言葉の説明は詳しいものであつた。多分は是を歌つてあるいた遊芸人があり、それが女性であつたものと思ふ。常陸では是が蚕影山の縁起として伝へられて居る。

▽此地方の集録には、例の「をろか聟」「をろか村」の笑話が悉く具はり、又完全といふ程度に発育して居るが、爰にはそれは割愛した。昔話が此方に向つて発達する土地では、どうしても古風な分は省略せられ易いやうである。

上伊那郡昔話

長野県上伊那郡朝日村採集　有賀喜左衛門

一、蛇聟入

▽信州には猿聟入の昔話は多くて蛇聟入の方は少ないが、其代りに所謂三輪式伝説の針と麻糸と、立聴して大蛇の秘密をきいた話はまだ折々残つて居る。此蛇聟入昔話は既に骨格だけになつて居るけれども、其婚姻の不幸なもので無かつたやうに、語られて居た名残だけは留めて居る故に、一つの特例として存録することにした。

奥設楽昔話

愛知県北設楽郡豊根村所伝　佐々木弘之

一、夜の蜘蛛

▽「喰はず女房」の話の下半分は、又斯ういふ形でも伝はつて居る。是には多くの蛇聟入の話のやうに、化物の会話を立聴きしたといふ点に、胸の轟くやうな興味があつたことゝ思ふが、此地方ではもう正式にそれを語る人が無くなつたか、もしくは採集者が直接にさういふ人に遭遇しなかつたのである。

二、屁ひり爺

▽同じやうな結末は「団子浄土」を始とし、多くの隣の爺型説話に附いて居るが、ぼろを焼くのと赤馬に乗るのとは、別々の語りで無ければならぬ。そんな細かな点は構はぬまでに、もう此話は安つぽく取扱はれて居るが、曾て此様な単純な物真似が、又無く面白かつた時代も一度はあつたのである。此話の類例は幾つと無く採集せられ、今度の報告の中にもまだ数件ある。それを唯列記するのも詮が無いから、序に話の中心になつて居る屁の言葉を比べて見よう。是を見ると文句は最初たゞ話者の才覚、乃至は空想次第であつたものを、如何に後々の人が熱心に、暗記しようとして居たかゞ察せられる。昔話の保存は其内容以外に、一種の社会力とも名くべきものに負ふ所が多いのであつた。

一、津軽昔こ集　一一二頁
　　オサラサラサラ五葉ノ松
　　ドチンビチンドツチラ

二、同書　一一五頁　西津軽郡出精村
　　ニシキサラサラ五葉ノ松
　　ピンクワラリドツチラ

三、紫波郡昔話　一七七頁
　　ニシキサラサラゴョノマツ
　　チリンポンガラヤ

四、老媼夜譚　一九〇頁
　　ピピンピョ鳥、五葉ノオンタカラ
　　ピョンピョン

五、同書　二六〇頁「馬呑爺」
　　アヤチユウチユウ
　　ニシキノオンタカラデ
　　アラ助カツタ助カツタ、ピクピク

六、胆沢郡昔噺集
　　ストンカラカラトン
　　トトンピンカラカラトン

七、会津の例（堀維孝氏示教）
　　チンチンカラカラヒョウツウヒョウツウ
　　ゴョノオンタカラデ、スキラピイ

八、南蒲原郡昔話（外山君報）
　　粟チヤウチヤウ米チヤウチヤウ
　　ゴョヲタカラニモツテ浄土ニマキレヤ
　　チチンコロコロ、チチンコロコロ

九、同上の二、
　　ニシキサラサラ、ゴョノ盃モツテ
　　マキリマショウカ、ピツチョツチョ

一〇、千葉県市原郡誌　四八七頁
　ウンカラモンカラ黄金ノ山マデ
　スツテンパイパイプウ
一一、甲斐昔話集　五四頁
　ピピンヒヨドリ
　ゴヨノオンタカラ
一二、国民童話　一〇五頁、美濃の例
　チンチンカラカラチンカラカラ
　コガネノタカラハ足一本
一三、紀伊有田郡童話集
　シジウカラ、ヒガラ
　トノタカチツピ
一四、同上　　「屁売り」
　シジウターガラガラ
　ナカメニメジロシリブ
一五、因伯童話
　ジージーポンポン
　コガネサラサラチチチラポン
一六、「民俗」二年二号　伯耆米子の例
　丹波丹後ノタンタラタ
　備後備中ノビツチビチ
一七、同　上　備後の例

　　コガネサラサラ、ニシキサラサラ
　　スツポロポンノポン

如何して是ばかりの話が斯様にまで分布し、又発達し変化するに至つたかの根原は、今となつては甚だ解説し難いが、少なくとも最初から笑話として考案せられたものでは無かつたと思ふ。

三、和尚と小僧

▽和尚が小僧に難題をかけ、小僧が賢こくてそれを解くといふ昔話は多いが、どの地方にも終りは蜂が出て来て刺し、難題をかけた和尚を却つて困らせることになつて居る。是が「絵姿女房説話」にも説いた殿様の難題と、一つの線を引くものであることは、この偶然の残留からだけでも、之を推測することが出来るやうである。乃ち最初から小僧の話として作り設けられたものでなかつたのである。佐々木弘之君の報告中には、尚此外にも二篇の「和尚小僧」があつた。その一つは「落ちる物は埃でも拾へ」、剃刀や馬の糞の話、今一つは清水の沢の話、形は面白いが幾分かオブセーンである。

南設楽郡昔話

早川孝太郎

愛知県南設楽郡長篠村所伝

一、屁こき爺

▽「雪隠の屋根に登つて云々」は、奥州の雁とり爺の話にもある。ちつとでも一方のまづさを、強くいはうとする手段である。地方によつては此後にもう一句を添へる。

「んだからやたらに人の真似ばかりしたがるもんぢやなエと」

二、大晦日の客

▽此話の中ほどには「どん〳〵と火を焚いて」といふ一句が、いつの頃よりか脱けて居るのでは無いかと思ふ。除夜に旅人を款待したといふ話は、大抵は「大火を焚く」習慣と結び付いて居る。旅人が変じて黄金となつたといふ話は数多い。「旅と伝説」一巻十号、摂州兵庫の味噌屋長者の話だけは、旅僧が帰りがけに庭の隅の瓶を加持して去つたら、其後で瓶に味噌が一杯あつたといふのだが、他の多くの例は何れも黄金だ。丹波口碑集では節分の夜とあり。「なら」第二十八号の奥宇陀菅野村の話は大晦日、氏神の社でといふ。津軽口碑集三〇頁の話は、庚申の夜の大風雨の時にといふが、旅僧の黄金に化したといふ点は同じく、たゞ除夜で無い為に火を焚くといふことが無い。岩倉市郎君の報じた喜界島の例（旅と伝説三ノ六）も、乞食を泊めたのは年越の晩とは無いが、其代りに他の神来訪譚と同様に隣の慾深爺がまんまと真似そこねて居る。佐々木喜善君の集にも色々と面白い類型があるが、最も絵のやうなのは江刺郡昔話六三頁、五人の六部が炉のめぐりに、荒蓆を被つて坐睡したところへ、夜が明けて朝日がさし込み、よく見ると皆黄金であつたといふ話である。

四、播磨の糸屋

▽ところが此話は紫波郡昔話第六〇話に、播磨国糸長庄司の娘の話として出て居る。前半分は山田白滝系、竹芝長者の話などとも似て居る。やはり貧しい百姓の子がよい女房を得た物語の一つで、判じものを解く智恵が即ち出世の糸口であつたことは、「山田に落ちよ白滝の水」の名歌ともよく似て居る。

高島郡昔話

滋賀県高島郡大溝町所伝

三田村耕治

二、吉兵衛地獄入り

▽昔話は聴手の方が次々に更代して行くので、何度でも古いものが役に立つたのみならず、一般に其新作に対しては一種の反感をさへ持つて居た。小児などは直覚的に作り話を聞き分け、又嫌つたのである。併しそれにも拘らず昔話の数は増加し、且つ変化して居るといふのは、是にも亦古くから、一つの自然なる取入れ口があつたのである。民間文芸の発育成長といふことは、一面には話者の経験教養の増進もあらうが、他の一方には右の水門口の改修のやうなものが、追々に外部の供給を自由ならしめた結果であるかと思ふ。グリム・アンデルセンの家庭に入る以前にも、旅の芸人の残して行つたらしい話の混入があつた、痕跡は東北の至つて淋しい田舎にも見られる。吉兵衛地獄入なども明白に其一つで、恐らく是を以て幼稚なる幾つかの昔々を、片隅へ押込めたことゝ思ふ。「落ち」といふものの話に入用になつたのは、可なり大きな時代変であつた。しかも笑ひ話の流行は決して此頃を以て始まつたのでは無かつた。此一篇は単に昔話にも新旧色々の時代があるといふことゝ、職業的作品の村々に土着した場合もあつたといふことを考へさせる実例として、之を存録することにした。

紀州熊野昔話

樫山嘉一

一、賢い馬喰

▽物の言ひやうに頓智を認め、又は自然の可笑味をもてはやした時代があつた。沙石集の「酒に水をまぜるは罪だと聞いたから、今度は水に酒をまぜた」などとあるのが古い例で、それから以後も吉右衛門話の、「雀が石の鳥居を踏みをつた」だの「きり落さう」などといふのが弘く行はれて居るが、全体にめい〳〵の思ひ付きで、次から次へと新らしい趣向とさしかへ、話はよほど世間話と近くなつた。実際又さういふことを応用する人も少しづつ出来て、此種の笑話は境目がはつきりしなくなつて来たやうである。

三、生きたかけぢ

▽この両話と似た話は、醒睡笑以来、最近の吉右話まで続いて居る。掛絵図は土地によつては小野道風とも娘の絵ともいふ。「飯を食はせたか」ときいて「食はせなんだ」といふと、「それでは傘をひろげることが出来ぬ筈だ」などともいふ。

播磨神崎郡昔話

藤本政治

三、猿聟入

▽此話には早くから終りに猿が辞世をよむことがあつた。何か一句が無ければならぬといふ感覚だけが伝はつて居たのであらう。

四、取つ付かうかくつつかうか

▽日本昔話集の話は紀州有田郡の例であつた。あの末段は他の地方ではまだ聴かない。

大屋の横生話

大田垣卯花

▽この隣の県の鳥取市附近では、佐治谷話といふのが人望がある。ここでも籠の上に一羽の山鳥を載せて、「からすはいらぬか」と言つて町を売つてあるいた話がある。豊前では中津の吉吾、豊後では野津市の吉右衛門さんが、やはりさういふ事をやつて居たから、新らしい文化の力では無い。

岡山市昔話

桂又三郎

屁ひり爺

▽「じどうろー」は多分地頭殿であらう。屁の唱へごとにも是は注意すべき特色がある。それよりも説明が無くてはならぬのは、どの話もどの話も共通に、竹又は木を伐りに行つて居たといふ点である。末の文句もこの土地は又ちがつて居る。

小豆島昔話

小豆島民俗誌稿本より

川野正雄

三、話千両

▽此話の分布は、国民童話一一八頁に上野国の例、此頃出た聴耳草紙三九四頁以下にも二つ、老媼夜譚一八二頁、甲斐昔話集八五頁に一つ、何れも三つの諺の中で、最後のものだけが共通である。沖縄の例は遺老説伝に出て居て、今の糸満町の白銀岩拝所の伝説となつて居る。大和の人の銀を借りた者が、返銀が出来なくて一つの諺を教へる。心怒則勿動手、手動則当戒心といふのだが、沖縄語で何と言つたか忘れた。倭人は家に帰つて母が男粧して我妻と眠つて居るのを見て、之を手刃せんとして此訓を思ひ出した。それで白銀を礼に持つて来てくれたのだが、辞退して受けぬので此地に埋めたと言ふのである。少なくとも近頃始まつた昔話で無いことは此分布によつて察せられる。序にいふが日本童話集七一六頁に出て居るものは、「国民童話」から採つて、しかも上野国の話だといふことを言つて居ない。又クラウストンの民間説話研究下巻には、King's Life Saved by a Maximといふのが、是と似た話である。この小豆島の一例の外は、大抵は金を出して話を買つたことになつて居る。

八束郡昔話

清水兵三

古屋の漏

▽十余りの馬鹿聟話に次いで、今日最も弘く日本に分布して居るのは此話である。朝鮮半島にも同じものがあるといふが、「もり」といふ名を聴く条が同じで無い。注意すべき点は二つ、必ず終りは穴に飛込むこと、今一つは是と「猿の尾はなぜ短かい」とが、結び付かうとして居ることである。

邑智郡昔話

久長興仁

四、出ば出い

▽此話には多分原の型といふものがあつた。爺が林の中をあるいて居ると、「取つつかうかくつつかうか」と頻りに喚ぶ

声がする。しまひに「取つかば取つつけ」といふと金銀が山の如く、爺の背に乗つた。それを羨んで真似をした例の隣の爺の背には、松脂がべつたりとくつ付いたといふ話は、同じ島根県にもあれば（郷土研究二巻六号）、又紀州にもある（有田郡童話集）。或は又「負つぱしよ石」、「うばりよん石」などと謂つて、石が通行人に負はれようと喚びかけた伝説は多いが、津軽では「そつたらに負ぼさりたがらおぼされ」と答へると、忽ち大判小判となつて背に取付いたといふ昔話もある（昔こ集第二八話）。木曾川の流域で伝へて居る「やろか水」、もしくは「行くぞ水」も是と近いが、それは返事をすると俄かに大水が出たといふ。爺が出歯になつたといふのは笑話化である。

五、ぶいが谷の酒

▽「猿地蔵」の話と「屁ひり爺」との関係に心づかせてくれる。尚久長君は別に此地方には瘤取爺の話もあると報ぜられたが、其内容は述べて無い。何れの部分が今ある奥羽各地のものとちがふか。比較して見たいものである。

七、継子いぢめ

▽是は紫波郡昔話一五〇頁、「ちよへんこ茶椀こ」の後段と同じで、よく似た話の東北にも存するのを奇とする。お銀小銀が糠福米福と、もとは同系のものであつたとしても、斯ういふ形態にまで進化して来るには、何か積極的の技巧が入用であつた。しかも是だけ遠方まで輸送せられて居るといふのは、確かに文芸を職業とする者の、夙く地方を巡回した証拠である。この石見国の話が単なる省略以上に、ところ〴〵不明白になる迄壊れて居るのも、やはり亦新作品の十分に土地に馴み得なかつたことを想像せしめる。

八、炭と藁しべと豆

▽炭と藁と豆の話も作者がありさうな話であるが、どういふ気持で斯んな題材を採用することになつたか、面白いことである。最初に想像せられるのは炉の火の近くに在る物が昔話の題に思ひ付かれやすいこと、次には三人が道を行くといふ形の古いことである。蚕豆とあるのは大豆では無いか。何にもせよ斯ういふ話が記憶せられて居ることは珍しい例である。

筑前野間話

小野吾滑

野間の者のやうだと、言はれると子供などは大いに閉口した。野間の者は屏風のことを「夜寝せずのぱつたり」と謂ふさうな、などといふ話もあつた。むかし野田の村から数人づれで伊勢参宮に行き、帰りに京へまはつて或宿屋に泊つた。夜中に枕もとに立てゝあつた屏風が倒れたので、一同寄り合つて相談をした末に、二人づつ交代で両端を持つて立てゝ居ることにした。上方へ行くなら「夜ねせゝずのぱつたり」といふ物があるから、気を附けさつしやいといふやうになつたといふ話。

此村の人が又上方に旅をした時、かずの子の馳走になつて旨かつたから、干したのを土産に買ひ求めて来た。それを近所に配つたが醤油をかけて見ても堅くて食へない。女房たちは怒つて裏の竹籔に棄てゝしまつたところが、二三日雨が降つていつの間にか柔かくなつて居た。成る程かずの子は斯うして食ふのかと、どこの家でも竹籔の中に入れて置くことにした。それから竹籔の無い家では人の籔を、かずの子料理の為に借りに来たといふ話。

ある時御領主から茶の実を五升さし出すやうに、此村へ沙汰があつた。庄屋も村の人も困つてしまつて、とても村には五升も飲む茶飲みは居るまいと言つた。そのうちに某の婆さんは茶が好きだから、あれに出て貰はうといふ者があつた。それで庄屋は此婆さんを連れて出頭した。私の村では五升の茶のみは居りませんが、この婆は四升六合までは飲みますから、是で御辛抱を願ひたいと言つた話。

野間といふ村はどこに在るか、実はそれさへよく知れて居ない。九州本線の海老津といふ駅を下りて、海岸の方に半里も行つたところだといふ人もあるが、そこが此話の野間であることも確かで無い。

八代郡昔話

浜田隆一

一、米倉小盲

▽此話はまだ東北には知らぬが、東京から西には方々で聴く話である。最近に出たものでは岡山文化資料二ノ六に島村君の報告柴刈爺が握飯を穴に落したのから展開して居る。宝物は金の杓子、それを隣の爺がコメクラと謂つて続けて振ると、小盲が無数に出て来て「まゝ食はせ三味線ひこ」と言つて責めた。次は甲斐昔話集の炭焼長者の延命小槌の話、その小盲に篩を持たせて駿河の土を運ばせて畠を作つたのが長者の菜畠だなどとも言つて居る。それが高木氏の伝説集には、千人

の片目を集めた伝説になつて居るのである。

二、三つ山の大将

▽地方叢談の徳田繁一氏の報告に、昔長門船木村の大楠の木を、三韓御征伐の船の材に伐らうとしたが、切屑が一夜のうちに元の木に附いて、どうしても倒すことが出来なかつた。そこへ白髪の老人が来て教へて、斧に三筋の痕を刻んで、仙術の妙によつて終に之を伐り倒したといふ話がある。「民族」三巻一号に早川孝太郎君、三河では杣の持つ斧の刻みをミヅ又はミゾと謂ふ。表三線を「三社託」、裏の四線を四天王といふ。山の中では四天王の方を上にして斧を置くもので無いと謂ふとある。

壱岐島昔話

山口麻太郎

一、狸と猿

▽此話は「猿の顔はなぜ赤い」、「猿の尾はなぜ短かい」といふ名で、弘く全国に知られて居るものゝ一変化である。騙す者は通例は川獺、又狐が騙されたといふ話もあるが、狐は尻尾があるのだから、それは大きな変化であつた。因伯昔話には日野郡の所伝として、兎が尻尾を無くした話を載せて居る。さうして前足の短かいのも其時一生懸命に土を掻いてすりへらしたのだと謂つて居るのも面白い。出雲では猿が熊に騙されたといふことは、日本昔話集にも見えて居るが、蝦夷では騙されるのが熊である。大陸の寒い国国でも熊が此為に尻尾を失つたと説いて居る例は多い。猿の尻尾を氷の穴へさし込ませて、ちよん切らせることの出来た国は、恐らく日本といふ島より他には無かつたらう。其他の土地では氷があれば猿が居ない。猿が居れば氷が張らない。

二、猿聟入

▽例によつて今知られて居る分布を記せば。

一、備中某地　「民族」一巻六号
二、播磨粟賀村　日本童話集四七四頁
三、信濃北安曇郡南小谷村　同郡郷土誌稿二ノ一六一頁
四、同下水内郡　同郡誌一九八頁
五、越後南蒲原郡　越後三条南郷談二五頁
六、同白根町　国民童話一九二頁
七、陸中胆沢郡　黄金の馬一二七頁

八、同紫波郡　同郡昔話二四頁
九、同上閉伊郡　聴耳草紙二四六頁
一〇、羽後角館町　同二五四頁
一一、陸奥　津軽昔こ集二八頁

此中で壱岐の話と最もよく似て居るのは「六」であつて、是は牛蒡を抜く手伝ひになつて居る。以前は語りの文句に面白い言葉があつたらしいことは「九」の例によつて想像せられるが、壱岐ではもうそれを暗記する者が無くなつて居るかと思はれる。

三、金をひる亀

▽昔話新釈の一（旅と伝説三巻第四号）に出した鼻たれ小僧様、南は沖縄から北は奥州まで、分布して居る貧翁致富譚の、是が一つの分派であることは細説する必要も無い。金を出す者は小児であり小犬であり、稀には又小猫のこともあつたが、それが亀の子であつたといふのは、壱岐の田川村のが始めての発見である。笑話の金ひり馬や金ひり鶏も、全然是と無関係ではあるまい。

四、五月節供の萱と蓬

▽岩手郡昔話の「喰はず女房」と同じだが、爰では蛇といふことをはつきりと謂つて居る。頭の真中に口が有つたといふのも、本来は蛇の特徴では無かつたらうか。男と女との差はあるが、蛇聟入の話にも、菖蒲と蓬を入れた湯に入ればよいといふ一条があつて、それを端午習俗の由来と説く例は多い。

六、皿皿山

▽右の二つの昔話が、いよ〳〵東北日本の粟福米福と一つものであるか。さうだとすれば何故に斯う変化して居るかは、もう少し多くの地方の例を集めて、比較して後にきめても遅くは無い。唯一つ衣裳の柳行李を屋根から落した者の「ぴいろいろい」と言つたのは、瓜子姫の研究にも述べたやうに、鳶であつたと考へる。幸運の姉娘は常に鳥類の援助を受けて居る。

七、うつろ船の女

▽此話の分布は東北にも及んで居る。田中喜多美君の雫石村の例は「民族」二巻一号に、是と近いものは紫波郡昔話一七五頁にもあつて、何れも海から内陸へ入つて居る。豊後の吉右衛門話にも此変型のあることは、「旅と伝説」一巻四号に

あり、琉球にもその稍古い形が遺つて居ることは遺老説伝に証跡がある。高木敏雄君の神話伝説研究四〇八頁、中田千畝君の日本童話の新研究三六〇頁、それから海南小記の中の「久高の屁」などがよい参考になる。

八、藁しべ長者

▽最も有名なる宇治拾遺物語巻七の「長谷寺参籠の男預㆓利生㆒事」(今昔十六の廿八)の外に、東北にも是に近い昔話のあることは早く心付かれて居た。例へば紫波郡昔話一六九頁の「蜻蛉長者」などは、宇治拾遺を知らぬ者の話とは考へ難かつた。ところが此以外に、別に壱岐と同様に木の葉から味噌へと発達して行く話の一群があつた。今度の聴耳草紙六四頁の「蜂の御蔭」なども、藁一本を千両にして来いといふ求婚説話であり、老媼夜譚二三五頁「笑ひ骸骨」の前半もそれである。殊に珍らしいのは南島説話九三頁に、沖縄にも藁一本だけの親の遺産を、味噌屋に売つて一厘を得た話のあつたことである。此分布状態こそは、我々の是から大いに考へて見るべき問題である。

九、百合若大臣

▽昔話が近代の職業的語り物の暗記に基づいた例は、他の地方にも珍らしくは無いが、百合若が一つの説話として残つて居る例は、何処でもまだ採録せられて居ない。舞の本の百合若は坪内博士も曾て注意せられし如く、ユリシスの物語と似過ぎる程よく似て居るが、それが移植であるか、はた根株のある接木であつたか、乃至は又全然の偶合であつたかは、さう簡単には決せられない。壱岐と豊後との資料は至つて小さな破片までが、将来此問題を明かにする際の好資料であるから、大切に保存しなければならぬ。本文の「目性くらべ」の、目性といふのは眼力のことらしく、目性競べは即ち我々の睨めつくらのことかと思ふ。最初は武芸の中に算へてもよいものであつたが、後には競技化し又小児の遊びになつた。足利時代にはまだ大人も之を試み、看聞御記などには目勝(メカチ)と記して、貴人公卿が之に携はつて居る。百合若が鬼と睨めつくらをしたといふ部分などは、ホメエロスは知らない日本の昔話であつたかも知れぬ。市場直次郎君の編輯せられし豊後伝説集にも、百合若予め鉦を懐にして、鬼と約束して睨めくらをする。さうして鉦を眼にあてたので勝負に勝ち、約束通り鬼を降伏させたといふ話が、故郷の府内地方に在ることを記して居る。尚山口麻太郎君の壱岐昔話集は、此号に借用したもの以外に約百篇を算へ、其採集は全島各部落に及んで居る。さうしてその殆ど全部が、遠近の地に比較し得べ

き類型をもつものばかりである。昔話研究の機運が今年は大に進んで、この辛苦の集録が、歓迎せられつゝ世の中に出て来ることを、心から自分たちは希望して居る。徒らに珍書となつて冷かなる文庫の底に隠れるやうでは、それは唯無期限の保存といふに過ぎぬ。

『昔話採集の栞』柳田国男編、昭和八年四月一〇日、萩原正徳

山村語彙（続編）

柳田国男編

小引

一昨年「山林」に連載を願つた山村語彙は、極めて部分的な不完全な蒐集であつたにも拘らず、意外の反響を各方面から得ました。其後直接に筆者に向つて、追補訂正の資料を下さつた方だけでも、よほどの数に達して居ります。それと自分の寄せ集めた言葉とを合せて、今一度第二の語彙を公表します。是でも全国の広きに比べるとまだ〳〵片端に過ぎぬと思ひますが、完備を待つて空しく歳月を費すよりは、是だけでも排列整理して置いた方がよからうと考へたからでありま す。前集に出て居る語は、是非とも追記の必要な場合だけ、×を附してもう一度掲げます。最近刊行せられた林業辞典の中にも、此集に加ふべきものが百以上も有るのですが、それは特に参照として入用なもの丶他、こちらへは転載せぬことにしました。しかし愈々一巻として世に遺す際には、合併して置くのが何かに便利だらうと思ひます。

新たな資料を恵まれた諸君の名を次に列記します。敬称を略したことを御容赦ねがひます。大体に到着順でありま す。

和歌山県西牟婁郡　福井義質　三重県一志郡　山川　要助
高知県土佐郡　白岩　政敏　奈良市在住　高田　十郎
仙台市在住　藤原相之助　弘前市在住　松野　武雄
広島市在住　磯貝　勇　長野県小県郡　箱山貴太郎
長野県諏訪郡　小口　伊乙　愛媛県喜多郡　横田　伝松
福島県相馬郡　武藤　要　静岡市在住　内田　武志
和歌山県日高郡　森　彦太郎　青森県上北郡　中市　謙三
東京市在住　国分　剛二　東京市在住　山口　貞夫
福岡市在住　桜田　勝徳　鳥取県気高郡　近藤　喜博
長野県下伊那郡　井上福実　熊本県玉名郡　能田　太郎
島根県那賀郡　石田　春昭　福島県石城郡　高木　誠一
久留米市在住　川口孫治郎　神奈川県津久井郡　鈴木重光
山梨県中巨摩郡　長田弓麿　東京市在住　町田　立穂
大阪府池田町　平松　朝夫　奈良県在住　野村　伝四

単に感謝の意を表する為には、一々氏名を掲ぐるにも及びませんが、是は同時にこの語彙の蒐集が、今尚包容せぬ地域の多いことを明かにして居るのであります。どうか右に列記の無い府県からも、今後新たな材料を引出したいものだと思ひます。一つの言葉の日本の端と端とに、行はれて居ることを知るのは、当然ながらも非常に愉快なる発見であります。私の任務は今は主として其仲介をするに止まつて居ます。

『山村語彙（続編）』柳田国男編、昭和一〇年一月三〇日、大日本山林会

山村生活調査第一回報告書

採集事業の一劃期

我々の共同の課題は、村が一個の有機体として、命長く活きて来た生理を明かにしようといふに在つた。新たに付与せられた法令以外、及び記録に書き残された僅かなる条目以外に、どういふ昔からの約束が住民を団結させ、又その繁栄と平和とを支持して居たか。それが或は稍弛緩した為に、骨に滲み入るやうな今日の衰微意識と、看過すべからざる一般の地方不安は生れたのでは無いか。是を実地に就いて確かめて見たいのが、今回の調査の主たる目的であつた。文字計数の資料が得られぬとすれば、出来るだけ多くの互に隔絶した土地に於て、同時同様式の観測を試み、其間に共通した若干の事実から、前代生活の痕跡を探り出すの他は無いと考へて、先づ最初に幾つかの特に顕著な事項を拾ひ上げて見た。結論に達するには尚程遠いが、ともかくも是等は従来未だ省みられず、しかも民生との交渉の最も切なる問題のみである。次年度以降更に追加するものも有ると思ふが、大体に是を目標として我々の調査は進めて行く積りである。

調査地の選定については、着手に先立つて随分の考慮を払つて居る。二以上の異なる府県でも、あまり近接して居るものは事情の共通が予想せられ、比較の価値が或は低いかとも思つたので、努めて連絡の少ない山間地帯の、やゝ孤立した村落を物色した。新たに我々の実験したことは、地方の事情の近年に入つて、急に改まつて来たことである。温泉鉱山遊覧地の如き、他郷人の入込む処だけならば、之を避けることも容易であるが、自転車と貨物自動車の普及に至つては、真に驚くべき縮地の術であつた。殊に最近の所謂救済土木と、之を利用したバスの延長とは、多くの片田舎を駅路化し、行商の活躍は意外なほど目ざましくなつて来た。一方には又ラヂオの偉大なる同化作用がある。是が又新聞よりも更に馴々しく毎日の生活智識を運んで居るのだが、其話柄は概ね都市と其周囲の聴取者を目標にしたもので、村から提出するものは俚謡以外、殆ど何も無いといふ有様であり、それを又珍らしがり傾聴する者は村の人で、其印象の強さは四角張つた講演や読書の比では無い。如何なる世間見ずも坐ながらにして中央文化の一通りを呑込み、是に日常の親しみを感ずると共に、及ばぬとは知りつゝもその生活様式の、標準を是に置くやうになつて居る。村の幸福の主観的欠陥は、当然に増大して来なければならない。古い風習や考へ方は、仮にさう手軽には改造しきれないにしても、その価値は低く視られ又は抑制せられて居る。次に来るものが忘却で無いならば、やゝ概括に失したる非難であり排除であらう。明治初年に都府開港場に起つた所謂開化熱は、此頃になつて漸く僻陬の地を浸しつゝあることが発見せられたのである。

心有る中央の旅人等が、以前久しく楽しみにしてゐたもの、即ち民俗の表面採集といふことが、今は漸く困難な仕事にならうとして居る。単なる観察の鋭敏と、気の利いた写生写真の技術とによつて、道の行きずりから獲て還つて来るものは、種類も性質も著しく限定せられ、次第に常套に堕して来て、行く〳〵はたゞ僅かの比較に冷淡なる人だけが、遼東の豕として是を誇示するに止まるであらう。実際又今日は既に其傾向が露はれ始め、都市の民俗学は稍その初期の感銘を稀薄にしかゝつてゐる。我々の討査事業は、従来の受動的態度を一変して、進んで積極的に必要なる資料を探らんとする点に於て、日本は素より他の友邦に於ても、多く前例を見ない新計画ではあるが、もしも今までの通りにたゞ地域の選定のみを腐心して、自然に眼に触れ耳を撃つ事実だけを、採録するを以て能事として居たならば、今日の状態に至つては其所得は労を償はない虞がある。故に旅人はたゞ単なる好事の徒である以上に、別に或程度の経験と用意を持つた者、即ち小さくとも一箇の研究者たることを要するのである。我々の中間報告は徒労を歎じ、又失敗の歴史を以て充ちてゐるかも知れぬが、それを相会して互に談じ合ふことによつて、徐ろに第二次以後の旅行の為に、視察の技能を錬磨する結果にはなつてゐる。幸に之が修養の機関として永続し得るならば、行く〳〵は都市の生活の如き複雑なる構造の中からでも、その外形文化の被覆物を透して、尚背後に流れて居るものを把捉し得る時が来るかも知れない。その希望だけはともかくも新たに生れたのである。

郷土研究といふ語の曾て高唱せられた理由は、言はゞ旧式の旅人の慌たゞしい見聞に対する概括的の不信用に在つた。彼等は時を惜み行程を急いで、屢々物蔭の事実を見落して来るのみならず、もつと悪い場合には一端を誤り伝へ、又は空想を加味して有りもせぬ世界を描き出さうとする。その奇抜な報告の当不当を、検証することは容易でない。それよりは却つて永く一地に止住する者の、見馴れ聴き馴れて尋常として居る事実の中から、実は其土地ばかりに特殊であつた資料を、自ら心づいて語らしめる方が、遥かに有効である様に考へられたのである。ところが時勢の変遷はいつの間にか是を不可能ならしめて居る。新たなる都市の平凡は、田舎にもも う多く入込んで居る。さうして今まで在つたものを下積みにして、是を見分けることが一段と困難になつて来た。従うて孤立の郷土調査が、意義の無い重複を避け、国の学問の一方面を分担し得る為には、やはり予め如何なる種類の知識が、要求せられて居るかを知らなければならぬ。さうで無いと今ある多数の郷土誌のやうに、莫大の心血を徒費せしめる結果に帰着するかも知れぬのである。旅行調査団の為し遂げ得る仕事は、此点にかけては却つて当面の調査よりも大きい。仮に人生の精密なる観測については、郷を同じくする者の辛棒強い骨折に及ばぬとしても、是を分析し又理解しようと云ふ念慮は、場合を重ねるにつれて痛切の度を加へ、比較は又我々に於て始めて可能である。故に双方の話し合ふ機会を、出来るだけ利用すべきは勿論だが、それよりも必要なことは我々の新たな実験を、未だ完成せざる前にでも随時に公表して、学問上の興味を地方の同志と共通にすることで、是は現代の如く古風の迅速に消えて行かうとする際には、殊に力説しなければならぬ急務だと思ふ。府県で名を知られてゐる若干の郷土史家は大抵は官府の修史家と同じ様に、個々の特発事件の始末を明かにするだけが仕事で、しかも其事件の背景であつた時代相が、如何に今日と異なり又他の地方とちがつて居たかを、説かうとしないのが普通になつてゐる。それでは一つの出来事の理解にも差支へるのみでなく、もしも或郷土が幸ひにして無事太平だつたら、単なる空白を以て其期間を処理するの他は無いことになるだらう。さういふ無意義なる人生は有り得ないものだとすれば、彼等の方法は改良せらるべき必要がある。我々の観察は寧ろ文書記録の最も具はらざる区域に於て、特に前代の幽かなる痕跡を探り出すことを目的として居るのだから、たとへ不完全でも其結果と先例とは、之を一つの団体だけに私して置くべきものでは無いと思ふ。

村が従来如何なる種類の法則によつて、久しい間その結合を続けて居たかと云ふ問題は、判つても判らぬでもよいといふやうな、軽微な事柄では決してない。町村制が出来てから、約五十年、人はこの力たゞ一つで公共団体を統括して居るかの如く、思つて居る者は無い、とは言はれぬが、現に部内には旧大字の対立があり、烏合の移住者の集まつて居る新地には、説くに忍びぬやうな背徳が往々にして公行し、僅かに以前の組織を承継して居る者に於て、ほゞ満足なる生活機能を認められるのを見ても、不文の契約は頽敗したとは言ひながら、まだ暗々裡に其力を施して居るのである。それがたゞ単なる群道徳と名づくべきものであるか、但しは又信仰と愛美心、及び物質経済の両側面からも、若干の支持と制裁を受けてゐるのかは、事実が今少し詳かになるまでは断定し得ないが、とにかくに住民は法令の条文だけに服従して、その生存を保障されて居るのでは無いやうである。従うてこの輪廓の崩壊は大事件であり、もし免れ難くんば是に代るべきものを見つけねばならぬ。其為にも一通りは是までの経過を明かにして置くの必要がある。ところが此種の事実には、確かなる言葉が無い。新たなる文物だけは文字で学んだ人々でも、是を考へるだけの言説は用意して居ない。宗教上の感覚も同じやうに、根本に横たはるものは却つて無名であつて、たゞそれが発露して或る定まつた形式を取る場合のみに、人の設けた用語があるのである。思想の共通をもたない他郷人は、この末端の現象を手がゝりにして、是に近よつて行くの外は無いので、幸ひにしてそれが懸離れた土地の間にも、尚一部分の類似を示して居る為に、幾分か比較の便宜が得られるのである。我々が方言に対して細心の注意を払い、是が異同と由来とを考へることに、力を用ゐた理由はこゝにあつた。それと関聯して平常其様な語を用ゐることを好む者と、之を何とかいふ漢語新語に訳してゞないと、人に伝へることを欲しない者と、二種の説明者が居ることに心づかれる。前者は概して遠慮深く、自分でも無学を認めて表面に出て立たうとしない。故に多くの旅人は他の一方の者とのみ対談して、還つて来るのを例として居たのである。地方の民間伝承の埋没につれて、伝承者の種類と素質とは重要な因子となつて来たのみならず、さういふ古風を保存する者を、見出すことが段々と難くなり、それに心置きなく語らしめることが、苦心し修養すべき一つの技術となつて来た。彼等の方言は学び難く、之を真似して見ても印象は却つて悪い。眼とか顔付きとか安易なる態度とかいふものが、寧ろ親しみを感じさせる自然の手段であるやうに思ふ。大体に老人の伝統に忠実なる者は、内心には語つて残したいといふ熱情を持つてゐる。たゞ久しい間之を省みる者が無く、たま〳〵説かうとすれば若者は冷笑したが為に、後漸く口を噤するに至つたのである。或山村の一老翁は、小学教員の物を聞きに来た者に対して、さういふ話をすることまでが、何かの役に立つ御時世になつたかと、涙を流して喜んださうである。我々は其事実を知つて以来、正しい伝承者をして黙々として世を去らしめることを、罪悪と考へるやうになつたのである。

『山村生活調査第一回報告書』大間知篤三編、昭和一〇年三月一〇日、大間知篤三

産育習俗語彙

序

小児が初めてこの人生に御目見えしてから、いよ〳〵一人前として世の中へ出るまでの間、一家一門一郷の人々から、どんな待遇を受けるのが普通であるか。むつかしい言葉でいふならば、小児の社会上の地位や如何。是を我々は大切な問題にして居ります。国により又時代によつて、この通例といふものにも、幾つとも知れぬ相異があつたやうであります。書物を読んだゝけでは、精確なる知識の得られないのは当然でありまして、それを補ふ手段としては、現実に今も各地に行はれて居る風習を究め、その比較によつて先づ近世の移り変りを、明かにする必要があるのであります。この方法を試みる為に、最も簡便なる目標は用語であります。我々はそれを成るだけ数多く集めて見て、全国の離れた隅々に一致し又類似して居るものが、中央の或る区域にぽつんと一つ現れたものよりは、古い形態であらうといふことを、考へて見ようとして居るのであります。是が追々に積み重ねられますと、後には可なり重要なる事実が、発見せられることゝは思つて居りますが、それには何分にもまだ資料が足りませぬ。どうかこの小さな一巻を御読みになつて、多少の興味を御感じになる方々が、さういふ話ならば此方にもあると、たつた一つの事でも御報導下されることを念じて居ります。此の類の知識の何倍かに増加した上で、もう一度此の本は書き直すのでありまます。我々どもゝ始終なほ心掛けて行かうと思つて居ります。

愛育会の目的として居られるのは、斯ういふ新たなる知識を遺憾無く利用して、国の児童の幸福を、出来る限り豊かにしようといふ点に在るかと思ひます。我々どもは又単に此等の事実に拠つて、人が人生といふものをどういふ風に観じて居たかを、明かに知るのを詮として居りまして、動機は必ずしも一つとは言はれませぬが、この毎日の平凡なる社会現象の中に、人を教へ又考へさせる貴とい知識の埋もれて居ることを、認める点は双方同じであります。是を一部の研究者だけの独占とせずに、弘く人類社会の繁栄を念ずる人々の、共通の問題にしようといふ態度も、異なる所は無いかと思ひます。即ち私たちの側から申しますれば、兼々心がけて為し遂げたいと思つて居た仕事が、幸ひにして愛育会の御役に立たうとして居るのであります。今度の材料は最近の十数年間に、書物や雑誌に公表せられた我々の友人、又は未知の地方同志者の採集記録から、要点を拾つて抜書きして置いたものであります。努めて其の功績を没せぬ様に、又必要があれば原文に就いて、詳しく知ることが出来る様に、一々出処を掲げて置きました。その材料を分類し整理し、大よそ読み物の形に書き直したのは、橋浦泰雄氏の労力であります。十分注意しても尚免がれなかつた意味の取りちがへ、又は一部の脱落などは、それ〳〵の土地の方々に、もう一度よく見て訂正をしていたゞきたいと思ひます。是と名が同じで内容の異なる場合、或は事柄はよく似て居て、名称の丸でちがふといふ様な例を、他の郷土の読者からも、数多く寄せられんことを切望して居ります。

昭和十年九月

東京市外砧村

柳　田　国　男

『産育習俗語彙』柳田国男著、昭和一〇年一〇月三〇日、恩賜財団愛育会

日本民俗学研究

柳田国男編

開白

昭和十年七月の末から、八月初旬にかけて一週間、日本民俗学の第一次の大会が、日本青年館の講堂に於て開催せられ、各地方の同志約百五十人が是に参加した。当時事情があつて列席し得なかつた人々、及び我々の事情と抱負とが、如何なる種類のものであるかを知らうとする人々が、等しく此記録の公刊を希望して居られる。さうして我々にも亦之に由つて、汎く国内有識者の批判を求めんと欲する若干の意見があるのである。会を企てた趣旨と動機は、次の開会の辞が一端を述べて居るから、之を序文に代用する。その会同の効果と雰囲気は、個々の筆記が或程度までは談つて居ると思ふ。単なる一篇の記念の書の如く、認められずんば幸ひである。

この民俗学大会は、自分ども年来の宿願であり、又中々実現し難い大望でもあつた。全国同志諸君の是だけ広汎なる支持を受けることが出来れば、もう此学問は永続を保障せられたも同様であり、又世話人たちの是だけ熱心な協力さへあれば、その同志の糾合を期することも、必ずしも困難でないといふ迄はわかつて居たのだが、奈何せんそれを断行する程の決心がつかなかつたのである。もしも私が満六十歳になつたといふことが、躊躇して居た人々に其決断の機会を供したとすれば、人が老い且つ衰へるといふ最も平凡なしかも不愉快な事実にも、尚少しばかりの社会的効果はあつたといふことになるので、其意味に於て私は僅かなる満足を感じて居る。

それよりも遥かに我が意を得て居るのは、今度の大会に於ては、我々講演者が先生で無いこと、その大部分が諸君と同列の人であり、仲間であり又将来の永い友人でもあるだらうといふことである。自分の知る限りに於てゞも、諸君の中には、我々の多くの者よりも前から、既に日本民俗学の必要に着眼し、知識の集積を始められた人が幾人かある。たつた一つの例を挙げて見るならば、私などがまだ郷土生活の比較研究を、南方諸島に押拡げることを知らなかつた以前、即ち明治大正の境の頃から既に沖縄や奄美大島に関する豊富なる知識を貯へ、頻りにこの問題の興味と必要とを、説き聴かせてくれられた人が、伊波普猷君以外になほ一人あつて、現にその方が今日の聴講者の中に列して居られるのである。勿論私などよりも文字通りの先生である。自分等は単にやゝ便宜の地位に在つて、その後も引続いて余分の時を是に費し得たといふのみで、言はゞ是までは諸君に代つて、各自の分担区域を比較的細かく、看て居たといふに過ぎぬのである。我々の研究は最初から共同のものであつた。諸君は常に是を自分のもの丶如く考慮し、批判し増補し成長せしめらるべきである。斯ういふ風になつて来なければ、国に必要なる学問は興隆しない。先生が満点で是に盲従する者が九十五点、些しく自説のある者は八十点といふやうな、今日の伝習制度の下に於ては、たつた一人の曲学阿世が出たゞけでも、もう其一方面の学問は萎微しなければならぬ。そんな気づかはしい傾向を防制する為にも、我々の同志だけは、少なくとも自由なる意見の交換をしなければならぬ。それには殊に似つかはしい聴講者であり、又講演者であると私は思ふ。

最近僅かな期間の趨勢から推して考へても、日本民俗学のやがて大いに成長するであらうことはほゞ疑ひが無い。我々はたゞこの根本を保護し、又其幹を傷けぬだけに、愛惜すれば則ち足るのである。将来の繁茂はもう是を自然に一任して置いて十分だと思ふ。三十年五十年後の普通人の常識は、或は現在御互ひの持つて居るもの丶総和よりも、ずつと大きくなつて居るかも知れない。しかもその為に種播き灌漑した我々の功労は、聊かも小さくはならぬであらうと信ずる。時代がまだ是だけしか教へてくれなかつたのである。我々は唯この許されたる境涯に於て、相互に助け合うて出来るだけ賢こくなればよいのである。近世の歴史を回顧すれば、人がたゞ単に賢こくなかつた為ばかりに、受けずともよかつた災難を忍受した実例は無数にある。是を未来に向つて避け防がうとするには、出来るだけ多数の人々が志を一つにし、文化科学の可能性に信頼して行かなければならぬ。今回の大会はまさしくその練習の一つの好機会であると思ふ。強ひて一流一派の見を立て丶、之を押通さうとする運動かの如く誤解する人は、先づ我々の方法なり仮定なりの非を指摘しなければならぬ。何となれば我々は従来他人の説を傾き聴いて、幾度も自説を改訂しつ丶進んで来た者であるからである。

各府県の同志諸君が、斯うして一堂に集まつて来て、互ひに今まで考へても見なかつた自他の郷土の事実に心づき、乃至は其知識と問題とを交易せられるといふことは、私にとつては名状すべからざる悦びである。暗示と啓発とは無限であらうと思ふ。色々と勧説を試みたにも拘はらず、三重、宮城、島根、香川、福岡等の重要な数県から一人も参同者を得なかつたことは残念であるが、しかし在京学生諸君の中には、多分是等の地方から、出たばかりの人も若干は居られること丶思ふ。願はくはそれ〳〵の郷里を世話人に通知し、座談会の席上では成るべくは各自の土地の学問をも代表せられんことを希望する。是が私の開会の辞である。

昭和十年七月三十一日

採集期と採集技能

柳田国男

一

日本の学界にはミンゾクガクといふものが現在は二つある。我々は何としてなりとも、この二者の差別を明かにすべき必要に迫られてゐる。一番手短かと思はれる方法は、何れか一方の名を改めることであるが、是には外側の使用者の承認を必要とし、案外に効果が挙がらない。其上に内部にも、二つのものは大体に同じだと思つてゐる人が、折々はあるのだから始末が悪い。「大体」などいふ語は甚だ科学的でない。丸々同じなら一つだ。稍々違ふと思へばこそ、二通りの漢字が用ゐられるのである。それならばちがひはどこに在るか。固よりこの二つの研究は色々の共通点をもつてゐる。又互ひに援け合ひ、将来も一層提携して行くべきものであることは疑ひがない。私などはそれだから特に相異と堺目とを、はつきりさせて置かねばならぬと思ふ。一つの目標として、私は国又は人種といふことを考へてゐる。どこの国でも民俗学はナショナルで、主に自分の同胞の文化を討究し、稀に代つて或一つの未開種族の過去の生活を尋ねてやる。是に反して、自分の国だけのエスノロジイといふものは、まだ今日迄は唱へた人がない。だから日本民俗学とさへ言つて居れば、どちらのゾクの字を書きますかなど丶、問ひ返される心配はない。しかしそんな日は来るかも知れない。若しくは奇を好んでそんな名を用ゐる者が出来るかも知れない。日本などでは、曾てエスノロジイを土俗学と訳してゐた時代に、現に日本土俗学を説いた人さへある。いつ迄も日本民俗学とさへ名のつて居れば、他の一方と紛れはせぬといふ安心は保てないのである。

二

そこで第二の争ひなき差別点として、私は茲に採集といふことを考へてみようとする。是とても永い未来をかけて、変化のない標準とするには足らぬかも知れぬが、少なくとも日本現在の状態に於ては、今はまだ一方を採集の学、他の一方を読書の学と言つて差別をしても差支へがなく、又さうすることが簡明である様に思はれる。

単にこの講演の便宜の為に、私は第二の民ゾク学に在来の土俗学・土俗誌といふ語を使はうと思ふが、その土俗学に於ても、採集は勿論無視せられては居らぬ。寧ろ是を唯一つの基礎として、土俗誌は大いに行はれ、土俗学は又其中から生れたのである。世界を一団の研究群として見るならば、採集は今尚不断の刺戟であり、又批判及系統立ての動力として必要欠くべからざるものであつて、一旦その進行が停止した場合には、土俗学は啻に爾後の発達が望めないだけでなく、或は其存続をも脅かされるかもしれぬ。だから間接には是も亦、立派に採集の学だといふことが出来る。たゞ個々の国、個々の学徒の立場からいふと、未だ採集を以て直接研学の手段とし得ざる者が、今日はなほ非常に多く、所謂土俗誌の資料の豊富に過ぎる時代に於ては、この方面の学者ほど多く読み博く捜り、刻苦の生涯を書斎に閉ぢ込めなければならぬ学者は、他にあるまいといふことになるのである。

素より是はどちらがよいかといふ問題ではない。単に耳できけば全然同じ名の二つの学問が、今の日本では「大体にも」同じものでないといふことを説明する資料に過ぎない。経験ある外国の旅行家の観察とその精確なる報告、殊に一定の用意支度の下に、時と費用とを惜まなかつた周到なる調査の記録が、慌だしい各自親らの見聞より価値の多い場合は幾らでもある。只斯くの如くにして新たに知られた事実が、我々の学問の血となり肉となる手順に於て、若干の相異のあることのみは争へないのである。これは見様によつては人の学問の二つの方向ともいふことが出来る。二つの民ゾク学は、偶々その双方の端から追々に相接近しようとしてゐるので、是が百パーセントに完成すれば、表裏全く一つのものとなるが、それ迄の間は求むるものと与ふるものとに行違ひがある。今日世界の端々に於て、心ある若干の調査者によつて観察記録せられつゝある未知の事実は、何時かは人間の知らずにはをられぬもの、我々の他日の求むる所又予め知つて居ることを有利とするものでもあるが、それが各人現在の生活上の疑問に直ちに合致することは必ずしも望み難い。時として非常に長い貯蔵期と稍々散漫なる博識慾とを必要とする場合なしとせぬ。もとより学術は之によつて誘導せられた。今日の正しく又適切なる多くの問題は、言はゞ水を向けられて始めて起つたのである。而も我々の問題は常に成長する。それが何時でも次々に、世界の学者の新たなる知識の跡を追うて成長して行くものとは定まつてをらぬ。各人の先づ知らんと希ふ所は、或は前賢の釈き諭さんとするものゝ外に在ることが稀なりとせぬ。殊に学問が国の内外を堺する場合に、この喰ひ違ひは生じ易いかと思ふ。玆に於てか実験の科学、即ち各人自ら進んで我が疑に答へんとする研究方法は企てられねばならぬ。新時代の国学は、必ずや此方向に向つて展開するものと私たちは信じてゐる。

三

茲にいふ土俗学即ちエスノロジイは世界の学、又最も広汎なる国際の学であるけれども、やはり亦追々と実験の道に向つて進んで来ようとしてゐる。現に未知の地域を劃し、調査の事項を予め限つて、或特定の目的の下に計劃せられた探険隊も幾つか出てゐる。幸ひに世の平和が稍々続いたなら、地球の表面には知られぬ生活なく、あらゆる人生の大きな問題は、総て実例を以て応へられる日が到来するであらうことも空夢ではない。仮に日本人が巴里の人々の如くいつ迄も本で読み通す学徒であつたにしても、尚終には外国の信ずべき記録に依つて、総ての必要なる答を検索し得る様になるかも知れない。但しそれは日本限りの多くの事実が今の様に埋没して居らず、共に悉く世界の知識と化した後の話であることは言ふ迄もない。現在は兎に角にそれがまだ望めないのである。少くとも日本に於ては、日本民俗学のみが実験の学であり、他は是と対立する所の修養の学、答へが与へられた後の問ひの学、偶々各自の心からの疑問に対する解釈が既に用意せられてあつたから仕合せといふ学である。

しかもそれを決して悪いといふことは出来ない。総ての所謂社会科学が、つい近頃迄皆是であつた。其中でも史学などは、到底実験と両立し得ざるものゝ如く考へて居る人は今でもある。我々は教へ示されて始めて知り、それを或場合の入用の日まで、覚えて大切にして居ればよいとされてゐた。それ程又人の心が素直で、与へられたる何物にも興味をもち、自在に学界を引張り廻されてゐたのである。固より各人独自の欲求が睡つて眼覚めなかつたのではない。其証拠には幼童は却つて思ひも寄らぬ色々の質問を提出する。生活は寧ろ知識の有限性、尋ねても答が望まれぬ問題の多いことを経験せしめ、年をとるにつれて、次第に無益の追究を断念させようとしてゐるのである。だから一旦茲に新たなる希望が生れ、懇ろに求むる者は与へられるといふことが判つて来ると、仮令世の中が今より矛盾少く、常理が全社会を秩序立てゝゐる場合でも、尚好んで人の今まで試みなかつた様な疑惑を挿んで、其解決を一生の仕事とする者が出て来るのである。過去数十年間の学問の進歩は、たゞ偶然の発見の集積に過ぎなかつたが、尚資料の豊富且つ多方面なる増加は、学徒を勇気づけるに十分であつた。さうして我々は又、不可解の特に痛切なる、答へなき不安の特に忍び難き現代に生れ合せてゐるのである。珍奇な語であるが学問の自主、他国の問題よりは自国の問題、先づ自分の内に起る疑から出発して、次々にそれを外部と共通させて行かうとする学問の、日ましに盛んになるのは自然の勢である。

今日の自然科学とても、僅か三百年間か四百年の前までは、実験を基礎とする学問ではなかつた。発見は概ね偶然であり、たゞ若干の優れたる頭脳のみが、静かに結果を予期してその発見を待つて居たゞけで、他の多数に之を伝達する手段は、たゞ記述があり講説があるに過ぎなかつた。前代の師弟道は、先づ信じて其説を受持し、又導かれて他人の抱く疑問に追随してゐた。それが実証によつて、弟子の頭に「果して然りや」の懸念を根絶し得たのは、極めて最近の変化だと言つて差支はない。書物は古今の哲人に比べると、今一段と不純なもの、取捨の必要なものであるに拘らず、其分量の莫大なことは、忽ち入門の士の過度の信用を博して、あの中を捜せばどこかに必ず自分の問に対する答があるときめてかゝつて、貴き生涯を文庫の塵の中にさまよひ暮らした人の数も多いのである。日本の様に本の選択が不自由で、一方に俗書の横溢する国では、この病は殊に警戒せねばならぬ。今はまだ不幸にして此方面の援助を謝絶することは到底出来ぬが、少くともさういふ労多き迂回の途、時としては徒労に帰するの危険を避けて、新たなる一方の直路を開通しようとせねばならぬ。是は単に学問の前途が広漠であり、人の一生が之に比べて寔に短いといふ普通の推理によつて説くのではない。我々はもつと多くのものを経験してゐる。前人は此の如く親切なる筆まめであり、印刷所の能力は又無限であるが、問題によつては本には全く書いてないものがある。さうして入用なる知識は文字以外に捜せばまだ幾らも散りこぼれてゐる、といふことを我々は知つたのである。正しい方法を立てゝ速かに之を利用すべし。是より以外の結論はあり得なかつたのである。

四

我々の疑問は国に属し、又現代に属する。故にこの二つを離れた解答といふものはめつたに有り得ない。歴史は単に過去の事実の記憶せられ説明せられて今日に伝はつてゐる形で、是も亦眼の前の事実に過ぎぬが、我々は総ての現世の事相には皆原由があり、其原由は総て今よりも以前、即ち此国の過去に在つたと認めるが故に、時としては身を遼遠の昔に置いて、親しく其真相を把握しようと試みるのである。記伝を此学問の唯一の能事と解する者の外は、恐らく一人として今を軽んじて昔に見かへようとする者は無いと思ふ。実際はいつとも知れぬ入用の為に、又は必ずこの中から未来の問題は生れるものと心得て、暗記を普通教育の中に入れて置くのだが、其効果が挙がれば挙がる程、この在来の一つの方法だけでは得られない答がほしくなるのである。

人が何故に貧苦を脱し得ないか、村がどうして何時までも衰微感の為に悩まされてゐるか。選挙がどういふ訳で此国ばかり、まつすぐに民意を代表させることが出来ぬかといふ様な、さし迫つた一国共通の大問題なども、必ず理由は過去に在るのだから、是に答へる者は歴史でなければならぬ。人がさういふ史学を欲しがる時が、今まだ来てゐなければ、近い未来にはきつと顕れる。この私たちのいふ実験の史学は、勿論もつと広汎な前線をもつてゐるが、先づ斯ういふ実際問題によつて、其能力を試験せられてもよいと思ふ。

私たちの見る所では、あらゆる社会現象は原因なくしては起らない。さうして此国限りの問題である以上、其原因も必ず国の内に在る。それが見つからぬといふのは無いからではなく、消えてあと形もなくなつてゐるか、人が忘れて心づかぬか、乃至は知らうと力めなかつたかの、三つに一つである。通例は無責任に、其第一の場合と断定することがはやるが、うつかりとは信じられない。無くなれば結果も無くなりさうなものだ。即ち形をかへて、原因は尚潜んでゐるらしいのである。容易にわからぬといふことは、言はゞ学問の興味、御互ひの努力を張合ひ多くする条件ともいへる。それを大体にどの辺から捜すのが順序かといふと、捜しものは先づ周囲に目をつけるのが原則で、是が又端的に、外国の学者の如何に周密なる調査でも研究でも、採つて直ちに我国を説明する能はずとする根拠でもある。我々の歴史は通例は問題その物についてゐる。此夏からパンを食ふことにしたと言へば変遷であるが、家にはきつと未だ茶椀も箸もある。何年何月からといふ年代記は不可能でも、此前飯を食つてゐたといふことだけは記録を要しない。強飯は今でも式の日に家で炊ぐ例が多いが、それを止めても器物は尚屢々残つてゐる。近世のフカシは木を井字に組んだ物で、それでセイロウの名も出来たらしいが、其以前はコシキと称して木の曲げ物であつた。京都には支那と同様に、土製の甑が用ゐられたことは記録に見えて居る。鹿児島県の島々にはコバ即ち蒲葵の木の幹を輪に切つて、其儘用ゐてゐる例が今でもあるが、縄を巻き上げて甑にしたものも弘く行はれてゐたと見えて、蛇がとぐろを巻いたのを蛇のコシキといふ語は上方の方言に存する。佐渡では之をサラニナルと謂ふ。皿も恐らくは又もとは藁製で、土器にも轆轤以前には土を縄にしてつぐねて行つた跡が見られるが、この方は寧ろ藁の器の製法を移したものらしい。この幾つかの地方的異同は、単なる器具だけではなく、同時に又食事の著しい変遷で、日本人の生活に大きな影響を与へてゐる事実だが、其推移の跡は書物にも之を録せず、況んや外国の諸民族の食制に関する精しい記述などは、何の用にも立たない。而も現在の国内の事実は殆どこの変遷の総ての階段を、どこかの隅々に保存してゐる。一つの土地だけの見聞では、単なる疑問でしかない奇異の現状が、多数の比較を重ねて見れば忽ちにして説明となり、若しくは説明をすらも要せざる、歴史の次々の飛び石であつたことを語るのである。

五

郷土研究の意味は、西洋諸国でいふ劃地調査法《レジオナリズム》と、此点に於て余程異つた所がある。彼は種族の混和に基づく文化の多元性を認め、地方毎に屢々系統の異なるものあることを推究するのであるが、我邦は南も北も遡れば却つて多くの一致を見、たゞ地形と中央からの距離の多少とによつて、其変遷の歩みに遅速あるを見出すのみである。個々の郷土は時を同じくして、同じ一つの道筋の上の各丁場を例示してゐる。去年一昨年の都市の流行が、今頃漸く小さな町に入つてゐる様に、島や山村の生活ぶりとても、無論改まつてはゐるが改まり方が遅く、多くは平野の人々の通つたあとを歩いて居るかの如き姿がある。比較の必要であることは、日本は彼よりも遥かに切であり、同時にその成績の大きなことも亦彼等の比ではないのである。

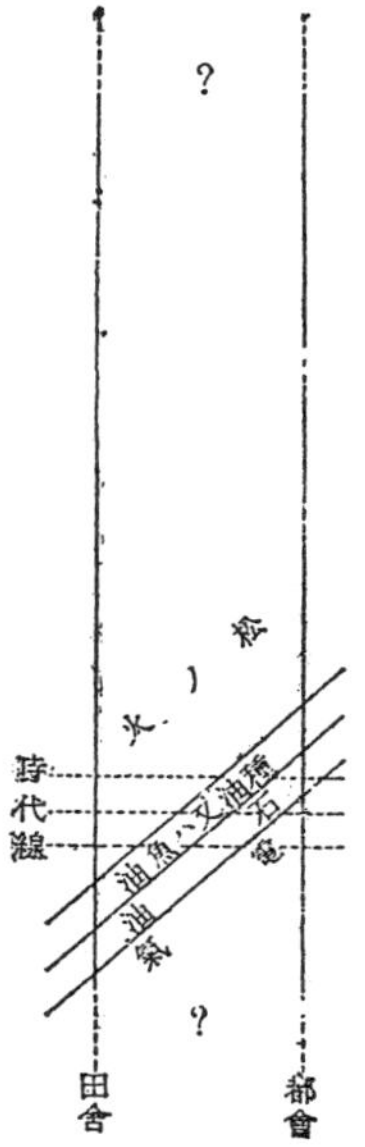

衣類の変遷などは近世に於て殊に、急激であつた故にこの方法は効を奏し易い。一つの旧家の古簞笥の中からでも、我々は書外の歴史の数十頁を読み得る。ましてや比較の方法を応用するとすれば、僅々十箇所か二十箇所の異なる郷土の事実によつてゞも、大凡は趣味流行と経済との相剋、もしくは利弊の岐れ目を会得して、今後の所謂生活改善に資することが出来る。住居の問題に就いても、人が平凡普通として省みず又は伝ふるに値せずとして、何等の記録をも遺さなかつた間に、実は莫大なる変化を遂げたのである。火とあかりの分散は無形の家の組織をさへかへた。灯火は「まだあの村はランプだ」といふことが、今日は古風残留の一目標になつてゐるが、是などはちやうど自分共の一生に殆ど全部の変遷を見て通つたのである。東京から十里余りの一山村では、十五六年前にもう電灯であつたが、多くの家には丸芯・五分芯・三分芯・竹ぼや・丸ぼやの遺物があつたのみならず、紙行灯もまだ壊れずにあつた。其行灯が此辺では既に甚だ近世のもので、老人達の幼時には松のヒデを焚いて居たといひ、現に石製のヒデ鉢といふ物が、屋敷の隅に転がつてゐるのを採集して来た。今ではもう何処にもそんなものは実用に供せぬといふのみで、灯火の歴史は大部分が此半世紀間に慌だしく展開したのである。古風な歴史家は何にでも横の劃期を企てるが、京都なら京都といふ一つの土地ですらも、そんな形には世の中は移らぬ。ましてや全国の隅と中央、果と果とを比べ

るならば、これは同時に又横の異同でもあり、従つてその周到なる比較によつて、大よそは今までの経過を立証し得るのである。

衣食住の様な平凡を極めた事物、三尺の童児の耳目にも触れるものでも此通りである。ましてやこれが隠れたる心の隈の働き、而も電気と行灯といふが如き、二者併存を許されざるものでない場合に、曾ては一般的であり、又永続して民人の生活に影響したものが、悉く維新と共に消滅した筈はないと同じく、一地二地の見聞のみによつて全国を推論し得ざることも明かである。是が自分等の計劃ある観察、及び正しくしてしかも新しき多くの採集の比較を、一層精密ならしめんことを祈る所以であつて、学徒は山椒魚の如く只大きな口をあけて、自然に流下するものを待つてばかり居つてはならぬと主張する根拠でもある。

狭い一国内の採集とても、今日はまだ伏羲氏が百草を嘗め試みて、始めて医薬あるを知つたといふやうな状態に在ることは事実である。やはり近世の土俗誌と同様に、盲滅法に何でもかでも、こいつは変つてゐると思ふものをかき集めて、問題は却つて其中から拾ひ出し、もしくはたゞ夢中で手帖だけを真黒にしてゐる者も無いとは言へぬ。仮に各人の生活から、最も適切なる疑問が続発するとしても、咄嗟にそれに答へ得ぬのは勿論、斯うして調べて行けば結局は明になつて行くだらうといふ方法をすらも指し示すことは難しい。茲でも相変らず知識と要求とは喰ひちがつてゐる。だから二つの民ゾク学の差は、類の異なりではなくたゞ五十歩百歩だといふことは出来るだらう。而もその五十歩が実は大変なのである。単純にいへば捜査区域の大小と、次には交通手段殊に言葉の難易である。他人の実測報告に信頼して、料理をした御馳走ばかり食はうとするならば格別、もしも自ら進んで我が疑を散じようとするだけの志があるならば、国内の学の方が遥かに功を奏しやすいのである。

六

最近僅かに二十何年、郷土研究といふ雑誌が地方の新事実を紹介し始めた頃から、襲ひかゝるやうな埋没の大勢と闘ひつゝ、全国の同志者即ち諸君等の先輩が、集めて記録してくれた材料は既に相応に多い。固より国の地図に照して見れば、まだ真白な地域は半以上もあるが、さういふ方面に向つて更に鋤鍬を入れてみようとする意気込は、今日はもう積極的になり、又頗る自主的にもなつて来た。たゞ面白いだの珍しいだのといふ語は、志ある採集者は寧ろ口にするを好まない。何の目的の為に民俗の資料を集めて行くかを、しつかりと意識してゐるだけでなく、多くは皆自分の研究の必要の為に内から迫られて事実を尋ねまはつてゐるのである。

素より斯ういふ場合にも土俗学と同じ様に、精密なる索引の利用を必要とする。世間を知らなければ無駄をする虞がある。以前同種の調査の既に備はつてゐるのも知らずに時を費し汗水を垂らすことは、何ぼ若い人にも笑止なことだ。どこ迄明かになつてゐるかを究めてから自分の実験に着手すべきが当然で、其為にはやはり文庫の準備を要するのは当り前だが、限りある一国の学問からいへば、これはさう大業な仕事でもない。言はゞ一種の機械的事務であつて、国なり公益団体なりで支持するならば、訳もない手数だつたのである。自分は比較的閑散の地位に在り、又印刷物類の手に入り易い便宜をもつてゐるので、四五年来志を起して自身で其索引に着手してゐる。語彙の五十音順のものも若干は拵へてみたが、是は資料増加の為には便でも、個々の問題の経過を知るには役立たない。もつと其利用を進めようとすれば、知識の現状を分類し系統づける方がよい。さういふ心持で既に公にしたものに、年中行事調査標目があり、又出版が中絶して居るが、婚姻史料・葬制史料等もある。何れも皆既出材料の整理であるが、誰でもこれだけの範囲に於て、苟くも自分の問題をもつて居る人ならば、予め此材料を一わたり目を通しておかぬと必ず馬鹿々々しい徒労に陥るだらうと云ふことだけは断言して少しも躊躇しない。今後の採集は、再び重複の結果しか得られない様な区域を避け、これを訂正するか又は其上へ更に積み重ねる努力に出でなければならぬといふことをかなりはつきりと私は宣明してゐるのである。私などの心づいた所では、信仰の行事でも、改まつた一生の儀式に伴ふ感覚でも、やはり亦卑近なる衣食住の例と同じく、遅れ先だつ地方の変遷は、概ね近世紀間に起つてゐる。さうして我国には地形の然らしむる所、まだ若干の未変化部分があるらしいのである。之を図に書いて見れば、前の照明方法の場合といくらも違はない。即ち大体に中間の「松の火時代」、又は「麻衣時代」ともいふべきものが、非常に久しく続いてゐたのである。此期間の永さと一般性とに思ひ及ぶ時、是が屢々特殊国とよばるゝ日本の今日ある社会相に、働きかけてゐた力の殊に大きかつたことを認めずには居られない。だから其部分を特に念入りに調べたいのである。古風な歴史家からいふと、是は鎌倉、南北朝、室町、江戸の三期四期の混合だと云ふかも知れない。併しそれは憚り乍ら私たちの与り知らぬ所で、何だか知らぬがよつぽど古い頃から、つい此頃の祖父又は親の代まで、数百年も又はその以上もずつと続いてゐたらしい生活振りがあり、それを我々は考へてみたいのである。素よりその中にも折々の小変化、譬へば文化の中心であり社会の上層であり、乃至は武士であり僧であるが為に違つたことをしたといふこともあらう。又この前代文化とてもやはり進化の産物である以上は尋ねたらそのもう一つ以前も必ずある。それも無限にゆかしいことはゆかしいが、其部分は又一段と方法が複雑になり、興味も亦万人向きでない。日本民俗学の役目としては、それをも包含しなければならぬだらうが、初期の不自由な学界に生れた御互ひとしては、第一次の目標をこの真中の尤も広漠たる区域に置き、主として日本人が今の様に変る迄、即ち「国民生活変遷誌」を以て、日本民俗学の別名の如く心得、其他は優秀篤志の人の手に委ねても、ちつとも相すまぬことはない様に私は思つてゐる。それなら何故にさう名乗つて、二つの民ゾク学の混乱を避けないか、といふ人があるかも知れぬが、それの出来ないわけは、方法が全く今ある生活変遷誌、即ち専ら文書に依るものと違ふからで、此混乱の懸念の方が、実質に関係するから却つて恐ろしいのである。

七

英国では我々の謂ふ英国民俗学、即ちフォクロアの学会が出来てからもう疾くに五十年は経過した。其間のあの国の学者たちの辛苦と成績とを知つてゐる者はことによるとお互ひの仕事をも見くびるかも知れぬ。そんなに楽々と何の問題にも資料があつて実験同様の採集が出来るものか。判らぬことは何時までもわからぬだらう。大きなことをいふなと嘲ける人が無いとも云へぬ。楽々と出来るとは私は決して言はない。たゞ出来ると言ふばかりである。英国では産業革命が前世紀初頭に完成し普通教育が実施せられてからも、既に日本の倍ほどの年処を経てゐる。隣国が近く、都府が大きく、小民の末に至るまで其生活の半分は国際的又工場的だ。その一つ一つが日本と異つてゐるだけでなく、其以上に我々は尚極力保持しなければならぬ前代の制度の、大きなものを幾つか持つて居る。新しくなりたいと念ずる傍に、まだまだ意識的にも古くからの伝統を大切に守り育てゝゐる。無意識に縁を断ち切り難いものは多々其他にある。そんなに安々と昔風が消えて堪るものかと云ひたい位である。問題は単に其分量の豊富だけではない。我々はそれを学び知らぬ前から、既に此環境に親しいのである。

天理教・大本教は、根本は婆さまの神がかりと託宣とを礎石とし、非常に古い〳〵民間信仰の一様式であるが、御互ひの中にその親族故旧の一人でも、是に関与してゐる者が絶無だといふ者がいくらあらうか。さうでなくても毎日の新聞を賑はす所の人の道とか生命の流とかの運動は、輸入でないのみか特発でもなく、悉くこれ国が日本国なるが故に、我々も是を学ぶの光栄を有するのではないか。全く知るまいとする方が寧ろ骨が折れる。問題はたゞ一に自己の疑ひに発するか、人に耳を引張つて聴かされるかの相異である。ところが西洋の社会差の乏しい国々では、何か古風の残留を見出す為には、たゞ田舎の片隅を旅して所謂バックワードメンバース即ち旧弊人を見つけて歩かねばならぬ。通例は田舎の小新聞の三面記事、といふ中でも警察又は区裁判所の小さな報導に目を留め、偶々日本でいへば行者とか狸憑きとかの噂に接すると、赤い圏点をつけて切抜いておくのみか、僅かの知合を手繰つてうるさい程聞合せの手紙を何本も飛ばす。それに丁寧に返事をくれる人も、幸にしてまあ彼処では多いのである。そんなことをしてゐたら際限がない程、我々の中には注意すべき事実があるのだが、余り豊富なのもよしあしで却つて平凡視して変つたことと迄は思はぬのである。もしも斯ういふ世の中に生れてゐたなら、彼のフォクロアの学問はあゝいふ形には展開しなかつたらう。彼等は自分から既に小さな成績にあきらめようとして居る。資料は無識者即ち文字を教へられぬ者の間にのみ在りと考へ、而もさういふ者をなくする教育をしてゐるのだから、多からう筈はない。さうして一方には時代相とか国民性とか伝統とかいふ論議はよく闘はされるのだが、是にはバックル以来の環境説、風土地勢や集合経済等の影響を説いて、未だ人自らの人に及ぼしたる影響に考へ及ばざることは丁度今日の人文地理学も同じやうな姿であつた。だから民俗学によつて解説し得るといふ問題も、勢ひ限定せられざるを得なかつたのである。例へば初期の基督教信者の人生観の徐々の変化とか、それと旧来の生活ぶりとの折合とか、何が改まり又何が尚固執せられたかの如き現代に近い問題は、今まで通りに文書のみの資料によつて多くの類推方法を認めた論究を続け、民俗学は単にそれよりももう一つ前のケルトやノルヂックの信仰呪術の、いとも幽かなものだけを説かうとしてゐる。是も非常に大きな功績で、此方法がもし発明せられなかつたら、今日流行の宗教史学などは、文化国には交渉なき学問であつたかもしれぬ。しかし斯ういふ風に問題を狭めて、それしか判らぬ学問である様な印象を与へたことは、何と考へても不利益な話であつた。さうして近頃もつと大いに拡張しようと云ふ様な相談の始まる頃には、資料は又一段と乏しくなつてゐるのである。

だから何がつまらぬといつても、この窮屈千万なる問題の限定まで、西洋の真似をしようといふ程つまらぬことはない。受売翻訳もことによりけりで、向ふが明白に後悔してゐることを、今頃踏襲するといふことがあるものでない。それよりも先づ根本の一つの方針が、どれ程まで今の我邦に適用し得られるかの、可能性を試むべきである。是に対する私たちの返答は或はまだ信じ得ない人もあらうが、可なりに弘い範囲にまで、多くの問題に答へ又近づいて行くことが出来るといふのであつた。

尤もこの場合の採集は考古学者などの表面採集、即ち眼の前に出現して自ら身の上話をするのを聴く様な、無技巧又は骨惜しみなものばかりではいけない。又は一部の学者がする様にたつた一つの特殊な事実に過分の証拠力をもたせ、それとは縁の乏しい遠方の、片端しか一致のない類例を括り付けて、直ぐに何等かの結論を下さうといふのだつたら、人を誤に導く危険が多いから、到底私には勧めることは出来ない。真相は屢々隠れてをり又仮装して居る。これを看究めるには幾つとなき比較を要し、又反覆した観察を要し、更に又過去の見聞の整理と、用意ある採集手段とを必要とする。実験は必ずしも顕微鏡乃至は試験管などの操作ではない。生態観測や天文気象等の、人力で作り得ない事実を知る人々はよく理解するであらう。実験といふのは素養ある者の、計劃あり予測ある観察のことである。是には忍耐と、疑を解かうとする熱情とを要するのである。

しかし結局は東西両国の事情を比べても判る様に、我々は採集期の遅速適不適といふことを考へずには居られぬのである。民俗学の学徒が今後採集し利用すべき資料に三つの資料が有ることは、嚮に公にした不完全な民間伝承論の中でも可なり詳しく述べてゐる。眼で見、写真に撮り、物で持つて来て並べ得る様な、表面に出てゐる事実ならば旅人にでも採集し得られる。同じ国語に育まれた者の間ならば、短期の滞在によつて方言の癖が判る限り、人が口頭を以て持伝へて居る諸種の言語芸術までは、異郷の寄寓者にも採集の出来ぬことはない。たゞ郷土人の心の中に動き、眼や挙動や肌膚の色光に幽かに動いては消え去る感情なり、又は其源になつてゐる平日の物の考へ方ばかりは、同郷人以外の感受性からは、屢々逸し去り又空しく過ぐることがあることを説いたのであるが、其点は今日でもまだ決して説を更へてゐない。たゞ第二段の説明として附加しなければならぬことは、右の三種の区分は他の条件の総て同一であつた場合に限るので、其条件を変更させる事情は、実際には却つて甚だ多いといふことである。

採集期の如きは明かにその一つである。時過ぎて果実の悉く地に墜ち、僅かに塵芥の中に朽ちたる種を拾ふといふ様な場合には、同郷人は却つて早く之を見きり易い。さうして英国などの様に、都府居住の好事家が眼を皿にして居ると、先づ之に気づくのである。この採集期は無論問題毎に遅速があるが、之を一般の状勢としても、地方により又は種族職業によつて、丁度収穫の頃合といふものがあるかと思ふ。麦や菜種の苅しほも同じ様に、早すぎてもやつぱりいけない。エスノグラフィー（土俗誌）の興隆は、寧ろ旅人と短期の淹留者の手によつて為し遂げられたので、一見私の謂ふ三種の採集の難易と矛盾するかの観はあるが、是は同郷人の自意識が未だ眼ざめず、狭い一つの島の内の作法や流儀を、四海共通の平々凡々事と心得て、問題にも何もならぬと信じてゐた為である。之に反して白人の暗い寒国に育つた者は、裸の生活は見るもの聞くものが皆珍しい。だからこんなことをと思ふこと迄書き立てゝ、御蔭で三百年来の資料は豊富を極めたのであるが、それも程度問題であつて、あの褐色の又は赤黒い皮膚の下に在るものは、尚十分にはわからなかつた。判らぬと書いた方が正直で、わかつたと云ふ者こそ危険であつた。ジョオージ・ブラウン師の如き親切なる長期の滞在者でも、尚接触する土人は身か心かの合の子のみが多く、所謂黒い心臓のとゞろきは今以て神秘であり、必ず之を確めんとすれば、永年の文庫の渉猟か、若くは計劃ある新たなる調査隊を要したのである。

日本の社会変化は源を遡れば吉備真備もしくは五山僧留学などの時代だつたかも知れず、現代の新世相とても、維新の政治革正を待たなかつた部分が幾らもあると思ふが、人が是を以て日常の通例と考へ、徐々たる氷河の流の如き推移に心づかなかつた間は、誰が後世の疑惑と誤解とに備へる為に、予め之を存録すべしと考へ出す者があらう。江戸時代の学者には「後は昔」などといつて、時代は変化するといふことに心づいた者はあつたが、是とても都府の学、都府が変つた如く全国もかはつたものとして、記録の偶然の史料まで引証する程の親切な人達が、其わりには地方の現実は顧みなかつたのである。総体から見て日本も二三十年前迄は、まだ実験に適しない国だつたと云へる。それが一方になほ古風に固着する家人村人と交りつゝ、その言動感情に何か歴史的の意味あることを心づく者の出て来たのは、或は日本だけの急激文化の特殊性だつたかも知れぬ。国の一致の為には或は多少の割引になるだらうが、それはもう事実だから致し方がない。而も現状を進めて行けば向ふ所は大よそわかつて居る。再び又西洋の老いたる国々の様に、自身其雰囲気の中に住みながら、是が外来思想であり是が国民史の産物であることを、はつきりと見別けることの出来ぬ時代、即ち苅しほ過ぎになつて了ふことゝ思ふ。この過渡期に生れたる優秀の若者、眼を閉ぢても尚新旧の反映を感ぜずには居られない同郷人は、言はゞ指定せられたる観測者である。苦しくても淋しくても、やはり勉強して自ら問ひ又自ら答へようとしなければならない。諸君は恐らく其人であらうと思ふ。

八

次に言はなければならぬのは、各人の郷土との関係である。採集の潮どきが国により又個々の問題に伴うてある如く、個々の地方にも亦今ならばといふ時があつて、其時にはまだ人を得なかつたといふこともあらう。今迄の学問は都会に偏し、都会は村落よりも早く採集期がすぎて了つた。学問と愛郷心とが此場合には屢々抵触する。生れ故郷のことを知つてこそ勉強の甲斐がある。よその為には働くも張合ひなしといふ気持の他に、外へ出てしまへば同郷人でも無くなつて採集が稍不便になる。まさか自分の土地のモダーンになつたことを悔む者もあるまいが、方言集などにはちとも方言でもない語を、しこたま拾ひ集めて自分の土地の方言集として公にした笑止千万な例も折々ある。この誤解の一つのもとは、郷土研究の語の履きちがへである。自分の土地ばかりの一つの歴史、割拠孤立した郷土知識が何かの価値あるやうに思ふ者が斯うする。我々の知りたいのは日本人の生活で、それには大した郷土的差異はないのである。寧ろ自分の土地だけでは解き得ない謎が、他所の比較に依つて始めて明かになるのが常である。是を郷土限りで調べようとする理由は、さうすることが比較的有効だからである。採集実験がし易いからである。東京に方言集は先づない如く、カッフェから民謡は先づ得られぬ如く、玆に自分の究めんとする資料が無ければ仕方がない。其次は出て求めるのが順序である。それだから此学問を止めるといふ理由はあり得ない。

其上に同郷人としての特殊能力、若しくは形勝の地位ともいふべきものは、取つて代られないものでは決してない。著しい例をいふならば、生地に住み続けた冷淡なるインテリ又は物慾や外部の刺衝に負け易い観察者よりは、親切な旅人の方が深い所まで物を観得る。又同じ問題を尋ねてみようとする場合にも、土地の不馴れな篤学者よりは、何度か同じ事項の少しづゝ違つた側面に触れ、又は考へて見たことのある外来人の方が力がある。書いた物なども一度問題に触れてからでないと中々とつくりとは腑に落ちぬものであるが、唯見たといふだけでなく、それによつて或種の刺戟を受けた者と、全く始めての人々との間には、三年や四年の滞在熟知に匹敵するだけの能力の差が見られる。たゞ出来ることならば近くの人親しい人、郷土人その者が経験し又は読書し感奮してくれゝば、鬼に金棒だと言ふばかりである。これを超えられない障碍物の如く思つてゐることは自他の損である。

私は玆に採集技術といふ語を試みに用ゐたが、必ずしもこれは卑近な又ずるい掛引のことではない。つまりは引くるめて或一つの素養が、採集殊に実験を目的とする我々の採集に欠くべからざるものだといふことを言ふ迄である。永い年月の間の失敗と成功、又は同志の事業に対する尊敬と批判などがこの修養の大部分を占めることは確かだが、尚その以外にも勘とかコツとかいふ、一寸口では説けないものが幾つかある。其中でも被採集者の人柄と気分、人はよくても折が悪いか、場合は適当だが話す人間が面白くないかは、丸々無価値といふ場合もないので、却つて見切りをつけるに骨が折れる。私は大よそ顔で判り、眼つきでわかるやうにも感じてゐるが、大体に少しく念入りな、やゝ敏捷な答をくれない人の方が、はき〳〵した者よりは頼もしい。女性の適任者といふべき人は大抵話をいやがるが、それでも年をとると私などの様に、是だけは是非とも語つて残して置きたいといふ時が来る。その頃になると存外によく教へてくれるのである。土地の故老の重んぜられるのは其為だが、其中にも男には若い頃政治などに携はり、覇気に富み優越感の逞しい者がまじつてゐる。警戒しないと嘘を報告する結果になるであらう。

斯ういふ小さいことは寧ろ座談会の話題に向いてゐるからいゝ加減に止める。私の言つて見たかつたのは、我郷土の既に採集期を過ぎた場合、そこに固執する必要は無いといふことだが、同時に採集期の過ぎたといふのも程度問題で、志ある採集者の修養次第、郷土の古風のやゝ埋没したものを掘り起すことを得るは勿論、旅人でも努力すれば郷土人を凌いで、例へば東京大阪といふが如き、物皆改まつたと見える大都府の内からでも、尚且つ先祖の田舎者が持伝へて放さなかつた多くの心意現象を見あらはすことが出来ると信じてゐるのである。問題の骨子は採集者が学徒であること、植木屋が草木をほり、蛇屋が蛇を捕へると異なつて、別な学問以外の目的をもたぬこと、出来るならば自分の疑ひを釈く為に、然らざれば多数同胞の共に知らんと希ふところを明かにする為に、改めてこの輝かしい帝国の、現在の社会相を観測し又捜査することである。斯くしてこそ学問には生命があり、又生命には興味があるであらう。

『日本民俗学研究』柳田国男編、昭和一〇年一二月五日、岩波書店

風位考資料 *

風位考資料

柳田国男

風　位　考

緒　言

日本各地の風の名を比較して行くといふことは、単に国語の歴史を明らかにする為だけでなく、同時にその言葉を携へてあるいた人たちの、以前の生活を知る上にも、かなり大きな暗示であると思ふ。私は杉山正世氏の事業が出来るだけ早くその予定の成績を挙げるやうに、又遠近の同志たちが、成るべくは興味と張合とを以て此採集を援助せらるゝやうに、二三今までに心附いて居たことを、拾ひ出して参考に供しようと思ふ。「風の称呼」の続稿の終結するを待たず、横合より口を出す非礼は宥されたい。或は此方が問題を大きくし、又幾分か捜索の労を省くやうな利益が有りはしまいかと思ふからで、私の調査がまだ多くの空隙をもつて居るのを見てもわかる如く、少しでも諸君将来の骨折を無用にする考は無く、寧ろ待兼ねて迎へに出たといふ心持である。

ヤ　マ　セ

そこで先づ話題を杉山君第一回の採集の中から見附けるが、風の称呼は通例主として海沿ひの地の住民のみに用ゐられ、僅か内陸に入るともう知らぬ者が多い故に、我も人も之を或地方限りの方言の如く、考へてかゝる傾きがあるけれども、実際は木の名や魚の名と同じく、たゞ「知られない日本語」といふだけであつて、従うて国語辞典に、もし之を脱落して居たならば、苦情を言つてもよいものであつた。例へば周桑郡のマジ・ヨウズ・アナジ・ヤマゼなどは、何れも其分布が至つて広く、中でもヤマジの如きは是がもし他の地方でヤマゼ又はヤマセといふものと同じならば、其領域は大よそ日本三分の二の海岸に及んで居る。さうしてヤマジとヤマセと同じといふことは、略々疑が無いやうである。他の府県のアナゼを瀬戸内海ではアナジ、同じくマゼをマジと謂ふのを見ると、シもセも恐らくは共に風のことで、即ち亦ハヤテ・オヒテなどのテと、コチのチと起原が一つであつたことを、推測せしめる手掛かりにもなるのである。

ヤマジといふ言葉は瀬戸内海以外に、日本海岸の北の方にも少しばかり行はれて居た。今は改まつて居るかも知らぬが、百五十年前の紀行には、出羽の酒田から由利郡にかけて其名があつた。其他の地方では大抵は、ヤマセである。此名称の最も大いなる特徴は、既に当地方に於ても徳田村田滝では西風をヤマジ、多賀村北条では東南風をヤマジ、楠河村楠ノ木では同じ風をヤマゼといふ如く、土地によつて丸で異なる風位に、同じ称呼を附与して居ることである。此理由は数多い例を調べて行くうちには、追々に解つて来るやうな気がするから、少し煩はしいが片端から列記して見ようと思ふ。

まづ最初に北海道の函館では、普通には東北風がヤマセであり、時としては東風をさういふこともある。海峡を南に渡つて青森県は一般に東から吹くのがヤマゼ、秋田県でも秋田市では東風のことだが、其周囲の南秋田郡では、北東北の風をヤマセと謂つて居る。それから南下して由利郡小佐川及び西田川郡小岩川では、共にヤマジといふのは北風のことであるが、二地の中間にある酒田港附近は、西南風のことをヤマジと謂ふさうであり、酒田の海上二十浬に在る飛島では、丑寅（東北）の風がヤマセである。越後越中はまだ不明であるが、佐渡島では東風をヤマセといふこと、曲亭馬琴の「烹雑の記」以来、今日も尚其通りである。加賀では金沢市と其周囲では東南風、其隣郡の松任に来ると東北風のことだといふ。

それから南の方はまだ一向に知られて居ないが、鳥取県の東部でヤマゼ及び島根県出雲でヤマセといふのは、何れも南風のことである。壱岐の島でもヤマゼといふのは冬季の南風で、きまつて北にまはり暴風になると言はれてゐる。そこで問題になるのは此風が好い風か悪い風かといふことであるが、是も土地によつてやはり一定して居らぬやうである。鳥取県と秋田県との二箇処では、ヤマゼは一名ダシとも謂つて居る。其他の土地ではダシとヤマセとは又別であつて、此事は尚折があつたら言はうと思ふが、ダシはつまり内地から吹出す風であり、或は出船を出す為に、さういふ名が生じたのでは無いかとも考へられて居る。勿論港の中から直接に其風を利用するわけでは無く、沖にさういふ雲行があるのを望んで、漕ぎ出して其風に乗るのであるから、航路によつては海岸と直角に陸から吹くダシは、不用であり又は有害である場合もあつた。北陸の多くの船着では、普通出船に好い風はアイであつて、ダシは寧ろ感心せぬ風のやうであるが、ヤマセも是と同様に、必ずしも常に航海に必要な所から、出来た称呼でもなかつたやうである。併し少なくとも北海道では出船の風、即ち別離の風であつた。

ヤマセ風、別れの風だよあきらめしやんせ、いつ又逢ふやら逢はぬやら

斯ういふ松前追分が、今でもよく歌はれて居る。クダリヤ

マセと謂つたのは稍北によつた東風で、上り即ち内地の方へ還つて行く船の追手であつたらしい。兎に角にヤマセは常に晴天の日の好ましい風であつたと見えて、虻田地方などでは上役の人の機嫌のよいことを、「けふはヤマセが吹くな」などと謂つたといふことである。

山形県の荘内地方では之に反して、ヤマセは嵐のことだと「荘内方言考」に出て居り、酒田を中心とする飽海郡の郡誌には、ヤマセは嵐、ヤマジは西南風と二つに分けて使つて居る。石川県の能登鹿島郡では、ヤマセとは山から吹く風だと云ひ、此風だけは「ヤマセがおりる」と謂つて、吹くとは謂はぬ者が多いと郡誌にはある。斯ういふ事実から考へると、ヤマセが土地によつて区々の方位を意味し、又好き風であり悪い風でもあつた理由は略々わかるので、即ち其言葉はたゞ「山の風」といふことに過ぎなかつたらしいのである。山は素より四周を取囲んでは居るが、其中でも孤山の特に秀でたもの、若くは谷筋の前面に立つものなどが、其地形によつておのづから地方の風位を決したので、それが又天候の予察の為に常に雲気を相し、もしくは海上安穏の祈願をかける霊山ともなつてゐたことは、越前の荒島山や、近江の伊吹山の例を推しても想像することが出来る。東京郊外の村々には、フジカタ又はフジミナミと称する西南風があつて、それが冬春の交の主風である。此名称は遠く千葉茨城の二県にも及び、下総香取郡などでは西南風をフジナライとさへ謂つて居る。ナライは通例北に寄つた風の名であるが、その強さとか寒さとかに似た点があると、全く方角のちがつた風にも亦此名が与へられるのである。是と同時に一方では東海の沿岸、たとへば遠江の見附浜松あたりでは、ちやうど正反対の東北の方から来る風を、富士の見えぬ村でもフジオロシと謂つて居る。多分は海上の富士が見える処で働く人たちから学んだ言葉であらうかと察せられる。ヤマセといふ風の名の区々の方位を意味したのも、起りは大よそ是と同じで、特に富士山ほどの顕著なる峰で無い為に、たゞ単純に「山の風」と謂つたばかりで、地方限りに其ヤマは一定して居たらしく、従うて山から吹く風なら、どの風でも皆ヤマセとは謂ふのではなかつた。それが又此語を或方角の名の如く解するに至つた原因であつて、終には現在のやうに一つの日本語でありながら、内容は土地によりて細かく相異し、何れも誤りでは無いといふやうな、妙な結果をさへ生じたのである。

伊予の海岸部のヤマジ又はヤマゼが、或村では東南風のことであり、又他の一村では西風を意味するといふ理由も、是で或は説明が附くかも知れぬが、私には別に尚一つの変化が想像せられ、それを考へて見るには殊に瀬戸内海の浦々を、調査して行くことが必要だと思ふのである。新居郡誌を見ると、ヤマヂは単に西南の方角の名であつて、風の名では無いやうに記してあるが、果してそれは全郡共通の事実であるかどうか。此点を最初に明らかにして見たい。私が直接備中の北木島で聴いて来たのは、あの辺のヤマジは周桑郡の二村と同じく、東南風のことであつて、此風が吹き出すと海が荒れて漁業が無く、甚だ好くない風だといふことであつた。爰は岡山県だが四国の山が眼の前に近いから、実際に飯ノ山又は剣山々彙の方より吹いて来る風といふ意味に、此言葉を用ゐ始めたのかも知らぬが、或はたゞ単に東南の風がヤマジだと、他処の人から学んだものかとも考へられる。それは結局する所此語がいつ頃から入つたか、若くは之を使ひ出した人の職業如何にもよることで、瀬戸内海だけでは一寸決しにくい問題であるが、もう少し広く他の地方の事実が集まつて来たら、段々にこの想像が確かめられる見込はある。太平洋岸の実例でいふと、北は青森県では一般に東風がヤマセであるが、是は岩木山から外の浜、若くは有名なる八甲田山より西、即ち津軽領の海岸だけに通用することで、東半分の旧南部領に於ては、海から来る東風をヤマセと謂ふのはをかしいわけである。だから山の風と解するのは、覚束ないといふ説も起るであらうが、其反対にはまだ積極的な証拠が無い。しかも言葉の最初の理由を考へなくなつてから、それを運んで来て使ふとすれば、斯ういふ変化は必ずしも有り得ないことで無い。近江の湖上でも古くからヤマセカゼといふ名称があつたが、「物類称呼」には単に春夏の風とあるのみで、どの方角から吹くとも記して無い。多分は備中北木島などと同じく、是も海が荒れて漁撈に不便な風であつたらうと思ふ。関東では下総の銚子附近、又は常陸の霞浦沿岸などは、ヤマセといふのは西南風のことで、大よそあの地方のフジカタと同じく、伊豆でも伊東附近で同じ風をヤマセといふのは、西南の天城連山から吹く風だから、是を山風と解して差支ないが、半島南端の下田港でも沖から来る風をヤマゼ、遠州小笠郡の一部でも西南風のことであるのは、既にヤマゼといふ風の方角がきまつてからの後の採用としか思はれぬのである。伊勢湾の内部に於ても、三河の幡豆郡や其対岸の知多半島では、西南にゼと謂つたのは不思議も無いやうだが、更に進出して志摩半島の和具村あたりまで、尚西南風をヤマゼと謂つたのは、即ち此語が其土地に自生したものでなかつたことを意味するのでは無いかと思ふ。熊野以西の海岸にも、ヤマゼといふ語の分布はあるが、或土地では西南風（紀伊日高郡）であり、又或土地では東南風（南牟婁郡）を謂つて居て、何れも山のある方から吹き下す風では無いのである。それだから瀬戸内海のヤマゼなども、事によるともう其方角が定まつてから後に、単にあちらの方から吹く風の名として、覚えたものでは無いかとも思ふのであるが、それにしては同じ周桑郡内の僅か離れた村で、全然ちがつた方角の風に此名を宛てゝ居るのが不思議である。此上は更に近傍の浦人に問ひ、更に進んでは九州及び阿波土佐などの、今まで知られて居らぬ地方を探る必要がある。さうしたら或は又新らしい解釈が成立ち、自分の仮定を改めなければならぬことにならうも知れぬ。

全体に語原即ち最初の意味などは不明なのが普通で、強ひて発見しようとすれば大抵はこじつけになるものだ。私は別にさういふ点に力を入れる気は無いが、たゞどうしてヤマセといふ類の語が、必要になり又普通になつたか。その理由だけは考へて見たいと思つて居る。風は我々の如何なる作業にも、少しづゝは助けを与へ、又一様に少しづゝは邪魔をして居るが、其の間には可なり厚薄の差等がある。農民が明日の計画の為に、今吹いて居らぬ風の噂をする場合が少なく、又別に色々の目標を持つて居るので、いつでも簡単に強い南風とか、寒い北風とかいふ有合せの言葉を使つて、特殊の用語を覚えようとしなかつた者が多い如く、同じく水の上に働く人の中でも、漁師と船方とは幾分か関心の度を異にし、帆を操る人々は殊に精密に、風の方位と性質とを心得て居る必要があつたかと思ふ。浜には古くから寄り物の採取といふ生業があつて、沖から来る風には始終注意をしなければならなかつたが、之と反対に内陸の方から吹出す風ならば、出船にも入船にも、一番気にかけた者は沖乗りの船頭等であつたらうと思ふ。日本海の側の各地のヤマセは、それぐの土地に就いて地図を見ればわかるやうに、何れも対岸の港をさして、渡海をする者には若干の便宜であり、此方へ向つて来る者には有難からぬ風である。それを話題にするやうな機会が、特に彼等と其問屋や馴染の者に多かつたことは想像せられる。さうすると一方太平洋の多くの海岸に於て、是を漁師が用ゐ又往々元の意味を忘れて使つて居ることも、不思議のやうであつて其実は不思議で無い。といふわけは日本で航海の発達したのが東廻りは遥かに西廻りよりも後であつたからである。日本海側は陸路の難儀、海岸線の危険及び幾つかの半島や岬の突出して居ることによつて、夙くから海を乗切る航路が開けて居た。風を頼りの洋上の経験は、此方面で蓄積したものであつた。義経記や山荘太夫などの昔物語にも見えて居るが、江戸期も中頃になる迄は津軽秋田は勿論のこと、奥南部の人たちまでが山を越えて北国街道を志し、途中処々此航路を利用して居たのであつた。下関を仲次にした九州四国路との取引なども、大部分は日本海を通つて来て居る。ヤマセといふ語がたゞ西南風の意味に、山とは関係も無しに用ゐられるやうになつたのは、何処が起りかは知らぬが、少なくとも後に学んだからであつた。それ故に斯んな小さな只一つの単語からでも、若し杉山君の如き根気で調べて行くならば、末には日本の海上交通史の、一つのよい史料を加へることになるかも知れぬ。私が特に瀬戸内海の「風の称呼」に、好奇の眼を耀かさずに居られぬのも、ちやうど此地方がある一つの文化推移の中間過程になるからで、之を具体的にいへば伊予の東部に於ても、まだ「山から吹く風」の心持でヤマセといふ語を使つて居るか、但しは又「新居郡誌」にあるやうに、単にある一つの方角だけをしか意味して居らぬか。即ちこの単語の成育状態が、幼少壮老の如何なる時期に在るかを知りたいからである。

結論は殆ど無いに近いが、是が自分の今抱いて居るヤマセ観である。尚許さるゝならば、此次にはアナジとマジとのことを少しばかり述べて見たい。

マゼ・マジ

今日までの採集では、この風の名は全然日本海の側には知られて居らぬ。太平洋岸でも九州には用ゐられず、唯僅かに大分県の臼杵に、東南風をコチマジといふ例があるが、是は四国と交通の多い港だから、対岸から移したものとも考へられる。主たる領域は四国一円と、其対岸の処々、東は伊豆の半島までゝ、明石の瀬戸あたりがマジとマゼとの堺であるらしい。

マジの区域では南風を意味する例が多く、例外は広島県の安佐郡で西南風又は西風、讃岐の直島でコチカゼと同じと、島村知章君の報告せられたのを珍しいと思つて居たが、更に驚くのは今回の報告中、同県綾歌郡の坂本村で、四隅の風を共にマジと謂つて居ることである。此地は多分農村であつて、船の操縦には用ゐなかつた為に、斯んな広い意味をもたせても不便を感じなかつたのであらうが、或は是が却つて古い頃の用法を暗示するのかも知れない。

マジはウマの方の風のことのやうに、唯何と無く以前から考へられて居るが、果してさうであつたか否かは、まだ本当には決して居らぬ。東海道の海岸では大体に西南風がマゼであつて、遠州の小笠郡大淵村、三河の幡豆郡の一部などが南風をマゼと謂つて居る。伊勢の度会郡から志摩と熊野、紀州は一帯に南風であるが、摂津の西宮辺は又西南風であり、それから土佐西端の中村附近も西南風がマジ又はマゼである。少なくとも此語を使ふ者が、午の風といふ心持をもつて使つて居なかつたことだけは察せられる。

南風に対しては別にハエといふ語があつて弘く用ゐられて居る。九州では南の風だけがハエで、方角には勿論ミナミといふのであるが、本来はハエが南を意味して居たらしく、沖縄三十六島は今もさうであつて、南風には通例ハエノカゼと謂ふのであつた。マジが若し単純に南の方から吹く風といふだけの意味ならば、新たに起るべき必要も、又その余地も無いわけである。諸君の協力によつて尚類例を集めて見たいと思ふが、実際ハエといふ風の名の行はれて居る区域は、九州と其周囲の諸島以外、大よそ又マジ・マゼの存する、全地積に及んで居るのである。即ち静岡県でも遠江御前崎附近は西南風の名にハエがあり、東端伊豆の伊東あたりでも、ハエ又はハマゾヒといふのは西南から吹く風のことで、方角だけから言へばマゼも異なる所は無いのである。

そこで考へられるのは、同じく南なり西南なりの風でも、尚二つ以上の語を設けて差別しなければならぬ必要が、屢々海上生活者にはあつたのでは無いかといふことである。たとへば季節や強弱がちがひ、又持続性も同じで無い南の風を、引くるめてハエと呼んで居ては、之によつて話を進め、予め計画を立てゝ之を利用し、若くは其害を避けることが出来なかつた故に、次々に名称の分化が行はれて来たのでは無かつたか。百五十年前の「物類称呼」を見ても、中国西国には早既にアラハエ・シラハエ・オシャバエ等の区別があつた。近年世に出た「平戸しるべ」といふ書にも、梅雨期に於ける黒色積雲のクロバエ滅し去りて、白色層雲のシラハエ現れ来るを以て梅雨明けの徴とすと謂つて居り、又東南風をコチバエ或はヂバエと称し、往々強烈なる颶風を伴なふことあつて、之をオシアナと謂ふともある。即ち我邦の気象の千差万別なる、時と土地とによつてハエにも定まつた内容は有り得なかつたのである。航海者にとつては帆走の便不便、漁民にあつては出洋の安全と危難、即ち大体に於て好い風と悪い風とだけは、名を分けて置かなければならなかつたのであるが、東の方の国々では、南風には荒きに過ぎるものが多く、従つてハエは概して好い風とは解せられて居なかつたやうである。

沖縄の神歌「おもろ」の中には、土地柄だけあつて風に関する記事は可なり多い。其中でハエノカゼはどういふ感覚を以て迎へられて居たか、もう一度細く読んで見る必要があるが、兎に角にあの方面では、それは交通に入用なる風であつた。ところが九州にもやゝ北の方に来ると、ハエは既に前述ぶる如く、悪い風の名にもなつて居り、本土も東海岸の処々に於ては、やはり亦感心せぬ風であつた。「物類称呼」には伊豆又は志州の鳥羽に於て、平戸と同様に梅雨初期の南風をクロハエ、同終期をシロハエと謂ひ、その半ば頃には又アラハエの名もあることを記して居る。「塩尻」の巻四十一には尾張の熱田で、暴風して雨降ることを、ハエと謂ふとある。私の想像では、斯うなつて来ると普通の南から吹く順風をも、同じくハエの語を以て言ひ現はすことが、次第に困難になつて来たらうと思ふがどうであらうか。兎に角に今後は風の名の採集には唯方角だけで無く、どういふ経験と感覚とを以て、人が此語を使用して居るかを聴取らなければなるまいと思ふ。

マジ又はマゼといふ風は、大体に於ては好い風として知られて居るらしい。勿論一々に就いて匡して見たのでは無いが、瀬戸内海の北木島などではかう言つて居た。東京に近い一二の海岸でも、マゼが吹いて漁が無いといふことは聞くが、航海には障るといふことは言はぬやうである。是がハエといふ語の古く存したにも拘らず、別に今一つの同じ方角の風を意味する語を、入用とした理由では無かつたらうか。今後採集の進むと共に、おのづから此仮定の正しいか否かを、決することが出来るだらうと思つて居る。そこでマジといふ語の起りであるが、私はたゞ此単語の歴史を明らかにする為に、出来るならば之を尋ねて見たいと思ふ程度で、別に熱心に「午の方」説と争はうともしないが、今でも全然意見が無いわけでは無い。其一つは木にマキがあり、虫鳥にマムシ・マトリがあつた如く、風の中での一番重要な、始終問題になつて居る風といふ意味に、マの字を冠したかといふことである。若しさうだとすると日本の航海術の進展して行つた方向も、大よそ之によつて察知せられるわけで、実際又此語の行はるゝ地域では、船の知識の輸入者は、ちやうどこのマジの風を、真帆に受けつゝ入つて来たやうに思はれる。第二の想像ではマゼは北海のアイノカゼと同じく、よい天気を意味する語では無かつたかといふことである。マ及びアハヒは本来は物の中間であつたけれども、我々は夙に之を転用して、其中間の長さ短さ等、即ち程あひ調子といふやうな無形の概念をも言ひ現はし、マがよいとかアハヒが悪いとか言つて居た。アハヒは後に塩梅・按排などゝいふ漢字と結びつけて、専ら人の健康などに限るやうになつたが、尚工場の人達が機械のアワイ、浜方の者が日和のアワイを説く実例は今でもある。それでこのマゼ・マジのマも、或は好い間を意味する風の名では無かつたかと思ふのである。此等は更に日本海のアイの風の条に於て、もう少し考へて見ようと思ふが、尚此外にも西部日本には、暴い風の名としてワイダといふ語もあるのである。

何にもせよ午の方の風だからマジだといふた説は、以前方角と風の名とが一つであつた例が多いところから、気軽に類推した説であつて、別に確かな根拠は無いのだから、今後意外なマジの例があつても、直ぐに誤謬とは言ひ切れない。三島正英の「伊豆七島風土細覧」に、伊豆の新島に於て北風をナラヒ、一名をマゼとも謂ふとあるのは其一つの例である。著者は飛驒の山奥の人で、親が此島に流されて居るのを孝養する為に、わざ〳〵渡つて行つて永い間住んで居た人である。他の島々の記事には又聴きを録したものも多いが、新島だけは直接の見聞であるから、是は略々信じてよいのである。果して今日でもまだ北風をマゼと謂ふかどうか。仮に其通りとすればたつた一つでも有力な資料である。

アナゼ・アナジ

アナジは昔から戌亥の風と解せられて居る。現在でも普通は其通りであるが、尚一つ〳〵の土地に就いて、変化を明らかにする必要が認められる。といふわけは備中の北木島で、私が聴いて来たのは確かに西北風であつたが、それから幾らも離れて居らぬ讚岐の小豆島では、アナジは東南の風だと報告せられて居る。是は或は誤りかと思ふと、最近に島村君の採集せられた同国直島の方言でも、やはり東南風がアナジとなつて居る。何か是には理由がなければならぬのである。黒川春村翁の「碩鼠漫筆」には、アナジに関する多くの文献を集めてあるが、其中に松永貞徳の「和歌分類」を引いて、アナジは戌亥の風、又説辰巳の風ともあるから、かたがた近世の思ひちがひでは無かつたのである。「出雲方言」といふ書は今手元にはないが、是にも西南風とあつたやうに私の手控へには出て居る。

アナゼといふ風の名は東北方面には知られて居ない。日本海側ではこの出雲辺が北の限りであるやうに思ふ。それから南に下つて九州の海岸は殆ど全部、瀬戸の内海では是が名物で、東は摂津の西宮にも及んで居る。但し後拾遺集の「あなし吹く瀬戸の汐合に船出して」といふ歌は、周防の大畠の瀬戸を詠じたものだらうと言はれて居る。太平洋の側では、天保十二年の土佐国人の漂流記に、漁民等アナゼといふ風に吹流されて、無人島に漂流したとあるから、爰でも辰巳に向つて吹く風を、アナジと謂つたことは明らかである（黒川氏）。紀州の日高郡にもアナデ又はアナゼがあつて、乾即ち西北より吹く風だと言つて居る。安永九年に出来た「常磐日記」といふ常陸の日記には、東国にて西北の風をアナゼといふとあるのは、どの地方の事実か明らかにし難いが、少なくとも八丈島では北又は西北の風をアナゼと謂つたことが、「八丈実記」には見えて居る。現在知られて居る分布は先づ是までゞ、大体に西の方から追々に広まり伝はつたことが推測せられるのである。

アナゼとアナジは内海以外でも入交つて用ゐられて居る。壱岐ではアナゼで西北風、対馬はアナジで東北風をいふと報ぜられて居るが、是までの差異は怪むに足りない。前に引用した「平戸しるべ」の中にも、平戸では北西風をアナゼと謂つて、冬季に多い風となつて居る。しかも初秋に吹く北アナゼは、アゴといふ魚の漁期に属するが故に、一に之をアゴキタとも謂ふとある。即ち季節によつて少しづゝの方角のかはりはあつても、尚之を一つの名で総称して居たらしいのである。それよりも解し難いのは東南風のアナジであるが、私は一つの仮定説を持つて居る。以前幸田露伴氏の集められた「水上語彙」に、ヲシヤナ、東南の風、西国の方言とあるのは、何に拠られたものか知らぬが、実際今でも其語を用ゐて居る土地が平戸ばかりでは無いのである。たとへば熊本県の玉名郡では、東南の風をオシアナ、長崎県の千々岩では西北風がアナゼ、是と相対する東南々風がオシアナである。オシアナのオシアナゼの略であることは想像してよからう。さうすると「物類称呼」に出て居るオシヤバエのオシヤも同じ語で、普通アナゼに続いてさういふ反対の風が吹いた故に、元共同の名を以て呼んで居たのが、或土地ではその後の方ばかりが独立して残つたのではあるまいか。気象には定めて古今の変化もあるまいから、是などは測候所の専門家に尋ねたら、容易に此仮定の当否を決し得るだらうと思ふ。

兎に角にアナシはあまり好い風では無かつたやうである。「類聚名物考」に引いてある拾玉集の歌に、

かねて知りぬあなしの風を思ふより心つくしの波路なりとは

といふのがある。是は船人では無いが、乗客に取つても海が荒れ船が揺れて、甚だ有難くない風だといふ評判が、京都の方にもあつたといふ証拠で、或は此風の名だけは、内陸の人達から始まつたか、さうで無ければ非常に早くから、即ち海を渡つて此国へ移住した記憶が、まだ残つて居た頃からの用語では無かつたかと思ふ。多くの学者が既に認めて居る如く、大和で有名な纏向の穴師山は、もと風の神を祭つた山であるらしい。延喜式の神名帳には和泉国の泉穴師神社を始めとし、伊賀の阿拝郡、伊勢の多気郡、若狭の遠敷郡などにも穴師神社があつて、其あるものは海を行く者が祭るべく、余りに国中に入込んで居る。船頭で無い人が風を禱るとすれば、吹かせて下さいと祈願した気づかひは無い。即ちアナシが悪い風であつたことは、是からでも推測することが出来るのである。前に引用した土師熊文の「常磐日記」には、アナジのアナは甚痛嘆歎を意味する古語であつて、船人のいたく悦びあへる風順也と言つて居るが、私も其説の前半だけは正しからうと思つて居る。

アナは昔から驚きの音であつたから、之を悦ぶ風と解することはむつかしい。つまりは予想せぬ風である故に、常に不安を抱いて神に禱ることになつたのである。大和の穴師山の地形を見た人は、あそこが風神の本拠であつた理由を、ほゞ想像することが出来ると思ふ。即ち真直ぐに通つた渓の突当り、二列の連丘とちやうど直角に、附近に秀でた大きな山があれば、山に吹当る色々の風が、多くは方向を転じて水筋に沿うて吹下す。是が大和国原に於て此山を風の源の如く、信ずるに至つた原因では無かつたか。是も其道の人の意見を徴すべき問題であるが、少なくとも越前の荒島山などは、其最も顕著なる一例であつた。荒島山のシマも亦風のことである。山に突当つて方向を変へる風のことを、昔も今も日本ではシ

マキと謂つて居る。通例其現象は島に於て多く起る故に、人は無造作に「島巻き」だらうと思つて居るが、是はシ即ち風とマキとの結合した語で、島とは関係が無かつたのである。アナシは必ずしも其シマキのみに限られて居たのではあるまいが、やはり屢々荒い風を吹起す山である故に、之を穴師の山と呼ぶことになり、或は又、

まきむくのあなしの山に雲ゐれば雨ぞ降るちふ帰りこわがせ

といふ歌の如く、山の雲の起居を見て天候を卜する習はしにもなつたことゝ察せられる。古く内海の航路に於て、兇しき神の住む処と言はれた吉備の穴済（アナノワタリ）も、恐らくは亦アナジの吹荒れるやうな地形の地であつたらうと思ふ。長門の古名を穴門（アナト）と謂つたのも、同じく此風を警戒すべき今の関門海峡のあたりから出た語だとすれば、後世九州などで専ら西北の風ばかりを、アナジ・アナゼと呼ぶに至つた原因も、稍説明が付くやうである。

ナライ・ナレエ

今度は一つ東部日本にばかり、行はれてゐる風の名を説いて見よう。ナライは殊に使用区域の狭い語であつて、東京湾などが中心のやうに考へられ、少なくとも中国四国から西の方では、自分はまだ耳にしたことはない。日本海側は山形の「飽海郡誌」にナラヒ東風とある一例を知るのみで、奥州に於ても宮城県登米郡と其周囲に、ナライ又はナレエカゼがあるが、それは西風と解せられて居り、其北に続いた気仙の浜手では東北風のことだと報ぜられる。双方何れかゞ誤りかも知れぬが、此以外には比較の材料はもう得られなかつたのである。

自分の今住んで居る東都西南の村里から、相模の海岸にかけての弘い地域では、ナライは一様に北から吹く風を意味して居る。但し真北といふよりも北がかつた風といふ位にただ漠然と用ゐられて居るのかとも感じられる。是は古くからのことゝ見えて、横浜の南に続く杉田の梅名所に、北風松と書いてナラヒマツと呼ぶ地名のあることは、百二十年前の「新編武蔵風土記稿」にも誌されてゐる。ちやうど今頃から春半ばまで折々吹く風で、特徴は寒いといふ点にあつた為か、船方で無い者もよく其名を知つて居る。東海道線の茅ケ崎駅近くにある小屋の留守番なども、今日はナレエが吹くから寒いなどゝよく言つた。出て見ると馬入川の川上の方から吹いて来る風であつた。千葉県でも銚子港附近の子守唄に、

さむい風だよならいの風はちよいと吹いても身にしみる

といふのが伝はつて居る。夏は少なくとも用ゐられなかつた語であらうと思ふ。

或は最初方角とは関係なしに何か他の理由で出来た名称であつたかも知れぬ。それで今少しく精密に、土地々々の用法を考へて見ると、先づ東京では隅田川の川舟などに、此語はよく知られて居るが西北風のことである（郷土会記録）。「物類称呼」には江戸で東北風をナラヒと謂ふとあるが、是は一名をツクバナラヒとも謂ふとある以上、特に筑波山の方から吹くのに限つたのである。さういふ例ならば下総の香取などでも、単にナライといふのは西北風であつて、別にフジナライと称する西南の風があるのである。此地方は一円に東京と同じく、西北風をナライといふ村が多い。即ち内湾に面した千葉市原の諸郡のみならず東は香取海上の二郡までも、すべて郡誌にはさう出て居り、たゞ南に偏した君津夷隅の二郡と安房半島とが、此風をナレア又はナラヤァと謂つて居る。天保年間に刊行せられた「利根川図志」には、此川筋に行はれた幾つかの風の名を録して居るが、是にもナライはやはり西北の風であつた。それから川を隔てゝ茨城県の南部でも、弘く同じ意味を以て此語が用ゐられ、北風には特にキタナラエの名がある。武相平野のナライなども、北とはいひつゝも幾分か西に寄つて居るかと考へられるから、必ずしも用法を異にして居ると迄は言はれぬのである。

ところが是が箱根の嶺を越えて、静岡県に入ると著しく変つて居る。東条操氏の採集せられた静岡県の各村方言は、此点に関しては確かに資料であるが、先づ東は富士山麓の駿東郡各地から、西は浜名湖の岸に沿うた農村まで、凡そ東海道の鉄路に接した部分は、八割近くまで東風がナライであつて、其他の二割ほどが東北の風だと謂ひ、安倍郡美和村のみはナライは寒風、庵原郡の両河内村（山間）では暴風、榛原郡金谷の町では、夏の終から秋にかけて吹く風だと言つて居る。「駿国雑志」巻一を見ると、東北の風、之を富士風といひ又ナラヒと謂ふとあるが、是は察する所府中（静岡市）附近の話で、邑里と丘陵などとの関係上、少しづゝの感じは違つたであらうが、東といふのも東北といふのも、結局は一つの風の名であらうと思ふ。それから伊豆の半島はどうなつて居るかといふと、是も大部分は駿遠と同様に、東又は東北の風がナライであるが、稍珍らしい例外は東海岸の網代村だけで北風をナライ、西海岸の松崎町外一村で、南風をナライといふことである。

ナライが南風になつて居る処は此外にはあまり聴いたことが無い。静岡県の警察官増田銀治氏の「全国方言集」には、愛知県では南風をナラヒカゼと謂ふとある。伝聞であつて必ずしも確実ならず、現に同県でも三河幡豆郡のナラエは東北風、「尾張知多郡誌」にも微東北風のことをいふとあるのだが、必ずしも、さういふ例もなかつたとは言はれない。現に天野翁の随筆「塩尻」巻四十一には、熱田の港に於て坤（西南）の風をナラヒと謂ふとあるのである。尤もこの土地は妙に風の名の内容が他と一致して居ない。たとへばコチと謂ふのは熱田では巽（東南）風のことであつた。是を参考にするには同時に其変化の理由を解説する必要があるのである。前にヤマゼやヤマジに就いても述べたやうに、風の名はいつでも方角にばかり基づいて附けられたものとも定まつて居ない。それと同時に最初の命名理由がどこ迄も記憶せられて居たものとも限らない。殊に舟人は何よりも風位を重んずるが故に、彼等が運搬者となつて遠方の土地に流伝した場合には、往々にして原義と懸離れた内容を持つことにもなるのであるが、このナライといふ一語だけは、他の多くの内陸の事物と同様に、未だ著しい海上の影響を受けて居ないらしく、それが此語の領域の一方に偏して居た、原因であり又結果では無かつたかと自分は思ふ。

言語地理学は余りにも物々しい言葉であるが、斯ういふ問題を論じようとする場合には、有つてもよい学問のやうにも考へられる。土著の住民が元からの用語を、容易に見棄てようとせぬ感情は、旅をし地図を検する人々にも、一部分は理解し得られる。多くの方言は其故郷の地に於ては、必ず隠れたる古根をさして居るのである。ヤマゼが山から直角に吹いて来る風であるに反して、連なる嶺々の側面と併行して、吹通る風がナラヒであつたことは、たとへ説明することは出来なくとも、心の底には何人も之を認めて居たやうである。現在の日本語には勿論さういふナラヒは無いが、並ぶといふ語もあれば習ふという語もあり、或はナゾへといふ形に分化して、今でも略々同じ意味に使つて居る土地もあるので、ナライは乃ち山並と同じ方向に、吹いて来る風であつたと解せられるのである。此の解釈の当を得て居るかどうかは、単なる文法論の詮議では決し難い。是ほど多数な区々な例と、申し合さざる一致がある以上は、地理の学問さへ此事実を証明してくれるならば、逆に前代に具はつて居た或言語現象を、推測することが許されるのである。私の今持つ知識では、伊豆の半島や尾張の海岸で南の風をナライといふのも、駿河遠江で東又は東北であるのも、さては山形県酒田の附近で東風に其名があるのも、共に曾て併行をナラフといふ動詞が、日本にあつた痕跡と見て差支無いと思ふが、果してそれが正しいか否か。之を決するものは将来の地理学と、未だ知られざる各地方の言語資料である。

今日わかつて居るナライの使用区域は、志州の和具を以て西の限りとして居るが、こゝではナライは東北風のことであつて、精確に其地形とは合はぬやうである。それから一方には伊豆の八丈島にナライを北風又は東北風とする特例がある。八丈の三根村では東北風をヒガシナラヒ、其対岸にある小島の宇津木村に於ては、東風のことをさう謂つて居る。是等は明白に海からの輸入であつて、島人が自ら附与したる名では無かつた。今から八十年ほど前の「八丈実記」には、当時の風の名が詳しく誌してあるが、正北をヒトツナラヒ、ヒトツは即ち磁石の算へ出しのことである。次には東風をヒラナラヒ、西北の風をカワムラナラヒ、若くはコアムラともカームラニシとも謂つて居る。河村は酒匂川の渓谷のこと、即ち箱根の連山を意味したかと思ふが、八丈の近海からは此嶺は見えない。従うて独立して此命名は出来ないのである。伊豆の新島でも百数十年前から、北風をナライ（一名マゼ）といふ方言があつたが、別に乾（西北）の風をシモサナライとも謂ふので、乃ち輸入であることを知るのである。下総ナラエといふ語は「上総国誌稿」にも見えて居て、東北の風だと書いてあるが、安房や東上総の人ならば西北の風をさう謂つたかも知れない。下総がどの方角にあるかも知らなかつた島の人が、斯ういふ語を使つたとすれば手製では無かつた。さうして凡そどの方面の船頭衆から、此語を学んだかといふことも想像し得られるのである。

イナサ・エナサ

イナサといふ風の名も関東に来てから、始めて私たちの耳にした語であるが、其分布は少しばかりナラヒよりも広いのは、多分は海上生活との交渉が多かつた為であらう。自分は少年の頃に利根川の岸の村に住んで居て、頗る印象深くこの新らしい語の内容を学んだ。此川筋では毎年の梅雨の前後に、イナサを問題にしなければならぬ事情があつた。此地方のイナサはナライとは丁度正反対に、海の方から吹いて来る温い風であつた。土地の故老の説明では、此風が上州越後の境の山に吹付けて、冬中降積んで居た雪を融かすので、それが直ちに利根川の大水になるのだと謂つて居た。それ故にイナサの吹く日数と強さとによつて、川増しの水の高さを推測して居たが、それが凡そは適中したやうであつた。或は又、イナサが吹くと頭痛がしていけないといふ人も多く、何にしても農村では悦ばぬ風であつたが、海で働く人には又別殊の消息を齎したかと思はれる。東京でも此風が屢々雨を伴なふのを嫌ふが、下総辺のやうには出水を気にして居なかつたやうである。

イナサの行はれて居る区域は「周桑郡郷土彙報」第二号に奥州南部領の浜方で巳の風を正イナサ、巳午の風をイナサミナミと唱へたとあるのが今まで知らなかつた北の限界であるが、是から南の気仙や牡鹿半島で、果してさう謂つて居るか否かは確で無いから、事によると陸上の輸入であつたかも知れぬのである。福島県では相馬と石城の二郡にイナサがあり、それから南に来ると茨城県を始として、一府七県の太平洋沿岸は、紀州の日高郡まで、殆ど間断なしに此語が行はれて居る。瀬戸内海ではたつた一つ、摂津の西ノ宮にイナサといふ語のあることが吉井良秀翁の「西宮昔噺」といふ書に見える。是が稍飛離れた西の堺の様に、実は今までは思つて居た、それが意外にも伊予の西南隅、東外海村にもあるといふのである（彙報第四号）。斯ういふ大なる悦びは採集に苦労した者でないと味はへない。

伊豆の七島では八丈の島にイナサがある。是は内地と同様に東南の風を意味し、別に東風をイナサゴチと謂つて居た。新島にもイナサはあるが、それはヨウズと同じで南風のことであると、「七島細覧」には記して居る。斯ういふ至つて少数の例外を除けば、イナサは何れの土地でも大抵は東南風であつた。伊勢の三重郡の櫓漕節といふ歌に、

お伊勢さがるは北のよの西よ、こちやいなさはもどり風

といふのが、文部省の「俚謡集」にも見えて居る。桑名四日市から神宮に参る海路は、北の様《やう》即ち北に寄つた西風を帆に受けて、大湊神社《かみやしろ》の諸港に向ひ、帰路は東風かイナサの風によつたのである。知多でも熱田でもイナサだけは関東諸国と同じく巽の方から吹く風であつた。

イナサを南風のことだと報じて居る地方は、茨城県では「稲敷郡方言集」があるが、是は或は誤植であらうも知れぬ。次には静岡県の富士郡と榛原郡に於て、イナサは正南から吹く潮風と謂ひ、又は単に沖から来る風のことゝ注して居る。伊豆の下田でもイナサは南、駿東郡の沼津でも南風をイナサ、又はナナミとも謂ふさうである。一つや二つの例では断定は勿論出来ぬが、ナナメ（斜）が方向の僅かな狂ひを意味することを考へると、少なくとも是はイナサといふ語が、時としては東南風であり、又時としては南風である理由を、解説する大切な鍵である。南をイナミといふ例は尾張の古知野、阿波の何れかの地方にもあつた。其他飛び／＼にまだ多くの地方でも聴くやうに思ふ。是はミナミの子音脱落として、簡単に片附けてしまふことの出来ぬ特殊なる現象であつて、地名に遺つて居る紀伊播磨の印南（インナミ）などと共に、其起原を考へて見なければならぬ問題であつた。

南をイナミといふ語がもし古くからあつたとすると、是と縁を引くのは海をウナといふ語である。宮良当壮君の「採訪南島語彙稿」を見ると、海は八重山群島の波照間島ではイナガタ、同石垣島の平得ではイナガ、与那国島ではウンナガ、小浜島ではインバタと謂つて居る。ウミも根原に於ては是と一つであらうが、別に複合形としてはウナといふ語が保存せられて居たのである。イナサは簡単に海の方から吹く風と、解して置くことも固より誤りで無いが、それが大体に於て海を南にする地域のみに行はれて居るのを見ると、尚此語の生成には方角の感じも伴なうて居たのである。四時の日の出と

月の入の算定によつて、東と西との正位が先づ定まると、次には其直角線の上に真南といふものが出て来る。それがマイナミであつて後にミナミに化したとしても、尚我々は古くからの習はしに由つて、漠然と之をイナミと呼ぶ事が出来たのではなかつたか。イナサは偶々此方位の風のみが顕著であつた故に、次第に其用法を制限したといふだけで、単語其ものには南の方からの風といふ以上に、余分の意味は具へて居らぬのでは無かつたか。斯ういふ稍大きな問題が之に由つて提出せられるのである。

何れにしてもイナサは海の風、丁度ヤマゼと対立してもよい風の名であつたが、起りが別である為か、此方は方角のやうに考へられ易かつた。「上総国誌稿」にかの地方の櫂歌として採録せられたものに、

イナサの沖から

雄鳥がじり〳〵

いれ込むところは　云々

といふ章句がある。此イナサの如きは風とは関係が無く、単に東南方の海の方からといふ意味かと思ふ。静岡県の低地部にも、イナサを風の名で同時に方角の名のやうに、使つて居る土地が少なくない。是がイナミといふ語の古くからあつて、不精確なる南方を意味して居た一つの証拠では無いかと私は思ふ。イナサといふ東部日本の主風が正南で無いことは、勿論夙くから人が心付いて居たであらうが、もう其頃には風の名が既に定まり、且つ之を改める力も無く、又其必要も無かつたのである。

尚此序を以て一言して置きたいことは、文庫の資料には幾度も改訂しなければならぬものがあるといふことである。自分の使用に供した多くの地方誌のうちで、「三重県南牟婁郡誌」の南輪内村の方言にイナサを東北風としヤマゼを東南風としたのは、顚倒であらうと思つて警戒して之を採らなかつた。出来ることならばもう一度土地に就いて、問ひあきらめて見る方がよかつたので、事実もし其通りならば、是は非常に大切なる特例である。次に千葉県では「長生郡郷土史」と「東葛飾郡誌」とが共にイナサを西北風だと記載して居る。是は二つあつても誤りであることは疑はぬが、何故に二郡までが一致して此誤謬に陥つたものか。其原因も尋ねて見るだけの興味はある。併し何れにしても書籍を資料として方言の研究をしようとするには、前以て誤植に引ずられて行くやうな、馬鹿げた失敗を避ける位の用意は持たなければならぬ。比較は其意味に於ても非常に必要なる作業である。

アイノカゼ

あいの強吹《こはぶき》ややませのもとだ、やませやくだりの種とな

る

あいのこは吹や山せのもとだ、山せつのれば雨となる

あいの強吹や山せのもとだ、嫁のこは口や出るもとだ

（山本修之助君「佐渡の民謡」より）

佐渡は島国だけあつて、風を詠じた歌謡が多く行はれてゐるが、右の三章の中では第一のものが元歌であつたらしく、早くから人に知られて居る。ヤマセは既に述べたやうに、此島では東又は東南風であつて、湊々の繫り船の帆を揚げて帰つて行く風であるが、やがては又転じてクダリ即ち南風に吹きかはれば、之を追手にして上の船は入つて来る。別れがあれば又逢ふこともあるといふことを、海の路に熟した人たちは、斯ういふ言葉でも言ひ現すことが出来たのである。

あいや山せに早上らせて、とのが下るを待つばかり

是は船方の歌ひ始めた幾分か皮肉な歌のやうである。俺たちは此風で帰つて行く。やがてクダリが吹いて、御前の好きな人の船が来るだらうといふことを、女の言葉を仮りて歌つたものかと思はれる。之に対する湊の女の歌も色々あつた。

あいもくだりも風の道は知らぬ、殿が下《しも》へ行きや待つばかり

あいが吹けとは言葉のつやだ、碇こぐまに風やかはれ

あいが三十日くだりが二十日、何と待ちましよ五十日を

アイは山本氏の註釈を見ると、北風ともあり又東北風ともある。察するに其特徴は船を遣るに便といふ点に在つて、必ずしも精確に一つの方位に限らなかつたのであらう。曲亭馬琴の「烹雑の記」は、佐渡の生活を記述した最古の書の一つであるが、其中には風の名を諳記する歌として、「北は真、丑あい、寅は中の手」といふ文句を載せて居る。丑の方即ち北北東風が此島ではアイであつたと言つてもよいのだが、実際はさう厳密にも用ゐられて居なかつたことは、アイが屢々ヤマセに転じて行つたといふのを見ても推量せられる。「物類称呼」などには北国の方言として、ヂアユ・マアユ・ヒトツアユなどの語を掲げて居るが、ヂアユは東北風で、地《ぢ》即ち内陸の方に寄つたもの、ヒトツアユの一つは子の一点、即ち正北の方から来る風であつた。マアユは丑の方とあるから、是が即ち真のアイであつたのである。

但しは佐渡は其地位から言つて、アイといふ風の名の発生地といふことは出来ぬ。島の西南側に繁昌した多くの泊の為には、アイは寧ろ心細い方の風であつたかも知れない。酒田秋田の方から登つて来る船などは、此風がよく吹けば通り過ぎてしまつたらうし、上《かみ》から来て掛かつて居る船は、いやでも出帆しなければならなかつたからである。

あいが吹かぬか荷が無うて来ぬか、たゞしや新潟《にがた》の川留か

といふ歌などは名吟であるが、是はよく知られた新潟といふ

語がある為に、佐渡の人々に親しみを有たれてゐるだけで、どうも此土地の産物では無さうに思はれる。或は越中の伏木か新湊、能登の宇出津《うしつ》か七尾あたりに出来たものを、船頭衆が持つて来て教へたのかも知れぬ。佐渡の島へは北の方の出羽や蝦夷地から、アイの風に乗つて荷を運んで来る船は少なかつたらうと思ふがどんなものであらうか。前代交通の歴史に通じた人に聴いて見たいものである。兎に角に此民謡の面白かつた点は「荷が無うて」と「にがたの」と、同じ語音を二度重ねたことで、是あるが為に此比較的遠い土地にでも起り得る歌であつた。又その新潟が遠方の地名である故に、殊に哀れにも感じられたのかと思つて居る。

それは閑話休題として、アイといふ風の起りはよほど古く、又其分布も元は今よりも更に弘かつたらしいことを、述べて置くのが私の目的であつた。最初は例によつてその現在の区域をいふと、畿内中国の舟人が土用中の北風を土用アイと謂つたといふことが、「物類称呼」の中には見えてゐるが、今までに集まつた彙報の報告の中には、まだ其痕跡は一つも見出されて居らぬやうである。太平洋側の殆ど只一つの例は、奥州南部領海岸の天保年間の調査書に、北北東風をアエシモと謂ふのが見えて居るさうだが、是とても果して同じ語であるか否か、もしくは住民一般の知識であるか否かも、確かとまでは言へない。其他の私の知つて居るものは全部が日本海側で、それも南は出雲までを限りとして居る。「出雲方言考」にはアイ東北風、漁夫舟子などの用ゐる語とあつて、「万葉集」巻十七に所謂安由之加是（アユノカゼ）を伝へたものか或は又蝦夷の方から吹いて来るといふ意味で、アイノ風かといふ両説を掲げて居るのを見ると、今でも此風だけは特に「の風」を下に附けて呼ぶ習はしがあるのであらう。是は何でも無いことのやうだが、行く〳〵或は一つの手掛かりにならぬとも限らぬから、注意して置く必要がある。故斎藤吉彦君が彙報（第五号）に報告したやうに、津軽でも西北風をアイノカジェと謂ふのみならず、北海道にも北からの風をアイノカゼといふ地方がある、それは多分函館辺であつたかと思ふ。此辺には津軽秋田の土語が幾らも入つて居るから、是も其一例であつたかも知れぬ。それから南へ下つて来ると、羽後の南秋田郡では北風をアイ又はアイノカゼ、同「河辺郡誌」にもアエノカジェは北風、さうかと思ふと「秋田方言」には此地方のアエノカジェは北西風だとある。羽前では「荘内方言考」に、北風又は西北風をアイノカゼ、「飽海郡誌」にもアイノカゼ西北風とあり、同郡飛島では早川君の「飛島図誌」に、アイノカゼは北風とあつて、何れも言ひ合せたやうに「の風」の語を添へて呼んでゐる。是に何等かの意味を持たせるとすれば、アイは本来コチやイナサの如く、風ばかりの名では無かつた為とも想像せられるのである。

次に問題となるのは、何故に土地によつて其方位が区々であつたかといふことであるが、是はヤマゼやナラヒに就いても既に述べたやうに、もと〳〵命名の理由が方位以外に在る以上は、当り前のことゝ言つてもよいのである。それだから「越佐方言集」や「石川県方言彙集」の如き、弘い地域を包括した記述の中に、たつた一つ二つの解を附したのは、寧ろ誤に人を導き易く、それを転載した辞書類は更に危険である。和訓栞の「あゆのかぜ」の条下に「今越前にては戌亥の風をあひの風と謂ふとぞ」とあるが、是などは「越前国名蹟考」に依れば、最初賀茂真淵翁がその著「万葉新採百首解」の中に、此国丹生郡新保村の何の貞好といふ人の説を援用したものを又引いたのであつた。越前でも丹生郡の海岸などは東北隅が山地で、沖の正面はやゝ西に寄つた北である故に、アイが乾の方から吹いて来る風であつたらうが、現に東に寄つた坂井郡金津辺では、今でも東北風をアイノカゼと謂つて居る。だから有名なる催馬楽の「道の口」の章、

道のくち武生の国府に我はありと、親には申したべ、心あひの風、さきんだちや

とあるアヒノカゼなどは、当時この南条郡地方に於ては、東北から吹く風を意味して居たのかも知れず、又さうで無くては親を西南の京なり津の国なりに、置いて来たといふ者の歌にはならぬのであつた。無用の説明だらうが此歌も元は遊行女児の作かと思はれる。今日でも「芝で生れて神田で育ち云々」といふ如く、身の流寓をかこちつゝ、素性をゆかしがらせるやうな歌を、よく彼等はうたふものである。

次に其隣の石川県に於ては、「方言彙集」にアイ又はアイケ東北風とあるのは、越前と接した江沼郡だけの例であつて、別に金沢でも松任でも、アイといふのは西北風のことである。能登の方は殊に区々であらうと思ふが、今自分の知つて居るのは鹿島郡だけである。此郡は海岸線の屈曲が多い故か、アイは村によつて東北風であり西北風であり、又東風である場合さへある。従うて爰では村毎に此風の名の内容を尋ねなければならぬのだが、仮に私の想像する如く、沖からまともに吹いて来る風がアイであり、東風をアイといふのが東灘方面の村々であるならば、それから類推して東風を安由之加是と謂つた、越中の国府附近の一千二百年前の方言も、別の言葉で無いことが判つて来るのである。アイノカゼが東風を意味した例は又越後国にもあつた。「越佐方言集」にはアイノカゼを次に述べんとするダシと同様に、東の風だと註して居る。ダシは慥かに此国では東風であるが、アイノカゼも之と同じといふことは不精確である。さういふ土地も或は有つたか知らぬが、さうで無い処も方々にある。其の著しい例は「越後名寄」巻一に、「アイの風北風」とあつて其下に、「子と丑との間にて、子に近き方より吹き来る風、夏の頃にて涼しき風

なり」と見えて居る。此書の著者は寺泊の人であるが、其附近一帯の事実を録したものであつた。それ故に之を引用したかと思はるゝ「佐渡方言集」、「越佐方言集」、之を孫引したらしき松井簡治氏の辞典には、共に「西蒲原にて暑中の北風を謂ふ」とあるのである。東風をアイといふ地方は、越後では西頸城郡だといふことであるが、是は自分にはまだ信用し難い。もう一度あの土地の人に就いて正さなければならぬと思つて居る。といふのは何れの地方でもアイは沖から吹いて来る風であるのに、糸魚川名立附近で東風だとすると、爰ばかりが山手の方から吹く風になるからである。

それで愈々大伴家持の安由之加是の問題になるのだが、越中でも大正八年に出た「富山県方言」には、アイ又はアイノカゼは北風だとある。併し是も単に採集地の関係に過ぎなかつたことは、大田栄太郎君の「富山市近在方言集」を見ればよく解る。即ちアエ・アイが北風であるのは上新川郡、即ち富山市の附近のみで、中新川郡上市に行けば西北風がアエノカゼ、下新川郡入善の附近は東北風がアエ又はアイである。それから「富山県方言」にも、

ミヤザキアイノカゼ　東北風
ノトアイノカゼ　西北風

の二つの語が出て居て、多分は是も富山市周囲の事実かと思はれるが、大田君の採集に依ると弘く県内に行はれて居るらしく、西礪波郡の津沢でもノトアエは西北風のことであるが、ミヤザキアエの方は東西の礪波に於て、東風を意味して居るさうである。アイの幾分か能登の鼻に寄つたものが、此地方では名を附けなければならぬ風であつた。宮崎は「源平盛衰記」にも出て居て人がよく知つて居る。ちやうど能登とは対立した越後との境の海角の名であつた。射水氷見あたりの海浜の村に住む者は、今から十二世紀前にも其方から吹いて来る風を、安由之加是と呼んで居た。その所謂俗語が相続して、今尚東風をミヤザキアイノカゼと謂つて居るものと想像することは、私にはさう無理とは思はれぬのである。日本全国を通じて、アユは必ずしも東風では無いことを、怪しむには及ばぬと私だけは考へて居る。

然らば何故に日本海岸の各地で、海から来る風をアイノカゼと謂ふことになつたらうか。是も遠からず事実を集めて行くうちに、判明することゝ思ふから、私は強ひて性急に解説を試みようとはしない。北国では夙くから、年魚《あゆ》の溯つて来る頃の風である故に、「年魚の風」と謂ふのであらうといふ説があつたが、当てずつぽうの甚だしきものであつた。現に「万葉集」巻十七の二詠は、長い方は五月の時鳥の鳴く頃の歌だが、短い方は正月二十九日に出来た歌である。現在のアイノカゼとても、別に若鮎の季節に限つて居るといふ話も無い。ほんの一二の土地の実際と照し合せて見れば、忽ちに暴

露すべき誤謬が、いつ迄も本から本へ受け継がれて居たといふのは情無い話であつた。私はそんな薄弱な仮定説などは、寧ろ初から立てぬ方がよいと思ふのだが、しかも今あるだけの事実からでも、一つの想像は浮ばぬことは無い。大体にアイは何れの土地でも好ましい風と認められて居る。万葉には「いたくし吹けば」と謂ひ、佐渡の民謡にもアイの強吹を詠じては居るが、それは却つて通例は程よく吹く風であつたことを意味するものと考へられる。因幡東部の海岸の村などでも、アイノカゼは東北風であるが、別にニシアイといふ名もあり、双方ともに好い風となつて居るさうである（橋浦泰雄君談）。それから考へて行くと、地《ぢ》アイといひ、真《ま》アイといひ、さては能登アイ宮崎アイと称へるなども、単に其方位が近接して居るといふ以上に、吹き方にもよく似た点があつたからかも知れない。毛詩の古訓に習々谷風を、ヤハラカナルアユノカゼと読ませて居るといふのも思ひ合すべきことであつた。越中の地方音で曾てアユと呼んで居たものが、後にアエとなりアイとなつた同じ語であるとすれば、先づ思ひ浮ぶのは「あえもの」などのアエである。是と意味に於て繋がつて居る饗宴などの饗の字も、標準語では波行に働いて居るが、土地によつては早くから其子音を脱落して居たのかも知れぬ。催馬楽の「心あひの風」は、又「俊頼集」の歌の中にも見えて、「心合ひ」といふ心持に遣はれて居るらしく思はれるが、是は最初の意味に稍疎くなつてから後のことで、此語は其以前から歌などには折ふし用ゐられて居たのでは無かつたか。たとへば「拾玉集」には、

　数ならぬ身のうき雲を吹きはらへ我を思はん心あゆの風

といふ歌などもあるので、必ずしも「心合ひ」といふ語によつて導かれた歌言葉で無いことが想像せられるのである。

文学語としてのアユ（アエル）は、既に明らかに其内容が萎縮して居る。今日の用法が局限せられて居ることによつて、以前も又遠い田舎にも、最初から此通りと推断することは出来ない。是も事によると前に述べたナライと同様に、曾ては盛んに用ゐられた動詞の一つであつたかも知れぬ。樹の実の落ちて来るのをアエルといふ語の如きは、歌文にこそ人望は無かつたが、所謂俗語としては京畿の地を始とし、今でも之を使用する者は甚だ多いのである。或は海が種々の珍しい物を打寄せることをも、アユ又はアエルといふ様な用語があつて、それを約束する風である故に、乃ちアユの風とは名け始めたのでは無かつたか。果して其想像が中つて居るとすれば、後日遠い国々の浮宝を、導いて来る風の名の如く、感ずるやうになつたのも順序があり、更に又「心あひの風」といふ歌言葉の、耳に快くくり返し用ゐらるゝに至つたのも自然だつたと言へる。何れにしても此風ばかりが、今も各地一致してアイノカゼと必ず風の字を附して呼ばれて居ることは無意味

では無かつたのである。尾張で県郡の名になつて居る年魚市《あゆち》潟《がた》なども、是までは殆ど不可解の地名と目せられたやうだが、アユチをアイの風の第二の言ひ現し方とすれば、乃ち亦あの地形とも合するやうに思ふ。沖からまともに吹く風ならば、どこの海岸でも皆吹くだらうと言ふ人もあるか知らぬが、年魚市の潟は遠近色々の対岸を持つて居る外に、潮流や水底の関係から殊に寄り物が多く、従うてそれを生活の資にする者が多く集まつて来た為に、取分けて之をアイノカゼの吹く海岸と、名けることになつたとも見られるのである。但し是は私の現在の仮定といふのみで、もし反対の事実が出て来れば、誰よりも先に私は改論するが、幸ひにして今後日本海以外の沿岸に於て、アイといふ語が尚行はるゝ例、殊にチとかテとかセとかいふ風を意味する語と、複合した例が見つかるならば、それは単にこの風の名の古く且つ弘く行はれたといふことだけで無く、更に現在は殆ど死語にならうとして居る一つの動詞、即ちアユ又はアエルといふ語の以前の意味を、もう一度復活して見ることも出来るであらうと思ふのである。

ワイダ

コチやイナサの終りの一音節が、風を意味する添附語であるならば、尾張で潟の名として用ゐられて居るアユチなども、「アユの風」の地方的変化であつたかも知れぬと共に、もう少し同じ例が他にも有つてよい。何処かに有りさうなものだと私は捜して居る。最初に気が附くのは「静岡県方言辞典」に「アイザー、東から吹く暴風」とあることである。此方言集の欠点はあれだけの広い県で、単語の使用区域を掲げず、伊豆の浜だか遠州の山奥で行はれて居るのだか、明らかにしてないことであるが、私が尋ねて見た所では、此語は最も愛知県から遠い富士郡より以外には、まだ採集せられたことが無いやうである。東条氏の集録では同郡吉永村に於て北東の風を謂ふ例もあるが、「富士郡誌」には「アイザー、東南の嵐」とあつて、兎に角に悪い風であるらしい。

是と最も近いのは、紀州の日高郡のアイデ、森彦太郎氏の「南紀土俗資料」に「稲作に有害な風」とあり、「和歌山県誌」にも亦さう出て居る。同郡松原村などで東北の強風をワイタカゼと謂ふと、同じ森君が「郷土研究」（一ノ一二）に報じて居るのも、多分一つのものであらうと思ふが、「土俗資料」には之を別々に掲げて、此方は「東北よりする暴風」と説明し、一方のアイデはアナゼ即ち西北風のことかといふ人の説を採つて居る。もう一度突留めて見なければ、この異同はまだ断言することは出来ぬ。

アイザ又はアイデといふ風の名は、もう此他には聴いて居らぬに反して、ワイタといふ風は可なり広く分布して居る。

たとへば同じ紀州でも、田辺では東の烈風を謂ふと雑賀君が「方言と土俗」（七）に報告し、又この彙報の採録中にも淡路の岩屋ではワイタは東北風、主として雨天の時に吹くといひ、讃岐の粟島村に於ても、ワイダは夏季驟雨に伴なふ一時的強風だと記されて居る。阿波の某地方では旋風をワイタカゼといふと私の手帖にあるが、是はたしか広島高師生の採集帖にあつた。金沢治君の方言集の中には、まだ載つて居ないやうである。土佐も東寄りの和食浦では、東北風がワイタであるさうだが、幡多の方はどうなつて居るだらうか。最近に桜田勝徳君が聞いて来た所では、伊予の西南海上の戸島などは、北西の俄風がワイタだといふことである。九州の東岸は僅かに日向の細島に、ウヱダといふ一つの例がある。是は八九月の交、北々東から吹いて来る風で或は阿波の鳴門より涌き起る風だといふ人もあるさうだが、長崎の附近に在つてはワイタは即ち北東の風であり、遥か南に進んで七島の宝島などでは、ヴェーダは西北の風のことだといふ（敷根正治君報）。

ワイダが方角の名で無いことは、もう是だけの例からでも明らかだと言つてよからう。大体に各処とも外海から来る風で、此点はアイに近いとも見られる。船の操作の利不利は大きな違であるが、寄り物の多いといふことがアユの語の本の意だつたとすれば、或はアイザが元で、ワイダが後の変化と考へられぬことも無い。ハエといふ南の風などは、内陸に来てから殆ど其語感を一変して居ることは、前にも述べた通りである。是もワイダになつて行つた頃から、次第に有難くない性質の方ばかりに、人の注意が傾くやうになつたかも知れぬのである。

併し是はアユノカゼといふ古語の片割れが、必ず何処かに残つて居なければならぬといふ推測から出発したもので、別に今一つの仮定を容れる余地は確かに有る。勿論今後沢山の類例の比較に待たなければならぬが、今でも私はこの証明は困難であらうと思つて居る。ヴェーダ、ワイダが若しアイザから改まつたものでなく、却つてワイダがアイザを派生せしめたものだとすると、其起りはどういふ所に在つたらうか。是を詳かにする為には先づ季節といふことを、将来の採集計画に入れて見たいと思ふ。紀州の報告にアイデを稲作に害ある風と謂ひ、日向島のウェタが八九月の頃に吹き来るといふのは、注意を要する点である。京都の歌に詠まれて居たノワキといふ風は、今では野の草を分けて吹くからと解して、それで成程といふことになつて居るが、実は所謂二百十日の頃の暴風に限つて、さう呼ぶべき理由には少し足りなかつたのである。是はやはりワクといふ動詞が「分」といふ漢字を宛てられる以前に、今よりも一段と其内容が充実して居つて、たとへば立ち重なる雲の間から、突如として強い風の吹いて来るといふ現象までを、其一語を以て言ひ表はすことを得たのではあるまいか。私は一向に古文辞の註釈には不調査だが、「天の叢雲をいづのちわきにちわきて」といふことを、道別けだと言つて聴かせて貰つただけでは、まださうですかといふことも出来ない。イヅノチワキとはそも何であるか。何が叢雲をチワイたのであるか。もしも此「チ」を以て実は風のことだといふことになるならば、ワイタといふ風の名も由つて来る所が有るといへるのである。即ちワイダはワキカゼだとも考へられぬことは無いのである。

タマカゼ（一）

風は隠れて之を吹かしめる者があるといふことを、信ずる人々が近頃まであつた。多分はあの間歇を以て、巨霊の溜息の如くに想像するのが自然であつたからであらう。日本海の側では越前三国の港外にある東尋坊が、もとは悪い風の名であつた。旧暦四月八日の前後に吹く暴風で、しば〳〵船を覆へし浜を荒らした故に、後には此日欺き殺された怪力の悪僧の恨みといふ伝説が起り、海に臨んだ好景勝の地が、あたら其遺跡として語り伝へられて居る。奥州にまでもその語りごとは流布したと見えて、「吾妻昔物語」には東仙坊生ひ立ちの寺の話さへある。しかも其根本の悪霊が風を吹起すといふ思想は、感冒をカゼといふ習はしと伴なうて、船をもそこなひ又人をも煩はせて居た例が多いのである。

斯ういふ俗信の弘く行はるゝ動機は、毎年大よそ同じ季節に、同じやうな悪い風が吹くことで、年を暦の単位とする知識は、言はゞ此様な経験に養はれたのであつた。死んだ人を哀悼するのにこの週期を用ゐたことなども、暴風には限らぬだらうが、色々の天然の変化が、太陽の運行に伴なうて、略々規則的に繰返されるのを、其頃世を去つた者と関係が有るやうに、考へて居たのが元であつたかと思ふ。ところが人は如何なる日にも死ぬ。自分たちの身内の者は素より、さうで無くとも其忌日のわかつて居る者は供養をするから仏道の力で救済することも出来たが、海上の生活には無縁の亡魂が多かつた。さういふ迷うて行き処の無い者の魂のみが、特に人間に対して害をすると怖れられるやうになつて、風の名なども変らなければならなかつたのである。故にワイダが若し八月九月頃の、定期の暴風に限らぬ土地もあつたとしても、それはたゞ仏教の影響に基づく霊魂観念の、何段かの変遷の結果とも考へられるのである。

早川孝太郎君の「飛島図誌」を見ると、羽後の海上にはタマカゼと謂ふ西北風があつて、悪い風だといふことである。西北方はこの飛島などでは、最も用の無い方角だから、或はそちらの風の全部をタマカゼと謂つてもよいか知らぬが、他の多くの地方には西北風も使つて居る処がある。だから其方角の、特に船のためによくない風だけを、タマといふのであらうと私は想像する。秋田県の男鹿半島の外角に在る戸賀(外男鹿の意)などは、ほゞ西北に向つて入船を待つ港であるのに、やはりタバカゼは西北の悪い風だと謂つて居る。タマもしくはタバが、「悪い」を意味するものと想像するの他は無かつたのである。

同じ風の名はまだ弘い区域に行はれて居るらしい。例へば「荘内方言考」にはタバカゼ、戌亥の風とある。佐渡でも西北風をタバと謂ふことは「相川町誌」に見え、又古くから伝はる風の名を諳記する歌にも、

酉マニシ　戌はシモニシ　亥タバカゼ　云々

とあるから、亥即ち西北北の方から吹いて来る風がタバカゼであつた。馬琴の「烹雑の記」には此風の名を挙げて、「東蝦夷夜話」にも此語が有ると言つて居るが、今の北海道の何れの海岸に於て、タバカゼを知つて居るのか私にはまだ突留められない。或一つの採集帖には函館附近で、西北風をクマカゼといふと教へてくれたものがあつたが、是が事によるとタマカゼの誤写かも知れぬ。前に橘正一氏が紹介した南部領の天保頃の旧記には、閉伊の海岸にも亥の風をタマハ、戌の風をニシタマといふ二つの語を記載して居るが、是が日本海と同様に西北風のことだとあるのを見て、私は頗る心許無く思ふ。既にアイノカゼに就いても疑を抱いたことであつたが、或は出羽北陸方面で航海の業に携はつて居た者の、たまく此地に来て言説する所を筆記したのでは無かつたか。兎に角第二第三の旁例を捉へた上で無いと、容易に援用すべからざる記述である。尤もさういふ語は私の方に無いといふだけの或土地人の言を以て、直ちに反対の証拠とするわけには行かない。単に偶然の自分だけの無知を以て、一つの地方事実の如く認めしめようとする癖は何処にも有る。だから是非とも知つて居りさうな人に就いて、くり返し採集を試みる必要もあらうが、たゞ幾ら文書になつて居るものでも、是だけはまだ確かとは言へない。

しかも太平洋の海上に於て、西北即ち内陸の山手から吹く風をタマカゼといふことも、絶対に無いとまでは断言するわけに行かぬ。仮に此名が悪霊の吹かす風といふ意味であらうとも、久しくそれを知つて西北を魂風の吹く方角と思ひ込んだ者が、後に此地方に来て住まぬとも限らぬからである。ただ私の注意して居るのは、日本海上に於てタマカゼは常に西北であり、それが又略々一様に、最も交通の少い空漠の水であつたことである。仏教で浄土を西方と観じた様に、南太平洋の島々でも我が住む島以外に、何れの方角かに死者の行く処を想像して居る例は多い。さうして其方角には何か一定の理由があつたらしいのである。学者によつては之を移住以前の故郷であつたらうと言ひ、又は実在の島の記憶であらうと

も言つて居る。後の方の説は其誤りを正すことも可能であるが、前説は可なり判定がむづかしく、しかも重大なる推論に導いて行かれる危険がある。だから此以外にも尚一つ、近世に入つて漸くわかりかけて来た天然の事実、即ち嵐の吹き起る方角といふものが、土地によつて大体きまつて居て、それを亡魂の集まつて住む処と、思つて居たかも知れぬといふことを、仮想して置く必要があるのである。タマカゼが西北の風である地域は相応に広い。九州中国のアナゼなども、やはり亦西北が普通である。もし此アナゼが驚駭の風を意味したならば、之をおぢ畏れた事由もその船舶漁撈に及ぼす実害以上に、更に其背後の目に見えぬ作為者の、憤怒といふことを想像したのかも知れぬ。前代日本人が西北の方を気遣つたことは、独り歴史上の実験ばかりとは言へない。家の八方では乾の隅が特に不安であつて、今も昔の通り榎などを栽ゑて之を厭勝したことは、曾て私も少しばかり「民族」に述べて置いた。従うて東北を畏れる支那の鬼門説なども、或は気象で説明し得るものかも知れない。

タマカゼ　（二）

　初めてタマカゼと云ふ名称に気が附いたのは、早川孝太郎君の「羽後飛島図誌」の採集の中からである。斯様に名前は美しいのに反して、島では最も怖るべき風とされて居る点を珍らしく思つた。其後気を附けて居ると、タマカゼと云ふ名称は、北部日本海岸のほゞ全体に亘つて、同じ内容を以つて行はれて居る事実がわかつて来たのである。今度方言研究会で作つた表で見ると、富山が分布の下端となつてゐるが、自分の漠然たる記憶では石川、福井の二県、大体敦賀の辺までをも含んで居ようかと思ふ。今後此方面に於ける採集報告に注意すべきである。南はほゞ此辺までが限度で、より以南には行はれて居ない。北の二つの半島を巡つて太平洋岸に此名の行はれてゐる理由は、既にアイノカゼの場合にも想像した様に、これは稍後の時代に於ける運搬であつたらしい。全体に太平洋運搬の歴史は新しい。河村瑞賢の頃から漸く日本海岸の土崎、能代、深浦、十三潟などに寄港する船舶が東に廻るやうになつたのである。それ故、南部地方に於て津軽秋田の風名を踏襲してゐるのも不思議ではないのである。

　その他の区域に於て、風名の分布上注意せねばならぬのは、アナジのある処にはタマカゼが無いと云ふ事実である。アナジを使つてゐる地方は日本の海岸線の三分の二までを占めてゐる。元来、アナジとタマカゼとは同じく西北から吹く悪い風を意味する言葉であつて、どちらか一方あれば用が足りたのである。

　佐渡越後などでは、タバとなつて居る。元来、これはタマと同じもので、mとbとの音韻の変化は、日本では極く普通の事実である。たとへば、現に自分の居る此の辺では玉川であり、青梅の奥では是が丹波川となつて、二つが決して別物でなかつたことを示して居る。

要するにタマとタバは同じ風の名である。さうして、これはどの地方でも船頭の怖れる悪い風になつて居る。恐らく出し抜けに強く吹くからであらう。同じ悪い風と言つても、二種類ある。一つは航海に用の無い風である。西北風などは其一つで、アナジに乗つて来るなどゝ言ふことは無いことである。今一つは不意に吹く風で、タマカゼの怖ろしがられたのは此故であらう。

四五年前のことであるが、自分が富山へ旅行した帰途に松本の「話をきく会」で、バイダマとタマカゼに関する話をしたことがある。胡桃沢勘内君の筆記されたものが謄写版になつて居ると思ふが、此話の内容は、越中滑川の金森君から聞いたものが主である。金森君の報告には、タわカツと書いて居るが、あれはあの地方ではタバカゼと言つても通ずる。バイダマと言ふ風は、秋の末か冬のかゝりに吹く風だつたと記憶してゐる。土地では丁度バイと云ふ貝のとれる時に吹き出す風と言つて居る。バイは田螺に似た形をして、稍大きく、黄色味を帯びて美しい貝で、味も美味である。此貝の上の端を五分の一ほど切つて穴をあけ、蠟を中に詰めて、所謂バイゴマを作る。自分が子供の頃は中国地方でまだバイゴマを売つて居た。バイと云ふ貝は磯に居なくて、沖の暗礁に居る。其獲り方も其時聞いたのであるが、今はよく憶えて居ない、何でも笊を沈めて置いて、それに入つたのを引上げるのであつたと記憶する。

或る年、滑川の者がバイ採りに沖に出てゐて南の突風に遭ひ、難船したことがあつた。それから此かた、毎年バイの採れる季節になると、此風が吹くので、あの辺ではこれをバイダマと言つて居るのださうな。

これは意味のあることだと、自分は思つて居る。手短かに言へば、タマは霊魂のことで、タマカゼは悪霊の吹かせる風と言ふ意味らしい。

同じやうな話に千葉県の手賀沼では万太郎風といふ風がある。万太郎といふ男が或時沼に舟を出し、風に遭つて沈んでから、此地方では其の風を万太郎風と呼んでゐる。斯う云ふ類の伝説があると、勿論風そのものも悪い風である上に、其の聯想が与へる怖ろしさも働いてゐたに相違なく、バイダマの場合も遭難の事実があつたものと見てよいであらう。

これらは悪風に遭つて沈んだと言ふ伝への場合であるが、また悪霊が風に化したとか、悪霊が風を吹かすと伝へてゐる話も多い。越前三国港の近くにある東尋坊は、昔東尋坊といふ悪僧を詐つて酒に酔はし、此崖から突き落したといふ伝説がある。「吾妻昔物語」には、東尋坊はもと南部領に居た悪僧で、あまり乱暴をしてならなかつたので三国の方へ追払はれて行つたとも記してゐる。今、伝説は、崖が高いので崖の名に結び附いて、突き落した云々の部分ばかりを説くやうになつたが、もとは此怨念で旧暦四月頃になるとトウジンボーと云ふ風が吹くといふ、風の名に関する伝説があつたのである。バイダマや万太郎風の様に、その風で命を堕したといふよりも、斯様に非業の死を遂げた者があり、其から初めて悪風が起つたと伝へてゐる方が寧ろ普通である。一般には生前にきつかつた人が殺されると、その魂が虫になつたとか、また疫病を流行らしたといふ言ひ伝へがあるが、これが海岸地方では主として風になつてゐることが多いのである。例へば鯨や、胡獱《とど》を殺した祟りで海が荒れたといふ言ひ伝へが尠なくない。悪霊が悪い風を吹かすといふ例は多く、「人神考」の一節として書かうと思つてゐた。

問題はタマカゼであるが、これがアナジと共に大体常に西北風であつたことには意味がある。何れも悪風で、「アナジに遭つた」といふことは、難船の同意語である。古典に見えるまきむくのあなしもたゞ祈る丈でなく、悪い風が吹いてくれるなといふ祈りを意味したものと考へられる。これを大和、和泉などで祀つて居るのは、勿論農民であつて、農民にとつては特に吹いて欲しいと思ふ風は無いのであつて、風害を防ぐことが目的であつた筈である。此点、雨師神に対してよき降雨を祈るのとは違ふ。竜田広瀬の両社なども、其方角は都から西北に当る処であり、大和で風神を祀つた理由が西北から吹く悪風の害を防ぐ為であつたことは、ほゞ疑ない。これは、日本と云ふ国が西北から悪風を受けなければ起る事でない。此現象は勿論今に至るまで変らないのであらうから、今日これを気象学的に証明出来る問題と言つてよいであらう。さうすれば、信仰とか迷信とかはもと無から発生するものでなく、さもあるべしと言ふ根拠があつた故に発生したのであることを証明することが出来よう。

今一つの原因は、此島の害敵が常にあの方面からしか来ないといふ聯想があつた。元来、支那から輸入せられた方位説では、艮を鬼門として居る為に、書物の上では此方角の避くべきことを説きながら、我々の実際の生活では乾を恐れて来た。これも長い歴史をもつた事柄で、屋敷の中でも乾の隅が怖い為に、今でも鎮守を祀つたり、榎を植ゑたりなどしてゐる。艮の輸入説なるに対して、乾に対する国民的不安は日本人がそれ以前から自分で経験して知つて居た事柄だつたのである。さうして、これは最初海上の経験であつた。斯様に海にゐた頃から此方角より吹くタマカゼを怖れてゐたのが其の基礎である。平安初期の遣唐使停止の鎖国時代に新羅高麗を怖れた頃は、しきりに日本海方面を気にして、四天王様といふのを祀つて居た。今でも古四王といふ神が東北地方に沢山ある。普通これらのお宮の向きは北向きと称して居るが、事実は真北でなく僅かに西によつて居るのではないかと思ふ。秋田の古四王神社などの建築は確かに西に向いて居たと記憶する。兎に角此方位を怖れた事は国民の思想に根ざした深い根柢があるからに相違なく、大体西北が日本に於ては一番怖るべき方角だつたのである。これを支那風の言葉で言へば鬼門といふことになるが、此方角の恐るべきもとの理由は、鬼が住む、害敵が住む処と言ふのではなかつたらうと思はれる。十万億土と言つて西方を指す以前に、兎に角霊魂の帰り行く方角を西北と考へて居たのである。斯ういふ信仰に就いては世界的にいくらも例のあることで、方角こそ一定せず、また詳かでないが、南太平洋の島々などでは殆ど例外なく、各々の島で魂の行く処を一つづゝ考へて居る。あそこへ行くと言つて、稀には目に見えてゐる海上の島を指すこともあるが、多くは見えない遥かな海上をあの方角と指すばかりである。其方角に就いては今日は未だ充分な研究が現れて居ないが恐らく島によつて気象学上の理由から一様ではなからう。比較研究をすることは難しいが、日本の問題が解決されゝば、向うもさうであらうと見当がつき、また先方がはつきり斯うと決れば、日本の方もそれによつて解決出来る。玆にエスノロジイの必要がある訣である。即ちこゝで気象学と結んで共に其の解決を待つのである。

これから先は私の仮定説であるが、多摩川と云ふ命名の如きも、もとは此水源を東南から西北に望んだ人の命名であつたらうと思はれる。丹波の国も同じ理由によつて、文化人の住む都から気持の悪い西北に当つて居た故に斯く呼ばれたのであつたらうと思ふ。又実際に於ても風の通る途に当つて居たのであるが、竜田、広瀬も同じく藤原から西北に当つて居り、生駒の谷から吹き出す風の衝に当る地点で、玆と西北、東南のすぢかひのあたりに住んで居た人々が考へ出したものに相違ない。

斯様に考へて来ると、今あるタマカゼといふたゞ一つの残存によつて、大和の平原の真中に住んで居た人達までが、曾て西方の海岸で得た経験を携へ来つたものであることを証明し得るのである。始めから平原に住んで居たのでは地形は一様でないために風の方角が一定し難いのであるから、仮りに自分の名づける「タバ思想」はもと海上の経験であつたことが推定せられるのである。丹波の国の一条は稍大胆にすぎるかも知れぬが、自分の仮説は今のところこれ以外に無い。

丹波に関聯して考へられるのは、朝鮮の古記に語られて居る白瓠の伝説である。白瓠は朝鮮最古の王で、瓠に乗つて日本の丹波国から漂着したと伝へてゐる。此伝説から日韓交通の具体的歴史的事実を説かうとしてゐる学者もあるが、上述の如く、タバがあの世、霊魂の住処を意味する言葉とすれば、白瓠は魂の国から出て来た人といふことゝなつて、これは信仰的な意味を持つものとなつて来る。

武蔵の多摩川は、古くから下流地方をも多摩と呼んで居る。多摩の横山といふ歌枕を中心にだん／＼下流地方をも多摩と名づけてゐるので、これをタバ地方とするには地域も方角も稍不適当のやうに見えるが、青梅の奥の丹波山の存在は我々の仮説を助ける。即ちこれを海の無い地方に於ける我が日本人の西北不安の痕跡の一つとして考へてよいと思ふのである。

元寇の役なども、西北不安の思想によつて一層印象を強くしたと言ひ得られようし、更に溯つて「三代実録」などに見える新羅に対する防備の記事なども、これを一時的な政治現象と見るのは誤りであると、自分などは思つて居る。タマカゼ思想とも名づく可き、西北不安の気持は、決して一時的に出現したものではなかつたのである。

以上述べたのは自分の仮説であるが、此問題は墓制の研究とも関係があるらしく思はれる。即ち、民居と墓地との方角関係、又盆の精霊様の来るといふ道すぢ等が、このタバ思想とどんな交渉があるかと言ふことは興味ある今後の研究題目である。兎に角にこの唯一つのタマ風と云ふ名の残存によつて、前代の我々の祖先の生活の一端を窺へることは、大なる手掛かりであつた。

イセチ

神風といふ言葉は、此タマカゼと対立したものゝ様である。後藤氏の「出雲方言考」にはイセチ又はイセツ、東南の風とある。因幡の鳥取附近の海岸ではイセイチカゼ、東南より吹いて来る大風のことだと、同地の人橋浦君は示教せられた。丹後の中郡でも東南風をイセチといふことが「三重郷土誌」に見えて居る。是は単純に伊勢の方角といふだけで無く、必ず西北から吹いて来るタマカゼ又はアナゼに対抗するものと信ぜられた故に、特に幾山河を隔てた神の都の名を掲げたものかと思ふ。

東海道の諸国の例だけでは、或はさう迄深く考へるに及ばぬと思ふ人も有るだらう。例へば尾張の西春日井郡で、西南風をイセグチ、又午未（南南西）の風をイセ二郎と呼び、三河の碧海郡ではイセジは風の名では無く、たゞ西南の方角のことであるが、遠州に入ると浜名郡ではイセヨカゼといふのが西風のことを意味する。イセヨのヨは様であつて、今でも九州などには之を「の方」の意味に用ゐて居る土地がある。浜松附近の今一つの報告には、イセヨウは東北から吹く風だと言つた例もあるが、是は誤聞では無かつたらうか。もう一度確かな所を調べて見たいと思ふ。同じ地方には又小笠郡加茂村に西南風をイセヲキといふ語もある。磐田郡周智郡の海から稍遠ざかつた町村にも、西南風をイセナガシといふのは普通で、ナガシは又梅雨のことだから是も雨を持つ風、即ち田植時に人の待ち喜んだ風では無かつたかと思ふ。此等の諸例は成程西南を伊勢とは謂つて居るが、そは単に関東平原のツクバナライ、フジミナミ、さては伊豆七島の下総ゴチや河村ニシと同じく、一種の符号であつたとも見られる。現に越前の坂井郡などには、以前は無かつた筈の北風をロシヤカゼ、ホツカイドーカゼといふ方言も出来て居るのである。併し伊勢に親しい東海道の諸州とても、風に名ける方法は幾らもあつたらう。現に同じ西南風でも差別を要する風だけは、別に色々の名が行はれて居るのである。今は忘れたにしても神山の風を賜はるといふ思想が、夙に此語を使はせて居たのかも知れぬことは、一方掛離れた山陰の諸例が、稍之を推測させてくれるのである。山を崇拝する信仰は、遠く地平線の外に出て振回つて見た者で無いと、痛切には之を会得し得なかつた筈である。しかも海上に働いた人々の実験ほど、記録に保存して貰へなかつたものも稀である。山は多くの場合に雲の宿り、風の水上であつたことは誰も知つて居たが、遠く渚を離れて所謂潮の八百会ひにたゞよふ人々が、僅かに抜出でたる孤峰のあたりから、吹いて来る風を望む場合などは、感動が全く新たであつたに違ひない。だから多くの祭らるゝ山は、必ず海に働く者によく知られた山であつたのである。伊勢一箇国の船人の間には、当然イセジといふ風の名は有り得なかつたが、其代りには、コヤマといふ風の名があつた。現在は屢々小山と書かれて居るけれども、是は必ず神山（カウヤマ）であつたらうと思ふ。即ち是も亦五十鈴の河上の峰を名けたもので、たま〳〵それがやゝ南によつた西風であつたとすれば、乃ち度会郡以北の浜に住む常民が、唱へ始めた語であることが察せられるのである。

伊勢で　カウヤマ　吉田で　ナライ
尾張　北ブキや　いつも吹く　（三河伊良湖崎船歌）

その他の風名

以上の他に自分が書かうと思つた風の名は、ダシ、ヒカタ、ハエ、ヨウズ、サガ、ベツトウなどである。今度の表によつて、集め過ぎたと思はれる程多くの風の名称が知られ、また使用地や風位に就いても未知の資料が幾つか出て来た。詳しい研究は寧ろ本書の出現を俟つて後に行ふのが本当である。今は極く簡単に、以上の風名に就いて注を加へておく。

ダシはアイの風とは反対に、海岸線に直角に内地から沖へ吹く風である。アイの風が舟の寄る風であるのに対して、ダシは船を出す風の意か、又単に吹き出す風といふ意味か、どちらかは判らぬが、何れにせよ気持は判つて居る。同じ方角に吹く風でもヤマゼは東北地方で航海に都合のよい風とせられてゐるのに対し、ダシは概して舟人に喜ばれて居らぬらしいのである。斯様に方位は略々同じであり乍ら、二つの風の名がある訣は、両者の間に力の強さ、高さなどの相違がある為であらうと思はれる。例へば、サガは高くから吹き下ろす風である。阪と言ふ言葉を関東などではサガと濁つて発音してゐるが風名のサガも同じ意味である。専門家にきかねばならぬが、斜に下にくる強い風と、横に吹く風とがあるやうで、名前の岐れた理由はこれであつたに相違ない、兎に角、船にとつてサガは吹下しの有難くない風である。分布の地域も広くなく、関東地方から駿河あたりに此名称が行はれてゐる。ダシの分布はやゝ広いが、其でも東日本だけが使用区域で、西国では聞かぬやうである。北も酒田あたりにはあるが、兎に角少ない。

自分の題は風位考であるが、右の二つなどは実際は元来一定した方角のない筈の風名であつて、サガはサガニシ、サガナライなどゝ複合にして使ふ点から見ても、吹き下すといふ特徴から命名せられた、方位によらぬ名である。ダシも同じく地形の如何によつて方向が異るのが当然であつて、同じ伊豆半島に於ても、西海岸と東海岸とでは方角は全く違ふ筈である。即ちアイの風などゝ同じく、元来は運搬の不可能な筈の風名である。アイは津軽秋田の東北に起つて、関東でもその儘北風の意に踏襲し、陸地から吹く風と解してゐるが、元来は寄せる風なのであるから、これなどは全く元を忘れた運搬であつた。

その意味で一番我々を迷はせてゐるのはヒカタである。ヒカタは新村君の説では日の方の意味だと説いて居る。さうして方角も主として東であると言つて居るが、日は廻るし現に東北では坤をヒカタと言つてゐるのである。今度の表によつて未知の報告をも知ることが出来たが、日が廻ると共に都合よく風の方角も廻ると言ふ例は無いやうである。ヒカタは古くから文献にも見え、よい言葉だから歌にも詠まれてゐる。我々の聯想から考へても、日方、干潟などゝ関係ある日本語の様に見えるが、或いはアイヌ語のピカタ等と無関係であるとは保証出来ない。何れにしても今少し研究の必要がある言葉である。分布も東北を主としてゐて、西南、西西南を指して言ふが、これも今一度地図にあてゝ研究する必要がある。

ハエは疑なく南といふことである。沖縄では、ハエと言つて、南と言はず、またマハエと言ふ言葉もある。内地でも長崎県には南風崎と書いてハエノサキとよむ地名がある。にも拘らず、南風をハエと言はぬ処が可成りあるのはマジの影響があるためであらう。即ちマジが南風の意味に使はれてゐる場合には、其土地では西南南などの風位をハエとし、また吹き方に或る特徴のある風をハエと呼んでゐるので、これはマジに押されて他に転用されたのである。ハイとも言ふが、恐らくもとはハエだつたのであらうと思ふ。

ヨーズ、ベツトウは語原の判らぬ言葉で興味をもつて待つてゐる。ヨーズは羊頭と書いた例もある。羊頭は西南位のことであるが、うまく当らず、是が正しいのかどうかは判らない。これは航海に関係の少ない、寧ろ漁業に関係の深い風である。これに就いては今さし当つて述べることも無い。ベツトウは東京湾から東海道海岸に多く行はれてゐる言葉であるが、何かの言葉の音訛であらう。

此表は正確であり、豊富周到であるが、一つの欠点は話者の種類別の報告が無い点である。今の内陸の住民の如く風に無関心な者では、極く気軽に間違つたことを教へる場合も非常に多いと思はねばならぬ。少なくとも山の中のもののみを除けて了ふとか、同じ海岸でも沿海の漁業のみに従事してゐる者はこれから除いて、沖釣りや航海を事としてゐる者、即ち本当の意味の海上生活をしてゐる者のみの場合、換言すれば帆を使ふ者は別にすべきであつた。これを斉しくすべての報告が一つ一つ同じ価値を持つてゐるもの丶如く考へるのは誤りである。

もとより風と生産物の成績との関係は軽視出来ないが、それは間接な問題であつて、方角などには直接厳重な関心を持つて居らなかつたのであつて、内陸では山一つによつて風の方角が全く違ふ場合がある。シマキと云つて古歌などにも詠まれてゐるが、島のある為に風の方位や強さが違ふ場合が往々ある。斯ういふ現象は海上だけではなく、越前の荒島山でもシマキが吹くといふことを言つて居るのを自分は聞いて来た。此山がある為に附近の風が変つて了ふので、これを土地の人は山の神の神意の業と考へて、地方的信仰が盛んである。斯様に風と関係の深い山岳の例は他にもある。

山は遠洋航海をする者にとつては、方角の目標となることはあり、尊敬してゐるが、風と直接関係づけて、山が風を支配してゐると考へることは無い。これに反して海岸や内陸で生活する者は、山と風とを結びつけて考へることが多いのである。

茲に風位考の研究は二分する必要を生ずるのであつて、農民のもつてゐる風名は海上生活者のそれと別にして取扱はねばならぬのである。故に後継者に引継がれる仕事は中々多い訳で、自分が「風位考資料」と題する理由も亦こゝにある。さうして海上に於いては帆の重要性は忽ちに減じて来てゐる。港やその附近で使つて居る風の称呼は、もと帆を使ふ者の言葉であつた。故に一日も早く採集の必要があるのである。

『風位考資料』柳田国男、昭和一〇年一二月二五日、国学院大学方言研究会

増補 風位考資料

資料とその利用

柳田国男編

この書新版の成立事情に就ては、多分編輯者の説明があらうから、自分はたゞ幽かな記憶を喚び起して、国の学問の成長して行く姿を、今生で見た者の歓喜を表白するだけに止めよう。初めて風の名に関する短い数篇の文を、周桑郡郷土彙報に寄せたときには、目的は全く杉山君の研究態度、殊に各地の言語事実を確かめて、直ちにその比較に入つて行かうとする率直なる動機に、共鳴して居ることを知らせたい為であつた。当時全国の資料はまだ飛び〳〵にしか出て居らず、それだけでは大した結論の得られないことは、自分が誰よりもよく知つて居た。故にたゞ此方法を以てどこまでも進むならば、末には或は斯ういつた様な、今まで隠れて居た古来の真実が、判つて来るかもしれぬぢやないか、といつた様な心持で結果を想定しただけで、一度も斯うなんだよと断言したことは無いつもりである。一つには学徒の冒険心も之によつて充され、又一つには資料が豊富に過ぎる為、多くの近世史家が悩んで居るやうに、却つて見透しがきかなくなつて、始末に困るといふやうな弊を避けることが出来たのみか、それから以後の新らしい資料の追加を、始終大きな関心を以て迎へるやうな癖がついたのも、自分に取つては仕合せなことだと思つて居る。

現在の日本では、何の目あても無しに我土地の方言を集め、それを印刷してしまふと大いに休息し、もしくはたゞ各地方の方言集を数多く、並べて見て楽しむといふ類の道楽が、いゝお道楽と言はれて居た時代から、この忙しい非常時まで続いて居る。何の為に方言を集めるか。集めてさてどうする所存なのか。何にもならぬのならもう已めたらどうかと、外から言はれるやうになつてはおしまひである。内で苦悶し又は発奮して、たとへ即座の成績などは手に取つて示すことが出来ずとも、少なくとも其方に向つて進んで居ることを、せめては自分にだけは言へるやうにしなければならぬ、といふのが私の持論であつた。それに反対の人は無い筈だが、遺憾なことには頃合の題目が無い。ところが其点にかけても風位考などは、偶然ながら幸福な選択であつた。私は一身に故障があつて、実はまだ続稿の公表を遅延して居るのだが、もう其間にも諸府県の採集は進み、それに中心が出来て追々に一処に集積せられる。さうして今日ではよほど上手に整理しなければ、持ちあつかふほどの分量に達して居る。国学院大学の方言学会が、進んでこの煩はしい任務に当られたのは有難かつたけれども、御蔭で私の古い「風位考資料」は、是といふ再検討を加へられぬにも拘らず、忽ち資料の二字を取られて「風位考」となつてしまつたのである。試論とでも題して置けば無難だつたらうが、資料といふ段になれば、後から集まつて来た雑然たるものが、普通には其名にふさはしいと見られるのである。考といふ中には至つて未熟な考もあらうから、斯う呼ばれても別に差支は生じないが、とにかくに私の最初の計画では、之を以ていつかは書き改めらるべきもの、いつかは大いに成長すべきものとして居たのである。たとへ最初の筆者の手によつてで無くとも、今少しく確実で且つ多くの人の役に立つやうな、立派な論究になることを信じて居た。其希望がある為に、謙遜でも何でも無く、実は資料とか試論とかいつたやうな語が、添へて置きたかつたのである。

今度の改版に際して合巻することを許された、関口武君の大きな研究なども、まさしく自分の期待のうちであつて、しかも望外に早く成り、又優れたものである。自分は旧友岡田武松君の学風を知り、又気象学の本来の使命が、到底他の文化諸学の是までのやうに、国土を対象とせず常民の生活に接触すること無しに、達成せらるべきものでないことを理解して居た。さうしてあの方面にも必ず我々とは独立して、既に此問題の調査に手を下した人が、多いであらうといふことをさへ推測して居たのである。その若干の労苦は、恐らくは我々の相助によつて省かれ得ると考へて、何とかして測候所に働かるゝ人たちに、此資料の存在を知らせたいと苦心もしたのである。それが念願の通りに、このいち早い提携を見ることゝなつたのは、我々の学問の更に躍進すべき瑞相として、心からなる欣びを感ぜざるを得ない。今までたゞ漠然たる見当を付けて、言はゞ模索に過ぎなかつた地方語の比較研究が、実地の最も確かな事実にあてはめて当否を検せられ、それが又前人の筆に残さぬ経験となつて、将来の観測者の智能判断を力づけるといふことは、関口氏のやうな篤学者の功績であつて、もはや我々の事業の外ではあるが、少なくとも曾て自分などの夢みて居たものが、ともかくも此方面に於ては実現したのである。稀にも斯ういふ機会の到来するといふことは、田舎でこつ／＼と小さく働いて居る者にとつて、どれほど張合ひのあることか知れぬのである。

しかし一方に於てはあまりにも此研究がうまく行つたが為に、もう是だけで御用は済んだものと、思はれはしないかといふ気遣はしさも生じて来る。決して関口氏の努力を小さくしようといふ意味で無しに、私の風位考にはまだ／＼沢山の成長素が備はつて居るので、それを蔽うたり包んだりしてしまふほど、この一種の研究のみが、先へ進んで行くことを願はないのである。方言調査の第一次の目標、言葉が一つの土地に如何にして生れ、如何に伝播し又次のものに取つて代られるかといふことは、現実に国語教育の大切な参考であつて、殊に此点をおろそかにしたことの弊害を、今日は感じて居るのである。海で働く人々が生涯に千度万度、使つて居る言葉を標準語に統一したいならば、やはり大よそは其語が生れたのと同じやうな順序を取らなければならぬのだが、それを果して知つて居る人があつたかどうか、今の様子ではまだ心もとない。どんなに古いといつても高千穂以来、不変といひ得るものなどは一つも無く、現に同じ風にも土地により、又場合によつて二つの名がある。二つは相生でないならば一つは消え残り、一は生れたといふことも考へられる。又多人数が一ときに、はつと思ひ付くといふことも有るまいから、発案者は一人であり、他の誰彼は悉く賛同者、即ち自ら判断して採択した人なのである。面倒ではあるけれども一つ〳〵の語に就て、その伝記を見て行くより外に、言語の性質を明らめる道は無い。それも孤立して狭い地域だけに活きて居る言葉だと迷ひも起る。斯ういふ単語の種類の至つて少なく、弘い領分に行き渡つて居る風の名などが、手始めには適して居るやうに私は思つたのだが、弱つたことには此方面には、まだ一人の関口氏も出て来ないのである。

風の名の地方性には、色々の説明があるだらうが、さういふ中でもアナジ・タマカゼの二つの名には興味が深い。その一つは記録に最も古いといふ点で、他の一つは命名の方式が素朴である所から、共に隠れた意味のやゝ採り難いものがあることを考へさせる。しかも両者は相対立して国の半分づゝを支配し、その実質は甚だよく似て居るらしいのである。上代の纏向穴師などが示して居るやうに、アナジはもと方角の名では無いやうだ。仮にそのアナは驚きの語だつたらうといふ私の想像は誤つて居らうとも、とにかくに悪い風、屢々危難をもたらす風といふ意味を持つて居たことだけはほゞ確かで、それが北日本海のタマ風と共に、殆と例外無く西北の強い風なのである。悪霊が悪風になるといふことは科学者は知らぬのみか、常人も大分忘れかゝつて居るが、越前三国の東尋坊や、下総手賀沼の万太郎風を始め、言ひ伝へは幾らも残つて居る。富山の海上でいふバイダマなども、ちやうど海螺を採りに出る頃の悪い風によつて、之を採りに出た舟が覆つて、多くの人々が横死してからのことのやうに土地では謂つて居る。タマといふものに対する古代人の観念が、或は斯んな些々たる痕跡から、判つて来るのではないかと予想せられる。東北を鬼門とする陰陽道が輸入せられて、学者の考へ方がその方に偏した後まで、なほ民間には乾の隅、即ち西北方を警戒すべき方角とする感じが、今もなほ根強く遺伝して居るので、是とタマ風又中世以後のアナジとは、脈絡の有るものかと私はまだ考へて居る。大東亜圏内の一つ〳〵の島では、何れも住民が死後に行く処をもつて居て、その方角は必ずしも西方十万億土だけではない。それが移住の前の郷里の方角であるやうに、推断して居る学者も多いやうだが、死霊の怖ろしいこと又風を起すことを信じて居た時代には、或は経験を積んでその悪い風のいつも来る方角を、黄泉之国と見たかも知れぬのである。我々が常に西北方を警戒する傾向は、千数百年来の外交にも現はれ続けて居る。固より歴史の偶然も大きな因子ではあらうが、なほその間にはアナジ・タマ風の現実の恐怖も、影響して居ないとは言はれぬ。少なくとも是を問題として、今ある地球物理学の一段の進歩に期待する者は、決して気象学の人たちだけでは無いのである。

この外にもまだ言つて見たいことがあつたのだが、あまり長くなるので爰にはさし控へる。たゞ一つだけ、将来の方言採集者と共に考へて置きたいことは、学問と道楽との堺目はどこに在るかである。何になるかは知らぬがまあ集めて見るといふやうな、気楽な人はもう今時は無いだらうが、斯うして置けば誰かの役に立つと、たゞぼんやりと思ひ込んで居る人はまだ多いやうである。斯ういふ人たちの永い労力でも、結果はたゞ単純なる道楽と、同じに帰したものも実は少なくないのである。それを遁れようとすれば保存に念を入れ、出来るだけ利用者の手に達する道を講じなければなるまいが、それよりも安全なのは自身を手始めに、出来るだけ色々の利用者の有ることを、確かめてから採集に取りかゝることである。是を他の一方から言ふならば、採集を盛んならしめんとするには、先づこの資料に拠つて研究する気風を起さねばならぬ。こちらは何一つ新らしい仕事をせずに、人をたゞおだてゝ無用の辛苦に、赴かしめんとする者を少なくする必要がある。しかもさういふ明るい環境の作られるまで、もし採集を見合せて待つて居るとすれば、方言などはどうなつてしまふやら、たとへ跡方も無く消え失せるといふことは無いにしても、形が崩れたり入り乱れたり、又一段と由来を究めることが難くなるにきまつて居る。それ故に全国に有る限りの風の名を、たゞ五十音順に並べて置くといふ様な、斯んな働きの無い風位考資料でも、今はまだ珍重しなければならぬのであるが、正直なことを言へば是などは資料の又資料である。気象学の専門家が羨むべき先例を示したやうに、国語の学徒も亦この中から、言葉の生れ拡がり、長く活き弘く流伝する法則を、発見することに努むべきであらう。この先なほ幾らでも集まつて来る事実を、たゞ雑然と積んで見てもしかたが無い。やはり問題の大と小とを、見分けてかゝることが必要だと私は思ふ。文化史の方面に於ても、いつかは何人かゞ明かにせずには済まされぬといふ問題は、さう沢山に有るものでは無い。それを早期に心づいて研究の素地を拓き、未来百年の優れたる学徒に向つて、予め協同の手をさしのべるといふことは、考へて見たゞけでも愉快な事業である。もしも一人でもさういふ心掛けをもつ人が、此本の読者の中から出たとしたら、そこで始めて風位考資料の編纂は、徒労で無かつたと言へるのである。

昭和十七年七月　　　　　　　柳　田　国　男

『増補風位考資料』柳田国男編、昭和一七年七月二五日、明世堂

山村生活調査　第二回報告書

柳田国男編

緒　言

一

この第二年度の報告に於ても、前回と同様にやゝ報告し易い題目を選択することにした。我々の討査が是よりも遥かに広汎なる区域に渉り、他日ほゞ周到なる視察を終つて後、改めて全部の所得を綜合する企劃あることは固よりである。題目は各員の自由に委ねたが、大体に二つの標準に拠つて取捨せられて居る。

一、将来我邦の学界又実際生活に於て、必ず問題となつて論議せられ、もしくは回顧の必要を生ずべしと思はるゝ事項。

二、一地一隅だけに特発したやうな事態で無く、比較研究の効果及び意義がやゝ単簡に立証し得られる事項。

而うして個々の問題に就いては、最も多く其興味を感じた者が解説に当り、必ずしも結論の確立を期せず、専ら今後の方法と可能性とを明かにするを努めた。即ち此知識の応用せらるべき日は尚遠しとしても、少なくとも国情の未だ曾て省みられざりしものが、之に依つて始めて省みられることになつたとは言ひ得るのである。

二

今回の調査の副産物として、記念すべき若干の好経験があつた。其中に就いて、大よそ各地に共通して居るかと思ふものを、報告して置くことは自分の義務である。最も喜ばしい一つの印象は、可なり陰鬱なる色彩を用ゐて、その未来を描かれて居る村里でも、住民の気力は今も相応に旺んであつて、艱苦は闘つて克つべきものとする考へ方の、なほ失はれて居ないことである。是は独り更生の鬨の声を揚げて、進んで背水の陣頭に立たんとするもののみが、勉強して漸く此の如くあるのでは無い。極めて特色の無い普通の部落に於ても、各人は皆一生懸命に考へ又働いて居る、たゞ弱々しくくづほれて居る者などは、幸ひにして現在はまだ見かけられぬのである。我々の学問は時聊か遅れたる感はあるが、彼等には多分間に合ふだらうと思ふ。或は此状態を目して、敏活有為の者が既に故土を去り、後に残つたのは悠長な逸民のみだからと、解して居る人も有るらしいが、それは明白に事実と反する。或は又前代の生活ぶりが余り悪かつた為に、其記憶と引比べて、眼の前の僅かな改良に満足し、難儀はやゝ辛抱がし易いのだと言ふ人もあるが、此点は或程度まで当つて居る。過去に対して概括的に、不信用を表する農民はよほど多くなつた。形や言葉の上で棄てられる限りは、古いものは皆思ひ切つて棄てゝ居る。保守が彼等の持前であるといふことは、殆ど無意識の所行にしか表はれて居ない。しかも其のたま／＼気付かずに取残して居たものが、今では変へることの出来ない彼等の生活を支持して居るのである。一人の離村者も無かつた時代の何人よりも、今の村民の方が熱烈に物を考へて居る。たゞ現代は諸説が競ひ進み、彼等自身の判断と思慮とが、ゆる／＼と錬磨せられて居る余裕を与へぬのである。正しい彼等の指導者を以て、自ら任じて居る者は成程多いが、それは忽ち第二第三の同種の者を誘発して、たゞ混迷の結果をしかもたらさない。故に我々は先づ彼等に入用なる智識を整頓して、是に拠つて各人自らの判断を下さしめる様に、仕向けて行くことを急務と感ずる。又それ位な信頼はもう繋けてもよいと思つて居る。

三

地方の居住者が自らを指導する為に必要とする事実は、当然に各その地元に現存するものが多い。それを取用ゐて自分の知識とすることを得なかつたのは惰性である。是も今回の共同旅行の経験であるが、村の所謂有識者の間にも、問はれて始めて自分の持つて居たものに、心付くことが屢々ある。我々の名づけて伝承者といふものゝ資格なり性質なりが、いつの間にか一変して居たのである。以前の採訪は村に入つて、先づ多く旧事を知るといふ者を物色し、その故老は又毎度の答弁に馴致されて、幾分形式化した或知識を管理して居た。今日はそれが殆ど平板にして、新たなる何等の印象を与へぬものになつてしまつたのである。其理由は至極手短かで、つまり此人たちの物を覚える期間が、ちやうど新しい事ばかりを、覚える時代であつたからである。無意識の伝承は彼等の裡にもあらうが、それは却つて聡明を長処とせず、律儀とか質朴とかいふ形容詞を貰つて、黙つて働いて居た人に、多く保持せられて居たのである。是と同列に加ふべき者に、家道の稍衰へんとする旧家などの老女がある。多く語らざる彼等の記憶は痛切であつた。同情ある質問には答へざるを得ない熱意がある。斯ういふ人々をして語らしめる方法は、新たに案出せられねばならなかつたのである。二箇年三十何箇処の訪問を重ねて後、我々の徐々に学び得たことは、単なる多弁と老齢とを以て、好伝承者の目標とはなし難いことが一つ、次には資料の所在を探りあて、乃至問を設けて之を引出す方法と機会なども、此種共同の体験を以て、わりあひ容易に其呼吸をつかむことが出来さうだといふことである。従来昔風を疎外して居た少壮分子を、介在せしむることも必ずしも不利でない。調査者の真意を此人々に会得させることは、やがては又次の期の同志学徒を、養成する端緒ともなり得るからである。

四

今や故老の日を追うて凋落し、是と共に前代も過ぎて痕無きかの如く、考へられがちなる社会に於て、此等多数の知識欲に燃え、しかも往々に其適用に惑うて居る青年たちに、彼も亦我々と同じ様に、一個の無意識伝承者であつたことを心づかしめることは、大いなる内省の契機であり、又学問の一進歩と認めてよい。この発見は更に之を推拡めて、全国の大都市もしくは植民地の如く、今まで過去と何等の脈絡も無しに、独自に活きて栄えて居るやうに看做されて居た土地にも、なほこの調査を進めて行くことを可能ならしめる。単なる外形の観察を以てすれば、最近の五十年はあらゆるものを変化せしめて居る。所謂僻陬の諸村にも、実はさう多くの古きものは遺つて居ない。強ひて珍奇を探究しようとすれば、好事骨董の弊は忽ちにして人を遊民化する。しかも他の一方には態度方法の改良、もしくは予備知識の整理によつて、如何なる煙塵の衢にも、なほ我々の力を試みる余地があるといふことを、寧ろこの経験に由つて学び得たのである。事業の前途は測らずも非常に闊くなつた。同人諸君は採訪回を重ぬる毎に、次第に其技能を練熟したのみで無く、大切なる多くの過去に関する知識が、今まで何人にも省みられずに居たことに喫驚し、習俗の持続と撤廃とが、余りにも偶然の成行きに一任せられ、しかも其の新旧の交錯、もしくは不調和なる併存が主たる原因となつて、頗る現代を住みにくゝして居るらしき点に、愈々大いなる感慨を寄せるやうになつた。我々の調査はほゞ当初の予期の如く、数十箇処の互ひに隔絶した土地に於て、同時同種の問題を提示し、其解答を集積して見ることによつて、著しく事実の正確さを高めて居る。是を整理し分類して、一種索引式の判り易い記録を遺して置くならば、今後の村研究者はほゞ安全なる予備知識を得て、無用なる重複の労を省き、或は適当なる調査の方法を学んで、我々の一度は経験させられた様な、幾つかの失敗を繰返さず、十分に調査の能率を挙げることが出来るであらう。その先例を開いたばかりでも、この新しい試みには意義がある。其上に是はまだ同種学問の稍進んだ国々でも、あまり試みられなかつた積極的の方法である。幸ひにして或期間の作業が完成し、其成果を公表する時が来るならば、之を利用し得る者は、たゞに一部国内の学徒のみで無い。日本学術振興会の好意に充ちたる支援は、乃ち至当に酬いられることになると信ずる。

『山村生活調査　第二回報告書』柳田国男編、昭和一一年三月一八日、守随一

昔話採集手帖

柳田国男
関　敬吾　共編

昔話を愛する人に

一、この小さな手帖の目的は二つ。その一つは、日本に今残つて居る昔話の、主要なものといへば大よそどんなのがあるかを、出来るだけ手軽に人に知らせようとすることで、何れも例は一つしか挙げてないが、全国に亘つて五箇所十箇所に、既に採集せられて居る話ばかりを載録する。さういふ話なら私も聴いたことがあると、いふ人の出て来ることを予期して居る。たつたそれだけの事実を書入れてもらふだけでも、もう手帖の役目は一部分果したことになるのである。

二、しかし第二の目的の方に、勿論私たちは重きを置いて居る。即ちもう一度其話をしてくれた人、又はよく知つて居ると思ふ人に聴いて、出来るだけ精確にそれを書留め、他日自分も見、又よその者にも読ませる為に、此手帖の白い部分を利用してもらふことである。それには斯うした個々の昔話の題目の標示と、其荒筋の記述とが、相応に労を省くことであらうと思ふ。同じ箇条はこの通りと書けばよし、ちがふ部分だけを我土地では斯ういふ風に話すと、番号でも打つて書込んで置けば、それで用は足るからである。一つの昔話を細かく味はひたい人には、或は別に此順序で全部の記録を作る必要もあらうし、それも結構なことではあるが、多くの話を集め且つ綜合的研究をしようといふ者には、斯うして行かぬと能率が挙がらず、又是だけでも十分に効果を収め得るからである。

三、昔話の蒐集は、単なる個人の趣味としても、之を試みる価値はあると思ふが、なほ是が世の為また学問の為に、どれだけの利益があるかを知つてから、取掛つた方が張合ひがある。我々は国の内外二つの側面から、昔話を書残して置く必要を感じて居る者であるが、人によつては其理由のたゞ一つだけで、もう十分に是に関心をもつことが出来る。理由のおもなるものを列記して見ると、先づ国内に於ては、

イ、昔話は、前代日本人の数乏しい娯楽の一つであり、兼て大切なる教育方法でもあつた。我々の想像力は是に由つて成長し、智能と情操とは是に由つて大いに養はれた。その永い年月にわたつた社会的影響は、昔話そのものゝ中からでないと、今はもう之を窺ひ知ることが出来ない。

ロ、多くの昔話は千年以上、或はもつと大昔から続いて行

はれて居る。従つて其中には現代でない物の観かた、考へ方及び信仰が幾らも遺つて居る。殊に無名の平民や女子小児の内部生活などは、たゞ之に由つてのみ伝へられて居ると言つてよい。

ハ、古い昔話は土地の事情、又は時代の要求につれて、少しづゝは常に改造せられて居る。それがどう変つて来たかは、方々の比較によつて判るので、即ち日本人の趣味と感覚、及び文芸能力とも名づくべきものが、この変化の上に可なり鮮明に反映して居る。それを詳かにする手段は、昔話を味はふ以外にはあまり多くないのである。

ニ、昔話の中には、曾て我々の祖先の信じ且つ神聖視して居た物語が、やゝ形をかへて保存せられて居る。その新旧の分子の厳密なる選別によつて、上代の信仰生活が此方面からでも、少しづゝ明かになつて来る見込がある。

ホ、昔話は其土地々々の人の耳に、少しの註釈も無しに直ぐに解るやうな言葉で話されて居る。従つて地方の物言ひをわきまへたいと思ふ人には、之を聴くことが単語などの採集よりも、何層倍か役に立つ。即ち所謂方言研究の、最も有効なる手段の一つである。

四、一方に昔話蒐集の、国際的意義も亦甚だ大きい。西洋では諸国に此学問がもう余程進んで、今は専ら東方の各民族、わけても特徴の多く、且つ色々の古風を保持して居る日本の昔話の、世に現はれることを待つて居る。といふわけは領土の遠近、人種の異同や文化の高低には関はらず、不思議に全世界の昔話の中には類似又は一致が多く、しかも其理由は実はまだ明かになつて居らぬからである。それを尋ね究める肝要の手段は、もつと沢山の資料を未知の国から集めること、殊に我邦の様に前代からの経過が、捜せば見つけられる国の昔話を、湛念によく調べることで、それ故に我々の国内の研究が、予め大いに期待せられて居るのである。日本では近世数百年の間、殆ど何等の外からの干渉を受けずに、独自に自分の昔話を守り育て、又之を発達させて来た。この国限りの次々の変化を無視して、直ちに今ある形を以て、他民族のものと比較するのは無理である。故にどれだけ豊富なる好い資料を抱へて居ようとも、人を教へる前には、先づ以て自ら学ばねばならなかつたのである。是は独り昔話の歴史だけで無く、国のあらゆる特質に就いて皆其通りなのだが、兎に角今までは外人に対して、自分もよくは知らぬ事を教へようとする嫌ひがあつた。さういふことをすれば後で訂正が必要になるから、無駄でもあり又損でもある。

五、我々の採集すべき昔話の範囲は、もう世界的に大よそきまつて居る。単に昔の話だから皆昔話といふわけでは無い。

さういふ古い言ひ伝へも、出来るならば集めて置くのはよいが、それを我々の昔話と、一緒に採集しようとすると混乱を生ずる。我々の昔話の名の起りは、其発端の第一句に、必ず「昔ある処に」、もしくは「むかしむかし」とか、「とんと昔あつたさうな」とかいふ言葉が、附いて居るからさういふので、つまりは一種特別の形を以て、授受せられて居た説話といふことである。だから古くは是を昔昔の物語と呼び、今でも土地によつては「昔話」、又はたゞ単にムカシとも謂つて、他の種類の話とは明かに区別して居る。もとより内容にも可なり明かな特徴はあるのだが、それを一々突留めてから、採集するのでは手数が掛かる。故に私たちは専らこの外形のちがひを、押へて行かうとするのである。

六、外形の特徴はこの発端の一句の他に、誰にも気のつく点がもう二つある。その一つは終りの一句に、是も型にはまつた言葉が附いて居ることで、東北ではドンドハラヒ、九州ではコレバツカリ、中国ではコレツキリ等、大体に「もう是でおしまひ」といふ意味が多く、或は之を改造して笑話などの場合には、一種剽軽な囃し詞にしたものもある。現在としてはもう必要も無い宣誓だから、却つて其起原を考へさせる手掛かりとなるのである。第二の注意すべき点はその各句の終り毎に、必ず「あつたさうな」か「げな」か「といふ」かを添附して、話者が内容の真実を保障せぬ態度に出て居ることで、是は夙に此種の説話が文芸であり、空想の所産に過ぎぬことを明かにして、誤つて之を信ずるものを防がうとした、親切であらうと私は思つて居る。とにかくに是ほどまで外形の上に気をつけて、仮にも他の類の話と混同せられぬやうにして居たものを、別途に取扱はなかつたらそれは我々が悪いので、古人の知つたことではないのである。

七、斯ういふ外形を具足した昔話といふものは、同時に其内容の側から見て行つても、各地方の間に大よそは構造が一致して居る。之を集める人に際限も無い労苦を掛けるほど、さう沢山の種類は無いのである。人によつては二百も三百も、昔話を知つて居る様に評判せられる者もあつたが、それは同じ話の少しづつちがつたものを別々に記憶し、或は近頃出来たこまかい笑話などを、昔話の形で語つて居るに過ぎない。古くから伝はつて居るものは、日本の如き豊富な国でも、列記も出来れば分類も可能な位しか、無いものと私たちは考へて居る。それで此手帖には、其中の主要なものを百種だけ並べて、是で先づ一通りの採集には役立つと思ふのであるが、勿論昔から昔話が、是だけしか無かつたといふのでは決してない。従つて内容のやゝ理解しにくゝ、もしくは時代の趣味に合はなくなつて、はやく人望を失つて消え去つたものが、偶然に或土地或家にばかり、保存せられて居た場合もあれば、同じ一つの話が極度まで変化して、今ではもう別の話に算へた方がよいのもある筈であり、現に我々の分類表に載せて居るだけでも、まだ此以外に数十はある。それも右にいふ三つの外形の特徴を具へて居る限り、ついでに採録して置くことは結構で、それを多少の関係ある各項の終りに記入し、又は巻末の余白に別に掲げて、保存せられるならばきつと世の中の役には立つ。たゞさういふ未知の昔話が幾らもあり、それを発見して人を驚かせ得るといふ様な予期の下に、新らしいものばかり念掛けて居ると、毎度うそ話や作り話に騙されるの危険はある。是を十分に警戒してかゝらねばならぬのである。

八、うその昔話は東北ではウソムカシとも謂つて、もとは児童にまでも嫌はれて居た。童話の創作などが流行する世になると、是を当然と思ふ者が多くなり、又少しづゝは技術も進むので、騙される懸念は前よりも大きくなつた。是も社会の興味ある新現象と言へるだらうが、少なくとも民間伝承の学徒が、之を本物と思ふことは損害である。だから私が製作したと明言するのは問題の外として、其作り話を古来の昔話と思つて、採集して来ることは防がなければならぬのである。採集家の経験が只少しく加はりさへすれば、話者の人柄や眼つきからでも、其真贋は直覚し得られると思ふが、その以外にも鑑別の途は幾らもある。第一に余りに珍らしい話は用心してよろしい。個人が案出し又は組合せたものは、如何なる全国の片隅からでも、又再び出て来る気遣ひは無いからである。但しさう言つて居ると、折角稀に残つた真成の昔話を、逸し去る虞れがあると思ふ人は、暫らく問題として別に保存し、他日もう一度同じ話者から、同じ話を聴出して見ればよい。うそであつたら必ず前後の話の差異が見つかる。出たら目は先づ本人が覚えて居ないのを常とするからである。それが何度でも同じことを言ふとすれば、少なくとも偽作は別人の所業で、当の話し手はたゞそれを信じて居たに過ぎぬのである。斯ういふ作り話は近世の職業話術者の間に、可なり数多く試みられたやうである。学問上の価値は昔からの昔話に比べて遥かに劣るが、ともかくも多数が之を支持し、且つ流布して居たのだから採録して置いて差支へはない。

九、採集の手柄は昔話の古くしてうぶなもの、即ち後世の改訂増補の少ないものを見出すほど、大きいといふことを心得なければならぬ。大体に昔話を聴く人と機会とが、時代につれて変つて来た結果として、新らしいものは段々と短くなり、又滑稽化して行く傾向が著しい。笑話の分子は可なり古くから、或は最初から具はつて居たのかも知れぬが、もとは長い話の変化をつける為に、ところどころに挿まれて居たのが、後々その部分のみを切離して、たゞ一場の笑ひを博せんとする風が流行し、それも目先をかへる為に奇を競ひ、誇張が烈しくもなれば、卑猥な例が激増した。斯ういふ種類の昔話だけに、特に興味をもつ人のあつたのも不思議は無いが、彼等に知らせたいのは是が多くはごく新らしく、しかも全国の津々浦々まで寸分ちがはぬ話が弘く行渡つて、実は珍らしくも無く又比較をして見る甲斐も無いといふことである。大体に忙しく働いて居る成人たちの、僅かな休み時間に楽しみ聴く話の、気が利いて手短かで且つ笑はせるものは、たやすく記憶せられ又遠くへ運ばれて行くのが当り前で、是と家庭の幼ない男女に、爺婆が語つて聴かせる昔話とは、本来系統が全く別であつた。たとへば此方では又あの昔々をと、同じ話を何度でもせがんで聴いたに反して、前者は聴衆の半以上が既に知つて居ると、少しは知らぬ者が居てももう中止をする位に、初耳を重んじ、蒸し返しを忌んで居たのである。従うて少し気転のきく者は中途からでも、之を改作しようと努めるに反して、他の一方は前とちがつて居ると聴く子供が承知をせぬ。又話し手としてもそれだけの勉強はせず、且つさうする能力も無い。古い伝承を探るといふ立場から言へば、両者何れに多くの注意を払ふのがよいかは、多弁を費さずして明かなことである。

一〇、しかも近世以来の小話や笑ひ話とても、丸々の新工夫に始まつたと認められるものは至つて少ない。大抵は長いまじめな本話が前にあつて、人は其中の特にをかしい部分、もしくは稍纏まりのある挿話を、引離して別に玩賞して居たものが、次第に修飾され誇張せられて数多くなり、後々是ばかりが盛んにもてはやされることになつたのである。だから話は此方が概して短かく、又折々は同じ昔話のうちとは思はれぬほどに、変化して居るものもあるのである。我々の仲間では、仮に斯ういふのを派生説話と名づけて居る。是が近世の僅かな歳月の間に、日本全国の端から端まで、運ばれて行つた事情は研究の値ひがあるだけで無く、古風な昔話が此形に遷りかはつて来た歴史にも深い興味があるが、何分現在ののは南も北もあまりよく似て居て、馬鹿聟団子話といふ類のものは、殆ど知らぬ土地も無いといふ状態なので、折角自分ばかりで珍らしがつて居ても、少しく採集を進めると、誰でも一度はがつかりしてしまふのである。それ故に我々は若干の派生説話だけは、最初から寧ろ気軽に取扱ふやうにして居る。世上最も著名なる狂歌咄や秀句咄、その他のおどけの話の此手帖の中から、除いてあるのはわざとである。是等は比較研究の今少し進んだ後に、げら〳〵と笑はぬ人の、しんみりした考察を必要とするものである。

一一、昔話の分類といふことは、可なり大切なことだが、今はまだ定まつた説が無い。この手帖の順序は、大体に私の分類案に依つたもので、それも決して最善のものと信じて居るわけでも無いが、仮に利用者の心覚えの為に其大要をいふと、私は昔話を右に謂ふ派生説話即ち小話と、それの元になつて居る完形説話、一名「本話」との二つに分け、本話の中でも特に古いまゝの形であらうかと思ふものを前に出して居る。主人公男女の誕生と婚姻、継子や末の子の成功といふ様な、身元素性に特に力を入れて説くものを第一類とし、運とか心掛けとか勇気とか智恵とかによつて、めでたく立身する話を其次に置いて居る。勿論斯ういふ原因も二つ三つと複合して居るが、其間にもおのづから成長の順序があつて、化物退治とか頓智の言葉といふ様な話は、至つて尋常の農夫や旅商人の逸話のやうに伝へられて、前後を切離してそこばかりを説く形が、よほど又所謂派生説話に近く、誰の眼にも此方が後に出来たことがわかる。それで、此部分を第二類としたのだが、是でもまだ終りはめでたし〳〵で、本話の条件は具へて居る。

一二、派生説話と私のいふものにも種類が幾つかある。日本では仏教の影響の多い因縁話、又は固有の信仰と結び付いたかと思ふ妖怪談などの若干が、此中に算へられるやうであるが、それ等よりも一層世界的なのは、笑話即ちおどけ話と、鳥獣を主とする動物の話とである。笑話にも起りの頗る久しいものがあるけれども、動物譚の方が更に素朴幼稚で、又外国との一致点が多い為に、学者によつては是を昔話の最も古い形だらうといふ者がある。私だけはそれを承認せぬのである。そこで仮に其部分だけを別にして、笑話やおばけ話の後に置き、是も五大御伽噺などゝ謂はれる猿蟹合戦と「かちかち山」を終りとして、巻頭の桃太郎に対立せしめてある。子供は一続きのやうにして記憶して居るが、昔話の種類としては、どの点から見ても端と端とのちがひがあるのである。

一三、但し今日我邦で昔話だと思はれて居る口碑の中で、この自分の分類のどこに入れてよいか、ちよつと決定に迷ふものが五つ六つ、有るといふことだけは認めなければならぬ。是が本来は昔話として生れたものでないのを、いつの頃よりか同じ形でたゞ話して居たのか。もしくは是も一種独立の派生説話であるのか。はた又もう少し考へて見たら、どれかの部門に編属することが出来るものか。行く〳〵は是非とも之を決しなければならぬ。熱心なるこの手帖の利用者は、決して此集に見本が無いといふ理由を以て、その採録をさし控へる必要は無い。寧ろ私たちの分類を完成せしめる為に、出来るだけちがつた型の「昔話」、即ち我々が始末に困るやうなものを、巻末の余白に書留めて置かれることが望ましい。たゞ其中には往々にして昔話でないもの、もしくはあまりに有りふれて比較の必要の無いものがまじり、最後の編輯には削られるものが、あり得るといふことを承知の上でなければならぬ。伝説と昔話とは、形の上から見れば全く別なものだが、昔話といふ語の意味が不明になつた結果、是をも一つに見る人は多いのである。

一四、最後に採録の様式に就いて一言すると、私たちは目下之を四通りに分けて、甲乙丙丁の何れかに依ることにして居る。甲式は理想型で、話者の語る通りに、方言には解釈を附して、其まゝに筆記したもの。是はその当の話者がやはり甲式に、聴いた通りを守つて居ると、認められる場合でないと価値が乏しい。彼が自分の趣味才能で、勝手に作りかへ話しかへて居たとすると、甲式はつまらぬ徒労に終るのだが、村に住んで居る老人殊に老女には、そんな作為の力のある者は幸ひに尠ない。少しは疑はしい部分があつても、其部分だけは注意符を附けて、甲式に採録するのはよいことである。たゞ其筆記は即座で無いと困る。ずつと以前に聴いた話の記憶を、自分の言葉でくだ〳〵しく書いたのなどは、採集とは我々は見ないのである。斯ういふ場合には筋を明かにするを主とする、乙式に依るのが至当である。さうして其中の肝要な文句、たとへば桃太郎の「一つ下され」の如く、耳について消えない部分のみが、残せば残して置く価値があるといふ迄である。この採集の贋ものは、現在でも可なり我々を悩ませて居る。それでも判るから警戒をして居るものゝ、もし巧みであつたら危険な資料になるのである。第三の丙式といふものはこの手帖の様に、一つの標準説話が掲げられた場合に役に立つ。即ち右手に載せられて居るものを読んで思ひ出し、自分の記憶とちがつた点だけに番号を打つて、こゝは私の方のは斯ういふ風にかはつて居るといふことを、明示する方法である。子供の時から多くの昔話を聴いて居て、今は採集にも一寸出られぬ人などが、此手帖を利用するのは是でなくてはならぬ。又実際是を読むことによつて、思ひ出す場合も甚だ多いのである。或る一つの郷土の住人の為に、昔話集を編輯する場合なら別だが、さうで無ければ採集の報告も、この三つの式を併用する方が、労と日数とを省いて便利である。既に他の地方で記録せられて居るものを、知りつゝわざ〳〵重複させるのもつまらず、又さうする為に兎角文才などが働かせたくなるのである。それからもう一つ丁式の記録といふのも、話は聴いたことがあるが内容は忘れたといふ場合の外、あることだけは確かで、良い伝承者にぶつゝからぬといふ時に、之を用ゐることは学問上の利益である。詳しく聴けないからとて存在をも無視するのもよくないが、もつと困るのは破片や誤伝を忠実に録することで、時には却つてよい話を埋没させることにもなる。だから捜査の案内の為に、あるといふことだけを明かにして置く丁式も亦大いに必要である。

一五、昔話の研究は、弘く全国の同志が協力しなければ、到底人文科学の一として完成する見込は無い。それ故に私たちは此手帖が、出来る限り数多く利用せられ、且つ互ひに其成果を示し合ふことを理想として居るのだが、それには丙式の方法によつて、閑人で無い諸君の、相次いで参加し得られるやうにするのが何よりも必要である。しかも昔話に関心をもつほどの人ならば、ちつとは自分の楽しみになる様な記録もして置きたいであらう。私たちの勧めたいのは、其中の特に愛着多きものを乙式で成るだけ簡明にまとめ、更に此話ならばと思ふものだけを、最初から用意して二つか三つ、最も忠実に甲式で書いて見ることである。さうすれば土地の以前の話法も保存せられるが、勿論是には出たら目を言はぬ伝承者の、特に得意として居るものを選ぶことが肝要である。聴取りの日時と話し手の氏名年齢と場所を書いて置くことは、此意味からして欠くべからざることなのである。もしも我々の学問を精確にする志を伴はなかつたら、斯様な手数は無用の扮飾ですらも無いであらう。

一六、なほ今一つだけ、附添へて置かねばならぬことは、此本の百の昔話の標題が、悉く日本のどこかの土地で、現実に用ゐられて居るものばかりだといふことである。同じ一つの話が人によつて、色々の名で呼ばれるといふことは、比較の上に不便であるが故に、私たちは早くから、さういふ中で一ばん簡潔な、且つ印象的なものを採用して居るのであるが、稀にはまだ幾分か当らぬものもあり、又追々にもつと好い名が、見出されさうな気がする。是は後の人が改正を提案して、異議がなかつたら更へて行つてよからうと思ふ。新規にこしらへることは混雑のもとだから、勝手な名を附けることは見合せたい。さうして土地に以前からある名ならば、よい悪いに拘らずすべて採集して置く様にしたいと思ふ。題の中にもやはり古い気持が伝はつて居るかも知れぬからである。この以外にも採集に臨んで決しかねる問題があるならば、此手帖に関する限りは、努めて御相談に応ずるやうにしたいと思つて居る。「民間伝承の会」には、もう此方面の研究を分担する者が幾人も出来て居る。

昭和十一年七月二十日

採集上の注意

（無記名）

能ふ限り次の諸点をも注意して下さい。

一、話者は何時、何処で、誰に話を聴いたかも可能な限り書きとめて下さい。

二、伝承者の場合は旅行の範囲、個人の職業のみでなく、家の職業等も注意して下さい。

三、伝承者の性格、例へば創造的な性格の人か、純伝承者型の人か注意して下さい。

四、昔話を何と呼んでゐるか書きとめて下さい。

五、初句、挿入句、末尾の言葉は書きとめて下さい。

六、話者の言葉はそのまゝ保存して下さい。

七、個々の話を話者は何といふ名で呼んでゐるか注意して下さい。

八、話者には話を扮飾せぬやうにして貰つて下さい。

『昔話採集手帖』柳田国男・関敬吾共編、昭和一一年八月一〇日、民間伝承の会

婚姻習俗語彙

柳田国男
大間知篤三 共著

序

この事業の着手は、昭和三年の春であつた。自分は史学会の例会に出て行つて、我々の方法の可能性と必要とを説く為に、例証を我邦婚姻習俗の変遷に求めようとした。此方法に依るに非ずんば、現在各地の慣行の異同が、全く解説し得ぬであらうのみならず、以前明白に我々の間に在つた事実が、如何なる経過を取つて改まり動いたかの、歴史をすらも明かにし得ず、従つて新たにこの二種の知識を以て、将来の計画の参考とするには、民間伝承の学に信頼するの他無きことを述べて、先づ大体の承認を得たのであつた。其講演の全文は殆ど原形のまゝで印刷せられて居る。翌年十月に世に出た故三宅博士古稀記念論文集に、聟入考と題して載録せられて居るものが即ち是であるが、案外にまだ多数の目には触れて居らぬやうである。当時私が此意見の論拠として、使用した国中の事実は、実を言ふとまだ本編に採録して居るもの丶四分の一にも充たず、しかも多くは又聴きの、精確を保し難い筆者の手を経て居た。そればかりの資料を基礎として、たとへ断定はしなかつた迄も、あれだけの主張を試みたのは大胆に過ぎて居た。全く採集の無い幾つかの地域にも、ほゞ比隣の又は同じやうな環境をもつ土地と、似たる風習が有るものと推測して見たり、或は証拠のまだ得られない端々の問題に就いて、多分は斯うであらうといふ想像を逞しうした部分もある。幸ひにして後日の反証によつて、訂正し又自責しなければならぬ点は無いやうだつたが、あの時もしこの事実を知つて居たら、もつと明晰に話をすることが出来たのにと、思ふやうなことは無数にあつた。私たちの仲間では、斯ういふのを未熟の果実をもぐと呼んで居るが、とにかくに発表と調査と、順序が全く逆であつたことを、認めざるを得ないのである。

しかし誰にも恐らく経験が有る様に、斯んな不安な講演をした御蔭に、急に婚姻の習俗に関する私の注意は鋭敏になつた。さうして又興味も深くなつた。世上にはまだ何程も、大切な資料が落ちこぼれて居たのである。『旅と伝説』はこの熱心に動かされて、昭和八年には婚姻習俗の特輯号を出してくれ、全国の意外な隅々から、詳しく其地の現状が報ぜられた。一方私個人の手で、三四年の間に拾ひ集めた郡誌方言集類の、信じてよい資料もよほど集まり、同じく八年の初頭に『人情地理』と題する三号雑誌に、之を整理分類して掲載し始めた頃には、もう既に本編の資料のほゞ四分の三ほどが、私のカードには入つて居たのである。雑誌の潰れたのは今から見ると損失では無かつた。もし続いて居たならば、あの程度の常民婚姻資料を以て満足して、私はもう外の興味へ転じて居たかも知れなかつたのである。

大間知篤三君の協同は、この際に在つて非常に有効なものであつた。事実私の根気ははや可なり衰へて居た。同君は之に反して、新たに是等若干の印刷物を精読して、発案者以上に此事業のプランに通暁し、それから更に進んで有る限りの私の蓄積を写し取り、是を系統立てゝ一巻の語彙に、組立てる役目を引取つてくれたのである。この提携以来又既に三年余りになる。資料のそれからの追加は、大部分が大間知君の労苦であつた。是を一々消化して適切なる個所に利用したのも同君の判断である。両者の分担を明かにすれば大体右の通りであるが、自分は最初の立案者として、又大間知君の自由手腕の信頼者として、総括的に責任を負うて居ることは勿論である。たゞ無為にして人の功を奪はんとする者でないことを証明したい余りに、是をほゞ完成に近い一巻の書に纏め上げた人の誠実と苦心とを、小さく評価し過ぎることを懼れて居る者である。

是は少しく身辺の私事に渉るが、自分の家には成長した子女が数名ある。それが聟入考出現の頃から、ぽつ〳〵と縁に就いて半以上安住の地を得て居るが、親として此間に苦慮し決断しなければならぬ大小の問題が無数にあつた。それに対しての最も力強い助言者は、ちやうど折よく手を著けて居た、前代文化史の此部面の知識だつたのである。学問は生活の実際上の要求に役立たぬ様では、始める甲斐が無いとまで思つて居る自分には、少なくともこの範囲に於ては言行の一致を見たのである。日本民俗学の必要と可能性が、やゝ過分にまで適切に立証せられたのである。嬉しいことには相異ないが、其代りには学問の動機の卑近さを、見縊られる懸念も無しとしなかつた。ところが大間知君の場合は全然別であつた。満足すべき婚姻生活は既に開始し、家にはまだ呱々の声が無い。乃ち第一の問題は夙に立派に解決し了り、第二の問題はまだ遠く地平線上に在るのである。その中道に在つて人の為、又弘く人世の為に、欠くべからざる参考資料を明確に整理し、出来るだけ容易に利用せしめんとするのである。たとへ分担の量目は均等だとしても、之を提供しようといふ素志に至つては、著しい価値の差を認めざるを得ない。さうして之を正直に告白することが、亦協同者の義務であると思ふ。

昭和十二年一月

柳田国男識

『婚姻習俗語彙』柳田国男・大間知篤三共著、昭和一二年三月一〇日、民間伝承の会

山村生活の研究

柳田国男編

山立と山臥

この三箇年五十何処の山村調査を重ねて、まだ問題の間口だけも、明かにし得なかつた個条が一つゝある。多分は観測の角度又は用意を改むることによつて、将来今一段と是に近よつて行く希望は有ると思ふ故に、爰には参考の為に我々の失望の記録を留めて置かう。

農漁山村といふ名称は近年頻りに用ゐられ、三者はほゞ類を異にして相対立するものゝ如く、推定せられて居る様であるが、この堺目は頗る明白を欠いて居る。最初から斯うだつたのではあるまいと我々は考へる。漁村の方はもう一度是から確めて見るとして、少なくとも山村に在つては、その農村化とも名づくべき変動が、此頃になつて急に目に立つて現はれて来たやうである。消費生活の様式統一は大きな原動力だつたに相違ないが、是は交易の便宜を伴なふ以上、何とでもまだ折合ふことが出来る。もつと根本に於て山間の特殊なる生業が、一つ一つその独立性を失ひ始めたのである。林野の整理といふことは、国又は私人の外部資本が、之に向つて投下せられることを意味し、個々の住民の活計を本位とする経営法の不可能になつたことは平地部よりも甚だしい。焼畑は勿論現在の人口密度に於て、大いなる制限無しには持続し得る種穀法でなかつた。狩猟が人間の智巧と器具の精鋭とを究めて、尚且つ自ら支へざる職業となつたのは、是も亦寧ろ需要の過多の為であつた。単に都市生活趣味の普及といふ以上に、通例世人が目して文化進展の兆とするものは、概ね皆山間僻陬の居住を困難ならしめて居る。国が開けた故に或地域だけは、却つて閉されるといふ結果を見ようとしてゐる。

木曜会の同人が踏破した山村は、四十何箇所まではたゞ奥まつた農村といふに過ぎなかつた。所謂田無しの里は関東の平原にも稀でないが、さういふ畠専門の在所は、山の中には意外なほども少なかつた。以前耕地の全体に乏しかつたといふ村も、拮据して稲田を構築しようとして居る。それに先だつて切替畑地の、常畠となつたものは既に甚だ多いのである。桑楮の植栽と共に開拓は進み、部落の戸数は増殖して内部の交際は繁く、通運に若干の不利を忍ぶといふ外には、平地の同業と比べて格別の異色無きものが、今は次第に多くなつて行く傾向に在る。素よりこの中には、始から耕作を主たる生計とし、単に乱を遁れ誅求を避くるといふ様な動機から、山間に入込んだ者も相応にあつて、新時代は寧ろ彼等を本然の生活に、復帰せしめたと云ひ得る場合もあるだらうが、とにかくに状況は一般に変化して居る。農を営まざる山地の住民といふものが、数はどの位とも判つて居らぬが、曽ては有つたと伝へられ、今は殆ど想像し難いものにならうとしてゐる。つまり漁村に比べると、山村にはより大いなる歴史があつたことだけは明かで、しかも其跡はまだ埋もれて居るのである。

熊野の北山、日向の那須などの旧記を読んで見ると、山民は近世の平和時代に入るに先だち、又その平和を確保する手段として、驚くべく大規模の殺戮を受けて居る。他の多くの山地でも、文書の史料は無いけれども、恐らくは亦同一の趣旨、同様の利害衝突によつて、たとへ殺されないまでも強い圧迫を受けて、散乱してしまつたらうことは想像せられる。彼等の生活法則に農業者と一致せぬ何物かゞ有つたとすると、それは勿論世の所謂乱世に適したものであつて、言はゞこの以前が幾分か栄え過ぎて居た為に、反動が特に悲惨であつたのである。勿論その中には懲戒し治罰せらるべき者が、少数は確かにまじつて居つたらう。しかし他の大多数は無辜であつた。婦女幼童は申すに及ばず、争ひ又は制する力が無くて、盲従して巻添を食つた者は幾らあつたか知れない。さうして近頃までの異色ある山村生活は、この一種の廃墟の上に、再び築き上げられて居たものゝ様に、自分等には感じられる。

新しい文化の潮流に乗じ、是と適応し又妥協し得なかつた者の行先が、如何に悩ましく又憂鬱なものであつたかは、決して空漠なる詩材で無く、又単なる他山の石でも無い。人の命は形を変へて永続する。曽て彼等に波打つて居た血の流は、さう容易には涸れ渇くものとも思はれない。それが混和しもしくは浸潤して、今日の所謂日本的なるものゝ、何れかの小さな局面に湧き漲つて居らぬといふことを、保障し得る者は一人も無いのである。果して是を跡づける史学の方法といふものが、未来にかけて永久に見出されないであらうか。自分たち民俗学の学徒は、絶対にさうは信じて居ないのである。

この興味あり且つ現世的意義多き問題に近よるべく、我々は夙く二三の方法を講じて居る。たとへば部落の交際といふことに、あまり大いなる関心をもたぬ孤立生活者、所謂一つ家といふものゝ分布は明治時代までは見られた。峠や国境の往還は近世に入つて開かれ、是を維持して折々の通行者を保護する為には、五里三里の間に飛び〳〵に斯ういふ居住民を招き置く必要があつたからである。彼等を悉く山民の末と見ることは許されぬまでも、この寂寞なる境涯に耐へ得る力の、尋常農家の子女よりも遥かに強い者が、あつたことだけは事実である。是が鉄道網の展開につれて、多くの山路とその番人を不用にし、迅速なる交通方法の普及した結果、立場や不時の休泊の必要は無くなつて、又再び生業の基礎を覆へされ、僅かな年月の間に次々に影を没しようとして居るのである。

しかも其後何処へ行きどうして居るかは、今ならば之を調査する手段はある。さうして少なくとも二代三代の歴史ならば、目に立つたゞけにまだ之を記憶する者も多いのである。かゝつて其生活を尋ねて見ようとする者には、機会も資料も共に絶無とはいふことが出来ない。

農に携はらぬ者の移動力は、一般に意外に大きく、又その智能も山奥に一生を送る者としては、驚くほど進んで居たことは、幾つかの例証がある。轆轤師又は木地屋と称する職人の群なども其の一つで、彼等が自分の謂ふ山立の後裔であるか否かは疑問であるが、ともかくも山から山へ移り住んで、里とは交易以外の接触が無かつたに拘らず、この仲間には夙に文字があり、又少しばかりの史学文学があり、信仰には統一があつて、可なり有利な条件の下に農民と対立して居た。この人々の経歴も、同情を以て傾聴するならば、今はまだ多分の知識を供与し得る。是も方法は既に具はつて、就いて学ばうとする者が得られない状況に在るのである。

肥後の五箇山は近江の小椋以上に、著名なる武陵桃源であるが、それは只平野人の空想に描かれたる仙郷といふだけで、村の男子は大部分が世間師であつた。いつから学んだか又学ぶ必要があつたか知らぬが、彼等は多く売薬の業を以て全国を旅して居る。珍らしい事実は佐倉の義民惣五郎を、この山村の出身と称して、記念碑が建つて居ることである。或旅僧が来て其才能と気性を認め、貰ひ受けて関東に還つて名主の家の子にしたと伝へられる。それが歴史で無いとしても、斯ういふ口碑の存在は大切な事実である。如何なる因縁があつてさう信じ、又それを主張することになつたかを考へると、過去の生活ぶりの半分は想像し得られるのである。日本に百以上もあるかと思ふ平家谷伝説、そこへ一人々々の公達が分れて入つたとすると、さしもの一門でもまだ足るまいと思はれる先祖を、遠近申し合せた様に信じて居る原由はどこに在つたか。少なくとも彼等が高い矜持をもつ新移住者であり、即ち旅人の家であつたことはわかる。さうして又山を愛し、安んじて幽谷の間に永住して居た人の末である。

羽前三面の上流の村なども、孤存の異例として考察する時代はとくに過ぎた。我々は家伝以外の知識を具へざる人々の、偏した考へ方を批判する以前に、一応は是が国総体の成長面に於て、如何なる地位をもつかを知らなければならぬのである。注意を惹かれた一事はこゝから五六十里、北秋田の奥に居る荒瀬根子のマタギたちが、この三面を知り且つ之を尊敬して居ることである。マタギは現今は汽車汽船に乗り、九州朝鮮までも薬を売つて居るさうだが、以前も獣を逐ひ雪の山嶺を渡つて、意外な信州飛驒の村里にも米を買ひに下りた。是が三面村の同業と途に逢ひ、乃至はわざ〳〵其家を訪うたとしても、少しでも不思議は無いが、自分等の考へずに居られぬことは、そこが山中文化の一つの中心の如く、遠くの狩人から仰ぎ望まれて居る点で、簡単に解すれば一方は本家、他はそこから分れて出たもの〻末と、見てしまふことも出来るか知らぬが、果して東北の山地に散居するマタギ等に、斯かる系統があつたものかどうか。是は問題として置いてもいつ迄も決着しかねるといふことは多分あるまい。私などは寧ろ其以外に、別に信仰の上の力が、上下に働いて居たと想像して居る。何れが当つて居るか、予測にも大いなる興味がある。

「山の人生」といふ一書を、世に公にした時から、我々はマタギといふ語の起原に、深い興味を惹かれて居た。外国でも既に此問題を取上げて、攷究しようとして居る学者があるといふことを耳にして居るが、今日もなほ二つの想像を抱いて、まだ安心してその何れにも就き得ない。一つの見所はアイヌにも此語のあることだが、是は北地に今のやうに弘く行はれて居れば、彼が学んだと云ふことも考へられ、遠くに離れて同じ例の現はれぬ限り、是をアイヌ語ときめることは素より軽率である。近頃始めて知つたのは土佐の北部から、伊予へかけてのや〻広い山嶽地方に、マトギといふ語があつて狩猟を意味して居る。津軽秋田等では狩する人を謂ふ点がや〻違ふが、一から二へ移ることは自然である。乃ち元は是が又山中の忌詞で、カリといふ語を使ふまいとした結果、ふと発明したと見てもよし、セタやワッカと共にアイヌから学んだと見てもよい。さうなると特に此一語の使用者の間に、親しい交通のあつたことが推定せられるが、四国の類例は幾分かこの解説を面倒にするやうである。

高橋文太郎氏のマタギ資料を読んで見ると、荒瀬根子の故老はまだ少しく、マタギと謂ひ始めた際の事情を、知つて居るかの如く思はれる。今一歩だけ進んで之を聴かうとしなかつたのを残念に思ふ。それは察する所其一つ以前の名前の山立といふ語に、自分ほど深い関心を持たなかつた為であらう。自分は大正八年に世に出した「神を助けた話」といふ小冊子の中に、故人佐々木喜善君が陸中宮守村のマタギから、見せて貰つて写し取つたといふ山立由来記の文を附載して置いたが、この際に始めてヤマダチといふ語の、悪い言葉でなかつたことを知つたのである。都市の文芸に於ては、山立は乃ち山賊のことであつた。是を自身の最も荘重なる由緒書に、我名として一方は使用して居るのだから、彼と是と感覚の喰ひちがひがあつたことは明かで、或は同一筆法で野伏といふ人々、即ちまけ戦の軍勢を横合から不意に襲撃して、太刀や鎧を剝ぐのを職業として居るやうに、軍書や芝居には定義づけて居る者なども、少なくともそれで生計を立て、又其名を得たのではないことを、疏明し得るやうに思つても見たのである。社会科学の野外作業に携はるものは、斯ういふ文庫の圧制とも名くべきものから、弱者を擁護する義務があるのでは無からうか。

勿論山立は以前は決して弱者ではなかつた。今でも個人個人の気魄体力、物に執する意志の強さなどを評価すれば、我々は一人として之に敵する者も無いのだが、奈何せん数少なく組織は衰へ、第一に環境が元のまゝでない為に、いつしか一種の旅商人の、最も頼りない者に変化しかゝつて居るのである。是をどういふ風に世の進みと諧調せしめるかは、政策の技能に長じた者に委ねるの他は無いが、少なくとも彼等の現状を明かにすると共に、如何なる幾変遷を通つて終に今日に至つたかを、力の及ぶ限り明かにして置くことが、歴史といふもの丶役目だと思ふ。もしそれが暗かつたら、誤つた判断をするにきまつて居るからである。現在はまだ一つも確かなことは言へないが、こゝに山立の根原と称して居る一場の物語には、可なり弘い分布があるらしい。乃ちこの中世以来狩を生計とする者が、既に其頃から純然たる野人で無かつた証左であつて、しかも経済の歴史を専攻する少壮学徒の、往々無用として見過さうとする点である故に、自分だけは是を問題にして置くのである。

狩猟の起源に伴なふ伝承は、少なくとも三通りあつた。その一つは今日の東北マタギが、我部曲の眉目として秘伝して居るもの、即ち弓箭の技に優れた或一人の若者が、神の依頼を受けて神の戦に参加し、片方を助けて他方を打負かしたといふ語りごとで、その手柄によつて全国の山々嶽々、到る処に山立をする許しを得て、其特権を永く子孫に伝へたと説くものである。古い確かな記録としては、林道春の筆に成る二荒山神伝といふ漢文が、羅山文集の中に載せられて居り、それよりも更に数十年以前の絵巻物といふのが、奥会津の旧家に在つて、それを新編風土記が採録して居て、内容は二者大よそ同じである。是と陸中羽後のマタギが大切にして居る山立由来記とちがふ点は、前者は主人公の名を小野の猿丸、都方の貴人の落胤として居るに反して、後者も名門の末ながら其名を万三郎と謂ひ、母が美女であり長者のまな娘であつたことは説かない。しかも弓箭の功を賞して、永く狩する者の一党を保護したといふ神が、今ある日光二荒の大明神であつたと、語り伝へた点は双方同じことで、何人にも是を別系の偶合とは認められぬのである。

第二の言ひ伝へは紀州高野山の旧記に、丹生の明神の神徳として詳しく誌したものと同じく、この山の始祖大師霊域を開き住せんとして、山中を行巡る時しも、この姫神の御子が、狩人の行装に黒い犬二頭を随へ、出で丶大師を案内して今ある寺地を定めしめたまふ。其功力によつて、獣を捕るの作法、殺生が仏果を妨げない大切な法文を、この業に携はる程の人々の間に伝へられたといふので、その内容から見ても外来宗教との協定の痕あらはなるものである。この形は僅かな変更を以て東北にも尚分布して居るが、我々の知る限りのマタギの家々には、是を信じ又主張する者はまだ見当らぬ。乃ち第一の方式のものよりは一つ新らしいか、又は一段と力弱きやうに想像せられる。

　北秋田などに居る処々のマタギが、マタギに二流あり一を日光派、他の一を高野派といふと称するは、多分この対立を意味するのであらう。それが果して精確なる分類か、又は何かの古い伝への誤解であるかは決し兼ねるが、少なくとも是によつて明かになつたことは、山立は辺土の山間に孤存して、割拠の姿最も著しいに拘らず、目に見えぬ交通は彼等を統括し、日光にせよ高野にせよ、とにかく遠方の信仰に服属して居たといふ事実、しかも其信仰が共に半仏教的に修験の教法を以て固有の神道を彩らうとしたものであることである。乃ち是が国初以来の、彼等の精神生活を裏付けたものでないことを知ると同時に、彼等が他から伝道せられる境涯にあり、又新たに信じかへるだけの智能を具へて居たことも判つて来るのである。佐々木君の東奥異聞といふ書に、夙に深い興味を以て報告せられて居る杉のレッチュウ、小玉のレッチュウの栄枯盛衰譚の如きは、説話としては最も荒唐であるが、或はこの日光高野といふ二派の現実の対抗から、近世却つて其感銘を新たにし、従つて又伝承を濃厚ならしめたかとも思はれるのである。

　この第三の山立根原に関する口碑は、文書に採録せられたものが甚だ多くない。是を注意して学界に紹介した功労は、一部は少なくとも我々の山村調査に在るのである。この種現代人の感覚に楯突くやうな語りごとは、何かよく／＼の重要性を認めない限りは、仮に孤立して処々にあつても、聴く人が相手にせず、それよりも知る者が之を説かうとしない。さうして消え去らざるを得なかつた例が多いらしいのである。自分は今からちやうど三十年前、南九州の山村を経廻つて、日向の椎葉村大川内の旧家に於て、江戸後期に書写せられた狩の巻物を見た。其中に一つの祭文として掲げられてあつた物語が、後年奥州のマタギの記憶にもあると聴いて、飛上がるほど驚いた山の神の子を産むといふ同一話であつた。大摩小摩といふ二人の猟師が、潔斎をして山に入つて行くと、山の神が御産をして弱つて居られるのに逢つた。一方は血の穢を畏れて近よらずして立去り、小摩のみは穢を厭はずに、割籠の飯を出して神女に進らせた。其功によつて猟の業末永く栄え、神に親切でなかつた大摩は罰を受けて、山川の小魚と化してしまつたといふのである。東北の類例はたゞ細部が是と異なつて居る。さうして猟夫の名が万治と磐司、又は神を助けた弓の名手と同様に、万三郎ともなつて居るのである。現在知られて居る分布は、この南北両端の例の他にまだ二つしか無い。その一つは三河の北設楽郡で言ひ伝へたもので、是は大ナンジと小ナンジの兄弟の狩人となつて居る（民族三巻一号）。栃木県野上村の老人が記憶して居たのは、是亦大ナジン小ナジンと謂ふので、共に口頭の伝承だから文字は宛てられてないが、話は大体に奥羽諸処のマタギが、今でも二組の狩人の一方は今も栄え、他の一方は既に久しく衰へて居る理由として、秘し且つ信じて居るものと同じなのである。単に伝播の弘さだけから言つても、前の二つよりは此口碑の方が優つて居るだけで無く、其内容が又古く我邦に発達した所謂富士筑波の神話の、最も敬虔なる姿を伝へて居るのである。山中の誕生といふ部分も、越前荒血山の伝説として、幾つかの中古の文芸に取入れられて居るが、其方が却つて毀たれ又は飾られて居る。さうして是にはまだ仏教の影響は、幽かにでも加はつて居らぬのである。

殊に我々が興味深く聴いたことは、羽後の荒瀬のマタギたちが、此口碑と関聯して今でもまだ記憶して居るらしき山神の物語に、釣針を失つてそれを捜しに来たエビス様と縁を結んで、それから身持になつて山の中で御産をなされたやうに、説かうとする部分があることである。是は何とぞして今一段と正確に、どこか他の地方のマタギの中からでも、是非に聴取つて置きたいものと思ふ。是が千年の遠い古へから、耳と口とのみで伝へて来た異伝であつた場合は勿論、仮に何人かゞ神代巻を読んで、それをやゝ粗略に話して聴かせたのだとしても、土地が山間であり聴衆が山立である限りは、完全に今は埋もれたる文化の経路なのである。彼等と山の信仰に携はつた一派の宗教家との関係は、恐らく此途からより他には尋ねて行く手だてが無い。その山臥の行者が又、既に存立を認められなくなつて、半世紀を越えて居るのである。江戸期の本当二山の統制が、記録文書の上ばかりでは堂々として居ても、やゝ中央から遠い田舎に行くと、幾らでも自由な野山伏が居つて、勝手次第な修法をして居たことは、所謂公然の秘密であつた。羽黒とか彦山とかいふ著名の霊山以外に、小さな信仰の中心は国々に数多く、それ等は寧ろ蔵王金峰の統一に反抗しても居た。もしも官途や世栄を念としなかつたら、退いて割拠の威望を保つ機会は何程もあつたのである。山へ新たに斯ういふ人々が、入つて地歩を占めるといふことは六つかしい迄も、仮に山民の間に古くから住んで居たとしたら、もしくは山立が自らこの信仰を守つて居たとしたら、其現状は容易には打破されなかつたのである。以前の山立の子孫だと名乗る人々が、今日抱持して居る信仰は少しづゝ判明して来たが、それの源泉であつた力はもう跡が無い。山臥は果して外から来て、山立の為に道を伝へたか。或は又彼等の気質と習慣が、この統制以前の験者仏教を守り立てたか。別の語でいふと我邦の信仰史の上に、あれだけ目覚しい異彩を放つた一派の祈禱教が、中から出たか外から入つたか、とにかく両者には色々の共通点があつて、今や二つながら通常化の道を急歩して居るのである。斯ういふ点を考へると、是までの史学の能力は有限であつた。ほんの僅かばかりの新しい疑問を提出して見ると、右にも左にも答へを試み得る者は一人も居りはしない。是でも大学まで設けられて居る国と言へるだらうか。歎かはしい次第だと思ふ。

我々の提出する疑問は、決して好事一遍の閑題目ではない。マタギ山立の群は既に数を減じ、又生業の基礎に離れてもはや特異の存在を保てなくなつた。験者の仏法は潰滅して跡方も留めなくなつて居る。しかも彼等を祖先とする者の血は、里に入り町に入り農民の中をくゞり、今日の所謂大衆の間に混入してしまつた。以前我々が山立の気風として、又は山臥行者の長処短処として、あれほど注視し又批判した正直・潔癖・剛気・片意地・執着・負けぎらひ・復讐心その他、相手に忌み嫌はれ畏れ憚られ、文芸には許多の伝奇を供し、凡人生涯にはさま〴〵の波瀾を惹起した幾つともない特色は、今や悉く解銷して虚無に帰したのであらうか。或は又環境に応じ形態を改めて、依然として社会の一角を占取し、この今日の日本的なるものを、攪乱せずんば止まじとして居るであらうか。是を突止めようにも何の方法も無いといふのなら是非が無いが、苟くも之を明かにする希望が些しでもありとすれば、我々はそれを試みなければならぬ。さうして少なくとも国人をして現状を意識せしめなければならぬ。

（柳田国男）

『山村生活の研究』柳田国男編、昭和一二年六月一〇日、民間伝承の会

分類農村語彙 *

分類農村語彙

柳田国男著
信濃教育会編

緒言

　地方の言葉は、近頃の郡誌方言集等に採録せられて居るもの以外、人類学雑誌風俗画報以来、自分が携はつた幾つかの定期刊行物までの中に、散見して居るもの丶数も相応に多い。是を出来るだけ寄せ集めて、整理し又比較して見たら、どういふ結果が現はれるであらうかといふことは、久しい前からの同志者間の話題であつたが、日増しに仕事が大きくなるので、つい是に着手する勇気が出なかつた。今度は愈々必要に迫られたによつて、前には先づ産育習俗と婚姻習俗との語彙を公刊し、第三次としてこの分類農村語彙を出すことにした。農村語彙といふ中でも、是は専ら生産に関する用語のみを、ほゞ其順序に従うて排列して見たもので、尚此外に消費生活に伴なふ語彙があり、村の組織に就ての興味ある多数の単語も纏まつて居る。前年農業経済研究といふ雑誌に発表した農村語彙は、五十音順に此等各部の語を雑載したものであつたが、量に於ては却つて今回のものより少なく、且つハ行まで丶中絶してしまつた。もしこの様式を以て乙丙丁の分類語彙を出して見たならば、我々の学んだ言葉の数が、僅かの歳月の間に二倍三倍して居ることが明かになるであらう。

　しかも一つの言葉を新たに知り、正しく記述するといふは決して軽少なる労苦では無い。殊に書物の上には使用せられず、又往々不精確に言ひかへられんとして居る百姓の語を、注意し紹介しようとした諸君は、並以上の同情と理解力とを、持つて居る人でなければならぬのである。さういふ篤志家の功績を蔭のものにしてしまふことは、自分としては誠に本意に背くのであるが、能ふ限り印刷を簡易にして、一日も早く利便を学界に頒つが為には、是も亦止むを得なかつた。他日全体の日本民俗語彙を纏め上げる際には、必ず何等かの方法を以て、この共同の事業に参与した人々の名を、明かにしなければならぬと考へて居る。

　次には採集地の問題であるが、是は資料の性質を明かにする為に、至つて大切な点である故に、村名は之を略いたが、郡島名は努めて記入して置くことにした。事実の直下に細注したものが皆それで、何れも郡誌類方言集又は雑誌の報告などに、印刷せられて居るものに拠つたのであるが、その一々の出処は、自分を信用ある者として、之を掲げることを見合せた。たゞ原文が複雑であり又有益であつて、読者に一読を勧めたいものと、多少の疑念があつて責任の全部を私が負ひ難いものとだけは、特に書名と雑誌の巻号とを表示してある。御断りをしなければならぬことは、採集は多くは偶然であり、従つて一つの事実が或郡或島にあるといふ記述は、其他の土地には無いといふ意味では絶対にないことである。自分は寧ろ周囲隣接の郡島にも同じ事実あるは固より、時としては遠く離れた他府県にも、偶然の一致は有り得ることを予想しつゝ、たゞ其中の突留められた一二例だけを、明かにして置かうとするのである。それから今一つは、注記せられた郡島内にも之を忘れ、又は初から知らぬ人があるだけで無く、時には全く別の言葉を使つて居ることも有り得る。自分はたゞ少なくとも其地居住者の若干が、さう謂つて居るといふことを保障するのである。そんな事実は無いといふことを明言する人も折々はあるが、それは個人の殊に郷里を出て居るものに、到底許される断定では無いのである。

ともかくも自分の語彙にはすべて根拠がある。少しでも報告の心もとないものは、暫らくそつとして置いて第二の資料の出るのを待ち、いよ〳〵確かと判つて始めてこの系列に加へることにして居る。単に偶然其人だけが知らぬといふことを以て、誤謬と断ずることは差控へてもらはなければならぬ。此書が代表して居る調査区域が、まだ全国の三が一にも及ばず、調査にも亦精粗の差が著しく、従つて遺漏脱落の多いといふことは、それは自らもよく承知して居る。しかし少なくとも利用者に対して受合ふことの出来る二つの点は、こゝに掲げた約二千の農村語は、何れも我邦のどこかの地に於て、誰かゞ現実につい最近まで用ゐて居たものだといふことが一つ、次には今ある幾つかの普通の字引の中に、是はまだ日本語として掲載せられて居らぬものだといふことである。この第二の点は一々に就いて確かめるといふことは出来ないが、大よそ心づき又は気になる限り、悉く自分の手元にある辞典によつて、いやしくも内容の略同じものは皆削り棄てゝ、説明の重複を避けることに努めた。是は直接本書とは交渉の無いことだが、今ある多数の辞典は何れも互ひに他人の書いたものを切貼して居る。しかしこの分類農村語彙だけは、新たに今ある知識に附加することを本意とし、たとへ些かでもよその字引に既にあるものを、借りて来て量を増さうとはしなかつた。それで居てもう是だけの大きなものになつたのである。

勿論すべて皆誰かの知つて居る知識であつて、編者には何等発見の功労があるとは言へないが、少なくとも本で学問をして居る都市の人々は知らず、田舎に住む者の多数も亦、互ひによそに在ることに気付かなかつた。国全体から見ると大部分は新たなる収穫であつた。こんな簡単な又有りふれた事実をも知らずに、是まで一廉の物を言つて居た人が、多いといふこと迄は争はれない。さて是だけのことが国内の公有知識となつた暁、我々の人生観はどう変つて行かねばならぬであらうか。自分は経国済民の論議に、過去の精確なる歴史の欠くべからざることを痛感し、在来の農村史が史と称しつゝ実は臆断であつて、しかも改良の手段に乏しかつたことを経験して居る。新たなる文字以外の史料、記録以外の現前の事実に基いて、その歎かはしい弱点がどれだけまで補強せられ得るであらうか。その試みの第一歩を自分等は今踏出さうとして居るのである。後世この志を嗣がうとする人たちに、たとへ幽かにでもこの方法に見込があり、目的は決して間違つて居なかつたといふことを、承認せしめることが出来たら、自分等はそれで満足する。完全はもとより発願者の企て得る所では無いのである。

昭和十二年四月　　　　柳田国男識

『分類農村語彙』柳田国男著・信濃教育会編、昭和一二年七月一日、信濃教育会

分類農村語彙　増補版　上巻

柳田国男著

増補版解説

民俗語彙の集成といふことは、二十年来の私たちの計画であるが、内外くさ〴〵の事情が、今まで実現をおくらせて居る。これも幾らかでも容易にする方法として、農村語彙といふ類の分類集を出し始めたのだけれども、是さへもまだ十種しか本にはなつて居らず、しかも追々に増補すべき箇条が多くなつて来た。分類農村語彙の第一版は、今からちやうど十年前に、信濃教育会の好意によつて千数百冊を刊行し、主として県内の会員に読んでもらはうとした為に、一般への頒布は最初から僅かなものであつた上に、我々は、又程無く改修の機会が来るものと予期して、紙型の保存さへもしなかつたのである。今となつて考へると、もつと早い頃に思ひ切つて、第二版を出して置けばよかつたので、其支度も実は整つて居た。これが今日は名を聞いて捜しまはる人が多く、古本市場では法外な珍本扱ひを受け、一方我々の書棚にあつたものまで、焼けたり借りられたり、いつの間にか見えなくなつてから後に、この出版界の最悪の状況の下に、やつとのことで世に送るやうになつたといふことは、新たな色々の故障によるとは言ひながら、ともかくも甚だ気の利かぬ話であつた。

編者としての私の経験に依ると、語彙は之をまとめて書き上げてしまつた当座が、最も多くの追加資料の見つかるときなのである。これは恐らく興味の集注と、細かな異同に関する記憶の鮮明な為であらうが、この農村語彙なども、本になつてから後三年ほどのうちに、もう新たに得たノートが、以前の三分の一ほどもたまつて、前集の欠点ばかりがしきりと気になつて、しかもこれに手を入れて居る時間が、どうしても得られぬので私は悩んで居た。倉田一郎君は別に職業があり、私以上に多忙な人であるが、若いだけに夜分の仕事が出来る。其上に年久しく東西の各地を巡歴して、農村の生活に親しんで居り、興味も或は私以上に深いかと思つたので、代つてこの増補版を纏めてもらふことにしたのは、たしか昭和十六年の春頃のことであつた。当時の打合せをここに明記すれば、順序は大体に初版の型を追ふこと、資料は主として私の集めたものを用ゐ、たま〳〵是に洩れたるは加へてほしいが、もしも解説が此方と異なるやうな場合には、必ずもう一度話し合つてからきめる。つまりは私の立場に統一するといふことであつた。それから今一つは、記述が単調に流れることを避けて、出来るだけ読物の性質を持たせるやうに、字句の使用に骨を折ること、是は辞書にはやゝ無理な注文のやうだが、自分で筆を執つたものは出来るだけこの方針に依らうとして居る。改めて全編に目を通したらば、稀には本意に反する点も無いとは限らぬが、是だけは最初の約束だから、守られて居るものと信じ、従つて自身手を下したのでは無いけれども、この程度には私が責任を負ふのである。しかし是だけの本文を書き上げるといふことは、勿論なまやさしい労苦でない。殊に戦中の慌ただしい生活に於て、仕事を持ちあるいて著々と効を挙げられたことは、永く感銘すべき倉田氏の熱情であり、それが空襲その他の怖ろしい障碍によつて、いつまでも日の光を見ずに居たといふのは、まことに本意に反したことであつた。しかし要するに是も時代の悩みである。行く〱此事業の相当な効果を見ることによつて、せめてもの慰藉を得るより他は無いと思ふ。

日本の建て直しは、地方から始まるといふことは定説のやうだが、その方式についてはまだ何人も一致した予想が無い。是も結局は、民意が之を決するのであらうが、少なくとも知つて居らねばならぬ事実を知らぬ人々に、音頭を取らせることだけは危険である。農村語彙などは、たゞ其事実の一端に過ぎぬけれども、少なくても是が知識欲の出発点、同時に又我々の無知を自覚する、一つの機縁となるべきことだけは疑はれない。以前は農村に生を営む者の限り、之を常識として人生を思惟し、又社会の将来を想定し企画して居た。烈しい世変を中に置いて、この常識の糸筋が今や断たれんとして居るのである。従つて私たちは、之を自称指導者等の警策として役立たせる以前に、先づ村々の生活を続けて居る人たちの、自省の具として利用せしめたいのである。一つ〱の村の言葉などは知らずにしまつてもよからうが、是を繋ぎ合せて来た年来の物の見方、又は、活き方ともいふべきものを離れては、外来の浮浪者と択ぶ所が無いのである。まとめて総体を見せるといふことが、分類農村語彙のさし当りの趣旨であつた。さうして、我々は是を国全体の民俗語彙に、推し及ぼさんとして居るのである。

昭和廿二年四月　　柳田国男

『分類農村語彙　増補版　上巻』柳田国男著、昭和二二年五月三〇日、東洋堂

葬送習俗語彙

柳田国男著

序

数多い諸国の方言集の中でも、葬礼に関する用語の採録せられたものは至つて少ない。やはり平生之を口にする者が無いので、かゝつて調べようとする人でないと、知ることが出来ぬのかと思ふ。郡誌の風俗の部には、折々葬列の様子などを詳しく記したのもあるが、是にもその前後の家々で守つて居る慣例を、注意したものが一向に見当らず、現に所謂両墓制の如く都市と農村と、新開地と旧来の居住地との間に存する、最も顕著なる制度の差異が、近頃になつて漸く我々の仲間の問題として、考へられ始めたものも多いのである。中代以前にあつてあれほど大切であつた喪屋の生活、火と食物の上に厳存した忌の拘束、是と各自の経済的要求との相関、現在は殆ど常識の如くなつて居る墓地点定の個人主義が、行く〳〵此国土を石碑だらけにしてしまはないかどうかの疑問等、一つとして今日明かになつて居る歴史知識といふものは無いのである。それよりももつと根本的なものは、死後に関する我々常人の考へ方、今はこの世に住まぬ国民と、その血を受け継いで居る活きた人々との連鎖、永い久しい血食といふ東洋思想は、果して変化改廃無しに今も続いて居るか、或は既に凡俗の間にすらも、消えて痕無くならうとして居るのであるか。斯ういふ痛切なる全社会の問題までが、たつた一つの我々の方法によつて、僅かに解答を将来に期し得るのである。故に現在の資料はまだ決して豊富ではないけれども、寧ろ調査者の興味を刺戟せんが為に、この程度に於て一応の整理を試みる。幸ひなことには他の色々の習俗とちがつて、葬儀はその肝要な部分が甚だしく保守的である。喪家が直接に其事務に当らず、之を近隣知友に委托する為に、後者は専ら衆議と先例に依つて、思ひ切つた改定を加へようとしないからである。其結果は村と村との間に著しい仕来りの違ひがあると共に、意外な遠方の土地にも争ふべからざる一致があつて、或はこの特色によつて、土着の新旧を想察せしめる場合さへあるかと思はれる。西人謂ふ所のフォクロリズム、即ち進化段階の比較と綜合とが、最も力を施し易い領域であり、この実験の収穫は必ずしも一個葬送習俗の沿革を明かにするに止まらず、更に他の幾つかの複雑なる問題に応用することも出来るかと思ふ。今回の編輯も前の婚姻語彙のやうに、大間知篤三君が主として其労に任ぜられたが、是に用ゐられた資料の大部分は、自分の十年以来の集積であつた。曾てこの約五分の一を、宗教研究といふ雑誌に掲載したことがあるが、我々の趣旨と方法とを、尊重する者が少ないので継続しなかつた。日本の宗教研究なども、斯ういふ国内の事実の認識を、せめては外国学者の所説と同一程度に、重んずるやうになつたらよからうと思ふのだが、其機運を作るだけの力が、私たちの仲間に今まではまだ備はらなかつた。是が永遠の国の学問の姿ではなくて、たゞ単なる一過渡期の状態に過ぎなかつたことを、やがては立証する日の到来せんことを希ふの他は無いのである。

昭和十二年八月　　　　　　　　　柳田国男識

『葬送習俗語彙』柳田国男著、昭和一二年九月二〇日、民間伝承の会

採集手帖（沿海地方用）

柳田国男編

緒　言

　日本の国柄の特質を、もつと深く知りたいといふ要望が、近頃大層盛んになつて来ました。日本の国民性の特色を、充分明らかにし、且つその由来を究めたいといふ機運が、今日非常に強くなつて来ました。昔から言ひ古された事を、そのまゝ口真似したり、西洋の学者の考へた法則を、そのまゝ日本に当嵌めたりしたのでは、この機運に添ひ、またこの要望に答へることは出来ません。抽象的な論議は、もう飽きるほど並べられて居りますが、それではどうにもならなくなつて居るのです。この機に臨んで我々は、生活自身が語る具体的な資料を数多く蒐集し、比較し整理し、その資料をして自ら語らしめる方法を、更に進めてゆく必要があります。

　日本にも昔から、文献は相当沢山にあります。然し其等の文献たるや、国の中心地や藩庁の所在地のことを誌したものばかり多く、然も対象とされて居るのは多く貴族や武家の生活でありまして、一般民衆の生活記録は不思議なほどに乏しいのであります。そして国の歴史を書くにも、国民性の特色を述べるにも、従来はかうした偏頗な文献資料を基礎として居たのであります。それは敢て間違ひとは言へないまでも、少くとも不充分さは免れないと言へませう。

　我々はこれを以て満足することは出来ません。国民の大多数を占めて居る一般民衆が、日々如何に働き、如何に考へ、如何に感じて来たか、即ちどんな生活を繰返しつゝ今日に到つたかといふことを知るのが、最も必要事であると信じて居ります。その知識を基礎として、国柄や国民性について従来主張されて来たことを、更に深く考へて行かうとして居るのが、我々の路であります。各人がその郷土の生活を細かく観察し、採集記録したものを綜合して、一般民衆の生活が辿つて来た跡を実証的に明らかにするばかりではなく、それによつて本当に我国民の特徴を解説するのが、我々の目的であります。

　今の村の生活を調べて、果して昔からの生活の辿り来たつた跡が判るかといふ疑問を持たれる方があるかも知れません。然しその点の心配は要りません。過去三十年間にわたるこの学問の業績は、現在の資料が過去の生活の筋道を語るといふことを、最も雄弁に証明して居ます。この手帖に記してあるやうな項目によつて、村の生活を少しばかり注意せられたら、都会で遠くの昔に消え失せたやうな古い生活が、如何に豊富に村に残つて居るかといふことが充分お判りになると思ひます。一つの問題についても、日本の各地方から出来るだけ多くの類例を集めて比較することによつて、古くからの変遷が判つて来るのであります。そして日本はこの方法を適用して研究するのに、まことに都合の良い国であります。

私達が一つの村に住んで、隣村の生活を眺めて見ますと、習俗や、言葉や、気質等に大きな相違があることに気付く場合が多くあります。同じ県の、同じ郡の、同じ村のうちでさへも、字が異なると多少とも必ずこの種の差異があります。つまり日本の村々は、みなそれぞれ独特な個性を持つて居るのであります。しかも日本は南北に長く、多くの島々に分れ、沢山の山脈や河によつて区劃されて、地形や風土が非常に複雑であります。その生業から見ましても、大きく言つて、漁村、農村、山村の区別があり、細かく見ればその各々の村に又相違があります。その上に村の成立の由来が色々ちがつて居ります。さうした沢山の村が、近い頃までより多く相互に隔離されて、自給自足の生活を営んで来たのですから、村々に独特な異色ある個性が養はれて来たのは当然なことであります。そこに各村ごとに郷土生活の研究をする必要が、備はつて居るのだと言へませう。

このやうに一つ一つ個性を持つた村が、また何れも日本の村であり、古くから他の民族では無く、日本民族の祖先が生活して来たといふ点に於いて、総て一致して居ります。然もそれだけではありません。極く大きな区劃によりますと、東北地方の北部と九州の南部とが、色々な点で、大層相似たことが多いのであります。昔は京都を中心として新しい生活様式が、絶えず波紋のやうに拡がる運動があつたのですが、その新しい文化の波の影響の少なかつた所に、より古い祖先の生活が残つたのであります。離れ離れの島や、岬の端や、山懐ろの村などに、点々として同じ習俗や、言葉や、気風などの残留して居る例が非常に多いのであります。このやうに隣接地に於ける民間伝承の相違と、遠隔地に於けるその一致とは、日本文化の著しい特徴でありまして、そこに、採集された資料の比較研究の必要と、可能とがあるわけであります。

日本は非常に古い国でありながら、所謂近代生活の始まることが割合に遅かつたといふこともありますし、その他にも色々の原因はありますが、兎に角古風な民間生活の様々の発展段階にあるものが、大層豊富に残つて居りまして、謂はゞ民間伝承の研究の為には宝庫であります。然しそれは、採集や研究を後廻しにして良いといふことには決してなりません。旧家に蔵せられた古文書や、土中に埋没して居る石器なら、十年二十年放つて置いたつて変るものでもありません。ところが我々が最も重要視するところの、日常生活の間に無意識に伝承されて居る資料といふものは、今日特に急激に変化を被り、且つ消滅しつゝあります。村の年寄りの数が一人減る毎に、村のラヂオ器が一日鳴る毎に、古風は未来永劫に消え失せつゝあるのであります。この点、採集作業は目下の急務であると、声を大にして我々は叫ぶのであります。

我々の郷土生活研究所におきましては、文部省内日本学術振興会の補助を得て、昭和九年五月から満三年間にわたり、日本全国各府県から一二箇所づゝ、総体で五十余の山村に就いて詳細なる生活調査を遂げ、その結果は『山村生活の研究』其他に発表して、幸に学界の好評を博して居ります。そして我々が、本年五月から以後三年間の予定を以て、更に離島並びに沿海村落三十余箇所に就いて調査に着手し、また日本学術振興会が再びこの挙に対して補助を与へられるに到つたことは、専ら上に述べ来たつたことの必要が、今日特に痛感されて居る結果に他ならないと思ひます。

この採集手帖は、前に出版しました山村調査のための『郷土生活研究採集手帖』を参考にし、沿海村落の生活調査に於いて、特に大切と思はれる一般的な問題を百項目に分けて列記したものであります。我々も勿論これらの項目に従つて今後の採集に進む予定でありますが、これは我々の為といふよりも、寧ろ一般同志者の使用を考慮に入れて、編纂されたものであることは申すまでもありません。

昭和十二年十一月

郷土生活研究所同人

同人名（五十音順）

大藤時彦　大間知篤三
倉田一郎　小寺廉吉
後藤興善　桜田勝徳
守随一　杉浦健一
鈴木棠三　瀬川清子
関敬吾　橋浦泰雄
比嘉春潮　最上孝敬
山口貞夫　柳田国男

東京市世田谷区成城町三七七　柳田国男方

郷土生活研究所

採集上の注意

（無記名）

一、なるべく地元の人に話を聞いて下さい。

二、疑問のものは疑問のまゝ書き留め、自分の解釈を加へないで下さい。

三、特に土地の方言を多く生かして書いて下さい。

四、図解を要するものは簡潔な図を添へて下さい。

五、大字小字名もなるべく書き添へて下さい。
六、後の白紙に関係地名を記した略図を書いて下さい。
七、話者の姓名、年齢、性別、職業も書き入れて下さい。
八、本手帖の各項目は極く一般的なことばかりですから、直接訊ねてないことでも、関係資料は詳しく記入して下さい。

〔採集項目〕（無記名）

1 村の起り、漁業の起りについてどんな言ひ伝へがありますか。
旧家は網元や船元をしてゐるか。

2 村の功労者として記憶されてゐるのは、どういふ人でせうか。
また村人として立派な生活をした人の話を承りたい。

3 土地で記憶されてゐる大きな出来事はどんな事でせうか。
洪水、火災、争ひごと、その他自然的社会的な変動について知りたい。

4 以前は村の暮しは、もつと楽であつたか、もつと苦しかつたでせうか。
村人の一致協力によつて、村の暮しが楽になつたことはないか。
祟りや罰によつて、村が衰微したといふ話はないか。

5 一家の盛衰は、どんな事情によりましたか。
旧家で今も栄えてゐるといふ例が多いか。
家の衰微は、如何ともなし難い宿命的なものによるか。

6 前にあつて、今はなくなつた仕事は何々ですか。
古く行はれた夜業の種類、その方法や時期等についても知りたい。

7 古く行はれた漁法の、主なるものを伺ひたい。
釣漁、突漁、その他の起原について、何か言ひ伝へがあるか。
採藻、捕鯨、海士作業についても知りたい。

8 部落単位でする漁や、一族単位でする漁がありますか。
同じ漁船に乗組むのは、どういふ仲間であらうか。
漁の方法は、親方の指揮によるか、申し合せによるか。

9 網子や舟子の契約は、どういふ風に行はれますか。
契約の時機、その際の酒盛り等についても知りたい。

10 漁の仲間の役割が、厳重に定まつてゐますか。
沖ばかりでなく、陸にゐるものの役割も。
村君、魚見、船頭、カシキ等のことも伺ひたし。

11 網や船の所有は、特定の人々に限られてゐましたか。
その所有は共有か、個人持か。
それらの譲り渡しに、制限があつたか。

12 漁場を定めるのに、何か古くから行はれて来た方式がありますか。
数ケ浦寄合の議定があるか。
組々への割当の定めはないか。

13 磯や、漁の口明けの定めがありますか。
口明けにあたつて、特別に優遇される人や家があるか。
共有の漁場や山野の利用方法、収益の処分方法についても知りたい。

14 漁獲物の分配について、古くからの定めがありますか。
網主、船主の分け前。鍛治屋、船大工、病人、老人、幼者への分け前。
定まつた分け前以外に、舟子網子等の取り分が黙認されてゐないか。

15 他所からの入漁は、どんな条件で許して居ましたか。
何物かの提供を要求したか。特定の人々には自由に入漁させたか。
例へば家船のやうな、海上生活者は来なかつたか。

16 舟子や奉公人は、他村からも来ましたか。
以前は主人との間に、生涯続くやうな深い関係が出来たか。
日傭も他村から来たか。その村は定まつて居たか。

17 他所から来て村に定住するには、どんな村入りの作法がありましたか。
濡れ草鞋などといつて、誰かの保証を必要としたか。
酒を買ふとか、仕事に出るとか、株を買ふ等といふことが必要であつたか。

18 特に仲の良い村、また悪い村がありますか。
部落の起りや、職業上の問題に起因して居るか。

19 漁獲物、その他物産の販売は、どういふ方法で行はれましたか。
どんなものを売出したか。共同に積出すことはなかつたか。
定まつた得意、仲買店はなかつたか。出買船や、仲買人が入つて来たか。

20 必要品の買入れにはどこへ出ましたか。
市日として定まつたものがあつたか。市に祀る神があつたか。
物売りは古くから来たか。

21 運漕船はどういふ風に仕立てましたか。
一般に物の運搬方法、運搬具についても知りたい。

22 廻船、お札配り、行脚僧、旅芸人、流罪人等を如何に待遇しましたか。
その他物売り以外に、外から文化を齎した人の種類。村人の待遇振り。
彼等が村に及ぼした影響を知りたい。

23 出稼ぎや遠方への出漁は、昔からあつたのでせうか。
季節的な出稼ぎの種類。その経路。
外へ出て成功した人があるか、今でも連絡を続けてゐるか。

24 旅立ち送り、帰郷迎へ等に何か仕来りがありますか。
旅中の安穏を祈るため、カゲゼン等の仕来りがあるか。

25 部落内の、古くからの組の分け方、組の主な仕事を承りたい。
作業、葬式、交際等を共にする地域的な団結の単位を知りたい。
一族を中心として出来てゐる組があるか。

26 組内でも隣家のみは、特別の義理を守り合ひますか。
イチドナリ等と云つて、葬式等の場合に特別の義理をつくす所がある。

27 講、日待にはどんな種類がありますか。
講員の範囲、講日、宿、行事等も知りたい。女だけの講があるか。

講や組には共有の財産はないか。

28 村の人達が、互に共同して作業をするのはどんな場合ですか。

モヤヒ、ユヒ、テマガヘ等の相違を聞きたい。

29 村の人が手伝ひに行き、助けに行くのはどんな場合ですか。

平常時に於ける相互援助の種類。テツダヒ、スケド、コーリョク等。

舟タデ、舟引上げ等はどうしてするか。

30 津波、難破、火災その他の災難に、郷党はどんな風に援助しますか。

異常時に於ける相互援助の種類や方法。

31 村ハチブ、仲間ハヅシといふやうな制裁はありませんでしたか。

村制裁は如何なる人に加へられたか。

それにも罪の軽重により、差異があつたか。

32 村の公の場合と、私の場合を如何にして区別しますか。

それを現す言葉を承りたい。

33 漁師と漁師以外の者とに、村づき合ひに何か差異がありますか。

漁師と漁師以外の者とに、格式の差があるか。

漁をする者の間にも、漁の種類により差異があるか。

34 寄り物や漁獲物に、何かシルシをつけることがありますか。

山野、沖、海浜等で占有の標識として用ひられてゐるもの。

家ジルシと舟ジルシとは同じか。

35 家、屋敷、田畑その他の財産はどのやうに継承分配されますか。

以前は長男のみに譲られたか、みんなに分配されたか。

長女の養子に相続させるとか、末子に相続させる等の風はなかつたか。

36 親夫婦が隠居をした時、先祖の位牌や仏壇はどうしますか。

特に隠居の保留するものは何々か。小さい子供等はつれて出るか。
分家は古くから自由であつたか。

37 一族、一党や親類の礼儀、義理はどういふ場合に尽しますか。
マキ、カブ等と呼ばれる同族と姻戚との差異。同族神の祀り方。
盆、正月、婚礼、葬式等に同族のつき合ひはどうするか。

38 仮の親子の約束はどんな工合に行はれますか。
仮の親子の縁を結ぶ機会、方法。その義理は一生続くか。
取上げ親、名付け親、拾ひ親、かね親、仲人親等にどういふ人を頼むか。

39 漁の上手とか、唄の上手、大力、大喰ひ等で知られた人がありますか。
さういふ人には、血筋のやうなものがあるか。
村人はさういふ人を、どう見てゐるか。

40 自分は少しも笑はなくても、よく人を笑はす人がありますか。
よく笑ふ人を、村人は何と見てゐるか。
笑ひによつて尊敬され、或は人を打負かしたといふやうな話はないか。

41 成年式は男女何歳で挙げ、如何なる祝や披露をしたのでせうか。
前髪祝、鉄漿附け祝等の名称もある。親分を頼んだか。改名したか。
一人前と成つた待遇上の変化。十三歳にもヘコ祝などといふ祝があるか。

42 以前の若者組は、村の警備や、祭礼や、婚姻にどんな働をしましたか。
宿は何所を選んだか。宿での仕事。宿親の世話。宿へのお礼。
宿及び若者組への参加と脱退の時機。年齢、体力等によつてちがふか。

43 娘仲間のつきあひのうち、主なることをお話し下さい。
夜業や婚姻の機会。三月三日等にも娘だけの行事がなかつたか。

宿へ泊りに出る習はしは、何時頃から絶えたか。

44 嫁入に必ず持参すべき品は何ですか。また初聟入は何時でせうか。

式をあげても嫁が親里に留る例。道具渡しの遅れる例。嫁入や初聟入には、娘や若者の仲間が随行しないか。

45 代々他村から嫁聟を迎へて居た家があるか。どんな家柄でせうか。

他村縁組には双方村方の若衆へ、特別に酒を振舞はねばならないか。

仲人にはどんな人を頼むか。仲宿は他村縁組だけに設けるか。

46 初産は親里でしますか。産の忌として特に重んじられたること。

産神の信仰。産児、産婦、父親の忌明け。子と産婆との関係。

産児が初めて父方に戻り、或は母方に行く際の祝を知りたい。

47 産児の初宮参り。それは里方の氏神か。七歳に氏子入の祝をするか。

七歳に達するまで、幼児の為にどんな祝をするか。

幼児の葬法、及び墓地は、大人の場合と相違して居るか。

48 子供仲間が活動する機会は、一年に幾度ありますか。

氏神祭礼、道祖神祭、正月、盆、亥の子等どんな場合か。その頭の権限。

子供が特別の神役につく場合がないか。

49 古くから主婦の役目や権能とされて居たことは、何々でせうか。

杓子渡しなどゝいつて、嫁が主婦になるのは、どんな時機か。

マツボリ、ホマチ等といはれる私財は如何にして貯へられたか。

50 三十三歳、四十二歳。六十一歳の（厄）年祝にはどうして祝ひますか。

それは誕生日に催されるか。その際の贈答はどうするか。

幾歳の祝が、最もさかんに行はれるか。

51 誕生・婚姻・年祝・葬式等には同齢者間に何か関りがありますか。

同齢者故に、祝ひや弔ひに参加せぬといふやうなことがあるか。

同齢者の死を聞いて、耳塞ぎ等といふことをしないか。

52 死亡直後に焚く飯に関する作法。その始末。別れ飯を食べる範囲。

一般村人も葬家で飲食するか。埋葬役や湯灌役は特別の饗応を受けるか。

葬儀に於いて村人の手伝ふこと。香奠は親戚と一般とでどう違ふか。

53 忌中の行事。忌がかりの者のつゝしむべき事は何々でせうか。

火を別にするか。妻や嫁にも忌がかゝるか。嫁の実家の不幸の場合。

忌晴れの順序は血縁の親疎によるか。忌晴れの行事。

54 以前の埋葬地。墓石を建てる場所や時機に関して承りたい。

旅先きの死者、水死人等の墓は何所に築くか。

最終年回は何時か。その時に位牌や墓をどうするか。

55 先祖の祀りやうが足らぬと心づくのは、どんな場合でせうか。

巫女や夢による以外、どんな徴候で知り、さうした場合にはどうして祀るか。

家屋敷等を買つた者は、前の持主のために祭を時々するか。

56 屋敷内には、主屋以外にどんな小屋がありますか。

屋敷神を祀つた場所はどこか。

産小屋などといつて、特別の小屋があつたか。

57 一般民家の間取りを図示し、その使用法をお話し下さい。

定まつた部屋を持つてゐるのは、家族のうちの誰々でせうか。

キロリの座席の名称。横座を譲るのは何時、どんな場合か。

58 家の出入口の使用法には、どんな仕来りがありませうか。

正月に松を飾り、盆に仏を迎へる入口、嫁の入口、棺の出口。
其他土間口から出入しないのは、どんな人でせうか。

59 仕事着は仕事の種類によつて、おほよそ定まつて居りますか。
冠り物、襷、帯、前垂、履物、下着等のつけ方も知りたい。

60 晴着を着なければならないのは、何時々々でせうか。
大漁祝、婚礼、葬礼等の着物。産衣は里方で用意するか。
紅、白粉、鍋墨をつける機会。髷は晴と褻（平常）や年齢によつてちがふか。

61 常食の種類、標準、回数などについて承りたい。
漁場や船などに、持参してはならぬといはれる食物があるか。
食器の名称や形についても知りたい。

62 かはり物（特殊食物）を、こしらへる日はいつですか。
その作り方、食べ方なども知りたい。

63 必ず近隣や親戚へ分配する食物には、どんなものがありますか。
初ナリモノ、初魚、特に土産など、贈答の機会と方式。
オタメやオウツリなどと謂はれる返しは、必ず入れるか。

64 漁期開始の祝や、初漁の祝はどんな風に行ひますか。
初魚を神に供へる方式や、唱へ言も定まつて居るか。

65 大漁祝にはどんな種類がありますか。その作法を詳しく知りたい。
大漁祝に出る祝ひの品物や食物。
不漁直しには、どんな事をするか。

66 古くから舟の造り方や、舟下しの祝の仕方は定まつてゐましたか。
その際に、縁起のよいとされて居る物事は何々か。
舟の一部が出来あがつた時にも、祝をするか。

67 古くからある舟の種類、その構造の特徴を承りたい。
それぞれの用途の差。

68 操舟上の作法として、古くから守られて居るのはどんなことですか。

出船の作法、船のつけ方、舟のもやひ方、器具の定まつた置場所など。

カタフネヅキアヒをやりますか。

69 沖や陸での信号は、どんな場合に、どんな方法で行ひましたか。

魚見からの信号、大漁の信号、災難の知らせ方など。

70 酒盛りの席順は、今でもやかましく言ひますか。

盃の廻し方や、やりとりの古くからの作法。

その入費の分担方法はどうするか。

71 正月の初乗りには、どんな事をしますか。

年木、幸木、門松などの飾り方は定まつて居るか。

十四日の夜に訪れて来る者があつたか。

72 新仏の有り無しによつて、盆の行事にどんな違ひがありますか。

親の有無によつても、盆の祭り方が異なるか。

迎ひ火、精霊棚、送り盆は、今も昔も同じであらうか。

73 他郷に在る者も、村の神祭には帰らねばなりませんか。

帰れない場合は、旅先きでどんなことをしなければならないか。

74 氏神のお供へ物を調へるのは、頭屋と定まつて居りますか。

その為に特別に漁をしたり、田畑の世話をしたりするか。

頭屋の妻にも、特別の役割がないか。

75 カギトリ等と謂つて、神社と特別の関係を持つた旧家がありませんか。

平日及び祭日に、どんなことをするか。

さういふ家は、漁獲物などについて特別の関係があるか。

76 氏神祭や神事の座席順には、古くから定まつた慣習がありますか。

船の中で催す神祭りなどの座席にも、注意したい。

77 神に祀られて居る土地の人はないでせうか。
何故祀られたか、その理由を知りたい。
不幸な死に方をした人を特に祀つた例がないか。

78 漁の神、海の神、エビス神として信心されるものは何でせうか。
神の使と見られる魚。獲れると喜ばれる魚貝があるか。
特に獲ることを忌まれる魚貝がないか。

79 船霊様はどうして祀りますか。
その御神体。それを入れる作法や、唱へ言等も知りたい。
船霊様を入れかへるのは、どんな場合か。

80 海から上つた神様がありませんか。
御神体漂着や、海中から出現した仏の話がないか。

81 流れ仏はどの様に取扱ひましたか。
屍体を舟へ乗せる時のしきたりや、浜へ漂着した場合の始末。
流れ仏を祀つた例があるか。人骨が漂着した場合はどうするか。

82 祭礼の前に、特に慎しまねばならぬことがありますか。
村一般の忌みと頭屋、頭人、神役などの忌みと、どうちがふか。
男と女によつても、ちがひがあるか。

83 植ゑ、飼ひ、また食ふことを嫌ふ動植物がありませんか。
村全体、一族一家、何れの禁忌か。嫁聟の場合はどうなるか。
氏神様の嫌ふものがあるか。

84 舟の上で忌み或は嫌ふものごとは何々ですか。
沖言葉にはどんなものがあるか。
舟に女を乗せることを嫌ふか。

85 昔から一般に人々が忌み、慎しんでしないのはどんなことですか。
してはならぬと云つて、子供達に注意すること。
漁や舟出をしてはならぬ日があるか。

86 特によくない所、又は神聖な場所がありますか。
例へば路傍の森や塚、山の中の大木、海礁、瀬、岬など。

其所を通過する際の作法。舟を着けるのを嫌ふ場所があるか。

87 古い御札やシメ等を焼いたり、始末したりする場所が定まつてゐますか。

その他、貝殻や梅干の核などは何処へ納めるか。

88 神様の祟りを受けたとか、通り神に会つた話はありませんか。

神をおろそかにして、罰を受けた例などはないか。

89 占ひ、口寄せ、神祭りなどに女性はどんな役割を持つてゐましたか。

信仰行事に於ける女性の役割。女性の介入を許さゞる神事。

巫女の相続の仕方。その葬式や墓は一般の人と違ふか。

90 豊漁不漁や、幸不幸のお知らせといふことはありませんか。

夢の御告や前兆などについて知りたい。

船霊様がイサムとか、サヘヅルといふことがないか。

91 吉凶を占ふ場合、その方法に就いて承りたい。

綱引、競舟、その他に大豆や紙縒などで占ひをするか。

92 狸、貉、海坊主など、変化物の話はありませんか。

その他に怖しい響を聞いたとか、光り物を見た話を承りたい。

さういふものゝ害を避ける手段。例へばツケギ、煙草、苫、唱へ言など。

93 病気や不幸の際には、何所へお参りしますか。

願掛けやその御礼参りは、どのやうにするか。

出漁者が行衛不明になつた時の祈願はどうするか。

94 神仏になんといつて拝みますか。

海上、地上を問はず色々の唱へ言を知りたい。

95 氏神様や船霊様などの力で、助けられた話がありませんか。

96 雨乞ひや虫送りなど、共同祈願はどんな風にしますか。

さういふ場合に、女だけでする催しごとがないか。

97　張切り、道切りなど、村境で厄災除けをする習はしがありませんか。
その機会や方法を知りたい。
村境に祀つた神様はないか。

98　浄めや祈願に、塩や潮水を使ふことがありませんか。
例へばオシホイ、シホバナ等。
塩は昔は村で造つたか。塩売りが来たか。

99　疲労や衰弱を、どんな言葉で言ひ表しますか。
死期を予知するといふことがないか。
死後の準備や覚悟について知りたい。

100　代々長生する家筋や、仕合せよき家や人の話がありませんか。

『採集手帖（沿海地方用）』柳田国男編、昭和一二年一一月二五日、民間伝承の会

禁忌習俗語彙

柳田国男著

序

我邦では現在イミといふ一語が、可なり差別の著しい二つ以上の用途に働いて居る。極度に清浄なるものは祭の屋の忌火であるが、別に或種の忌屋の火は是に交はることを穢として避けられる。忌を厳守する者の法則にも、外から憚つて近づかぬものと、内に在つて警戒して、すべての忌で無いものを排除せんとする場合とがある。斯様に両端に立分れて居るものだつたら、最初一つの語によつて之を処理しようとするわけが無い。以前は今よりも感覚が相近く、且つ其間にもつと筋道の立つた聯絡があつたのではあるまいか。この問題に疑を抱き始めてから、既に自分でも驚くほどの年数が過ぎて居る。素より外国の学者の研究に、参考になつたものも色々と有るが、彼等は自分の国にこの事実は持合はさず、いつでもよその種族の及び腰の観測に依つて、意見を立てなければならなかつた上に、仮に根源の世界一致を認めるにしても、個々の国民が経由して来た千年の発達を、まだ全く知らないで仮定した説なのである。果して物忌が彼等謂ふ所のタブーであるか否か。是からして先づ第一に盲従し難い。日本人自身が今はまだ、忌のどう変遷したかを知つて居ないからである。

或は今日は時期がもう遅い。是から尋ねて見ようとしても、資材は滅び失せたものが多からうとも考へられる。しかし我々に知りたい念慮のある限り、さうして他には試むべき手段が無い限り、やはりこの途を踏んで行くの他は無いのである。私は前代諸大人の解説から、許多の貴とい啓示を受けて居る。その独断に失望しなければならぬ場合は寧ろ少なかつた。しかしこの指導に心服し又確信する為にも、やはり今一度是を実地の事実に就いて、新たなる検討をして見ることを、安全なる手順だと信じて居る。さういふ意図を以て集積して見た資料が、乏しいとは言ひながらも若干の量になつた。是を整理し排列して居るうちに、是までは全く懸離れた二種の現象のやうに見えたものに、少なくとも双方の歩み合ひが、幾分かは跡付けられるやうになつて来た。橋がこの間に架かるのもやがてゞあらう。さうすればこの二つのゆゆしい習俗を作り上げた根本の物の考へ方、即ち固有信仰の特色ある外面が、今よりはずつと明瞭になつて、単に国内の先輩の慧眼を立証するに止まらず、或は一歩を進めて世界の異なる諸民族に、相互を理解する態度方法を、改良せしめる手引ともなるかも知れない。まだ成功はして居らぬが、希望だけは確かに生れたと思つて居る。

我々の資料の一方に偏して居るのは、まだ今まではこの学問に志す者が、数も少なく隅々に立分れて互に援け合はうとしなかつた結果であるが、最近は事情が又よほど変つて来た。程なく他の地域のもこの空隙を充すやうな事実が、保存せられてあるものなら次々に報告せられて、多分は自分等の仮想の幾つかが、当つて居たことを保障してくれるであらう。誤謬を删除することも同じやうに大切である。我々の任務は不精確を精確とし、将来の理論に安全なる基礎を供するに在るのだが、残念ながら今はまだ事実が足りない。差当つての此本の目的は、此点に看る人が心づいて、さういふ慣習ならば爰にもある。もしくは此点が違つて居る。或は又この説明をした人がまちがへて居るといふ類の通信を、追々と『民間伝承の会』に寄せられんことを求めるに在る。斯んな微々たる片田舎の事実が、集めて学問の用に立つとは思はなかつたと、感ずる諸君は今でも多いことと思ふ。それがこの不完全なる集録の狙ひ所であり、同時に又日本民俗学の前途の光である。

昭和十三年二月二日　　　　柳田国男

『禁忌習俗語彙』柳田国男著、国学院大学方言研究会編、昭和一三年四月一五日、国学院大学方言研究会

服装習俗語彙

柳田国男編

序

僅か是ばかりの語数を並べて見ただけでも、もう我々に心づくことは、今まで一切の記録に書留められて居なかつた国民服装の変遷といふものが、案外に大きかつたといふことである。それを現在まだ隅々に残つて居る事実の比較によつて、よほどの部分までは明かにし得る見込があること、しかも其知識は単なる歴史的興味といふに止まらず、いはゆる生活改良の意見を立てたがる人々にも、是非とも持つて居てもらひたいものが多いといふことも、段々にわかつて来るやうな気がする。どうして又此様な大切な資料が、少しも利用せられずに今までは棄てゝあつたかといふと、それは此方面に最も縁の深い人たちが、遠慮をして口を出さうとしなかつたからである。さうして又書物を読む以外に賢こくなる途は無いかの如く、考へさせられて居たからである。御蔭で日本の衣服の問題などは、どちらを向いて見てもまだ真暗である。斯ういふたつた一本のマッチを点したやうな仕事が、役に立つといふのは決してうれしいことでない。私は早く各家庭の常識が豊富になつて、寧ろ此本の無用となる時を待つて居る者である。

しかしこの中間の時期に於て、特に我々の興味を惹く事実も幾つかはある。男子が主として干与した事項、たとへば建築の語彙などゝ比べて見ると、衣類の名目は一般に可なり大雑把である。同じ一つの言葉が弘い区域に亘つて行はれ、しかも土地毎に少しづつ、物はちがつて居るといふ場合が甚だ多い。形容詞の方言などにも、是は屢々遭遇する現象であるが、新語が内容の分化に応じて次々に造られて行かなかつた結果である。又各地の間に申合せが無い為に、甲乙互ひに異なつた一部面へ、其使用が偏よつて行くことになるのである。殊に衣服の場合に於ては、男が技術の細々とした点にうとく、婦人は又おとなしく男の用語を許容して、用さへ弁ずる限りは之を改訂しようともしなかつたかと思はれる。染屋や布売りの専門の人たちが出現して、急に流行を運ぶ様になつてから、新たに生れた言葉の多くなつたのを見ても、彼等が小児や若い男たちの如く、大きな関心を異名新語を作ることに持つて居なかつたことが察せられるのである。国語変遷の歴史を考へて居る人々に、是は慥かに新らしい興味であるが、語彙の編纂者などは其為に余分の難儀をする。たつた二箇所や三箇所の実例によつて、意味が明かになつたと思ふことが出来ぬからである。誰しも自分の小さい頃から、知つて居る通りを正しいと思ふ故に、よその異なる解説を訂正しようとするからである。テッポやツッポといふやうなつい近頃の言葉までが、比べて見ると土地毎に、ちがつた意味に用ゐられて居る、ツヅレやドンザといふ類の辞典にある語でも、今まででそれに気が付かなかつたといふだけで、人々の胸に描く絵は別々なものが多い。しかも其根源は大抵は一つだつたのである。それを後に生活の便宜にまかせて、物は改良を加へて置きながら、名前は元のまゝで其移動に任せて居た故に、いよ〳〵全国的にその意味と系統とを明かにしようとなると、大きな手数が掛り又誤りを生じ易いのである。是を怠慢と評しては同情のない話になるが、少なくとも今後女性が此問題の為に、沢山働いて埋合せをするだけの、義理があるぐらゐには考へて居てもよからうかと思ふ。

しかし一方には又御礼を言はなければならぬこともある。国語の改良が此方面に於て、甚だしく不活潑であつた御蔭に、古い色々の言葉が幸ひにして残つて居る。我々の服装は材料なり製法なり、又之に対する考へ方なりに於て、殆どあらゆる他の生活様式を飛抜けて変化してゐる。僅か三百年五百年ばかり前の、常人の出立ちを思ひ浮べて見ようとしても、今ある歴史知識では先づ出来ない。従つて芝居にも小説にも、絵そらごとが横行して居るのである。もしも言葉が是に随伴して、さつさと新らしくなつてしまつて居たとしたら、もう我々は上代とは縁切りだつたかも知れぬ。ところが男たちは苦心の改良に心づかず、平気でいつ迄も古い名を以て呼び、女は又それはちがひますとも言はなかつた為に、都府はともかく、田舎の隅々に行くと、コギヌとかハカマといふ元の名がまだ残つてゐるのである。タスキは其用途も形も一変しながら、依然としてなほ日常語であり、ハバキは紺木綿の小はぜで留るやうなものになつても、まだ旧名称を棄て切らぬ土地があつて、何人にも其由来を疑ふことを得ざらしめるのである。殊に私などがうれしいと思ふのは、タナ又はタヅナは中世の文献に、たつた一色の用法の為に記録せられて居るのだが、東北地方に行くと現在もまだ盛んに色々の目的に使はれて居る。男の褌を後に女が頭に被るやうになつたと解する者が有り得ない以上、乃ち目前の新鮮なる地方語が、却つて古い書物よりも、更に古い時代の状態を保存してくれたのである。言葉が追々と集録せられて行くとゝもに、勿論斯ういふ事実が今一段と明瞭になるのみか、更に此以外のもつと適切な例も、幾らともなく現はれて来ることゝ思ふ。努力しなければならない。

今や大抵の図書館ははち切れるほどに、新古の書物が氾濫して来て居るが、それで居てなほ我々の生活から、自然に起つて来る疑問には相談相手となるものが少ない。智慧は埋もれて未来の発掘を待つて居る、といふことを知つたゞけでも楽しみなのに、その資料の大部分が我身の傍に、我家の納戸の暗い片隅に、いつでも取出して見られる状態となつて、散らばつて居たのだといふことを、心づくといふことは何といふ幸福であらう。この上は一日も早く各自の最も有りふれたもち物を取集めて、互ひに是を他郷人の為に役立て、末々は日本総国としての知識を、まちがひのないものにしなければならない。この一冊の語彙の不完全なものであることは、何人よりも先に編者がよく知つて居る。しかし是を因縁に後々日本の服装変遷史が、総国民の常識となる時代を迎へ得るならば、其時こそは過去をふり返つて、是を一つの記念標とも見ることが出来るであらう。

昭和十三年四月廿六日　　　　柳　田　国　男

『服装習俗語彙』柳田国男編、昭和一三年五月二〇日、民間伝承の会

海村調査報告（第一回）

柳田国男編

緒言

離島並びに沿海村落の郷党生活の統一調査は、文部省内日本学術振興会の補助を得て、柳田国男指導の下に、昨年五月から着手され、第一年度には左記の如く既に調査を終了したるもの十一箇所、調査に着手して未だ終了せざるもの二箇所に及んだ。（括弧内は調査者、七浦村及び湊村は未終了）

宮城県本吉郡大島村其他　（守随一）
千葉県安房郡富崎村其他　（瀬川清子）
東京府三宅島　（最上孝敬）
東京府八丈島　（大間知篤三）
静岡県賀茂郡南崎村　（瀬川清子）
三重県北牟婁郡須賀利村　（牧田茂）
和歌山県東牟婁郡太地町
和歌山市雑賀崎　（橋浦泰雄）
新潟県佐渡郡内海府村　（倉田一郎）
石川県鳳至郡七浦村　（大藤時彦）
京都府熊野郡湊村　（平山敏治郎）
山口県阿武郡見島村　（瀬川清子）
高知県幡多郡沖ノ島村　（牧田茂）
大分県南海部郡東中浦村　（後藤興善）

調査は其項目を各地共通とし、百項目を選択決定し、之を印刷に附したる採集手帖を用ゐた。調査方法としては各地一名の調査者を派遣し、平均十五日の滞在を以て土地の伝承者について採集したが、同一地を二回に分つて踏査したものもあつた。

本書は本調査事業の第一回報告書であり、調査地の九箇所に於て夫々其調査者が多く興味を覚えたる一二の項目について、其報告を記述したるものゝ集録である。なほ見島に関しては別に単行本として『見島聞書』が出版された。

なほ本調査に際して各府県当局、各村役場、各小学校、村々の有志、其他の人々から多大の厚情と援助とを受けたことに対して、こゝに感謝の意を表する次第である。

昭和十三年六月

郷土生活研究所同人

『海村調査報告（第一回）』柳田国男編、昭和一三年六月二四日、民間伝承の会

分類漁村語彙

柳田国男
倉田一郎 共著

序

露伴先生の水上語彙を見たのは、明治三十一年か二年のこと、思ふが、是が此集の発願の日であつた。大正の初めの頃、甲寅叢書の計画を立てた際に、私は先生を訪ねて、あの本の増修再刊を勧めたのだが、それは容易な業で無いからと謂つて辞退せられた。実際当時は未だ地方に今日のやうな同時採集も起らず、いつ迄坐して待つて居たら、どれほどの漁民の生活が明かになつて来るといふ見込も付かず、よほど気の長い者でも、是をさう大きな学問上の労作とは、考へることが出来なかつたのである。

桜田勝徳君の二年に亙つた四国九州中国の旅行には、大きな意義があつた。是で私たちには限地調査といふものが、労ばかり多くて効果の収めにくいものであることがよく判つた。同君は一つの土地で得た新鮮なる印象を携へて、すぐに第二の島又は岬の陰の村に行くから、自分も理解がさとく、同時に浦人も心を許して、どんな問にでも答へるやうになり、受身の採集では幾ら待つて居ても得られぬものを、ほゞ系統立てゝ持つて来ることが出来たのである。是なら遣つて行けるといふ確信が是で出来て、『島』といふ雑誌も生れたのであつた。力が足りなくて雑誌は永く続かなかつたけれども、我々の熱意は学術振興会を動かし、豊かな補助を受けて数多くの島や山村をあるき、古来旅商人以外の者が足を入れたことの無いやうな土地の住民と、膝をまじへて前代を問ひかはすまでになつたのである。

我々の同志は皆よく旅行をした。純なる学問の為ばかりに、是だけ多くの忍耐をした例は、前代はいざ知らず、今の世には珍しからうと思つて居る。この集の編輯に参加した倉田君も其一人で、激しい職務の間から得た僅かな休み日を、近年はすべて此仕事の為に費して居る。漁村語彙の蒐集に就いては、此人は特に土地の選定に留意した。先づ九州では桜田君の見残した東海岸一帯、関東では房総半島の外側、東北は阿武隈河口から牡鹿方面、日本海上では佐渡の内外海府等、努めて隔絶の土地を交互に観察して、風習と言葉の異同を究めようとして居たのには趣意があつたのである。是は前人の全く用ゐ得なかつた方法で、それを質問用紙で集めては片便りになるが、自ら行つて見れば即座にも不審が散じ得られるのみならず、土地の人々にも若干の興味と利益とを置いて来ることが出来る。実は私なども一日も早く此方法が隈なく全国に及ばんことを念じて居るのである。

漁村語彙に関する限りに於ては今までの経験では存外に地方的差異が少ない。百里二百里の沿海線に亘つて、又は飛び〳〵に西南と東北とが、同じ言葉を用ゐて居た例が何程も有る。是は文書にも伝はらない海上の交通が、いつの間にか運び又移して居たもの丶多いことを意味するは勿論だが、又その間には古代から持つて居て双方共に、改めようとしなかつた場合もあるのである。倉田君が心づいた漁夫の物入れのチゲなどもその一つの例で、釣針をチと謂はなくなつてからもう久しいことになるのだが、それを入れて置く曲げもの又は箱を、鉤筥即ちチゲと呼ぶ土地は、東京附近を含めて全国に何箇処もあり、その多くのものには痕つけられる水陸の往来が無いのだから、乃ち古来の保存であつたことが察せられるのである。我々の漁法は近世に入つてから、次々に新らしい技巧を以て補充せられて居る。前からあつたものも必ずしも亡びてはしまはないが、生活の関心を占める部分が益々小さくなり、後には其用語をも粗末にするのである。さういふ中でも麻が最も大きな歴史をもつ衣料であつたやうに、釣は一ばん長い期間の海の生活の支柱であつた。従つて是に関する言葉が、特に共通のものを多く持伝へて居るかと思はれる。それと比べると網は近頃の改良が大きいと同じに、其方法は新たなる伝播であつた。明治に入つてから始めて網を学んだといふ土地も幾つか知られて居り、さうでない迄も是に伴なふ信仰の行事などが衰退してから、単なる経済技術として之を入れたかと思はれるものも多い。たとへば船の船玉に対して網の網玉（アウダマ）様を中央の大きな泛子（アバ）に斎き祭る習はしなどは、是を知つて居る漁村はほゞ内海の四辺に限られて居り、仮に他の俗信が新たに起つたにしても、それは周囲の別職業のものから、学んだ方式が多いのである。

それで私たちが専門の立場から、一応明示して置きたいと思ふのは、我々の知らうとして居るのは今日を作り上げてくれた過去の生活である。殊にさういふ中でも何人にも気づかれずに、埋もれて再び現はれまいとして居る事実である。今和次郎氏等の所謂考現学の全部では無いのである。網の労働組織や之に伴なふ分配方法の中には、明治以来の政策に支持せられて、記録の歴然として存するものも多い。是を精細に叙述し、又は其功に誇らうといふ人もそちこちに居る。地方は又之を採用し拡張しようとして居るのだから、全国は固より一致して居る。土地毎の老人などから面倒な話を聴かうよりも、寧ろ県庁に行き試験場に行き、書物を買つて見る方が要領を得る場合が無しとせぬのである。それも出来るだけは知つて居た方がよいが、其為に一方の我々で無ければ知らうとする者が無いやうな幽かな残留を、拾ひ集めて置く時間を横取せられては損であり、又この知識を利用する人の為にも気の毒である。精確なる記述をした書物が、求めれば幸ひに得られる区域に於て、なほ伝承の採録を以て競争しようとすることは、たとへ同一の結果に達し得るとしても、なほ労力の徒費を免れない。だから此集ではさういふ方面に向つて、わざと略して居るものが多いのである。『島』に掲載せられてある石垣島の漁法を見てもわかるやうに、釣は大昔からの我邦の生業であつたやうだが、是すらも販路と交易の組織をもたない海の一隅の人々には、なほ不必要に大規模であつたのである。個々の家庭の消費の為には、釣だけの資料と準備とをも要せずして、目的を達した時代が、今の洋上の諸隣人と同じに、古くは我邦にも有つたのである。是にも技術の練習とか興味とかがあつて、次の漁法が現はれても即座には更迭してしまはない。現にそれ以上の進歩を試みずして、之を内陸の沼や小川に応用して居る者は、各府県ともに幾らも居る。斯ういふものこそは技術官や組合の調査に、一任して置くことが出来ぬもので、さうして之を省みずに置くと、原始素朴の世を今日と繋ぐ、鏈の環は方々で断たれてしまふのである。さういふ中でも国民が天賦の智能によつて、永い期間に今まで持つてゐたものを改良し加工して、それ〴〵の環境に適応せしめた苦辛の跡だけは、たとへ全然後の入用が無くても伝へて置かなければならない。ましてこのはかない古風の方法に拠つて、営々として生を支へて居る人は、少ないといふだけで今も確かにあるのである。我々の学問が之を閑却したら、果して何人が彼等を省みるであらうか。

一つの実例は海女の村の生活からも引用することが出来る。獲物の乏少と技術改良の困難とによつて、此労働は今や可なり苦しいものになつて居る。社会環境の何れの角度から眺めても、問題はたゞ是がいつ迄残るであらうかの他には無い。現に其数も可なり減じて居る。然るに彼等の無邪気さは、今なほ母の代からの変化に心づかず、是を元祖以来の常の状態と解して、当然として耐へ忍んで居るのである。この復旧し難い時勢の過程を詳かにすることは、必ずしもこの人たちの幸福には帰せぬかも知れぬが、我々は爰に女性の労働を中心とした、一つの社会形態の消滅を見送らうとして居るのである。以前の文献に若干の濃い影を留めたゞけで、特殊なる文化の生れ又栄えた姿が、解説せられずに終るといふことは、後世に対しても相済まぬやうにも感じて居る。我々の採集は成程まだ貧弱であるが、それでも主要なる技術上の用語の他に、一二の制度や信仰に関係あるものを拾ひ上げて、研究の端緒だけは捉へて居る。さうして是がほゞ全部、何れも土地に就いて之を用ゐて居る人の口から、直接に採集せられた言葉なのである。

この語彙の排列整頓から印刷までの労務は、専ら倉田君の引受であつたが、其選択と分類とには、大体に自分の意見が採用せられて居る。現在漁村に於て耳にする言葉から、どれだけ迄を此等の中に採るかといふことには問題がある。古語の埋没してゐるものを保存することは、勿論我々の目的とする所ではあるが、それと近頃になつて人が用ゐ始めたものとを判別することは必ずしも容易でない。それで幾分か網の目を粗くして、聴いて大よそ誤り無しに、内容の察せられる言葉は惜まずに遁がしてしまつた。普通の辞書類に掲げられて居るやうな語は、何か特に心づいたことの無い限り、重複して載せないのを原則にして居る。しかし悉く検して見たわけで無いから、誤つて無用の解説を下したものも絶無とは保障し得ない。後日さういふものが有つたら除くつもりである。本意は徹頭徹尾学者といふ人たちのまだ知らぬ事実、殊に其背後の小さな生産者たちの、年久しい有形無形の伝承を、裏付けて居る言葉のみを、保存して置かうといふに在るのである。単なる机の上又は文庫の塵の中の、作業で無かつたことを認めてもらへれば幸ひである。農村山村の語彙もほゞ同じであるが、此集には殊に引用書の推薦すべきものが少ない。それは多くの漁村用語が、印刷した文字からで無く、直接桜田君其他多くの旅行者の手帳から第一次に引継いだ資料であることを意味する。斯ういふ言葉がやがて又未調査の弘い地域にも発見せられ、それに案外なる一致があつて、行く〳〵日本人の有ふれたる常識と化する時が来るならば、我々両人の努力はそれで酬いられるのである。必ずしも永久に有用の書となつて残ることを幸福とは思つて居ないのである。

昭和十三年十一月十一日　　柳田国男

『分類漁村語彙』柳田国男・倉田一郎共著、昭和一三年一二月一日、民間伝承の会

居住習俗語彙

柳田国男
山口貞夫　共編

序

漸うのことで千余りの言葉を拾ひ集め、一通り分類をして見たが、誰にも気がつくであらうと思ふことは、記述がひどく或一部の項目に片よつて居る。さうして事実の十中七八つまでが、中央からずつと離れた端々の田舎で観察せられたものばかりである。従来の郡誌方言集の類は、随分広く目を通したのであるが、其中には一つも居住に関する民間の用語を、掲げて居らぬものも稀では無かつた。つまり開けた土地ではもう斯ういふ習俗が、言葉からでは採集の出来ない状態になりかゝつて居るのである。

是は十分な理由のあることゝ、我々は思つて居る。所謂自給経済が此方面に於てはとくに退縮してしまつて、人は専門の職人を頼むこととなつて居るからである。部落内部の人が助け合つて小屋を建て屋根を葺いて居る間は、普請は全体からいへば毎年の行事であつた。秋の終り冬のかゝりの稍手のあいた頃になると、どこかで大か小かの工事が始まつて、必ず村の人々の題目になつたからである。職人の用語は少し勿体ぶり、又必ずしも素人の間に通用することを期して居ないが、それでも知らうと思へば覚えられぬほどのむづかしいものでは無い。たゞ多数者はさしかゝつて是に関心をもたぬ人になつた故に、言葉としては毎日の生活面に浮んで来ず、従つて直接に民間からは採集し難いのである。其上に是等の職業語は、大抵は同時に標準語でもあつた。たとへば大工の流義により、或地方の棟梁の弟子筋だけは、ちがつた用語をもつといふことも少ないらしいのである。彼等の共用する術語を集めて置くといふことも、亦一つの興味ではあるが、我々の語彙は常人の間から、少なくとも土地では誰にもわかつてゐる日本語だけを、集めたものだから是が入つて来ないのである。瓦とブリキ屋根が普及することになれば、この方面の言葉が更に大に減少することであらう。同じ傾向は亦衣服履物髪飾等の生活にも、既に著しく顕れて来て居る。やがては又煮豆とか佃煮とか煎餅とか飴チョコとかの、食物の言葉にも統一が効を奏することであらう。現在はたしかに一つの過渡期である。我々はこの程無く消えて行くものゝ後影を、まだしみ〴〵と見送ることの出来る時代に、よい都合に生れ合せたのである。後々是だけの事をすら知るに苦しむであらう人々の為に、応分の力を尽さなければならない。

この小さな一つの本の利用価値を説くことは、差控へた方がよいとは思ふが、少なくともさして困難なことでは無い。たとへば水を汲み火を作る方法といふやうな目前の問題、どんな境遇に育つ少年子女にも、直ちに理解の出来るほどの単純な技術にも、なほ昔を今にした大変化があつたといふこと、それだけならまだ或は想像して居たかも知らぬが、その何回と無き驚くべき激変が、すべて最近の百年足らずのうちに、現れたものだといふことは知らぬ者が多い。殊に国内の意外な隅々には、今でもまだ以前のまゝの古風な方法を、続けて居る人々があるといふことなどは、教へる人自身までが、大抵は心付かずに過ぎて居るのである。新たなる大御代の文化の恵みを、是ほど簡明に又適切に、会得せしめる方法は他には有り得ない。我々の先祖は夢にも之を予期せず、今から考へると気の毒のやうな不便を忍び、えらい労苦に甘んじて居た。さうしてどうしても其状態から出て来られぬ人々が、僅かではあるが今も国内には居るのである。今が昔で無いといふ確実な相違、それから同じ現代の国民の中にも、土地によつては様々のちがつた生活が有るといふこと、この二つの認識は普通教育の大きな目標である筈だが、材料が無いばかりに、今まではまはりくどい教へ方をして居たのである。其教材が恐らくは斯ういふ本の中から得られる。問題は独り水と火のやうな、すぐに眼に見える有形事物の変遷だけでは無いのである。

新たに此点に心づいた人たちが、幾らでも此事業は拡大してくれられることゝ思ふ。近頃の経験によると、語彙は一旦不完全なものでも本にして出すと、それから急に集まり方が多くなつて来る。言葉が是ほどまでに国民の常識を進める為に必要だといふことは、やはり実地によつて例示する他は無いやうである。殊に居住に関する用語などは、人が今ちやうど忘れようとして居る折柄で、年寄は知つて居るが若い者は使はぬ。聴けばわかるが言ふ人が無いといふ境の上に居る。だから志ある人々が此本の余白を利用しようとすれば、まだ〳〵豊富な旧語が活返つて来るかと思ふ。私が炉端の横座かか座といふ語を始めて耳にして、驚きもし且つ覚りもしたのは、明治三十九年のたしか秋、甲州の道志から津久井へ下る月夜野といふ小さな村であつた。それから囲炉裏の話が出るたびに、又かと言はれるほどよく此名称の由来を説いて居た。それが縁となつて不思議に火のまはりの作法だけは、詳かに知れ渡つたのである。是なら他の事項に就いてももつと早くから、わい〳〵騒げばよかつたと思ふが今からではもう追付かない。やはり斯ういふ誇るに足らぬ本でも、忍んで世上に推薦するの他は無いのである。山口貞夫君が夙に私の企てに共鳴して、蔭の協同に費された労苦は多大である。同君の初稿は採集の増加に伴なひ、再び私の手で書き改める必要を生じたけれども、此中には両人が世の為に尽さうとする志は均しく含まれて居る。

昭和十四年三月六日

柳　田　国　男　識

『居住習俗語彙』柳田国男・山口貞夫共編、昭和一四年五月二〇日、民間伝承の会

分類山村語彙

柳田国男
倉田一郎　共編

序

昭和七年の七月以後、及び同九年の八月から数回に亙つて、大日本山林会の雑誌に連載した山村語彙は、後に別刷にして数百部、同好の人々に頒布せられて居る。中にはあれを読んで記憶を喚び起して、新たに訂正補充の資料を供与し、又はこの方面の事実に、改めて注意を払うやうになつた人も少なくない。今度の分類語彙は出来るだけ其援助を利用し、且つ前回の五十音順を改めて、成るべく関係のある言葉を一つ処に寄せて見ようとしたものだが、飲食衣服器物等に関する若干の名詞を別の集にまはした他は、前の集に出したものもすべてもう一度この内に加へて居る。それが全体の約四割ほどであらうかと思ふ。狩猟についての言葉などは、前にはまだ甚だ少なく、其後の採訪が進んだ為に、可なり今は豊富になつて居る。昭和十一年頃から始まつた木曜会同人の山村旅行が、新たに此方面の知識を増加したことは、後世から回顧して見ても、恐らくは顕著なる事実であらうと信じて居る。

山村といふものゝ範囲は、必ずしもはつきりとして居ない。よほどの山奥に入つても畑を作り又田を拓き、専ら採取と捕獲のみによつて、生を営むといふ者は至つて少ない。曾ては純粋の山民と称すべき家もあつたらしいが、今は大部分が農家からの分れであつて、従つて全部の穀食を外部に仰いでは、不安を感ぜずには居られない人ばかりである。勿論山村の農作には、平地とはちがつた幾つかの特色はあらうが、次第に移り動いて居て其境目が立てにくい故に、便宜上その全部を挙げて、既に信濃教育会の農村語彙に載せて置いたので、もう此中には再出させない。一方には又村里の方でも、年内の或期間だけ、山に入つて山民の生活をする場合が多い。是だけは又区別無く此集の中に列記してあるから、正確にいへば寧ろ山中生活語彙といふ方が当つて居る。つまり農漁山村の三つの語彙は、各その一部分が重なり合つて居るのを、強ひて何れかに片付けて見たのである。日本の田舎の事実を、一通りは知つて居ると言ひたい人々は、やはりこの三つの語彙の、どの一つをも閑却することは出来ぬのみか、更に是等の生業の出発点となつて居る所の、家と村との組織、及びそれを動かす力としての、信仰愛情友誼等に関する古来の約束の、別に莫大なる言葉の数となつて、伝はつて居ることを忘れてはならぬのである。

たゞさういふ多くの語彙の中では、殊に山中の事物の名に、古い生活の名残が色々と伝はつて居ることを、我々は感ぜざるを得ない。人が新たに世に交つて、自ら体験して行くもの丶印象は強烈である。時としては父祖伝来の奥深い記憶を、片陰に押し遣るほどの力をさへ持つて居る。さういふ新たな印象を重ねる機会が、山の中では得られない故に、自然に今まであるものだけを守り養ひ、又は少しづゝ引伸ばして行くことになつたのかと思ふ。世界に稀なる山国であつたといふことは、我日本を意外に古い風習の数多く残つて居る国にしたのだが、此状態は果してなほ続くかどうか。新らしい文化は平野を花やかにし、山へは又色々の旅人が入つて行く。戸口の今日のやうな増殖の中ですらも、日に日に谷底の小さな部落、又は峠の上の一軒家といふやうなもの丶数を減じ、老いたる狩人や岩魚釣りなどの、黙つて一生を暮らしたといふ人々は去つて行つて、もう其代りの者は出て来ようとせぬのである。分類山村語彙の多くの言葉が、永遠に忘れ去られる日は近い。何だかもう既に無くなつてしまつたものが、大分に有るのではないかといふ気もする。急いで之を存録する事業に、参加する人々を今少しく多くして見たい。それがこの本をやゝ不完全なる形のまゝで、一たび世に出して見ようとする我々の動機である。

我々の語彙に出て居ない一つの言葉が有るといふことは、大抵の場合には一つの事実の、今まで気付かれないものが見つかつたことを意味するのみか、時としては説明し得なかつたことを説明する手掛りになる。既に採集せられた一語の、又他の土地にもあつたといふことは、事実を確かめるだけで無く、なほ其由来の遠いことを推測せしめる。同じ言葉の解釈の少しづゝのちがひは、誤謬を正す以上に、又考へ方の変遷を跡づけしめる場合もある。わざ〳〵力を入れて問ひ試みるまでの労苦を費さずとも、たとへば路上の草の花が目を惹くやうに、自然に耳に留まつたものを記憶して来るだけでも、それだけ日本の前代生活は、痕を次の代に印するのである。今後の活潑なる山地旅行家に、たゞこの人生現象の興味を感ぜしめるだけでも、もう一つの仕事では無からうかと我々は思つて居る。二十年に近い自分たちの勉強が、たつた是だけの語彙にしかならなかつたといふことも、之を考へると必ずしも失望すべきでない。

終りに我々両名の分担を明かにするならば、此語彙の蒐集には多数同志の協力が加はつて居るが、之を選定し又一応の排列を試みたのは自分であつた。倉田君は其初稿を整理繕写して、現在の形にこしらへた上に、更に数回の校正と索引の製作を引受け、私をして容易に収獲の悦びを味はしめた。此問題に対する興味の増加と、新たなる経験の蓄積とが、同君他日の輝かしい学業の素地をなすならば、その隠れたる労苦は始めて償はれたと言ひ得るであらう。

昭和十六年三月

柳田国男

『分類山村語彙』柳田国男・倉田一郎共編、昭和一六年五月一五日、信濃教育会

喜界島方言集　全国方言集・一

柳田国男編
岩倉市郎著

全国方言記録計画

一、言語が我々の祖先から相続した最も大切な文化財であることは、その恩沢が老弱男女、いかなる階級にも行き渡つて居るのを見てもわかります。古来この財宝を最も有効に、又適切に利用し得た国が、文化の栄えを認められて居ります。将来も亦必ず同じことであらうと信じます。

一、言語の利用を完うする為には、何よりも先づ今ある形を詳かにしなければなりません。改良選択は必要でありますが、それも是も知つてから後の話であります。国に如何なる言葉がなほ伝はり、如何なる言葉使ひが行はれて居るかを先づ知らなければなりません。それが現在はまだ地域で謂つて見ても、三分の一しか知られて居ないのです。さうして土地毎の慣例は極めて区々であります。行く〳〵全国がほゞ一通りの物言ひで、安らかに交通するやうになる為には、やはり又互ひに相手の言葉の意味を会得することが条件で、さうなれば強制も口真似も無く、置き換へは当然に行はれると思ひますが、今はその参考資料が歎かはしく貧弱なのであります。

一、そこで私たちは、新たにこの全国方言記録を思ひ立ちました。是まで方言調査の行はれた土地、及びその方法と成績とは、大よそは明かになつて居ります。其中にも完全とは言へぬものが多いのですが、それは我々の事業の進みにつれて、別に増補修正を企てる人が出て来ることゝ思ひます。最初に力を尽したいのは、今まで一つの方言集も出ず、外からも注意をせられて居なかつた地方の記録を、出来るだけ多く公けに紹介することで、是には幸ひにして各地にもう幾人かの協力者を見つけて居ります。

一、調査の単位としては一つの島、一つの郡を区域とするのが適当かと思つて居ります。同じ島同じ郡内でも、環境の差や土着の歴史の古さ新らしさに因つて、可なり著しい言葉のちがひを見ることもありますが、それを究めて行くと同じ土地の二つの部落、二つの家筋の間にも全く同じといふものは無く、しかも他の多くの共通した部分を、何度も重複して掲げなければならぬ結果になります。それで原則としてはこの区域を一つのものと見て記述することにしました。地形その他の特別の事情があつて、二つ以上に分けた方がよい場合も必ず有ると思ひますが、大体に一島一郡内では二つの方言集は出さぬことにします。第二第三の調査が出たときは前のものと比べて見て、異なつて居る点のみを追加として出すことにします。無論その巻頭には調査地と集録者とを明記して、それが必ずしも全区域を代表するもので無く、或はやゝ一部に偏して居るかも知れぬといふことを、断つて置かなければならぬと思つて居ります。

一、今までの採集の普通の弱点は、折角集まつたのだから先づ残して置かうと、材料の精撰を怠り、たゞ分量の多いのを喜んだことであります。遠い離れ島などには反対の例もありますが、今日の交通状態では方言の数は日に月に減少して、都市の周囲は申すに及ばず、田舎も人の出入の多い平地部では、幾らも保存せられて居ないのが常の状態で、又それ故にこそ我々は採録を急いで居るのであります。之を顧慮せずにたゞ互ひに競争して、かさを高くすることばかりに骨折つたのは、損な話であつたと言はなければなりませぬ。ちやんと字引にあり東京でも毎日聴き、誰でも知つて居るものを並べ立てるといふことは、むだといふ以上に弊害があります。折角或土地のみに生育し、又は大事に守られて居た好い言葉、知れば利用したくなるやうな適切な物言ひが、そんな雑然たるものゝ中に紛れ込んで、印象を失つてしまふのは惜しいことであります。更に今一つの弊としては、気をつけて捜せばまだ色々と土地の言葉はあるのに、もうこの位集めたからよからうと、早く安心して休息する人の多いことで、山へ菌を採りに行き、浜へ蛤を拾ひに行く者が、斯んなことをして還つて来たら大評判ですが、方言集だけは今まで是が笑はれもせずに居たのであります。

一、地方の資料が蓄積して来ると共に、一層この雑糅といふことが有害なものになります。我々もつい過ちを犯さぬとは限りませんが、ともかくも分量の少ないのを気にかけず、最初から厳選の方針を以て進むつもりであります。地方の言葉の存録する価値があるか否かをきめるのは、さうむつかしい仕事ではありません。たとへば一つの単語でも土地によつて、発音のし方が色々と変つて居ます。是は「なまり」と称して可なり御互ひに耳につき、一度はきゝそこなひ又は誤解もすることが有りますが、もと〳〵双方の知つて居る言葉ですから、通訳の必要などはありません。又言語学の上からは是も注意すべき現象に相違ありませんが、もと〳〵一般の傾向であつて、個々の単語の問題ではないのです。其上に是を確実に世に伝へるのには、仮字書き以上のもつと込入つた方法に拠らなければなりません。斯ういふ音韻変化の大体の特徴を、三四の例によつて附記して置くまでは親切だと思ひますが、それを一つ〳〵アイウエオ順などにして、語彙の中にまぜて並べることは、誤りでもあり損でもあると思ひます。同じ一つの都会地の中でも、我々のよく知つて居る単語や句を、人によつて色々に発音して居るのを聴きます。是には又別に考へなければならぬ理由があるので、異なる単語又は言ひ方の存在とは、混淆すべきものではなかつたのです。方言を軽蔑し又は粗末にした人々の考へ方には、半ば以上この誤れる混淆から来て居るものがあると思ひます。

一、反対の意見もありますが、私たちだけは訛語を方言から分離して、二通りの取扱ひをする方針であります。たゞ一つ問題になるのは、よく見れば訛りに過ぎぬ言葉を、久しく用ゐて居る為に当人たちは別の語と思つて居るもの、又は別の語か只の訛りかを、簡単に見分けられぬものはどうするかといふ点であります。さういふ言葉のまちがつて方言の中に入つて来るものは、さう厳重に排除するには及びません。やゝ疑はしいものは存して置いてよからうと思ひます。多くの訛りは既に中央の風に統一せられて、ほんの一つ二つ何かわけが有つて残り留まつて居るのもあれば、更に他の土地から訛りを帯びたまゝで、是だけ入つて来て居るといふ例もあります。人が同じ語か否かを疑ふ頃になると、自然に内容にも少しづゝのちがひを生じて、終には二つの語に分れて行くこともよくあるのです。たとへ其為に原則は一貫せぬことにならうとも、特殊な訛語といふものは存録して置いた方が、利益だといふ場合が多からうと思ひます。

一、とにかくに斯ういふどつちに附けるかの定めにくい言葉を、棄てずに置く場合が稀にある為に、わかり切つた訛りを片端から並べるといふことは愚かであります。開けた土地から出て居る方言集には是ばかりが多く、まこと我々の謂ふ方言に入れてよいものは、三粒か四粒しか無いといふものが多いのです。もつとひどいのになると自分が知らぬといふのみで、誰でも知つて居り中央の都市でも使ふものを、土地で聴いたといふだけの理由で採り入れて居ります。斯ういふのはどんな事があつても厳選しなければなりません。それで無いと、日本に現在どれほどの言葉の数があり、又どういふ風に用ゐられて居るかを知らうとする人々が、無益な煩累を受けることになるからであります。しかし或一つの語が方言であるか否かを決するには、折々は水掛論が起ります。といふのは既に知つて居る、聴いたことがあると謂つても、其証拠を挙げることがむづかしいからであります。それで私たちは便宜の為、大小どれかの辞典に出て居る単語は、もう方言で無いと見て居ります。辞典の数は日本には多いが、地方の言葉は掲げて居りません。たま〳〵それを出して居るものは皆方言と断つて居ります。つまり是だけは既に公有物となり、捜せば見つかる状態になつて居るのです。我々は新らしい知識を世に供する為に方言を記録して居るのですから、字引にそつくりとある語は棄てゝ、内容なり地域なりがちがつて居るものだけを出すことにします。しかし大きな辞典に一々は当つて居られないといふなら、実際は大槻氏の小言海を参照しても、大よそ目的は達するといふことを申して置きます。それも面倒だといふ人がもし有れば、是は何でも無いことだからこちらでどし〳〵と刪定します。

一、在来の方言集の今一つの飽き足らぬ点は、言葉の説明が屢々精確でないことでありました。この原因の主たるものは、方言には必ず標準語の対訳があるものといふ誤信であります。さういふことは断じてありません。全国到る処に行き渡つて居る事物の名、是は何と謂ふかと指ざして問へるものならば、一物数名といふことも確かめられますが、それですらトウナスとナンキンは少しちがふと謂ひ、又は何々の一種とか似たものとか、説明を添へなければならぬ場合があるのです。まして無形名詞や形容詞動詞等の、田舎で保存せられ又は出来たものには、寧ろ標準語にそれに当る言葉が無いと思つてこちらを使つて居る人が多いのです。果して無いと思ふのが正しいかどうか、比べて見た上で無いと決しられませぬが、それを明かにする為にももつと丁寧な解説が入用なのです。上手に精密にそれを言ひ現すことは容易でありませんが、出来るだけ近いことばを多く重ねて見るもよく、又現実にどんな風に使つて居るかを、例示して置くのも大に結構だと思ひます。但し用例は耳で聴いたものがよく、自分で作文したのはどうしても無理なものが多いやうです。

一、記録の排列には相当の苦心を要しますが、目標は之を利用するであらう人々の便利、出来るだけ印象を強く、成るべく退屈をせずに興味を以て読み続け、又は比較的手軽に知りたいと思ふ語が捜し出せるやうに、しなければならぬと思ひます。従来の五十音順は、たゞ雑然と並べて置くよりもよいといふのみで、本を読む字引のやうに、是で捜すといふことは先づ有りません。たゞ同じ語が名詞にも形容詞副詞にもなる場合に、隣どうしにあると便利だといふ位なものです。語数の少ない場合などは、寧ろ品詞別に又似寄つた言葉を近くに置いて、是だけの言葉が今行はれて居るといふことを、一目でわかるやうにした方がよいかと思ひます。最初は試みに色々とちがつた方式を採用して見ます。経験を積んで行くうちに、どの方式が最も効果が多いかといふことが、自然にわかつて来てそれにきまることゝ信じて居ります。喜界島の方言集は、少し考へる所があつて特に五十音順にして見ました。南の島の採集事業は、今はまだ甚だしく不振であります。斯ういふ形で一つの島の記録を公けにして置くことが、或は幾分か他の島々の学徒に興味を抱かせ、且つ採録を容易にするだらうかと思つたからであります。

一、今まで是といふ方言集の出て居らぬ土地で、どうしても無くてはならぬと思ふ方面へは、既に勧誘を始め、又知友に依嘱して篤志の人たちを物色し、事によつてはこちらからも調査者を出さうかと考へて居ります。小学校その他で既に採集をして居て、出版の機会を得ずに居られるものにも、事情の許す限り協力をしたいと思ひます。たゞこの記録が全国に及ぶには、相応永い年月を要します故に、最初から用意をして成るべく一方面に偏せず、程よく東西南北に配られるやうにしたいので、自然に後まはしになるものも出来るかも知れません。それから又我々の厳選主義や排列の方式に異存があつて、御相談を進められぬ場合も起るかも知れません。我々の希望をいふならば、一つ〳〵の言葉をカードに取つて、再調査の照会に便利にし、同時に取捨と排列との決定だけは、編輯者に委ねられることであります。

一、最後になほ申し添へたいことは、是は出版者にも又編輯者にも、絶対に利益事業ではないといふ一事であります。事業界の自然の傾向に任せて置くと、いつの世になつても『全国方言記録』はまとまりません。それが又我々の新たに之を企てる理由であります。

柳田国男

『喜界島方言集　全国方言集・一』柳田国男編・岩倉市郎著、昭和一六年八月一五日、中央公論社

伊豆大島方言集　全国方言集・三

柳田国男編

編輯者の言葉

明治三十六年に、私が始めて此島に遊びに行つた時にも、既に男たちの言葉にはわからぬことが一つも無かつた。年に何回と無く東京湾に船を入れて、ゆつくりと居て来るからだと説明せられて居たが、実際に帝都周囲の村々の人よりも、癖が少なくて歯切れがよいやうな感じであつた。海の生活にまだ出て行かない少年の言葉が、どうであつたかは少しも記憶が無いが、婦人は何だか他所の者と話をするのが非常にいやなやうに見うけられ、正月五六日間の滞在ではあつたが、短い受答へ以外には、殆ど一言葉も聴くことが出来ずにしまつた。是は多分まだ島特有の物言ひを、女だけが多分にもつて居て、うつかりそれを出して笑はれまいといふ、警戒からであらうと解せられて、どうすればその隠れて居る古いものを、我々共有の知識にすることが出来るだらうかを、考へずには居られなかつたのである。

伊豆大島の男たちが老壮の別無く、揃ひも揃つてよく世間を知つて居ることも珍らしいが、女が一向に外へ出ぬことも亦現象的である。しかもそれが皆親子夫婦、兄弟いとこの間柄なのだから、島には必然に耳では互ひに解つて、口ではちがつて言ふ両語式の交通が行はれて居ることが想像せられ、他の土地よりも採集がずつと楽なやうに、実は私も楽観して居たのである。その楽観に気づいたのが、遺憾ながら少しばかり遅かつたらしい。土語の同化には無数の条件があつて、その組合せ次第で早くも遅くも、又困難にも容易にもなり得ることを、はつきりと見究める力がまだ私には無くて、しかも大島などは特にその融合の行はれやすい状態に置かれて居たのであつた。方言の採集は主として婦人からといふことを何べんでも言つて見るのだが、阪口一雄君などの口ぶりでは、少しも是に同感した様子が無い。女だからとて別にちがつた言ひやうもせず、又余分なことを知つて居る筈が無いと、もう思ひ込んでしまつて居るらしいのである。疑つて見るまでも無く、是が即ち現在の事実で、仮にさういふ女性が曾ては居たにしても、大抵は既に苔の下の人なのであらう。さうして学校の国語教育は、絶対に男女の別を立てず、寧ろ女が男のいふ通りに、標準語をよく操らんことを念じて居るのである。是とても勿論少しも悲しむべきことでは無い。悲しむべきは唯私などの、怠慢と又根拠なき楽観とであつた。

この新らしい方言集の価値は、それが伊豆大島の現在の事実だといふ点に存する。仮にもし標題を匿し、又は戯れに東京市江戸川区某々町方言集だと偽つた場合に、それを看破し得る人が、どの位あるだらうかといふ点に興味がある。勿論今日の所謂標準東京語からは見離され、又は取忘れられた単語ばかりであるが、此中には都市の住民が、以前屢々耳にし、今も亦稀に聴くことの出来るものが、可なり多量にまじつて居るらしく思はれるのである。我々の問題は、この方言集のどれだけまでが、果して明治以後の交通によつて移入せられ、更にどれだけが江戸期のやゝ緩慢なる文化浸潤の間から、気永に積みためられたものであり、残りの島固有のもの、即ち単に大島の地理的関係、乃至は移住の状況等によつて、自然に斯くあるべかりし部分がどの位、保存せられて居るだらうかを見分けることであるが、それは南隣に幾つかの兄弟の島を持ち、且つ対岸に色々の特徴を具へた村里を控へて居るこの島としては、必ずしも非常に困難な仕事では無い。さうして又我々のやうに、方言がどうして此様に細かく岐れたかを知りたがつて居る者には、伊豆大島は可なり張合ひのある仕事場でもあるのである。

古書記録の豊かでない此島としては、或は斯ういふ言語現象の側からでも、島の成立ちと今日ある所以とを、明かにし得る道が見付かりはせぬかと、若干の希望を寄せるのも自然である。それが無理な注文でも期待でも無いことは確かだが、其目途に近よつて行く為にも、まだ我々のしなければならぬことが幾つかある。第一にはもう少し忘れかけて居る語を思ひ出すこと、今回の表面採集に見落されたものがあるとすれば、それは大抵は古風なもの、流行の外のものと推測し得るのみならず、必ず採集の意義の一段と大きなものでなければならぬ。数を貪る必要は断じて無いが、この方言集の新たに成つた記念として、島の読者諸君は二語でも三語でも、是に追加して見ようといふ位の関心をもたれてもよいかと思ふ。それも亦決して興味の無い仕事では無いのである。多くを集めて見ようとすればこそ骨が折れるが、あれが無い是が落ちたといふだけならば、平生でもよく気が付いて居る。他の多くの土地の方言集にも見るやうに、今回の材料は実はやゝ自己採集といふ方法に偏して居る。此為にわざ〳〵採集したといふものは少なくて、日頃より聴いて居るものを記憶のまゝに、書き付けたといふのが多い。稀にしかつかはぬ注意すべき単語の、思ひ出せぬのは当り前である。一旦斯ういふ本が出た上では、是は無かつたやうだと気の付くものが定めて多からう。それを裸で無く成るべくは根ごと土ごと、活きて居るまゝを持つて来たならば、或はたつた一例でも、存外に遠い土地との聯絡が、証明せられるかも知れぬのである。

島の外部に居る者の殊に知りたがつて居るのは、伊豆七島の間の相互の関係である。是は勿論一致して居なければならぬ理由は無く、同じ一つの島でも時を異にし、又ちがつた方角からも入つて住み、互ひに珍らしがるほどにちがつた例もあるが、さりとて各島が思ひ〳〵に、別箇の発展を遂げたとも思はれない。数百年来たゞ一筋の船路に繋がれ、天然にも人為にも、幾つかの共通条件を負はされて、人の往来も比較的に多かつたのだから、どこかに必ず結び付いた点があることゝ思ふ。島々の事物や生活様式には、似通ふ点の多いことが古くから認められて居る。現在は既に言葉を異にして居ても、それが年を分ち移り動き、もしくは片端よその色に、染まつて来た痕は窺はれるであらうし、仮に全くちがつた表現に支配せられて居るとすれば、其理由も亦興味ある問題となるのである。それ故に自分たちは、この方言集を出来るだけ弘く、七島各村の学校その他、大よそ国語の行末に関心を持つ人々に、気をつけて読んでもらひたいと念じて居る。之を完全なる御手本としてでは無く、寧ろ僅かな歳月の間にも、消えるものは消え改まるものはどし〳〵と改まつて、振返つて過ぎたる世の姿を見定めるといふことの、案外に六つかしいものだといふ我々の経験を、まだ十分に間に合ふうちに、同じ志の人々に頒つて見たいのである。

伊豆七島には限らず、今後或一つの地域の方言を調査して、之を国語の研究に役立てようとする諸君の為に、大島方言集の方法は兎に角に若干の参考になると思ふ。私は最初この島の有識者の間に、方言存録の企てあることを聞き知つて、心からその実現を望み、しかも短期間の完成を期するのは無理である故に、一応は得られるだけを以て満足し、更に他日の増訂を待つべきだといふことを説いた。次には各村一人以上の調査者をきめて、たとへ今まで知り切つて居ると思ふ語でも、成るべく改めてもう一度採集して、それが最近の現実に合するかどうかを確かめる必要があることを説いた。次には一定のカードを作つて之を各調査者に分ち、一紙には必ず一語づゝ、出来るならば使用例を添へて、各自の解釈を書き入れてもらふことにし、それを一所に纏めた上で、其整理と分類と排列とを私たちに任せてもらつた。整理の最も必要だつたのは東京語との重複で、島でも現在盛んに使つて居るのだが、都市人の間にも行はれ、殊に普通の辞典の中に、同じ内容を以て掲げられて居るものは、方言とは言へぬと思つて皆除いてしまつた。それがこの集の語数の少なくなつて来た主なる理由である。大島六村のうち、三箇村以上に共通なものは、島の言葉として使用地を注記しなかつたが、その他の村名を掲げてある単語でも、爰より外には無いと断言し得るものは、実は少ないであらうと思つて居る。二地の解釈のやゝ異なつて居る言葉は特に注意した。是は多くは二つとも当つて居るものと思つて、努めて両方を存することにして居るが、少しでも不審なものは皆原調査者に確かめ、又やゝ意味が取りにくいものに限つて、新たに使用の実例を出してもらつた。排列の順序に就ては他の集にも述べたやうに、是を最良のものと信じて居るわけでは無いが、少なくとも雑然たる五十音順よりは、印象を受けやすく又理解しやすいやうに思ふ。たゞ語数が少なく似よりの語が隣に無い為に、最初にはやゝ異様に感ずる人も有るであらう。追々に改良して行く為に、もう一度五十音順に戻せといふ以外の、すべての忠告を歓迎して居る。いはゆる訛語の傾向又は法則などは、斯うして類を以て集めて見ることによつて、始めて特徴が明かになるかと思ふ。たとへばカ行とハ行の子音転換の如きは、海を隔てて上総房州とも一致し、又遠くは鹿児島県南海の島々とも呼応して居るが、東京周辺の地には全く見られぬもので、是が新島神津島等の隣の島でどうなつて居るかによつて、この音韻現象の由来が、或程度までは判つて来るわけである。それで或は少しの欠点があつても、私はなほ暫らく此分類方式を続けて見ようとするのである。

一つの土地の方言を三千集めたとか、二千はとくに超えたとかいふ話は今でもよく聞くが、其中にはこの発音の一つの癖、KがHにかはるといふ類の一言で説明し得るものを、たゞ際限も無く例示したものが多いやうである。所謂訛りの取れにくいのに比べると、ちがつた言葉といふものは存外に早く消えるらしく、少しく交通が開け生活ぶりが改まると、同じ世代に住む者でも、老若の間には語彙の著しい差が出来て、今はあまり使はぬといふものばかりが多くなる。従つて時が進み、土地が中央に接近するにつれて、急激に方言量の少なくなることは、是は当然であつてすこしも気にするに及ばぬ話である。或は寧ろ乏しくなつて行く故に、他よりも先に採集し記録して置かなければならぬとも言ひ得る。我々の方言集は、今後も場合によつては四百語五百語の、小さなものを出して行くであらうが、さうなると更に一段の戒心を加へて、折角残つて居てくれた大切な国語資料が、一つでも取落されて利用の機会も無く、消えて跡無くなることを防がなければならぬと思つて居る。勿論その為にはこの一回の刊行物を以て完成と視ず、なほ次々の補遺増訂を期すべきであるが、それにも亦外部に在る者の理解と同情、殊に七島の他の島々に住む人々の隣保感が、改めて大いに成長せんことを、祈るの他は無いのである。

終りに記念の為に、今度の採集に参与した人々の名を列記すると、元村では大西正二君、岡田村では水島節男君、野増村では藤野為蔵君、差木地村では宮崎直之君、泉津村では阪口一雄君、この五君は国民学校の職員であつて、其うち阪口、藤野の二君は島に生れた人である。次に波浮港の前村長松木国次郎翁は此企てに賛同して自ら一方面の調査を分担し、又岡田村の白井潮路君は、年来の蒐集を携へて我々の仕事に参加した。巻末附載の民家間取図は、白井君の手帖から写し取つたものである。兼て大島の言語に関心をもち、又は新たに此集によつて興味を刺戟せられる人は、他にもまだ少なくないことゝ思ふ。私は早く内外の反響がこの最初の調査者たちに届いて、その隠れたる労苦が酬いられると共に、更に今一層の精密を期する為に、なほその注意と観察とを続けて行くだけの根気を、支持せられんことを希ふ者である。

昭和十七年四月

柳　田　国　男

『伊豆大島方言集　全国方言集・三』柳田国男編、昭和一七年六月一五日、中央公論社

佐渡島昔話集　全国昔話記録

柳田国男編
鈴木棠三

磐城昔話集　全国昔話記録

柳田国男編
岩崎敏夫

島原半島昔話集　全国昔話記録

柳田国男編
関敬吾

全国昔話記録趣意書

今まで心づく人が少なかつたやうだが、斯ういふ昔話は全国の隅々、どこに行つても大抵は残つて居る。さうして土地により又家によつて、その伝はり方が少しづつ変つて居る。話の大筋は一様であり、力の入れ所もほゞ同じであるに拘らず、或ものは長く詳しく、又は二つを繋ぎ合せて居るものもあると同時に、他の多くのものは叙述を省き、もしくは子供などの面白がる部分だけを、手短かに語らうとするやうにもなつて居る。つまり昔話は我々日本人の間に於て、曾て大いに成長し、今は又嗣いで興つた第二の文芸に、其地位を譲つて退き隠れようとして居るのである。全国昔話記録の目的とする所は、単にこの隠れてやがて消えてしまふものの、保存といふ様な小さな仕事だけでは無い。第一には昔話の起原、どうしてこの特色多き一種の口碑だけが、遠くは数千年前の埃及・印度を始めとし、古今東西のあらゆる諸民族に行き渡り、しかもその相互の間に数多い類似をもつかといふことであるが、是は現在の人智を以てしては、実はまだ解けない問題であつて、其為には今まで得られなかつた新資料と、新たな角度からの観察とが、何物よりも痛切に要望せられて居る。我々日本人の採集と研究とは、この二つの要望に応ずべく、ともかくも極めて新らしいものなのである。

第二の今一段と関心の多い問題は、このまだ起原を究めることの出来ない日本の昔話の、過去少なくとも千年間の変遷が、果してどういふ新たなる知識を、我々に供与するであらうかといふことである。昔話は我々同胞の間に於て、殊に近世に入つてから変れるだけ変つて居る。即ちどうしても省くことのならぬ要素は存置して、その他の部分に於ては自由なる加工をして居る。この思ひ〳〵の地方的改造の中に、之をさう改めずに居なかつた一回限りの原因が、探り得られるかどうかといふことが問題になるのである。外から働きかけた力としては、時代々々の学術技芸、とりわけてそれを職業とした人々の活躍と交通が考へられ、之を内にしては各人の趣味と鑑別、私等の名づけて常民の文芸能力といふものが、多くの暗黙裡の注文を以て、昔話の旧形を取捨し、新たに附加はるものの選択を左右したことは、恐らくは昔も今も同じかつたらうと思ふが、さういふ歴史は記録には全く載つて居ない。たゞ僅かに受身の側の影響の痕から、逆に国民の常の日の生活を動かして居たものと、窺ふの他は無いのである。

第三の問題としてはそんな六つかしい帰納が、果して今でも出来るかといふことであるが、是は私は実績を以て、証明するのがよいかと思つて居る。日本人の多数が、家に親切な又物覚えのよい年寄をもち、夜毎にその話を聴いて耳を悦ばせ、心を清うして育つて居りながら、たま〳〵遠国の片田舎にも、よく似た話の有ることを知つて、幼なかつた日の思ひ出を蘇らせるまで、それをめい〳〵の故郷だけの、何でも無い小さな事実のやうに考へて居たこと、もしくは僅か話の一端を聴いて、その話なら私の方にもあつたと、すべて同一のものしか無いやうに、独りできめて居たといふことなども、我々の学問に取つては一つの好い足場である。たとへば今度のやうな昔話集が続刊せられて、単なる家庭の小現象の如く見られて居た昔話が、既に国内に充満し、更に又縁もゆかりも無い天涯の異人種の間にすら、なほ屢々行はれて居るといふことを聴き知つたならば、驚き又悦ぶ人は必ず多いであらうし、それが様々の増減潤飾を以て、殆と土地毎に又は人毎に、ちがへて記憶せられて居ることに気が付いたとき、それは又どういふわけであらうかと、始めて人間文化の不可思議に、心を打たれる者も必ず現はれて来るのである。少年の日の回想は概して楽しいが、さういふ中でも昔話のやうに、純なる咏歎と微笑とに充ち溢れたものは少ない。境遇の許さなかつた人々は別として、いやしくも心の奥底に記憶を留めて居るほどの者ならば、斯ういふ話を聴いてにつこりとせぬ人はあるまい。それが此次の大平和期に入つて、将に大いに起るべき学問の苗木であることを知るならば、更に又感激の新たなるものがあらう。しかも今日の話題の増加、好奇心の展開は無限であるが故に、折角親代々持ち伝へたものを、後に残さずに行つてしまふ人が、急に此頃は多くなつて居るのである。せめてその一部分なりとも引留めて見ようといふ願ひから、全国昔話記録は計画せられた。この小さな巻々が幸ひにして世に行はれ、或は町と田舎の古風なる炉端に、さては又異域の陣営の徒然の灯火の下に、之を読んで幼時の追懐を共にする人の数が多くなつて来れば、同時にそれは又昔話研究の新機運を、促進する力ともならずには居ないであらう。

我々の昔話集は、大体に一つの島、又は一つの郡を以て単位としようとして居る。さうして出来るだけ比較を有効ならしめんが為に、努めて懸け離れた土地のものを、組合せて出して見るつもりである。一人の伝承者のもつものを、一巻に集めて置くことは理想であるが、そんな沢山の話を覚えて居る人は、今日はもう稀になつた。已むことを得ずんば同じ土地の、幾人かの知つて居るものを集めて見るのもよい。学校その他の大きな団体で、手分けをして集めるのは効を奏しやすいが、其代りには中には不得手な者もあつて、抜かしたりまちがへたりして採つて来る者が無いとは言へない。磐城昔話集の岩崎君のやうに、細心な注意を以て之を整理し、又精撰する必要があるわけである。次には昔話の編輯の方法であるが、是は銘々の最も面白いと思つたものから、順々に並べて行くのが自然でよい。主たる目的は一般の読者を、少しの骨折も無く我々の興味に、共鳴せしめるに在るからである。昔話の文体はこの意味に於て、最初から定まつて居ると言つてもよい。即ち話手の口から出て、聴手の耳に入つて来る言葉以外に、書物で学んだやうな新らしい文字を、一つでも使はないことである。さういふ文字が交つて居ては、たとへ翻訳に少しの誤りは無くとも、読む者にはもう昔話だといふ感じが持てないからである。上手な精確な話手を見つけることも必要だが、其話を忠実に、聴いた形のまゝで伝へるといふことは更に大切で、是が昔話採集のたゞ一つの、技術とも言へない技術である。

我々は今から五六年前に、『昔話採集手帖』といふ小さな本をこしらへて、地方に居る同志の人々に頒つたことがある。日本にどういふ種類の昔話が、どれだけ程行はれて居るかといふことを知るには、是も多少の参考にはなるが、本来手帖だから余白を残す為に、記述が簡略に過ぎ、順序も亦我々の一つの考へ方に依つて居る。今後の採集者は必ずしも之に従ふに及ばぬのは勿論である。しかし昔話の名をきめる為に、時々は斯ういふものを見なければならぬ場合もあるので、其うちにはもう一度、改訂を加へて出して置かうと思つて居る。なほこの以外にも言つて見たいことはあるのだが、それは此事業の進行と伴なうて、何等かの形を以て追々に発表して行かうと思つて居る。

昭和十七年六月　　柳田国男
　　　　　　　　　関　敬　吾

『佐渡島昔話集　全国昔話記録』柳田国男編・鈴木棠三、昭和一七年七月三一日、三省堂
『磐城昔話集　全国昔話記録』柳田国男編・岩崎敏夫、昭和一七年七月三一日、三省堂
『島原半島民話集　全国民話記録』柳田国男編・関敬吾、昭和一七年七月三一日、三省堂

日本民俗学入門　＊

日本民俗学入門

柳田国男
関　敬吾　著

序

前年「民間伝承の会」が主催した毎週一夜の民俗学講座が、予想外の好況を以て進行して居た際に、我々両名は相談して、一つの小さな民俗学手帖ともいふべきものゝ編纂を思ひ立つた。それは熱心に講演を聴いて居る若い男女の学徒も、きつと是からの旅行には何かさういふ類のものを持つて行きたいであらうし、又地方に住んで居て出て来られぬ人たちから、せめて話の輪廓だけなりとも、公表するやうにといふ註文があつて、半ばその註文にも応じ得るだらうと思つたからであつたが、今一つの隠れたる動機には、ちやうど其頃我々が学術振興会の援助を受けて、全国山村の調査にあるくのに、作つて持つて行つた郷土生活採集手帖といふものが、到る処で人に悦ばれ、又盛んに分配を希望せられたからでもあつた。ところがこの採集手帖の方には、質問の項目だけが掲げてあつて、説明が少しも無い。どうしてわざ〳〵出張までして来て、その様なことを尋ねるかといふ疑ひに、毎度我々は口頭を以て、詳しく又はざつと答へなければならなかつた。それから又調査の箇条も、日数の関係から、よほど限定せられ且つやゝ偏しても居たのである。出来るならばそれを隅々にまで拡充し、なほ簡略にさういふ調査の、特に今日の時勢に於て必要であるわけを、書き添へて置く必要をも認めたのであつた。その計画には多少の無理があつたと思はれて、予定の四倍以上の年月がかゝり、出来たものは此通り充実して、手帖とは到底名のれないものになつた。しかしその点を除いては、是でも我々は最初の企てを為し遂げたものと思つて居る。改造社がこの出版を応諾したのは最初からであつたが、書名がその当時から既に日本民俗学入門であつた。入門は何か威張つて居るやうな感じがせぬでも無いが、まさか入口とも呼ばれず、事実又入口なのだから斯ういふの他は無い。

問題の箇条の簡単で要領を得ることを、我々も望まぬわけではないが、質問はその性質上、枝葉を剪り払い、答への言葉の少ないのを期するものだ。余計のことを附け添へることは、寧ろ答へに苦しむ人のすることのやうにも見られがちである。気にし始めると色々の脱落が懸念せられて来る。素より重要な点だけを、順序よく聴いて来るに越したことは無いのだが、人が要点と信じたものが、我々の疑ひとは行きちがつて居る場合も多い。それに我々は今まで世人が小さな事として、一度も思考に上さなかつた部分を、最も肥沃の地として耕すやうに教へられて居るのである。独逸の民俗学聯盟に於けるホフマン・クライヤアの一千五百八十余項目を始めとし、異民族の調査に関してならば、仏にも英にもそれは〳〵綿密な、一巻の書をなすほどの質問項目集が夙に世に出て居る。一たび斯ういふものに目を通すと、いよ〳〵我々の取捨選択は臆病にならざるを得ない。どんな小さな問題を一つ略しても、何か折角残つて居る古い事実を、棄てゝしまふのではないかといふ気がする。そこで又協議を重ねて、今度は心づいた限りの色々の着眼点を、此ついでに調べて置いて見ようといふことになつた。この配列整理についての関君の労力は気の毒なほど大きなものであつた。素より外国で既に試みたものは、参考せずには居られないが、国の生活事情が是だけちがふと、一つとしてそつくり移し得るものは無く、しかも日本でしか尋ねることの出来ぬもの、即ちよその国の学者の考へもつかぬ問題が、幾らでも出て来さうなのであつて、それを爰まで持つて来たのも大仕事ではあつたが、今では却つてまだ是でも足らぬ点が有りはしないかと、心配しなければならぬことになつた。

此書物を利用せられる人々に、是非とも一応はおことわりして置きたいことは、是は大部分が質問の形にはなつて居るけれども、決して今諸君から、即座の答を要求して居るわけでないことである。一人で立てつゞけに是だけの事を聴かれてはたまつたもので無く、又さういふ人も時も、現在あらうとは思つて居ないのである。寧ろ是は成るほど簡単には答へられぬといふことを認め、しかもその点が明かにならぬ以上、うつかり色々の断定は出来ないといふことを、心づく人の多からんことを期して居るので、つまりは問題の意義又は重要性を、斯うした形を以て列記して見ようといふのが趣旨である。それからなほ一つの迷惑な誤解は、人にばかり此様な六づかしい問題を課して、自分たちは坐ながらその収穫を利用しようといふが如き、横着な怠け者が一人でも、爰に居るやうに思はれることである。いかにも民俗学の資料は田舎には豊富であり、都会で採集をすることの遥かに困難であることは事実だが、その我々とても大多数は村に生れた者であり、折がある毎に村を見なほし、又はなつかしく回顧して居る。さうして二つ以上の懸け離れた田舎に、同種同一精神の昔風が、行渡つて存する場合を注意して見ようとして居るのである。別の言ひ方をすれば此書に掲げられて居る多くの問題には、不完全ながらも或答へは用意し、又はせんと努力して居る。たゞそれを各項目の終りに附記しようと試みなかつたのは、必ずしも話が長たらしく又は紙が足らぬ為だけでは無い。今日の知識に於てはそれは皆仮定である故に、そんなものを以て新たに入つて来る人たちの、先入主を作ることを欲しなかつたのである。一つ〳〵の項目の一地限りの報告、又その大よそ纒まつた解説の試みの如きは、三十年前の「郷土研究」以来、最近の「民間伝承」に至るまで、殆と一月として印刷に付せられなかつたことは無い。たゞ問題が此通り繁く、地方の事情は又それ〴〵ちがつて居る故に、日本全国を一通り知つたと言ひ得る為には、まだ多くの月日と忍耐と、無数の志を同じうする学徒を必要とするのである。しかも調査の地域が少しでも拡がり、関聯した問題が次々に明かになつて行くと共に、日本民俗学の興味は著しく成長して来ることを経験して居るのである。何とかして其大要を人に説かずに居られぬのは其為である。

我々民間に成長した学徒は、或は幾分か今までの専門家といはるゝ人と、ちがつた心理をもつて居る。殊に日本の民俗学のやうに、行く手にまだ莫大な仕事を控へ、新旧文化の目まぐるしい代謝に心をせき立てられて居る者には、どうしても問題の喰ひ散らしが多く、静かに一つのまとまつた教科書を、書いて置かうとするやうな用意が欠けて居る。私などは内心それを少しも非難して居らぬのだが、なほ今日の如き一種の向学心と妥協して、早く学問の対社会的基礎を置く為には、若い同志の少なくとも一部は、その逞ましい精力の半ばを、勉めて此方面に裂かなければならぬであらうし、それが又今後の研究の組織化の為に、必ずしも損な骨折では無いという意見を抱いて居る。此書物の緒論はさういふ目途の下に、可なり力を入れて書かれて居る。日本の学術用語は今日は最悪の状態に在り、汗水を垂らしても理解が出来ぬ表現が公然と許され、おまけに適切な実例を組合せる技術は全く発達せず、読者に難行苦業を強ひるのを当然とする風があつて、困つたものだといふことは私も認めて居るが、是でもこの一章は関君が労を惜まず、何度も筆を改めて少しなりともわかり易く、又乾燥無味に流れることを警戒して書いたもので、是なら満足とまでは言へないが、先づ大よそは独り合点の域を脱して居る。始めて此学問に入らうとする人の、公平なる批判にも適するかと思ふ。此中に書いてあることは、新たなる発見といふべきものは無く、又私たち二人だけの意見といふものも至つて少ない。大抵は今まで何度となく口にして居たことを、綜合し又解説したもので、たゞ之を表現する様式に、まだ少々の論文口調を帯びて居るだけである。固より我々の信じ又は観るやうに、誰もが雷同することを期して居るわけではないから、指摘せられて改訂する点は、今後とても必ずあらうが、我々はなほ記述説明の技術の熟しない為に、いはゆる説いて詳かでないといふ部分の方が、多いのではないかと思つて居る。他日自分も大に努力し、又同人諸君にも勧めて、もつと〳〵肩の凝らぬ、しかも簡明にして周到なる「日本民俗学」を、沢山に世に送りたいと念じて居る。
終りに我々二人の分担を明かにすると、私は此一書の計画と分類配列、その他一切の構造には参画して居るが、執筆の労は悉く関君に押付けてしまつた。さうして名を連ねるのは少しく虫がよいと思ふ。又編輯と校正に就ては、改造社の比嘉春潮君が大なる援助を与へられた。同君は同時に又「民間伝承の会」の創立者の一人である。

昭和十七年五月

柳 田 国 男

『日本民俗学入門』柳田国男・関敬吾著、昭和一七年八月一一日、改造社

日本民俗学入門　下巻

柳田国男
関　敬吾　共著

再刊の跋

（無記名）

本書は昭和十七年の始め書き上げられ、その夏上梓せられたが、戦争中にその紙型は喪はれた。著者もとより内容に確信をもつものではないが、本書に対しては殆ど傾聴すべき批判はなかつた。その有無に拘らず、この機会に根本的に書き改むべきであつたが、様々な事情のために、多少の辞句の修正を以て満足しなければならなかつた。内心忸怩たるものがあるが、吾々はいま現実の再認識と深い反省とも要求されてゐる。しかも社会は刻々に変容しつつある。旧慣は根こそぎに失はれつつある。しかし吾々は歴史と現実の誤ちなき認識が必要である。民俗学もまたそれ自身の立場に於て、歴史的なるものの現在に於ける在り方を追求しなければならない。この意味に於て民俗調査をその一つの目的として編まれた本書も、その存在の理由があると考へ、敢て再刊する次第である。ただ現在の経済事情は本書の市価を高からしめ、読者に多くの負担をかけなければならないことを残念に思ふ。一九

四七、四、二六

『日本民俗学入門　下巻』柳田国男・関敬吾共著、昭和二二年六月二〇日、東洋堂

周防大島方言集　全国方言集・四

柳田国男編
原　安雄著

序

原安雄君の周防大島方言集は、もう今から十年近くも前に、既にその第一稿が出来て居た。自分は山口県史編纂員の小川五郎君の手元に、それが珍蔵せられてゐることを聞き知つて、同君に乞うて副本を作つてもらひ精読した。一人で是ほどにも多くの時と労力とを費した方言集は珍らしいと思つたが、それでもなほ一二の満足し難い点はあつた。最も有りふれた欠点といふのは、現在の所謂標準語の混入、是はその土地々々の事実である以上、残して置いても差支へは無いやうなものだが、出来るなら取り除いて記録の分量を少なくし、且つ印象を濃くした方がよい。次には蒐集者の知つて居る他地方の類例を、どこそこでも同じと書き込んであること、是は三ケ尻浩氏の『大分県方言の研究』のやうに、弘く全国の語集を見渡した上で、列挙して置けば参考になるが、なほ漏れたものが余りに多く、しかも其他の土地では言はぬかの如き、誤つた印象を与へやすい。日本で方言といふものには中央の首都だけが忘却し、地方は一般にまだ持ち伝へて居るといふものが相応にあるのである。或一つの単語の領域を明かにすることは、やはり将来の整理者の事業に委ねた方が安全である。それから地方の言葉には必要が其土地にあつて、改めたくとも標準語の中に之に当る語が無いか、又は確定し難いものが少なくない。簡単な語を以て解説を下さうとすると、外部の人には呑み込めぬ場合は多いのである。斯ういふものには使用例が必要になつて来る。それが今少しく欲しいものだと私は思つた。

方言用例の掲げ方にも、二通りのものが現在はある。その一方の極端な例は、仙台税務監督局から出した東北方言集などで、是は問題の一語だけを中に挟んで、他は全部東京風の物言ひを以て示して居る。さうすれば使ひ方はほゞ察しが付くだらうが、其代りにはこしらへもので、土地にも外にもさういふ言ひ方をする者は、実際には一人も無く、従つて果してそれが本来の意味を伝へて居るかどうかの、心もとなさはなほ残るのである。出来ることならば日頃聴き馴れた文句を其まゝ、もしくは改めてもう一度、誰かが使ふのを待つて採録し、たとへ余分の説明を要することにならうとも、活きて働く姿を写し取るやうにしたいものと、私などは思つて居た。多数の方言を急に集めて見ようとする人には是は望めないが、周防大島方言集の著者は、ちやうどさういふ静かな観察の出来る地位に在り、又それに必要なる忍耐力をも備へた人であつた。

それで我々は相談の上で、先づ第一回の方言集の中から、周防大島の方言として存録する値ありと思ふもの、約五分の四を爪印しして、一語一枚づつのカードに取り、是を各単語の種類性質、又は語構造の類似によつて、本集のやうに排列して見た。さうして簡単なる説明では理解しにくいものを、筆者自身の再検討により、又は何回と無き書信の往復を以て、力の及ぶ限り確実に近いものにしただけで無く、必要と認めたものにはほゞ私たちの希望するやうな、実際の使用例を添へて置くことにしたのである。五十音順を全然罷めてしまつては、名詞と動詞形容詞等との、互ひに関聯するものが遠くに隔たり、起原と親近性とに心付くことが難いのみならず、うすうす言葉を知つて捜し出さうとする者に、便利がよくないといふ非難もあるが、その索引を附けるとすると、又倍に近い紙を要して、愈々出版を困難にするので、是は三十巻、五十巻と重ねた後に、総括して全体を見通せるものを作ることにした。それも固より容易な仕事では無からうが、幸ひにして是が纏まると、将来必ず編輯せらるべき我邦の方言辞書の、第一歩を踏み出したことにもなるであらうといふ、楽しい希望を我々は抱いて居るのである。

大きな事業の下積みといふものは、大抵はこの様に花々しからぬものであるが、折角今までの慣例に従つて、先づ一通りの体裁を具へて居た方言集を、切つたり縮めたり置き換へたりして、何かこの採集のまだ及ばぬ区域のあることを露はにしたといふことは、著者に対して誠に気の毒な感じがする。しかし一方から見れば、斯うして近いものを隣に並べて見ることによつて、始めてこの以外に知らずに居る言葉、もしくは既に標準語に改まつて、消え去つた言葉があるらしいことが心付かれ、我々の謂ふ所の集後の採訪といふものは進み得るのである。周防大島には自分はたゞ一日だけの知識しか持たぬが、島出身の宮本常一君の言によれば、島は東西に長く延びて、昔から西を頭として島本・島仲・島末の三区に分れて居た。方言の分界は必ずしも精密に是とは一致せぬが、やはり語法などの上に於て大よそ三通りの差があり、又交通の事情を異にする為に、各々異なる隣接地から、ちがつた単語の若干を運び入れて居ることが、可なり明かに証明し得られるさうである。原安雄君は中央部の城山校に永く働いて居たけれども、家郷は西部の沖浦村大字秋に在り、又島末の旧家から令室を迎へて居る。だから大体には大島全島の事情に通じて居ると言ひ得るが、其記憶にはおのづから濃淡があつて、先づ西部の屋代方面の言語生活を代表して居るものと見ればまちがひは無く、たゞこの三つの区域の些々たる相違に気付くべく、最も形勝の地位に在るといふことは言へるのである。

私は此説を聴くことによつて、愈々周防大島方言集の次々の成長、増補と改訂との機会を想望せざるを得ない。大島といふ名は勿論中央の大きな主島から出て居るが、今でも郡の名がそれであるやうに、最初から二十幾つかの群島の総称でもあつた。以前にも其中から祝島その他の数島を割いて、上ノ関の宰判に属せしめ、最近には更に東端の柱島と其周囲の二三島を、岩国市の市域に編入することになつた。此等の島々でも依然として広義の大島方言を話し、外と比べたら特色がなほ認められるのだが、親村の関係や職業交通のちがひによつて、島と島との間には、土地の人ならば気付かれるほどの、物言ひの変化があるといふことも私は聞いて居る。熊毛郡の祝島の方言は、曾て石山但信君が数百語を採集して、雑誌『方言』に寄せたことがあつた。其当時故友上山満之進君といふ自信の強い人があつて、あれは信用できないといふ抗議をして来たことがある。自分は佐波令の出身で祝島とは目と鼻の間だが、絶対にさういふことは言はなかつたから、あちらでもさういふ筈が無いといふ理窟なのである。もしも自分が、祝島はもと大島群島の内だつたことを知つて居たら、そいつは面白いとすぐにも比較を始めたかも知れぬが、其頃はたゞ不審に感じて居ただけであつた。今になつて考へて見ると、土地の物言ひなどは徐々にしか移らぬから、管轄が変つた為に急に熊毛郡の言葉にもなつてしまはなかつたものと思はれる。大島の元地に於ても、遠方出稼ぎの職人を多く出す村と、海上生活の盛んな沖家室等の属島と、さては又農に依存して移動の少なかつた平群島などの間には、どれだけの差異が既に生じ、又どれ程までの一貫して一致するものがなほあるのか、国語が現象学として、実地に就て研究せられる時代が到来したら、周防大島は暫らくの間でも、学者の打棄てゝ置けない土地となるにきまつて居る。さうして其仮台帳としては、爰に初版の周防大島方言集があるのである。さうして其採集者の原安雄氏は、今は岩国市になつた柱島の学校に転任して、孜々として今なほ観察を持続して居るのである。

方言集の完全なものなどといふのは、いつの世になつても恐らくは出ないのであらうが、我々の如きは寧ろ其不完全を楽しんで居る。是で一通りは型がついたといふやうな安心を抱かせず、判つたことだけを取りのけて、残りのまだ判らぬものを適切に感じさせることが、初期調査者の必然の責任だと私たちは信じて居るからである。音韻現象の方面に於ても、今少しく詳しく報告せよといふ註文が、大西雅雄君その他の人々から出て居るが、残念ながら今はまだそれに応ずるだけの力が無い。一つの表音様式は既に音声学会で決定せられて居ると聞くが、是がまだ普通の知識となつて居ない為に、この方言集を利用する人が、是が為に一段と少なくなる。是は勉強すれば程なく覚え込み得るとしても、それまでを利用する人が現在はあまりに少ない。我々は先づ知りもしないで国語は貧弱だと見くびり、勝手に無茶な新語を自鋳する者を説得しなければならぬのである。さうして国語の変化成長には、標方二語を引きくるめた一定の法則のあることを認めさせる必要をもつて居る。然らば如何なる法則があるかと近より問ふ人に対しては、固より音韻の現象を説く必要はあらうが、それを共同して調べて見る為には、まだ聊か準備が足らぬやうに感ずる。実際上の困難としては、それを精確にするには印刷の能力が足らず、出版は殆ど不可能になつてしまふ。それよりも更に大きな故障は、さういふ方式をきめてしまふと、もうどこにも採集者が得られないといふことであらう。表記法を覚えるだけなら簡単かも知れぬが、それでも年久しく一語づつ拾ひ集めて来た者には、今の記憶を以て之を揃へることは出来ない。ましてや是から耳の聴き取りを練習して、安心のなる程度の人々を作り出さうといふことは、実地には望めないことである。一方に其様な資格のある者を養成して、陣容を整へて押出さうといふ計画は結構だと思ふが、それを私たちは恐らくは待つて居られないだらうと思ふ。それまでの間は得られるだけの材料を整理し、与へられただけの事実によつて、音韻の方面に於てもたゞ著しい傾向の、まちがひ無く言へることだけを報告して置くつもりである。そのうちにはたつた一箇処でも、理想通りに完全なる採集が出来て、手本を示してくれるといふことも、是からは絶対に無いとは言へまい。

昭和十七年九月　　　　　　　　　　　柳　田　国　男

『周防大島方言集　全国方言集・四』柳田国男編・原安雄著、昭和一八年二月五日、中央公論社

族制語彙

柳田国男著

自序

日本上代の政治史又は社会文化史に、氏といふものが大いに働いて居たことは誰でも知つて居るが、さてその氏は末々どうなつて来たのであらうか。言葉として今日残つて居るのは、我々の家の名を一に又氏ともいふことだけで、家の名は共通で氏は異なるといふ者が有るといふことすらも、もう考へることが出来なくなつて居る。さうして一方にはその家なるものの重要性が、少なくとも今日までは、年と共に痛切に感じられるやうになつて来て居るのである。氏と家との関係如何は、一つの大いなる問題とならざるを得ない。氏が小さく分裂してこの多くの家になつたか。もしくは昔の氏のたゞ収縮したものが家であるのか。但しは彼と是とには繋がりは無く、別に此世の中に彼が衰へ消え、是が大いに立ち栄えるやうな、それ〳〵の理由があつたものか。答へはこの三つの中のどれか一つで無ければならぬのだが、中間約千年の経過がまだ明かでないばかりに、今以て一応の仮定をすら下し得ない状態に在るのである。

自分たちは恐らく何人よりも熱心に、この昔から今への推移の跡を、究めたいといふ望みを抱いて居る。永い歳月を累ねた同志多数の努力にも拘らず、今でもまだ是だけは判りましたと言ひ得るまでの、結果を収めて居らぬのは面目ないが、少なくとも我々の方法には若干の見込みがある。といふことまでは認められたやうな気がして居る。それがこの一種の中間報告の如きものを、公表して置かうとする根本の動機である。

我々の方法といふのは大小の二つ、第一には此問題のやうに記録の史料が乏しく、多量の推測と臆断とを傭ふに非ざれば、到底文書に拠つて現在までの変遷を解説することが出来ぬといふ場合には、先づ目前の社会生活事相を、曾て有つたものの保存残留乃至は痕跡として、詳かにその甲乙丙丁の差等を見て、次々に一つ以前の姿といふものを尋ねて行かうとすることである。新らしい文化様式の浸潤が土地毎に程度濃淡を異にすることが無かつたならば、次には又我同胞国民の保守性が強靭で、何か機会のあるたびにもう消えたかと思ふ昔風が、必ず再び頭を擡げるといふ特徴を具へなかつたならば、さう〳〵遠い昔までは探ることは出来なかつたかも知れないが、幸ひにしてこの二つの点は、我々の希望して居た条件に合して居る。よその民族には見られぬやうな古い風習は、存外によく保存せられ、又大切な改まつた折には、久しく潜んで居たものが思ひかけず再現する。さうして国の隅々の生活ぶりは、都市の新人が想像して居る以上に、何十級と謂つてもよいほどの階級を示して居るのである。この地方的の相異を比べて見ることによつて、個々の変化の又一つ以前の姿といふものが、次々と判つて来るのである。今までは単にこの差等を比べて見ようとした人が無いのみか、寧ろ背後に在るものを気の毒とし又は小さな現象として無視しようとした者さへあつたのである。乃ち災ひを転じて福を為す。それが今却つて我々の方法の為に、或は豊富に過ぐともいつてよいほどの、色々の資料を残されて居る原因ともなつたのである。

この集の語彙を続けて見る人の、恐らく気が付かずに居られぬであらうと思ふことは、離島に関する記事の非常に多いことで、実はたゞ偶然に斯うなつたのではあるが、自分の方法を説明するに都合がよい。島々の住民も無論すべて日本人で、中にはさう古くから、そこに移住したのでない者も多いのだが、島には屢々内陸の村々の、最も有りふれたる文化事物、新らしい生活と呼ばるゝ幾つかの施設制度が欠けて居る。しかもその欠陥は決して空洞では無く、必ず何等かの其一つ以前のものが、立派にその場所を充たして居るのである。しかも島々の遠近大小、その他数知れぬ環境の差等はある。交通によつて隣の土地の感化を受けることが少なく、各自は独立に今までの生活を続け、又それ〳〵に許さるゝ限度に於て、新らしい大きな統一に参加しようとして居るので、爰に国民の歩みの後れ先だつ足取りが、鮮かに映し出されることにはなつたのである。今まではそれをたゞ一つ〳〵引離して観るだけが能であつたのが、今や改めてその遠く相隔たるものを併せ比べ、その間にどれほどの差異、又どれだけまでの埋もれたる一致が存するかを見ようとするのである。一つの珍らしいものに驚くだけは学問とは言はれぬが、知らずに過ぎ来つた共通の事実を積み重ねて、それが決して偶然の現象では有り得ないことを、我々に認めしめることは発見である。歴史の学問が之によつて、新たに一つの生面を開いたことは、もう幾つかの例を列記することが出来る。たゞ悲しむ所は計画ある観察が未だ行はれず、僅かに百あるものの七つか八つを知つて、残りも多分は斯うであらうといふ程度の仮定に、なほ暫らく止まつて居なければならぬことである。今や国運の大飛躍に際会して、急いでこの消え又は改まらうとするものの残影を記留し、嗣いで大いに起るべき文化史研究の地を為さんが為にも、極力我々はこの方法の可能性を、立証すべき必要を感ずるのである。

第二の小さい方の方法といふのは、この小冊子が示すやうに、我々国内各地の事実を比較する為に、出来るだけ多く土地に行はれて居る言葉を利用しようとすることである。精確を期するならば名よりも実、即ち今わかつて居る限りの事実を記述し、之を排列して異同を明かにした方がよからうが、それでは非常に多くの筆を費さねばならぬばかりか、利用者の労苦を誅求するに過ぎ、又却つて印象を淡からしめる虞れがある。故に先づ目標の語を掲げて事実の存在を明かにし、更に今後の探求に便ならしめようとして居るのである。日本の方言には、実は方言とは言へぬものが多い。中央二三の都府だけにはもう忘れられたもので、田舎には東西南北、そちこちに一致して居る言葉の多いことは、この集が最も手近な実例であり、又是あるが為に名だけを聴いて、直ちに内容を理解する便宜も多いのである。一つの欠点を言へば、今日の多くの方言集は、語数を貪るのみで説明が足らず、粗末な不精確な対訳を付したものが少なくない。さういふ有合せの材料も使はざるを得なかつた故に、其まゝではたゞ見当が付くといふに止まり、やはりもう一度実地に就て、聴いて確かめて来る必要が多からうと思ふ。自分がこの書の読者に勧めたいことは、方言集だけは別にしてもよいが、他の各項に引用した書物と雑誌には、必要に応じて直接に目を通されんことである。出来る限り誤り無く原文を要約したつもりだが、詳しい前後の状況を知つて置くには、抄録だけでは足らぬ場合が多いであらう。注記する所の引用書は、何れも近年の刊行物で、図書館で無くとも持つて居る人は多い筈である。

たゞこの以外に編者が耳で聴き、又は手帖や書信で読んだ材料は大分多く、実は其方が概して確実であり又重要なのだが、それだけは書いても無駄だから一々出処を掲げなかつた。昭和十一二年の交、日本学術振興会の援助を受けて、我々同志の者が全国数十箇所の山村漁村を巡り、同じ質問を以て答へを求めて来た材料が、この中には大分まじつて居る。今後の研究者は先づ安心して是等の材料を利用せられてもよいと思ふが、我々の希望を表白するならば、大切な事項だけはもう一度、別の途から確かめて見、又能ふべくんば此書に掲げられて居ない地域から、類似の又は反対の事実を、一つでも多く聴き出して、各々関係ある頁の余白に、書き込んで行かれんことである。斯様に煩はしいまでに多くの県郡島名を並べてはあるが、全国の広きに比べると、是は十分の一にも足らず、又すべての項目にわたつて、残らず調査して得たといふ土地は、一箇所も無いのである。此処に出て居ないからさういふ実例は無いのだらうといふ推定は、絶対に下すことが出来ないのである。

そこで最後にもう一つだけ説明をして置きたいことは、この語彙には県郡名又は旧国名や地方総称だけを掲げて、村や部落の名は出さない方針を採つたが、同じ一つの郡でも町と村、平野と山地では事情がよほどちがひ、一方は以前のまゝ、一方は全く改まつてしまつて痕跡も無いといふ場合は多いのである。それ故に某郡に斯ういふ事実があると記したのは、少なくとも其郡内に一箇所以上、最近即ち二三年前までは、たしかにさういふことが実験せられたといふ意味で、同じ郡内の他の一部の人が全く知らなくても、事実に反するなどと言つてもらつては困るのである。それと同時にたつた一つの地方だけを挙げたとても、勿論その郡より他には無いといふのでは決して無い。寧ろ自分は東北なら東北の一つの地方で、生活環境のほゞ相似たる土地ならば、甲の郡にあつたことは乙丙丁の郡にも大抵はあるものとさへ想像して居る。たゞ明白な証拠が無い故に、成るべくは他もさうだらうといふことを言はぬだけである。地名をやたらに並べるといふことは、其地を故郷とせぬ者には興味の無いことであり、又或は此書の印象を害するといふ人もあるか知らぬが、我々の仲間では、努めて多くの地方名を記憶することを以て、民俗研究の出発点として居る。生れた土地以外の事実を省みなかつたといふことが、近世国民教育の一つの弱点であり、同時に又同胞国民の生活事実を知らずに、たゞ外国人の著書によつて、国の文化の現在未来を論じようとする者の、いつまでたつても跡を絶たぬ原因ではないかと思つて居る。此書の説く所が因縁となつて、一つでも多くの国内の地名が覚えられるならば、それも亦幸福なことだと言つてよい。

なほ「親子なり」と題した一章は、前年家族制度全集の中に、親分子分と題して書いたものと重複するが、其後の資料によつて増補した部分が多く、又一二の訂正もある。

昭和十七年五月

柳田国男

『族制語彙』柳田国男著、昭和一八年五月五日、日本法理研究会

南天荘集　井上通泰翁歌集

柳田国男編

南天荘の翁　＊

南天荘の翁、井上通泰の大人、身まかりて早くも二歳の日は近づきぬ。我等その遺業の散佚せんことを憂ふる者、志を合せて集拾校訂し、まづ玆にこの歌の巻を世に公にす。次ぎてなほ力あらば、くさ〴〵の文章のいまだ顕はれざるものを整理して、更に一書を成さんと欲す。此集に載せたる歌の数は二千五百九十四、其うち昭和十一年以前のものは、曾て詠草又歌稿等の名を題して自ら選定し、之を印刷に付して知友の間に頒ちたることありき。其後の五年の間に詠み出でたる五百九十七首に至りては、終に故人の筆刪を経ることを得ず、もはら南天荘月報の掲ぐる所に拠りて、新たにほゞ年次を序でたるに過ぎず。故人はもと寡作なり。殊に少壮の日の歌は伝へざるもの多く、僅かに本務の暇に、折にふれて興を寄せ情懐を叙べて、人に示し又自ら怡びしものを存するのみ。中ごろ歌を以て　大内に仕へまつり、又かたはら道の友垣を結びて、耀く大御代の手ぶりといふものを説きかはすに至りて、漸うにして題詠の歌の数は加はれり。素より是はたゞ錬磨のわざなるべければ、さながらに之を後代に留めんことは、作者の本意にかなへりや否やも測り難しといへども、今に及びてははた如何にかせむ。故人は歌を学問の一つなりとし、学びて必ず到るべき道と信じて、自らも博く尋ね深く思ひ、人に語ることも亦極めて懇切なりしかども、その言説は大むね対話を期して、之を筆紙の上に表はし伝へんとしたるもの稀なり。仮に将来斯人の歌道といふものに、果して幾ばくの新意創見ありやと知らんとする者出づとすれば、歌風に依らずしては真相を探ること難かるべく、まして身親しく南天荘の園の内に遊びて、主翁のそゞろ語りに耳を傾けたりし人々の、此集を繙きて再び想ひ起し、又は新たに心づきて、自らの道の行くてを考へ定めんとするものは、今はなほ国中に数多きなり。故人の志は遂げたりとは言ひ難けれども、幸ひにして此書之によつて世に伝はり、おのづから花さき実なるべき機縁ともならば、我等の企つる所は徒爾ならずと言ひつべし。国の文芸の歴史を回顧するに、倭歌は殊に時代の変遷を累ねたり。世を隔て時を異にして、人の好尚はあまたたび推し移り、古き世必ずしも疎んぜられず、近き世必ずしも許されず、更にその中間の最も省みられざりし世に就きて、今は又新たに隠れたる名手を見出でたりと説く者あり。あすの日は誠に定め難し。誰か百年の鑑賞を期する者あらむ。たゞ此集の作者の如きは、念念君国を去らず、物に対して思を述べ、題に応じて意を表せんとするに当り、未だ曾て平生の所懐を欺くことなかりき。この態度も或は、亦後世の批判を免れざるものならん。たゞ故旧骨肉の私の情としては、是を一篇の日記に向ふが如く、撫摩し誦吟して永く巻を掩ふに忍びざるの感を抱くのみ。

昭和十八年八月　　　　柳田国男

『南天荘集　井上通泰翁歌集』柳田国男編・井上通泰翁著、昭和一八年八月八日、三国書房

直入郡昔話集　全国昔話記録

柳田国男編
鈴木清美

編纂者の言葉

各集の始めに、その成立ちと特色と、又自分の所感とを述べて置くことは、紹介の趣意にもかなふのであるが、それを企てゝ居ると時がかゝり、愈々世に出るのが遅くなるから、それは再版以後の機会に譲ることとし、今は主として昔話を集める者の苦心と、それがこのさき如何に利用せられるのが、最も我々の期待する所であるかを、全体にわたつて説いて置かうと思ふ。さうすれば自然に一つ〳〵の採録の価値の高下もきまり、更に又嗣いで立つ人の少しの参考にはなるかも知れぬ。

昔話の聴き書きは、今日でももうよほど六つかしい仕事になつて居る。あの人なら沢山の話を知つて居るといふ評判はあつても、尋ねて見ると急にはさう思ひ出せなかつたり、又は案外つまらぬ話ばかりを詳しく覚えて居たりする。日頃まはりに来て聴かうとする人が変つて行くので、僅かな数さへ有れば用は弁じ、それだけを頻りにくり返して、残りのものは復習が足りぬ故に、段々と記憶が薄れて行くのである。ところが我々の知りたいのは、同じ一つの有名なものが、そこにも茲にも在るといふことでは無い。この点は近年もう判り過ぎて居り、中には「茶栗柿は別々」などのやうに、内容がどこも同じで、話の名さへ言へば、もう聴く必要の無いものが随分多い。さういふ言はゞ有りふれたものを掻き出して、その一つ底におどんで居るものを、我々は掬んで見たいのである。今から五十年か七十年前までは、確かに行はれて居た好い昔話が、もう次々に消えてしまはうとして居る。それを何とかしてまだ間に合ふうちに、いそいで保存して次の代に引継いで置かうとして居るのである。

一人で百にも近い話の数を知つて居る人を、見つけ出すといふことが特に必要なのであるが、残念ながら非常に六つかしい望みである。昔も昔話の保管に任じた人は、静かな生活をして居る老いたる女性に多かつた。さういふ人々は慎み深く知つたかぶりをせず、又うちとけて我々と話をするやうな折が少ない。二十年来私などは念掛けて居るが、殆と逢つたことも無く、たま〳〵知つても間に合はなかつた。たゞ幸ひなことには話ずきには遺伝があつて、誰か身うちの端に特別の印象を受け、又記憶の殊に鮮明に且つ精確な人が居る。今までの昔話集の中には、斯ういふ道筋を経て辛うじて伝はつたものが幾つかある。それで我々はさういふ人の出さうな家々に注意し、又年の若い他に心を取られやすい人たちに、年よりの話することをもつと注意し、出来るならばそれを筆記し、且つよその例と比べて考へて見るやうに、勧めてあいたことも三度や五度では無かつたのである。たゞ集めてさてどうするといふ学問が、まだ余り進んで居なかつた為に、是といふ程の効果は現はれないで、時が空しく過ぎてしまつたのである。

全国昔話記録の実現に際して、やゝ時おくれの憾みはあるが、もう一度この点を力説して見たいと思ふ。同じ一人の伝承者から、一巻の昔話を集め成すといふことは、多分不可能ではあらうが我々の理想である。たつた一つの珍らしい佳い話を、詳しく覚えて持伝へて居たといふ場合も絶無とは言へない。前年肥後の多田隈氏から出た、「鼻たれ小僧様」などはその例であつた。しかしさういふのを捜しまはることは愈々困難で、通例は平凡きはまるものを、私も其話なら知つて居ると称して出すのが多く、大抵は自他のひま潰しに終ることを覚悟しなければならぬ。それで我々の一つの努力は、たとへ一人の話を揃へることが出来ぬまでも、出来るだけ数少ない確かな話し手を見つけて、気永にその人の持つものゝ全部を聴いて置かうとすることで、さうすれば他ではもう滅びたもの、もしくはまだ知られて居ない変つた形のものを、見つけ出すたよりにならうも知れぬ。誰から聴いても一つの話は同じ話と、思つてしまふことの出来ないことはもう経験せられて居る。多くの色々の話を混同せずに、おぼえて居るやうな人の伝承は精確である。斯ういふ中から我々は、少しでも古い崩れぬ形を見出さなければならない。

それで是からの一つの約束としては、話者の氏名と年齢と境涯、村で生れて村に老いた人か、旅をして来た人か位かは明かにして置きたいと思つて居る。もつと望みを言へばその話をした日と時刻、聴き手がどんな者だつたかもわかつて居ると都合がよい。関君の母堂などは相手によつて、少しく話し方を改める位の心構へをもつて居られた。昔は無いことだつたかも知れぬが、いはゆる童話が盛んになると、現に話はよつぽど変化して居るのである。この意味からいふと、この記録中の二三の昔話集のやうに、教師が少女少年に勧めて家で聴いて来た話を書かせるといふことも、少なくとも若干の用意を以て迎へ取らねばならぬ。皆が一様に家庭用として話しかへるならば又それでよいが、中には其斟酌の出来ぬ人もあり、又弘く成人を相手に話して居るのを、脇から聴いて居たといふものがあつて、それが入り交つて居るのである。だから是にも亦誰から聴いたといふ類の附記を、添へさせる必要がたしかに有るので、それを要求して置かぬと二度三度も耳にした話を、自分で編纂して出して来ぬとも限らないのである。誰がさういふ話をして聴かせたかを書き附けさせることは、少なくとも別な分子を加味しようとせず、思ひ出を純一にする力がある上に、更に今一つのよいことは、是によつて良き伝承者を見つけ出す望みさへあるのである。前年静岡県の女子師範学校で、生徒に書かせた伝説昔話集といふものを出したときに、其中で遠州の小笠郡の山手に一箇所、伊豆の南の方の村に二箇所、特に詳しくよく筋の通つた昔話を、熱心に報告した娘がある。それが何れも話者と同じ苗字なので、はゝあ是はおばあさんか何かだな、一つ訪ねて行つて見たいものだと思つて居るうちに、いつか月日が経つてしまつて、もう事情も変つたらうと断念して居る。若い人たちを利用して一時に多種の昔話を集めて見ようとする者は、是を手掛りにもう一骨折、その又水源になるものを汲まうとしなければなるまい。といふわけは大抵の普通の家庭では、さう〳〵は昔話を珍重しても居らず、又その周囲にも語つて聴かせる人も無く、僅かに書物などにあることを、口訳して使つて居るのである。それとたま〳〵残つて居る土地の言ひ伝への管理者とを、同じに取扱ふといふことは誤りで、必ずその中には選定が無ければならぬからである。

我々の昔話集が一郡一島を単位に、纏めて見ようとする趣旨も実は茲に在つた。もと〳〵同じものが地方によつて、そんなにちがつて居らうとは思つて居るわけで無いが、それでも久しい間一つの村里、一つの家筋に守られて居るうちには、甲の地で既に失つたものを、乙では何と無くまだ伝へ、もしくは古い頃に或変更を加へたまゝを、保存して居るかも知れぬと思はれるからである。ところが一方には新たなる統一といふ力も可なり強い。人が旅をして聴いて還つて来る以外に、外から話を携へて入り込む者も多く、さういふ者は之を交際の便宜に供し、又時々は活計にさへして居た。どこで聴いてもほゞ同じといふ昔話が、大抵はをかしく又短く、しかも新らしいものが多いのは其為で、それをたゞ郡島毎に拾ひ集めて見ても、しまひには倦きられるにきまつて居る。之に対して永いこと一地に留まつて居た話は、個性ともいふべきものを持つて居る。たとへ大筋は似て居ても組合せが変り、又は説明のし方がちがつて居る。知つた人たちでもそんな風な話になつて居るか、自分の方のとはこの点が別だとか、驚き珍らしがり又不審を抱くことが稀でない。是が私たちの目ざして居る学問の興味なのである。この地方毎の変化には原因が無くてはならぬ。それが信仰とか経済事情とか、その他くさ〳〵の環境の力の、是から溯つて窺ひ知らるゝものが有るかも知らぬが、話それ自らの発生と成育、それが世に連れて変り得る限度といふやうなものも、比較によつて行く〳〵は判つて来るだらう。それには先づ最終の筆録者が、単にその土地に居たといふ以上に、そこに根をさしたものを選び取ることを必要とする。全国一律ともいふべき近年の運搬品だけは、もうい〻加減に別扱ひしなければ、しまひには又この話かと、舌打ちせられるやうな時が来ぬとも限らぬ。斯ういふ意味に於て我々は、成るだけ外からの侵潤の少ない、殊に座頭その他の説話業者の入り込まなかつた、離れた島とか山奥の在所の、家に伝はつた昔話の多い土地を目標としようとして居るのである。中央に近い土地でも、附近にまだ採集が無かつたとか、又は特別に優れた伝承者にめぐり逢つたとか、もしくは偶然に良い話が多かつたといふ場合には出すが、今後は無条件に巻の数ばかりを、多く重ねることは見合せようと思つて居る。全国を見渡すと、今日はまだ一向に採訪の進んで居らぬ区域が広い。東北は既に幾つかの昔話集を出して居るが、それでもまだ日本海側の多くの郡、殊に山形県には纏まつたものが無い。

九州周辺の島々には岩倉山口二君の労作によつて、明かになつたものも二三にして止まらぬが、それでも島の数はこの通り多く、島から島への運搬は制限せられて居る。随分六つかしい条件を設けても、出さずには居られぬ昔話集が、なほ次々と現はれて来るであらう。我々の事業は大きくなつて行くばかりである。

我々の最も期待する所の読者は、各地わかれ〳〵に管理せられて来た数多くの昔話を比較して、その成長展開の跡を明かにする人たちであるが、是は願つてもさう急には出て来ず、又今日はそんな悠長な研究の最も後まはしにせられ易い時代でもある。それで今は先づ消滅の防止と、出来る限りの現状保存を心がけて、利用を平和の日に待つの他は無い。次には出来るならば遠い土地に生ひ立ち、かねてこの種の口碑に関心を持つ人に、少しづ〻でもこの集を読んで見てもらつて、決して自分の郷土だけの言ひ伝へでなかつたことを知り、是がこの通り国の端々にまで行渡つて居るのは、どういふわけだらうと、新たな知識欲を抱いて貰ふことであるが、是は今とても望まれぬことではないと思ふ。たゞそれが翻つてその各郷土の保存事業に、どれほどまで支援の力となるかは、効果が間接であるだけに、聊か心もとなしとせぬ。現在の常識は可なり固定して居ると思ふ。新たに昔話の文化史上の意義を、承認せしめることは相当の難事である。たゞ一つの便宜といつてよいことは、若い人々の生れ在所を離れて、遠く家郷を懐ふ者の数が、今日は非常に多くなつて居る。さうして読書を以て心の慰めとすることも、著しい風潮になつて来たのである。恐らくはその一部分の人が、偶然の縁によつて斯ういふ昔話集を手に取り、暫らく思ひ出さなかつた少年の日の悦楽を、味ふといふ場合も起り得るであらう。効果はたゞそれだけに止まつても、なほ我々は満足することが出来る。しかもこの意外な印象はすぐには消えまいと思はれる。是が日本の昔話といふものを、再び尋常の知識とする力になるかも知れぬといふことは、必ずしも空しい夢とまでは言へない。
昔話の地方色といふことは、いつの場合にも問題になる。方言を使はぬと土地で聴いて居た様な感興は催さず、方言ばかりで書いてしまふとよその人にはわからない。佐々木喜善君が始めた方式であるが、標準語で文章の書ける人が、すなほに記憶のまゝを筆にして行くと、どうしても替へられぬ部分だけが方言で残る。それは多くは肝要な点だから、もし方言だけでわからぬと思へば説明を添へる。勿論筆者によつてその加減もちがふが、大体に今までに出た昔話集には、その組合せの頃合ひが示されて居ると思ふ。私は方言に興味をもつので、もつと方言が多く出てもよいと思つて居る。土地の人たちもそれを悦ぶであらうが、其為に弘く愛読者が得られなくなつても困る。或は今ぐらゐか又はもう少し方言の量をへらして、其代りには全部土地の言葉のまゝを筆記したものを、二つか三つまじへて置くのもよからう。何れにしても丸々標準語ばかりに書き換へてしまふと、創作童話のやうになつて、土に育つたものゝ香がしなくなるかと思ふ。他処から入つて行く採集者の記録の、非常に六つかしい理由も此点に在るのだが、実際は土地でも両方の言葉を、入り交ぜて使つて居る人がもう今日は多くなつて居るので、彼等の我々に向つて談らうとする言葉を、そのまゝに筆記しても大抵は外の者にわかる。つまりは昔話そのものも、之を表現する言葉と共に、次第に古色を失つて行かうとして居るのである。望むと望まぬとに拘らず、是は伝はるものゝ免れざる傾向である。従つて又少しでもまだ元の形の残つて居るうちに、つくろはず飾らず加筆せず、そつくりと次の代の学徒に引渡すのが、我々の役目だと心得て居る。採集の技能の如きも、是からなほ大いに錬磨しなければならない。

昭和十八年九月　　柳田国男

『直入郡昔話集　全国昔話記録』柳田国男編・鈴木清美、昭和一八年一二月一〇日、三省堂

伊予大三島北部方言集　全国方言集・五

柳田国男編
藤原与一著

序

山陽線の汽車の窓からいつでも見て通る海のすぐ向ふの一つの山が、大三島の北の端だといふことを、久しい間私は知らずに居た。この方言集の採集地、愛媛県越智郡鏡村の肥海（ヒカイ）といふ里は、ちやうど其山の陰になつて居るのだが、こゝまで伊予国の、しかも名に高い神の島が、突出して来て居ることに気の付かぬ人も稀ではあるまい。それほどにも大きな大三島ではあるが、山が高くて安らかな峠が少なく、村と村とは海沿ひの細路を以て結ばれて居る。舟の往来が夙くから開けて居たとすると、却つて県外に通ひ易かつた処が多かつたといふことも考へられるのである。国語の地方差と、之を作り上げた諸種の素因とを考察するのに、爰などは誠に都合のよい試験場といふことが出来る。それ故に我々は、特に大三島北部といふ名を以てこの方言集に題せんとするのである。

同じ大三島もずつと南の方へ廻つて見ると、ほんの僅かな渡船を以て越えて行かれるほどの瀬戸があり、それから順々に隣の島を通つて、親国への水運はよく開けて居る。人も夙くより伊予の方から入り、従つて又多くのなつかしいものをかの方面にもつても居る。問題になるのは斯ういふ場合にも、なほ一方の近い対岸の文物が目立たずに浸潤して来るものであるかどうか。但しは又血のよしみ、乃至は政治の力といふものが統制して、永く旧来の一体性を保持し得たらうか否かであつて、それが何れに決しても我々の学ぶ所は大きい。陸つゞきの土地だつてもそれは同じことだと、思つて居る人が有るかも知れぬが、海水の隔離といふことはよほど事情がちがふ上に、遠さと海の荒さとの各段階に於て、色々の実験の出来るのは島である。さうして我々は今ちやうど、大規模にさういふ実験をしなければならぬ必要に迫られて居り、他の外国では段々とそれが出来にくゝならうとして居るのである。大三島南部其他の方言集が、すぐに引続いて後から出ることを、必ずしも私は主張するのでは無い。同じ中国海上の島々であるからには、どこで採集して見ても半分か三分の二、よく似た単語句法の行はれて居るのは当りまへで、それを又くり返して何度でも集録して行けば、寧ろ読む者の印象を稀薄にする虞れがある。故に一つの区域の事実を精確にして、次々の各地ではたゞ之と同じくないものを、注意深く拾ひ出し又比較して、それを将来の研究目標とすることが、労少なくして効果は濃いわけで、乃ちこの方言集は一つの台帳のやうなものになつて、弘く近隣諸島の言語現象を意識せんとする人々の為に、利用せられるであらうことが期待せられるのである。瀬戸内海の方言集としては、前に原君の周防大島のを先づ出した。次には今一つ塩飽の列島の中からでも、出ればよいと念じて居るのであるが、其地点の選定は因縁次第のものである。そこに適任にしてしかも熱心なる人があつて、我々の事業に共鳴してくれるのでなければ、ちやうど此辺りで一つと言つて見たところで、それはたゞ切なる希望といふに止まるのである。国が自ら手を下して、積極的なる調査を企てるといふ時が来るまでは、たゞ自然に採集せられたものゝ出現を待つて、その採集地がどんな処、人がどういふ人であるかといふ点に、十分なる注意を払ふより他は無い。さういふことすらも今までは試みられず、たゞ方言集の数ばかりを算へて居たのである。

この集の藤原与一君は、自身が先づ方言の倦まざる研究者であつた。他処の言葉がどの様にかはり又は似て居るかを知る為に、もう殆と国一ぱいをあるきまはつて居る。その切れ〴〵の各地の知識を以て、一つの学問を組み立てるといふ仕事が、如何に緊要のものでありしかも亦どの位六つかしいものであるかを、私などよりはもつと適切に体験して居る。その上にこの全国方言記録の実現するよりも前から既に私の計画を知り且つ賛成して居る。念を押しては見たことも無いけれども、もしも此計画が不幸にして中絶するやうなことがあつたら、必ず志を嗣いで再興してくれるのも斯ういふ人であらうとさへ私は期待して居る。それが自身の生れ故郷の、子供の時からの地言葉を、書いて残して置かうといふ気になつたのだから、単なる愛郷心の所産といふやうな、学問と縁の薄いものでないことは判つて居るのである。但しさうまで言はれると、少しは気が咎めるといふ如き若干の弱点もまだ無いとは言はれないが、少なくとも同君は是を完成とは思つては居ないだらう。今後も何十年、之を補充し又改訂して、行く〳〵四隣の島に住む人々と共に、言葉と生活との密接なる関聯、斯うより外には進んで来られなかつた自然の途を覚り、従つて全日本の大いなる統一に向つて、如何に導くのが尤も安全なる国語の活き方であるかを学ぶべく、之を毎年の教科書と同様に、始終より良くして行くことに努力することゝ信ずる。大三島北部方言集の第一版は、その意味に於て重要なる記念の書である。

この方言集の排列の順序は、又少しばかり変へて見たが、大体に五十音順のやうな用の無い外形に依ることなく、語辞の生滅する一つの道筋の上を、辿つて行かうとする最初の方針はなほ持続して居る。仔細に視る人があれば少しづゝは改良して居ることが判る筈だが、それを取立てゝ言ふほどには、まだ私たちの利用は進んで居ない。名詞を始めに置くといふのも一つの試みであり、素人の話題はこの方に偏して居るから、世間の注意を惹くには適するかも知らぬが、国の中央中流の間では既に成長が停止して、地方には却つて新らしい工夫発明のまだ活き〳〵として居ることは、実は用言の方が遥かに顕著なのである。従つて是からはもつと後者の観察に力を入れることが、時代の要求に合ふと私などは考へて居る。中国各地の方言集としては、江草進氏の備中川上郡、千代延尚寿氏の石見那賀郡沿海部、中島信太郎氏の播磨加古郡の採集などが、此後を追うて遠からず世に出ようとして居る。それ等を見比べて更に大いなる刺戟を受ける者は、誰よりも先づ此集の著者であらう。私は窃かにそれを期待して居る。

昭和十八年八月　　柳田国男識

『伊予大三島北部方言集　全国方言集・五』柳田国男編・藤原与一著、昭和一八年一二月二五日、中央公論社

雪国の民俗

柳田国男
三木　茂著

雪国の話

一

ゆきぐにといふ言葉は中古以来、日本人には一般に親しみのある単語になつて居る。和歌にはめつたに使はれて居ないやうだが、其他の散文文学に、又色々のうたひものにたび／＼現はれて、いつまでも記憶せられて居る。たとへば私の故郷の播州姫路で、領主の榊原家が越後高田へ転封になつたのは、よほど古い頃の事であつたにも拘らず、その当時領内の者が歌つたといふ、

花のやうなる小平太さまを
やろか越後の雪ぐにへ

の一章が、作りごとだつたかも知れぬが、永く人の口に伝はつて居た。尤もこの歌はまだ他の地方にもあつて、普通には、

荒い風にもあてまいぬしを
やろか信濃の雪ぐにへ

となつて本にも載つて居るから、一つは改作かも知れぬが、前の方がずつと古雅であり又情がこもつて居る。元来斯ういふ児女の情を叙べたものは、大抵は踊り唄だつたと見てよい。即ち事実はどうであらうとも、之を聴いて踊る心持が柔らかくなれば、それで目的を果たしたのである。

それから又次のやうな民謡も、何であつたか古いものに出て居る。

丹波雪ぐに積らぬさきに
つれてお出やれうす雪に

はつきりと韻が履んであつてまことに好い歌だ。是などもどうやら踊りの歌らしいが、さて如何なる境涯に在る者の風懐を歌にしたといふのであらうか、私には少しまだ解しかねる。或は若い男女の縁が定まつて、さういふ雪の国へでも附いて行かうといふ意味か、但しは又早く積らぬうちにその雪国から出て行かうといふのか。私は斯んな思ひ切つた表白をする女性は田舎には居るまいから、やはり京大阪などの蓮葉者の、おまへとならば丹波へでも行かうといふ心持を、以前は斯ういふ風に歌ふことが出来たのかと考へて居る。全体に土地で自ら、雪国と称することは無かつたらう。最初は恐らく外から付けた名であつて、冬は到底入つて行けぬ土地といふ意味に、斯んな名を与へたのがもとであつたかと想像せられる。乃ち雪国の冬は至つて淋しく、従つて生活はよほど南の方の、雪の積らぬ海ばたとはちがつて居たのであつた。

二

ところが世の中の開け、交通の進んで行く勢ひは、知らぬうちにその障壁を押し破つて居たのである。鉄道が縦横に国を貫ぬく時代に入つて、始めて我々は雪国の新らしい意味を心づいたのだけれども、この変化はもう数百年前から、徐々として始まつて居たのを、雪国以外に住む者が省みずに居たのである。変化の第一歩は同じ意思同じ勇気、共通の智慮才覚を持つた日本人が、後から後からと雪国の空地を目がけて入つて来て、夙く来て居た者を扶け励まし、共々に栄えて行かうとしたことであつた。元から居た人々とても喜田さんが言はれたやうに、皆異種人の末だつたとは言ひ切れない。現に幾回かの計画移民があつたことは、上代の史書にも歴然として居る。たゞ其総数が始めは如何にも少なくて、言はゞ天然に負けて居たのである。勿論その中にも外援を借らず、自ら奮起した者も有つたらうけれども、大きな力はなほ中古以来の、新たなる補充に由つて居る。各藩の主長と其眷属を始めとし、村々の開発者の今では旧家となつて居るものでも、千年以来の生え抜きと名のるのは絶無に近い。初祖は必ず積雪の嶺の彼方より、好んで雪の国を開かうとして入つた人々の、予定通りに太い根を土地に降したものであつた。手短かに言ふならばこの新らしい雪国を作る為に、何れも余分に働いた者の末なのである。歌謡は一つの古い言葉をくり返して居るうちに、其実質は次々と変つて来て居る。将来も亦ぐん〳〵と改まつて行くことであらう。

この自然と人間との取合はせには日本以外には見られない特徴がある。志賀重昂さんの説と記憶するが、竹は南方の植物だがその大藪に深い雪が積もり、夜中にぱん〳〵と折れて割れる音を聴くのは日本であり、猿は南方の獣だがそれが雪の山に潜まつて、寒さを侘ぶる哀鳴の声を立てるのも日本である。亜欧の二大陸に到らぬ限も無く分布して居るといふ尻尾の釣の昔話でも、よその国では熊であり狼狐であるが、日本でばかりは是が猿の尾の短かい理由として語られる。猿が騙されて尻尾を水の中に垂れて夜釣をして居ると、やがて氷が張つて来て抜けなくなる。無理に引張つたので尾は切れてしまひ、顔はあの通り赤くなつたと説明せられて居る。乃ち猿と厚氷といふやうな珍らしい取合はせでも、是を有り得べき話として面白がる子供が、日本だけには居て、よその国には居ないのである。遠く北満の曠野に進出する若い我等の同胞が、是から新たに建設して行く雪国も、きつと又特色に富んだものであらうが、今ある国内の雪国などは、先づ他には類の無い成長をして居る。第一には人を大きな要素とし、それに天然がこの群島固有の、かはつた色々の条件を以て参加して居るのである。誰がどのやうに計画をして見ても、もう再び是に似寄つた歴史は作ることが出来ぬであらう。それを今まではまだ気づかずに居たのであつた。

三

たとへば雪に是だけ数多くの種類があるといふことは、近頃本式の研究の起るまでは、大抵の人が一生知らずにすんだ。いはゆる雪害が日本の汽車に多く、宛てにして居る交通が折々妨げられるのは、技術の拙劣でも機械のせゐでも無い。斯んな柔らかな又重い雪が、どつさりと積もる国は他には無く、又始めから是ほど莫大な人と物とを、冬も運んで行かねばならぬ必要もなかつたのである。雪崩に昔から色々の名が有つたといふことも、話は小さいが事情は是と似て居る。国の風土が危難を多くして居るといふ以上に、それを一つ〳〵経験して行かねばならぬやうな生活を、もう久しい間我々は続けて居たのである。

もつと明るい側面からも、この問題は眺めて見なければならぬ。我々が日本人で無く、又南の方から段々に入つて来たのでなかつたならば、到底斯ういふ風な雪国を作り上げることは出来なかつたらうと、思ふやうな特色はまだ幾つもある。さういふ中でも東北の諸県を、目ぼしい米産地としてしまつたなどは、実は人類の歴史にも大きな文字を以て、書いて置かねばならぬ一事績であつた。北海道拓植の初期に於て、こゝばかりは米国流の有畜乾燥圃場として、開くより外には方法が無いといふことに、朝野の意見が一旦はきまつて居た。それを無理々々にも説き破つて、終に今見るやうな水田地帯を、僅か半世紀のうちに出現させたのは、全く御手本が近い隣の奥羽に在り、そこから沢山の人が渡つて居たからであつた。稲を作らなければ昔通りの方式を以て、村の神々を祀ることも出来ず、又米飯をたべてめい〳〵の身の晴を祝することも出来ない。この根本の生産のちがひといふものは、いつと無く雪国の文化の様相を、二種の異なるものにするだけの力をもつて居た。それを兎も角も大きな障碍とは感ぜずに、今までは通り越して来て居るのである。背後に隠れたる米作農法の改良と工夫、又恐らくは何度とも無い失敗と遣りなほし、いはゆる苦い経験の親代々の累積を、推測せずには居られないのである。稲の原種とその自然状態に就ては、大よそは調べた人が有つて我々も読んで居るが、それを今見るやうな雪国の作物にまで、導いて来た経過には記録が無い。さうしてたゞ其功労者が、日本人であつたといふことだけが判つて居て、是非ともさうせずには居られなかつた、深い動機といふものはまだ埋もれて居る。

四

同じ一つの国民が互ひに理解せずに、今まで過ぎて居た暮らし方働き方の、幾らかがまだ残つて居ることが考へられる。それも一方に取つてはきまり切つた当り前である故に、却つて事新らしく説き立てる機会が無かつたのである。一つとして合点の行かぬといふやうな、込入つた事情を伴なふものは無い。たゞ小さな何かの因縁によつて、はつと気が付きさへすればすぐに明かになることで、乃ち又この写真集のやうに、独り静かに感じて見て来たものが、それを無言のうちに紹介し得る所以である。雪国といふ言葉を用ゐ始めた人たちは、国を二つに分けて根雪のある地方と、冬も黒土の上に日の光のあたる村々とに対立させることだけは知つて、その根雪の国の中にも幾通りかの種類があることまでは考へなかつた。京畿以西の山奥の在所にも、驚くほど雪の積もる土地は処々に在る。深ければ必ず長く残るとはきまらぬのだが、よそも大抵はこの程度のものと、何処でも想像するので話はこんがらかる。しかも積雪の期間の三月四月五月は、単なる程度の差では決して無いのであつた。十月は普通に苅稲の乾く月、三月は田の土の日ましに柔らかく温もつて行かねばならぬ月で、雪が少しでも此月にかゝれば、その全部が米作の制限とならずには居ない。さうしてその後先の作業が、それに押されて無上に忙しくなつて来るのである。悠長な冬籠りは斯うした雪国の特徴では無い。農業とも言はれぬ弾ね返すやうな緊張が、すぐに其隣に控へて居ることを、知り過ぎるまでに農民は心得て居た。米を作るといふ点は全国共通でも、生活の律動はまるで裏作地帯とは別なのであつた。

雪は以前の世に比べると幾分か融けることが早く、また降り方も或は少なくなつて来たかも知れない。それにしたところで一年の大よそ五月、其下に耕土を横領せられて居るといふことは、一町二段を七段にして使ふことであり、又はそれだけは是非作るとなると、二町あまりを夏中にしつけることにもなる。土地が自由に幾らでも宛てられて居た間は、山の切畑のやうにさつと播いて置いて、稔つただけを集めるといふ農法も行はれたか知らぬが、さういふ時代はとつくに過ぎ去つて、人と人との約束には全国一様なものが多くなつた。だから雪国の耕作には我々の予想に反して、一段と収約な方式が採用せられずには居なかつたのである。

五

しかし其方面はもう大体に調べられて居り、又我々のやうな旅人も多く見てあるいて居る。玆に問題になるのは雪国の埋もれた半面、雪が田畠に蓋をして農民を隔離して居る期間で、それが今まではをかしい程も誤解せられて居たのは、熊やその他の生類の冬蟄の話ばかりを珍らしがつて、人は別であり、殊に日本人はそんな事をして居られなかつたことを考へ付く折を得なかつた為である。冬のかゝりに食物と薪とを、有り余るほども集めて置いて、それをぼつ〳〵と使ひへらして行けば、やがて炉端までも春の光がさして来るといふ時代が、曾て一度は有つた筈であるが、さういふ生活はもう痕跡も遺つて居ない。第一に一年の七八ケ月だけを働いて、年中活きられるといふ方法が至難であつた。嶺を南に越えれば大きな都会が連なり、幾らでも人を求めて居る山陰から北陸までの間では、冬場稼ぎといふものが必然的に企てられた。酒の作り込みを始めとして、冬季を盛りとする幾つもの生産業が、却つて此為に促進せられ、故郷の雪が融けましたからと言つて、さつさと還つて来られぬ人も多くなつたが、なほ一方には食料の節約を兼ねて、いはゆる穀寄せに出て行く者が絶えなかつたのである。ところが奥羽地方となると、峠の一つ向ふもやつぱり雪国で、冬だけの仕事を捜す人が鉢合はせをした。最上地方の人入れ業者などは、遥か駿河遠江の方面まで子供を引連れて来て、四季の差別も立てずに、たゞ家族の口を減らす目的の為に働いて居た。やとひを売るといふ習慣は、後々この地方にも普及して来たが、是は不幸にして行く先が更に雪国で、仕事が夏場のものである為に、いとゞ北方の労力経営を六つかしいものにして居る。たゞ若干の現金の補給があつて、それが生計のくつろぎとなるばかりに、一旦始まると止めることが出来ぬのだが、其為に東北地方の消費生活は一段と整頓し難いものになりかゝつて居る。夏季にも是だけのやとひが出て行かれる位の人口を支持しつゝ、更に穀物をよそへ送り出す農業を続けることは、米は普通の日には食べるもので無いといふやうな、古風な考へ方のまだ残つて居るうちだけで、しかも一方には米常食の思想は、えらい勢ひで雪国にも入つて来つゝあるのである。

六

国にどのやうな好い政治家が居らうとも、やはりこの問題は雪国の人自ら、考へてきめなければならぬものと私は思ふ。さうして彼等の冬籠りこそは、昔から自分たちの生活の問題を、考へる時間でもあつた。夏の労働のあまりにも激しいのにあぐんだ結果、色々と工夫をして冬分の仕事へ、まはせるものだけは皆まはさうとした、智慮才覚は既に認められて居る。たとへば春さき東北を汽車で通つて見て、個々の田の中に積まれて居る肥塚がすべて正月の雪の最も高いときに、山や樹立を目標にめい〳〵の持地へ、まちがひ無く持つて来て置いたものと聴いて、農夫の勘の鋭どさに驚かぬ者はあるまい。しかも其折に用ゐらるゝ橇でも牽綱でも、笠けら蓑脛巾藁沓の類でも、一つとして其日々々の用途を胸に描きつゝ、冬のうちに自分で造らなかつたものは無いのであつた。時間を其為に十分に掛けることが出来た故に、身に合ひ折にふさはしく製し上げる以上に、いつも此人々には美しく作らうといふ気があつたことは、僅か採録せられて居る此本の写真を見ても明かであらう。雪国の農家はこの御蔭に、家具器具が揃ひ調つて居て、町立ちの必要がもとは極めて少なく、それを買ひ物で間に合はせて置かうとした惰け百姓や手の足らぬ家と、堅い古風な旧家との相違は、一目見てすぐ判つたことも想像し得られる。

父や夫や兄弟若ぜたちの親切が、女子供に届くのも同じ冬籠りの間であつた。雪国で無い地方でも冬はやゝ閑だらうが、出入りに切れ〴〵の用があつては、気が散つて一つの物の製作には打ち込めない。よほど小まめな隠居でも近くに居ないと、児童はこれを祖父どのにこしらへてもらつたといふ記憶などは持つことが出来ない。昨日も今宵も囲炉裏の火の影で、あれを作つて居るなといふ嬉しさを感じ続けるといふことは、冬の平和の日を一ところに集まつて、送つて居る地方でないと味はふことが六つかしい。殊に女たちには男の藁仕事蔓細工等に対して、もつと根気のいる又張り合ひのある、紡織裁縫の手わざといふものがあつて、人には言はれない色々の思ひ出を留めて居る。彼等の一生を数十百に区切つて、其一つ〳〵を伝へたかと思ふやうな衣類は、いつまでも家庭の語り草であつた。若い娘たちにはめい〳〵の身支度があつたが、年を取るほどづゝ女には着せたい人が多くなつて、しかも其人々はまはりに居て見て居る。糸をつかんで渡される時から、又はそれよりもまだ前から、是は誰が着るといふことは大よそきまつて居て、いつと無くそれが当人にも知れるのであつた。子供でも無いのに出来ると早く着て見たがり、又はにつこりと笑つたといふやうな話がよく伝はつて居る。それを話にする人自身が、先づ嬉しかつたから覚えて居るのであつた。

七

むかし神様の祭に忌機殿の衣を織つたときも、心持ちは是とやゝ似通うて居た。一ことも口には出さずとも、それが誰の為かといふことは知るべき者が皆知つて居る。やがて出来上る清く美しいものを、引き纏ふ日の晴を思ひ浮べると、自然に心が和やかになることは、人間の児もかはりは無かつた。多くの妻や母は着る者が眼の前に居なくとも、否むしろその遠く離れて居る面影を偲ぶよすがとして、手わざに精根を傾けて居たことであらうが、なほ其辛苦には反応があることを、確かめ得られるのは大きな励みであつた。つまりは雪国の分散せぬ冬の家庭には、単なる安静とか平和とかいふもの以上に、無言の愛情の調和が醸されて居たのであつた。祖父に赤い鼻緒の草履をこしらへてもらつて居る悦びなどは、小さなことだが一生覚えて居る女がもとは多かつた。それと同じことを今一段と念入りに心を籠めて、年をとつてから男にして返さうとすることが、永い世代に亘つて一家の繋がりを引きしめて居たのである。北で菱刺しなどと謂つた小ぎぬの縫ひとりでも、又はシボとかニンブとか名づけられた、色々のつぎを横にした裂織の厚布でも、斯ういふ動機が有る故に著しく精巧な、美しいものに発達して来た。隠れて家の中にこつ〳〵と働く人々の、技倆と嗜なみはたやすく外に認められた。家庭は乃ち工芸の一つの学校でもあつたのである。

今ある学校のまだ整はなかつた以前には、親は娘子供を一人前にしつける為に、それは言ひやうも無い大きな苦労をして居た。大抵の場合は山や田畠の仕事に連れ出して、共々に働かせて見るのであるが、自分も疲れると心にゆとりが無く、又御手本にもならぬことを言つたりしたりする。口小言ばかりが多くなりがちである。雪国は春秋が短かく労働が苦しい代りに、この教育の時間も冬の静かな日にはすことが出来たやうである。文字を授けることまでは望まれなかつたらうが、其他のすべてのものは、心ざしさへあれば覚えさせることが出来た。それよりも大切なのは、じつと気を付けて視て居ること、それから常に若い者が聴いて居るといふことを意識して、其つもりで物を言ふこと、この二つが合体して、自然に育つて行く者の歩む道がきまる。寡黙も一つの躾だから、口ばかりでは真似させることが出来ない。しかも子供は自分に向つての話で無いものに、殊に聴き耳を立て又よく覚える性質を持つて居るらしいのである。二十年来の私などの経験では、古い諺や言ひ伝へや昔話が、際だつて東北には多く保存せられて居る。土地が開けず新らしいものが入つて交代せぬからと、解説することは事実に反して居る。それよりも雪国の朝や夕方が、前から有るものを次の代へ受け渡しするのに、まことにふさはしい雰囲気を湛へて居たとは考へられないだらうか。もし其想像が当つて居るならば、我々を一箇の家の人村の人、又は一県の民としあげる為に、是も亦たしかに時代の要求した学校の一種だつたのである。

八

しかしさういふ昔風な教育を続けて行くことも、追々に不可能になつたことは前にも言つた通りである。人はシンベ・ゴンベの沓をはいて、雪を踏んで出て行かねばならぬ用が段々に多くなつた。野には並木の路が開け溝川が長く通り、路ばたの小家が建ちつゞいて、吹取りの危難も少なくなつた。外にはうまい物があり、又見るもの聴く話が数を加へて来た。親類や契約のつき合ひはやゝ変つて来て、義理は手早くはたすといふ町風がはやり出した。つまりは外部に又一つの社会が、急激に成長して来たのである。家が小さく又淋しくなつたといふことは、それにもまして更に大きな変化であつた。家内の数が多く続き合ひが複雑で、分家がまはりに固まつて住んで居るといふことは、主婦にとつては悩みの種であつたらうが、その一族が細かく割れて思ひ〳〵になつてしまふと、親子夫婦の水入らずの中では、もう改まつた心構へは無くなつて、家は一つの寝じきのやうな、気楽な休み場に化し去るのである。さういふ所謂自然家族の数は、近年どの地方にも一般に激増して居るが、それでも東北だけにはまだ大屋とか本家とかいふものの、何とかして以前の仕来りを続けたいと努力するものが、或程度には残つて居る。少なくとも是が主要なる雪国の小社会であつたといふ名残の面影だけはなほ留めて居る。盆や小正月の行事を比べて見ても、一方では部落の総員が集まつて来て、産土神の社殿などで行なうて居ることを、奥羽の方では屢々一軒の家の中でして居る。それが外部からの新らしい改良を拒み、又小さな家でも独立して、守られるものだけは守らうとして居る。其状態がやゝ久しく続くので、何か風俗のちがひのやうにも感じられるが、一門の結合が鞏く本家が有力だつた頃には、此方が寧ろ全国の普通であり、雪国はたま〳〵屋外の集まりが六つかしいために、なほ暫らくの間は是を多数の門党の聯合事業に、拡張することが出来なかつただけかと思ふ。何にもせよ数多くの細かな仕来りが東北には残り、それが過ぎ去つたなつかしい人々の記念と結び付いて、幾分か長く忘却から免れて居るやうに思ふ。別の言葉でいふと行事のまじめさ、それを罷めてしまつた後の物足りなさともいふべきものが、他地方に比べるとやゝ濃いゝかと思はれる。しかもさういふ事も言つて居られぬ時代が到来して、今がもう愈々の御別れとなつて居る。それがほの暗い家の中の光景であつて、写真にも取つて置けないものばかり多いのは残念なことで、それにつけても今までの雪国人が、何か以前の世の生活を軽しめんとするやうな気持ちを、あきたらず感ぜずには居られないのである。

九

このたびの大戦役に於ては、戦ふにも物を作るにも、田舎の人たちが最も多く骨折つて居る。それできつくなり気が強くなつて来たことは、尤もでもあれば又頼もしいことでもあるが、しかし用心をしなければならぬのは、斯んなついでを以てをかしな誤りに陥つてはいけない。私などの夙くから気にして居ることは、都会の連中はなんにも知らない。まるで田舎のことは理解して居ない、といふ類の批判であつた。町には田舎の事を考へて見るだけの余裕の無い者が多いのも事実であるが、彼等の最大多数は実は生え抜き都会人ではない。何れもめい〳〵の国をもち親類をもち、たび〳〵伯父さんや叔母さんと逢つて、又かと思ふほどもゐなかの話を聴いて居る。たゞ弱点をいふならば知つて居るのはたゞ一地方で、まるで其他の弘い日本の農村を、考へることが出来ぬことであるが、さういふ弱点ならば田舎者自らも持つて居る。むしろ一つの土地を知り過ぎて居る為に、よそも此通り昔も此通りといふやうな速断は彼等がするのである。地方を理解して居ないといふ批評は、屢々地方人にも下すことが出来る。殊に世の中が忙はしく変つて行く時代に、我身のまはりを以て全体を推すといふ危険は、彼等こそ大いに警めなければならぬのである。都会のまん中にも、田舎を本たうに理解しようとする者は居る。たゞ其比較には問題が多く且つ複雑な為に、容易に判つて居るといふ顔をすることが出来ぬだけである。斯ういふ人たちにももつと働かせようとしなければならない。理解させずには置くことが出来ぬからである。

それから又一つ、もつと皮肉な悪口といふべきは、汽車の窓からや宿屋の二階から、村を眺めたばかりで何がわかるといふ言葉で、それを聴くと大抵の人は皆ぎくりとする。まさかそれだけで還つて田舎を学んで来たといふ者もあるまいが、実際は眼のみを多く働かせて、一度もしみ〴〵と村の話を聴かずに戻る者は相応に多いのである。しかし物を視るにも兼ねての心掛けが必要である如く、話を聴くにもそれだけの用意が無くてはならぬ。斯ういふ皮肉を浴せかけるやうな覇気のある田舎人は、通例は必ず自分の説をもつて居て其通りを相手に思はせようとする腹がある。それを成程と聴いてしまつては、本たうは知つたことにはならない。斯ういふ計画のある意見や報告の類ならば、昔の巡検使でも今の視察員でも、皆之を聴く機会をもつて居たのみならず、少し待つて居れば向ふから、陳情といふものさへ遣つて来る。それが悉く的はづれだといふ気づかひは無いが、我々はさういふ多くの煩はしいものを綜合して、自分の判断によつて覚つたものを、農村の知識としなければならぬので、其為には寧ろ写真でいふスナップのやうに、何の目途も無くおのづから言ひ出された言葉を、重んじなければならぬのである。さういふ中には思ひ掛けない暗示がある。それを鋭敏に把へて考へるだけの、練習も必要であり又態度ももつて居なければならぬのである。

一〇

そこで是からの問題になることは、この眼を軽んじ耳で聴く言葉を頼りとする今までの方針が、どこまで保つて行けようかといふ点である。日本は国が段々と大きくなり、殊に大東亜圏の利害は年と共に親密を加へて来る。数千の島々に分れて住む諸民族が、互ひに相知る為には一ぺんは行つて来なければならぬとなつたら、事実はいつまでもあかの他人で居なければなるまい。さうで無くても同じ日本の中でも、一生全く知らずにしまふ者が多く、たま〴〵脚健かにあるきまはつた少数が、何もかも知つて居るやうな説を吐くことを、抑へることも出来ないのである。果して彼等の解する通りであるかどうか、言葉は其まゝを伝へる方法が乏しいから、警戒をする我々は永く不定の中に居なければならぬ。幸ひにして絵の方はこれ以上に、可なり隅々の小さなところまで、写し取つて遠くへ運び、又は久しく残して置く技術が、是から大いに発達しようとして居るのである。さうして我々は世界にも稀なほど、眼から言葉以外のものを感じ取る能力をもつ国民であつた。それが有るために却つて言葉の方が、まだ十分に精密になつて居ないのかと思はれるほどの国柄でもある。この際は是非とも遠くに離れて居る者でも、写真によつて互ひに理解し合ふところまで、物を視る教育を進めなければならない。

勿論一つの絵を穴のあくほど見詰めることによつて、必ず遠くの事物が理解せられるとは言へない。第一に之を何人にも争へないやうな、考へ言葉に置きかへる技術も起らなければならぬが、それよりも大切なのは其絵を作る人自身が、予めどれだけまで感じ、又は会得して居るかといふことである。三木茂君は仲間だから褒めにくいけれども、その秋田での写真は自ら感じてから後に、光景をフイルムの上に感じさせて居る。此集の写真には前からの親しみがあり、又写すに先だつての色々の感動があつた。知識欲に充ちたる多くの日本人を代表して、一種の報告者となつて未知の地へ入つて行く以上は、それだけの心がけは当然であるが、さういふ態度も今はまだ、未来に向つて期待するより他は無いのである。大きな事業が未完成で残つて居る。日本はまことに働き甲斐のある国である。

一一

一方には絵を読む技術も、せめて読書と同じ程度にも進まなければならぬであらうが、是は天分と言はうよりも、誰しも練修によつて相応のところまでは達し得る。自分の例を引くのは本意でないが、私は偶然の縁があつて三十余年来、何度と算へられないほど秋田県をあるき、多くの友を見つけ処々の山川と親しんで居る。菅江真澄翁の絵と紀行には、殊に八竜湖の周辺のものが、忘れ難い印象を与へて居る。それで単なる理解者の域を越えて、斯うも排列して見たならば他の地方の同学に、いくらか具体的な何物かが伝へられようかと、少々はこの編纂にも口を出し、又之に基づいてこの「雪国の話」を、書いて見る気にもなつたのである。白状しなければならぬことは、壮年の頃は職業の関係から、冬の旅行が全く出来なかつた。年を取つて後は身を厭うて、終に雪国の生活には入り込まずにしまつた。さうして生れ在所は雪達磨も出来ぬやうな、暖かい海岸の国だつたのである。誰でも知る通り、雪国には北越雪譜のやうな本は至つて尠ない。又さういふ話を事新らしく喋々する人も無いのである。自分だけはそれでも永い間には少しづゝわかつて来て、こゝに興味をもつことが出来るやうになつたことを、一つの例として自ら説いて見たのである。しかしこの集によつて新たに知つたことも色々ある。人をいつまでも古い生活様式に、割拠させては置かない世の中の道が、鮮か過ぎるほど此中には現はれて居るが、それでも何と無しに保存を許されて居る端々のものから、祖先の世渡りを辿ることまでは出来さうなのである。国の内外を通じて、未知の世界といふものはまだ弘い。それがたつた一つでも明かになつて来れば、それだけ我々は聡明になるのである。もう人間の知るべきことは知つてしまつた様に、安心しようとして居た文化科学の学徒にとつて、小さいながらも是は一つのトンネルのやうなもので無いかと思ふ。

（昭和十九年二月）

『雪国の民俗』柳田国男・三木茂著、昭和一九年五月二〇日、養徳社

火の鳥　世界昔ばなし文庫・ロシヤ

柳田国男
川端康成監修

監修者のことば

あなた方は、これまでたくさんのお話を聞いたり、読んだりしたことがありましよう。そのなかにはある作者が筆をとつて書いたものもありますが、また遠い昔から誰がいつどこで作つたかわからないで、語りつたえられている昔ばなしも少くありません。

昔ばなしには、その国ぐにのならわしや、生活のありさまや、考えかたや、信仰が、いろいろの形でおりこまれております。そのうえはるか時をへだて、遠く土地を異にして、全く同じ話や似かよつた話のあることも、あなた方はもう気がついていることでしよう。これはいつたいどうしたわけでしようか。遠くはなれた国ぐにの昔ばなしが、たがいに一致しているということは、人間の文化を考えるうえに、政治や戦争の歴史にもまして、大きな問題であります。

「世界昔ばなし文庫」は、そういう意味で、それぞれの国の文化をしらべていられる専門の学者にたのんで、とくに子供たちに親しまれ、また特色のある昔ばなしを選んでもらいました。あなた方は、昔ばなしが意味の深いたいせつなものだということを知つて、いくたびも読みかえし、その中に語られていることがらを、ふり返つて考えて下さい。いろいろの民族の生活を研究するうえに、また世界の人類の遠い昔の交通や歴史をまなぶうえに、役に立つ材料となるかと思います。

本のおしまいの「解説」は、少しむずかしいかも知れませんが、大きくなつて、昔ばなしの研究に興味をもつたときの、手がかりになるかと思つてつけておきました。

私たちは、将来、あなた方の中から、今まで知られなかつた人類の歴史をきわめようとする人が、一人でも多く世に出ることを、心からのぞんでおります。

監修者　柳　田　国　男
　　　　川　端　康　成

『世界昔ばなし文庫　ロシヤ・火の鳥』柳田国男・川端康成監修、石田英一郎編著、昭和二三年一月二五日、彰考書院

日本昔話名彙

日本放送協会編
柳田国男監修

昔話のこと

この書物を利用する人の為に簡単に、昔話研究の意義と、併せて将来研究に志す者の注意しなければならないことを述べて見ませう。

日本の昔話採集はまだ三十余年の歴史しか持つて居りません。恰度グリム兄弟のそれよりも丸一世紀遅れて居ます。併しそれを必ずしも不幸なることゝ思はぬのは、第一日本といふ国がつい近頃まで斯ういふ古風なものを、ともかくも持ち伝へて居てくれたといふ嬉しさと、次にはこの最近の百年間の研究がみな、我々の新しく物を考へる役に立つといふこと、それでゐて世界の何処でもまだ心付かずに居たものを、これからでも我々の力で提供することが出来るからであります。

中世以来日本の昔話が、偶然に記録に保存せられて居た例は幾つでもあります。第一に足利時代の半ばから伝はつて居る、お伽草子といふものゝ大部分が是であり、古く溯つては物語の親とまで言はれた竹取物語があります。この『竹取物語』は、当時伝承されて居た昔話の潤色であつたと、私などは思つて居ますが、それは偶然の書き留めであつて、是を考へて見ようとする人の蒐録では無かつたのであります。たしか明治四十三年に、私が『遠野物語』といふ書物を世に公けにした時に、その終りの所に遠野地方のムカシコが二つほど載りました。之はその著者が、偶然に子供の時の記憶を持つて居ただけであつて、それを筆記した私までが、まだ此時には「昔話とは何ぞや」といふ事を考へて見ようともしませんでした。所が、それから十数年の間にそちこちから非常に完全な形で、数多い昔話があらはれて来て、今では岩手県は全国にも珍らしい昔話記録の豊かな所となつて居ります。さうして是を最初に紹介した佐々木君がまづ洗礼を受けました。今日の昔話の研究者の随一と言つていゝ関君などが、はじめは伝説に深い興味を持つて、それを公表するのに力を傾けて居たのでありますが、よく聴いてみると、この人のお母さんといふのが多くの昔話の伝承者であり、別にその村にはもう一人、お爺さんで型の変つた昔話を沢山記憶して居て、人に話したがつて居た人があつた、といふ事が判りましたが、関君は無意識の中にこの昔話の感化を受けて居たのであります。全体に伝説といふものと昔話とは、意義も違ひ方向も異るものでありますが、妙に一方の大切に保存されて居る所では、他の一方に対する関心も深かつたやうであります。この二つのものゝ関係は、あらためて一ぺん、よく考へて見なければならない問題だと私は思つて居ます。

そのうちに色々と珍らしい事実が発見せられましたが、すでに当時にも、並以上に昔話の好きな人がまれ〳〵に、地方に散在して居るといふことが判つて来ました。文字に書き留めて残して置かうとはしないでも、さういふ人達の長い一生の間には、お弟子とも謂ふべき人が二人か三人かは出来て、その流れは絶えずまた時々は大きく成長さへして居たのでありませう。愉快な一つの発見は、西国の壱岐島に吉野秀政といふ学者があつて、非常に綿密な島の地誌を著したので、私なども名を知つて居たのですが、この人の筆豆な書き留めの中に、驚くべく多量の昔話を集めたものがあつて、あの時代としては大きな一つの例外を示して居ります。是が機縁となつて、山口麻太郎などゝいふ人が昔話に心をひかれて、あの小さな島が西の方での昔話研究の一つの中心となつて居ります。さういふ実例はまだ他にも大分ありさうな予感が、私たちにも抱かれました。たとへば、三河に旅した人が、偶然に古本屋から見つけて来た、小さな一冊の絵本と題する写本は、十ばかりもの昔話を一言の註釈も附けず、絵に描いたものであるりましたが、それを見てもあゝあの話と解つて、面白がる人が当時すでにあつたのですから、之も亦愉しい除外例でありました。それで私達はどうも自然の成行きに任せて置いてはならぬといふ気が起つて、そろ〳〵全国的な採集を始めようとしたのであります。

その最初の仕事を援けたのは、『旅と伝説』といふ雑誌でありました。是は二回に亙つて昔話特輯号を出したのでありますが、これで始めて知つたことは、全国どの方向を向いても、何処かに小さな中心地があり、何処かに話に興味をもつて居る人があつて、しかもその記憶して居る昔話には、見損ふことの出来ない一致があるといふことでありました。昔話に四国の話とか、北陸の話とかいふ特徴は無いのであります。そこでこの二冊に集録された昔話によつて、全国的蒐集の興味を抱かしめられ、更に昔話といふものは、型を標準として研究すべきものであるといふことが判つて来ました。もつともその暗示を与へられた書物は、外国のものにも少しづゝありました。アアルネ・トムプソンの綿密な分類の出たのこそ後のことでありますが、例へば英国民俗学協会から出版したミス・バーンの書物の中には昔話の型がたしか七十二種類ありまして、その中には彼地では有名でも、日本ではさうでないものが若干はありましたが、大体は似て居て、日本と離れた地にも似よりの型を探せば拾へるといふことが判つて、我々の企てを激励しました。今でも自分の推算は狂つては居ない様ですが、極小さな笑話の類を除けば、英国より少しは多いが、日本の昔話の主な型はまづ百内外と謂ふことは、間違ひないと思ひます。それ以外のものは痕跡として残つたものくらゐで、さう確かな事を請合ふわけには行かないのであります。

この意外なる現実に励まされて、私は更に二つの計画を立てました。その一つは昔話採集手帖の発行で、これは小さな割合に骨の折れた仕事でありました。百と限られた数の中で、著名な昔話を選び、その実例を一つづゝ挙げて名をつけました。そしてその一方の頁は白紙のまゝ残して採集実例を記入する様にしましたから、話の筋も詳しくあげると長くなつて邪魔になるので、要点を記録するに止めました。是が今度の『日本昔話名彙』の基礎となつて居ります。そしてこの手帖のはじめには、少し大胆すぎたかも知れませんが、まだ昔話に興味の浅い人々に「昔話とは何ぞや」といふことゝ、蒐集の意義について説いてみました。此仕事は或団体の補助金で行ひましたので、手帖は殆と全部知人にわけてしまつて、現在では僅か二三冊残つて居るばかりです。困つたことに標本として挙げた実例は、出来るだけ簡略に筋だけ書いたのですが、それでも読物として面白いので、各自所蔵してしまつて、新しく話の記入されたものが戻つて来るといふ、最初の計画ははづれて、一冊も返つては来ませんでした。返しこそはしませんでしたが、この手帖を持つた人々が昔話を好むやうになつたことは争へないでせう。旅に出て極片田舎の農家などに泊つた夜、炉辺の平和な暖かな光の中で、この手帖を取出して読んできかせたり、或は見せなどすると、その座の人々の中に一種の活気が感じられて、顔を見合せて笑ひ、又知つて居る話を語り出す者さへ出来て、急に心持はほぐれ、和やかな空気になつてゆく、斯んなことは民俗学徒のみが味はへる幸福ともいふべきもので、単に昔話に限らず、他の部門でも同じことが謂へるのですが、特に昔話採集の際に多いといふことは、私達から謂ふと同情せずには居られないのであります。といふのは、以前の農漁村の淋しい生活には、祭や節供の日を除いては昔話以外に平生の心を慰めるものが無かつたといふことが、間接に判るからであります。この研究によつて凡人大衆の生活の歴史があとづけられるといふ事を知り、更に自分等の楽しみ慰めと謂ふに止まらず、一国の事業とすることを考へて、『昔話研究』といふ雑誌を発刊することにしました。これは前からのかゝり合ひで、『旅と伝説』の萩原氏が一ケ年だけ出し、その後他の本屋で引受けて発行しましたが、その店の他の事業との混乱などの為に、二年で後がつゞかず終つてしまひました。この雑誌などには読者の側から、原稿を送つて来なければ載せないのですから、是が出てゐる間は蒐集の効は奏せられるわけですが、中にはウソ話やこしらへ話があつて、選択には骨を折りました。ともかくも斯ういふものを続けてさへ居れば、国内に保存せられて居る昔話の一部分だけは集めることは出来たのですが、厳密に謂へば雑誌といふものは、場所に依つて行く所と行かない所があり、また是を他の目的に使ふ人もあつて、系統立つた採集といふことは出来ません。若し事情さへ許せば、他の方法を採る事も考へたのですが、それがむづかしい事ばかりでした。といふのは昔話を知つて居る人は少ないので、熱心な伝承者にぶつゝかるのは、恰度盲探しの様なまだるつこい仕事であります。例へば静岡県の師範学校で、『静岡県伝説昔話集』といふ書物を出して居ますが、注意深く見て行きますと同じ話でも人によつて語り方が違ふ中に、伊豆に姉妹二人と遠州だつたかに一人、印象の深いいき〳〵した報告を寄せて居る女生徒がありました。さういふ人の母なり祖母なりには、よい伝承者の在つた事は疑ひも無いのですが、その時直ちに出かけて採集をすればよいのですが、さうも行かない色々の事情にさまたげられて、時移り人は過ぎてしまひます。自分等の熱心は未だかのグリム兄弟に及ばなかつたとも謂へませう。しかしこの儘にして置けないといふ気持は常に強くて、少しづゝ積極的な行動はして居ました。それと目ざした人に手紙を出したり、啓明会からの補助金に依つて少しづゝ採集に歩いたり致しました。この結果として数冊の昔話集が出ましたが、中でも佐渡と甑島とは、何の手がゝりも無い所に行つて、相応な成績を挙げ得た例であります。川越の昔話集は、土地に熱心な人が居て出来たものであります。此等を比較して見ますと同じ一つの話でも土地によつて変つて居ますし、その変り方も奇抜でありました。又二百里三百里と隔たつて、到底交通もあるまいと思はれる所に同じ話が在つたりして、研究の興味は深くなるばかりでありました。この昔話研究の興味をもう少し広めようとしたのが、第四の『全国昔話記録』発刊の事業であります。恰も戦時に当り読物の乏しい、けはしかつた時代であつた為に、予想以上の売れ行きを示して、戦争の終りまでに十三冊が刊行され、まだ出せば出し得るものが、私の手許にも大分残つて居ます。早く続けねばならないと思つて居ります。

この採集出版の事業の間、私が心づいて非常に気丈夫に思つていることは、概して昔話は老人、殊に女の年寄が持つて居て、此人々を最後として伝承の鎖は断たれてしまふものゝ様に思つて居ましたが、人が昔話を喜ぶ心といふものは若い時に萌すのであつて、昔話に対する理解とか同情とかいふものを持つて居るのは、口にこそ出しませんが、年頃の人達にも生活にいそがしい主婦達にもあるといふことが経験せられました。けれども今の社会にはもう一段と人の心を動かすものが、特に戦後に多くなつて来て、それが人々の注意力を集めるために、素質はよいものを持つて居ても、外部からの影響が大きいため記憶を粗末にし、いはゞおさらひが少なくなるので、大体の傾向としては滅びる方に傾いてゐるのは事実であつて、今日では絶滅の危険が無いとは申せません。又それと同時にこの現実のはげしい時代に、何処かに休息を求めようとする気持もそちこちに有ると思はれますから、日本再建の一のてだてとしてこの書の世に出ることを我々が先づ歓迎するわけであります。

歴史の学問の一般的な傾向で、必ずしも昔話の研究に限つたことではありませんが、初めの頃には起原論に重きを置く傾きがありました。昔話はフィクションだけれども、最初から文芸として是を楽しんだのではあるまい、斯ういふものを創作する文化能力の無い、極めて開けない野蛮と謂はれる人々の間にも、形の似たものゝ有るといふ事実は人間の芸術心よりもつと古い、基礎になるものがある故で、神話がその種子では無いかといふ疑問が、期せずして国々の学者の間に起つたのであります。神話といふ言葉は哲学的神学的に使はれて居ますので、私等は努めて避けて使はぬ様にしてゐますが、信仰が無ければとても信じられない話を、現実として信じて語り聴かうとするのが神話であつて、現在でも神話学などゝいふ人々はその中に昔話の起原を見ようとして居ます。間違ひは無いかも知れませんが、直ちにさう謂ひ切ることは六つかしいと思ひます。是を証明するには信仰は既に変化して居るのだから無理な事でありませう。昔話の中に我々祖先の古い信仰を見出さうとすることは愉しい事ではありますが、今日の如く証明が学問の基礎をなす時代には、これは甚だ危げでむしろ学問を道楽にし玩具にする惧れがあります。見過してはならない問題ですが、これだけで昔話を研究しようとするのはやゝ頼りないことでもあり、又すゝめることも出来ません。ところが今日となると、まだそれ以外に幾つかの学問上の楽しみを拾ふことが出来ます。国際的に謂へば、表面上縁の無い民族の間に、争へない一致を示して居るといふことが其一つ、グリム兄弟の採集した話の中に日本でそつくり同じ形を持つたもの、或は似よつたものがある。五十位有るといふ人もあります。この中若干のもの、例へば「豆と炭と藁しべ」「猫と鼠」「手無し娘」「塩吹臼」などの話は、彼方から日本に輸入したといふ人も有りますが、それは南蛮貿易が始まつて後といふ事が明確に分るのならばともかく、それ以前から伝はつたものもあるでせうし、又新らしい交通の影響の到底及びさうも無い地方に有る話などは、軽々しく輸入だなどと謂ふことは出来ません。私達が「糠福米福」と呼んで居る継子話などは、たしかに西洋交通の以前から有つたものであります。また証拠も無いのに印度から支那を経て、渡来したものゝ様にいふ印度起原説といふのもあります。想像説としては興味がありますが、確かにさうだと決めるにはまだ距離があります。仏典のすみ〴〵までを読破して居る様な人が、農民漁夫の間に話の運搬をして居たとは考へられず、説教の間に語り伝へたとても、その人々の必要とした話の数と謂ふものは限られて居ります。支那を中間として考へても、記録の年代の前後ばかりで、前の方から後の方へ移入されたと見ることは無理でありませう。同じ話が異つた民族の間に、偶然に何の関係も無く存在することは想像し難い所でありますが、何故に斯うなつたものでせうか。或は歴史に残らぬ時代に於て、民族の末端どうしに交渉があつたのでは無いかとも考へられますが、言語の垣根の高さを思へばそれも亦無理の多い話であります。しかし昔話は比較すればする程、民族間の一致は著しく、やはりいつの時代かに、斯んな昔話の様なものをさへ運ぶ親しい交通が、我々の気付かぬ所に行はれて居たかも知れないといふことに帰着するのですが、もしさういふ事実が仮に有つたとすれば、我々の世界文化観は変らねばなりません。説話の運搬は我一国の中でさへも奇蹟で、東は奥州の果から南は沖縄の島に至るこの間を持ち運ぶことがすでに困難な事実であります。戦乱などの他に国内民衆の接触が若し行はれて居たとしても、用さへすめば急いで帰つて来る程の交通に過ぎなかつたのですから、これだけ親しい昔話の流通があること、それ自身が珍らしい過去文化と謂はなければなりません。何事もまづ手近い所から考へて行かうとして居る我々は、この問題に対しても、どんな人々がどの様な方法で運んだかといふことの研究をするのですが、座頭や巫女、旅芸人などが持ち歩いたのは疑ひの無い事実であります。昔話の伝承にも二通りありまして、一つは此等の旅して歩く人々が持ち伝へたものですが、この方には臭味ともいふべきものがあつてすぐ判ります。もう一つは家庭内での伝承で、祖父母から孫子に伝へられる話は長い間には家庭化してしまふでせうが、きめは細かくなつて、先のものと比較しますと恰も織物の機械織と手織との差の様に、二つの間には大きなちがひが出来ました。即ち利用者の側からの選択が働いて居るのであります。

この問題を考へる為に、私は今一つ新しい目安を設けて居ります。即ち話手が敏感で聴手の要望に応へようとするので、昔話の聴手が子供の時には話はあどけなく、山の中舟の上などで男の大人ばかりを相手にするには、あくどく下品なものに堕して行く様に、需要者側の希望が当然にあらはれて来るのであります。私は是を指して読者の文芸能力といふ言葉を使つて居ますが、昔話の場合などは語りの一回々々に変へて行くことも出来るのでありました。この問題を考への中に容れずに、たゞ同じ国だから地続きだからと、大ざつぱなことは謂へないのであります。

是を要するに大は各国の間に、小は一国の中に分布する昔話が、聴手に依つて姿を変へて行くそのプロセスといふもの自身が、昔話の起原や伝播の問題とは離れて、重要な研究題目となるでせう。今日の文学にしても、作家は勝手に筋を運んで居る様に見えますが、その大きな潮流は、読者大衆の喜びさうな所へと流れて行く様なもので、昔話は不定の期間ではありますが、過去千年間の一つの目標として、話の内容の問題とは別に、大きな文化財として、残されるべきものでなければなりません。今日私共の立場としては、せめて何年何月頃に、何処の地方で、幾歳位の人に依つて斯く語られて居たといふことだけは、正確に伝へる様にしたいと思ひます。故に此の書物の中には、ちよつと人の目に付かない用意が加へられて居ります。例へば国外のものと似て居るといふ点にのみ心をつけるならば、「糠福米福」と呼ぶよりシンドレラと謂つた方が印象は深いのですが、誰かゞ何処かで記憶し使つてゐた名をつけて置いて、この話の行末がどうなるかを、見届けようとして居るのであります。名づけるにしても、欧羅巴のル・モール・ルコンネッサン（死人感謝譚）或はシンギング・ボーン（歌ふ骸骨）などゝいふ話と似た日本のものには、歌はないものもありますが、仮に「歌ひ骸骨」といふ名を選びました。「鼠経」といふ一群の話は日本の各地に有る面白い話で「鼠経」といふ名を以て呼んでゐるところは九州の一部にしかありませんが、よい名なので採用して居ます。話の型は約百と申しましたが、まだこの他にも取残されて居るものが多くありませう。私共が一番興味を持つて期待してゐることは、何処かの隅で消えかゝつてゐる話を拾ひ出して、もう一度世の光にあてゝ見たいのであります。此書物を利用される人々は、まだこの中に出てゐない、題名も型も変つて居る話を見つけ出して、編輯者たちに少しでも鼻をあかせる様な気持になつて欲しい。私達の足はまだ国の隅々まで届いては居りません。さうして此書の発刊の副産物として、例へばココウ次郎の様な話が、もつと整つた美しい形で、何処かに残つて居るといふことを期待したいのであります。伝へられた瓜子姫の物語の末が、いづれも陰惨で暗い中に、唯一つ羽後仙北の奥に錦長者の名を以て伝はつて居たのは、絵の様なうるはしい結末をもつたものでありました。もしも此書が機縁となつて、さういふものが発見された場合には、説話研究の上の効績のみに止まらず、それに依つて日本の昔話は再び大切な国の紀念物となるでせう。今の時代としてははかないさういふ希望を抱きながら、この書の世に出て行くのを見送つてゐるのであります。

（昭和二十二年十月）

『日本昔話名彙』日本放送協会編・柳田国男監修、昭和二三年三月一日、日本放送出版協会

十三塚考

柳田国男
堀　一郎　共著

信仰と伝説——序にかへて——

十三塚の問題に手を著けてから、今年はもう四十年にもなるう。私は元来青苅りをする癖があつて、いつも著述を世に公けにした後に、色々の大事な資料が見つかり、甘酸つぱい思ひをすることが多かつたのであるが、妙にこの本ばかりは物にならずに月日を過して居た。或は堀一郎氏のやうな良き相棒の大きくなるのを待つて居たわけだつたかも知れない。

最初考古学会の活躍にとまじりをして居た時代に、人の顔さへ見れば忽ち十三塚の話を持出して、蔭では十三塚屋などゝいふあだ名まで附けられるほど、夢中になつて居たこともあるのだが、無論その様な熱心は久しく続かず、たゞ是が一種の縄張見たやうなものになつて、幸か不幸かこの問題を省みる人が、まだ今までは現はれなかつただけである。古い学者の中にも、是を考へて見ようとした人は誠に少なかつた。私の知る限りでは貝原氏の筑前国続風土記に、今の若松戸畑両市附近の、小規模なる幾つかの十三塚に就いて、解説を試みたものが唯一つの例であつた。この解説は恐らく不確かなものらしいが、少なくとも自分は之に依つて、始めてさういふ現実が斯邦に有ることを知つたのである。其次に知つたのは新篇武蔵風土記稿、是を読んで居ると同じ名の群塚のやゝ大型のものが、殊に多摩川右岸の丘陵地帯に、数多く分布して居るといふ記事が眼に留まつた。如何にして是ほど隔絶した東西の両地に、斯うした特色の多い人間営作の一致があつて、しかも其来由を明かにするやうな、何等の記録をも備へて居ないのかといふことに、一つの新たなる疑問を抱かずには居られなかつたのである。

国民の歴史には、許多の空白が残つて居て、たゞ残留と痕跡とより他に、之を考へて行く足掛りの無いものが有つたといふことは、自分だけには一つのよい刺戟であつた。それで是が一種のやみつきになつて、かゝつて各方面の地誌の類を捜し、後々はたゞ十三といふ数を聴いても、忽ち気を取られ眼を皿にするやうになつて居たことは、本文と附表に詳かだからもうくだ〳〵しくは述べない。北亜細亜の曠漠たる平沙の間にも、是と型式の相似たる十三オボなるものがあることは、当時夙く南方熊楠氏によつて教へられ、是を李克用の十二人の子に托したやうな伝説が、既に震旦の地にも生れて居ることを知り、次いで鳥居竜蔵氏も彼地から還つて来られて、其十三封土が今もなほ活きて働いて居ることを確かめ得た。

日本と蒙古と、万里の雲山波濤を隔てゝ居るとは言ひながら、是だけの類似は何としても偶合とは見られない。説明の糸口は必ずこの間に在るだらうとは、私も想像し得たのであるが、たゞ私はあの時代の学風に遵うて、この単なる両者の一致を以て、直ちに伝来輸入の証とすることを敢てしなかつたのである。誰がいつの世に持つて来たかまでは、確かめることは永遠に不可能だとしても、少なくとも如何なる条件の下に、如何なる機会に許されて、片方に在るものを他の一方に移すことが出来たのか。その路筋までを当然の中に入れてしまふことは、何としても私には出来なかつたのである。

我々の常識によると、是は結局一国民俗学の問題では無かつた。しかも今日もなほ其嫌ひはあるが、エスノグラフィーといふ学問のやゝ冷淡に過ぎて居たのは、二つ以上の民族の交通接触といふ点で、人は時あつて稀有なる若干の生活現象の相似から、逆に両者の親近を推定しようとさへして居たのである。素より是も亦一つの暗示であり、其推定の適中することも有り得るが、今はまだそんなものを当てにして、我々の過去に対する考へ方を改めることは出来ない。殊に十三塚の風習に至つては、境に沿ひ又は往還の路筋に依つて居て、いはゆる歴史以前から、斯邦に伝はるものとは見られない。比較をするにしてもやはり先づ、一国限りの成立事情を、明かにしてかゝる他は無いのであつた。

民俗学徒としての興味は幾つもあるが、第一には是だけ顕著なる土地の事実、しかも工作の当時に於て、必ず多数の人の心を引寄せて居た大きな仕事でも、しば／＼何の記録を留めずに、過ぎ去つてしまふものがあつたといふことである。文書が無い限りは歴史が無いと、果して言へるものかどうかは疑問ですらも無いのだが、今でも田舎の事蹟に関しては、特にさういふ風な考へ方をする人が学界には多いのである。それから今一つは住民の記憶、是は文字の無い社会の大切な制度であつたにも拘らず、それがさながらに保存せられる場合は稀有であり、しかも何等かの解説が無くてはならぬといふ感じのみは永く残り、人は有りさうな伝説を信じ始めて、是が又奇妙なほど、国内では互ひによく似通うて居るのである。私は十三塚の築構が此の如く、全国に普及するに至つた信仰上の理由を、明かにするまでの望みは抱き得なかつたが、なほ是を一つの問題として、次の代へ引続ぐだけの価値あるものと思つたばかりか、更にその忘却の空地の上に生ひ出づるものが、自然に一定した傾向を示すといふことを、楽しい発見として人に語つて見たいと思つて居たのである。

その計画がほゞ熟して、愈々文章に纏めようとして居た際に、ちやうど戦が烈しくなつて中止しなければならなくなつた。本書の附表は塚原夫人の親切な援助があつて、もうこの形になり、その後はほんの二つ三つしか増加して居ないのである。しかし今度の堀君の協力があつた御蔭に、是が単なる伝説の発生を研究するだけの、寧ろ民俗学の無力を告白するやうな、小さな中間報告にならずにしまつたのだから、この遅延は却つて幸福であつたと言ひ得る。それではつきりと兹に共著の分界を立てゝ置くならば、この本の第十二章までは先づ柳田自身の仕事である。堀君が是に自分以上の関心を寄せてくれなかつたならば、果して世に遺してよいか否かも、きめられないほどの幽かな成績であつた。

堀君の仕事とてもまだ満足とは言へず、自分でもいつ迄も斯うきめて居られるかどうかは受合はれぬが、少なくともこの比較民俗学の現象を重要視し、是が将来の学者の省みずに、打棄てゝ置いてもよい問題でないことを、高唱した点に於ては大きな意義がある。二千六百年といひ、又はそれ以上といふ長い長い歳月をかけて、大小さま〴〵の不可解を為し来つた一民族の、新たに回想すべき目標が、又一つ是によつて附け加はつたのである。今までの日本人が試み且つ為し遂げて来た事蹟をじつと視て居ると、自分は苦しめるだけ苦しみ、骨折るだけは骨折つて、始終後代の為に明るい安らかな天地を夢見て居た。その夢は散々に攪き醒されて、是からは更に新らしい体験によつて、もつと確かな足取りで歩みなほさねばならぬことになつた。一体全体どういふ活き方をし、どういふ物の見方をして居た点が、特別にいけなかつたのであるか。歴史を今日ほど精確に又綿密周到に、見究めなければならぬ時代が他にもあらうか。つまらぬ概括論によつて、たゞ目の前の心の不安を紛らさうとする人に、今はむしろ利害の淡い方面から祖先の事業の跡を尋究せしめたい場合である。多くの未だ知られざる不思議が過去には有る。それに答へ得るたびに少しづゝ人は賢こくなる。十三塚はたゞその多くのものゝ一つである。

昭和二十二年八月

柳　田　国　男

『十三塚考』柳田国男・堀一郎共著、昭和二三年八月二五日、三省堂出版

分類児童語彙　上巻

柳田国男著

緒　言

児童語彙と題する書は、前には沢柳さんの名を以て出たものがあり、近くは岡山長野二県の教育会から刊行せられた非常に緻密な調査書もあつて、一部には注意せられて居る。明かにして置かなければならぬことは、私の爰にいふ児童語と、以前の三つの書に謂ふ所の児童語とは、意味内容がよほど異なるのである。この分類児童語彙に集めて居るのは、全部が児童用のもの、又大体に児童しか使はぬ言葉であるに対して、今まで児童語彙として出て居たものは、実は今日の日本語の、児童界に於ける使はれ方を調べたものであつた。たとへば十歳になる普通の子供は、どれだけ迄我々の日常語を知つて居るか、口でも自由に成人と同じやうに、用ゐて居るものがどれほど、自らは話に使ふことは無いが、人が言ふのを聴けば能く理解するといふものがどれ位、それが生れ育つた土地のちがひ、家の職業其他の差異によつて、その知識の分量にどの程度の差が有るだらうかを調べたもので、たゞ其間に彼等が児童である為に、言ひかへ又は言ひ誤つて居る単語の若干を附加して居るに過ぎない。

同じ一つの名称を、是ほど異なるものに宛てるのは、少なくとも不便至極なことであつて、後から世に出る私の本の方が、そんなことは避けなければならぬわけだが、長い将来の利用を考へて見ると、私は寧ろ今のうちに、前のものの誤りを訂正して置くのがよい様に思つた。といふわけは古語新語、もしくは支那語とか馬来語とかすべての語の字を下に附けるのは区別の為で、双方共用のものを一方の名で呼ぶことは無い。女性も亦知つて居るのだから婦人語といふやうな名前は、他ではまだ決して許されて居ないのである。それが偶然に始まつたわけは、言はゞ国語の学問以外、教育の効果とかその計画とかの方面に、先づこの調査の必要が生じたからで、調査者の知らうとしたのは言葉そのもの丶性質又は状態よりも、寧ろ児童が之を覚える能力、知識の進度といふ方に在つたからである。児童に限られた特殊の物言ひを、言語学上の現象として考へて見る必要が新たに起つた以上は、名称はどうしてもそれへ譲らなければならぬ。一方は児童の表現能力と謂つてもよいことであり、又単なる計算統計であるから、語彙と名づけたことが既に当つて居ないのに、こちらはそれより以上に別に呼び様が無いからである。

分類児童語彙は、勿論まだ完全なる蒐集で無い。私が是を計画してからでも、いつも打切りを躊躇しなければならぬ様な、新らしい資料の追加が絶えず、しかも踏査のまだ及ばぬ地域が、国の半ば以上を占めて居るのである。誰かにこの仕事の残りを引継ぐべき必要があり、今はそれも容易で無いことを痛感するあまりに、ともかくも一旦この程度に於て保存をする決心をしたといふに過ぎない。しかし大よその見当だけは、是でも付くだらうと思はなかつたら、そんな大胆な企てはしたくても出来ぬわけで、無暗にたゞ材料だけを押しつくねたものと見られぬやうに、是でも一通りの排列はして置いたつもりである。日本語が追々と日本人のものになつて行く根原と順序、及びそれが殆ど一人の設計者も無しに、いつと無く良くなり豊富になり、又五十年百年前のものと、変り改まつて来る法則とも名づくべきものが、行く〳〵この間からも発見せられるだらうといふのが、今の私の希望であり且つ激励でもあつた。それを片端でも承認して下すつた人たちは、是に基づいて亦稍自然に近い国語教育の方法を案出せられるかも知れないが、それは応用であり利用である。それまでは編者の計画する所では無い。

昭和二十三年十二月　　　　　　　　著　者　識

『分類児童語彙　上巻』柳田国男著、昭和二四年一月一五日、東京堂

海村生活の研究

柳田国男編

海村調査の前途

一

待ちに待つた海村報告の一部が、やつと世に出るやうになつた喜びを記念するため、今思つて居ることを其まゝに、如何に我々の為し遂げたことが小さく、之に反して将来の希望が、今に於てなほ如何に楽しいかといふことを、一つ書きのやうにして書き残して置かうと思ふ。

この海村調査の計画が立てられたのは、たしか昭和十一二年の交のことである。当時すでにもう時おくれの憾みが有つたのだが、不幸にも戦は段々と大きくなり、中途にして経費が続かず、其上に地方の人心が険しくなつて、殊に手帖を持つてあるく者を警戒するやうな傾向が著しいために、大よそ予定の三分の二に達したかと思ふ頃に、思ひ切つて一旦その進行を中断することになつた。大きな期待を繋けて居た南方の諸島、その他幾つかの無名に近い小島は、我々の自重して居た結果却つて後まはしとなり、悉くそれを踏査圏外に残すことになつてしまつた。

更に意外な損失の一つと見てよいのは、それらの島々が、其後の僅かな年月のうちに、殆と根こそげの変質変貌をしてしまつたことである。是が普通の時の経過であるならば、まだ足取りといふものが辿り得られ、よほどの改革のあつた跡でも、比較に熟練した者ならば、なほ若干の推定復原が許されるのだが、戦乱の破壊は常篇を絶して居る。たとへばウタキの喬木が伐られ、霊地の周辺が侵耕せられて居るといふ程度ならば、まだ幽かに以前の感覚を呼び戻すことも出来ようが、それが特火点に改造せられたり、或は二目と見られぬもの、置場となつたり、おまけに附近の住民の離散となつては、全く手のつけやうは無いのである。此様にまでなるであらうといふことは、正直なところ私たちは予想して居なかつた。

二

それからもう一つは、我々が今少し注意深かつたならば、知つて居たかもしれない様な「意外」である。島の事情といふものは一つ〳〵が孤立であつて、前に山村の調査で経験したやうな、類推といふものが殆と望まれない。一目で見渡されるほどの内海の列島でも、甲には明かに備はつて乙には欠けて居る特徴が幾らもある。八丈と三宅の如き隣どうしの二島でも、近いといふだけではうつかり類似を説明し得ない。

いろ〳〵のちがつた生活様式の対立するものがあつて、それにも各々の異なる理由が考へられるからである。

同じ一つの島でも宮古の主島などは、端と端とでは言葉が可なり異なつて居ると、いふやうな話も聴いて居る。さうかと思ふと遠く相隔たつた島や岬の端に、偶合とは言へない習俗の一致が有るといふことは、まだ精密に調べられて居ないが、既に多くの人によつて注意せられて居る。大体に住民の移動が比較的新らしく、且つ水上の交通を支配した法則には、よほど陸上のそれとはちがふものがあつたからと、解しなければならぬ現象が海村には多かつた。それを私たちは気が付かずに居たのである。熱帯以南の沢山の島々が、将来細かに観測せられるやうになつたら、多分又大きな発見があるのだらうが、今は少なくとも我々日本人だけが、容易に実験し得られ、他の国ではまだ少々ばかり六つかしいことが、幾つとも無く此間には有るらしい。それを考へ付かずに、空しく最後の機会を逸し去つたことは、たとへ様も無く残念なことであつた。今後の調査は絶対に不可能といふほどでは無いが、少なくとも条件は非常に悪くなつて居る。

三

前に山村の調査によつて私たちの獲たものは、遠く離れて住む同胞国民の、根強く持ち伝へて居た無意識の一致、それを互ひに知り合ふといふ喜びであつた。過去千年以上もの間、何等の連絡も想像し得ないやうな隅々に、保存せられて居た信仰や自然観に、瓜二つといつてもよいやうな類似があつて、それが我々の積極調査により、一ぺんに判つて来たのである。今は有名なる話題になつた山中誕生の神話なども其一つで、是は伝承の内容から見ても、古い素朴の世の土着であることは疑はれず、しかも人間の心の奥底に、沈潜するものであるが故に伝はつたのでもあらうが、さういふ一種の氷室の氷、又は風穴が蚕の種紙を貯蔵する如き作用を、多数の離れ島は恐らくは持つて居ることが出来なかつた。均しく都会の文化中心から、隔絶して居るといふだけの理由を以て、山と海村とのフォクロアを、二つ一列に並べて見ようとしたことが、すでに我々の不用意であつたのかもしれない。

今まで考へて見ようとした人は無かつたやうだが、伝承の学問に携はる以上、看過してはしまはれない一つの相異点は、山奥に住む者の歴史が概して新らしく、大抵は戦国の乱を避けてと謂ひ、古いといつたところで精々が平家の落人を行止りとして居るに反して、島々の人類の始まりは昔神代に、男女二人の祖先が入つて来て、子孫茂り栄えたといふ言ひ伝へばかりをもつものが多い。空と海とのけぢめはもとは定かならず、又偶然が移住を導いたとも想像しにくかつた為に、是を天つ神の神意に帰せんとする信仰が久しく続いたのでもあらうが、仮に常人の計画は全く加はらなかつたとしても、以前に可能であつたことならば、後は愈々容易にくりかへされて居た筈であり、現に又其形跡は必ずしも埋没しては居ない。それが従来不問に付せられて居たわけは、記録記憶の双方に亙つて、歴史に対する我々の要求又は期待が、もとは狭きに過ぎて居たからと見るより他は無い。それだから又我々の方法は、出来るだけ多くの愉快な新事実を見つけ出して、先づこの平民の旧式なあきらめ、とても自分らの昔の事なんか、判らう筈が無いといふやうな、根拠も無い予断を打破して行く必要があるわけである。

四

いはゆる農山漁村の三つのものゝ分界は、以前は今すこしはつきりとして居たかと思はれるにも拘らず、現在は既にその端々がぼかしのやうになつて、大体に耕作の技術のみが、弘く他の区域に浸潤しようとして居る。さういふ中に在つて、山民には曾て外からの強圧があり苦難時代があつて、血筋は絶えないまでも伝統の亡せ滅びたものが多く、今では事実に於て単なる山中の農民といふべきものに、化し去つた例が稀で無いことは、すでに山村報告の方でも説いて置いた。之に対して海村も外部の感化は著しく、殊に近接して農耕者の来り住む場合が多くなつてからは、生活様式の共通は加はつて来る一方であつたが、しかも其間に於てなほ彼等独自の技能は進み、従つて又繁栄はなほ続いて居る。主たる原因は生産区域の広さ狭さ、自然の条件の利不利に在るのかもしれぬが、とにかくに此点に大きな相違が認められる。孤立隔離の実状は両者ほゞ同じいやうに思はれたけれども、一方の山の社会の機能が専ら古いものゝ保存に在り、それも必ずしも成功して居なかつたのとは反対に、島や行きにくい岬の端の村々では、始終世の中から忘れられて居りつゝも、いつの間にか新たなるものを附加して居る。どんな飛び離れた海辺の集団を訪ねて見ても、そこに見られるものは遠い世のまゝの姿では無い。もちろん一般の進みからはおくれ、又は土地限りの色々の制約に囚はれては居るが、なほ各自の力を以て、改め得るだけのものは皆改めて居る。主たる変化の起つたのは、恐らくは明治以来の事と見てよいであらうが、さうした傾向にすでに年久しく馴らされて居たことは、今あるさまざまの生活様式の組合せが、殆と土地毎にちがつて居るのを見てもわかる。歩みののろさ迅さは時代次第のものとしても、少なくとも海村の文化は常に進んで居た。それが住民の素質によるか、環境の恵みと名づくべきものであるか、はた又偶然であり、人は皆おのづから、さうなつて行くのが当り前だつたかはしらず、とにかくに或一人の英傑の指導劃策に、基づくものでなかつただけは確かであつて、しかもその実情はまだ詳かでないのである。それを此まゝではどうしても棄てゝ置けない。一蹟地にまみれた日本といふ国の前途を、見定めたいと願ふ人々の為に、民俗学は是非とも精確なる判断の資料を供与することを心掛けねばならぬであらう。

五

歴史が中央若干の文筆の士によつて専管せられたといふことは、日本のやうな国では特に夥しい損失であつた。国の隅々の生活ぶりは、小区域に異同があつて、一地の経験を以て類推することが許されず、又代表せしめるやうな通有性も見出されて居なかつた。概念の災ひともいふべきものは、今日の政治にすらもなほ屢々感じられる。海の文献の乏しく又片よつて居たことは、古くから有名であつた。中世の武人などは山はやゝ心得て居たらうが、海の生活などは考へて見る折も持たなかつた。乾いた土地への執着とあこがれとが、文字の歴史の大部分を占領して居る。それを味はつたり歎いたりして居る間に、何が海上に生滅起伏して居たかを、尋ね訊ふべき路は絶えざること縷の如く、鉅万の典籍は積み重ねながら、島々の前代は依然として史前又は史外であつた。果して民間伝承の方法より他に、何物が彼等の活きの跡を、明かにし得るかといふことを考へさせるべく、今はたしかに一つの好機会である。

均しく交通といふ概念に包括せられて居ても、海と陸上とでは著るしい法則の差が認められる。次の島のあたまは沖に出れば、又は晴れたる日に岡に登つて見れば、在りといふだけは互ひに知ることが出来たらうが、それすらも最初は異郷であつて、渡つて行かうといふには大きな評定を必要とした。或は超自然の指導力があつて、比較的気安くそれに随ひ得たらうとも想像せられるが、是とても実は無意識なる幾多の体験を、貯へてから後のことでなければならぬ。まして眼界から全く離脱した遠くの一島を心ざして、わざ〳〵渡つて行くといふ八郎為朝のやうな交通は、それ自身が既に奇跡であつて、之を信ずるか、然らざれば又別の解説を考へ出さなければならぬ。極東諸島の人種論は是からもなほ数十年、甲論乙駁をくり返すことかと思ふが、それを決するにもやはり海上特殊の法則と、其裏附けとなるべき島々のフォクロアとが、今のやうに各個別々で、綜合と比較を怠つて居るやうではいけないのである。

六

漂流漂着といふことが、一つの因子であることは争へないが、是には妻子眷属をつれて行くまいから、必然に縁組といふ問題がからまり、少なくとも島の最初の土著を説明するには足らない。しかし本州の大きい島でも漂着の例は多く、それが故郷に還つて行く便宜を得ないで、居付いてしまつたものも少なくはないに拘らず、其痕跡が必ずしも顕著でないに反して、島だけはさうした新来者の影響が、幾分か大きかつたといふことは有るらしい。一つには数の割合、又一つには文化に伴なふ生活力の強弱などが、何か天然の障碍を活き抜くやうな場合に、存外に効果を現はして、いつしか島毎の特色を形づくることもあつたかと思ふ。

実際に又小さな離れ島の厄難は多かつた。たつた一つの飲水の不足でも、旱りがひどい年は人を衰へさせ、穀物芋類の不作が少しく度を超えると、子供や老人の死亡率を増加する。伊豆の島々などはさういふ大凶年の記録も無いのに、今住む住民の第一世は、大抵は中世後半期の如く伝へられて居る。その以前の島人は死に絶えたので無くとも、少なくとも蔭になり下積みになつて、其血筋が斯くの如く幽かなのである。努力して新たな生活資材を取入れ、始終その技術を改良して居ることが、唯一つの永続の手段であつて、従つて又さういつまでも古いものを、保存し得なかつた理由ともいふことが出来ると思ふ。

それから今一つの大きな事実は、是も交通の法則と関聯して居るが、島では思ひ切つて他所へ出て行く時期が、どうしても広い陸続きの土地に住む者よりも、おくれがちになるといふことである。是は日本のやうな大きな島でも、すでにしみ〴〵と経験したことであつて、責を江戸幕府の禁止政策のみに帰し難いわけは、それより以前だつて倭寇が行き、僅かな朱印船が往還したのみで、地みちな耕作者などは尻を揚げようともせず、しかも一番窮屈を痛感したのは彼等であつた。それがどういふ風に変形して我慾の角突き合ひとなり、人をおだてゝ食つて行く商売となり、無理な戦や手の裏返すやうな亡国観等、大よそ有難くないものの数々となつたといふことは、私はとても上手に説明し得ないが、是だけ言つても思ひ当る人はあらう。つまりはよつぽどひどくなつてしまふ迄、内で固まつて辛抱をしつづけ、愈々行詰りの不幸を忍び難くすることが、大小を通じての島といふものの、運命といはうよりも寧ろ困つた癖であつた。人がこの事実にやつと心づいて、少しづつ対処の策を講ずるやうになるまでに、幾つかの小さな島にはすでに惨澹たる結末が現はれて居る。自分の知る限りに於ては、宮古の親島などが最も痛ましい一つの例であつたが、是はアヤゴといふ古い語りものが、偶然に生残者の間に保存せられて居た為に知るのであり、他の島々は記録が一向に無いから、先づ無かつたと思ふことが出来る程度である。

七

島と内地の海ばたの村とを、今まで一つに並べて見ようとして居たのは、考へ直すべきことだつたかもしれない。なるほど現在の生活ぶり、生産技術の表面には、似通うた点ばかりが幾つと無く気づかれるが、斯うなつて来るまでの事情の中には、一方には全く欠け、他の一方に特に著しかつたものが、有るといふまでは争ふことが出来ない。たとへば漁師の言葉でいふやうに魚が賢こくなり、漁具漁法を今一段と精妙にしないと、入用なだけの収獲が期せられないといふやうなことは、こちらでは普通に聴く話であり、遠い島々ではもとは無かつたことにちがひない。所謂あひの物の貯蔵法は、知らずに居た筈は無いけれども、それを遠くへ運び又交易の用に供するには、いさばといふ職業の発達に須たねばならぬ。さうしてそれは又都市のまはり、もしくは広々とした農村地域に接した処に起つて、近世急激に活躍の範囲を拡大した職業であつたかと思はれる。以前は稀々に野鳥野獣の狩猟の上にもあり、樹木や海草などに就いては、今なほ或程度は認められる採取労働の自由さ、自然を其まゝの貯へ場として置いて、入用の生じたたびに少しづつ取つて来るといふ悠長な活き方は、小さな島ならば存外に近い頃まで続いて居たのである。それが内側からの必要に促されたのでは無しに、受身に且つ系統も無く、切れ〳〵に改良を余儀なくせられて居たのだとすると、そこに人知れぬ愁苦があり、動揺があつたことは想像せられる。人類が太古蒙昧の夢から醒めて、新らしい次の文化に進み入らうといふ場合には、どうせ一度はいやでも此関所を通り、其たび毎に沢山の落伍者の、むざと亡びてしまふのを見棄てゝ行くことは、至つて有りふれた例なのかもしれないが、島の経験は数が多く、又余りにもまのあたりであつた。是なども或は遺伝といふものであらうか。今でも生残者は無意識に、急いで新らしい変化に走り赴き、且つ一般に大きな島から来るものを、畏れ恭まふ気風が強い。此点は何かの参考にならうも知れぬから、出来るならば今少し詳しく、内外の島々に亘つて調べて置かなければならぬと私は思つて居る。

八

我々の携はつて居る一つの学問が、島で働かねばならぬ仕事はまだ残つて居る。朝夕眺めかはして居る隣どうしの島々の間にも、隣だから互ひに似通うて居るといふ点が少なく、それ〳〵の特徴が多く、さうかと思ふと遠く懸け離れて、否認することの出来ない幾つかの一致があつて、自身すらもまだそれを知らずに居る。山奥の村々の大抵は一方口であるに反して、海上の路は縦横に開けて居て、しかも記録が無いのみか、幽かなる足跡すらも留まつては居ない。いさば船以前の遠い昔から、往来のあつたことだけは疑ひが無くて、それを見出す資料は、変りきつた生活相の中にしか無いのである。

さうして我々の辛抱強い比較によつて、端緒をとらへたやうな例は、もう是だけの僅かな報告からでも、若干を拾ひ上げることが出来るかと思ふ。大体に人が念じて記憶して行かうとして居るものよりも、ただ何気無く為したり言つたりして居ることの間に、埋もれた意味を捉へる場合の方が多いやうである。よその国では言葉といふものにさう大きな力はもたせようとせぬらしいが、島で無くとも我々の方では、言葉を目標にして行くことが有効のやうに思ふ。

昭和十一年の採集手帖は、急いで山村の手帖を引直したために、問ひの出し方がやゝ偏しても居り、又何か大切のものを落して居るやうな気がする。民俗学研究所が成立したからには、最初にこの方から改定することを、協同事業とせずには居られぬであらう。さういふ手帖を持つて自由に島々を行き巡り、且つは往返りに便宜の浦磯岬の村を、尋ねてあるくといふことも今に出来るであらうが、それよりも先に各地に分れ住んで、寂しく世の中の姿を見送つて居る人々に、先づ学問の力がこの世の無明を、吹き散らすべきことを心付かしめ、愈々志を立てゝなほ多くを覚り知らうといふ同志が有るならば、それには新手帖を豊かに供給して、自由に其見聞を採録し、かつは其所得を以て汎く総国の開悟に役立たせるやうにしたい。是が我々の生涯の志である。(昭和二十三年三月十二日)

柳　田　国　男

『海村生活の研究』柳田国男編、昭和二四年四月二〇日、日本民俗学会

祭のはなし ＊

祭のはなし　社会科文庫

柳田国男
瀬川清子 共著

はじめに

（無記名）

社会科という教育は、昔からありました。いつの時代にも、人はそれ〴〵いっしょに生活する仲間のうちに、つまり社会の中にくらしておりましたから、自分の住んでいる社会についての勉強は、絶えずしておりました。学校のない時代にはもちろんのこと、学校が出来てからも、人は常に社会から学んで生きていたのです。たとえば一つの村という社会の中に住んでいる子供たちについて考えてみても、かれらは自分の家の人たちはもとより、村中の人たちが、米を作ったり大根をまいたりするために、どのようにくふうし、どのように働いているかを、知らず知らずの間に理解しました。

一年のうちに盆や正月や祭があって、村の人たちがいっしょになっておまつりをするありさまも見聞しておりました。村の人たちといっしょに仲よくくらすには、こんなふうでなければならないという物の考え方や、生活の態度や働きようなど、社会生活に必要なことを、いつの間にか教えられ覚えこんで、だん〳〵若者になりおとなになり、一人前の村人となったのであります。

そうした社会科を、だれから教わったかと申しますと、子供同士遊んでいる間に、同じ年頃の仲間から教わることもありました。先輩の青年たちがするのを見て覚えることもあります。年とったおじいさんやおばあさんの話から教わることももちろん多いのですが、それは生活のおり〳〵に、何か事のあった時々にならい覚えるもので、教わる機会も教える人も、問題ごとに異なっておりました。

実生活のおり〳〵に、最も適当な時に、最も適当な人から学んだものですから、教えられたとも学んだとも気がつかないほど、身につくよい勉強であったのでありますが、それだけでは自分の村、自分の住んでいる社会のことしかしらない狭い経験であり狭い知識でありました。印象深くおもしろいことだけに注意し、目の前の役に立つことばかりが重んじられるという不都合もあって、新しい生活の建設に役立つ見識を養うには、不完全な点が多かったのです。ですから国際的なひろがりをもち、新しいもの、古いもののいりまじった複雑な文化の流れに立っている今日の私たちの生活は、もっと広いたしかな知識の上に営まれなければならないのです。

考えてみても、多くの人は、印象深くおもしろいものだけをよく覚えている、その他のことも知っているのだが、一つのものにだけ注意して、そのことだけを重んじすぎる、問題の選び方にむらがあったのです。また祭ということばは同じでも、祭のありさまが土地ごとにちがうということにも気がつかなければなりません。

祭にもいろ〳〵ある　たとえば、こゝに祭のことについて

東京は江戸といった時代から、神田《かんだ》の明神《みょうじん》さんと麴町《こうじまち》の山王さんは大きな祭で、二社が一年交替に大きな祭をして、昔から有名でありますので、祭といえばこういうのが代表のようになっておりますが、これは大きな都市の特別にはなやかな祭礼で、全国の祭もみなこうだと思いこんでは、日本人同士の話が合わぬことになります。

祭のことを考える時には、自分のところのは、日本中にあるお祭のたゞ一つの例だ、というふうに考えるようにならなければなりません。名は同じ祭でも、土地によって、祭の季節も方式もちがうものであることを知り、その土地土地の異なった祭の中にも、一筋の共通したところがあるということに心づくことは、これから先の国民の共同生活には非常にたいせつなことです。

「私はお祭については知っている」と思ってしまわないで、人がどういうふうに祭を知っているかを知ることが、社会科の勉強のたいせつなところであります。食べ物のこしらえ方や名称、住居の変わり方など、生活の諸相が社会科の対象でありますが、それが土地ごとに異なっていながら、一方には思いがけない全国的な一致がある、それを調べてゆくうちに、元来はどうだったか、どうしてこう変わったかを考えるようになります。自分の記憶一つだけを守っているうちは、社会に対する知識が発達しないのです。外部に思いがけない種々な変化があること、そうしてその変化のうちにかくれた一致のあることを、心づくのが学問であります。

生活ぶりは変化する　若い人たちが幸福な生活を建設するために、これから新規に覚えてゆかなければならないことが、非常にたくさんあるのですが、誤りをせず、苦労をせず、たいせつなことを知って行くには一つの要件があります。それは、私たちのすべての生活ぶりは、少しの間もじっとしていないで、長い間にはもちろん、おとうさんと子供の間のような短い間にでも、絶えず変化して行くということを、最初から考えて置かなければなりません。たいていの人は、年よりが関係していたり、新しいものが加わっていなかったりすると、これは昔からこうだったというが、その昔というのもそう古いものではない。国には今度ばかりではなく、たび〳〵戦いがあり、農村には凶作があったり疫病がはやったり、も

との形のまゝでは、生活をつゞけて行くことが出来ないことがしばしばありました。再び世の中が平和に立ちかえると、また新規に活動をはじめるのですが、その時には、少しずつ変化している、その変わり方が全国一様でなかったために、村のくらし方や習俗が隣近所の町村と少しずつ異なっている。それでいて根が一つの民族であるがために思いがけない遠方の土地に、そっくり自分の村と同じようなことをしている例は無数にあります。祭の場合にはことにそれが多いのです。

そのために、知れば必ず興味の深いことが、まだ幾らも気づかれずにいるのであります。どうしたらそれをわかりやすく、またおもしろく話をして聞かせることが出来ようかと、私たちが始終苦労をしているのも、実は皆さんがそう骨を折らずに、だんだんとこういうことを覚えて行くようにしたいからであります。

共同の祭　こゝで、私どもの話そうと思うのは、共同の祭のことで、ひとりの人が自分だけで祭をするのは、今度の話の中には入れません。共同の祭にもまた種類があります。その一つは町や大きな都会の有名な祭礼で、もとは奉幣使《ほうへいし》がたち、ほかからの見物人がたくさん集まって混雑するようなにぎわしいおまつりでありますが、こういうのは実はそうたくさんの数ではありません。もう一つの型は、ほんの三十戸か五十戸の一部落の家々の人たちだけが寄り合って、自分たちのうぶすな様、または氏神様のお祭をするそれであります。最初はたぶんこのわずかな人たちが集まって、静かなお祭をした方が主であったろうと思いますが、千年もたつ間には、大きな都市やそのまわりに有名なにぎやかな祭が出来て、遠くから旅行しても拝みに来るような祭礼ばかりが、もっぱら世の中に知られるようになったので、もし土地の経済が許すならば、出来るだけそういう大きい祭をしてみたいという願いが、全国の村々の住民の間に強くなり、それとともにその神社の大小、社格ということをたいせつに思うようになったのであります。

祭の語義　この変化はそう古くからのことではありません。少なくとも国内大多数の神社を通じて、最初は村人同士の祭、たぶんは先祖を同じくした一族一門というものの共同の祭であったろうと思います。そういう想像を、早くから私らがいだいている理由は、「まつり」という日本のことばに漢字をあてる場合に、最初から祭という字が使ってあることであります。祭という漢字は、中国では家の先祖にあたる人に奉仕するおまつりという意味しかもっていなかったのであります。人の霊魂をまつることだけが、漢字の祭の字の意味ですから、日本でも、まつりということばのはじめの用途は、子孫が先祖を祭る場合に限られていたろうと思います。後になって、先祖でない神様があらわれた時にもそれを使ったが、この時はもう日本限りで、この漢字の意味をひろくしていたのだと思います。日本語のまつり・まつろうということばの意味は、尊い方々のお側にいて御用をする、お相手をするということで、人間どうしの手紙にもつかまつるなどということをいいます。

日ごろ尊敬している遠方のお客が、まれ〳〵にたずねて来られた時に、一家一門の者がお側についていて、食事の時刻には清らかな食物を、また心をたのしくする酒をすゝめ、御用があれば何でもつとめる。不快なことがないように、つゝしみ深くもてなしをするということです。この心持が祭の第一要件だったと私などは思っております。村の祭や都会の祭礼と、家々の盆の行事とは、今でも別もののようにしか考えられておりませんが、祭は古くさかのぼるほど、先祖様を迎えて祭る盆の祭と同じようなものだったようです。盆のお精《しょう》霊《りょう》様は目には見えないが、十三日の夕方は家々に来られ、旅人と同じように足を洗って正座にお通りなされる。灯火をかゝげ、くみたての水を上げて、それからいろ〳〵の食物をこしらえておもてなしをする古風な村々の盆の祭は、珍客を迎える場合も同じでありました。拝むというのは「おじぎをする」ことで、今でも沖縄《おきなわ》その他の島々などで、おがむというのは尊敬する人に対面することであります。

昔の一日は、夕日が落ちて日がくれる時刻を境目としておりました。夕べの御飯から朝の御飯まで、お迎え申した神のみ前に、じいっとすわって、つゝしみ深く仕えまつるのが、昔の祭の形であったろうと思います。つまりまつりということばの意味は、その感覚も挙動も、ともに尊敬する人に対する場合と、神に対する場合と同じだったのであります。たゞそんな尊い人は、一代に一度もたずねて来ないかも知れないが、先祖の霊だけは、毎年訪問の日が決まっていて、子孫の仕えまつる真心をうけられた点がちがうのであります。

祭の大きな特色　その祭というものが、長い年月の間にはたび〳〵変化し種類が非常に多くなりました。しかし元が一つでありますためか、今でもなお祭の最も大きな特色は一致しております。一族・一門で神を祭る場合はもちろん、部落が共同でする場合でも、まつりの最も大きな楽しさは、みんないっしょにその行事に、特に飲食の儀式に参加するということにあるのです。親も兄弟も、としよりも子供も親類も、近所となりも、村全体が同じ気持で、おゝぜいがまつりに力を入れます。祭の日はひとり残らず、全くふだんとは異なった晴れ〴〵とした心持になりきります。しかもその光景をはたから見物しているのではなくて、どんな小さな子供でも、たいせつな一員として参加するばかりではなく、その光栄をより深く感激しているのはむしろ子供なのであります。幼時の祭の日の印象を生涯《しょうがい》忘れられないのもむりがありません。

大きくなって後まで、故郷の祭の日の楽しくうれしかったことを思い出せば、にこりとしない人はまずひとりもないでしょう。たゞそれはあまりに子供らしいと思って、口にする者が少ないだけであります。

氏神様　皆さんは自分の村の氏《うじ》神様ばかりでなく、隣の村にも、またその隣の村にも氏神様があることを知っていましょう。日本中どこの村に行ってもどこの町に行っても、必ず所の人たちのおみやがあります。氏神様といわないで、うぶすな様といったり、鎮守《ちんじゅ》様といったりする所もありますが、それはその土地ごとのならわしであって、この共同の祭をする社のない土地はなく、またうぶすな様といっても鎮守様といっても、祭をする心持はどこでも同じです。それで話を簡単にするため、合わせて氏神様と言って置きます。

まず家に子供が生まれると、三十三日目とか百日目とかにお宮参りといって、赤飯でもつくって赤ん坊をお宮に参詣《さんけい》させるのですが、その時にはその子の名を氏神様に申し上げ、あるいは鼻をつまんでわざと一声泣かせたりして、氏神様に聞いていたゞき、こんな子が生まれましたから、どうぞお目を掛けてくださいとお願い申す村が諸方にあります。かえりにはお宮の境内で遊んでいる子供たちにも、お供えしたお赤飯を食べてもらって、いまにこの子も仲間に入れて遊んでください と頼みます。この時に氏子札というのをいたゞいて、子供の帯につける風もあります。氏子札をつけておれば、迷《まい》子《ご》になった時に困らないし、何か危険な時には、氏神様が守ってくださるともいいます。これで村の人たちが先祖以来敬愛している氏神様に氏子入りをし、氏子仲間のひとりとなったのであります。

また七五三のお祝といって、三つになる子と五つになる男の子と、七つになる女の子とが、霜月《しもつき》（十一月）の十五日にお参りするのを知っているでしょう。これは、「こんなに大きくなりました。りっぱな人になるつもりです。」というお参りなのです。昔、源義家が、石清水《いわしみず》の八幡宮《はちまんぐう》の社頭で元服をして、それで八幡太郎《はちまんたろう》と呼ばれたという話があります。それはたゞ言い伝えですが、ともかくも後世の人は八幡宮を源氏の氏神だと言っております。以前は村々の男の子たちは、およそ十五歳のころには、烏帽子《えぼし》着といって、一人前の男子となったお祝をして、氏神様に報告をしたのであります。村の人たちは、それによってあの子も一人前になったと認めて、それからはおとな扱いにしました。村の人が遠い旅に出る時には、きっと氏神様に御あいさつのお参りをします。帰って来ればおかげ様で無事に帰って参りましたと、またお参りをします。

瀬戸内海の海岸では、遠い海に漁《りょう》に出て行く漁船はいったん港口を出てから、氏神様への御あいさつに、海上をゆっくり一まわりまわってから走り出します。お嫁に行く時にもお参りしますし、よそからお嫁に来た人も、これからこの村のひとりにしていたゞきます、どうぞお守りくださいといってお参りします。まして病気の時には、早くよくしてくださるようにお頼みします。家の人が日参したり、親類・近所・村中の人が、おゝぜい力を合わせて、お百度をふむこともあります。お百度の数取をする小さい札が、お社にかけてあるのを見た人もありましょう。こんなふうに、氏神様は、村人のことは、何から何までめんどうをみてくださると信じているので、それで村の氏神を親神様といっているところさえあります。

　毎年のお祭には、青年たちがのぼりを立てたり太鼓をたゝいたりして、さかんに活動しますが、子供たちもお使いやお宮の掃除《そうじ》その他いろ〳〵手伝いをします。皆さんは小さい時から見なれ聞きなれているのですから、氏神様のことや祭については、もうずいぶんよく知っておられるわけです。皆さんの知っているお祭を心に思い浮かべながら、この祭の話を読んで見てください。大きな都会に住んでいて、氏神様ということのはっきりしない人は、おじいさんおばあさん、またはおとうさんおかあさんの氏神様のお話を聞きながらこれを読んでください。

『祭のはなし』柳田国男・瀬川清子共著、昭和二四年七月三〇日、三省堂出版

祭の話　三省堂百科シリーズ4

柳田国男
瀬川清子　共著

まえがき

祭といえば都会のはなやかな祭礼を想起する人があるかもしれないが、見物人が多く集まることで有名な祭礼はそう古いものではなく、数も少ない。日本の祭の本来の姿は三十戸、五十戸の部落の人たちが寄り合ってする静かな村の祭に伝わっている。そういう祭ならば日本じゅうのどこにでもあるのだから、だれでもが経験しているにちがいないのだが、その祭についてよく考えてみたことがあるだろうか。

みんなが心をあわせて一様に幸福にくらしたいというのは、いつの時代にも求めてやまない願いで、今日私たちがその理想を実現しようとして日夜努力しているように、昔の人たちもこのことについて熱心に考え、かつ実行してきたもので、祭はそのあらわれの一つであった。村の家々はおおかた親戚であったか、そうでなくても同じ環境の中でしっかりと手をつないでくらした仲間で、小さな生活共同体であった。その人たちが年々決まった季節におこなった祭は、生活の上にどんな意義をもったものであろうか。

父祖の経験を研究し理解することは、これからの幸福な生活についての考えをさらに深め強めることになろう。本書をその探求に役だてたいと思う。

昭和三十年七月

著　者

『祭の話』柳田国男・瀬川清子共著、昭和三〇年一一月五日、三省堂出版

日本伝説名彙

柳田国男監修
日本放送協会編

伝説のこと

日本が伝説を研究するのに最も都合のよい国、従つて又よその国々の学者の為に将来いろ〳〵の新しい知識を供与し得る国であることを、何度か私は説き試みようとしました。岩波新書の「伝説」と題した一冊は、主として其目的を以て書いたものであり、中央公論社から出した「口承文芸史考」でも、其為に多くの頁数を費して居ります。その以外にも「一目小僧その他」、「木思石語」などといふ類の書物は、何れも実例によつて、この問題を明かにしようとした努力でありますが、残念なことには説明のし方が拙なくて、まだ十分な効果を挙げて居りません。一つには時代の慌だしさも手伝つて、人がこの様な悠々たる過去の事蹟に、心を傾けるほどの余裕をもたなかつたのであります。それは今まで気が付かずに居た。なるほど人間のしたり言つたりすることには、自分でも理由を知らずに居ることが幾らもある。改めて是から一つづゝ考へて行かねばならぬと思ふやうになつたのはつい此頃のことであります。学問復興のきざしは、今漸くにして現はれて来ました。もう一度私たちはこゝで働いて見なければならぬかと思ひます。

この伝説分類の計画は、もう彼是三十年も前から始まつて居ります。それが放送協会のやうな有力の機関によつて援助せられるやうになつてからでも、優に十年の月日はたつて居ります。日本は伝説の際限も無く多く、殆と充満して居ると言つてもよい国でありまして、それを採録した伝説集も、算へ切れないほど世に公けにせられて居ますが、是に興味をもち愛情を傾けて居る人たちは、誰も彼も捜索の範囲を、我が住む土地に限定して、をかしい位よその地方の実状を知らうとしません。むしろ同じ形の言ひ伝へが、そこにも爰にも有るといふことを知つたならば、がつかりしてもう談らなくなるだらうと思ふやうな、珍無類を誇り示さうとしたやうな、報告ばかりが多いのであります。伝説といふ言葉が是ほど弘く知られ、旅行者の話の種としては、是ほど人望の多いものは他に無いのに、今でもまだその伝説が如何にして生れ、如何にしてこの様に年久しく、保存せられて居るかを説明し難いのは、原因は専らこの知識の割拠に在つたと思はれます。是が伝説名彙の事業は言はゞ新たなる出発点でありました。是が暇どり躓きつゝも、ともかくも文化再建の日本にお目見えをするといふことは、悦ばしい出来事でありまして、国を又民族を、一つの総体として考察しようといふ学風の、是が先駆となり、又うまく行けば好い先例ともなるのであります。

○

伝説名彙の利用者は、最初に先づ今までの研究家の、考へて見ることも出来なかつた一つの事実を、発見することになります。如何に尋常を絶した奇抜なる言ひ伝へでも、たつた一つの土地でしか聴くことが出来ないといふものは殆と無く、必ず同じ形のものが何処かには有るといふことで、其一致は時として遠い異なる民族の間にも及んで居りますが、なほ多くのものは日本の端々、しかも互ひの交通の必ずしも容易に、想像し得られぬ二以上の地域に見出されるのであります。何か是には隠れたる理由がある筈と、いふことが直ぐに考へられますが、それを見つけ出す為にも予め一通りの比較をして見る必要があるのです。多くの言ひ伝へには始めからしまひまで、そつくり同じであるか、はた又どの点かに少しづゝの違ひが有るか。それを並べて見くらべて行くことが、新らしい一つの興味であります。この本では単に索引の便宜の為に、伝説の拠り所となつて居る個々の地物を、分類の目安に立てゝ置きますが、是が唯一の分類法と思つたわけではありません。他日伝説の成り立ちが一通り判つて来ましたら、或は解説の為には第二のもの、たとへば発生の順序による分類法などを、採用する方がよいかもしれません。

数は少ないけれども日本の伝説には、近世と呼ばれる時代になつてから、始めて現はれたと思はれるものが幾つかあります。それがどうして古くから有るものと同じく、二箇所以上に分布するやうになつたかは、やゝ説明しにくい問題でありますが、是は多分伝説の管理に任じた群の中心が、世と共に少しづゝ推し移つて、たま／＼さういふ新作の能力ある者が参与して居た時期又は地方が、あつたからではないかと考へて居ます。とにかくに伝説の時代色は複雑です。遠い昔の世に生れたものでも、後々少しづゝ彩色をかへて、元の姿をそつくり其まゝ、持伝へたと見るべきものは存外に少なく、それが又土地により場合によつて、周囲の影響の受け方が、必ずしも一様では無いのであります。通覧綜括の必要であるのはその為で、仮に全体では無いまでも、少しでも広い区域にわたつて、幾つかの相似たる実例を比較して見た人でないと、いつ迄も伝説とはどんなものかといふ解釈が下されぬと同時に、一旦目の著けどころがわかり、又コツといふやうなものを覚え込んでしまふと、研究の興味は次第に深くなつて、是をめい／＼の人生観から、切り離すことがもう出来なくなるのです。それにはこの一冊の本が最良の書だ、もつとも完全なものだと思つて居るわけでは決してありませんが、ともかくも斯ういつた種類の参考書が、もうちつと早く世に出て居たら、私などもよほど話がしやすかつたのであります。其点にかけては此書の出現も一つの進歩です。

○

そこで記念のために今一度、日頃私などの考へて居ることで、幾らかこの本の利用者の手助けになりさうなことを二つ三つこゝに書き列ねて置きます。是は私の直覚に近いもので、まだ十分な証拠が具はつて居るとも言へませぬが、伝説が或一つの土地に根を下して、枯れも倒れもせずに数百年、或は千年以上も続いて居るのには、単なる偶然の記憶の集合よりも、もう少し積極的な力が、必要だつたと思ひます。管理者の群といふ言葉は当らぬかもしれませんが、伝説にはもと之を信じて疑はない中堅の人物があつて、其数はさう多くではなかつたけれども、是が古くからの形を守つて変化を防ぎ、又適当なる時と人とを見定めて、之を次の代へ引継がうとして居りました。周囲にももちろん傍聴して居た者は幾らも有つたでせうが、たゞさういふ人々の印象に任せて置いたゞけでは、到底この永い歳月の保存は期することが出来なかつたので、其点が諺や仕事歌、殊に昔話などゝいふものとの、大きなちがひではなかつたらうかと思ひます。

伝説そのものゝ内容からも、大体は推定し得られる通り、最初の管理者は一つの古い家、及びそれを取囲んだ一族門党で、彼等が心から協同統一の成果を楽しみ、本来の有為転変に対して、何の不安をも抱かず暮されたのも、主たる原因は霊界の恩寵が、特に自分たちの群に厚かるべしといふ言ひ伝へを、信ずることが出来たからでありました。中にはたゞ家が非常に古くから、其土地と結び付いて居たといふ点のみに、力を入れて説くやうな例もありますが、是とても其様に久しい間、独り取続くことを得たのには、何かまだ隠れたる理由の大切なものがある故と解して居たらしく、とにかくに家の生存のために、斯ういふ無形の支柱を必要とした時代が、曾て一度は我々の中にも有つたのであります。

ところが現実には少しづゝ、この前提を裏切るやうな変化が起ります。たとへば或家は大いに繁栄して勢力を拡大し、外へ出て行つて分解の端を開き、或は隣の力と衝突して中心を失ひ、又何といふこと無しにたゞ小さくなつてしまふなど、幾らとも知れない栄枯盛衰が、中世には繰返されました。

しかし伝説は古い本式の管理者を失つた為に、即座に消えも亡びもしなかつたのは、結局は年久しい感染であつたかと思ひます。家に熱情ある伝承者はもう居なくなつても、古い語り伝へには根が無くては生ひ立つ筈が無い。人が信じて居たのだから、信ずべき理由が有るのだらうと思ひ、且つは又我土地の早く開かれた、所謂うまし小国であることを、疑はうとする者は少なかつたのであります。さういふ中でも神の御社や霊仏の堂などは、家が滅びても大抵は跡に残ります。それと結び付けられない伝説は少なく、勢ひ其管理は信仰の中心へ移つて行くことになりました。それを私は第二の段階と見て居るのであります。

社寺の縁起などといふものは、類型があまりにも多く、作為摸倣の痕のあらはなものではありますが、其中にも以前の伝説の破片が、固有名詞などの形で引継がれて居ります。いはゆる何々長者の家の址とか、是に伴ふくさ〴〵の物語とかは、大抵の縁起の附きものとなつて居ます。是は以前の形の保存ではなくて、新たにこの時代に入つて、よほど手を加へ色どりを添へたことは確かですが、それにも拘はらず人はなほ久しい間、その実在を信じつゞけようとしたのであります。

○

昔話と伝説とを比べて見て、同じ長者の物語でも、一方は富発見の花々しい創業譚を以て充ちて居るに反し、こちらはとかく哀調を帯び、曾ては栄えた万福長者が、次第に運傾き勢ひ弱つて、末は蒼茫なる草の原に昔の名を留めるに過ぎないといふ類の話ばかりが多いのは、それだけの理由のあることでありました。独り伝説がもと信ずべきものであつた故に、さうして現に又眼前に在るものは、たゞ荒れたる野なるが故に、斯ういふ話のみが通用しやすかつたといふだけで無い。是は家々のまだ自分たちの古い記憶を保管して居た時代に、新たに思ひ付かれる空想ですらもなかつたと思ひます。乃ち伝説の中には最初からの存在で無く、遥か時過ぎて後に生れ又は持込まれ、しかも是まであつたものと入り交つて、ほゞ一様に土地では信じられて居たものがあるらしいのでありま す。伝説の由来を考へて見ようとするには、まづこの新旧のけぢめを立てゝ置かぬと、余分な混乱に苦しまなければなりません。

はつきりとした境は容易にはきめられるもので無く、又以前とても少しづゝ変つたり附加はつたりしたものはあるでせう。たとへば昔話も同じやうに、人に敵対し害を加へようとした、妖魔怪物が、しまひには征服せられたといふまでは、早くからの言ひ伝へがあつたのにしても、それがどういふ風に怖ろしく物凄かつたかといふ段になると、次々に話のさし替へが行はれます。といふのはもと〳〵爰が聴く者の空想の自由に、委ねられた区域だからであります。長者発祥の物語などでも、極度の人間の幸福を説かうとするまでは、ちやうど雪だるまが転がつて大きくなるやうに、新たなる誇張が或程度には許されます。種が有るのだから其成長は自然でありま す。ところが形は接近して居ても、一方の長者没落譚は、全く別系統の空想に出発してゐます。ちやうど国民の感覚がこまやかに複雑化し、殊に外来宗教の影響を受けて、無常といひ流転といふ類の人生の哀情に心が引かれるやうになりますと、文芸が針路を更へたと同じに、伝説の世界にも新生面が展開する、といふよりも是は一種の文芸の侵略でありました。甲の地では既に文芸として通用して居るものが、そつくり其まゝ乙の土地で、伝説として信じられるといふ例は、近い頃までもさう珍らしいことでなかつたのです。

かつて白米城の伝説について、私が言ひ始めたことでありますが、日本では中世の或一時代、特に此種の伝説が外部から盛んに移植せられたことがあつたやうです。それがちやうど伝説の管理者がほゞ更迭してしまつて、しかも中心の信仰機関が十分に統一の力を具へなかつた際であつた為に、偶然に大きな変革を、土地の口碑の上に及ぼすことになつたものかと思はれます。総体に我国中古のいはゆる唱導文学は、伝説に近い内容をもつたものでしたが、それでも是が文人の作為にかゝることを知つて居たならば、いくら田舎でも丸呑みに信じてはしまはなかつたのです。それが神霊の語を伝へるのを職とした旅の女性の口から、以前の口寄せとほゞ同じやうな語調と方式とを以て語られた為に、人智以上の真実として受入れる者が多く、乃ち日本の伝説は著しく其数量を加へ、更に今まであつたものさへ、この刺戟によつて活力を保ち続け、つひにこの通り伝説の異常に豊富なる一つの社会を作り上げたのであります。

○

伝説が信仰の支持を受けて、成立し又存続するといふことも、日本ばかりでは二つの段階、二通りの手順があつたことを認めなければなりません。他の多くの国々では、伝説は夙く信じ難くなり、しかも想像の奇抜をめづる余りに是を一種の説話として伝承しようとして居ります。其為にどこへでも持運ばれる普通の昔話の外に、別に或土地或家或事蹟に附随した地方説話のあるわけが、頗る説明しにくゝなつて居るやうですが、こちらは偶然なる中古の社会事情の為に、可なり後代まで、伝説は信ずべきものといふ考へが抜けず、現に今でも信ずる者が少数ながら有ります。伝説本来の性質を知るには好い手掛りでありますが、一方には又その特色があつたばかりに、よその国ではあまり見られない伝説の混乱が起り、それが最近には政治上の問題とさへなつて居たのであります。

ちがつた言葉で之を説明すれば、伝説と歴史との限界が、甚だはつきりとしなくなりました。伝説はいづれ過去の世に斯ういふ事があつたといふのですから、堅く信ずれば歴史になつてしまふのは当然ですが、それだけではまだこまる程の弊害はなかつたのであります。たゞ世の中の進みにつれて、今まで伝はつた形のまゝでは、何かまだたより無い所があるのを、新らしい知識と推理とによつて解釈を補充し、出来るだけ信じやすい形にしようとしたのがいけなかつたのであります。実例によつて話をして見ると、家の創立に又は其土地の開発に、最も有力に参与したのは貴とくすぐれたる旅人でありました。伝説名彙の少なくとも半数以上は、その旅人についての記憶を伝へて居ります。今から考へて見れば、この旅人といふのは実は神霊なのですが、不思議に日本ではどこの田舎に往つても、是を人間と全く同じ形、同じ感情をもたれた、たゞ極度に貴とい御方と、いふ風に語り継いで居たのであります。この傾向は遠く古風土記の時代から始まつて、ずつと後代の移住地にまで及んで居ますから、何か我民族の固有信仰に、深い繋がりをもつたものと思はれます。我々の祖先が文字を学び、少しづゝ国の歴史の書を読むやうになつて、果してさういふ非凡の旅人が有つたらうかと訝り、それを明かにして置きたいと念じたは自然であります。古い言ひ伝へもそれを挿入して、ちやうど完備するやうに出来て居ました。人は改訂とも変更とも考へずに、是ぞと思ふ古人の名を以て其空白を充すことを、むしろ正しい解釈としたのであります。ところが現実の歴史には、さう多くのふさはしい人は居りません。殊に段々と国の端になりますと、旅して此あたりまで遣つて来たことがたしかなのは、ほんの五人か七人しかない。有名な書籍に書いてなければ、たとへ有つたにしても誰も承知しません。それで東日本ならば八幡太郎義家、鎌倉の主になつた右大将頼朝、その弟の義経くらゐ、又高僧としては弘法慈覚の両大師、親鸞日蓮の二上人などが、箸とか杖とかを地に刺してすべての名木を成長させ、又はあらゆる霊泉を湧出させたことになつたので、何れも最初からこの人たちの遺跡として記憶せられたのでは無く、何でも昔えらい御方が御出でになつた時とか、又途法も無く道力のすぐれた御僧がこゝを通られた際にとか、やゝ漠然としたことを古い人がいふと、それはきつと八幡太郎だつたらう、弘法大師にきまつて居るなどと、はたから固有名詞をはめ込んだものばかり多いのであります。よその土地との関係を構ひ付けさへしなければ、斯うすれば伝説はよほど又信じやすくなります。さうして又覚えやすくもなるのであります。日本に何万何十万といふほども、よく似た伝説の保存せられて居たのは、主としてはこの所謂合理化の為であり、同時に又互ひに他処のことを知らずに居られた結果であります。

○

つまりは土地毎の伝説の管理が、すなほな何も知らない故老の手から、少し歴史を知り、少し推理をする人の手へ移つたのであります。固有名詞の決定は、非常に大きな改革になるのですが、それは心づかずに人も我も、伝説の信じやすくなることを喜びました。しかし交通が開け追々と他処のことが判つて来ると、是はをかしいといふことが少しづゝ顕はれます。杖立銀杏や足形石といふ類の言ひ伝へならば、そこにも爰にもあつてもまだ説明が成立ちますが、小野小町の墓どころ、和泉式部の産湯の井といふ類になりますと、よそのを贋物だと証明しないと自分のところの伝説を信じつゞけることが出来ません。それで誠に無益なる争ひが、方々に起りました。日本は大昔以来、天子が国巡りをなされたといふ遺跡が、数多く分布して居た国であります。是は私たちには説明し得られる固有信仰の特徴であつて、一言でいへばその不思議の旅人が、八幡太郎や僧空海よりも、もつと貴といすぐれた御方、即ち神だつたといふ感じを、此の如く合理化しようとしたものらしいのであります。ところが現実の歴史では、天子はその様に遠く旅をして居られません。それ故にいはゆる平家谷の伝説ばかり、何十箇所といふほども全国に分布し、更に世降つては長慶天皇の最終の行在所といふのが各地の問題となるのであります。東北の或県などでは、村々の伝説は自分のみが歴史であり、他のすべては伝説ですらも無いやうに言つて相争ひました。投票をほしがる政治家たちが、斯んな争ひまでを尻押しました。是は全く伝説の変化に心付かず、又伝説の真のねうちを知らずに居た過失であります。

伝説の最も興味ある特質は、寸分もちがはぬほどの同種内容をもつものが、国の隅々にかけて無数に散布し、しかも互ひにそれを知らずに居られた点であります。この年久しい無意識の一致が、民族結合の隠れた力を語つて居ることであります。我々は自分の周辺に、何かやゝ異常なる自然の現象を見出すたびに、誰も彼も言ひ合せをせずして、いつも大よそ同じやうな推定を下し、且つ之を信じようとして居たのでありま す。素より経験ある先輩の指導以上に神と仲立ちする者の啓示を無条件に受入れましたけれども、是とても土地限りのもので、中世の旅の巫女に見るやうな中央の統一といふことは元は無かつたのであります。人の智能が進むにつれて、伝説が心ともなく疑はしくなるのは已むを得ません。それが悲しさに強ひて歴史に繫ぎ付けて、それと折合はない部分を粗末にし、都合のよい部分のみを力説しようとしたことは、実際は古い言ひ伝へを、擁護する途でもありませんでした。ほんの少しばかり歴史の知識が進んでも、もと〳〵急ごしらへだから直ぐに穴が現はれます。さうで無くても同じ話をたび〳〵聴くやうになれば、信じないばかりかしまひには軽蔑して、折角永い間之を管理して来た土地人の真情が、認められないことになるのであります。

〇

伝説を信ずる人は、今日は非常に尠なくなりました。それも熱心に談つて聴かせようといふので無く、たま〳〵作り話だらうと言はれて憤る程度のものであります。しかし一般に、決して之を粗末にはしません。単なる土地の飾りといふ以上に、そこが新開で無く、住民に是だけの優雅な構造力があつたといふことは、外から来る人に告げてよいことゝ思つて居るらしく、我々の謂ふ民間伝承の中では、伝説は最も採集しやすいものの一つになつて居ます。もちろん之を其通りの史実が、かつて有つたと信ずるのからは遠く、どちらかといふと文学に近く、又は其素材と見る方に傾いて居ましたが、ともかくも今なほ一部の管理者を以て任ずる人々があります。以前の郷土史家一派から見ると、是が又一つの中心の移動でありまして、或いは伝説管理の第四期、文学時代と名づけてもよいでせう。私たちは是を更に第五期の研究時代、即ち伝説とは何か。この多量の又長期間の伝説の持続といふことは、日本文化の展開の上に於て、どれ程の意義をもつか。それを考へるやうな人々の手に伝説が管理せられる日の到来を期して居るのであります。其様な面倒なことは、今までの伝説愛好者は嫌ひだつたやうです。それでいつまでも伝説を種にして、へぼな短篇小説見たいなものを書かうとして居ました。しかもよそはどうであるかを少しも知らぬために、さも珍らしげに自分の土地の話を報告して、是が本物のやうな気になつて居ることは、前の郷土史派も同じことでありました。いゝ加減にこの割拠的気風を切上げるべく、伝説名彙の出来るだけ完全なものが、世に出ることは必要であります。

○

この分類法の大きな効果は、是まで伝説の中心人物となつて、あたかも其人の逸話を伝へるために、生れたかと思はれて居た歴史上の名士が、実は中世以後になつて、たゞ無造作に取つて付けられたものといふことが、いつと無く判つて来ることであります。伝説の存在、ことにその数多い分布は、書物にも載せられて居ない大切な日本の歴史でありますが、それに伴なうて居る人の名や年月日は、むしろその歴史を明かにする妨げでありました。だから色々の比較を重ねて、早くさういふものを取付けなかつた、以前の状態に復原して見なければなりません。

それから第二段には長者没落、又は白米城の伝説といふやうな、中世この方の旅の語り部に運ばれて居たものを、その内容の方から次々に見わけて、是だけは又別途に研究しなければなりません。日本の文芸発達史からいふと、是も非常に大切な参考資料ですが、国に伝説がどうして発生したかを考へて見るには、之を混合して居たのでは結論が遅くなります。さうして根本の問題がもう少し明かになると、この新らしい追加は説明がたやすく、又一段と興味が深くなるのです。

終りになほ一つだけ、私が将来の伝説研究者に期待して居るのは、この数多い単純な不思議話は、もとは一つ〳〵孤立して行はれて居たのでなく、それを組合はせてこしらへ上げた、長い〳〵神巡歴の古伝が、曾て正式の語りごとゝして管理せられて居た時代があつたといふことが、比較によつて段々と判つて来るだらうことであります。今ある伝説の多くは、その大きなものゝ破片で、是だけならば婦女や少年をも印象づけて、いつまでも記憶させたでせうが、纏まつた一つの大きなものは、之を管理するにも時と力とを要し、よつぽど早くからそれが不可能になつて居たのでは無いかと思ひます。神話といふ言葉は、日本で心軽く用ゐられて居ましたが、今日はおろかのこと、古い世の中にもそれが有つたといふ証跡は、まだ私なんかには見つかりません。たま〳〵神話的又は神話のかけらかと思ふものが伝説の中にも又昔話といふものゝ中にも、稀ならず存するといふまでゝあります。ミトロジイといふ学問は、さういふ切れ〴〵の遺物の研究から、遠い祖先の系統だつた物の観方を、探つて行かうとするのが目的のやうに、私などは聴いて居ります。それに類する仕事が日本でも可能であるかどうか。私一箇としては伝説がこの様に豊富であつて、しかも土地により環境によつて、進化のいろ〳〵の段階が併び存し、綿密なる比較を許す国、それを理解し得るまでに人智の進んだ国は、さう沢山には無いかと思つて居ます。三十何年間の私たちの研究は、運がわるくて願つたほど発展しませんでした。世上が関心をもつならば、是からは大いに開けて行くだらうと思ひます。

昭和二十四年六月

『日本伝説名彙』柳田国男監修・日本放送協会編、昭和二五年三月一〇日、日本放送出版協会

本邦離島村落の調査——趣旨及び調査項目表——

柳田国男指導

趣　旨

日本は国自体が島国を成しているばかりでなく、周囲には大小千を数える島嶼を持つております。そこには自然や社会環境の相異によるさまざまの生活状態がありますが、また島としての共通性もみられます。島国日本の人口、殖産、近代化をはじめ凡百の問題の縮図は、島嶼生活の上に展開されていると言うことが出来るでしょう。日本再建の前途に対して、この島の生活事情は極めて大きな重要性を持つております。この点を調査致すために、本研究所の研究員が貴地に参上致すことになりました。

私達はさきに日本学術振興会の補助を受けて、昭和九年から三箇年にわたつて、本邦山村五十余箇所の調査を行い、その結果は「山村生活の研究」（民間伝承の会刊、昭和十二年）として世に送りました。また海村三十箇村の調査も、同じく学術振興会の援助の下に、昭和十二年から二箇年にわたつて実施し、その結果は「海村生活の研究」（日本民俗学会刊、昭和二十四年）としてまとめました。従つて今回の離島村落の調査が遂行されますと、日本全体にわたつて山村・海村・離島の生活の種々の相異点と共通点とが明らかになり、それらの比較が可能となるわけであります。

私達は山村・海村両調査で挙げた多くの成果の上に立つて、今回の調査に取組みますが、島嶼生活の特殊性を明らかにしようとする此の度の企ては、祖国再建の途に資するところ大であると共に、島の生活を幸福に導くために貢献するところ少くないと確信しております。今後三箇年にわたつて継続されます本調査が、多大の成果を挙げ得ますよう、島の皆々様の御理解と御協力を切に御願い致します。

昭和二十五年七月

日本学士院会員　柳　田　国　男
財団法人　民　俗　学　研　究　所

『本邦離島村落の調査——趣旨及び調査項目表——』柳田国男指導、昭和二五年七月、民俗学研究所

民俗学辞典

柳田国男監修

序

社会科教育の前途を考えて行くと、人が世に活きる為に必要な知識の、現在は特に整理せられず、綜合統一の甚だしく欠けていることが、先ず大きな苦労の種である。いわゆる鋳型にはめる教育は憎まれていたけれども、もとはともかくも或る鋳型があつた。そうしてまた嵌込みの技能も、実は相応に進んでいたのである。しかるに一朝にしてその鋳型はこわれ、急いで代りのものの考案に着手したが、それすらもまだ一つも出来あがつていない。進め進めの掛声は高くても、我々の普通教育にはまだ方角が示されていない。この混迷に処するの策としては、難解なる輸入の理論が少しあるばかりで、それと実地の問題との間には、まだよつぽどの空隙がある。ちようど斯ういう時節に生れた子供には迷惑至極だが、やはり我々は実験をして見るの他はない。そうして一日も速く方法を樹立しなければならぬと思う。

民俗学辞典の目的は、最近この学問がどれだけ進み、又どの程度にまで世の中の利用に適するようになつたかを、明らかにするのもその一つであるが、我々が之を企劃したもう一つの動機は、あたかも現在の社会科教育の悩み苦しむ所を、すでに少しばかり経験して来ている故に、必らず何等かの参考になるという自信に発している。ちよつと見たところ目に立つ相異は、一方は相手が少年少女であり、したがつて打切る時が早く到来して、何度でも実験立証をくり返し得るに反して、こちらは末遠く、効果を同志の間にしか見定め得ぬという弱点はあるが、その他の諸点には並べ切れぬほどの一致がある。まず最初にこの知識は、人が正しく且つ安らかに活きる為に、大よそ入用なものの全部を含んでよいという心持ち、定義や何かによつて前以て、限局せられている必要はないという考えは、民俗学の方でもちやんと持つている。ただそんなことを言つても、今日のいわゆる森羅万象は、まだ片端も呑込まぬうちに、忽ち袋が一杯になつて、身にも心にも養いにはならない。そこで厳重なる選択と順序とが無くてはならぬこと、これも双方に共通な法則であつた。ただし幼少時の限られたる期間に在つて、さらに一段の注意討究を必要とする点だけが、ちようど又食物飲物などと似ているのである。

然らばその厳選と順序の排列とを、誰がどうして決定するのかというと、私は是も両方一様に当人本位、各自の境涯能力に応じてきめるのを原則としてよいと思つている。そんなことができるものかと、鋳型主義者ならば多分言うであろうが、幸いなことには一つの土地、一つの学校の中ではそう特殊な立場は無い。大体に子供の知識欲の向うところに順応して行くのが、効果を収めやすい途であるとは言える。この点は日本民俗学に於いて、兼々私たちが学問は疑問から、すなわち現実に打当つて解かずには居られない生活上の問題から、入つて行くのが本筋だと、説いてきたのとほぼ一致しているのである。ところが成人の世界には、知つたかぶりという病があつて、わざと毎日の大切な未解決を押隠し、または到底答えられぬものと、きめて平気で居る者が多い。それを縁無き衆生として、我々ならば仲間ばかりで進んで行かれるが、六年三年の普通教育は、義務教育だからそうは行かない。ここで覚えてくれないと他には求める道が無く、真暗なまんまで世の中に送り出さなければならない。だから仮に問いを出す文句をまだ知らぬとすれば、代つて彼等の為に自然な又適切な疑惑を、言葉にする方法を考え出してやらなければならぬ。同情ある推察により又は経験の集合によつて、僅かな年月の間に不必要になるとは思うが、ともかくも是は過渡期の責任者にとつて、また新たなる一つの労苦であろう。

もう一つのやや困難な問題は、社会科教育の用意または態度ということに関聯する。今まで先生は何でも知つておられる。というような信仰が植付けられていた。誰がこしらえた常識とも無く、久しい昔からそう信じられているのである。故に向うから勝手に問わせて見て、知識をその順序によつて排列して行くべしとすると、時々は答えに行詰まり、いい加減なことを言わねばならぬ場合が、起りはしないかということが気づかわれるのである。しかし実際はそういう予期しない質問が、提出せられることはめつたに無く、またこれに答える言葉などは、幾通りでも用意しておくことができる。そうして只ごまかしたり、抑えようとしたりする場合だけが有害なようである。日本民俗学の方面でもこの経験は毎度している。それは今まで考えずに居た、新らしい好い問題である。誰かこの中には知つている人は無いか。何か本にでも書いてあるかもしれない。これからみんなで気をつけて行こう。何か本にでも書いてあるかもしれない。または斯ういう風にしたら今に判つてくるかも知れない。といつた類のたよりない返答をしただけでも、満座の知識欲は著しく刺戟せられるのであつた。第一にあの年とつた先生にも、まだ今まで気がつかずに居たことがあつた。それほどにも人間の知らずに居る事実は多く、それが是からの学問によつて、なお次々と明らかになつてくるという楽しみは、成人にとつてもなお現世の苦を忘れしめる。まして是から新たに発足する者に、それをもう一通りの事は教えられたと、いうような感じを抱かせて出すのと、損得のちがいはどれだけ大きいか知れない。故に社会科知識の現在の未完成は、私はむしろ大いに利用し得るものと楽観している。

長くなるけれども終りになお一つ、是非とも附加えておくべきことは、ここで私たちの知識というのは、安全なる証拠のある事実を意味する。本に書いてある、世間でそのような噂をするということは、それ自身一つの重要の知識でもあるが、その内容の真実とは直接の関係が無い。ましてや或る一人の解説とか意見とかに至つては、時々は却つて単純なる知識欲を鈍らせることさえある。日本民俗学が、常に証明し得られる事実、最も安全なる知識の供出を以て限度とし、結論を後から来る人に委ねようとしているのは、素より学問の性質にも由ることではあるが、また一方には古来東方人の癖として、とかく先輩の判断を、ただちに動かすべからざる事実と感じて己れを空しゆうして追随するの弊に堪えないからであつた。各人に自由な判断力を養わしめない限り、一般選挙の効果は挙げることはできない。そうして確実にして又豊富なる知識を与えて行くより他に、その判断を錬磨する機会は、現在はまだ考え出されていないのである。社会科教育の任務は、そのために非常に重いのだと思う。いわゆるP・T・Aの活躍は、土地によつては思いの外の好成績を得ているらしいが、我々はなお別に永遠の父兄ともいうべきものの進出を待望している。国の次代を明朗ならしめることを、その収穫の一つに期している学問は、乃ち発言権を認められてよいと思う。

昭和二十六年一月十二日　　柳田国男

にらいかない　（無記名）

宝海峡以南の列島を一貫して、眼に見えぬ海の彼方に、最も貴とい国土があるという信仰が、久しくまた弘くおこなわれていた。そこと人間の住む島々との間に、何か隠れたる法則によつて、時々の往来消息が通じていたと伝えられる点は、すこぶる我が上代史の常世郷《とこよのくに》とも似ているのだが、それに附け加えて数々の宗教行事のあつたことが、こちらでは見られない南島の特色であつた。ニライカナイの名を以て、最もよく学界には知られているけれども、これは主として沖縄本島における祭の儀式の日の用語であり、民間の口語では単純に、ただニライと呼んでいたものらしい。最古の文献記録として珍重せられる「*おもろ草紙」には、あるいはまたニルヤカナヤともあつて、このカナイまたカナヤは異称というべきもの、すなわち「おもろ」は神謡である故に常に対句が用いられ、一つのものに二つの名を必要としただけであつた。それを後世人が誤まつて続けて呼び、または二つ異なるものの如く解するようになつたのである。現在の分布を尋ねてみると、先島方面は主としてニライを用い、道の島の各地にはニルヤ・ネリヤ、また根屋などと字に書く者もある。沖縄本島のみは二語ともにおこなわれるが、語尾にはヤを附した方が新らしい形かと思われる。そのニライまたはニルヤに関する伝承は、夙に*祝女《のろ》の専管に属していたために、かえつて一般の忘却を免れず、その民間の断片を綜合しても、はつきりとした輪廓を描き出せないが、幸いに神歌や祭文に数多く讃歎せられた言葉を集めて、かつて沖縄人がこの海上の楽土に対して、持つていた知識または想像の、如何なるものであつたかが窺われる。現在ほぼ明らかになつたのは、火の起原または稲の種子、この二つの重要なる文化はニライから来たと言われている。島の住民の元祖もそれ自身、同じくニライより渡つて来たものと、曾ては伝えられていた時代があつたのだが、これは中世に天孫氏説が公認せられた為に、もう立証することが不可能になつていた。ただ今後の研究の手掛りに役立つべき点は、いわゆるアマミキュの故郷というアマミヤが、やはりニルヤと同じに海上の楽土であつたらしいこと、人がニライに期待していたセヂと称する贈り物の、最も主要なものが寿命であつたこと、あるいはそのニルヤセヂの年々の補給のために、彼より渡つて来る使者が永く絶えなかつたことが、島々の信仰の基底を形づくつていたことなど、その他なお幾つかが挙げ得られるのだが、現在は新たな外来の文化層が累積していて、それをかき分けて見て行くことがもう容易ではないのである。

『民俗学辞典』柳田国男監修・民俗学研究所編著、昭和二六年一月三一日、東京堂

改訂 新しい国語　中学三年上　柳田国男監修

ゴザルからデスへ

（無記名）

「ござる」または「ござります」ということばは、室町時代の半ば過ぎからだんだんと全国に広まったことばである。それ以前の日本語では、同じような場合に、「おはす」または「おはします」という動詞を使っていたのであるが、ことばを文字に書き表わす場合に、男はかなをきらい、漢字ばかり使うのが普通であったから、このオワス・オワシマスに対しても、御座という二つの漢字をあてることが、久しい間の習慣となっていた。最初は、たぶん二三の若い人などが、この字のもとの音を半ば戯れに呼んで、「御覧ある」とか「御……ある」とかいう、流行の言い方に並べてみたのが始まりで、後にはだれも彼も、これを一つの新しいやまとことばと思うようになったものらしい。オワス・オワシマスは、柔らかな音のきれいなことばであるが、あまり長い間くり返して使われたので、何か新しい代わりのものがほしくなっていたのである。

ゴザル・ゴザリマスということばにも、四百年の間にはいろいろの変化が起こった。その中でもわかりやすい二つの大きな変わり方だけを述べるならば、第一には、ことばの意味がだんだんと広くなってきたことである。御座という漢字からでも知れるように、もとは、敬う人が自分の身近くに現われることだけを、オワスまたはゴザルといったのが、しきりに用いているうちにだんだんと外へ延びて、そのような場所で聞いたり見たりすることまでが、その中に含まれるようになり、後には「うれしゅうござる」「私でござる」などと、こちらから言うことにまでくっつけるので、どうしてゴザルであるかが、いよいよ説明しにくくなった。

第二の大きな変遷は、この初めの心持が確かでなく、ただ上品なよいことばというだけで、まねをしようとした人が多くなったために、中には、心安い仲間や友だち、または全く知らぬ者にまでこのことばを使いだして、次第に言い方がぞんざいになってしまった。そういううちにも、ゴザルは堅すぎるといって、早くからきらわれて老人の専用語のようになった。ゴザリマスの方もあまり力がはいるので、特別の場合のためにしまっておき、ふだんは多くゴザイマスを使うのが、近ごろまでの風であった。しかし、早口で用を足そうとする場合や、心安い人に対する時は、ちょっとでも短く切りつめたくなるものとみえて、いろいろの言い方が、いりまじって行われている。ていねいにまたゆっくりと、サヨウデゴザリマスルなどと言っているのは、古風な人ということがすぐにわかる。そうかと思うと、ソウデゴザイヤス・ソウデゴス、またはソデガンスなどと言っている人もある。一度はデゲスというのが、都会ではさも気がきいたように聞こえた時代があり、また農村の一部では、デヤンス・デヤスというのが普通になってきて、いよいよ今日のデスが現われても、少しもおかしいとは思われなくなったので、この変遷の筋道を尋ねていけば、デスがデゴザリマスの略式の一つであることは、だれにでもわかるはずである。

どうして敬語がこのように粗末になり、また広くどこにでも使われるようになったのだろうか。昔の日本人は久しい間、同じ一つの土地に住んでいて、仲間のひとりびとりを実によく知っていた。この人とあの人とに敬語を使えば、あとは普通でよいということがよくわかっていた。ところが、おいおいと交通が開けて、外からもこちらからも、今まで知りあいでない人が来たり行ったりする。どういう人かまるでわからぬ他人には、初めは悪いことばを用いた時代もあったようだが、それではいけないということが早く心づかれて、まずいったんは敬語の方を使つておくことにした。他人行儀ともよそ行きことばともいったのがこれである。だんだん親しくなってきて後に、敬語をやめ、対等またはそれ以下のことばになる必要もしばしばあったが、なおそれ以外に、いつまでも互に敬語で話しあおうという交際が、だんだんと多くなってきた。それが、今日の都会のことばの起こりである。都会に集まってくる人々の互の関係はさまざまであって、たった一種の敬語でまにあうわけがない。そのために敬語はいろいろと変わり、また、その中の最も安っぽいものが、いちばん多く覚えられるようにもなったのである。

デアリマス・デアリマセンにいたっては、東京がまだ江戸と呼ばれていたころに、少数の人々は使っていたのだが、このことばの流行は、軍隊がこれをこしらえたといってもよいほどに、新しいように思われる。新しくともどんな人が使いはじめようとも、安らかな快いことばならば流行した方がよい。しかし、どう思っても今日のような、濁音の乱発は気持がよくない。せっかくゴザイマスをアリマスに取りかえてみても、そのためにかえって上についたデの音が、よけいに耳ざわりに聞こえるようになってきたのである。

このノデアルまたはノデアリマスという文句なども、考えてみるとやはりデの音の耳ざわりを少しでも和らげるために、近ごろになってこんなに流行してきたものと思われるが、文章や演説には特につきまとって、今ではこれが、なんとしても抜けきれない日本語の最も普通の形になった。そうして実際に、イク、イキマスですみそうなところにまで、イクノデアル、イクノデアリマスといって、かえってデの乱発の度を加えることになった。

だれでもそう言うから、またはこれが今日のあたりまえのことばだから、自分もそのとおりに言うよりほかはない、と思っているうちに、国語はいつのまにかこのように変わっていくのである。これからも、たぶんどしどしと変わっていくことであろう。改まらずにいないものとすれば、なるたけ美しく、またつごうのよいように、改まっていくことを願うのが自然の情であろう。

たとえば、ノデス、ノデアリマスの連発に、世間が少し飽きてきたようすが見えると、わざとノを抜いて、思うデス、見るデス、行くデスということばをはやらせようとする者が現われる。それをおもしろがりおかしがって、まねをする者も少しはあるが、他の多くの人はそれについていかず、ただなるほどノデスを言いすぎていた、みんなはどうしているかと気をつけてみたり、何か別な言い方はないかと考えてみたりする。しかし、一方にはまた、簡単な便利なことばで、今までのデゲスやデゴザリマスとも違い、また文章のデアル・デアリマスでは伝えることのできない、別な一つの心持、または態度を言い表わすのにちょうどよいということに、新たに心づいている人も多かろうと思う。

このデスが、もうまた少しずつ変化しかけている。文句を言い定めるところにこれを持ってくる代わりに、どこでもかって次第に、ただの息継ぎに入れる。もとは「それがデス」などと、とんでもないところで句を切る者があったが、近ごろはデスネをもっと早口にはさむ人がむやみに多くなった。数を数えていると一分間に、七つも八つもデスネを使い、しかもそのはさみどころがでたらめである。これはむだであり、またおかしくもあるから、遠からず改良されるであろうが、そうすると、この次はどう変わっていくだろうか。つまりは、ただ人のあとばかり追っていかず、ときどきは批判し、選択し、また自分でも考えてみるような人が集まって、われわれの国語をもっとよいものにするようにしなければならないのである。

これからの国語

(一)

「わたくしたち」ということばを、このごろはよく使うようになった。ラジオや人の話を聞いていても、また学校の本の中にも、何かわかりやすくものを言おうとする場合に、ことにこのことばが多く用いられるようである。古い人たちも、まるで知らなかったわけではないが、今のごとくこう盛んに「わたくしたち」を使うことはなく、またその心持が少しばかり、今とは違っていたと思う。これからも国語を覚えていこうとするみなさんは、まずどこが違っているかを知らなければならぬ。そうして今と昔とどっちがよいか。それは簡単に決めることができぬとしても、せめてはどういうわけがあって、こんなに変わってきたのかということだけは、考えてみなければならぬであろう。

少し考えてみればだれにでも気がつくことは、以前は「わたくしたち」ということばを使うべき場合が、今よりもずっと少なかった。たとえばみなさんが写生や採集に遠くへ出かけ、または汽車や船の中で楽しそうに、かたまって話をしている時に、どこからあんた方は来ましたかと、聞いてみたくなるのは人情であるが、もとはそういう場合がめったにないゆえに、これに対して都合のいいことばが、できていなくとも困らなかったのである。

それよりも毎日学校の中で、みなとともどもにまたはみなのために、しじゅうだれかが先生にものを尋ねたり、答をしたりするようになってからは、何か一つのはっきりしたことばで、群れの全体を言い表わすものを決めておかぬと、かたときも過ぎていかれない。以前も子供の多い家とか、遊び仲間とかにはその必要があって、そこだけのことばができていたらしいが、たいていはめいめいが自由に決めたもので、ほかへは通用せず、聞いて笑いたくなるようなのが多く、それを学校では採用しにくかった。「わたくしたち」なども実はやや長たらしく、またはっきりとせぬ点もあって、これに限るとまではいわれないのだけれども、とにかくに聞けばよくわかり、また前々からこれを目上に対するていねいなことばとして、使っていた人が少しはあるゆえに、それならまずよかろうとして多くの先生たちが、これをみなさんの学校のことばと決められたものと思う。

(二)

何万とも知れない日本のことばの中でも、このくらいわずかの年月に広く全国に行きわたり、またこれからも問題を残し、しかもみなさんと関係の深いものは、そう多くはあるまいと思う。学校でこのことばを用いはじめるまでは、大部分の人は、「わたくしたち」と言う代わりに、「わたくしども」という語をよく使っていた。「ども」も「たち」も意味はほぼ同じだけれども、一方は濁音で少し荒々しく聞えるためか、この方を自分らのことをいう場合に限り、「たち」を神たち姫君たちというふうに、尊敬するものを呼ぶ用に供していたばかりか、小児と上品な女たちだけは、「ども」という語を使わない習わしであったようである。それゆえに小学校の生徒に、「わたくしたち」と言わせたのはまちがいでなかったが、ただこの人たちがすぐに大きくなって、それをそのまま世の中に持って出ていくとなると、意外な新しい変化が起らずにはいなかったのである。

日本の国語には、話を聞く相手方をひっくるめて、呼ぶようなことばは最初からなかった。ことに「わたくし」はこちらのもの、内にいる人という意味で、もとは女だけが自らをいう語であったのが、後にはおいおいと男でも主人を持つもの、家来と名のつくものがみな「わたくし」と言うようになり、それが武士という大きな階級だったために、次第に一般に及んだのである。いくらそのあとへ「たち」をくっつけてみたところが、話をする向こうの人までを、この中に入れるわけにはいかなかったのである。ところが西洋の多くの国語では、いつのころからか一つのことばで、この両方の役をしていることになっていた。それが話をする方の人たちのみをいうのやら、ただしは相手の人をも含めているのやら、話を聞いてしまうまではわからぬということは、不便でないかと思うようだが、久しい習わしになって案外平気であり、このごろはかえって日本の「わたくしたち」の方が、向こうのまねをして両用に使われようとしているのである。

みなさんは学校で先生と話をする時に、自分の仲間だけのことをいうのにも、また先生とごいっしょに、遠足や見学をしようというのにも、ともに「わたくしたち」ということばを使っているかどうか。それは私にはまだ知ることができないが、放送局の人たちなどは、毎度そういう言い方をする。わたくしたちは、もっと勉強をしましょう。わたくしたちは食べ物に気をつけなければなりません。これがいつでもあの人たちの身の上話ではなく、主としてみなさんのために、言ってくれるよい忠告なのであって、ただその「わたくし」があまりにも耳について、こちらの聞き手の問題のようには受け取りにくいのである。これとても西洋みたいに、慣れてしまえばあたりまえになるかもしれぬが、以前の人たちはそうは言わなかった。相手も自分もともどもにという場合には、御同前に喜ばしいことですとか、御同様にもっと働かねばなりませんなどと言って、それもなんだか古くさいようになると、後には「おたがいに」というようなことばも使ったが、これももとをただすと決して適当なことばとはいえなかった。結局は古くからの「きみとわれと」、または近ごろまであった「おまえもわたしも」、「あなたもわたくしも」などが、いちばんあたっているような気がするのだが、これとてももう再び出して使うものはあるまい。

㈢

ことばが一つ一つの考案であり、またそれぞれの試みであったことは、もうみなさんにもおおよそわかったであろう。新しい気のきいたことばは早く採用せられ、非常に適切なほかによいものが得にくいものは、長く残って行われるというだけで、いったん決めたら変えられぬということばもなく、また必要があるのにいつまでも、生まれずにいるということばもありえない。そんならその考案はだれがするか、それを試みて残す残さぬを決めるのはだれかというと、最も多数のこれからの日本人、中でもみなさんのごとく、国語の問題に興味を持ち、これを力にして新しい世に進出しようとする人たちに、まずそれを自分の役目だと思わせる必要がある。外から、はやってくるだろう、教えてくれる人があるだろうと、あてにもならぬものをたよりにしていた結果は、くだらぬ新語がつぎつぎとはいってきて、ねうちのあるよいことばが古くさくてもう使えなくなった。現在行われているものの中にも、早く代わりを見つけなければならぬものが多い。人によっていろいろに受け取られている「わたくしたち」などもその一つであるかもしれない。

西洋のことばがはいってきて、それを日本の国語に移そうとした際に、きみとわれとを一つにしたことばにはみな苦労をした。「われわれ」という語はわれもわれもという例もあって、双方連合の意味にもとられ、また用いる人がなくて誤解も少なかろうと、これを訳語に使ったのはよい考えであった。ちょうど私などは一生の間これを使ってきた。ただわれわれだのわが輩だのという語は、これを口にする人の種類が決まっていて、なんだかもの知りぶった遠慮のないものが多かったので、女や少年やおとなしい人たちは、いやがってそのまねをしようとしなかった。「わたくしたち」にはそのような政治臭はない代わりに、起りがまだわかっていておもしろからず、今も一方には公私の私、私曲の私などにも似通っているから、国語を愛する人たちの感覚から、やがては排除せられる日が来るかもしれない。しかし私などの見たところでは、この「わたくし」がこのように久しい間、日本に行われていた隠れた理由は、やはり大昔以来の「わ」ということばとのつながりがあったからで、これを「わたし」「わし」「わっち」「わたい」「わて」などと言いかえてでも、続けて持ち伝えてきたのも偶然ではないと思う。日本の島々の北と南との端々には、今もその「わ」が古い形のままで残り、これから一つ転じた「われ」「おれ」「おら」などは、もっと広い区域に今も行われていて、ただそれを下品な悪いことばのように、思う人ばかりがだんだん多くなっているのである。みなさんがこれからもっと日本の国語を覚えて、いよいよこの親々のことばを愛するようになったら、そういう知識の中からでも、これからのよいことば、今はまだ考えつかぬような美しいことばが、おいおいと考案せられ、また採用せられるようなことがないとはいえない。「わたくしたち」はそれを楽しみにしている。

『改訂新しい国語　中学三年上』柳田国男監修、昭和二七年二月一日、東京書籍

改訂新しい国語　中学三年下

柳田国男監修

はなむけのことば——青年期の話——

もとは日本では男の子も女の子も、生まれて十五年めの正月から、おとなになることに決まっていたらしい。日本風の着物には、肩揚げ腰揚げというものがあったが、子供でなくなるとそれを取ってしまい、それからは世間からも、もう一人まえとして取り扱われた。そのくぎりをはっきりとするために、男は名を改め、前髪をそり落し、女の子もいろいろと顔のつくりや身のこなしを、替えるのが普通であったが、近世にはいってから、それはいつとなくやめてしまった。その代わりには、おまえはもう子供でないのだからということを、親や年寄りたちが何度でも、言って聞かせるようにしていたので、少年少女の心持は、この時を境にどうしても新しくならずにはいられなかった。

おとなということばは、古い日本語の一つであって、その最初の意味は明らかでないが、少なくとも中世の社会では、ひとり立ちしてものを考えることのできる人、村なり町なり仲間なりのために、働く力のあるものをオトナといい、それには乙名というような、珍しい漢字を当てて書いたものも多く残っている。そういう乙名の数は少なくてもよかったから、大きくなってもおとなとはいわれない人が、そのころはまだあったわけであるが、後にはおいおいと範囲がひろげられて、いつでもそのおとなになりうるもの、数え年の十五になって元服をしたものを、すべておとなと呼んで怪しまぬようになってきたのである。

しかし一人まえということばの方が、それよりもわかりやすいので、今でも年取った人はよくそれを用いる。一人まえのまえは分配のことであった。成人と同量の分けまえを受けるとともに、働くことも彼らと等しく、ひとり役が勤まるという意味なのだが、この方には少しばかり加減がしてあった。それが青年期という何年かの期間を、ここにどうしても設けねばならぬ理由であり、またいっぺんはみなさんが考えてみるべき問題でもあった。以前世の中のまだ今のように忙しくなく、人の一生の事業がずっと簡単であった時代でも、十五ですぐにほんもののおとなになりうるものは、決してそう多くはなかった。たとえば農村では一日に一反の田を打ちかえし、一俵の穀物をかついで馬の背に置くのが、普通に男の一人まえと見られていたが、それがまだできなくとも、今にできるようになることを知って、どしどしと元服をさせ、そうして一人まえの待遇を与えようとしたのである。

以前は村々に力石、または番持ち石などという大小いろいろの重さの石が、神社の片わきや、寺の前の広場にころがしてあって、休み日には男たちがそこに集まり、力比べをして一日遊んだ。石は一つ一つみな目方がわかっていてどれも持ちやすい、俵のような形をしたものばかりだった。それをひき起し、ひざにあげ、肩に載せ、または両手で高くさして、どのくらいこの前よりも強くなったかを、ためしたり見てもらったりするので、二十を越えた人もむろん多く加わるが、ことにオトナになったばかりの、若い者の力と勇気とは注意せられた。実際またこの年ごろの男の子の発育は、毎日会っているものにも驚くほどであったので、見る人もおもしろく、それをまた楽しみに、おりおりは仲のよいふたり三人連れで、前からそっと来て練習しているものもある。何かのわけがあって、力の十分に伸びてこぬものは、ひとりで寂しい思いをしていた。

親や親切な目上の人たちの方でも、いろいろとはたで元気をつけようとした。食べることだけは一人まえ、などということばを聞くこともよくあったが、これは決してただのひやかしではなく、むしろほかの人からそう思われないように、かねて用心をさせようという心づかいでもあった。若い娘たちの働きぶりに対しては、さすがにそのようなひどい批評をするものはなかったけれども、それだけにうちの人たちの指導は、細かいところまで行き届かなければならなかった。女は男よりもなお早く、ひとりで他人の中にはいっていかねばならぬ場合が多いということが、また気苦労の種でもあった。以前は糸を取り、機を織り、衣類を縫い、または朝晩の食物をととのえるというように、女ひととおりの作業が決まっていたから、それをだれでもする程度に、覚えていけばよいという目標があった。古いことばの十人並というのが、子にも親にもいちだんの安心を与えていた。ところがもう社会は新たになって、その十人並の手本はなくなり、女性の生活計画は先へ行ってから、めいめいに選び定めねばならぬ場合が多くなってきた。右を見、左を見て、人のまねをしてさえおればよいとはいえなくなってきたのである。今まで隠れていた勇気を振り起して、男と寸分違わぬ事業に進むというのも一つの自由であり、また一方にはできるだけ今までの平和な生き方を、明かるく静かに続けていこうとするのも一つの方法であって、なおその中間にも、いくつかの行き方があるに決まっているが、それはいずれもみなこれからの二年三年四五年のうちに、みなさんが自分で深く考えて、決めていかねばならぬ問題である。しかもその新しい一種の力石となって、これから世に立つ人たちの力を試みさせようとするものは、親兄姉はいうに及ばず、まだほかにもまわりにたくさんいる。

ちっとも心細いことはないのである。

現に男の子はもう百年近くも前から、こうしてめいめいに一生の進路を、決めていく習わしになっていた。日本に新たないろいろの生活方法が生まれたのは、すべて若い人の勇気と力、それをまわりにいて助けたり励ましたりしたものが多かったためで、いよいよ二十歳という成年の時になっても、まだこれからの方針が決まらずに、迷っているというものはわずかしかなかった。つまりはそこへ来るまでの五年余りが、相応によく利用せられていたからである。これからの社会では、女にも同じような義務と責任ができて、単に自分ひとりの幸福だけを思って、あとはほかの人に任せてしまうということはもう許されなくなった。何よりも大切なことは男女ともに、現在の時代を知り、また自分の境涯《きょうがい》と能力とを知ることである。迷わずまごつかずに今のうちに、もしも自分にやれそうな、またやってみたいと思う最初の仕事が決まっていたならば、そのためにむだな苦労はせず、ここではその余りの時と力とを利用して、いくらでも世の中の事実を知り、ことに年を取ってから後、いよいよ公のために働こうというものに、最も必要な準備をしておくことができるであろう。

百年前までの日本人の多くは、職業の選択には少し考えが足らなかったようだが、その代わりにはこれから大きくなっていこうとするもののために、実によく世の中を学ばせてくれた。昔の社会にはひそひそ話というものが少なく、また隠しごとがひどく卑しまれた。本で読ませずとも、教訓といって教えられずとも、静かにおとなたちの口もと顔つきを見ておれば、何がよいこと悪いことであるか、何があわれであり、何がおかしくまたほおえましいことであるかは、少年少女にもすぐわかった。それをだんだんに積みたくわえ、また自分で整理していって、今いう常識は作りあげられたのみか、すべての人間の正しい行い、憎むべき所行はなんであるかを、たいていの人はみなこの方法によって学び、それがまた今日にも役だっているのである。

これを国語教育の古い一つの方式であるといった人もあるが誤りではない。そうしてわれわれの青年期は、本来はその国語教育をまとめあげる時期でもあった。口で心に思うことを、またときどきは思わぬことまで、並べたてるという技術は新しいものである。人が遠くからはいって来て、つきあうようにならぬとその必要は少なく、むしろだれでも知りきっていることを、ただことごとしくいう場合が多いので、そぼくな人たちからはきらわれていた。そうした技術を覚えさせるために、この青年期は設けられていたのではない。少し早めに人をオトナにして、もう一人まえの資格を認めようとしたのは、これから先は各人自らの心がけをもって、自由に完成させるためであった。実際また村々の力石をもって、ためしてみるような腕力だけではなく、目に見えぬ心の中の力でも、この期間の発育は著しかったのである。人の行為の善悪是非を見わけ、さらに自分が世の中に出ていって、どう歩み、どう進み、またどのように活躍するのが、この世に生まれたものの本意であるかを決めるのも、二十歳を過ぎて忙しくなってからやっと始めるようではおそいのである。それゆえにこの数年の修養時代を、ただうかうかと暮らしてしまわぬように、みんなそれぞれの道において、しっかりと気をつけて進んでいかねばならぬ。みんないっしょうけんめいに勉強していたけれども、国語の教育はまだこれだけでは完成しないのである。

『改訂新しい国語　中学三年下』柳田国男監修、昭和二七年六月一日、東京書籍

年中行事図説　図説全集・6

柳田国男監修
民俗学研究所編

序

長持に春かくれゆく更衣

これは確か西鶴の俳諧であるが、楽しみにしていた花見もすんで、花見衣裳が長持の底にしまわれてゆくのを、はたで眺めている娘たちの感慨である。今では何処に面白味があるか、解らぬ人ばかりが多くなつたが、私は十二三の頃から、この気持がよく解つて、この句を口にするたびに、一つの情景を思い浮かべるのである。私の生れた家などは、正月の雑煮を四つ組の椀で祝つていたが、その四つ椀の膳は大晦日の晩に長持から出る。そうしてそれをしまう時の気持が、ちょうど娘の花見衣裳に対する心持と通じていた。

考えてみると、或時代には花見もまた年中行事の一つであつた。三月の節供に雛人形を飾り、それを大切にしまつておく風は、決して古来のものではないが、雛を取り片づける際にも、娘たちはやはりこの寂しさを感じていたにちがいない。正月は「もう幾つ寝るとお正月」という唄の文句にもなつて、待つ方の楽しさは人も説いているが、子供たちは、終つた時の名残り惜しさの中に、次の楽しかるべき正月の夢を描いているのである。子供には子供だけの「もののあわれ」があつて、年中行事は子供たちが、初めて人生のペソスというものを、味わい知らされる機会であつた。そしてまた一年というのが、過去を振りかえるのに、ちようど適切な期間だつたらしい。

年毎に送り迎える年中行事の中に、この感慨を抱く者は、幼ない子供だけではなかつた。普通人の間には、広くこの気持が残つている。それは単に過ぎ去つて行くものに対する感傷ではなく、生きて行くしるしと云いかえてもいいほどに切実な、それでいて一段と親しみ深い気持だつたのである。中でも共通の関心が、正月と盆とに向けられたために、年中行事の多くはこの両度に集まつているが、元は年間まんべんなく行きわたつていて、中間の細かい行事にも、若い人たちは共通の興味を抱いていたのである。

日本の良さということを、しばしば口にする人もあるが、幼ないころから身につけた年中行事の記憶は、誰もが一生持つて歩けるものであつた。都会中心の文化におしまくられて、古い家々のしきたりを軽しめる風潮がおこり、年中行事は急速に失なわれかけているが、我々が若し日本の古い姿を見ようとするならば、こういうものを先ず把えなければなるまいと思う。慣習の起りは過去にあろうとも、そこには常に現在の感覚を伴ない、普通の癖とは同じものでない。起つた理由の解らないものが多いから、こういう動乱の時代になれば皆止めてしまおうという議論も出てくるけれども、初めて起つた時の趣旨は、もつと生活にからまつた問題だつたに違いない。価値の問題ではなく、環境の問題である。その環境の崩れていつたことは不幸なことであつたが、我々は年中行事の底にある理由をたずね、民族の合同の足あとを探つて行こうとしているのである。

そんなつまらぬことと軽しめる前に、この書物が日本人の足どりを、もう一度ふりかえつてみる機会となるならば、新らしい時世の寂寞を慰めることができる。誰かが引き受けてくれればと思つていたことを、仲間の人たちがしてくれたのだから、喜びを表わしていいことであつた。日本の年中行事は、大よそこんなことをしていると知つている人までが、門松や雛人形の話だけを聞きに来て、それで昔のことが解つたような気持になつているらしいが、そういうものは殆んと近代に整頓された重だたしい行事で、その外にも心改まる行事は少なくないのである。何のために、どうなるのかという疑問が先にたつて、名もつけられないような映像を、見ずに過そうとする心持のあることが気がかりである。何代もの間、今にいたるまで繰りかえしてきた慣習を、事実として冷静に眺めるような癖を、はやらせてみたいものだと思う。

昭和二十八年四月　　　　柳田国男

『年中行事図説　図説全集・6』柳田国男監修・民俗学研究所編著、昭和二八年六月一〇日、岩崎書店

日本のしゃかい　二ねん

柳田国男監修

先生と父兄の方へ

一、「日本のしゃかい」二ねんは、改正指導要領と検定基準の趣旨を十分に生かしてつくりました。

一、学習内容は、二年の基底単元を考慮し、日本各地の人たちが営んでいる家庭・近隣・学校生活の現状のなかから、児童が身近に経験しうる問題をとりあげ、それを単純化し、興味深く排列するようにつとめました。そして、社会の構成ならびに機能をとらえ、協同生活への理解をもつように配慮しました。

一、教材は、できるだけ日本民族の文化的体験のなかからえらぶようにつとめました。

一、二年生らしい日常生活のしつけを重視し、自律的な生活態度の養成ができるようにくふうしました。

一、表現は長文の物語形式をさけ、ページごとに新たな話題をもうけて、児童自身で問題解決ができるように考慮しました。

一、できるだけやさしい言葉、やさしい漢字を用いて、二年生の児童の社会科学習が楽しくできるように考慮しました。

一、豊かな話題と、やさしい表現と、適切なさし絵との組合わせによって、どこの村、どこの町、どこの都会の児童も自主的に、また協同的に学習できるようにつとめました。

なお本教科書は左の諸氏の各専門分野における助力を得て完成されました。

	柳田国男
財団法人 民俗学研究所理事	大藤時彦
財団法人 民俗学研究所理事	大間知篤三
東京女子大学教授	大森志郎
東京桐朋学園	亀山慶一
東京成城学園	菊池喜栄治
川崎市教育研究所	白井禄郎
東京教育大学地理学教室	千葉徳爾
東京教育大学助教授	直江広治
東京学芸大学助教授	萩原竜夫
東京大学地理学教室	山階芳正
—表紙・さしえ—	酒井光男
	寺島竜一
	沢田重隆

片岡京二
南大路一
庄司栄一
（五十音順）

『日本のしゃかい　二ねん』柳田国男監修、昭和二九年一月五日、実業之日本社

日本のしゃかい　三年上

柳田国男監修

先生と父兄の方へ

一、「日本のしゃかい」三年は、改正指導要領と検定基準の趣旨を十分に生かしてつくりました。

一、三年生になると、児童の経験範囲が拡大され、郷土を中心とした自然及び社会環境のなかに起るさまざまな現象に興味を持つようになります。そこで日本各地の人たちが営んでいる郷土生活の中から、児童が直接に経験しうる教材をとり、それを単純化し、興味深く排列するようにしました。いいかえれば、架空的な郷土中心の単元展開をさけ、巧みに身近な郷土の現象から発展させ、日本各地の郷土の社会機能と協同生活が理解できるようにくふうしました。

一、教材は、できるだけ日本民族の文化的発展のなかからえらぶようにつとめました。単元「こよみ」「たべもの」「うたとことば」で扱っている教材はその代表的なものです。

一、三年生らしい日常生活のしつけを重視し、自律的な生活態度を養成できるように努力しました。

一、表現は学習上、手のかかる長文の物語形式をさけ、ほとんど各ページに新たな話題をもうけて、児童へのよびかけの文にし、児童自身に問題解決の意欲がもり上るよう新機軸を試みました。

一、ゆたかな話題とやさしい文と、適切なさし絵の組合わせによって、どこの村、どこの町、どこの都会の児童も社会科学習を楽しめるようにくふうしました。

なお本教科書は左の諸氏の各専門分野における助力を得て完成されました。

柳田国男

財団法人 民俗学研究所理事　大間知篤三
東京教育大学助教授　大藤時彦
東京学芸大学助教授　直江広治
東京教育大学地理学教室　萩原竜夫
東京大学地理学教室　千葉徳爾
東京女子大学教授　山階芳正
東京成城学園　大森志郎
東京桐朋学園　菊池喜栄治
川崎市川崎小学校　亀山慶一
　白井禄郎

—表紙・さしえ—　南大路一

中田美穂
片岡京二
寺島竜一
酒井光男
野口義恵
庄司栄吉
太田洋愛

『日本のしゃかい　三年上』柳田国男監修、昭和二九年一月五日、実業之日本社

日本の社会　四年上

柳田国男監修

先生と父兄の方へ

一、「日本の社会」四年は、改正指導要領と検定基準の趣旨を十分に生かし、第四学年の目標にそうよう努力してつくりました。

一、四年生になると、推理力や想像力が三年生のときよりきわだってのび、空間的な事象や時の経過に対しても関心が高まってきます。四年の教科書は、その点を十分に考慮し、人間と自然との交渉の様式や、社会生活の上にさまざまな相違のあることに気づかせるように、かつ現在の生活と過去の生活とのつながりを理解できるように、単元の内容を考慮しました。

一、教材はできるだけ日本民族の文化的発展のなかからえらぶようにつとめ、単元「友だち」「私たちの町や村」「産物をふやそう」「すまい、あかり、ねんりょう」「着物」のなかにとりいれ、日本の社会科学習にふさわしい教科書にするようにつとめました。

一、各単元で四年生らしい日常生活のしつけを取扱うことができるようにしましたが、さらに、単元「友だち」「本」「交通」などのなかでは、公共生活に対する態度の養成もできるようにくふうしました。

一、表現は学習上わずらわしい長文の物語形式をさけ、ほとんど二ページ毎に新しい話題をもうけ、児童へのよびかけの文にし、児童自身に問題解決の意欲をもり上らせるよう新機軸を試みました。

一、ゆたかな話題とやさしい文と、適切なさし絵や図表や地図などの組合わせによって、どこの村、どこの町、どこの都会の児童も、社会科学習を楽しめるようにしました。

なお本教科書は左の諸氏の各専門分野における助力を得て完成されました。

	柳田国男
財団法人　民俗学研究所理事	大間知篤三
〃	大藤時彦
東京教育大学助教授	直江広治
東京学芸大学助教授	萩原竜夫
東京教育大学地理学教室	千葉徳爾
東京大学地理学教室	山階芳正
東京女子大学教授	大森志郎
東京成城学園	菊池喜栄治

東京桐朋学園

亀山慶一

川崎市川崎小学校

白井禄郎

—表紙・さしえ—

寺島竜一

南大路一

藤原芳春

酒井光男

小林久三

芝田圭一

野口義恵

片岡京二

中田美穂

『日本の社会　四年上』柳田国男監修、昭和二九年一月五日、実業之日本社

日本の社会　五年上

柳田国男監修

先生と父兄の方へ

一、「日本の社会」五年は、改正指導要領と検定基準の趣旨を十分に生かし、第五学年の目標にそうように努力してつくりました。

一、五年生になると、事物を因果的に追及する傾向が生じ、かつ発明発見に興味をひかれるようになります。また関心が空間的にも、時間的にもいっそう拡大されてきます。

一、そこで五年生では、自然とわれわれの生活、道具や機械のくふう、発明と生産、労働の役割、消費生活の合理化、社会共同生活に対する態度、日本全体に対する関心、日本の将来への関心などについて、身近な事象を手がかりとしながら、歴史や世界との関連のうえから理解できるようにくふうしてあります。

一、教材は、できるだけ日本民族の文化的発展のなかからえらぶようにし、それを各単元のなかに生かし、日本の社会科学習にふさわしい教科書にするようにつとめました。なかでも単元の上巻「日本という国」「道具のむかしと今」下巻「共同生活」「移住」は、その意味を十分に生かしてあります。

一、表現は学習上わずらわしい長文の物語や架空的な説話形式をさけて、約二ページごとに身近な生活に関連をもつ新しい話題をもうけ、児童自身に問題解決の意欲がもり上るようにくふうしました。

一、ゆたかな話題と、簡潔な文章と、適切なさし絵、図表、地図などの組合わせによって、どこの村、どこの町、どこの都会の児童も、社会科学習を楽しめるようにしました。

なお本教科書は左の諸氏の各専門分野における助力を得て完成されました。

	柳田国男
財団法人　民俗学研究所理事	大間知篤三
〃	大藤時彦
東京教育大学助教授	直江広治
東京学芸大学助教授	萩原竜夫
東京教育大学地理学教室	千葉徳爾
東京大学地理学教室	山階芳正
東京女子大学教授	大森志郎
東京成城学園	菊池喜栄治

東京桐朋学園　亀山慶一
川崎市川崎小学校　白井禄郎

—表紙・さしえ—
寺島竜一
田畑一作
酒井光男
安藤軍治
滝口二郎
藤原芳春
南沢みつき
片岡京二

『日本の社会　五年上』柳田国男監修、昭和二九年一月五日、実業之日本社

日本の社会　六年上

柳田国男監修

先生と父兄の方へ

一、「日本の社会」六年は、改訂指導要領と検定基準の趣旨を十分に生かし、第六学年の目標にそうように努力してつくりました。

一、六年生になると、近代的生産や交通、通信などの相互関係もとらえることができるし、また、わが国の生活と諸外国の生活との関係などを、とらえることができるようになります。

一、そこで、報道の発達とわれわれの生活、貿易と日本人の経済生活、世界の人々の生活、民主主義の生活と選挙、世界平和に対するわれわれの態度について、歴史や世界との関連の上から学ぶようにくふうしました。

一、六年にふさわしいしつけについても、十分に考慮してあります。

一、教材は、できるだけ日本民族の文化的発展のなかからえらぶようにし、それを各単元のなかで生かし、日本の社会科学習にふさわしい教科書にするようにつとめました。なかでも単元「社会と人」「人の一生」は、その趣旨を十分に生かしてあります。

一、表現は、学習上わずらわしい長文の物語や架空的な説話形式をさけて、約二ページごとに身近な生活に関連をもつ新しい話題をもうけ、問題解決の意欲がもり上るようにしてあります。

一、ゆたかな話題と、簡潔な文章と、適切なさし絵、図表、地図などの組合わせによって、どこの村、どこの町、どこの都会の児童も社会科学習を楽しめるようにしました。

なお本教科書は、左の諸氏の各専門分野における助力を得て完成されました。

柳田国男
財団法人　民俗学研究所理事　大間知篤三
〃　大藤時彦
東京教育大学助教授　直江広治
東京学芸大学助教授　萩原竜夫
東京教育大学地理学教室　千葉徳爾
東京大学地理学教室　山階芳正
東京女子大学教授　大森志郎
東京成城学園　菊池喜栄治
東京桐朋学園　亀山慶一

川崎市川崎小学校

白井禄郎

寺島竜一

田畑一作

滝口二郎

安藤軍治

片岡京二

中田美穂

野口義恵

—表紙・さしえ—

『日本の社会　六年上』柳田国男監修、昭和二九年一月五日、実業之日本社

明治文化史 13 風俗編

編纂委員 柳田国男

第一章 総説

第一節 風俗と民俗

一 風俗という言葉

風俗という言葉になって、その内容が大変せまくなった。今日では、あるいはもう少し以前から、風俗というと女の髪の形や着物の好み、または着方など外側に現われたもののように思われている。

しかし本来の日本語として、これは古い言葉であって、われわれが今日使っている民俗とほぼ同じ内容であったかと思われる。少くとも非常に近い意味のものであった。少しく狭い意味の実例ではあるけれども、これを説明すると、クニブリ・ヒナブリが風俗である。もと「風俗」というのは土地に行なわれている暮し方であった。その国の風俗を見てくるといえば、その土地に行き、土地の暮し方をみ、東ぶり・筑紫ぶりなどの民謡を通して土地土地の人情をも見てくる、それが国々の風俗を知ることであった。ある時代には民謡などを、暮し方より重くみて、風俗とは民謡のことだと考えられていたことさえあった。であるから現代いわれるごとく、女の髪形や趣味のみではなく、もっと生活の深いもの、また精神文化といわれるものも、風俗とみなければならぬと思う。別のいい方をすれば、物質文化を透して精神文化をもうかがうこと、その表面に現われたものが風俗ということになるのである。古代の風俗には、都鄙それぞれの心構えがあったのではあるまいか。

風と俗であるが、俗という言葉が俗化してしまって感心しないけれども、元来はよい言葉であったかと思う。それが雅俗などという言葉が出来てから、田舎のものは事のよしあしにかかわらず、俗ということになってしまった。言葉の内容も、卑俗だの俗物などのような、よくないことを入れて、何か悪い下品な言葉のごとく考えられるようになってしまった。しかし風土記などの中に、「俗」とあるのは平民のことで、もっと真面目な意味であったに違いない。俗の風、すなわち民衆の心意をも含めた生活ということであり、こういう意味でわれわれの使っている民俗と近かったかと思うのである。

古く支那にも「民風土俗」という言葉があり、風と俗とは一つの関連をもっているように支那の人々もみているから、あの国でも無形の文化をも含めていたものと考えてもよかろう。わが国のこの点に関する一番有力な実例は、万葉集の国ぶりの歌であろう。東ぶり・筑紫ぶり等というごとく、一つの定まった暮し方の中から出て来たものであったからである。しかし国ぶりを民謡のみで見るのはおかしい。少なくもそれが暮し方の全般とみることはできない、なぜなら、民謡は生活のある一部面の現われであるといってよいからである。まためう都会ではほとんど聞かなくなった言葉であるが、もう少し以前まで人気がいいという言い方があった。遠い田舎ではもしかしたらまだ少しは使われているかも知れないが、この人気がいいとか、悪いとかいうことも、風俗と不可分のものであった。私などが方々あるき廻っていた頃、思いもかけぬ土地で優しくされると、帰ってから、あそこは人気のいい所だ、などと話したものであった。こうした土地のよい気風というものも、風俗すなわち無形の風俗である。

天保時代に柳亭種彦という人があった。この人は生活誌・衣食住に力を入れ、多くのものを書き残している。以前にはこのような学問をしたものは他にはいなかった。死んだ時の日記に、「風俗の書なり」という言葉がある。当時に於ては生活誌は風俗の書であったのである。それが江戸末期の作家、為永春水などになると「みなり」のことが風俗ということになり、風俗の範囲が狭くなっている。近時はことにこの言葉が、流行や趣味などに偏よって、主として衣の方に力を入れた書を著わし、風俗史などといっている。一方に人情風俗などといいながら、衣の移りかわりに終始してしまった形である。

風俗がこのように狭い内容の言葉に変わってしまうと、以前風俗をもって表現していたひろい範囲の内容には、一体どういう言葉がかわって用いられているのだろうか。大体に於いて「文化」が、これにあてられているといってよいであろう。しかし「文化」という言葉は実に漠としていて、よく意味の判らぬままに使われている。しかも一般的に文化といい現わされている内容は、現代狭い意味でいう風俗とはまた別の意味で、ある限られた部分に使われている。だから実際の国民生活の世相というような面を現わすとすれば、やはり古く使われてきた風俗の方が妥当であろう。私が一九三一年(昭和六年)に朝日新聞社から出版した『明治大正史・世相篇』は、そういう立場から、世の移りかわりすなわち風俗の書として書いたものであった。

今度の『風俗編』の仕事も、新旧入りまじり、変動の激しかった明治時代の風俗を調べ、それを精密にいい現わし、世に公けにすることに成功するならば、それはそう意義の小さいものではないと思う。風俗を調べることが民俗の研究であると、少くとも自分だけは考えているからである。

二　風俗の変遷

世の風俗が時代とともに移りかわってゆくことは、余程うかつな者にでも心づくことであり、鄙の老爺が昔を語りたがるのも、その一つの現われである。その移りかわりにも緩急の差があり、平和の時期にはゆるやかに、変革の時代には、激しくかわることは歴史がこれを証明している。徳川三百年鎖国の平和時代は風俗の推移も徐々であり、それにひきつづく明治は黒船の来航とともに始った激しい文明開化への踏み出しであった。明治時代ほど生活の面における変化の大きい時代はなく、その現われとしての風俗の変化も他のいかなる時期よりも著しかったことは、多少とも歴史に関心をもつ者には周知の事実である。明治維新の動乱が一おうおさまり、欧米文明が日本の長い眠りのような沈滞した風俗を打破って、滔々として文明開化の波の高まった時期、それはちょうど私たちが育ち盛りの一八八七年（明治二十年）頃であった。当時の人々は世の中がかわったということを意識して生活していた。徳川時代の厳しい階級制度が破棄されて、立身出世が男子の本懐の如く唱えられ、事実百姓の子でも本人の器量次第で、大臣にも博士にでもなれる時世になったということが、驚異をもって喜びむかえられた時代であった。

学制がしかれ、陸蒸気が走り、飛脚なしに親書がとどく。田舎の親父が都会に留学する息子への小包を電線にぶら下げた等の笑い話がつぎつぎと話題になるほど、一切が飛躍の時代であった。旧弊という言葉が罵りの代表的なものになったほど、新しい時代に対する期待に燃えていたといってよかった。憲法発布と共に、立憲君主国になり、人々は社会の動きを、世の凡てがかわってゆくような気持で考えていたのである。

しかし風俗が根こそげ生活をかえうるものではないから、こういう変化のある時期の方が、むしろ昔からあるものが目立って来るのである。変動があるたびごとに、後からつけ加わった表面のでこぼこの生地が現われて、これが見いだしやすくなるものである。こういう風俗のまっただなかをねらって、明治時代の風俗を調べることが、われわれの今度の仕事であるが、それによって、明治を越え、大正・昭和まで持ち続けているものの多いのに驚くのである。

小さい一つの例として家の問題がある。わが国の家もさまざまに変遷し、都鄙それぞれの形相を保ちつつ最近に至っているが、憲法までかわっても、なおかわりおおせることができず、日本本来の姿のまま残されているものが多いのである。

社会の風俗が急速な変化をとげても、なおかわりおおせぬものが残されているということは、それほどまでにかわったという、べつな言い方でもある。実際私のごとく明治に育ち、人となった者には、思をめぐらせば、そのかわり方の激しさに、今昔の感を懐かざるを得ないのである。それと同時に、まだこのような風習も消え去らずに行なわれているかと、事あたらしく驚くことも多い。全く明治の時代は後年になっても、注目に価する時代であろう。歴史的にみても、年号の最も永い時代である。応永年代は永いといわれるが、これも高々三十余年にすぎない。明治は四十五年の永きに亘っている。しかも、それは単に永かったのみではなく、封建的な社会制度から、資本主義的自由競争への飛躍の時代であった。若干の弊害は伴なったにしろ、国全体が青年的な若々しい元気に満ちあふれた時代であった。この風俗の変遷を調べ、明治風俗史が、ここに再現できうれば、それは学界にとっても大きな喜びとするところである。その明治風俗史を通して、現代の生活のいかなる部分が改善進歩し、どの部分が改悪されたかの批判の根柢とすることができるならば、今度の仕事の意義も小さくはあるまいと思う。

明治風俗史の各項目にわたっては、それぞれ担当者が細述するので、私はそれに触れる必要はあるまい。ただ概括的にそれをみよう。

第二節　生活の様相

一　前代の拘束

家の構造だけは、われわれの想像以上に前代の拘束があった。小泉八雲氏が日本を見て歩るいた明治初期には、まだ日本の都市は雑然たる木造小屋の集団であった。岐阜提灯のように風雅であるかも知れぬが、それ以上に丈夫でもなさそうじゃないか、と評したような家屋であった。小屋と長屋の発生した当時の社会的状勢が、かくのごとき小さな家を形造った歴史は古いのである。地方の城下町も、これとよく似た形式であった。前庇が低く、表からみたところはいかにも質素であるが、奥には白壁造りの土蔵が幾棟も並び、相当立派な座敷をもつ家が田舎では珍しくない。明治以前の町人という階級の、前かがみがちな生活の様相として、何かうなずけるものがある。

もう一つ農山村の家となるが、わが家といいながら、これは己の勝手にはならぬものという気分が、どことなく存在していた。村でも庄屋とか特殊な旧家は別として、家は村人共同の労力で建てられ、材料は入会山《いりあいやま》から貰って建てたとすれば、おのずから気ままにならぬのも当然といえるのである。新家を出すにしても、火事のあとにしても、村人の承認なしには家は建たなかった。明治年代中、まだこうした事情の下に農山村の家は出来ていた。これは古い風俗であった。明治以後の災害の大きなものとして、関東の大震災と今度の戦災後にも、なお多数の古い家が残っている。これらの家の風俗を調べるなら、単に外形的な形式や間取りの変遷、障子からガラス戸への移りかわりのみでなく、日本人の家に対する精神的な現われをも受取ることができるかと思うが、如何なものであろう。

つぎに食の問題である。日本人はすべてが上代から米を食っていたと、一般の人々は考えている。明治年代の歌に、

豊葦原瑞穂の国に生れてきて
　米が食へぬとはうそのよな話

とある。もちろん、この歌は比喩的なものであるが、それでも日本人は古来より米を食って来たという前提の下に歌われたものである。私などからすれば、大変軽率なといいたい。

日本人の米食の実状は、一八七八年（明治十一年）大蔵省地租改正事務局に提出された報告書をみると、全国農山村の米の消費量は全食料の三分の一にもおよんでいない。以後兵士その他町の慣習を持ち帰る者が多くなると、米の使用量は漸次増加している。とはいえ明治時代には農民は晴れの日以外にはまだ米を食っていなかったといってよろしい。それが単に山村の農民のみではなく、現在東京都内である杉並区の農民八十二才の老爺が、大正年代まで、麦と稗が常食であったといい切っている。こんどの戦争中、代用食の宣伝をきいて、山村の女たちは顔を見合わせて笑いあった。彼女たちにすれば、常々でも、都会の人々からみれば代用食としかいえぬものを食って、生きつづけて来たのである。彼らはまた米の配給にも驚いた。当局とすれば、日常米を食わぬ村だと知っていても、制度ともなれば配給から除外出来るものではない。そうした人々は、戦争になっていままでよりよけいに米を食べるようになったのである。これは、明治以後も今次の戦争以前まで、米が主食でなかったほんの一例にすぎない。

それにしても、大勢は明治以後米以外には食わぬ人々が増加し、外米の輸入を余儀なくさせる状勢であった。米の精白が病気の元であることまで云々せられるようになるに至ったのである。こうした食糧事情に伴なって、砂糖の消費量の増加、肉食の始まりなど、明治年代の食生活の風俗は目まぐるしいほど変化に富んだものであった。

明治初期の農山村では、冬でも、仕事着のみならず常着まで、麻の単衣の重ね着だったと聞けば、現今の人々は誰でも、当時の人の頑健さと抵抗力の強さに一驚を喫するであろう。もちろん、綿も木綿も既に江戸中期にはかなりひろく行なわれていたようであるが、奥地の山民たちの仕事着・常着にな

るまでに至らなかったのであろう。それが、明治の紡織技工のめざましい進歩によって、麻の衣類は相当に早い速度をもって衰退して行った。これは染色という技術にも大きい関連があった。藍染の特徴を発揮しうるのは、木綿であった。紺の香と木綿の肌ざわりは、麻衣の頑固に長い衣生活からみると、期間は短かかったかも知れぬが、懐しい印象として残っている。

麻衣の衰退は、女の労働に大きな変革を及ぼした。麻糸をつむぎ、それを織り、漂白して紺屋に出し、または家々で手染めにし、家中の者に一枚ずつの衣類を与えるという仕事は、女たちにとっては全く過重な労働であった。殊に麻糸紡ぎが、どれほど辛気な仕事であったか、嫁と姑との仕事の張合などの数々の笑い話風に語り伝えられているが、現在のわれわれが聞けば笑い切れぬ多くの苦悩が、この笑い話の底に横たわっている。この仕事がどんなに退屈で、暇の要るものであったかは、冬の夜長に村の娘たちが大勢よって、無駄話や世間話などによって、どうにかして気をまぎらし、この辛い仕事を続けようとした事実からも察せられる。

この麻糸を織る機織機がまた、操作をする動作のまことに見苦しいものであったし、骨の折れる仕事であった。何しろ織りあがった布を、自分の胴体に巻きつけて織り進めていくという素朴な構造であったから。

木綿も最初のうちは、女たちがシノマキという棒状にした綿を糸にのべ、手織り木綿を織ったものであった。しかし、この方は高機《たかばた》といって腰をかけ、小さな筬《おさ》をかんからと動かしながら織った。それは地機《じばた》に比べると労力も少く、これをあやつる様子も大変優美にさえ見えるものであった。唐糸という細手の糸が輸入され、しかもそれに対して関税も一時廃止されると、驚くほど安価に手に入った。もう女たちはシノマキをのべる必要もなくなり、弱くて持ちが悪いと知りつつも、これを使用した。

一方、紡績工場の発達に伴ない、ごわごわしてあきるほどもつ丈夫な手織木綿より、自由に美しく染められた、しなやかな、姿を美しく見せる細手の機械織りの木綿に、女たちが執着したのは流行ともいえない実用であった。そして高機の歴史はほんの僅かの間にすぎ去ってしまった。

衣類に木綿反物を買って着るようになって、女たちは麻衣以来の——この衣類の中に麻よりもっと素朴なもの、ぶどう布・しな布さえ含まれていた——最も困難な労力のいる労働から解放されたのであった。現在まだ明治時代において、この困難な風俗の中に生活してきた女性たちが、そこここにつつましく生きて、その思い出を語っている。

絹は忘れる程古い昔からあったが、これはだれにでも向く着物でなく、働かない人のものであった。だが明治時代には、米の一般化と同じように、徐々にひろまる方向にむいていた。それと同時にメリンスの流行は、あたらしい感覚が大きな魅力となって、友禅屋をメリンス染屋に転業させたほどの力をもっていた。しかしいずれも仕事着ではなく、晴れ着として珍重されたことは、現今の都会の女性の衣風俗とは相へだたっていた。

二　明治の風俗

生れ故郷を去り旅に生活の資を求め、旅に生涯を送る人の多くなったのも、明治に始まった風俗である。もちろんそれ以前にも藩主に従って旅を往来した武士・旅僧・遊女など、旅に生を終わるものも少くはなかった。だが尋常の生活を送った善良なる人々は、生れた家においたち、子を育だて、生れた家に死ぬことが、幸福な生涯であった。菅江真澄のごとく、若くして流浪の旅に出で、雪深い北国に生を終えたという生涯は、あの時代に如何なる事情があってかと、今日のわれわれにしていぶからざるを得ないのである。

江戸が東京になっても、初期のあいだは今日のごとく勝手にどこでも住むことはできなかった。身元引受人としてのわらじ親も要り、他国で家を借りて住めば宿借りであった。村ではことにこのおきてが厳しく、隣村へ移りたくても勝手にならなかった。しいて移りたければ、絶家を立てるなり、廃家の株を買うなりせねばならなかった。村のこの風俗は、現代でもなおかすかなごりをとどめている。

これが全国至る所に住め、気のむくまま旅のできるようになったのは、明治の大業の恩恵であった。教育の普及による書生の遊学・官吏の転任・兵士の勤務などが、まず故郷を出た初めの人々であったのであろう。もう旅を苦労にする必要もなくなったのに、まだ田舎では、「出《で》立ちの盃」とか、「わらじ酒」などと、旅の無事を祈る風俗が残っている。

産業の発達とともに、都市が、故郷を異にする雑多な人々の集合地になりおおせたのも、明治以来の特徴であり、故郷を去って既に一、二代、帰去来の辞も心に浮かばぬ都会人になってしまった人々も多い。

山水も旧所名蹟も人々の動きと同じくかわって行った。生産と商業がめざましく発展し、かつての城下町が、いずくにおいても、大都市としての発展をとげつつあった。人口の急激の増加に、農村の二、三男が郷里にいるべき余地もなくなった。それらのある者は官吏という、税に養われて生計を立てる全くの消費者になり、ある者は自己の労働力のみで生活を支える純労働者になるなど、かつて日本の歴史上に現われたことのない階級が激増し、それがまた産業の発展に拍車をかける一部の理由にもなる状態であった。

こうした外面的な風俗の推移は、その時代の心意の変化に原因をもつものであるが、心意もまた相互的に古きものより新しきに移ることは必然である。

皇室への崇敬が、明治期のもっとも大きな特徴であった。その事実は、鎌倉幕府以来最大の尊厳をもって国民にのぞんだ時代であり、国民は天皇陛下の赤子としての自覚を、次第に高めつつあった時代である。これが政治的に悪用されたのは、まことに日本国民にとっては不幸なる風俗であったといわねばならぬ。

明治の風俗は、われわれの学問にとって、古くからの日本民族の生活への大きな橋である。そして、それは今後の生活の一つの指針にもなるであろう。

第一四章　言語生活

第一節　文語と口語

一　国語の歴史

ペリーが来て(一八五三 嘉永六年)から百年、その間の国語史ということ、言葉を換えれば国語の変化を書くことになる。明治維新以後の五十年間は、日本の国語は特にはげしい変化をしているが、世間ではこれに注意もせず、歴史としてみる習慣もついていない。そして現在に至っても国語の変遷に気づかずにいるといってよろしい。国語は古来少しの休みもなく変化しつづけているのに、人はその一時の現象をもって与えられたるもの、即ち天気の晴雨や地震雷鳴の如く、人力をもっては如何ともすべからざるものと考え、これをとやかくいうのは愚痴のように、見切りをつけているのではないかと思う。また言葉は移り変るものとは心得ていても、只今現在においてもなお種々の変化をしている事実に気づかずにいるのである。ふりかえって見れば、私らにとって明治年間は、非常に特徴のある時代だったといえるが、その特徴を証明する資料はきれぎれのものばかりである。

第一の問題としては、私は子供の時から言語に興味を持っていたが専門的に研究したことはない。とはいえ、国語に対しては常に関心をもちつづけ、方言その他についても幾度か書きもし、講演もしてきた。専門的な研究の成果ではないにしても熱意をもって仕事に当ったのであるが、これに対してよきにしろあしきにしろ正面からの評価を受けたことはなく、民俗的という批判であり、社会ではそれを非常に小さく見ようとする傾向がある。

言葉の変遷には幾つもの原因があるが、その一つとして、社会の変遷の影響が考えられる。社会が変ればおのずと言葉が変るということは、古今東西を通じての事実である。そしてその時代の言葉は、時の代表的人物とか、上品そうな上層の人々の言葉をまねることによって、次々と変遷してゆくものである。

次には、国語全体が変りやすい傾向をもっており、国語そのものから出発する国語の変遷の歴史が考えられる。であるから言葉だけの研究をしていたのでは、国語の変遷は分らないといっていい。これにはかくれた原因があって、今日の如くなったものである。

三番目には、在来の国語史だけでは判らない原因がある。つまり国語史では教えない歴史があったのである。例えば文部省には尨大な日本教育資料ができているが、その中にいうところの教育は、寺子屋が始めとなっている。寺子屋の村方に普及したのは新しいことで、出来てもそこへ通うものは住民の一割か二割、それも二年と続けるものは少なかったという実状であったにも拘らず、これだけを教育と解し、それ以外をすべて無教育と呼ぶしきたりが続いていた。言葉の現在の用法に従えば、少なくとも国語教育に関する限り、この解釈はあやまりである。我々は一人残らず、初めて日本語を学んだのは母からであった。親と家庭の長者とは、各々意識した国語教育の管理者ですらあった。この事実を無視しての国語史が、全般的の国語史とはいえないのは当然である。また国語教育について、言語の変遷は日本ばかりの現象ではないという漠然たる研究方法をとる国語学者もあって、例えばドイツの言語学を研究して、日本の言語学に応用するような事が行なわれてきた。これは「日本の言語は、日本人自からが考えねばならぬことである」ということに気づかぬ研究態度である。歴史がかく進んで来なければ、言葉も現在のようにはなるまいということを考えねばならぬのである。この隠れたる原因というものを究めてみよう。

二　漢字と漢文

まず最初に文語と口語、つまり書言葉と口言葉であるが、古くはこれが截然と区別されていた。尤もこのことは単に日本語のみではなく、ヨーロッパ諸国はもとより、支那・印度・蒙古等のいずれの国も、文語と口語の差別のない国はなかった。しかしこの事は、その国の文化的状態にしたがって、各々その特異性をもってはいた。文語と口語との区別の典型的な言語を、近世まで使用していた国は蒙古であった。それに対して、支那は既に三百年以前から文語と口語の統一が始まっていた。ヨーロッパの国々では、文語としてはラテン語が用いられていた。ドイツの如きは十九世紀初頭、ルーテルの統一運動が起こるまで、ラテン語で読み、ラテン語で書いていた。現今ではイタリア本国でも、ラテン語などは全く特殊のものの外には使用されていない。

わが国の文語は漢語であった。その漢語の起原は非常に古く、その歴史は既に忘れられているが、上代に漢字と共に輸入され、多くは書いたものの上でまねられていた。これを輸入したのは支那へ留学した学問僧と留学生で、正確な漢字と漢文とを日本へ持ち帰ったものであった。しかしこの漢字も漢文も、大体筆をとる人と読みうる人、つまり上流の限られた人の間にだけ流布していた。とはいえ、この漢学の力が相当に強いものであったことは、『日本書紀』・『六国史』・『万葉集』等の書物が次々と上梓された事実からみても推察に難くない。この過程中に一方日本文字としてのかな文字ができ、紫式部の『源氏物語』などかなり有力な文学も現われはしたが、男文字としての漢字の力が強く、末広がりに広まってゆく傾向であった。

この時代の漢文は支那直輸入の漢字の文語であって、純日本語の文語はずっと後になって発達したものであった。もちろん例外としてはノリトの如きものもあり、全然なかったわけでもない。いずれにしても、文語が書物の形となったのは平安時代と思うが、それから以後文字言葉は漢字になり、しかも先にもいったように末広がりに普及してきたのである。かくして『御堂関白記』以後では、男文字、つまり漢字でなければ公の文書は書けないというような、拘束された状態になったのである。

この拘束された状態のまま学問がひろまってゆくと、それは漢文本来の正しさから次第に遠ざかって、もう支那人にも判らないし、勿論日本人にも読めない漢字の羅列のようなものになってしまった。そのよい例としては、『安居院神道集』(南北朝・一三三〇年代)は当時の因位説・本跡譚をとりいれ、著名の神社の縁起を漢文で書いたものであるが、この時代の人にも判らなかったかも知れないような文章で、ふりがながつけてある。こんなふりがなをつけた漢文が出てくるという事が、漢文でなければ書けないと思っていた結果であった。もう一つの例に、一六二五年(寛永二年)に男文字ばかりで書かれた真字本の『曾我物語』がある。べつに仮名本『曾我物語』があり、両者同じころの書だが、或は真字本の方が幾らか年代があたらしいかも知れぬ。ところが新しいかと思われる真字本の方は、作中の人物がどこをどう通って行ったのか行き道が判らないが、仮名文字の方はちゃんと彼等の通った道が判るように書けている。この他にも南北朝の終り頃に書かれた誰にも判らぬ漢文の書物が種々ある。これはもう純粋の漢文ではない。しかもこの判らぬ漢文時代が随分と永く続いていた。こうした文章の続きが「罷在り」とか「被下度」等の候文になったのである。とにかく一おう漢文にするために苦しんでいた。漢字ばかりで書く法則に縛られた結果の漢文であった。男だけがそんな文体で暮していた時代が相当に長かった。

ずっと時代が下って林道春の『本朝通鑑』（一六七〇 寛文十年）などでも和臭が強く、日本人でなければ判らない改良候文であった。ただ漢文らしく見せたものにすぎなかった。

その後、幸か不幸かわからないが、非常に優れた学者が出て、支那人と同じような気持になって支那文を読み、支那人同様の文章を書いた。荻生徂徠の仲間の学者たちである。新井白石・荻生徂徠と、文章道の達人があとからあとから現われるようになった。この頃が漢学の全盛期であり、百年以前五山の僧たちが帰国して起こした漢文隆盛期とは非常に異っていた。

この傾向が次第に下々へひろがって、江戸時代には全国的なものとなった。それは各藩が漢学を盛んに奨励したためであった。また武家の間だけではなく、民間でも、伊藤仁斎（一六二七―一七〇五 寛永四年―宝永二年）のように奉公しない人が民衆に学問を教えたので、漢学は不幸といってよいほど盛んになったのである。この時代と今日との教育の違いは、一般人の知識があるかないかということになる。昔は、ある時間をかけ、ある階級の有能な人の知識を高くすればよいという学問の仕方であった。全民衆は知らなくてもよかったのである。武士でも、文字を知らぬことを恥とは思っていなかった。殿様ともいわれる者などは、余裕があったので少しずつは勉強したが、一般武士は武芸に達すれば、学問がなくても恥としなかった。用事があれば祐筆に頼めば事足りたのである。享保・元文頃の話に、ある士が人を訪問した。玄関で取次から、お名前の字は如何ように書きましょうかと尋ねられると、「それでは来なかった事にしてほしい」といって帰ったという笑話が残っている。

第二節　文字教育と群の教育

一　漢学と素読

時代と共に先生が多くなり、どこでも一通りの学問が出来るようになり、中には一生かけて学問をする人も出て、民間の学問は大いに興ってきた。これが明治時代までつづき、書を読んで事理を解すると考え、漢学を学ばぬと頭が理論的にならぬといわれるような時代を来たした。彼等は漢学で正義の判断・名誉心その他為すべきことの理否を学んだ。然して自分自からのことのみでなく、同胞国民のために判断する人がふえてきた。こうした時代の風潮が基礎となって、明治維新の大業となったのである。多くの人が教育を受けた結果ではあるが、然し日本人全体からみればまだまだ少ない数であった。

この文字教育は、素読から始り素読をもって終るものが多かった。四書五経・小学・孝経等を最初から読ませ、内容は甚だむずかしいので字面から覚え、その字を読める頃には教育は終ってしまうのが大部分であった。全部が全部内容を解したものではなかった。であるから当時は字を知っている人、物を知っている人、何も知らぬ人と三階級に分けることが出来た。こうして千人に一人位の割に字が読めるようになると、漢学に対する迷信的な尊敬が起こって来た。

関西では池田侯、関東では水戸黄門の逸話になっているが、こんな話が伝わっている。

親殺しをした者があった。何故そのような悪いことをしたかと問うと「自分の親を自分が殺したのに何が悪い」と平然としていた。この者を牢屋に入れて、書物を読ませたところ、自からの非をさとり、首を切って下さいと申出たというのである。つまり書物の感化を説いたものらしいが、これはまことにおかしな話で、漢学を学ばなかったからといって誰もが親を殺した事はない。当時の漢学流行の風潮からか漢学は有難い、文字を知らぬ者を一人も無くする必要ありとして、こうした話が強調されたのであった。文字を知らぬ者を無くするという趣旨は真に結構であったが、逸話そのものは間違いである。人間が人の道理を覚えるのは、書物以外の社会からも学ぶものである。この逸話をもっともと思わぬ人、間違と感ずる人を作らねばならぬのだと思う。

こういう学風が全国に弘まった世相であった。そしてひきつづき明治維新になった。一視同仁、四民平等という意味は、士または限られた人に与えられていた教育機会を、百姓その他一般民衆にも与えようとする趣旨であった。義務教育が始まり、ありがたい御代となったのであった。しかし、既に述べたような漢学の教育の下に物事を学んだ人々が、政府の当事者であったために、日本の最初の義務教育は甚しくその影響下に置かれねばならなかった。彼等自からが教わったように、わからぬ言葉をまず耳で暗記する素読が漢語教育であったのを、それに大した改革も加えられずに、明治初年の小学校教育が始められたのであった。小学校の教育は素読教育の一部分を改良し、少しずつ区切って読むことを教えたものであった。つまり明治の国語教育は、文字を教えさえすればよいという間違った考えの下に進められた。

国語教育初期の小学校の教科書には、ウィルソン　リーダーをそのまま翻訳して、一年は一年に、二年は二年に使ったものである。例えば、あひるの卵を鶏に抱かせたところ、子供のあひるが水の中へとびこんだということを書いて、そこに母親の鶏が心配そうな顔をしている絵が画いてあり、「この牝鶏甚だ悲しめる」というような文章が書いてあった。子供たちは多少の困難はしても、覚えたには違いない。とはいえ、こうした教科書直輸入の言葉は日常の会話に応用できるだろうか。もし無理をして使えば相手は必ずふき出すか怒るかのどちらかであろう。しかも語った本人も、自分の心にあるものを素直に伝えたとは思えない。しかるに国語教育当事者は、これを国語教育と考え、この国語教育には重大なる脱落のあることに気づかずして今日に至り、日本の国語を現在の如く混乱せしめたのである。その重大なる脱落とは、話し方、即ち口言葉の教育であった。

二　笑の教育

旧時代の寺子屋においては、その任務を国語教育などとよぶ者は一人もなかった。日常の日本語では、これを「字を教える」といい、「手習にゆく」といっていた。国の言葉を学ぶべき必要理由には、卑近なものだけでも五つはある。其中のやや小さな二つ、即ち言葉を字にすることと、字にしたものを見て理解すること、この二つだけが寺子屋の役目であった。それでは、古くは話方はどうして学んだか。先にも述べたように、まず母からであった。次には親と家庭の年老いたる人々が、世に出て人に笑われぬ言葉のしつけを意識して教えた。次には群の年長者、即ち村の権威ある古老たちであった。老人なぞの口数の多い者は、まれにはわざと好い若い者の言行を、誉めるような話をして聞かせることもあるが、他の大部分は消極的な方法で、何か一人が過失をした時に訓誡する。つまり言葉なり、行為なりが群から逸脱する者を、防ぐような計りごとを主としていた。その訓練がまた、かなり奇抜なものであった。笑いの教育と自分たちは之を名づけているが、一般に日本の社会では笑というものが特によく利用されていた。我々の笑いは複雑にしてまた古風であった。人と一緒に笑えることを悦び、自分一人だけ笑えぬ地位、もしくは笑われる地位に陥いることを非常に恐れる。それを巧みに訓育に利用していたのである。その場面は普通協同労作の折に現われる。忙がしいさいだから、諄々と説き聞かすというようなことは少なく、大抵は短くして気のきいた、笑わずにはおられぬ文句をもって、言葉や行為を批評すると、あと暫らくはその者一人が皆から顔を見られ、何ともいいようのない寂しい状態に陥いる。殊に男女が共にいる場合、それがこれから配偶の選択をしなければならぬ時など、大いに損害になる。

諺が古い時代に発達していたのも自然の現象であった。それが全体からみて人をよくいうものよりも、悪くいうものの方がずっと多い。私の意見では、諺の最初の用途は対敵武器、即ち刃物弓箭のような武器を使う前に、まず罵倒をもって相手を制圧する手段で、町の喧嘩などには今でも仲々よく使われる。その目的のために、平素からこれを練習していたものであった。これにつぐ諺の応用は、郷党の教育の訓誡であった。敵を罵るほど痛烈ではないが、それでも周囲にいる第三者が、聞いて思わず歯を白くして声を出すことは同じで、これが笑われる当の本人にこたえることは勿論、傍で笑いながらただ聞いているように見えるものも、内心では後々のために非常に警戒する。そうして大抵は、その短い文句を暗記して、他日ふたたび自分に適用せられる折の無いよう工夫する。即ち諺の群全体に対する教育的効果は、顕著にして無害だったのである。そして彼等は、かかる機会に社会における言葉使いの善悪取捨を学んだのであった。これに対し寺子屋は四角ばった文字を教え、日常の語らいの言葉の教育には殆んど参与しなかった。

この文字を教える場所を、学校と呼んだところで、最初はただ念入りにそれを教えるまでであった。学校のいわゆる国語教育は、本来甚しくその機能が局限せられていたのである。それが話方とか聞方とかいう名目で、いつとはなくその機能が拡張されてきたのは事実ではあった。しかしそれよりも、古来より話方・聞方の、難かしくいえば教育機関であり、それをもって日本語を美しく調え、語らせて来た家々の、群の管理が退縮してしまった速度の方が、はるかに大きかったのである。その結果として、読方・綴方以外の区域に、かなり広漠とした空隙が出来てしまった。それを如何にして充実させようかという問題を、誰も心づき解決しようとする人がなかったのである。しかも初期の小学校は、外国語の翻訳、すなわち漢語の読み書きをもって国語教育と認めて疑がわなかったので、ますます日常の国語と対立するのは止むを得なかった。そしてこの弊が次々と変化してきてはいても、いまだに改まらずにいるのである。だから、学校の読み書きの教育が、寺小屋とは比ぶべくもなく大きい進歩をとげたにも拘らず、学校を出ても「ろくに折かがみ一つも出来ない」ということがよくいわれる。挨拶の言葉も正しくはいえぬという非難である。こうした状態にたちいたった原因は、果してどこにあったか。これは正しい国語教育の全部を、自分たちは学校と書物とから受けていると信じた者が、学校以外の教育を軽んじただけでなく、その旧式な管理者自身もまた、多くはこれに全般的な信頼をもって、安心して祖先以来の職分を抛棄したことにある。学校教育が、国語教育の半分しか受持っていなかったことに、心づかずにいたのである。

第三節　文章語の変遷

一　漢語調

文章語と口言葉の相違は、明治の教育に全部その責を負わすべきでないことは、すでに誰もが認めている。日本の国語が、初めっからヨーロッパのラテン語のように、ラテン語で読みラテン語で書いていたのであったならば、早くから日本にもダンテとかルーテルの如き人が現われて、文章語をわきへのけて、日常の国語を成長させることが出来たのであろう。不幸にして日本の学問は、ことごとく輸入したものを一度翻訳して、日本語になおして利用したのであった。そのまずい結果が、南北朝ごろの如き、あて字だらけの、本国の支那人にも、日本人にも読めぬ文章が出来たのであった。日本人がこれにふりがなをつけてやっと読んだという、こっけいを生じたことは先にも述べたが、それのみでなく、仮名まじりの文章さえも同様文語の拘束をうけていた。しかもこの事は男子だけではなく、学問をした婦人たちにも及んでいた。文章というものは、文語以外になかったのである。

一八三五年（天保六年）に書かれた、伏見稲荷本山目代家内室の日記に、

九月十四日雨終日降る夜も月なし

まつ宵なればいとも本意なし

とある。まつ宵とあるから名月の前夜であったろう。この時代の教養ある婦人は、こういう文章で日記を書いていたのである。しかしこの日記を書いた宵、家人とその本意なさを語るには、もっとべつな優しい京言葉で語られたろうことは疑いない。同じ日記のべつの箇所には、

……女中を使に遣ス也、とか、

……若宮殿御神供例月の通り也……とか、今日の男子でも書き難い文章で綴られている。

こうした文章が一般的教養であったのである。しかし江戸末期に非常に広く漢学が普及したとはいえ、なお日本人全体からみれば限られた一小部分であったから、口語にはそれほど大きな悪影響はもたなかったであろう。民衆の八、九分通りの人々は、先祖伝来のそれぞれの土地の細かいニュアンスをもった言葉でもって、已れの感じたものをいい現わすことが出来ていたと思われる。

これが明治になり、学校教育が始まると、学問は民衆の中へ伝統のまま押進められて来たから、丸のみの漢語を暗記し、書物の出版と相まって読書万能主義の確立した明治以後は、手放しに幾らともなく流布した。相手かまわず漢語を使う風はこの時から起り、終には、どんな字を書くなどと畳の上に書いて見せたり、健康の康の字なぞと一々いい添えたり、そ

の他これに似よった補助手段を用いないと、満足には話の出来ない国に、日本をしてしまったのである。

　漢語調の物言いは、袴をはいた男子が口にすることが多かったが、当然の勢として女たちにも影響し、思いもかけぬ田舎の仕事着をきた老婆が、似合もつかぬいかつい単語を話の中へ挿んだりするようになってしまった。こうした単語はもうその地方の方言のようなものになっていた。この両者の、文語・口語の入混りが明治期の特徴であった。急速なる文明開化と共に、文語の範囲がひろくなり、かつ複雑になり、文語と口語の差はあっても、多く文語から口語へ影響する時代であった。一般の男子は和漢辞引（いろは字引）などを持出し、「まかりあり」のマを引いて「罷在」を探し、男らしい威厳を保つために、本人の意志とは別なつまらない文章を書いていた。こんなものは全く漢字のつながりで、何の意味もないものだった。

二　言文一致

　ヨーロッパ文明の移入により、この形式的漢文調の弊に耐え難さを感じた人々は、文学によって自己の個性感情を吐露しようとする文士たちであった。一八八七年（明治二十年）頃『我楽多文庫』の同人山田美妙斎などを先駆者として、始めて言文一致の運動が起された。もっとも、古く言文一致の文章が全然なかったわけではない。さかのぼれば足利時代には「抄物」があり、渓世尊は、『経典余師』を仮名まじりの言文一致の文章で書いている。江戸時代には心学があり、また江戸末期の草双紙は全部仮名文字で、句読点もなくだらだらと書かれていたが、娘なぞに読んでもらえば、老婆にでも分る口語体に近い文章で書かれていた。草双紙の言語生活に対する効果は大きいものであった。しかしこれらの言文一致の文章は、単に漢文万能の中に、そうした特異な存在であったというだけで、一国の国語変化に及ぼすだけの力は備えていなかった。

　これに対して、山田美妙斎等の言文一致運動は、その効果と動機の両面から考えて、日本国語史の上に、かなり重大な、又興味深い事績であった。しかし、当時の学問と文芸の面における漢文調の世相からいって、一朝一夕には改まらなかった。僅かに語尾のケリ・ナリを、アッタ・デアリマスに改めたというに止まり、そのお蔭で格別思うことが書きよくなったとも思われないのは、何かまだ窮屈な古い拘束が残っているのである。真の言文一致が生れないでしまった。

　この言文一致の運動には、文芸家が多く参加していた。尾崎紅葉の『多情多恨』（一八九六 明治二十九年）などは、現今の文章からみればまだまだ生硬さをまぬかれぬものだったが、言文一致で書かれている。明治時代にこの運動のために最も効果をあげたのは、正岡子規を中心とする根岸派のグループで、いわゆるホトトギス派だった。寒川鼠骨・坂本四方太などは、当時写生文を唱え、分りやすい口語で写実的な文章を書いた。

二葉亭四迷は、明治二十年代の初期にツルゲネーフの短篇をいくつか翻訳して、新しい口語体の文章と、新しい小説のスタイルの模範を示した。その影響の下に、国木田独歩・田山花袋・島崎藤村などの新文学が発展したのである。

これらの人々の文章の改革は、明治時代の文章に大きな影響を与え、一般の文章も徐々に、言文一致へ移って行った。これ以前は手紙でも言文一致で書くものは、女中の親への便りぐらいのもので、だらだらと話言葉で書かれた文章は、女中の手紙のようなと物笑いになっていたのである。

しかし新聞だけは、古い漢文調を大分長く固執していて、長く言文一致の文章と対立していた。それでも時世の波を押し切れず、明治年間に言文一致化したが、これも語尾をデスで結ぶ文章になったに過ぎなかった。

一八八七年（明治二十年）頃までの新聞は、六段組で、大きな漢字の活字で、振仮名は全然なかった。であるから、誰でも新聞が読めるというわけにはゆかぬ。従って新聞の売行きは当然限られた部数であった。新聞にふりがなをつけたのは、これを打開し一般家庭へ売りこむ政策で、これはみごとに効を奏し、新聞は非常な勢でひろまって行った。論説と外電だけはふりがなななしであったが、この時代は大分ながくつづいていた。このため、家庭の子女も新聞を手に取るようにはなったが、新聞社の印刷はまことに繁雑なものになった。

漢字とふりがなを拾って、組に廻すことになる。後にはルビつきの漢字ができ、紙面の段数も八段・十段と増し、従って活字もだんだん小さくなって行った。しかし、同じ漢字に幾通りものルビをうつ繁にたえかね、漢字制限はまず新聞社の提唱するところとなった。この協定が成って、まずルビをとったのは朝日新聞社であった。

ルビを取り、漢字を制限して、口語体の文章にはなったが、しかし文章と口語との間にはまだまだ大きなひらきがあった。世相と共に言語はいよいよ複雑になり、漢語と口語の入り混りの混乱が生じ、漢語が口語を圧迫し、男子は二字つながりの漢語をやたらに使って、正しい日本の口語は衰えて来たのであった。これが明治年間のもう一つの特徴であった。

三　暗記のわざわい

先に述べた「牝鶏甚だ悲しめる」という調子の読本が、全く日常語に関係のないということは、一般の文章が言文一致になれば誰れでも心づくことであった。そして読本が改良されるたびに口語に近いものになったが、方針だけは判らんでもよいから暗記させる、という方針に変りはなかった。言葉をちっとも体験させず、口で繰返してよく覚えさせるというやり方であった。自分でも使ってみてからそれを使わせようとせず、これはよい言葉だから使え、お前たちの言葉は方言だからいけないという教え方であった。つまり経験を抜きにして、何でもいいから先生を信じろ、教えた言葉によれというので、学校の中では苦しまぎれにいわゆる標準語を使っているが、学校を一歩外へ出るとすぐべつの言葉になる。それほど性急な標準語の統一が行われたのである。東京の言葉が標準語だというが、下町で使われる江戸っ児のべらんめえは標準語とはいえない。では標準語とはどれかというと、山の手の言葉だ、それも山の手の中流の家庭の言葉だといって、地方では一度も聞いたこともないような言葉を教えたり、使わせたりしている。

このようにして、あわれや国語教育は暗記だけになってしまった。頭のよい敏捷な少数の子供だけが、二度か三度聞いて、およそこんな心持ちだろうと理解できるだけで、ほんとうは違っているのを使ってしまう場合がしばしばある。これが段々ひどくなって、世渡りのためにその心持ちのわからないくせに大概こんなものだろうとして使ってきたのである。だが、誰でもそんな芸当ができるものではない。大多数の人間はまず黙ってしまう。場所へ出てもものをいえない人間が出来てしまった。それを謙遜な人たちは、教育の不備のためにそうなったとは思いも及ばず、己れの口不調法のためと思い、雄弁の技術を得るために暗記に夢中になっていた。そして一部の口達者な人間が、どうやら間違なく言葉が使えるようにはなるが、それが我々の耳には空々しく聞こえてくる。ごく近年の例をひくと、八紘一宇という言葉である。古い書物には出ていたが、実際の話この言葉の意味はよく分らない。それをある期間、すべての青年・壮年という階級の男子に、これを口にしない者は一人もないというところまで行った。女も子供もその口真似をして、およそ似つかわしくないものであった。勿論戦争がすむや否や、そういう言葉は何年も何百年も使ったことのないように鳴りをひそめてしまって、これに代るべき文句がまた現われている。そうして全体がこうなっていく傾向だけは、昔も今も少しも違わないのである。

我々はこれを言葉の陀羅尼性と呼んでいる。陀羅尼とは呪いのときに使う仏教上の言葉である。どこの国にも陀羅尼性のない国は無いが、日本は特にその弊が甚しい。それも神秘世界・信仰世界の現象ばかりでなく、社会日常のことにまであるのだから全く助からない。しかもそれで、世の中はどうにか成って行くのだからよいではないかと、無学無力な大多数のために、彼らの必要とするような言葉を作ることに努力しようとしない。判らないのは彼らの咎である。彼らの判らないのは勉強しなかったからと、我も人も考えている。彼らは、弱い者に限って、えらい義務を負わさせられるものだと思って、久しい間反抗せずに来ている。だから、自分にはこれが判らぬと、はっきりといい切れる勇気を国民に持たせる必要があると思う。この勇気が国民にない限り、わずかな有識階級のわがままを、いつまでも抑えることはできまい。

第四節　明治の国語教育

一　片言の弊害

明治の国語教育の不完全な産物に、片言がある。新しい文明の輸入と共に、日常自分たちの使いつけた言葉以外に、別にもう一段と耳新しい上品な語のあることを知り、しかも満足にその意味を学びえなかった場合に、笑うにも耐えない誤りが多くなってきたのである。だから昔は幼児が聞きおぼえにおぼえ、十分にいえぬのが片言であった。これが成長した男子の間にも蔓延するに至ったのは、むしろ文通がやや開け、人智が少し進んで、言葉に地方差と階級差、乃至は口と文書との違いのあることなどが明らかになってからの後のことで、生理的のものでないから、文化病と名づけてもよい。幼児の片言は発育の幾分おくれた者に多いのに反して、大人の片言はいわゆる尖端人、よくいえば進取的の口ききの側に起こりがちで、馬鹿や遅鈍な者はまねも出来ぬから、その非難から免れている。

弊害の殊に忍び難くなったのは近世であるが、古人も久しくこの矯正に苦慮していた。明治のうちに、これが矯正を、教育事業の一項目にかぞえる者さえあったが、遺憾なことに出発点に誤謬があった。それが片言と方言の混同であった。方言は地方のことばであり、片言は片なりの語である。俳諧も流行せず、上品な言葉もかたわらになくて、真似そこないをしたくも手本のないという遠い田舎では、方言はあっても片言はめったになかったのである。

この二つを一括して、訛語などと漢訳したことが、無理解のもととなった。百年と同じ国語の発音を、今もそのまましている国は一つもない。日本でことに頻々と変化したことは、記録文献の上からも片端は推測しえられる。土地によってその変り方が後れ先だち、又やや方向を異にしていたのは、実は間違いとはいわれない。単に京都の上品で自信の強い人々が、自分と同じでないものを誤りと誤解しただけで、明治以後の標準語運動が、地方の言葉を改めさせようとするのは全く別箇の運動であった。

言葉の改りのおそい地方の方に、物事をより正確にいい現わす言葉が残っていたにも拘らず、これを廃して、ただ東京の発音に従うことは、便宜主義とはいいながらも、気の毒な犠牲であった。

この事によって最も迷惑を受けたのは、地方の教員であったろう。方言は古い用語の保存であり、また地方限りの発明でもあって、とにもかくにも、土地の人々はこれによって考えかつ感じ、家族郷党と語らいかわすべく、年久しく習慣づけられていたのであった。それを総括して敵の寄手のように考えて寄せつけず、児童には標準語をもって教育せよと、耳にしたこともない読本を押つければ、成績の上らぬのはあたりまえだったのである。しかもこれはハレの言葉を教える読本で、日常には使えぬ国語であった。地方の教育では、まず方言と片言との区別が先決問題であった。幼児の片言は成長すれば自から改まるものであるが、厄介なのは成人としての真似そこないで、しかも自から心づかずに正当の言葉の如く考えている場合である。近年の洋語流行は、新たにその最も奇抜な例を多く作ったのだが、それに先立っていわゆる漢語の濫用が、かなり明治の言葉を変なものにしている。明治初期の漢学書生が、老人たちに代って社会の枢軸を握った時勢の、これが一つの副作用であったろう。文章の素読体はほどなくすたれたにも拘らず、会話にはいつまでも書冊の気臭の片言がつきまとっていたのである。この傾向は、ふしぎと、古くから日本の書物教育に伴って現われていたが、明治維新は更にその傾向を拡大したのである。自慢にならぬ特色であるが、日本のように片言をいう国はそう他にはない。

片言の弊害の最も大きいのは、先にも述べた、もっともらしい片言、ことに相手がこちらの本心をまちがえてとるかも知れない片言である。これが流行し、又一般の通癖となったとすれば、社交も言論も半ばはむだになり、人は無意識のうちにうそつきになってしまうかも知れない。それを知りつつ、心にも無いことを掛引にいう者は、当人が甘んじて責任を負うであろう。ただ誤ってこれが正しいと心得、又はこういう方が上品なのだと思って、もしも実際に心で考えていることや、独り言に用いている意味と異なる言葉を、選び出していたとしたらどうであろうか。国語は、まさしく信頼者を裏切る結果になるのである。それを覚悟し、又は予定している教育というものが、あろう道理がないとすれば、今日の世態は明らかにその証拠を立てている。明治に始まった国語教育の誤った方針が、国語を今日の状態に至らしめたと酷評せられても致し方があるまい。一部有識階級の者たちが、こういう借物の語を使い、聞手が判ってくれようがくれまいが、そんな事はてんで考えても見ない。甚しきは判るまいと思いつつわざと使っているものが、最近は特に多い。むしろ批判の出来ないような聴衆をさがしまわって、それを相手に大声叱呼した結果は、国語論の今日のような紛乱を、よけいに始末の悪いものにしてしまったのではないか。

二　読み書き教育

一八八一年（明治十四年）板垣退助等は、選挙による政治機構を作ることを国民に約束して、すでに憲法の布かれた欧米の立憲国を視察に洋行した。その時オーストリアのシュタインは、板垣に、立憲国たるには国民の教育を盛んにしなければ、憲法がしかれても、その運営が正しくゆかぬことを告げ、国民教育の重要さを強調したといわれる。帰国した板垣等は、教育の必要は認めさせたが、教育とは何ぞやということに認識が欠けていた。国語教育でいえば、文字の読み書きを教える事のみに片より、聞き方・話方は放任されたままで今日に至った。その結果、正しく話すことのできない、また人の話を正しく理解できない大多数の民衆を作りあげてしまったのである。ある優秀なものを優秀ならしめる方法は備わっていたかも知れぬが、普通一般の人間は、小学校の出来る以前よりかえっておとろえてしまったことは事実である。これ以前には、目に一丁字もなくて、正しく物事を判断する人々があったのである。

こういう時期に、税額十五円以上の者を有権者というのならばいざしらず、普通選挙を採用したのは、実は冒険であった。このためにボスが非常に氾濫して、彼らはいつでも自分の片手に何千とか何百とかいう投票をもっており、単に候補者の能力及び行為、もしくは金というものに基づいて、それを左右するような情けない状態になるのである。我々が見ず知らずの人間の、どんな人間であるかを知るには、彼らの言葉を聞くより外ないのであるが、聞き方の教育が不完全もしくは形式的であって、言葉にはかくかくの意味があるということを、徹底的に理解する習慣をつけられておらぬために、ただなんとなく煙に巻かれるというか、単にあの人の態度がよいとか、評判がいいとか、もっと極端なのは、声がいいとかいうことで投票してしまったりする。そうした結果として政治が乱れ、政治屋がはびこるとか、金が動くとかいって騒ぐのは、むしろ社会人としては恥ずべきことである。新聞を読んで、そして新聞にもとづいて、自分の方針をきめて、大体こういう人間ならば選ぶということを、よく小ざかしい人間はいっておるが、他の大部分の、おそらく七十パーセントぐらいの人間は、今日なおボスや選挙運動員に左右され、人気あるところ、もしくは因縁のあるところに投票するようになるのである。

根本をさかのぼってみれば、つまり明治に始まった国語教育が片手落ちなので、読み書きに片より、読み書きのみを尊敬するあまり、言葉それ自身に対する意味を理解する適切さを失ったことにある。我々にしても、文化という言葉は何を意味するかと聞かれても、実ははっきり答えられないのである。昔からあったものを文化というかと思えば、外から入って来たものにも文化という名をつけて、おのおの勝手にその時その時にこしらえて、演説などに使っている。常識などという言葉もその例である。自由にしたところが、政治上の自由とは、国民全体が何人にも拘束されぬことだといいながら、個々の人間の自由については、隣で親子心中しかかっている人があるにも拘らず、自分はその晩キャバレー遊びをするといった、個人の自由をも含ませている。

およそ文語、即ち読書裡から得た言葉は、意味が非常に不正確である。そのためにうわべの言葉を雄弁に唱える者が、ぱっとする機会をも作っているのである。

国を真に改良し、同胞国民の幸福を願うならば、明治の国語教育に端を発した、かかる弊を改めることが、第一の急務であると私などは考えているのである。

はっきりいうならば、聞き手に理解できる言葉を使える教育、他方、人のいうことを適切に理解し、またそれは判らぬと明白にいえる人間をつくりあげる教育にせねば、せっかく立憲国・民主主義国家となっても、現在の如き国語教育のままでは効果があがらない。

現在の日本は、少数の人がえらくなるよりも、多数の人が幸福にならねばならぬときである。明治以来の国語教育に対して三省の要があろう。

第五節　明治の敬語教育

一　地方の敬語

敬語と明治史とは非常に関係が深い。端的にいえば、明治の敬語に対する教育が悪かったために、敬語の受持ちが――文語・口語にわたり――変ってしまった。そのために敬語に対する考え方が悪くなり、いくらともなく敬語が乱雑になってしまった。

敬語はもと国民が心から敬し感じたものを、その心のまま現わしたものであったが、教育が悪かったために、ただやたらに口先ばかりの敬語になってしまった。勿論これは明治以後の急速なる社会情勢の発展に伴って現われたものである。

従来、百姓その他田舎では、敬語は使わぬものと一般に考えられていた。もともと田舎では、敬語も方言で語られるので、自信の強い都会の者がそれを卑しい言葉と思い、田舎には敬語が欠乏しているとまでいわれていた。しかしこれは大変間違っていた。

田舎でも、特殊な階級は別として、中どころの家庭では、親と子、姑と嫁その他オジ・オバ等の間には、極くデリケートな敬語があり、それをきわめて自然に使っていた。こうした関係の間では、この自然の敬語は使わねば、お互すぐ敏感に感じられるほど細かいものであり、嫁などは幾分気を使っていたかとも思われるが、それぞれの関係において、無理なく、しかも心持ちの伴ったものとして使われていた。これは国語としては実によく守られてきたのである。

また、昔から百姓たちの使っていた敬語には、感情がよく現われていた。妻が亭主を食事に呼ぶ場合には、

 まま食わっしゃれ、

といい、姑には、

ばば、まま食わんせ……（遠州）

と呼ぶ。子供でも、男の上の子には若干斟酌して、まま食いな、と軽く相手をみて、言葉の使いわけをする。昔から、どの相手には、どの言葉を使うということが、語尾の僅かな差によって、きめというほど強いものではなくとも、ちゃんと定まっていた。

それが、明治の国語教育と共に、心の言葉——それぞれの地方の言葉——方言の撲滅が始まり、敬語をも標準語をもって教えようとした。そのため敬語を使いながら、自分たちの心の中の敬意の感情から遠ざかって、うとうとしいものになってしまった。それに、よい言葉をよって教える標準語の敬語は、児童にとっては、どこか学びにくい難かしい言葉であった。そして敬語は、他の言葉より一層正しく使うことをおぼえないで、今日に至った。それをもって、田舎のものは敬語を知らぬというのは大間違いであろう。

明治初年の農村は、もうかなりの文化をもっていた。野蛮国ではなかったのだから、荒っぽい無茶な方言ばかりで暮せたわけはない。勿論、田舎は都市より、いつも言葉が素朴であるのは、いつの時代でも同様であった。都市にかなり複雑なる敬語が盛行している時代でも、「ます」使用以前の言葉のあったことは事実である。

信州上伊那郡、天竜川上流の箕輪地方は、そのよい例である。この地方では誰に物をとわれても「そうだ」「行った」で、会話は一般にこういうものだと、教養のある者まで、ここ暫く以前までは思っていたらしい。そうしてこの特徴には、有力な一つの由来があった。箕輪には昔から箕輪衆とよぶ小さな地士が大勢住んでいて、頭を押えつける殿様というものの怖しさをあまり知らなかった。それであの通り折かがみが下手で、見たところ人づきが荒いのだということである。おたがいどうし敬語の必要のあまりない、つまり他より差別する必要を認める念がうすかったというに過ぎぬのである。

しかし敬語の知識が乏しかったのではない。こういう人た

ちが、神とか、君主とか、または改まった賓客とかに対して、まれに使う敬語が、いかに爽快であり、かつ印象深いものでもあったろう。また日常の敬語も都市のどぎついものに比べて、淡く微かに使われていたというに過ぎなかったのだと思う。

このような美しい、心のこもった敬語の存在を、干渉せずにむしろ成行きにまかせておけば、日本の敬語の発達にはかえってよかったであろうに、標準語教育で、すべてが改めさせられると思ったのが思い違いであった。しかも名詞・動詞をはじめ、凡てを変化せしめ得るものとしてやったのが誤りであった。国語教育では文語を扱う能力しかなかったのに、田舎の口語にまで干渉しようとした弊は、現在もまだ尾を引いているのである。田舎の人々に標準語の敬語を使わせようとすれば、彼等は心の内の感情を無視して、習い覚えた敬語を口にせねばならない。勢い都会の人の口まねをするより外仕方があるまい。まねなら大人だけでなく、子供でもよくする。ただそのまねが、その場合々々に当を得た敬語であるかどうかの判断が誰にでも出来得まい。名詞はまだやさしいかも知れない。動詞となると、これは大人でも分りにくい。ついに大体こんなような心持ちだろうと判断した敬語の片言が生れ、いう方もぎごちないが、聞かされた方も、別に敬されているとも感じられぬような事が、ざらに起きて来ているのである。

二　敬語の歴史

日本の敬語には永い歴史がある。敬語の初めというものは、礼儀の成長と共に、これを見ることが出来る。例えば目上というものは、神仏と君主、位の高い人々に限られていて、それを使用する数も場合も少なかった。これがお成りなどという臣下の家へ来て遊ぶ風習、これは鎌倉にもあったが、室町期に入って完成した。勿論政治的考慮もあり、釣合上から一カ所だけですませる訳にもゆかず、お成りをうけた家ではそれが格式にもなり、先例にもなった。最初は、関東で今でもオウバンというような、一家眷族の正月の共同飲食であったろうが、後には戦争に次ぐ位の大事件になってしまった。この風が次々と下級武士の間にも流行し、同列の間の尊卑のない間柄にも往来が繁くなった。こうした同列の間の往来でも、訪問となれば気持も改まろうし、訪われる方では座敷などという改まった部屋も必要となろう。言葉も改たまらざるを得ないのは当然であろう。

もともと同輩には敬語はありえなかった。端的にいえば学校の生活、ここでは今でも純然たる仲間の言葉が行なわれている。行儀作法をよいことだとは心得ていながら、一方には又ひどく他人行儀をにくむ階級が、社会の中堅にもいるのだから、この問題はむずかしい訳である。

江戸では、あれほど二本差した人に対して遠慮した物の言い方をした土地柄であったに拘らず、仲間同志の会話は所謂ぞんざいでいかついものであった。男同志なら、「おら」「おめえ」で通り、中分以下の女なども、男に対して別に女言葉も使わず、平気で「行くか」「来るか」などといっていたことは、近世の中本類にもよく描写せられている。もっと上分の家老などという階級でも、「何々でござる」といえば同輩同志は通用したし、もう少し下級は、「何々じゃ」でよかった。このように同輩には敬語の入用はなかった。敬語はむしろそれから区別され、貴いものに対して保存されていた方が、より印象も深く価値も大きかったのである。それがお互にという条件、というより自分へも敬語を使って貰いたい期待から、仲間同志敬語を使い出したのは、先に述べた訪問流行の時代が始めだったのである。敬語本来の目的からいうと、これは類推ともいわれない程の大拡張であった。古くは、敬語を口にするものだけでなく、周囲にあって聞いたものも、身の引締まるように思ったものであろう。それが後には普通になり、それを略した者が、横着者の印象を人に与えるようになったのであろう。敬語の種類の非常な増加、言葉の頻繁な変化に伴う印象の鈍り、それを補なわねばならぬ新しい表現の続出など、すべてがここに原因をもっているかと思う。それよりも大きな変化は、敬語を敬意の有無に依らず、ただ上品なる言葉として使用を強い、省略を責める気風が一般的になったことである。

敬語のもう一つの在り方は、敬意をもってではなく、親しからざるものに使う方法である。中部以東では全く聞かぬが、桶屋をイヒダドンといい、紺屋をクヤドンという方言がある。これは町方では早くすたれ、村方ではまだ残っている。これらの職業の人々はもと村から村へ季節をきめて廻った旅のものであったからである。ストレンジャーもまた、同じ扱いを受けた。彼等は村の仲間ではなく、多少改まった言い方をうけたのは、尊敬のためではないようである。仲間でなかったからである。

同じような使い方に、昔話の話方がある。

昔々大きな猿どんが、または、蟹どんが、「おらしたげな」とか、また「来らしたげな」と敬語で話が始まる。これはこの種の敬語の最下級のものであるが、それでも彼らを人がましく取扱ったと言い条、決して自分らの仲間ではないこと、即ち他人行儀を明示する一方法であったらしい。犬猫には「どん」も「来らしたげな」も使わぬのは、身近のものとしての意識が働いていたのであろうか。

村うち・仲間うちに、敬語の必要が滅多に起きなかったことは、毎年同じ頃に廻ってきて、きまって仕事を頼む紺屋や桶屋さえも、改まった言葉を使って、自分たちの仲間扱いをしなかったことによっても判る。江戸でも固定した家々の続いた町並では、町内うちでは殆んど敬語らしい言葉づかいはしていなかった。それが明治に入ってほどなく影を潜めたのは、隣近所へ雑多な他処者が来て住んだからで、つまり敬語を必要としなかった「仲間」が崩壊してしまったのである。隣は何をする人ぞ、となれば、たまさかに顔を合せてもいきなり「おめえ」とはいえぬことになる。一おうの敬語を使っておけば、相手が何者でも、めったな間違いはあるまい。

もうひとつ敬語繁雑のもとは、敬語と上品なる生活との混同、よい生活をする人が、敬語を使用する階級であるための模倣から、格別必要のない区域までこれを拡張したためである。この拡張の中には、近年「殿」より上位の「様」がある。お正月様・盆様・二十三夜様などは、この日祭られる神もあるので理由もよほど判り、炉の鉤をかぎ様、竈をおくさんの類は、現にまだ拝んでいる者が、少しはあるので、様付も無知な敬称ともいえまい。絵をえぇさんと呼ぶのは、もと仏画が始りであるし、お粥さんも言い起こりだけは察せられる。お豆さん・おいもはんに至っては、なんとも想像がつかぬが、これは恐らく児童を間接の聞手としたものであろう。敬語は要するにその拡張によって、少なからず効果を低め、印象を散漫にしたのである。

間接敬語はむずかしいので、児童などは大抵間違える。それを明治以後の文語教育では敬語は一括して、相手によって使用をかえる面倒な複雑さを止めようという原則から、今日では使いものにならぬ敬語教育をほどこしている。読本に「おとうさまが何々とおしゃいました」とか「お母さんがおかえりになりました」などと書いて、これがよい標準語と標示している。そしてこれが同輩ばかりの共同の敬語だということを教えない結果、人前に出て髭男が嬰児同様な口のききかたをする。この風は以前から上方にあった。「うちのおかあはんがこう言やはります」などは、どうみても満足な物言いではない。

昔からのしきたりで、自分側に属する事物は、普通の言葉を用いてよいのだが、わざと愚兄だの、豚児だのと悪口に近い語を使って、相手への敬語の効果を補おうとするのが、礼儀正しい人の物言いであった。

明治の教育が、読方で「お父さんが……」と教えるだけで、これほど厳粛な由来ある敬語の教育を、少しもやらぬということは何としても失敗であった。堂々たる男子までが長上の前でも「おかあさんが」などと馬鹿げた口をきく如き、至る所に敬語の使い方を知らぬ人々が生じているのである。そうかと思うと、何にでも最上級の敬語を使っても、使われる方でも不安とも何とも感じないほどに、若い人たちの感覚が鈍っているのである。

敬語は日本語の特長だといっているが、明治年間に発生したこの乱脈さは、一方には、人の口まね・早合点という誤りもあるが、一方に於ては教員の養成に、敬語というものを教えるすべを授けなかったのが誤りであった。そのために敬語は、最上級一本槍の敬語となり、正しい敬語を使える人々は、限られた人になるという零落ぶりを示している。この事は明治の国語教育が責を負うべきものであり、また明治の文化史の特徴として残るであろう。

第六節　標準語と方言

一　方言の撲滅

明治の義務教育と共に始まった標準語普及運動と、その当然の帰着としての方言撲滅運動とは、明治の国語史のうちでの大きな問題であろう。

日本は方言の珍らしく多い国であり、それがいつまでも幅をきかせている国である。我々はこれを単なる停滞とみず、何かまだかくれた歴史上の理由、地理から心理にわたっての、くさぐさの原因の、徴明に作用するものがあったことを想像して、永い年月の間、注意をこの現象に傾けていた。しかしこれを以て、世のいわゆる標準語運動の障碍であるかの如く、説こうとするものがあるならば、それはただ一種失敗の口実に過ぎない、国語の統一は大きな趨勢である。仮に全く打棄てておこうとも、自然の帰着点はそこより他にはない、それが明治の義務教育以来、何十年の努力を重ねつつも、なお同じあたりを行き戻りしていたのは、要するに目のつけどころ、力の入れどころが悪かったからではなかったか。今日方言保存の論を抱くものは恐らく一人もないが、明治以来の標準語観は誤りであり、これが話方教育の要点を余りにも軽視していたことだけは、かなり久しい前から私たちも注意している。その点を少しも論究してみようとしなかったことが、局に当った人たちの落度ではないかと思う。

国語はどんなことをしても、時と共に変化せずにおらぬものだということ、これは我々の至って平凡なる経験である。そういう中でも方言は変化の特に激しいもので、しかもまた最も自然なものであった。大方は誰の促進でもなく、土地に集り住むものの心の進み、または時々の必要に応じて、各々ほとんど無意識に採用しているものが多い。国の共同生活の新たなる計画に伴なって、標準語化という更にもう一回の変化を重ねさせねばならぬとすれば、この場合こそ寧ろ内外両側から、どういう在来の言葉が出来ていたのかを、精しく考えて見るべき機会であった筈である。それをしなかった事に問題があったのである。

方言のここ七、八十年間の減少の実状をもって、古い昔ほど各地の相違が顕著であり、通訳の要るような言葉だったと考えるのは間違いと思う。今は幽かな証跡しか残ってはおらぬが、方言の現象はずっと古くは少なく、後世になってだんだんと増加して来たことは想像せられるのである。古くは、国内の北に東に、西に南に少しずつ国民の移住した歴史と考え合せると、むしろかつては、土地を異にしながら、全く同じ物言いをしていた時代も考えられる、少くも三世や五世の子孫までは、どこから来たのかを言葉によって、今でもおおよそ見当がつけられる例は稀ではなかったのである。それが維新の際九州の武士が、奥州へ行って話が通ぜず、謡の言葉で物をいったら通じたという、民間に流布している話のように、お互に違った言葉になってしまったというのは、其原因が比較的新しい時代に起こり、それが次々と積み重ねられ、入り組んでいるものと見なければならない。実際また多数の単語の句法には、それ自身が後々の発生であることを、物語っているものが極めて多いのである、言葉のくせが、土や草木について、人の来るのを待っている筈はないのである。人より外に言葉をいいかえ、使いわけるものがなかったとすれば、この変化は、最初の住民が住みついて後のもの、むしろ以前の仲間から隔離していたことが、その原因であったと見なければならない。

特に地方差の繁雑になったのは近世であった。封鎖的な各藩が、已が領土の出入口に関所を設け、各々御城下町としての小社会を形造っていれば、それぞれのお国言葉が、不十分なる交通状態の下に、甲乙の土地の間で甚しく相違してくるのは当然であろう。言葉は国の手形といわれたほど、地方毎の方言は截然と区別されたかの如く見えたのである。

明治の義務教育において、この地方差の甚しい方言を撲滅して、標準語教育をほどこし、国語の統一をはかろうとしたのは、進歩的な方策ですらあった。しかし惜むらくは、あまりに性急な標準語の強制が、殆んどその所期の目的を達せず、かえって国語を今日の混乱に落し入れたことである。

二　標準語化の運動

標準語という言葉は、上田万年先生の発案だというが、それに相当する事実は古くからあった。文語、つまり文章は始めから統一していた。目的によって形が変るだけで、誰が書いて、どこへ持って行っても、通用しないというものはない。これが理解されず、非難されるのは、文章には言い方と使うべき単語、御手本といってもよいほどに厳重な約束があって、それを守らぬ場合であった。

次に私らがハレの言葉といっているもの、即ち改まった折りの物言いにも、国を通じて一定の型があった。「ハレの言葉」の最初の目途は、信仰行事であったように私などは想像している。口承文学などは、幾分古風な、また最も日本語らしい語辞句形が、選択されてこれに用いられ、それぞれの場合に応じて適切な効果をあげていた。その他挨拶・口上・演説などのハレの言葉にも、国を通じての一定の型があり、いいそこなうと笑われるという怖ろしい制裁があった。ただその型には時代毎に変遷があって、田舎は幾分か移り方がおくれるということはあるが、それは固苦しいとか、律儀とかいうだけで、一つ前の標準語なのだから、笑う方が悪いとしてあった。

文章とハレの言葉は、早くからこのように統一があったので、標準のあったのもふしぎはなかった。更に第三の、地方差のいちじるしい日常の口言葉にも、もとは標準語としか呼びえないものがあった。ただその通用区域が今よりずっと限られ、全国に唯一つというわけではなかった点が違うのである。以前は小さい中心地が数多く、後に次第にやや大きいものに併呑せられ、周囲の地方がその上品な言葉の方に改まって行こうとする傾向は今でも見られる。東京も京都も大阪も、大よそ同じような力をもって、周囲の地方に臨んでいたのが、近い頃までの実状であった。方言をただ田舎の奇異な現象の如く解する人の多かった理由は、これら大小中心地に於いては、それぞれその土地限りの国語の統一があったからである。統一は国語の本性であるのみならず、寧ろ今まではその力がよく働き過ぎていたために、区域の外へ出てゆくと、始めて甲乙の相違が心づかれるのである。要するに大きな統一の欠けていることを、知らずにいた人が多かったのである。

明治以後の、全国を唯一の標準語に統一しようとした運動は、標準語は時代と伴なって変って行くことを考慮に入れなかったのではないだろうか。制定などという語を使う人の中には、或は国中でいつでも守れるようなものを、きめて置こうとしてはいないか。この点を明らかにした上でないと、国語統一の方策は立つまい。

次に標準語という名称の、内容の曖昧なことである。近寄って見れば目鼻のない顔のようなものである。始めてこの語の出来た頃の事情を想像すると、同じ一つの事物に、土地によって、それぞれ違った名や言い方が幾通りもある。それではお互に理解できぬ場合が多いので、どれかその内の一つというよりも、東京とか京都とかに前から行なわれている、いい言葉をきめて、それだけを使うことにしたらという事で、これをまず標準語と呼んだものらしい。

一方に英語・ドイツ語があるように、標準というよい言葉があるかの如き誤解を生じたのである。ないとは決していえないが、現在ではまだなんとも、とらまえ処のないものである。問題になるのは地方限りの必要、次にはこれから新たに起こるべき個々の必要に対して、何を標準にして、国内の日常の言葉を統一しようかという点である。都市の生活は消費に片寄っている。生産用語に乏しい。それは職業語だから、もし入用なら田舎のを借りればよいと思うかも知れない。だが一つの事物に対して、各地まちまちであったら、どれに統一したらよいか、また、もしどこの方言もまずかったらどうするか、これに答えられぬようなら標準語でも何でもないのである。

方言は、どれも粗雑な、不正確な、無くてもすむものばかりと思っているのは、それこそ無智の独断である。明治以後、方言は衰微の一途をたどっているが、それでも今日まだ地方にあるものは大都市のものより多い。しかもまだ立派に生きて使われている。これほど莫大な地方語が対訳もなしに、標準語が制定されているのは、どう考えても奇怪な事実である。

もし小学読本程度の単語なり句法なりだけで、人が心のうちを語らねばならぬというのが、国語の統一だとするならば、国民をオシに仕立てる運動だと酷評されても仕方があるまい。

三　日常の言葉

我々の口言葉が明治以来の如く激しく変った時代はなかったと思われるが、それは単語の増加よりも、又その突如たる消滅よりも、主として漢語・洋語の段々の蓄積の上に現われている。江戸時代の漢学は人の数こそ少なかったが、これに携わっている者の漢語に対する親しみは、はるかに深かった。詩文も近年よりはずっと上手であり、おまけに唐音を操る人もあった位だが、それでも日常の会話に書物の語の出るのを、悪い趣味としていた形跡は色々なものに見られる。それが明治新世と共に、浅く学ぶ者の数がふえ、未熟者が盛んに漢語を振りまわしたのだから、いわゆる半可通の唐変木が、流行を作ったと見てまちがいではない。最も口語に近い文章として親しまれている小学読本にも、案外に漢語が多くなっており、少し見慣れぬ字はすべて漢音で読もうとする気風が、若い人たちの間にひろがっている。それと共に文語、即ち書いたものに出ている言葉なら、どれでも勝手に使ってよく、お前知らんのかと逆捩を食わせたり、或はどんな字を書くかと畳の上に描いてみたりするという、日本独得の奇抜な会話が現在では普通になってしまった。これと、でたらめな漢字を二個合せて、ろくに漢語も知らぬ者が、任意に幾らでも文語を作るという、途方もない慣行とが、提携したのだから、我邦の日常の言葉はめちゃめちゃに荒れてしまった。これも私は読本のせいだと考えている。実用を旨とする、義務となづける普通強制の教育に、漢字教育のむずかしい素読式を加味したのが誤りではなかったか。これを教わる生徒の方では、ただ暗記に終始して、言葉をもう一度他に適用する道に疎くなるばかりである。殊に地方の児童ともなれば、改まった物言いをされれば、余程敏捷なものでも、早速には返事も出来ない。読み方の教育が彼らの日常の言葉に何の役にも立っていないことを示している。

日本には口の言葉を教える学校がなく、またこれを研究する公けの機関もない。これは国語統一を希望せず、標準語などなくても結構というものの態度としか見えないのである。地方の言葉のまちまちになっていておかしいのは、好いにも悪いにも、別の言い方の有ることを知らずに大きくなるものが多いからである。知らぬから教える、これが国語教育であろうが、誰が教えるかが問題である。勿論教員である。その教員が府県の師範学校で数年の間、みっしり勉強して来たという国語は、書物に書いたもの、それも五、六百年以来のものであった。もっと体裁のよい言葉があることを知っていても、さてその正真の見本に接することはめったにない。たとえ東京で学んでも、学びうる国語は国文学の隣、中古の文言葉に精しくなるばかりで、自分の物言いさえ改まらぬうちに学校を出て行くのである。小学校の読本だけは、多分あの通りを、口でいってもよいものだろうと思っているものもある。また東京語のどの部分が、果していわれる如く標準語となるに適するか、それに何を除き、何を加えて完全なものにすることを得るかなど、判断するように養成せられていない。仮に蓄音機のように東京の言葉を覚えて帰ったとしても、それが代表的なものだといい切れるかどうか疑わしい。当然の順序としては、まず現在の国語の姿、それが中央と地方と、どの程度に既に一致し、又どれだけの過不足に悩んで、統一の道を進みかねているかを、いくら厄介でも一通りは知ってかかることである。早晩消えて行くものとしても、なお方言は究めて見る必要がある。

方言の使用をやめさせようと思えば、その代りになる言葉を与えるより他に途はない。ちょうど二つの言い方が同じだとすれば、人はすすめられなくても、よい言葉の方へ傾むいてゆくのは、既に国語の歴史が明示している。それを二度や三度耳にしただけでは腑に落ちず、また安心して使う気になれぬのは、むしろ篤実な気質なので、こういう人たちに体験させてこそ、言葉は根を下ろすのである。

代りの言葉の有無に拘らず、土語を止めろという者は論外だが、心持ちや感じの強弱に差があろうとも、これが近いから標準語だから、こちらに改めよという人もまじめな教育者

とはいえない。土地で実際に入用な言葉は、そんな事では消

えてしまうわけがないのである。

かりにやかましい人の前では口をつぐんでいても、腹では

いつ迄もこれを用い、とっさの際にはそれがとびだしもしよ

うし、またしいて新らしい語を使っても、彼らだけの間では

古い内容がそれに盛られて、一段と地方差を複雑にするだろ

う。ほどなく撲滅せらるべき方言の研究に、力を傾けるのは

無益だという考えが先立つようであるが、これは大きな思い

違いである。甲の標準語と、乙の方言と全然同じだということ

とが確実に請合ってもらえぬ以上、口まねをさせてみても結

果は無駄であり、そうでなければ誤解と喰い違いが新たに生

じ、いつになっても統一の効は奏し得ないからである。

明治にはじまった標準語運動が、方言の度外視に端を発し、

そのために国語を一層混乱と零落に陥れたとしたら、局に当

った人々の責任もまた大きいものがある。たとえ読み書きは

満点でも、物がいえず、たまたま口をきけば相手に理解出来

ぬようなことばかり、暗記だけ可能で、腹の中では小さい子

供ほどしか物が考えられず、髭の生えた人たちが、「言うに

言われぬ」だの「名状すべからざる」だの「君の心はよく分

る」だのとくりかえすような標準語教育は、もう一度立止っ

て、考え改める必要はないだろうか。

後記

風俗史に関する書物はその数決して少なくはないが、自分

はかねがねそれに一種の不満を感じていた。大きな都会に見

られる衣服や髪形の流行だけを説いて、風俗史がなりたつも

のと思っているような風があるからである。それでも最近は

新しい見方をする人がふえてきているが、以前は京都や江戸

を中心とした宮廷や、公卿あるいは武士の生活だけを記述し

て、日本風俗史と名づけていたのである。

これはもちろん理由のあることであった。歴史を残された

文献のみによって説こうとすれば、こうなるのが当然であっ

た。われわれ庶民の日常生活のような平凡な事実は記述され

るところがとぼしかった。これを知らんとすればいきおい文

献以外の事実、すなわちわれわれの民間伝承と呼んでいるも

のに着目しなければならなかった。民俗学という新しい学問

がおこって、書外史料である民間伝承を利用することによっ

て、庶民の歴史を明らかにする希望が湧いてきたのである。

明治はわが国の長い歴史の中でも最も特色のある時代であ

る。この時代の風俗を書くことは容易なわざでない。文明開

化という四文字によって代表されている、急激な西洋化にの

み多くの人々の注意が向けられているが、そうした影響を受

けた庶民の日常生活が、どのように変遷していったかという具体的な事実は割合に閑却されている。したがって既刊の明治風俗史を見てもごくせまい内容の記述にとどまっているものが多い。

風俗史という以上は、それが都市のみの事実であってはならない。農村漁村など全国にわたっての記述が含まれなければならない。われわれの試みは、農村の生活に重きを置き過ぎたかの感を読者にあたえるかもしれないが、この方面の生活を無視しては明治の風俗史を説き得ない。またわが田に水を引くのそしりはまぬかれないが、民俗学の方法の応用せらるべき領域もここにあるので、われわれはつとめて民俗資料を利用し、新機軸を出すことに心掛けた。ただ予期の成果をあげることのできなかったのは、われわれの力不足の致すところである。

本書の構想は大体編者が執筆者とはかってきめたものである。若干最初のプランを変更したものもあるが、左記の如き執筆分担によった。

第一章　総　説　柳田国男
第二章　衣食住　直江広治
第三章　村と町　和歌森太郎
第四章　家　同
第五章　旅　同
第六章　婚　姻　直江広治
第七章　葬　式　同
第八章　子供の生活　萩原竜夫
第九章　青年の生活　同
第一〇章　婦人の生活　同
第一一章　年中行事　大藤時彦
第一二章　消費生活　同
第一三章　信仰生活　同
第一四章　言語生活　柳田国男

執筆者はいずれも編者と同じく民俗学研究所に関係している人たちである。執筆に着手するまでに何回となく編集の打合せ会を開いたが、内容において多少の重複は生じたことと思う。なおじぶんの分担した第一章「総説」と第一四章「言語生活」とは江馬三枝子氏に口述筆記してもらった。もっと多くの問題に触れてみたかったがその余裕がなかったのは残念である。しかしこれでもいいたいことは一応のべたつもりである。巻末の年表は西垣晴次君を煩わした。この種の年表ははじめての試みであったので、作製に相当骨の折れたことと思う。同君はこれを基礎にしてもっと詳細なものをつくってみたいといっている。

全体の内容については、他の編とくに生活編との重複を極力避けたので、同じ題目を取扱っていても観点その他、まるまる同一のものはないと信じている。そのほか他編で当然取上ぐべき問題はそれにゆずってなるべく独自の領域を記述するように意を用いた。各章の内容と表現は執筆者の責任にこれを任せたので、そのすべてが必らずしも編者と同一意見とはいえない。また各執筆者間においても若干の見解の相異は見られるかもしれない。しかし各執筆者の記述態度と方針とは、編者と同一の歩調の下になしとげられたことを明言しておきたい。

風俗の起原ということは世人の興味をいだくことがらである。ある風俗が何年何月にはじまったということを人は知りたがるが、それは多くわからないのが本当である。風俗は社会的な現象である。ただ一人の人が新しいことをやりはじめても、それは風俗とはいえない。単なる個人の趣味に過ぎない。風俗と事物起原とはちがうのである。明治になって入ってきた西洋文物の数はおびただしかったので、それによって影響をうけた風俗の変遷は著しかった。しかしそれが大都会と地方の村落とではかなりちがっている。都会だけの流行に終ったものもあるが、都会ではじまった新しい風俗が、地方にまで波及するのには相当な年月を必要とした。これはこの本にかかげた年表をみてもわかるのである。わかり易い例でいえば、灯火の変遷など、現代でもランプやランプ以前の生活が見られるのだから、明治時代にあってもそれが少しもめずらしいことでなかった。つまり風俗の変遷はいつも斜線をえがいてかわっていくので、それを知ることが風俗史の任務だと思っている。ただ大きな都会の世相だけを見ていてはわからないのである。

明治の風俗はこの本に取上げただけではない。ここに書かなかった事実は沢山ある。限られた頁数でそのすべてをつくすことはできないし、自分は前にも類似したものを本にしたことがあるので、それとは同じことをいわないように注意した。むしろここに取上げた事象は、一つの例証として風俗の歴史がどんなものであるかをしめしたいと思ったのである。個々の事象そのものにおもきを置くよりは、全体の流れ、そこに見られる明治の特色を知りたいと考えた。明治の風俗史はしたがって明治年代だけを見ていては理解できない。明治以前からの生活事実が、明治にまであとをひいており、大正以後今日にいたるまでの生活に、明治の世相が影響を及ぼしている。風俗史の対象となる事実は、限られた政治上の年代で前後をたちきってしまうわけにいかないものである。

明治の問題は日本史を通じての問題であり、また現代の最も切実な問題にもつながっている。ただわれわれの筆がそれをあます所なく伝え得たかどうかは、読者諸君の判断にまかすほかはない。

昭和二十九年九月

編纂委員　柳　田　国　男

『明治文化史　第一三巻　風俗編』編纂委員柳田国男、昭和二九年九月三〇日、洋々社

日本人

柳田国男編

一　日本人とは

人口の問題

本書でこんど取り上げる日本人という課題は、今日までただ漠然《ばくぜん》と使われていた日本人という概念よりは、より正確なものにしたいとわれわれは期待している。

今までの一般的な傾向を見ると、こういうものが日本人であるといって、もっとも理想的な型を作り出してみたり、あるいはごく少数の、しかもまれにしか起らなかったような人物の行動をもって日本人のすべてがそうであるかのように見なすとか、または逆に非常に劣悪なある状態をもって日本人の常の性と見なそうとしたりして、実は今までの概念の不正確さを利用して、むりにこじつけようとする風潮が、公の学者のあいだにかなり強かった。われわれはこの際できるだけ努力をして、どちらにもとらわれない真実の日本人、つまりその民族全体というものを考えてみたいと思う。

東洋には古くから大勢《たいせい》ということばが流行していて、一つの新しい傾向が芽ばえてくると、その価値を確かめもしないうちから遅れずについていこうとしてあせる気持があった。この風潮はなかなか抜けがたいもので、おそらくは島国に住んで少なくとも二千年以上の長い歴史のうちにつちかわれた癖であろうから、国民はそれを承知の上で過去を考え、もしくは将来を計画するということがどうしても必要であった。ところがそういう中にも国の外部との交通が始まってくると、現に学問の側からも政治の側からも、共通しかつ同化しようとする傾向がかなり強く、したがってそれにたち遅れる者はいっそう不安になり、自分はこれに負けぬ気になって勉強しようという気持よりも、むしろ大勢の先端ばかりをさがして歩く気配が多くなった。そのために人々は、いちばんすぐれた者はどこを見ているのかということばかりを気にかけて、正確にそのもの自体の批判も分析も行われないうちに時相が次に移るというような、いわば低気圧に似た混乱が常に日本人の生活の中には漂っている。これをみずから学問しなければならない人々や、めいめいが修養の段階にある人々に決めさせようとすることは、もともとむりなのかもしれないが、少なくもこれから先、国を少しでも明るく、そして健全なものにしていくためには、この長い歴史の中に包含されている民族的な弱点を各人に意識させることからまず始めなければならない。もちろん国が安穏無事に、いつまでも長く平和な状態が続けば、この問題は決して急ぎはしないのであるが、不幸にして明るい予測ばかりが将来にあるともいいかねるために、どうしても今のうちに学問の仕方や、人間生活の方針や考え方を改めていかなければならない。

まず考えないではおられないことは、人口の問題である。これはおそらく過去二千年の歴史の中でも、かなり重要な問題をふくんでいたのにもかかわらず、最近まであまり注意を払う人はなかった。明治初年の統計に表われた人口は、たしか、三千万人をわずかに上まわっておったものが、今はその三倍近くの人口に達したという現象になるまでには、かなりの社会的な変化がなければならない。良きにつけ悪しきにつけ、単なる臆断《おくだん》で結論を出すことはさし控えるが、筆者がいちばん深く考えていることは、生存する能力ということよりもむしろ産む力の増強ということをまず考えに入れなければならないと思っている。最近は人口問題は独立した一つの学問になってかなり細かく研究されているようだから、いずれははっきりとわかる時も来ようけれども、われわれの知る限りでは、明治よりもわずか以前までには大規模なききんがあり、地方には数えきれぬほど広い面積にわたって、少し人口が増加するともうすぐにそういう結果に見舞われるという時代がかなり長く続いた。それからまた飢餓に対する不安や悲しみをまぬかれようとするいくつかの信仰も手伝って、いっそう人をして消極に導き、人口の増加をおさえようとしていたのは事実である。藩と藩とのあいだの交流も意のようにならず、豊かに人間が生活できる場所に人をまくばることの不可能な時代には、人口の増加ということは、その国にとっても、またその隣国にとっても大きな脅威であった。なぜなら国と国、もしくは藩と藩とのあいだに行われる葛藤《かっとう》や闘争の原因が、いつも人口の過多に由来することが多かったのは、今も昔も変りはない現象であったからである。

かつて雪の深い北国では、自分らの最小限度の食物をさえ確保すれば、あとは無為無能な時を費して春を待つような、いわば非常に消極的な考え方が左右していた。それがおたがいのあいだの交易の自由や、生産技術や経営規模が近代化して、より以上の生産物が獲得できるようになり、これが都会地というものを大きくする一つの原因を作りあげている。したがって一般に栄養は良く、豊かになり、生活も昔と比べてずいぶん楽になったことは事実である。こうして人口が倍以上になったのも手柄だといってよいのであるが、しかし日本全体の将来の幸福ということから考えてみると、最近のような堕胎や嬰児《えいじ》を殺すような機械的な方法だけで、閉鎖されてどこにもいきようのない日本の人口増加を阻止しようとする傾向が進んでくると、これはまたこまった一つの現象であった。これは日本人というものの全体を問題にして進んでいく学問より以外のものに頼んでおったのでは、正確な解答は得られないのは明らかである。今までは少数の聡明《そうめい》な人だけに頼み、結論を大勢ということだけできめておった傾向が非常に強かった。たいていこういう人は実際を見たり経験したりする人ではなく、机上でものを書いてばかりいるような人たちが多く、こうならなければならぬという理論的な根拠だけで大勢というものを考えていた。したがってこの大勢論者というものは、過去のかなり長い期間にわたって若干の弊害を将来に残している。われわれはむしろこうした事実をつきとめて、原因と結果とを考えてみるほかに、この大勢論者というものを批判してみる必要があると思う。

戦後から今日までの一般的な傾向を見ると、少数のすぐれた人間の予想をそのまま信じて疑わないというような傾向が日ましに強くなって、しかもその大勢論者の論議の中心点というものが、日々刻々に動いているがために、それにつちかわれた人たちが目前のこと以外に考えようとしなくなったのは、ごくあたりまえのことであった。それは家というものの性質からいっても同じことで、自分の属する家をのみ庇護しておればこと足りるのだという考え方は、次第に今日の常識のようになってきている。もちろんこれは日本ばかりではなく、人口の多い国にいけばたいていどこも同じであろうが、しかし以前には他人の犠牲においておのれの安全を願うという傾向は比較的少なく、あるいは偽善かもしれないけれども、行政の衝に当っている者は、常に「民衆」ということを眼中に入れていた。すなわちみずから庶民と切り離された雲上人としてではなく、生活の苦楽は常に民とともにあったがために、民もまた安んじて国の政治をまかせて満足できたのである。しかしながらこういう現象にも限度があって、人口が増加し、群衆というものの中に争いの気分だけで集合する者が非常にふえてくると、大勢だけで物事を考えようとする弊害がいっそう濃厚になった。政治家にとっては、この大勢で物事を判断するほうが手取り早いために、利用というよりもむしろ愛用されるきらいが多いのであるが、したがってよく昔のたとえにも引かれるように、ひとりだけ竹やぶの中に隠れて、竹に綱をつないでひっぱって、やぶの中にさもおおぜいの伏兵がいるかのような戦法を用いたのと同じような傾向は、今の政治の上にもよく現われており、それがわれわれのような老人には特に苦々しく思われるのである。

筆者のこれに対する今日までの態度は、国に固有の特徴というもの、あるいはひとりひとりの能力にはそう簡単に失われない特質というものがあるかもしれないけれども、国全体の特徴や性格というもの、つまりことばをかえていえば日本人かたぎというもので、これにも時の流れとともにかなりの推移がある。たとえば歴史の上でも、足利時代の心持と鎌倉時代のそれとは、それぞれの時代差というものがあるように、近来ではそれがもっと顕著になってきている。特に人口の増加ということに対する不安、あるいは自分が急いでいかなければその位置すべき場所を失い、分配に参与することができないという懸念があった。ただ漠然《ばくぜん》として国民がこれだけ増加したということのために、人を押しのけてでも前に進んでいなければ、当然受けるべき恩恵も受けられないという焦燥にかられて生きているのが、戦後を通じて今日までの状態である。これらの隠れた原因は、ことに始末することのできぬ人口増加が、必要以上に人間に不安を与える結果になったのだと思う。

あるいはすでに気づいている人もいるかもしれぬが、南の島々では、内地に比べて天然資源がとぼしいにもかかわらず、人口は近年になって内地以上の勢いをもって増加している。そのために機会さえあれば、海を越えて出かせぎに出るのが非常に目立った。しかもこの島に残った若干の才智のすぐれたこざかしい者は、他県や外国の大きな資本家の手先になって、同じ島に住むゆかりのない人の利益はもちろん、油断すれば縁故の者までがその損害を受けかねない状態であった。

交通が開けるに従って船会社が、次いで問屋業者がというふうに、次から次への新しい資本攻勢に当り、生産者たちはこの仲間の裏切りのためにかなりの辛苦をしている。実際に考えてみると沖縄《おきなわ》に限らず、大きな島である日本内地でも事情は同じである。他の力を利用してすぐれた地位を得ようということは明治の代に発達してきたのであるが、薩摩《さつま》の島津や豊後《ぶんご》の大友などの大名が、国内の対立を優位に保つためには、背後に外国との交通をもっていたほうが好都合であったのはその適切な例である。極端ないい方をすれば、身の安全を保つためには、外国に従属することもいとわないという植民地根性は、かなり強い力となって今日もなお指導者のあいだに共通しているのである。

こうしたもろもろの経験は、これから先も、日本人としてぜひ利用しなければならない重要なものであるために、したがって中途でこの結果を大勢論者にまかせておかないで、はたしてわれわれが想像しているような大きな結果があったかどうか、つまりこの思いがけない人口の増加というものは、国内の闘争を激しくするのみならず、ことによっては、昔から持っていた愛他心、すなわち見ず知らずの人間でも心を動かせば助け導いてやりたいという心持をそぐことになりはしないか、これはたいせつな目前の問題である。

社会と批判

話はあるいは重複するかもしれないが、めいめいがかってな生活をさえしておれば、人のことはかまっておられないということが、今日ではごく普通の常識になって、そして今はもう人の前をはばかることもなく、言っても少しも恥かしくない状態になっている。元来日本人の気持からいえば、縁もゆかりもない他の人間の挙動でも、ひまにまかせて静かに見ておって、批判する者が前は多かった。それゆえに世間の思《おも》惑《わく》がこわいから、親をいじめたくともそれができないとか、笑われるから夫婦《ふうふ》喧嘩《げんか》もさしひかえるとかいう考えがあって、人は肩あげのとれるころからおたがいに批評の対象になっていた。そしてその批評はいつも本人に面と向かってされるのではなく、本人の気づかぬ陰や背後でいわれることがいやなばかりに、自然に自分の行為にも節度を保ち続けてきたのである。もちろん干渉の強すぎる村落の生活を決して賛美するものではないが、要するにわれわれのあいだに起った批判というものの起りは、外部の人間が等しく関心を持ち、かつ外部の人間であるがため公平な判断を下すことができた。日本人は元来小さな社会の中にこうした外部の制裁に基いて自己を形成してきたのである。いわばこれは公衆道徳の一つの成長といえるのである。しかしこの公衆道徳たるやきわめて貧弱なもので、かげ口や批判というものが必ずしも常に正しいとばかりはきまっていなかったが、実は日本人はそういいながらも、考え方に時代的な差異こそあれ、なすべきことの善と悪との差別はちゃんと心得ていた。それが世の中が次第に改まり、かって気ままな生活をする者の障害もなくなって、異郷人ばかりが隣り合わせて住むようになると、世間の批判は希薄になり、いいたい者にはいわせておけ、おれは痛くもかゆくもないからと思い始めてくると、もう公衆道徳の新たに成長する望みはない。そのために前代人の美しい行状や忠孝の二字をさえ教えておけば、人間生活の倫理は保ち続けられるだろうと思いこんで、社会組織の相違した都会も村々も同一の学校教育で補おうとしたことが、後悔せられることになった。その理由のすべてをここで簡単に述べることはむつかしいが、戦後の社会思想の混乱を見ればひと目でわかるとおり、もし最初から人間生活と直接に結びついた基礎教育が備わってさえいたら、たとえ世の中が急に変ったとしても、そういつまでもこんな虚脱状態を続けることもなかったろう。この理由を深く考えず、少数の知識人や警察にだけ頼んでいたのでは、いつまでたっても世の中は明るくなる気づかいはないのである。これを正しく人に意識させるためには、いろいろ方法もあろうけれども、筆者はやはり歴史の学問が重要だと考えている。歴史というものは今までのように、年代や偉人の業績ばかりを覚えさせるのが目的ではなく、人間が形成する社会生活の中で、客観的に自分のなすべきことを悟り得、また素養と知識とをもって次の判断を正確にすることにある。こういうことは直ちに政治の上にも現われてくることは、今さらいうまでもないことである。そのもっとも極端な例はいつも繰り返して説く女性の政治意識の問題である。ことに農村では経営組織が合理化されていないところが多いため、常日ごろの労働が激しく、ゆっくり考えたり、物事を批判する正しい知識の基礎がとぼしく、選挙に当ってもっとも安全な方法として、主人のいうとおり投票するのが常であった。特に現在のように文化偏重の国では、地方で何か読もうとしても、その大部分は宣伝であるために、人はよく判断する機会を失いがちなのである。われわれが説く歴史的なものの見方の必要は、これこれの知識をもっていなければならぬというような根本的な人間の修養にもかなうけれども、それ以外にやはりよく生きる、あるいは正しい社会をつくるということの必要から来ているのである。最近よく使われる歴史哲学や史観というものもなんら変ったことはないはずなのに、近来になって、それぞれの人たちの判断の仕方や考え方まで固定させてしまうということが、少しずつ世間に流行して、これが次第に広がっていく傾向にあるようだが、本人の正確な批判力を養成していこうとするわれわれにとっては限りなく不満を感ぜられるものである。

それと伴って起ったもう一つの新たな風潮は、子供から成人するまでに覚えることばの順序というものは、どこの国でも同じであるが、日本ではあいにく明治になって、文語体の書物の中からそのまま取り入れたことばを使用して、聞く相手がよく理解できないか、あるいはまごつくことを予期して語ることによって、自己の権威を誇張したり、ある種の優越感をいだいたりすることが、有識階級に一般的に行われる傾向ができたことである。この現象は明治維新の後に限って現われた注意しなければならぬ日本だけの弱点で、白状すれば筆者なども書物ばかり読んでおった人間であるがゆえに、語る相手も書物の読めるような者、もしくは字義をわきまえた人でさえあればよいといったような、非常に限られた心持でおったのであったが、しかしこれがごく平凡な、教育も満足に受けられなかった遠い小島や、草深いいなかに住んでいる人たちと交渉をもつようになってくると、もうこのままでは押し通せないことを知らされてきた。こういうことも影響してか、日本人は非常に漠然《ばくぜん》とした概念をそのまま鵜のみにして、早合点する傾向があることをわれわれは経験している。手近い話では義理ということばがそうである。今ではもう、いやだけれども仕方がないからやるのだということが当世の人の考えている概念なのだが、本来は義理というのは人間としてかくあらねばならぬという意味で、その二つのあいだには非常なへだたりがあるにもかかわらず、その差を飛び越えて早合点してしまう弊害は、義理に限らず、今われわれが明けても暮れても使っている文化とか社会ということばがみなその類に属するのである。このような抽象的なことばはことに新聞がまずその傾向を助長した。それより手近にいちばんよく耳に響き手取り早くわかるのは選挙演説である。そのいずれも、相手が正確に理解するかどうかということを少しも予期しないで、むりに押しつけるという傾向が強く、よくえらそうな口をきくというが、難解なことばで相手を煙に巻けば、もうそれだけで凡俗な人たちはたちまち魅了されてしまう、いわばことばや文字の押売りである。これは同じ高さの上で向かい合って話し合っているというのではなく、一方はよほど押の強い人でも、絶えずひとり合点してかってな解釈をして、それについていくために静かに考え判断する余裕がなく、そこに理解と判断とのあいだに非常な距離ができてしまったのである。すなわちことばのみを豊かにしても国が少しも明るくならない原因である。

もちろんそのすべての者を非難するのでは決してないが、それらの中にいくばくかのやや優秀な文字に親しむ者とか、感覚の多少鋭い人とかが、大づかみでもって常にこうでもあろうかと解釈するような人たちを相手にして、最近流行のマス・コミュニケーションというような形で進んでいってよいものかどうかを、筆者は危ぶまないではおられない。したがってそういうことをもっともまじめに憂えている人たちに対してすらも、なお非難せずにはおられないことは、彼らは外国人の書いた正確な論議をそのまま日本に当てはめようとすることで、それが筆者には大きな失敗のような気がしてならないのである。

日本では島国でなければ起らない現象がいくつかあった。いつでもあの人たちにまかせておけば、われわれのために悪いようなことはしてくれないだろうということから出発して、それとなく世の中の大勢をながめておって、皆が進む方向についていきさえすれば安全だという考え方が非常に強かった。いってみれば、魚や渡り鳥のように、群れに従う性質の非常に強い国なのである。そのために相手が理解しようがすまいがむとんじゃくに、自分の偉大さを誇示するために難解なことばをもって、ややすぐれた者が、ややすぐれない者を率いる形になっておったのでは、真の民主政治がいつまでたってもできる気づかいはないのである。せめてわれわれの仲間だけは一つ一つについて、より具体的にマス・コミュニケーションというものの長所と弱点を、真剣に考えてみなければならない。こういうことこそ、無識であった世の多くの人たちを、というよりも文字にあまり縁のなかった人々を対象にして、今日までの変遷を知ろうとする民俗学をやる諸君が、真先に考えねばならぬ大切な問題だと考える。

三　家の観念

法律と経験

いま民法改正の問題にからんで、家族制度の復活がとりざたせられているのであるが、わたくしどもが常日ごろ考えて疑わずにおれないことは、法律が一つ変れば、長い習慣に育てられた世の中の姿も一挙に改まるかということで、単なる両院の決議によって、すぐに一国の制度を改めうると思うのは、少なくとも、長い時代の経験に生きてきた者のとるべき態度ではなかった。それを廃止するにしても、また大改正するにしても、まずもってわれわれの経験を再吟味する必要があった。そういう過去の行きがかりに対して、今まで反省せられたことがあるかどうか、少なくともはなはだ大ざっぱで、また冷淡であったために、過去のことを説くにも、今までの歴史は非常にかたより、かつ簡単であり、せっかくの貴重な経験を経てきておりながらも、それを有意義に利用することができないままに時代は次々に進み、忘れ去られていくというきらいは多かった。特にこんどの如き大事件のあった前後の事情、もしくは大事件そのもの、あるいはその事件に関与したわずかな人々の自伝とか、生活とかというものを集めて書かれたものが、現在までの歴史であり、かつ世の中の欠点でもあった。すなわちそれをもちきたったところの、名もない一般庶民の行為の価値というものについては、実は今日の文献史学の研究では反省の道がなかったし、また顧みられてもいないのである。われわれが民俗学を名づけて反省の学問ということを力を入れるのはそのためであって、歴史的な考察なしに時の世論だけに基いて、しかも制度が浮草のように漂い変っていくものであったら、悪くなる場合のみ多くして、よくなる機会などは望みも得ないであろう。

家の問題について改めて考えてみると、法律というものは、必要に迫られた時の問題を解決する時の基準になるだけであって、それが多数の、平和に過ごしており、また一度も法律のやっかいになったことのない人々の生き方をも指導しうるものではないということをわれわれは知っている。ことに家族主義、個人主義の対立のごときは、わたくしどもから考えると、そんなことがありうるかと思われるくらい奇抜な問題で、いかなる家族主義の下においても個人は個人なりのことを考えてきているのであり、またわれわれのような比較的自由な生活をしている者であっても、しばしばもっとも小さい群れの生活に戻らなければならぬような場合が多く、ひとりひとりの人間が寄り集まって作った会社のような社会であってすらも、なおいつとはなくおのずから小さな群れという約束ができあがってくるのである。それを新聞などで伝え聞くと、法律を改正しさえすれば、制度はすなわち変化するもののように見えている。法律学者にだけまかせておけば、国の生活はよくも悪くもなるという考え方が強いのは、少なくとも過去の経験をもたない、またもっていても、それを取り出して反省してみる心がけのない社会の人についてのみいえることである。時の経過に従って古くなればなるほど、切実な問題もその価値を失い、重要性は日とともに薄らぎ、大づかみに自分だけで速断する機会が多くなるために、それを前提にして出発するような論議ばかりが強く、これがわれわれをして新たにもう一段と大きく、反省してみる学問の必要を痛感させられる原因ともなったのである。

かつて戦争の終ったばかりのある日、有名な左翼の人の来訪を受けた時、そのころからもっとも問題の多かった家の話を取り上げた中に、いかように利口な人間であっても、幾人かの群れの生活を必要としなければ、暮せない時期がありはしないか、たとえば、親をなくした子の場合、もしくは子を失った親の場合というような、ヘルプレスと英語で呼ぶ寂しい状態、あるいは人の助け合いを必要とする場合に直面した時、いったいどうすればよいのだと尋ねたことがあった。なあにそれには完全なる孤児院、完全なる養老院ができて、それで皆が独立独歩してさしつかえないのだということを筆者に対して答えたのであったが、考えてみるとそれから十年、月日ばかりが早くたって、社会の進歩は依然としておそく、今もってその日本のどこにも完全に近い孤児院、養老院がないばかりか、貧しくして弱い者は、社会からなげやりにされて顧みられず、結核になる人間の数は、そのために用意せられたベッドの数よりも数十倍するという有様で、入用なだけの保護が社会から与えられるということが望めない今の状態で、新しい意味での家の改革や個人主義を促進していくだけの条件が備わっているかどうかを、特にその道に携わる人たちに、まず問うてみたいと思う。やがて社会が進みさえすれば、もうほんのしばらくのあいだがまんしさえすれば、社会がそれを保護してくれるだろうからといって、先を楽しみにしておくのはけっこうだけれども、どう考えてみても今のような状態で、明るい希望を将来に託するのはむつかしい。このままの有様で現在の家族制度を無用視するような論議を容認してよいかどうか、われわれはもっと真剣に、そして冷静な目で、もう一度批判しなければならぬ立場に今おかれているのである。

世間と学問

元来家というものの意義が、単に集まっているという以上に、日本ではもう一つの任務があった。それも百年前ごろから、世の変遷とともに意識は薄れつつあるが、つまり善悪の基準ともなるべき古くからの慣行で、これがかなり強く家に要求されておったのが、近年になっていちじるしく衰えてしまった。この経過について一応正しく理解しておくことは、これから先の問題を決めていくための一つの予備条件になるのである。かりに右から左に急激に変化し得られる事態があったとしても、なお世間はこの知識を必要とするだろう。なぜなら知識は正しい判断の基礎になるのであるから。ましてやおおぜいの人間の合同作業によって、徐々に改良していくものをなんらの予備知識なしに決定してしまうということは、それ自体問題を混乱に導くだけである。今までの教育がちっともこのようなことを考えずに、ただ世の中の情勢をさえ教えておけば、人間の行為なり考え方がぴったり変りうるものと考えていたところに、一つの大いなる国民的な悲しみがあった。新しい何かの現象が流行すれば、なんの判断もなくすぐに利用しようとしていた。いってみれば民俗学に対する世間の好奇心のようなものもそれであった。が、ただ切れ切れのおもしろそうな事実とか、珍しい物品とかいうものばかりに走りたがる傾向を、常にわれわれがおさえようとしていたのは、簡単なことばでいってみれば、それ以外にもっと重要な、しなければならぬことがあるということであり、かつわれわれが今まで知っていたということは、それは実に微小な片端で、意識した改良をしていくために、おおぜいの正しい判断が自然に合致できるように、おたがいが小さな努力を積み重ね、繰り広げていきたいという念願からでもあった。

学問は、すぐ世の中の役にたつものではないということをよく哲学者は口にするのであるが、しかしながらいくつかの需要がここにあれば、少なくもいちばん目前のもっとも痛切な要求に答えうることを、まずもって学びとらなければならない。そういった意味で、民俗学が今日までに成し遂げたことというのは、実をいえば、人に誇るに足るほどの仕事はしていないのである。それというのも、筆者のような古い人間は、最初は民俗学の興味へ世間の人たちをひきつけようという気持から、なるべくおもしろそうな問題のみを選んできたためでもあった。それが世の中は依然として暗く、国の将来は気づかわしいために、ふだんそんなことばかりしてのんきに構えてはおれない世の中になってしまって、今までせっかくたくわえてきた経験を役だたせる機会が危くなってしまった。特に戦争の終った後などは、ただなんとなく人々の考え方を大勢《たいせい》というものが支配していた。そのせいも手伝ってか、戦後十年間というものはほとんど足踏みの状態であって、むしろ世相は一段と暗く不安になってきている。以前はわずかな功利的行為でも、たまたま世間が承知しないからとか、人の批判がこわいからということのために、たとえそのかりそめの行為にも、自制心と慎重さがかなり強く働いていた。今では、その陰の力が非常に弱くなってしまって、各人がかって気ままな生活をして生きているのであるが、かつては三人の自由な批評よりも、ひとりのまじめな意見が勝っていたという時代がかなり長く続いて、社会全体の歩みが横道にそれることのないように深い注意を払ってきた。日本の学者の心構えというものが今は少し変ってきて、以前には自分ひとりが自分のためばかりに学問にはげむのではなく、周囲の学ぼうとしてできない境涯の人々のために、代って知っていよう代って考えてやろうというのが、ほとんどいつの時代にも共通した東洋の学者のもっとも特徴のある伝統として、自他ともに認められていた。ところが知らぬまにそういう自負心と意識は衰え、学者のほうがむしろ地位を守ろう名を挙げようとする、利己的だと思われてもあやしまないほど変化してしまった。

一般的にいって、ここ数年来の日本人というものは恐ろしくなるほど質は低下し、粗雑になってきているのである。したがってそういうおおぜいの中にも、あせた秋の落葉のような、見たところ姿のかんばしくなく、また将来の楽しみの非常に少ないものがあるので、それを気づかせる人をひとりでも多く作り育てていくために、ちっとも気を弱めずに進んでいけるという学問が一つ起っているのである。われわれが民俗学という小さな学問の区域に割拠しておりながら、なお日本全体を背負って立つようなことをいう理由はそこにある。

ことに日本人はある少数の学者だけにその教えを仰ぎ、彼らのいいなりに、至極ごもっともだといいながらついてきたのであるが、その人たちのちっとも顧みなかった隠れた日本の興味ある新事実が今はまた発見せられる。いってみればわれわれが無学であったということのために、新たに知ることの多かったことを喜び、かつは泣いたり悲しんだりしている人たちを少しでも救うことのできるほうに、この学問をまず応用してみたいというのが、われわれの主旨であった。

家と女性

女性は一生のあいだに、男のたれよりももっとも多く群れの助けを借りなければ生きていくことに困難を感じる場合がきわめて多い。今までの社会が今日よりもなお一段と不幸なせいでもあったろうが、ひとりでは生きられないということはことに農村における寡婦《かふ》などにその例が多かった。次第に農業が近代化してきて、もうそのかぼそい手には負えなくなり、家に働き手がなくなれば、もう家の滅びる前兆であった。かりに男児が二、三人あって、もう五年待てば、あと十年もすればということがわかっていても、そのあいだの経営を継続していくことが困難なために、どうしても人の情にすがらなければ、生きていけないということは、農村の古今を通じての一つの特徴であった。そのためにユイやモヤイのような共同労働が発達する素地が多く残されているのである。

元来農村には法律の適用される機会が少なく、たとえば子供を残して親が死亡した場合のような制度は、成文化された法律こそなけれ、日本の長いあいだの慣習で、そのめんどうは周囲の共同責任に課されていた例は多かった。だいたい一族縁者がこの降ってわいた不幸の始末は引受けていた。租税なども昔は村全部の共同負担であったために、働き手のいなくなった家庭があったとしても、その所有地は一時的にも手の余っている者に小作をさせながら、自分の子の成長を待つような仕組みは、近世三百年ばかりの歴史の中では常道とされていた。それが農村の協同体制が次第に希薄になり、分化するに従って、小利口な、そして悪質な隣人が多くなり、安心して子の成長ばかりを気長く待ってはいられないような、せちがらい世の中になってしまったのである。

またその一方に、孤児の世話をする縁者の者も、家と家の利害関係の利のほうが次第に薄れてくると、事ごとにめんどうな場合が多くなり、数軒の家が申し合わせて一月とか半月とかを食べまわるような、いってみれば一部は人情から、一部は今までの行きがかりというふうなことから発した仕組みであった。こういう子供が成長したのち、幸福な人間になれる気づかいはまずなく、不完全な人間として世間から指をさされる人の大部分は、こういう暗い生活の歴史をもった人が占めていたのである。しかし幸いなことには、こうした例は実ははなはだ少なく、かりに夫婦ともにその子を残して死ぬことがあったとしても、あるいは病気や出産で田畑の作業ができなかったりしても、大部分の家はそれほど大きな負担を負わずに済んだのは、日本の村の生活における特性であった。それがまず村が町になり都会になるにしたがって「隣は何をする人」かわからぬような、見も知らなかった外来者ばかり多くなり、さしせまった事情が起っても安心して依頼もできず、だからといって社会の保護も十分に望めぬようになった都会が、まず最初に不幸をもたらしたのである。例に引くのも気が引けるくらいに胸の痛くなる話であるが、生活の苦闘に堪えかねた世の若い母親たちが、まだ東西も知らぬ幼児を道連れにしてでなければ死なぬというのは、明治以後の一つの流行で、最近特に多くなり、しかも何ゆえに日本ばかりこんな悲しいことが多いのか、天を仰いで嘆息ばかりする前に、もう一度われわれは真剣に、その底に流れているものを究明する必要に迫られているのである。もしもそれらの心理現象の裏に横たわる消極的な思い切りや女の勇気というものが、従順無抵抗を本位とした江戸期以来の道徳の制約を受けて、たった一つのいのちよりほかに、その自由処分にゆだねられたるものがなかったということが、もしやこういう情ない進路を指示したものだとすれば、女性の勇気と胆力をただ死の方面にしか発露せしめないような、わけのわからぬしつけが、思慮の浅い者をしてこのほうにばかり向かわせるのではないかと思う。

筆者はすでに三十年ほども前から、女性が歴史をやらなければならぬということを説いてきているのであるが、この考えを筆者に起させたもっとも大きな原因は、都会が大きくなるにしたがって、親子心中が頻繁《ひんぱん》になってきたことからであった。女の学問というと、万々一の場合、すなわち夫が病身であったり、子をかかえて未亡人になったり、あるいは家が破産にひんして、身売りでもしなければならぬというような場合に備える教育ばかりを与えたり、受けたりすることばかりをさすように一般には考えられているようであるが、もしそれだけが女の学問であるなら、おそらくは今までの悲劇を繰り返すだけで、世の中は明るくも平和にもなることはむつかしかろう。とにかくカロリーの計算や子供の衛生だけの教育ならば、それは単なる技術の教育である。少なくも学問は、その利得が自分の一身にとどまらず、社会を今までよりも賢くすることでなければならぬ。あたかも今は古いしきたりと新しい感覚が交錯しながら、以前ならあまり考えてもみなかったような、新しい生活の問題の解決を迫られているものが多く、それを酒ばかり飲んでいる夫にまかせっきりにしたり、もしくは彼らの誤まった考えをもただ黙視してすませるのが女の役かどうか、その問題によっては職務に疲れた男の手から引取り、少なくともよい考え、新しい見方を暗示することができるはずである。そのために歴史などは、もっとも都合のよい学問の一つなのである。ただ今まであまり人々が親しめなかったのは、その歴史が不人情であったためで、ことにごくありふれた通常人の境涯というものを勘定に入れないことばかりがその中に現われていたためであった。これからはも少し名もない民衆の生活にまじっている者の中に、この学問を広げていかねばならぬと思っている。今日のように女子教育が盛んになっておりながら、なおいわゆる有閑夫人の多くできるのは、たとえ少しも悪いことはしなくても、すでに社会の一つの病だといわなければならない。

死後と家

今のような状態では、生きているあいだがせいぜいであるが、死んでからのち、英語でよく使うアフターライフという問題が、どうなるかということを勘定に入れて、日本古来の固有信仰ともっとも関係の深い、家の問題を説いておきたいと思う。

「死ぬ」ということは、あまり人の好まない問題であるために、存外書いたものは少なくて、文書の上から知ることは困難であるが、現在の宗教団体などは、ことごとく生きている人の現世利益ばかり、その以外にはあまり考えようとはせず、もちろんそれまでにはかなりの変化を続けてきているのであるが、日本人の多数は、もとは死後の世界を近く親しく、何か消息の通じているような気持をいだいていた。こういうことが、あるいは島国の民族を永続させるための一つの力になっておりはしないかと思っている。これはいくつもの理由があげられるが、生前の念願が死後には必ず達成されると考えられたことや、さらに幾度も生れ替って同じことを続けられるもののように考えた者の多かったことは事実である。すなわち執念や初一念というように、一種の念を持ち続けさせるということは、信仰上の必要があったもので、かつてそのことを説いて、どうも日本人は他の国の者よりも死ぬことを多く恐れない、むしろまたすぐ生れ替ってくるという考え方が強いのではないかといって、その結論を確かめないうちに戦争が終り、心残りに手伝われて、その時「先祖の話」を書いたのであったが、これは自分では成功したとはちっとも思っていない。それは要するに生れ替りの問題で、すなわち毎年時を定めた訪問や招待とは別に、魂がこの世に復帰するという信仰である。これは東洋でもはやくから行われているもので、仏教はもちろん転生をその特色の一つとしているが、人間の霊魂がそれっきり消えるとも思わず、古くから死の島か、霊魂の国というようなものがあって、死後の魂はそこにいくのだという考え方があった。ただ死の国にいったら帰ってこないか、もしくは時おり帰ってくるかの差で、仏教などはそのいずれにも属さないような中間的な存在であった。すなわち死から完全に絶縁するものではなくて、おりがあれば鬼や動物になってでも、現世となんらかの意味で因果関係を結んでいるという考えがあるが、これは正確な意味で批判する余地があった。生れてくる者に一つずつの魂があるとすると、非常な数の増加であるために、他の一方には消えていくものがあって、ただその中にわずかだけの魂が戻ってくるというような、いわば一つの不文律の法則のようなものが仏教にはあった。しかし日本の場合は、六道輪廻《ろくどうりんね》というような、死んだ人間の魂が違ったところに生れていくという考え方ではなくして、それよりももう少し原始的な形に近かったものだと思う。

沖縄諸島では、あの世のことをグショ（後生）と呼んでいるが、そこはわれわれの想像する所より、もっと近い場所のように考えていて、目にこそ見えね招けば必ずきたり、また自ら進んでも人に近づくことができた。そして霊魂の戻ってくる場所はその家、あるいは一族のあいだに生れ替ってくるという考え方が、かなりはっきりしていて、たとえば自分が生きていても死んでいても、上の孫ができれば自分の名をそれに譲り、孫は自分の姓と同じ祖父母から譲ってもらった名を、またその孫に伝えるという風習は、かなり長くかつ広く伝わっているが、これも生れ替りのもっともはっきりした例であろう。

転生ということばは仏教の中にもあり、中世の文学の中にも、牛やねこに生れ変ってきたり、あるこじき坊主が武田信玄に生れ変ってきたのだという説のように不規則な転生説は現われているけれども、いわず語らずのうちに認められていることは、霊魂の中のある力の弱い部分はそのまま消滅してしまい、ある選ばれた魂だけは形を失わないで戻ってくるという考えである。その戻ってくると考えられている思想にも、いくつかの変化があって、想像にも及ばないような遠い死の島で休んでいる魂のほかに、絶えずどこかをさまよっているもの、あるいは意外な時、突然生れてくるものなどがあり、だいたいわれわれの考えているところでは、まだ生命力のある若いころに不意の原因で死亡した場合などは、また生れたくてたまらないのだから、早くよみがえろうとする傾向があり、もしそうでなかったら悪いたたりを世に残すといわれている。はじめはそういうものではなかったろうけれども、人間のからだの中には、生きているうちから、幸御《さきみ》魂《たま》とか奇御《くしみ》魂《たま》というものがあって、死んだらまた生きられるという形であったのが、それがまことに平和な時代には平穏無事に、ふたたび元の人間の姿を見たのであるが、しかしそのためには、たとえば親切にいのらなければならぬとか、死ぬ時にごくねんごろな意思表示をしてやらなければならぬという、やはり若干の要件があって、突然にして不慮の死を遂げた者の悪霊というものが多くなると、魂の信仰がたいへんな混雑をしてくるのである。いまわれわれがしきりにやっている御霊《ごりょう》という信仰が盛んになったのは、平安遷都の後の世の政治上のいろいろの事件の起った時分に多かったのは文献がそれを教えている。

そのころは非常に多くの悪霊が世に出てきたために、霊という字を人間の魂の意に使わないで、雄大な魂だけに限られていた。今でも精霊《せいれい》ということばが残っていて、これはたれがかかって集めるのかは知らぬが、幽霊などと記して、わざとわれわれを気味悪がらせ、仏教のごときは、それだから早くこの世をさっぱり思い切って遠く寂光《じゃっこう》の浄土へ旅立たせ、二度とふたたび帰ってこないようにしようとしているのだが、元来この中には正しさをつらぬくため、尊い事業を完成するため化けて出た亡魂も多かった。壮齢にして世を去った人々の志を後世に残す方法は、別にいろいろと昔から求められていて、夢にまできて会おうとする約束までを素朴に信じていた時代もあれば、また現にことばをかわした人もあった。ただこれを引継ごうとする方法が悪く、相手が愚昧《ぐまい》であったばかりに陰鬱《いんうつ》をきわめた因果物語だけが世に広まり、後世になって人々からけいべつされることになったのは損な話であった。

とにかく日本には、それでも平和無事の家というものは多く、家のために生れ替って、また働いてくれるものがあるという信仰は絶えなかった。われわれにいわせると、そういうものがお盆の魂迎《たまむか》えのような形になって残っているのだと思う。もちろん盆の魂迎えは古いことではなかろうけれども、先祖の祭が寺院の管轄になったために、仏壇の管理を仏教徒にゆだねてしまって、その結果、日本の神とはおよそ縁もゆかりもないものにしてしまった。今でも快く思えないことの一つは、寺で行う施餓鬼《せがき》の意味で、施餓鬼とはその名の示すように飢えた鬼のことを意味するもので、地獄にも極楽にもいけずこの世にさまよっている鬼、すなわち祭る人のない仏のために供養するものであった。幸か不幸か多数檀徒《だんと》にとっては、文字も意味も解し難《がた》かったがために、それでも親切に自分たちの先祖を祭ってくれると思い込んでいるのは、あまりめでたい話ではなかった。

浄土宗の教えをみても、末期《まつご》の水を与える時に、十万億土のかなたで安堵《あんど》していて、二度とふたたび帰ってくるなとさとしておきながら、それでもなおきまって精霊会《しょうりょうえ》をやることに合点のいかぬ思いをする者は中世にもいて、死んでめでたい浄土に行ったものを七年忌とか十三年忌とかいってまつるわけはないのだと、親の年忌に反対したという明遍僧都《みょうへんそうず》などもそのうちのひとりであった。少なくとも仏教伝来の前後の日本においては、両立しない信仰があって、すなわち皇室を中心とする在来の信仰を強く守ろうとする者と、新しく伝来した仏教を奉持する者と、この二つの両立しない信仰が或場合には並行し、またある時は交錯しながら、それが次第に一つの流れに調和しようとしながら、現代にまで続いてきているのである。

家の持つ意味

家ということばの意味のもつ一種のあいまいさは、国家に対する家という概念と、一方では建築物という物質的な意味での家の考え方で、この二つの点がいつでも誤解のもとになっているようである。

家というものの歴史は明らかではないけれども、われわれがほぼこうだと信じて疑わないのは、イヘ（イエ）とヤということばの意味は、まるきり同じではなく、ヤというのは確かにおおいがあり、雨露をしのぐ建物のことをさすのであろう。だからミヤということばなどもあって、これもやはりヤの一つであろうけれども、イヘというのはそれ以外の内部の中心点があるもので、あるいは証拠が出てくれば、またいい方を変えなければならないかもしれないが、イヘのヘということばがある一方に、戸のことをヘと呼ぶし、また竈《かまど》のことをヘッツイということばもあるが、このヘというのは、おそらくは中心点のこと、すなわち家の中心である「火」の意味ではないかと考える。竈というのは、今こそしごく軽便なものができているが、もとは家の総員が主屋《おもや》にそれぞれ集まってきて、その広々とした座敷でおおぜいがいっしょになって食事する場合には、大きなヘッツイを中心にして集まったものであり、そこに竈の神をまつったのである。

ヤのほうは、それとはまるで反対に、いかなる小さなものでも、雨露をしのぐための屋根をさえ作れば、それはれっきとした「ヤ」である。ヤというのはだいたいにおいて家の分れたものであり、家には多くのヤが属するのだと考えなければならない。したがってわれわれが民家というものを考える時に、すぐに家という字を使用すると、そこによく誤解が生ずる。すなわちそこには独立した一軒のヤも、一つの群をなすイヘも、違った意味の二つの家が同時にふくまれてしまうからである。それがのちのち双方の見境がつかなくなってしまったが、そのいちばん大きな原因は、建築技術が進歩してきたことにあると思う。

外国では、中央をとがらせて、必ずしも大きな棟木《むなぎ》を上まで引き上げる技術を要しなかった建築方法もあるし、れんがや石を重ねていって、その上に軽い屋根を乗せて家とする所もある。そういう地方の発達と、日本のように木材をおもな材料として作る家とのあいだには、おのずから相違があって、もしも物を引き上げる器具の発達や人間の技量がなかったならば、間口の八間とか十間とか以上の大きな家は作れなかったであろう。したがって家はある時代においては大きくなった傾向が見られ、裕福な家になればなるほど、大きな家を作りたがる感覚は今でも残っていて、家が焼けた後でも、旧家を誇ろうとすると、まず一代のうちになんとかして見かけの大きい家を作ろうとするのも、その現われかもしれない。

こうした規模の大きな建築ができたのは、もちろん京都に華麗な宮殿や寺院ができる以前のものである気づかいはなく、この新しい建築技術の導入とともに家の組織、つまり無形の家というものの組織が大きく変ってきたに違いない。このことは機会あるごとに説いてきたことであるが、いずれにしてもそのヤということばがいちばんよく残っているのは、ナヤとかコヤとかという場合であって、所によってはコイヘというところもあるが、たいていはコヤで通っている。ただ一つ問題があるのは、ヘヤあるいはヒヤといっていることばが、地方においては家の一部分であって、むすこのヘヤ、娘のヘヤ、あるいは別にヘヤズミということばもあって、壁で仕切られた家の一部分だけを使っており、大建築物の中の一区画になってしまっている。これなどが、家の概念を混乱させるいちばん大きな原因になっているように筆者は思う。幸いにして地方にはマキベヤとかミソベヤとかいって、離れの小さな小屋をヘヤと呼び、瀬戸内海の多くの島の、今でも古風な婚姻の行われる土地では、ヘヤは明らかに離れであった。また伊予（愛媛県）の睦月島でも門長屋の一区画がヘヤであったのを見てもわかるように、もとはヘヤとは同一屋敷内に建てられた付属建物のことであった。建築技術がまだ農村まで入りこまなかった以前には、そういったヘヤがいくつかあって、中心の主屋《おもや》だけが、そこに大きな竈《かまど》があり、一族の者が集まってくる機会が多くなるために座を広くしたり、棟木の高いものを入れたり、あるいは屋根を高くしたりして、のちのちのりっぱな農村建築の技術が発達するにいたったものと思われる。要するにファミリーと呼ぶ一家は、決して一軒でなければならぬということはなく、つまり昔の精神的つながりをもつ一族であった時代があるので、これは今となってはたれも不思議がるものはないけれども、筆者がはじめて気づいたのは、まだ若いころであったが、奄美《あまみ》諸島のような専門の大工も、あるいは大きな材木もない所を写真で見ると、どこが中心なのかよくわからない家々が一つの屋敷の中にかたまっていて、本家が少しも大きくないために、時によると二十も三十も同じ形の家が乱雑に軒を連ねているのを見たことがあった。そしてそのめいめいの家がそれぞれ自給し、それぞれの生活を営んでいるのに、よく見るとそのうち比較的規模の大きい、そしてやや中央に近い所に、ささやかな体面を備えている家がすなわち主屋で、他の家々は別れ別れになっていても、そこには独身の者も夫婦の者もそれぞれの生活を営んでいる。家族が多くなれば、それを皆同じ棟の下に休ませることができないために、それでいくつもの小屋長屋を給して住まわしめたのが、のちのちそのヘヤを屋敷外の地にも建てて、配偶者のある者をそこに住まわせるようになり、それが本家分家というものとだんだんに区別がつかなくなってきた原因である。すなわち、今日分家という名をつける一つ以前は、ヘヤであったろうことは中国地方から西にいけば分家のことをヘヤと現に呼んでいることからでも推測できる。つまりこの本家でない家は、尊長となるべき者の家の周囲か、なるべくならば屋敷の中に、あるいは近くの場所をさがして家を建て、そして一族というものは、近くから見ても、遠くから見ても、およそこれが一かたまりだということがわかる姿で住んでいたらしい。これはいわば花びらのように中心をもった集合体で、個々が独立した生計の単位ではなく、あるいはこれがわが国の大家族制の特殊な形態だったといえるかもしれない。ところが、社会は移り、世の中は変ってしまって、内からも外からも、それぞれ別個のものと認め、考え方も違ってきている。たとえば出家《でいえ》ということばなどもその一つで、このことばが残っているのは日本でもかなり広く、東北のほうでは八戸といって戸の字を当て、これをへと呼んでいる。そうでなくとも屋敷から外に出た時にそのことばが生れたのだと思う。つまり家が多くなるにしたがって、屋敷内がせまくてたくさんの家族は住めないために、やむなくその外に出て住んでいる者をさすのであった。ところがそれが後になって、分《わか》され家《や》といったような名をつけてくると、もうだんだんと意味が不明になりかけてくるとともに、次第に独立性を備えてくるようになっている。

新たに独立を認められた近年の分家と、古い分家とのあいだにいちじるしい気持の差があり、後者を古風なとか堅いとかいっているうちはまだよいが、かたくるしいとも旧弊《きゅうへい》なともいうようになっては、力の上からいっても前からあったものが負けてしまう。こんな形になったのは、江戸時代の末期ごろからのことで、決して最近新たに起った現象ではなかったのである。

家の分化

家が次第に分化していった変遷というものは、たいてい三、四百年この方の現象と見てよいので、その間の推移を見ても、家というものに対する考え方の変化が理解できる。第一に一軒々々の家がすべて、その群居する戸主を通じてでなければ支配できないようになってくると、行政上の不便が生じてくる。それを円滑ならしめるために、なるべく独立性を与えようという気持から、今までの屋敷内におけるヘヤのような形のものから、もう一段と進んで、小さくとも別の屋敷をもつようになった。たとえば、新開の地をひらいて離れてひとり住むようなことを奨励して家数をふやせば、人夫を雇うにも、年貢《ねんぐ》をとるにも好都合であった。それからなお、いま一つ進んで、運勢に恵まれ、かつそれほどの過酷な災害にあわなかった大百姓は、一代のうちに一軒の家を二軒に分家させることもできた。時に母親が違ったりしておれば、一段とそういう感情が手伝って、本家分家と名をつけてはおりながら、比べてみると両者がほとんど選ぶところのないようなものになってしまい、そうしたら最後には本家が弱まってしまうからということで、極力分家の勢力をおさえようとした記録もある。あるいはもう分家が堂々たるものになってしまって、従属関係に立つことを欲しないようになってくると、その家では年期の奉公人を養成したり、また外から旧家の娘などをもらって育て、本家一族に劣らぬほどの屋敷構えをする者も多かった。その代りこの新しい主《あるじ》は、自分の地位を築いていくためには、並の労働者とは比較にもならぬほどの激しい労働に堪えていかねばならなかった。そうして一代のあいだに大きな変動がない限り、一人前に家居を構えたし、中には水のみと称して、依然として従属を失わない者もあったが、そうした例外を除けば、大部分の者は独立した百姓になれた。もちろんこれが日本の過小農経営を助長させる発端になったのは事実であるが、その経営の仕方にでこぼこがなく、ほぼ同じ形態様式であったために、しばらくすると、もうどちらが本家か分家なのかわからぬようになってしまう。そのうちには本家がしばしば失敗して没落の憂目《うきめ》に遭遇するような場合があると、そこにいくつかの本百姓が生れてくる。もともと家というものは、そんなに長く寿命のあるものではなく、せいぜい十代、十五代続けばよいほうで、富者三代続かぬ例さえもあるのである。

幸いにして日本では、気候のまるで違う地域にも、そこに同じような気持をもった、そして同じような家の経験をもっている者が村を形成しているために、ある重要な問題の変遷を調べてみようとすれば、やや新しい文化からかけ離れた数カ所の場所を比較検討すれば、案外簡単に理解し得られるという便宜が得られ、日本だけがもちうる大きな特徴であった。これなどは文献が残っているということとほとんど同じ価値のあるもので、京都の公家《くげ》や寺院の僧侶《そうりょ》たちの手によってなった、いわゆる普通人にはとうてい覚えもきれぬ、またまねもできぬような文書を、唯一の材料にして二千年の歴史を調べようとした欠点も補えるのである。

隣国の中国などは、歴史の古い国であることは確かであるが、今そこに住んで暮している者の歴史についていえば、日本などの比ではなかった。九州の果から東北までの約五百里までのあいだには、山や川にへだてられて、そんなにまで遠く越えていくことが許されず、別れ別れになって成長してきた長いあいだの変遷の中にも、なおわれわれが知ろうとして忘れきっているところの過去の経験を、新たに思い出すことのできるというのは島国という日本だけがもちうる大きな便宜でもあった。

こんなめでたい国に生れながら、日本人にはなかなか自分の国のありがたさを感じてない人が多いのであるが、この一つの責任は文献にばかりたよりすぎた今までの日本の歴史の教え方が正しくなかったからでもあったろう。われわれの生活にもっとも関係の深い近世においても、文書記録の残っている地域というものは非常に限られている。記録のない地帯にそのようなことがなかったというのではない。しごく当然なことで、当時はちっとも珍しいとは感じなかったがゆえに、こんなあたりまえのことを書いたのではきりがないという心持から省略されているのである。こんなにも時代が変ってしまった今、文献がないのだから昔はそういうことはなかったのだと説くことは早計である。したがってわれわれはもう少し気長に、また問題を選ぶ場合にも、実際に入用のあるものを先にするだけの心持をもって、今まで経てきた日本人の生活を省みようとするならば、その痕跡《こんせき》はありあまるくらいにその資料を提供してくれるだろう。

家というものは、自分の利害、環境を一にする者同士が集まって生活しなければ不安であった時代があって、次第に生活の安全保障ができてくると、そういうことも無用になって、忘れ去られてしまうような例はいくつもあった。たとえば本家のオカミさんというものは、いばってばかりいるように今の人たちはかってに思い込んでいるが、この主婦は、おそらく汗水流して野に働く者とほとんど違いのないような辛苦を、一族の和合と統一を計るために感じていた。これを詳しく述べる余裕が今はないけれども、その苦労は家の主も同じであった。共同生産されたものを、一族の長なり一家の主なりが独占して、甘い汁ばかり吸っていたように考えることは大きな誤りである。関東地方にも古くから主人夫婦とか子供たちのためにとか、特別に食物を調理することすなわちコナベダテは罪悪のように考えられてきた。これはおそらく全国とも同じ傾向をもっていて、一家はすべて一つの大なべで煮ていっしょに食事するのが常で、それであったからこそ一家一族の団結は堅く親密なまた平等なものであったのである。田植の歌に出て来る太郎次という役なども、もとはタアルジすなわち田主《たあるじ》であって、あたかも中国地方でサヅエなどという杖をついて、歌だけうたう職人が田植え人の中にまじっていることが重要であったのと同じような意味で、やはりたんぼのへりに杖をついて立っていなければ農事が進まなかったのである。したがってこの時だけはいかに裕福な家の主人であっても、ずきんをかぶってたんぼに出た。今では太郎次というひとりの長者の名と思っている者もあるようだが、もとは田《た》主《あるじ》の意味であった。もちろん、さしずする者とせられる者とのあいだには、感覚の上からもおのずから相違があるが、はじめから階級組織を目的にして家長制が生れたというのは大きな誤りで、これをごく単純な想像からその由来さえもきわめようとしないで、簡単にこれを封建性と結びつけて階級闘争を説こうとするのは、われわれのもっとも快しとせぬところである。
われわれの学問というのは、真実を語るのが義務である。その価値の正、不正は後世の者が決めるだろう。ここで筆者が説きたかったのは、要するに少数のもっともすぐれた人とか、あるいはもっとも尊いといわれる方とかではなく、日本人というのは、それは一つのかたまりであり、そしてそのかたまりの中には幸福の差異や階級の序列は若干あったろうけれども、そういうものを超越した一団の日本人というものの歴史を特に筆者は考えてみたかったのである。

あとがき

「日本人」という題目は、自分にとってきわめて魅力のある名称である。日本および日本人についてこれまでに書かれた書物や論文はおびただしい数にのぼっているが、満足するにたるものは少ない。私はこの題目を引き受けたとき、日本民俗学の成果を利用するのにこの上もない機会だと思った。毎日新聞社とはかって、これを文化と自然の二つにわかって編集することにし、自然のほうは金関丈夫君にまとめ役を引き受けてもらった。この文化編はかねて自分と志を同じくし、共同の仕事をつづけている民俗学研究所の関係者に参加してもらった。全体を十章にわかち次のように分担執筆した。

一　日本人とは（柳田国男）
二　伝承の見方・考え方（萩原竜夫）
三　家の観念（柳田国男）
四　郷土を愛する心（堀　一郎）
五　日本人の生活の秩序（直江広治）
六　日本人の共同意識（最上孝敬）
七　日本人の表現力（大藤時彦）
八　日本人の権威観（和歌森太郎）
九　文化のうけとり方（萩原竜夫）
一〇　不安と希望（堀　一郎）

執筆に先だって内容の打ち合わせや検討のための会合を開いたが、時間の余裕が十分になかったので、各章のあいだに多少の矛盾も生じたかと思う。また「日本人」という題目で執筆者たちの開いた座談会の記録を、本文の説明を補足する意味で付載することにした。

昭和二十九年十月　　編　者

『日本人　毎日ライブラリー』柳田国男編、昭和二九年一二月一五日、毎日新聞社

日本民俗図録

柳田国男監修
財団法人民俗学研究所編

序

今度の民俗図録が出るについて、もう少し夙く、我々の学問に写真を利用する気持が起らなかつたかを、感じないわけにはゆかぬ。慾な話のようだが、写真技術の普及が、せめてもう三、四十年も早いか、又は是を利用して前の世の姿を、後に伝えようとする人々の志が、自他の間に生れていたならば、同じ外国模倣の風でも、もう少し実着なものになつていただろうに、自分が不器用なものだからつい冷淡になつて、今まで手を下さずにいたのは不覚の至りであつた。

この写真の一つ一つを細かに観て行くにつれて、私など愈々今までの観察ぶり、又記録法の不完全さを反省せざるを得ない。当初旅人が新しい境地に臨んで、受けてきた感興というものは、必ずしも問題の事物一つに集注せられてはいない。名を告げ由来を説明する人の言葉とか眼もととか、時刻場処などの色々の取合せが、集つて我々の心を動かして又印象を深めていたのである。それを還つてきて口で人に伝えるということが実は無理なので、勢い挿図やグラフの如く物それ一つを抽き出して、そこへただ自分の感じを塗り付けるのだから、よつぽど同情のある者でもその受返事に困る位であつた。この点で写真というものは、事象の周囲の状況なり雰囲気なりが入るので、大きな価値を持つてくるのである。

日本民俗学が問題とする造形物は、大抵は永く保存のきかない物体である。例えば菅笠のように二年しかもたない、草履は半月しかもたないといつた、植物質の製品が多いのであるから、我々はその中でも毎度作り替えておつて、なお前の形と変らないものを目標に撮ることが大切である。必要は、単に和漢三才図会式に一つずつの物品を解釈したり、存在を証明するだけでは足りないのである。物それ自体は新しく作つたものであつても、昔から変らないものを今も作つているところに意味があるのだから、それを通して日本人の物を造る力の共通性というものを、考えねばならないのである。従つて食器の一つだけに古い型があり、その脇にある品は新しい瀬戸物や金物であるという風に、時代は区々になつていても、それを組合せて一つにして使つてきた生活は日本人のものだから、それに基いて昔からの形の変らないものを中心に、周囲のものを合せて撮る必要がある。

写真は今の時代において最も利用しなければならない文化の賜だけれども、それを撮る時の心構は、絵を造るといつた気持と違つて、一つのものの為よりむしろ、それのあるべき場処、若しくは考えられる場処といつたものを対象にしなければならない。我々の理想は、巧者な人の写真に見られるような、ポーズとか、絵でいえばコンポジションに該当するものが必要条件ではなく、シチュエイションを好く表わすようなスナップで、あるままの姿が撮れるように努力することにある。この図録の新たに出ることを慶ぶと同時に、既に和名抄の頃から始つているところの、個々の事象・事物について、それ自身の名前だけを切り離して記憶する習慣を止めなければならない。一方で民俗語彙が本にまとめられている以上は、愈々もつてこのことを痛感する。是からは大いに良い写真を集めて、追々に未知の区域を狭め、又その中から新たなる民俗学の問題を発見し且つ整理して行くようにしたいものと思う。

昭和三十年二月十一日

柳　田　国　男

『日本民俗図録』柳田国男監修・財団法人民俗学研究所編、昭和三〇年四月二〇日、朝日新聞社

学年別　日本のむかし話　一年生　柳田国男監修
学年別　日本のむかし話　二年生　柳田国男監修
学年別　日本のむかし話　三年生　柳田国男監修
学年別　日本のむかし話　四年生　柳田国男監修
学年別　日本のむかし話　五年生　柳田国男監修
学年別　日本のむかし話　六年生　柳田国男監修

監修者のことば

——父兄と教師の方々に——

童話という言葉が使われ始めたのは、近年のことで、たまたま学者は使っていたかもしれませんが、一般の人は、みな昔話といっていました。それは話の初めに「昔あったそうな」とか、「昔の昔のその昔」とかいって、今ではないということを、つとめて明きらかにしようとしているからであります。

昔話には、ずいぶん思いがけない空想もありますが、その底には神代という神の世界があるのを信ずるのと同じように、昔という、今の世ならばありえない事もあったという時代を信じて、その実例のような心持で語ったのであろうと思われます。いわばわれわれの未知の世界に対する信用が今よりもずっと深かったことを意味するのかもしれません。話し方が単純であり、信ずる者の心が素朴であればそのまま通って、子どもの時にきいた話は一生忘れず、年とってからその年頃の者が目の前にあらわれてくるようになると、愛する者のためにどうしても昔の話をしてやらずにはおられぬような心持になる、こういう感覚が日本では古くから続いているのでありまして、今日の教育がとうてい想像しえないであろう文化の起伏の底には、一筋の清い流れのようなものが通うている証明として、われわれには意味があると考えられます。

子どもだけが寝がけにお祖母様やお母様から昔話をきくようになったのは、もう大分古いことでしょう。昔話が土地々々の言葉に相応しつつ、時代々々の色々の状況と結びついて、僅かばかりの改造を経つつ、なお話の筋だけは古いものがそっくり残っているということは、不思議なようにさえ考えられますが、我が国で数え切れないほど遠い昔から、これと至って近い話が、家々において行われておったという事実を想像することだけは間違いありません。

不思議なことには近頃の研究の結果として殆んと世界の端《はし》ともいうほど遠いヨーロッパの国々にも日本と同じ話があることで、それを見つけるたびに、私は今でも子どものように目を丸くして驚くのであります。例えば炭と藁と豆とが三人で旅をする話だの、塩の出ているまま海に転がり込んだ宝の臼が、海の底でまだ塩を出しているので海の水は塩辛いのだ、などという話は、外国で紹介されるよりも早く日本でも語られておりました。それ以外にも五十くらい、あるいはもっとそれ以上も、世界共通といっていい話があるということを、いった人もあります。

今日これほど学問、特に歴史の学問が大きく進んできたにもかかわらず、なお説明のできないほど遠い所に全く同じ話があるということは、何か隠れたる理由がなければなりません。ですからこの本の中には面白いお伽の話だというだけでなく、今日の知識を以てしてもなお解くことのできない不思議が、皆さんの目の前に並んでいることを意味するので、その事実を発見し、且つ理由を考えて見ようとするような気持で読む人たちを多くしたいと私は考えているのです。

この仕事に携わった人々は、私と同じようにまだ説明されない話の類似や一致に心づき、何とかしてそれを解こうとしている大人ばかりですが、日本という国のすみずみ、殊に山の中や離れ島の果てまで同じ話が伝わっている所に興味を起こさせようという共通の心持は必ずあらわれていることと思っております。長い年月のあいだ、話のもとになるものは少しも変わらずに、昔の子どもも喜んできいたものが、今の世まで残っているということは、それ自身皆さんが知っていなければならない、またできればそれを不思議に思わなければならない出来事なのであります。

これから先この本を見る人は気をつけて多くの子どもの覚えている話がどこにあり、どんな部分に一番興味をもっているかということをお互いに調べ、尋ねあうようにしてみたらよかろうと思います。そうすれば必ず日本人は感覚において、趣味において、深い一致をもっていることを発見することが出来ましょう。

一九五五年五月五日　子どもの日に

柳田国男

『学年別　日本のむかし話　一年生』柳田国男監修・大藤時彦編者代表、昭和三〇年六月五日、実業之日本社
『学年別　日本のむかし話　二年生』柳田国男監修・大藤時彦編者代表、昭和三〇年六月五日、実業之日本社
『学年別　日本のむかし話　三年生』柳田国男監修・大藤時彦編者代表、昭和三〇年六月五日、実業之日本社
『学年別　日本のむかし話　四年生』柳田国男監修・大藤時彦編者代表、昭和三〇年六月五日、実業之日本社
『学年別　日本のむかし話　五年生』柳田国男監修・大藤時彦編者代表、昭和三〇年六月五日、実業之日本社
『学年別　日本のむかし話　六年生』柳田国男監修・大藤時彦編者代表、昭和三〇年六月五日、実業之日本社

綜合日本民俗語彙　第一巻

柳田国男監修
民俗学研究所編

序

以前に地名の研究に熱中していた頃、同じ経験を自分はしているのですが、国の四方に行われている言葉の中には、遂に今日まで文字の上に現われないでしまつた言葉が非常に多いのであります。これが日本の国語辞典の今後の大切な問題になるのですが、事実を以て証明しないと人がなかなか聴きません。例えば地名というと、京都の人は全く知らなかつた地形、若くはそれほど必要のなかつたような特別の情況というものを、地方では言葉にしておりますが、それに対する漢字がないというだけで、今日までに忘れられずに伝わつているものが幾つかあるらしいのです。漢字がなくても口から耳への伝達は容易ですが、別に記録に表わす段になつては、漢字を使うということがむつかしいので、自然に公の文書からは遠ざかつていくような言葉ができてきます。例を挙げると切りがありませんが、例えば中国地方の西部に可成り弘い区域に亘つて行われているエキという地名があります。これは江木という苗字も既にできているくらい、土地としては有名なものであります。その範囲は広島県を初めとして、その東西にも拡まつて数も相応に多いのであります。例えば周防や長門の風土記などには、単に固有名詞としてそれが伝わつているだけでなく、普通名詞としても屢々使われているのであります。山間の流れに沿うた僅かな平地ということだけは明らかでありますが、文字に表わす段になりますとすぐに困つてしまいます。通例山口県の方では浴という字を使つていますが、この字には既に別の意味があるものだから、使い難くもあるし人が承知をしません。また処によると溢という文字を使つていますが、これも既に漢字の知識のある者には承知のできない文字であります。要するにエキ若くはエゴという言葉は日本語であるけれども、文章の上には出て来ない、公認せられない言葉であります。出せば必ず仮名を使わなければなりません。

こういう例が東北には大変たくさんありまして、我々の注意していますのは、例えば山形県一帯に行き亘つているところの、ヒド又はヒダ・フドという言葉があります。其文字は多くは入の下に山と書いた新字を態々つくつて、山陰・山陽地方のエキと同じように、組合せによつて初めて意味の少し分るように、山に向つて入つて行く山間の細い谷のことをそういうのであります。それから会津から越後へかけてのかなり弘い区域で、他の地方でホキとかガケとかいう言葉に該当する、ユウ又リュウという言葉があります。山々の迫つた狭く険しい地形は、あちらに行けば幾らでも見かけるのですが、生憎それに対する漢字がないために、公に認められないでしまつたのであります。西の方に行きましても、例えば島根県の西半分以上の区域に亘つて弘く分布するシノトという地名があります。これは本当に良い字がありませんので、仕方がないから文字に書くときには片仮名を使つています。これはなんでも、山間にはちがいないけれども、水田に適する湿地を意味する言葉らしいのですが、たくさんあるにかかわらず、日本字として記録に見出されないのであります。まだ他にも探せば幾らもありましようが、地方だけに造られておつて、京都に住んでいる人達は平素そんな言葉の必要もなく、殊にそれを以て宛てなければならぬような、共通性をも見出さずにいるがために、とうとう記録を司る所の人々、若くはものの序にそういうものを書くような僧侶などの、普通生活に縁のなかつた人々に知られずにしまつた言葉であります。

日本の方言というものは、単に訛りがあるとか、少し発音の形が違うとか、内容がずれているとかいう以外に、まるつきり存在すらも認められないような言葉が、まだたくさんあるということが地名の研究によつて初めて分つたのでありま す。これに対して人は、斯んな一つか二つの例を見て、何の根拠もなしにアイヌ語だなどと断定してしまうのであります。私たちも近世に入つてから、無学な人々が誤つたのであろうということを、常にいつていたのでありますが、これは幸にしてそうでないことがだんだん分つてまいりました。史料編纂所の人々の努力によつて、地方の検地帳その他、種々の鎌倉時代以後の文書類が出ましたが、その中に現われている小字の名前、ホノキといつたような小区域の地名を見ますと、昔だけあつて今はないものもなく、また昔はなかつたということの証明できるものも少なく、可なり広い地域にわたつてこの共通性というものは極く著しいのであります。それで自分は永い間の問題であつて、何故に日本人の地名には不明のものが多く、相隣りするアイヌ人の地名には一つも分らぬものがないかというような疑問は、すぐに氷解することができると思いました。一方は言葉を仮名で字にすることが自由であつたので、いつでも仮字で書くから表出が自由であり、こちらは漢字の方を先に借用してしまつて、その字で表わされるものだけに限ろうとするような用い方をしていたからであります。だから記録だけで古代の生活を知ろうということになりますと、その用途は限られておりまして、例えば今日伝わつているような公の事務の一部分とか、信仰の問題とかのように、長い間の必要上から使いつづけているものだけしか、言葉として保存されていないのであります。でありますから、何時からあるか分らないけれども、こういう言葉があるという風な、非常に広い採集の仕方をしない限りは、日本では国語の目録が不完全なものになつてしまうのであります。地名が一番よくこれを分らせるのでありますが、地名でなくとも動植物の名前であつても、若くは生産事業に関係のある島や山間の言葉であるとか、漁師が使うとか農夫が使うとかいつている言葉の中に、記録に預つているところの人々が知る必要のなかつたという言葉が少しでもある限りは、それだけは辞書の面から消えるのであります。あるだけのものを集めるという心持で、すべての方言の訛りでも、誤りのあるものでも皆入れるということは穏かでありませんが、少くとも説明のつかないもの、どんな漢字を書くか分らないものは、これは棄て去らずに一段とよく注意しなければなりません。古代人の大部分は文字の必要を感じないで生きていたのでありますから、こんどの我々の事業である日本語の目録を作るという場合には、文献だけに基づいていては多くの古語が表わせないのであります。

しかしながら、この民俗語彙というものの最初の計画は、こんなことまでを知る必要からではなくして、むしろ我々は最初、友人たちの力を入れて採集して来た言葉が、あちこちの小雑誌の中に散見しているのを、たやすく再び見出し得るための索引を作るというような心持で始めた事業であつたのが、だんだん進んでいくと言葉の成り立ちや組合せから、また言葉の意味づけに至るまで、文献だけに基づいてこれは誤つているのであるとか、これは昔の言葉の通りであるから正しいのであるというように、判断取捨していたら困るものが多いので、日本の方言はもう少し違つた心持で考えて見なければならないということを常に主張しておつたのみか、今でもまだ主張しているのであります。もう文献の上からは中世以後消え果てたと思う古語が、辺土において口言葉に残つているということは勿論、単なる文献の上の古語を保存するだけでなく、昔から我々の知識の、殊に文化人の文字を取扱う者の知識の中から、逸脱してしまつた言葉が、現在はまだ長い間の伝統を負うて、直接に関係のある人ばかりの間に持ち伝えているという事実に気づいたのであります。この採集は何時まで経つても完全な、これでたくさんという時代が到達しないことは分つているのでありまして、もう自分なども既に非常に力が限られておりますので、謂わばとんでもない仕事に首を突つ込んだという後悔まで起るのでありますが、不完全だということで折角、今まで多くの同志者が心を労して書き留め聞き留めておいたものを無くしてしまうということは如何にしても惜しい。実は日本の国は書庫に溢れるくらいたくさんの文献があるので、もう歴史の資料が備わつたといつた気持を皆に抱かせるのでありますが、詳しく見分けてからでなくとも、そのうちの大部分というものは、中世以降にただあるものの上に附け加え、若くは註釈をして附け加え模倣したようなものばかりが多いので、すべて昔から皆の前に展げてあつたわけでないのであります。従つて文献さえあれば、あれだけ豊富な資料があるのだから、これさえ忠実に取扱つておれば国の歴史が分るということは実はいえないのであります。

殊に今日でも人の感じておりますことは、その歴史の偏りが激しくて、同じ農夫でも都会地の周囲に住む者の生活振りは幾分か伝わつているかも知れませんが、少しく離れた処の、所謂鄙に住んでいる者の生活というものは、もう他に痕跡がないのであります。色々の遺物が有るからして、その遺物が何かを語るかも知れませんが、有つても既にこれは何というものかも分らないような、瓦の土器や燧石の破片の如きものを以て多くの推測を加え、昔の様子を語らねばならない状態になつておりますのに、一方において言葉だけは、全然氏名も知らないような我々の同種族の者の、五百年八百年以上の生活振りが、兎に角に残つておるのであります。それもたつた一つの証拠でありますから、そういうことをいうには大胆に過ぎますが、幸なことには同じ民族がかたまつて年久しく住んでおつた島だけに、何も関係交通のなかろうと思うかけ離れた処の者の共通点が分るのであります。また仮りに一地方の地名の如く、其地にだけしか行われていないものであつても、それが運搬できるものでもなく、教えて歩くことができるものでもないようなことが幾つかの場合に現われて、以前の生活を伝えているのでありますから、これはその意味において尊重しなければなりません。今日の蒐集が充分といえないと同時に、これだけさえあれば、名も無い大きな事業のない我々の古代の同胞の生活及び心理状態が、分るということはいえないかも知れませんが、幸にこの比較方法の学問が非常に正確になりまして、全然縁もない、何ら持ち運んだ痕跡のない離れた場処の人々の間に、幾つかの目につく一致が現われた場合には、それに基づいて昔の生活を跡附けることができるというところまで、我々は自信を得ているのであります。この新資料が余る程多く集まることに越したことはないのですが、先ずはこういう計画を人に示すがためにも、一旦はこの状態において発表して、我々の言葉というものは昔からそう大きく変つたものでなく、言葉を組合せて造り上げるという力は持ち伝えておるのであるが、ただ永い間書物の上に現われたものが重きをなして、文献以外の場面に保存せられているものを歴史の資料として見ないような傾向が、殊に辺土に住む何でもない無名の庶民の生活を軽んじておつた時代としては、不注意に通り過ぎてしまう危険が非常に多かつたことをいいたいのであります。

この頃になつて我々の新しく気附いた重要な問題は決して少なくありません。例えば共同の労働交換を意味するユヒという言葉は、古代には曾て使つた痕跡はあるのですが、永い間ユヒという言葉のどういう意味であるか分らなくて過ぎておりましたところが、近頃になつてから、日本全国からいつて四分の三以上の地域にユヒ・ヨヒ・イイ・エエなどの如くそれからちよつと変つただけの言葉で以て、久しく国民が協力の効果を挙げておつたことが分つたのであります。また最近になつて初めて我々がいい出したニホという稲の穂を積んで貯えておく信仰的保存法とでもいうべきものが、先ず大体日本の面積の四分の三くらい、北端から中央部の西の方まで飛び飛びにだけれども一致して残つているということが分り、初めて米作が日本人の固有信仰の裏附けをするものであるということが徐々に証明されようとしているのであります。これは勿論、利用者の態度如何でありまして、彼等が冷淡であるならば、この効果も久しく表われずにいるだろうけれど、兎に角我々はそういう希望を抱くことができたのでありますから、今度の『綜合日本民俗語彙』は量ばかり高くなつて、これで完全だと思う者は関係者の中には一人もいないのですが、それでもなお、今までは誰も注意をせぬくせに、ただ何となくこれを明らかにする道はないかの如く諦めていた我々の平凡人祖先の生活というものが、以前も今も余り大きな変更なしに伝わつて来ているということが分りかけているのであります。この地形にこういう条件の許に永続していたところの日本人が、単に自分等が何処から渡つて来たかが分らないばかりでなく、昔のものをどんな風にして如何なる程度にまで持ち伝えていたかということが分らないうちに、だんだんの閑却と放擲によつて永久に埋没し去ることは、国を愛する者の到底忍び得ることではないのであります。

人から言われるまでもなく、まだ暫くの年数を費して、もう少し完全なものをつくり上げてから、このような議論はするのがよいと思いますが、これを本当に利用する人ができてきたならば、今よりもつと僅かな労力を以てこの完成に進んでいくことができるかも知れませんし、一方においてはそういうものが、急いで消えていくのを繋ぎ留める因縁になるかも知れない気持で、この綜合民俗語彙の出現に同意したのであります。何しろ現在のは綜合であつて、系統だつた分類の研究ということができていません。それぞれの部門において、日本人の生活がどんな風に時代とともに発達改良し、また同時にどのくらいの程度に昔のものを保存しておつたかを見るためには、どうしてもその言葉を以て田舎に住む人々の、生活変遷を部門別に跡づけるようにしなければなりません。自分は早くから注意をして、大小の辞書其他の記録にやや近い意味ででも既に載せられている言葉は採らないように、若くは語の組合せが普通にもやるような、自然のものだつたらわざわざ採用せず、内容を語らなければ組合せの意義が分らないような、特殊な言葉の活用法というものを、成るべく豊富に世に残して、ただ雑然と我々が生きてきたのでないということが示したかつたのであります。日本人の生活史の資料は、このような言葉の中にまだたくさん残つています。それを我々は今まで気附かずにいたのだということだけは、是くらいでももう世間の人に認めさせることができるだろうと信じています。

昭和三十年六月　　　　柳田国男

『綜合日本民俗語彙　第一巻』柳田国男監修・民俗学研究所編、昭和三〇年六月三〇日、平凡社

JAPANESE CULTURE in the MEIJI ERA, Volume IV, Manners and Customs

Compiled and Edited by Yanagida Kunio
Translated and Adapted by Charles S. Terry

Chapter One INTRODUCTION

CHANGING WAYS OF LIFE

AS even the most unobservant individual knows, manners and customs change over the course of time. This is not to say, however, that the rate of change is constant. During the three centuries of the Tokugawa period, when Japan loitered in peaceful isolation from the rest of the world, changes in the general mode of living were nearly imperceptible, but after the coming of Commodore Perry, the transformation in everyday life was virtually revolutionary. The political conflict surrounding the Meiji Restoration of 1868 to some extent concealed the cultural implications of the new government's policies, but by around 1887, political authority was stable, and people began to notice the vastness of what had occurred in the previous two decades. The strict class system of the Tokugawa period had been abolished, and now young men, far from being bound to minute plots of ground in rural districts, might hope to become successful entrepreneurs, renowned scholars, or even ministers in the government. The nation looked forward with surprise and pleasure to a new life.

Everything was novel and wonderful. There were new schools which anyone might attend. Railway trains traveled between the cities. Fine modern buildings lined the streets of the capital. Communication facilities were so convenient that one could leave the farm and go to the city without fear of being completely separated from one's family. Change was the keynote of the era, and those who could not keep up with the pace were ridiculed or scorned. There was a joke about a farmer who, desiring to send a package to his son in the city, went out and hung it on a telegraph wire. "Old-fashioned" was for some time the most dreaded adjective in the Japanese language.

Manners and customs, however, do not change completely overnight, and in the new age certain relics of the past became very conspicuous. If one looks beyond the new surface one finds a substratum of tradition that remained virtually constant. Our task in this book is to examine this substratum. We shall find surprisingly many ancient cultural elements that were preserved not only throughout Meiji, but into contemporary times. Political and economic changes over this period were cataclysmic, but they do not tell the whole story of Japanese life—government bureaus and large corporations may be housed in modern reinforced concrete buildings, but the houses in which most Japanese eat, sleep, and raise their children have retained many of their basic features down to the present.

Having been born and educated in the Meiji period, I am constantly amazed at the speed with which life has changed, but at the same time often startled to find old, old customs that have not disappeared. The forty-five years of the Meiji period witnessed the great leap from a feudalistic social system to one based on capitalism and competition. The past, however, was not completely discarded, and in many areas ancient practices which throw light on the substratum of Japanese life continued to be observed. Still, during this youthful lively era, the tendency was ever toward the new, and sometimes ancient customs that might better have been guarded were lost in the rush. I hope that in this volume my colleagues and I have succeeded not only in clarifying the basic, change-resisting features of the Japanese mode of living, but also in pointing up a number of Meiji failures and shortcomings that remained to be dealt with.

The various phases of life in Meiji Japan are discussed in the ensuing chapters, and there is no need for my going into them in detail at this point, but I would like briefly to recapitulate a few of the broader trends.

In the structure of the houses we live in, the grip of the past on our lives is far stronger than we customarily suppose. During the early years of Meiji, when Lafcadio Hearn made his journeys around Japan, the cities he saw were agglomerations of small wooden houses, as charming perhaps as a row of delicate old Japanese lanterns—and very little more substantial. The social conditions that had formed the little cottages in the cities of those times had a long history. Even in the provincial castle towns, houses were of much the same form. But while the front roofs were low and the view from the outside unimpressive, there were frequently a number of fine white-walled storehouses about the houses and large handsome rooms within them. One thing about houses in the villages was that while the owner might think of his home as his castle, there were certain indefinable restrictions on his freedom. Aside from the dwellings of the village head-man and certain antique buildings, houses were built by cooperative effort, and in many instances the material came from community stockpiles. A prospective builder could not therefore always do just as he pleased. Whether he was erecting a new house or rebuilding on the remains of one that had burned, he could not build without the approval of his fellow villagers. Even in the Meiji period such conditions persisted in farming communities. They had long been part and parcel of Japanese custom.

Despite the great earthquake of 1923 and the ravages of the late war, a few ancient houses are still standing. A comparison of them with modern houses reveals not only alterations in the outside form, rearrangement of rooms, and a shift from paper to glass doors, but what is more significant, a spiritual change in the Japanese attitude toward the home. We shall try in a later section to determine what sort of change this was.

As for the question of food, it is commonly believed that the Japanese have all eaten rice since ancient times. A Meiji-period song went like this:

Though born in the Land of Abundant Reeds
and Beautiful Rice Plants,
I cannot eat rice.
What a strange story !

Of course, the song is metaphorical, but it was sung on the supposition that the Japanese had been eating rice since ancient times. Such, however, is not the case. In 1874, the Tax Revision Bureau in the Ministry of Finance submitted a report to the effect that the amount spent in the provincial areas for rice was less than one third of the total amount spent for food. Afterwards, as soldiers and other travelers who visited the rice-eating towns carried urban customs back to their little villages, sales of rice increased. However, it would be no exaggeration to say that throughout the Meiji period, Japanese farmers ate rice only on special occasions. This was true not only in the mountain villages. An 82-year-old farmer from what is now Suginami Ward in Tokyo avows that until the Taishō era (1912–1926) his everyday diet consisted of wheat, barley, and tares. During World War II, when the women in the villages heard the government's propaganda in favor of substitute foods, they looked at each other and laughed, since what was described as "substitute foods" was what they had been living on since birth. Country people were also startled by the wartime rice ration. Some of the authorities were aware that inhabitants of the villages did not as a rule eat rice, but they had been told to issue rice, and issue rice they did. As a result, many of the farmers had more of the grain during the war than they had ever had before.

That be as it may, however, the number of people who based their diets on rice increased tremendously during and after the Meiji period. Foreign rice had to be imported, and one first began to hear the now common saying that highly polished white rice was a source of disease. Simultaneously with the shift to a rice diet, the consumption of sugar grew rapidly, and meat, hitherto exceedingly rare, appeared even on the tables of ordinary folk. In short, eating habits underwent revolutionary changes during the Meiji period and in turn produced changes in the other facets of daily life.

During the early years of Meiji, the work clothes as well as the everyday dress of the rural population consisted even in winter only of layers of unlined hemp garments. People of today can but be astonished at the robustness with which the farmers and fishermen of yesteryear faced the cold. However, although cotton and cotton cloth had become somewhat widespread as early as the middle Edo period (that is, around the eighteenth century), they do not seem to have affected working clothes or everyday wear outside the towns. It was only with the sudden development of spinning and weaving techniques during Meiji that the hemp garment began to fall rapidly out of use.

The replacement of hemp brought about great changes in the everyday chores of women. In older times, thread was spun and cloth woven and bleached by hand. Then the material was either taken to the dyer's, known picturesquely as the "blueing shop," or dyed at home. To provide only the requisite single garment for each member of the household was no mean task. The extreme difficulty involved in spinning hemp is the basis for a number of jokes that survive today concerning rivalry between wives and mothers-in-law, but today we find it difficult to laugh at the severe labor taken for granted in these stories. They give us a pitiful picture of village girls gathered together on the long winter nights and trying with laughter or gossip to distract themselves from their boring and time-consuming work. To make matters worse, the loom on which hempen thread was woven was of a very primitive type that made it necessary for the weaver to wrap the cloth about her as it came off the machine.

At first cotton thread was spun by means of a small bamboo tube and woven by hand. The loom, however, was of a design that allowed the weaver to sit and work merrily along with a small reed. The effort required was less than that needed to run the loom employed for hemp, and, incidentally, the weaver at her work made quite a graceful picture. Eventually, however, thin foreign yarn known colloquially as "Chinese thread" was imported, and, since the government for a time abolished the customs duty on it, it sold for surprisingly little. Women no longer needed to spin cotton, and while aware that cloth made from the new thread was of relatively poor quality, they used it.

With the development of textile factories, the thin pliant cotton turned out on machines replaced the stiff homespun that had been almost tiresomely durable. The new cloth took dyes easily and made more attractive clothing. It was no mere fashion that made women fond of it, however, but a matter of strict practicality, and after the new material had been introduced, the history of the hand-loom came to a hasty end.

Silk has been used in Japan since time immemorial, but throughout premodern history, it belonged exclusively to the non-working class. Not until the Meiji period did it slowly spread, like rice, among the common people. As this was going on, muslin also became so fashionable that the famous Yūzen Dye-works of the Tokugawa period became the Muslin Dye-works. Neither silk nor muslin, however, was used for work clothes. Both were treasured for gala dress, and in that sense usage differed from present-day practices among women in the cities.

During the Tokugawa period, a few warriors, priests, and women of pleasure spent much of their time in travel, but the vast majority of the population lived in the same house from the time they were born until they died, and considered themselves lucky for being able to do so. After old Edo became the thriving metropolis of Tokyo, an ever-increasing number of persons left home to make their living in the city or on the road. Still, at the first of the era there were practical restrictions that hindered individuals from going to new areas. To set up a residence in most places it was necessary to have a guarantor or at least the support of a landlord. This rule was particularly rigid in small villages. Moreover, a young person could not very well move without his parent's permission, for if he did, he was likely to be disinherited. In some places, this situation exists even today.

One of the great accomplishments of Meiji period was that people throughout the country gained the privilege of living where they wished. Young boys left the farms for city schools; officials were transferred from place to place; and soldiers came from the country to bases in urban areas. Travel ceased to be unusual or dangerous, and people began to regard it with a hitherto unknown equanimity. Still, however, rural areas continued to make rather a large to-do when people went off on journeys.

With the development of industries, the cities became melting pots filled with people from all different areas, and many of these were converted in a generation or two into bonafide city dwellers, who harbored no intentions whatever of returning to the country.

The whole scenery changed. Factories sprang up in the mountains and along the rivers, and the former castle towns began to expand into large urban centers. The population shot up, and there ceased to be room on the farm for second or third sons. Some of these became officials—pure consumers supported by taxes—but many more set out in the world as laborers, thus giving birth to a class that had never before existed in Japan and at the same time creating the labor supply necessary to further modernization. All these external changes were based on a change in spirit, a general will to do away with the old and discover the new.

One of the important features of Meiji life was the widespread adoration of the emperor. As a matter of actual fact, the imperial government had considerably greater true stature than it had had during any of the centuries since the establishment of the Kamakura shogunate in the twelfth century, and the people were proud to consider themselves children of an august ruler, living in the age of progress. Japan's great modern tragedy was that the genuine affection of the people for their emperor was later misused by politicians.

『JAPANESE CULTURE in the MEIJI ERA, Volume IV, Manners and Customs』 Compiled and Edited by Yanagida Kunio • Translated and Adapted by Charles S. Terry, March, 1957, ŌBUNSHA

凡例

1　本全集は、柳田国男の著述を、単著、編集・監修・校訂に関わった本、上記未収録の作品・論考、生前未発表草稿、日記、書簡、索引に分けて収録した。

2　本巻には、柳田の共著及び編集・監修・校訂に関わった全集・叢書・記録・語彙・辞典・教科書等における柳田の著述による作品・論考・校訂・解題・序・跋・後書等を原則として発行年月日の順に収録した。ただし、『郷土会記録』及び『真澄遊覧記』(『来目路の橋』『伊那の中路』『わがこゝろ』『奥の手ぶり』『菴の春秋』)『ひなの一ふし』については、柳田以外の著述も全文収録した。

3　初版本を底本とし、口絵・写真・地図等は関連上重要と思われるものを適宜収録した。

4　タイトルは底本のままとした。ただし、下に雑誌の頁数が続く場合などには原則として省略した。また、タイトルが底本にない場合は冒頭の言葉を取って付け、それが文章の「附記」等である場合には、「〔〇〇〇〇「〇〇〇〇〇」に〕」のかたちで添えた。新たに設けたタイトルには、「*」を付けた。

5　タイトルに続く名前が「柳田国男」である場合は省略し、筆名その他の記載がない場合は「(無記名)」とした。

6　題名、節名、見出しに太字が含まれる場合があるが、普通の字体にした。

7　本文の仮名遣いや符号は底本のままとした。

8　漢字は新漢字に改め、異体字（本字・俗字・略字・古字・別体）は、原則として通行の字体に統一した。

9　平仮名・片仮名は、通行の字体に統一した。また、「〓」は「こと」、「ヿ」は「コト」とした。

10　本文の振り仮名は底本のままとした。

11　段落の冒頭は原則として一字下げに統一した。

12　本文中の引用文はすべて二字下げに統一し、本文との「一行アキ」は採用しなかった。

13　関係する写真・地図・挿絵等は対応する本文に近い場所に入れた。

14　偶数頁下の柱には、収録文章の書名を入れた。

15　底本の本文を校訂した場合は、校訂表に示した。ただし、次の場合については、触れなかった。

a　底本の活字が転倒または横転している場合。

b　底本において改行等のために文字が入っているが、「々」「ゝ」「ヽ」「〱」を使って表記することが妥当な場合。

c　本巻で改行になったために、「々」「ゝ」「ヽ」「〱」を使わず、上にある文字で表記した場合。

d　底本において文章末または行末に「。」を欠いているのを補った場合。

e　段落の初めを一字下げにしていない箇所を一字下げにした場合。

f　用例を引用する前に読点を補った場合。

g　本文中に「(　)」で出典が示された箇所はやや小さな字体で統一した。

h　「字」「大字」が小さな字体になっている場合があるが、本文と同じ大きさにした場合がある。

i　用例を列挙する際の地名が、改段または改頁になった場合、前の地名を繰り返した。また、反対に、底本で改頁のために繰り返された場合、「同」に改めた。

j　用例を列挙する際に字間の空白を調整した。

k　文末の署名「柳田国男」が太字になっている場合には、普通の字体にした。

16　節数と節名が太字の場合も、普通の字体にした。

17　詩歌の仮名遣いは、原則としてそのままにした。濁音で表記されるべき箇所が清音になっている場合にも、改めなかった。

18　現代仮名遣いの文章は、歴史的仮名遣いに改めず、そのまま掲載した。ただし、現代仮名遣いでも、促音が「つ」、拗音が「や」「ゆ」「よ」と表記される場合があるが、これらはそのままにした。

19　底本とした出典等の特色を考慮し、次のような校訂を行ったが、校訂表では触れなかった。

a　『おとら狐の話』は、常用漢字表外の漢字の振り仮名について、各章の初出を残すことを原則にした。また、「引用書目等」の番号の「(五五)」がなく、ずれているが、これは挙げなかった。

b　引用の前に読点を付け、引用の後を一字下げにした場合。ただし、『奥の手ぶり』は原文どおりにしてある。

c　「〻」を「ヽ」「ヾ」「々」に改めた場合。

d　『郷土会記録』では、地名の前の「字」「大字」は小さな字体がほとんどだが、これを本文と同じ大きさにした場合。

e　『郷土会記録』の「目次」を本巻の「目次」に使ったが、「地図」として別に掲げられた一四点は文章の位置に移した。

f　柳田国男校訂『真澄遊覧記』の『来目路の橋』『伊那の中路』『わがこゝろ』『奥の手ぶり』『菴の春秋』については、組み方の制約上、頭注は見開きごとの小口後注にして、原則として奇数頁に入れた。その際、注に見える頁数は、本全集本文の頁数に合わせた。

g　『真澄遊覧記』の本文は仮名遣いが誤っていても校訂していない。

h　『真澄遊覧記』の和歌は、濁点がなくてもそのままにした。

i　『昔話採集の栞』の各昔話名は太字であるが、普通の字体に改めた。

20　各文章の末尾には、書名、発行年月日、発行所を入れた。

21　柳田の単著及び編集・校訂に関わった本との関係、発行の事情に関わる資料、転載の事情等については、解題で説明した。なお、解題中の書誌事項・引用についても、新漢字使用の原則に拠った。

校訂表

1　底本の本文について、誤字・脱字・衍字と考えられる箇所については校訂した。ただし、底本の本文を尊重した関係上、校訂は最小限にとどめてあり、改版や書き入れ本をすべて採用したわけではない。

2　校訂にあたっては、その根拠を略号で示した。「正」は正誤表に拠ること、「赤」は柳田の書き入れに拠ることを示し、編集委員が判断した場合には、「編」の略号を用いた。

3　掲出にあたっては、本巻の頁数、上段と下段、行数、注（頭注、頭の文字、追録等をさす）、図（図版説明をさす）とを示し、採用した本文を掲げ、（　）の中に根拠とした本の略号を示し、―の下に底本の本文を載せた。

校訂近世奇談全集

15下11　信じて（編）―信して

おとら狐の話

定―定本柳田国男集第三一巻

19上14、24上1、39下15　序《ついで》（編）―序《つひで》
19　16、22上13、28上5　或は《あるい》（編）―或は《あるひ》
19下3　註《ちゅう》（編）―註《ちう》
19　6　騙《だま》す（編）―騙《たま》す
19　10　引掛かるのが（定）―引掛《ひっか》かるのか
20上3　秀でゝ（定）―秀《ひい》で、
20　5　化けよう（定）―化《ば》けやう
20　6　自《おのづか》ら（編）―自《をのづか》ら
20　18　無く、（編）―無《な》く
20下1　（二）。（定）―（二）
20　11　薯粥《いもがゆ》（編）―薯粥《いもかゆ》
20　13　越前《ゑちぜん》（編）―越前《えちぜん》
20　17　使《つかひ》が（定）―使《つかひ》か
21上1　戌《いぬ》（編）―戌《いぬ》
21　15　せざれば（定）―せざれは
21下9　陋劣《ろうれつ》（編）―陋劣《らうれつ》
22上5　（三）、（定）―（三）
22　6　得よう（定）―得《え》やう
22　12　（四）、（定）―（四）
22　12　考へるが、（定）―考《かん》へるが
22下7　依《よ》れば、（編）―依《よ》れば
22　8　坐《すわ》つて（編）―坐《すは》つて
22　8　大指《おやゆび》（編）―大指《をやゆび》
22　9　小《ちひさ》い（編）―小《ちいさ》い
22　11　（五）。（定）―（五）
22　15　刺さう（定）―刺《さ》さう
22　17　おほせぬ（定）―おふせぬ
23上7　飢ゑ（定）―飢《う》え
23　21　（六）。（定）―（六）
23下1　なり、（編）―なり
24上2　（七）、（定）―（七）
24　5　花山《くわざん》（編）―花山《くわんさん》
24　11　御符《おふだ》（編）―御符《おふた》
24　12　（八）、（定）―（八）
24下1　つい（定）―つひ

24 2 出して居た（定）—出《だ》した居《ゐ》て
24 2 （九）。（定）—（九）
25 上4 （一〇）。（定）—（一〇）
25 11 何某《なにがし》（編）—何某《なはがし》
25 16、32 下1 崇《たゝり》（編）—崇《たゝり》
25 下2 （一一）。（定）—（一一）
25 8 崇つて（定）—崇《たゝ》つて
25 17 崇（定）—崇《たゝり》
26 上2 しよう（定）—しやう
26 9 油揚《あぶらげ》（編）—油揚《あぶらげ》
26 11 避けよう（定）—避《さ》けやう
26 14 らうが、（編）—らうが
26 18 極《き》まつて（定）—極《き》まつで
26 下1 爺《おやぢ》（編）—爺《をやぢ》
26 3 ので、（編）—ので
26 10 だけ（定）—たけ
26 18 （一二）。（定）—（一二）
26 20 斯《かう》して（編）—斯《がう》して
27 上6 亨《う》ける（編）—亨《う》ける
27 6 （一三）。（定）—（一三）
27 10 住み（定）—往《す》み
27 18 しよう（定）—しやう
27 22 仕合せで、（編）—仕《し》合《あは》せて
27 下2 兇暴《きようぼう》（編）—兇暴《きようばう》
27 11 よう（定）—やう
27 18 研究が（編）—研究《けんきう》か
28 上5 （一四）。（定）—（一四）
28 8 遠江《とほたふみ》（編）—遠江《とほとほみ》
28 9 （一五）。（定）—（一五）
28 12 （一六）。（定）—（一六）
28 14 謂はぬ（定）—謂《い》はね
28 15 小《ちひさ》く（編）—小《ちいさ》く
28 18 亨和《きやうわ》（編）—亨和《きようわ》
28 20 やはり（定）—やばり
28 下2 甲子夜話《かつしやわ》（編）—甲子夜話《かふしやわ》
28 16 演ずる（定）—演《えん》する
28 20 （一七）。（定）—（一七）
29 上7 （一八）。（定）—（一八）
29 10 （一九）。（定）—（一九）
29 下3 つい（定）—つひ
29 6 生む。（編）—生《う》む、
29 16 （二〇）。（定）—（二〇）
30 上6 （二一）。（定）—（二一）
30 16 （二二）。（定）—（二二）
30 18 甘楽《かんら》（編）—甘楽《かんらく》
30 下5 （二三）。（定）—（二三）
30 7 流布せしめ（定）—流布《るふ》しめ
30 9 明瞭（定）—明燎《めいりやう》
30 11 さうだ（定）—さうた
30 19 （二四）。（定）—（二四）
30 22 （二五）、（定）—（二五）
31 上1 畏怖《ゐふ》（編）—畏怖《いふ》
31 3 （二六）。（定）—（二六）
31 13 冤罪《ゑんざい》（編）—冤罪《えんざい》
31 13 （二七）。（定）—（二七）
31 下2 などで（定）—などて
31 4 （二八）、（定）—（二八）
31 6 居ること（定）—居《ゐ》ること
31 10 謂ふ（定）—謂《い》う
31 18 （二九）。（定）—（二九）
32 上9 鵺《ぬえ》（定）—鵺《えぬ》
32 11 某地《ぼうち》（編）—某地《ばうち》
32 11 漂著《へうちやく》（編）—漂著《ひやうちやく》
32 11 犬神（定）—大神《いぬがみ》
32 14 名《なつ》く（定）—名《な》く
32 19 だらう（定）—たらう
32 21 起《おこり》（編）—起《をこり》
32 下1 （三〇）、（定）—（三〇）
32 3 （三一）、（編）—（三一）
32 6 安芸《あき》（編）—安芸《あきき》
32 8 頻《しきり》に（編）—頻《きり》に
32 10 （三二）、（定）—（三二）

32 13 側《かたはら》に（編）—側《かだはら》に
32 20 舁《かつ》ぐ（定）—舁《かつ》く
32 21 （三三）。（定）—（三三）
33 上4 （三四）。（定）—（三四）
33 5 使者（定）—使者《ししや》
33 15 （三五）。（定）—（三五）
33 下4 仍《そこ》で（定）—仍《そこ》て
33 10 （三六）。（定）—（三六）
34 上2 しよう（定）—しやう
34 3 刑戮《けいりく》（編）—刑戮《けいりつ》
34 8 （三七）。（定）—（三七）
34 14 抑へよう（定）—仰《おさ》へやう
34 14 （三八）。（定）—（三八）
34 下5 られようか（定）—られやうか
34 8 強持《こはもて》（定）—強持《こわもて》
34 17 言へば（定）—言《い》へは
35 上10 騒《さわぎ》（編）—騒《さはぎ》
35 13 （三九）。（定）—（三九）
35 下2 儲《まう》ける（編）—儲《まを》ける
35 8 伸べよう（定）—伸《の》べやう
35 18 屢《しばく》（編）—屢《しばく》
36 上4 疋《ひき》（編）—疋《ひぎ》
36 11 （四〇）。（定）—（四〇）
36 16 （四一）。（定）—（四一）

36 20 憑けよう（定）—憑《つ》けやう
36 下21 病人が（編）—病人《びやうにん》か
37 上22 （四二）、（定）—（四二）
37 下7 （四三）、（定）—（四三）
37 12、53 上8、55 下7 或《あるい》は（編）—或《あるひ》は
37 15 （四四）。（定）—（四四）
37 21 （四五）。（定）—（四五）
38 上2 （四六）。（定）—（四六）
38 6 （四七）。（定）—（四七）
38 8 （四八）、（定）—（四八）
38 15 （四九）、（定）—（四九）
38 22 変梃《へんてこ》な（定）—変挺《へんてこ》な
38 下1 （五〇）。（定）—（五〇）
38 3 痛《いたみ》は（定）—痛《いたみ》ば
38 10 せぬのに（編）—せねぬのに
38 12 （五一）。（定）—（五一）
38 20 （五二）。（定）—（五二）
39 上19 犬神持だ（定）—犬神持《いぬがみもち》た
39 20 （五三）。（定）—（五三）
40 上11 （五四）。（定）—（五四）
40 13 実験談が（定）—実験談《じつけんだん》か
40 15 梓巫《あづさみこ》（編）—梓巫《あづみこ》
40 21 戴《いたゞ》いて（定）—載《いたゞ》いて

40 下3 伝へませう（定）—伝《つた》へましやう
40 4 （五五）。（編）—（五五）
40 7 （五六）。（定）—（五七）
40 10 （五七）。（定）—（五八）
40 10 東北地方（定）—東北地方《とうほくちはう》
40 11 大抵（定）—大低《たいてい》
40 15・19、42 下19 祟（定）—祟《たゝり》
40 18 （五八）。（定）—（五九）
40 22 （五九）。（定）—（六〇）
41 上7 （六〇）。（定）—（六一）
41 16 勾引《かどはか》され（編）—勾引《かどわか》され
41 17 与へず（定）—興《あた》へず
41 20 であつて（編）—があつて
41 22 （六一）。（定）—（六二）
41 下9 悧巧《りかう》（編）—悧巧《りかう》
41 9 見よう（定）—見《み》やう
41 17 御盃頂戴《おはいちやうだい》（編）—御盃頂戴《おはひちやうだい》
41 17 （六二）。（定）—（六三）
41 18 虚構（定）—虚搆《きよかう》
42 上2 （六三）。（定）—（六四）
42 11 （六四）。（定）—（六五）
42 12 島後《どうご》（編）—島後《とうご》
42 14 （六五）。（定）—（六六）
42 15 天児《あまご》（編）—天児《てんじ》

42 17 （六六）。（定）―（六七）
42 19 （六七）。（定）―（六八）
42 20 石見国《いはみのくに》（編）―石見国《いしみのくに》
42 下2 （六八）。（定）― 六九
42 10 （六九）。（定）―（七〇）
42 16 備中《びつちゆう》（編）―備中《びつちう》
42 19 但し（定）―但《たゞ》し
42 21 （七〇）。（定）―（七一）
43 上2 人の（定）―人《ひと》に
43 15 出て（編）―出《で》で
43 21 （七一）。（定）―（七二）
43 下4 （七二）。（定）―（七三）
43 14 （七三）。（定）―（七四）
43 16 （七四）。（定）―（七五）
43 17 夜刀神《やとのかみ》（編）―夜刀神《やとうじん》
43 18 （七五）。（定）―（七六）
44 上1 （七六）。（定）―（七七）
44 8 蚯蚓《みゝず》（編）―蚯蚓《みゝづ》
44 9 （七七）。（定）―（七八）
44 12 世間から（定）―世間《せけん》がら
44 13 御蔭《おかげ》（編）―御影《おかげ》
44 16 祟られる（定）―祟《たゝ》られる
44 下11 （七八）。（定）―（七九）
44 15 ぐら〱（編）―ぐら〲

44 20 （七九）。（定）―（八〇）
45 上10 （八〇）。（定）―（八一）
45 13 榮陽《けいやう》（定）― 陽《けいやう》
45 13 廖《れう》（定）―廖《こう》
45 19 （八一）。（定）―（八二）
45 下4 むざ〱（編）―むざ〲
45 16 （八二）。（定）―（八三）
45 20 （八三）。（定）―（八五）
46 上3 （八四）。（定）―（八五）
46 下5 少しばかり（定）―少《すこ》しはかり
46 6 見よう（定）―見《み》やう
46 10 （八五）。（定）―（八七）
46 15 行倒《ゆきだふれ》（編）―行倒《ゆきだほれ》
46 16 （八六）。（定）―（八八）
46 22 無い。（編）―無《な》い、
47 上5 人々は（定）―人々《ひと〲》ば
47 下9 それ〲（編）―それ〱
47 15 徒輩に（定）―徒輩《とはい》こ
47 21 （八七）。（定）―（八九）
48 上5 あつた（定）―あつだ
48 下1 思ふと（定）―思《おも》□と
48 2 萎《しを》れ（編）―萎《しほ》れ
48 2 （八八）。（定）―（九〇）
48 7 何兵衛女房《なにべゑにようばう》（編）―何兵衛女房《なにべゑによばう》

48 11 （八九）。（定）―（九一）
49 上1 （九〇）。（定）―（九二）
49 1 稠密《ちうみつ》（編）―稠密《ちやうみつ》
49 下8 ならぬ（定）―なちぬ
49 13 （九一）。（定）―（九三）
49 16 分らず、（定）―分《わか》らず。
50 上2 （九二）。（定）―（九四）
50 10 轟《とどろ》かす（編）―轟《とゞ》かす
50 18 大畑《おほはた》（編）―大畑《おはた》
50 下1 新山《しんざん》（編）―新山《しんさん》
50 2 （九三）。（定）―（九五）
50 10 （九四）。（定）―（九六）
50 13 埋《うづ》めた（編）―埋《うつ》めた
50 15 宝積寺《ほうしやくじ》（編）―宝積寺《はうしやくじ》
50 18 死んだ（定）―死《し》んた
50 20 （九五）。（定）―（九七）
51 上2 （九六）。（定）―（九八）
51 6 （九七）。（定）―（九九）
51 6 乙姫《おとひめ》（編）―乙姫《おつひめ》
51 10 （九八）。（定）―（一〇〇）
51 20 信じて（編）―信《しん》して
51 下4 全く（編）――全《まつた》くは
51 6 （九九）、（定）―（一〇一）
51 7 揖保《いぼ》（定）―楫保《いぼ》

51 13 (一〇〇)。(定) — (一〇二)
51 19 (一〇一)、(定) — (一〇三)
52 上2 (一〇二)。(定) — (一〇四)
52 7 (一〇三)。(定) — (一〇五)
52 9 (一〇四)。(定) — (一〇六)
52 17、53 下18 越中《えつちゆう》 (編) — 越中《えつちう》
52 18 (一〇五)。(定) — (一〇七)
52 22 先々《まづ〳〵》 (編) — 先々《まづ〳〵》
52 下11 (一〇六)。(定) — (一〇八)
52 15 (一〇七)。(定) — (一〇九)
52 18 婆狐《ばゝぎつね》 (編) — 婆狐《ばゞぎつね》
53 上7 (一〇八)。(定) — (一一〇)
53 14 想起《おもひおこ》す (編) — 想起《おもひをこ》す
53 下13 (一〇九)。(定) — (一一一)
53 21 婆《ばゝ》 (編) — 婆《ばゞ》
54 上1 などに (定) — なとに
54 18 幸《さいはひ》 (編) — 幸《さいほひ》
54 20 図らざる (編) — 図《はか》らさる
54 下11 見た (定) — 見《み》
55 上3 特徴 (定) — 持徴《とくちやう》
55 5 (一一〇)。(定) — (一一二)
55 11 出雲風土記《いづもふどき》 (編) — 出雲風士記《いづもふうどき》
55 下1 傷《きず》けた (編) — 傷《きづの》けた
56 下6 大日本史料 (定) — 大日本史科

56 12 譚海 (定) — 訳海
57 上6 図書館 (定) — 囲書館
57 18 変種ならば (定) — 変種ならは
58 上1 がある (定) — かある
58 下12 犬養姉女 (編) — 犬養娣女
58 17 二年 (定) — 二年
58 21 『おばけの正体』。(編) — 『おばけの正体』
58 24 井上 (定) — 幵上
59 上11 榊巻談苑 (定) — 榊苍談苑
59 12 形から (編) — 形かろ
59 21 三〇八頁。(定) — 三〇八頁、
59 下2 オシラサマ (定) — オシサマ
59 2 論ぜらる (定) — 論せらる
59 17 人狐弁惑論 (編) — 人狐弁惑談
60 上6 外山且正 (編) — 外山旦正
60 7 東京日日 (編) — 東京日々
60 24 東京日日新聞 (編) — 東京日々新聞

炉辺叢書解題

定—定本柳田国男集第二三巻

61 下6・19、66 上11 見よう (定) — 見やう
61 11 受けよう (定) — 受けやう
63 上4、66 下1・4 しよう (定) — しやう
63 9 寒狭川 (編) — 寒峡川
65 下5 逃す (編) — 遺す
66 下13 伝へよう (定) — 伝へやう
66 18 収穫 (定) — 収獲
69 下16 慰藉 (定) — 慰籍
70 上1 重複 (定) — 重復

郷土会記録

74 上3 大正二年 (編) — 大正元年
75 下6 のみならず (編) — のみならす
78 上7 維新 (編) — 雑新
78 下1 ある (日高 (編) — ある。(日高
78 2 る)。(編) — る。)
79 上20 株式会社 (編) — 株式会会社
80 上14 野辺地《のへぢ》 (編) — 野辺地《のべち》
81 上15 故、此の (編) — 故。此の
81 下2 させよう (編) — させやう
81 22 北方 (編) — 此方
82 下20 ある (編) — める
84 上5 ませう (編) — ましやう
84 7 尻矢岬《しりや》 (編) — 尾矢岬《しりや》

84 8 立てた。（編）—立てた、
84 下10 売り、（編）—売り
84 11 充てよう（編）—充てやう
84 19 三本木（編）—三木木
85 下11 購読者（編）—講読者
85 16 花が（編）—花か
86 上11 牟田《むた》（編）—牟田《むだ》
86 下13 祟られる（編）—崇られる
86 16 東畑に（編）—東畑のに
88 上11 にくい（編）—にいく
88 下9 玉蜀黍（編）—玉蜀黎
88 11 出ると云ふ（編）—出る云ふ
89 下12 優勢（編）—優労
89 19 曖昧（編）—暧昧
90 上5 府県ノ（編）—府県の
90 16 聳え（編）—声え
90 下8 取立てる（編）—取立でる
90 15 遂げ（編）—逐げ
93 上3 苗字（編）—苗宇
93 4 称し（編）—種し
94 上6 諸冉（編）—諸冊
96 上22 死産など（編）—死産なと
96 下8 見える。（編）—見える
97 下14 小布施《をぶせ》（編）—小布施《おふせ》

97 16 小沼（編）—小沿
97 18 遠洞湖《ゑんどうこ》（編）—遠洞湖《えんどうこ》
98 上12 濠を（編）—濠をを
98 13 植ゑ（編）—植え
98 下19 杞柳（編）—杞柳
100 下7 かゝる。（編）—かゝる、
101 上10 降れば（編）—降れが
101 12 大字（編）—大宇
101 下4 船橋を（編）—船橋が
101 11 両立せず（編）—両立ぜず
104 上13 大船津《おほふなつ》（編）—大船津《おほぶなつ》
105 下10 古風土記（編）—古風上記
107 上12 売つた（此（編）—売つた。（此
108 下9 Litoralis（編）—Litralis
112 下2 辺阪（編）—偏阪
112 17 見よう（編）—見やう
115 下14 甘蔗《さたうきび》（編）—甘蔗《さとうきび》
115 17 つい（編）—つひ
116 下8 金扱《かなこぎ》（編）—金扱《かなごぎ》
118 上21 生えた（編）—生へた
118 下8 凝灰岩（編）—礙灰岩
119 下20 大正三年十一月（編）—大正十三年一月
121 上16 初台《はつだい》（編）—初代《はつだい》

123 上20 栽ゑた（編）—裁ゑた
123 下3 蔬菜栽塔（編）—蔬菜裁培
123 8 あらう（編）—あうう
124 下10 初台《はつだい》（編）—初代《はつだい》
126 下7 概ね（編）—概ぬ
126 8 沢庵漬（編）—沢療漬
126 10 どん〳〵（編）—どん〴〵
128 下6 汐入村（編）—潮入村
129 上5 地方《ぢかた》（編）—地方
129 19 石神井川《しやくじゐ》（編）—石神井川《しやくしゐ》
129 下8 浅草街道（編）—浅荷街道
129 11 小塚原《こつかツぱら》（編）—小塚原《こつかツぱら》
131 上4 杉本（編）—杉山
131 7 村民（編）—材民
131 下6 第一回田（編）—第一回
137 上10 款待（編）—欵待
137 下2 与へられた（編）—与へれらた
137 21 沿うて（編）—沿ふて
138 上9 である（他（編）—である。（他
138 13 謂うて（編）—謂ふて
139 上1 吊つて（編）—弔つて
142 上9 切刃《きりは》（編）—切刃《きりば》
142 13・下17 象嵌（編）—象篏
142 下12 云うて（編）—云ふて

143 上13 あり、(編)―あり
144 上17・下1 花崗岩(編)―花剛岩
146 上22 思ふ(此(編)―思ふ。(此
146 下8 或は年齢(編)―成は年齢
148 下5 新島《にひじま》(編)―数島《にひじま》
149 下5 述べよう(編)―述べやう
149 11 でない(土(編)―でない。(土
150 上4 で(七島(編)―で、(七島
150 8 らしい)、(編)―らしい)。
150 13 社がある。(編)―社がある。、
151 上6 対丈《ついたけ》(編)―対丈《つゐたけ》
151 7 天秤棒《てんびんぼう》(編)―天秤棒《てんびんぼう》
151 下10 捧げる(編)―棒げる
152 上12 甘藷(編)―甘藉
152 22 中々(編)―仲々
152 下5 徳島藩士(編)―徳島藩土
153 上6 無慚(編)―無漸
153 21 向畑《むかふばた》(編)―向畑《むかうばた》
153 下22 あり(又は来り)、(編)―あり、(又は来り、)
154 上6 行うた(編)―行ふた
154 14 前天王《まへてんわう》(編)―前天王《まへてんのう》
154 15 負うた(編)―負ふた
154 下2 先立て(編)―先立で

157 上6 勇士(編)―勇土
157 6 もある(編)―もめる
157 13 躑躅(編)―躅躑
158 下19 栽ゑる(編)―裁ゑる
160 上11 なつた(編)―なつて
161 上3 享保(編)―亨保
161 8、167 上10 まで丶(編)―までゞ
161 12 富士山(編)―富土山
161 21 有してゐる(編)―有してるる
162 上21 祟つて(編)―崇つて
162 下14 神漏岐《かむろき》(編)―神漏《かむろ》
162 21 大山祇命《おほやまつみ》(編)―大山祇命《おほやまずみ》
163 上10、164 下4 神漏岐(編)―神漏
163 下16 名詮自性(編)―名詮自称
163 20 御鉢廻《おはちまは》り(編)―御鉢廻《おはちまに》り
163 20 一周(編)―一週
163 20 御中度《おちゆうど》(編)―御中度《おちうど》
164 上17 はうろく(編)―ほうろく
165 上13 する、(編)―する
165 下3 同じで(編)―同じて
166 上16 中間《ちゆうげん》(編)―中間《ちうげん》
166 下16 漁《れふ》に用ゐる船である(編)―漁《れふ》に用ゐる船でめる
167 上5 それ〲(編)―それ〲

168 上15 さうな(編)―ざうな
169 上8 はひれぬ(編)―はいれぬ
170 上17 嵌め込む(編)―篏め込む
171 上1 画灯籠(編)―昼灯籠
171 6 やうな(編)―やう
171 10 開基、(編)―開基
171 14 満仲谷《まんぢゆうだに》(編)―満仲谷《まんぢうだに》
171 18 どん〲(編)―どん〲
171 下14・15 中間《ちゆうげん》(編)―仲間《ちうげん》
172 下14 と云うて(編)―て云うて
172 18 寺中《じちゆう》(編)―寺中《じちう》
174 上14 ぼゝ(編)―ぼゞ
174 17 あつた。此(編)―あつた 此
175 下1 穏田《をんでん》(編)―穏田《おんでん》
175 16 少なかつた故に(編)―少なかつ故に

来目路の橋

181 上18 故里《ふるさと》の方《かた》(正)―故里《ふるさと》の方《かた》の
181 下22 しやう(編)―しよう
182 上10 今井の村(正)―今井の里
182 下12 語らなん(編)―語らん
183 上6 ありけるに(正)―ありける
183 下23 沾れた(編)―沽れた

184 上20 書《か》い残し（正）—残し
185 下1 佇《たゝず》みて（編）—佇《たゞず》みて
186 上18 今見《いままみ》えしも（正）—見《まみ》えしも
186 下5 聞きしに、此歌（正）—聞きしに
此歌
187 上5 来《きた》りて隈々残《くまぐのこ》り無く教へ（正）—
来《きた》りて教へ
187 下17 まで丶（編）—までゞ
188 下13 新御魂《にひみたま》（編）—新御魂《たひみたま》
189 下3 居る。（編）—居る
189 5 はやて」。（編）—はやて」
191 上9 数珠《ずゝ》（編）—珠数《ずゞ》
191 15 光《ヒカル》（正）—光《ひかる》
192 上12 十日《とをか》市場《いちば》（編）—十日《とうか》市場《いちば》
192 下11 かはるぐ（編）—かはるく
193 上6 ばかりにも（正）—ばかりも
194 上16 座《す》ゑたる（正）—坐《す》へたる
194 21 御社《みやしろ》（正）—社
195 下13 奥州へ（編）—奥州
196 上7 琵琶城《びはじやう》（編）—琵琶城《びはじやう》
198 上14 去歳《こぞ》（編）—去歳《こぞ》
198 下17 神垣《かんがき》（正）—神垣《かみかき》
199 上16 誰《た》（編）—誰《だ》
199 17 しかぐ（編）—しかく
200 上21 隈々《くまぐ》拝み（正）—隈々《くまぐ》を拝み
200 下12 涙堕《なみだおと》しなも（正）—涙《なみだ》を堕《おと》しな
も
201 上4 円乗寺（正）—円来寺
201 下16 とある。脱字（正）—とある脱字
202 下20 紅葉会《こうえふゑ》（編）—紅葉会《こうえうえ》
203 上8 手力雄命《たぢからをのみこと》（編）—手力雄命《ちぢからをのみこと》
203 下7 ならずば（編）—ならすば
203 10 たゝずまひ（編）—たゞずまい
203 18 思ふが（編）—思ふか
204 上16 案内《あない》（編）—案内《あ》
205 下7 みとのまぐはひ（編）—みとのま
くはひ
206 上22 神社《かんやしろ》（正）—神社《かロやしろ》
206 下4 験者《げんざ》（編）—験者《けんさ》
206 20 新苧《にひを》（編）—新苧《にひそ》
207 上18 越呉《ゑちご》（編）—越呉《えちご》
208 上5 二俣《また》（編）—二朕《また》
208 12 あり。（編）—あり、

伊那の中路

213 下12 否や（編）—否
215 上6 さへ（編）—さえ
216 上13 瞿粟（正）—芥子
217 上22 布襸《ほさん》（編）—布襸《ほさん》
217 下5 みづの（編）—みづ
217 14 し難いが（編）—し難いか
217 17 （ナシ）—（正）きつにはめなで
「夜もあけばきつにはめなんく
だかけのまだきに鳴きて背なを
やりつる」といふ歌が万葉にあ
る。
217 18 伊勢（編）—万葉
217 22 布襸（編）—布襸
218 上10 とて、（編）—とて
218 下15 上穂《うはぼ》（編）—上穂《うはぶ》
219 下16 （ナシ）—（正）椎の葉に盛る
「家にあらば笥に盛る飯を草枕
旅にしあれば椎の葉にもる」万
葉集
219 17 万葉集。（編）—万葉集
219 22 斯う（編）—斯ふ
221 下8 （ナシ）—（正）さき草の云々
「此殿はうべも富みけりさき草
のみつばよつ葉にとの造りせ
り」催馬楽歌にもある。
221 12 （ナシ）—（正）ひぢ笠　肘を挙げ
て衣の袖を以て、笠の代りにす

ることゝ古くより解せれて居る。
221 13 解せられて（編）—解せれて
222 上10 名だゝる（編）—名たゝる
223 上2 ありきぬ。（編）—ありきぬ、
223 下12 本来が（編）—本来か
223 16 中仙道（編）—仲仙道
223 16 見て。（編）—見て、
224 上1 書いて、（編）—書いて。
224 19 主、（編）—主。
225 上6 あまたゝび（編）—あまたゞび
225 下2 したが（編）—したか
225 9 人麿（編）—人磨
225 13 祇陀大智禅師（編）—祇陀大智禅
師
225 24 ことが（編）—ことか
227 上7 たぐへて、（編）—たくへて
227 下11 歌。（編）—歌
227 14 あつて。（編）—あつて
227 18 弱冠（編）—若冠
229 上10 神祇（編）—神祇
229 下9・10 歌。（編）—歌
231 上18 さき（正）—さき
231 下12 来目路の橋（編）—来目路乃橋
233 上22 朝臣。（編）—朝臣
233 下3 仮字書き（編）—仮字き
233 18 あるひひ、こゝろひ（編）—ある
ひひこゝろひ
234 下19、235 下15 ずゝ（編）—ずゞ
235 下1 金色《こんじき》（正）—金色《こんじゅ》
235 2 それ〴〵（編）—それ〳〵
235 9 ところ〴〵（編）—ところ〳〵
235 18 量り無き（正）—曇り無き
237 上7 ぬしに、始めて（編）—ぬしに、
／始めて
237 下14 中には、（正）—中には（
237 23 ば」か（正）—ばか
238 上10 かう〴〵しく（編）—かう〳〵し
く
239 上13 伐らん（編）—代らん
239 18 采配（編）—釆配
240 下17 戍（編）—戌

わがこゝろ

243 下19 地名か（正）—地名が
245 上22 歌ふ。（正）—歌ふ、
245 下18 幾ばく、高き（編）—幾ばく高き
245 18 広さ（正）—広き
247 上1 ところ〴〵（編）—ところ〳〵
248 上4 さ棄てむと（編）—さ棄てんと
248 下1 代り〴〵（編）—代り〳〵
249 上9 をのみ（正）—をみ
249 下16 うゝと〻知れぬ。（編）—生ける
を〻居る。
249 18 生けるを〻居る。（編）—うゝと
〻知れぬ。
249 21 二四五頁註（編）—一三頁頭註
251 上1 三十一首《みそぢひとくさ》（編）—三十一首《みそぢひとくさ》
251 下18 容物。つまり（正）—容物。「つ
まり
251 19 ひたぶる〻思ふ。（編）—秀でた
る〻べきか。
251 20 秀でたる〻べきか。（編）—ひた
ぶる〻思ふ。
252 上8 末（編）—未
252 下7 法師也。（正）—法師。
253 上12 ところ〴〵（編）—ところ〳〵
255 上13 宗祇（編）—宗祗
256 下16 名だゝる（編）—名だるゝ
260 上2 である（編）—てある
261 上2 誦《ず》し（編）—誦《す》し
261 下12 短冊（正）—端冊
262 上11 山家《やまが》（編）—山家《やまべ》

262 14 秀雄、（編）—秀雄。
262 下3 午時《うまのとき》（編）—午時《うまのらき》
262 15 しぞき（編）—しそき
263 下13 を」。（編）—を」
265 下9 もに」。（編）—もに」

奥の手ぶり

268 上6 海抜（編）—海抜
270 上10 安太多良山《あだたらやま》（編）—安太多良山《あたたらやま》
271 下6 トシナハ（編）—トシナ
271 7 こと。（編）—こと
274 上20 埋火《うづみび》（編）—埋火《うつみび》
274 下10 ければ（編）—ければ、
275 上2 柄《つか》（編）—抦《つか》
275 3、276 下8 拍子《はうし》（編）—拍子《ほうし》
275 5 障子《さうじ》（編）—障子《さうし》
275 上22 粟穂《あはぼ》繭玉《まゆだま》（編）—粟穂《あはほ》繭玉《まゆたま》
275 下8 いふのであるが（編）—いふであるが
276 上2 梁《うつばり》（編）—梁《うつはり》
276 4 玉蘰《たまかづら》（編）—王蘰《たまかつら》
276 10 総角《あげまき》（編）—総角《あけまき》
276 下3 挿画（編）—挿図
276 10 朳《えぶり》すり（編）—朳《えぶり》すり
277 上20 籬根《かきね》（編）—籠根《かきね》
278 上17 脛巻《はぎまき》（編）—脛巻《はきまき》
280 上7 莓《こけ》（編）—苺《こけ》
281 上19 かふこ（編）—かうこ
282 上5 乗りくだし（編）—乗りくたし
282 20 大山祇《おほやまつみ》（編）—大山祇《おほやまずみ》
282 下17 見たゝずみて（編）—見たゝずみて、
283 上9 炙《あぶ》り（編）—炙《あぶ》り
283 下21 謂ふ。（編）—謂ふ
283 21 物に（編）—物を
283 21 居る。（編）—居る
284 上3 吹けば（編）—吹けば、
284 下15 まかせて（編）—まかせ
284 21 見れば（編）—見れは
286 上8 埋火《うづみび》（編）—埋火《うつみび》
288 下5 遠近《をちこち》に（編）—遠近《おちこち》に
289 下12 和田千蔵（編）—和田干蔵
290 上15 勘解由左衛門《かげゆさゑもん》（編）—勘解由左衛門《かけゆさゑもん》
291 上17 近づく（編）—近つく
291 19 真砂《まなご》（編）—真砂《まなこ》
291 下10 あらう。（編）—あらう
292 上3 塚《セトンバ》（編）—塚《セトンバ》
293 上21 偏宗空然《へんしうくうねん》（編）—偏宗空然《へうしうくうねん》
293 下13 アヂ（編）—アジ
293 22 原本（編）—原木

菴の春秋

301 下17 こと。（編）—こと
301 18 いふ歌（編）—いふた歌
302 上2 わらふだ（編）—わらふた
303 下9 思ひ出して。（編）—思ひ出して、
303 21 にほ（編）—にを
304 上10 かた、（編）—かた。
305 下20 列樹。（編）—列樹
305 21 冒頭。（編）—冒頭
307 下5 であつた。（編）—てあつた。
307 9 いふ。（編）—いふ
307 18 ない葉・（編）—ないは
308 下11 火じろ（編）—火しろ
309 下14 覚ゆ（編）—覚ふ
311 上17 鼹鼠打（編）—□鼠打
312 上16 小町カ家（編）—小町ガ家
313 上17 とぶらひ（編）—とふらひ
314 上2 御舟（編）—御船
314 19 しか〴〵（編）—しか〳〵
316 下4 采配（編）—釆配

316 17 こゞしくて（編）―こゝしくて
317下7 わざ（編）―わさ
317 16 「何の木に」の（編）―「何の木」にの

ひなの一ふし

318上6 気長足比売《イキナガタラシヒメ》（編）―気長足比売《イキナカタラシヒメ》
319下9 なり（一七）（編）―なり
319 12 いふ（編）―いふ（一七）
319 16 さまよ（編）―さまよ（一八）
319 16 わるい。（一八）（編）―わるい。
320上2 勝テ（編）―勝テ
320 9 蚊蹰《かや》（編）―蚊蟵《かや》
320下3 新保《シンボ》（編）―新保《ジンボ》
320 5 苫舟《とまふね》（編）―笘舟《とまふね》
321上5 むかふの（編）―むかふの（三〇）
321 6 梨子《なし》の木（三〇）（編）―梨子の木
321 11 新発田《シバタ》（編）―新発田《シバタ》
321下4、331下4、337上13 ところ〴〵（編）―ところ〳〵
322上5・6 苫《ノマ》（編）―笘《ノマ》
322 6 苫《トマ》（編）―笘《トマ》
322下17 よべり（四五）（編）―よべり（四〇）
323上4 ひす（四六）（編）―ひす
323 4 囀る（編）―囀る（四六）
326上3 鳥さしの（六二）（編）―鳥さしの
326 3 ながめた（編）―ながめた（六二）
329上4 源常林《げんじょばやし》（編）―源常林《げんじょばやし》
329 4 木は（七五）（編）―木は（七五）
330上6 燕《つばくら》（編）―燕《つばくら》
330下11 ばゝ（編）―ばゞ
331上5 本名は（編）―本名に
334下9 や。膳 此膳（編）―や。此膳
335下8 トセイ、（編）―トセイ。
337下4 こと〴〵し（編）―こと〳〵し
338上3 祖父《ぢゝ》と祖母《ばゝ》（編）―祖父《ぢゞ》と祖母《ばゞ》
338 3 ながした。（編）―ながした。
338下2 めぐろ《黒睛》（一〇〇）（編）―めぐろ《黒睛》
339上12 孕《はらん》で（編）―孕《ばらん》で
339下17 一化ケ（編）―一化ケ
340下16 簸《フ》かん（編）―簸《ツ》かん
340 18 とて、（編）―とて
341上8 語リ（編）―語り
341 9 切《き》リ（編）―切《き》り
342上6 伊那の中路（編）―伊那之中路
342下2 帰趨（編）―帰趣
342 3 余り、（編）―余り
343下6 である。（編）―でる。
345下10 面白さ（編）―而白さ
345 10、353上8 つい（編）―つひ
347上4 おどけた（編）―をどけた
351上4 苫舟（編）―笘舟
351 8 舞ふと、（編）―舞ふと
352上12 香奩体（編）―香匳体
354上10 じつと（編）―ぢつと
354下3 強吹《こはぶ》き（編）―強吹《こわぶ》き
355下1 着て居る（編）―来て居る
355 7 おどけ歌（編）―をどけ歌
355 10・12・16 苫（編）―笘
356上2 口ずさむ（編）―口すさむ
356下7 それ〴〵（編）―それ〳〵
358上5 あわたゞしい（編）―あはたゞしい
360上19 最高潮（編）―最高調
363下10 鳥刺し舞（編）―鳥刺し舞
363 14 の中の（編）―のの中
364下10・11 重宝（編）―調宝
366上10 ドヽイツ（編）―ドヾイツ
366下1 用ゐた（編）―用ひた
367上17 余地が（編）―余地で

368上13　である。（編）―である、
371上5・5　おぼゝん（編）―おぼゞん
371下14　も一つ（赤）―も一つの
373上8　ものであり（編）―もでのあり
373　10　取行うて（編）―取行ふて
373下4　思ふ。（編）―思ふ、
374上8　婉曲（編）―宛曲
376上8　居るか（編）―居るが
376　19　ずばぬけて（赤）―ずぶぬけて
377上4　古の（赤）―右の
377　7　おどけた（編）―をどけた
377下18　惰《ナマ》け者（赤）―情け者
378上12　おどけて（編）―をどけて
379下1　である。（編）―である

山村語彙

380上8　見たい。（編）―見たい、
380下4　可、重複（編）―可重複

昔話採集の栞

383上5　森口清一君）（編）―森口清一君
383　19　では（編）―ては
384上4　ない。是（編）―ない是
384　5　くれるのも（編）―くれるも
384下12　第一三話（編）―第十三話
385上3　馬」、（編）―馬」
385　5　外に、（編）―外に
385　7　居り、（編）―居り。
386上8　昔話のさわり（編）―昔話のさわ
り
387上2　猿聟入（編）―猿聟人
388下10　ある。老嫗夜譚（編）―ある□老
嫗夜譚
390　5　居るが、曾て（編）―居るが□曾
て
390　14　昔こ集　一一二頁（編）―昔こ集
一一二頁
390下15　オンタカラデ（編）―オンタラデ
391下17　オブセーン（編）―オプセーン
392下14　居る。前半分（編）―居る□前半
分
393下7　沙石集（編）―砂石集
393　8　まぜた」などと（編）―まぜた□
などと
395上6　一つ、（編）―一つ
396上5　「うばりよん石」（編）―「うばり
よん」石
396　9　昔こ集（編）―昔ご集
396下9　眤み（編）―眤み
399下10　ぴいろいろい（編）―ぴいろぴい
ろ
400上4　久高の屁（編）―久高の屎

山村生活調査第一回報告書

404上4　来た（正）―来て
405上9　獲て（正）―穫て
405　13　稀薄（正）―稀菈
405下1　歎じ（正）―欸じ
407上12　用ゐ（正）―用ひ
407下7　までが（編）―までが

産育習俗語彙

408上9　読んだゝけ（編）―読んだゞけ

日本民俗学研究

定―定本柳田国男集第三〇巻

412上14　用ゐられる（定）―川ゐられる
412下2　ナショナル（編）―ナショナル
413上12　閉ぢ込め（編）―閉じ込め
414上5　限つて、（定）―限って
414下7　しめ、（定）―しめ
414　10　少く、（編）―少く

417 上 2 劃地調査法《レジオナリズム》（編）―劃地調査法《レジオナリスム》
418 上 7 場合に、（定）―場合に
418 21 咄嗟（編）―突嗟
419 上 19 ならば、（定）―ならば
420 上 3 でも、（編）―でも
420 15、421 上 11 フォクロア（編）―フオクロア
421 上 1 バックワードメンバース（定）―バツクワードメンバース
423 下 15 八（編）―九
424 下 9 れゝば（定）―れば

風位考資料

明―増補風位考資料
定―定本柳田国男集第二〇巻

427 下 1 知られて（編）―知れて
430 下 1 それ〴〵（定）―それ〳〵
431 上 18、434 下 9 までゝ（定）―までゞ
432 上 16 オシヤバエ（明）―オシャバエ
434 下 9 知られて（編）―知れて
437 上 14 利根川図志（編）―利根川図誌
439 上 6 酒匂川（編）―酒勾川
439 下 16 周桑郡郷土彙報（定）―周桑郡郷士彙報
440 上 12 大抵（定）―大柢
444 上 17 我はあり（編）―我あり
444 17 申したべ、（編）―申したべ
445 下 1・2 礪波（編）―磺波
445 5 ちやうど（明）―ちようど
445 9 ミヤザキアイノカゼ（定）―ミヤサギアイノカゼ
445 9 居る（編）―言る
447 上 16 もう（明）―□う
452 上 14 謄写版（編）―騰写版
453 上 6 といふ、（編）―といふ
455 上 5 だん〳〵（編）―だん〴〵
457 上 8 専門家（定）―専問家
457 下 5 ヒカタ（編）―□カタ
457 13 或いは（編）―或ひは
458 下 16 中々（編）―仲々
459 下 11 已めたら（定）―巳めたら

山村生活調査　第二回報告書

定―定本柳田国男集第三〇巻

464 下 14 くづほれ（編）―くづをれ
465 下 8 ちやうど（定）―ちようど

昔話採集手帖

定―定本柳田国男集第八巻

469 上 18 剽軽な（定）―瓢軽な
470 下 3 気遣ひ（編）―気遺ひ
471 上 10 運ばれて（定）―運ばれで

婚姻習俗語彙

定―定本柳田国男集第三〇巻

477 上 8 若干（定）―若于
477 下 3 ちやうど（定）―ちようど

山村生活の研究

478 上 15 便宜を（編）―便宜と
481 上 18 軽率（編）―軽卒

分類農村語彙

486 上 10、487 下 5 つい（編）―つひ
486 下 2 までゝ（編）―までゞ

葬送習俗語彙

491 下 16 フォクロリズム（編）―フオクロリズム

採集手帖（沿海地方用）

495上6　得て、（編）―得て
500上11　機会、方法（編）―機会□方法
501上17　母方（編）―母□
503上11　紅、白粉（編）―紅□白粉

服装習俗語彙

定―定本柳田国男集第三〇巻
510上9　もらひたい（編）―もらいたい
510　17　マッチ（定）―マッチ
510下10　造られて（赤）―造らて
511上6　だけで、人々（赤）―だけで人々
511　9　ながら、名前は（赤）―ながら名
　前は
511　20　ばかり前の（赤）―前ばかりの
512上1　居る、といふ（赤）―居るといふ
512　10　迎へ得る（赤）―迎へ得た

分類漁村語彙

定―定本柳田国男集第三〇巻
515上2　に関する（編）―の関する
516上19　それ〴〵（定）―それ〳〵

居住習俗語彙

定―定本柳田国男集第三〇巻
518下16　チョコ（定）―チョコ

喜界島方言集　全国方言集・一

524上11　伝はり、（編）―伝はり
527上5　必ず（編）―必す

佐渡島昔話集　全国昔話記録

磐城昔話集　全国昔話記録

島原半島昔話集　全国昔話記録

定―定本柳田国男集第三〇巻
535上3　逆に（赤）―遂に

日本民俗学入門

定―定本柳田国男集第三〇巻
539上22　裂かなければ（定）―裂かなけば
541上10　ゐる（編）―いる
541　10　変容（編）―変客

族制語彙

定―定本柳田国男集第三〇巻
546上15　それ〴〵（定）―それ〳〵

南天荘集　井上通泰翁歌集

定―定本柳田国男集第二三巻
550上8　昭和（定）―昭年

伊予大三島北部方言集　全国方言集・五

558上19　切れ〴〵（編）―切れ〳〵

雪国の民俗

561下8　侘ぶる（編）―佗ぶる
561　8　哀鳴の（編）―哀嗚の
562上7　せゐ（編）―せい
564上1　ぼつ〳〵と（編）―ほつ〳〵と
565上9　切れ〴〵（編）―切れ〳〵
566上16　じつと（編）―ぢつと
567上4　ある。さう（編）―ある□さう
568上6・21　本たう（編）―本とう
568下6　スナップ（編）―スナツプ

火の鳥　世界昔ばなし文庫・ロシヤ

571下7　むずかしい（編）―むづかしい

日本昔話名彙

572上5、574上22、576上22、下15、577上5・
　7、下7、578上2、下1・15
　せう（編）―しょう

576上20 ませんが、（編）―ませんが
578上16 ルコンネッサン（編）―ルコンネツサン

十三塚考

580下20 ちやうど（編）―ちようど
581上17 じつと（編）―ぢつと

海村生活の研究

584上14 思ひ切つて（編）―思い切つて
584 16 小島は、（編）―小島は
584下10 或は（編）―我は
585上21 一致、（編）―一致
585下12、587下14 フォクロア（編）―フオクロア
586上17 多く、（編）―多く
586下19 名づく（編）―名つく
589上20 切れ〴〵（編）―切れ〳〵

日本伝説名彙

定―定本柳田国男集第三一巻
600上6 せぬが、（編）―せぬが
600 10 ませんが、（編）―ませんが
600 15、601下7、605上6、下22 せう（編）―しょう
600下9 前提（編）―前定
600 18 信ずべき（定）―信すべき
601上6 くさ〴〵（定）―くさ〳〵
601下4 けぢめ（定）―けじめ
601 10 どういふ（定）―どういう
601 14・18、602上6、603上11 ちやうど（定）―ちようど
602上2 乙の土地（編）―での土地
602 18 つひに（編）―ついに
603下20 ますが、（編）―ますが
605上4 見ると、（編）―見ると
605 5 或いは（編）―或ひは
606上8 切れ〴〵（定）―切れ〳〵

民俗学辞典

608上7 嵌込み（編）―篏込み

日本のしゃかい　二ねん

625上11 なか（編）―かな

日本の社会　四年上

629下10 よって、（編）―よって

日本の社会　五年上

631上10 労働（編）―労動

明治文化史

638下13 うなずける（編）―うなづける
639上15 軽率（編）―軽卒
640上17 まぎらし、（編）―まぎらし
640下4 地機《じばた》（編）―地機《ちばた》
641下8 出立《でた》ち（編）―出《で》立《たち》ち
643下13、662下8 截然（編）―裁然
648下6 しよう（編）―しょう
650上20 として、（編）―として
650下4 言文一致（編）―文言一致
656下6 端的（編）―単的
660上4 殆んど（編）―殊んど
662下8 である。（編）―である、
663上16 いちじるしい（編）―いちぢるしい
664上9 よいか、（編）―よいか。
668上17 ちがっている（編）―ちがつている

（校訂　石井正己）

解題

本巻は、柳田国男の編集にかかる単行本や共著の冊子を集める形で構成された。単行本編でもなく、作品・論考編でもない形で、この一巻が設定されたには、いささか複雑な経緯がある。あれは佐藤の海外研修期間中であったから、一九九七年後半であった。本全集第三巻の編集及び製作の作業において、当時の編集部と本全集編集委員会との間で編集方針をめぐる、やや深刻な意見の対立があった。

私が国外の遠くから理解していた限りでは、問題の焦点は『日本農民史』と『炉辺叢書解題』の扱いをめぐるものであったが、あるいは『おとら狐の話』や『郷土会記録』の処遇ともつながるがゆえの難しさや、『雪国の春』の柳田国男が書いたに違いない広告文の扱いなどが微妙に絡んでいたかもしれない。表層的には、『日本農民史』の配置を昭和六年(一九三一)に送るか第三巻に収録するかの議論であり、『炉辺叢書解題』を単行本編に位置づけるかどうかをめぐっての解釈の食い違いであったが、じつは出版業界のフォークタームである「単行本」の理解をこえて、書物とはそもそもいかなる存在か、公刊とはどのような現象か、さらには著者とは何かという、根本的でしかも原理的な問題をはらんでいたと思う。本稿はその議論の正否を見定めてもらう場ではなく、多少の論点は問題となったそれぞれの解題からも類推が可能であるので、詳細は省く。結局のところ『日本農民史』だけは第三巻に位置づけることになったが、それ以外もここに収録しなければならないとすると、結果的に第三巻が刊行不可能なほどに厚くなりすぎるという現実的な判断のもとで、「編集編」として一巻を別に用意するという、緊急避難の妥協案に収斂した。

まだ本全集の刊行が緒に就いたばかりで、実際の校訂作業を進め、解題を書きながら気づいたり、浮かびあがってきたりする問題に対処していくという現状でもあったから、編集編として新たに一巻を設定することがもたらす得失を、あの当時にどれだけ理解していたか。正直なところ、少なくとも私には見渡せていなかったといわざるをえない。にもかかわらず、今なお最終的な扱いが未確定の「語彙」集を含め、あるいは積極的な位置づけを加えることができるのかもしれないとも思って、日本の製作現場での合意に私も賛成した。編者としての柳田国男に焦点をあてることは、たしかに魅力的な課題であったからだ。

しかしながら、現実に収録するものを検討する段階になってみると、全集という全体の原則の縛りのなかで、それほど単純にはその特質を浮かびあがらせることができないことが見えてくる。たとえば「序」が『年中行事覚書』に収録された柳田国男編『歳事習俗語彙』は「分類習俗語彙」の試みの一群には並ばず、「全国方言記録」にも「全国昔話記録」にも同様の欠落が出て、期待していた一覧性は確保できなかった。論考が他の著作、たとえば『物語と語り物』に再録されたがために柳田国男編『黒百合姫物語』の存在を取りあげる余地がなくなってしまっていた例や、『北小浦民俗誌』に「各地民俗誌の計画について」として付けられていたために、まるでその本の固有の巻頭言であるかのように読まれて、監修者柳田国男の計画宣言として他の「全国民俗誌叢書」に繰り返し付けられた事実が背景に退いてしまった例など、微妙な問題を抱えこんでしまっているものは多い。また組織の事情で刊記の編者が異なっていたために、いわゆる「採集手帖」の四種類を統一的に扱えないなど、形式面から乗り越えにくい不都合があったことにも気づく。『郷土会記録』のもつ、他者の報告をその人の名のもとで柳田が筆記するという特殊な性格は、すでに問題として十分に議論していたから対応できたとしても、『昔話採集の栞』のテクストの複合的な性格については事前の検討や合意形成が足りず、取り込むことができなかったし、他のいわゆる「採集手帖」とは異なる『昔話採集手帖』の書物としての性格を明確には活かすことができなかった。逆に『郷土生活研究 採集手帖』の同人連名での「趣意書」など、形式の原則からして作品・論考編で処理しておかなければならないものが、いくつか見落とされていたことにも気づいた。さらに不用意を悔やまざるをえないのは、作品・論考編において「分類習俗語彙」にまとめられていく語彙記述は、そちらで収録するのでと基本的に省略しておきながら、最初の段階で第二二巻という中途半端な場所を選んでしまったために、再び量の問題に行き当たって、一冊の書物としての収録を決断できなかった点である。先送りして別な解決法を模索せざるをえないが、選択肢は厳しくなるばかりである。個人的には、編集編のうちで一冊の書物として扱うべきものはやはり単行本編のなかで受容し、部分として収録すればよいものは作品・論考編に位置づけるという、基本原理を貫徹すべきであったと考えるが、今はその不整合というか矛盾の調整を読者にゆだねる以外にはない。

もちろん刊行実務の実際的判断から選ばれた収めどころとはいうものの、積極的な点もないわけではない。結果としてみると、純粋な物書きとしての著者とは異なる、編者・編集者としての柳田国男の仕事のアウトラインが浮かびあがる一巻であることも、まぎれもない事実だからである。解題者もまた、玄文社版と郷土研究社版の二つの炉辺叢書が、これまで論じられていた以上につながりが深いものであることや、いわゆる山村・海村調査の新たな試みと分類習俗語彙集の構築とに意外にも呼応する部分があったこと、「全国方言記録」と「全国昔話記録」の計画の展望が重なりあって、やがて「全国民俗誌叢書」へとつながり、叢書編者や監修者としての柳田の民俗学運動の重要な一コマを形成していることなどに、遅ればせながら気づいた。もちろん、この巻も刊行日時での時系列配置の原則に依拠している。同じ時間軸を共有している全集の他の諸巻との密接な連携を保つことで、この一巻に期待した可能性を活かしていただければありがたい。

（佐藤健二）

○田山花袋・柳田国男校訂『校訂近世奇談全集』（博文館、明治三六年〔一九〇三〕三月一七日）は、明治三一年（一八九八）から刊行された博文館「続帝国文庫」というシリーズの第四七編に位置づけられる一冊。奥付の編者には、柳田国男と田山録弥（奥付は「禄弥」と記す）の二人が挙げられているため、「序言」の「編者識」は連名と解釈できるものである。『定本柳田国男集』の「書誌」（以下「定本書誌」と略す）は、この「序言」の項目に「田山花袋と二人の校訂であるが、編者識とある序言は、先生の筆ではなかろうか」という注を付けたが、定本には収録しなかった。まったく同じ注釈が、柳田国男・松岡家顕彰会記念館に所蔵されている水木直箭の稿本『柳田国男先生著述年譜』にもある。

この一〇一〇頁に及ぶ一巻には、本文として「新著聞集」「老媼茶話」「想山著聞奇集」「三州奇談」「三州奇談後編」（目次には「三州奇談続編」とある）の五篇が収録されている。いずれも、柳田が論考で時折その書名に言及する著作である。

発行から一年も前になるが、田山花袋宛の明治三五年（一九〇二）三月七日付の葉書に「三州奇談大困難を冒して／中川君訂正を加へられ今一度／図書館本と照合すへきに付二三／日後におくらんとの事也故に君の／分より活版に御廻し被成てハ如何」（館林市教育委員会文化振興課編『田山花袋宛柳田国男書簡集』館林市、平成三年〔一九九一〕一二月二五日）との文がある。書簡集を編集した小林一郎は、「中川君」を中川恭次郎とし、柳田が「三州奇談」を担当したのだろうと推定している。

○松浦辰男著『萩の古枝』（松浦辰男、明治三八年〔一九〇五〕七月三〇日）は、柳田国男の歌の師であった松浦萩坪の歌集である。時に「芳宜乃古枝」と表記言及されることがあるが、これは背文字である。扉の書名は「者幾乃布流盈」と、変体仮名の表記ながら字母をあまり崩さずに書き、「はき(ぎ)のふるえ」と読むことを伝えている。この書物は松浦の門人であった柳田国男と田山花袋との協力によって公刊されたもので、「我々の歌道の師松浦萩坪先生の歌の集で、還暦の記念として門下一同に買はせたものである。部数は確か五百で、其一部分が近年まで残つて居た。此本ではうんと私は苦労をした。体裁組方等は殆と皆自分の考案で、表紙の萩の絵は弟の松岡映丘に描かせ、序文は盲蛇に私一人で書いた」と、柳田自身が昭和一四年〔一九三九〕一二月の『図書』第四七号掲載の「予が出版事業」(本全集第三〇巻収録)で回想している。「定本年譜」の明治三八年五月五日の項には、「田山花袋、弟輝夫と松浦萩坪の歌集『萩の古枝』の出版について相談する」とある。

　松浦辰男と柳田国男との関係については、岡谷公二『柳田国男の青春』(筑摩書房、昭和五二年〔一九七七〕二月)、来島靖生『森のふくろう』(河出書房新社、昭和五七年〔一九八二〕六月)、兼清正徳『松浦辰男の生涯』(作品社、平成六年〔一九九四〕六月)、沢豊彦『田山花袋の「伝記」』(菁柿堂、平成二一年〔二〇〇九〕一〇月)等に詳しい。松浦辰男は香川景樹の桂園派を継いだ松波資之の門人で、同じく松波に師事していた井上通泰と友人の関係にあった。柳田は、兄の井上通泰の紹介で松浦の門で学び、田山花袋と知り合って、「紅葉会」という青年だけの文学運動の会をつくることになる。柳田は、『故郷七十年』(本全集第二一巻収録)のところどころで、松浦について言及している。明治四二年〔一九〇九〕一〇月に松浦辰男が亡くなった時『読売新聞』に書いた追悼の「萩坪翁追懐」(本全集第二三巻収録)の他、『短歌芸術』の談話筆記「桂園派との関係」(本全集三二巻収録)や、そのもととなった森直太郎の談話筆記稿「旧派歌がたり」(本全集第三四巻収録予定)などが、まとまったものとしてある。『先祖の話』(本全集第一五巻収録)では、あの世とこの世の交通が繁く、親しみが深かったという前代の観念に触れて、「私が教を請けた松浦萩坪先生なども、其信者の一人であった」と、その幽冥思想に言及している。

　定本は第二三巻の「序跋・批評・自序集」に収録する。

〇「南方氏ノ手紙ハ」は、『南方二書』の名前で知られてきた、柳田国男私刊の一冊の、巻末に付けられた識語である。柳田の署名はないが、経緯から柳田が記したものであることは明らかである。題名は表紙に印刷してあるが、発行日等々を示す奥付はない。「二書」は二つの書簡の意味。後述するように印刷所への注文指示では「意見書」とあるので、この「南方二書」という特異な題名も、識語とともに校正返却時など別の機会に提示されたものであろう。

『南方二書』は、南方熊楠の二通の書簡を活版で印刷したものである。裏表紙に「東京市牛込区市谷加賀町株式会社秀英舎工場印刷」とあり、柳田は家のすぐ近くの印刷所を使っている。原稿となった書簡は、東京帝国大学理科大学の松村任三教授宛に「明治四十四年八月二十九日」と「八月二十一日」に書かれ、「柳田氏ノ一覧ヲ経テ貴方へ御廻シ申上候」という形で柳田に託された。柳田はこの識語で「独断ヲ以テ之ヲ印刷ニ付シ謄写ニ代ヘ」たという事情を述べているが、すでにこの年の前半に南方との交流が始まり、南方の神社合祀反対論の公刊を柳田が勧めていたという背景がある。南方の「文字最モ晦渋ヲ極ムルガ故」にとは、手書きの読みにくさもさることながら、文章が複雑で普通の人には消化しにくいという気分も混じっていた。印刷複製して配布することについて、飯倉照平編『柳田国男南方熊楠往復書簡集』（平凡社、昭和五一年〔一九七六〕三月）の明治四四年（一九一一）九月一五日付書簡に「過日の書留の二長文は自分はたしかに拝見、かつ松村氏等の手にこのままわたせばよくも読まずに仕舞つて置くならんと想像すべき理由ありしゆえ、秀英舎が近ければあれを二、三十部活版に付し、二、三日のうちに自分知れる限りのやや気概ある徒に見せることにいたし候」と柳田は書いている。配布先の推定や反響も含め、『南方二書』印行前後の事情については、芳賀直哉「『南方二書』と熊楠」『熊楠研究』第四号（南方熊楠資料研究会編、南方熊楠邸保存顕彰会、平成一四年〔二〇〇二〕三月）が検討している。また飯倉照平が紹介している「『南方二書』関係書簡」『熊楠研究』第一号（平成一一年〔一九九九〕二月）及びその「補遺」『熊楠研究』第四号（前掲）も、貴重な資料紹介である。

原稿となった書簡は、柳田の手元に残され、没後それを保管していた鎌田久子氏から平成一六年（二〇〇四）に田辺市に寄贈され、南方熊楠邸に戻った。その原資料に基づき、『原本翻刻　南方二書――松村任三宛南方熊楠原書簡』（南方熊楠顕彰館学術部編、南方熊楠顕彰会、平成一八年〔二〇〇六〕五月）が発行されている。その「後記」が論ずるように、『南方二書』は「南方自筆の書簡を植字工たちが直接読んで組版した」ため、柳田による清書稿などは存在していない。書簡には、印刷所が貼りあわせたと思われる「得意掛用箋」という紙が付いていて、日付が「九月四日」、注文人が「柳田国男様」、件名としては「意見書」、刷り上がりの数が「五十部」とある。九月四日だとすると、柳田の手元に書簡が来て時間を置かずに、ただちに入稿したということを意味する。飯倉照平が紹介している礼状の、もっとも早い白井光太郎の葉書の消印が九月二〇日であることを考えれば、『南方二書』は明治四四年の九月中旬には刊行されていたことになる。

定本書誌は『南方二書』の存在を記載せず、この識語も定本には未収録、本全集で初めて収録される。水木直箭の稿本『柳田国男先生著述年譜』（前掲）は、これを「（識語）」と表記し、「「南方二書」は、松村任三博士あて南方熊楠氏の書簡二通を印刷に附したもの。谷沢永一君所蔵本を見ることができた」と書く。

なお、柳田国男が明治四四年〔一九一一〕九月二五日付の書簡に入れて、南方熊楠に送ったメモがあることを飯倉照平氏がご教示くださった。それには次のようにある。

九月二十五日　柳田国男

此手紙の印刷物ハ左ノ如ク分配ス
他ハ十部ホド追々考ヘテオクルツモリニ候

内務次官　小林局長
文部大臣秘書官　松村教授ニ
三好教授　岡村金太郎氏
齋田切太郎氏　白井光太郎氏
志賀重昂氏　和歌山知事
徳川侯　戸川残花氏
牧野富太郎氏　本多静六氏
森林太郎氏
井上通泰　小生兄、医者、歌人 山県公ニ向ヒ直言シウル者
賀古鶴所氏　同人親友、学問ナキ 貴下ノヤウナ人
田中子爵　地理学者
石黒法学士　小生同志者、
杉村縦横　足立荒人　ヨミウリ記者
小島烏水　山岳会ノ有力者

ここには二二名の名前が見える。

○柳田国男・早川孝太郎共著『おとら狐の話』は、玄文社の炉辺叢書第一編であり、大正九年（一九二〇）二月二〇日に発行された。中表紙と目次の間に「炉辺叢書」の「此叢書の一つの価値は、寸分も作り話の無いことです。（中略）新しい光で読んでもらひたいのです」という、無署名だが、柳田国男の文章が入っている。本全集では『赤子塚の話』（第三巻収録）に収録したので、ここでは省略している。

この本の構成を、「目次」は次のように表記している。

引用書目等

本文のほうには、早川と柳田のそれぞれの署名はないが、実線での区分と目次での明記は実際の執筆の分担を表している。早川孝太郎の「おとら狐の話」は、大正五年（一九一六）九月・一〇月発行の『郷土研究』第四巻第六号・第七号に、二回にわたり掲載された論考を増補して収録したものである。これに対する注釈というか、解説が以下に続く柳田の執筆部分である。「決して笑つてしまふ問題で無いと、自分は思ふ」という始まりは、早川の論考を受けてのものだからである。柳田が書いている六つの章は、章として組み上げられているというよりも、いわば独立した自由な注として、化かす／憑くの違い、使い手との関係、憑依現象の理解、人の名との関係、「おとら」の名の意味、片目片足のテーマ等々の固有の主題を拡げていて、柳田の他の著作とのつながりを暗示している。注として付けられた「引用書目等」の形式は、甲寅叢書の『山島民譚集』（本全集第二巻収録）の引用表記の律儀さとつながっていると同時に、雑誌『郷土研究』が柳田の研究に果たした大きな役割をも証言している。ちなみに、狐の鳴き声が何かの事件の予兆であるという話題に付けられた注（四）の柳田自身の少年時の話は、『故郷七十年』（本全集第二一巻収録）の「私の学問」の「狐の思い出から」でも言及されている。

この書物は、柳田国男と早川孝太郎の共著ということで本巻に回されたが、早川孝太郎編・柳田国男著として出された『女性と民間伝承』（本全集第六巻収録）と同様に、早川執筆の部分を小さく組んででも、単行本として『赤子塚の話』『神を助けた話』と一緒に扱うべきであったと解題者は思う。定本はなぜか「おとら狐の話ほか」という中扉を立てて、「飯綱の話」という「（未完草稿）」とともに、雑纂編の最後にあたる第三一巻に収録している。

○柳田国男編『炉辺叢書解題』は、郷土研究社が叢書の宣伝のために作成した小冊子である。しかしながら「柳田国男編」を正面から掲げ、実際に一冊ごとに一頁を費やして柳田自身が批評を交えた紹介文を書いている点で、たいへんに特徴ある著作である。解題者は、これは書評序跋集である『退読書歴』（本全集第一八巻収録）の製作にやがてつながっていくものであり、また有能な編者であり、また獰猛な読者であった柳田の活動を映し出す書物であると考える。今日の出版社の常識から、無料で配る図書目録のような印刷物は、どうやっても書物と呼べるものではなく著作ではないと断じてしまうのは、あまりに縛られた先入観で貧しい。水木直箭『随筆折口信夫』（角川書店、昭和四八年（一九七三））の「柳田国男編著目録解題」は、この『炉辺叢書解題』について「先生の執筆だということは明らかにしてないが、原本よりも優れていると折口先生が推称された文章である」と書く。

しかしながら、いつ発行されたのかが、奥付等の刊記がないため明確ではない。これまでは「炉辺叢書刊行趣旨」に付けられた執筆の日付から、その頃であろうと推定する以外にはなかった。さらに面倒なことに、この『炉辺叢書解題』は現在確認されているだけでも、二種の版と、内容が類似する別題の版の、計三種類が存在している。すなわち「大正十三年十一月」の日付をもち、一六編を紹介している版（以下『解題Ⅰ』と略す）と、「大正十四年七月」の日付で二〇編を紹介している版（以下『解題Ⅱ』と略す）、さらに『郷土研究社 図書目録』という標題のもとで「大正十三年十一月」の日付のまま、二〇編を紹介している版（以下『図書目録』と略す）である。

『解題Ⅰ』と『解題Ⅱ』の存在については、水木直箭や谷沢永一が指摘しているものの、『図書目録』の存在や特質はこれまで論じられておらず、その相互の関係について明晰に認識されているとはいいがたい。実際、『定本柳田国男集』は『解題Ⅰ』を参照しただけであって、それと『解題Ⅱ』とが内容において異なることを、見落としていたとしか思えない。また名著出版での全冊復刻の際に、「炉辺叢書別冊」として作成された大藤時彦編『炉辺叢書解題集』（名著出版、昭和五一年〔一九七六〕一一月二〇日）は、「吉備郡民謡集」から「シマの話」までの四編を他の執筆者に頼んでいることでわかるように、『解題Ⅱ』の存在を明らかに認識していない。明記された日付だけに単純に頼るのではなく、他の観点や資料を補って、この三種の版の刊行年月の推定を含め、現段階で検討しえたかぎりを論じておこう。

第一に、「炉辺叢書」として発行された全三六冊の作品を、以下のように刊行年順に並べてみると、二つの『解題』の位置がわかる。柳田による批評と紹介の並べ方が、刊行の早い順になっていることも確認できる。

と同時に、『解題Ⅰ』が大正一四年（一九二五）一月刊行の『沖縄の人形芝居』の紹介を載せていることを重視すると、刊行趣旨が書かれた大正一三年（一九二四）一一月よりも後に発行されている可能性も浮かびあがる。最大限ならば大正一四年三月刊行の『吉備郡民謡集』よりも前という位置まで、幅をもって考えられるが、それではいささかのんびりしすぎているように思う。一方『解題Ⅱ』の大正一四年七月の日付は、そこに発行も位置づけて矛盾はないことがわかる。

飛驒の鳥	川口孫治郎	大正一〇年九月
三州横山話	早川孝太郎	大正一〇年一二月
古琉球の政治	伊波普猷	大正一一年三月

郷土誌論　柳田国男　大正一一年三月
南島説話　佐喜真興英　大正一一年五月
小谷口碑集　小池直太郎　大正一一年六月
江刺郡昔話　佐々木喜善　大正一一年八月
祭礼と世間　柳田国男　大正一一年八月
続飛騨の鳥　川口孫治郎　大正一一年一〇月
熊野民謡集　松本芳夫　大正一一年一二月
アイヌ神謡集　知里幸恵女　大正一二年八月
八重山島民謡誌　喜舎場永珣　大正一三年四月
筑紫野民譚集　及川儀右衛門　大正一三年六月
相州内郷村話　鈴木重光　大正一三年九月
能美郡民謡集　早川孝太郎　大正一三年一一月
沖縄の人形芝居　宮良当壮　大正一四年一月
……………………
吉備郡民謡集　槙本楠郎　大正一四年三月
土佐風俗と伝説　寺石正路　大正一四年四月
琉球人名考　東恩納寛惇　大正一四年四月
シマの話　佐喜真興英　大正一四年五月
……………………
口丹波口碑集　垣田五百次・坪井忠彦　大正一四年八月
羽後飛島図誌　早川孝太郎　大正一四年一〇月
与那国島図誌　本山桂川　大正一四年一〇月
津軽旧事談　中道等　大正一四年六月
紫波郡昔話　佐々木喜善　大正一五年一月
越後三条南郷談　外山暦郎　大正一五年四月
遠野方言誌　伊能嘉矩　大正一五年六月
東石見田唄集　三上永人　大正一五年八月
チャモロ語の研究　松岡静雄　大正一五年一〇月
甲斐の落葉　山中共古　大正一五年一一月
小県郡民謡集　小山真夫　昭和二年三月
牟婁口碑集　雑賀貞次郎　昭和二年八月
紀州有田民俗誌　笠松彬雄　昭和二年一〇月
信達民譚集　近藤喜一　昭和三年九月
富山市近在方言集　大田（田村）栄太郎　昭和四年二月
山原の土俗　島袋源七　昭和四年二月

第二に、『解題Ⅰ』『解題Ⅱ』『図書目録』のそれぞれが情報を掲載している、郷土研究社発行あるいは取次・発売の書物から、この「解題」の発行年月を検討することができる。

そこでまず論じられるのが、『図書目録』の「大正十三年十一月」という日付の名乗りは、おそらく『解題Ⅰ』の無自覚で単純な再利用でしかなく、刊行時を証言するものとしては、まったく依拠することができないという事実である。というのも、『図書目録』に載せられている広告のうち、一頁を使っている早川孝太郎『猪・鹿・狸』と、岡田建文『動物界霊異誌』、佐々木喜善『老媼夜譚』、大庭耀『長崎随筆』と『切支丹史話』は、いずれも「郷土研究社第二叢書」と呼ばれるシリーズで、炉辺叢書を第一とする「第二」という位置づけで、大正一五年（一九二六）から昭和三年（一九二八）にかけて刊行された出版物ばかり。そして最近刊であった『切支丹史話』は、昭和三年六月の発行なので、この『図書目録』自体をそれ以後の製作、すなわち『解題II』の再利用とするのが自然である。もしそうだとすれば、その段階ですでに刊行されていた一三冊近くの「炉辺叢書」本の紹介を増補していないのだから、『炉辺叢書解題』とは名乗りにくかっただろう。その意味で前二種の『解題』とは、書物の性格が変わったと論じざるをえず、題の変更はそれを象徴している。『図書目録』に「炉辺叢書続刊書目」の紹介がないのは、すでに「炉辺叢書」は終わりに近づき、それゆえ「第二叢書」や「諸国叢書」を入れて郷土出版社を紹介するという方向への変化があったのかもしれない。

　さらに『解題I』『解題II』『図書目録』のすべてが、本のタイトルと著者名の下に括弧に入れて、数字を二つ、割書にして並べている（本文参照）。これは、右の数字が定価で、左が送料を意味するのだが、『解題I』と『解題II』の「飛驒の鳥」の定価が八五銭であるのに対して、『図書目録』の定価は九〇銭である。同様の違いは「続飛驒の鳥」にもあり、そこからも『図書目録』が後に出されたことは明白である。

『解題I』には、『雑誌郷土研究合本』の在庫のほか、伊波普猷著の『校訂おもろさうし選釈』『三版　古琉球』『琉球聖典おもろさうし選釈』、金田一京助著『再版　北蝦夷古謡遺篇』の一頁広告が載せられている。このなかで、『琉球聖典　おもろさうし選釈』が大正一三年一二月の刊行であるが、すでに指摘した『沖縄の人形芝居』の大正一四年一月刊行を前提とすれば、許容範囲となる。微妙なのは、最初に載せられている『校訂おもろさうし』である。南島談話会発行で郷土研究社が取次する、この上中下の三巻の実際の刊行開始は、大正一四年三月で、下巻にいたっては九月末。しかし広告をよく見ると「定価送料未詳」で「製本出来次第定価、送費等御通知申すべし」などとあって、まだ現物が刊行されていない段階での広告と考えるのがよいだろう。

『解題II』の広告も、基本的には『解題I』を踏襲しているが、『校訂おもろさうし』の記述が「定価金九円」「送料書留四拾五銭」と明確化している。ということは、大正一四年の九月まで視野に入れるべきだが、そうだとすると八月に出されている『口丹波口碑集』の批評紹介が無いことがひっかかる。また雑誌『民族』の刊行の一頁予告が出ている点も注目してよく、そこには「此秋から民族と云ふ雑誌が発行せられることになりました」とある。『民族』の創刊は、大正一四年一一月だから、『解題II』の大正一四年七月から八月の間という発行の位置づけとは矛盾しない。

以上の検討をもとにまとめると、『炉辺叢書解題』の三種類の前後関係は明らかである。そして具体的な発行年月の推定には幅があるが、さしあたり『解題I』については大正一三年一一月から大正一四年一月の間に、『解題II』は大正一四年七月から八月の間に、『図書目録』は昭和三年六月以降に刊行されたと位置づけておけるだろう。

さて収録の本文について、『解題I』には、柳田による読者への呼びかけの文章「炉辺叢書序」があり、定本にも収録されている。しかしながら、これは玄文社版の炉辺叢書、すなわち『赤子塚の話』『奥州のザシキワラシの話』『おとら狐の話』『神を助けた話』などの冒頭に掲げられた文章（本全集第三巻七頁収録）の再録であるため、ここには収録しなかった。ただ、この文章を再び「炉辺叢書序」として掲げるということは、一時に四冊を函に入れて刊行した玄文社版と形態としても叢書の実質を備えるにいたった郷土研究社版の、二つの「炉辺叢書」の確かな連続性を暗示しているといえよう。その一方で『解題II』及び『図書目録』では、この「炉辺叢書序」が削られ、「同情ある諸君に御願ひする」という、執筆者を意識した呼びかけに変えられている。四編で終わってしまった玄文社版から、二〇冊の蓄積を得て離陸したことを象徴すると同時に、この時点では具体的でなかったにせよ、やがて三六冊へと充実していく叢書への期待が込められているようにも思う。

定本は第二三巻の「序跋・批評・自序集」に『解題I』の「炉辺叢書序」と「炉辺叢書刊行趣旨」と一六編の紹介文を採録したが、『解題II』で加えられた四編は見落とした。やはり『解題I』と『解題II』との違いを認識していなかったのであろう。定本が収録しなかったという単純な事実を、定本では削除されたという意図的な行為へと移行させて、柳田国男の執筆ではなかったからではないかという仮説的な解釈までが生み出されたが、間違いである。本全集で初めて『炉辺叢書解題』の全体が収録される。

叢書の最初の一冊となった『飛驒の鳥』の「自序」で川口孫治郎は「大正八年五月廿日図らずも、柳田先生から、飛驒の鳥の観察記を成るべく日記的な性質を保存しつゝ整理しては如何、題は飛驒の鳥・飛州鳥日記などは如何、との懇書を頂戴した」と書く。柳田の叢書編集者としての活動は、かなり積極的なものであったのだろう。「炉辺叢書」の構想が期待の次元においていかなるものであったか、それを押さえるために『解題I』『解題II』が掲載している「炉辺叢書続刊書目」を整理して挙げておく。それぞれが続刊と予告したものが○で、後に炉辺叢書として実際に刊行されたものは◎を付けた。『解題Ⅰ』では計一三冊が、『解題Ⅱ』では計三五冊の題名と著者とが掲載されている。

Ⅰ	Ⅱ			
○		◎	シマの話	佐喜真興英
○	○	◎	吉備郡民謡集	槙本楠郎
○	○		嫁盗みの話	泉本季外
○	○		対馬民謡集	武田勝蔵
○	○	◎	紫波郡昔話	佐々木喜善
○	○		地狂言雑記	早川孝太郎
○	○		壱岐民譚採訪記	折口信夫
○	○		黒貂考	新村出
○	○		日置部考	柳田国男
○	○		続々飛驒の鳥	川口孫治郎
○	○		東筑摩郡氏族誌	郡誌編纂委員
○	○		福間三九郎記事	胡桃沢勘内
○	○		宮古島の言語	ネフスキイ
○	○		登米郡年代記	高橋清治郎
○	○		阿蘇霜宮神事	平野流香
○	○		山袴誌	宮本揩衣
○	○		石城郡俗信誌	高木誠一
○	○		藁屋根写生集	大熊喜邦
○	○		長崎方言私考	本山桂川
○	○		アイヌ文様の研究	移川子之蔵
○	○		アイヌ厚司模様集	今裕
○	○	◎	東石見田唄集	三上永人
○	○		南部旧事談	中道等
	○	◎	口丹波口碑集	垣田五百次・坪井忠彦
	○	◎	羽後飛島図誌	早川孝太郎
	○	◎	与那国島図誌	本山桂川
	○		諏訪本地詞章	柳田国男
	○		北越農土春秋	石塚友次
	○		東筑摩郡風俗誌	郡誌編纂委員
	○		奈良雑筆	高田十郎
	○		宮古島民謡集	伊波普猷
	○		伊予大三島誌	菅菊太郎
	○		山の魚	松田賢三
	○		伊予民譚集	西園寺源透
	○		アイヌの謎々	金田一京助
	○		越前松原記	梅原末治
	○	◎	津軽旧事談	中道等

この内のいくつかは炉辺叢書としてではなく、別な形で出版された。たとえば、宮本勢助（揩衣）の論考と図解とをまとめた大日本聯合青年団編『山袴の話』（大日本聯合青年団、昭和一二年〔一九三七〕五月）や、胡桃沢勘内『福間三九郎

の話』（筑摩書房、昭和三一年〔一九五六〕）などである。

○柳田国男編『郷土会記録』は、大岡山書店から大正一四年〔一九二五〕四月一三日に発行された。「序」によれば新渡戸稲造の帰国の新聞報道で思い立って、郷土会の記念のために作成したとある。「序」に「自分の筆記」「自分の此筆記」と記しているように、ほぼすべて柳田自身が書き留めたもの。その点で、聞く人としての柳田が浮かびあがる、編著としては特異な一冊である。『郷土研究』という雑誌が、いわばその偶然の記録係となった。

目次では、「三宅島の話」以降の四編とのあいだに、線を入れて区別している。その四編を除き、話者の名前で雑誌『郷土研究』に掲載したが、基本的には柳田国男自身がまとめた談話筆記であり大要であり、また会の報告や記録として書いたものだという意味であろう。前掲の水木直箭『柳田国男先生著述年譜』は「編とはいふもの丶全冊先生の筆に成っ《ママ》てゐる」と注記し、定本の最終配本の巻である「別巻第五」の『定本柳田国男集月報』三六（昭和四六〔一九七一〕年六月）に載せられた大藤時彦・鎌田久子・高藤武馬の座談会では、次のようなやりとりが残されている。

高藤　先生のお書きになったもので、これまでどの本にも入っていないというものはありますか。つまり、こんどの定本集にも入っていない、まだ発見されていないものですが。

大藤　口述筆記以外で、先生の書かれたもので抜けているのはほとんどないと思うな。（中略）

鎌田　「郷土会記録」は入っていない。

大藤　あれは知っていたけどね。話者の名前で発表されているでしょう。

鎌田　でも文章そのものは先生がご自分で書いたと書いてありますね。これが抜けていますね。

高藤　それはここに記録しておいてもらいましょう。

『定本柳田国男集』が収録の対象について「先生の執筆にかかるもの」（「内容見本」）という原則を立てながら、それを原理的に貫徹できなかったことを図らずも証言している。

『郷土研究』から当時の報告を採録して単行本化するにあたって、雑誌段階では号によってやや違うものの、基本的にかなり丁寧に付されていたルビを削除している。また、初出段階ではまったくと言っていいほど入れられていない地図を、増補している。これは早川孝太郎の手になるものであることが、本巻に入れられた「最近の汐入部落」という付記からわかる。あらためて「目次」に、「地図」のリストを加えているのは、郷土研究における地図の意義を強調するためであろう。「序」のみが『退読書歴』（本全集第七巻収録）に収められ、定本でもその形で収録されたが、他の柳田執筆の部分は定本未収録で、この全集において初めて収録される。

初出の一覧は以下の通り。

郷土会第十四回記事　原題「郷土会第十四回例会記事」〈柳田報〉『郷土研究』第一巻第一号、大正二年（一九一三）三月一〇日、郷土研究社

郷土会第十五回記事　原題「郷土会記事」〈柳田報〉『郷土研究』第一巻第二号、大正二年四月一〇日、郷土研究社

郷土会旅行記事　原題「郷土会記事」〈柳田報〉『郷土研究』第一巻第二号、大正二年四月一〇日、郷土研究社

郷土会第十七回例会　〈柳田報〉『郷土研究』第一巻第三号、大正二年五月一〇日、郷土研究社

伊豆の白浜と丹波の雲原　〈二宮徳〉『郷土研究』第一巻第四号、大正二年六月一〇日、郷土研究社

郷土会第十八回例会　原題「郷土会例会」〈赤峰〉『郷土研究』第一巻第四号、大正二年六月一〇日、郷土研究社

三本木村興立の話　〈新渡戸稲造〉『郷土研究』第一巻第五号、大正二年七月一〇日、郷土研究社

郷土会第十九回例会　〈無記名〉『郷土研究』第一巻第六号、大正二年八月一〇日、郷土研究社

豊後の由布村　〈石黒忠篤〉『郷土研究』第一巻第六号、大正二年八月一〇日、郷土研究社

湯坪村と火焼輪知　〈石黒忠篤〉『郷土研究』第一巻第一一号、大正三年（一九一四）一月一〇日、郷土研究社

郷土会第二十回例会　〈無記名〉『郷土研究』第一巻第八号、大正二年一〇月一〇日、郷土研究社

大山及び三峰の村組織　〈小田内通敏〉『郷土研究』第一巻第九号、大正二年一一月一〇日、郷土研究社

郷土会旅行記事　〈無記名〉『郷土研究』第一巻第九号、大正二年一一月一〇日、郷土研究社

郷土会例会　〈無記名〉『郷土研究』第一巻第一一号、大正三年一月一〇日、郷土研究社

信州延徳沖水災の話　〈小田島省三〉『郷土研究』第一巻第一一号、大正三年一月一〇日、郷土研究社

郷土会例会　〈無記名〉『郷土研究』第二巻第一号、大正三年三月五日、郷土研究社＋第二巻第一号、大正三年四月五日、郷土研究社

鹿島の崎の新田　〈石黒忠篤〉『郷土研究』第二巻第五号、大正三年七月一日、郷土研究社

鹿島の崎　〈田中梅吉〉『郷土研究』第二巻第四号、大正三年六月一日、郷土研究社

小笠原島の話　〈中村留二〉『郷土研究』第二巻第六号、大正三年八月一日、郷土研究社＋原題「小笠原島の話に就て」

〈土居暁風〉『郷土研究』第二巻第九号、大正三年一一月一日、郷土研究社

郷土会第二十七回例会　原題「郷土会」〈無記名〉『郷土研究』第二巻第八号、大正三年一〇月一日、郷土研究社

黒川能の話　原題「黒川能起原考」〈横井春野〉『郷土研究』第二巻第九号、大正三年一一月一日、郷土研究社

屋久島と中硫黄島　〈草野俊助〉『郷土研究』第二巻第一〇号、大正三年一二月一日、郷土研究社

代々木村の今昔　〈那須皓〉『郷土研究』第二巻第一二号、大正四年（一九一五）二月一日、郷土研究社

郷土会第三十一回　原題「第三十一回郷土会」〈無記名〉『郷土研究』第三巻第一号、大正四年三月一日、郷土研究社

郷土会第三十四回　原題「第三十四回郷土会」〈無記名〉『郷土研究』第三巻第四号、大正四年六月一日、郷土研究社

汐入村の変遷　〈有馬頼寧〉『郷土研究』第二巻第五号・第六号、大正三年七月一日・八月一日、郷土研究社

郷土会第三十五回例会　原題「第三十五回郷土会」〈無記名〉『郷土研究』第三巻第五号、大正四年七月一日、郷土研究社

桜島罹災民の新部落　〈新渡戸稲造〉『郷土研究』第三巻第一〇号、大正五年（一九一六）一月一日、郷土研究社

第三十七回郷土会記事　原題「郷土会記事」〈無記名〉『郷土研究』第三巻第一一号、大正五年二月一日、郷土研究社

刀鍛冶の話　〈小此木忠七郎〉『郷土研究』第四巻第一号・第二号、大正五年四月一日・五月一日、郷土研究社

第三十九回郷土会例会　原題「第三十九回郷土会記事」〈無記名〉『郷土研究』第四巻第一号、大正五年四月一日、郷土研究社

伊豆新島の話　原題「伊豆新島の話（一）（二）（三）」〈尾佐竹猛〉『郷土研究』第四巻第三号～第五号、大正五年六月一日～八月一日、郷土研究社

三宅島の話　〈辻村太郎〉『郷土研究』第二巻第九号、大正三年一一月一日、郷土研究社

富士講の話　〈中山丙子〉『郷土研究』第二巻第八号・第九号、大正三年一〇月一日・一一月一日、郷土研究社

中山太郎氏の　原題「富士講の話（二巻四八七頁参照）」〈南方熊楠〉『郷土研究』第二巻第一二号、大正四年二月一日、郷土研究社

隅田川の船　〈有馬頼寧〉『郷土研究』第四巻第七号・第八号、大正五年一〇月一日・一一月一日、郷土研究社

四谷旧事談　〈山中笑〉『郷土研究』第三巻第六号・第七号、大正四年八月一日・九月一日、郷土研究社

「郷土会第十四回記事」は、刊行されはじめた『郷土研究』の創刊号の「雑報」記事として載せられた。初出は、地名に

は片仮名のフリガナ、それ以外は平仮名のフリガナを付ける配慮をしているが、「犬神《いんがめ》」を「いんがめ（犬神）」へと変えた他、ほとんどのフリガナを削っている。初出の「一月二十九日」としかないところに「一月二十九日（大正元年）」と補っているが、しかしこれは開催の頻度から推定して、大正二年の誤りではないかという気がする。文末の第一五回例会の談話提供者と話題について述べたあとの「が、其記事は何れ次号に。（二月廿六日柳田報）」を削除したのは、一冊にまとめるためである。

「郷土会第十五回記事」と「郷土会旅行記事」とは、第一巻第二号の「雑報」に「郷土会記事」としてまとめてなされた報告を、二つに分けたもの。第一六回の報告の文末の「当日のカメラが幸に其持主ほど饒舌であつたならば、他日此遠足の利益及愉快の一部分を改めて読者に語り得るであらうと思ふ」という一文が削られている。

「郷土会第十七回例会」は第一巻第三号の「雑報」で、他の雑報と併せて「（以上柳田報）」という署名がある。初出では「伊豆と丹波との旅行談は面白かつたから次号に筆記を載せやうと思ふ」とあるが、次号に筆記を掲載するという部分が省略されている。柳田自身の簡単な報告で済ませるのではなく、談話それ自体の筆記を掲載するという方針を予告している。

「伊豆の白浜と丹波の雲原」は第一巻第四号に二宮徳の著者名で載せられているが、初出の文末には「（郷土会講演大要）」とあって、序文にもあるように柳田が「自分の筆記」をもとにまとめたものである。陸地測量部に拠る地図は初出には存在せず、単行本の段階で作成され挿入されたものである。初出には「四月三十日東京朝日」との引用表示がある記事が載せられている。記事では内務省が地方自治団体の基礎を固めるために基本財産の蓄積を奨励しているが「課税せずして町村費を支弁し得る」地方自治団体の「一町三ヶ村」の一つに「白浜村（静岡県）」をあげている。裏表紙掲載の目次には「Zwei merkwürdige Dörfer」と題名が訳されているが、「二つの注目すべき村」という意味である。

「郷土会第十八回例会」は、冒頭の「第十八回目である」という一文と、「編輯締切後になるので会の模様は次号で報告することにした」という説明を省略している。文末に「（六月三日、赤峰）」とある、その日付は以上の経緯から理解できるが、「赤峰」という署名について、これを柳田国男の筆名とするかどうかについては検討が必要である。当時の『郷土研究』に「今昔物語」に関する寄稿をしている「赤峰太郎」と結びつけて考えるのが自然だが、さて赤峰太郎とは誰か。赤峰太郎については、鈴木寛之「『郷土研究』創刊号と高木敏雄」『文学部論叢　八一（地域科学篇）』（熊本大学文学部、平成一六年〔二〇〇六〕」が、高木敏雄のペンネームではないかという推定を行っている。

「三本木村興立の話」は、前項の予告のように行われた第一八回例会の新渡戸稲造の講演で、第一巻第五号に掲載された。初出文末には「(郷土会の講演)」とある。新渡戸稲造の祖父・伝《つたう》が幕末に開墾に着手した村で、息子の十次郎の事業など明治初期までの関わりを語っている。結びの文章が初出では「永く此儘で暮すわけには行くまいと思ふ」であるが、単行本の表現のほうが意味をとりやすい。

「郷土会第十九回例会」は、第一巻第六号に掲載されたもの。講演者の十時弥は、東京帝国大学文科大学哲学科社会学専修を明治三二年(一八九九)に卒業し、学習院や広島高等学校、第五高等学校などで教鞭をとった。

「豊後の由布村」は、第一巻第六号に石黒忠篤の名前で掲載された。石黒忠篤の講演記録だが「大正元年十一月頃」とあるように、この記録が始まる前の郷土会で話されたものではないかと思う。初出では文末に「(郷土会講話の一部分)」という表記がある。

「湯坪村と火焼輪知」は、第一巻第一一号に石黒忠篤の名前で掲載されている。「因に云ふ」以下の文章は、初出では文字を落として組む、編者注記の形で入れられているが、署名はない。単行本で、あらためて「(編者)」が加えられたことになる。さらに「編者追記」にある、「刊行の順序に従ひ」の語句は、雑誌『郷土研究』に掲載された順に並べてという意味である。なお初出雑誌の裏表紙のタイトルのドイツ語訳では「Grenzstreigkeiten der Gemeinden」となっていて、「村の境界紛争」と意訳している。

「郷土会第二十回例会」は、第一巻第八号の「雑報」として掲載された。初出からは「その筆記は何れ本紙に現はる筈であるから、茲には省く」という語句が省略されている。

「大山及び三峰の村組織」は、第一巻第九号に小田内通敏の名前で掲載されている。初出では文末に「(郷土会講話大要)」の表示がある。付録の「三峰山末社諏訪社八月二十六日祭礼獅子舞歌曲」も初出の段階から付いているもので、「(小田内報)」とあり、報告に含まれていたものだろう。

「郷土会旅行記事」は、第一巻第九号の「雑報」に掲載された第二一回会合の記録である。

「郷土会例会」は、第一巻第一一号の「雑報」に掲載されたもの。初出では、結びが「少しばかり亀卜文字の話をして興を添へた」となっている。

「信州延徳沖水災の話」は、第一巻第一一号に小田島省三の名前で掲載された。初出の文末の表記は「(講話筆記)」で郷土会とは書いていないが、同号の「雑報」(前項)にすでに紹介されている。

「郷土会例会」は、第二巻第一号の「雑報」の予告の記事と、第二巻第二号の報告の記事とをあわせたものである。

「鹿島の崎の新田」は、第二巻第五号に石黒忠篤の名前で掲載された。初出の文末には「(郷土会に於ける談話筆記)」とあった。これも単行本段階で加えられた「編者追記」によると、「大正元年中のこと」とあるから、雑誌『郷土研究』の創刊より前の郷土会のものだということになる。次に収録した田中梅吉の報告が後だという記憶をもとに、『郷土研究』掲載の順序を入れ替えたことがわかる。

「鹿島の崎」は、第二巻第四号に田中梅吉の名前で掲載された。初出の文末には同じく「(郷土会に於ける談話筆記)」とあった。植物名をめぐる付記の二つは、初出段階からの付記である。

「小笠原島の話」は、第二巻第六号に中村留二の名前で掲載された。初出文末の表記に「(六月十九日郷土会席上)」とあって、この講話が大正三年の六月一九日に行われたことを示唆している。単行本段階で付けられた付記は、もともと第二巻第九号に土居暁風から投書されたもので、「小笠原島の話に就て」として「報告及資料」に載せられた。冒頭の「中村氏の小笠原島の御話(二巻三五三頁以下)には些し違つたと思ふ所がある」と始まる部分が省略され、最後の「幽霊やお化の話は」という一節が、内容はほとんど変わりがないけれども表現がすこし書き換えられている。

「郷土会記録第二十七回例会」は、第二巻第八号の「雑報及批評」欄に掲載された。ほんのすこし語句が修正されている。

「黒川能の話」は、第二七回例会の報告で、第二巻第九号に「黒川能起原考」として横井春野の名前で掲載された。初出文末の表記は「(郷土会講演)」。

「屋久島と中硫黄島」は、第二八回例会の報告で、第二巻第一〇号に草野俊助の名前で掲載された。じつは第二巻第九号の「雑報及批評」欄に「郷土会」として「第二十八回を十月十四日の晩開いた。草野理学博士が種子屋久島二島の見聞を話された。其筆記は来月号に掲載するつもりである」という記録が載っていた。この雑報そのままの単行本収録を省略する代わりに、本文中に括弧での開催日時と回数表示とが加えられた。初出の文末には「(郷土会講演筆記)」の文字がある。

「郷土会第二十九回例会」は、『郷土研究』の記事としては載せられておらず、第二巻第一一号の「第三十回郷土会」の「田中子爵の諏訪の話は面白い読物であるが、此春出版する諏訪誌と重複するさうだから掲載を見合せた」とあるものと対応する。しかしながら「大正十三年一月某日夜」とあるのは誤植で、「大正三年十一月某日夜」と直して理解すべきであろう。というのも、第二巻第一〇号の「郷友《(ママ)》会第二十九回会合」という記事に「田中子爵の諏訪湖畔の三邑落の構造成長に関する新しい話があつた。田中子の諏訪研究も愈完成の域に達したやうである。近々郡で出版する同氏の著述は価値の多い永く遺るべき書物であらうと思ふ」とあるからである。もちろん「郷友会」は「郷土会」の誤植だが、この号が大正三年一二月一日に発行されているので、田中の講演は一一月であったと考えるのが自然である。「(追記)」とは、以上のような『郷土研究』の記述を前提にして、単行本段階で書き換えて加えたことを意味する。田中阿歌麿の「程無く出版せられんとする書物」とは、『湖沼学上より見たる諏訪湖の研究』(上・下、岩波書店、大正七年〔一九一八〕一月・九月)である。

「代々木村の今昔」は、第三〇回の例会講話で、第二巻第一二号に那須皓の名前で掲載された。第二巻第一一号の「第三十回郷土会」という「雑報及批評」が「十二月九日の晩之を開く。那須農学士の代々木村の変遷談、極めて有益であつた。次の号に筆記を載せる」とあるのに対応する。初出の文末は「(郷土会講演大要筆記)」。単行本に付けられた「代々木の話後記」は、那須皓自身が改めて執筆した付記だと思われる。

「郷土会第三十一回」は、第三巻第一号に掲載された報告。柳田自身が報告の当番であった。「定本年譜」の大正四年二月一一日の項に「郷土会で、『俚謡集』にあらわれた農家行事に関する風習について話す」とあるのと対応する。初出は文末を「其筆記を本誌に掲げることは見合せる」と書いた。

「郷土会第三十四回」は、第三巻第四号に掲載された報告である。有馬頼寧の講演が行われたことの報告を残し、「六月号には其要領を掲げる筈である」という一文は削っている。ちなみに前項とのあいだに「(第三十二、三回、記事欠)」とあるが、「定本年譜」は、この間「三月十日、郷土会」と記録していて、これが第三二回に当たる。

「汐入村の変遷」は、第二巻第五号と第六号にわたり、有馬頼寧の名前で掲載された。初出文末の表示は、第五号では続きがあることを示す「(未完)」、第六号では「(完、郷土会講演大要)」となっている。付記の「最近の汐入部落」は、早川孝太郎と野手寿に大正一三年(一九二四)暮れに調査してもらったことをもとに柳田がまとめた補足で、震災後の汐入村の現状を報告している。

「郷土会第三十五回例会」は、第三巻第五号に掲載された。

「桜島罹災民の新部落」は、第三巻第一〇号に新渡戸稲造の名前で掲載された。初出文末の表記は「(郷土会講演大要)」。記録としては単行本に収録されなかったが、第三巻第九号の「雑報及批評」欄の「第三十六回郷土会」という記事「十月二十日の夕之を開く。順番は新渡戸博士、話題は「桜島罹災民の新部落」である。筆記は整理の後本誌に掲げたいと思うて居る」と対応している。

「第三十七回郷土会記事」は、第三巻第一一号の「雑報及批評」欄に掲載された。いつものように当番がまとまった話をするのではなく、「出席者各員が順次に短い話」をしたことで、珍しく賑わったさまを柳田は記録している。新年の顔合わせの意味もあったのだろうか、多くが参加し、名前が明記されているだけでも、新渡戸稲造、ストラザー、三宅驥一、田中信良、尾佐竹猛、中山太郎、小此木忠七郎、小野武夫、辻村太郎、牧口常三郎、那須皓、小平権一、草野俊助、柳田国男、ネフスキー、石黒忠篤が話題提供している。

「刀鍛冶の話」は、第四巻第一号と第二号にわたって、小此木忠七郎の名前で掲載された。初出の文末表示は、第一号では「(未完)」、第二号では「(第三十八回郷土会講演大要)」となっていて、題名を「刀鍛冶の話（完)」としている。第三巻第一二号の「雑報及批評」の「第三十八回郷土会」に「一月九日夕新渡戸博士邸にて開く。小此木忠七郎氏の刀鍛冶の話を聴いた。全く新しい方法の研究である。最近に其筆記を本誌に載せたいと思ふ」と紹介していることに対応する。小此木は考古学者で刀剣の専門家。

「第三十九回郷土会例会」は、第四巻第一号の「小通信」欄の記事で、日付の表示を修正した他は変更していない。尾佐竹猛の「公務」とは、大審院判事であったことを指す。

「伊豆新島の話」は、第四巻第三号から第四号・第五号の三冊にわたって、尾佐竹猛の名前で掲載された。初出の文末表示は第三号には無く、第四号が「(未完)」、第五号が「(完)」。

「三宅島の話」は、第二巻第九号の「報告及資料」の欄に載せられたもので、報告投稿者として辻村太郎の署名がある。柳田の「追記」に「同君を煩して筆記して貰つた」とあるので、初出の報告も辻村自身が書いたと考えられる。これが実際の郷土会での講話の順番とは異なることも、「追記」で指摘されている。おそらく「第三十九回郷土会例会」にある「正月二十四日」の行事への注目というつながりがあったためであろう。

「富士講の話」は、第二巻第八号および第九号に、中山丙子の論考として掲載されている。丙子は中山太郎の号である。しかし初出には、郷土会での談話であることの表記がない。しかし前項「三宅島の話」の「追記」にあるように、「郷土会の席上で此話の出たのがもとで、色々頼んで後に書いて貰つた」という経緯で寄稿されたため、この本に収録された。

「中山太郎氏の」は、南方熊楠の投稿で柳田の執筆ではない。原題名の「(一巻四八七頁参照)」は、『郷土研究』掲載の中山の論考中の該当部分、すなわち本巻一六一頁の「食行・角行」の記事を指す。初出から単行本に収録するにあたり、南方熊楠の父親をめぐる風評や個人の信条に関わる文言、すなわち「父のみ六十四で死なれた。是は一代身上を起したから其入れ合せに天が命の方で差引いたと人皆言ふ。因て予は若死せぬやう朝夕金の儲からぬ工夫斗り運らして居る」を省略し、最後の「知た事は是限り故果して角行と書行とが同人か、食行と身禄は同人か別人かを、中山君並に読者諸君に伺ひ置く」という結びの一行を削っている。

「隅田川の船」は、第四巻第七号と第八号に有馬頼寧が寄稿したもの。第七号の文末は「(未完)」、第八号の「隅田川の話(承前)」で「(完)」となるが、郷土会の談話であることは明記されていない。中山太郎「富士講の話」と同じく、郷土会での話題を柳田が依頼して書いてもらった。

「四谷旧事談」は、第三巻第六号・第七号に山中笑の名前で掲載されている。「三宅島の話」の「追記」には、「最終の一篇四谷旧事談は、特に山中翁に乞うて附録として此篇に添へる。郷土会の人々は、又失はれたる江戸をも愛して居た」とあって、郷土会での話題に基づくとはいえない投稿ではあるが、あえて『郷土研究』に掲載されたものとしてこの一冊に入れるという意味であろう。

(以上、佐藤健二)

○『来目路の橋　真澄遊覧記』は、柳田国男校訂で、昭和四年(一九二九)八月一五日に発行された。奥付によれば、発行所(不明記)は真澄遊覧記刊行会、編者兼発行者は代表者柳田国男、印刷者は萩原正徳、印刷所は松本市の梅丸印刷所で、発売所は東京の三元社である。これは校訂本で、同日に『来目路の橋』をそのままに再現した覆刻本も刊行されている。奥付は、発行所(不明記)は真澄遊覧記刊行会、代表者は柳田国男、製版印刷者は萩原正徳、発売所は東京の三元社である。定価は二冊合わせて、二円五〇銭であった。ただし、「定本年譜」は「九月、『真澄遊覧記』覆刻校訂本の第一冊を刊行」とする。

昭和四年六月、真澄遊覧記信濃の部刊行会が「『来目路の橋』覆刻本頒布の趣旨」を印刷・頒布し、七月発行の『旅と伝説』第二年第七号の「編輯後記」から、覆刻に着手したことが告げられる。その際、「柳田先生の原文註釈がつきます」とあるのが、この校訂本を指している。

『来目路の橋　真澄遊覧記』は、次のような内容を持つ。

口絵「菅江真澄翁像」

柳田国男「百年を隔てゝ」

柳田国男「白井秀雄の旅――真澄遊覧記目録」

柳田国男校訂「来目路の橋」

真澄遊覧記刊行会信濃の部委員「巻の終に」

「通過地方略図」

「百年を隔てゝ」は、「目次」には「序説」の副題が付いている。この文章はその後、昭和四年九月発行の『旅と伝説』

第二年第九号に「来目路濃橋巻序」と改題の上で転載され、昭和一七年（一九四二）の『菅江真澄』に「信州と菅江真澄」と改題の上で収録された。本全集では単著を優先したので、第一二巻に収録されている。

「白井秀雄の旅――真澄遊覧記目録」は、昭和四年九月発行の『旅と伝説』に「真澄遊覧記目録」と改題の上で転載された。

柳田国男校訂「来目路の橋」には一四五ヵ所の頭注が付けられている。本巻では頭注の形式ではなく、本文の見開きごとに収める後注の形式に改めて、すべてを収録した。すでに引いた『旅と伝説』の「編輯後記」に「柳田先生の原文註釈がつきます」とあり、柳田自身が書いたものとわかる。

「巻の終に」は、この刊行を実現した背景をよく示すので、そのまま引用しておく。

真澄遊覧記の版になつた最初のものには、昭和二年九月、盛岡市の南部叢書刊行会が其叢書の第六冊に、南部に関係ある十篇を採録したものがあるが、多くは不完全な伝写本に依り、美しい挿画は全部省略せられて居る。

昭和三年に、東筑摩郡本洗馬の郷党の有志たちが、此「来目路の橋」や「伊那の中路」に注意しはじめて、活版に刷つてはどうかといふやうな話は起つて居たが、これとても実は、「来目路の橋」の不完全な伝写本を手にして見た夢のやうな話に過ぎなかつた。

真澄遊覧記の学問上の価値に、最もはやく注意せられ、且つ世に推奨せられた柳田国男先生の監修の下に、原筆写本を其儘写真にし、着色版刷を以て世に現れた本刊行会の覆刻本は、実は此真澄遊覧記の完全なる刊行本の最初のものであり、又此書の覆刻の将来の標準となるものである。其覆刻の第一番目に、この「来目路の橋」が先づ選ばれ、柳田先生を中心として、我々が地元として此刊行会を創始する役まはりに当つたことは、謂はゞ偶然であつたが此地方の人々には、待つて居た夢が思ひの外に早く、更に美しく現実となつたものであつた。

それだけに信濃に住む我々にとつての歓びは大きかつた。此企てに賛助せられた発起者が、曾て真澄翁が生涯の旅の、最初の漂遊の跡に当る地方に散在して四十人を超え、其協力に依つて三百の会員を得る予定を変更して、七百に近い数を得たことは更に深い喜びであつた。而も我々はこれを見て、たゞ此企ての成功にのみ満足して此儘、看過してしまひたく無いやうに思ふのである。少くとも此覆刻の事業は、半ば骨董趣味を交へた流行の古書覆刻と、同じものではなかつた。

此校訂本はそんな意味から、彼の翁漂遊の百五十年の後に於て、この古風な覆刻本を手にして、我郷土を新に見かへらうとする人々の為に、特に柳田先生に乞うて、読み易く解し易いやうに校訂して頂いたもので、全篇を通じて先生自ら執筆されたものである。従つてこの校訂本は、「来目路の橋」としては活字本の定本となるものであると同時に、他の真澄遊覧記の各篇を読むに当つては、たど〳〵しい路の栞となるものと信ずる。

　覆刻に当つては、先生の厳格なる監督指導の下に、萩原正徳氏が製版上に苦心せられたことを多とせねばならぬ。はじめには三色乃至四色版の計画であつた挿画は、遂に木版応用十三度刷の複雑なものになつて、原本の趣を其儘に懐しい百五十年前の色を伝へることが出来たのである。其他早川孝太郎氏潮見実氏等も、此覆刻に就て尽力せられた。信濃に於ける発起者が、此種の企ての単に名だけを列べるに過ぎぬ例を破つて、斡旋された労も亦特に記して、茲に感謝の意を表する。

　本書の表紙及扉は柳田先生の題簽である。巻頭の菅江真澄翁像写真版は、翁が晩年羽後仙北郡板見内村出原氏の家に在つて、鏡に対して自ら写したと伝へらるゝものに拠つて、古く秋田の画工の影写したものである。

　地図は「来目路の橋」の旅を、今の地図の上に辿つて見たもので、本文中の歌道村が鹿道になつたり、軍陀利村が軍足と書かれ、又芋井の里が長野市に変つて居るやうな例はいくつもある。千曲川のほとりの千本柳の如く、本文と地図とは岸の左右を異にして居るものさへある。其他旅程を蹤づけるのに、精細に見れば疑問の起る所も、二三箇所あつたけれども、此地図の上には大体がわかるだけに止めておいた。

　真澄遊覧記覆刻に関する此計画のあつたことは、既に久しいことゝ思ふが、先づ「来目路の橋」からと定められて本刊行会を起すことになつたのは、今年の五月二十五日柳田先生が、吾が東筑摩郡の教育会に講演に来られた時であつた。それから満三箇月を経過せぬうちに、我々は会員諸君と共に此書を手にすることになつたのである。而も、此刊行が営利の出版事業の上に、超然として計画せられ終始したことは、又我々の私かに自ら慰めて、大なる満足を感じて居るところである。

昭和四年八月十五日

真澄遊覧記刊行会
信濃の部委員
矢ケ崎栄次郎
大池　蚕雄
池上　喜作
胡桃沢　勘内

昭和四年九月発行の『旅と伝説』の「編輯後記」には、

「真澄遊覧記、来目路の橋も活版本が少しおくれて申訳なかつたが非常な好評でも残《(ママ)》部五十冊しかない大至急申迄《(ママ)》まれ度い《(ママ)》品切になつては御断りするより外に仕方がないのです。柳田先生の校訂本文でも素晴らしいものです」とある。発行日は覆刻本と同じ八月一五日になっているが、「活版本」(校訂本のこと)ができたのは、実際にはやや遅れたことがわかる。「全篇を通じて先生自ら執筆されたもの」であるために、相当の時間がかかったのであろう。校註者としての柳田の位相を示すものとして、貴重である。

○『伊那の中路　真澄遊覧記』は、柳田国男校訂で、昭和四年(一九二九)一一月一日に『わがこゝろ　真澄遊覧記』校訂本とともに発行された。奥付によれば、発行所(不明記)は真澄遊覧記刊行会、編者兼発行者は代表者柳田国男、印刷者は萩原正徳、印刷所は松本市の梅丸印刷所で、発売所は東京の三元社である。『伊那の中路』をそのままに再現した覆刻本は奥付によれば、一〇月一日に発行され、同時にはできていない。これは、発行所(不明記)は真澄遊覧記刊行会、代表者は柳田国男、製版印刷者は萩原正徳、発売所は東京の三元社である。定価は二冊合わせて、二円五〇銭であった。

しかも、昭和四年一二月発行の『旅と伝説』第二年第一二号の「編輯後記」には「真澄遊覧記の伊那の中路及び我こゝろの校訂本はいろ〳〵の都合で少し延びて申訳がない」とある。この言い方からはこれを書いた時点で、校訂本はまだできていなかったものと推測される。この校訂本は『わがこゝろ』校訂本とともに印刷に時間がかかり、実際にできたのはおそらく一二月になっていたと思われる。

『伊那の中路　真澄遊覧記』は、次のような内容を持つ。

　口絵・菅江真澄翁墓
　柳田国男校訂「伊那の中路」
「真澄遊覧記刊行会信濃の部地名と人名　校訂本附録」
「通過地方略図(伊那の中路)」
真澄遊覧記刊行会信濃の部委員「巻の終に」
「口絵解説　菅江真澄翁墓」

柳田国男校訂「伊那の中路」には一三九カ所の頭注が付けられている。本巻では頭注の形式ではなく、本文の見開きごとに収める後注の形式に改めて、すべてを収録した。

「真澄遊覧記刊行会信濃の部地名と人名　校訂本附録」は、地名と人名について信州人が協同で考証したもので、この「真澄遊覧記」の解読に参加した様子が見られる。

「巻の終に」は、次のとおりである。

　「来目路の橋」を覆刻した後に引き続いて、「伊那の中路」と「わがこゝろ」とを滞りなく刊行したことは、我々の私かに愉快とする所であつた。此間に東京に居る中道等氏等によつて南部の「奥の手振」の覆刻は決定し、函館市立図書館の岡田健蔵氏によつて「蝦夷の手振」、青森県史蹟名勝調査員の奥田順蔵氏によつて「津軽のつと」と、次々に刊行が計画されて居ることは、曾て百数十年の昔に我が真澄翁の健脚によつて繋がれた此地方が、此事業の上にも斯うした歩みを続けて行くことを思うて、ほゝ笑まれさへすることであつた。

我々の此第二次の刊行に就ても、郷党に於ける七十余名の発起者を加へた八百人の会員諸氏に、先づ深甚の感謝を払つて置きたいと思ふ。此人々の熱心なる協力と激励とは、此事業継続の可能性を立証して余りあるものであつたのである。さうして本洗馬に於て「菴の春秋」と「諏訪の海」断篇の如き、著者壮年の自筆本を見出す機縁をつくり、或は永久に見ることが出来ぬかと思つた此書の覆刻をも、一つの必然として我々に計画せしめたのは、此多数の会員のあるが故であつた。

本巻校訂本文の活字訳と頭註及跋文は、吉例によつて柳田国男先生自ら執筆されたものである。口絵は秋田寺内山の真澄翁墓碑で、これは校訂本分冊には「伊那の中路」に、跋文は同じく「わがこゝろ」に添へることにした。二葉の地図は「来目路の橋」と同じく池上隆祐氏の作るところであるが、今回は特に有賀喜左衛門氏が之を訂正し、原図を製作されたものに拠つて製版したのである。覆刻本の挿画姨捨山の図は二十五度刷であり、風越山も亦複雑な技術を要するものがあつて、萩原正徳氏の最も苦心されたものであつた。本巻刊行の遅延したことは信濃に於ける地名人名の調査編輯に暇どれた為であつて、これは信濃の部委員の恐縮する所である。この解説は附録として分冊には「伊那の中路」の方に添へて置いた。

信濃の部としての次の巻「菴の春秋」其他は明年二三月の交に刊行の予定であるが、之に先だつて「奥の手振」は平福百穂画伯の助力によつて、佐竹侯爵家の明徳館本を原本とすることが出来たので、又別様の趣を以て刊行されることゝ思ふ。「来目路の橋」「伊那の中路」は同筆であるが、「わがこゝろ」の如く全く別筆を以て書写されたものも、天樹院献上本にはあつたのである。斯の様に各種類の原本によつて覆刻されることも、亦我々の興味深く感じつゝある所である。

昭和四年十一月二十八日

真澄遊覧記刊行会

信濃の部委員

矢ケ崎栄次郎　池上　喜作

大池　蚕雄　胡桃沢　勘内

「十一月二十八日」とあることから見ても、実際にはやはり一二月になってから刊行されたものと思われる。遅延の原因は、柳田ばかりでなく、「信濃に於ける地名人名の調査編輯に暇どれた為」であったことが知られる。

　なお、『伊那の中路』校訂本と『わがこゝろ』校訂本を合冊した柳田国男校訂『伊那の中路　わがこゝろ』が昭和四年一二月一日に発行されている。その内容については、次の『わがこゝろ　真澄遊覧記』を参照されたい。

○『わがこゝろ　真澄遊覧記』は、柳田国男校訂で、昭和四年（一九二九）一一月一日に『伊那の中路』校訂本とともに発行された。奥付によれば、発行所（不明記）は真澄遊覧記刊行会、編輯兼発行者は代表者柳田国男、印刷者は萩原正徳、印刷所は松本市の梅丸印刷所で、発売所は東京の三元社である。同日に『わがこゝろ』をそのままに再現した覆刻本も刊行されている。しかし、奥付の印刷日と発行日は紙を貼って修正している。発行所（不明記）は真澄遊覧記刊行会、代表者は柳田国男、製版印刷者は萩原正徳、発売所は東京の三元社である。定価は二冊合わせて、一円六〇銭であった。

　しかし、『伊那の中路　真澄遊覧記』で見たように、昭和四年一二月発行の『旅と伝説』第二年第一二号の「編輯後記」によれば、この校訂本は『伊那の中路』校訂本とともに印刷に時間がかかり、実際にできたのは一二月になったと思われる。

『わがこゝろ　真澄遊覧記』は、次のような内容を持つ。

　口絵「菴の春秋其他」（次頁参照）

　柳田国男校訂「わがこゝろ」

　「政員の日記」

　「信濃の国ぶり田植歌「鄙廼《ヒナノ》一曲《ヒトフシ》」より」

　柳田国男「遊歴文人のこと」

　「信濃路までの白井秀雄」

　「通過地方略図　わがこゝろ」

　真澄遊覧記刊行会信濃の部委員「巻の終に」

　柳田国男校訂「わがこゝろ」には六五カ所の頭注が付けられている。本巻では頭注の形式ではなく、本文の見開きごとに収める後注の形式に改めて、すべてを収録した。

　柳田国男「遊歴文人のこと」は、「目次」では「信濃の部跋」の副題が付いている。「信濃の部跋」としたことからすれば、真澄遊覧記信濃の部はこれで一区切りと考えていたものと推測される。この文章は昭和一七年（一九四二）の『菅江真澄』に入ったので、本全集では第一二巻に収録されている。

　しかし、一見してわかるように、この中には、口絵「菴の春秋其他」、「政員の日記」、「信濃の国ぶり田植歌「鄙廼《ヒナノ》一《ヒト》曲《フシ》」より」のように、『わがこゝろ』とは関係のないものが含まれている。実は、この刊行が始まってから、大きな事件が二つあった。一つは洗馬から『菴の春秋』その他の写本が発見されたことであり、もう一つは『鄙廼一曲』の写本が古書店で売りに出されたことである。そうした資料を部分的に入れ込んで構成したのである。「政員の日記」は三溝政員の日記であり、これにも頭注が二七ヵ所付けられている。「巻の終に」は、『伊那の中路　真澄遊覧記』と同じ文章であり、やはり奥付どおりではなく、一二月になってから刊行されたと思われる証拠になる。

口絵　「菴の春秋其他」

また、前述の『伊那の中路　真澄遊覧記』と、この『わがこゝろ　真澄遊覧記』を合冊した柳田国男校訂『伊那の中路　わがこゝろ　真澄遊覧記』が昭和四年一二月一日に発行されている。奥付によれば、発行所（不明記）は真澄遊覧記刊行会、編輯兼発行者は代表者柳田国男、印刷者は萩原正徳、印刷所は松本市の梅丸印刷所で、発売所は東京の三元社であり、定価は七〇銭であった。これには覆刻本はない。「正誤表」一枚が付いている。

その内容は、次のとおりである。

口絵・菅江真澄翁墓
柳田国男校訂「伊那の中路」
柳田国男校訂「わがこゝろ」
「政員の日記」
「信濃の国ぶり田植歌　「鄙廼《ヒナノ》一曲《ヒトフシ》」より」
口絵「菴の春秋其他」
柳田国男「遊歴文人のこと」
「真澄遊覧記刊行会信濃の部地名と人名　校訂本附録」
「信濃路までの白井秀雄」
「通過地方略図（伊那の中路）」
「通過地方略図　わがこゝろ」
真澄遊覧記刊行会信濃の部委員「巻の終に」
「口絵解説　菅江真澄翁墓」

二冊の校訂本の合冊であるが、全体を再構成して一貫性を持たせていることが注意される。しかし、すでに『伊那の中路　真澄遊覧記』に引用した「巻の終に」に拠れば、事情はむしろ反対で、この構成で考えていたものを『伊那の中路　真澄遊覧記』と『わがこゝろ　真澄遊覧記』に振り分けたと見るべきかもしれない。

この二冊の刊行が遅れたのは「信濃に於ける地名人名の調査編輯に暇どれた為」であったというが、二冊は『伊那の中路　わがこゝろ　真澄遊覧記』と同時に印刷され、それぞれに製本された可能性が高く、すでに合冊を用意しようと考えていたにちがいない。従って、この合冊の刊行も、実際には一二月一日より遅れたものと想像される。なお、柳田国男「伊那の中路　わがこゝろ」を載せた『伊那の中路と我心』のチラシが真澄遊覧記刊行会から頒布されている。本全集では第二八巻の昭和四年八月に掲載したが、その時には原本が確認できず、転載された雑誌『伊那』を使った。

また、信濃の部は次の巻の刊行を予告しているものの、一方では、「定本年譜」の昭和五年（一九三〇）に「四月二十五日より三日間、十時間にわたり、長野県西筑摩郡洗馬村長興寺での『真澄遊覧記信濃の部』刊行記念会で「民間伝承論大意」を講演。その後、聴講者とともに附近の真澄遺跡をみてまわる」とあるように、記念の講演会が開催されている。真澄遊覧記刊行と「民間伝承論大意」の講演については、石井正己「菅江真澄の価値」（『平出博物館紀要』第二六集、平成二一年〔二〇〇九〕三月）に述べておいた。

○『奥の手ぶり』は、柳田国男校訂で、昭和五年（一九三〇）二月一〇日に発行された。奥付によれば、発行所（不明記）は真澄遊覧記刊行会、代表者は柳田国男、製版印刷者は萩原正徳、発売所は東京の三元社である。印刷所の明記がないが、信濃の部とは違い、東京で印刷したと思われる。これは校訂本で、同日に『奥の手風俗』をそのままに再現した覆刻本も刊行されている。これは、発行所（不明記）は真澄遊覧記刊行会、代表者は柳田国男、製版印刷者は萩原正徳、発売所は東京の三元社である。定価は二冊合わせて、二円三〇銭であった。

この刊行は、すでに、昭和四年（一九二九）一〇月発行の『旅と伝説』第二年第一〇号の「編輯後記」に、「此次には北海道の方たちによる蝦夷の手振と中道氏等による奥の手振が話題に上つて居る。いづれが先になるかは今分らぬが月半までには決定する事であろう《ママ》。そして佐竹侯の明徳館本が拝借出来そう《ママ》である事を喜んで居る」と予告されていた。

『奥の手ぶり』は、次のような内容を持つ。

口絵「万人堂の址（雪の小丘）」「雪の田名部街」
中道等「村林源助著「風土年表」、「牧の冬がれ」」
柳田国男「正月及び鳥」
「「奥の手風俗」に伴へる地図略解」
柳田国男校訂「奥の手ぶり」
中道等「巻の終りのことば」

「目次」には、柳田国男「正月及び鳥」に「序」の副題が付けられ、中道等「巻の終りのことば」には「跋」の副題が付けられている。「正月及び鳥」は昭和一七年（一九四二）の『菅江真澄』に入ったので、本全集では第一二巻に収録されている。

柳田国男校訂「奥の手ぶり」は二三六カ所の頭注が付けられている。しかし、この頭注は信濃の部の頭注とはずいぶん様子が違うように思われる。成立の事情など、何か理由があると思われるが、今後の研究に待つしかない。

「巻の終りのことば」は刊行の事情をよく示すので、そのまま引用しておく。

真澄翁が外南部路《ソトナンブ》でこの「奥の手風俗」の筆を染めるまでには、もう、二度の正月を迎へ、さうして四つの冊子が認められてゐるのでありました。松前からの帰りの船路を、漂ひながら来て見ると、丸でとり残されたやうな土地で、見渡すほどの風物が寂しく又珍らしい。そこで寛政四年の十月からこの方、半島中の名所、旧蹟、霊場などはもとよりのこと、普通の人の行ける場所であらうがなからうが、そんな差別は念頭に置かず、しきりに遊覧の歩みを運んだのでありました。それ故に、この書では別項の附図位しか歩いて居らぬが、翁の足跡は、実はこの半島を一巡して、更に山から谷、麓から里へと遍くなつて居るのであります。今でも一人でなら逡巡するほどの荒寥にして嶮峻な海岸の道を、平気で歌を詠み、口碑を索ねながら歩いてゐる。私などはもう十九度もこの半島へ踏込んでゐる癖に、翁の悠然たる足どりには、どうしても及ばず、常に驚歎ばかりして居る一人なのです、それ程広いものでありました。

それに親しい友垣といふものが沢山出来る。年中の仕来りなどは勿論、神仏の縁起、三年聟、三年嫁の異つた風習、それから冠婚葬祭の俗、方言などに至るまで覚えてしまふ。自ら筆を執つて大間《オホマ》の浦の天妃縁起を書き与へるかと思ふと、あつぱ（妻）の胸のおこりこ（懊）のやうに熱くなる人情の機微まで察し得られるほど、この土地の民俗を知つての後に、書かれたのが「奥の手風俗」なのですから、あの半島の人々や、土地を知つて居る者はもとより、単に寛政の昔を想像して読む人にとつても、記述の外に何とも言はれぬ趣の溢れてゐるやうに感ずるのは、かやうなところから発してゐるのではないかと思はれます。

　ましてや、書名が物語るやうに、本州の北端、奥の外南部の手振が心ゆくまで書かれて居るのであります。朳《エンブリ》などこそ同じ南部でも、八戸《ハチノヘ》の方に残つて今はこゝには無いが、目名の獅子舞が笛や太鼓で村々を巡るし、どうきんの茶殻子、しんざんのばちきり、この人惑はせる名誉の老狐が、今以て野の森蔭に横行して居る。田名部や大畑などはやはり新しい人の代になつて、昔の儘の行事を笑つて見るやうになりましたが、蕨ばかりの野を越えて、寛政以来の火ぼこりに黒くなつてゐる村里を見ると、まだこの通りの土俗が、深雪の下に残つて居ること、恰も霊場宇曾利山（恐山）のあらゆる伝説が、此の時の記事と少しも異らないのと同じであります。さうして少し位考へて見ても、明らかでない仕来りが沢山あります。それらはこの土地の山子が山の神を祭るために、山の木を伐る方法等といつしよに、恐らくはこれから共同に考へられるものであらうと思はれます。

　然し時がたつといふことは、まことに妙なもので、昔、翁と交つた大畑の学者、村林源助翁などは、その著書の風土年表の中で、翁のことをあれほど吹聴して書き、又これらの人々の子孫も尚残つて栄えてゐるのに、曾てかやうな人の長く滞在したといふことを、気づくものはなかつたのであります。さうしてこんな尊い記述のあつたのを、知つて驚いたのはほんの此の頃の話であります。その間に、翁が歩み困じた宇曾利山道が、立派な新道となつて自動車が上下したり、安渡《アンド》が大湊と改められて軍艦と鉄道の終点となつたりしました。そのくせ翁の丹念に聞いてしるした土地の伝説や口碑が、追追と影が薄くなり遂に姿を消して行きつゝあるのです。かうなるのが定だと一口に言つてしまへばそれ迄ですが、さう言はれるから尚の事昔の姿が懐しい。この一点からでも翁の業績は、長へに感謝せらるべきものだと思はれます。

中道　等

なお、昭和四年一二月、柳田国男を代表者とする「奥の手風俗」を載せた『奥の手風俗』のチラシが真澄遊覧記刊行会から頒布されている。この文章は本全集の補遺に収録することになる。

○『菴の春秋　真澄遊覧記』は、柳田国男校訂で、昭和五年（一九三〇）九月五日に発行された。奥付によれば、発行所（不明記）は真澄遊覧記刊行会、編輯兼発行者は代表者柳田国男、印刷者は萩原正徳、印刷所は松本市の梅丸印刷所で、発売所は東京の三元社であり、定価は五〇銭であった。これは校訂本で、同日に『いほの春秋』をそのままに再現した覆刻本も刊行されている。奥付によれば、発行所（不明記）は真澄遊覧記刊行会、代表者は柳田国男、製版印刷者は萩原正徳、発売所は東京の三元社であり、「定価弐円」とするが、下に「五拾銭」とあるのを紙を貼って隠している。巻末の広告によれば、覆刻本と校訂本二冊で二円とある。おそらくこれが販売の価格であろう。

『菴の春秋』は、次のような内容を持つ。

口絵「洗馬釜井菴（橋浦泰雄画）」「凡国異器」「政員の日記」

柳田国男校訂「菴の春秋」

柳田国男校訂「ふでのまゝ」

胡桃沢勘内「信濃の部の終の言葉」

真澄遊覧記刊行会信濃の部委員「巻末記」

これには柳田の序文や跋文はなく、その代わりのように、胡桃沢勘内「信濃の部の終の言葉」が載っている。やや長くなるが、引用しておく。

菅江真澄の白井氏が「わがこゝろ」や「来目路の橋」を書いた時よりも、五十年ばかり前の享保十七年に、今西行と称せられた似雲法師は更級の月を観て、ちやうどこれと同じ路を通つて居る。其の紀行は門人の手に依つて書き遺されたが、遊歴の吟詠の外には、道中の風物を叙すること、江戸時代までの苟も文筆の才のある者の誰でもが、書くべきものとして書いた記事を出でなかつた。十返舎一九が略同じ路を通つたのは、白井氏よりも四十年ほど後の文政の頃であつたらしいが、斯程の旅行文芸家も実は其見聞の、文章に書いて遺さうとしたものは限られて居たのである。それから又約三十年後の嘉永安政の交には、宇喜多一蕙は松本平に永く滞在して、其遺作を地方に夥しく留めたけれども、此人の志す所は別に存し、又画人としても描くべきものは定まつて居て、地方の資料を写して後に伝へようとはしなかつたのである。これに比べると我が白井氏の歌と文章と画との何れもは、決して優れて居るものでは無かつたけれども、我々をして深く感動せしめたものは、其境遇と気質からではあつたであらうが、白井氏自身が田舎者であつて、敢て高い所から田舎を見下して批評しようとせず、いつでも凡人大衆の中に立ち交つて、其の日常生活の同情ある観察者であつたと同時に、又此の見聞を都方への所謂旅のつとゝしようとする意識の絶無であつた結果として、永く後代の我々の中へ膝を交へて話しかけて居る点であつた。

真澄遊覧記刊行会の会員の多くが、白井氏の名を知り其の書き遺したものゝどんなものかといふことを感じ得たのは、何と云つても「雪国の春」からであつた。其の

「真澄遊覧記を読む」と題する一篇を読んで、上野の図書館に通つて「来目路の橋」や「伊那の中路」の写本を閲覧して、郷里の村だけの記事を、丹念に書き取つて送つて来た本洗馬出身の青年さへあつて、それが実は信濃の部から刊行する機縁の一つとなつたのであるが、更に又此の企てによつて期待せられた「菴の春秋」や「諏訪の海」の一部と推測せらるゝものが、此村から見出されて、「雪国の春」に算へられた十一度の正月の上に、最も年代の古い正月記事が積み添へられたことは、此の事業の大なる収穫であつたと謂はなければならぬ。

　白井氏が本洗馬に入つたのは、長興寺に旧知洞月恵端和尚の在つたに由ることは勿論であるが、一年余の滞留をすることになつたのは、こゝには多くの有閑階級に属する歌の友が居つて、中にも可児永通翁の如き、有力なる新知己を得たからであつた。可児氏は此村の医師で、即ち後の熊谷氏、今は仙台に居る岱蔵博士や、青山氏を継いだ徹蔵博士、新潟に居る直樹博士などの家であつた。其移住のあとに遺る家の土蔵の隅に、数多の反故と共に一括してあつたのが、「伊奈濃中路甲、夏」「科野路旅寝濃記乙、秋」「ふでのまゝ丁、春」「いほの春秋己」の四冊であつたのである。之によると「丙、冬」とあるものと「戊」との二冊の在つたことが推測せられるのであるが、其一冊は「手酬草」のあるものであり、他は「わがこゝろ」では無かつたか。以上のうち、「甲、夏」「乙、秋」の全篇と「丁、春」の終の部分とを合せたものは、「伊那の中路」として整理せられたものであった。「己」の全篇と「丁、春」の大部分とを一冊に縮写覆刻して、茲に真澄遊覧記の信濃の部の刊行は、完了したのである。

　此の覆刻を機縁として、其他に尚二つの真澄遺篇を新たに見出したことも、又我が会員諸君に報ぜられねばならぬ我々の喜悦であつた。其一は「鄙の一曲」といふ民謡集で、これは既に柳田国男先生の評註を経て郷土研究社から近く覆刻刊行される筈であるが、其二は「凡国異器」であつた。これは旧友浅野梨郷《(ママ)》君が、仙台に於て得た事を今年の春発表されたもので、此著のあつたことは、秋田県大館町の栗盛氏にある故真崎勇助翁蒐集の「筆のまに／＼」といふ随筆の中に、屢々其名が見えて居るので知られて居たが、浅野君の有に帰したものは古い伝写の一冊であつて、却つて著者自筆よりも又別様の意味あるものであつた。自分はまだ之を一見する機会を得ないが、浅野君発表によると、横五寸縦八寸五分四十五葉綴の本で、表紙の次にある貼紙に「此のふみは三河の秀雄旅のつとそれを清儀写してしかな」と真名書きにし、又「天明六年六月丙午冬十月、磐井郡山要大槻清儀民次画並書記、此年十有四矣」と書付けてあつて、仙台藩の儒者大槻平泉翁少年の頃の筆写であるといふ。「雪の胆沢辺」に、一ノ関に近い山の目の大槻氏の家に滞在したとある記事と、年代がちやうど一致するのである。「凡国異器」といふ書名は、後に「鄙の一曲」の頭註に「凡国風土記」とあるものと同じものかと想はるゝが、大体絵を中心にしたもので、信州に於けるものも、目録によると諏訪から始めて十数項の名目が見えて居る。而も我々の興味深く思ふことは、紀行を欠いて居る越後のものが「鄙の一曲」にも「凡国異器」にも、共に採集せられて居ることであつた。

斯くの如くにして永く公表の機を得ず、又未だ世に現れざりし遺篇の、新たに学界に送らるゝことは、外に対して我々の心に禁じ得ない愉悦であつたが、又内には此の前代の旅人の記録が世に出でたことに由つて、我々の知り得た信濃の故人たちの名は六十人程あつて、中には其伝記の郷党の記憶に存するものも稀には無いでは無かつたが、其多くは当時に在つては地方の光であり、後の文化に陰影を曳く所の文藻となつかしい性情とを、永遠に山の隈野の末に埋めて、我々の忘却の中に冷えてしまふべき運命に在つた人々であつたのである。そればかりでは無く、単に「菴の春秋」だけに就て見るも、鹿狼狸狐の里に出て来る光景などは、斯うした旅人の筆を俟たなかつたならば、誰あつて村人が書き留むべき事柄では無かつた。人生五十年、而かも家にあつては一代は凡そ二十年か三十年であるとすれば、百五十年は三つの人生を重ねた長さであり、世代は四回乃至七回相続されて居る筈であつて、国の歴史に比べては、僅かに二十分の一に相当する年代の、現代に直ちに繫がる部分が、これ程までに我々には明白で無かつたのである。それだから我々は、此漂遊の旅人の二年ばかりの日記に驚き、且つ昔といふものゝ考へ方にも、新らしい感激を覚えたのであつた。真澄遊覧記の刊行が単なる骨董趣味の所謂珍本覆刻の道楽で無く、過去から将来への文化を考察する資料を、現代に提供した意味に於て、徒爾で無かつたことを深くも我々は感ずるのである。

昭和五年の四月、真澄遊覧記刊行を記念する為に、柳田先生を本洗馬に迎へて、三日間に亘つて「民間伝承論大意」の講演を聴いたことは、「此山陰は花いと遅く、あへておくれたるにはあらじ、梅桜も弥生のなかば過ぐる比より咲きて、世中青葉になり行く」と書かれた時から百五十年を隔てゝ、同じ長興寺山の桜のもとに於ける記念すべき邂逅であつた。さうして又我々にとつては、此会の信濃に於ける事業をとぢめるに当つて、先づ過去を追懐する詠歎から覚めて、永く将来の学問に精進すべき力を与へらるゝものであつたのである。百年の昔に遺された古書を覆刻して、敢て学界に其是非を問はうとした真澄遊覧記刊行会の志す所も、亦実にこゝに存したので世の好事者流の歓迎の如きは、寧ろ我々の私かに心苦しくさへ思ふところであつた。前代に於て民間伝承採集の上に、最も偉大なる業績を遺した我が白井氏の、驚くべき長い旅行の最初の足跡を印した信州が、第一に真澄遊覧記の完全なる覆刻の企てに参加し、多くの会員を得たといふことの唯それだけでは、敢て誇りとするにも足りなかつたのである。

昭和五年九月　　胡桃沢勘内

なお、胡桃沢勘内は、昭和五年一月発行の『旅と伝説』第三年第一号に「遊澄真覧記菴の春秋発見記」を寄せている。「巻末記」も同様に引用しておく。

「菴の春秋」の刊行の後れたことは、我々信濃の部委員として何よりも先づ会員諸君に申訳せねばならぬことであつた。本会の刊行事業を記念する為に、本洗馬長興寺に柳田先生の講演会を催すことにして、遅くとも其時までに刊行を終らうといふ計画であつたのに、事は予定の通りに運ばず、又委員等の身辺も頗る多事であつたのである。

記念講演会は四月二十五日からの三日間に亘つて、先生は其蘊蓄を傾け尽して民間伝承論を講ぜられたのであつた。あの山里の花の、観た者だけの深い印象が他に伝へ難くして散り過ぎるやうに、聴き放しになつて過ぎてしまふことは、我が会員諸君と共に惜しいことに思ふ所であるが、兎に角に此講演は我々にとつては忘れ得ぬ記念となつたのである。

本巻校訂本文及頭註は、吉例により全篇先生の手記に成るものであつた。本洗馬発見本の他の二篇も活字訳を載せる予定であつたが、其全部は「伊那の中路」と重複するので、今回はこれを見合せることにした。此点は会員諸君の諒とせられんことを望むのである。覆刻本表紙の題簽《（ママ）》は、原本の文字を用ゐたのである。

口絵は橋浦泰雄君が、東筑摩郡教育会の嘱託をうけて、本洗馬郡誌別篇資料の松本平の石像採集の旅に在つて、本洗馬で写生したもので、ちやうど記念講演会の日の釜井庵の景である。本巻の序に「可摩永といふ岡の一つ家」とあるのは、今も其儘保存せられてこんな字を宛てゝ居るのである。

「凡国異器」は今は大阪に居る浅野利郷氏の有であるが、同氏の「東北の旅」本年二月号に載せた記事によれば、これも亦「鄙の一曲」と同じく、本会の刊行を機縁として世に現はれたもの丶一つと謂へようと思ふ。浅野氏転居のために信濃の部の絵を採り得なかつたのは遺憾であるが、三元社萩原君の尽力によつて、同君の手にあつた写真を載せることにした。

「政員の日記」四頁は「わがこゝろ」校訂本文の後に活字訳して置いたもの丶一部である。「菴の春秋」の文章は著しく源氏物語に影響せられて居る跡が見えるのであるが、この「政員の日記」と対照して見るとさもあるべきことゝ思はるゝのである。

信濃の部刊行に当つて、校訂本印刷及配本に尽力せられた松本の書肆 大成堂 佐野豊太郎氏は、我々の希望を容れて「信濃の部」だけを収める帙を製作し、之を会員に頒布した。帙の裏画は橋浦泰雄君の一々描く所であつた。顧れば偶然に信州に入つた橋浦君の、本会成立の始め以来の所縁も、また深いものがあつた。

終に臨んで約一年半に亘つて、本会発起者としての地方の有志、及信濃教育会の東筑摩部会を始め各郡の会員諸氏の、深厚なる好意に感謝の意を表すると共に、本会々員諸君に対しては、信濃の部終了の喜悦の中に何か別を惜しむ淋しさを感ずるのである。ついでながら本会の最初から今日まで、専ら会計及雑務に当られた笠井茂夫氏其他、松本銀行の人々に謝意を表して置く。

「小野の古里」「秋田の仮寐」は、本会第五回の刊行として、校訂本だけが三元社から発売の予定である。第六回以下も順次刊行の筈であるから、信濃の部同様会員諸君の申込を希望する次第である。

昭和五年九月五日

真澄遊覧記刊行会

信濃の部委員

矢ケ崎栄次郎　大池　蚕雄

池上　喜作　小林　国男

中村　盛弥　胡桃沢　勘内

今回新たに小林国男と中村盛弥が委員に加わったのは、本洗馬の熊谷家から新資料を発見した功績に拠る。「九月五日」は本書の発行日と同一である。発行日に合わせたとも考えられるが、普通であれば、実際には奥付の発行日よりも刊行が遅れたものと想像される。

巻末の広告には「真澄遊覧記信濃の部帙　橋浦泰雄裏画」が見え、松本の大成堂書店で一円四〇銭で販売されたことが知られる。これは信濃の部の覆刻本四冊を保存するための帙で、橋浦泰雄が帙の内側に肉筆水墨画を描いている。その画題は信州の風俗にちなむものであるが、同一ではない。

なお、昭和五年七月の日付で、「菴の春秋」頒布のチラシが真澄遊覧記刊行会から出ている。そこには「ついでながら御紹介二つ」として、「其一、ひなの一ふし」「其二、真澄遊覧記帙」のことが記されている。『菴の春秋』と『ひなの一ふし』は、それぞれ三元社と郷土研究社が関わるが、一連の経過の中での刊行であり、両者の協力があったものと推測される。発行日が同じ日であるのも、意識的に合わせた可能性が高い。詳細は、石井正己「菅江真澄の価値——柳田国男と信州人の情熱」(『平出博物館紀要』第二六集、平成二一年〔二〇〇九〕三月)を参照されたい。

○『ひなの一ふし』は、柳田国男校訂で、昭和五年(一九三〇)九月五日に発行された。奥付によれば、校訂者は柳田国男、発行者は岡村千秋、発行所は東京の郷土研究社、印刷所は東京の英文通信社印刷所である。表紙は横に「ひなの一ふし/菅江真澄筆録/柳田国男校訂」、背には「ひなの一ふし　柳田国男校訂」とある。原本には挿絵はないが、この場合も『鄙廼一曲』覆刻本が発行されていて、奥付によれば、同日の発行で、発行者は岡村千秋、発行所は東京の郷土研究社、印刷所は東京の精華社である。どちらも薄緑色の表紙であるが、二冊の印刷所は別であり、定価は二冊合わせて二円であった。

『ひなの一ふし』は、次のような内容を持つ。

　胡桃沢勘内「鄙の一曲に就いて」
　柳田国男校訂「ひなの一ふし」
　柳田国男「校訂者の言葉」
　「鄙の一節附註」
　「索引」

「目次」では、「鄙の一曲に就いて」は「鄙の一曲に就て」、「鄙の一節附註」は「鄙の一節附記」となっている。「鄙の一節附註」は、「一、百臼図」から「一〇一、早物語十篇」まで一〇一条からなる。「索引」は五十音順に二二三項目を列挙し、本文と附註が共に検索できるようになっている。

胡桃沢勘内「鄙の一曲に就いて」は、この本の発見から刊行までの経過はもちろん、『菴の春秋』刊行の事情についてもよく示しているので、長くなるが、行末の読点を補いつつ全文を引用しておく。

　天明の初年三河の家郷を若くして出で、文政の末羽後の客寓に老いて、漂泊の生涯を終つた菅江真澄翁の半生の旅日記は、後人によつて「真澄遊覧記」と命名せられて、各地の文庫に散在して残つて居たが、版本は勿論無く流布の写本も無かつたので、此書が中部日本以北の文化史研究の、貴重なる文献であるにも拘はらず、地方の学徒の容易に之れを見る機会を得なかつたことは、久しい間の遺憾であつた。大正の初年、我邦の新しい学問の為に興つた雑誌「郷土研究」の巻頭の論文には、屢々此書物の名が見え、其記事の引用せられて居るのを読んだ頃から、我々の心の裡に一読の機会を待つた此書は、著者の歿後百年を記念する為に、柳田国男先生の主唱によつて、去年の夏真澄遊覧記刊行会が発企せられ、偶然にも其最初の巻に当る信濃の旅日記から、原本の色彩を其儘覆刻刊行されることになり、これを機縁として信州本洗馬に於ては、「庵の春秋」「洲羽の海」などの、曾て目録には見えて居て所在の明らかで無かつた巻々が、壮齢の著者が自筆のまゝ発見せられたのは、真に奇跡と感じた程の我々の喜悦であつた。

新に見出した本洗馬本は直ちに柳田先生に送られたが、此等四部の冊子が松本へ回送されることになつた十一月初旬のある夜、我々の「話を聴く会」は、此書物を見る会として開かれたのであつた。其小包郵便は遂に其夜の間に合ふやうに、到着しなかつたけれども、此会合は更に新しい一書を見出す機縁となつた。「東筑摩郡家名一覧」の出版の相談に、松本に来て居た郷土研究社の岡村千秋君は、此会に偶々出席されて居て其席上での話には、つひ此数日前に東京市内の古本屋で、「鄙の一曲」と題する小さな写本を見たが、真澄翁の筆録らしい。然し真蹟かどうかは不明である。幸に本洗馬本があるから、これと比較して見れば明白になるであらうといふことであつたので、自分は二日ばかり後に上京するが、それまでには本洗馬本を見るから行つて一覧しようといふことで、其古本屋への紹介を頼んで置いたのであつた。其翌日到着した「庵の春秋」其他の冊子を見た岡村君は、「鄙の一曲」はこの書風とはどうも異つて居るといふので、やゝ心もと無くはなつたけれども、其書名は、秋田市の村井良八氏著「菅江真澄翁伝」巻末の著書目録中に、「ひなの一ふし」とあるものらしいので、若し転写本であつても、全然失望すべきものでは無いと、心ひそかに思うて見たのであつた。

芭蕉翁の真蹟を、写真に撮りに北信上越地方に赴く途すがら、立ち寄つた三元社の萩原正徳君に、本洗馬本を示して覆刻の下相談をしたのは、岡村君に別れた翌日であつた。其頃は佐竹侯爵家の原本を借りて「奥の手風俗」の覆刻をすることにはなつて居たが、萩原君もまだ明徳館の自筆本は、見て居らなかつたのであつた。浅間の温泉で別れて後四日目に、砧村の池上隆祐君の家で再び会つた萩原君は、これから佐竹家へ行くと言つて居たが、其時に見た「鄙の一曲」は、明徳館本を見るに及んで、全く同筆であることを感じられたことであつたらう。「奥の手風俗」の覆刻本の出た今日では、そんなことも思ひ出されるのである。其「鄙の一曲」を得たのは、十一月八日のことである。駿河台の岡書院で待ち合はせて岡村君と共に本郷元富士町の琳瑯閣に行つたのは、うそ寒い雨あがりの宵のことであつた。店主に尋ねると、あの本はまだ所持して居るから売つても宜しいが、真蹟本かどうかは知らぬ。数年前に秋田から来た古書の中にあるのを見付け出したので、彼の地出身の狩野享《(ママ)》吉博士に見て貰つた所では、自筆本に相違無いといふことであつたといふのである。何でも近頃「来目路の橋」の覆刻本が出たので、思ひついて探し出したものらしかつた。

手に取つて見ると、本洗馬本に比べては、全体の小形である割合よりも甚だしく細字で、一枚二十四行の上に、頭註のところなどは、廓大鏡を必要とするやうな文字を、丹念に書きつらねてあつて、「菴の春秋」などと異つた手跡の如くに感ぜられるが、実は其差は、水筆と真筆との用筆の相異と、書いた年代の前後に由るものであるらしく、全く真澄翁の筆跡であることは、容易に推定せらるゝものであつた。骨董的価値はどうか知らぬが、足もとを見られたことは承知の上で、之を懐にして其翌日は、砧村に行つて柳田先生に御目にかけたところ、これは自筆であると思ふが、余程の老筆らしいといふ御話であつた。紙数は薄葉に似た紙で四十枚、美濃判半截二つ折の大きさで、青表紙に直接に「諸国田植唄全」と書かれ、其の上を掩うて黄色の題簽《(ママ)》を貼り、「鄙廼《ヒナノ》一曲《ヒトフシ》」と書き、振仮名は朱筆を用ゐてあるが、何れも真澄翁の手跡では無く、後人の書き付けたものである。表紙の裏には、「菅江真澄は、父貞房主の学の友たり。三河の国の人なりとも、生国を慥にかたらぬよし。貞臣」とあつて、其次に当る扉には、「諸国植うた」と田の字を一字脱落したのは、其貞臣の手で、肩に「菅江真澄の直筆なり」と小書きして居る。序文の上方に「菅園文庫」と読まれる朱の蔵書印が見え、裏表紙の内面には「菅園所蔵」「高階氏蔵」と各異筆で並べ記され、其あとに秋田市某氏の蔵書印が押捺されて居る。

帰郷の前日、三宿の白田舎に平福百穂画伯を訪れたところ、明徳館本借用に就いて砧村訪問の日に、恰も「菴の春秋」を松本へ送り返す所でこれを見るを得たといふやうな話のついでに「鄙の一曲」に就いては、此奥書の秋田市某氏は旧知であるが、此人は斯ういふ書物を好んで蒐集した人であるから此本は信じられる。それにしてもどうして古本屋に出たものかなどゝ画伯の談があつた。菅園も貞房父子も高階氏も、調べたらわかるであらうといふのであつたが、自分は取り敢へず秋田市の村井良八氏に、一書を寄せてこれを問合はせて見た。十数日の後に到着した村井氏答状の概要は、「菅園通称高階平吉、諱貞房は秋田藩の世臣、重職刀番に任じた人であつたが、夙に本居大平の門に学び、傍ら伴信友にも交はつて学に富み歌に巧みであつた。其長子貞臣は靹屋と号し、家学を紹ぎ書と歌を善くし、武将に任じた。二子重華は大山氏を継ぎ、神祇少史、古四王神社禰宜を勤め、三子宗彦は橋本氏を継いで、秋田沿革史を著はした。高階菅園は鳥屋長秋、大友直枝などと共に、大平門で真澄翁の秋田に於ける、晩年の親友であつた」とあつて、之れによつて此書の伝来は、極めて明瞭になつたのである。「ひなの一ふし」は村井氏も目録には載せたが、未見の書であつたらしい。秋田県大館町の栗盛教育財団の文庫に入つた真崎勇助翁の旧蔵中に「筆のまに〳〵」九冊の真澄翁自筆本が保存され、其中に、「ひなの一ふし」といふ著書のあることが随処に書いてあるさうであるから、村井氏も或はこれに拠つたものであつたかも知れぬと思ふ。

「鄙の一曲」の外形と伝来と、其新に世に顕はれた経路は、大略以上の通りであるが、此書が他の「真澄遊覧記」の間にあつて、尚高く伝へらるべき価値は、此内容の全部は、著者が生涯の漂遊地方全部に亘る、一世紀あまり前代の田舎の民謡採集帖である点に存するのである。さうして郷国三河のものは勿論、近江美濃の農村の唄も採録され、其紀行の存否を明かにせぬ北越及宮城地方のものが、少からず載せられて居るのも興味あるところであるが、更に蝦夷《エミシ》ぶり、琉球《ウルマ》ぶり、露西亜《オロシヤ》ぶりなどのあるに至つては、斯翁の新しい事物にも注意して居た学問上の用意と、後世の我々から見て感謝に余る、あの物ずきな性癖がまのあたり思ひ浮べられて、愉快なる微笑をさへ禁じ得ないのであつた。特に此書に依つて我々の知り得ることは、「真澄遊覧記」に在つては、地方の唄の一節一句を書き留めて居るに過ぎないやうなものの、略完全な形が保存されて居ることである。例へば「菴の春秋」の中に、本洗馬の田植を見て、「植田は菩薩田の神」と謡ふとある唄は、「植田の中でねろ〳〵」といふ其前の句が知られ、「奥の手風俗」のゑんぶり摺りの唄は、其前に「だんなの封田を植えて申した。これからあんこさまの保田を植え申す。前田千刈うしろ田千刈」云々といふ長いヤン十郎の口上のあることがわかるのである。

「鄙の一曲」収録するところ、約七十篇三百数十首の前代民謡は、量に於ては必ずしも多しとすべきで無いとしても、其質に於ては、狭斜の巷の俗曲歌謡と区別しなかつた当代の小唄集の類と、隣を比すべきものでは無く、採集の実情の不明な種彦所伝本の「諸国盆踊歌」などに比べても亦、此書は採集者たる真澄翁自身が、親しく其地方に臨んで書き留めたものであるの故に、其権威に於て自ら選を異にするもので無ければならぬ。「真澄遊覧記」各巻の田舎の生活誌と対照して之を見る時、此等の唄は悉く当年の生きた人間の声であり、然かも近世の文部省版の「俚謡集」と比較して見ると、此百年の歳月は此等の章句を、恐ろしく変形せしめ、且つ忘却の中へ送つてしまつたことに心づくのである。これが生前の友人によつて「諸国田植唄」などゝ標題せられて永く埋もれて居たことは、おそろしい不遇であつた。斯んな意味からしても此の「鄙の一曲」一巻は、珍本として篋底に蔵して私すべきものでは無いと思つて居る際に、郷土研究社の岡村千秋君が、此書を古本屋の店頭に見出した縁故に由つて、之を覆刻することを企て、其校訂及評註を柳田先生に請うて之を刊行することになつたことは、独り我々「真澄遊覧記」の読者のみの喜びでは無いのであつた。

(昭和五年六月　胡桃沢勘内記)

胡桃沢勘内は、昭和五年一一月発行の『旅と伝説』第三年第一一号に「鄙の一曲の覆刻」を寄せている。なお、胡桃沢友男の『柳田国男と信州』(岩田書院、平成一六年〔二〇〇四〕)は、こうした一連の刊行について詳細に考証した労作である。

これは昭和一〇年(一九三五)一二月一日に再版が出ている。箱入りで、覆刻本も校訂本も装幀は薄茶色の表紙で、初版とは異なっている。箱には「菅江真澄筆録/胡桃沢勘内解説/柳田国男校註」「ひなの一ふし」「東京　郷土研究社」とあり、背には「ひなの一ふし」「菅江真澄筆録/柳田国男校註」、横に「郷土研究社」と入り、裏に定価二円であることが印刷されている。奥付によれば、発行者は岡村千秋、発行所は郷土研究社であるが、印刷所は初版の覆刻本を印刷した精華社に変わっている。覆刻本には奥付がない。

成城大学民俗学研究所の柳田文庫には、この再版に書き入れをしたものが残っている。見返しに貼られた紙には、自筆で次のように書かれている。

以下　モウ一度、写真版ニ引合セテ
校訂スベキコト
若干ノ誤字誤植アリ
註釈ニハ補訂スヘキ箇条幾ツカアリ
此マヽテハイツマデモ責任カモテヌ
　三一、一〇、一九　　柳

昭和三一年(一九五六)一〇月一九日の書き入れと知られる。

昭和五年一〇月発行の『旅と伝説』第三年第一〇号の「編輯後記」には、「郷土研究社から真澄遊覧記の姉妹篇とも云ふべき同翁の採集した「鄙の一曲」が愈々柳田先生の校訂で出版せられた。ほとんど柳田先生の著と云つて差支へないものである」とあった。しかし、「附註」という性格があったためか、『定本柳田国男集』で取り上げられず、本全集で初めて収録されたことになる。水木直箭は『随筆折口信夫』(角川書店、昭和四八年(一九七三))で、「これは、立派な一冊の著書ともいうべきものであるが、『定本』にも収められていない」と指摘していたことが思い起こされる。

○『山村語彙』は、柳田国男編で、昭和七年(一九三二)一二月二〇日に発行された。奥付によれば、編輯兼発行者は宮田長次郎、発行所は大日本山林会、発売所は梓書房であった。「序」に続き、「アイ」から「ヲリシバ」までの語彙を五十音順に掲載し、末尾に「(跋)」を載せる。あくまでも「読者の補充と訂正」を期待して作った小冊子であった。

これは、昭和七年七月六日、八月二日、九月一日、一〇月八日、一一月一日、大日本山林会発行の雑誌『山林』第五九六号から第六〇〇号に五回にわたって分載された「山村語彙」をもとに単行本にしたものである。第五九六号の「編輯後記」では、「柳田国男氏の「山村語彙」は貴重なる材料で本号から引続き連載するが、原稿募集□記事にも書いて置た通り、読者の補充と訂正とを望むものである。奮て御投稿を願ひます」と呼びかけた。第六〇〇号の「編輯後記」では、「業界稀有の好資料である、柳田国男氏の「山村語彙」も本号で終つたが、之れは同氏が増補完成を期せられて居ますから、この語彙にもれて居るものや、解説の不当、不充分と思はれる資料は葉書で結構ですから御送り下さい」と結ぶ。こうした配慮が多くの語彙を集め、本巻収録の昭和一〇年(一九三五)発行の『山村語彙(続編)』に繋がってゆく。これは、「定本年譜」の昭和六年(一九三一)に、「一月二十二日、山岳会で山村語彙のことを話す」とあるあたりからの関心の結実であろう。

「定本書誌」も「(山村語彙)」として認定するが、『定本柳田国男集』は「序」も「(跋)」も掲載することはなく、今回が初めての収録になる。

○『昔話採集の栞』は、柳田国男編で、昭和八年(一九三三)四月一〇日に東京の梓書房から発売された。奥付に発行所の記載はなく、編者は柳田国男、発行者は萩原正徳、印刷所は精興社とあり、定価は三五銭。

この本の構成は、次のような「目次」によく示されている。

昔話採集者の為に　　柳田国男
岩手郡昔話四篇　　田中喜多美
三戸郡昔話二篇　　能田太郎
鹿角郡昔話五篇　　内田武志
津久井郡昔話三篇　　鈴木重光

中魚沼郡昔話三篇　宮沢清文
南蒲原郡昔話五篇　外山暦郎
能美郡昔話一篇　早川孝太郎
南安曇郡昔話四篇　有賀喜左衛門
上伊那郡昔話二篇　有賀喜左衛門
奥設楽郡昔話三篇　佐々木弘之
南設楽郡昔話四篇　早川孝太郎
高島郡昔話二篇　三田村耕治
紀伊熊野昔話四篇　樫山嘉一
播磨神崎郡昔話六篇　藤本政治
大屋の横生話　太田垣卯花
岡山市昔話一篇　桂又三郎
小豆島昔話三篇　川野正雄
八束郡昔話一篇　清水兵三
邑智郡昔話八篇　久長興仁
筑前野間話　小野吾滑
八代郡昔話四篇　浜田隆一
壱岐島昔話九篇　山口麻太郎

柳田の序文「昔話採集者の為に」を巻頭にして、東北地方から九州地方まで、二〇人の採集者による昔話の報告七七話を収録する。ただし、柳田のもとに寄せられた資料から切り捨てられたものが多いことは、野村純一編著『柳田国男未採択昔話聚稿』（瑞木書房、平成一四年〔二〇〇二〕）が明らかにしている。野村は「註解ノート」の中で、藤本政治、桂又三郎、浜田隆一、能田太郎、久長興仁、鈴木重光、宮沢清文、内田武志、佐々木弘之、早川孝太郎、三田村耕治、樫山嘉一、川野正雄の略歴等を調べているので、詳細は同書を参照されたい。

実は、『昔話採集の栞』は「目次」の後の扉に「「旅と伝説」第四巻第四号所載」とあるように、昭和六年（一九三一）四月発行の雑誌『旅と伝説』第四年第四号の「柳田国男特輯」による「昔話号」の該当部分を使った単行本であった。『旅と伝説』の編輯発行兼印刷人は萩原正徳、印刷所は日東印刷株式会社、発行所は三元社。単行本にするにあたっては雑誌の紙型をそのまま使うが、頁数を改めるなど書籍としての体裁を整えている。萩原が発売を自社ではなく、岡正雄が旅の出版物を出していた梓書房に移した理由は、必ずしもはっきりしない。

そもそも、この「昔話号」の編輯は、昭和五年（一九三〇）三月にアルス発行の日本児童文庫に柳田が『日本昔話集　上』を出し、同時に研究者に配る異装本『日本昔話集』を作ったことに端を発する（本全集では第五巻に収録）。昭和五年四月発行の『旅と伝説』第三年第四号の「編輯後記」で、柳田は、「私は今日本の昔話の分類と整頓とに熱中して居ります。もし読者の中に、耳で聴いた「昔々」といふ話を記憶し、若くは新たに年寄たちから之を聴取する便宜を持つて居らるゝ人があるならば、是非ともそれを筆記して見せて下さい」などと呼びかけていた（本全集では第二八巻に収録）。これに応えるように、全国から寄せられた資料から選択したのがこれらの昔話だったのである。

冒頭の「岩手郡昔話」の「**一、下田おうぢ・上田おうぢ**」の最初の附記には、「（柳田、以下▽を付すもの皆同人）」とあり、すべて柳田自身が書いた附記であることがわかる。今回、こうした附記をすべて掲載したが、元にした昔話を省略している。最も短い「播磨神崎郡昔話」の一例を挙げて、その形式を再現しておくと、次のようになる（本巻三九四頁参照）。

四、取つ付かうかくつつかうか

是も日本昔話集一三八頁の「爺に金」と同じ話が行はれて居た。たゞ終りは隣の爺が背に松脂がくつついて困つたといふだけで、それに婆の手燭の火がうつつて焼け死んだとまでは言はぬ。

▽日本昔話集の話は紀州有田郡の例であつた。あの末段は他の地方ではまだ聴かない。

また、「筑前野間話」は「定本書誌」も挙げていないが、「小野吾滑」は雑誌『郷土研究』で柳田が使った筆名の一つであった（本全集では第二五巻を参照）。そのことから考えて、この報告は柳田自身の手になると判断して掲載した。ただし、柳田が筑前の話を伝えた理由は、必ずしも明らかではない。水木直箭は『随筆折口信夫』（角川書店、昭和四八年〔一九七三〕）で、「昔話号」について、「この号に小野吾滑の名で「筑前野閑《ママ》話」というのが出ている。多分先生の筆であろう。こればかりでなく、各地の昔話は全部、諸氏の報告によって先生が執筆され、おのおの丁寧な解説を加えられたものらしい」と述べていた。

この『昔話採集の栞』のうち、「昔話採集者の為に」は昭和一八年（一九四三）の『昔話覚書』に収録され（本全集では第一三巻に収録）、『定本柳田国男集　第六巻』にも収録された。その後に埋め草のように入れられている「昔話と方言」は、『旅と伝説』では「昔話と方言（柳田）」だったが、「（柳田）」を削除し、無記名であるが、柳田の執筆である。この本を「柳田国男編」としたためかと思われるが、やや性急な削除かもしれない。これは『定本柳田国男集』には収録されず、今回初めて収録される。各昔話の附記も、「筑前野間話」も、今回の収録が初めてである。それはよいとしても、「定本書誌」が『昔話採集の栞』を見落としたのは、単純なミスであろう。なお、この『昔話採集の栞』に見える付記の記載は、昭和二三年（一九四八）に柳田国男監修で発刊した

『日本昔話名彙』には反映されていない。そうした点から見て、元にした昔話を掲載できなかった無念さは残るものの、今回の掲載は意義深いものと確信する。

○『山村語彙（続編）』は、柳田国男編で、昭和一〇年（一九三五）一月三〇日に発行された。奥付によれば、編輯兼発行者は宮田長次郎、発行所は大日本山林会、発売所は梓書房であった。昭和七年（一九三二）発行の『山村語彙』の「（続編）」ということになる。内題は「（続篇）」とするが、表紙の文字を採用した。

「（小引）」に続き、「×アサキ」から「ヲバネ」の語彙を五十音順に載する。「×」は「前集に出て居る語」の「追記」を表す。「新たな資料」の報告者として、和歌山県の福井義質以下二八名の名前を列挙している。

これは、昭和九年（一九三四）八月七日、九月一〇日、一〇月一二日、一一月七日、大日本山村会発行の雑誌『山林』第六二一号から第六二四号に四回にわたって分載された「山村語彙続篇」をもとに単行本にしたものである。初出のタイトルは「（続篇）」だが、「目次」は「（続編）」とし、これを書名に採用したことがわかる。第六二一号の「編輯後記」では、「柳田国男氏の「山村語彙」は一昨年本誌上で好評を博したものゝ続編で、同氏が新に蒐集されたものゝみで一語一語に啓発と興味を含むで居る」とする。第六二二号の「編輯後記」には、「柳田国男氏の「山村語彙」は民俗学上のみならず、林業上にも資する所が多大であるので曩に別刷したところ忽に売切となつて絶版となつた貴重な文献である」とし、「別刷」にあたる『山村語彙』がすでに売切になったことを告げる。

「定本書誌」も「〔山村語彙続篇〕」として認定するが、『定本柳田国男集』は「（小引）」を掲載することはなく、今回が初めての収録になる。

なお、『山村語彙』と『山村語彙（続編）』はさらに成長し、昭和一六年（一九四一）五月一五日、柳田国男・倉田一郎共編『分類山村語彙』として信濃教育会から発行されている。一方、日本山岳会では、昭和一一年（一九三六）一二月に『山岳語彙採集帖』を発行していることが注目される。柳田の事業に刺激されたものと推測される。

○『山村生活調査第一回報告書』は、昭和一〇年（一九三五）三月一〇日に謄写版で発行された。奥付によれば、発行兼編輯者は大間知篤三、印刷所は東京の日本美術謄写印刷研究所で、非売品であった。

この報告書の内容は、次のような「目次」によく示されている。

採集事業の一劃期　柳田国男
食物より見たる山村　山口貞夫
焼畑　佐々木彦一郎
頭を中心とした祭祀の問題　大藤時彦
山村社会に於ける異状人物の考察　倉田一郎
日本女性生活史の研究について　瀬川清子
同族団体について　最上孝敬
「山の神」信仰　杉浦健一
共同祈願の問題　関敬吾
「もやひ」と「ゆひ」　橋浦泰雄
講に関する報告　守随一
親方子方　大間知篤三

◇

第一年度調査村落名

柳田の文章と山口の文章はともに一頁から始まる。「採集事業の一劃期」を序文として区別したためかと思われるが、柳田の原稿が後から入ったことによるとも考えられる。「第一年度調査村落名」は末尾に「(編輯者)」とあり、大間知の文章と考えられる。そこには二三の山村と採集者を並べ、次のように記す。

柳田先生の指導下に我々約廿名の者が結束し、日本学術振興会の補助を得て、本調査を始めたのは、昭和九年五月であつた。三年間に五十以上の山村を調査する予定であつて、第一年度は右記廿三箇村に着手した。但し此の報告書の基礎をなして居るのは、廿三村のうちで既に調査を終了し且つ一月末までに採集結果を整理し得たる十余村に過ぎない。なほ本書に発表した題目は、調査百項目の僅か一部分に過ぎない次第である。第一年度報告とせず、第一回報告と記した所以である。

これは、「定本年譜」の昭和九年(一九三四)に、「四月十五日、全国山村調査の相談会。この調査はこの年から三年継続して行なわれた」とあるのと対応している。

この「採集事業の一劃期」は『定本柳田国男集　第二五巻』に収録された。「柳田先生の指導下に」とあるものの、編輯者は大間知であることからすれば、「採集事業の一劃期」はこの巻ではなく、第二九巻に収録すべき文章であった。

○『産育習俗語彙』は、柳田国男著で、昭和一〇年(一九三五)一〇月三〇日に東京の恩賜財団愛育会から発行された。奥付によれば、著者は柳田国男、刊行者は恩賜財団愛育会で、定価三〇銭。「序」に限らず、柳田の執筆と考えられる。

恩賜財団愛育会は今上天皇誕生を機に設立され、母子の健康について研究を進めた団体である。柳田は、昭和一〇年七月から雑誌『愛育』に文章を寄せていて、この『産育習俗語彙』も財団の趣旨に叶うものとして刊行されたにちがいない。

「産育習俗語彙目次」は次のようになっている。

序

（参考書名略符表）

一、総称

二、生児目名《ママ》

三、妊娠祝

四、産屋入・産の忌

五、産婆

六、分娩の前後

七、産神と箒神

八、産飯

九、乳付親

一〇、嬰児の成育

一一、三日衣装

一二、髪垂

一三、産屋祝

一四、名付親

一五、孫祝

一六、火合

一七、其他の種々なる儀式

一八、火の忌明

一九、初節供

二〇、モモカ

二一、イヅミ・コビタナ

二二、餅踏

二三、髪置

二四、氏子入

二五、タフサギ祝

二六、所属未定

同年一〇月二〇日発行の『民間伝承』第二号には、橋浦泰雄の「産育習俗語彙採集要項」が載っている。冒頭には、「本要項は柳田国男先生著「産育習俗語彙」の目次に、参考の為め簡単な註釈を附したものである。妊娠から十五歳の一人前に至る迄の段階を、仮に二十六項目に分けたのであるが、今後新たなる資料の追加される事によつて、此の分類は更らに増補改訂されるであらう」とある。

この『産育習俗語彙』は、その後次々とまとめられる習俗語彙の最初になる。それまでの『山村語彙』は五十音順であったが、これを止め、テーマ別に項目を立てて配してゆく方法をとっている。後の語彙集に入るような索引もないことからすれば、調べる以上に読むことを重視した本作りになっている。なお、「序」は『定本柳田国男集　第三〇巻』の「序跋集」に「『産育習俗語彙』序」と題して収録された。成城大学民俗学研究所の柳田文庫には、「訂正用」と書かれたラベルの貼られた一冊がある。

○『日本民俗学研究』は、柳田国男編で、昭和一〇年（一九三五）一二月五日に岩波書店から発行された。定価は二円三〇銭。

これは、「定本年譜」の同年に、「七月三十一日〜八月六日、日本青年館で日本民俗学講習会が開かれる。この会の主催で三十一日夜、生誕祝賀会を催す。八月三日、講習会の参加者六十人ほどを自宅に招く。八月四日、講習会で、「採集期と採集技能」を講演」とある折の記録集である。

冒頭に柳田の「開白」があるが、これは講習会初めの挨拶に当たる。「目次」は次のようになっている。

採集期と採集技能　柳田国男
地方に居て試みた民俗研究の方法　折口信夫
アイヌ部落採訪談　金田一京助
南島稲作行事採集談　伊波普猷
民間信仰の話　杉浦健一
海の労働について　桜田勝徳
昔話の採集　関敬吾
冠婚葬祭の話　大間知篤三
方言研究と郷土人　後藤興善
協同労働の慣行　橋浦泰雄
交易の話　最上孝敬
民俗学と人文地理学との境　佐々木彦一郎
独墺両国に於ける民俗学的研究　岡正雄
仏蘭西に於ける民俗学的研究　松本信広
日本民俗学講習会座談会速記録

「日本民俗学講習会座談会速記録」は、柳田が座長を務めた七月三一日から八月六日の座談会記録で、末尾には「（速記者　鬼塚明治氏）」と見える。

最後には、次のような「巻末に」がある。

この書物を出版するまでの経過を簡単に述べて置きます。我が国民俗学の創建者である柳田国男先生が本年七月卅一日を以て還暦の生誕日を迎へられましたので、前々より折口・金田一両博士を始め先生門下の一同が何等かの形にてこの日をお祝ひ申さうと考へて居りました。処が先生御自身は世の常の祝賀記念は無意味とて御受けになりませんで、その代りに全く個人的意義を離れた試みとして、現下民俗学の新興的気運に当り、一つの組織的運動の端緒としたい御希望にて全国民俗学徒の座談会を計画されました。依て一同はこの趣意に基き本年七月卅一日より八月六日に至る一週間、明治神宮外苑内、日本青年館に於て日本民俗学講習会を開催しました。その結果は予期以上の盛会裡に終を告げ、参会各位の熱心なる希望は駆つて民俗学界の聯絡機関として「民間伝承の会」の結成を促し、会報「民間伝承」の発刊を見ることになりました。本書は柳田先生の御立案に依るこの大会に於ける十四題目の講演と座談会の筆録とを編纂したものでありますが、一、二当日の講演と内容の異なつたものがあります。又講習会参加者の名簿は「民間伝承」第一号に掲載してありますので此処には列記しません。尚、本書編輯校正の責任は凡て山口貞夫と私の二人にありますことを申添へて置きます。

昭和十年十月　　大藤時彦

後藤総一郎監修『柳田国男伝』（三一書房、昭和六三年〔一九八八〕）に載せられた「日本民俗学講習会講演時間割」によれば、次のように行われた。

七月三一日（水）
地方に居て試みた民俗研究の方法　折口信夫
海上労働の話　桜田勝徳
八月一日（木）
仏蘭西に於ける民俗学的研究　松本信広
交易の話　最上孝敬
八月二日（金）
協同労働の慣行　橋浦泰雄
方言研究と地方人　後藤興善
八月三日（土）
独墺両国に於ける民俗学的研究　岡正雄
昔話の採集　関敬吾
八月四日（日）
採集期と採集技能　柳田国男
民俗学と人文地理学との境　佐々木彦一郎
八月五日（月）
琉球諸島採訪談　伊波普猷
冠婚葬祭の話　大間知篤三
八月六日（火）
民間信仰の話　杉浦健一
アイヌ部落採訪談　金田一京助

講演は各一時間半で、午前中に行われ、座談会は各二時間で、午後または夜間に行われた。「当日の講演と内容の異なつたもの」としては伊波普猷が考えられるが、その他は僅かな修正で、講演を踏襲したものと推定される。それ以上に重要なのは、『日本民俗学研究』はこの時間割にこだわらず、再構成している点で注目される。「編輯校正の責任」は山口貞夫と大藤時彦にあったというが、そうした点まで柳田の示唆があったかどうかは不明である。

「開白」は『定本柳田国男集　第三〇巻』の「序跋集」に『日本民俗学研究』開白」と題して収録された。「採集期と採集技能」は「実験の史学」と改題され、『定本柳田国男集　第二五巻』に収録された。「あとがき」には、「実験の史学」は、岩波書店発行の「日本民俗学研究」に掲載した「採集期と採集技能」に朱筆書入れ改題したものである」とする。この「朱筆書入れ改題したもの」は未確認。

○『風位考資料』は、昭和一〇年（一九三五）一二月一五日に、柳田国男の名で発行された。奥付によれば、発行者は国学院大学方言研究会、印刷所は大洞書房印刷部で、定価は八〇銭。「目次」には、次のようにある。

一、序　岡田武松博士
一、風位考　柳田国男
　附載　「漁村語彙」より
一、風位考資料
一、系統表
一、地名頻出度数表
一、おひがき

奥付の後には「「方言誌」（本研究会編）既刊目録」と正誤表が付く。「おひがき」には、本書の刊行の経緯を次のように書いている。
本書は、杉山正世氏の編輯して居られた愛媛県周桑郡郷土研究彙報に同氏が載せられた「風の称呼」と柳田国男先生が同誌に寄稿せられた論説とを基礎としたものであるが、更に東条操先生が秘蔵せられる資料の利用を諾せられ、また幹事が諸書を渉猟して蒐集した資料を加へた為に、かやうに、此の種の資料としては、恐らくは今後再び現れないだらうと思はれる程の、豊富にして精密な内容を以て世に問ふを得たのである。これ偏に柳田先生・東条先生の御厚意と杉山氏の御蔭に依るものである。而も杉山氏からは既に昨年の末に資料を頂戴致しながら、柳田先生に論説の追加を戴き、東条先生よりの、及び諸書渉猟の資料を整理し上梓するまでに、不馴れの為に労力と時間とを意外に使ひ過ぎたことは、誠に申訳がないと思ふ。殊に本年は、柳田先生の還暦に当らせられる年なので、創立以来始終御厚意に甘えてゐる本会が、先生に対してさゝやかながら一つの御祝ひ、と申すよりは記念としてなるべく夙く出版する積りであつたのが、荏苒として既に秋風膚に寒きを覚える頃に至つた。これ亦、先生に対しても誠に申訳のないことである。

機関誌「方言誌」は編まれること既に十五、本会も日に日に愈々堅実ならんとする時、諸先生の御配慮を賜つて、かくも学術的に最も意義深い書を版行するを得て、従来に比して更に一層と学界に大きな寄与をなし得るに到つたことは、本会としても本年は実に有意義な年である。寔に悦びに堪へない。

本書の成るに方り、中央気象台長岡田武松博士より溢美なる序文を賜り、尚又、藤原咲平博士より種々の御厚情に浴した事をも併せ記して深き感謝の意を捧げる。

昭和十年十一月

今泉忠義
鈴木棠三
三谷栄一
吉村一男
浅野栄一郎
臼田甚五郎
三上貫之
宮川淳
山脇甚兵衛

「おひがき」にあるように、「風位考」は、昭和五年（一九三〇）八月二〇日、九月一五日、一一月一五日、昭和六年（一九三一）二月一〇日、五月三一日発行の、謄写版刷の雑誌『愛媛県周桑郡郷土研究彙報』第二号、第三号、第五号、第八号、第一一号に連載された「風位考資料」が初出である。編輯兼発行人は杉山正世、発行所は愛媛県立周桑高等女学校内の郷土研究会となっている。第三号の「編輯室より」に、「柳田先生からは　今月もお忙しい時間を割いて　該博なご考察になる　風位考の続稿をお送り頂いた」とあり、順に送っていたことが知られる。第一一号の末尾には、杉山の「おねがひ」があり、「風の称呼につきお教へ願ひたうございます。もしお願ひできるやうでしたら、調査票をお送り致しますから仰越し下さいませ」と呼びかける。「調査票」を作成していたらしい。

「柳田先生に論説の追加を戴き」とあるのは、「風位考」の「内目」の末尾に、「尚、「風位考」は「愛媛県周桑郡郷土研究彙報」に掲載未完のまゝであつたが、此度タマカゼ（二）及び其の他の風名の二章をば新たに柳田先生より賜つて完結した」とあるとおり、「タマカゼ（二）」「其の他の風名」（本文は「その他の風名」）の二章分を追加している。テーマの重要性ばかりでなく、謄写版刷の雑誌でなかなか見ることが難しかったために、単行本化を図ったものと推測される。なお、四五六頁と四五七頁の「今度の表」、四五八頁の「此表」は、「一、風位考資料」を指している。どれも、「その他の風名」の記述なので、柳田は五十音順に風の名称を表にしたこの資料を見て、追加の部分を書いたことが知られる。

この増補版が、昭和一七年（一九四二）七月二五日に柳田国男編で、東京の明世堂から発行された『増補風位考資料』である。発行部数は一〇〇〇部、定価は三円三〇銭であった。

この「目次」から骨子を抜くと、次のとおりである。

序　　　　　　　　　　　　　岡田武松

序　資料とその利用　　　　　柳田国男

研究編

風位考　　　　　　　　　　　柳田国男

風の地方名の研究　　　　　　関口武

資料編

国学院大学方言研究会

「資料とその利用」に、「御蔭で私の「風位考資料」は、是といふ再検討を加へられぬにも拘らず、忽ち資料の二字を取られて「風位考」となつてしまつた」とあることからすれば、初版でのやや性急な判断に対して不満を抱いていたものと推測される。「資料とその利用」を寄せた一因であろう。

「後記」には、こうある。

本書の初版は、東条操先生・杉山正世氏の御厚意によつて時の国学院大学方言研究会の幹事がまづ資料を蒐集し、柳田先生に「風位考」を戴いて出来たのである。昭和十年十二月であつた。部数が少なかつた為に間もなく品切となつたままで今日に至つたのであるが、今回縁あつて増補再版を明世堂書店から出す運びに至つた。再版は柳田先生の序文を戴いて巻頭を飾り、関口武氏の一方ならぬ御好意によつて同氏の論文を掲げていただくことが出来、新資料もこの際相当数を加へ、面目を一新してわが国風の大東亜ばかりでなく更に遥かな地域まで吹きまくる新しくまた力強い気力の漲る世に問ふを得たことは、本書の再版の愈々意義深いものゝあることを痛感する。柳田先生初め諸先生に感謝の意を表す所以である。資料の蒐集整理に当つた方々は、当時の本会の幹事、鈴木棠三氏・三谷栄一氏・臼田甚五郎氏・山脇甚兵衛氏・近藤喜博氏・吉村一男氏・浅野栄一郎氏・三上貫之氏・宮川淳氏の方々で、目下は既にそれぞれ枢要の地位にあつて、現下の時局に活躍して居られる仁である。

昭和十七年七月　　　　　　　　　今泉忠義

今回は、柳田の序文「資料とその利用」などに加えて、関口武の論考が重要な増補であったことが知られる。

「風位考」と題して、『定本柳田国男集　第二〇巻』に収録されるが、「資料とその利用」は、末尾の「柳田国男」の署名を削除して冒頭に置かれている。「内容細目」「あとがき」を読めば、成立の事情はある程度推測されるが、初版と増補版を性急に並べてしまった感じがしなくもない。底本には増補版を使ったと思われるが、「此表」（本書四五八頁）を「此表（風位考資料参照）」とするのは独自の手当てで、そのものは掲載されていないものの、細やかな配慮になっている。

○『山村生活調査　第二回報告書』は、柳田国男編で、昭和

一一年（一九三六）三月一八日に民間伝承の会から発行された。奥付によれば、編輯者は柳田国男、発行者は守随一で、非売品であった。これは、昭和一〇年の『山村生活調査第一回報告書』を受けて、第二回になる。前回は謄写版だったが、今回は活字を組んでいる。

この報告書の内容は、次のような「目次」によく示されている。

第一回の佐々木彦一郎と大藤時彦の名前がなく、鈴木棠三と桜田勝徳が加わっている。

末尾の「後記」は次のとおりである。

◇本事業は、日本学術振興会の補助の下に、三年間に日本全国から五十の山村の生活を調査しようとするものです。

◇昭和九年五月から着手し、目下第二年度を終了しようとして居ります。

◇此報告書は二度目の中間報告であつて、仕事の一班《（ママ）》を示すに過ぎないものです。

◇現在までの調査村は別に記したとほりですが、本報告書　の基礎になつて居るのは、既に調査を終了し且つ二月初旬までに其結果を整理し得たるもの、即ち五十箇村の約三分の二です。

◇第三年度末には、五十箇村全部、調査項目の全部を包括した、詳細な資料報告書を発表する予定で居ります。

「緒言」は『定本柳田国男集　第三〇巻』に「『山村生活調査第二回報告書』緒言」として収録された。

なお、翌昭和一二年（一九三七）六月一〇日には、柳田国男編『山村生活の研究』が民間伝承の会から発行されている。これが昭和九年度から昭和一一年度にわたる山村調査の総括であり、「後記」に言う「第三年度末」の「詳細な資料報告書」に該当する。

○『昔話採集手帖』は、柳田国男・関敬吾共編で、昭和一一年（一九三六）八月一〇日に東京の民間伝承の会から発行された。奥付によれば、二人は編輯者兼発行者で、印刷所は東京の第一印刷社、定価は五〇銭であった。

表紙は薄茶色の布貼りで、

昭和十一年度
採　集　手　帖
県　　郡　　村
採集者

とあり、背は、

昔話採集手帖　　県　　郡

とある。昔話を採集した場所と採集者が書き込める形式になっている。この手帖は全国の採集者が記入して、柳田に送ることが想定されていた。「昭和十一年度」とあることからすると、年度ごとの発行を計画していたのかもしれない。しかし、実際はこれ一冊しか出なかった。

柳田の「昔話を愛する人に」は巻頭の文章で、一六節からなる。この手帖の目的から、昔話蒐集の国内外における意義、昔話の外形と内容の特徴、うそ話や作り話に対する注意、昔話の分類（完形説話と派生説話）、採集の様式（甲乙丙丁式）、昔話の標題について述べる。「昭和十一年七月二十日」の日付があり、発行の二〇日前に書かれている。初校が出てから、これを書いたものと推測される。

その後には、波線で囲んだ一頁に、「採集上の注意」がある。その後半は「昔話を愛する人に」と対応する。続く「索引」は、見開きで、「一　桃太郎」から「一〇〇　果なし話」までを並べる。次の頁には「本手帖の刊行は服部報公会の援助による。」とあり、出版にあたって服部報公会の補助金を受けたことを明示する。続く扉に当たる一頁は罫線で囲んで、前頁のようになっている。これは表紙や「採集上の注意」の前半と対応する。

採集者
採集日　自昭和　年　月　日
　　　　至昭和　年　月　日
縣　郡　村
話者

この手帖の最大の特徴は、一〇〇話の昔話を見開きで取り上げたところにある。偶数頁は昔話の要約を載せ、末尾に場所・出典を入れる。奇数頁は白紙にして、上部に横書きで「　県　郡　村（　年　月　日採集）」「姓名　年齢　職業　」を印刷する。話者から昔話を聴いて、偶数頁の要約と違いがあれば、それを奇数頁に記入することを求めたのである。昭和八年（一九三三）の柳田国男編『昔話採集の栞』を経て、一〇〇話の選択は柳田が行い、共編者の関がそれぞれの要約をまとめるという分業をしたものと推測される。

例えば、「**一　桃太郎**」の偶数頁（右頁）は右肩に「1」として、次のようになっている。

一　桃太郎　父と母が花見に行き、弁当を食べようと憩んでゐると、桃が一つ母の腰もとに転がつて来る。母が拾つて帰り綿にくるんで寝床におくと、桃が割れて子供が生れる。桃ノ子太郎と名づける。父母が畠に出た後に留守して勉強してゐると、背戸の柿の木に鴉が来て地獄から手紙を持つて来たと鳴く。手紙には鬼から、日本一の黍団子を持つて来てくれと書いてある。彼は父母に黍団子を拵へて貰ひ地獄へ行く。門を叩くと鬼どもが出て来て黍団子一つ御尤といふ。一つづゝやると鬼はそれを食つて酔つて寝る。その間に桃ノ子太郎は地獄のお姫様を車に乗せて逃げる。鬼が目を醒して火車で追かけるが、もう海へ行つてゐる。彼はお姫様を無事つれ帰る。これがお上に聞え金を貰ひ、長者になる。

（岩手県紫波郡・紫波郡昔話）

これは、大正一五年（一九二六）の佐々木喜善『紫波郡昔話』の「桃ノ子太郎」の要約である。

こうして見開きの偶数頁に一〇〇話の要約を挙げてゆき、その後には三五頁分の白紙がある。手帖に載せた一〇〇話以外の話があれば、そこに記入できるようにしたのである。

この一〇〇話の配列に基づく昔話分類案は、昭和一〇年（一九三五）五月から翌昭和一一年四月まで連載した「昔話覚書」（『昔話研究』創刊号〜第一〇号。後に『口承文芸史考』に「昔話と伝説と神話」に改題して収録。本全集では第一六巻に収録）の理論を受けたものである。その後、昭和二三年（一九四八）に柳田国男監修で発刊した『日本昔話名彙』（日本放送出版協会は、この手帖を基礎にして作成された日本最初の話型索引になる。その「昔話のこと」には、全国にいる民間伝承の会の会員をはじめとする採集者がこの採集手帖に記入し、柳田のもとに送られてくることを想定していたが、「読物として面白いので、各自所蔵してしまつて、新しく話の記入されたものが戻つて来るといふ、最初の計画ははづれて」、一冊も返ってこなかったと回想している。この間の詳細は、石井正己「『昔話採集手帖』の方法」(『東京学芸大学紀要　第二部門　人文科学』第五四集、平成一五年〔二〇〇三〕二月)を参照されたい。

なお、記憶に拠れば、この手帖には、偶数頁に昔話の要約を入れた後、白紙を三頁設ける異版が存在する。印刷や製本の事情は不明だが、書き入れる余白が少ないという判断があったものと思われる。この「昔話を愛する人に」は『定本柳田国男集　第八巻』に収録され、「あとがき」に「「昔話採集手帖」の序文として執筆したもの」とある。

昭和一一年一一月・一二月発行の『民間伝承』第二巻第三号・第四号には、関敬吾の「昔話採集標目」が載っている。これは、一〇〇話のそれぞれを一言でまとめたリストである。

(以上、石井正己)

○柳田国男・大間知篤三共著『婚姻習俗語彙』は、民間伝承の会から、昭和一二年(一九三七)三月一〇日に発行された。編輯と出版に関して財団法人啓明会の補助を得た、という。『民間伝承』第二巻第六号(昭和一二年二月)に「新刊」として広告が掲載され、「婚姻習俗に関する語彙千五百余語を分類配列し、是を解説することによつて、又日本婚姻史の変遷を闡明せんと試みたものが本書である」と紹介している。守随一による書評が『民間伝承』第二巻第七号(昭和一二年三月)の「紹介と批評」に掲載されている。

この語彙集の蓄積は、昭和四年(一九二九)発表の「聟入考」(『婚姻の話』本全集第一七巻収録)のもととなった、東京帝国大学の史学会での講演「婚姻制の考察」の準備から始まった。有賀喜左衛門によれば、「聟入考」には、後の『婚姻の話』への収録では削除されるものの、その初出において「歴史対民俗学」という当時の柳田に師事していた者たちにとって「記念すべきサブタイトル」が付いていて、「古文書史学帝国の懐に刃を擬し」「牙城を粉砕しようとする気魄に満ちたものであったという(『一つの日本文化論』未来社、昭和五一年〔一九七六〕五月)。「案外にまだ多数の目には触れて居らぬやうである」と序に書いた、この語彙集の刊行時には、同論考は柳田の単行本のなかにまだ収められていなかった。『旅と伝説』の「婚姻習俗の特輯号」とは、第六年新年号(昭和八年〔一九三三〕一月)で、台湾や朝鮮を含め延べ五六カ所の「各地の婚姻習俗」の報告が寄せられている。武侠社の雑誌『人情地理』への寄稿は第一巻第二号(昭和八年二月)から第一巻第五号(五月)の四回、「常民婚姻史料」の題名で掲載された。基本的な分類項目構造はこの段階ですでにできていたらしく、四回の掲載は「一二三　親類成り」までで終わっているが、語彙の分類項目と同一である。
「婚姻習俗語彙目次」は、次のような分類項目の構成排列を掲げている。

一　嫁入の起り
二　嫁の盛装する日
三　迎へ人
四　嫁渡し
五　嫁入り行列
六　入家式
七　中宿
八　花嫁同行者
九　朝聟入
一〇　聟遁がしと膝直し
一一　打明け
一二　結納聟
一三　手締めの酒
一四　見合ひ
一五　帰り聟
一六　仲人親
一七　嫁の食物
一八　水盛と酒盛
一九　村人の承認
二〇　若者酒
二一　聟いじめ
二二　部屋の生活
二三　親類成り
二四　嫁と其親里
二五　嫁の産屋
二六　杓子渡し
二七　出入初め
二八　嫁もそひ
二九　宿の生活
三〇　嫁入前の妻
三一　私生児
三二　独身女の境涯
三三　自由なる女性
三四　絶縁
三五　所属未定

巻末に二七頁にわたる索引が付されていて、分類排列の弱点を補っている。

共著者である大間知篤三の「協同」と「提携」は、序に「既に三年余り」とあるから、『人情地理』の五号での終刊とあまり時期的には離れていない時期に始まったと考えられる。大間知が『民間伝承』第五号・第六号（昭和一一年〔一九三六〕一月・二月）にまとめた「婚姻習俗採集項目」は、他の分類語彙集と対応する採集項目とは異なり、分類無しの五〇項目の構成をとる。さらに調整して一〇〇項目の「採集手帳」を作ろうとした点で特徴的であり、語彙集作成と同時期の山村・海村の共同調査研究との、微妙な重なりあいを暗示している。

「序」のみが、定本第三〇巻の「序跋集」に収録されている。なお「常民婚姻史料」は、「一」の「緒言」のみ本全集第二九巻に収録された。最終的には『婚姻習俗語彙』の語彙本体の項目解説の本文まで含めて、定本を乗り越えようとした本全集としては何らかの形で覆うべきだと考える。

○柳田国男編『山村生活の研究』は、日本学術振興会の補助を受けて行われた調査研究事業の成果報告書であり、民間伝承の会から、昭和一二年（一九三七）六月一〇日に発行された。中扉裏に「本調査事業並びに本書の出版に就いては日本学術振興会の補助を得た。銘記して感謝の意を表する」とある。調査研究と出版の経緯は、同書に収録された昭和一二年五月の日付がある「郷土生活研究所同人」署名の「経過報告」に詳しい。それを中心に関連情報を整理し、調査研究事業の骨格を紹介しておく。

第一に、この「山村五十余箇所の郷党生活の統一調査」は、日本学術振興会の補助で、昭和九年五月から昭和一二年四月までの満三年間にわたって行われた。日本学術振興会学術部の『学術部事業報告　昭和八年・昭和九年前期』（昭和九年〔一九三四〕四月）は、第二常置委員会（哲学・史学・文学）での「決定実施事項（昭和九年四月一八日決定）」として、柳田国男を実施者とするこの調査について、「日本僻陬諸村ニ於ケル郷党生活ノ資料蒐集、調査並ニ其ノ結果ノ出版（三、〇〇〇円）」と記している。その内容は、「日本国民ノ特殊ノ性情ヲ考究セントスルニハ各地方ノ郷党生活ノ状態ヲ調査スル必要アリ然ルニ最近新文化ノ浸潤ニ依テ急激ニ不文ノ資料ヲ消失セントス故ニ今ニ於テ僻陬地ニ於ケル風俗ノ調査ヲナサザル可カラズ本調査ハ即チ之ガタメニ行フモノナリ」と説明されている。『事業報告　昭和十年後期』（昭和一一年七月）の「附録第一」の「本会創立ヨリ昭和十一年度前期ニ至ル三ケ年半ニ於ケル学術部所掌研究及ビ其ノ実績」によれば、柳田のこの資料蒐集調査の研究費は、昭和九年前期と一〇年（一九三五）前期、一一年前期においてそれぞれ三〇〇〇円で、補助金は合計で九〇〇〇円であった。

第二に、調査事項は「全国共通」で、一〇〇の調査項目を選び、それを印刷して書き込めるようにした比嘉春潮編『昭和九年度郷土生活研究採集手帖』（郷土生活研究所、昭和九年五月一五日）が作成された。「同手帖は第二年度第三年度の初頭に夫々項目の追加訂正」がなされ、「趣意書」の部分もまた整理補充されて、同編『昭和十年度 郷土生活研究 採集手帖』(郷土生活研究所、昭和一〇年五月一五日)、守随一編『郷土生活研究 採集手帖』(民間伝承の会、昭和一一年四月一五日)となった。この手帖の昭和九年度と昭和一〇年度の「趣意書」は、「「郷土生活研究所」同人(ABC順)」の署名で書かれていて、その連名のなかに柳田国男が存在することを考えると、本全集第二九巻に収録すべきものであった。もちろん、柳田国男自身が書いたかどうかは別問題で、さらなる考究が必要である。大藤時彦は「『採集手帖』に載っている「趣意書」は杉浦健一君が書いたもので、柳田先生は知りませんよ。それから「採集上の注意」は佐々木彦一郎さんが書いたのです。だから、先生がご自分でお書きになって、ちゃんと責任あるのは、この一〇〇の質問項目だけですよ」と証言している(成城大学民俗学研究所編『昭和期山村の民俗変化』名著出版、平成二年〔一九九〇〕三月、三四二頁)。

「目次」は三段組で一つの見開きのなかに収められ、この項目全体を見わたす重要な役割を果たしている。本全集も、その形式と機能とを活かす形で収録した。なお三冊の『採集手帖』は、他の中間報告書とともに、比嘉春潮・大間知篤三・柳田国男・守随一編『山村海村民俗の研究』(名著出版、昭和五九年〔一九八四〕一〇月三日)に翻刻されている。

第三に、当初五〇カ所を予定していた調査地は、同書の「調査地一覧表」に載せられているように、昭和九年度が二一カ所、昭和一〇年度が一五カ所、昭和一一年度が一六カ所であった。「一府県一カ所以上」となるように、「隔離され、且つ比較的交通機関に恵まれず、所謂世間との往来の制限せられたる村落、然も従来生活調査の未だ試みられざる山村」を対象としたフィールドワークで、「原則として各調査地に同人一名を派遣し、土地の伝承者を選択して採集に従事した」と書かれている。関敬吾は「昭和十年から始まった山村・海村調査のための村落選定の基準の一つに、バスの通路からは遠ざかっていること、ラジオがないこと、「町」ではなく「村」であることなどがあげられていた」と回想している(「解説」『新版 日本民俗学入門』名著出版、昭和五七年〔一九八二〕一一月)。なお『採集手帖』を「全国同志者に配布して参考に供した」結果、「同人の調査以外、貴重なる採集成果を「郷土生活研究採集手帖」に記入して送られたるもの」が一四カ所に及び、それも資料として利用したという。

第四に、調査結果は随時『民間伝承』や『山林』などの雑誌や『東京朝日新聞』(たとえば昭和九年八月二六日〜九月一二日、「つぐら児の心」、本全集第二九巻収録の解題参照)等の新聞に各同人が発表したほか、『山村生活調査第一回報告書』『山村生活調査 第二回報告書』(いずれも本巻収録)として出版公表された。『山村生活の研究』は、第三回目の報告書にあたるが、「前記二回の出版物とは異り三年間にわたる調査のより総合的な資料集である。即ち採集手帖百項目のうち若干項目を除いて、大部分の項目を包含する六十五の題目を定め、其各々に関して全調査村の資料を圧縮整理」し、それに柳田の「山立と山臥」の論考を加えたものである。

整理のために立てられた項目と同人の分担については、「目次」で見わたすことができる。

一　村の起りと旧家　大間知篤三
二　村の功労者　同
三　村の大事件　同
四　暮しよかった時　同
五　家の盛衰　同
六　滅びた職業　同
七　村に入る物資　鈴木棠三
八　村に入り来る者　同
九　入村者と定住の手続　同
一〇　出稼の問題　同
一一　部落と組　守随一
一二　部落と講　同
一三　協同労働と相互扶助　橋浦泰雄
一四　土地共有　最上孝敬
一五　狩猟の獲物の分配法　倉田一郎
一六　山小屋　同
一七　焼畑　同
一八　村の交際と義理　守随一
一九　村ハチブ　同
二〇　家号と木印　最上孝敬
二一　親方子方　同
二二　同族の結合　同
二三　親類の附合ひ　同
二四　口頭伝承に表はれた村の人物　倉田一郎
二五　産屋の行事と氏子入り　瀬川清子
二六　同齢感覚　同
二七　子供組　同
二八　若者組と娘仲間　同
二九　遠方婚姻　同
三〇　仲の良い村・悪い村　同
三一　ほめられる男女　同
三二　婦人の仕事　同
三三　よなべ　同
三四　雇人　最上孝敬
三五　食物　山口貞夫
三六　贈答　同

三七　会宴　同
三八　衣服　同
三九　住居　同
四〇　家屋敷の出入口　同
四一　葬送儀式　杉浦健一
四二　死後の供養　同
四三　先祖祭　同
四四　同族神　同
四五　屋敷神　同
四六　禁忌植物　大藤時彦
四七　氏神と禁忌　同
四八　俗信　同
四九　祭前の慎み　同
五〇　神社・神田の管理　同
五一　神事の座席　同
五二　氏神参りの帰村　同
五三　山の神　倉田一郎
五四　神仏に祀られたもの　桜田勝徳
五五　良くない所　同
五六　祟り　同
五七　触はれぬ木　同
五八　村の信心　同
五九　神仏の恩寵冥護　後藤興善
六〇　怪音・怪火　同
六一　狐狸の変化　関敬吾
六二　前兆予示と卜占　後藤興善
六三　治病の祈禱その他　関敬吾
六四　共同祈願　同
六五　仕合せの良い家・人　大間知篤三

山立と山臥　柳田国男

経過報告　（郷土生活研究所同人）
調査地一覧表
山村生活調査項目

『山村生活の研究』という一冊に「柳田先生の学的抱負の総和」を見、「ここを出発点としてでなければ民俗学は成立しない」ことを論じて、この書の「若々しさ」と「健康さ」に驚くとする宮本常一の紹介と批評が、『民間伝承』第三巻第一号（昭和一二年九月）に掲載されている。「山立と山臥」は、定本第三一巻に収録される他、「日本民俗学入門」の読本として作られた伊東一夫・今井信雄共編の柳田国男著『生活のさまざま』（蓼科書房、昭和二四年〔一九四九〕六月五日）に再録されている。

○柳田国男著『分類農村語彙』は、信濃教育会から昭和一二年（一九三七）七月一日に発行された。表紙および中扉にある「信濃教育会編」がいかなる関わりなのか、初版の「緒言」にはその言及がなく、「増補版解説」に「信濃教育会の好意によつて千数百冊を刊行し、主として県内の会員に読んでもらはうとした為に、一般への頒布は最初から僅かなものであつた」という説明があるだけである。発売所として信濃毎日新聞株式会社が挙がっている。「緒言」と「目次」の間に、「この本の編纂に関しては、財団法人啓明会の援助を得て居る。茲に銘記して感謝の意を表する」という謝辞がある。「分類農村語彙目次」にまとめられた、語彙分類の項目は以下の通りである。

一　種浸け
二　苗代ごしらへ
三　種播きと苗じるし
四　春田打ち
五　田地名称
六　水の手
七　肥培
八　田植月
九　代ごしらへ
一〇　苗取り
一一　苗日苗止め
一二　初田植
一三　さんばい降し
一四　田人と田植飯
一五　花田植
一六　代みて行事
一七　草取り水まはり
一八　虫追ひ稲祈禱
一九　案山子
二〇　掛穂行事
二一　稲刈り
二二　稲場稲架
二三　稲村稲積
二四　苅上げ稲上げ
二五　庭仕事
二六　臼摺り俵造り
二七　年貢加徴
二八　秋忘れ
二九　田打正月
三〇　地神降り
三一　土地利用の段階

三二　畠作行事と名称
三三　作物種目
三四　農具名称
三五　牛馬飼育
三六　養蚕

巻末に三九頁にわたって「分類農村語彙索引」が付されている。

『分類農村語彙　増補版』は、東洋堂から、上巻が昭和二二年（一九四七）五月三〇日、下巻が昭和二三年（一九四八）一二月二五日に発行された。増補版の刊行にあたって上巻の巻頭に追加されたのが、柳田国男の署名のある「増補版解説」である。それによると初版の刊行後三年のうちに追加資料も増えて、柳田は増補版の必要を感じ始めるが、自分で手を入れる時間がなく、倉田一郎にまとめてもらうことにしたのが昭和一六年（一九四一）春頃からだったという。『炭焼日記』（本全集第二〇巻収録）の昭和一九年（一九四四）一一月三日の項に「午後倉田君来、「分類農村語彙増補」稿成る。東洋堂の意向をきゝに葉書、古い手帖類を貸して読ましむ」とある。そもそも初版の流通が狭かったうえに増刷もせず、戦争で多くが失われて「古本市場では法外な珍本扱ひ」となっているために、戦後の「出版界の最悪の状況」ではあったが増補版が受け入れられたのかもしれない。増補版の再版が更に簡易な製本で発行されたのは、上巻が昭和二三年九月三〇日、下巻が昭和二三年一二月一五日である。

『分類農村語彙』の倉田一郎による紹介と批評が、『民間伝承』第三巻第二号（昭和一二年一〇月）に掲載されている。

「分類日本民俗語彙の第三弾ともいふべきもの」と書いたのは、柳田国男の緒言が「産育習俗」と「婚姻習俗」を受けて「第三次としてこの分類農村語彙を出す」としたのに基づく。

「緒言」は、この語彙集成の試みを最初に『農業経済研究』という雑誌で五十音順に「ハ行」まで連載したことに触れている。農業経済学会の機関誌『農業経済研究』での「農村語彙」の連載は、第九巻第一号（昭和八年〔一九三三〕一月）から第一一巻第一号（昭和一〇年〔一九三五〕一月）まで、断続的に五回にわたって掲載された。第一回の「農村語彙」の「序」だけが、本全集第二九巻に収録されている。定本は、増補版の「増補版解説」とそこに再録された「初版分類農村語彙自序」を、第三〇巻の「序跋集」に収録した。

○柳田国男著『葬送習俗語彙』は、民間伝承の会から昭和一二年（一九三七）九月二〇日に発行された。編輯と出版とは、啓明会の補助による。

「葬送習俗語彙目次」での、分類項目立ては以下の通り。

一　喪の始め

二　葬式の総名
三　二人使ひ
四　寺行き
五　枕飯
六　ひがはり
七　年たがへ
八　外かまど
九　忌の飯
一〇　葬具
一一　入棺
一二　出立ちの膳
一三　仮門
一四　野辺送り
一五　棺昇ぎ
一六　野普請役
一七　墓葬礼
一八　火葬
一九　野がへり
二〇　墓じるし
二一　墓地の種類
二二　朝参り夕参り
二三　喪屋・霊屋
二四　釘念仏
二五　願もどし
二六　水かけ着物
二七　荒火あけ
二八　仏おろし
二九　忌中と忌明け
三〇　てまどし
三一　仏の正月
三二　新盆
三三　月忌年忌
三四　問ひきり
三五　所属未定

巻末に二一頁にわたる「葬送習俗語彙索引」を付す。

『民間伝承』第一巻第一〇号（昭和一一〔一九三六〕年六月）には、橋浦泰雄の署名で「葬制資料採集要項」が掲載されている。「此の要項は柳田先生の指示に基いて、分類編列したものであるが、将来資料が増補されるならば、更らに新項が追加され、又はより以上に細かく分類されることになるかも知れない。願くばさうなるやうに会員諸氏の御協力を切望する」という序言のもとで、三六項目が挙げられている。目次に挙げた分類と数は近いが、順序や用語がかなり異なっている。序では、『婚姻習俗語彙』と同じく、『葬送習俗語彙』も大間知篤三が編輯の任にあたったと書いている。

「曾てこの約五分の一を、宗教研究といふ雑誌に掲載したことがある」とは、日本宗教学会の前身である宗教研究会の機関誌『宗教研究』新第一一巻第五号（昭和九年〔一九三四〕九月）の「葬制沿革史料」（「緒言」のみ本全集第二九巻に収録）に、「葬送習俗語彙目次」の一から九にあたる部分を載せたことを指す。定本は、この「葬制沿革史料」を第一五巻に「葬制の沿革について」（本全集第二八巻収録）と併せて収録した。『葬送習俗語彙』については、「序」のみが、第三○巻の「序跋集」に収録されている。

○柳田国男編『採集手帖（沿海地方用）』は、民間伝承の会から昭和一二年（一九三七）一一月二五日に発行された。すでに『山村生活の研究』の「解題」で触れているように、一○○の調査項目を印刷して、その聞き取りの結果を書き込めるようにした、いわゆる「採集手帖」の第四冊目であり、日本学術振興会の補助のもとで行われた「海村生活調査」のために作成された。

調査者に向けた「採集上の注意」のあと、採集地と採集者と採集期日と被調査者としての話者を記す一頁の空欄が設けられている。「目次」は、見開きで完結していて、いわば一○○項目を一目で見わたす見出し索引の役割も果たしている（次頁参照）。

『民間伝承』第三巻第一号（昭和一二年九月）には、「海村生活調査項目」の案が出され、「この調査項目は郷土生活研究所員の海村生活調査のためにつくつた質問項目を紙面の都合上、簡略にして掲げたものである。山村調査の場合と同様、本年末には採集手帖を作製するので、これは草案に過ぎざるも一刻も早く会員共通の便益に供したくと思ひ発表した。参考とすべき意見あらば御知らせを乞ふ」とある。『沿海地方用 採集手帖』が民間伝承の会の新刊として、『民間伝承』の誌面に広告が載るのが第三巻第三号（昭和一二年一一月）で、「従来発行の採集手帖の姉妹書にして漁村、島嶼などの沿海村落の調査用として特に編纂されたものである。百項目の質問には夫々註記が附され採集者の便に供してある」と説明する。翌月発行の第四号「編輯後記」は「沿海地方用採集手帖を発売し始めました。全会員の御利用を望みます」とある。

日本学術振興会に提出された研究補助申請の正式な項目名は、「離島及び沿海諸村に於ける郷党生活の調査資料蒐集並に其結果の出版」であった。『日本学術振興会年報』の第五号の事業報告には、同項目名の下に「（継続）二、○○○円」とある。第四号を見ると、以前の援助項目である「日本僻陬諸村に於ける郷党生活」の調査が三年目の「（継続）」として挙がっている。「僻陬諸村」から「沿海諸村」に研究対

目次

象が変化しているにもかかわらず、「新規」ではなく「継続」とした理由はよくわからない。第六号には、同じく「(継続)一、七〇〇円」とあって、第七号ではこの調査が補助の対象に挙がっていないので、いわゆる「海村生活」の調査は二年間だけの補助であったということになる。最終の報告書にあたる『海村生活の研究』(日本民俗学会、昭和二四年〔一九四九〕四月)の「経過報告」に「本調査は三ヶ年の予定にて計画せられたが、第二年目に至つて補助金の減額及び打切りを宣せられ」と書き、柳田国男は「海村調査の前途」(本巻収録)において、「不幸にも戦は段々と大きくなり、中途にして経費が続かず、其上に地方の人心が険しくなつて、殊に手帖を持つてあるく者を警戒するやうな傾向が著しい」事態になったと説く。なお、同文において柳田が、「昭和十一年の採集手帖は、急いで山村の手帖を引直したために、問ひの出し方がやゝ偏しても居り、又何か大切のものを落して居るやうな気がする」と反省したのは、年号には錯誤があるものの、この手帖のことである。

○柳田国男著『禁忌習俗語彙』は、今泉忠義を代表者とする国学院大学方言研究会から昭和一三年(一九三八)四月一五日に発行された。「序」と「目次」とのあいだに「此集の編纂に就ては/財団法人啓明会の援助がある/又この出版に関しては／国学院大学方言研究会の好意に感謝する」という謝辞がある。さらに奥付前の「追記」において、国学院大学方言研究会は「本会が創立以来常に格別な御指導と御援助とを賜はつてゐる柳田国男先生から「禁忌習俗語彙」の発行をさせて頂くことになつて、本会としては曩に「風位考資料」を頂戴した上に、今回はまた重ねて御配慮を蒙る次第で、実に無上の光栄に存ずるところである」と述べている。

「目次」は、他の分類語彙と同じく、主題領域によって語彙を分ける形を採用していて、以下の通り。

一　忌の状態
二　忌を守る法
三　忌の終り
四　忌の害
五　土地の忌
六　物の忌
七　忌まるゝ行為
八　忌まるゝ日時
九　忌まるゝ方角
一〇　忌詞

巻末に一五頁にわたる「禁忌習俗語彙索引」を付す。

『民間伝承』第三巻第一〇号（昭和一三年六月）に、宮本常一の「紹介と批評」がある。「柳田先生の習俗語彙叢書」の「第五番目」に位置づけ、「採集手帳として利用」するにふさわしいことを述べている。

『禁忌習俗語彙』については、「序」のみが、定本第三〇巻の「序跋集」に収録された。

○柳田国男編『服装習俗語彙』は、民間伝承の会から昭和一三年（一九三八）五月二〇日に発行された。この語彙集の編集と出版も、財団法人啓明会の援助を受けたものであることが、謝辞からわかる。

「服装習俗語彙目次」は、次のような分類項目を挙げている。

一　はれ着、よそ行き
二　ふだん着
三　仕事着
四　筒袖と巻袖
五　袖無しと背覆ひ
六　長着物と寝具
七　身支度の簡易化
八　袴の種類と変化
九　前掛と下物
一〇　帯紐の類
一一　子負帯など
一二　衣服の着こなし

一三　衣服管理
一四　裁縫
一五　衣料
一六　機織り
一七　製糸工程
一八　綿の利用
一九　手拭と被り物
二〇　髪かたち
二一　笠と蓑
二二　手覆と脛巾
二三　沓草鞋その他

巻末に二五頁にわたる「服装習俗語彙索引」を付す。

『民間伝承』第三巻第六号・第七号（昭和一三年二月・三月）に二回にわたって掲載された柳田国男「服装語彙分類案」（本全集第三〇巻収録）は、この書物に採用された項目分類の意味に踏みこんで論じていて、『服装習俗語彙』の理解に不可欠の論考である。紹介および批評は、『民間伝承』第三巻第一〇号（同年六月）で、宮本常一が行っている。

『服装習俗語彙』も、「序」のみが、定本第三〇巻の「序跋集」に収録されている。なお、成城大学民俗学研究所の柳田文庫所蔵本の目次の末尾には、「組ミノ下ヲソロヘルハ無意味／二分アキ位ニスベテ組ム／但シ二字ノモノハ一字分アキカ」という書き入れがある。

○柳田国男編『海村調査報告（第一回）』は、民間伝承の会から昭和一三年（一九三八）六月二四日に発行された。「緒言」にあるように、日本学術振興会の補助を受けた「離島並びに沿海村落の郷党生活の統一調査」の報告書であり、その第一年目の中間報告である。もととなった調査の概要については、『採集手帖（沿海地方用）』の解題を参照していただきたい。「緒言」の署名は「郷土生活研究所同人」で、もちろん柳田国男はその一員であるが、直接に執筆したかどうかはわからない。おそらく柳田自身の執筆ではない可能性が高い。「調査地の九箇所に於て夫々其調査者が多く興味を覚えたる一二の項目について、其報告を記述」する形で本書は編まれ、以下の報告が収録されている。

陸前気仙郡の村組織と磯の利用　守随一
安房及び伊豆に於ける若者の生活　瀬川清子
紀北須賀利村の頭屋　牧田茂
紀伊雑賀崎の末子相続と串本地方の隠居分家制　橋浦泰雄
三宅島の物忌み　最上孝敬
八丈島の正月餅　大間知篤三
佐渡に於ける占有の民俗資料　倉田一郎

能登七浦村の婚姻など　大藤時彦
丹後湊村の報告　平山敏治郎

なお「緒言」が触れている山口県の見島に関する調査の単行本とは、瀬川清子『見島聞書』（民間伝承の会、昭和一三年六月）である。定本書誌は、明確に柳田国男署名の文章がないためであろうか、柳田国男編ではあるが載せず、定本未収録。

○柳田国男・倉田一郎編『分類漁村語彙』は、民間伝承の会から昭和一三年（一九三八）一二月一日に発行された。「分類漁村語彙目次」の項目立ては以下の通り。

一　船の種類
二　船の各部
三　船の附属具
四　操舟法
五　あて
六　船がかり
七　船引揚
八　船たで
九　造船
一〇　船おろし
一一　競舟
一二　船霊
一三　風名
一四　潮汐
一五　波・天候
一六　漁場
一七　地形
一八　魚介
一九　魚見
二〇　魚群
二一　釣
二二　網
二三　古い漁法
二四　古い漁具
二五　海人
二六　捕鯨
二七　漁船什具
二八　労務組織
二九　漁獲分配
三〇　加工と販売
三一　海草採取
三二　塩浜作業
三三　信仰事相

附録　内陸漁業

雑誌『島』（柳田国男・比嘉春潮編輯、一誠社）の創刊号（昭和八年〔一九三三〕五月）から昭和九年前期号まで、六回にわたって五十音順に並べ「漁村語彙」として連載していたもの（「序」と最終回の「跋」文は、本全集第二九巻に収録）を増補し、分類配列し直したものである。

『民間伝承』第二巻第一号・第二号（昭和一一年〔一九三六〕九月・一〇月）に倉田一郎による「漁村語彙採集要項」が掲載されている。倉田はそこで「この要項は柳田先生が示された案を骨子として、採集上の最も主要な部分の要領を示したに止まる」と、その暫定性について言及し、捉われることなく「案の再構築」にまであたってほしいと述べている。『民間伝承』第四巻第四号（昭和一四年〔一九三九〕一月）に掲載された牧田茂の「紹介と批評」は、「資料が概ね西日本に傾いてゐる事」の背後に「桜田勝徳氏の労」を読み取っている。

『分類漁村語彙』については、「序」のみが、定本第三〇巻の「序跋集」に収録されている。

○柳田国男・山口貞夫編『居住習俗語彙』は、民間伝承の会から昭和一四年（一九三九）五月二〇日に発行された。他の語彙集と同様に、この整理印刷について財団法人啓明会の援助を受けたと書く。奥付の刊記は、「著者　柳田国男」と記して、表紙や扉にあるような二人の編者名を挙げていない。あるいは、「序」が山口貞夫について記している、「同君の初稿は採集の増加に伴なひ、再び私の手で書き改める必要が生じた」という説明と対応するところがあるのだろうか。

なぜか「居住習俗語彙目次」ではなく、単なる「目次」となっているが、以下の通り。

一　屋敷構へ
二　中庭
三　水使ひ場など
四　小屋長屋
五　家の周囲と入口
六　柱と天井
七　土間と御上
八　出居・中居・寝間・台所
九　炉と炉端
一〇　燃料と火具
一一　照明
一二　浴場その他
一三　家作り
一四　普請とその行事

巻末に別頁だてで、二六頁に及ぶ索引を付している。

『民間伝承』第三巻第二号・第三号（昭和一二年（一九三七）一〇月・一一月）に掲載された「住居語彙採集要項」㈠㈡の二二項目の問題領域には、その並べ方が「外部から近附いて行く時の順序」に従ったものだという序言があるが、この考えかたは『郷土生活の研究法』（本全集第八巻収録）の「民俗資料分類の方針」に云う「なるべく採集者の近づいてゆく自然の順序に従はうとしてゐる」という方向と呼応する。また巻末に「以上は柳田先生の住居語彙カードに基き、採集上の目安を大略書上げたものである。見出しは応急に設けて意に満たぬものもあるが、何れ先生の語彙発表と共に訂正せられる事と思ふ」という山口貞夫の断り書きがある。実際、『居住習俗語彙』での分類項目は一四とかなり縮約されている。

序の「明治三十九年のたしか秋」の甲州の道志から津久井への旅は、定本年譜には対応するものが見あたらない。年譜の道志への言及は、「牧口常三郎を伴い甲州谷村から道志を歩く」とある明治四四年（一九一一）五月一二日から一五日だが、これを指すものかどうかはわからない。

『居住習俗語彙』も、「序」のみが、定本第三〇巻の「序跋集」に収録されている。

○柳田国男・倉田一郎共編『分類山村語彙』は、信濃教育会から昭和一六年（一九四一）五月一五日に発行された。「語彙の整頓と印刷」について、財団法人啓明会の援助を得たという。

「分類山村語彙目次」の項目立ては以下の通り。

序文
一　土地
　一　地形
　二　林野
　三　山林管理
二　採取
　四　草苅
　五　蚊火
　六　落葉掻
　七　採取物占有
　八　採取物
三　林業
　九　植林
　一〇　伐採
　一一　特殊樹木称呼
　一二　一般樹木称呼
　一三　製材
　一四　木印

一五　運材
一六　林業用具
四　山仕事
一七　採薪
一八　炭焼・炭竈
一九　木地屋
二〇　山小屋
二一　杣職・山師
二二　特殊の山仕事
五　禽獣
二三　鳥獣名
二四　獣害除け
二五　単純狩猟
六　狩猟
二六　狩人・狩猟組織
二七　狩猟用具
二八　共同狩猟
二九　獲物の分配
三〇　獣の肢体
三一　狩の作法・祭儀・俗信
七　山の信仰
三二　山の神
三三　山の怪異・俗信
索引

巻末に付された「分類山村語彙索引」は四〇頁に及ぶ。

本巻に序文等を収録した、五十音順の『山村語彙』『山村語彙（続編）』をもとに、分類語彙集へと構成し直したものである。木曜会にも参加していた小西ゆき子「山村語彙採集要項」(一)(二)（『民間伝承』第二巻第一一号・第一二号）は昭和一二年（一九三七）七月・八月の発行だが、その骨格の形成を考えるうえで無視できない資料である。「柳田先生の下に集まつた資料を、先生の指示に基いて小西さんが整理配列されたのが此の要項である。既に本年初頭に出来上がつて居たが、種々の事情から発表が遅れた。こゝに引用語彙の変更等二三加筆して発表する次第である（編輯部）」という、前書きが付いている。

『分類山村語彙』も、「序」のみが、定本第三〇巻の「序跋集」に収録されている。

○柳田国男編・岩倉市郎著『喜界島方言集』は、「全国方言集」という方言調査によって「全国方言記録」を作成しようという事業の成果刊行シリーズの第一集として、中央公論社より昭和一六年（一九四一）八月一五日に発行された。奥付は「著者　岩倉市郎」だけで、柳田国男が編者であるという名乗りはない。
「全国方言記録計画」は、「全国方言集・一」にあたる『喜界島方言集』が初出ではあるが、他の「全国方言集」にも掲載されている。次の方言集からは、巻頭ではなく巻末に掲載された。言語という「祖先から相続した最も大切な文化財」のなかに「方言」をどう位置づけるかという方言論であると同時に、最後の二項目に明らかなように、新たな叢書として構想した「全国方言集」についての意義と編集方針の開示である。

　岩倉市郎は喜界島出身の研究者であり、この本に対する柳田国男の固有の序としての「喜界島方言集を第一編とした理由」は、昭和一七年（一九四二）五月刊行の『方言覚書』（本全集第一三巻収録）に「喜界島方言集」と題して再録されたため、ここでは省略する。しかしながら、そのなかに第二集以下は「原則として類別法を採り、なほ利用者の注文に応じて、追々にその並べ方を改良して行く」つもりだが、この本については、島々の知識人たちの増補の便利のために「わざと旧式の五十音排列法を、其まゝ採用」したとあることは引用しておこう。なお『方言覚書』には、全国方言集二の柳田国男編・野村伝四著『大隅肝属郡方言集』（昭和一七年四月）に柳田が寄せた「肝属郡方言集に題す」も収録されている。それぞれの詳細については、本全集第一三巻の解題を参照していただきたい。岩倉市郎の郷里の記録調査事業としては他に、『喜界島生活誌調査要目』（アチックミューゼアム・ノート第六、昭和一〇年〔一九三五〕一一月）、『喜界島調査資料』（一～五、アチックミューゼアム彙報・日本常民文化研究所彙報、昭和一四年〔一九三九〕八月～昭和一八年〔一九四三〕三月）、『喜界島昔話集』（三省堂、昭和一八年一月）などがある。

　定本書誌は、「喜界島方言集を第一編とした理由」については『方言覚書』として定本第一八巻に収録したことを記録したが、「全国方言記録計画」については、その存在も処遇も明記しなかった。しかし、実際には第三〇巻の「序跋集」に掲載している。ただし同巻の「内容細目」では、その出典をなぜか明示していない。

　成城大学民俗学研究所の柳田文庫所蔵本には、「○近世ニ入ツタコトノ明ラカナコトバ多シ、新旧混合ハ注意スヘキヿ」「○又タシカニマネソコナヒモアリ」「○部落毎ノ変化多キカ一特色」「○K→Hテ大部分ノ解ガツク」と書き入れ、書き入れの記号について、「✓解ヲ要スル語、注意スヘキモノ」「○他ノ地方ニモアル方言　マタ析出セズ」「▽一旦採録シテオクベキモノ　析了」と説明している。

○柳田国男編『伊豆大島方言集』は、「全国方言集・三」と

して、中央公論社から昭和一七年(一九四二)六月一六日に発行された。

他の全国方言記録の集成とは異なって、著者を固有には挙げず、奥付もまた「編者 柳田国男」とだけ記しているのは、「編輯者の言葉」が説くように、「大島方言集の方法」がいささか特徴的であったからである。すなわち、各村一人以上の調査者を決めて、最新の言語現象を調べてもらって一語ずつに分けたカードを記入してもらう。そしてその「整理と分類と排列とを私たちに任せてもらつた」という形式をとった。それゆえ採集に参与したという、大西正二、水島節男、藤野為蔵、宮崎直之、阪口一雄らの「国民学校の職員」五名や、他に賛同して協力した松木国次郎、白井潮路の二名の名を列挙して著者とはせず、編者名だけにしたと考えられる。しかし、それはすでに「全国方言記録計画」(本巻五二四頁収録)の編集方針の範囲内であった。

目次にあたる「本文順序」は、以下の類別を掲げてその排列法を提示している。

1 形容詞
2 動詞
3 副詞
4 間投詞
5 天象・地勢
6 動植物
7 農耕・山仕事
8 海運・漁業
9 労働
10 食・衣・住
11 村・家
12 批判・人体
13 児童語及び出産・葬送
14 神祇・妖魔
15 物の量・状態
16 成句・辞令・造語
17 音韻の変化

いわゆる目次と異なるのは、本文ではただ数字をそれぞれの分類が始まる頁の冒頭に掲げただけで、内容の説明となる見出しが付けられていない点である。そのため、この「本文順序」にいちいち戻らないと分類の意味を意識しにくい。

定本では『伊豆大島方言集』編輯者の言葉」が第三〇巻の「序跋集」に収録されている。

○「全国昔話記録趣意書」は、「全国昔話記録」の第一陣として、三省堂から昭和一七年(一九四二)七月三一日に発行された、柳田国男編で、鈴木棠三『佐渡島昔話集』および岩崎敏夫『磐城昔話集』、関敬吾『島原半島昔話集』の三冊に掲載された。「全国昔話記録趣意書」は、この叢書の目的と計画を「昔話の編輯の方法」にまで触れて論じたもので、その意味では「全国方言集」における「全国方言記録計画」（本巻収録）にあたる。翌年（一九四三）の八月に刊行された柳田国男編の全国昔話記録である武田明著『阿波祖谷山昔話集』、岩倉市郎『喜界島昔話集』にも再録されている。

なお岩崎敏夫による当時の回想が、『磐城昔話集』の復刊である『福島県磐城地方昔話集　日本昔話記録3』（三省堂、昭和四九年〔一九七四〕二月）に「磐城昔話集と柳田先生——再版解説に代えて」として寄せられている。そこには、柳田が女学校生徒の報告を集めたこの昔話集の稿本に加えた「註」が摘記されている。

定本では、第三〇巻の「序跋集」に収録されている。

○柳田国男・関敬吾著『日本民俗学入門』は、改造社から昭和一七年（一九四二）八月一一日に刊行された。

目次は以下の通り。

二六　伝説
二七　妖怪・幽霊
二八　兆・占・禁・呪
二九　医療
三〇　結語

柳田は関との分担関係について、「私は此一書の計画と分類排列、その他一切の構造には参画して居るが、執筆の労は悉く関君に押付けてしまつた」と書いている。

「序」を読むと、この書物を思い立ったきっかけが、「毎週一夜の民俗学講座」だというが、これは昭和一二年（一九三七）一月から始まり、三年ばかり続いた「日本民俗学講座」のことであろうか。第一回の要項が『民間伝承』第二巻第五号（昭和一二年一月二〇日）に載っている。そこで必要を感じた「一つの小さな民俗学手帖」の構想が、一方で各地方での需要があった日本学術振興会援助の『郷土生活研究　採集手帖』ともつながって、質問項目の意味や根拠となるものの見方を充実させる形で、この書物が生まれている。目次として挙げた各主題領域で何を問題にするかを概説したあと、具体的な質問項目を数多く並べ、参照すべき「参考文献」を掲げている。参考文献には、柳田の論考の他、その主題に関わる分類習俗語彙集が挙げられている。

成城大学民俗学研究所の柳田文庫所蔵本には、「此本独逸民俗学会発表ノモノヲ／材料トシテ関君カ編集セラレタモノ、／此マヽニ日本ニ適用シガタキコトハ／序文ニモイヘリ（柳田）」という書き入れがある。

柳田国男・関敬吾著『日本民俗学入門』上巻・下巻（東洋堂、昭和二二年〔一九四七〕六月二〇日）は、戦後の再版であって、二分冊となった。その下巻に柳田の「再刊の跋」が付けられている。「定本書誌」は、この再版について記載していない。初版の「序」のみ、定本第三〇巻の「序跋集」に収録されている。「再版の跋」は本全集で初めて収録される。

柳田国男・関敬吾著『新版　日本民俗学入門』（名著出版、昭和五七年〔一九八二〕一一月二五日）は、基本的に「仮名遣いを改めた以外は旧版の記述のまま」だが、参考文献を「新たに選定し直し、巻末に全てまとめた」ことと、初版目次の「一　緒論」と「三〇　結語」を除いて、そこでいう二から一九を「第一部　有形文化」、二〇から二六を「第二部　言語芸術」、二七から二九を「第三部　心意現象」と三つの部門に分けているところが異なる。関敬吾の「解説」は、初版成立の事情にも触れているので、その概要を引用しておく。

関によれば「本書は序文にも述べられているように、昭和十二、三年ごろの民俗学に対する一般の興味の高揚を背景として計画されたものである。日は記憶にないが、多分、昭和一五年一月ごろであったろう。かねて、先生にすすめられて訳していた、フィンランド学派の創始者であるK・クローンの記念碑的名著『民俗学方法論』を訳了したことを報告に伺うと、あたかもその終るのを待っておられたかのように、本書の執筆を要請された」のだという。そして柳田の訂正の朱筆の入った『郷土史研究の方法』（神宮皇学館夏期講習会講演集、昭和七年〔一九三二〕三月）と、『スイス民俗学質問項目』、フレイザーの『未開民の慣習、信仰および言語の質問要項』を渡された。柳田の語彙カードなどを利用し、また論考を読み、質問項目にどんなものがあるかを調査しているうちに、「先生が予定された四倍以上の年月を要して、昭和十六年十二月八日の対英米への宣戦の詔勅を耳にしながら稿を終った。その内容・文章は先生の御期待から遠いものになった。そうした意味においてこの入門は、わたしの研究生活において忘れがたい一書となった」と回想している。

○柳田国男編・原安雄著『周防大島方言集』は、全国方言集の第四編として、中央公論社から昭和一八年（一九四三）二月五日に刊行された。

「序」が論じた方言の用例表示で、「問題の一語だけを中に挟んで、他は全部東京風の物言ひを以て示して居る」ために、「こしらへもの」で「心もとなさ」が残るとされた仙台税務監督局編『東北方言集』（東北印刷株式会社出版部、大正九年〔一九二〇〕八月）の挙げ方は、たとえば「あっぺ」という形容詞の意味を「きたなくなる」と解した上で、「昔の下駄であの路を歩いたらあっぺになるよ」と書いている例などで理解できよう。

目次にあたる「本文順序」は、以下の類別を掲げてその排列法を提示している。

1 動詞
2 形容詞
3 副詞
4 間投詞
（5――17 名詞）
5 天象・地形
6 鳥・獣・虫・草木
7 農耕・農具・作物
8 漁業・魚介
9 労働・物の量等
10 食事・食器・食物
11 服装
12 居住
13 村・家・人・職業・呼称・卑称・不具・傷病・健康・顔貌・身体・動作・生活

14　遊戯・児童語・子供・出産・婚姻・葬送
15　神祇・年中行事・神事
16　事物の状態
17　言葉の遊戯
18　助詞
19　音韻の変化

本文ではただ数字を挙示しただけという構造は、『伊豆大島方言集』と同じ。しかし、さすがに不便だということであろうか、見出しの語句を柱で表示し、右柱に品詞、左柱に内容にわたる小分類を載せている。第三編まで掲載されていた「全国方言記録計画」は、第四編のこの本からは掲載されていない。なお巻末の「全国方言集　柳田国男編　中央公論社版」という広告には、以下の五冊の「続刊予定」が掲載されている。そのうち刊行されたものに◎を付けておく。

藤原与一　◎伊予大三島北部方言集
倉田一郎　◎佐渡海府地方方言集
瀧山政太郎　◎対馬南部方言集
武田明　讃岐広島方言集
福里栄三　薩摩揖宿郡方言集

定本では「序」のみ、第三〇巻の「序跋集」に収録されている。

○柳田国男著『族制語彙』は、日本法理研究会から昭和一八年（一九四三）五月五日に発行された。なぜ日本法理研究会から刊行されたのかに関しては、「はしがき」が次のように述べている。

我国古来の家族制度を中心とする身分関係並びに社会状態を明かにすることは日本法理研究の上に大切なことであると考へ、本会はさきに著者の主宰される民間伝承の会に委嘱して家族制度に関する資料の蒐集整理をお願した。

本書はその報告として齎らされたものであるが、既に同種の資料の発刊されてゐるものがあるので、読者の便宜を考慮してそれ等と同じやうな体裁にして公にする次第である。

昭和十七年五月

日本法理研究会

すなわち報告書という形で提出されたものを、日本法理研究会が出版したことを記している。

『日本文化団体年鑑　昭和十八年版』（日本文化中央聯盟、昭和一八年一二月）によれば、日本法理研究会は、昭和一五年（一九四〇）一〇月に司法大臣であった塩野季彦を会長として設立された文化団体で、設立の目的及び事業として以下の説明がある。「国体の本義に則り、国民の思想、感情及生活の基調を討ねて、日本法理を闡明し、以て新日本法の確立及其の実践に資し、延いて大東亜法秩序の建設並に世界法律文化の展開に貢献するを目的とし、次の事業を行ふ。一、調査研究及其の助成　二、図書其の他の資料の蒐集　三、出版四、講演会、研究会及懇談会　五、其の他本会の目的達成に関聯する事項」。

「目次」には、他の習俗語彙と同じく、分類の領域を示す括りが並んでいる。

一　マキから親類まで
二　本家・分家
三　いとこ・おやこ
四　親子なり
五　家長及び相続者
六　家族
七　家族の私財

巻末に二一頁にわたる索引が付いている。

「自序」において、離島に関する記事が多いことの指摘や、「日本学術振興会の援助を受けて、我々同志の者が全国数十箇所の山村漁村を巡り、同じ質問を以て答へを求めて来た材料が、この中には大分まじつて居る」ことなどは興味深い。「親子なり」の章に関連して言及している「親分子分」は「親方子方」の記憶違いで、穂積重遠・中川善之助責任編集『家族制度全集　史論篇第三巻　親子』（河出書房、昭和一二年（一九三七）一二月）に掲載されたもので、本全集第三〇巻に収録している。

定本では「自序」のみ、第三〇巻の「序跋集」に収録されている。

○柳田国男編・井上通泰翁著『南天荘集　井上通泰翁歌集』は、柳田国男の実兄である井上通泰の歌二五九四首を、昭和一六年（一九四一）から始めて遡る形で明治二四年（一八九一）以前まで、編年に収録した書物であり、三国書房から昭和一八年（一九四三）八月八日に発行された。井上通泰は昭和一六年八月一五日に没しているので、三回忌にあたることになる。

「南天荘」は、井上通泰の住まいの号で、同書に載せられている「年譜」の明治四〇年（一九〇七）の項に、「三月家の号を南天荘と定む」とある。『南天荘集』五五三頁には、「柳田国男・遠藤二郎・森銑三」の三名の「同校」となっている。森銑三『月夜車』（七丈書院、昭和一八年一二月）の「南天荘集」という文章の冒頭に「井上通泰先生の全歌集が刊行せられることになつて、柳田先生の命を受けて、遠藤さんと二人して、今その校正を進めてゐる」と書かれているのと対応する。森銑三と遠藤二郎の二人の名前は、『豊後国風土記新考』（巧人社、昭和一〇年〔一九三五〕一月）や『西海道風土記逸文新考』（巧人社、昭和一〇年四月）などの井上通泰の著作の謝辞にも現れ、柳田国男『炭焼日記』（本全集二〇巻収録）にも何度か登場する。双方とのつきあいがあったのであろう。『月夜草』には、井上通泰の玉川の別荘での交流を森銑三が回想した「南天荘学園」という文章も掲載されている。

表紙の南天の木版、見返しの漉き込みなど、手の込んだ造本である。外函には何の文字もない。時節柄、日本出版配給株式会社の承認を経て、二〇〇〇部発行された。定本は「井上通泰翁歌集『南天荘集』序」の題名で、第二三巻の「序跋・批評・自序集」に収録したが、柳田の文章は無題の上に巻末に載せてあるので、「跋」とするのが正しい。

○柳田国男「編纂者の言葉」は、「全国昔話記録」というシリーズに付けられた第二の趣意書である。柳田国男編・鈴木清美著『直入郡昔話集』（三省堂、昭和一八〔一九四三〕年一二月一〇日）に収められた、他にすこし遅れて同じ月に刊行された佐々木喜善著『上閉伊郡昔話集』、今村勝臣著『御津郡昔話集』、山口麻太郎著『壱岐島昔話集』、岩倉市郎著『南蒲原郡昔話集』にも再録され、翌一九年三月に刊行された岩倉市郎著『甑島昔話集』、武田明著『讃岐佐柳志々島昔話集』にも掲載されている。

「各集の始めに、その成立ちと特色と、又自分の所感とを述べて置くことは、紹介の趣意にもかなふのであるが、それを企てゝ居ると時がかゝり、愈々世に出るのが遅くなるから、それは再版以後の機会に譲ることとし」という措辞は、同じ柳田国男編「全国昔話記録」の一冊として昭和一七年（一九四二）一二月に出た小笠原謙吉著『紫波郡昔話集』には、「紫波郡昔話集序」という固有の序を付したことを踏まえたものであろう。これは後に『老読書歴』（本全集第一八巻収録）に採録されたため、本巻には収録しない。

なおこの「編纂者の言葉」は、「昔話の採集法」として、伊東一夫・今井信雄共編『言葉のいろいろ』（蓼科書房、昭和二四年〔一九四九〕六月五日）に再録されている。定本では、第三〇巻の「序跋集」に収録する。

○柳田国男編・藤原与一著『伊予大三島北部方言集』は、全国方言集の第五編として、中央公論社から昭和一八年（一九四三）一二月二五日に発行された。

目次の役割を果たす「本文順序」は、次のようにこの本のなかで採用された排列法を明示している。これは柳田が「序」で述べた「この方言集の排列の順序は、又少しばかり変へて見たが、大体に五十音順のやうな用の無い外形に依ることなく、語辞の生滅する一つの道筋の上を、辿つて行かうとする最初の方針はなほ持続して居る」と説明したものだが、仔細に見る人ならばその改良点がわかるかもしれないが、今それを取り立てていうほどには利用が十分でないと、原理については述べていない。

（1――14　名詞）

1　天象・地形・動植物
2　農耕・農具・牛馬
3　山林
4　海運・漁業
5　労働・経済
6　食物・食事・食器
7　服装
8　居住
9　村・家・交際・卑称
10　人体・病気・児童関係
11　婚姻・産・葬送
12　神事・年中行事・妖怪
13　事物の状態
14　言葉の遊戯

15　形容詞
16　動詞　甲
17　動詞　乙
18　動詞　丙
19　慣用句
20　副詞
21　音訛

本文ではただ数字を挙示しただけだが、見出しの語句を柱で表示し、右柱に品詞、左柱に内容にわたる小分類を載せている点は、『周防大島方言集』の形式を採用している。藤原与一の「あとがき」には、「かつて柳田先生のお言葉により、郷里の方言を一々の紙片に記していくらか差出しましたところ、やがてお手許に於て、このやうに立派な書物にして下さいました」とあって、「全国方言記録計画」（本巻五二四頁収録）に述べたように「取捨と排列」を編者が決定したことを証言している。

定本では、「序」のみ第三〇巻の「序跋集」に収録されている。

○柳田国男・三木茂著『雪国の民俗』は、三木茂が昭和一五年（一九四〇）七月から一年にわたって撮した秋田県の農村の三六七枚の記録写真に、柳田の「雪国の話」と三木の「主として秋田県南秋田地方に於ける年中行事と習俗」という論考をあわせ、養徳社から昭和一九年（一九四四）五月二〇日に発行された。

三木茂は、東宝映画文化映画部が製作した文化映画「土に生きる」の演出撮影を担当し、「あとがき」によれば『雪国の民俗』に収録された写真はその副産物で、「当時その地方の農事・衣食住のことなどを、およそ眼についたものは片つ端から写しまわつ《（ママ）》て映画製作の参考写真とした」「二千数百枚」のなかから選択されたものだという。映画「土に生きる」は、昭和一六年（一九四一）一〇月二二日に東宝系で公開されたもので、田中純一郎『日本教育映画発達史』（蝸牛社、昭和五四年〔一九七九〕九月）には、「柳田国男の民俗学にヒントを得て立案され撮影には満一カ年を費した。秋田県南秋田郡内をモデル地区として米作にはげむ農民の生活と風俗を六巻の長篇に記録した秀作。ベストテン第三位」の記述がある。『雪国の民俗』の「構成・編輯」の村治夫は、映画「土に生きる」の制作責任者でもある。写真製版の指示から出版社との交渉、割り付けから装幀にいたるまで「出版一切の面倒」を見て、柳田から三人の共著にしようという提案まであった村治夫のこの本への関わりについては「柳田先生と記録映画」『定本柳田国男集月報』23（筑摩書房、昭和三八年〔一九六三〕一一月）に詳しい。扉や見返しその他の版画は秋田の郷土版画家の勝平得之が担当している。

表紙カバーの社名マークや版画を中心にデザインされた扉には「甲鳥書林」、挟み込みの「秋田地図」も「甲鳥書林版」としかないのに、奥付の発行所は「養徳社（旧 甲鳥書林）」となっている。甲鳥書林は昭和一九年に天理時報社と統合して養徳社になった、その過渡期に製作されたものであろう。『炭焼日記』（本全集第二〇巻収録）の昭和一九年五月三一日の項に「村治夫・矢倉年二君来、「雪国の民俗」十日には出ること、養徳社新計画のことなど」とある。柳田が実際に初刷を手にしたのは、『炭焼日記』によれば六月二〇日で、奥付の発行日は製作の実態とはすこしずれがある。写真集成の部分の目次である「図版・目次」では「土に生きる人々」「農村歳時記」「衣食住と民具」「信仰・まじなひ・その他」という四つの区分を設けている。

柳田の寄稿である「雪国の話」が、民間伝承の研究の「眼を軽んじ耳で聴く言葉を頼りとする今までの方針」に、「たま〳〵脚健かにあるきまはつた少数が、何もかも知つて居るやうな説を吐く」ことの危うさを抑えられないという問題を論じ、「写真によつて互ひに理解し合ふところまで、物を視る教育を進め」るためにも、撮し描く人自身が「予めどれだけまで感じ、又は会得して居るか」が問われなければならない、と論じているのが、方法論として面白い。この書物の形式は、柳田国男が監修者として関わり、大藤時彦と井之口章次が編集と執筆に携わった、昭和三〇年（一九五五）四月の民俗学研究所編『日本民俗図録』（「序」を本巻に収録）の試みにおいて、さらに増補する形で活かされていく。

定本書誌は、『雪国の民俗』という書物の存在は記録しているものの、なぜか論考の「雪国の民俗」は定本に収録しなかった。本全集において初めて収録される。

（以上、佐藤健二）

○「世界昔ばなし文庫」は、昭和二三年（一九四八）一月二五日発行の石田英一郎編著『火の鳥――ロシヤの昔話――』を第一巻として彰考書院より刊行された。各巻、B6判上製本で、二〇〇頁から二五〇頁、定価八〇円でスタートしたが、刊行途中から一〇〇円と定価改定された。

「監修者のことば」は、共に監修者となった川端康成との連名の文で、「定本書誌」に記載されたものの、『定本』未収録のもの。

監修者は、前述のように柳田と川端康成の二人、関敬吾、石田英一郎、直江広治の三人が責任編集者となっている。民俗学研究所が認可される直前という時期でもあり、巻末に掲載された続刊案内には、次のような編集方針が記載され、責任編集者の三人と合わせて考えても、柳田の関与が強いことがわかる。

○子供のためには最も良心的な娯楽と教養の糧
○大人のためにも有益な高い学芸の香り
○世界諸民族の特性・人類文化交流の歴史を民間に伝えられた「耳の文学」からまなぶ

『火の鳥』以降発刊された文庫は、以下の通りである。

『りくんべつの翁――アイヌの昔話――』金田一京助・知里真志保編著、昭和二三年四月二五日初版発行
『山の神とほうき神――日本の昔話――』関敬吾編著、昭和二三年六月一五日初版発行
『象とさるとバラモンと――インドの昔話――』河田清史編著、昭和二三年七月一〇日初版発行
『ほら貝王子――タイの昔話――』江尻英太郎編著、昭和二三年九月一五日初版刊行
『金と銀のさいころ――アルタイ系諸族の昔話――』服部四郎編著、昭和二三年一一月二五日初版刊行
『金の燭台――イランの昔話――』小川亮作・河崎珪一編著、昭和二三年一一月二五日初版発行

なお、成城大学民俗学研究所の柳田文庫所蔵の初版本の『りくんべつの翁』の解説のあとには、「昭和二十三年六月六日了　柳田国男」の自筆書き入れがある。金田一との共著者となった知里真志保は、柳田が、大正一〇年（一九二一）暮れ、ノート原稿を金田一から見せられ、即座に、「炉辺叢

書」の一冊として『アイヌ神謡集』の刊行を決意させた知里幸恵の弟である。

『民間伝承』第一二巻第五・六合併号（昭和二三年）の「書誌紹介」には鎌田久子の書評「山の神とほうき神」が掲載されている。同誌の発行日が六月五日、文庫の発行が六月一五日とあることからも、鎌田が原稿段階から内容を把握し、見本刷を目にしていち早く書評を書いたと考えられる。本シリーズが、児童向けだけでなく、昔話研究の裾野を広げる意図をもっていたことがわかる一例として、鎌田の書評の一部をここに紹介することとする。

　世界昔ばなし文庫の日本の部として編まれたもので題名の面白さと嫌味のない装幀は先づ第一に我々の興味をそゝる。著者はそのはしがきでのべている如く単に読物としての昔話ではなく新聞ラヂオのない時代の文化の伝播を行つた処の昔話、或は過去の社会思想を知る上に重要な材料である処の昔話等に対する興味を児童達にもたせようとしている。その意図は解説に到つて更に一つ一つ「何故?」「或は」「かもしれない」等とその研究上の問題を多分に残して更に深い興味を覚えしめるやうにしている。（略）

　昔話の入門書としておすゝめしたい書物である。尚昔話研究の手引としては、先に柳田先生の昔話採集手帳（ママ）があるがこの本と前後して出版された「昔話名彙」を併せ読むことをおすゝめしたい。（鎌田久子）

また、鎌田の書評の他に、『民間伝承』で紹介されたものには、同誌第一二巻第一一・一二合併号（一二月）の丸山久子による「りくんべつの翁」がある。

三冊目の『山の神とほうき神』以降、責任編集者の名から直江広治の名が消えている。民俗学研究所常任委員であった直江は、財団法人認可への推進役を務め、四月八日付で認可を受けてから再発足した研究所の理事に選ばれていることと関係しているかもしれない。

なお、本文は、昭和二九年（一九五四）一月から刊行された河出書房刊の『世界民話全集』全一〇巻の「内容見本」中の「監修のことば」（「定本書誌」記載、『定本』未収録）とほぼ同一の文章であるので、本全集においては重複を避け、後者は収録していない。彰考書院と河出書房との関係や、再録の経緯については不明。

柳田文庫所蔵は、『金の燭台』までの七冊で、「近刊予告」にある石田英一郎の『うたう木の葉（スウェーデン　デンマーク）』、佐藤誠の『風の悪魔（トルコ）』をはじめ、直江広治の中国、関敬吾の朝鮮、松本信広の東南アジアなどの昔話については未見であるが、刊行に至っていない可能性の方が高い。

○『日本昔話名彙』は、昭和二三年（一九四八）三月一日、日本放送協会編、柳田国男監修により、日本放送出版協会から刊行された。「昔話のこと」は、本書の冒頭に掲載され、末尾には、「昭和二十二年十月」と執筆の時期が記載されている。『定本』第八巻に収録されたが、執筆時期の記載は省かれている。

同書は約三五〇の話型に分類され、「日本昔話に関する体系的研究の出発点となる記念碑的研究」（宮田登ほか編『民俗学文献解題』名著出版、昭和五五年〔一九八〇〕、小松和彦執筆）として位置づけられる。

兵庫県福崎町の財団法人柳田国男・松岡家顕彰会記念館に収蔵されている水木直箭書誌原稿のこの項には、次のような記載がある。

　先生の監修ということであるが、先生のかあどを並べたものである。「昔話のこと」の一文がある。

鎌田久子は、この「昔話のこと」について、平成一四年（二〇〇二）一二月発行の『女性と経験』第二七号の特集「丸山久子の生きた道」の冒頭論文「柳田国男先生と丸山久子さん」の中で、次のように述べている。

　翌二二年十月二九日、民俗学研究所で柳田先生から、昔話名彙の巻頭の「昔話のこと」についてのお話があった。先生は、「昔話名彙序文、口授キキテ多シ、能田刀自来、大月、瀬川、神島、丸山、首藤、土橋、鎌田モ来ル」と記録されているが、この口授は、丸山、首藤両氏によって文章化され「昔話のこと　柳田国男」として発表されている。

首藤とは、日本放送協会から担当者として派遣されていた首藤香澄のことである。

同協会会長高野岩三郎は、本書の「序」において、発刊の経緯について次のように述べている。

　民俗学の権威柳田国男氏は夙にこの偉業に着眼され、過去数十年に亘つて、これの資料の蒐集に留意されてゐたのであるが、「国民の文化のため」を大きな旗印とする当協会も亦早くからこの事業の完成を冀求するに切なるものがあつた。この両者の一致した熱意が、遂に日本の伝説と昔話についての特別なる研究と記録の作成を、当協会から柳田氏に委嘱するに至らしめたのである。昭和十五年（当時の当協会々長小森七郎）のことである。爾来柳田氏は傘下の同志十余氏及び全国の同好多数の協力を得て、それこそ血みどろの努力によつて、この劃期的な大業を一応完成された。

高野は、この後、柳田への感謝の言葉を綴りながらも、「放送そのものと直接の関連を持たないに拘らず」、本書出版のために、「かなりの経費を負担しつゞけた」のは日本文化のための「高い立場」からとの自負を語っている。
日本放送協会の委嘱から八年、戦火をくぐりながら断続的に続けられた編集作業は、丸山久子の存在を抜きにしては語ることができないと鎌田は言う（『女性と経験』前掲論文）。

　出版の具体的な話は、昭和十九年七月、放送協会の小川卓氏が先生のところに見え、『昔話名彙』という名称を使って話をすすめている。それ以後放送協会からは首藤香澄が担当者として、丸山さんと常に一緒に柳田先生の所、即ち民俗学研究所に見えていた。先生は、放送協会と具体的に話をすすめる前、十九年六月二日に、丸山、池田両氏に、昔話の整理を相談されている。昔話索引稿などという言葉もあり、「疲れてよい考浮かばず」と書かれているが、これが『昔話名彙』の最初の記録ではないかと思う。当時毎週金曜日「池田、丸山、二女来」とあり、ついで火曜日になり、昭和二一年頃から水曜日、丸山さんは見えている。

丸山の「『炭焼日記』のころ」（『評伝柳田国男』日本書籍、昭和五四年〔一九七九〕）によると、昭和一九年（一九四四）七月のこととは、七月二八日である。柳田の日記には、「放送協会の小川卓君来、『昔話名彙』等の出版につき話あり」と記しているという。
この間、丸山の私生活は、京都大学ボート部に所属していた弟を琵琶湖遭難事故で亡くしたり、東京麻布の自宅が米軍空襲による焼夷弾で焼失したりと、失意の状態にあった。それにもかかわらず、丸山は昔話の厖大なカードの整理作業だけでなく、『村と学童』や『先祖の話』の柳田の原稿を戦火から守り通した。鎌田はつづけて次のように述べている。

　丸山さんによると、昭和十八年の初め頃から、昔話のカードを整理しはじめたそうであるが、名彙が刊行されたのは、二三年三月一日発刊である。柳田先生の記録には、「かかってから五年目だと思う」とあり、この五年目の感無量の思いは、又丸山さんの戦火をくぐりぬけ、農地改革その他生活の激変を経て一冊の本を仕上げた歳月だったのである。しかしくり返すが、この本『日本昔話名彙』のどこにも丸山久子の名前はないのである。

鎌田と同じ特集号に原稿を寄せた野村敬子も、「丸山久子さんの思い出」として、次のように述べている。

　日本放送協会々長の序文に「それこそ血みどろの努力によつて、この画期的な大業を一応完成された」とあり、それこそ丸山さんに捧げるべき言葉であったと思い至る。

なお、成城大学民俗学研究所柳田文庫所蔵の同書には、以下のような柳田による書き込みがある。全体にかかわる部分を紹介する。本文中の書き込みについては、前掲の鎌田論文を参照されたい。
「昔話のこと」の末尾に次のような書き入れがある。

　読者ノ文芸能力ノ前ニ更ニ一ツ
　信仰能力トモ名ツクヘキモノヲ考ヘナクテハナラヌヿ

見返しには、次のような書き入れがある。

　改良版
　・五十音引トシ
　分類案ヲ末ニ附ケテ見タシ
　・ソノトキニハ作ツタ名称ヲヤメルヿ
　主トシテ昔ノ人ノオホエテキタ名前ヲ出スヿ
　・昔話ノ繋ガリハ網ノ目
　分類ハ固ヨリ困難
　・一種類毎ニ総説カ入用
　コレテハ小ワケガ混乱スル
　・タテノート中ノ短評ハトリ入レナイ方カヨカツタ
　此分最モ目ニ立ツ欠点、改ムヘシ
　・古イ本ハ中々手ニ入ラス
　新シイ研究者ノ為ニモツト資料ヲ豊ニスルヿ

◎改良計画
・古書ニ出タ話ヲモツト集メルヿ
・伝説形ノモノヲ別ニ附録トスル、×ヲ附ス　トテモ皆ハ挙ゲラレヌカラ　タトヘハ羽衣
・研究論文ヲ添ヘル
・全体ニ少シキタナイ本　モツト辞書ラシク組ム
・説明カ略ニスギ、不明ノモノ多シ、始メテノ読者ハ何ノコトカワカラズ
　文字ノ大小ダケデハヨクワカラズ
　分類モカヘナケレバナラヌ
　大ト小トニワケテ？
・ヤーズレー一ツタケヲイツモ引クノガ気ニナル

戦時下から敗戦直後にかけての厳しい出版状況と種々の条件と制約のためか、不備の点も目につく出来上がりで、柳田の注文も少なからず手厳しいが、柳田生前には改訂版は日の目を見ず、結局二十余年後の柳田没後の昭和四六年（一九七一）一二月二〇日、第二版が刊行される。大藤時彦は、「改版の辞」として次のように述べているが、初版本と改版本の相違点などがよくわかるので全文引用する。

「日本昔話名彙」が改版発行されるにあたってその経過について一言しておきたい。本書は大戦前から計画されていたが、実際に出版されたのは戦後のことであった。諸般の事情から出来上って見ると、若干の不備な点が目についた。それで監修者の柳田国男先生は御生前手を加

えずに増版することは控えるよう希望された。しかるに本書は初版刊行後、すでに二十余年を経過し、絶版となって市価は高まり容易に入手できなくなってしまった。昔話研究者の間に新版を出して貰いたいという声が高まってきた。昔話の研究は近来非常に盛んになり、とくに新進の学徒の中で、これが採集に赴き熱意をもって研究するものが輩出してきたのである。この要望に答えてNHKにおいて新版を発行する運びとなった。

改版となると旧版以後の新資料を加えることが望ましいが、それは短日月では到底出来ない仕事なので、今回は旧版の地名、出典などの誤りを正すこととし、大体旧版のままにして置くことにした。ただし一般読者にとって理解しにくい書名雑誌名の略記には注を加えた。また近年地名の変更が新市の誕生などによって全国的に行なわれたので、旧版の地名に新地名を注記することにした。これについてはNHKの労を多としたい。校正その他について私が目を通したので、その点の責任は負うものである。

昭和四十六年十月　　大藤時彦

なお、石井正己「柳田国男の昔話テクスト」(『口承文芸研究』第二〇号、平成九年（一九九七）三月）に、『昔話採集手帖』から『日本昔話名彙』への展開が言及されている。

○『十三塚考』は、昭和二三年（一九四八）八月二五日、娘婿の堀一郎と共著で三省堂より刊行された。「信仰と伝説——序にかへて」は、『十三塚考』の序文で、「定本書誌」に記載があるが、『定本』未収録のもの。「定本書誌」の本項には、注として次のような一文が付されている。

「信仰と伝説——序にかへて」の外は、構成、資料の排列・考察・叙述など先生の指導の下に堀氏が執筆されたもの。

柳田の指導のもとで執筆したという堀一郎は、本書の末尾の「跋文」において、次のように柳田の関心の推移を述べている。

十三塚については、古く貝原益軒が北九州地方に密集して存在してゐる事実に注意し、彼の筑前続風土記のなかに其跡を辿つて、これをば十三仏の説で解釈を施したのであるが、後、明治四十三年頃、柳田国男翁も改めて其の全国的な分布、排列、伝説などに関して新たに資料の蒐集と相互比較をなし、民俗学的解明を行はんとせられた。その資料と見解の一部は大正二年に到る間に於て考古界、考古学雑誌及び石神問答の中に発表せられてゐる。

堀が指摘した論文とは、「十三塚」（『考古界』第八編第一一号、明治四三年〔一九一〇〕一一月。『考古学雑誌』第一巻第四号、同一二月。共に本全集第二三巻収録）、「十三塚の分布及其伝説」（『考古学雑誌』第三巻第五号、大正二年〔一九一三〕一月）（本全集第二四巻収録）のことである。『石神問答』を含め、四〇年間一貫している柳田の仮説と方法を擁護し、本書を上梓するにあたっての経過を次のように続けている。

予は翁に近親せる唯一の日本仏教史の専攻者である為、本年一月二日、年始に赴いた際、談偶ま十三塚に及んで、今日迄に蒐集した一切の材料を提供するから、その結果だけでも一応纏めて見てはどうかとの委嘱を受けた。予は喜んで即日、封筒入りのカードその他を持ち帰つて、整理と編集に従事したのであるが、仕事を始めるにつれて、この機会に問題を少しでも解明せしめ度い欲望に駆られ、各方面の権威ある人々の意見を徴し、予自身も能ふ限り教理上の捜索を行つて見たのである。

特筆すべきは、柳田の指導のもとに書いたと事情を説明した後、「殊に第十三章以下に於ては、予個人の卑浅の見も少なからず入つてをり」と述べていることである。第一三章以降は、道教や仏教の影響に触れており、堀自身の関心が表出していると言える。逆に考えれば、第一二章までは、ほとんど柳田の構想と見解と言ってもよいが、本全集には収録しないこととした。

なお、成城大学民俗学研究所柳田文庫所蔵『十三塚考』の奥付の前頁余白に、「コレカラ／説明スヘキコトハ／十三塚築造ノ年代、又之ヲ計画シタ人ハタレ／ドウシテ仏者ノ縁ヲ離脱シタカ、／最初ノ理由ノ堙滅シタワケ／コノ二ツカ明カニナラヌ限リ、原因ヲ別ニ求メルコト不可能／民俗学ノ事業トハイヒ難シ」と柳田の手による書き入れが見られる。

○『分類児童語彙　上巻』は、昭和二四年（一九四九）一月一五日、東京堂から刊行された。序文にあたる「緒言」は、「定本書誌」に記載があるが、『定本』未収録であったもの。同書は、柳田国男の著書ではあるが、著作権所有者は財団法人民俗学研究所となっている。

前述の水木書誌には、「下巻は遂に刊行されなかつたか？　解説（外遊び・辻わざ・鬼ごとの三項）は原稿が保存されてゐて、『定本柳田集　二九』に収められる」とあり、実際に「児童語彙解説（未刊草稿）」として収録されている。

この草稿の存在からも、柳田が下巻を続けて出す準備をしていたことは窺い知れるが、柳田の生前に実現することはなかった。

下巻の刊行は、柳田から託された丸山久子の仕事となったが、さらに丸山の没後、昭和六二年（一九八七）一〇月、国書刊行会から発行された『分類児童語彙』まで待たなくてはならない。同書は、柳田国男、丸山久子の共著で、上下巻の合本として刊行された。大藤ゆきは、同書の「解説」で次のように述べている。初版への柳田の書き入れ、柳田の丸山宛て書簡なども引用されているので、本文解題の貴重な資料として掲げておくこととする。

ほんとうに長い間の陣痛であり、難産であった。ようやくにして、上下巻をあわせた待望の本書が生まれ出たことを、何よりもよろこびたい。

昭和二四年に、柳田国男著、民俗学研究所版として出版された上巻は、第一章の「幼な言葉」から第五章の「軒遊び」までをふくみ、第六章の「外遊び」から第一一章の「命名技術」までは、下巻として柳田先生が準備されていたもので、今回はじめて世に出るものである。

大藤時彦の記録によれば、「柳田先生、昭和二〇年五月二四日、『分類児童語彙』を草しはじむ」とあり、第二次大戦末期の混乱のさなかに執筆をはじめられていたのである。

『分類児童語彙』上巻の発刊後、先生は再版を企画されていたらしく、丸山久子さんの児童語彙関係資料の中にある、初版本の表紙の右上には、

再版用、柳田

×正誤若干アリ

と朱書されている。また、巻末には、

「昭和二十四年一月二十四日　一校了　柳田国男

珍ラシク誤植ニ富ミタル新刊ナリ　中ニハ其為ニ不明ノ箇所アリ　此正誤、複本ヲ一冊作リ研究所ニオキ　他日出来ルダケ正シクシタシ」

という朱書があり、全文に亘って先生による朱書訂正箇所が多数ある。昭和二四年という敗戦後間もない頃の出版事情による故であろうか。

丸山久子さんは、先生から託された仕事として、『分類児童語彙』の上下巻を合わせた刊行を目ざし、上巻については、前述の先生による訂正本に依り、下巻については、先ず先生の原稿の清書、次にその清書原稿の先生による加筆訂正、更にこれを丸山さんが清書したものに依っている。全巻に亘って、旧地名の新地名への変更などを行い、新たな語彙の増補、及び丸山さん自身による採集資料の補足や、さし絵の挿入などを加えて、刊行の準備をすすめられていた。

原稿の間から出てきた次のような柳田先生の手紙は、『分類児童語彙』を書き進める上での苦心と、丸山さんへの信頼並びに協力の期待がうかがえる。

丸山さん　このあとには、「児童社交術」と「命

名技術」との二章だけだと思いますが如何。これをもう一ぺん書き改めているうちに、その二つの緒言も書きます。古い興味を喚《よ》び起すことはなかなか困難です。

ただ前出の分とさし合うことのないようにそれだけはあなたが注意して下さい。

㊕

二月一九日（年号不詳）

この手紙は、先生が「外遊び」「辻わざ」「鬼ごと」「児童演技」と書きすすめられていた段階のものと思われる。

大藤ゆきの「解説」は、この後、柳田の分類と配列の仕方にふれ、それらは柳田の「ふしぎなほどの幼い子どもや少年少女の気持ちへの理解」によるものと述べている。

なお、この上下巻合冊の『分類児童語彙』の刊行前に、上巻が、庄司和晃によって編まれた『現代国語教育論集成　柳田国男』（明治図書出版、昭和六二年〔一九八七〕六月）にも収録されたことを付しておきたい。庄司は、柳田の児童語彙の分類、配列を「母の語」を身につける順序次第」とし、その意味においても同書は、「日本国語教育史上の節目となる重要な一巻」であると賛辞を送っている。芹沢俊介もまた、家遊びから外遊びの中間段階に「軒遊び」をいれた柳田の視点の重要性を指摘している。本全集第二七巻月報の芹沢の「ウイニコットと柳田国男」を参照されたい。

○『海村生活の研究』は、昭和二四年（一九四九）四月二〇日、柳田国男の編集のもと日本民俗学会により刊行された。「海村調査の前途」は、冒頭論文で、「定本書誌」には、論考名の下に「（序）」として記載されているが、『定本』未収録のもの。末尾に、脱稿の日付「（昭和二十三年三月十二日）」が書かれている。同書の奥付には、発行者に堀一郎、発行所は「民間伝承の会改メ　日本民俗学会」、事務分室に「東京都杉並区阿佐ケ谷五ノ一　六人社」とある。また、本書の扉裏には、「本調査事業に就いては日本学術振興会の補助を得た。銘記して感謝の意を表する。」の一文がある。「本調査」の正式名称は、「離島及び沿海諸村に於ける郷党生活の研究」である。

『民間伝承』第一二巻第八・九合併号（昭和二三年〔一九四八〕九月）の裏表紙には、「日本民俗学の一大資料集　予約募集」と本書の広告を載せている。内容項目を除いた前文を以下に紹介し、調査の目的と方法を押さえたい。

本書は昭和十二年より昭和十四年にわたり、柳田国男主宰の下に、文部省日本学術振興会の補助を得て、全国各府県より沿海並びに島嶼村落三十箇所を選定し、百の調査項目を以て綜合統一調査を実施したる結果の報告書であり、本会既刊「山村生活の研究」の姉妹篇をなすものである。かゝる大規模の計劃的同時的実地調査は、さきに遂行せられし山村生活調査と共に、我が学界稀れに見るところのものであり、沿海並びに島嶼村落生活資料の一大集成たる本書は日本民俗学のために一つの劃期的出版物たるばかりではなく、姉妹諸科学に対して貢献するところ多く、更に近時の社会科教育のためにも良き参考文献たり得るものと思ふ。

本書の内容は左記の如く、調査百項目の資料を二十五項に整理し、別に柳田国男の海村調査の前途を掲げ、また経過報告、調査地一覧表、海村生活調査項目並びに詳細なる索引を附してある。筆者十余名は本調査事業に参加し、実地採訪の労苦を分担した人々である。即ち柳田国男、最上孝敬、橋浦泰雄、桜田勝徳、瀬川清子、宮本常一、大間知篤三、今野円輔、牧田茂、倉田一郎、関敬吾、大藤時彦

また、本書の「経過報告」にも同様な説明が書かれているが、本調査が三カ年計画であったものが、「補助金の減額と打切り」で、青森県その他十余県の調査を断念したこと、本書は、一〇〇項目を二五項目に絞って分担執筆したことなどが述べられている。また、本書発行が大幅に遅れたのは、戦争によるものであったとし、守随一、倉田一郎、大島正隆の死もその犠牲であると述べ、「痛惜の念新たなるものがある」と結んでいる。

さらに「調査地一覧表」と百項目の「海村生活調査項目」「語彙索引」が続いているが、本解題には省くこととした。倉田一郎の佐渡郡内海府村調査と『北小浦民俗誌』(三省堂出版、昭和二四年四月)との関係については、本全集第一八巻の解題を参照されたい。

本書刊行後の七月、『民間伝承』第一三巻第七号は、特集を「海村生活」とし、柳田を中心とした座談会「「海村生活の研究」を語る」を掲載した。座談会では、本書刊行を日本民俗学会となって最初の業績として位置づけ、山村調査との比較、調査時の苦労話などを語り合っている。その座談会の最後に、柳田が「海村の索引だけでは足りない。やはり民俗語彙が必要」と語っていることに注目したい。

〇『祭のはなし』は、昭和二四年(一九四九)七月三〇日、三省堂から刊行された。表紙・奥付ともに、「柳田国男・瀬川清子共著」と印刷されている。しかし「定本書誌」では「瀬川清子執筆」とあり、瀬川の単著として扱われている。本全集では、本書冒頭に置かれた「はじめに」を収録したが、『定本』では未収録のものである。

戦後、学校教育の新しい教科として社会科がスタートするにあたり、文部省・GHQや成城学園など多くの教育関係者が柳田邸を訪れたが、柳田もまた社会科分野の書物が乏しいことへの対応策を早急に講じなければならない必要性を感じていた。昭和二三年(一九四八)一月一〇日には堀一郎の紹介で、三省堂から阿部肖人と武田新吉が民俗学研究所の例会に参加、瀬川・丸山を加え、社会科教育の問題点や今後の計画について、柳田を囲み話し合ったとされる。当日の例会には、他に成城学園の柴田勝ら四名の教員が参加し、具体的な学習の単元構成や教材づくりの話にも及んでいる。翌年一一月には、民俗学研究所と文部省の勝田守一や成城学園の教員たちを交えた座談会『社会科の諸問題』が三省堂から社会科叢書シリーズの一冊として刊行されることになる。

本書は、こうした新しい社会科教育を求める動きのなかで企画された「社会科文庫」(昭和二六年〔一九五一〕二月『総索引』刊行をもって全九四巻完結)の一冊として刊行された。各巻の巻末には、「社会科文庫刊行のことば」が掲載されている。柳田の考えが反映していると思われる箇所を一部引用する。

したがって、その学習は、これまでのように、教科書の理解や暗記だけを主とするものではなく、実際的な体験を重視するとともに、問題解決に必要な、正しい総合的な知識や理解を得るために、広く資料を求め、多くの書物を深く研究しなければなりません。ところが、わが国の現状は、生徒に社会各般の問題について、総合的な理解を与えるような教育用の良書が不足し、この画期的な社会科の学習も、十分な効果をあげ得ない有様であります。

多くの参考書を活用する、自由にして豊かな学習によってこそ、自主的合理的な若い精神の育成は可能であると信じ、社会科完全実施に必要なだけの、十分にして、かつ、信頼することのできる参考書を編集し、これを全国青少年諸君の社会科研究のために提供することこそ、新しい時代の建設につくす私たち出版者の責務と信じ、この社会科文庫の出版を決意しました。

当時の編集担当者の武田新吉は、辞書の三省堂が新たな分野の出版を手がけ、短期間で一〇〇冊近い中学生向けの読み物を刊行するには内外の様々な難関を乗り越えなければならなかったとし、「企画・項目・人選まで、スタートしてから約半年、いよいよ執筆交渉に入ったのは、二十二年の秋頃であった」と述懐している(「社会科文庫の誕生」『三省堂の戦後出版小史——出版活動の原点を求めて』三省堂部課長懇話会編、昭和四八年〔一九七三〕一〇月)。また野々村敬も、執筆陣について「著者には、梅根悟、坂西志保、大河内一男、金森徳次郎、横田喜三郎、柳田国男、中島健蔵、石田茂作、田中啓爾といった当時の第一人者が揃い、新社会科の意図をふまえ、やさしくくだいた執筆が依頼された」（『社会科文庫』『三省堂ぶっくれっと』三省堂宣伝部、昭和五六年〔一九八一〕一二月）と述べている。

『祭のはなし』は、「A家庭・学校」「B社会」「C政治・法律」「D産業・経済」「E文化」「F地理・歴史」「G伝記・資料・雑」の六つの分類に分けられた全体構成のうち、「E文化」の一六冊目に予定され、当初の計画では柳田国男の単著として依頼された。同書が瀬川清子との共著となったいきさつについては、瀬川自身が次のように述べている。

> 戦後、三省堂の社会科文庫に『祭のはなし』という小冊子を書くように、と勧められた。食料事情の悪い時で、新聞社の人たちに講演旅行に加われば魚や砂糖がもらえるかもしれない、と誘われて私はなによりも米が欲しくて参加することにしたら、祭の話の準備ができているか、と、ひどく叱られてとりやめにした。その原稿は全部目を通し、ことばの使い方など注意して、丸山久子には絵を入れる時の工夫などを指導した。柳田自身の原稿と合わせて共著ということにして昭和二十四年七月に出版した。翌年この本が再版されたのを喜んで、その稿料の柳田の分は女性の民俗研究会の運営に使うようにと言った。
>
> （「柳田国男と女性」『評伝柳田国男』日本書籍、昭和五四年〔一九七九〕七月）

また、同書が出版にいたるまでの経緯や「はじめに」が柳田の執筆によるものであることなどについては、鎌田の前掲論文「柳田国男先生と丸山久子さん」に詳しく述べられているので、参照されたい。

同書は、中学生向けの読み物として種々の工夫が見られる。柳田自身が民俗学研究所例会の折に提供を呼びかけて集められた祭礼関係の写真五葉が冒頭の口絵に掲げられるとともに、丸山久子が尽力したという「さしえ」三三枚が本文中に収められた。挿絵や文章だけでなく、各章の末尾におかれた「問題」や巻末に付された「索引」にも配慮が表れている。

「問題」は各章に一〜七本ほどの課題が示されていて、たとえば「第四章　祭の火」では、「（1）祭にはなぜかがり火をたくのだろうか。郷土では祭の火にどんな風習があるか。それはどんないわれをもっているか」というように、子どもたちの興味と関心を導き、具体的に調べやすいように書かれているのが特色である。

また柳田がその重要性を強調してやまない「索引」については、その使い方が二頁にわたり説明されていることも注目したい点であろう。

同書の扉裏の「著者紹介」は次のとおりである。

柳田国男　明治八年生　東大法学部卒　民俗学専攻　学士院会員　芸術院会員　アメリカ人類学会名誉会員

（著書）　桃太郎の誕生、日本の祭り《（ママ）》、国語の将来等

なお、同書の再版は、昭和二五年（一九五〇）六月に刊行されたが、その巻末に付された社会科文庫の「総目録」の頁における著者表示は柳田、瀬川の連名で表示されている。

『祭の話』は、昭和三〇年（一九五五）一一月五日に三省堂から刊行された。表紙・奥付ともに「柳田国男・瀬川清子共著」と印刷されている。本全集では「著者」と署名のある「まえがき」を共著者の柳田の関与の深いものとして収録した。『定本』未収録のもの。

同書は、社会科文庫の一冊として昭和二四年七月に刊行された『祭のはなし』を別の新たな「三省堂百科」シリーズの一冊として復刊したものである。したがって、「定本書誌」では『祭のはなし』と同様、「瀬川清子執筆」と付記されている。

復刊にあたっては、「はじめに」および「本文」とともに、かつての中学生向けの文体、言葉づかいが一般向けに書き直されているが、内容についてはほぼ同様である。また新たに「まえがき」が付されている（本全集にはこの「まえがき」を収録）が、各章にあった「問題」、「索引」および「索引はどのように利用するか」はいずれも省かれている。

この百科シリーズの第一冊は、家永三郎の『新日本史』であり、その後京都大学の岩村忍の『西洋と東洋』（「社会科文庫」より復刊）、諸井三郎『音楽と社会生活』が続き、同書は第四冊目の刊行であった。

○『日本伝説名彙』は、昭和二五年（一九五〇）三月一〇日、柳田国男監修・社団法人日本放送協会編により日本放送出版協会から刊行された（『日本昔話名彙』では監修・編の順が逆になっていたものが本来の姿になっている）。「伝説のこと」は、その冒頭論文で、「定本書誌」に記載があり、『定本』第三一巻に収録されたもの。本書は、A５判四六八頁、定価四五〇円、版画家恩地孝四郎の装幀による美装本であった。

本書の「序」において、日本放送協会の会長古垣鉄郎は、『日本昔話名彙』に続けて出版した意義を次のように述べている。

日本には、この伝説が特に夥しい。民俗学の権威柳田国男氏が、これを究めようとして、この数十年来、幾多の同志後進を指導しながら、また、その協力を得ながら、刻苦滅身、ひたすらに、この面に没頭されてきた。わが日本放送協会では、氏の学者としてのこの高潔熾烈な精進と研究に有終の美を済さしめたく、且つ民俗伝統の精

粋を、正しく記録し、整理し、解明することが、国民文化のための放送の仕事に当る当協会として当然担うべき公的義務であるとして、昭和十六年以来僅かながらこれが研究費を支出し、氏の目的達成に協力し得たことは、われわれの些か快心事とするところである。

さらに続けて、本書刊行にあたっては、関敬吾の力が大きいと次のようにも述べている。

なお、本書は柳田氏指導の下に、関敬吾・石原綏子両氏が専らその編纂に当られた。本書の原稿はたまたま戦火に見舞われ、印刷所において烏有に帰したが、関氏の熱誠なる努力により再び稿を起してにここに漸く完成するに至つた。

『民間伝承』第一四巻第八号（昭和二五年八月）の「書誌紹介」において、大藤時彦は、本書を海外の伝説との比較研究への過渡期の書と位置づけつつ、「巻末の伝説名索引」を「部門別の頁数を最初に掲げるか、五十音順に排列するかせぬと利用に不便であらう」と指摘した。本書は、昭和四六年（一九七一）一二月に、関と大藤によって改版出版されているが、その際、大藤自らの手によって、巻末索引を五十音順に配列し直している。

○『本邦離島村落の調査』は、表紙に「柳田国男指導／本邦離島村落の調査——趣旨及び調査項目表——財団《》法人 民俗学研究所／東京都世田谷区成城町三七七／電話砧一二六番」と記載されている。裏表紙には、「本調査は文部省科学試験研究費の補助による」とある。「趣旨」二頁、「離島村落調査項目表」七頁の小冊子である。本調査は、柳田の「指導」のもと、大藤時彦を代表者とし、調査項目の選定については、大間知篤三を中心に進められたものであった。「趣旨」は同書に収録されたが、「定本書誌」に記載なく、『定本』未収録となった柳田国男署名の文章である。末尾の日付の「昭和二十五年七月」を発表年とした。同「趣旨」は、柳田没後、日本民俗学会編で刊行された柳田国男指導『離島生活の研究』（国書刊行会、昭和四一年（一九六六）一〇月二五日）に「序にかえて」として再録されている。

調査項目表は、八二一頁以下に掲げる通りである。

昭和二五年（一九五〇）七月発行の『民間伝承』第一四巻第七号には、民俗学研究所「「離島村落の調査」について」という呼びかけが掲載され、「柳田先生がかねて唱導しておられる「人生を幸福なものにするための学問でなければならない」という言葉を、再建の母国の上に実践したい」と述べ、次のような計画を明らかにしている。

二十五年七月から三箇年継続で調査しようというので、鹿児島県甑島、長崎県南松浦郡樺島、石川県能登島等十

離島村落調査項目表

調査番號

第一、村　落

一　イ　起源（島の歴史、親島及び島内他村との関係に注意）
二　ロ　旧家（特權、家格に注意）
三　ハ　旧幕時代の統治（村役、浜役に注意）
四　ニ　行政及自治組織の單位
五　ホ　村株
六　ヘ　百姓（農漁）水呑、特殊の家、人（神職・医師・鍛冶・桶屋・鑄物師・大工・流人等）
七　ト　戸数制限と新戸
八　チ　親方、子方
九　リ　村入の作法
一〇　ヌ　年令集團（若者組、娘組、子供組）
一一　ル　成年式（祕儀に注意）
一二　ヲ　共有財產（土地以外）
一三　ワ　村寄合
一四　カ　村仕事、賦役
一五　ヨ　相互扶助（災害と救助に注意）
一六　タ　講（經済的）

第二、土　地

一七　イ　耕地（地租台帳）（カード記入）
一八　ロ　共有地の変遷
一九　ハ　地割
二〇　ニ　礒の利用
二一　ホ　社寺の所有地
二二　ヘ　聖地
二三　ト　開發

第三、人　口

〔目　標〕特定地區に於ける人口變動の實相を掌握する。（配給原簿、戸籍簿、寄留簿、離籍簿等統計類の利用）

二四　イ　現狀（人口、戸数、年齢構成、職業）（カード記入）
二五　ロ　本戸及び外來戸（カード記入）
二六　ハ　以前の人口　戸数統計（壬申戸籍、大正十年）
二七　ニ　宗門人別帳その他の古文献
二八　ホ　離村者、出稼（カード記入）
二九　ヘ　島外からの移住（カード記入）

第四、衣・食・住

【衣】

三〇　イ　仕事着
三一　ロ　晴着
三二　ハ　寝具
三三　ニ　衣料
三四　ホ　衣生活の変遷
三五　ヘ　髪形、被り物、履物

【食】

三六　イ　食料（移入食料に注意）
三七　ロ　食品
三八　ハ　食具
三九　ニ　食制
四〇　ホ　飢饉
四一　ヘ　飲料水
四二　ト　食生活の変遷

【住】

四三　イ　屋敷の取方とその周囲（風害防止に注意）
四四　ロ　屋敷（主屋と附屬建物）
四五　ハ　間取と使用法（以上の三項目については圖をとる）
四六　ニ　炉と竈

四七 ホ 燃料
四八 ヘ 照明
四九 ト 建築儀礼（材料の取得法に注意）
五〇 チ 屋内に祀られる神
五一 リ 屋敷神

第五、家族

五二 イ 家族と世帯（棟、食、畑の異同に注意）
五三 ロ 家長権
五四 ハ 主婦権
五五 ニ 夫婦の地位
五六 ホ 隠居
五七 ヘ 長男
五八 ト 二、三男
五九 チ 独り者
六〇 リ 養子と貰ひ子
六一 ヌ 座席順
六二 ル 分家慣行
六三 ヲ 相続
六四 ワ 遺言
六五 カ 私財
六六 ヨ 屋号と屋印
六七 タ 親族呼称
六八 レ 同族團と同族神

第六、婚姻

六九 イ 婚姻方式
七〇 ロ 若者宿、娘宿、宿親
七一 ハ 仲人
七二 ニ 年廻り
七三 ホ 通婚圏（カード記入）
七四 ヘ 嫁と姑
七五 ト 婚家と里

七六 チ 近親婚
七七 リ 離婚
七八 ヌ 独身女
七九 ル 私生児

第七、産育

八〇 イ 帯祝
八一 ロ 産屋
八二 ハ 産の忌
八三 ニ 産婆
八四 ホ 産神
八五 ヘ 産後の儀式
八六 ト 名付祝（名付親と捨親にも注意）
八七 チ 初歩き
八八 リ 氏子入り
八九 ヌ 子守り
九〇 ル 出産と俗信
九一 ヲ 育児と呪法
九二 ワ 産児制限
九三 カ 月小屋

第八、葬制

九四 イ 枕飯
九五 ロ 喪の忌
九六 ハ 野邊送り
九七 ニ 願もどし
九八 ホ 喪屋
九九 ヘ 墓場
一〇〇 ト 佛おろし
一〇一 チ 忌中と忌明け
一〇二 リ 新盆
一〇三 ヌ 弔ひ上げ
一〇四 ル 寺（宗派、和尚の権威、寺の機能に注意）

第九、生産・生業と勞働慣行

一〇五 イ 漁船（材料、造る場所、舟玉様に注意）
一〇六 ロ 海上生活と自然現象との關係（風、潮、波等）
一〇七 ハ 漁場
一〇八 ニ 漁業權
一〇九 ホ 魚介
一一〇 ヘ 漁法
一一一 ト 漁業組織と契約慣行
一一二 チ 漁獲物の分配
一一三 リ 漁獲物の集荷
一一四 ヌ 漁獲物の加工製造
一一五 ル 漁祝
一一六 ヲ 漁の神
一一七 ワ 沖言葉
一一八 カ 漁業の變遷
一一九 ヨ 塩
一二〇 タ 切替畑の方法
一二一 レ 農業の地位
一二二 ソ 山仕事
一二三 ツ 家畜
一二四 ネ 牧畜
一二五 ナ 特殊生業
一二六 ラ 共同勞働
一二七 ム 個人勞働（一人前に注意）
一二八 ウ 技術教育
一二九 ヰ 女性の勞働（勞働の限度、男女賃銀の比率に注意）
一三〇 ノ 休み日

第十、交通・交易

一三一 イ 船（材料と作る場所に注意）
一三二 ロ 船がかり
一三三 ハ 運搬方法
一三四 ニ 村に入り來る者（物賣り、信仰的旅人等）
一三五 ホ 旅宿機關
一三六 ヘ 陸地との交通
一三七 ト 交通先との關係
一三八 チ 制限された交通の實情
一三九 リ 交通の變遷
一四〇 ヌ 難破船
一四一 ル 漂着物
一四二 ヲ 交易の實情（問屋、店屋に注意）
一四三 ワ 交易の變遷

第十一、年中行事

一四四 〔生産暦との關係に注意〕

第十二、信仰と俗信

一四五 イ 祭
一四六 ロ 氏神
一四七 ハ 祖靈
一四八 ニ 路傍の神
一四九 ホ 漂着神
一五〇 ヘ 信仰する島外の主な神
一五一 ト 講、日待
一五二 チ 共同祈願
一五三 リ 同齢感覺
一五四 ヌ 妖怪と幽靈
一五五 ル 憑物
一五六 ヲ 兆、占、禁、呪
一五七 ワ 民間療法
一五八 カ 巫女、行者
一五九 ヨ 新宗教

第十三、社會倫理と個人道徳

一六〇 イ 交際

〔終〕

数箇所が今年度の調査地として予定されている。この経費については、わが国が当面する緊急且つ重要な問題であるとして文部省科学試験研究費の補助を受けることとなつた。

ここにある「十数箇所」とは、文中の三カ所以外に、宮城県江島、東京都利島・御蔵島・青ヶ島、新潟県粟島、愛知県佐久島、島根県隠岐島後、岡山県白石島、広島県蒲刈島、香川県広島、佐賀県加唐島、長崎県宇久島・小値賀島、鹿児島県長島・黒島・宝島の、合計一九カ所である。

さらにこの呼びかけの最後には、本小冊子を希望者に送る旨のことが記されている。研究所では、この小冊子が発行された七月中旬ごろから、島に調査に入る所員が続くことになるが、その先陣を切ったのが、和歌森太郎、竹田旦、桜井徳太郎、牧田茂、瀬川清子らの対馬調査団であった。『民間伝承』の「同人消息」では、九月号掲載の竹田、牧田の対馬からの通信を掲載したのをはじめ、一〇月号では、「同人消息」として、平山敏治郎が加賀民俗の会の人々と共に能登島へ、北見俊夫が新潟県粟島、千葉徳爾らが宮城県江島に入ったことなどを伝え、その後の「島からの便り」に以下の便りを掲載している。

長崎県対馬　　瀬川清子
長崎県南杉《(ママ)》浦郡五島　　竹田　旦

兵庫県飾磨郡家島　西谷勝也
岡山県小田郡白石島　福島惣一郎
石川県鹿島郡能登島　平山敏治郎
新潟県岩船郡粟島　北見俊夫
宮城県牡鹿郡江の島　千葉徳爾
　　亀山慶一

各研究員は、これらの調査報告をすることによって、個々の研究課題を見つけ、大成していくこととなり、本調査の民俗学史的な位置は山村調査や海村調査に比しても小さくはない。しかし、全体を見通しての研究は未開と言ってもよく、今後、石田英一郎との論争、柳田自身の『島の人生』（昭和二六年〔一九五一〕九月）（本全集第一九巻）などとの関連、各研究員のその後の研究との比較、さらには、周辺学問への広がりなど、残された課題は大きい。伝記的には、後藤総一郎監修・柳田国男研究会編著『柳田国男伝』（三一書房、昭和六三年〔一九八八〕）の杉本仁執筆の「第十二章第二節民俗学研究所の発足」が、この頃の研究所の活動と解散に至る経緯を実証している。

○『民俗学辞典』は、昭和二六年（一九五一）一月三一日に東京堂出版から柳田国男監修により刊行された。本書の冒頭に掲げられた「序」は、「定本書誌」に「序（口述）」として記載があるが、『定本』未収録である。この「（口述）」に関しては、井之口章次が、実際に柳田自身が「ペンを執った」としてその間違いを指摘している（『評伝柳田国男』日本書籍、昭和五四年〔一九七九〕）。

また、本辞典の「内容見本」にも、柳田名で「民俗学と社会科教育の眼目」の文章が掲載され、文末に「（序文の一部）」との説明が付されている。

本辞典の扉の裏には、「本辞典の編纂については、文部省から昭和二十五年度民間研究機関事業補助金および人文科学研究費の補助を受けた。銘記して感謝の意を表する」と記してあり、井之口の前掲文によると申請の題目は、「民俗学における学術用語の選定」であった。昭和二四年（一九四九）に企画が提案されたが、実際に項目の選定に入ったのが二五年の二月というから、一年もかからずに刊行にこぎつけた柳田の「熱意」（井之口）の書であった。井之口は、柳田の「熱意」を次のように、前掲書で述懐している。

> 柳田はこの辞典に非常な熱意を寄せたが、実際にみずからペンを執ったのは、「序」と「にらいかない」一項目だけである。それでも最初、自分で書いて見ようと言った項目は他にも七つある。参考のために並べてみる。鉢巻、木印、いるか、願もどし、成木責、いべ、黄金の鉈。比較的小項目ばかりである。これらは私が口述筆記

をすることになった。散歩しながら話すということでお伴をしたが、いざ散歩に出ると雑談ばかりで、結局は柳田の書いたものを要約するほかなかった。

なお、「*おもろ草紙」「*祝女《のろ》」は、この辞典に項目があることを示す。

○『改訂新しい国語　中学三年上』は、柳田が監修者として編集に携わった東京書籍版の中学校国語教科書である。「ゴザルからデスへ」は、教材用に書き下ろした文で、「定本書誌」には昭和二七年（一九五二）七月の項に記載されているが、『定本』未収録となったもの。掲載された『改訂新しい国語　中学三年上』の目次には執筆者、柳田国男の名は無く、無署名である。同じ教科書に、本巻に収録した「これからの国語」も掲載されている。しかし、こちらには柳田の署名があるものの、「定本書誌」に記載はない。比較のために、掲載された八章および十章の「目次」を参考までに記すこととする。

八　昔のことばと今のことば
　一　話しことばと書きことば
　二　ゴザルからデスへ
　三　古文のことばづかい
十　ことばを育てる
　一　日本語の特色
　二　これからの国語……………………柳田国男

同教科書の教材文には、学習課題として末尾に「学習のたすけ」が記されているが、本文「これからの国語」の「学習のたすけ」は以下の通りである。後に続く作者紹介も併せて引用する。

一　「わたしたち」ということばについて、次の点を読みとろう。
　１　「わたしたち」ということの本来の意義。
　２　今のように使われるようになった径路。
二　「わたしたち」ということばが実際にどんな場合に用いられているかについて確かめてみよう。
三　作者は「わたしたち」ということばを取り上げて、これからの国語について何を語ろうとしているか、話しあおう。

〔作者〕柳田国男《やなぎだくにお》　明治八年（一八七五）兵庫《ひょうご》県の生まれ。民俗学者。学士院会員、芸術院会員。おもな著書に、「海南小記」「雪国の春」「毎日の言葉」などがある。

また、本国語教科書の編集方針や、柳田のかかわりについては、本全集三二巻の本文並びに解題を参照されたい。

○『改訂新しい国語　中学三年下』は、前述の東京書籍版中学三年生用国語教科書の下巻である。「はなむけのことば」は、中学校を卒業する生徒へ向けた文章で、「定本書誌」に記載がなく、『定本』未収録のもの。柳田が義務教育を了えて巣立っていく若者に、一人前になること、国語教育の本来の役目を訴えている文章である。

○『年中行事図説』は、柳田国男監修・民俗学研究所編により昭和二八年（一九五三）六月一〇日に岩崎書店から刊行された。同書店から刊行されたシリーズ図説全集の第六巻にあたる。巻頭に掲載された「序」は「定本書誌」に記載があるが『定本』未収録となったもの。文末に「昭和二十八年四月　柳田国男」とある。

同書は、「日本の年中行事全般を、視覚に訴えて解説することを目的とし、読者層を「小学・中学校の社会科教員および高等学校生徒」に設定するなど当時の柳田の社会科への熱意を伝えるものである。編集執筆体制は以下の通りであった。

監修　柳田国男
編纂委員　大藤時彦　大間知篤三　直江広治
編纂事務担当者　井之口章次
図説担当者　橋浦泰雄　野口義恵　染木煦
執筆者　井之口章次　大藤時彦　大間知篤三
亀山慶一　北見俊夫　桜井徳太郎
竹田旦　千葉徳爾　直江広治
福島惣一郎　丸山久子

なお、同書は、昭和三三年（一九五八）一月、同じ岩崎書店から『図説全集』の一冊としてではなく、同名書の異装本として再刊され、さらに昭和五〇年（一九七五）一〇月、大藤時彦の「復刊に際して」を付して復刊されている。

○『日本のしゃかい　二年』『日本のしゃかい　三年上』『日本の社会　四年上』『日本の社会　五年上』『日本の社会　六年上』は、柳田が監修し、実業之日本社から出版された小学校二年生から六年生までの各学年毎の社会科教科書である。「先生と父兄の方へ」は、奥付頁に記載された編集方針の説明で、柳田国男の署名があるもの。「定本書誌」にも記載なく、『定本』未収録。柳田の単独署名ではあるが、教科書ということもあり、柳田監修として、本巻に収録することとした。

戦後の社会科教育発足にあたって、「世の中」「世間」という教科名を主張した柳田は、当初教科書づくりに消極的であった。しかし、成城小学校の教員たちとカリキュラムづくりをしていくなかで、柳田社会科としての骨格が作られ、教科書として結実していくこととなる。この間の柳田を取り巻く動きや、『日本の社会』の単元構成とその評価、さらにはこの教科書がなぜ定着していかなかったかの分析等、後藤総一郎監修・柳田国男研究会編著『柳田国男伝』(三一書房、昭和六三年〔一九八八〕)の杉本仁執筆「第十二章　新しい国学を求めて」が詳しいので参照されたい。

　また、同教科書は、昭和六〇年(一九八五)一一月に第一書房から、第二学年以上の教科書と『学習指導の手引き』(第一学年を含む)、『柳田国男先生談話・社会科の新構想』(昭和二三年〔一九四八〕一〇月、成城教育研究所編、本全集三一巻「柳田先生をめぐる座談会」解題参照)、『社会科教育法』(柳田国男・和歌森太郎共著、実業之日本社、昭和二八年〔一九五三〕六月)、『別冊解題』を加えた全一八冊のセットで復刻刊行されている。監修大藤時彦、刊行委員代表が山中正剛で、「解題」には、山中はじめ教科書づくりにかかわった直江広治や庄司和晃らの論考が掲載され、柳田社会科の研究に拍車がかかることとなった。

　以後の柳田国男と柳田社会科に関する主な研究を列挙する。

・「柳田社会科の教科書と仮説実験の授業書」庄司和晃、『成城学園　教育研究所研究年報』第八集、成城学園教育研究所、昭和六〇年一一月
・『柳田教育学と社会科教育』井上浩二、自家版、昭和六一年(一九八六)五月
・『柳田国男と社会科教育』谷川彰英、三省堂、昭和六三年(一九八八)八月
・「柳田国男と成城学園初等教育——「柳田社会科」の実践を手がかりとして」小国喜弘、『民俗学研究所紀要第二十集』成城大学民俗学研究所、平成八年(一九九六)三月
・「柳田教育学で総合学習を創る」小田富英、『生活科と共に総合的学習を創る』明治図書、平成一〇年(一九九八)四月〜一一年三月
・『柳田国男——社会改革と教育思想』福井直秀、岩田書院、平成一九年(二〇〇七)三月

〇『明治文化史　風俗編』は、昭和二九年(一九五四)九月三〇日、洋々社から刊行された。『明治文化史』シリーズの第一三巻(編纂委員柳田国男)である。「定本書誌」には、「総説」と「言語生活」は「口述」とあるが、「後記」については記載がなく、いずれも『定本』未収録。「口述」については、柳田自身「後記」の文中でも触れ、江馬三枝子による「口述筆記」としている。

『明治文化史』(全一四巻)は、『日米文化交渉史』(全六巻)と併せて全二〇巻で、財団法人開国百年記念文化事業会(理事長・日高第四郎)の編纂で、昭和二八年(一九五三)から三一年(一九五六)にかけて刊行された。

文化事業会会長羽田亨は、「初版刊行の辞」として、出版事業として二年間を有したことを述べたあと、「成るべく平易を旨とし、煩瑣な論証は出来る限り避け」たと、広い読者層を想定して編集したことを強調している。

本巻には各巻、月報として『近代日本文化』が挟み込まれ、執筆者のエッセイ、執筆者の写真付き紹介、「読者の声」などが掲載された。第一三巻の『風俗編』は、第六回配本であり、その月報は未見であるが、第七回配本の『学術編』に挟み込まれた『近代日本文化』第七号には、前回配本の『風俗編』の正誤表がさらに挟まれている。本文にかかわる正誤は、冒頭の一カ所のみである。

	誤	正
六一一頁	風俗という言葉になって	風俗という言葉は最近になって

また、同様に挟み込まれた宣伝用のチラシの執筆者の肩書きは、次のようになっている。

学士院会員柳田国男、東京教育大学教授文学博士和歌森太郎、東京教育大学助教授直江広治、東京学芸大学助教授萩原竜夫、日本民俗学会理事大藤時彦

なお、『明治文化史』第一一巻の『社会経済編』と第一二巻の『生活編』は、渋沢敬三が編纂委員を務め、第一二巻の執筆者には宮本常一らが名を連ねている。

日本民族学協会会長渋沢敬三、東京教育大学教授有賀喜左衛門、東北大学助教授竹内利美、日本常民文化研究所長桜田勝徳、日本常民文化研究所理事宇野修平、立教大学教授宮本馨太郎、日本常民文化研究所宮本常一

『明治文化史』全一四巻は、昭和五四年（一九七九）四月から新装版として原書房から刊行された。財団法人開国百年記念文化事業会編とあるものの、会はすでに解散しており、権利義務を継承した財団法人東洋文庫の名を付け、函にも奥付にも、「（財）東洋文庫蔵版」とある。四月から隔月に刊行されたが、柳田編纂の『風俗編』が第一回配本であった。この事や、「内容見本」の推薦の言葉からも、他の巻と比べ評価が高く、宣伝効果を考えての配本であったと考えられる。

同「内容見本」には、執筆者として、巻末の「明治風俗史年表」を執筆した西垣晴次の名も載せている。

また、この新装本でも、前述の「風俗という言葉」の箇所は訂正されていない。

○『日本人』は、柳田国男により「毎日ライブラリー」の一冊として、昭和二九年（一九五四）一二月五日、毎日新聞社から刊行された。本巻には、「一　日本人とは」、「三　家の観念」と「あとがき」を掲載した。「定本書誌」には前者二本が「（口述）」と記載されている。「あとがき」は、文末に

「昭和二十九年十月　編者」と書いてあるにもかかわらず、「書誌」にも落ちていて、いずれも『定本』未収録。一二の章を萩原竜夫や和歌森太郎ら民俗学研究所のメンバーで分担執筆し（本文「あとがき」参照）、最後に全員の座談会の記録「「日本人」座談会」を掲載している。

座談会での柳田の冒頭の発言は、この本の性格を言い当てているので、引用する。

柳田　日本人はいったい、どこからこの国土に渡ってきたかという問題は、わたしども子供の時から七十年間続けて研究している問題なんですけれども、むろん解決できるわけはなかったんです。

この日本人の起原の問題は他に譲るとして、この本では、その以後の事実――この島に渡ってきたという事実から出発しなければならぬ。それから何千年たつかしらんけれども、その間、こういう性質だけは、渡来当時のもとの特徴そのまま、現在にまで残っているというものもありましょうし、それ以外にもこの島に住んでどれくらい向上したか、これだけの面積の上に散らばったがために、どういう現象を呈しているか、どういう日本人というものができあがっているか、これはおそらくは文献資料と考古学資料だけでは説明することができないと思う。そこでこの本を作るということは、われわれの学問の方法を試みるのに非常にいい機会だったんじゃないかと思います。

さらに柳田は続けて、この『日本人』の企画、題の付け方に感心したと述べ、「民俗学という字」を入れて総論を書かなくてよいことを「幸福」としながら、民俗学にとって「いい機会」であったと発言している。こうした熱意で編まれた同書は、柳田最後の著作『海上の道』と併せて読まれるべき書であったにもかかわらず、高い評価を得たとは言い難い。のちに、この書のなかに民俗学が進むべき道があると改めて光をあてたのは、神島二郎と伊藤幹治である。

神島　まあ戦後でいえば、ぼくはやはり毎日新聞社の毎日ライブラリーの一冊としてだした『日本人』ですね。あれが柳田としては一つの解答じゃないかな。あの『日本人』というのをよく見る必要があるんではないですか。あれには柳田は猛烈に熱をあげていましたね。これを民俗学の総論にしようではないかと。

伊藤　柳田をリーダーとした日本民俗学の成果を、総決算したという感じがしますね。問題の設定の仕方が、これまでのものと違ってたいへん新鮮な気がした。柳田説を要領よくまとめたものもみられるんですが、柳田の「日本人とは」というエッセイは、もっとも精彩を放っていますね。『総合《ママ》民俗語彙』になると、柳田民俗学は解体してしまうが、この『日本人』には、柳田民俗学のエスプリが残っていますね。

（神島二郎、伊藤幹治編『シンポジウム　柳田国男』日本放送出版協会、昭和四八年〔一九七三〕七月）

○『日本民俗図録』は、昭和三〇年（一九五五）四月二〇日、柳田国男監修、財団法人民俗学研究所編により朝日新聞社から刊行された。同書は、朝日新聞社の「図録シリーズ」の一冊として刊行され、三五〇頁で巻末には「索引」が付けられている。

本巻に収録した「序」は、「定本書誌」に記載はあるものの、『定本』未収録となったもの。

本書は、七四四枚にも及ぶ写真が項目ごとに配列されたものであり、「写真を通して民俗を示すとともに、一般読者をして民俗学に興味を抱かせようとする入門書」（宮田登ほか編『民俗学文献解題』名著出版、昭和五五年〔一九八〇〕、宮本袈裟雄執筆）の役目を担った。柳田の民俗写真に対する考えについては、土門拳の『風貌』（アルス、昭和二八年〔一九五三〕）に収録された「柳田国男」の写真解説が興味深いので参照されたい。

○『学年別　日本のむかし話　一年生』『学年別　日本のむかし話　二年生』『学年別　日本のむかし話　三年生』『学年別　日本のむかし話　四年生』『学年別　日本のむかし話　五年生』『学年別　日本のむかし話　六年生』は、昭和三〇年六月五日に実業之日本社から柳田の監修により小学校の一年生から六年生までの学年別に刊行された日本昔話集である。

「監修者のことば――父兄と教師の方々に――」は、各巻の冒頭に掲載された文章で、『定本』第三〇巻の序跋集の中に「『日本の昔話《ママ》』監修者のことば」として収録されている。「定本書誌」には、「（口述）」の記載がある。

同シリーズは、柳田国男監修、編集委員は坪田譲治、浜田広介、大藤時彦、丸山久子であり、奥付の編者代表は大藤となっている。各学年すべて掲載した本文と同じ文章であるが、本全集の底本としたものは、初版が残っている六月刊の「六年生」である。

各巻の巻末には、「解説　先生とおかあさま方へ」が付され、一年から三年までが丸山久子、以降は大藤が担当して収めた昔話についての出典と簡単な解説がある。

○『綜合日本民俗語彙　第一巻』は、柳田国男監修・財団法人民俗学研究所編により、昭和三〇年（一九五五）六月三〇日に平凡社から刊行された。「序」は巻頭に掲載された序文である。「定本書誌」に記載があるが、『定本』未収録となった。本語彙集は、これまでの語彙集をすべて統合し、五十音順に収録することを目的として刊行されたものである。柳田国男が監修者となり、編纂委員が大藤時彦、大間知篤三、直江広治、萩原竜夫、井之口章次、丸山久子、編纂事務担当を郷田（坪井）洋文が務めた。本文の「序」が掲載されている。第一巻には、続けて無署名の「編纂の趣旨」が収められている。「内容見本」に掲載された「監修者の言葉」は、本全集第三三巻に収録したので、解題と併せて参照されたい。

民俗学研究所の総力をかけて配列した語彙は、第四巻の「ホーン」で収録を終え、昭和三一年一〇月、「語彙分布図」「綜合日本民俗語彙索引」「綜合日本民俗語彙主要引用文献目録」を掲載した第五巻で完結することとなる。この事業については、費やした労力の割に、民俗学研究所内外での評価も分かれ、また、この後の柳田自身の民俗学研究所解散宣言へと繋がる流れのなかで語られることが多い。井之口章次は、「民俗学研究所」（『評伝柳田国男』日本書籍、昭和五四年〔一九七九〕）において、当時の柳田の思いと研究所内の様子を次のように述べている。

そこでいよいよ懸案の『綜合日本民俗語彙』の編集にとりかかる。巷間しばしば、柳田はこの本の出版に反対であったとか、民俗語彙をただ五十音順にならべても意味がない、などという人があるが、それは当時の状況の中では間違いである。「分類語彙集」と同時に、「綜合語彙」も柳田の発案であり念願であった。昭和二十二年の民俗学研究所世話人会の席で明言しており、「民俗学研究所の成り立ち」に文章としても残っている。

昭和三十年六月の日付けのある『綜合日本民俗語彙』の序（口述筆記）では、「この綜合日本民俗語彙の出現に同意した」という表現になっており、いくらか後退したような印象も受けるけれども、これだけ長文の序を口述筆記させるについては、なみなみならぬ意欲を汲みとるべきであって、自分の反対する出版物に、心のこもった序文を寄せるはずがない。

井之口は、続けて五十音順の語彙集の利点をあげ、柳田には当初から、そうした新たな発見や収穫に対する「過大な期待」があったと指摘し、「綜合の成果が、当初の予想ほどには大きくないことに気づいて、失望感が大きくなった」と述べている。さらに続けて、柳田の誤解を生む発言の真意を次のように指摘している。

先に、柳田が「綜合語彙」に反対だというのは間違いだと述べたが、柳田自身がまぎらわしい発言をしたのは事実である。すでにかなりの数の「分類語彙」が活字になっている。少々増補を加えるにしても、事務的な処理で簡単に片づくものと考えていたようである。コピーやコンピューターの利用が今ほどに進んでいなかったから、現実には研究所を挙げての大事業になった。所員が研究所に顔を出さず、深夜まで出版社で作業をすることもあった。

「綜合」の効果も予想ほどのことがなく、研究に専念するはずの所員は雑用に追いまくられている。研究所は編集室のようになって、静かに本を読んでいる姿を見かけることも少ない。老人だから気のあせりがあって、あと半年という辛抱ができない。そこで来る人ごとに「綜合語彙などを始めたために」と、グチをこぼしていたのは事実である。

なお、初版刊行後一五年を経て、昭和四五年（一九七〇）に一部記述内容に改訂を施した柳田国男監修・財団法人民俗学研究所編『改訂綜合日本民俗語彙』が同じく平凡社から刊行されている。

○『JAPANESE MANNERS & CUSTOMS in the MEIJI ERA』は、昭和三二年（一九五七）三月、旺文社から出版された英訳版『明治文化史』(JAPANESE CULTURE in the MEIJI ERA) の一冊、第四巻（Volume IV）の『風俗編』の英訳版である。ただし、同書の巻末およびカバー裏に記載された「全巻構成」における『明治文化史』の英文表記は、シリーズ名が「A CULTURAL HISTORY OF THE MEIJI ERA」、第四巻の書名が「Customs and Manners」（巻末）、「Manners and Customs」となっており、それぞれ刊本における英文表記と若干の異同が見受けられる。「定本書誌」に記載があるが、『定本』には未収録であったもの。また、同書には、『風俗編』とは異なる口絵写真八葉が差し替えられ、さらに巻末に「INDEX」が付け加えられている。

同書を含むシリーズは、同じく財団法人開国百年記念文化事業会の編纂により同時期に刊行された『日米文化交渉史』の英訳版（「A HISTORY OF JAPANESE-AMERICAN CULTURAL RELATIONS」）と併せて、「CENTENARY CULTURAL COUNCIL SERIES」（開国百年記念文化事業会叢書）全二〇巻として出版企画された。『明治文化史』全一四巻のうち、第一巻『文芸編』（「Literature」）、第二巻『宗教編』（「Religion」）、第三巻『音楽演劇編』（「Music and Drama」）、第四巻『風俗編』（「Manners and Customs」）、第五巻『生活』（「Life and Culture」）、第六巻『社会経済編』（「Society」）、第七巻『概説編』（「Outline of Japanese History」）の七冊が刊行された昭和三三年（一九五八）までは旺文社が刊行し、その後出版元がパン・パシフィック（Pan-Pacific）社に代わって、第八巻『美術』（「Art and Crafts」）、第九巻『思想言論編』（「Thought」）、第一〇巻『法制編』（「Legislation」）の三冊が刊行されたが、『教育道徳編』『学術編』『趣味娯楽編』『総索引』の四冊については刊行が確認されていない。

なお、前述の『新装版　明治文化史』の「内容見本」にある芳賀徹の推薦文には、「十数年前だが、アメリカのプリンストン大学の東洋学文庫で、高坂正顕の「思想言論篇《ママ》」の英訳本が、ページの端が黒くなるほどよく読まれていたことも、いま思い出す」とあるが、この「思想言論編」はおそらくパン・パシフィック社版である。『明治文化史』および『日米文化交渉史』の英訳版が海外で果した少なからぬ文化的貢献の一例といえよう。

本巻本文に掲出したのは、『明治文化史　風俗編』のうち、「目次」および柳田が口述による執筆を担当した「第一章　総説」部分の英訳の文章である。英訳版では、第一章の「第一節　風俗と民俗」のうち、冒頭の「一　風俗という言葉」の部分が割愛され、「第十四章　言語生活」の全体が抜け落ちている。同書の翻訳者のチャールズ・S・テリー（Charles S. Terry）は、冒頭に掲げた「TRANSLATOR'S PREFACE」（「翻訳者序文」）において、その経緯と理由を自ら釈明している。省略に至るまでの日本側の執筆者たちとのやりとりを窺わせて興味深いものがあり、また翻訳における本質的な困難さについて示唆するところがあると思われるので、次に翻訳者序文および目次の原文を掲出する。

TRANSLATOR'S PREFACE

AT the request of the Centenary Cultural Council, I have tried, in preparing this volume, to produce a text that not only Japanologists but non-specialists can understand. This has unfortunately involved many deviations from the original, because the subject dealt with is intrinsically obscure to anyone who has not lived in Japan and become comparatively familiar with the Japanese language. To have supplied all or even the larger portion of the information presupposed by the authors, who were of course writing for Japanese readers, would have meant not only to write a book twenty times as long as this, but also to have obscured the authors' main theses. I have therefore adopted the only alternative, to explain where this can be done simply and to omit or revise where it cannot.

One particular omission is so serious as to require special comment. The last chapter of the original was a discussion by Professor Yanagida of changes in the Japanese language during the Meiji period. This being a most important subject and one in which the authors are especially interested, I worked long and hard to put it into English, only to come to the conclusion that the task was impossible, an opinion in which the Centenary Council concurred. The difficulty was primarily that the discussion revolved about differences between speech and writing and between dialects and standard Japanese, and the nuances of the examples cited could not be expressed in English without adding reams of explanation.

Professor Yanagida holds that the Meiji government's attempt to standardize Japanese was based largely on urban prejudices against provincial dialects, and that it indicated far too little concern on the part of education authorities for the actual linguistic needs of the people at large. In the schools, he argues, young people, instead of being taught to speak their own tongue clearly and effectively, were crammed full of scholarly words adopted from Chinese and curious phrases translated literally from European languages. What Japanese the children were exposed to was not, he believes, a well thought out standard language, but the dialect of the Tokyo upper class, which was more often than not useless to them in their everyday lives. The result, he contends, was that they rarely mastered "standard" Japanese, or their own dialect, or anything else, and that for this reason the Japanese language as it is used today is apt often to be vague or garbled. The details of Professor Yanagida's argument would be of interest to Westerners who have a reasonably thorough knowledge of Japanese, but incomprehensible to anyone else.

I should perhaps add, though I fear it superfluous, that I was asked to make this translation not because of any special understanding of the subject on my part, but merely because of a dearth of translators. The authors have often employed methods of research and presentation that are quite novel to me, and I can only pray that I have done them justice.

Charles S. Terry

Tokyo, Japan
September, 1956

CONTENTS

CHAPTER II : CLOTHING, FOOD AND HOUSING

1. Clothing
2. Food
   a. Food for Festive Occasions
   b. Everyday Food
   c. Luxury Items
   d. Dining Out
3. Houses
   a. Life Around the Hearth
   b. Roofs and the Arrangement of Rooms
   c. The Spread of Tenements
   d. Life with a Garden

CHAPTER III : TOWNS AND VILLAGES

1. The Neighborhood-group System
   a. The Five-man Association
   b. The Loosening of Local Cooperation
2. Movement of Farmers to Cities
   a. The Smell of the Earth in the Cities
   b. From Village to Town
   c. From the Village to the Factory
   d. New Employment
3. The Loss of Community Property
4. The Disintegration of the Clan
5. Artisans Become Sedentary
   a. Itinerant Artisans
   b. Artisans in the Towns
6. The New Culture in the Towns and the Old Evils
   a. Cultural Enlightenment at Nihombashi
   b. Criticism of the Enlightenment
7. Social Consciousness and Ethics
   a. New Social Organizations
   b. Concepts of Society

CHAPTER IV : THE FAMILY

1. The Weakening of Clan Consciousness
   a. Cooperation within the Clan
   b. Relatives and Persons of the Same Surname
2. The Decline of Family Occupations
   a. The Freedom to Choose One's Work
   b. The Deterioration of the Family
3. Parents and Children
   a. The Words *Oya* and *Ko*
   b. Distribution of Labor by *Oya-kata*
4. Family Succession
   a. The Meaning of Family Succession

b. Foxes and Faith

6. Religious Fads and the Casting of Spells

（以上、小田富英）

この全集の本文には、今日の人権意識からみれば、不当・不適切と思われる、人種・身分・職業・身体障害等に関する差別的な語句・表現を含むものがあると言わざるをえません。しかし、本全集では柳田国男の全業績を網羅し、それを原文のまま正確に伝えることが学術的に大切であると判断し、底本のままとしました。

柳田國男《やなぎたくにお》全集《ぜんしゅう》　第二十二巻

二〇一〇年九月二十五日　初版第一刷発行

著　者　柳《やなぎ》田《た》国《くに》男《お》

発行者　菊池明郎

発行所　筑摩書房

〒一一一―八七五五
東京都台東区蔵前二―五―三
振替　〇〇一六〇―八―四一二三

印刷所　株式会社精興社
製本所　株式会社積信堂

乱丁・落丁本の場合は、左記宛に御送付下さい。
送料小社負担でお取り替えいたします。
ご注文・お問い合わせも左記へお願いいたします。
〒三三一―八五〇七　さいたま市北区櫛引町二―六〇四
筑摩書房サービスセンター　電話〇四八‐六五一‐〇〇五三

ISBN 978-4-480-75082-2　C 0339　Printed in Japan